맥클라렌 강해설교
요한복음 I ⟨ 1-14

알렉산더 맥클라렌 **강해설교전집** **10**

맥클라렌 강해설교
요한복음 I 〈 1-14

역자 〈 정충하

EXPOSITIONS OF
HOLY SCRIPTURE
ALEXANDER MACLAREN

크리스챤
다이제스트

국립중앙도서관 출판시도서목록(CIP)

맥클라렌 강해설교 : 요한복음 I / [저자: 알렉산더
맥클라렌] ; 역자: 정충하. -- 고양 : 크리스챤다이
제스트, 2013
    p. ;   cm. -- (알렉산더 맥클라렌 강해설교전집
; 10)

원표제: Expositions of holy scripture
원저자명: Alexander Maclaren
영어 원작을 한국어로 번역
ISBN 978-89-447-2110-6 94230 : ₩30000
ISBN 978-89-447-2100-7(세트) 94230

요한 복음[--福音]
강해 설교[講解說敎]

233.65-KDC5
226.5-DDC21   CIP2013000881

요한복음 Ⅰ

요한복음 I

1
영원부터 계시다가
육신을 입고 세상에 오신 말씀

"¹태초에 말씀이 계시니라 이 말씀이 하나님과 함께 계셨으니 이 말씀은 곧 하나님이시니라 ²그가 태초에 하나님과 함께 계셨고 ³만물이 그로 말미암아 지은 바 되었으니 지은 것이 하나도 그가 없이는 된 것이 없느니라 ⁴그 안에 생명이 있었으니 이 생명은 사람들의 빛이라 ⁵빛이 어둠에 비치되 어둠이 깨닫지 못하더라 ⁶하나님께로부터 보내심을 받은 사람이 있으니 그의 이름은 요한이라 ⁷그가 증언하러 왔으니 곧 빛에 대하여 증언하고 모든 사람이 자기로 말미암아 믿게 하려 함이라 ⁸그는 이 빛이 아니요 이 빛에 대하여 증언하러 온 자라 ⁹참 빛 곧 세상에 와서 각 사람에게 비추는 빛이 있었나니 ¹⁰그가 세상에 계셨으며 세상은 그로 말미암아 지은 바 되었으되 세상이 그를 알지 못하였고 ¹¹자기 땅에 오매 자기 백성이 영접하지 아니하였으나 ¹²영접하는 자 곧 그 이름을 믿는 자들에게는 하나님의 자녀가 되는 권세를 주셨으니 ¹³이는 혈통으로나 육정으로나 사람의 뜻으로 나지 아니하고 오직 하나님께로부터 난 자들이니라 ¹⁴말씀이 육신이 되어 우리 가운데 거하시매 우리가 그의 영광을 보니 아버지의 독생자의 영광이요 은혜와 진리가 충만하더라"

요 1:1-14

다른 복음서들은 베들레헴부터 시작합니다. 그런데 요한은 "아버지 품속"(요 1:18)부터 시작합니다. 누가는 로마 황제와 유대의 대제사장들의 이름을 언급하여 자기 이야기의 연대를 정합니다. 그런데 요한은 자신의 이야기를 "태초에" 시작된 것으로 밝힙니다. 제한된 지면에서 이 구절을 충분히 설명하려고 하는 것은 터무니없는 일입니다. 우리는 신약성경의 가장 심오한 페이지인 이 부분에서 두드러진 요점들만 살펴볼 수 있을 뿐입니다.

1절에 나오는 세 가지 발언은 시간이나 피조물이 있기 전, 즉 영원의 심연으로 데려갑니다. 창세기와 요한복음은 모두 "태초"로부터 시작합니다. 그런데 창세기는 태초의 시점부터 내려가 그 다음에 이어지는 사실을 이야기하는 반면에, 요한복음은 위로 올라가서 태초 이전에 있었던 사실을 말합니다. 시간을 초월하여 존재하는 것에 대해 이렇게 말할 수 있다면 말입니다. 시간과 피조물이 존재하게 되었는데, 이것들이 시작될 때, 말씀이 "있었습니다." 사실 어떤 형태의 말로도 시간의 경계 밖에 존재하는, 피조되지 않은 절대적 존재를 이보다 더 명확하게 밝힐 수는 없을 것입니다. 이 발언들에 대한 어떤 해석도 그 깊이를 다 드러낼 수 없고, 이 말씀이 인격체가 아니라고 타당성 있게 주장할 수 없다는 것도 분명합니다. 1절의 중반부는 이 말씀이 하나님과 영원부터 교제하였다고 단언합니다. 여기에 사용된 전치사의 의미를 정확하게 말하자면 "향하여"라는 뜻입니다. 따라서 이 말씀에는 단순히 하나님과의 결합이 아니라 하나님을 향한 움직임 혹은 경향이 있었다는 사상을 나타냅니다. 이것은 상호적이고 의식적 교제를 가리키며, 사랑하는 마음에서 능동적으로 나와 하나님께로 가는 것을 가리킵니다. 이 구절의 하반부는 본질의 일치를 나타내는데, 이 점이 인격체들의 구별과 모순되지 않고, 능동적 사랑의 교제를 가능하게 만듭니다. 왜냐하면 그 자신이 하나님이 아니고서는 어떤 존재도 영원 속에서 하나님과 함께 거할 수도, 하나님을 온전히 사랑하고 하나님께 온전히 사랑받을 수도 없기 때문입니다.

1절은 이 말씀의 시간 이전의 본질적 성격을 계시하고 있습니다. 이 말씀 속에서 신적 본성의 깊은 바다가 부분적으로 드러납니다. 물론 피조된 사람의 눈으로서 그 깊이를 헤아려보거나 지평선 너머 그 무한한 범위를 둘러볼 수 없습니다. 이 구절의 나머지 부분은 창조를 통해, 또 인간에게 빛을 비추심으로, 그리고 성육신에서 최종적으로 자기를 계시하는 이 **말씀**의 자기 계시의 장엄한 진행을 다룹니다.

요한은 2절에서 1절의 내용을 반복합니다. 이는 이 창조의 대행자가 요한이 영원부터 계신 분으로 밝힌 존엄한 분과 동일 인물임을 나타내고자 함이 분명합니다. 그에 의해 창조가 이루어졌습니다. 그가 1절에서 밝히고 있는 바로 그분이기 때문에, 창조가 그에 의해 실행되었습니다. 잇따른 이 세 구절 속에서 뚜렷하게 나타난 세 단계를 살펴봅시다. "만물이 그로 말미암아 지은 바 되었으니." 문자적으로 하자면 "있게 되었다"는 말입니다. 이 표현에서, 피조된 사물로 존재하게 되었다는 점이 1절에서 신적 존재로 "있었다"는 말과 뚜렷하게 대조됩니다. "그로 말미암아"라는 말은 말씀이 창조의 대행자이심을 선언합니다. "그가 없이는"(문자적으로 하자면, "그를 떠나서는")이라는 말은, 이분이 피조물들에게 존재를 부여하기 때문에 피조물들이 계속 존재한다는 점을 밝힙니다. 사람은 이 "만물" 가운데 최고의 존재입니다. 4절은 말씀과 사람의 관계를 나타내면서, 이같이 밝힙니다. 가장 넓고 높은 의미에 있어서 "생명"이 말씀 안에 내재해 있고, 말씀이 이 생명을 인간 본성에 전하는데, 그때 이성의 빛이든 양심의 빛이든, 빛이라는 특징적 부수물이 따른다는 것입니다.

지금까지는 요한이 위쪽에서 혹은 하나님의 입장에서 말해왔지만, 5절에서는 아래쪽에서 혹은 사람의 입장에서 말하며, 말씀의 자기 계시가 어떻게 신비한 필연성에 의해 갈등을 겪었는지 보여줍니다. "어둠"은 이분이 만드신 것이 아니지만 거기에 있었습니다. 그리고 빛의 광선은 어둠과 싸우지 않으면 안 됩니다. 이질적인 어떤 것이 들어와 대 파국(破局)이 발생하였음이 틀림없습니다. 그래서 빛이 어둠의 영역으로 흘러들어가야 했습니다.

요한은 "이 타락"이 발생한 것으로 여기고, 5절에서 특별 계시의 영역 안팎에 있어 만물의 전체 상태를 기술합니다. 빛이 지속적으로 비치지만 어둠은 완고합니다. 어둠이 빛을 받아들이려 하지 않는 것이 세상의 비극이고 악입니다. 거부를 당한 빛이 꺼지지 않고 계속해서 온순하게 빛을 비추는 것은 하나님의 오래 참으시는 자비입니다.

6–13절은 이 말씀의 역사적 출현을 다룹니다. 다른 복음서들에서처럼 선구자를 소개합니다. 이 복음의 복음서 기자는 그를 "요한"이라고만 부릅니다. 다른 사람들보다 둘 사이를 구별할 필요를 그다지 많이 느끼지 않았을 다른 요한인 그에게 매우 자연스런 호칭으로 여겨진 "세례자"라는 말을 생략하고 있습니다. 빛의 증인이라는 하위 직분을 적극적 면과 소극적 면에서 밝힙니다. 그리고 그런 직무의 존엄성을 넌지시 나타냅니다. 빛을 증언하고, 사람들을 믿도록 인도하는 수단이 되는 것은 누구에게든지 영예가 되었습니다.

선구자라는 제한된 직무는 참 빛의 초월적 광채와 뚜렷이 대조가 됩니다. 9절의 의미가 모호할 수 있습니다. 그런데 10, 11절이 말씀의 역사상 출현을 언급하는 것이 분명하므로, 9절도 그 점을 의미할 것입니다. 그러나 어쩌면 9절은 "사람들의 빛"이신 말씀의 내적 계시를 가리킬지도 모릅니다. 그럴 경우에, "세상에 오는"(개역개정은 "세상에 와서" — 역주)이라는 표현은 "각 사람"이라는 말을 꾸미게 될 것입니다. 그런데 여기 전후문맥에서는 그 표현이 "빛"을 가리키며, 따라서 이 구절이 예수 그리스도의 출현으로 말미암아 사람들에게 빛이 비췸을 언급하는 것으로 보는 것이 더 자연스럽습니다. 10절과 11절에서 "세상"과 "오매"라는 단어가 사용된 것을 볼 때도 자연히 그렇게 생각하게 됩니다. 9절은 말씀이 "오고 있는" 것으로 표현하고, 10절은 말씀이 온 것으로 봅니다. "그가 세상에 계셨으며."

이 세 구절은 그와 같이 볼 수 있지만, 10절의 존엄한 세 마디는 그와 다릅니다. 말씀의 오심의 슬픈 결과를 봅시다. "세상이 그를 알지 못하였고." 그분이 사람들의 인지를 기대할 수 있었을 한 곳이 있었습니다. 그분을 환호하여 맞이할 것으로 기대할 수 있었을 한 민족이 있었습니다. 그러나 넓은 세상은 눈이 멀었을("알지 못하였고") 뿐만 아니라 "자기 백성"이라는 좀 더 좁은 영역은 자기들이 빛이라고 알고 있는 것과 싸웠습니다("영접하지 아니하였으나").

그러나 온 세상이 다 빛을 거절한 것은 아니었습니다. 요한은 이어서 그 빛을 받는 것의 복된 결과를 진술합니다. 처음으로 요한은 "믿는다"는 중대한 단어를 말합니다. 믿음의 행위는 "영접하는" 조건이나 수단입니다. 믿음은 빛이 들어오도록 지적 눈을 뜨는 것입니다. 우리는 믿음이라는 수단으로 예수님을 소유합니다. 믿음의 대상은 "그 이름"인데, 그 이름이란 예수님을 표시하는 데 사용되는 문자의 이런저런 조합이 아니라 예수님의 전체 계시를 말합니다. 그런 믿음의 결과는 "하나님의 자녀가 되는 권세"입니다. 이는 우리가 독생자이신 하나님의 아들을 믿는 믿음으로 우리도 또한 하나님의 자녀가 되게 하는 신적 생명을 받기 때문입니다. 결과적으로 하나님 자녀의 신분이 따르는 이 새 생명은 부모로부터 받은 인간 본성에 속한 것이 아니라 말씀이신 이 빛을 믿음으로 말미암아 받는 하나님의 선물입니다.

14절은 단지 앞 구절의 반복이 아닙니다. 하나님이신 이 말씀이 세상에 들어오신 방식의 놀라움을 선언한다는 점에서 앞 구절을 넘어서 나아갑니다. 요한은 여기서 말하자면 휘장의 한쪽을 들춰서 하나님의 사랑의 초월적 기적을 보여줍니다. 요한은 지금까지 이 점을 보여주려고 준비해왔습니다. 요한은 1절 이후로 "말씀"이라는 이름을 말하지 않았는데, 여기서 시간 이전의 영광과 역사적으로 낮아지심 사이의 대조를 뚜렷이 나타내기 위해 말씀이라는 장엄한 그 표현을 다시 사용합니다. "말씀이 육신이 되어"라는 이 세 마디가 하나님에 대한, 사람에 대한, 하나님과 사람 사이의 관계에 대한 우리 모든 지식의 기초입니다. 우리 모든 소망의 토대이고, 우리 모든 평안의 보증이며, 우리 모든 복의 담보입니다. "우리 가운데 거하시매." 옛적에 하나님의 영광이 그룹들 사이에 거하셨던 것처럼, 예수께서도 참된 성전인 사람들 사이에 거하십니다. 여기서 우리는 지성소의 밀폐된 방을 가득 채웠던 빛보다 더 참된 영광을 봅니다. 사도가 "우리가 그의 영광을 보니"라는 말을 쓸 때, 그에게 기쁘기 이를 데 없는 기억이 살아났습니다. 그래서 요한은 자기가 눈으로 본 바를 이야기하는데, 이는 우리도 그것을 보는 가운데 그와 교제하도록 하기 위함이었습니다. 성육신하신 말씀으로부터 비친 영광은 눈을 찌르거나 현란케 하는 빛이 아니었습니다. 말씀이신 그는 "은혜와 진리가 충만"하였습니다. 즉 완전하신 사랑이 몸을 굽혀 열등한 피조물과 죄인들에게 오시되 손에 선물을 가득 들고, 마음에는 온유함을 품으시고 또 하나님과 사람에 관한 계시를 충만히 가지고서 오신 것입니다. 주님의 은혜는 비천한 우리에게 필요한 모든 것을 제공하며, 주님의 진리는 무지한 우리에게 필요한 모든 것을 가르칩니다. 우리의 모든 선물과 모든 지식은 성육신하신 말씀으로부터 옵니다. 이 성육신하신 말씀을 믿음으로 우리는 하나님의 자녀가 됩니다.

2
빛과 등불

"그는 이 빛이 아니요 이 빛에 대하여 증언하러 온 자라"

요 1:8

"요한은 켜서 비추이는 등불이라
너희가 한때 그 빛에 즐거이 있기를 원하였거니와"

요 5:35

위의 두 본문은 다 같이 세례자 요한을 가리킵니다. 이 중의 하나는 세례자 요한에 대한 이 복음서 기자의 설명이고, 다른 본문은 그에 대한 우리 주님의 찬사입니다. 두 본문 중 후자는 개역성경(the Revised Version)이 보여주고 있는 대로, "그는 빛이었다"고 하기보다는 오히려 "그는 등불이었다"고 번역하는 것이 더 적절할 것입니다. "빛"과 "등불"이라는 두 단어 사이의 대조가 내가 다룰 주제입니다. 나는 모든 점을 고려해서 세 가지 요점으로 말하고 싶습니다. 즉 "빛"과 그 증인, 파생되지 않은 빛과 불이 붙여진 등불, 영원한 빛과 꺼지는 등불이 그것입니다.

1. 그렇다면, 첫째로 우리에게 제시된 대조는 "빛"과 그 증인 사이에서 이루어집니다.

요한은 성경에서 가장 의미심장한 구절들인 이 심원한 머리말에서 합리적 신앙의 주춧돌을 밑바닥에 넓고 단단하게 깔고, "빛"과 그 빛을 증언하는 것이 본무(本務)인 사람들을 뚜렷이 대비시킵니다. 빛에 대해서 말한다고 해도, 1절에서 18절에 나오는, 절대적으로 확실하고 근본적, 중대한 사상들을 여기서 자세히 설명할 수는 없습니다. "말씀이 하나님과 함께 계셨으니." 이 말씀은 창조의 대행자요 생명의 샘이며, 모든 인간 생명과 분리될 수 없는 빛의 원천이셨습니다. 요한은 어린 아이의 말처럼 단순하지만 모든 철학보다 깊은 내용을 담아서 창세기가 말하는 "태초"보다 훨씬 이전의 태초를 말하고, 창세 전에 빛이 비쳤다고 선언합니다. 요한은 온 세상을 둘러보고, 말씀이 육신을 입고 역사상 출현하기 전이나 이 출현을 초월하여 그 빛이 온 인류 위에 비친다고 밝힙니다. 이렇게 말하면, 빛과 그 증인은 하나로 모여서, 육신을 입으신 예수 그리스도의 역사적 출현이라는 이 한 가지 점에 집중됩니다. "참 빛 곧 세상에 와서 각 사람에게 비추는 빛이 있었나니."

그 다음에, 요한은 위인들과 관리들뿐만 아니라, 이 빛이 복된 눈에 비쳤고 이 빛의 기쁨과 평안과 정결함이 어두운 마음에 흘러들어간 모든 사람에게도 지워지는 지극히 고귀한 명예와 지극히 엄정한 의무를 다루며, "그는 이 빛에 대하여 증언하러 온 자라"고 말합니다. 그것은 사람이 이행할 수 있는 것 가운데 가장 고귀한 직무입니다. 그것은 대대로 존속하면서, 또한 대대로 동일한 빛을 다양한 밝기와 다양한 빛깔로 나타내는 공동체가 오랜 세월 동안 이행하는 직무입니다. 참된 모든 그리스도인들에게는, 특이성과 민족적 생활 혹은 교회적 특성이 아주 다양하게 나타나지만 가족으로서의 성격이 있습니다. 그가 아시시의 프란시스이든 존 웨슬리이든, 토마스 아 켐피스이든 조지 폭스이든 간에, 다양한 색깔의 채색 유리를 통해서 비치지만, 빛은 하나입니다. 살아 있는 교회는 살아계신 주님의 증인입니다. 주님은 교회의 앞과 뒤와 위에 계실 뿐만 아니라 교회 안에 살아계십니다. 주님의 증인들은 주님에 의해 빛나기 때문에 "빛"입니다. 또한 "주님 안에" 있기 때문에 "빛"입니다. 그런데 그런 공동체가 존재한다는 사실에 의해, 증언이 이행될 뿐만 아니라, 그 증언은 모든 그리스도인

남녀에게 엄청난 압박감과 그 이행에 따르는 지극히 큰 기쁨의 가능성을 지니고서 개인적 의무로 다가오기도 합니다.

그러면, 우리 모두가 이행해야 할 의무가 있고, 또 우리의 책임과 주님께 충실하다면 이행하게 될 증언이란 무엇입니까? 사랑하는 형제 여러분, 그것은 주로 경험을 증언하는 것입니다. 그리스도인이라면 서서 이같이 말할 수 있어야 합니다. "내가 이것을 아는 것은, 그대로 살기 때문입니다. 내가 예수 그리스도를 증언하는 것은, 내 자신이 예수께서 내 생명의 생명이 되시고, 내 보는 모든 것의 빛이 되시며, 내 마음의 기쁨이요, 내 본향과 내 의지가 되심을 발견하였기 때문입니다." 바로 이런 것이 확고부동한 증언입니다. 오늘날 기독교 사상의 동향에서, 사려 깊은 사람들과 작가들이 경험의 증언을 이 빛의 실재에 대한 최상의 증거로 더욱 더 인정하고 있다는 사실만큼 좋은 징후는 없습니다. "내가 본다"는 것은 빛이 내 눈동자에 닿았다는 증거입니다. 우리의 현재 시력과 예전의 어둠을 대비할 수 있다면, 그 증거는 복음서들에 나오는 그 굳센 맹인의 증거와 비슷합니다. 그는 미묘한 점들과 랍비들의 올무에 대해서는 아무 답변도 하지 않았고, 어리둥절한 채로 "한 가지 아는 것은 내가 맹인으로 있다가 지금 보는 그것이니이다"(요 9:25)라는 말만 할 뿐입니다. 이 맹인의 경험은, 증언이 또 다른 치유의 기적에서 가졌던 효과를 발휘하는 것 같습니다. "병 나은 사람이 그들과 함께 서 있는 것을 보고 비난할 말이 없는지라"(행 4:14).

그런데 언제나 이 빛의 참된 증인들의 특징을 나타내는 한 가지가 있습니다. 그것은 자기를 감추는 것입니다. 본문이 말하고 있는 세례자 요한의 아름답고 확고한 겸손을 생각해 보십시오. "너는 네게 대하여 무엇이라 하느냐"(요 1:22). "나는 소리라." 이렇게 말하는 것이 전부입니다. "네가 그 선지자냐"(1:21). "아니다." "네가 그리스도냐?" "아니다! 나는 목소리일 뿐이다." 요한의 제자들이 이 같은 말로써 조용한 그의 마음에 질투라는 지옥의 불을 붙이려고 하였습니다. "선생님이 세례를 베풀었고, 선생님이 증언하시던 이," 즉 선생님께서 경력을 시작하도록 만들어 준 그 사람이 "세례를 베풀매," 다시 말해 선생님의 영역을 침입하고 있고, "사람이 다 그에게로 가더이다"(3:26)고 하였을 때, 세례자 요한이 말한 답변은 이것뿐이었습니다. 어두운 구석에서 조용히 서 있는 "신랑의 친구는 신랑의 음성을 듣고 크게 기뻐한다"(3:29). 그리스도인 교사와 설교자 여러분, 여러분 자신이 보이지 않도록 하십시오. 그리스도를 앞에 세우고 여러분은 그 뒤에 숨으십시오.

2. 두 번째 본문이 제시하는 다른 대조, 곧 파생되지 않은 빛과 불을 붙인 등불의 대조를 보시기 바랍니다.

두 번째 본문의 말씀을 이와 같이 읽을 수 있습니다. "요한은 불이 붙어서 빛이 나는 등불이다." 그러나 이것이 이 본문의 의미이든 혹은 일반적 번역이 옳든 간에, 표상 자체는 동일한 사상을 전달합니다. 등불은 불에 접촉되어야 켜지고, 불꽃을 유지하려면 기름이 공급되어야 하기 때문입니다. 그래서 이 모호한 단어의 뜻이 무엇이든, 빛과 등불이라는 설득력 있는 대조로 표현되는 이 은유는 바로 이 사상을 나타냅니다. 즉 이 빛은 파생되지 않았고, 스스로 연료를 공급하므로 영원히 존속하고, 반면에 등불은 창조되지 않은 빛(불꽃)에 접촉함으로써만 불이 붙고, 계속해서 빛이신 그분과 접촉하고, 그분의 광선의 저장고로부터 끊임없이 공급받아야만 밝게 타오른다는 것입니다.

여기에서 제시된 대조의 앞부분, 곧 파생되지 않은 빛에 대해서는 한 마디 이상 말할 필요가 없습니다. 성경의 교훈에 따를 때, 이 켜지 않은 빛은 성부 하나님과의 신적 연합으로부터만 그 광휘를 끌어냅니다. 그래서 볼 사람이 있기 오래 전에, 성부 하나님의 영광이 방출되고 빛나는 일이 있었습니다. 나는 이 깊은 곳에 들어가지 못하지만 이렇게 말하고 싶습니다. 우리가 이 독특한 생명에서, 마치 설화석고(雪花石膏)의 얇은 판을 통해서 비치듯이 순수한 인성을 통해서 파생되지 않은 신적 빛이 비치는 것을 공손한 태도로 볼 때에야 비로소 예수라는 "독특한 인물"을 이해할 수 있다는 것입니다. 그에게서 "태초에 하나님과 함께 계신" 영원한 빛을 보려고 하지 않는 사람들에게는 예수님은 풀 수 없는 문제입니다. 여러분은 예수님에게서 그가 점차로 지식을 습득했다거나 자신의 신념에 이르는 길을 주장하거나 생각하는 흔적을 전혀 보지 못합니다. 예수께서 빛이 보이는 영역을 둘러싸고 있는 어둠의 거대한 지평선을 의식한다는 흔적을 보지 못합니다. 또한 예수님이 자신의 빛의 일부를 가져온 다른 원천들을 인정하는 표시도 전혀 보지 못합니다. 여러분은 진리에 대한 주님의 관계는 부분적으로 배우고 자라고 습득하고 아는 사람들의 관계가 아니라고 주님이 분명히 선언하는 것을 발견합니다. 예수께서는 "나는 진리이다"고 말씀하시기 때문입니다. 주님이 자신의 광선을 다른 어떤 존재에게서 빌려오지 않고 모든 사람에게 나누어 주실 수 있다는 점에서 주님은 우리 모두에게서 떨어져 계시고 우리 모두를 초월해 계십니다. 당혹스러운 유대인들이 주님께 대하여 "이 사람은 배우지 아니하였거늘 어떻게 글을 아느냐"(7:15)고 물은 질문은 주님의 인간 생활의 모든 특징들에도 적용될 수 있습니다. 내가 생각할 때 그 답변은 이것뿐입니다. "그리스도시여, 주는 영광의 왕이십니다! 주는 영원한 하나님의 아들이십니다."

주님께서 불을 켜셨고 그 사이로 걸어 다니시는 작은 등불들은 주님께 의존되어 있습니다. "빛"이신 예수 그리스도와의 연합이 모든 인간의 등불이 존재할 수 있는 조건입니다. 이것은 모든 영역에 적용되는 진리라고 나는 믿습니다. "전능자의 숨결이 사람에게 깨달음을 주시나니"(욥 32:8). 주님의 촛불은 모든 사람 속에서 빛납니다. "참 빛 곧 세상에 와서 각 사람에게 비추는 빛이 있었나니." 사상가, 학생, 과학자, 시인, 작가, 실제적 사람, 이들 모두 창조되지 않은 원천에 접촉하여 불이 켜진 사람들입니다. 그들이 자신의 본성을 이해한다면, 모두 "주의 빛 안에서 우리가 빛을 보나이다"(시 36:9)라고 말할 것입니다.

그러나 특별히 이 중요한 사상은 그리스도인 생활의 범위 안에서 적용되고 예증됩니다. 그리스도인은 그리스도의 프로메테우스 같은 손가락에 닿을 때 불이 붙고 빛을 냅니다. 그리고 계속해서 빛을 내는 조건은 처음에 불을 붙인 그 접촉을 지속하는 것입니다. 그 접촉이 손가락 길이만큼 끊어지면 실제로는 1마일 정도 끊어지는 것과 같은 효과가 발생합니다. 그리스도인들이 빛을 비추고자 하면, "너희는 주 안에서 빛이라"(엡 5:8)는 말씀을 기억해야 합니다. 우리가 옆길로 빗나가서 빛의 범위 밖으로 나가면, 어둠 속으로 들어가고 더 이상 빛을 비추지 못합니다.

형제 여러분, 그리스도인의 생명력과 빛을 나타내는 조건은 모든 빛의 원천이신 예수 그리스도와 중단 없이 긴밀하게 접촉하는 것이라는 사실은 진부한 진리입니다. 맞습니다. 진부한 이야기입니다. 그러나 우리가 그 진리를 믿는 대로 산다면, 교회가 개혁될 것이고, 세상은 밝아지며, 연기 나는 많은 심지가 불이 붙어 타오르는 횃불이 될 것입니다. 그리스도인들은 본문 말씀이 직분자나 특별한 은사를 받은 사람의 특전이나 의무를 밝히는 것이 아님을 기억해야 합니다. 그보다는 우리 모두에게 "너희는 나의 증인이라"(사 44:8)고 말씀하신 것이고, 우리가 계속해서 그 빛에 가까이 있으면 "켜서 비추이는" 등불이 될 수 있는 가능성이 모두에게 제시되었다고 생각해야 합니다.

3. 끝으로, 두 번째 본문은 영원한 빛과 꺼지는 등불을 대조합니다.

"너희가 한때 그 빛에 즐거이 있기를 원하였거니와"(요 5:35). 문명화되고 교양 있는 세상의 현재 상태에서, 예수 그리스도께서 현 시대에 대해 증언하는 이야기와 과거에 다른 모든 위인들, 곧 철학자들과 시인들, 사람들의 지도자들이 현 시대에 대해 증언하는 이야기 사이의 뚜렷한 차이만큼 두드러지고 사람들이 설명하기 어려운 것은 없습니다. 수많은 사람들이 1,900여 년 전에 죽은 그 사람, 곧 그리스도에 대해 공통적으로 증언하는 인격적 관계의 생생함과 신선함, 친밀함 같은 것을 세상에서는 아주 하찮게 생각합니다. 다른 모든 것들은 조만간에 어둠 속으로 사라집니다. 겹겹이 쌓인 두꺼운 망각의 안개가 지극히 빛난 이름들을 감쌉니다. 그러나 여기 예수 그리스도가 계십니다. 그리스도는 모든 계층의 사상가와 사회개혁자들이 오늘날 고려해야 하는 분이고, 덧없이 지나가는 순간의 하찮은 것들 가운데 살아있는 권세로 계시는 분이며, 진지한 사람들은 아직 개발되지 않았고 확실하게 실행되지 않았지만 사회를 변혁시키고 세상을 바꾸게 되어 있는 원리들이 그의 말씀과 그 삶의 가르침에 있음을 느끼는 분입니다. 그런데 그 빛이 어떻게 옵니까?

나는 지금 그 문제에 손을 대려고 하는 것이 아닙니다. 다만 여러분에게 이 세대에서 사회와 개인들에 대한 주님의 위치와 과거의 모든 위인들의 위치 사이의 현저한 차이를 생각해보라고 말할 뿐입니다. 예를 들면, 70년 전에 영국의 사상과 문학에서 빛을 비추었던 위대한 등불들이 어떻게 대부분 사라졌는지를 생각하는 데 오랜 시간이 걸리지 않습니다. 우리 젊은 사람들이 특별히 빛나는 별이라고 생각한 것을, 이 새 세대는 늦지나 불안하게 깜박거리는 초에서 피어오르는 냄새에 불과한 것으로 무시합니다. 그리고 여러분이 서점에 가면 싸구려 코너에 그들의 책이 널려있는 것을 볼 것입니다. 현대의 한 드라마에서 냉소적 외교관이 한 혁명가의 죽음을 보고서 짤막하게 이렇게 평을 합니다. "나는 그동안 여덟 명의 반역 지도자들을 보았다." 우리 가운데 어떤 이들에 대해서 이렇게 말할 수 있을 것입니다. "우리가 그동안 알았던 많은 지도자들이 잊혀지고 사라졌다." "그의 이름이 영구함이여 그의 이름이 해와 같이 장구하리로다 사람들이 그로 말미암아 복을 받으리니 모든 민족이 다 그를 복되다 하리로다"(시 72:17). 셸리(Shelley, Percy Bysshe. 1792-1822. 영국의 낭만파의 대표적 서정시인 — 역주)조차도 이러한 예언을 말하지 않을 수 없었습니다.

"마호메트의 달이
  떠올랐으나 질 것이라.
  반면에 하늘의 영원한 창공에 그려진
  십자가는 대대로 세상을 인도하리라."

우리는 영원한 빛과 꺼지는 등불 사이의 이 대조를 옛적의 말로 이렇게 요약할 수 있습니다. "제사장 된 그들의 수효가 많은 것은 죽음으로 말미암아 항상 있지 못함이로되 예수는 영원히 계시므로 … 그러므로 자기를 힘입어 하나님께 나아가는 자들을 온전히 구원하실 수 있느니라"(히

7:23-25).

그러므로 형제 여러분, 등불이 꺼지면 이 빛을 봅시다. 집안의 등불이 꺼져서 우리의 생활이 어두워질 때는, 우리의 마음과 소망을 들어 영원히 거하시는 주님을 바라봅시다. 우리는 사라질 수 있고 또 변할 수밖에 없는 것을 사랑하고 신뢰하는 죄를 범하거나 그런 어리석음에 떨어지는 일을 하지 맙시다. 우리는 굳게 붙잡을 수 있고, 우리 손에서 빠져나가지 않으실 분이 필요합니다. 우리는 창조되지 않고, 스스로 연료를 공급하는 영원한 빛이 필요합니다. "너희에게 아직 빛이 있을 동안에 빛을 믿으라 그리하면 빛의 아들이 되리라"(요 12:36).

3
"세 장막"

"말씀이 … 우리 가운데 거하시매"
요 1:14

"보좌에 앉으신 이가 그들 위에 장막을 치시리니"
계 7:15

"보라 하나님의 장막이 사람들과 함께 있으매
하나님이 그들과 함께 계시리니"
계 21:3

이 세 구절에서 "거하였다"고 번역된 단어는 독특한 낱말입니다. 이 단어는 신약성경에서만, 그것도 요한복음과 요한계시록에서만 나옵니다. 이 사실은, 언뜻 보아서는 서로 전혀 다르게 보이는 이 두 책 사이를 연결해주는 여러 가닥 가운데 하나입니다. 이 사실은 또 요한복음과 요한계시록의 공동 저작을 지지하는 작은 증거인데, 요즘은 본문 비평에서 이 점이 아주 격렬하게 부인되는 경우가 많았습니다.

그러나 이 단어의 뜻은 특별히 주의를 기울여 살펴보고 싶은 문제입니다. 이 단어는 문자적으로 "장막 안에 거한다," 혹은 이런 단어를 쓸 수 있다면 "임시로 거주한다"는 의미입니다. 그리고 이것은 신적 임재가 광야에서 그리고 성전을 세우기 전 이스라엘 땅에서 거하였던 장막을 가리키고 있음이 분명합니다. 그렇다면 이 세 구절에서, 우리는 하나님께서 사람과 함께 거하신다는 초기의 상징에 대한 암시를 볼 수 있습니다. "말씀이 우리 가운데 거하시매." 세상과 시간에 대한 진리는 그와 같습니다. 어린 양의 피에 그 옷을 씻어 희게 한, 아무도 그 수를 헤아릴 수 없는 허다한 무리들 위에 "보좌에 앉으신 이가 장막을 치실"(계 7:14,15) 것입니다. 이것은 온전케 된 의인의 영들, 곧 몸의 구속을 바라고 기다리는 교회를 나타내는 진리입니다. "하나님이 그들과 함께 계시리니"(21:3). 이것은 인간 최고의 상태, 곧 하나님의 장막이 새 땅에서 구속받은 자들과 함께 할 때에 해당되는 진리입니다. "우리가 장막 셋을 짓되" 하나는 성육신하신 그리스도를 위하여, 하나는 땅과 하늘 사이의 공간을 위해서, 하나는 만물의 정점을 위하여 짓도록 합시다. 내가 이제 여러분에게 보라고 말씀드리는 것은, 광야에서 이동할 수 있는 장막이라는 거친 상징으로 표현된 한 가지 사상의 세 측면입니다.

1. 첫째, 땅을 위한 장막을 생각해 봅시다. "말씀이 육신이 되어 장막에 거하듯이 우리 가운데 거하셨습니다."

예수 그리스도의 인간 본성, 곧 영원하신 말씀을 속에 간직한 예수 그리스도의 보이는 물질적 몸, 처음부터 모든 신적 계시의 대행자였던 그 몸이야말로 하나님의 참된 성전입니다. 어느 한 곳에 나타난 편재하신 주님의 특별한 임재에 관해 이야기하기 시작하면, 우리는 길을 잃고, 서 있을 수 없는 깊은 영광의 바다에 빠지게 됩니다. 나는 여기서 신학적 정의나 곤란한 질문들을 다룰 마음이 없습니다. 그보다는 본문의 말씀이 진술하고 있듯이, 이 보잘것없는 인간 본성이 신성의 충만한 임재를 받을 수 있고 또 세상 역사에서 일찍이 실제로 받았다는, 놀랍고 초월적인 지극히 복된 사상을 설명하려고 합니다. 인간이라는 연약한 그릇에 놀라운 보화가 부어질 수 있을 때, 하나님의 불이 인간 본성이라는 덤불에서 타오르되 인간 본성이 타 없어지지 않을 수 있을 때 하나님과 사람이 참으로 흡사하지 않겠습니까? 실제로 그러했습니다. "그 안에 신성의 모든 충만이 육체로 거하시고"(골 2:9).

그러면 우리로서는 이런 질문들을 갖지 않을 수 없습니다. 어떻게? 어떤 방식으로? 어떻게 작은 것이 더 큰 것을 담을 수 있는가? 우리는 그 방식은 우리의 지식을 초월한다는 것을 인정하고, 다만 믿음으로 그 사실을 받아들이는 것으로 만족해야 합니다. 그러면 우리 마음이 그 사실을 붙잡고 편히 지낼 수 있습니다. 하나님께서 인류 안에 거하셨습니다. 영원하신 말씀이 육신이 되어 우리 가운데 거하셨는데, 이는 신성의 모든 충만이 유한한 피조물의 영역으로 들어온 것입니다.

그런데 이 장막은 단지 하나님의 거처만이 아니었습니다. 물론 하나님의 거처였지만 또한 그것은 하나님의 계시의 장소이기도 하였습니다. 그래서 본문에서는 "우리가 그의 영광을 보니"라는 말씀이 이어서 나옵니다. 광야의 장막에서 시은좌 위에 말없이 날개를 펼치고 있는 그룹들 사이에 "하나님의 영광"이라고 명백하게 표현된 빛나는 상징적 구름이 떠있었습니다. 그렇듯이 요한은 육신이라는 휘장과 덮개를 지닌 비천한 인성의 가장 깊은 곳에 하나님의 찬란한 영광 빛이 모셔져 있었던 것이라고 우리가 생각하기를 바랐습니다. "우리가 그의 영광을 보니." 과거를 생각하자 뛸 듯이 기쁜 경배의 심정이 요한을 압도합니다. 행복한 기억이 그의 영혼 속으로 가득 밀려오자, 그는 문법적 연결은 전혀 개의치 않고 문장을 중간에 끊습니다. "아버지의 독생자의 영광이요." 하나님께서 그리스도 안에서 나타나심은 독특합니다. 이는 그리스도께서 대표하고 계시하는 그 하나님의 본성을 취하시기 때문입니다.

그러면 이 영광이 어떻게 우리에게 알려졌습니까? 표적을 통해서입니까? 그렇습니다! 우리가 그리스도께서 행하신 첫 번째 표적 이야기에서 "예수께서 그의 영광을 나타내시매 제자들이 그를 믿으니라"(요 2:11)는 말씀을 읽은 대로입니다. 표적을 통해서 알게 됩니까? 그렇습니다! 나사로의 무덤 앞에서 예수께서 친히 하신 약속의 말씀을 읽은 대로입니다. "내 말이 네가 믿으면 하나님의 영광을 보리라 하지 아니하였느냐"(11:40). 그

러나 감사하게도 표적이 그리스도의 영광과 하나님의 영광을 나타내는 최
고의 수단이 아닙니다. 하나님으로 계시된 그리스도의 독특한 영광은 그
리스도께서 행하신 일들에 좌우되지 않습니다. 본문의 전후문맥에서 알
수 있듯이, 우리 가운데 거하신 말씀은 "은혜와 진리가 충만"하였고, 그 점
에서 그리스도의 영광이 가장 영광스럽게 계시됩니다.

주님의 온유한 생활에서 위엄과 매력을 발산한 겸손한 사랑의 부드러운
빛과, 그리스도의 정결한 생명에서 흘러나온 밝고 정순한 진리가 사랑을
갈망하는 마음과 진리에 굶주린 영들에게 하나님을 계시하여 주었습니다.
이것은 하나님께서 자기를 계시하는 데 사용하신 다른 활동들은 하지 못
한 바입니다. 하나님의 영광이 은혜와 진리가 충만한 것으로 나타남이 최
고의 계시입니다. 하나님 안에서 지극히 신성한 것은 사랑이고, 참된 "하
나님의 영광"은 번쩍이는 상징적 빛이 아니고 화려한 권능과 위엄도 아니
며, 우리가 전능하심과 편재하심, 무한하심, 또 그 같은 명칭들을 붙이는,
이루 다 상상할 수 없고, 말로 다 표현할 수 없는 속성들도 아니기 때문입
니다. 이런 것은 하나님의 찬란한 영광의 가장자리에 해당하는 것들입니
다. 하나님의 영광의 참된 핵심과 찬란한 빛은 하나님의 사랑에 있고, 그
리스도는 그 영광의 유일무이한 대표자요 계시자이십니다. 그리스도는 유
일한 독생자로서 "은혜와 진리가 충만하시기" 때문입니다.

이와 같이 말씀이 우리 가운데 거하셨습니다. 물론 겉으로 볼 때는, 안
에서 타오르는 찬란한 광채를 숨기는 휘장과 덮개로 가려져 있었습니다.
그러나 주님의 낮아지신 몸 안에 있고, 우리의 한계와 연약함을 아는 그
비천한 생명에서 "여호와의 영광이 나타나고 모든 육체가 그것을 함께 보
고"(사 40:5) 거기에 나타난 하나님의 임재를 알았습니다.

더 나아가서 장막은 제사를 드리는 장소였습니다. 그래서 예수께서는
자신의 육신의 장막에서 죄를 위하는 한 제사를 영원히 드리셨습니다. 예
수께서는 지속적 순종을 통해 그리고 십자가의 모진 수난에서 몸과 피를
드림으로써 자신의 생명을 통해 사람들을 하나님께로 가까이 이끄셨습니
다.

그러므로 이 모든 사실들 때문에, 곧 이 장막이 하나님의 거처요, 계시의 장소요, 제사의 장소이기 때문에, 이 장막은 하나님과 사람이 만나는 장소입니다. 구약에서 장막은 언제나 개역 성경(The Revised Version)이 대신 사용한 이름, "회막" 곧 "만남의 장막"으로 불립니다. 이 번역이 옳다는 것과 이 이름의 의미는 구약의 여러 구절들, 예를 들면 "내가 거기서 너희와 만나고 네게 말하리라 내가 거기서 이스라엘 자손을 만나리니"(출 29:42, 43)와 같은 구절들에 의해 확정됩니다. 이와 같이 성육신으로 말미암아 양쪽에 손을 내미는 그리스도 안에서 하나님이 사람의 손을 잡고 사람은 하나님의 손을 잡습니다. 멀리 있는 우리가 가까워졌고, "사람이 세운 것이 아니라 주께서 세우신 참 장막"(히 8:2) 안에서 우리는 하나님을 만나고 기뻐합니다.

"이와 같이 말씀이 육신이 되어
온전한 사랑의 행위들 안에서
사람의 손으로 신조들 중의 신조를 이루었습니다."

땅을 위한 전은 "성전 된 주님의 육체"(요 2:21)입니다.

2. 우리에게는 하늘을 위한 장막이 있습니다.

두 번째 본문의 전후 문맥에서 우리는 모든 나라와 족속에서 구속 받은 큰 무리가 나와 "흰 옷을 입고 손에 종려 가지를 들고 보좌 앞과 어린 양 앞에 서 있는" 모습을 봅니다. 무리들이 손에 든 종려나무는 이 광경을 이해하는 데 중요한 도움을 줍니다. 사람들이 종종 말한 대로, 요한계시록에는 이교적 상징이 없습니다. 이 모든 은유들은 다 유대적 경험과 사실의 범위 안에서 움직입니다. 그래서 우리는 승리를 상징하는 로마인의 종려나무를 생각하지 않고 장막절에 들었던 유대인의 종려나무를 생각하게 됩니다. 장막절은 어떤 절기였습니까? 유대인들이 광야에서 방랑하던 시절에 자기 땅에 정착하게 된 것을 기억하고 감사를 드리려는 목적으로 세운 절기였습니다. 이 절기 의식의 한 부분은, 이 절기를 지키는 동안 유대인들이 나뭇가지와 잎으로 초막이나 장막을 짓고, 그 안에 거하면서 그들이 유목민으로 지내던 시절을 생각하는 것이었습니다.

이 은유가 유대인의 이 절기를 암시하는 것으로 받아들인다면, 본문의 말씀을 얼마나 아름답고 힘있게 만드는지 모릅니다! 종려나무 가지를 들고 있는 허다한 무리가 과거에 광야를 방랑하던 시절을 기억하면서 절기를 지키고 있는 것입니다. "보좌에 앉으신 이가 그들 위에 장막을 치시리니." 말하자면, 주님께서 친히 그의 백성들이 거할 장막을 세우시고, 그 자신이 장막이 되시겠다는 것입니다. 주님께서 지금 생각할 수 있는 것보다 더 친밀한 연합을 이룬 가운데 그 절기 동안에 계속해서 그 백성들과 교제하시겠다는 것입니다. 온전케 된 의인의 영들의 상태, 나는 이것이 이 광경에서 나타나는 상태라고 생각합니다. 아무튼 우리가 이 관점에서 사랑스런 이 전체 상징을 해석한다면, 이 의인들, 곧 "양자 될 것 곧 우리 몸의 속량을 기다리는"(롬 8:23) 사람들의 상태에 대한 놀라운 사상을 보게 됩니다. 이 절기는 광야에서 진행하던 때를 감사하고 즐겁게 기억하는 시간입니다. 절기의 기쁨이 그들의 기쁨이 되고, 지나간 과거의 시련과 피로와 슬픔과 외로움을 기억할 때 기쁨, 곧 조용한 임재의 안식과 교제와 지극한 복을 더욱 더 예민하게 느끼는 시간이며, 하나님께서 친히 그들 위에 장막을 치고 그들과 함께 거하시고 그들은 하나님과 함께 거하는 시간입니다.

그러므로 사랑하는 형제 여러분, 우리가 그 상태에 대해 아는 것이 별로 없을지라도 "몸을 떠나 주와 함께 있는 것"(고후 5:8)과, 손에 종려가지를 들고 있는 행복한 무리가 하나님 안에 거하고 하나님께서 그들 안에 거하실 것이라는 이것만큼은 알고 있으니, 그 확신 가운데서 편히 쉬기를 바랍니다.

3. **끝으로, 본문에서 보는 마지막 광경, 곧 새롭게 된 세상을 위한 장막이라고 부를 수 있는 광경을 살펴봅시다.**

나는 교리적 측면을 지닌 이 요한계시록의 환상들의 장면과 배경을 해석할 수 있다고 생각하지 않습니다. 그보다는 내가 볼 때 이 마지막 광경의 상징들은 성경의 다른 많은 부분에서 나오는 희미한 암시들과 일치하는 것 같습니다. 우리가 거하는 이 물질적 세상에 어떤 우주적 변화가 일어났으므로, 새롭게 된 형태에서 이 세상이 거듭나고 구속받은 인류의 최종 거처가 될 것이라는 취지를 나타내는 것으로 볼 수 있을 것입니다. 그것이 성경에서 많이 가르치는 교훈에 따르는 자연스러운 해석이라고 생각합니다.

최고의 조건을 위하여, 거기에 이같이 충분한 빛이 비쳤습니다. "보라 하나님의 장막이 사람들과 함께 있으매 하나님이 그들과 함께 계시리니"(계 21:3). 하나님의 모든 활동의 절정과 목표, 그리고 세상을 위한 하나님의 사랑과 훈련의 긴 과정은 이것을 위한 것입니다. 곧 하나님이 사람들과 연합하여 화목하게 함께 거하려는 것입니다. 그것이 하나님이 태초부터 가지신 소원입니다. 우리는 잠언의 심오한 뜻을 지닌 한 구절에서 어떻게 옛적부터 성육신하신 말씀의 전조가 된 성육신 한 지혜가 "인자들을 기뻐하였는지"(잠 8:31)를 읽습니다. 하나님께서 만물의 종말에, 곧 이 마지막 장의 환상이 성취될 때, 구속 받은 인류 가운데 자리를 잡고 이렇게 말씀하실 것입니다. "보라! 이는 내가 영원히 쉴 곳이라 내가 여기 거주할 것은 이를 원하였음이로다"(시 132:14). 하나님께서 사람들과 함께 거하시고 사람들은 하나님과 함께 거할 것입니다.

우리는 경험에 의해 눈을 뜨기 전까지는, 육신과 감각과 시간의 휘장이 모두 걷혀졌을 때 어떤 새로운 방식으로 신적 본성에 참여하게 될지, 그리고 어떻게 새롭게 하나님과 친밀히 교제를 나눌 수 있을지 현재도 모르고, 앞으로도 모를 것입니다. 우리 영혼에 새로운 창문들이 열릴 수 있습니다. 그러면 그 창들을 통해서 이 신적 인물의 새로운 면들을 알게 될 것입니다. 새로운 문들이 우리 영혼 속에서 열릴 수 있습니다. 그러면 그 문들을 통해 들어가서 지금 우리로서는 인지할 수 없고 상상할 수도 없는 주님의 본성의 여러 면들을 접할 수 있을 것입니다. 맞지 않는 도덕적 본성의 모든 휘장이 제거되어 우리가 순결한 것을 알게 될 때, 하나님께 가까이 갈 것입니다. 하나님과 사람 사이를 갈라놓는 것은 사람의 죄입니다. 사람의 죄가 제거되면, 곧 우리의 작은 천체가 큰 중심인 태양으로부터 계속 떨어져 있게 만드는 원심력이 제거되면, 우리는 말하자면 그 찬란한 광채 속으로 들어가 하나가 될 것입니다. 즉, 우리의 개별성에 대한 의식을 잃지 않으면서도 땅에서 가질 수 있는 것보다 훨씬 더 친밀한 연합으로 주님과 결합될 것입니다. "하나님의 장막이 사람들과 함께 있으매 하나님이 그들과 함께 계시리니."

여기서 제시되고 있는 궁극적 최고의 소망, 곧 인류와 하나님 사이의 완전하고 영속적 연합과 친교에 대한 그 소망을 품는다고 해서 예수 그리스도를 잊어버리게 되지 않는다는 점을 기억하도록 합시다. 왜냐하면 영원하신 말씀, 곧 우리의 본성을 영광스런 형태로 지니고 계시는 그리스도, 아니 오히려 우리가 그의 본성을 영광스럽게 지니게 될 그리스도께서 영원히 계시의 매개자이시고, 하나님과 사람 사이의 교통의 매개자이시기 때문입니다. 요한계시록의 이 마지막 광경에서는 "내가 성전을 보지 못하였다"(계 21:22)고 하며, "전능하신 이와 및 어린 양이" 그 성전이라고 합니다. 그러므로 하나님께서 영원한 거처에서 지내듯이 그 안에 "신성의 모든 충만이 육체로 거하는"(골 2:9) 그리스도로 말미암아 지금 우리와 함께 거하시듯이 영원히 사람들과 함께 거하실 것입니다.

이와 같이 우리에게는 세 장막이 있습니다. 즉 땅을 위한 장막, 하늘을 위한 장막, 새롭게 된 세상을 위한 장막이 있습니다. 이렇게 말할 수 있다면, 이 세 장막은 광야에 있었던 고대 장막의 세 구역과 같습니다. 즉 바깥뜰, 성소, 지성소와 같습니다. 우리는 바깥뜰에 들어가 거하며 그의 아들 안에서 우리에게 가까이 오시고 계시하며 용서하시는 하나님과 교제하도록 합시다. 그 다음에 우리는 뜰을 지나, "힘을 얻고 더 얻어 나아가 시온에서 하나님 앞에 각기 나타날"(시 84:7) 것입니다. 그리고 지성소에 들어갈 것인데, 거기 "휘장 안에서" 우리는 여기서는 상상하지도 못한 찬란한 계시를 받고 이 땅에서 하나님과 갖는 최고의 교제 시간도 거기에 비하면 피상적이고 보잘것없을 깊은 교제를 누리게 될 것입니다.

4

그리스도의 충만함

"우리가 다 그의 충만한 데서 받으니 은혜 위에 은혜러라"

요 1:16

사도 요한이 여기서 자기의 창조주를 위하여 진술하는 주장은 참으로 놀랄만한 것입니다! 한편으로 요한은 홀로 한분이신 주님을 우주적 시여자(施與者)로 그리고, 다른 한편으로 인류 전체는 그에게서 받는 자로 생각합니다. 광야에서 이스라엘 자손이 시냇물이 흘러나온 바위에 몰려들어, 목말랐던 진(陣)의 모든 사람들이 흡족하게 마셨듯이, 요한은 "누구든지 목마르거든 내게로 와서 마시라"(요 7:37)는 주님의 말씀을 반영하여, 여기서 "우리가 다 그의 충만한 데서 받으니"라고 말합니다.

1. 항상 충만한 유일한 원천을 살펴봅시다.

본문의 말씀은 14절의 말씀을 돌아보게 합니다. "말씀이 육신이 되어 우리 가운데 거하시매 은혜와 진리가 충만하더라." "우리가 다 그의 충만한 데서 받으니." 여기서 말하는 "충만함"이란 성육신 하신 말씀을 가득 채운 것, 곧 그 안에 한량없이 거하는 "은혜와 진리"를 의미하는 것으로 보입니다. 그리스도 안에 "거하는" 신적 능력과 영광의 무한하고 절대적 완전함과 풍성함을 가리키는 것으로 보입니다. 그래서 말로든 실제로든 본문의 말씀은 사도 바울이 말한 것과 사실상 같습니다. "그 안에는 신성의 모든 충만이 육체로 거하시고"(골 2:9). 완전하고 무한한 엄위와 신성의 다함이 없는 자원이 이 성육신하신 말씀에 편입되었고, 모든 사람이 이 성육신하신 말씀에서 그 모든 것을 끌어쓸 수 있습니다.

이 사상에는 두 가지 개념이 들어 있습니다. 하나는 신성의 충만함이 성육신하신 말씀에 들어 있다는 주장이고, 다른 하나는 신성의 충만함이 성육신하신 말씀에 거하는 것은 사람들이 거기에서 충만함을 받도록 하기 위함이라는 것입니다.

앞에서 말했듯이, 본문의 말씀은 앞 구절을 가리킵니다. 그러나 본문 말씀은 앞 구절로부터 얼마나 진보하였는지 보여줍니다. 14절에서는 "우리가 그의 영광을 보니"라는 말이 나옵니다. 본다는 것은 중요한 일입니다. 그러나 소유한다는 것은 더 중요합니다. 그리스도께서 하나님을 나타내기 위해 오신다고 말하는 것은 중요한 일입니다. 그러나 그것이 우리가 말해야 할 전부라면, 주님이 오시는 목적을 빈약하고 부족하게 설명하는 것입니다. 그리스도는 하나님을 나타내기 위해 오십니다. 그렇습니다! 그리스도께서 하나님을 전달하기 위해 오시는데, 단지 환상으로써 우리 눈을 어지럽게 하기 위해서나, 단지 멀리서 하나님을 보여주기 위해서, 혹은 단지 하나님을 우리가 머리와 지식으로 알도록 하기 위해서 오시는 것이 아닙니다. 단순한 은유로 하나님을 나타내는 것이 아니라 우리가 신성을 꾸밈 없고 정확한 사실로 절대적으로 소유하도록 하기 위해 오시는 것입니다. "우리가 그의 영광을 본다"는 것은 그 모습이 사도 요한의 눈에 비친 이래로 반 세기가 지나갔지만 여전히 사도를 흥분시키는, 주님의 모습에 대한 과거의 기억을 말합니다. 그러나 "우리가 다 그의 충만한 데서 받는다"는 말은 그보다 무한히, 말할 수 없이 더 중요한 점입니다. 하나님을 볼 수 있게 허락하신 것은 하나님을 소유할 수 있도록 하기 위함이었습니다. 기독교 신앙 자체인 그리스도 안에서 하나님은 단지 알려지기만 한 것이 아니라 주어졌고, 단지 보이기만 한 것이 아니라 소유하게 되었다는 이것이 기독교 신앙의 핵심이자 정수입니다.

하나님의 충만함이 우리 것이 될 수 있도록 하기 위해서, 말씀이 육신이 될 필요가 있었습니다. 더 나아가 그 성육신의 최후가 희생제사로 마무리되어야 하고, 그 생명이 죽음으로 온전케 되어야 할 필요가 있었습니다. 집안이 향기로 가득 차려면 먼저 향유 옥합을 깨트려야 했습니다. 이렇게 말할 수 있을지 모르겠는데, 그리스도의 인성이라는 거친 부대자루에 채워놓은 부를 우리 손에 부어주기 위해서는 그 자루를 찢어야 했던 것입니다. 하나님께서 그의 사랑하시는 아들의 생명 안에서 우리에게 가까이 오셨고, 그의 죽음 안에서 우리의 것이 되셨습니다. "우리가 그의 영광을 보니." 바로 이 위대한 특전을 위해 성육신이 필요하였습니다. 그런데 "우리가 다 그의 충만한 데서 받는다"는, 그보다 더 놀라운 특전을 위해서는 그리스도께서 십자가에 못 박히는 일이 필요하였습니다. 하나님은 그리스도 안에서 자신을 사람들에게 주십니다. 그리스도는 그의 생명 안에서 세상에 하나님을 계시하셨고, 그의 죽음 안에서 세상에 하나님을 주셨습니다.

이렇게 그리스도는 유일한 원천이십니다. 참으로 진정한 의미에서 모든 사람이 그리스도의 충만한 데서 모든 것을 받습니다. "그 안에 생명이 있었으니 이 생명은 사람들의 빛이라." 몸의 생명과, 의지를 보이고 알며 사랑하는 일을 하는 영의 생명, 곧 생명을 빛으로 만드는 이 모든 것이 영원하신 하나님의 말씀을 통해 우리에게 옵니다. 그 말씀이 "육신이 되어 우리 가운데 거하셨을" 때, 그리스도의 선물은 단지 모든 사람이 그에게서 받는 빛과 생명의 선물일 뿐만 아니라, 그리스도를 사랑하는 모든 사람이 그의 손에서 받는 은혜와 진리의 선물입니다. 그리스도의 선물들은 마치 어떤 샘에서 나오는 물처럼 땅 밑으로 흘러 광야의 많은 목초지에 도달할 수 있습니다. 그렇듯이 그 선물이 어디에서 오는지 모르는 많은 사람이 선물을 받는 복을 누립니다. 인류에게 빛을 비추고 복을 주는 모든 진리와 모든 은혜는 바로 이 그리스도에게서 나와 모든 시대, 모든 나라에 흘러들어 갑니다.

2. 그 다음에, 많은 사람이 한 원천에서 받는다는 점을 다시 한 번 살펴봅시다. "우리가 다 그의 충만한 데서 받으니."

우리가 받는 것이 무엇인지 정확히 이야기하고 있지 않다는 점을 유의하여 봅시다. 앞 절에 나오는 말씀으로 돌아가 본다면, 그 말씀이 우리가 받는 것이 무엇인지에 대한 질문에 바른 답을 제시해 줄 수 있을 것입니다. 11절에서 사도는 이렇게 말합니다. "그가 자기 땅에 오매 자기 백성이 영접하지 아니하였으니 영접하는 자에게는 권세를 주셨으니." 이 말씀이 우리가 무엇을 받는가라는 질문에 답을 줍니다. 그리스도는 그의 모든 선물보다 뛰어나신 분입니다. 그리스도의 모든 선물은 그 안에 쌓여 있고, 그리스도와는 떨어질 수 없는 것들입니다. 우리는 바로 예수 그리스도 자신을 받는 것입니다.

우리가 받는 복들은 여러 가지 다른 방식으로 표현할 수 있습니다. 우리가 죄사함과 정결함, 소망, 기쁨, 천국에 대한 전망, 봉사의 능력을 받는다고 말할 수 있습니다. 이 모든 것들과, 이 외의 수많은 명칭들을 사용하지만, 결국 한 선물을 표시할 수 있습니다. 이 모든 것은 우리가 마음에 그리스도를 모신 데서 나오는 결과들일 뿐입니다. 그리스도는 사죄와 안식을 주실 때, 마치 어떤 왕이 수천 킬로미터 떨어진 곳에서 단지 말로 어떤 죄인에게 사면과 명예를 주듯이 주시지 않습니다. 주님은 바로 자신을 주시기 때문에 모든 것을 주시는 것입니다. 우리가 받아 실제로 소유하는 것은 바로 사랑하시는 주님 자신입니다. 우리 영들에게로 들어와 거하시고, 우리 영들의 영이 되시며 우리 생명의 생명이 되시는 사랑하는 그리스도를 받는 것입니다.

다음에, 이 소유의 보편성을 이야기하도록 하겠습니다. 요한은 앞에서 "우리가 그의 영광을 보니"라고 말했습니다. 물론 여기서 사도가 '우리'라고 할 때는 주님의 생활을 직접 목격한 소수의 사람들, 사도가 이 복음서를 쓸 때에는 틀림없이 그 수가 매우 적었을 사람들을 가리킵니다. 그들은 "우리에게 나타내신 바 된"(요일 1:2) 생명의 말씀을 눈으로 보고 손으로 만지는 특전을 받았고, 그 특전과 함께 다른 사람들에게 그 말씀을 증언하는 의무도 받았습니다. 그러나 "받으니"라고 말하는 데서 요한은 그 자신과 다른 목격자들뿐 아니라 그들의 말을 듣고 진리를 사랑하여 받아들인 사람들도 포함시킵니다. "우리가 보았다"는 말은 좀 더 좁은 범위의 사람들을 가리키고, "우리가 다 받았다"는 말은 교회 전체라는 더 넓은 범위를 가리 킵니다. 여기에는 독점적 계층이 없고, 예외적 특전도 없습니다. 모든 그 리스도인, 곧 지극히 약한 사람, 비천한 사람, 전혀 교양이 없고 거칠고 무 지하며 어리석은 사람, 과거에 사로잡힌 사람, 다시 말해 주님을 멀리 떠 나서 방황해온 사람, 선함이나 하나님에 대한 불꽃이 전혀 없던 사람이 그 리스도의 충만한 데서 받습니다. "누구든지 그리스도의 영이 없으면 그리 스도의 사람이 아니라"(롬 8:9). 원한다면 우리 각 사람은 그리스도의 크신 능력으로, 그리스도의 다정하신 사랑으로, 그리스도의 빛을 비추는 분명 한 지혜로 성육신하신 말씀, 곧 "우리가 다 받는" 모든 것의 모든 것이 되시 는 보혜사를 마음에 모실 수 있습니다.

앞에서 말했듯이, "다"라는 그 단어는 진리의 범위를 넘어서지 않으면서 훨씬 더 넓게 적용할 수 있을 것입니다. 이는 한편으로 그리스도께서 우주 적 시여자로 서 계시고, 전 인류는 약하고 부족한 가운데서 그리스도 앞에 모여 서기 때문입니다. 그리고 오늘을 사는 모든 인간 영혼과 과거에 살았 던 모든 영혼, 장차 살게 될 모든 영혼의 모든 필요를 충분히 채우고 남을 것이 그리스도에게서 흘러나옵니다. 오직 인간 스스로 자신을 제한하는 것 외에는 그 보편성에 아무 제한이 없습니다. "원하는 자는 값없이 생명 수를 받으라"(계 22:17).

말하자면, 그리스도께서 전 인류 앞에 인류의 모든 공허를 그의 충만으 로 채우실 수 있고, 인류의 모든 갈증을 그의 충족함으로 해소하실 수 있 는 유일한 분으로 서 계시는 것을 생각해 보십시오. 사랑하는 형제 여러 분! 여러분 마음속에는 크게 벌어진 빈 공간이 있습니다. 고통스런 마음의 공허입니다. 이것은 내가 말하는 것보다 여러분이 더 잘 알고 있습니다. 그 빈 공간을 채울 수 있는 그리스도를 보십시오. 그 공허가 채워질 것입 니다. 그리스도께서는 모든 영혼의 결핍을 채울 수 있듯이 여러분의 모든 부족도 채우실 수 있습니다. 대대로 사람들이 그에게서 물을 길어 마신 후 에도, 그 큰 샘에 물은 한 치도 줄지 않았을 것입니다. 과거 모든 세대에 물이 충분했듯이, 장차 올 영원한 세대에도 충분할 것입니다. 주님은 주께서 행하신 표적과 같으십니다. 수많은 사람들이 풀밭에 앉아서 정말로 "다 배불리 먹습니다"(막 6:42). 사람들이 필요로 하는 만큼 떡이 늘어났고, 그래서 마지막에는 처음 먹기 시작할 때보다도 많은 떡이 남았습니다. 그와 같이 "우리가 다 그의 충만한 데서 받았습니다." 우주가 그의 충만한 데서 끌어 쓴 후에도, 영원히 그 충만함은 부족하거나 비워지지 않습니다.

3. 끝으로, 다함이 없는 이 원천으로부터 끊임없이 흘러나오는 것에 대해 살펴보도록 합시다. "우리가 다 그의 충만한 데서 받으니 은혜 위에 은혜러라."

　여기서 "대하여"(개역개정은 "위에" — 역주)라는 단어는 약간 독특한 말입니다. 물론 이 단어는 대신에 라는 뜻입니다. 이 복음서 기자의 생각은 한 번의 은혜의 공급품을 받아 사용하고 나면 그 공급품을 다시 수여자에게 돌려드리고, 수여자는 그 대신에 새로운 은혜로 채운 새 공급품을 주시는 것으로 보는 것 같습니다. 어쩌면 요한 사도가 은혜 위에 은혜라는 뜻으로 말했을 수도 있습니다. 한 공급품 위에 다른 공급품을 쌓아주신다는 것입니다. 그러나 사도의 생각은 그보다 한 공급품이 다른 공급품으로 대체된다는 것입니다. "오래된 등을 치우고 새 등을 켠다"는 말입니다.

　세심한 정원사라면 물이 필요한 식물을 보고서 땅이 물에 흠뻑 젖을 때까지 물을 주고 조금 더 줄 것입니다. 그와 같이 주님께서 하나하나 은혜를 주시되, 은혜를 받는 사람의 흡수하는 능력에 따라 은혜 위에 은혜를 끊임없이 주십니다. 이 중대한 사상 밑에는 두 가지 사실이 있습니다. 하나는 은혜를 지속적으로 주신다는 것이고, 다른 하나는 은혜를 점진적으로 주신다는 것입니다. 여기서는 은혜를 지속적으로 주시는 사실을 봅니다. 하나님께서는 그리스도 안에서 언제나 우리에게 자신을 부어주십니다. 하나님에게서 우리에게로 끊임없이 흘러나오는 것이 있습니다. 하나님에게서 우리에게로 끊임없이 흘러들어오는 것이 없다면, 그것은 하나님의 잘못이 아니라 우리 잘못입니다. 하나님은 항상 주고 계십니다. 그래서 하나님은 우리의 생활이 끊임없이 받을 수 있기를 바라십니다. 여러분은 항상 받고 있습니까? 기껏해야 오스트레일리아의 강이나 시베리아의 강과 같은 생활을 하는 그리스도인들이 얼마나 많습니까? 건기(乾期)에는 한 곳에 물웅덩이가 있으면 다른 곳은 물이 없고 메마른 모래땅이 길게 펼쳐져 있으며, 다른 곳은 우묵한 곳에 흙탕물이 조금 있고 또 모래땅이 길게 펼쳐진 그런 강과 같은 생활을 하는 그리스도인들 말입니다. 그렇지만 물이 왈칵하고 쏟아져 들어오면 이 물웅덩이들이 이어지지 않겠습니까? 하나님은 언제나 자신을 부어주고 계십니다. 그런데 왜 우리는 언제나 하나님을 받아들이지 않는 것입니까?

거기에는 한 가지 답변밖에 없습니다. 그 답변은, 우리가 단순한 믿음이라는 조건을 채우지 않는다는 것입니다. "영접하는 자 곧 그 이름을 믿는 자들에게는 하나님의 자녀가 되는 권세를 주셨으니." 믿음이 은혜를 받는 조건입니다. 지속적 신뢰가 있는 곳에서는 어디든지 끊임없이 부어지는 은혜가 있을 것입니다. 은혜가 중단된 경우가 있다면 언제든지 그것은 주님을 신뢰하는 것이 중단되었기 때문입니다. 여러분의 삶이 등불이 희미하게 비치는 길처럼 되지 않도록 하십시오. 여기에 등불이 하나 있고 그 다음에는 어둠이 길게 깔려 있고 나서 또 깜박거리는 등불이 하나 있는 식이 되지 않도록 하십시오. 매 순간 여러분이 믿음을 가지고 그리스도를 보기 때문에 여러분이 가는 길에 내내 등불이 켜 있도록 하십시오. 믿음을 지속적으로 유지하십시오. 그러면 하나님께서 그의 은혜를 끊임없이 내리실 것입니다. 하나님의 충만한 데서 여러분이 필요한 힘을 끊임없이 공급받을 것입니다.

그러나 여기서 우리는 선물을 지속적으로 받는다는 개념뿐만 아니라 점진적으로 받는다는 개념도 볼 수 있다고 생각합니다. 그리스도께 받은 만큼, 받은 것을 바르게 사용한다면, 우리는 그리스도를 더 소유할 수 있게 됩니다. 우리의 수용 능력 정도가 하나님이 주시는 선물의 양을 결정합니다. 우리가 손에 많이 쥘 수 있으면 있을수록 그만큼 더 많이 받을 것입니다. 우리 마음의 벽은 신축성이 있고, 마음이라는 그릇은 채워지는 만큼 팽창합니다. 우리의 심장은 소원과 믿음에 따라 더 크게 뜁니다. 입을 크게 벌리면 벌릴수록 하나님께서 입에 부어주실 선물은 그만큼 커질 것입니다. 우리가 받은 은혜를 그 정도와 단계에 따라 정직하게 활용하고 쓰면, 하나님께서 주시는 은혜를 더욱 더 수용할 수 있게 되고 바라게 되며, 실제로 얻을 수 있게 될 것입니다. 이와 같이 이상적 그리스도인의 생활이자 우리에 대한 하나님의 뜻은 우리가 그리스도와 그의 은혜를 중단 없이 받을 뿐만 아니라 더욱 더 받는 것입니다.

친구 여러분, 여러분이 그런 생활을 하고 계십니까? 여러분은 20년 전보다 하나님을 더 많이 붙들 수 있습니까? 여러분 마음속에 과거보다 그리스도를 더 많이 받아들일 수 있는 용량이 있습니까? 있다면 그리스도를 더 많이 모시고 있는 것입니다. 그리스도를 더 많이 받고 있지 않다면, 여러분이 그리스도를 더 많이 담을 수 있는 용량이 안 되기 때문입니다. 여러분이 그리스도를 더 많이 담을 수 없는 것은 여러분이 그리스도를 더 많이 바라지 않았기 때문이고, 여러분이 받은 것을 아주 불성실하게 사용했기 때문입니다. 그리스도인들의 이상적 생활은 "그들이 힘을 얻고 더 얻어 나아가는" 것이며, 그 목적은 "하나님 앞에 각기 나타나는" 것입니다(시 84:7).

형제 여러분, 들이치는 파도는 해변에 움푹 들어간 작은 만을 만듭니다. 그리고 이 작은 만은 점점 더 커져서 마침내 몇 킬로미터에 걸쳐서 삐죽 튀어나온 갑(岬)과 또 내륙으로 깊숙이 들어간 커다란 만을 형성하고, 온 해안을 따라 번쩍이는 물과 뛰는 파도가 늘 출렁입니다. 그와 같이 은혜를 주시는 그리스도께서는 사람의 마음속에 자신이 거할 장소를 마련하시고, 주님께서 가져다주는 선물들을 받고 성실하게 사용하는 사람이 주님을 더욱 더 받아들일 수 있게 만들고, 넓어진 공간을 더 큰 선물과 새로운 은혜로 채우십니다.

그리스도를 받는 조건은 그리스도의 이름을 의지하고 그의 임재를 갈망하는 것뿐임을 기억하시기 바랍니다. "누구든지 문을 열면 내가 그에게로 들어가리라"(계 3:20). 이 신뢰는 단지 수동적으로 영접하는 것이 아닙니다. 바닷가에 뚜껑이 열린 채 놓여 있는 빈 항아리에 바닷물이 쓸려와 항아리로 들어갔다 나왔다 하는, 그런 식이 아닙니다. 본문에서 말하는 "받는다"는 말은 제대로 번역하자면 "가진다"고 해야 옳을 것입니다. 믿음은 능동적으로 가져가는 것이지 수동적으로 받는 것이 아닙니다. 우리는 "영생을 취해야"(딤전 6:12) 합니다. 믿음은 제공된 선물을 붙잡는 손이고, 하나님의 떡을 받아먹는 입이며, 그리스도께 "여호와께 복을 받은 자여 들어오소서 어찌 밖에 서 있나이까"(창 24:31) 하고 말씀드리는 목소리입니다. 그런 믿음만이 우리를 예수님과 생명의 관계로 연결시킵니다. 믿음이 없으면 여러분은 그리스도의 모든 충만함에도 불구하고 조금도 부유해지지 않을 것입니다. 마치 곡물 창고 문 앞에서 굶어죽는 사람처럼, 풍성한 가운데서 기근으로 죽을 수가 있습니다. 믿는 사람들은 주어진 그리스도를 붙잡고, 붙잡는 사람들은 받으며, 받는 사람들은 그리스도의 충만한 데서 날마다 점점 더 은혜를 받습니다. 그래서 그들이 "하나님의 모든 충만하신 것으로 충만하게 되는"(엡 3:19) 것이 성부 하나님의 궁극적 목적이라는 것을 점점 더 가깝게 인식하게 됩니다.

5
은혜와 진리

"율법은 모세로 말미암아 주어진 것이요
은혜와 진리는 예수 그리스도로 말미암아 온 것이라"
요 1:17

요한 사도의 저작들에는, 바울 사도의 글들에서 아주 많은 부분을 차지
하였고 또 쓰디쓴 약처럼 만들었던 율법과 복음의 관계에 대한 중대한 논
쟁을 다루는 흔적이 거의 보이지 않습니다. 이제 우리는 요한의 저술들에
서 전혀 다른 영역에 들어왔습니다. 오래된 이 논쟁들은 잠잠합니다. 즉
결말이 났습니다. 그것은 주로 바울의 말에 의해서, 또 대체로 사건의 논
리에 의해서 해결되었다고 생각합니다. 이 구절은 요한이 다 끝난 그 논쟁
을 다루는 거의 유일한 구절입니다. 그리고 여기서 율법은 단지 복음의 광
채를 더욱 돋보이게 하는 거울 뒷면의 얇은 판막으로 소개됩니다. 예술가
들은 누구나 어떤 사물을 두드러지게 보이게 하는 데 있어서 대조의 유용
성을 잘 압니다. 어두운 배경은 밝은 색깔들을 더욱 눈부시게 만듭니다.
흰색은 검은 색을 배경으로 놓일 때만큼 하얗게 보이는 때는 없습니다. 그
래서 여기서 우리가 그리스도 안에서 받는 것의 귀중함과 뚜렷한 특색들
이 옛적에 "모세로 말미암아 주어진 것"과 대조됨으로써 더욱 생생하고 분
명하게 드러납니다.

이 구절에 나오는 말씀은 한 마디 한 마디가 다 의미심장합니다. "율법"

이 "은혜와 진리"와 비교됩니다. 율법은 "주어졌고" 은혜와 진리는 "왔습니다." 모세가 그리스도와 비교됩니다. 이렇게 율법과 복음이 여기서 삼중으로 대조되는 것을 봅니다. 즉 율법과 복음의 내용에 관해서, 율법과 복음의 전달 방식에 관해서, 그리고 율법과 복음의 설립자들에 관해서 대조가 됩니다. 이 세 가지 요점을 살펴보면, 사도 요한이 이 대조를 통해서 우리가 보고 사랑하고 믿게 하고자 했던 복음의 영광스런 점들을 좀 더 분명하게 이해하게 될 것입니다.

1. 첫째, 여기서 율법과의 대조를 통해서 더욱 두드러지게 나타나는 복음 내용의 특별히 영광스런 점을 보게 됩니다.

율법은 자상함이나 동정, 감정이 전혀 없습니다. 돌판과 철필이 율법에 적합한 수단입니다. 번쩍이는 번개와 우르르 울리는 천둥은 율법이 사람들의 의무에 비추는 사나운 빛과 그 보응의 공포를 상징적으로 나타냅니다. 율법은 인간의 연약함에 대해 전혀 동정을 보이지 않고 아주 강직하게 우리가 마땅히 어떻게 되어야 함을 말할 뿐, 그렇게 되도록 돕는 일은 전혀 하지 않습니다. 율법은 사람들의 양심에 "무거운 짐을 묶어 지우되" 사람들이 그 짐을 질 수 있도록 하는 일에는 "한 손가락으로도 움직이려 하지"(마 23:4) 않습니다. 이 사실은 모든 형태의 율법에 해당됩니다. 그것이 모세의 율법이든, 아니면 우리나라의 법이든, 혹은 사람들의 양심에 새겨진 율법이든, 상관없이 모두 적용됩니다. 이 모든 율법은 다 같이 한 가지 특징을 지닙니다. 즉 이 율법들은 사람들이 율법의 명령을 지키는 일에는 아무런 도움을 주지 않고, 율법을 어기는 것에 대한 보응을 경고하는 무서운 말들만 잔뜩 들어있다는 것입니다. 보복의 여신처럼 율법이 사람들 가운데 내려올 때는, 무서울 정도로 깨끗하고 두려울 정도로 아름다운 모습에다, 투명한 잿빛 눈에 엄정한 눈빛을 띠고서 오는데, 한 손에는 우리가 어긴 계명들이 적힌 돌판을 들고, 또 한 손에는 양날 가진 검을 들고서 옵니다.

이것은 모든 점에서 복음이 우리에게 오는 모습과 정반대입니다. 복음은 두 가지 면에서 율법과 대비됩니다. "율법"은 "은혜와 진리"와 대조됩니다. 이 두 가지를 순서대로 살펴보도록 합시다.

우리가 그리스도 안에서 받는 것은 율법이 아니라 은혜입니다. 앞에서 말한 대로, 율법은 동정심이 없습니다. 복음의 목적은 하나님의 동정심을 드러내는 것입니다. 율법은 명령하고 요구합니다. "이것을 행하라, 안 그러면"이라고 말합니다. 율법이 말할 수 있는 것은 그것뿐입니다. 다리가 불구인 사람 옆에 서서 빛나는 산꼭대기를 가리키며 "저리로 올라가세요. 그러면 더 깨끗한 공기를 마실 수 있을 거에요"라고 말하는 것이 무슨 소용이 있겠습니까? 그는 산 밑에서 다리를 쓰지 못한 채 앉아 있을 뿐입니다. 율법은 아무에게도 줄 수 있는 도움이 없습니다. 사람들은 자기들이 마땅히 행해야 하는 바를 모르기 때문에 망하지 않고 있는 것입니다. 자신의 의무가 무엇인지 모르기 때문에 아직 나쁜 사람이 되지 않은 것입니다. 세상에서 최악의 사람은 자기가 마땅히 행해야 하는 바에 대해 세상의 최상의 사람이 실천하는 것보다 더 많이 알면서도 행하지 못하는 사람입니다. 그와 같이 우리 가운데 그토록 많은 사람들이 망해가는 것은 계명이 부족해서가 아니라 그 계명을 지킬 힘이 부족해서입니다.

은혜는 사랑을 주는 것입니다. 율법은 요구하지만 은혜는 줍니다. 율법이 와서 "이것을 하라"고 말하면, 우리 양심은 그 의무가 피할 수 없는 것임을 압니다. 그러나 은혜는 와서 "네가 그 의무를 행할 수 있도록 돕겠다"고 말합니다. 율법은 하나님께서 요구하시는 것이고, 은혜는 하나님께서 주시는 것입니다. "주께서 명령하시는 바를 주시고, 주께서 원하시는 바를 명령하소서."

형제 여러분! 우리 모두는, 우리를 단단히 묶고 있고, 때로 지키고 싶지만 지킬 수 없는 엄숙한 계명들이 육의 마음 판에(고후 3:3) 새겨져 있는 것을 압니다. 이 사실은 우리에게 오는 희망과 복의 메시지가 아닙니까? 은혜가 그리스도 예수 안에서 가까이 왔습니다. 지극히 고귀한 율법에 맞게 영위될 생명을 우리에게 주시는 하나님께서 성육신하신 말씀 안에서 그의 충만한 선물을 내미십니다. 율법은 동정심이 없습니다. 복음은 하나님의 동정심을 보여줍니다. 율법은 명령하지만, 은혜는 하나님께서 자신을 주시는 것입니다.

더 나아가서, 율법은 정죄합니다. 은혜는 몸을 굽혀 행악자를 바라보며, 약하고 불쌍한 인간들의 연약과 죄를 엄격한 보응의 입장에서 다루지 않는 사랑입니다. 그래서 살아가는 사람은 누구나 마음속에서 비난하는 목소리를 듣지 않을 수 없고, 우리 각 사람도 그동안 회피해 온 고상한 의무들과, 이기적 마음으로 비겁하게 거부해 온 책임들을 돌아볼 때 괴로울 수밖에 없습니다. 그리고 지금 내 말을 듣고 있는 사람은 남녀노소 누구나 마음 한 구석에 생각만 해도 심히 고통스러운 기억과, 가리고 있는 휘장을 들추면 부끄럽고 놀라게 만들 일들이 숨어 있기 마련입니다. 그러므로 어떤 형태든지 우리를 정죄하는 법 앞에, 죄사함과 "모든 사람에게 구원을 주시는 하나님의 은혜"(딛 2:11)를 가져오는 온유하고 은혜로운 그리스도 같은 분이 나선다는 것은 우리 각 사람에게 기쁜 소식임에 틀림없습니다. 감사하게도, 율법이 "주어질" 필요가 있었지만, 그것은 다만 더 나은 것을 세우기 위한 기초로서 주어진 것이었습니다. "율법은 모세로 말미암아 주어진" 것입니다. 이 모세는 오늘날 양심이 그렇듯이, 우리를 사랑하고 우리에게로 몸을 낮추며, 주고, 용서하는 은혜를 가져오시는 "그리스도께로 인도하는 초등교사"(갈 3:24)입니다.

게다가, 여기에는 여전히 또 한 가지 대조점이 있습니다. 그리스도로 말미암아 오는 복음은 율법이 아니라 진리입니다. 율법의 목적은 행동을 규제하고, 부차적으로 사람의 지성에 통지하거나 이해를 분명하게 하는 것에 그칠 뿐입니다. 물론 모세 율법은 하나님의 계시를 토대로 하였습니다. 그러나 그러한 하나님의 계시는 사람의 행동에 대한 오랜 관행에 비해서는 그만큼 덜 두드러집니다. 복음은 이와 반대입니다. 복음도 행동의 규제를 목적으로 삼고 있습니다. 그러나 그러한 목적은 다른 것, 즉 하나님의 나타나심과 계시에 비해 덜 중요합니다. 구약은 "너는 하라"고 말하고, 신약은 "하나님은 이런 분이시다"고 말합니다. 구약은 율법이었고, 신약은 진리입니다.

그래서 우리는 깊이 생각할 필요는 없지만, 이런 결론을 끌어낼 수 있을 것입니다. 즉 기독교 신앙을 주로 행동을 규제하는 수단인 것처럼 설명하는 생각은 참으로 부적절하고 천박하며, 우리가 흔히 듣는 "신학적으로 미묘한 점들은 신경 쓰지 마라. 중요한 것은 행동이다"고 하는 허술한 말은 참으로 거짓되고 어리석다는 것입니다. 그렇지 않습니다. 복음은 율법이 아닙니다. 복음은 진리입니다. 복음은 우리의 이해력과 마음을 위해 주시는 하나님의 계시입니다. 즉 의지가 거기에 복종하고, 그 다음에 품행이 형성되도록 하기 위해 주시는 계시입니다. 오직 우리는 복음이 시작하는 곳에서 시작하도록 합시다. 그리고 신약의 신학이 무시당하고 소홀히 취급된 곳에서는 신약의 도덕이 오랫동안 고귀하고 정결하게 유지되지 못하였음을 기억합시다. "율법은 모세로 말미암아 주어진 것이요 은혜와 진리는 예수 그리스도로 말미암아 온 것이라."

그 다음에, 우리의 빈 곳을 채워주시고 죄를 용서하시는 은혜로우신 하나님에 대한 계시, 말하자면 율법에서보다 은혜의 계시에서 우리는 하나님의 본성에 대한 훨씬 더 깊고 고귀하고 복된 개념을 본다는 점을 말씀드립니다. 의로우신 하나님을 생각하는 것은 중요합니다. 눈이 정결해서 죄를 차마 보지 못하고, 사람들이 정결하고 고귀하며 하나님과 같은 삶을 살도록 하시려는 분을 생각하는 것은 중요하고 고상한 일입니다. 그러나 우리에게 베풀어 주시고, 사죄하시는 그리스도의 발밑에 앉아 동정의 눈물이 반짝이는 그리스도의 깊은 눈을 들여다보고, "보라 이는 우리의 하나님이시라 우리가 그를 기다렸으니 그가 우리를 구원하시리로다"(사 25:9) 하고 말할 때, 그것은 모든 옛 교훈을 초월하는 것으로 훨씬 더 복된 일입니다. 그것은 옛적의 선지자들과 의인들이 알았던 것보다 더 낫고 더 깊은 진리입니다. 사랑의 마음을 가지신 성부 하나님의 귀한 계시가 그리스도의 은혜라는 능력 있는 천사의 날개를 타고서 우리에게 이른 것입니다. "율법은 모세로 말미암아 주어진 것이요." 그러나 예수 그리스도의 얼굴에서 빛나는 부드러운 빛은 그룹 사이에서 비치는 하나님의 임재의 광선보다 더 밝습니다. 은혜와, 그러므로, 진리 곧 더 깊은 진리는 그리스도로 말미암아 왔습니다.

그 다음에 어떻게 이 대조가, 이전의 모든 체계는 앞으로 오게 되어 있던 완전한 계시의 예시와 그림자와 전조였다는 사실에 의해 분명해지는지 말씀드리도록 하겠습니다. 성전, 제사장, 제사, 율법, 모든 모세 제도는, 말하자면 신속히 오고 있는 왕의 모습이 미리 길에 비쳐진 그림자였습니다. 그림자가 왕 앞에 나타났지만, 왕이 왔을 때는 그림자가 사라졌습니다. 왕의 그림자는 예표와 상징과 그림들로 이루어진 체계였습니다. 그 모든 것을 옛것이 되게 만들고, 그것을 성취하며 초월하는 실체가 온 것입니다. "율법은 모세로 말미암아 주어진 것이요 은혜와 진리는 예수 그리스도로 말미암아 온 것이라."

2. 두 번째, 주는 것과 오는 것 사이에 나타나는 다른 대조를 살펴봅시다.

이 대조의 정확한 취지를 내가 생각한 대로 분명하게 설명했는지 모르겠습니다. 사람이 그 취지를 헤아릴 수 있다면, 틀림없이 거기에서 심오한 의미를 발견할 수 있을 것입니다. 어쩌면 그 취지를 다음과 같은 식으로 말하는 것이 가장 좋은 설명일지도 모릅니다.

"왔다"라고 번역된 단어는 "되었다" 혹은 "생겼다"라고 번역하는 것이 좀 더 정확할 수 있습니다. 율법은 주어졌고, 은혜와 진리는 존재하게 되었습니다.

자, 법이 주어졌다고 말할 때, 그것은 무슨 의미입니까? 그것은 법이 말로나 기록된 글로 반포되었다는 것을 의미할 뿐이라고 생각합니다. 법은 결국 많은 낱말로 이루어진 것입니다. 법을 말로 하거나 출판할 때, 법이 주어진 것입니다. 법은 기껏해야 말로 전달하는 것입니다. 그러나 "은혜와 진리는 존재하게 되었습니다." 은혜와 진리는 실체입니다. 말이 아닙니다. 은혜와 진리는 문장으로 전달되지 않습니다. 은혜와 진리는 실질적 존재입니다. 사람이 은혜와 진리를 역사적으로 경험하고 소유한 점을 가지고 말한다면, 은혜와 진리는 존재하게 된 것입니다. 예수 그리스도 안에서 생겼고, 예수 그리스도를 통해서 우리 모두에게 속하게 되었습니다. 그렇다고 해서 성육신 전에는 세상에 아무 은혜가 없었고, 하나님의 사랑이 나타난 바가 없었고, 하나님에 대한 참된 지식도 일절 없었다는 말이 아닙니다. 그러나 이 장 앞부분에서 말했듯이, 그리스도께서 오시기 전에 세상에 있었던 은혜와 진리 가운데 아무리 부분적이고 유보적 은혜라도, 그리고 아무리 불완전하고 희미한 진리라도 모두 "육신이 되어 우리 가운데 거하신" 영원하신 말씀의 활동에서 나온 것입니다. 또 그리스도께서 오신 후의 은혜와 진리의 충만함과 가까움에 비할 때, 그런 것은 너무 하찮고 멀리 떨어진 것입니다. 그래서 그런 은혜와 진리를 경험하고 소유한 사람의 입장에서 말하자면, 하나님의 사랑을 주는 것과 하나님의 깊은 사랑과 은혜의 심정에 대한 분명하고 참된 지식은 주 예수 그리스도의 역사적 출현으로 말미암아 생겼다고 말하는 것이 전혀 과장이 아니라는 것입니다.

그리스도께서 오신 것은 말로 계시하기 위해서가 아닙니다. 그리스도의 선물은 모세가 산에서 가지고 내려온 선물, 곧 돌판에 쓴 것과 같지 않습니다. 주님의 선물은 문자로 된 외적 계명이 아니고, 문자로 된 외적 계시가 아닙니다. 그리스도께서 존재하게 함으로써 계시하는 것은 사물 자체입니다. 주님은 은혜에 대해 말하지 않고 은혜를 가져오십니다. 주님은 우리에게 말씀으로 하나님을 보여주지 않고 행동으로 보여주십니다. 주님은 하나님에 관해 설교하지 않고, 하나님으로 살고, 하나님을 나타내십니다. 주님의 온유하심, 주님의 동정, 주님의 표적, 주님의 지혜, 주님의 인내, 주님의 눈물, 주님의 약속, 이 모든 것은 바로 하나님께서 우리 앞에서 활동하시는 것입니다. 그처럼 불완전하고 보잘것없는 구두 계시 대신에, 살아있는 실체인 은혜와 진리가 예수 그리스도의 얼굴에서 번쩍하고 어두운 세상에 비친 것입니다. 은혜와 진리가 새겨진 그리스도의 육(肉)의 마음판에 비할 때, 그 모든 장엄함에도 불구하고 결국 한 줌 호흡에 불과한 말뿐인 율법이 쓰인 돌판은 얼마나 차갑고, 얼마나 딱딱하며, 얼마나 피상적인 것인지 모릅니다.

3. 끝으로, 이 두 설립자 사이를 비교한 대조를 살펴보도록 합시다.

나는 율법의 설립자인 모세의 한계점들과, 은혜와 진리의 설립자이신 예수 그리스도의 완전성 사이의 차이를 고려해야 할 것으로 생각지 않습니다. 지금 사도는 입법자의 마지못한 봉사와 아들의 즐거운 봉사 사이의 차이를 생각하고 있는 것이 아닙니다. 혹은 때때로 모세의 활동을 망친 열정과 교만과, 예수님의 희생을 온전케 만든 지속적 평온함과 인내하는 온유함 사이의 차이를 생각하고 있는 것도 아닙니다. 나는 사도가 이 말을 하면서 순간적으로 이런 차이를 기억하였을 것이라고 생각지 않습니다. 즉 우리가 깨트린 율법이 떨고 있는 우리 양심에 죽음과 함께 부과하는 엄숙한 신비와 두려운 고독의 참된 상징으로서, 하나님께서 그 선지자 모세를 사람들이 알지 못하는 광야의 외진 곳에 묻은 그 이상한 무덤과, 주께서 죽음을 통해서 제자들에게 무덤을 어떻게 생각해야 할지를 바르게 보여준, 봄꽃이 만발한 무덤, 곧 울고 있는 친구들에게 위로의 말을 전한 흰옷 입은 천사가 방문한 동산의 그 무덤 사이의 차이를 사도가 순간적으로 떠올렸다고 생각지 않습니다.

나는 여기서 사도가 모세의 율법에 대한 관계와 그리스도의 복음에 대한 관계 사이의 대비를 주로 생각하고 있었다고 봅니다. 모세는 매개자에 지나지 않았습니다. 그의 인격은 그의 메시지와 아무 관계가 없었습니다. 여러분이 모세를 치워버려도, 율법은 조금도 변함없이 그대로 있습니다. 그러나 그리스도는 그의 메시지와 아주 긴밀하게 짜여 있어서 둘을 떼어놓을 수 없습니다. 여러분은 그리스도라는 인물을 없애버리면서 그리스도께서 가져오신 선물은 그대로 남겨둘 수 없습니다. 해를 꺼트린다면, 햇빛을 보존할 수 없습니다. 주님의 충만한 인성과 신성에서 그리스도를 치우면, 성육신의 능력과 십자가의 전능하심에서 그리스도를 제거하면, 다시 말해, 기독교에서 그리스도를 치우면, 기독교는 완전히 무너져 흔적도 없이 사라집니다.

그러므로 사랑하는 형제 여러분, 우리 가운데 어느 누구도 그런 위험한 실험은 하지 않도록 합시다. 여러분은 예수님은 치워버린 채 은혜와 진리를 보존할 수 없습니다. 여러분이 예수님의 신분과 본성, 그의 수난의 신비, 십자가의 구속하는 능력을 훼손하면, 예수께서 세상에 가져오신 복을 그대로 받을 수 없습니다. 여러분이 하나님의 동정심을 보여주는 은혜, 곧 주시는 하나님의 선물과 용서하시는 재판장의 사죄를 원한다면, 혹은 주님에 대한 지식의 실체인 진리를 원한다면, 그리스도를 영접함으로써 밖에는 얻을 길이 없습니다. "내가 곧 길이요 진리요 생명이다." "능히 살게 하기 위해 주신 율법이" 있습니다. 그리고 "의는 그 율법으로 말미암아 얻습니다"(갈 3:21). 진리이신 분이 있습니다. 우리는 그분을 통해서, 오직 그분만을 통해서 진리를 압니다. 겸손한 믿음으로 그분을 마음에 영접하십시오. 그러면 그리스도께서 은혜와 진리의 충만함을 가지고 여러분에게 오실 것입니다.

6
세상 죄를 지고 가는 이

"이튿날 요한이 예수께서 자기에게 나아오심을 보고 이르되
보라 세상 죄를 지고 가는 하나님의 어린 양이로다"

요 1:29

광야에서 시험을 받고 돌아오시는 길에 우리 주님은 곧바로 세례자 요한에게 가셨습니다. 세례자 요한은 주님을 큰 기쁨을 나타내는 이 놀라운 말로 환영하였습니다. 우리는 이 말에 너무 익숙해서 그 말의 중대함을 모르고 지내왔습니다. 요한의 이 말은 처음 듣는 사람들에게는 아주 대담한 것으로 들렸을 것입니다! 이 두 사람을 생각해 봅시다. 이 둘 가운데 한 사람, 곧 젊은 갈릴리 목수에 대해 그의 친구가 이 사람이 세계적 인물이고 무한히 중요한 사람이라고 증언하고 선언하는 것입니다. 이것은 예수 그리스도에 대해 공적으로 붙여진 첫 번째 명칭이었고, 이 명칭은 그리스도 사역의 한 면을 아주 두드러지게 나타냅니다.

세례자 요한은 그에게서 집중된 이전 계시의 전체를 요약하고 나서 예수님을 가리키면서 "저 사람이 그분이시다!" 하고 말하였습니다. 본문의 말씀은 그 이후 내내 지속된 모든 기독교의 교훈을 요약한 것입니다. 본문 말씀을 바르게 이해한다면, 나나 모든 설교자들이 할 일은 바로 같은 메시지를 반복하고, 같은 사실 곧 "세상 죄를 지고 가는 하나님의 어린 양"이라

는 사실에 주의를 집중하는 것뿐입니다. 사랑하는 친구 여러분, 여러분에게 필요한 것은 믿는 일, 이 한 가지뿐입니다. 우리 모두가 가장 필요로 하는 것은 진리입니다. 여러분 자신을 위하여 세상 죄를 지고 가는 하나님의 어린 양을 보라고 권하려는 것 외에 우리가 이렇게 모일 이유는 하나도 없습니다.

1. 먼저 예수 그리스도께서 세상 죄를 지고 가시는 이라는 점에 주목하기를 바랍니다.

본문에서 살펴볼 첫 번째 조항인 "하나님의 어린 양"이라는 말의 의미는, 그 말을 단지 혹은 주로 다정한 인성을 지니신 예수 그리스도는 매우 유순하고 오래 참으며 지극히 정결하신 분이라는 것을 의미하는 것으로만 생각한다면, 아주 형편없이 약화됩니다. 물론 그 말은 실제로 그 모든 것을 의미합니다. 그러나 세례자 요한이 그 말을 하면서 생각했던 것은 단순히 그리스도의 성향을 묘사하는 것이 아니었습니다. 그 다음에 이어지는 말을 보면 그 점이 분명히 드러납니다. 세례자 요한이 "하나님의 어린 양"이라는 상(像)을 선택한(나는 하나님의 인도에 의해서 선택했다고 믿습니다) 이유는 자기가 소개하고 있는 분의 어떤 기질을 말하는 차원보다 훨씬 더 깊은 데 있었습니다. 고대 예언과 의식(儀式)의 많은 흐름이 이 상징에서 하나로 모입니다. 그래서 "하나님의 어린 양"이라는 이 명칭이 의미하는 바를 이해하고자 한다면, 얄팍한 선생들이 이 표현이 지닌 의미의 전부라고 생각하고서 말한 감상적 견해에 만족해서는 안 됩니다. 고대의 모든 계시를 요약하는 장본인인 세례자 요한을 따라 그가 이 은유를 이끌어낸 고대 계시에 있는 출처들을 다시 돌아보아야 합니다.

이 출처들 가운데 첫째이자 가장 중요한 것은, 예수께서 오시기 전까지 유대인들이 메시야를 가리키는 것으로 믿었던 말씀입니다. 그런데 랍비들은 그리스도께서 오신 후에는 그의 말을 믿으려 하지 않았고, 그래서 어떻게 해서든지 또 다른 해석을 찾지 않으면 안 되었습니다. 나는 지금 우리 대부분이 익숙하게 알고 있을 것으로 생각하는 그 예언에 나오는 중대한 말씀을 이야기하는 것입니다. 그 예언에는 두 가지 표현이 나옵니다. 하나는 "그가 도살자에게로 가는 양과 같이 끌려갔고 털 깎는 자 앞에 있는 어린 양이 조용함과 같이 그의 입을 열지 아니하였도다"(행 8:32, 참고. 사 53:7)는 말씀입니다. 그리고 다른 하나는 본문의 취지에 더 적절한, "여호와께서는 우리 모두의 죄악을 그에게 담당시키셨도다 … 자기 지식으로 많은 사람을 의롭게 하며 또 그들의 죄악을 친히 담당하리로다"(사 53:6,11)라는 말씀입니다. 세례자 요한은 오랜 세월을 거슬러 올라가 이 고대의 예언의 말씀을 기억하고서 자기 곁에 서 있는 이 젊은 사람을 가리키며 "자, 그 말씀이 성취되었다" 하고 말하는 것입니다.

그러나 어린 양이라는 예언적 상징과 이 양이 많은 사람의 죄악을 담당하였다는 사상은 과거에 뿌리를 두고 있습니다. 또 희생제물인 어린 양과 매일 드리는 제사의 어린 양(단 8:11), 그리고 특별히 속박으로부터 구원을 상징하는 성례인 유월절에 잡는 어린 양을 가리켰습니다. 이와 같이 대신 고통 받는다는 개념과 구원이 되는 죽음의 개념, 문기둥에 뿌려져서 멸망시키는 천사로부터 그 집을 지키는 피의 개념이 모두 하나님의 어린 양이라는 이 말에 집약됩니다.

이 상징이 신성하고 유서 깊은 과거에서 나온 것이기 때문에, 이런 개념들로서 그 출처들을 다 설명하지는 못합니다. "하나님의 어린 양"이라는 단어를 읽을 때, 이 말을 듣는 사람이라면, 완고한 편견으로 눈이 멀지 않은 한, 다음과 같은 아름답고도 애처로운 이야기를 얼른 떠올리지 않을 수 없을 것입니다. 한 아버지가 아들을 데리고 모리아산 꼭대기로 올라갈 때 "어린 양은 어디 있나이까"라는 아들의 질문에 "내 아들아 번제할 어린 양은 하나님이 자기를 위하여 친히 준비하시리라!"(창 22:7,8)고 대답한 이야기 말입니다. 요한은 이렇게 말하고 있는 것입니다. "보라, 하나님이 준비하신 어린 양이시다. 세상 죄를 지고 가도록 하신 그 제물이시다."

그 다음에, 그리스도의 속죄 사역의 능력이 지닌 보편성을 살펴봅시다. 적절치 않은 번역을 따르고 있는 연도(Litany, 連禱: 인도자가 읊는 기원 기도에 회중이 간단하게 응답하는 기도 형식 ― 역주)가 말하듯이, 요한은

"죄들"이라고 하지 않습니다. 그보다 요한은 "세상 죄"라고 하여, 마치 인류의 모든 죄를 다 모아 시커멓고 무시무시한 다발로 묶어서 그 모든 것을 지고 가 버릴 수 있는 더 나은 이 아틀라스(Atlas: 그리스 신화. 신들을 배반한 벌로 하늘을 짊어지게 된 신 — 역주)의 당당한 어깨에 지운 것처럼 말합니다. 여러분의 죄와 나의 죄, 모든 사람의 죄를 다 예수 그리스도께 지운 것입니다.

사랑하는 형제 여러분, 이 놀라운 비유적 표현에는, 내가 볼 때 그리고 여러분도 그렇게 볼 수 있기를 바라는데, 우리가 의지해야 하는 복음의 기초가 되는 아주 분명한 두 가지 사실이 있다는 점을 기억하시기 바랍니다. 한 가지는, 예수 그리스도께 즉 그의 삶과 죽음에 세상 죄의 죄책과 그 결과가 지워졌다는 것입니다. 나는 지금 어떻게 그런 일이 가능할 수 있는지를 얼마든지 설명할 수 있다고 공언하는 것이 아닙니다. 그것이 내가 그리스도 자신과 성경의 권위에 근거해 믿는 사실이라는 것입니다. 그것이 인간 본성의 법과 모순되지 않는다고 주장할 수 있지만 입증할 수는 없다는 것입니다. 지금까지 그 사실을 분명하게 설명하기 위해 많은 이론들이 고안되었습니다. 나는 그 이론들 가운데 어느 것이라도 깊이를 헤아릴 수 없는 그 바닥에까지 닿았는지 모릅니다. 그러나 내가 믿는 대로, 참된 신성과 결합된 완전한 인성을 지니신 그리스도는 모두의 죄악을 담당하실 수 있는 분으로서 인류와 또 모든 사람과 매우 친밀한 관계를 맺으실 수가 있습니다. 물론 동정심이 친밀한 관계를 갖는 데 많은 역할을 하지만, 그리스도께서 단지 그런 동정심으로 사람과 친밀한 관계를 맺으시는 것이 아닙니다.

형제 여러분, 그리스도께서 서슴없이 걸어 들어가 자기를 덮치도록 하신 차디찬 큰 물이 온 세상의 죄가 다 쌓여서 된 것이 아니라면, "나는 받을 세례가 있다"(눅 12:50)는 주님의 말씀이 무슨 의미였겠습니까? 겟세마네 동산에서 주님이 겪으신 고통의 의미는 무엇이었습니까? 죄 없으신 분이 하나님과 사람 사이를 가로 막은 세상 죄를 짊어진 것이 아니라면, 이제까지 사람의 입에서 나온 말 가운데 가장 두려운 말, 곧 하나님과 일체를 이루고 있다가 떨어져 나가는 것을 의식하면서 부르짖은 "나의 하나님, 나의 하나님, 어찌하여 나를 버리셨나이까"(마 27:46)라는 놀라운 말의 의미는 무엇이었겠습니까?

사랑하는 교우 여러분, 예수 그리스도의 수난과 죽음에 들어있는 이 초월적 요소를 정당하게 인식하지 못하면, 세상에 와서 죽으셨을 때의 그리스도의 태도는 전적으로 주님을 의지하고 죽은 수많은 사람들의 죽음보다 더 본받을 만큼 영웅적이고 고귀하고 가치 있는 것으로 보기 어렵다고 생각합니다. 나는 여러분에게 어떤 이론을 제시하려는 것이 아닙니다. 다만 그리스도께서 세상 죄를 지고 계시고, 그 무거운 짐에 여러분과 나의 죄가 있다는 사실을 직면하도록 하려는 것입니다.

본문에서 그 표현을 쓴 데에는 또 다른 진리를 분명하게, 어쩌면 더 직접적으로 나타내려는 뜻이 있었을 것입니다. 즉 죄를 지고 가는 이가 그에게 지워진 짐을 단지 지고 가는 것만이 아니라 가져가 없애버린다는 것입니다. 여기에 어떤 상징을 가리키는 면이 있을 것 입니다. 내가 의식(儀式)과 예언과 역사에 있었다고 말한 이 비유적 표현의 다른 출처들 외에도 말입니다. 그 말은 어떤 민족에게만 국한된 것이 아니라 인류 전체에게 자산이 되는 진리들을 담고 있는 고대 제도의 감동적 상징들 가운데 또 다른 것을 언급하는 것으로 볼 수 있습니다. 틀림없이 여러분은 속죄양과 결부된 독특한 의식을 기억할 것입니다. 그리고 여러분 가운데 많은 분들은 현대의 천재적 기독교인 화가가 그 속죄양을 놀랍게 구체적으로 표현한 것을 떠올릴 것입니다. 민족의 죄가 양의 머리에 상징적으로 올려 퍼졌습니다. 양을 광야 끝으로 끌고 와서, 사람에게서 멀리 떠나고 하나님에게서도 멀리 떠나서 민족의 모든 죄의 짐을 지고 홀로 방황하다가 어둠과 고독 속으로 사라지도록 내쫓습니다. 예수 그리스도는 죄의 짐을 지고 가져가버리십니다. 개인이든 사회든 세상 전체든, 죄책과 그 형벌, 죄의 세력을 완전히 없애버릴 수 있는 길은 딱 한 가지 있습니다. 그것은 세상 죄를 스스로 지고 보이지 않도록 가져가 버리시는 하나님의 어린 양을 보는 것입니다. 여러분에게 말씀드리고자 한 첫 번째 사상에 대해서는 이만큼 하고 끝내도록 하겠습니다.

2. 그 다음에, 세상 죄를 지고 가는 이는 세상이 가장 절실히 필요로 하는 분이라는 두 번째 사상을 살펴보도록 합시다.

　　모든 나라에 제사가 있다는 점은, 모든 시대를 통하여 온갖 다양한 문화 아래서 사는, 온 세상에 걸친 인류는 죄의 사실을 해결해야 한다는 것이 가장 절실한 필요한 문제라는 것을 희미하게나마 알고 있었다는 것을 증거합니다. 제단과 제사, 그리고 무죄한 피조물을 죽이는 일이 온 세상에 널리 퍼져 있는 사실을 다른 이유들에 근거해서 설명하는 현대의 독창적 방식들이 많이 있다는 것을 압니다. 그 이유들 가운데 한 번쯤 생각해 볼 수 있는 몇몇 이유들은, 인간의 곤경을 해결하는 데 적합하다는 이 증거를 기독교의 진리가 약화시킨다는 이유에서 주로 사람들의 지지를 받습니다. 이런 이유들이 제시될지라도, 나는 더 지혜로운 사람들의 주장을 정당하게 인정하면서도 온 세상에 제사가 널려 있는 점을 설명할 때, 제사 즉 희생에서 그 중요한 요소를 고려하지 않는다면, 즉 사람과 더 높은 권력자 사이에 일이 잘못되었고 그래서 그런 방법에 의해서라도 바로 잡을 필요가 있다는 널리 퍼져있는 이런 의식을 생각하지 않는다면, 그런 현상을 바르게 설명할 수 없다고 단언합니다.

　　내가 세상에 널리 퍼져 있는 이 사실만을 들어서 인류의 가장 절실한 필요가 무엇인지를 나타낼 필요는 없습니다. 나는 모든 사람 자신의 의식을 들어서 말하고 싶습니다. 물론 사람의 의식을 분명히 안다는 것은 어려운 일입니다. 우리 가운데 어떤 사람들에게 그 의식은 오랫동안 쌓여온 무관심과 태만 아래 묻혀 있습니다. 그런가 하면 많은 사람들의 경우에 악한 습관들에 빠져 있는 탓으로 그 의식에 무감각합니다. 나는 우리 각 사람이 정직하게 내면의 목소리에 주의를 기울인다면, "하나님이 모든 사람을 죄 아래 가두어 두셨다"(롬 11:32)는 성경의 선언에 "아멘" 하고 응답할 것이라고 믿습니다. 여러분 자신에 대해서 생각해 볼 때, 그렇지 않습니까? 여러분이 아무리 그 사실을 용케 숨기거나 몰려드는 일 가운데서 잊어버릴 수 있고, 혹은 생각을 돌려 고상하거나 저열한 쾌락과 일에 빠질 수 있을지라도, 흔히는 우리 각 사람의 마음속에 그 의식이 잠복해 있다가 이따금 깨어나서 돌아다니며 우리를 문다는 것을 여러분도 알지 않습니까? 우리 각 사람이 하나님께 대하여 잘못되었고, 그래서 우리를 바로 잡아줄 것이 필요하다는 의식이 있음을 알지 않습니까?

형제 여러분, 현대의 모든 박애주의자들은 이 교훈을 배워야 합니다. 세상이 원하는 것은 죄를 해결하는 일이라는 것입니다. 즉 용서받았음을 알 수 있는 방식으로, 죄의 원천을 말려버리고, 사람들을 죄의 세력에서 구출하는 방식으로 죄를 해결하는 것입니다. 여러분이 그렇게 하지 않으면, 아무것도 하지 않고 있는 것이라고 말하는 것은 아닙니다. 그러나 여러분이 무엇이라도 조금 하는 것은, 마치 베수비우스 화산에 찬 물 한 병을 부어서 불을 끄려고 하는 것이나 같습니다. 여러분은 교육에 종사하고 문화를 개발하며 사람을 품위있게 하는 일을 할 수 있습니다. 금세기의 최신 개념에 맞게 정치적으로나 경제적으로 제도를 개선할 수도 있습니다. 그런데 그 다음은 어떻게 됩니까? 자! 옛것은 다시 시작될 것이고, 예전의 비참한 일들은 다시 나타날 것입니다. 이는 그 모든 비참한 일들의 조상, 곧 그런 비참한 일들을 가져온 죄가 그대로 있기 때문입니다.

내가 이렇게 말한다고 해서, 그리스도의 복음보다 덜 완전한 방법들을 통해서나마 세상의 악을 고치려고 애쓰고 있는 훌륭하고 고상한 사람들을 반대하고 있는 것처럼 오해하지 않기를 바랍니다. 그 사람들이 많은 일을 할 것입니다. 여러분은 고등 교육을 받고, 아름답고 세련된 문화와 태도를 지닐 수 있습니다. 가장 민주적 개념에 맞게 정치권력을 분할할 수 있습니다. 여러분은 최저 생활 임금의 개념이 아무리 터무니없는 것일지라도 모든 사람에게 "최저 생활 임금"을 지불할 수도 있습니다. 여러분은 이 모든 만병통치약들을 가져올 수 있지만, 세상은 여전히 신음할 것입니다. 모든 해악의 뿌리를 처치하지 않았기 때문입니다. 여러분은 작은 손가락에 깁스를 해서는 속에 있는 암을 고칠 수 없습니다. 향유와 붕대가 있는 의사, 곧 세상 죄를 가져가 버리시는 예수 그리스도께 가기 전에는 세상의 상처를 멈추게 하지 못할 것입니다. 나는 세상의 비참함을 고쳐 보려고 하는 이 모든 치료책들 자체가 아주 부적당한 것으로 봅니다. 반면에 그 치료책들이, 죄사함을 다루고 개인의 죄를 씻는 것이 주요 임무인 복음에서 나온 것일 때는 그 치료책들을 복되고 효력 있는 것으로 보며, 거기에서 도움을 얻으려고 할 것입니다.

여기서 한 걸음 더 나아갈 수 있다면, 나는 세례자 요한이 온통 주의를 기울였던 주님 사역의 이 면은 사람들을 지배하는 권한을 주님께 부여하며, 주님 사역의 기록물인 이 복음서를 원래의 의도대로 세상에서 왕적 권세를 갖게 만드는 유일한 면이라는 점을 말하고 싶습니다. 확실히 그리스도인 선생들은 그리스도 사역의 그 면을 가장 중요하게 보지 못하면 그만큼, 가르침에서 실패합니다. 앞에서 말했듯이, 내 생각에는 이 첫 번째 면을 뒤따르는 다른 면들이 있습니다. 오늘날 많은 영역에서 분명하게 나타나는 경향대로, 기독교를 주로 사회 개량의 수단으로 생각한다면, 혹은 세상 죄를 제거하는 십자가에 그 모든 기초를 두지 않은 채 기독교의 행동 원리를 생활에 적용한다면, 그런 기독교는 피상적 효과밖에 거두지 못할 것이고, 그런 중심 사상을 잊어버리면 기독교는 그 모든 힘을 잃게 될 것은 불 보듯이 뻔한 일입니다.

사랑하는 형제 여러분, 예수 그리스도는 사회 개혁자들 가운데 단연 선두에 서시고, 그 활동이 지속될 유일한 분일지라도, 단순히 사회 개혁자에 그치는 분이 아니라는 점을 기억하시기 바랍니다. 예수 그리스도는 인간 행동의 사랑스런 귀감이 되시지만, 단지 귀감에 불과하신 분이 아닙니다. 예수 그리스도는 일찍이 어떤 위대한 종교적 인물도 말하지 못한 하나님의 부성(父性)을 말씀하셨지만, 단지 위대한 종교적 인물에 그치는 분이 아닙니다. 예수 그리스도의 복음은 예수께서 말씀하신 것뿐만 아니라 또한 예수께서 行하신 것에 대한 기록이며, 예수께서 사신 것뿐만 아니라 죽으신 것에 대한 기록이기도 합니다. 주님의 다른 모든 권세와, 사회에 끼친 그 밖의 모든 혜택과 복은 주님께서 개인 영혼을 대하여 그의 죄책을 치워버리고 그를 하나님과 화목시키시는 결과로서 오는 것입니다.

3. 끝으로, 세상 죄를 지고 가는 그분을 "본다"면, 그가 곧 우리의 죄를 지고 가시는 분이 된다는 점을 살펴보도록 합시다.

세례자 요한은 이때 무심한 사람들을 불러서 보라고 하면서, 그들이 무엇을 보게 될지를 말하고 있었을 뿐입니다. 그의 요구는 격렬하지는 않았지만 훨씬 더 깊은 의미를 지녔다는 것을 느낄 수 있는 말입니다. 사랑하는 친구 여러분, 이것이 여러분에게 강조하고 싶은 유일한 진리입니다. "하나님의 어린 양을 보라!"

여기서 본다는 것은 무엇을 말합니까? 확실히 그것은 바로 내가 지금까지 설명하려고 애썼던 그 위대하고 복된 사역에서 주님을 인식하고, 충족한 제물이신 위대한 주님을 의지하는 것입니다. 그처럼 단순한 신뢰의 활동을 본다고 이름 붙인 것은 잘한 일입니다. 믿는 사람들은 감각으로 볼 수 있는 것보다 더 깊고 참된 모습을 보기 때문입니다. 여러분과 나는 주님 곁에 둘러 서있었지만 히브리서에서 말하는 대로 주님의 육신이 "휘장"이 되어 주님의 참된 신성과 사역을 보지 못한 사람들보다 사실 그리스도를 더 잘 볼 수 있습니다. "백문이 불여일견"이라는 속담이 있습니다. 이 속담을 기독교식으로 바꾸면 이것입니다. "믿는 것이 보는 것이다." "예수를 너희가 보지 못하였으나 사랑하는도다 이제도 보지 못하나 믿고 기뻐하니"(벧전 1:8).

주님의 사역을 알고 그것을 의지함으로써 "보는" 여러분의 단순한 행위로 말미암아, 세상 죄를 지고 가는 분이 여러분의 죄를 지시는 분이 됩니다. 여러분은 끝없이 펼쳐진 대초원에서 자신의 땅을 조금 가진 사람처럼 전체적 복을 여러분의 것으로 갖게 됩니다. 여러분이 주님을 소유한다고 해서 내가 주님을 소유하는 것이 줄어들지 않습니다. 보는 눈마다 빛을 얻고, 아무리 많은 눈이 주님을 바라볼지라도 보는 사람들이 모두 눈동자에 빛을 받기 때문입니다. 여러분은 그리스도를 여러분의 것으로 삼을 수 있고 그리스도께서 세상을 위해 행하신 모든 것을 여러분의 소유로 삼을 수 있습니다. 또 마음속으로 죄의 세력과 죄책으로부터 사함을 받고 구원받았다는 느낌을 경험할 수 있습니다. 이 모든 것을 예수님을 본다는 간단한

조건으로 얻을 수 있습니다. 놋뱀을 장대 끝에 달아 높이 들었습니다. 진
(陣)에서 죽어가는 사람들은 거기까지 갈 수 없습니다. 그러나 마지막 숨
을 헐떡이는 사람이라도 희미해진 눈으로 높이 달려 있는 어렴풋한 형상
을 볼 수 있습니다. 그리고 그것을 볼 때, 건강이 그의 혈관 속에서 다시
요동치기 시작하고, 그는 치료를 받습니다.

　사랑하는 형제 여러분, 그리스도를 보십시오. 그리스도를 보지 않는 한,
그리스도께서 세상 죄를 지셨을지라도 거기에 여러분의 죄는 있지 않고,
여전히 여러분의 등에 있어서 여러분을 눌러 찌부러트릴 것입니다. "세상
죄를 지고 가는 하나님의 어린 양이시여, 나를 불쌍히 여기소서!"

7
첫 제자들 (1):
요한과 안드레

"두 제자가 그의 말을 듣고 예수를 따르거늘 예수께서 돌이켜 그 따르는 것을 보시고 물어 이르시되 무엇을 구하느냐 이르되 랍비여 어디 계시오니이까 하니 (랍비는 번역하면 선생이라) 예수께서 이르시되 와서 보라 그러므로 그들이 가서 계신 데를 보고 그 날 함께 거하니 때가 열 시쯤 되었더라"

요 1:37, 38

본문에서 우리는 큰 강의 상류들을 봅니다. 여기서 다름 아닌 기독교 교회의 시작을 보기 때문입니다. 이처럼 아주 간단하게 첫 번째 제자들이 생겼습니다. 신자들의 큰 사회가 주님처럼 한 구석에서 눈에 띄지 않게 태어났습니다.

예수께서는 세례를 받으신 후에 광야에서 싸움을 끝내고 돌아와 세례자 요한에게 마지막으로 증거를 받기 위해 그 앞에 나타나셨습니다. 그것은 마지막 선지자가 모든 예언의 성취를 직접 본 중요한 역사적 순간이었습니다. "보라 하나님의 어린 양이로다"는 그의 말에서, 유대교의 예언이 "유레카! 찾았다!"라고 마지막 기쁨을 표현하고 죽는 최후의 노래를 부른 것입니다.

세례자 요한의 제자들이 자기를 떠나 예수님을 따르도록 하기 위해 여기서 증언을 반복한다는 점을 생각할 때, 사람들은 이 요한의 훌륭한 자기

억제와 사심 없음을 충분히 제대로 평가하지 못하고 있습니다. 요한이 질투심에 사로잡힐 사람이었다면, 예수는 흥하는 반면에 자기는 쇠하게 되는 자신의 운명을 그처럼 기쁘게 인정하지 않았을 것입니다. 한 선생에게서 볼 수 있는 참으로 귀한 도량이 아닐 수 없습니다! 요한의 말을 듣는 두 사람은 시몬 베드로의 형제 안드레와 이름을 알 수 없는 또 한 사람입니다. 이름을 알 수 없는 그 사람은 아마도 이 요한복음 기자인 것 같습니다. 우리가 이 복음서에서 야고보와 요한의 이름을 한 번도 보지 못하고(다른 복음서들에서는 이 두 사람이 우리 주님과 아주 친밀하게 지낸 것을 알 수 있습니다), 이 책의 끝 부분에 가서 한 번 두 사람이 "세베대의 아들들"로만 언급되는 것을 보기 때문입니다. 그 사실을 볼 때, 이 복음서의 저자로 요한을 생각하게 됩니다.

그 다음에 이 두 사람이 예수님의 뒤를 따라갔습니다. 이들은 예수께서 자기들의 따르는 것을 눈치 채시지 못한 것으로 생각하고, 말을 걸지 않고서 아마도 예수님을 따라 집까지 가서야 예수님을 만나 보려는 생각을 가지고 있었던 것 같습니다. 그러나 사람들이 자기에게 오려고 하는 처음 낌새를 눈치 채시면 언제나 나와서 사람들을 맞이하고, 사람들이 원하는 것 이상을 주시는 주님께서는 사람들이 슬그머니 뒤를 따르는 것을 못 본 체하거나 망설이고 지체하려는 생각으로 갈등하도록 내버려 두시지 않습니다. 그래서 주님께서 그들에게로 돌이키셨고, 그 다음에는 본문에 이어지는 구절들에 나오는 사건들이 일어납니다.

여기서 우리가 특별히 유의해야 할 일들이 세 가지가 있다고 생각합니다. 첫째, 주님께서 온 세상에 물으신 질문입니다. "무엇을 구하느냐?" 둘째, 주님께서 온 세상을 초대하신 말씀입니다. "와서 보라!" 세 번째, 사람들의 마음을 주님께로 이끄는 개인적 교제입니다. "그들이 가서 계신 데를 보고 그 날 함께 거하니."

1. 먼저 온 세상을 향하신 그리스도의 이 질문을 살펴봅시다. "무엇을 구하느냐?"

겉으로 볼 때, 그리고 이 질문의 일차적 적용에서 그렇듯이, 이것은 지극히 자연스런 질문입니다. 주님께서 뒤에서 발자국 소리가 들리자 보통 사람들이 하듯이 돌아보고, 누구나 물을 수 있는 질문을 하십니다. "무엇을 원하느냐?" 이 질문은, 이 질문을 할 때의 표정과 어조에서 거기에 담긴 모든 의미를 끌어낼 것입니다. 이 질문은 요구 사항을 말하기도 전에 귀찮아하며 무뚝뚝하게 거절한다는 것을 의미할 수도 있습니다. 혹은 소원하는 바를 끌어내려고 하는 기쁜 마음을 표시하고, 소원하는 바를 들어주시겠다는 약속에 가까운 바를 의미할 수 있습니다. 모든 것은 이 질문을 하셨을 때 얼굴에 띤 웃음과 그 질문이 사람들의 귀에 들릴 때의 목소리의 억양에 전적으로 달렸습니다. 그 자리에 있었더라면, 아마도 우리는 이 두 가지 점을 분명하게 느꼈을 것입니다. 즉 그것의 형태는 질문이지만 사실상 약속이었다는 것과, 그 질문이 두 사람에게 수줍은 소원을 표현하게 하고, 자기들이 바라는 것이 무엇인지 분명히 알고 또 그것을 받을 것임을 확신할 수 있게 하였다는 것입니다. 이 질문이 이 복음서 기자의 마음에 깊이 박힌 것이 분명합니다. 그래서 생애 말년에, 곧 그가 인생의 길을 거의 다 갔을 때, 결코 잊을 수 없는 목소리가 그의 기억 속에 여전히 울립니다. 그래서 그는 그날 요단강 가에서 일어났던 모든 장면을 아주 선명하게 기억할 수 있습니다. 우리가 사랑하게 된 사람들의 첫 번째 말과 마지막 말은 마음에 깊이 새겨지기 마련입니다.

주님께서 메시야의 직무를 수행하면서 처음 하신 이 말씀이 이같이 "무엇을 구하느냐"라는 의미심장한 질문이었다는 것은 우연한 일이 아니었습니다. 주님은 모두에게, 오늘 우리 모두에게 이 질문을 하십니다. 이에 대해 "랍비여 어디 계시오니이까" "우리가 구하는 것은 바로 당신입니다" 하고 답변할 수 있다면 잘하는 일입니다. 그래서 이 말씀을 다소 넓게 적용해서, 이 말씀이 의미할 수 있는 두세 가지 방향을 말씀드리도록 하겠습니다.

첫째, 이 질문은 우리에게 이 점을 이야기합니다. 즉 인생에서 우리의 목적이 무엇인지 분명하게 알아야 할 필요가 있다는 것입니다. 대부분의 사람들이 이 질문에 대답한 적이 없습니다. 이들은 환경에 쫓기고 우발적 사건들에 끌리며 지각없는 열정과 욕망에 사로잡혀 하루 벌어 하루를 살아갑니다. 자기들이 당장 원하는 것은 알지만, 그리스도 안에서 하나님 앞에 서서 그리스도께서 "무엇을 구하느냐"고 물으실 때 그 질문에 답하기 위해 일생 동안 일관된 어떤 전체를 이루는 생활을 살려고 한 적이 없습니다.

여러분 가운데 대부분이 지금 살아가고 있는 이러한 모순되고 본능적이며 분별없는 생활은 사람으로서 부끄러운 일임은 말할 것도 없습니다. 하나님께서는 우리를 단지 이렇게 환경에 조롱당하도록 짓지 않으셨습니다. 우리의 삶이 미숙하거나 힘없는 사람이 키를 잡고 있어서 이쪽으로 갔다가 저쪽으로 갔다 하고, 계속해서 똑바로 가지 못하는 작은 낚시 배와 같이 되는 것은 누구에게나 수치스러운 일입니다. 사랑하는 형제 여러분, 나는 여러분이 이 질문을 똑바로 마주대하기 바랍니다. "결국, 실제로 나는 무엇을 위해 살고 있는가? 나는 내 인생의 궁극적 목적을 부끄럽지 않게 분명한 말로 진술할 수 있는가?" 여러분 가운데 말하자면 아주 부끄러워 할 일을 행하는 것을 부끄러워하지 않는 사람들이 있습니다. 그들은 사실 직접 말하고 싶어 하지 않는 일을 추구함으로써 "너는 무엇을 추구하고 있느냐"는 질문에 답을 합니다.

우리 가운데 정욕과 열정과 야망과 탐욕을 위해서 살고 있고, 온갖 더러운 것과 불경건한 일을 하며 사는 사람들이 많이 있을 것입니다. 그 수가 얼마나 많을지 모르겠습니다. 우리 모든 사람 마음속에는 낮의 빛 가운데로 끌고 나올 수 없는 부끄럽고 저열한 목적들이 많이 있습니다. 나는 여러분이 그 추한 것들이 어두컴컴해서 편한 곳에 아무리 숨으려 하고, 끈적끈적한 줄로 어둠 속에 있는 것을 아무리 단단히 감고 있을지라도 그것들을 꼭 붙들어 밖으로 끌고 나오기 바랍니다. 여러분이 인생의 목적을 말로 표현할 수 없다면, 그것이 대체 여러분의 인생의 목적이 되어야 하는 것인지 생각해 보시기 바랍니다.

형제 여러분! 스스로에게 이 질문을 하고 조금이라도 철저하게 그 질문에 답을 하려고 한다면, 우리가 추구하고 있는 것들을 발견하는 장소에 대해 그처럼 많은 실수를 하지 않을 것입니다. 우리가 정말로 추구하고 있는 것을 안다면, 어디 가야 그것을 찾을 수 있는지 알 것입니다. 여러분이 알든지 모르든지, 무엇을 추구하고 있는지 말씀드리겠습니다. 여러분은 마음의 안식과 영혼의 고향을 구하고 있습니다. 지성을 위한 완전한 진리와 애정을 위한 완전한 아름다움, 양심을 위한 완전한 선을 구하고 있습니다. 여러분은 빛이라는 흰 광선에 하나로 모아진, 이 세 가지를 구하고 있고, 그 모든 것을 한 인물에게서 찾고 있습니다. 그런데 여러분 가운데 많은 사람들이 이것을 알지 못하고, 오직 한 곳에서만 찾을 수 있는 곳을 전혀 엉뚱한 곳에서 뒤지고 있습니다. "무엇을 구하느냐"는 이 질문에 대해 모든 답변 가운데 가장 깊은 답이고, 실제적 유일한 답은 "내 영혼이 하나님 곧 살아 계시는 하나님을 갈망하나이다"(시 42:2)라는 것입니다. 이것을 안다면, 여러분에게 필요한 것을 어디에서 찾아야 할 줄 압니다! "가시나무에서 포도를 따겠느냐?"(마 7:16). 이런 것이 정말로 여러분이 추구하는 것이라면, 참으로 헛된 것을 추구하는 것입니다! 사람들은 새조개에서 진주를 구하고 석탄갱에서 금을 구한다고 하지만, 왜 여러분은 하나님을 떠나서, 하나님이 아닌 것에서 마음과 지성과 양심과 영혼의 안식을 찾습니까? "무엇을 구하느냐?" 이에 대한 유일한 답은 "우리가 주를 찾나이다!"입니다.

그 다음에, 이 말씀이 단지 질문만이 아니라 사실상의 숨겨진 암묵적 약속이 되는지 말씀드리겠습니다. "내게서 무엇을 구하느냐"는 질문은 기도할 준비가 된 사람에게 자극을 주어 기도하게 만들고, 기도가 목구멍에 붙어서 나오지 않는 사람에게서 기도를 끌어낼 수가 있습니다. 혹은 이 질문은 다음과 같은 자비로운 초대처럼 들릴 수 있습니다. "네가 구하는 바가 무엇이냐? 네 요청하는 바가 무엇이냐? 그것을 네게 들어주겠다." 우리는 주님의 질문이 위에서 말한 두 가지 중의 어느 하나에 속하는 것을 압니다. 그리스도께서는 이런 질문들을 하시는데(신약에는 그런 질문들이 많이 나옵니다), 이것은 주님께서 어떤 정보를 얻기 위해서가 아니라 우리에게 힘을 북돋아 주시기 위해서입니다. 주님께서 사람들에게 물으시는 것은 사람들이 대답하기 전에는 알지 못하기 때문이 아닙니다. 그보다는 한편으로 사람들이 자신의 원하는 바를 분명히 알도록 하고, 그래서 분명히 알기 때문에 원하는 바를 더욱 더 간절히 바라도록 하기 위함이고, 다른 한편으로는 자신들의 소원을 표현함으로써 주님께서 주시려고 하는 선물을 더욱 받을 수 있도록 하기 위해서입니다. 그래서 주님은 자신을 찾아온 목적을 충분히 알고 계셨지만 이들에게로 돌이켜 "무엇을 구하느냐"고 물으십니다. 이때 주님은 좀 더 낮은 수준에서, 그리고 외적 영역에서 똑같은 일을 하시는 것입니다. 그것은 주님께서 꼭 주려고 하시지만 우리의 기도를 조건으로 주려고 하시는 복들을 위해 기도하라고 지시하실 때와 같은 것입니다. 그렇게 기도를 조건으로 복을 주시려고 하는 이유는 기도를 통해서 우리의 마음이 그 복들을 받을 수 있을 만큼 용량이 커지기 때문입니다.

우리는 이렇게 해서 이 말씀에서, 주님의 은혜로운 약속은 기도하는 자가 필요한 것들을 알고 주님께로 돌이켜 채워주시기를 바란다는 단순한 조건 하에서 원하는 바를 주시겠다는 것임을 알았습니다. "무엇을 구하느냐?" 이 질문은 바로 주님께서 자유롭게 쓰도록 그들 손에 쥐어주시는 백지 수표입니다. 이 질문은 주님께서 문을 연다면 필요한 모든 것을 얻을 수 있을 것임을 확실히 믿도록 하면서 주시는 주님의 보물 창고의 열쇠입니다.

무엇인가를 끊임없이 추구하는 온 세상의 불안한 사람들 앞에 서서, 자신이 각 사람이 요구하는 바를 다 줄 수 있는 역량이 있음을 알고서 보증이나 다름없는 이 질문을 하시는 이분은 누구십니까? 광야 같은 이 세상에서 남녀노소를 가릴 것 없이 모든 사람에게 원하는 바를 다 줄 수 있다고 공언하는 이분은 누구십니까? 답은 딱 한 가지입니다. 곧 그분은 하나님의 그리스도이십니다.

그리스도께서는 약속하시는 것을 지금까지 다 지키셨습니다. 지금까지 이 질문을 가지고 주님께 간 사람치고 답을 듣지 못한 사람이 없었고, 진정 선한 것을 구하였는데 거절 받은 사람이 없습니다. 누구든 그리스도께서 주실 수 없는 것을 그리스도께 구할 수 있는 사람은 없습니다. 누구든 그리스도께서 주시려고 하지 않는 것을 그리스도께 구할 수는 없습니다. 가장 고상한 영역에서, 곧 최고의 선물인 영적 선물들이 주어지는 곳에서, 우리는 필요한 모든 것을 얻을 수 있습니다. 우리의 유일한 제한은 주님의 무한한 전능하심이 아니라 우리의 답답하고 작아진 보잘것없는 소원입니다. "구하라 그리하면 너희에게 주실 것이요 찾으라 그리하면 찾아낼 것이 요"(마 7:7).

그리스도께서는 마치 국가적 큰 절기에 세워 놓은 분수들처럼 우리 앞에 서계십니다. 모든 군중들이 원하는 온갖 다양한 물을 쏟아내서 사람마다 빈 컵에 물을 가득 받고, 사람들이 원하는 바를 채우게 하는 분수로 서계십니다. "무엇을 구하느냐?" 지혜를 구합니까? 학생 여러분, 사상가 여러분, 지적으로 곤란하고 당혹스러운 문제로 고심하고 있는 젊은이들이여, "무엇을 구합니까?" 진리를 구합니까? 그리스도께서 우리에게 진리를 주십니다. 다른 분들은 "무엇을 구합니까?" 사랑, 평화, 승리, 자제심, 소망, 슬픔의 위안을 구합니까? 여러분이 무엇을 원하든지 예수 그리스도 안에서 찾을 것입니다. 주님께서 메시야로서 사람들에게 침묵을 깨트리고 처음 하신 말씀은 사람들의 목적과 뜻을 면밀히 조사하는 엄중한 질문이면서, 또한 주님께서 능히 행하실 수 있는 일, 곧 각 사람에게 그들이 원하는 바를 주는 그 일을 반드시 행하시겠다는 은혜로운 약속이었습니다. "무엇을 구하느냐?" "찾으라 그리하면 찾아낼 것이요."

2. 다음에, 마찬가지로 어떻게 주님께서 말씀하시는 두 번째 말을 세상에 대한 주님의 자비로운 초대로 볼 수 있는지를 살펴보도록 합시다. "와서 보라."

제자들의 답변은 단순하면서도 소심하였습니다. 이들은 감히 "선생님과 이야기할 수 있습니까" 혹은 "우리를 제자로 삼아주시겠습니까" 하고 말하지 못했습니다. 이때 이들이 용기를 내어 물을 수 있는 것이라곤 "랍비여 어디 계시오니이까"라는 것뿐입니다. 어쩌면 다음에 그들이 이 랍비에게 가서 말씀드리겠다는 뜻일지 모릅니다. 주님의 답변은 이것입니다. "와라,

지금 와라. 와서 나와 교제함으로 나를 알도록 하라." "인자는 머리 둘 곳이 없도다"(눅 9:58)고 하신 것을 보면, 주님의 임시 거처는 아마도 강둑 어디쯤에 자리를 잡은 곳 같습니다. 그렇지만 주님은 이들에게 그리 오라고 환영합니다. "와서 보라!"

우리는 이 사실에서 단순하지만 분명한 한 가지 진리를 끌어냅시다. 그리스도께서는 사람들이 자기에게 도움을 청할 때는 언제나 기뻐하십니다. 그리스도께서 여기 세상에 계셨을 때, 한 시간도 자기를 찾는 자들을 맞이하기에 불편하거나 부적당하게 생각하신 때가 없었고, 너무 바쁘신 때도 없었습니다. 굶주림이나 갈증, 혹은 잠 같은 당신의 신체적 필요 때문에 자기를 찾으러 오는 사람들을 돌려보내신 적이 없습니다. 주님은 한 번도 성급해 하신 적이 없었습니다. 주님께서 말씀하시느라 피곤해진 때가 종종 있었지만, 결코 말씀하기를 싫어하시지 않았습니다. 주님은 아무에게도 만나주기를 거절하거나 "나는 달리 할 일이 있어 네 말을 듣지 못하겠다"고 말씀하신 적이 없습니다. 주님은 이 땅에 계시는 동안에, 자기에게 가까이 오고 싶어 하는 사람이 있으면 그 어떤 것도 그 사람에게 가까이 가는 것을 방해하도록 허락하신 적이 없었습니다. 그래서 지금도 그 일을 방해하는 것은 아무것도 없습니다. 우리 가운데 누구든지 주님께 가서 말씀드리고 주님과 함께 있게 해달라고 부탁드리면 주님은 기뻐하십니다. 주님은 피곤하다거나 무슨 일을 한다는 이유로 자기에 오는 사람들을 물리치시는 법이 없습니다. 지금 주님께서 영광 가운데 계시다고 해서 사람들을 물리치시지 않습니다.

그런데 여기에는 또 한 가지 사상이 있습니다. 주님의 이 초대는 또한 예수 그리스도에 대해서 직접 알라고 하는 명백한 요구이기도 합니다. 안드레와 요한은 세례자 요한으로부터 그리스도께 관해 들었습니다. 이제 그리스도께서 그들에게 명령하시는 것은 와서 직접 그에게서 들으라는 것입니다. 우리에게서 들으려고 하지 말고, 주님께서 친히 여러분에게 말씀하시도록 하십시오. 기독교 신앙을 거부하는 많은 사람들은 예수께서 친히 그들에게 가르치시는 것을 듣지 않고 신학자들이나 기독교 진리에 대한 다른 사람들의 설명을 듣고서 기독교를 거부합니다. 가서, 그리스도께 친히 진리를 여러분에게 말씀해 주시라고 부탁하십시오. 그리스도께서 친히 자기 종교를 설명하도록 하십시오. 전통적 이야기와 간접적 정보에 만족하지 않도록 하십시오. 그리스도께 가서, 그리스도께서 친히 여러분에게 하시는 말씀을 듣도록 하십시오.

그 다음에, "와서 보라"는 이 말씀에는 개인적 믿음의 행동을 촉구하는 명백한 요구가 들어 있습니다. "오라"와 "보라"는 이 두 마디는 신약에서 늘 믿음의 상징으로 사용됩니다. 그리스도께 오는 것은 그리스도를 의지하는 것이고, 그리스도를 의지하는 것은 그리스도를 보는 것이고, 그리스도께로 돌이키는 것입니다. "내게로 오라 내가 너희를 쉬게 하리라"(마 11:28). "땅의 모든 끝이여 내게로 돌이켜 구원을 받으라"(사 45:22). 여기에 두 가지 은유가 나오는데, 이 두 은유 모두 한 가지 사실을 가리킵니다. 그 한 가지 사실은 사랑하는 주님께서 친히 이 자리에 계신 모든 사람에게 말씀하시는 초대입니다. "와서 보라!" "나를 의지하라. 회개하고 소원을 가지고 내게 가까이 오라. 마음을 확정하고서, 네 뜻을 바치며, 네 전 존재를 의탁하며 내게 가까이 오라. 내게 와서 믿음으로 나를 보라. 그러면 네 마음이 네가 구하는 바를 얻을 것이고, 끊임없는 네 추구가 끝이 나고, 비둘기처럼 날개를 접고 십자가 밑에서 앉아 영원히 쉴 것이다. 오라! '와서 보라!'"

3. 끝으로, 이 말씀에서 우리 마음을 영원히 예수님께 묶는 복된 경험에 대한 비유를 봅니다. "그들이 가서 계신 데를 보고 그날 함께 거하니 때가 열 시쯤 되었더라."

"계셨다"는 말과 "거하였다"는 말이 원문에서는 같은 단어입니다. 이것은 요한 사도가 즐겨 쓰는 낱말 가운데 하나입니다. 이 말은 아주 깊은 의미에서 사람이 예수 그리스도와 가질 수 있는 조용하고 친밀한 교제를 나타냅니다. 결코 잊을 수 없는 그날, 곧 요한과 안드레가 주님과 함께 앉아서, "은혜와 진리가 충만한" 그리스도의 영광을 그들의 마음에 비추고, 그래서 그들로 영원히 그리스도의 것이 되게 한, 조용하고 친밀한 교제를 나누웠을 때의 그 친교를 나타냅니다.

여기서 생각하는 시간 계산이 히브리 방식을 따른 것이면, "열 시"는 오전 열 시를 가리킬 것입니다. 그렇다면, 하루 종일을 이야기한 것입니다! 그러나 로마의 방식을 따른 것이라면 그 시간은 오후 네 시가 될 것입니다. 그렇다면 저녁이 되기 전에 짧은 대화를 나눌 만한 시간밖에 되지 않았을 것입니다. 어떤 경우이든 간에, 그 면담에서 어떤 일이 일어났는지에 대해서는 성경이 거룩한 침묵을 지키고 있는 것을 봅니다. 이것은 그 대화와 세부 내용에 대한 오늘날의 주제 넘는 많은 이야기에 대해 주는 교훈이 아닐 수 없습니다!

"그날에 문을 활짝 열어놓고서도
  마음의 깊은 방들에는 빗장을 질러 놓는 사람들은
  용서받기가 쉽지 않습니다!"

요한 사도는 주님께서 그날 하루 종일 교제를 나누는 가운데 자기와 자기 동생에게 말씀하신 것에 대해 세상에 해 줄 말이 아무것도 없었습니다.

본문 이야기의 마지막 부분에서 끌어낼 수 있는 분명한 결론은 그리스도 자신의 인격에 대한 인상이 그 제자가 되도록 만든 가장 강력한 힘이었다는 것입니다. 결국 예수 그리스도라는 인물이 기독교 신앙의 중심적이고 항구적 증거이고 가장 강력한 신임장인 것입니다. 이런 인물은 그 진실함의 증거가 얼굴에 나타납니다. 이런 인물이 살지 않았다면, 어떻게 그 인물을 그런 사람들이 묘사할 수 있었겠습니까? 그리고 그 인물이 살았다면, 어떻게 그런 인물이 존재할 수 있게 되었습니까? 예수 그리스도라는 인물의 역사적 진실성은 그 인물의 유일무이성에 의해 보증됩니다. 그리고 그런 인물의 역사적 존재에 대한 가장 적합한 단 하나의 설명으로 예수 그리스도의 신적 기원을 받아들일 수밖에 없습니다. "이는 진실로 하나님의 아들이었도다."

예수 그리스도를 높이 들어 올리는 것이 모든 그리스도인 설교자들과 교사들의 사역이라고 생각합니다. 할 수 있는 대로 그들은 자신을 예수 그리스도 뒤에 숨깁니다. 혹은 기껏 자신을 나타낸다고 해도, 마치 옛 화가들이 제단 뒤편의 커다란 장식 그림에서 어두운 배경의 한 구석에서 무릎을 꿇고 있는 작은 인물로 자신의 모습을 표현하면서 나타낼 뿐입니다. 그리스도를 소개하십시오. 그러면 그리스도께서 자기 존재의 진실함을 입증하실 것입니다. 자기 본성의 진실함을, 자기 복음의 진실함을 입증하실 것입니다. "그들이 가서 계신 데를 보고 그날 함께 거하니." 이 이야기의 결말은 그들이 주님과 함께 영원히 거하였다는 것이었습니다. 그리고 그 이야기의 결말은 언제나 그와 같이 될 것입니다.

다시 한 번 말씀 드리지만, 구주님의 은혜와 사랑스러우심을 개인적으로 경험하게 되면, 다른 어떤 것으로도 할 수 없을 만큼 단단하게 주님과 하나로 묶이게 됩니다.

"주님이 여러분이 사랑할 만한 분임을 알기도 전에
주님을 사랑하지 않을 수 없게 될 것입니다."

그리스도라는 인물과 그의 선물들에서 가장 깊고 아름다우며 귀한 부분은 그리스도와 그 선물들을 소유함으로써만 알 수 있고, 그리스도와 그 선물들을 소유할 수 있는 것은 그리스도와 교제를 나눔으로써만 이룰 수 있습니다. 나는 아무에게도 이렇게 말하지 않습니다. "예수 그리스도가 믿을 만한 분임을 확실히 알기 위해서 한 번 믿어 봐라." 믿음은 본래 그 성격상 실험해 보거나 잠정적으로 믿어볼 수 있는 것이 아니기 때문입니다. 나는 내 경험이 여러분에게 증거가 된다고 말하지 않습니다. 그렇지만 이제까지 그리스도를 의지한 사람은 아무도 부끄러움을 당하지 않았다는 이 사실은 누구나 생각해 볼 만한 점이라는 사실은 말합니다. 예수님을 본 사람치고 이렇게 말한 사람은 없었습니다. "아, 이제 그를 알겠다! 그의 도움은 헛것이고, 그의 약속은 공허하다." 많은 사람이 그리스도에게서 떨어져 나간 것을 나는 압니다. 그러나 그것은 그들이 그리스도께서 거짓되다고 증거했기 때문이 아니라 그들에게 믿음이 없었기 때문입니다.

사랑하는 형제 여러분, 나는 여러분에게 "너희는 여호와의 선하심을 맛보아 알지어다"(시 34:8)라는 오래된 메시지를 말씀드립니다. 먼저 믿음이 있어야 하고, 그러면 경험이 생길 것입니다. 그리고 경험을 하게 되면, 여러분이 사랑하고 의지한 분이며 여러분의 사랑과 신뢰에 응답하신 분이 인류의 구주이신 하나님의 아들이시라는 것이 더욱 더 신뢰할 만한 사실임을 알게 될 것입니다. 그리스도께 오십시오. 그러면 알게 될 것입니다. 여러분의 입으로 이같이 확고부동한 주장을 하게 될 것입니다. "그가 죄인인지 내가 알지 못하나 한 가지 아는 것은 내가 맹인으로 있다가 지금 보는 그것이니이다"(요 9:25). 그리스도를 보고, 그의 말에 귀를 기울이십시오. 그리스도께서 여러분에게 "무엇을 구하느냐"고 물으시면 "랍비여, 어디 계시오니이까? 주는 내가 찾는 분이십니다"고 대답하십시오. 그러면 주님께서는 여러분을 환영하여 주님과 복되고 친밀한 교제를 나누도록 하실 것입니다. 이 교제로 여러분은 결코 끊을 수 없는 끈으로 주님께 단단히 묶이게 될 것이고, 여러분의 기억과 마음에 음악이 될 주님의 사랑스런 음성을 듣고 여러분은 당당하게 이같이 고백할 수 있게 될 것입니다. "이제 우리가 믿는 것은 누구의 말로 인함이 아니니 이는 우리가 친히 듣고 그가 참으로 그리스도, 곧 세상의 구주신 줄 앎이라"(요 4:42).

8
첫 제자들 ⑵:
시몬 베드로

"요한의 말을 듣고 예수를 따르는 두 사람 중의 하나는 시몬 베드로의 형제 안드레
라 그가 먼저 자기의 형제 시몬을 찾아 말하되 우리가 메시야를 만났다 하고 (메시
야는 번역하면 그리스도라)데리고 예수께로 오니 예수께서 보시고 이르시되 네가
요한의 아들 시몬이니 장차 게바라 하리라 하시니라 (게바는 번역하면 베드로라)"

요 1:40-42

사람들을 주님께로 데려오는 방법에는 여러 가지가 있습니다. 때로
좋은 진주를 구하는 장사꾼처럼 사람들은 주님을 부지런히 찾아서 만납니
다. 때로는 어떤 사람의 중재로, 어둔 마음속에 그리스도에 대한 지식이
환하게 타오릅니다. 때로는 주님께서 먼저 나서서, 자기를 찾지 않는 자들
을 만나시기도 합니다. 우리는 첫 제자들을 모아들이시는 일에 대한 간단
한 기록에서 이 모든 다양한 방법들의 예를 봅니다. 안드레와, 우리가 지
난 설교에서 다루었던 그의 친구는 그리스도를 찾았고, 또 만났습니다. 지
금 다루려고 하는 베드로는 그의 형제가 그리스도께 데려왔습니다. 이 그
룹의 세 번째 인물인 빌립은 그리스도에 대해 생각하고 있지 않을 때 그리
스도께서 그를 찾으셨고, 그래서 빌립은 구하지 않은 보물을 만나게 되었
습니다. 그 다음에 빌립은 안드레가 그랬듯이 친구를 찾아서 그리스도께
로 데려옵니다.

이 사건들 각각에는 저마다의 교훈이 있습니다. 이 사건들 각각은 요한이 다루는 중요한 두 주제, 곧 하나님의 아들이신 예수님에 대한 계시와, 생명을 주시는 예수님에 대한 믿음의 발전에 대한 설명에 어떤 점을 덧붙입니다. 각 사건을 연이어 생각해 보고, 각 사건이 나타내는 중요한 이 두 주제의 다양한 면들을 살펴보는 것이 유익할 것입니다.

이 사건에서 주로 생각해 볼 점이 두 가지 있습니다. 첫째는 제자들의 증언이고, 둘째는 주님의 자기 계시입니다.

1. 제자들의 증언.

이름이 알려지지 않은 안드레의 친구는 한결 같은 그 습관대로 자기 이름을 나타내지 않는 이 복음서 기자인 것이 틀림없다는 것과, 이렇게 이름을 밝히지 않는 것이 요한이 이 복음서의 저자임을 가리킨다는 점은 앞에서 말했습니다. 이 복음서의 저작 연대와 목적에 대한 또 한 가지 작은 증거가 여기서 안드레를 '시몬 베드로의 형제'라고 언급하는 사실에 있습니다. 우리는 아직까지 시몬 베드로에 대해서 일절 아무 말도 듣지 못했습니다. 이 복음서 기자는 자기 이름을 한 번도 언급하지 않았지만, 자기 이야기를 듣는 사람들은 베드로에 관해 모든 것을 알았고, 안드레보다는 베드로를 더 잘 알고 있었다는 점을 당연시 여깁니다. 그 사실은 이 복음서 이야기에 나오는 사건들을 상당히 잘 알고 있다는 것을 전제로 하며, 이 네 번째 복음서가 사 복음서 가운데 가장 나중에 쓰였고, 복음서들의 이야기들을 반복하는 것이 아니라 보충할 목적으로 쓰였다는 이론과도 일치합니다. 이러므로, 복음서의 수가 이렇게 많다는, 그동안 비평가들을 괴롭혔던 문제는 간단하고 충분하게 설명됩니다.

여담으로 말씀드렸는데, 그것은 지나가기로 하고, 우리가 여기서 어떤 사람이 예수 그리스도를 만났을 때 다른 사람에게 그리스도에 대해서 말하려는 충동이 얼마나 본능적이고 자연스러운지를 보게 되는 예를 먼저 살펴보도록 합시다. 아무도 안드레에게 "가서 네 형제를 찾아봐라"고 말하지 않았습니다. 그러나 자기 앞에 서 있는 이분이 메시야라는 사실을 똑똑히 깨닫자마자, 이미 저녁이 된 것 같은데도 자기 형제를 찾아 기쁜 확신을 전하려고 서둘러 자리를 떠납니다.

사실, 일은 언제나 그렇습니다. 사람이 어떤 깊은 확신을 갖게 되면, 그는 가만히 있지 못하고 다른 누군가에게 그 점을 이야기하려고 합니다. 개라도 다친 다리를 고쳐주면, 절뚝거리는 다른 개들을 고쳐준 사람에게 데려오는 법입니다. 진정으로 무엇인가를 믿는 사람은 누구나 전도자가 되기 마련입니다.

오늘 우리 주위를 둘러보십시오! 이 바벨론에 귀를 기울여 보세요. 온갖 견해가 서로 자기 말을 들어달라고 아우성치는 소음이 가득한 거대한 바벨론에 귀를 기울여 보십시오. 이 도시는 장사꾼마다 가장 큰 소리로 떠들어 대는 시골 장터와 같은 소리를 냅니다. 이 사실은 사람들이 자기가 고백하는 것을 믿는다는 점을 보여 줍니다. 감사하게도, 세상에는 열성적 사람들이 그렇게 많습니다. 이렇게 소란스러운 모든 군중이 자기 상품을 외쳐대고 있고, 돌팔이 의사들은 단상에 올라가서 대부분이 망상일 뿐인 자기들의 처방을 큰 소리로 떠들어 대고 있는데, 그리스도인들은 잠자코 있어야 하겠습니까? 여러분은 모든 것을 고치는 약, 즉 진짜 만병통치약, 효과 있는 진통제를 가지고 있지 않습니까? 여러분이 그 약을 가지고 있다고 믿는다면, 결코 가만히 있지 못하고 그 혜택을 여러분 형제들에게 나누어 줄 것입니다.

아주 진지한 확신의 자연스런 결과, 즉 확신을 큰 소리로 말하고 싶은 열망과 절대적 필요성을 여러분이 그리스도인으로서 전혀 경험하지 못했다면, 그 사실에서 아주 심각한 추론을 끌어내지 않을 수 없습니다. 이 사람은 제자가 된 지 24시간 만에 또 한 사람을 제자로 만들었습니다. 여러분 가운데는 그리스도의 제자가 된 지 수년이 지났지만, 다른 사람을 제자로 인도하려는 시도조차 하지 않은 분들이 있습니다. 슬프게도 우리 가운데 널리 퍼져있는 이 침묵은 어찌 된 것입니까?

사람들이 "잡다한 사람들로 이루어진 모임에 소개하기에는 너무 불편한 주제"인 종교나 그와 같은 것들을 다른 사람에게 말할 때 맞닥뜨리는 냉담한 태도와 사교상의 어려움, 수줍음, 당혹스러움을 고려할지라도, 이런 점들을 모두 참작할지라도, 자기가 속한 집단에서 마땅히 복음전도자와 선교사가 되어야 마땅한데, 성경에서 사용하는 아주 거친 말을 감히 인용하자면, "누워 있는 자들이요 잠자기를 좋아하는 벙어리 개들"(사 56:10)과 같은 그리스도인들이 통탄스러울 정도로 많다는 것은 아주 분명한 사실입니다. "그가 먼저 자기의 형제 시몬을 찾았습니다!"

이제, 그런 노력이 자연스럽게 흘러들어가는 경로에 대해서는 이 제자의 증언에서 또 한 가지 교훈을 끌어낼 수 있을 것입니다. "그가 **먼저** 자기의 형제 시몬을 찾아." 이 말은 이 둘 중의 다른 사람이 두 번째로 또 어떤 사람을 찾았다는 뜻을 함축하지 않습니까? 본문의 어조를 보면, 내가 앞에서 말한 대로 자기를 나타내려 하지 않는 이 복음서 기자의 성향 때문에 이런 말을 할 수 있다면, 요한도 형제를 찾으러 갔지만 요한이 자기 형제를 찾기 전에 먼저 안드레가 자기 형제를 찾았다는 사실을 이 독특한 표현으로 숨기고 있다는 것을 알 수 있습니다. 그렇다면, 최초의 이 두 제자 각 사람은 혈연과 애정의 긴밀한 연대로 자기와 연결되어 있는 사람을 찾으러 가서 만나 그리스도께로 데려온 것입니다. 그날이 끝나기 전에 그리스도의 교회가 배로 불어났습니다. 하나님의 은혜로 교회의 각 지체가 또 한 사람씩을 보냈기 때문입니다. 가정에게, 그리고 우리와 가장 가까운 사람들에게 그리스도의 활동이 흘러들어가는 자연스런 경로입니다. 매우 성실하고 부지런한 설교자나 주일학교 교사, 혹은 선교사 가운데 집에 형제와 자매가 있고 남편이나 아내, 자녀와 부모들이 있는데 그들에게 한 번도 그리스도에 관해 말하지 않은 사람이 많이 있습니다. "짚신장이 헌 신 신는다"는 옛 속담이 있습니다. 아주 바쁘게 일하는 그리스도인 교사들이 "그가 먼저 자기 형제를 찾았다"는 사실을 기억하지 못하므로, 슬프게도 그의 가족들이 고통을 받고 있습니다. 여러분의 박애 정신과 그리스도인의 에너지가 주일학교와 선교지에서만 떠들썩하게 소모된다면, 여러분 자신의 포도원은 방치되고 집의 식구들은 여러분이 사랑한다고 말하는 주님에 관해 아무것도 듣지 못한다면, 그것은 불행한 일입니다. 여러분 가운데는 이런 조언이 필요한 분이 있습니다. 이 조언을 받아들이시겠습니까?

그 다음에, 이 원칙은 가정의 범위를 넘어서 당연히 확장시킬 수 있는 것입니다. 이웃에 의해 그리고 일반적 교제에 의해 갖게 되는 자연스런 관계들이 우리의 노력을 어느 방향으로 쏟아야 할지를 정해 줍니다. 예를 들면, 우리는 사람들로 빽빽한 이 랭커셔에서 무엇을 위해 삽니까? 사업과 개인적 목적을 위해서 삽니까? 물론 부분적으로는 그렇습니다. 그러나 그것이 전부입니까? "우리의 목적을 정하고" 거주의 경계를 정하시는 "하나님이 계시다"고 믿는다면, 다른 사람들에게 영향을 주는 다른 목적들을 하나님께서 우리를 통해서 이루려고 계획하셨다는 것을 믿어야 합니다. 또 예수 그리스도를 사랑하는 사람이 예수님을 모르는 수많은 사람들과 이웃으로 접촉하게 되는 경우, 그 사람은 그런 관계에 의해 형제를 지키는 자가 되고, 마치 하늘로부터 음성이 나와서 그에게 명령하는 것처럼 이웃들에게 그리스도를 말하도록 분명히 부름 받은 것입니다. 이런 부름을 듣지 않고, 문 앞에서 굶주리고 있는 나사로에게 기독교의 복을 나누어줄 마음도 느끼지 못하는 그런 기독교 신앙의 깊이와 에너지에 대해서 무엇이라고 이야기해야 하겠습니까? 그런 교회의 운명은 어떻게 될 것입니까? 여러분이 배수가 잘 되고 통풍도 잘 되는 집에서 호화롭게 살며, 여러분 집 뒤에 있는 빈민굴에서 발생하는 장티푸스 열이나 콜레라에 전혀 신경 쓰지 않고 지낸다면, 아마도 그 질병의 씨앗들이 어떻게 해서든 찾아와 여러분의 아내와 자녀를 죽이고 여러분마저도 죽일 것입니다. 만약 불신자들 가운데서 살고 있는 그리스도인이 불신자들을 치료하려고 하지 않는다면, 그들이 여러분을 감염시킬 것입니다. 믿지 않는 세대에게 그리스도께서 메시야라는 여러분의 신앙을 새겨주려고 하지 않으면, 믿지 않는 세대가 그리스도가 계시다는 것을 믿지 않는 그들의 의심을 여러분에게 심어줄 것입니다. 그러면 여러분은 말을 더듬고, 사랑스런 여러분의 표정이 창백해지며, 여러분의 믿음은 굳어지고 마침내 얼음처럼 차가와질 것입니다.

대부분의 사람들에게 영향을 미치는 가장 강력한 수단인 이 단순한 말을 다시 한 번 살펴봅시다.

안드레는 자기 형제와 논쟁하는 것부터 시작하지 않았습니다. 우리 가운데는 그렇게 할 수 있는 사람들이 있고, 할 수 없는 사람들이 있습니다. 우리 중에 논증에 영향을 받는 사람들이 있고, 받지 않는 사람들도 있습니다. 여러분은 어떤 사람의 잘못 생각하고 있는 교의를 추론이라는 대형 쇠망치로 사정없이 두드려 산산이 부술 수 있습니다. 그렇지만 그 사람은 여러분의 말을 듣기 전보다 그리스도인이 되는 데 조금이라도 더 가까워지지 않습니다. 그것은 마치 여러분이 얼음을 쾅쾅 쳐서 부술 수 있지만, 결국 그것도 부셔진 얼음 조각일 뿐인 것과 같습니다. 우리가 마음속에 어떤 신앙을 갖고 있다면, 사용할 수 있는 가장 강력한 이론이자, 또 우리 모두가 사용할 수 있는 논의는 "우리가 메시야를 만났다"는 안드레의 말입니다.

나는 자기 예배당에 참석한 어느 사람을 특별히 배려하면서 불신앙을 반박하는 아주 세련된 일련의 강연을 행한 목회자에 관한 이야기를 최근에 어떤 신문에선가 읽었습니다. 얼마 후에 그 사람이 오더니 자기는 그리스도인이라고 밝혔습니다. 그러자 목사가 그에게 말했습니다. "내 설교의 어떤 부분을 듣고 선생님의 의심이 사라지게 되었습니까?" 그 사람이 대답했습니다. "아, 목사님의 설교에서 나에게 감동을 준 곳은 아무데도 없었습니다. 나에게 생각하도록 만든 사실은 이것이었습니다. 한 가난한 부인이 예배당에서 나와 내 곁을 지나가다가 계단에서 걸려 넘어지려고 했습니다. 그래서 내가 팔을 뻗어 붙잡아 주었습니다. 그랬더니 부인이 '감사합니다'고 말했습니다. 그러더니 나를 바라보고는 말했습니다. '나의 찬송 받으실 구주님이신 예수 그리스도를 사랑하세요?' 나는 그리스도를 사랑하지 않았습니다. 집에 가서 그 점에 대해 곰곰이 생각했습니다. 이제는 내가 예수님을 사랑한다고 말할 수 있습니다." 그 가난한 부인의 말 한 마디와, 자기 경험에 대한 솔직한 고백이야말로 변화시키는 능력이었습니다.

여러분이 그리스도를 만났다면 그 경험을 말할 수 있습니다. 어떻게 말해야 할지에 대해서는 걱정하지 마십시오! 어떤 방법이든 상관없습니다!

다만 말하십시오! 아버지의 심부름을 받은 아이는 심부름을 이행할 한 가지 의무만 있습니다. 그것은 자기가 들은 말을 그대로 말하는 것입니다. 우리가 말을 잘 하든지 못하든지, 논리적이든지 아니든지, 설득력 있고 품위 있게 말을 할 수 있든지 없든지, 정말로 그리스도를 발견하였다면, 발견한 사실을 말할 수 있습니다. 그리고 그리스도를 발견하지 않았다면 우리는 위험에 처해 있는 것입니다. 우리는 발견한 사실을 누군가에게 말할 수 있습니다. 다른 누구보다 여러분의 말에 기꺼이 귀를 기울일 누군가는 분명히 있을 것입니다. 확실히 여러분은 지금까지 살면서 베푼 친절과 사랑에 의해 가까워진 사람들이 없지 않을 것입니다. 그렇기에 사람들이 여러분이 하는 말을 기꺼이 들을 것입니다. 자, 그러면 여러분이 받은 권한을 사용하십시오.

기독교 교회의 초기를 기억하십시오. 두 사람이 있었는데, 두 사람이 각각 자기 형제를 찾아가 만났습니다. 둘과 둘이 합하면 넷이 됩니다. 오래된 전투의 법칙에 따라 우리 각 사람이 가려고 한다면, 우리의 적을 죽이거나 우리 각 사람이 하나님의 은혜로 어떤 사람에게 생명을 주려고 애쓴다면, 우리의 회중과 교회가 빨리 불어날 것입니다. 산꼭대기의 눈송이 두 개가 골짜기에 이르는 동안 불어서 눈사태가 되듯이 불어날 것입니다. "그가 먼저 자기의 형제 시몬을 찾아."

2. 본문의 두 번째 부분인, 주님의 자기 계시를 다룰 차례입니다.

먼저 이 사람들을 그리스도와 결합시키는 끈은 그들이 후에 도달한 완전한 기독교 신앙이 결코 아니었습니다. 그들은 예수께서 메시야이심을 알았고, 그리스도를 개인적으로 따랐습니다. 그들은 그리스도의 가르침을 기꺼이 받아들이고 그의 명령에 순종할 준비가 되어 있었습니다. 이것이 그들이 한 일이었습니다. 그러나 그들은 제자들이었습니다. 그들은 학교에 들어간 것입니다. 그러면 나머지 일은 따라올 것입니다. 그리스도께서 그들에게 자신의 신성과 구속 사역에 대한 믿음을 설교하는 일부터 시작하였을 것이라고 생각하는 것은 우스꽝스러운 일입니다. 주님은 그들을 자신에게 결합시키십니다. 이것은 이제 신자 된 지 하루 지난 사람에게 합당한 교훈입니다.

시몬의 형제가 시작한 일을 완성시킨 것은 그리스도께서 친히 시몬에게 표현하신 인상이었습니다. 그러면 그 인상은 어떤 것이었습니까? 시몬은 아주 놀라움과 두려움에 가득 차서 옵니다. 그는 와서 어떤 얼굴 표정을 보고, 어떤 말씀을 듣습니다. 특이한 말로 설명하고 있는 그 표정은 베드로를 아주 뚫어지게 바라보는 모습이었습니다. 그 표정은 이때까지도 요한의 기억 속에 생생하게 살아 있을 만큼 남다른 것이었음에 틀림없습니다. 내가 생각할 때, 여기에는 단순한 통찰력 이상의 것이 함축되어 있는 것이 분명합니다. 그래서 우리 주님이 베드로를 영접하면서 하신 말씀은 단지 어떤 사실을 알고 있다는 것 이상을 보여 주기 위해 하신 것으로 보입니다. "네가 요한의 아들 시몬이니 장차 게바라 하리라." 어쩌면 그리스도께서는 그의 형제로부터 혹은 다른 일반적 방식으로 이 사도의 이름과 계보를 알게 되셨을지도 모릅니다. 그러나 니고데모와의 대화에서 나오는 이와 비슷한 사건을 보고, 또 다음 장에서 예수님이 "모든 사람을" 아셨고, "사람의 속에 있는 것을" 아셨다는 것을, 즉 인간 본성 전체도 알고 각 개인도 아셨다는 명확한 선언을 본다면, 여기서 주님이 신적 지식을 가지고 아셨다는 것이 더 자연스러운 일입니다.

그 다음에, 여기서 주님의 자기 계시에서 첫째로 볼 점은 주께서 신적인 완전한 지식을 가지고 계심을 보인다는 것입니다. 우리는 주님께서 사람들의 마음을 읽으신 많은 예를 알고, 또 "뭇 사람의 마음을 아시는 주여"(행 1:24) 하고 아마도 베드로가 드렸을 기도와 요한이 본 "눈이 불꽃 같은"(계 2:18) 광경, 그리고 일곱 번에 걸친 "내가 네 행위를 아노라"(3:15)는 말씀을 기억합니다.

"나를 살피시는 하나님"(창 16:13)이라는 생각이 매우 두려운 것일 수 있습니다. 이 개념은 많은 사람들에게 전혀 환영받지 못하는 생각입니다. 그리고 이 개념을 예수 그리스도의 신성에 대한 믿음으로 수정해서 받아들일 수 없으면, 신적 전지하심으로 타오르는 눈이 하나님의 사랑과 인간의 사랑을 머금고 있다고 확실히 느끼지 않으면, 우리에게도 두려운 생각이 될 것입니다.

여러분은 그 사실을 믿습니까? 그리스도께서 여러분을 보고 계시며 철저히 살피고 계신다는 것을 확실히 느끼십니까? 여러분은 그 사실을 기쁘게 생각합니까? 여러분은 약할 때와 시험 당할 때 그 사실에서 위로와 힘을 얻습니까? 여러분은 마치 어린아이가 마당에서 놀고 있을 때 어머니가 창가에 앉아 지켜보고 있기 때문에 아무 해가 일어날 수 없다고 느끼는 것처럼 "주 그리스도께서 지금 나를 보고 계신다"는 사실이 여러분에게 복되게 느껴집니까? 감옥에서 벽 어딘가에 바늘 구멍만한 구멍이 있어서 그리로 언제나 간수가 자기를 노려보고 있다는 것을, 혹은 노려볼 수 있다는 것을 알고서 미쳐버린 사람들이 있었습니다. 절대적으로 전지하신 하나님이 위에서 나를 살피시되 내 본성의 깊은 곳까지 살피신다는 생각이 다음과 같은 식으로 오지 않는 한, 소스라치게 놀라서 마음속에서 털어버리고 싶은 생각이 될 수 있고, 그래서 전혀 복된 생각이 되지 않을 것입니다. 즉 "나의 그리스도께서는 나를 철저히 아시고, 아는 것보다 더 나를 사랑하신다. 그래서 나는 내 자신을 주님 앞에 다 펼쳐 보일 것이다. 비록 내 속에 사람들에게는 말하고 싶지 않은 것들이 많이 있다는 것을 알지만, 주님께는 일일이 말씀드릴 필요가 아무것도 없다는 것이 기쁘다. 그리스도는 나를 속속들이 아신다. 그리스도는 나를 위해 죽으셨을 때 나를 아셨다. 나를 용서하셨을 때 나를 아셨다. 나를 깨끗하게 하는 일을 맡으셨을 때 나를 아셨다. 바로 베드로가 말한 것처럼 나도 '주님, 주께서는 모든 것을 아시나이다' 하고 말할 것이다. 그리고 베드로처럼 내가 나의 죄와 연약함을 알고, 주께서 또한 그것을 아시기 때문에 나는 더욱 주님의 발을 굳게 붙잡을 것이다."

주님과 제자들의 관계를 보여주는 또 한 가지 계시는 주님께서 시몬의 이름을 바꾸시는 사실에서 나타납니다. 구약에서는 여호와께서 아브라함과 야곱의 이름을 바꾸십니다. 구약에서 바벨론의 왕들은 속국 제후들의 이름을 바꿉니다. 주인이 자기 노예들에게 이름을 지어줍니다. 아내가 남편의 이름을 따르는 결혼 풍습조차도 원래는 바로 이 절대 권위라는 개념에서 나온 것이라고 생각합니다. 이 사상은, 우리 주님께서 베드로의 이름을 바꾸시고, 그래서 그를 절대적으로 소유하며 그에 대한 지배권을 주장하시는 사실에서 나타납니다. 우리는 전적으로 주님께 속하였습니다. 주께서 우리를 위해 자신을 전부 주셨기 때문입니다. 주님의 절대적 권위는 주님의 전적 자기희생과 관계가 있습니다. 내게 오셔서 "내가 너를 위해 생명을 아끼지 않았다"고 말씀하실 수 있는 그분, 오직 그분만 내게 오셔서 "네 전부를 내게 넘겨라"고 말씀하실 수 있습니다. 이와 같이 그리스도인 친구 여러분, 주님께서는 여러분의 전적 봉사를 원하십니다. 그리스도께 여러분을 반쯤만 드리지 말고 전체를 드리십시오.

끝으로, 그처럼 이름을 바꾼다는 사실은 새로운 성품과 새로운 직무, 새로운 명예를 주실 수 있고 또 주시겠다는 그리스도의 능력과 약속을 함축합니다. 베드로는 당시 전혀 "반석"이 아니었습니다. 이름은 주로 공적 임무를 의미하는 것이 분명합니다. 그러나 공적 임무는 그 개인의 성품에 의해 준비되었습니다. 그래서 이름이 성품을 가리키는 한에서, 베드로라는 이름은 견고함을 의미합니다. 그때 당시 베드로는 경솔하고 충동적이며 고집이 세고 자만하며 우쭐대는 성격이고, 따라서 불안정한 사람이었습니다. 아주 뜨겁고 불안정한 화강암 같았습니다. 뜨거웠기 때문에 불안정하였습니다. 그래서 그는 단단한 바위가 되기 위해서는 식을 필요가 있었습니다. 그의 자만심이 완전히 거꾸러져 사라지고, 넘어짐으로써 겸손을 배운 후에, 그리고 오랜 세월 어려움을 겪고 책무를 감당하는 가운데 주제넘은 태도를 일절 버리고 유순해지고 침착하며 견고하게 된 후에, 베드로는 그리스도께서 그를 변화시켜서 만들려고 하셨던 반석이 되었습니다. 이 모든 것은 미래에 숨겨져 있었습니다. 그러나 베드로가 그리스도인으로서 인생을 시작하는 문턱에 서 있을 때, 그의 이름을 바꾸는 가운데 이 위대한 진리, 곧 예수 그리스도께 가면 그리스도께서 새 이름을 지어주실 것이라는 이 진리가 베드로에게 전해진 것이고, 또 우리에게도 전하여지고 있는 것입니다. 사람의 성품이 너무 완고하게 악에 뿌리를 박고 있어서 그리

스도조차도 그 경향과 방향을 바꾸실 수 없는 경우는 없습니다. 사람의 본
성적 성향이 아무리 결함이 많고 저열할지라도, 그리스도께서는 그것을
상쇄하는 덕을 계발하고, 악하고 연약한 것을 통해 힘있는 것을 만드실 수
있습니다. 주님은 베드로 같은 사람을 요한으로 만드시거나 요한 같은 사
람을 바울로 만들려고 하시지 않습니다. 주님은 베드로에게서 "성격적 결
함"을 제거하고 그가 더욱 높고 고귀한 영역에 이르도록 하실 것입니다.
변화시키시는 그리스도의 눈에는 더 이상 쓸모없는 폐기물 같은 사람은
없습니다. 그리스도께서는 그의 병원에서 아무도 치료받지 못한 채 떠나
가게 하시지 않습니다. 어느 누구든, 어떤 사람이든, 지극히 사악한 사람
이라도, 아무리 악에 깊이 뿌리를 박고 있는 사람이라도, 아주 오랫동안
온갖 악에 깊이 빠져 있던 사람들이라도, 다 주님께 올 수 있기 때문입니
다. 그들이 그리스도를 굳게 붙잡으면, 그리스도께서 그들의 모든 성격과
약점들을 다 아시고도 얼굴에 환영과 신뢰의 기쁜 웃음을 띠고 그들에게
반드시 새로운 본성과 새로운 품위를 주실 것을 확신하면서, 그리스도께
올 수 있을 것입니다. "네가 시몬이니 장차 게바라 하리라."

이 과정은 오래 걸릴 것입니다. 그 과정은 고통스러울 것입니다. 깎아내
야 할 것이 많을 것입니다. 조각가는 대리석에서 불필요한 부분을 깎아냄
으로써 상을 만들어냅니다. 여러분이 쓸데없는 혈과 육을 깎아내야 할 때,
그것은 고통스러운 일입니다. 대리석을 깎는 정이 피로 흥건히 젖을 때가
많고, 정을 두들기는 망치가 아주 잔인해 보이기도 합니다. 시몬은 자기를
베드로 같은 사람으로 만들기 위해서 해야 할 일이 무엇인지 다 알지 못하
였습니다. 하나님께서 우리를 원하시는 사람으로 만드는 과정에서 겪어야
할 모든 슬픔과 시련을 다 알지 못하게 하시는 하나님의 섭리에 대해 감사
해야 합니다. 그러나 우리는 이 사실을 확실히 알 수 있습니다. 즉 우리가
다만 계속해서 주님 가까이에 있으면서 주님이 우리를 다루시고 우리에게
당신의 뜻을 이루시도록 한다면, 그리고 우리가 이 위대한 예술가가 내려
치는 정의 타격을 피하려고 하지만 않는다면, 주님은 이 거칠기 짝이 없는
반석에서 지극히 아름다운 조상(彫像)을 깎아낼 것입니다. 그리고 그렇게

해서 주님은 마침내 주님의 이 위대한 약속을 우리에게 이루실 것입니다. "내가 이기는 그에게는 흰 돌을 줄 터인데 그 돌 위에 새 이름을 기록한 것이 있나니 받는 자 밖에는 그 이름을 알 사람이 없느니라"(계 2:17).

9
첫 제자들 (3):
빌립

"이튿날 예수께서 갈릴리로 나가려 하시다가
빌립을 만나 이르시되 나를 따르라 하시니"
요 1:43

"**이튿날.**" 우리는 이 장과 다음 장에서 일지를 보게 됩니다. 이튿날
이란 세례자 요한이 예수님에 대해 공적으로 증언한 날로부터 주님께서
첫 번째로 예루살렘으로 가실 때까지의 기간을 말합니다. 사건들의 순서
는 이렇습니다. 공회에서 파견한 대표단이 요한에게 온 일이 첫째 날에 이
루어졌습니다. 둘째 날에 예수께서 시험을 받으신 후에 세례자 요한에게
돌아와 그의 엄숙한 증언을 듣습니다. 셋째 날에 요한이 다시 한 번 예수
께 대해 증언을 하고, 세 명의 제자, 필시 네 명의 제자가 교회의 중심을
이루게 됩니다. 이들은 야고보와 요한 형제, 안드레와 베드로 형제인데,
이들은 모든 사도들의 명단에서 언제나 앞에 오고, 그리스도와도 가장 가
까웠던 것이 분명합니다.

본문에서 말하는 "이튿날"은 넷째 날입니다. 이날에 주님은 갈릴리로 돌
아가려고 결심하십니다. 주께서 세례자 요한을 방문한 목적이 이루어졌습
니다. 요한에게 공적 증언을 받았고, 적지만 첫 제자들도 모았습니다. 이
렇게 일을 시작하고 나서 주님은 고향으로 돌아가려고 하셨습니다.

이 일들이 세례자 요한이 세례를 주고 있던 곳, 나루터라고 할 수 있는 "건넘의 집"이라는 뜻의 베다바라(개역개정은 "베다니"라고 함 — 역주)라고 불리는 곳에서 일어났습니다. 요한이 세례를 주던 곳으로 전통적으로 생각한 위치는 여리고 가까이에 있습니다. 그러나 다음 장에서 보듯이 (2:1), 그곳은 갈릴리 가나에서 하루 길밖에 되지 않아 틀림없이 여리고보다 훨씬 북쪽에 있었을 것입니다. 게네사렛 호수에서 남쪽으로 몇 킬로미터 떨어져 있는, 지금도 여전히 아바라(Abarah)라는 이름이 붙어 있는 시내가 최근에 발견되었습니다. 그때 주님과 주님의 제자들은 하루 동안 걸어서 갈릴리로 돌아왔습니다. 그런데 주님과 제자들이 그날 아침에 출발하기 전에, 빌립과 나다나엘이 이 작은 무리에 합류한 것이 분명합니다. 그래서 이 이틀 동안에 여섯 명의 제자들이 예수님에게 모였습니다.

안드레와 요한은 그리스도를 찾아 만났습니다. 이들에게 주님은 누구나 가까이 오는 것을 허용하고, 환영하여 곁에 두기를 기뻐하는 분으로 스스로를 계시하셨습니다. 다음에 나오는 베드로는 그의 형제가 그리스도께로 데려왔습니다. 그리스도께서 그의 마음을 읽으시고, 그에게 더욱 고귀한 임무와 더욱 고상한 성품을 약속하고 주시는 분으로 자신을 계시하였습니다.

그런데 우리는, 예수님을 찾고 있지 않았고 아무도 예수님께로 데려오지도 않았는데 "예수께서 빌립을 만난" 세 번째 경우를 보게 됩니다. 그에게 그리스도는 주님을 생각하지도 않은 많은 사람의 마음에 가까이 오셔서 "나를 따르라"는 권위적 말씀으로 은혜롭고 능숙한 손을 대어 생명을 주고 성품을 변화시키는 샘을 터트리는 분으로 자신을 계시하였습니다. 이와 같이 우리는 모든 사람들에게, 곧 주님을 찾는 사람들과 찾지 않는 사람들에게 주님의 은혜로우심을 보여주는 계시가 점점 더 밝게 드러나는 것을 봅니다. 그러면 여러분은 이 몇 가지 생각들을 이해하는 데 주의를 기울이시기 바랍니다.

1. 첫째, 본문에서 그리스도를 찾는 것에 대한 계시를 다루도록 하겠습니다.

이 장을 조금이라도 주의 깊게 읽는 사람은 누구나 "찾는다"는 말과 "만난다"는 말이 계속해서 반복되는 것을 틀림없이 알아차릴 것입니다. 그리스도께서는 안드레와 요한에게로 돌이켜 "무엇을 **구하느냐**"고 물으셨습니다. 이 이야기에서 나오듯이, 안드레는 "자기의 형제 시몬을 **찾아** 말하되 '우리가 메시야를 **만났다**'"고 하였습니다. 그 다음에 다시 예수께서 빌립을 만나십니다. 그리고 빌립은 예수님의 제자가 되자마자 나가서 나다나엘을 **찾습**니다. 그리고 빌립이 나다나엘에게 전하는 기쁜 소식은 다시 한 번 "우리가 메시야를 만났다"는 것입니다. 이것은 이 구절들 내내 찾고 만나는 것이 교대로 일어나는 놀이와 같습니다.

찾는 데에는 두 가지가 있습니다. 여러분이 우연히 어떤 물건이 발에 걸림으로써 기대하지 않았던 물건을 찾는 일이 있고, 열심히 찾은 결과 물건을 찾는 일이 있습니다. 여기의 경우는 후자입니다. 그날 아침, 곧 주님과 제자들이 요단 시내를 떠나 갈릴리 가나로 가는 짧은 여행을 시작하기 전에 그리스도께서 빌립을 만나신 것은 어쩌다 보니 마주치게 된 것이 아니었습니다. 예수께서는 또 다른 이 갈릴리 사람을 찾으러 나가신 것입니다. 그는 안드레와 베드로와 연고가 있었고, 작은 한 동네의 토박이였습니다. 예수께서는 가서 그를 찾으셨습니다. 빌립은 전혀 기대하지 않았고 바라지도 않았지만, 주님께서는 그에게 가셔서 그를 붙들어 데리고 오셨습니다.

이것은 그리스도께서 종종 행하시는 일입니다. 온 세상을 돌아다니며 좋은 진주를 구하는 장사꾼 같은 사람들이 있습니다. 그들은 빛이나 진리, 혹은 선함, 안식을 얻기를 갈망하고 위아래로 뒤지고 다니지만 아무데서도 얻지 못하는데, 그것은 전혀 엉뚱한 곳에서 그런 것을 찾기 때문입니다. 그들은 여기서 조금, 저기서 조금 찾아서 한데 모은 조각들을 가지고 아주 충족한 평안을 만들 수 있을 것으로 생각합니다. 그들이 아주 열심히 찾고 있지만, 혹 모든 노력이 결국 절망과 냉담으로 끝나고 말았을 때, 마치 휘장이 치워지는 것 같습니다. 그러나 그들은 지금까지 내내 찾고 있었던 그분이 자기들 곁에 계셨다는 것을 알지 못했음을 깨닫게 됩니다. 그들이 많은 진주들 가운데서 찾으려고 했던 모든 것이, 아니 그 이상의 것이 지극히 값진 이 한 진주 속에 다 들어 있습니다. 오래된 이 언약은 오늘도, 그리고 영원히 굳게 서 있습니다. "찾으라 그러면 찾을 것이요 문을 두드리라 그러면 너희에게 열릴 것이니라"(마 7:7).

그러나 다메섹으로 가던 바울이나 세관에 앉아 있던 마태 같은 사람들도 있습니다. 즉 뜻밖의 손길에 닿고, 갑작스럽게 양심의 가책이 일어나며, 동쪽을 보고 있지 않는데 그리스도의 임재의 빛이 그 눈에 비친 사람들이 있습니다. 이런 일들은 모든 시대를 통해 일어납니다. 감사하게도 주님은 자기를 찾는 영혼들을 만나는 방식이나 사람의 도움으로 주님께 온 사람들에게 자신을 나타내는 방식의 좁은 한계에 갇히시는 분이 아니기 때문입니다. 주님은 이런 제한들을 훨씬 초월하며, 많은 경우에 주님을 알지 못한 자들이, "보라! 하나님이 이곳에 계시거늘 내가 알지 못하였다", "주는 주를 찾지 않은 자들을 만나셨다"고 말할 수밖에 없도록 자신의 아름다움과 사랑스러움을 드러내십니다.

이 점은 지상에서 행하신 주님의 표적들에서 그랬고, 그 이후로 주님의 은혜로운 사역들에서도 그러했습니다. 때로 주님은 병든 눈으로 바라보거나 바싹 마른 입으로 말하는 데서 나타난 간절한 열망을 보고 치료하셨으며, 이제까지 주님께 와서 "고쳐 주세요!" 하고 말한 사람 가운데 주님의 복을 받지 못한 채 돌아간 사람은 아무도 없었습니다. 때로는 사랑하는 사람들을 애가 타는 심정으로 데려와 주님 발 앞에 내려놓은 사람들의 간구를 듣고 치료하시기도 하였습니다. 그런가 하면 주님의 사랑의 자발성과 온전함을 돋보이게 하기 위하여, 또 주님은 어떤 인간의 협력에도 매이지 않고 제한되지도 않으시며, 주님 자신이 동기가 된다는 것을 우리에게 보여 주기 위해서, 손을 뻗어 주님의 복을 받으려고 하지도 않는 사람의 손에 복을 쥐어주시기도 하였고, "네가 낫고자 하느냐"(요 5:6)고 물으심으로써 그렇지 않았더라면 영원히 잠자고 말았을 소원을 일깨우시기도 하였습니다.

본문에 나오는 이야기에서도 그렇습니다. 주님은 안드레와 요한이 와서 찾을 때 그들을 환영하고 답변 이상의 것을 주시려고 합니다. 주님은 얼굴에 웃음을 띠고 그들을 돌아보십니다. 그리고 이 웃음 때문에 "무엇을 구하느냐"는 질문이 "와서 보라"는 초대로 바뀝니다. 그리고 안드레가 자기형제를 예수님께 데리고 올 때, 주님은 단순히 그를 만나는 것에 그치려고 하시지 않습니다. 안드레와 요한 두 사람을 얻었지만, 주님께서 제자들을 그의 나라로 불러들이시는 또 다른 방식이 여전히 남아 있습니다. 그것은 주님께서 친히 나가서 그의 손을 잡고 주님의 사랑을 계시함으로써 그를 가슴 가까이 끌어오는 것입니다.

그런데 그보다 더 깊은 의미에서 주님은 정말로 우리 모두를 찾으시고, 구하지 않았을지라도 사랑을 베푸십니다.

우리가 주님을 찾든지 찾지 않든지, 세상에 그리스도께서 원하시지 않는 사람은 없습니다. 주님의 복음이 들리는 곳에 있는 사람은 남녀를 불문하고, 주께서 정말로 가까이로 불러오려고 하지 않는 사람은 아무도 없습니다. "아버지께서는 자기에게 이렇게 예배하는 자들을 찾으시느니라"(요 4:23)는 주님의 말씀은 놀랍습니다. 마치 하나님을 사랑하여 감사하고 공경하는 마음으로 하나님께로 돌이키는 사람을 찾기 위해 온 세상을 전부 뒤지고 다니시는 것처럼 말씀하신 것입니다. 아버지 하나님께서 그러하시듯이, 우리에게 하나님의 계시이신 그 아들도 그러하십니다. "인자가 온 것은 잃어버린 자를 찾아 구원하려 함이니라"(눅 19:10). 세상에서 아무도 주님을 원하지 않았고, 주께서 오시리라고 꿈에도 생각지 않았습니다. 그리스도께서 하늘을 떠나서 베들레헴의 구유라는 좁은 공간에 자신을 나타내시고, 사람의 한계와 짐과 연약을 스스로 취하셨을 때, 그것은 누구의 간구를 들으셨기 때문이 아니고 사람들이 자기를 찾기 때문도 아니었습니다. 주님은 누구의 부추김을 받지 않고 스스로의 동기를 따라, 자비를 베푸시려는 마음 때문에 자발적으로 오셨습니다. 처음이시고, 그래서 만물에서 처음이 되실 분이 이 일에서 처음이셨습니다. 즉 사람들이 부르기 전에 응답하셨고, 사람들이 구하지 않았고 기대하지 않았는데 세상에 오셨습니다. 주님은 무한한 사랑 때문에 세상에 오신 것입니다. 그리스도의 자비는 펌푸질을 해야 나오는 우물물처럼 우리의 간구와 추구를 보고 오시지 않습니다. 그보다는 내적 추진력 때문에 햇빛 속으로 뿜어져 나오는 분수의 물처럼 오십니다. 주님은 그 자신이 동기가 되시기에, 광야에서 양떼를 추적하는 목자처럼 부주의하고 무관심한 세상에 오셨습니다. 즉 양떼가 풀을 뜯어 먹다가 양우리에서 점점 더 멀어질 것 같은 순간에 목자를 기억하여 더 이상 가지 않고 음매 하고 울면서 목자를 찾기 때문이 아니라, 목자가 양떼를 잃어버릴 수 없기에 그 양의 뒤를 따릅니다. 사람들은 그리스도께서 오실 때까지 그가 필요한 줄 모릅니다. 공급이 수요를 창출합니다. 주님은 "사람을 기다리지 아니하며 인생을 기다리지 아니하는 이슬"(미 5:7) 같으십니다.

그리스도의 위대한 사역의 전체 구상과 실행이 사람의 소원에 의존하지 않기 때문에, 그는 우리 모두를 찾으실 뿐만 아니라 수많은 방식으로 각 사람을 찾으십니다. 주님은 각 사람을 제자로 삼기 바라십니다. 주님은 각 사람을 제자로 삼기 위해서 찾으시는데, 세상의 밝고 선한 섭리에 의해서, 또 많은 경우에는 나나 다른 사람들의 입을 통해서 찾으시듯이 또한 성령께서 마음에 역사하심으로써, 양심에 죄의식을 일깨움으로써, 자신이 악하다는 생각으로 우리를 괴롭힘으로써, 모든 불안과 불만을 통해서, 실망과 상실을 통해서 찾으십니다. 인류를 찾으시는 주님께서 지금까지 여러분을 찾으셨고, 이 시간도 찾고 계십니다. 주님의 찾으심에 따르십시오! 목자는 온갖 폭풍과 눈보라에도 불구하고 산중턱으로 가서 무릎까지 빠지는 눈길을 헤치고 끝까지 양을 찾아냅니다. 여러분의 형제이시기도 한 목자께서 여러분을 찾아 오셨고, 이 시간 나의 보잘것없는 말을 통해서 손을 내밀어 여러분 가운데 어떤 분들을 붙잡고 빌립에게 말씀하셨듯이 "나를 따르라!"고 말씀하고 계십니다.

2. 다음으로 현재는 본문에 나오는 한 사람에게 말씀하셨지만, 사실은 우리 모두에게 하고 계시는 권위 있는 그 말씀을 생각해 봅시다.

"예수께서 빌립을 만나 이르시되 '나를 따르라!' 하시니." 틀림없이 이보다 많은 일이 일어났을 것입니다. 그러나 이 외의 일은 이 사람의 믿음을 발전시키는 데 있어서 별로 의미 있지도 않고 중요하지도 않았던 것이 분명합니다. 권위 있는 그 말씀, 곧 요구이자 초청이고 초청이자 요구인 그 말씀, 그리고 예수께서 빌립의 마음에 일으킨 개인적 인상이 그를 영원히 예수 그리스도께 결속시켰습니다. 그리스도와 그의 제자들이 갈릴리로 돌아가는 여행이 막 시작될 무렵에 하신 "나를 따르라"는 말씀은 표면적으로 단지 "우리와 함께 돌아가자"는 뜻이었을 수도 있습니다. 그러나 그 말씀은 물론 그보다 훨씬 더 깊은 의미를 지니고 있습니다. 이 말씀은 내 제자가 되라는 뜻입니다. 그 말씀에 담겨 있는 뜻을 생각해 보십시오. 그리고 그리스도께서 이 말씀으로 하시는 요구가 이치에 맞지 않는 것인지 스스로에게 물어보고, 또 여러분이라면 이 요구를 따랐겠는지 따르지 않았겠는지 자신에게 물어보십시오.

이야기를 자꾸 되풀이하면 그 상(像)의 힘을 잃을 수도 있어 조심스럽습니다. 양은 목자를 따릅니다. 여행자는 가이드를 따릅니다. 알프스 산에서 위험한 코니스(cornice: 벼랑 끝에 차양처럼 얼어붙은 눈더미 — 역주) 위에 한 사람이 서 있습니다. 손바닥 넓이밖에 안 되는 석회암 턱이 있고, 그 위에 눈이 60센티미터 가량 쌓여 있습니다. 양쪽으로 낭떠러지인 그 위를 그 사람이 걸어갑니다. 가이드가 로프로 그 사람과 자신을 묶으면서 말합니다. "자, 내가 밟는 곳을 밟고 오십시오." 이처럼 여행자들은 가이드를 따릅니다. 군인들은 자기 지휘관을 따릅니다. 지옥 같은 전쟁터가 있습니다. 여기 겁먹고 떨고 있는 갓 들어온 신병들이 있습니다. 그들의 지휘관은 전선으로 달려가며, "나를 따르라"는 한 마디와 함께 다가오는 적에게로 몸을 던집니다. 그러면 겁쟁이가 영웅이 됩니다. 군인들은 자기 지휘관을 따릅니다. 여러분의 목자께서 여러분에게 오셔서 "나를 따르라"고 부르십니다. 여러분의 대장이요 지휘관께서 오셔서 "나를 따르라"고 명하십니다. 황량하기 이를 데 없는 광야에서, 잇따라 일어나는 아주 곤란한 사건들에서, 인생의 모든 갈등들에서, 이분은 우리 앞에서 싸우시고, 나서서 우리의 가이드요 모범이요 위로자요 친구요 동반자요 모든 것이 되십니다. 그리고 "나를 따르라"는 단순하면서도 장엄한 이 말씀에 모든 의무와 복을 담아 말씀하십니다.

이 말씀은 적어도 주님을 선생님으로 받아들이라는 부르심입니다. 그러나 여기 본문의 전체 요지는 처음부터 그리스도의 제자들이 주님을 볼 때 랍비의 제자들처럼 단순히 교사로 보지 않고, 주님을 메시야로 곧 하나님의 아들이요 이스라엘의 왕으로 알았다는 것을 보여주려는 것입니다. 그래서 주님의 제자들은 이 명령에 의해서 주님의 교훈을 특별하게 받아들이도록 요구받은 것입니다. 주님은 단지 힐렐이나 가말리엘이 제자들에게 교훈을 받아들이라고 하듯이 요구하신 것이 아닙니다. 여러분은 주님의 교훈을 그렇게 받아들입니까? 여러분은 그리스도를 신학적 진리의 문제와 실제적 지혜의 문제 모두에서 빛을 비춰주시는 분으로 받아들입니까? 그리스도께서 하나님에 대해 밝히신 것이 여러분의 신학입니까? 주님께서 자신의 인격에 대해 말씀하신 것이 여러분의 신조입니까? 우리가 십자가에 대해 생각할 때, 또 온 세상이 십자가를 볼 때 대속의 죽음의 상징인 상한 몸과 흘린 피를 기억하도록 정하셨듯이, 그렇게 생각합니까? 인자는 "자기 목숨을 많은 사람의 대속물로 주려"(마 20:28) 왔다는 주님의 교훈이 여러분의 소망의 근거입니까? 여러분은 믿음으로 주님을 따르며, 주님께서 그의 죽음과 수난에 의해 여러분 영혼의 구주가 되심을 받아들입니까? 그것이 첫 걸음입니다. 즉 주님을 따르는 것, 주님 전체를 그대로 신뢰하는 것, 곧 하나님의 성육신 하신 아들이시고 세상 죄를 위한, 따라서 여러분과 내 죄를 위한 제물이심을 믿는 것이 첫 걸음입니다. 이것이 믿으라고 부르시는 부름입니다.

이것은 또한 순종하라는 부르심입니다. "나를 따르라"는 말씀은 확실히 "내가 명령하는 대로 행하라"는 의미이지만, 그 명령이 지닌 엄함을 많이 완화시킵니다. 떨고 있는 여러분의 발을 주님의 확고한 발자국에 맞추어 정확하게 디디도록 하십시오. 주님께서 늪지를 건너간 자국이 보이는 곳에서, 그 길을 따라가면 결국 더 깊고 시커먼 늪에 빠지는 것처럼 보일지라도 주님의 뒤를 따라 걷기를 두려워하지 마십시오. "주님을 따르십시오." 그러면 여러분은 바른 길을 갈 것입니다. "주님을 따르십시오." 그러면 여러분은 복을 받을 것입니다. 그리스도께서 행하신 것처럼 하십시오. 혹은 그리스도께서 여러분의 상황에 있었더라면 하셨을 것이라고 생각하는 최선의 판단에 따라 행하십시오. 그러면 여러분은 아주 그릇된 길로 가지 않을 것입니다. 토마스 아 켐피스가 책을 쓰면서 주제로 삼았던 "그리스도를 본받는 것"이야말로 실제적 기독교 신앙의 총화(總和)입니다. "나를 따르라"는 말씀은 제자가 되는 것을 단지 주님의 교훈을 지적으로 받아들이는 것 이상으로, 심지어 내 구원을 위해 주님의 사역을 의지하는 것 이상으로 만듭니다. 이 말씀에 따르면 제자가 되는 것은 믿음으로 주님의 가르침을 받아들이는 것이고, 그 결과로 주님의 말씀을 의지하는 것이며, 그렇게 해서 내가 주님의 성품과 행동을 실제로 드러내도록 하는 것입니다.

이 말씀은 교제에 초청하는 부르심입니다. 사람 그리스도를 따르면, 주님 뒤에 바싹 붙어 가므로 말씀하시는 것을 들을 수 있고, 또 주께서 "주목하여 훈계하는"(시 32:8) 것을 받을 수도 있을 것입니다. 다른 사람들과 떨어져서 주님을 따로 모시게 될 것입니다. 그렇다면 이 네 가지, 곧 믿음, 순종, 본받음, 교제에 제자도의 핵심이 들어 있는 것입니다. 그리스도인치고 이 네 가지를 다소라도 가지고 있지 않은 사람은 없습니다. 여러분은 이 네 가지를 지니고 있습니까?

그리스도께서 어떤 권세가 있으셔서 자기를 따르라고 하십니까? 왜 내가 그리스도를 따라야 합니까? 자신을 온 세상에 완전한 모범이요 안내자로 세우시는 그분은 누구입니까? 그분이 나를 자신에게 결속시키기 위해, 곧 내가 그분을 주님으로 모시고, 나를 그분께 드리고, 내가 문학과 사상과 자선에서 가장 위대한 사람에게도 바치지 않는 순종을 바치도록 하기 위해 그분은 무슨 일을 하였습니까? 이같이 우리 모두에게 큰 영향을 주는 것을 당연한 일로 생각하는 이분은 누구입니까? 아, 형제 여러분! 거기에 대한 답은 한 가지밖에 없습니다. "이분은 다름 아니라 나를 위해 자신을 대속물로 주셨고, 따라서 유일하게 나에게 '나를 따르라'고 말씀하실 권리를 가지신 하나님의 아들이십니다."

3. 이제 끝으로 한 말씀 드리겠습니다. 말없이 신속하게 순종한 이 제자에 대해 잠시 생각해 보도록 하겠습니다.

빌립은 한 마디도 하지 않습니다. 물론 이 이야기는 그 상황을 대략적으로 묘사한 것에 지나지 않습니다. 그는 말을 하지 않았지만 순종하였습니다. 아, 형제 여러분, 한 영혼이 얼마나 빨리 구원을 받기도 하고 멸망하기도 하는지요! 빌립의 결정이 천칭 저울에서 흔들리고 있던 순간은 찰나에 불과하였습니다. 빌립의 결정이 다른 방향으로도 갈 수 있었습니다. 그리스도는 사람을 강요해서 자기 군대에 모집하시지 않기 때문입니다. 그들은 모두 자원자들입니다. 그의 결정은 다른 방향으로 갈 수도 있었습니다. 여러분이 그리스도의 제자가 될 것인지 말 것인지가 한 순간에 결정될 수 있습니다. 순간적 회심을 믿는 것은 이치에 맞지 않다고 말하는 사람들이 있습니다. 내게는 순간적 회심을 반대하는 것이 이치에 맞지 않게 보입니다. 모든 결정은 다 순간의 문제입니다. 주저하는 것이 오래 갈 수 있고, 무게를 재고 이해득실을 견주는 과정이 길어질 수도 있습니다. 그러나 결정은 언제나 칼날처럼 순간적 일입니다. 내 말을 듣는 사람 가운데 누구든 원한다면 빌립이 그때 했던 것처럼 하지 않을 이유가 없습니다. 그리스도께서 "나를 따르라"고 말씀하실 때 그를 돌아보며 "어디로 가시든지 저는 따르리이다"(마 8:19) 하고 답변하듯이 말입니다.

그 후에 주님께 "주여 내가 먼저 가서 내 아버지를 장사하게 허락하옵소서"(8:21) 하고 말한 제자가 바로 이 사도였다는 교회의 오래된 전승이 있습니다. 나는 이 사도가 전혀 그랬을 것 같지 않습니다. 그러나 이 전승은 사람들이 그리스도의 초대에 따르지 못하고 물러나게 되는 이유에 관해 마지막으로 생각해 볼 한 가지 점을 알려줍니다. 여러분 가운데 많은 사람들은, 이 꾸물거리는 제자가 그랬듯이, 더 중요하다고 생각하는 다른 의무들이 있기 때문에 뒤로 물러납니다. "나는 기독교를 생각해 보고, 이런 저런 일을 끝낸 다음에 신앙을 갖도록 하겠습니다. 나는 살면서 마련해야 하는 지위가 있습니다. 즉시 해야 할 일들이 부지기수로 많습니다. 사실 나는 종교에 관해 생각할 시간이 없습니다."

여러분 가운데는 도대체 가이드가 필요하다는 것을 한 번도 인식한 적이 없기 때문에 그리스도를 따르지 않는 사람들도 있습니다. 그런가 하면 자기 방식대로 살고, 자기 성향을 따라가는 것을 훨씬 좋아하며, 다른 사람의 뜻을 따라간다는 생각을 싫어하기 때문에 그리스도를 따르지 않는 사람들도 있습니다. 이 외에도 이 자리에서 다룰 필요가 없는 이유들이 허다히 많습니다. 아, 형제 여러분, 그런데 이런 이유들 가운데 구실이 될 만한 것은 하나도 없습니다. 그런 것들은 변명이지 이유가 아닙니다. "다 일치하게 사양하여 변명하기 시작하였다"(눅 14:18). 그것은 변명이지 이유가 아닙니다. 사전에 전혀 다른 근거에서 내린 결정을 숨기기 위해 꾸며낸 변명들입니다. 그 결정을 표면적으로 드러내기가 불편한 것입니다. 이 변명들을 이 자리에서 자세히 다룰 생각은 없습니다. 그렇지만 비록 보잘것없는 나의 설교를 통해서라도 지금 그리스도께서 다시 한 번 여러분을 찾고 계신다고 하는 내 말을 허투루 듣지 않으시기를 바랍니다.

그리스도를 따르십시오. 그리스도를 믿고 순종하며 본받고, 그리스도와 교제를 나누십시오. 그러면 여러분에게는 언제나 동무가 계시고, 언제나 보호자가 계실 것입니다. 주께서는 "나를 따르는 자는 어둠에 다니지 아니하고 생명의 빛을 얻으리라"(요 8:12)고 말씀하셨습니다. 이 목자의 음성을 듣고 그를 따른다면, 기분 좋은 오래된 이 약속이 여러분 인생에서 머지 않아 지극히 거룩하고 아름답게 이루어질 것입니다. 또한 여러분 인생에서 두 세계 사이의 지협인 죽음의 순간에, 그리고 영원의 삶에서 그 약속이 이루어질 것입니다. "그들이 주리거나 목마르지 아니할 것이며 더위와 볕이 그들을 상하지 아니하리니 이는 그들을 긍휼히 여기는 이가 그들을 이끌되 샘물 근원으로 인도할 것임이라"(사 49:10). "나를 따르라."

10
첫 제자들 (4):
나다나엘

"⁴⁵빌립이 나다나엘을 찾아 이르되 모세가 율법에 기록하였고 여러 선지자가 기록한 그이를 우리가 만났으니 요셉의 아들 나사렛 예수니라 ⁴⁶나다나엘이 이르되 나사렛에서 무슨 선한 것이 날 수 있느냐 빌립이 이르되 와서 보라 하니라 ⁴⁷예수께서 나다나엘이 자기에게 오는 것을 보시고 그를 가리켜 이르시되 보라 이는 참으로 이스라엘 사람이라 그 속에 간사한 것이 없도다 ⁴⁸나다나엘이 이르되 어떻게 나를 아시나이까 예수께서 대답하여 이르시되 빌립이 너를 부르기 전에 네가 무화과나무 아래에 있을 때에 보았노라 ⁴⁹나다나엘이 대답하되 랍비여 당신은 하나님의 아들이시요 당신은 이스라엘의 임금이로소이다"

요 1:45-49

말은 종종 대화에서 가장 적은 부분을 차지합니다. 이 복음서 기자는 나다나엘이 예수님께 드린 말씀과 예수께서 나다나엘에게 하신 말을 우리에게 이야기합니다. 그러나 어떤 복음서 기자도 그리스도께서 보인 표정과 어조, 그에게서 흘러나온 매력적 영향력을 재현할 수는 없습니다. 그래서 우리는 이 사람들을 단단히 자기를 따르도록 만든 그리스도의 말씀에는 단순한 말 이상의 것이 있었다고 믿을 수 있습니다.

나다나엘과 그의 친구들이 너무 쉽게 설득된 것처럼 보이고, 예수 그리스도의 부름같이 그런 엄청난 요구에 그들이 너무 쉽게 따라 나서는 것 같아서 그 일이 별로 깊이 없이 보일 수 있습니다. 그러나 인쇄된 글자로 표현하는 것은 주께서 이들을 자기에게로 끌어당긴 그 능력의 신비를 풀기에는 너무도 부족한 방법입니다.

　본문의 사건은 지금 사실상 앞에서 베드로를 예수 그리스도께 데려오는 것과 같은 방식을 따라갑니다. 두 경우에서 모두 그 사람을 친구가 데려가고, 두 경우에서 모두 친구의 무기는 단순히 자신의 개인적 경험을 말하는 것뿐입니다. 빌립은 그리스도께서 예언적 말씀과 일치한다는 점에 관해 조금 더 말을 하긴 했지만, 결국 "우리가 메시야를 만났다"는 것과 같은 말을 한 것입니다. 두 경우에 모두, 주님께서 자기를 찾는 사람에게 초자연적 지식을 나타내심으로써 일을 마무리 짓습니다. 물론 나다나엘의 경우에는 그 과정이 베드로의 경우보다 조금 더 길어졌는데, 이는 나다나엘에게 녹여 없애야 할 망설임과 의심이라는 냉담한 태도가 조금 있었기 때문입니다. 나다나엘은 베드로보다 조금 더 낮은 지점에서 시작하고, 베드로에게는 없는 의문과 망설임이 있었지만, 베드로보다 더 높은 믿음과 확신에 이르렀으며, 무엇보다 그의 입에서 분명하고 온전한 신앙고백이 나왔습니다. 우리 주님께서 땅에 계시는 동안에 사도들도 결코 그 신앙 고백 이상으로 나가지 못했습니다. "랍비여 당신은 하나님의 아들이시오 당신은 이스라엘의 임금이로소이다." 이와 같이, 우리 주님의 신분에 대한 계시에 관해서나, 사람의 믿음의 발전과 과정에 대한 교훈에 관해서나 모두, 이 마지막 이야기는 이 전체 이야기의 최후를 장식하기에 적합합니다. 이제 이 이야기를 살펴보면서, 나는 그 뜻을 가장 잘 설명하기 위해 이 이야기를 세 부분으로 보라고 말씀드릴 생각입니다. 첫째는, 준비, 곧 한 사람을 형제가 그리스도께 데려오는 부분이 있습니다. 그 다음은 대화, 곧 그리스도께서 친히 그 사람을 자기에게 결속시키는 부분이 있습니다. 그 다음 셋째는, 환희에 찬 고백이 나옵니다. "랍비여, 당신은 하나님의 아들이시오 당신은 이스라엘의 임금이로소이다."

1. 그러면 먼저 준비, 곧 한 사람을 형제가 그리스도께 데려 오는 부분을 봅시다.

"빌립이 나다나엘을 찾아." 나다나엘은, 으레 주석가들이 말하듯이, 사도 바돌로매가 거의 틀림없을 것입니다. 복음서들에 나오는 사도들의 명단을 보면, 빌립과 바돌로매가 언제나 함께 나옵니다. 전에 친구 사이였던 이 두 사람은 모든 인연들 가운데 가장 신성한 이 결속으로 인해 그들의 우정은 더욱 단단하고 친밀해졌습니다. 한 사람이 다른 사람을 예수 그리스도께로 데려오는 수단 노릇을 한 것입니다. 이것만큼 사람들을 서로 단단하게 묶어주는 것은 없습니다. 친구와의 결속, 그리고 인간의 사랑의 온전한 아름다움을 알고 싶으면, 여러분 덕분에 처음으로 구주에 대한 지식을 갖게 되는 이런 신성하고 영원한 유대로 누군가와 굳게 뭉쳐 보십시오. 그렇게 하면 모든 인간의 유대가 아름다워지며 품위 있고 고상하게 되며 영원히 지속할 것입니다.

"빌립이 나다나엘을 찾아 이르되 모세가 율법에 기록하였고 여러 선지자가 기록한 그이를 우리가 만났으니 요셉의 아들 나사렛 예수니라." 빌립은 그리스도의 초자연적 출생에 관해서 아무것도 모르고 베들레헴에서 출생하였다는 것에 대해서도 전혀 모릅니다. 그에게 예수님은 나사렛 촌부의 아들입니다. 그러나 그런 사실에도 불구하고 예수님은 이스라엘의 모든 거룩한 문헌이 수 세기 동안 갈망하며 기록해온 위대하고 의미심장하며 신비한 그분임을 믿었습니다. 빌립은 자기 옆에 서 계시는 이 사람이, 이전에 있었던 신성한 모든 보도 기관이 과거 천년 동안 집중적으로 다루었던 바로 그분이라는 것을 믿게 되었습니다.

이 말에 대해 길게 논할 필요는 없습니다. 그렇게 하면 사실 내가 이 첫 제자들에 관한 이전 설교에서 다른 사람들의 마음에 확신을 일으키는 수단으로서 개인적 확신의 가치에 관해서, 그리고 그리스도를 만난 사람들은 스스로 다른 사람들에게 이야기함으로써 그리스도의 선교사와 복음 전도자가 될 가능성과 필연성에 관해 말한 것을 되풀이 하는 것이 될 것이기 때문입니다.

그 경우에 대한 이야기를 반복할 필요는 없습니다. 그래서 나는 나다나엘의 매우 자연스러운 망설임과 의문을 다루도록 하겠습니다. "나사렛에서 무슨 선한 것이 날 수 있느냐?" 편견인 것은 분명하지만 그리 해로운 편견은 아닙니다. 그것은 그리스도의 미소가 그에게 비치자마자 녹아버린 아주 얇은 얼음이었습니다. 지극히 자연스런 편견입니다. 나다나엘은 나사렛에서 5,6킬로미터 떨어진 작은 산지인 갈릴리 가나 출신이었습니다. 우리는 이웃 동네들 간의 심한 반목과 질투를 잘 알고, 다른 동네 사람들에 대한 조롱만큼 우리 동네 사람들을 즐겁게 만드는 것은 없다는 것도 잘 압니다. 나다나엘의 말에서 우리는 나사렛에 대한 가나 사람의 소박한 질투가 묻어나는 것을 봅니다.

나다나엘을 나무라기는 쉽습니다. 그러나 여러분이나 내가 그의 입장에 있었다면, 그와 전혀 다른 어떤 것을 말했을 것이라고 여러분은 생각합니까? 여러분이 로스셔(Ross-shire) 출신의 한 농부가 이 나라 역사 전체의 운명을 걸머졌다는 말을 들었다고 생각해 봅시다. 여러분은 그 말을 들으면 곧이듣지 않고 바로 "생판 모르는 동네가 그런 사람이 태어난 곳이라고?" 하면서 그 말을 믿으려고 하지 않을 것입니다. 갈릴리는 팔레스타인에서 멸시당하는 지역이었고, 나사렛은 갈릴리 지역에서도 아주 무시당하기로 소문난 동네였던 것이 분명합니다. 그리고 이 예수는 아무도 들어본 적이 없는 목수의 아들이었습니다. 신성한 비둘기가 모든 바리새인과 서기관들, 모든 위인들과 지혜자들을 지나쳐서 날개를 퍼덕거리며 그에게 내려앉을 것이라고는 도무지 생각할 수 없는 인물이었던 것입니다. 나다나엘의 편견은 인류만큼이나 넓게 퍼져있는 잘못에 대해 달리 표현하는 것으로서 우리가 매일의 생활에서 싸워야 하는 것에 지나지 않습니다. 그 잘못은 종교의 문제에서뿐만 아니라 다른 모든 문제에서도 드러납니다. 즉 사람들을 평가하는데, 그들의 활동과 지혜, 우리를 가르치는 능력을 그들이 속해 있다고 생각하는 계층에 의해서, 심지어는 그들 출신 지역에 의해서 평가하는 것입니다.

"나사렛에서 무슨 선한 것이 날 수 있느냐?" "독일 사람이 자기도 모르는 것을 영국 사람에게 가르칠 수 있겠는가?" "개신교인이 영적으로 깨달은 것 가운데 무엇이든지 천주교인에게 신세를 진 것이 있는가?" "비국교도들이 지혜가 되었든 모범이 되었든 하나라도 국교도들에게서 받은 것이 있는가?" "보수당원이 정치에서 자유당원에게 조금이라도 무슨 교훈을 줄 수 있겠는가?" "영국에서 랭카셔를 가르칠 수 있는 지역이 있는가?" 여러분이 주님의 출신지 문제로 실족한 동시대 사람들의 편견에 충격을 받았다면, 여러분도 하루에 열 두 번도 넘게 온갖 문제에서 똑같은 일을 행하지 않도록 조심하십시오.

이것은 아주 분명한 교훈이며, 설교하기에 지나친 세속적 문제가 결코 아닙니다. 또 한 가지 면을 살펴봅시다. 나다나엘의 순진한 이 세 가지 편견을 보면, 외적으로 비천해 보이는 주님의 출신이 주님의 메시야적 권위를 인정하는 데 매우 실질적 장애물이었다는 것이 분명하게 드러납니다. 우리는 이 문제를 넘어섰습니다. 그러므로 우리에게는 아무 곤란을 주지 못합니다. 그러나 그때에는 그것이 어려운 문제였습니다. 예수 그리스도께서 세상에 오셨을 때, 유대는 귀족들 가운데 아주 무정한 사람들, 곧 교양 있는 체하고 학자연하는 사람들에 의해 지배되었습니다. 여러분이 그런 계층을 만나면, 그런 사람들은 거의 모두가 거드름 피우는 우수한 소수의 집단 외에는 눈여겨보거나 관심을 가질 수 있는 사람은 아무도 없다고 생각합니다. 랍비들은 매우 분명한 교훈을 결의론(決疑論)이라는 거미줄로 가리는 법을 배우지 못한 사람들을 두고 "땅의 사람들"이라고 불렀는데, 그러면 왜 예수 그리스도께서 그런 "땅의 사람들"로부터 나왔습니까? 한 가지 이유는, 위대한 개혁자들과 혁신자들은 언제나 이런 계층들 밖에서 나온다는 일반적 법칙에 맞게, 주의 성령께서는 아모스 같은 목자들과 어부들과 농부들에게 임하셔서 그들을 통해 온 세상에 복음을 퍼트리시려고 하시기 때문입니다. 종교에서뿐만 아니라 정치, 문학, 과학에서도 "육체를 따라 지혜로운 자가 많지 아니하며 능한 자가 많지 아니하며 문벌 좋은 자가 많지 아니하도다"(고전 1:26)는 원칙이 언제나 적용됩니다. 여러분은 귀하고 좋은 많은 것들 얻으려면 교양 있는 계층들을 바라보아야 하지만, 미개척 분야에서 새로운 자극을 얻으려면 그런 계층 밖의 사람들을 바라보아야 합니다. 이와 같이 가장 고상한 삶도 이 일반적 원칙을 따릅니다.

이렇게 해서 "요셉의 아들 나사렛 예수"가 오셨는데, 이는 예수께서 가난한 사람의 그리스도이셨고, 무지한 자의 그리스도이셨으며, 그의 말씀이 어떤 특정 계층을 위한 것이 아니라 세상만큼 폭넓은 것이었기 때문입니다. 예수님은 가난하고 배우지 못한 무명의 사람으로 오셨습니다. 그래서 주님처럼 가난하고 세상의 문화에 별로 접촉되지 않은 모든 사람이 예수님을 그들의 형제요 돕는 자요 친구로 여길 수 있는 것입니다.

"빌립이 이르되 와서 보라 하니라." 빌립은 나다나엘의 질문을 가지고 논하려고 하지 않습니다. 그 질문에 대해 답해줄 수 있는 딱 한 가지 대답을 줍니다. "나사렛에서 무슨 선한 것이 날 수 있느냐고 내게 묻는데, 선한 것이 날 수 있는지 없는지 와서 보라. 선한 것이 있다면, 또한 선한 것이 나사렛에서 나왔다면, 그 질문은 충분히 답을 얻은 것이다." 어떤 사물의 품질은 그 사물의 기원에 의해 결정될 수 없습니다.

빌립이나 나다나엘은 알지 못하였지만, 이 사람은 나사렛에서 태어나신 것이 결코 아니었습니다. 그러나 나사렛에서 태어나셨을지라도, 결과는 같았을 것입니다. 바른 대답은 "와서 보라"는 것이었습니다.

물론 나다나엘의 단순한 편견과 다른 세대들의 뿌리 깊은 지적 의심들 사이에는 일치점이 전혀 없지만, "와서 보라"는 이 말은 모든 기독교 변증의 핵심을 담고 있습니다. 기독교의 대의를 변호해야 하는 사람이 할 수 있는 가장 지혜로운 방법은 그리스도를 잘 제시하여 사람들이 그리스도를 보고, 그리스도께서 친히 그들에게 그리스도의 인상을 심어주시게 하는 것입니다. 우리가 그리스도께 관하여 논하고, 논하고, 영원히 논할지라도, 단순하게 예수님을 제시하는 것만큼 확실하게 사람들을 설득할 수 없을 것입니다. "내가 들리면 모든 사람을 내게로 이끌겠노라"(요 12:32). 그런데 우리는 기독교를 증명하는 일에 너무 바쁜 나머지 때로는 기독교 신앙을 전파할 시간이 없습니다. 또 예수 그리스도는 이러저러한 분이라고 증명하는 일이나 그리스도는 이러저러한 분이 아니라는 개념을 반박하는 일에 너무 바빠서 사람들이 볼 수 있도록 단순하게 그리스도를 제시하는 것을 잊어버릴 때가 있습니다. 확실히 논증은 나름대로 효용이 있고, 논증에 의해 기독교 신앙에 가까이 오는 사람들이 있습니다. 그러나 전체로 볼 때 기독교를 전파하는 가장 좋은 방법은 기독교를 선포하는 것이고, 차선책은 기독교를 증명하는 것입니다. 우리의 논증은 한 주교가 언제 한 번 신의 존재를 증명하기 위해 전하였던 강좌만큼 밖에 진척이 안 되는 경우가 비일비재합니다. 그 강좌 끝에 주교의 추론을 지적으로 전혀 따라가지 못한 나이든 순박한 한 부인이 "글쎄요, 주교님이 많이 말씀하시지만, 나는 그래서 결국 하나님이 존재한다고 생각할 수가 없군요" 하고 큰 소리로 말하였던 것입니다. 논박하기 위해 소개하는 잘못된 생각들이 논박하는 말을 듣는 사람들 마음속에 논박을 듣기 전보다 더 분명하게 남아 있는 경우가 종종 있습니다. 그리스도를 공표하십시오. 사람들에게 큰 소리로 "와서 보라!" 하고 외치십시오. 그러면 돌이켜 보고, 주님을 따르는 사람들이 있을 것입니다.

형제 여러분, 다른 한편으로, 여러분이 이 초대를 따르고, 그리스도께서 친히 여러분 마음에 심어주시려 하는 영향력과 인상을 정직하게 받아들이기 전까지는 기독교를 바르게 대한 것이 아닙니다.

2. 이제 두 번째 단계, 즉 그리스도와 나다나엘 사이의 대화의 부분에 이르렀습니다. 여기서 우리는 한 영혼이 그리스도께서 친히 하시는 말씀을 듣고 그를 굳게 따르는 것을 봅니다.

앞에서 말했듯이, 일반적으로 주님께서 이 한 사람에게 자신이 메시야이심을 나타내는 데 사용하신 방법은 그에 대한 초자연적 지식을 계시하는 것입니다. 이 세부적 사항에 대해서는 한두 마디 할 수 있을 것입니다. 이 복음서 기자가 "나다나엘이 자기에게 오시는 것을 보시고"라고 하여, 우리 주님께서 나다나엘이 오기 전에 나다나엘의 독특한 성품을 이렇게 분별하여 아셨음을 특히 강조해서 이야기하는 것에 유의하시기 바랍니다. 따라서 주께서 나다나엘의 얼굴에서 그의 성품을 읽은 것은 순간적으로 꿰뚫어보는 직관적 눈길이 아니었던 것입니다. 그것은 주님께서 나다나엘이 행하는 한 가지 행동을 보고서 즉시 거기서 일반적 특징을 잡아낸 것이 아니었습니다. 그것은 주님께서 나다나엘에 대해 사전에 개인적으로 알고 있는 지식에서 나온 것도 아니었습니다. 빌립이 나다나엘에게 한 이야기를 보면, 나다나엘은 예수 그리스도를 한 번도 본 적이 없는 것이 분명하기 때문입니다. 나다나엘이 주님께 가까이 가고 있을 때, 그러니까 자신을 나타내기 위해 어떤 행동도 하기 전에, 주님은 그의 속마음을 읽었음을 보여주는 말씀을 하십니다. "보라 이는 참으로 이스라엘 사람이라 그 속에 간사한 것이 없도다."

말하자면, 이스라엘 나라 전체의 이상(理想)이었던 요소를 진정으로 보여주는 사람이 온 것입니다. 이 말은 야곱의 이름이 이스라엘로 바뀐 때의 옛 이야기를 언급하는 것임이 분명합니다. 다음에 나오는 구절들에서 이 말이 다시 한 번 그 이야기를 언급하는 있음을 볼 것입니다. 야곱은 얍복 강가의 신비한 그 현장에서 하나님과 씨름해서 이겼고, 그래서 "탈취자"라는 뜻의 야곱 대신에 이스라엘이라는 이름을 받았습니다. "이는 네가 하나님과 겨루어 이겼음이니라"(창 32:28). 그리고 그리스도는 이렇게 말씀하십니다. "이 사람도 이스라엘의 아들이다. 곧 기도로 하나님을 이긴 하나님의 용사들 중의 한 사람이다." "그 속에 간사한 것이 없도다." 야곱은 젊은 시절에 이기적 꾀로 유명하였고 또 그 때문에 사람이 못쓰게 되었습니다. 명민함과 간교함이 그의 성품의 기조를 이루었습니다. 그에게서 그런 기질을 제거하기 위해, 오랜 세월 동안 징계와 고통과 슬픔이 필요하였습니다. 그런 특성이 씻긴 후에서야 그의 이름이 바뀔 수 있었고, 그래서 야곱이 이스라엘이 되었습니다. 그런데 이 사람 나다나엘에게서는 그 기질이 다 제거되었습니다. 어떤 과정을 통해서 그렇게 되었습니까? 그 말은 시편 32편에서 인용한 것입니다. "허물의 사함을 받고 자신의 죄가 가려진 자는 복이 있도다 마음에 간사함이 없고 여호와께 정죄를 당하지 아니하는 자는 복이 있도다"(32:1,2). 마음이 깨끗하고 거리낌이 없는 정직함과, 이 시인이 "간사함"이라고 부르는 온갖 부패로부터 영혼의 깨끗함은 자백에 의해, 그리고 용서하심과 깨끗하게 하심에 의해 하나님으로부터 그 자질을 받은 사람만이 지니고 있는 특성입니다. 이와 같이 나다나엘은 씨름하는 가운데서 이 큰 선물을 받은 것입니다. 그는 허물의 사함을 받았고 죄가 가려졌습니다. 하나님은 그에게 그의 죄를 지우지 않으셨습니다. 그래서 그의 마음에 간사한 것이 없었습니다. 아, 형제 여러분! 여러분 마음에서 그 검은 물방울을 지워야 한다면, 바로 그 수단에 의해, 곧 하나님께 대한 고백과 하나님으로부터 오는 죄사함에 의해서 지울 수밖에 없습니다. 그러면 여러분도 하나님을 이길 것이고, 여러분의 마음이 정직하고 자유롭고 거리낌이 없으며 솔직해질 것입니다.

나다나엘이 놀라서 말합니다. "주여 어떻게 나를 아시나이까?" 이렇게 말하는 것은 나다나엘이 주님의 그 묘사를 자신에게 갖다 붙이거나 주님의 말씀이 맞는다고 인정하는 것이 아닙니다. 그보다는 그리스도께서 자신과 관련해서 판단할 수 있는 어떤 수단을 갖고 있다는 것에 놀란 것입니다. 그래서 그는 본래 자기에 대한 주님의 지식이 어디에서 온 것인지 알려줄 답변을 조금 기대하면서 이렇게 묻습니다. "어떻게 나를 아시나이까?" 그러자 나다나엘의 성품에 대한 초자연적 통찰뿐 아니라 그의 은밀한 행동에 대한 초자연적 지식까지 보여주는 답변이 옵니다. "빌립이 너를 부르기 전에 네가 무화과나무 아래에 있을 때에 보았노라." 즉 네가 "참으로 이스라엘 사람이라 그 속에 간사한 것이 없다"는 것을 안 것은 네가 무화과나무 아래 있는 것을 보았기 때문이라는 것입니다. 그렇다면 나다나엘은 틀림없이 무화과나무 아래에서 힘을 다해 기도하고 있었음에 틀림없습니다. 무화과나무 아래에서 자기 죄를 고백하고 있었고, 또 "야곱에게서 경건하지 않은 것을 돌이키실"(롬 11:26) 구원자를 갈망하고 기다리고 있었음에 틀림없습니다. 아주 외롭게 기도를 하였고, 누가 그 모습을 보았다고 하더라도 그의 마음에 어떤 생각이 지나갔는지 아무도 알지 못하였을 것입니다. 그런데 그리스도께서 그 사실과 그 의미를 아신다는 사실에 접하게 되자 즉시 나다나엘의 마음에 "당신은 하나님의 아들이시라"는 기쁜 확신의 불길이 확하고 피어오릅니다. 우리가 나다나엘을 보았다면, 한 사람이 무화과나무 아래에서 생각에 잠겨 앉아 있는 모습만 보았을 것입니다. 그러나 예수께서는 겉으로는 아무 표시가 나지 않는 영적 씨름을 보셨습니다. 틀림없이 예수께서는 마음을 읽는 신적 대권을 발휘하여 그 씨름을 아셨을 것입니다.

여러분은 나다나엘의 결론이 옳지 않았는지, 사마리아의 그 여인이 물동이를 두고 급히 동네로 돌아가서 "내가 행한 **모든 일**을 내게 말한 사람을 와서 보라 이는 그리스도가 아니냐"(요 4:29)고 말했을 때 올바르게 행동하지 않았는지 한 번 생각해 보십시오. 여기서 "모든 일"이란 사실을 약간 과장한 것이지만, 그 뜻은 맞는 말이었습니다. 이 여인의 추론은 절대적으로 옳았습니다. "이는 하나님의 아들 그리스도가 아니냐?" 이것은 주님께서 행하신 첫 번째 표적입니다. 신약성경에서 주님의 신분을 나타내는 특성들 가운데서 결코 뺄 수 없는 요소인 주님의 초자연적 지식은 주님께서 세상에 나타나셨음을 보여주는 다른 특성들만큼이나 신성을 보여주는 특징입니다. 이것이 가장 고귀한 특징은 아닙니다. 그러나 이것은 다른 요소들처럼 우리의 동정심에 호소하지 않습니다. 부정할 수 없는 확실한 요소입니다. 그와 접촉하는 모든 사람들이 그 앞에서는 마치 움직이는 속 모습을 다 보여주는 표면이 투명한 유리로 씌워진 시계와 같은 사람이 여기 있습니다. 그리스도께서는 어떻게 온전하고 절대적 이 지식을 얻게 되셨습니까?

여기서 나타난 대로, 그 전지하심은 그리스도께서 선한 것, 곧 누구에게서든지 칭찬할 수 있는 것이 보일 때는 참으로 기뻐하신다는 것을 보여줍니다. "보라 이는 참으로 이스라엘 사람이라 그 속에 간사한 것이 없도다." 나다나엘의 편견이나 그의 어떤 결점에 대해서도(틀림없이 그도 결점이 많았을 것입니다) 한 마디도 하지 않고, 그가 정직하고 진실하며 하나님과 진리를 추구하는 사람이라는 진심어린 칭찬을 하십니다. 우리에게서 희미하지만 그리스도를 갈망하고 사랑하며 닮고자 하는 흔적을 조금이라도 보는 것만큼 그리스도를 기쁘시게 하는 것은 없습니다. 주님의 전지하심은 산더미처럼 싸여 있는 허영심과 죄의 무더기들 속에서, 비록 보잘것없지만 하나님의 은혜를 갈망하는 선한 싹을 사람의 마음에서 발견할 때만큼 기뻐하시는 일은 없습니다.

여기서 우리 주님의 전지하심이 어떻게 우리의 내적 위기와 갈등을 알고 계시는 것으로 나타나는지 다시 한 번 살펴봅시다. "네가 무화과나무 아래 있을 때에 보았노라." 우리 모두 이런 장소, 곧 산사나무 울타리 아래든 혹은 바닷가 큰 바위 아래든, 어떤 산꼭대기, 혹은 빈민굴이나 사람이 북적대는 어떤 거리든, 다시 말해 굳게 다문 입을 열어 말하기 전에는 아무도 보지 못하였고, 밖에서 보는 사람들은 전혀 눈치 채지 못하였을, 우리 모두 마음속에서 결코 잊지 못할 사건이 일어났던 곳을 기억할 수 있을 것입니다. 다른 어느 누구도 볼 수 없는 이런 순간들을 그리스도께서 보신다는 것을 알고 기뻐합시다. 위기의 시간이든 아무 사건이 없는 평범한 때든, 물이 사납게 몰아칠 때든 우리 인생의 흐름이 바위들 틈에 갇혀있을 때든, 혹은 지극히 순탄한 물줄기가 오랫동안 지루하게 흐를 때나 우리가 두려움과 싸우거나 주님의 빛을 갈망할 때든, 혹은 눈사람처럼 아무 관심이 없고 냉담하게 말없이 앉아 있을 때조차도 주님은 우리를 보고 동정하시며 우리에게서 보이는 필요를 채워주실 것입니다.

"당신이 한숨을 쉴 때
주님께서 곁에 계시지 않은 것처럼 생각하지 마라
당신이 눈물을 흘릴 때
주님께서 가까이 계시지 않은 것처럼 생각하지 마라."

"네가 무화과나무 아래 있을 때에 보았노라."

3. **본문의 이야기의 최후를 장식하는 이 기쁨에 찬 고백에 대해 한 마디 하도록 하겠습니다. "랍비여 당신은 하나님의 아들이시오 당신은 이스라엘의 임금이로소이다."**

나다나엘은 이 중대한 이름들을 어디에서 배웠습니까? 그는 세례자 요한의 제자였습니다. 그래서 나다나엘은 이 장에 기록된 세례자 요한의 증언을 들은 것이 분명합니다. 이때 요한은 어떻게 하늘로부터 음성이 나와서 그에게 비둘기의 형상이 내려앉는 표지를 보고 메시야임을 알라고 하였는지, 그리고 어떻게 이를 "보고 그가 하나님의 아들이심을 증언하였는지"(요 1:34)를 이야기하였습니다. 요한의 증언이 나다나엘의 고백에서 메아리쳤습니다. 확실히 그는 그 이름에 오늘날 우리가 알고 있는 것보다는 덜 분명하고 덜 교리적 모호한 개념밖에 붙일 수 없었을 것입니다. 그에게 "하나님의 아들"이란 호칭은 오늘날 우리가 알고 있는 모든 의미를 지닐 수 없었을 것입니다. 그는 이 호칭에서 어떤 점을 분명하게 보았지만, 그 외에 많은 점에 대해서는 희미하게 밖에 보지 못했습니다. 하나님의 아들이란 하나님께서 보내셨다는 의미이고, 특별한 의미에서 하나님은 이 나사렛 예수의 아버지이시라는 뜻이었습니다.

"당신은 이스라엘의 임금이로소이다." 그동안 세례자 요한은 "천국이 가까이 왔느니라"(마 3:2)고 전도하였습니다. 이 메시야는 신정국가의 왕이 되실 것이었습니다. "유대"의 왕이나 "유대인"의 왕이 아니라 "이스라엘" 곧 하나님과 언약을 맺은 나라의 왕이 되실 것이었습니다. 이와 같이 나다나엘의 고백의 요점은 예수님의 특별한 신적 관계와 예수님의 왕적 통치에 근거해서 예수님이 메시야이심을 인정한 것이었습니다.

이 고백에 담긴 열정에도 주목할 필요가 있습니다. 그 고백에는 기쁨에 찬 어조가 분명하게 들립니다. 이 사람의 마음에서 경축의 종이 온통 울리고 있습니다. 이 고백은 단순히 그리스도께서 메시야이심을 지적으로 인정하는 것이 아닙니다. 단순한 지적 신념과 진심어린 믿음 사이의 차이점은 이와 같이 확신, 열정적 충성, 절대적 복종의 요소가 있는지의 여부로 나타납니다.

이와 같이 우리 각 사람에게 묻는 이 중요한 질문은 그리스도께서 "메시야, 곧 하나님의 아들이요 이스라엘의 임금"이시라는 것을 나의 지적 신조의 하나로 믿느냐는 것이 아닙니다. 여기 계시는 청중들 대부분이 그렇게 믿고 계실 것이라고 생각합니다. 친구 여러분, 그렇게 믿는다면 여러분은 그리스도인이 되지 못할 것입니다. 그런 믿음은 여러분을 구원하지 못할 것이며, 마음을 진정시키지도, 삶에 평안과 힘을 가져다주지도, 여러분에게 천국 문을 열어주지도 못할 것입니다. 사람이 예수 그리스도가 하나님의 아들이요 이스라엘의 임금이라고 믿으면서도 온갖 불의와 악에 빠져서 비참하게 살고, 비천한 죽음을 죽고 내세에서 형벌에 처해질 수가 있습니다. 여러분은 그렇게 단지 지적으로 믿는 것 이상의 일이 필요합니다. 여러분에게는 환희에 찬 인정과 충성, 절대적 복종, 흔들림 없는 신뢰가 필요합니다.

이 여섯 명의 첫 제자들을 보십시오. 세상에서 그들 외에는 그들과 같은 확신을 지닌 사람이 아무도 없었지만, 이들은 모두 주님께 충성과 사랑을 지닌 용감한 사람들이었습니다. 여러분은 이 제자들이 부끄럽게 여겨집니까? 주님께서 오실 때 그러시듯이, 여러분에게 오셔서 이렇게 "너희는 나를 누구라 하느냐"(마 16:15)고 물으실 때, 여러분에게 은혜를 주셔서 "주는 그리스도시오 살아계신 하나님의 아들이시니이다"(16:16)라고 대답할 수 있게 해주시기를 바랍니다. 그리고 여러분이 입으로 대답할 뿐만 아니라 또한 전심으로 주님을 의지하고, 주님 발 앞에서 흠모하는 심정과 기쁜 순종의 마음으로 열정적으로 예배하여 온 마음으로 절할 수 있게 해주시기를 바랍니다. 우리가 "참 이스라엘 사람"이라면, 어떻게든지 마음으로 주님을 "이스라엘의 임금"으로 관을 씌워드릴 것입니다.

11
첫 제자들 ⑸:
믿는 것과 보는 것

"예수께서 대답하여 이르시되 내가 너를 무화과나무 아래에서 보았다 하므로 믿
느냐 이보다 더 큰 일을 보리라 또 이르시되 진실로 진실로 너희에게 이르노니 하
늘이 열리고 하나님의 사자들이 인자 위에 오르락 내리락 하는 것을 보리라 하시
니라"

요 1:50, 51

여기서 그동안 몇 차례에 걸쳐서 설교의 내용을 차지했던 첫 제자들
을 모으는 이야기가 끝이 납니다. 우리는 어떻게 이 일련의 이야기에 나오
는 각 사건이 중요한 두 가지 주제에 새로운 빛을 던져주는지를 지적한 적
이 있습니다. 두 가지 주제란 예수 그리스도의 신분과 사역의 이런 저런
면과, 제자가 되는 조건인 믿음이 사람의 마음에서 불붙게 되는 다양한 방
식을 말합니다. 이 마지막 말씀은 이 두 문제를 마무리 짓는 생각으로 볼
수 있습니다.

우리 주님께서는 나다나엘과 그의 친구들의 믿음을 인정하고 받아주셨
습니다. 그러나 지혜로운 선생님처럼 제자들에게 그들이 앞으로 배워야
할 것이 얼마나 많은지를 처음부터 흘끗 보도록 하십니다. 그리고 제자들
의 믿음을 받아 주시면서도 그들이 아직 주님에 대해 모르고 있는 지식의
광대한 범위를 암시하십니다. "내가 너를 무화과나무 아래에서 보았다 하

므로 믿느냐 이보다 더 큰 일을 보리라." 주님은 나다나엘의 고백과 그 친구들의 고백을 받아들이십니다. 이 장에서 인간들이 그 입으로 주님께 위대하고 놀라운 호칭들을 많이 붙여드렸습니다. 세례자 요한은 주님을 "하나님의 어린 양"이라고 불렀습니다. 첫 제자들은 주님을 "메시야, 곧 그리스도"라고 환호하며 맞이하였습니다. 나다나엘은 "당신은 하나님의 아들이시오 당신은 이스라엘의 임금이로소이다!"고 열광적으로 외치면서 주님 앞에 엎드렸습니다. 이 모든 왕관들은 지금까지 사람들이 주님께 씌워드린 것입니다. 그러나 여기서 주님은 스스로 관을 쓰십니다. 주께서는 사람들이 그동안 생각했던 어떤 것보다 강력한 주장을 하시면서, 자신이 하늘과 땅의 모든 친교와 교제의 중재자라고 선포하십니다. "이후로는 하늘이 열리고 하나님의 사자들이 인자 위에 오르락 내리락 하는 것을 보리라"(개역개정에는 "이후로는"이라는 말이 없음 — 역주).

이와 같이 이 구절에는 두 가지 중요한 원칙이 있습니다. 첫째는 새 제자들에 대한 주님의 강력한 약속이고, 둘째는 자신에 대한 주님의 증언입니다. 이 두 가지 각각에 대해 한두 마디씩 하겠습니다.

1. 새 제자들에 대한 주님의 강력한 약속.

여기에 나오는 그리스도의 말씀은 질문이나 단언으로 번역될 수 있습니다. 그리스도의 말씀을 "네가 믿느냐?"로 읽든지 아니면 "네가 믿는도다"라고 읽는 것에 따라 그 본질적 의미에 약간의 차이가 생깁니다. 질문으로 읽을 때는, 나다나엘의 믿음의 신속함에 대한 놀람과 감탄이 좀 더 생생하게 표현될 것입니다. 그렇지만 어떻게 읽든지 간에 여기서 나다나엘의 믿음의 진실성에 대한 비난이나 의심의 성격은 전혀 볼 수 없습니다. 이것을 질문으로 본다면, 이 질문은 나다나엘의 믿음이 진실한 것인지 아닌지에 대한 물음이 결코 아닙니다. 이 질문에는 나다나엘이 너무 빨리 신앙을 고백했고, 그가 도달한 고지에 너무 빨리 올라갔다는 암시가 전혀 없습니다. 이 말씀이 질문이든지 단언이든지 간에, 우리는 여기서 나다나엘의 고백과 믿음의 진실성을 엄숙하고 기쁘게 인정한다는 점을 보게 됩니다.

여기서 처음으로 그리스도의 입에서 "믿음"이라는 단어가 나왔습니다. 이후 교회의 역사에서 믿음에 따랐던 그 모든 중요성과, 우리의 믿음에 대한 주님의 요구로 인해 생긴 인간 사고에서의 혁명을 생각할 때, 이 단어가 처음으로 나타난 것을 살펴보는 일은 흥미가 있습니다. 그리스도께서 사람의 믿음을 요구하고 받아들이셨을 때, 그것은 인간 역사에서 획기적 사건이었습니다.

물론 이 구절의 후반부인 "이보다 더 큰 일을 보리라"는 말씀은 주님의 인격과 신분에 대한 점진적 계시에서 온전히 성취됩니다. 이 점진적 계시는 복음서들에 기록된 사건들을 통해서 이루어졌습니다. 주님의 봉사의 생활, 지혜의 말씀, 능력과 동정을 나타내는 주님의 행위들, 수치스럽고 영광스러운 주님의 죽으심, 주님의 부활, 승천, 이런 것들이 나다나엘에게 약속하시는 "더 큰 일"입니다. 이 모든 일은 아직 계시되지 않았습니다. 우리 주님이 말씀하신 뜻을 간단하게 말하자면 이것입니다. "네가 나를 믿었고 내 곁에 서 있듯이 계속해서 나를 믿으면, 세상에 하나님을 나타낼 큰 일들이 네 눈앞에서 펼쳐질 것이고 너는 믿음으로 그 일들을 알게 될 것이다." 이것이 이 말씀에 일차적으로 적용된 뜻일지라도, 이 말씀에서 우리에게 중요한 몇 가지 교훈을 끌어낼 수 있다고 생각합니다. 이 말씀이 세 가지 사실, 곧 믿음과 제자됨, 믿음과 보는 것, 믿음과 진보에 대해 우리에게 암시하고 있는 바를 생각해 보기 바랍니다. "네가 믿느냐? 이보다 더 큰 일을 보리라."

첫째, 여기에 믿음과 제자됨 사이의 관계를 밝혀주는 빛이 있습니다. 주님은 여기서 처음으로 이 단어를 전적으로 기독교적 의미로 사용하시는 것이 분명합니다. 즉 주님은 믿음을 발휘하는 것을 제자가 되는 것과 실제로 같은 것으로 간주하십니다. 다시 말해, 처음부터 신자는 제자였고 제자는 신자였다는 것입니다.

그 다음에, 주님께서 여기서 제자들이 무엇을 혹은 누구를 믿게 되었다는 아무런 정의 없이 "믿음"이라는 단어를 사용하시는 점을 살펴봅시다. 주님께 관한 어떤 사상들이 아니라 주님 자신이 사람의 믿음의 참된 대상입니다. 우리가 어떤 주장을 믿을 수 있지만, 믿음은 어떤 사람을 붙잡아야 합니다. 우리가 믿어야 하는 주장을 듣고서 그 주장을 하는 사람을 알고 난 후에야 비로소 그 사람을 믿을 수 있는 때에도, 그 믿음의 본질은 어떤 사상을 따르는 지적 과정이 아닙니다. 그보다는 그 사상에 의해 내게 계시되는 그분을 전적으로 신뢰하여 내 자신을 맡기는, 즉 그 사상이 말하는 분을 내 몸을 그분께 전부 기대는 도덕적 과정입니다. 그래서 제자가 되는 것인 '믿음'은 예수 그리스도에 대한 신뢰라는 인격적 요소를 핵심으로 지니고 있습니다.

그 다음에, 나다나엘의 신조가 우리의 신조와 아주 다른 점을 보고, 또 우리가 그리스도인이라면 나다나엘의 믿음이 우리의 믿음과 참으로 일치한다는 것을 보시기 바랍니다. 나다나엘은 그리스도 사역의 핵심, 곧 그리스도의 대속의 죽음에 대해서는 아무것도 몰랐습니다. 그리스도의 인격, 곧 유일하고 독특한 의미에서 하나님의 아들로서의 지극히 높은 영광에 대해서 아무것도 몰랐습니다. 이런 사실들은 아직 계시되지 않았고, 그가 앞으로 보아야 할 큰일들 가운데 있었습니다. 그러나 그의 지식이 불완전하고 그 신조가 우리에 비해 불충분할지라도 그의 믿음은 우리의 믿음과 똑같았습니다. 그는 그리스도를 붙잡았으며, 온 마음으로 그리스도를 따랐고, 언제든지 주님의 교훈을 받을 준비가 되어 있으며 주님의 뜻을 기꺼이 행하려 하였습니다. 그밖에도 그는 "이보다 더 큰일"을 보려고 했습니다. 그러므로 형제 여러분, 여기 본문의 말씀을 볼 때, 믿음의 고상한 개념이 이 사람에게 있다고 주저 없이 말씀하시는 것을 볼 때, 주님께서 이 단어를 사용하는 방식을 볼 때, 여러분에게 깊이 생각해보라고 권하는 세 가지 점을 헤아려 볼 수 있겠습니다. 즉 믿음 없이는 제자가 될 수 없다는 것, 믿음은 인격적으로 그리스도 자신을 붙잡는 것, 믿음의 요소는 같을지라도 신조의 내용은 다를 수 있다는 것이 그것입니다. 그리스도께서 오셔서 여러분에게 본문의 질문을 물으시고, 여러분을 보시면서 "네가 믿느냐" 하고 물으시는 것을 듣기 바랍니다.

둘째, 새 제자들에게 하신 이 중요한 약속에 또 한 가지 주제, 즉 믿음과

보는 것 사이의 관계를 밝히는 빛이 있음을 보도록 합시다. 이 전후문맥에
는 보는 것에 관한 말씀이 많이 나옵니다. 그리스도께서는 자기를 따르는
첫 두 제자에게 "와서 보라"고 말씀하셨습니다. 빌립은 나다나엘의 편견이
라는 얇은 막에 "와서 보라"는 동일한 말로 대처하였습니다. 그리스도께서
는 가까이 오는 나다나엘을 "네가 무화과나무 아래 있을 때에 보았노라"는
말씀으로 맞이하셨습니다. 그리고 이제 주께서는 동일한 은유를 사용하여
약속의 말씀을 하십니다. "네가 이보다 더 큰일을 보리라."

여기에 이중적 대조가 나옵니다. "내가 너를 보았노라." "네가 나를 보리
라." "너는 내가 그저 너의 모습을 보았다는 것을 알았기 때문에 믿었다. 이
제 네게 빛을 비추면 너는 더 확실히 믿게 될 것이다. 너는 내가 너를 보았
듯이 보게 될 것이다. 내가 너를 보았고, 그것 때문에 네가 나와 결합되었
다. 이제 나를 볼 것이고, 그로 인해 그 결속이 더욱 굳게 될 것이다."

또 한 가지 대조가 있는데, 그것은 믿는 것과 보는 것 사이의 대조입니
다. "네가 믿는다. 이것은 너의 현재 상태이다. 네가 보리라. 이것은 미래
에 대한 네 소망이다." 여기서 약속하는 "본다"는 것은, 그 말의 일차적 의
미와 적용에서 생각할 때, 앞으로 배우게 되어 있는 우리 주님의 공생애에
서 일어나는 역사적 사실들을 눈으로 목격하는 것이라는 사실은 이미 설
명한 바 있습니다. 그러나 여전히 우리는 이 대조에서 우리에게 유익할 한
가지 진리를 끌어낼 수 있을 것입니다. "네가 믿는다. 네가 보리라." 말하
자면, 영적 경험의 지극히 고귀한 영역에서 여러분은 볼 수 있기 위해 먼
저 믿어야 한다는 것입니다.

이렇게 말한다고 해서, 때로 사람들이 생각하듯이, 사람이 종교적 진리
가 맞는다는 것을 확신하게 해줄 어떤 경험을 하기 위해서는 그 진리를 억
지로라도 이해해서 받아들여야 한다고 이야기하는 것이 아닙니다. 나는
그보다 훨씬 더 단순한 뜻으로, 그러면서도 훨씬 더 참된 뜻으로 말씀드리
는 것입니다. 즉 그것은 우리가 그리스도를 의지하고 그리스도에게서 빛
을 받아 깨닫지 않는 한, 우리는 일단 그리스도를 믿을 때 아주 분명하게
나타나는 진리들 전체를 보지 못하게 되리라는 말씀입니다. 그렇게 말하

는 것이 신비주의가 아닙니다. 여러분은 하나님께 관하여 무엇을 압니까? 나는 "안다"는 말을 강조합니다. 여러분이 하나님께 관하여 있음직한 일을 아무리 많이 따지고 사색하고 생각하며, 두려워하고 소망하며 질문할 수 있을지라도, 여러분이 하나님께 관하여 아는 것이 무엇입니까? 여러분은 예수 그리스도를 떠나서 하나님께 대하여 무엇을 압니까? 여러분은 그리스도를 떠나서 인간의 의무에 관하여 무엇을 압니까? 그리스도를 떠나서 여러분은 무덤 저편에 있는 어두운 영역에 대해 무엇을 압니까? 여러분이 그리스도를 믿는다면, 그리스도의 발 앞에 엎드려 "랍비여! 당신은 나의 선생이시오 나를 깨우쳐 주시는 분이십니다" 하고 말한다면, 당신은 보게 될 것입니다. 여러분은 하나님을 보고, 사람을 보며, 여러분 자신과 의무를 보게 될 것입니다. 복잡하고 곤란한 수많은 일들을 밝혀주는 빛을 볼 것입니다. 죽음과 무덤의 짙은 어둠 속을, 내세의 두려움 속을 비추는 정오보다 찬란한 빛을 볼 것입니다. 그리스도는 빛이십니다. 그 "빛 안에서 우리는 빛을 볼 것입니다." 나의 눈이 바깥 세계를 보기 위해서는 해가 떠오를 필요가 있듯이, 내가 분명히 보기 위해서는 그리스도께서 내 하늘에서 빛을 비추어 온 우주를 밝히시도록 할 필요가 있습니다. "믿으라 그러면 네가 볼 것이라." 오직 그리스도를 믿을 때에만, 인류에게 영향을 끼치는 지극히 강력한 진리들이 우리 앞에 분명하게 나타납니다.

그 외에도, 그리스도를 믿으면, 우리는 믿음으로 보지 않고서는 사람들에게 온통 안개요 어둠 뿐인 수많은 사실과 원칙들을 생생하게 경험하게 될 것입니다. 그 경험은 아주 선명하고, 그와 같은 확신을 가져오므로, 충분히 본다고 말할 수 있는 것입니다. 세상은 "보아야 믿을 수 있다"고 말합니다. 이 속담은 여러분이 다룰 수 있는 열등한 것들에 해당되는 말입니다. 그러나 그런 열등한 것들보다 뛰어난 모든 것들에 대해서는 그 속담을 뒤집어야 진리가 됩니다. "보아야 믿을 수 있다." 그렇습니다. 외적인 것들에 대해서는 맞는 말입니다. 하나님과 영적 진리에 대해서는 믿어야 볼 수 있습니다. "네가 믿느냐? 그러면 네가 보리라."

그 다음에 셋째로, 여기에는 또 다른 문제, 곧 믿음과 진보 사이의 관계

를 비추는 빛이 있습니다. "네가 이보다 더 큰일을 보리라." 지혜로운 선생
은 학생들에게 그들이 앞으로 배워야 할 것이 얼마나 많은지를 일별하게
함으로써 처음부터 그들의 의욕을 자극합니다. 그렇게 흘끗 보면 그들이
낙망하게 되지 않고 그들의 모든 능력을 발휘하도록 분발시킵니다. 그와
같이 그리스도께서는 이 사람들에 대한 첫 번째 교훈으로 사실상 이렇게
말씀하시는 것입니다. "너희는 지금까지 아무것도 배우지 않았다. 이제 겨
우 시작했을 뿐이다." 이 말씀은 우리 모두에게 해당됩니다. 주님의 교훈
의 내용과 특성 모두에 있어서 첫째로 믿음은 매우 기초적인 것입니다. 사
람이 처음으로 그리고 아마도 갑작스럽게 회심할 때는, 자신이 아주 죄가
많고 비참하며 불쌍한 존재라는 것을 알고, 예수 그리스도가 자신을 위해
죽으셨으며, 그래서 자신의 구주이시라는 것을 알고 신뢰와 사랑과 순종
의 마음이 주님께로 쏠립니다. 그러나 그는 아직까지 문에 서서 안을 들여
다보고 있는 것에 지나지 않습니다. 그는 겨우 알파벳을 뗐을 뿐입니다.
그는 약속의 땅의 경계에 서 있을 뿐입니다. 믿음으로 그는 무한한 능력에
접촉한 것입니다. 그러면 그 끝은 어떻게 될 것입니까? 그는 무한히 성장
할 것입니다. 믿음이 있어서, 그는 본래 끝이 없는 교육과정을 시작하였습
니다. 그 과정이 존속하는 한, 그는 계속해서 성장할 것이고, 모든 것의 최
종 중심에 점점 더 가까이 다가갈 것입니다.

　이와 같이 여기 이 간단한 말씀에서 커다란 가능성이 열린 것입니다. 여
러분이 알든지 모르든지 간에 필요한 것, 여러분이 갈망하는 것을 유일하
게 충족시키는 가능성이 열린 것입니다. 곧 항상 여러분에게 새로운 능력
과 학식을 줄 어떤 것, 기쁨과 진리의 절대적 대상에 점점 더 가까이 가게
해 줄 어떤 것, 여러분을 정체하지 않도록 막아주고 끊임없이 전진하게 해
줄 것이 시작된 것입니다. 다른 모든 것은 조만간에 닳아 없어집니다. 이
세상에서 닳아지지 않는다면, 다른 세상에서 닳아 없어질 것입니다. 사람
이 거기에는 끝이 없다는 것을 확신하면서 시작할 수 있는 진로가 있습니
다. 그 진로는 사람이 나아감에 따라 열리고 열리고 열릴 것입니다. 그래
서 생명이 오든지 죽음이 오든지 그 길은 여전히 똑같으리라는 확신을 가

지고 시작할 수 있는 진로가 있습니다.

식물이 온실보다 높게 자라면, 온실 지붕을 걷어올릴 정도로 계속 훨씬 더 높이 자랍니다. 여러분이 이 낮은 세상에서 자라든 아니면 천국의 찬란한 창공 속에서 자라든 간에, 그 성장은 한 방향으로 이루어집니다. 끊임없는 진보를 이루도록 보장하는 길이 있습니다. 여기에 그 길의 비밀이 있습니다. "네가 믿는도다! 네가 이보다 더 큰일을 보리라."

자, 형제 여러분, 그것은 커다란 가능성입니다. 그것은 여러분 가운데 어떤 분들에게 해당하는 엄숙한 교훈입니다. 스스로 믿는다고 하는 그리스도인 여러분, 여러분은 태어났을 때보다 지금 조금이라도 더 큽니까? 대체 조금이라도 자랐습니까? 현재 자라고 있습니까? 여러분이 그리스도의 발 앞에 엎드려 "당신은 하나님의 아들이시오 당신은 이스라엘의 임금이로소이다" 하고 말한 첫 날에 보았던 것보다 예수 그리스도에 대해 조금 더 깊은 것을 보았습니까? 처음 믿었을 그때 여러분에게 하신 주님의 약속은 "네가 믿는도다. 네가 이보다 큰일을 보리라"는 것이었습니다. 만약 그동안 큰 일을 보지 못하였다면, 그것은 여러분의 믿음이 사라지지는 않았을지라도 찌부러졌기 때문입니다.

2. 이제는 이 중요한 말씀에 들어 있는 두 번째 사상을 봅시다.

앞에서 말했듯이, 여기서 주님은 자신의 존엄을 친히 증언하심으로써 스스로 관을 쓰십니다. "이후로는 네가 하늘이 열리는 것을 보리라." 어떻게 주님께서 이 놀라운 발언의 근거를 오직 자신의 말씀에만 두시는지를 주목할 필요가 있습니다. 선지자들은 항상 "여호와께서 이르시되"라고 말하였습니다. 그리스도께서는 항상 "진실로 진실로 네게 이르노니"라고 하셨습니다. "하나님이 가리켜 맹세할 자가 자기보다 더 큰 이가 없으므로 자기를 가리켜 맹세하여"(히 6:13). 주님은 모든 논증과 증거보다 자신의 말씀에 확신을 두십니다.

"이후로는"(개역개정에는 생략되어 있음 — 역주). 개역성경(The Revised Version)을 보면 알겠지만, 아마도 이 단어가 원문에 없어서 생략된 것 같습니다. 이 단어를 그대로 두어야 한다면, 마치 미래의 막연한 어떤 시점을 가리키는 것처럼 "이후로는"이라고 번역해서는 안 됩니다. "지금부터는"이라고 번역해서, 하늘이 열리고 천사가 내려오는 것이 주님의 공적 사역의 첫 시간부터 나타나기 시작하였다는 것을 주장하는 의미로 보아야 합니다. "너희가 하늘이 열리고 하나님의 사자들이 오르락 내리락 하는 것을 보리라." 이 말씀은 벧엘에서 야곱이 경험했던 이야기를 암시하는 것입니다. 우리는 나다나엘과의 대화에서 이미 야곱의 이야기가 언급되는 것을 보았습니다. "참으로 이스라엘 사람이라 그 속에 간사한 것이 없도다." 이 말씀은, 그 도망자가 돌베개를 베고 누워서, 둥그렇게 펼쳐진 별이 총총한 시리아의 보랏빛 하늘 아래에서 하나님의 사자들이 오르락내리락 하는 사다리를 보았을 때의 이야기를 언급하고 있음이 틀림없습니다. 그리스도께서는 이렇게 말씀하시는 것입니다. "그와 같이 너희가 밤의 환영으로가 아니라, 일시적 모습으로가 아니라 실제로 깨어있는 현실 속에서 그 사다리가 다시 내려오고 그 위를 하나님의 사자들이 자비의 심부름을 띠고 오르내리는 것을 볼 것이다."

그러면 이 사다리는 누구이며, 혹은 무엇입니까? 그리스도이십니다. 여러분은 이 말씀을 읽으면서, 예수께서 공생애 동안에 한두 번 그러셨듯이, 하나님의 사자들이 내려와서 예수님을 돕고 영화롭게 하며 구조한 것을 의미하는 말로 보아서는 안 됩니다. 그보다는 예수께서 온 세상을 돕고 복 주시기 위해 이 하나님의 사자들을 명하여 오르내리게 한다는 의미로 보아야 합니다.

즉, 분명하게 말하자면, 그리스도는 하늘과 땅 사이를 소통시키는 유일한 중재자, 곧 그 발은 땅의 인류 가운데 있고 그 꼭대기는 하늘에 있는 사다리이십니다. "하늘에서 내려온 자 곧 인자 외에는 하늘에 올라간 자가 없느니라"(요 3:13).

시간이 충분하다면 이 사상들을 자세히 설명하겠지만 그럴 만한 시간이 없을 것 같습니다. 그래서 아주 간단하게만 이야기하도록 하겠습니다. 그리스도는 모든 계시의 중재자이시므로, 하늘과 땅 사이의 모든 의사소통의 매개자이십니다. 나는 설교의 앞부분에서 그 점에 관해 부수적으로 말하였기 때문에, 여기서 길게 생각하지 않겠습니다. 그리스도 안에서 분리의 의미와 분리의 현실이 사라지기 때문에, 그리스도는 하늘과 땅을 이어주는 사다리이십니다. 죄가 하늘을 가렸습니다. 감사할 줄 모르는 사람들에게 하늘에서 많은 복이 내려옵니다. 그러나 깨끗한 하늘과 진흙탕처럼 더러운 땅 사이에 "큰 구렁텅이가 놓여 있습니다"(눅 16:26). 그것은 하나님은 크시고 나는 작기 때문이 아닙니다. 하나님은 무한하시고 나는 큰 대륙에 점찍은 바늘구멍에 지나지 않기 때문도 아닙니다. 하나님은 영원히 사시는데 내 생명은 한 줌 호흡밖에 안 되기 때문이 아닙니다. 내가 하나님으로부터 떨어져 나온 것은 하나님의 전지하심과 나의 무지 사이의 차이 때문이 아니고, 하나님의 힘과 나의 약함 사이의 차이 때문도 아닙니다. "너희 죄악이 너희와 너희 하나님 사이를 갈라놓았음이라"(사 59:2). 사람이 아무리 바벨탑을 높게 쌓을지라도 하나님께 이를 수는 없습니다. 이 분리를 끝내고, 결합을 방해하는 모든 외적 장애물과 모든 주관적 장애물들을 모두 깨끗이 쓸어버리는 한 가지 수단이 있습니다. 그리스도께서 오셨습니다. 그리스도 안에서 하늘이 이 낮은 땅에 닿도록, 이 땅에 복을 주기 위해 몸을 굽혔습니다. 그래서 사람과 하나님이 다시 한 번 하나가 됩니다.

하나님의 모든 복과 은혜, 도움, 은총이 그리스도에 의해 천사처럼 우리의 연약하고 궁핍한 마음에 내려오기 때문에 그리스도는 사다리, 즉 소통의 유일한 매개자이십니다. 힘이든지 자비든지, 영적 능력이나 모든 슬픔의 위로든지, 의무를 위한 적합한 준비나 어둠 속의 비췸이든지, 우리 가운데 누구나 필요로 할 수 있는 모든 선물은 오직 빛나는 이 한 길, 신인(神人)이신 주 예수 그리스도의 중보와 사역을 통해서만 우리에게 옵니다.

나의 보잘것없는 소원과 기도와 도고, 바람과 한숨, 나의 고백이 그리스도로 말미암아 하나님께 올라가기 때문에, 그리스도는 사다리, 즉 소통의 유일한 매개자이십니다. "나로 말미암지 않고는 아버지께로 올 자가 없느니라"(요 14:6). 마침내 우리가 하늘에 들어간다면, 그리스도로 말미암아,

"길이요 진리요 생명"이신 그리스도로만 말미암아 들어갈 것이기 때문에 그리스도는 사다리, 곧 하늘과 땅의 모든 소통의 수단이십니다.

사랑하는 형제 여러분, 사람들은 망원경과 분광기(分光器) 같은 것들로 볼 수 없으면, 하늘과 땅을 연결할 길은 없다고 말하고 있습니다. 우리는 사다리가 없고, 천사도 없으며, 필시 하나님도 없거나 아니면 하나님이 계신다고 하더라도 우리와 아무 상관없거나 우리와 함께 하지 않는다는 말을 듣습니다. 하나님이 귀가 있을지라도 우리의 기도를 듣지 않고, 하나님이 손이 있을지라도 도우려고 손을 뻗지 않는다는 말을 듣습니다. 나는 어떻게 이 교양 있는 세대를 돌이켜 하나님께 대한 믿음을 회복하도록 하고 그 희생자들에게 하늘을 무의미하게 만들고 땅을 슬프게 만드는 무서운 의심에서 구원할 수 있을지 모르겠습니다. 그리스도께서 나다나엘에게 "네가 하늘이 열리고 하나님의 사자들이 인자 위에 오르락내리락 하는 것을 보리라"고 말씀하시면서 사실은 온 인류에게 하신 그 말씀에 주의를 기울이도록 하는 방법밖에 없다고 생각합니다. 그리스도께서 하나님의 아들이시라면 하늘의 사자들은 모두 그리스도로 말미암아 땅에 이릅니다. 그리스도께서 사람이시라면, 모든 사람이 그리스도로 말미암아 세상에 내려오는 선물들을 받을 수 있습니다. 그리고 땅에 계시는 동안에도 영원히 하늘에 계셨고 항상 천사들이 모셔 섰던 그리스도께서 취하신 인성은 우리 각 사람이 도달할 수 있는 정도이면서 또한 거기에 이를 수 있게 하는 능력입니다.

이 놀라운 경지, 곧 우리의 믿음을 위하여 필요한 것이 한 가지 있습니다. 쓸쓸한 황무지에서 우리가 하늘이 열리는 것을 보고, 칠흑같이 어두운 밤에 임재해 계신 그리스도의 찬란한 영광을 보며 공기를 가득 채우는 천사들의 부드러운 날갯짓 소리를 들으며, 그리스도께서 거기 계시기 때문에 모든 곳이 "하나님의 집이요 하늘의 문"(창 28:17)인 것을 발견할 수 있다면, 얼마나 복되겠습니까! 그 모든 것이 이 한 조건에 의해 여러분의 것이 될 수 있습니다. "네가 믿느냐? 네가 하늘이 열리고 하나님의 사자들이 인자 위에 오르락내리락 하는 것을 보리라."

12
기쁨을 가져오시는 분, 예수

"¹사흘째 되던 날 갈릴리 가나에 혼례가 있어 예수의 어머니도 거기 계시고 ²예수와 그 제자들도 혼례에 청함을 받았더니 ³포도주가 떨어진지라 예수의 어머니가 예수에게 이르되 저들에게 포도주가 없다 하니 ⁴예수께서 이르시되 여자여 나와무슨 상관이 있나이까 내 때가 아직 이르지 아니하였나이다 ⁵그의 어머니가 하인들에게 이르되 너희에게 무슨 말씀을 하시든지 그대로 하라 하니라 ⁶거기에 유대인의 정결 예식을 따라 두세 통 드는 돌항아리 여섯이 놓였는지라 ⁷예수께서 그들에게 이르시되 항아리에 물을 채우라 하신즉 아귀까지 채우니 ⁸이제는 떠서 연회장에게 갖다 주라 하시매 갖다 주었더니 ⁹연회장은 물로 된 포도주를 맛보고도 어디서 났는지 알지 못하되 물 떠온 하인들은 알더라 연회장이 신랑을 불러 ¹⁰말하되사람마다 먼저 좋은 포도주를 내고 취한 후에 낮은 것을 내거늘 그대는 지금까지좋은 포도주를 두었도다 하니라 ¹¹예수께서 이 첫 표적을 갈릴리 가나에서 행하여그의 영광을 나타내시매 제자들이 그를 믿으니라"

요 2:1–11

이 첫 표적이 일어난 날짜를 정확히 기록한 데서 그 목격자가 누구인지가 나타납니다. 나사렛은 세례자 요한이 세례를 주고 있던 곳에서 약 50km 정도 떨어진 곳에 있었고, 가나는 나사렛에서 약 6km 정도 떨어진 곳에 있었기 때문에, "사흘째"라는 날짜는 아마도 빌립을 부르신 날부

터 계산한 기간일 것입니다. 마리아가 이미 거기 있었던 것을 보면, 예수
님과 그의 제자들은 다른 손님들보다 나중에 초대를 받았던 것으로 보입
니다. 마리아는 포도주가 부족한 것을 안다든지, 종들에게 일을 시키는 것
을 볼 때, 잔치를 벌이는 가족과 친밀한 관계가 있었던 것 같습니다.

사도 요한이 거의 표적 자체만큼이나 강조하는 첫 번째 요점은 마리아
와 예수님과의 새로운 관계입니다. 이것은 마리아가 배워야 했던 교훈이
고, 마리아가 기분 좋게 당당하게 가져야 했던 신뢰였습니다. 마리아는 아
들 주변에 그의 제자들이 둘러선 것을 보고서, 그토록 오랫동안 조용히 키
워온 은밀한 소망이 활활 타오르며, 당면한 작은 문제 앞에서라도 도와줄
수 있는 주님의 능력에 대한 아름다운 믿음을 가지고서 아들에게로 향합
니다. 그리스도께 건넨 마리아의 첫 마디는 우리 모두에게 얼마나 아름다
운 모범이 되는지 모릅니다! 베다니에 있는 두 자매처럼, 마리아도 그리스
도께 걱정거리를 말하는 것만으로 충분하다는 것을 확실히 압니다. 주님
은 동정심 때문에 그 걱정거리를 자기 일로 알고 아마도 그 문제를 해결해
주실 것이기 때문입니다. 우리는 예수님께 우리의 필요를 말씀드리고, 주
께서 아시는 방법대로 그 문제를 처리해주시도록 맡깁시다.

물론 예수께서 마리아를 "여자여"라고 부르시는 말씀을 들으면 이렇게
생각할 그런 의미를 갖지 않습니다. 그 용어는 존경과 예의를 갖춘 호칭이
지만, 그러나 그 호칭에는 "나와 무슨 상관이 있나이까"라는 질문으로 강
조된, 새로운 거리를 분명히 보여주는 암시가 있습니다. 어머니와 아들 사
이가 얼마나 친밀합니까! 그렇습니다. 참으로 친밀합니다. 그러나 마리아
는 어머니로서 그처럼 기뻐하며 자부심을 가졌던 메시야의 지위를 예수께
서 취하심으로써 필연적으로 어미의 마음을 찌르게 되어 있는 고통 가운
데 첫 고통을 맛보는 결과를 가져왔다는 것을 배워야 했습니다. 아들이 더
이상 자기를 "어머니"가 아니라 "여인"으로 불러야 한다는 사실에서 마리
아는 자기에게 속했던 옛 시절은 영원히 지나갔고, 예전의 관계는 이제 메
시야와 제자 사이라는 새 관계로 바뀌었음을 알았습니다. 이것은 고통스
러운 생각이었습니다. 그리고 지금도 많은 부모들이 더 넓어진 생각과 소

명에 대한 새로운 의식이 자녀에게 생겨날 때, 맛보아야 하는 고통입니다. 마리아처럼 이 피할 수 없는 사실을 받아들일 수 있는 어머니는 많지 않습니다. 예수님은 자기 "때"를 지시받아야 하지 않습니다. 그러나 적합한 시간이라는 생각이 들 때 행동을 개시해야 했습니다. 시간이 되었다는 신호를 예수님께 알려준 것이 무엇이었는지, 어떻게 그 순간이 그렇게 빨리 왔는지에 대해서는 알 수 없습니다. 그러나 주님은 자신이 자유롭게, 그리고 아주 정확하게 적합한 때 개입하신다는 것을 온유하지만 단호하게 밝히십니다. 우리는 주님께서 지체하신다고 생각할 수 있지만 주님은 언제나 "새벽에"(시 46:5) 도우십니다.

마리아의 아름다운 겸양과 강한 신뢰가 종들에게 내린 지시에서 놀랍게 나타납니다. 그 지시는 예수님을 부추기려는 마리아의 열성에 부과된 냉담한 태도에 대하여 예상될 수 있는 것과 정반대되는 것입니다. 마리아는 "아직 이르지 아니하였나이다"라는 말씀 속에 들어있는 약속의 작은 불씨를 믿음으로 붙잡았고, 그 불씨에 부채질을 하여 불을 피워냈습니다. "그 다음에는 주님께서 개입하실 것이고, 나는 주께서 그때를 정하시도록 맡길 수 있다." 이러한 고통스런 교훈을 배워야 했고, 부탁을 거절당하는 것처럼 보였음에도 불구하고 꺾이지 않은 마리아의 믿음은 지식은 부족했을지라도 참으로 확고한 것이었습니다. 이 마리아의 믿음을 볼 때, 주님께서 우리의 요청에 응답하시기를 조금 늦추기라도 하면 마리아보다 더 잘 알고서도 주님을 잘 믿지 못하는 우리가 얼마나 부끄러운지 모릅니다! 마리아는 모든 것을 주님께 맡겼습니다. 주님의 명령을 절대적으로 복종해야 할 것으로 알았습니다. 우리는 주께서 우리 요청에 응답하시는 때나 방법에 대해 모두 절대적으로 주님께 맡깁니까?

다음에 생각할 요점은 실제의 표적입니다. 사도는 이 표적을 상당히 생생하게 또한 상당히 자제하면서 묘사합니다. 우리는 이 표적의 내용을 정확히 다 알지는 못합니다. 항아리에 있는 물이 다 포도주로 변했습니까? 항아리에서 떠온 물만 포도주로 변했습니까? 이 질문들에 우리는 답변할 수가 없습니다. 예수께서는 능력을 발휘하는 말씀도 하시지 않았고, 손을 내밀지도 않으셨습니다. 주님의 뜻이 말없이 물질에 변화를 일으켰습니다. 이렇게 해서 주님은 창조자요 유지자로서, 순전히 뜻만으로도 물질에 영향을 미칠 수 있는 하나님의 대권을 행사하는 분으로서 자신의 영광을 나타내셨습니다.

이 기적이 사실임은 "연회장"의 즐거운 평에서 확인됩니다. 벵겔(Bengel)은 이렇게 말합니다. "연회장이 이 포도주가 나오게 된 연유를 알지 못하는 사실이 이 포도주가 상품인 것을 증명하고, 종들이 그 연유를 알고 있다는 점이 이 기적의 진실성을 증명한다." 아무튼 연회장의 감식안은 그리 둔하지 않아서 포도주를 맛보고 좋은 "상품"인 것을 말할 수 있었고, 예수께서 이미 포도주를 충분히 마신 사람들에게 더 나은 포도주를 공급하실수 있다고 생각하지 못할 이유가 없었습니다.

이 연회장의 말은 잔치에 참석한 손님들만 들으라고 한 것이 아니라 전체에게 말하는 일반적 평입니다. 그런데 이 복음서 기자는 말하는 사람들이 생각한 것보다 더 깊은 의미를 지닌 말을 인용하기를 좋아합니다. 매우 사색적 눈을 가진 그는 아주 평범한 사물에서 영적 사실을 나타내는 암시와 상징들을 봅니다. 그래서 우리는 이 연회장의 말에 억지로 고귀한 의미를 부여하지 않지만, 그의 말에서 예수님은 마지막까지 가장 좋은 포도주를 간직하고 계신다는 위대한 진리를 무의식중에 말하고 있음을 보면서, 요한의 그의 말을 인용한 의도를 눈치 채게 됩니다. 세상은 그와 정반대로 한다는 것을, 즉 조만간에 거짓 영광이 사라지고 곰팡내가 나며 흔히 지독히 쓴 화려한 약속과 덧없는 기쁨들로 사람들을 유혹하여 자기 노예와 희생물로 만든다는 사실을, 지금도 얼마나 많은, 속임을 당한 불쌍한 영혼들이 발견하고 있는지 모릅니다! "이 환락의 끝은 괴로움이다." 이 세상에서 가장 서글픈 것은 신앙이 없는 노년이라면, 이 세상에서 가장 아름다운 것은 예수님을 위해 애쓴 수고가 있고, 또 주께서 보내신 것으로 알고 오래 인내한 슬픔이 많이 있는 경건한 생애를 영광스럽게 만드는 평온한 황혼입니다.

"아침은 찬란한 옷을 잔뜩 차려 입고
  사람을 현혹시키며 나갑니다."

그러나 그리스도는 아침의 약속을 지키시는 그 이상입니다. 그리스도인들이 주님께 굳게 매달리면, 그리스도인의 경험은 항상 앞으로 나아갑니다. 그리고 주님께서는 이 소박한 잔치에서 "연회장"이 자기도 모르게 말한 그 복된 진리를 분명하게 확인할 수 있게 해주실 것입니다.

이 표적이 다른 사람들에게는 어떤 영향을 주었는지를 복음서 기자는 말하고 있지 않습니다. 아마도 손님들도 연회장처럼 그 포도주가 난 연유를 몰랐을 것입니다. 그러나 이 표적이 제자들에게 끼친 효과는 그들이 "그를 믿은" 것입니다. 제자들은 이미 "믿었습니다." 그렇지 않았다면 그들은 제자들이 되지 않았을 것입니다. 그러나 그들의 믿음은 이 표적으로 새롭게 환기되었을 뿐 아니라 더 깊어졌습니다. 주님께서 계속해서 자신을 나타내시는 일을 모두 경험할 수 있는데, 그런 계시에 대해 우리의 믿음은 지속적으로 그리고 점점 더 반응해야 합니다.

예수께서는 이 첫 번째 표적에서 "자신의 영광을 나타내셨습니다." 그 부드러운 빛에서 어떤 광선들이 비쳤습니까? 이미 앞에서 언급한 바이지만, 물질에 대한 주님의 통치권을 계시하는 것 외에, 그 광선들 가운데 주요한 점은, 이 표적에서 주님은 혼인과 가정생활의 즐겁고 신성한 기쁨들을 신성하게 하셨다는 것입니다. 또 주님은 자신과 우리를 묶는 유대 관계와 인류 공통의 기쁨을 동정적으로 보시는 분이며, 우리의 기쁨거리들을 신성하고 고상하게 만들고, 거기에 새로운 향기와 능력을 주입할 수 있고, 또 그렇게 하기를 기뻐하시는 분임을 계시하셨다는 것입니다. 우리 일상생활의 "물"이 "포도주"로 변합니다. 예수께서는 믿고 따르는 모든 사람에게 자신의 기쁨을 나누어 주시고, 우리 속에 그 기쁨이 계속 있어서 우리의 기쁨이 충만해지도록 하기 위해 "질고를 아는 자"(사 53:3)가 되셨습니다.

13
가나에서의 첫 번째 표적:
물로 포도주를 만드심

"예수께서 이 첫 표적을 갈릴리 가나에서 행하여
그의 영광을 나타내시매"
요 2:11

요한복음의 요지는 1장의 앞부분에서 "말씀이 육신이 되어 우리 가운데 거하시매 우리가 그의 영광을 보니 은혜와 진리가 충만하더라"는 말씀에 언급되었습니다. 본문의 어조에서 그 말씀을 언급하고 있음이 분명하게 나타납니다. 이 복음서 기자는 그리스도의 첫 번째 표적을 성육신 하신 말씀의 영광이 번쩍하고 비추는 첫 광선으로 간주합니다. 이 복음서 기자에게 모든 기적은 특별히 **표적**으로서 중요합니다. 표적이란 기적을 가리키는 데 일반적으로 사용되는 단어입니다. 표적은 단순한 경이적 사건들이 아니라 기이한 사건일 뿐 아니라 의미심장한 계시이기도 합니다. 요한이 예수께서 십자가에 못 박히시기 전에 주님의 표적을 일곱 개만 기록하고, 부활하신 주님의 표적은 한 개만 기록하고 있는 것은 우연한 일이 아니라 생각합니다.

요한복음 기자는 이 표적들을 모두 그리스도에게서 번쩍이는, 창조되지 않은 영광의 흰 빛의 여러 측면을 나타내는 것으로 설명합니다. 이렇게 말할 수 있는지 모르겠지만, 이 표적들은 한 가지 광선이 분해되어 나타나는 일곱 가지 색깔입니다. 이 색깔들 각각은 "은혜와 진리가 충만한 영광"이 무엇인가에 대한 새로운 어떤 사상을 차례로 나타내는 것으로 볼 수 있을 것입니다.

나는 이 일련의 생각들 가운데 첫 번째 생각부터 이야기하겠습니다. 그러면 이 표적에서 우리에게 번쩍하고 비추는 "독생자의 영광"은 무엇입니까? 내 목적은 단지 여러분을 대신해 그 질문에 답을 하는 것입니다.

1. 첫째, 우리는 여기서 그리스도의 창조적 능력이 계시되는 것을 봅니다.

기적적 사실이 이 이야기에서 전적으로 가려져 있다는 것이 매우 주목할 만한 점입니다. 기적이 작용한 방식에 대해서 한 마디도 하지 않고, 심지어 기적이 일어났다는 점조차 말하지 않습니다. 우리는 다만 기적 앞에 일어난 일과 그 뒤에 일어난 일을 들을 뿐입니다. 기적 자체는 깊은 침묵에 싸여 있습니다. 종들이 물 항아리를 채웁니다. "이제는 떠라." 종들이 물을 떠서 "연회장에게 갖다 줍니다." 어디에서 기적적 활동이 일어났는지 우리는 모릅니다. 그 기적의 성격이 어떤 것이었는지 말할 수 없습니다. 그 작용이 어디까지 미쳤는지 알 수 없습니다. 큰 돌 항아리 여섯 개에 들어 있는 물이 다 포도주로 변했습니까? 아니면 필요한 만큼 떠왔을 때, 그리고 그 물에만 변화가 일어났습니까? 우리는 그 질문에 답을 할 수 없습니다. 아마도 내 생각에는 후자일 것이라고 봅니다. 그러나 아무튼 그 사실 자체는 휘장으로 가려져 있습니다.

여기에서 수단이 일절 사용되지 않았다는 점을 주님의 다른 어떤 기적에서보다 이 기적에서 훨씬 더 분명하게 봅니다. 때로 주님께서는 사람의 눈에 진흙을 바른다든지 혹은 귀에 침을 묻힌다든지 하는 식으로 물질적 수단을 사용하셨습니다. 어떤 때는 병자를 보내어 실로암 연못에서 목욕하도록 하셨고, 어떤 때는 병자에게 손을 얹으셨으며, 멀리서 단지 말씀만 하심으로 병자를 고치신 때도 있었습니다. 그런데 여기서는 말씀 한 마디도 하지 않으셨습니다. 일절 수단을 사용하지 않고, 말없이 자신의 뜻을 펼치셨습니다. 주님의 뜻이 어떤 징후도 없이, 볼 수 있거나 들을 수 있는 표시도 없이 주권적 능력을 가지고 물질 가운데 들어가 주님의 목적대로 작용한 것입니다. 아무 수단 없이 자신의 뜻을 표시하기만 하면 물질이 자기 명령에 따라 유연하게 변한다는 이것은 신성의 표지가 아닙니까? 이 경우는 "말씀하시니 그대로 되었더라"는 것도 아닙니다. 그냥 주께서 말없이 뜻을 표시하였더니 "그 물이 자기 주님을 알고 붉어진 것입니다." 바로 이것이 성육신 하신 말씀의 영광입니다.

이 표적이 창조 때 세워진 사물의 질서를 방해하는 것은 아니었습니다. 여기에서 자연 법칙이 정지되는 일이 전혀 없었습니다. 일반적으로 중간 연결고리를 통해서 작용하던 능력이 이때는 중간 과정을 생략한 채 직접 결과를 내는 일이 발생한 것뿐입니다. 여러분의 엔진이 여섯 개의 크랭크를 통해서 동력을 전달하든지 아니면 그보다 두세 개가 적은 크랭크를 통해서 동력을 전달하든지, 그것이 무슨 문제가 됩니까? 연결 고리가 좀 더 길든지 좀 더 짧든지, 무엇이 문제입니까? 특이한 점이 있다면, 여기에서 중간의 어떤 연결고리들이 생략되었다는 것뿐입니다. 일반적 모든 자연의 작동들을 생각할 때, 이 복음서의 심오한 서언은 우리에게 영원한 말씀이신 그리스도는 자신의 뜻대로 일하신다는 것을 믿도록 가르칩니다. 그리스도는 창조의 대행자이셨습니다. 그리스도는 창조물을 보존하시는 분인데, 창조물의 보존은 또한 지속적 창조에 지나지 않는 것입니다. 그리스도 안에 생명이 있고, 그리고 모든 생명체들은 그리스도의 신적 능력이 지속적으로 그들 위에 있고 또 작용하기 때문에 살아갑니다. 다시 한 번 말하지만, 이 기적에서 놀랍고 특이한 점은 모든 피조물들에게 끊임없이 작용하는 원인과 결과의 연결 고리들 가운데 두세 개가 억제되었다는 것뿐입니다. 그러므로 우리는 소위 원인이라고 하는 긴 사슬을 통하든지, 아니면 결과에 이르는 부분이 닫혔든지 간에, 하나님의 능력은 이런 중간의 전달하는 매개물의 개입이 없이도 작용한다는 것을 배우도록 합시다. 그 능력이 하나이고, 결과를 내는 이유도 하나입니다. 그리스도께서는 항상 세상에서 활동하시고, 그리스도는 "지은 것이 하나도 그가 없이는 된 것이 없는" 영원한 말씀이십니다. "예수께서 이 첫 표적을 행하여 그의 영광을 나타내시매.”

2. 다시 한 번 말하지만, 여기서 주님이 세상에 오신 중대한 목적, 곧 지극히 평범한 일, 특별히 매우 가정적 생활을 신성하게 하기 위해 오셨다는 그 목적에 대한 계시를 봅니다.

시골 동네 혼인식의 소박한 기쁨과 불과 며칠 전에 있었던 광야에서의 무서운 시험 장면이 아주 기이하게 대조됩니다! 1장의 장엄한 고지와 공적 사역의 초두에 벌어진 이 가정적 일도 기이하게 대조가 됩니다! “와서 먹지도 않고 마시지도 아니한”(마 11:18) 선구자 요한의 엄격한 금욕주의와, 이와 같이 인간 본성의 공통적 기쁨과 관계를 자유롭고 즐겁게 맛보는 인자 사이에 놀라운 대조가 보입니다! 이 혼인 잔치의 장면은 예수님 주변에 모인 여섯 명의 제자, 곧 주님의 메시야로서의 권능이 처음으로 아주 놀랍게 나타날 것을 기대하고 흥분해 있던 이 제자들의 예상과는 아주 달랐을 것입니다! 그들은 주님께서 갈릴리 가나의 시시한 집에 들어가실 것으로는 꿈에도 생각지 못했을 것입니다. “이 기적은 아주 하찮은 경우에 일어난 것이어서 주님께 어울리지 않는다”고 말하는 사람들이 있습니다. 주님께서 공적 사역을 시작하면서 단순히 인간적 덕망이나 능력이 아닌 그 이상의 어떤 것을 의도적으로 거리를 두고서 고상하게 보여주지 않고, 우리와 같은 형제처럼 평범하고 서민적이며 세속적 기쁨을 맛보시면서 주님의 임재가 얼마나 그런 기쁨들을 고상하고 신성하게 만드는지를 보이시려고 마음먹은 이 일이 하찮은 경우였습니까? 확실히 세상은 주께서 세상에 주신 많은 선물들 가운데서, 처음으로 주님의 영광을 나타내심으로서 혼인 관계를 신성하게 하시는 결과를 가져왔다는 사실에서 공개된 것보다 더 많이 거룩한 즐거움과 복을 제공하는 원천이 되었던 선물들을 거의 얻지 못했습니다.

그리고 이 표적은, “형제들은 무엇이든지 함께 함으로 그도 또한 같은 모양을 지니고” 일상의 모든 일에 참여하심으로 그 일을 거룩하게 하시는 주님의 활동의 전체 의미와 정신에도 일치하지 않습니까? 그래서 주님은 생활을 신성한 것과 세속적인 것으로 나누는 비신앙적인 사악한 구분에 이의를 제기하십니다. 그동안 이러한 구분은 신성한 영역이나 세속적 영역에 모두 심대한 해를 끼쳤습니다. 또 주님은 종교는 이 세상보다는 저 세상과 관계가 있다는 생각에 이의를 제기하십니다. 주께서는 사람의 흥미를 끄는 일은 무엇이든지 하지 않으실 것이라고 하여 주님의 사역을 편협하게 보는 생각에도 반대하십니다. 그래서 주님은 말하자면, 공생애를 막 시작하면서 이렇게 말씀하시는 것입니다. "나는 사람이다. 그래서 나는 인간적인 것은 무엇이든지 내게 관계없는 것으로 생각하지 않는다."

형제 여러분! 모든 생활이 그리스도의 나라의 영역이고, 사람이 행하고 느끼며 생각할 수 있는 모든 것이 그리스도의 통치 영역에 속한다는 교훈을 배우도록 합시다. 그리스도의 발이 닿은 곳은 어디든지 거룩한 땅이라는 것을 배우도록 합시다. 어떤 큰 명절에 백성들이 모인 잔치에 왕이 잠시 참석한다면, 잔치가 참으로 품위 있게 보일 것입니다! 왕이 겸손을 나타내는 행동으로서 백성들의 운동이나 일에 참여한다면, 백성들이 얼마나 새로운 활력을 얻어 운동이나 일에 열중하게 되겠습니까! 우리도 그와 같습니다. 그동안 우리의 가정생활에, 우리의 평범한 모든 의무에 우리의 왕이 계셨습니다. 그러므로 그런 모든 일이 신성합니다. 그리스도의 임재를 의식하고서 행하는 모든 일이 신성하다는 것을 배우도록 합시다. 그리스도께서는 인간 생활의 구석진 모든 영역에 임재하심으로써 그 부분을 신성하게 만드셨습니다. 우리가 그리스도의 발자취를 따른다면, 그렇지 않으면 건조해질 수 있는 일상생활의 밋밋한 공기 중에서 그 신성함이 연중 끊이지 않는 자극적 향기처럼 오래 우리에게 머물 것입니다.

신성한 것은 기이한 것이 아닙니다. 지극히 순수한 성도다움, 곧 지극히 그리스도다운 정결함을 기르기 위해서 인간적 활동과 인간적 흥미를 일절 그만 두어야 할 필요가 없습니다. 성도는 이 세상에 있어야 하지만 이 세상에 속해 있지 않습니다. 광야에서 시험을 치르신 후 곧 바로 시골 동네 혼인 잔치의 소박한 기쁨을 맛보신 주님처럼 지내야 합니다.

3. 그 다음에, 여기서 그리스도의 영광을 상징하는 것이 세상의 모든 기쁨들을 품위 있고 고상하게 만드는 것을 봅니다.

이 사실은 어쨌든 물을 포도주로 변화시킨 일, 맛과 향과 감동이 덜한 액체를 그처럼 좋은 상품의 포도주로 만드는 일의 의미로.받아들일 수 있습니다. 특별히 구약에서 포도주는 기쁨을 상징합니다. 포도주가 신약에서는 우리를 위해 흘리신 그리스도의 피를 상징하는 것으로 더 깊고 신성한 의미를 지니게 되었지만, 이 자리에서 설득력 있는 것은 구약의 관점입니다. 그러므로 우리는 이 사건에서 그리스도의 변화시키는 능력을 보여주는 상징을 읽을 수 있다고 봅니다. 주님은 슬픔의 사람으로 오시는데, 손에 기쁨의 선물을 들고 오십니다. 사람들을 기쁘게 만드는 것이 가치 없는 목적이 아닙니다. 하나님의 제사에 어울리지 않는 목적이 아니라는 말입니다. 주께서 하늘에서 내려와 고통을 당하고 죽으시는 것은, 세상의 지치고 슬픈 마음에 타락하지 않는 영원한 기쁨을 조금 뿌려주기 위해서 할 만한 일입니다. 우리가 생활의 경륜에서 언제나 기쁨의 중요성을 제대로 평가하는 것은 아닙니다. 그것은 기쁨거리들을 저열한 데서 이끌어내는 데 너무 익숙해서 우리의 기쁨들 대부분은 아주 칭찬할 만하거나 고귀한 것이 없기 때문입니다. 그리스도께서는 기쁨을 가져다주고, 기쁨의 세상적 원천들을 하늘의 원천으로 변화시키기 위해 오셨습니다. 세상의 물통에서 떠 마시는, 달콤하지 않고 만족스럽지도 않으며 효능도 없는 모든 물을 하나님 나라의 포도주로 만들기 위해서, "사람의 마음을 기쁘게 하는"(시 104:15), 기운을 돋우는 새롭고 진한 포도주를 만들기 위해서 오셨습니다.

우리의 지극히 평범한 복들, 지극히 일상적 기쁨들이 더럽고 상스러운 것들이 아니라면 이렇게 변화될 수 있습니다. 그런 복과 기쁨거리들을 그리스도께 연결시키십시오. 그리스도 안에서 기뻐하십시오. 여러분의 기쁨거리에 그리스도를 모셔 들이십시오. 그러면 그 기쁨거리의 성격이 변화될 것입니다. 심지를 산소통에 집어넣으십시오. 그러면 심지가 더욱 밝게 타오를 것입니다. 세상은 아무리 좋고 고귀한 것이라 할지라도 그리스도가 없으면 거울 속에 비친 아름다운 풍경과 같은 것입니다. 그리스도께서 세상에 오시면, 세상은 태양이 하늘에서 밝게 이글거리고 강의 굽이치는 물결마다 번쩍이며, 어두운 많은 구석에 아름다움을 가져다주고, 모든 꽃잎들을 피어나게 하며, 새들이 다 하늘에서 노래하게 만드는 풍경이 됩니다. 그리스도로부터 나온 빛이 세상의 기쁨거리들에 비추면, 전체 장면이 바뀝니다. 주님은 세상의 기쁨거리들을 변화시켜 품위 있게 하고 영속하도록 만드실 것입니다. 여러분이 위해서 기도하거나 주께서 복 주시도록 구할 수 없는 환락은 만지지 않도록 하십시오. 여러분의 기쁨에서 주님이 제외되지 않도록 하십시오. 그렇지 않으면 여러분의 기쁨이 처음에는 아무리 달콤할지라도 입에 쓴 맛으로 남을 것입니다.

그렇습니다! 이 주님은 혼인 잔치에서 물을 기쁨의 포도주로 변화시킬 수 있을 뿐만 아니라 우리 모두가 가져오는 잔, 곧 우리 눈물을 담은 이 잔에도 손을 대어 복과 구원의 잔으로 변화시키실 수 있습니다.

"그들이 눈물 골짜기로 지나갈 때에 그곳에 많은 샘이 있을 것이며 이른 비가 복을 채워 주나이다"(시 84:6). 이와 같이 오래된 이 시는, 슬픔이 진지한 기쁨으로 바뀔 수 있고, 꽃이 만발하고 결실이 풍성하게 만드는 기초에 슬픔이 놓일 수 있다고 말합니다. 바로 이 교훈을 우리는 이 상징에서 배울 수 있습니다. 세상적 기쁨인 물을 하늘의 복인 포도주로 바꾸는 그리스도께서는 슬픔이라는 쓴 물에 같은 일을 행하여 진지한 기쁨의 기회들로 바꾸실 수 있습니다. 잎들이 떨어지고 나면, 우리는 앙상한 나뭇가지들을 훤히 봅니다. 나뭇가지들이 춥게 떨고 있는 것처럼 보일지라도, 우리는 나뭇가지들 너머로 별을 보는데 이것이 더 낫습니다. 예수께서는 주님을 의뢰하는 모든 마음에서 "이 첫 표적"을 거듭거듭 일으키실 것입니다.

4. 무엇보다 여기서 세상적 원천들의 부족을 채우는 것이 주님의 영광의 표지인 것을 봅니다.

"예수의 어머니가 예수에게 이르되 '저들에게 포도주가 없다' 하니." 이 세상의 잔치는 끝이 나기 마련이지만, 그리스도께서는 선물을 무한히 공급하십니다. 거기에 있었던 큰 돌 항아리의 내용물이 다 바뀌었을 수도 있는데, 그랬다면 그 돌 항아리들은 그리 많지 않은 잔치집의 손님들이 충분히 마시고도 남을 만큼 많은 양을 담고 있었습니다. 종들의 손이 물에 닿을 때 변화가 일어났다면, 목마른 사람이나 포도주를 찾는 사람이 있는 한, 그 돌 항아리에서 물을 뜰 때마다 계속해서 포도주가 나왔을 것입니다. 우리가 원한다면 그리스도께서는 우리 각 사람에게 영생하도록 솟아날 샘물을 주실 것입니다. 세상의 큰 접시들이 빌 때, 세상의 잔이 다 빌 때, 주님은 자기를 바라는 모든 사람의 영원한 굶주림과 복된 갈증에 먹을 것과 마실 것을 주실 것입니다.

이 연회장의 무례한 말은 이 사상의 다른 측면에 적합할 수가 있습니다. 그는 짐짓 놀라는 체 하며 장난스럽게 말하였습니다. 세상에서는 좋은 것을 먼저 내놓고, 입맛이 둔해지고 식욕도 줄어들었을 때는 "낮은 것"을 내놓는데, "그대는 지금까지 좋은 포도주를 두었도다." 그 말은 참으로 지당합니다! 정말이지 우리 삶의 어떤 면에서 얼마나 타당한 말인지 모릅니다! 개인에게서 원기왕성하고 희망차던 젊은 시절, 즉 모든 것이 새롭고 놀라웠던 때, 모든 것이 빛나는 꿈을 입고 나타났던 때는 우리 대부분이 경험한 인생의 쓰디 쓴 경험과 비참하게 대비됩니다. 습관이 들면, 모든 것이 무디어집니다. 우리는 길게 늘어진 사슬처럼 일생 동안 기억을 끌고 다닙니다. 그리고 기억과 함께 양심의 가책과 후회도 따라옵니다. 사람들이 힘들게 피곤한 중년의 시절을 지나가거나 더 나이가 들어 외로운 노년의 짙어지는 그림자 속으로 내려갈 때는 사람들에게 더 이상 "찬란한 환상"은 따라다니지 않습니다. 이 세상의 행복 외에는 달리 좋은 것이 없는 사람들에게는 처음에 가장 좋은 것이 나옵니다. 여러분 가운데는 이제 잔에 별로 마시고 싶지 않은 찌꺼기밖에 없는 분들이 있습니다.

그러나 예수 그리스도께서는 마지막까지 좋은 것을 주십니다. 주님의 선물들은 매일 더 소중해집니다. 그리스도의 선물들이 넌더리 나는 때란 없습니다. 세월이 갈수록 그 선물들은 더 귀하고 더 절실해집니다. 이 경로에서는 마지막이 처음보도 더 좋습니다. 인생이 끝나고 우리가 천국에 들어갈 때, 우리는 그 모든 것이 지금까지 그럴 것이라고 생각했던 것보다 훨씬 더 좋은 것을 발견하고서 놀라고 감사한 마음으로 이 말이 입에서 나올 것입니다. "그대는 지금까지 좋은 포도주를 두었도다."

형제 여러분! 창기인 세상이 주는, 양념이 되어 있고 향기로우며 거품이 일고 있는 잔에 손대지 마십시오. "그것이 마침내 뱀 같이 물 것이요 독사 같이 쏠 것이라"(잠 23:32). 여러분이 사랑하고 신뢰하며 복종하고, 여러분의 잔치에 오시도록 부르고 마음으로 환영하는 그리스도께서 여러분에게 가져다주실 순전한 기쁨들을 받아들이십시오. 이 기쁨들은 천국이 완성될 때까지 계속 더 자라고 더 커질 것입니다.

14
성전을 정결케
하시는 그리스도

"이것을 여기서 가져가라 내 아버지의 집으로
장사하는 집을 만들지 말라"
요 2:16

다른 복음서 기자들은 공생애 사역 초기에 그리스도께서 이렇게 성전을 정결케 하신 일을 기록하지 않지만, 우리가 다 알고 있는 대로, 공생애 사역 끝 무렵에 행하신 비슷한 행동을 이야기합니다. 반면에 요한은 후자의 사건에 대해서는 일절 언급하지 않습니다. 그러면 여기서 자연스럽게 이 질문이 생깁니다. 이 기록들은 동일한 사건을 각기 달리 설명하고 있는 것인가? 내가 생각할 때 그에 대한 답은 아니라는 것입니다. 요한복음은 다른 세 복음서들을 보충하고, 다른 세 복음서가 알지 못하거나 주의를 기울이지 않는 사건들을 기록하는 것이 그 의도이고, 또 사실 주님께서 공생애 초기에 이렇게 예루살렘을 방문한 이야기 전체를 다른 세 복음서 기자들은 빼먹고 있습니다. 그 다음에 이 두 사건은 어조와 환경이 다르고, 그 사건에서 주님이 하시는 말씀도 전혀 다릅니다. 두 사건은 다 각기 상황에 적절한 것인데, 전자는 메시야로서 공생애를 시작하는 행동이고, 후자는 메시야로서 거의 마지막 행동이었습니다. 그래서 우리는 이처럼 성전을 정결케 하는 일이 반복된 데서 다음과 같은 엄숙한 교훈을 배울 수 있습니

다. 즉 종교의 타락을 외적으로 개혁하는 것은 하찮고 일시적 가치밖에 없
다는 것입니다. 왜냐하면 삼년 만에, 어쩌면 몇 주도 안 되어서, 그리스도
께서 바로 잡은 그 악습으로 완전히 돌아갔기 때문입니다.

자, 이 이야기에는 흥미로운 점이 많이 있습니다. 그러나 이야기를 소개
하면서, 이 예루살렘의 성전은 기독교 교회라는 성전이 뒤를 이었고, 또
그리스도인 각 개인이 성전이라는 사실을 말씀드리는 것이 그 의미를 가
장 잘 밝히는 것이 될 것입니다. 그래서 말씀드리고 싶은 것이 세 가지 있
습니다. 그리스도께서 이 성전에서 행하신 일, 그리스도께서 현재 교회에
서 행하시는 일, 우리가 그리스도의 뜻을 따른다면 그가 우리 각 사람에게
행하실 일이 그것입니다.

1. 첫째, 그리스도께서 성전에서 행하신 일을 살펴봅시다.

자, 본문에 나오는 장면은 로마 가톨릭의 나라에서 성인의 날(Saint's
day)에 대성당이 있는 자리나 교회 밖에서 목격할 수 있는 것과 다르지 않
습니다. 성인의 날에 이런 곳에는 로자리오 묵주와 성인상들, 그밖의 양초
와 예배를 위한 도구들을 갖춘 노점상들이 길게 줄지어 있습니다.

이러한 악습에는 그것을 변호할 수 있는 실제적 이유들이 많이 있었습
니다. 멀리서부터 제물들을 끌고 오는 것보다 그곳에서 사는 것이 훨씬 편
리하였습니다. 아마도 황제의 두상이 새겨져 있는 외국돈을 성전에서 통
용되는 반 세겔로 바꿀 수 있는 것도 적지 않게 편리한 점이었습니다. 그
일은 파는 자들에게 이문이 있었고, 제사장들에게도 이익이 돌아갔던 것
이 분명합니다. 제사장들은 그 사업에 직접 참여하지 않는 익명 사원이었
거나 노점상을 거기에 세운 대가로 임대료를 받았을 것입니다. 이와 같이
모든 사람에게 편리하고 많은 사람에게 이익이 되었기에, 이 일은 인정된
관습이 되었습니다.

사람들에게 친숙하였기 때문에 그 일이 합법화되었고, 그래서 이 젊은
나사렛 사람이 아버지 집을 정결케 하려는 뜨거운 열심이 자기를 불태우
는 것을 느끼기 전까지는 그 일이 조금이라도 부적합하다는 생각을 아무

도 갖지 못하였습니다. 주님은 가축의 깔짚으로 이용되던 갈대 몇 개를 가지고 꼬아서 채찍 비슷한 것을 만들었지만, 사람이든지 짐승이든지 아프게 할 수 없는 그런 것이었습니다. 주님은 이 채찍을 사용하시지 않았습니다. 그것은 상징이었지 도구가 아니었습니다. 개역성경(The Revised Version)에 채용된 해석에 따르면, 그리스도께서 "내쫓은" 것은 양과 가축이었지, 그 주인들이 아니었습니다. 그 다음에 주님은 채찍을 내려놓고, 돈 바꾸는 사람들에게 가서 채찍을 들었던 손으로 그들의 상을 엎으셨습니다. 그 다음에는 비둘기 파는 사람들에게로 가셨습니다. 주님은 비둘기를 다치게 하거나 그 주인들에게서 빼앗으려고 하시지 않았습니다. 그래서 새장을 뒤집어엎거나 새장 문을 열지 않으시고 "이것을 여기서 가져가라"고 하시고 나서, "내 아버지의 집으로 장사하는 집을 만들지 말라"는, 주님의 의도를 밝히는 말씀을 하셨습니다.

주님이 사용하신 폭력을 지나치게 강조하지 않을지라도, 이 사건은 주님의 평상시 방식과는 매우 달랐습니다. 두 가지 점에서 다른데, 하나는 강제적 방법을 사용하신 점이고, 다른 한 가지 점은 단순히 외적 개혁을 목표로 하셨다는 점입니다. 그리고 이 두 가지 점 모두는 주님의 공생애 사역 과정의 위치와 매우 밀접한 관련이 있습니다.

이 사건은 예수께서 처음으로 민족 앞에 공적으로 메시야로서 출현하신 경우입니다. 주님은 권위 있는 행동을 통해 자신이 이스라엘의 왕이요 성전의 주인이라고 주장하면서 사역을 시작하시는 것입니다. 우리가 마지막 선지자의 말, 곧 "언약의 사자가 갑자기 그의 성전에 임하여 레위 자손을 깨끗하게 할 것이라"(말 3:1,3)는 말라기서의 말을 기억한다면, 이 사건의 의미를 깨닫게 됩니다. 우리는 이 사건에서 주님이 의도적으로 메시야의 역할을 떠맡으신다는 것을 눈여겨보아야 합니다. 주님께서는 아주 예민한 사람들이 이 선지자의 마지막 발언을 기억하도록 하기 위해, 그리고 사역 초기에 주님 자신이 하나님의 아들이심을 충분히 알았으며, 민족들에게 자신을 주로 인정하도록 엄숙하게 호소하면서 사역을 시작한다는 사실을 깨닫도록 그렇게 행동을 하였음을 주목해야 합니다.

이 이례적 사건이 주님의 공생애 사역 끝 무렵에 반복된 것 못지 않게 초기의 적절한 때 일어난 이유는 이것입니다. 이것이 이 사건의 예외적 면에 대한 설명입니다. 이 사건을 통해 주님은 자신이 하나님의 사자, 곧 오랫동안 예언된 메시야라고 권위 있고 엄숙하게 주장하고 계시는 것입니다.

그 다음에 이 사건은 그리스도의 독특한 능력을 뚜렷하게 보여줍니다. 어떻게 해서 탐욕스런 이 장사꾼들이 말 한 마디 하지 않고 조금도 반대하는 표시조차 하지 않았으며, 성전 지키는 자들이 아무 저항도 하지 않고 부적당해 보이는 이 소동을 진압하려고 하지 않았습니까? 또 어떻게 되어서, 유대 관리들조차 예수님께 따지러 왔을 때, 거친 말 한 마디 못하고 기껏해야 "네가 이런 일을 행하니 무슨 표적을 우리에게 보이겠느냐"는 말밖에 할 수 없었습니까? 어쩔 수 없는 이 기이한 동의를 설명하는 데 무슨 기적이 필요치 않습니다.

우리는 이보다 저급한 형태이지만 이와 비슷한 예들을 많이 봅니다. 거룩한 분노로 불타오르고 있어서, 책망을 듣는 사람들의 마음속에 은근한 동의를 얻는 사람은 사람들에게 직접 영향을 끼치지 않을지라도 두려운 마음을 일으킬 것입니다. 그러나 이것이 충분한 설명이 되지는 않습니다. 나는 여기서 그리스도의 공생애 사역의 가장 마지막 무렵에 일어났던, 이 기이한 사건과 비슷한 일이 생각납니다. 그때 주님이 겟세마네 동산에서 감람나무 그늘 밑에서 나와 군인들에게 "누구를 찾느냐"고 묻자 그들이 물러가 땅에 엎드려졌습니다(요 18:6,7). 주님 개인의 위엄과, 변화산에서 나타났던 숨은 영광이 드러나는 것을 보고 압도되어, 이들은 바람 앞에 꺾이는 갈대처럼 주님 앞에 엎드렸습니다. 주님의 주장을 인정하지는 않았지만, 이 주장자에게는 저항하지 못하게 만들고 항의를 잠잠케하는 점이 있었습니다.

그 다음에, 이 사건은 그리스도께서 거룩한 분노를 발하실 수 있는 분임을 계시합니다. 이 장에 기록된 두 사건만큼 서로 다를 수 있는 장면은 없을 것입니다. 한 사건은 갈릴리 산지에 자리 잡고 있는 한적한 시골인 가

나에서 일어났고, 다른 한 사건은, 절기를 지키는 사람들이 기분에 들떠서 빽빽하게 모여든 성전 뜰에서 일어났습니다. 한 사건은 일상생활의 평범한 기쁨들을 신성하게 만드는 것이고, 다른 사건은 혼인 잔치보다 훨씬 더 신성하게 대해야 하는 것을 모독한 일에 대해 책망하는 것이었습니다. 한 사건은 예수님의 사랑과 동정을 보여주고, 모든 인간관계를 품위 있게 만드는 주님의 능력과, 필요를 채우고 기쁨을 가져다주기를 기뻐하시는 주님의 심정을 보여줍니다. 다른 사건은 하나님의 이름과 성전의 신성함을 보존하려는 거룩한 열심이 타오르는 주님의 성품의 좀 더 엄격한 면을 보여줍니다. 이 두 사건을 합칠 때, 이 사건들이 주님의 성품 전체를 보여주고, 실제로 어떤 면에서 주님의 사역 전체를 요약하고 있다고 말할 수 있습니다. 주님의 계획표에는 이후에 발생하게 되어 있는 일이 전부 들어 있습니다.

우리가 지금까지 이 시대만큼 필요로 한 적이 없는 다음의 교훈을 이 시대의 장점과 결함 때문에 배우는 것은 당연한 일입니다. 즉 분노라는 어두운 능력이 숨어 있는 온전한 사람에게 사랑이 어울리지 않는 것이 아니며, 그리스도께서 거룩한 분노의 능력, 필요하다면 엄한 책망을 할 수 있는 능력이 자기 속에 또한 있지 않았다면, 스스로 기쁨을 가져다주는 분이 되지 않았을 것입니다. 즉 "갈릴리 가나에서 행한 첫 표적에서" 사람을 동정하여 기쁘게 하는 이로 자신을 나타내시지 않았을 것입니다. 형제 여러분, 우리가 주님의 사랑에 대한 개념을 망치지 않으려면 주님의 분노에 대한 개념을 그대로 유지해야 합니다. 어린 양의 진노와 같은 노여움은 없습니다. 손에 채찍을 든 그리스도라는 이상한 인물이 서 있는 이 성전 뜰은, 지나친 감상주의에 빠져 있고, 선과 악의 영원한 대립에 근거한 하나님의 징벌이라는 개념을 회피하는 이 세대가 절실히 필요로 하는 것을 보여주고 있습니다.

2. 둘째, 그리스도께서 교회에서 행하시는 일을 살펴봅시다.

하나님의 회복의 방법이 언제나 다르게 그리고 발전적으로 회복하는지에 대해서는 말할 필요가 없습니다. 황폐해진 시온의 성전이 사라지면 돌과 대리석으로 지은 또 다른 집이 그 뒤를 잇게 되어 있지 않고, "성령 안에서 하나님이 거하실 처소"(엡 2:22)를 위하여 짓는 "신령한 집"(벧전 2:5)이 들어서게 되어 있었습니다. 그리스도의 교회가 물질로 된 성전을 대신하고, 하나님의 거처가 됩니다.

그러므로 우리는 이 집도 더럽혀질 수 있다는 교훈을 배우도록 합시다. 원래의 성전에서 그랬듯이, 예배의 외적인 것들은 갖추고 있으면서도, 마음속에는 그 외적인 것들의 진실성을 좀먹는 돈을 목적으로 일하는 정신이 있을 수 있습니다.

그런 타락이 어떻게 눈치채지 못하게 서서히 교회 속에 스며드는지 주의해야 합니다. 여러분이 어떤 생각을 구체적으로 한 가지 형태나 외적 연상(聯想)으로 표현하면, 그러기가 무섭게 그 의미를 희석시키고 타락시키는 위험을 감수하지 않을 수 없습니다. 그것은 마치 공기 중에 내놓자마자 표면에 더껑이가 생겨 밝은 빛이 희미해질 수밖에 없는 수은 방울과 같습니다. 외적 제도로서 교회는 다른 제도들이 맞닥뜨리는 모든 위험에 노출되어 있습니다. 그리고 이 위험들은, 이 같은 성전 남용의 악습이 일어났듯이 전혀 눈치 채지 못하게 서서히 침투해 들어옵니다. 따라서 기독교 공동체로서 우리가 관습에 대해 생각할 때 양심이 편한 것만으로 충분하지 않습니다. 우리는 어떤 악습이든지 익숙하게 되고, 익숙해지면 악습을 바르게 판단할 능력을 상실합니다. 그러므로 양심은 복종시키는 것만큼 지도하고 깨우칠 필요가 있습니다.

그리스도의 교회가 노예 제도의 악함을 배우는 데 얼마나 오랜 시간이 걸렸습니까? 그리스도의 교회가 전쟁이 비기독교적이라는 사실을 이제는 다 배웠습니까? 다음 세대들이 우리를 아주 빤히 쳐다보면서 우리가 조상들에게 말하듯이 우리에 대해 말하고, 그런 일들을 용인하면서도 도대체 그리스도인이라고 할 수 있는지 의아하게 생각할 그런 악습들이 우리 가운데 없습니까? 그런 일들은 점차로 슬그머니 들어옵니다. 그래서 그런 악습들이 우리를 지배하게 하지 않으려면 끊임없이 지켜보아야 합니다.

우리가 이 사건에서 보는 특별한 형태의 타락은 언제나 교회를 에워싸고 있는 것입니다. 물론 내가 목회자들에게 설교를 한다면, 이에 관해 할 이야기가 훨씬 더 많을 것입니다. 설교에 대해 사례비를 받게 되어 있는 사람들에게는 보수를 바라고 설교하려는 괴로운 시험이 있습니다. 그러나 이 사건을 마음에 새겨야 할 필요가 있는 사람은 우리 같은 전문가들만이 아닙니다. 그것은 국교회와 비국교회, 로마 가톨릭교회와 개신교회 모두에게 해당됩니다. 똑같은 위험이 이 모든 교회들에게 따라다니는 것입니다. 하나님의 집의 외적 사업을 수행하려면 돈이 있어야 합니다. 그러나 제분소를 돌리듯이 교회를 "경영하는" 사람들에 대해서 어떻게 생각해야 합니까? 교회의 성공을 판단하는 기준으로 대차대조표를 보는 사람들을 어떻게 생각해야 합니까? 종교적 단체와 봉사를 이용해서 얻을 수 있는 것을 바라면서 그런 것에 매달리는 사람들은 어떻습니까? 우리는 "그리스도께서 시카고에 오신다면" 어떤 일이 벌어질까에 대한 이야기를 최근에 많이 들었습니다. 그리스도께서 이 나라에서 스스로 그리스도인이라고 고백하는 어떤 교회에든지 오신다면, 손에 채찍을 들고서 "내 아버지의 집으로 장사하는 집을 만들지 말라"고 말씀하시지 않겠습니까? 주님은 오실 것입니다. 주님은 정말로 오십니다. 우리가 주님의 말씀에 귀를 기울인다면 주님은 언제나 오실 것입니다. 그리고 간혹 주님은 무서운 모습으로 오셔서 돈 바꾸는 자들의 상을 엎으십니다.

형제 여러분! 예수 그리스도께서 이렇게 거듭해서 주님의 교회에 오시지 않았다면, 그리스도인들이 오래 전에 기독교를 말살하였을 것입니다. 여러분은 이제까지 기독교가 회복하는 능력을 보여 왔고, 자신의 타락한 성격을 벗어던질 수 있는 유일한 종교라고 생각하지 않습니까? 그것이 사실인지 아닌지는 모르겠지만, 사람들은 템즈 강의 물이 더러워졌다가도 정화되어 마실 만하게 되는 특성 때문에 배에 신고 가기에 좋다고 말하곤 하였습니다. 우리와 우리 형제들은 모든 시대를 통해 생명수를 더럽혀 왔습니다. 그런데 어떻게 이 생명수가 여전히 달고 효능이 있게 되었습니까? 이 나무는 잎이 떨어질지라도 그 자체에 본질을 지니고 있습니다. 기독교의 독특한 특성인 개혁 능력은 자기 개혁이 아닙니다. "레위 자손을 깨끗하게 하여 그들의 제사가 옛날처럼 받으실 만하게 되도록" 하기 위해서 주님께서 자기 성전에 오시는 일이 필요합니다.

이와 같이 우리는 교회들이 온갖 타락을 겪고 있는 광경을 보고서 낙담할 필요는 없습니다. 잠시 잠깐 후면 상황이 바뀝니다. 밤이 깊으면 낮이 가까운 법입니다. 나로서는 기존의 모든 교회의 제도들은 거의 대부분 쓸어 없애버려야 할 것이라고 믿습니다. 그러나 또한 나는 귀한 알곡을 체로 키질을 하면 겨는 땅에 떨어질지라도, 알곡은 한 알도 땅에 떨어지지 않을 것을 전심으로 믿고, 여러분도 믿기를 바랍니다. 제도적 교회들이 어떻게 될지라도, 그리스도의 교회는 그런 악습들 때문에 힘을 완전히 잃어버려 망하게 되거나, 그 광채가 너무 희미해져서 성전의 주님께서 자기 성소를 떠나지 않으면 안 되는 일은 결코 없을 것입니다.

3. 끝으로, 우리가 그리스도께서 뜻하시는 대로 일하도록 하신다면, 각 사람을 위해 무슨 일을 하실 것인지 살펴봅시다.

공동체 전체만 하나님의 전인 것은 아닙니다. 사도들은 많은 곳에서 분명하게 너희가 집단적 의미로 지극히 높으신 이의 전일 뿐 아니라 개인적으로도 "너희가 성전이라"고 말하기 때문입니다. 그래서 기독교의 가장 깊은 진리인, 그리스도께서 믿음으로 사람들의 마음에 내주하신다는 사실에 의해 그리스도인 하나하나가 하나님의 전인 것입니다. 사람의 영혼 하나하나가 하나님의 전이 되고, 또 될 수 있도록 하셨습니다. 이 성전은 더럽혀질 수 있습니다. 그리스도인이라고 하는 사람들이 이 전을 장사하는 집으로 만드는 길은 많이 있습니다. 하나님께서 우리에게 그만한 천국으로 보답할 것 같으면 하나님께 그만한 봉사를 드리겠다는 식으로 하나님과 흥정하는 것과 다름없는 종교 형태들이 있습니다. 우리에게 지극히 거룩한 것들을 세속적으로 생각하게 만드는 시험거리들이 너무도 많습니다. 우리 가운데는 부를 바라는 것이 아니라 빈곤을 두려워하기 때문에 마음에서 세상 염려를 몰아내기 힘들어 하는 사람들이 있습니다. 우리가 살고 있는 이 대도시의 공기가 기도의 시간까지 침투하지 않도록 하기 위해, 지성소 가까운 곳에서 들리는 시장의 소음이 예배자들의 찬송을 방해하지 않도록 하기 위해 우리 모두 조심해야 합니다. 이것이 맨체스터가 주는 시험이고, 우리 대부분이 넘어가지 않기 위해 조심해야 하는 시험입니다.

우리는 일상적 장사나 활동에 너무 몰두해 있어서, 필연적으로 몰두할 수밖에 없어서 혹은 정당하게 몰두할지라도, 아무튼 몰두하게 되어서 "지존자의 은밀한 곳"(시 91:1)에 들어갈 시간이나 마음의 여유를 거의 갖지 못합니다. 예배자들은 밖에 서서 짐승과 비둘기를 바꾸느라 성전에 들어가 제사를 드릴 시간이 없습니다.

이것이 우리를 에워싸고 있는 위험입니다. 미리 경고를 받으면 어느 정도 미리 대비를 하게 됩니다. 우리 모두가 일상적 직업 활동에 힘쓸 때, "내 아버지의 집으로 장사하는 집을 만들지 말라"는 엄숙한 소리를 듣고, 마음의 성소를 아주 가까이에 있는 시장의 소음과 오염으로부터 멀리 떨어져 조용히 지킬 수 있으면 좋겠습니다!

마음의 성소를 더럽히는 이러한 생각과 소원들을 자신의 힘으로 내던지려고 하면 지극히 미미한 성과밖에 거둘 수 없습니다. 그렇게 할 경우에, 주님께서 의미심장한 말씀으로 우리에게 경고하신 일이 일어나게 됩니다. 우리는 자신의 결심과 자기 개혁에 의해 어느 정도 그 악한 세입자를 집에서 내쫓을 수 있습니다. 그러나 그 집을 주님이 차지하고 계시지 않으면, 비록 "청소되고 수리되었을지라도" 여전히 "비어있게" 됩니다(마 12:44). 자연 법칙은 진공 상태를 싫어해서, 옛날 세입자와 그보다 더 악한 일곱 형제들이 빈집에 들어옵니다. 마음에서 세상을 몰아내는 유일한 방법은 내 마음을 그리스도로 채우는 것밖에 없습니다. 우리가 그리스도께 구한다면, 그리스도께서는 우리에게 오실 것입니다. 주님께서 손에 채찍을 들고 계실지라도, 고마운 손님으로 환영하도록 합시다. 주님이 오실 것입니다. 주께서 오실 때는 해가 떠오르는 것과 같을 것입니다. 그러면 삼림의 모든 짐승들은 가만히 물러나 자기들 굴에 들어가 눕습니다. 그것은 온 땅의 하나님의 언약궤를 다곤 신당으로 들여놓는 것과 같을 것입니다. 그러면 물고기 형상의 그 우상은 문지방에 엎드러져 병신이 됩니다. 우리가 그리스도께 "여호와여 일어나사 주의 권능의 궤와 함께 평안한 곳으로 들어가소서"(시 132:8) 하고 말하면, 그리스도께서 들어오실 것이고, 그의 들어오심으로 "그의 발 두는 곳이 영화롭게 될"(사 60:13) 것입니다.

15
허는 자와 일으키는 자

"예수께서 대답하여 이르시되 너희가 이 성전을 헐라
내가 사흘 동안에 일으키리라"
요 2:19

이 말씀은 성전을 정결케 하시는 주님의 행동을 정당화할 표적을 요구하는 유대인들의 요청에 대한 주님의 답변입니다. 복음서에는 성전을 정결케 하는 일이 두 번 기록되어 있습니다. 이 사건은 주님의 첫 번째 공적 행동이며, 요한 사도는 빼먹고 있지만 다른 복음서에서 기록된 다른 사건은 대체로 주님의 마지막 행동이었습니다.

이 사건들이 한 가지 일에 대한 두 해석에 불과한 것이라는 의견들이 있었습니다. 원칙적으로 그렇게 설명할 수 있는 가능성을 받아들이는 데 반대할 의사가 전혀 없지만, 사실 내게는 그것이 불충분하고 쓸데없는 설명으로 보입니다. 각 사건이 각각의 경우에 적절하기 때문입니다. 이 장에 기록된 사건에는 "내 아버지의 집으로 장사하는 집을 만들지 말라"는 주님의 논평이 있고, 공관복음서들에 기록된 사건에는 성전을 더럽히는 일이 더 심한 것으로 말하고, 따라서 그 책망도 더 엄격합니다. "장사하는 집"이, 유대인들이 주님의 것을 주님께 드리기를 거절함으로 인해 "강도의 소굴"(마 21:13)이 되었습니다. 뒤에 일어난 그 사건에는, 주님께서 구약에서 인용한 말씀에 이방인들이 하나님 나라에 들어오는 것에 대한 언급이 있습니다. 이 사건에는 그런 말씀이 전혀 언급되어 있지 않습니다. 다른 복음서에는 유대인들이 물은 이 질문이 기록되어 있지 않고, 주님의 의미심장한 답변도 없습니다. 그러나 그 답변에 대한 잘못된 이해를 다른 복음서 기자들이 알고 있었고, 그런 이해가 주님이 재판 받을 때 거짓 증인들의 입을 통해서 나왔습니다. 그 거짓 증인들은 이 사건을 몰랐던 것처럼 보였을지라도 어떻든 우리 이야기가 정확하다는 것을 그런 식으로 입증합니다.

이 모든 점들을 고려할 때, 복음서들에서 여러 번 보게 되는 예로서, 같은 사건을 다소 다른 상황들에서 기억하면서 진리의 다른 면들을 생각하는 한 사건의 이중성을 다루어야 할 것 같습니다. 그러나 지금 내가 여러분에게 주의를 기울이기 바라는 것은 주님의 말씀이 근거하고 있는 그 사건이 아니라 성전을 정결케 하는 자신의 권리를 변호하시는 주님의 말씀입니다. 주님은 표적을 보이라는 요구에 대한 충분하고 유일한 답변으로 "너희가 이 성전을 헐라 내가 사흘 동안에 일으키리라"고 말씀하셨습니다.

자, 이 말씀이 수수께끼 같지만 내게는 아주 심오하고 의미심장한 말씀입니다. 이 부활주일 아침에 이 말씀을 이 날의 기쁨을 밝히는 말씀으로 알고 살펴보고자 합니다. 이 말씀은 다음의 세 가지 사실을 생각나게 합니다. 첫째로 이 말씀에서 나는 주님 자신의 역사에 대한 수수께끼 같은 예고를 봅니다. 둘째는, 이스라엘의 역사에 대한 예언적 경고를 보고, 끝으로 사람의 파멸을 고치는 회복자로서 주님의 세계적 사역에 대한 상징적 전조를 봅니다. "너희가 이 성전을 헐라 내가 사흘 동안에 일으키리라."

1. 첫째, 여기서 주님 자신의 역사에 대한 수수께끼 같은 예고를 본다고 생각합니다.

첫째, 자신의 위엄과 본성에 대한 주님의 놀랍고 독특한 의식을 살펴봅시다. "예수는 성전된 자기 육체를 가리켜 말씀하신 것이라." 분명 우리와 같은 사람이며, 우리 가운데서 다니고 인간의 평범한 생활을 하는데, 자기 안에 아주 유일무이하게 하나님의 신성이 충만히 거한다고 선포하는 사람이 있다는 것을 생각해 보십시오. "성전보다 더 큰 이가 여기 있느니라"(마 12:6)고 말한 사람이 있었다고 생각해 보십시오. 그리고 사람들은 지금까지 그를 믿었고 지금도 믿으며, 그의 대답하기 이를 데 없는 말이 참으로 진실이고, 정말로 그리스도를 나타내기에는 볼품없는 상징에 불과한 성전이 나타내려고 한 모든 것이 바로 그리스도이시라는 것을 깨달았습니다. 예수께서 말씀하고 계시던 그때에는 더 이상 없었을지라도, 성전에는 물질적이고 상징적 광채, 즉 더 나은 이름이 없기 때문에 "하나님 앞"(시 68:8)이라고 부르는 것이 빛나고 있었습니다. 속죄소를 덮고 있는 그룹들 사이에서 타오르는 불, 곧 사랑과 생명의 빛처럼 부드러운 빛을 띤 그 불은 무엇이었습니까? 그 영광에 비해서 온화하고 부드럽게 비치는 빛, 곧 주 예수 그리스도의 얼굴과 인품에서 자비롭고 친근하며 매력적으로 빛나는 영광, 곧 병들고 눈 먼, 아무리 볼품없는 사람이라도 물러서지 않고 바라볼 수 있도록 부드럽게 누그러진 그 불길은 무엇이었습니까? 그리스도는 성전보다 크신 분입니다. 그리스도에게는 우리가 아버지요 하나님이라고 부르는, 이름을 입에 올릴 수 없는 존재의 충만함이 상징이 아닌 실체로 거하였고, 거하고 있기 때문입니다. 그의 안에는 신성의 충만함이 거할 뿐만 아니라, 또한 그 안에서 아주 멀리 계신 존재가 우리에게 자비롭게 임재하십니다. 신성의 무한한 심연과 다가갈 수 없는 신성의 바다에는 배출구가 있어, 거기에서 흘러나오는 것이 우리에게 "생명수의 강"(계 22:1)이 됩니다. 이 성전의 고대 이름이 이스라엘과 하나님이 상징적이고 의식(儀式)적 형태로 만나는 곳인 "회막"이었듯이, 그리스도의 본성 안에서 실제로 인성과 신성이 응집되고 결합됩니다. 그래서 약하고 죄많고 소외되며 반역하는 자들이 그리스도 안에서 우리 아버지 하나님을 만날 수 있습니다. "나를 본 자는 아버지를 보았느니라"(요 14:9). "성전보다 더 큰 이가 여기 있느니라"(마 12:6).

이렇게 공생애 사역 맨 초입에 이 유대인 촌사람이 모든 시대를 통해 지켜왔고 하나님께서 친히 명령하신, 조상 대대로의 신성한 의무이자 아주 오랜 의식들 앞에서 막무가내로 손을 들어 모든 것을 한쪽으로 치워버림니다. 마치 속에 있는 자신의 모습을 볼 수 있도록 커튼을 치우고 빈 공간에 나타나서 모든 사람들이 자기를, 오직 자기만을 볼 수 있도록 하듯이 그렇게 합니다. "이 성전을 헐라 … 예수는 성전 된 자기 육체를 가리켜 말씀하신 것이라."

그 다음에, 여기서 우리는 공생애 사역을 막 시작하는 무렵에 자신의 공생애가 결국 어떻게 끝날 것인지에 대한 주님의 분명한 예지를 봅니다. 이점을 살펴봅시다. 예수 그리스도를 명예롭게 하기를 바라지만, 그리스도의 죽음을 그가 이루려는 위대한 목적을 성취하는 것으로 인정하려고 하지 않는 사람들은 다른 개혁자들과 영웅들, 순교자들처럼 그의 죽음은 그의 목적이 실패한 결과라고 말합니다. 그들 가운데 어떤 이들은 소위 "예수 그리스도의 생애"라는 글에서 예수께서 자기 메시지가 받아들여지지 않을 것을 알았을 때, 그의 계획에 변화가 일어났다고 아주 그럴싸하게 말합니다. 그리스도의 사역에 대한 그런 해석을 참을 수 없는 이유를 다 다룰 생각은 없고, 이 이야기를 믿는 사람을 위해 여기서 한 가지 이유만을 보도록 하겠습니다. 때는 시초에, 곧 주님께서 공생애를 시작한 지 얼마 되지 않은 때, 이 실험을 하고 있는 것이 사람이라면 그 실험의 문제들이 아직 시험되지 않았을 때입니다. 그때에 그리스도께서 정말로 순교하려고 애쓰는 광신자로서 투쟁을 시작하였다면, 형제들이 자기를 받아줄 것이라는 가물거리는 희망의 빛을 보았을 것이고 혹시 그렇지 않았다면 그리스도께서 그 길을 위험을 무릅쓰고 나서지 않았을 것입니다. 그런데 주님은 어떤 오해도 없고 아무 망상도 없으며 환영의 말과 호산나 찬송소리를 기대할 수 없는 때에도 오히려 자기 앞에 무엇이 놓여 있는지를 확실히 알고서 자기 십자가를 보고 받아들이셨다는 것을 본문을 읽는 사람은 누구든지 알 것입니다. 십자가는 주께서 세상에 오신 목적이었기 때문에 십자가의 그림자가 처음부터 주님의 길에 드리웠습니다. 주님은 십자가의 현실이 아주 가까이 이르렀을 때, "내가 이를 위하여 태어났으며 이를 위하여 세상에 왔나니 곧 진리에 대하여 증언하려 함이로라"(요 18:37)고 말씀하셨습니다. 그리고 진리에 대하여 증언하는 일이 십자가에서 완성되고 성취되었습니다. 여기 공생애 시작 바로 초입에서, 우리는 이 사실이 분명하게 진술되는 것을 봅니다. "인자가 온 것은 자기 목숨을 많은 사람의 대속물로 주려 함이니라"(마 20:28).

형제 여러분, 이 사실은 중요합니다. 이 사실을 알면, 우리가 그리스도의 죽음이 그의 활동의 중심이라는 것을 이해하는 데 도움을 받기 때문입니다. 뿐만 아니라 그리스도에 대해 애정 깊은 생각을 하도록 만들기 때문입니다. 즉 어떻게 그리스도께서 공생애 내내 이 문제를 분명하게 보면서 하나님을 사랑하는 마음으로 죽음을 향하여 나가셨는지를 생각하게 됩니다. 또 그리스도께서 돌투성이의 길을 벗은 발로 피를 흘리며 발걸음을 내디딜 때마다 자신이 어디로 가고 있는지 아시고 걸음을 옮기셨다는 것을 생각하게 됩니다. 이 이삭은 산꼭대기에 있는 제사 드리는 장소로 올라가는데, 자신이 무엇을 위해 그리로 올라가는지에 대해 어떤 망상도 가지고 가지 않습니다. 그리스도는 자신이 어린 양같은 제물이 되기 위해 올라간다는 것을 아셨고, 그 사실을 알고 올라가십니다. 그러므로 우리는 여러분과 나와 모든 사람을 위해 죽기로 결심하셨기 때문에 처음부터 그 목적을 분명히 알고서 이 땅에 태어나서 살고자 하셨던 그리스도처럼 굳건한 사랑으로 그를 사랑하도록 합시다.

더 나아가서, 여기서 우리는 그리스도께서 스스로 자신의 부활을 시행하는 분이라는 주장을 봅니다. "내가 사흘 동안에 일으키리라." 물론 성경에서 부활이 성부 하나님의 능력의 결과로 다루어지는 것을 더 빈번하게 봅니다. 보통 그리스도께서 일으킴을 받았다는 구절을 더 많이 읽습니다. 그러나 때로는 여기에서처럼 그리스도께서 친히 일어나신다는 말씀을 읽습니다. 그리고 그리스도께서 친히 "나는 버릴 권세도 있고 다시 얻을 권세도 있노라"(요 10:18)고 하신 엄숙한 말씀도 봅니다. 어떤 사람이 "나는 죽음의 티끌에서 내 몸을 가져 올 것이다"고 말한 것을 생각하고, 또 그렇게 한다고 말했던 그 사람을 생각해 보십시오. 이것이 사실이라면, 이렇게 예언을 했고, 그렇게 말한 것이 성취되었다면, 어떻게 됩니까? 그 질문에 대답을 할 필요가 없을 것입니다. 형제 여러분, 바로 오늘 예수 그리스도는 하나님의 아들이시라고 선언합니다. "이 성전을 헐라." 도전적 말씀을 하십니다. "내가 사흘 동안에 일으키리라." 그리고 그렇게 하셨습니다. 그리스도는 성전 자체이실 뿐 아니라 성전의 주인이기도 하십니다. 여러분은 온 마음과 전적 신뢰로 그리스도 앞에 무릎을 꿇고, "하늘로부터 오신 이 둘째 사람"을 영원히 예배하고 신뢰하며 사랑하십시오.

2. 이제 이 말의 다른 측면들을 살펴봅시다. 여기서 우리는 당시 주님의 말을 듣고 있는 사람들의 역사에 대한 예언적 경고를 보게 됩니다.

이 복음서 기자가 우리에게 옳다고 확신시키는 이 말씀의 해석과, 이 말씀을 듣는 사람에게 자연스럽게 떠올랐을 해석, 즉 주님이 "이 성전"이라고 하셨을 때 사실 그것은 주께서 당시 말씀하고 계신 그 물질적 건물을 단지 의미한 것이라는 해석 사이에 어떤 연결 관계가 있음에 틀림없습니다. 거기에는 그런 관계가 있습니다. 주님께서 그 성전만을 의미하시지 않았을지라도, 그때 주님은 정말 그 성전을 뜻하기도 하셨습니다. 그렇게 말하는 것은 앞뒤가 맞지 않게 성경에 억지로 이중적 의미를 부여하는 것이 아니며, 모호한 표현을 다루는 일도 아니며, 성경을 영적으로 해석하는 일이 결국에 이르게 되는 악폐에 빠지는 것도 아닙니다. 그보다 단지 본문의 말씀의 핵심 개념을 파악하는 것입니다. 그 말씀을 바르게 이해한다면 이 결론에 이르게 됩니다. "그리스도의 죽음은 유대인 성전과 정체성의 파멸이었고, 그리스도가 제 삼일에 죽은 자들 가운데서 다시 살아난 것은 파괴된 신정정치와 성전이 새롭고 고귀한 형태로 다시 일어나는 것이었다." 그러면 잠깐, 정말로 잠깐 동안 이 두 가지 생각을 살펴봅시다.

대제사장의 재판석에서 그리스도를 에워싸고서, 그리스도가 성전을 모독했기 때문에 자신들이 그에게 사형을 선고했다고 생각하면서, 악을 쓰는 군중들 가운데 누구에게 "너는 지금 네 조상들이 자랑했던 거룩하고 아름다운 이 집을 무너뜨리고 있다. 네가 지금하고 있는 일은 네 민족의 예배와 네 자신을 파멸하는 것이다"고 말한다면, 누구든지 그 말을 받아들이지 않을 것입니다. 그럴지라도 그것은 순전한 진리였습니다. 그리스도의 죽음은 외적 성전을 무너뜨린 것입니다. 그리스도께서 죽으셨을 때 휘장이 "위로부터 아래까지 찢어져 둘이 되었습니다"(마 27:51). 이 사실은 이후부터는 지성소가 모든 사람에게 개방되었음을 선언하는 것이었고, 또한 이제 성전 뜰에는 더 이상 신성한 곳이 없으며, 성전과 제사장, 제사, 제단과 의식, 모든 것이 구식이 되었음을 알리는 것이었습니다. "온전한 것이 왔습니다"(고전 13:10). 즉 그리스도의 죽음은 성전 예배가 상징한 모든 것을 실현한 것이고, 실체가 오자 그림자였던 것이 사라진 것입니다.

자연스런 결과와 신적 응징의 면에서, 유대인들에 의해서 가해진 우리 주 예수 그리스도의 죽음이 유대적 예배의 파괴였다는 것이 또 다른 방식에서 또한 사실입니다. 주인이 "최후로"(막 12:6) 보낸 아들을 농부들이 거절하였을 때, 그 일에 대해서 농부들을 "포도원 밖에 내쫓는" 일 밖에 없었습니다. 40년 후에 로마 군인이 지성소에 던지고, 거룩하고 아름다운 그 집을 불로 사를 때 썼던 그 햇불은 이스라엘이 "그를 십자가에 못 박게 하소서! 십자가에 못 박게 하소서!" 하고 외쳤던 그날에 불을 붙인 것입니다.

형제 여러분! 이 일은 소위 종교적 열심이라는 것이 얼마나 맹목적일 수 있는지, 사실 얼마나 자주 광기와 무지에 빠진 사람들이 자기들이 보존하려고 하는 그 제도들을 파멸시키는지를 보여주는 놀라운 교훈입니다! 이 일은 지금 무엇을 하고 있는지 알지 못한 채, 하나님의 영광을 위해 싸우고 있다고 생각하면서, 실상은 자신의 뜻을 추구하며 하나님의 메시지와 그의 사자를 거부할 수가 있는데, 그런 일을 하지 않도록 주의하라고 우리에게 무섭게 경고합니다!

그렇다면 또 한 가지 사실도 참이라는 것을 여러분에게 말씀드리지 않을 수 없습니다. 유대인들이 그리스도를 거절한 것은 자신들이 하나님의 백성임을 거부하는 것이고 그리스도를 멸하려고 한 것은 유대교의 성전을 파멸하는 것이었다면, 여기에는 이 진리의 다른 면이 있습니다. 즉 그리스도께서 부활하신 것은 파괴된 성전이 더 고귀하고 아름다운 형태로 회복된다는 것입니다. 물론 앞에서 말하였듯이, 예수 그리스도의 몸은 실제로 하나의 성전입니다. 즉 제사를 드리고, 하나님이 거하시며 사람들이 하나

님을 만나는 곳입니다. 그리고 부차적이고 파생적 의미로서 유대인의 성
전 대신에 그리스도의 교회가 왔습니다. 그리스도의 교회는 고대 제도가
훨씬 더 깊고 내적 방식으로 이루고자 하던 바였습니다.

그리스도는 자신의 부활을 토대로 교회를 세우셨습니다. 그리스도의 부
활 외에는 교회를 세울 수 있는 다른 기초는 없습니다. 사람들이 그리스도
의 부활의 큰 증거가 무엇이냐고 묻는다면, 나의 대답은 세상에 교회가 존
재한다는 것입니다. 교회가 어디에서 왔습니까? 어떻게 예수 그리스도의
부활이 없이 기독교 사회와 같은 그런 조직이 죽은 사람의 무덤에 근거해
서 세워질 수 있다고 생각할 수 있겠습니까? 그와 비슷한 모든 조합들이
사라져 버렸듯이, 교회도 뿔뿔이 흩어져버렸을 것입니다. 제자들 한 사람
한 사람을 흩어버려 자기 가족에게 돌아가게 만들고, 그들 가운데 어떤 사
람들은 "우리는 이 사람이 이스라엘을 속량할 자라고 **바랐노라**"(눅 24:21)고
하여, 자신들의 사라진 기대를 과거 시제를 사용하여 애처롭게 말하도록
만든 우울했던 그 순간 후에 어떤 일이 일어났습니까? 그들을 뿔뿔이 흩어
버리지 않고 오히려 한데 모은 힘은 무엇이었습니까? 거의 죽은 것이나 다
름없는 그들의 소망을 꺼트리지 않고 오히려 다시 새롭게 살아나 하늘 높
이까지 활활 타오르도록 만든 능력은 무엇이었습니까? 겁 많은 무리, 곧
이기적 두려움과 비탄에 잠긴 낙망으로 뿔뿔이 흩어져, 기가 죽은 유대인
촌사람들이 어떻게 며칠이 안 되어 모든 반대에 당당히 맞서면서, 자신들
의 소망이 잘못된 것은 그 소망을 약하고 희미하게 붙들 때뿐이었음을 확
신할 수 있게 되었습니까? 그에 대한 유일한 답은 그들이 전한 메시지에
있었습니다. 그 메시지가 그 모든 것을 설명해주었습니다. "하나님이 죽은
자 가운데서 그를 살리셨으니 우리가 이 일에 증인이라"(행 3:15).

파괴된 성전은 사라지고, 무너지는 폐허의 먼지와 연기 속에서 불완전
하고 부분적이며 겉에 많은 얼룩이 묻어 있지만 아름답고 평화로운 실체,
더욱 더 아름다운 실체인 살아 계시는 그리스도의 교회가 나타납니다. "이
성전을 헐라 내가 사흘 동안에 일으키리라."

3. 끝으로, 여기서 우리는 사람의 멸망을 회복하시는 분으로서 주님의 세계적 사역이 예시되는 것을 봅니다.

사람의 어리석음, 불경건, 세속적 생각, 정욕, 죄는 계속해서 활동하여 인류와 생명 속에 있는 신성한 모든 것을 파멸시키고, 모든 성전을 더럽히고 있습니다. 우리는 "살아계신 하나님"의 성전이 되도록 지어진 마음과 관련해서, 늘 죄와 부족과 이기심으로 지성소를 더럽히고 있습니다. "도끼와 철퇴로 성소의 모든 조각품을 쳐서 부수고 있으며"(시 74:6), 멸망의 가증한 것을 마음의 성소에 세우고 있습니다. 우리는 양심, 상상, 기억, 의지, 지성, 이 모든 것을 더럽힙니다. 지금 내 설교를 듣고 있는 분들 가운데 얼마나 많은 사람들이, 벽감(壁龕)이 비어 있고 조상(彫像)들이 부서져 있어서 무자비한 신성모독과 파멸이 심하게 일어났음을 보여주는 대성당의 외관과 같은 본성을 지니고 있습니까?

형제 여러분, 여러분은 자신의 마음에 어떤 일을 저질렀습니까? "이 성전을 헐라!" 그리스도께서는 자기들이 무슨 일을 하고 있는지 모르는 사람들에게 이같이 말씀하셨는데, 여러분에게도 말씀하십니다. 이것은 여러분 가운데 많은 분들의 인생에 깊은 의미를 지니는 말씀입니다. 시간마다, 날마다, 행동 하나하나마다 여러분은 여러분 본성의 신성한 의무와, 하나님이 계셔야 하는 신성한 장소를 황폐시키고 더럽히고 있습니다.

주님의 대담한 약속을 들어보십시오. 그리스도는 내가 죄로 파괴하였던 모든 것을 내 속에 원시의 아름다움보다 더 아름답게 회복하고, 내가 신성모독으로 더럽힌 모든 것을 다시 신성하게 만들며, 그 성소를 더럽히고 흉하게 만드는 악한 신들을 내쫓을 수 있습니다. 주님을 폐허가 된 방에 들어오시도록 하기만 한다면 내 보잘것없는 마음을 더 아름다운 성전과 하나님의 거처로 만드실 수 있습니다.

"사흘 동안에" 그리스도께서 성전을 일으키십니까? 한 가지 의미에서 그렇습니다. 감사하게도, 더럽혀지고 내던져진 성전을 사람 마음속에 회복시키고 거룩하게 하는 능력은 죽음과 부활이 일어난 삼일 동안에 세상에 머물렀습니다. 그리스도께서 "우리 죄를 위하여 죽으셨다"는 사실, 그리스도께서 "우리를 의롭다 하기 위해 다시 일어나셨다"는 사실이야말로 어떤 사람이든지 하나님의 성전으로 만드는 창조적 건축 능력입니다.

그 성전을 "짓는 데"는 "사십육 년" 이상이 걸릴 것입니다. 그것은 맨 마지막 돌을 놓기까지 일생이 걸리는 과업입니다. 우리는 다만 이 점을 기억합시다. 즉 그리스도는 설계가이시고 건물을 짓는 자이시며, 주춧돌이시고 관석(capstone)입니다. 그렇습니다. 그분은 성전 안에 거하시고 또 내주하심으로 그 성전을 짓는 하나님이십니다. 즉 이 그리스도는 "공사를 시작하고 능히 이루지 못하는"(눅 14:30) 사람들 중의 하나가 아닙니다. 그리스도는 계획하시는 모든 것을 다 이루십니다. "그 성"에는 무너진 건물은 하나도 없습니다. 그리스도께서 짓고 세우시는 그 위대한 예루살렘 안에는 짓다 만 예배당은 하나도 없습니다.

여러분이 자신을 주님께 맡기고 신뢰하면 여러분에게서 불완전한 점을 모두 제거하고, 여러분의 몸과 영과 혼으로 주 하나님의 성전을 만드실 것입니다. 여기 땅에서 그리스도인의 지극히 고귀한 아름다움과 지극히 순결한 신성함이 하나님의 건물보다 낫듯이, "손으로 지은 것이 아니요 하늘에 있는 영원한 집"이 "땅에 있는 우리의 장막 집"보다(히 5:1) 낫습니다.

그리스도께서는 마지막에, 곧 자신의 종인 죽음에게 우리를 가리키며 "이 성전을 헐라 내가 일으키리라"고 말씀하실 때, 이 회복의 사역을 완성하실 것입니다.

16
선생인가? 구주인가?

"그가 밤에 예수께 와서 이르되 랍비여 우리가 당신은 하나님께로부터 오신 선생인 줄 아나이다 하나님이 함께 하시지 아니하시면 당신이 행하시는 이 표적을 아무도 할 수 없음이니이다"

요 3:2

이 복음서 기자가 니고데모의 이야기를 소개하는 전후 관계는 그 이야기가 다루어지는 상황을 밝히 드러냅니다. 복음서 기자는 주님께서 유월절에 처음 예루살렘을 방문하셨을 때 상당한 관심을 불러일으켰지만, 순전히 표적에 근거한 주님께 대한 일종의 불완전한 믿음이 얼굴을 찡그리게 한 사실을 방금 이야기하였습니다. 요한 사도는 우리 주님은 이 믿음을 의지할 수 없는 것으로 간주하였다는 사실을 덧붙입니다. 그리고 이어서 믿는다고 고백하는 사람들을 대하시면서 상당히 삼가하셨는데, 이에 대해 성경은 "예수께서 친히 모든 사람을 아심이요 또 사람에 대하여 누구의 증언도 받으실 필요가 없었으니 이는 친히 모든 사람을 아심이요"라고 설명합니다.

여러분이 "사람"이라는 단어가 되풀이 된다는 점을 눈여겨본다면, 다음에 소개 되는 사람에 대한 설명을 이해하게 될 것입니다. "그는 친히 모든 사람을 아셨다. 그런데 바리새인 중에 유대인의 지도자인 니고데모라는 사람이 있었다." "한 바리새인이 있었다"고 말했어도 충분했을 것입니다.

그런데 "바리새인의 한 사람"이라고 말할 때, 요한은 단지 자신의 마지막 말을 듣는 가운데서 그 반응에 마음을 뺏기는 것이 아니라 그는 마치 이렇게 말한 것이나 같습니다. "자, 내가 지금까지 말해온 그런 일에 대한 한 가지 예가 있다. 즉 표적 위에 세운 불완전한 믿음의 예, 예수 그리스도께서 그런 믿음을 다루신 방식의 한 예가 여기 있다."

니고데모는 "바리새인"이었습니다. 이 사실이 그가 속한 학파를 말해주고, 그의 사상의 일반적 경향을 알려줍니다. 그는 "유대인의 지도자"였습니다. 이 사실은 로마가 종교적 문제에서 상당한 명목상의 권한을 넘겨준 유대의 국가 최고 법원에서 그가 공식적 지위를 차지하고 있었다는 점을 말해줍니다. 그런데 이 사람이 그리스도께 와서 그를 인정합니다. 그리스도께서는 시사하는 바가 많은 방식으로 그를 대하십니다. 니고데모의 고백과, 그리스도께서 그 고백을 받으신 방식을 간단히 생각해 보고자 합니다.

1. 첫째, 이 불완전한 고백을 살펴봅시다.

그 고백에 관해서는 모든 것이 아주 잘못되었습니다. "그가 밤에 예수께 왔습니다." 이는 그가 자기 속에 있는 신념을 거리낌 없이 말하기를 다소 부끄러워하면서도 상당히 두려워하였기 때문입니다. 그는 높은 지위에 있는 사람이었습니다. 그는 동료 공회원들이 보는 앞에서 체면 깎이는 짓을 할 수 없었습니다. '나 같은 사람이 선지자처럼 보이는 이 새 랍비와 대화하는 것이 사람들 눈에 띄는 것은 심각한 일일 것이다. 나는 조심해서 가야 한다. 세상에서 내 명성과 지위를 생각해야 한다. 그러니 밤에 몰래 그에게 가야겠다.' 이렇게 예수 그리스도에 대하여 은밀하게 되는 대로 쌓아올린 신념은 잘못된 점이 있습니다. 주님을 참으로 알면, 그것은 마치 사람의 뼈 속에 있는 불 같아서 입을 닫고 있으면 도무지 "견딜 수 없어서" 말하지 않을 수 없게 만듭니다. 그리스도인들이 잠잠할 수 있다면, 그들의 기독교 신앙은 심각하게 잘못된 것입니다. 그리스도인들이 예수 그리스도를 생각할 때, 세상에 나가서 "누가 무슨 말을 하든지 혹은 어떻게 생각하든지 상관없이 나는 그리스도의 사람이다"고 말하지 않을 수 없게 만드는 분으로 보지 않는다면, 그리스도를 마땅히 알아야 할 대로 알지 못했다는 것을 분명히 아십시오.

니고데모는 "밤에 예수께 왔고," 그 점에서 비난받을 만하였습니다. 그는 "랍비여 우리가 아나이다" 하고 말했습니다. 그 말에는 적지 않게 주님을 지지한다는 의미가 담겨 있습니다. 니고데모는 지금 정식으로 랍비의 권위로서 서명하고 보증한 증명서를 예수 그리스도께 주는 것입니다. 그는 자기와 몇몇 동료들이 이 새 선생을 호의적으로 볼 마음이 있다는 것은 작은 문제가 아니라고 생각한 것이 분명합니다. 그래서 니고데모는 이 젊은 사람을 후원하지는 않는다 할지라도, 아무튼 "우리가 아나이다"라는 말을 함으로써 주님을 인정한다는 점에서 자신이 상당히 정중한 태도를 보인다는 생각을 가집니다.

니고데모가 동료들 가운데 누구를 대변할 권리가 있었습니까? 그렇다면, 우리 주님의 공생애 아주 초기부터 이 성직자들의 단체 안에 작용하기 시작한 신념, 곧 그들의 이후 행동에 대해 매우 섬뜩한 견해를 주는 신념이 있었습니다. 그들이 "이 사람은 어디서 왔는지 알지 못하노라"(요 9:29)고 공식적으로 말한 것은, 그로부터 한참 후, 즉 그들에 대한 예수님의 태도가 처음보다 조금 더 분명해진 때였습니다. 그리스도께서 그들의 특권을 침해하거나 전통적 정통 신앙 고백과 격식을 차리는 결의론에 대해 진위를 가리는 확실한 기준이 보이지 않았을 때, 그들은 그리스도를 "알았습니다." 그러나 그리스도께서 그들을 압박하고, 그들의 허위를 드러내면서, 그들의 형식주의와 전통주의을 반대하기 시작하자, 그때는 그들이 주님이 어디에서 왔는지 몰랐습니다. 우리 가운데는 그리스도께서 우리를 간섭하지 않는 한 예수 그리스도에 대해 매우 예의바르지만, 그리스도께서 우리 죄를 책망하기 시작하면 그의 권위를 의심하기 시작하는 사람들이 많습니다.

"우리가 아나이다"고 말하고 나서 자기가 그리스도를 받아들인 근거를 이야기한 이 사람은 구주님께 가까이 다가가는 그러한 죄인의 위치에 있지 않았습니다. "우리가 당신은 선생인 줄 아나이다." 자기만족의 느낌과 주님보다 높지는 않다고 할지라도 그와 동등한 권위를 가지고 있다는 인상이 담긴 니고데모의 이 말과, "예수 선생님이여 우리를 불쌍히 여기소서"(눅 17:13) 혹은 "주여 구원하소서 내가 죽겠나이다"(마 8:25)는 말을 대조해 보십시오. 그러면 자기 지식에 우쭐해 있는 형식주의자가 구주께 가는 방식과, 멸망해가는 불쌍한 죄인이 자기의 무지와 곤경을 깨닫고서 구주께 가는 방식의 차이점을 알게 될 것입니다.

그 다음에 이 불완전한 고백은 순전히 기적의 증거 위에 세워졌기 때문에 종속적 가치를 지녔습니다. 사실, 기적이 지닌 증거의 가치에 대해 그동안 과장된 말이 너무 많았습니다. 기적이 지닌 증거의 가치가 18세기 변증의 문헌에서 아주 높임을 받았는데, 마치 예수께서 기적을 행했다는 사실 외에 예수께서 하나님으로부터 왔다는 것을 보여주는 다른 증거는 없는 것처럼 지나치게 높게 평가되었던 그 가치가 이 세대에 들어, 최근에 와서는 자연스럽게 그 가치를 지나치게 과소평가하기에 이르렀습니다. 예수 그리스도께서는 표적에 호소하셨습니다. 그러면서도 또한 단순히 기적에 근거한 믿음을 아주 명백하게 보조적인 것으로 간주하셨습니다. 예를 들면, "나를 믿지 아니할지라도 그 일은 믿으라"(요 10:38)고 말씀하신 데서 그것을 볼 수 있습니다. 니고데모는 이렇게 말합니다. "우리가 당신은 하나님께로부터 오신 선생인 줄 아나이다. 하나님이 함께 하시지 아니하시면 당신이 행하시는 이 표적을 아무도 할 수 없음이니이다." 아, 니고데모여! 교훈의 내용이 교훈에 따른 기적보다 훨씬 더 온전하게 교훈의 출처를 계시하지 않았는가? 오래된 예를 하나 들어 설명한다면, 설교가 참된 것을 알리는 종소리(그것은 기적입니다)는 그 교훈의 신적 원천을 알려주는 데 있어서 설교 자체보다 결정적 단서가 되지 못하는 것이 확실합니다. 그리스도 자신이 최상의 증거이시며, 그리스도의 말씀은 스스로 빛을 비추므로, 그 말씀의 원천이 믿을 만한 것임을 입증하기 위한 표지가 필요 없습니다. 표적이 있지만, 내가 볼 때 그것은 주님의 권위를 나타내는 증명서로서 주님의 인격과 사역만큼 귀하지 않습니다. 기사(奇事)들이 있습니다. 그것은 중요한 사실입니다. 기사들이 증거라고 생각합니다. 그러나 이 두 가지 특징보다 더 중요한 것은, 표적과 기사들이 그리스도께서 행하시는 영적 사역의 표지이고, 그리스도의 구속의 능력을 보여주는 표시라는 것입니다. 따라서 그 말씀에서 하나님의 목소리가 울리는 것을 듣지 못하고 그 인물의 아름다움과 완전함을 보지 못하는 믿음은, 믿음의 근거로 예수께서 기적을 행하셨다는 사실 이상의 것을 제시할 수 없기 때문에 저속하고 비천하며 신뢰할 수 없습니다.

주님의 공생애 사역 맨 초입에, 이 복음서 기자가 "많았다"라고 할 만큼 많은 이적들이 행해졌고, 또 불완전하지만 실제적 믿음을 일으키는 데 매우 유력한 요소로 작용한 기적들이 충분히 있었다는 사실이 매우 두드러졌음을 새삼스럽게 상기시킬 필요는 없습니다. 요한은 이 표적이 있기 전에 한 가지 기적밖에 말하지 않았습니다. 다른 복음서 기자들은 주님의 공생애 가운데 이 초기 시절에 대해서 일절 언급하지 않습니다. 그래서 우리는 이 짧은 이야기들에는 전혀 기록되지 않은, 능력과 초자연적 은혜를 보여주는 활동들 전체를 생각해야 합니다. 예수 그리스도는 어떤 책으로도 도저히 다 말할 수 없을 만큼 많이 행하고 말씀하셨습니다! 이 표적들은 주님의 방식을 일부 보여주는 것에 지나지 않습니다. 주님의 능력을 작게 속삭이는 소리에 불과합니다. 주님의 능력의 충만함은 모든 계시가 끝난 뒤에도 여전히 다 알려지지 않은 부분이 있습니다.

그런데 이 고백의 결정적 불완전함은 그 고백이 구체적으로 나타내는 예수 그리스도와 그 사역에 대한 매우 불충분한 생각에 있습니다. "우리는 당신이 선생이고 기적을 행하는 자이며 하나님으로부터 온 사람이고, 하나님과 교제를 나눈다는 것을 안다." 이 말은 대단한 치하여서, 사람들 가운데 선택된 소수 외에는 아무에게나 할 수 없는 말입니다. 그러나 이런 말은 그리스도의 장엄한 모습 밑에 비참하게 낮아졌고, 그리스도와 그의 사역의 핵심적 특징을 볼 수 있는 곳에 가까이 이르지도 못합니다. 니고데모는 오늘날 허다히 많은 사람의 모습을 전형적으로 보여주는 인물입니다. 기독교 신앙을 느슨하고 피상적으로 받아들이는 사람들은 모두 사실

상 그의 말을 반복하고 있는 것입니다. 그들은 예수 그리스도를 그의 신성
과 구속 활동을 들어 칭찬하고, 그렇게 말함으로써 자기들이 기독교에 영
예를 수여하고 있다고 생각하는 것 같습니다. "박식한 학자들, 멋을 아는
사람들, 전문적 의견을 지닌 선구자들, 신문, 잡지, 정기간행물의 기고자
들, 사회의 박애주의운동의 지도자들이 우리는 당신을 선생이라고 인정한
다." 그렇습니다. 형제 여러분, 이 치하는 실제 사실에서 보면 아주 부적당
하고, 치하가 아니라 모욕이 됩니다.

**2. 다음으로 예수 그리스도께서 이 불완전한 고백을 다루시는 방식을 보기를 바랍
니다.**

　당국으로부터 아무런 증명서를 받지 못한 나사렛 출신의 젊은 랍비가
이렇게 공회의 중심부로 들어갈 수 있는 틈을 얻는다는 것은 큰일이었습
니다. 이제 막 경력을 시작하는 단계에서, 불타는 열정을 지닌 젊은 사람
에게, 특별히 자신이 다른 사람들에게 전달해야 하는 짐을 지고 있다고 생
각하는 사람이라면 더군다나, 지혜와 무게와 영향력이 있는 어떤 사람에
게 그도 또한 하나님이 보내신 사자라는 인정을 일찍이 받는 것만큼 인생
에서 기분 좋은 것이 없습니다. 이후에는 그런 칭찬과 인정이 싫증이 날
수도 있을 것이지만 말입니다. 주님께서 사람의 인정을 추구하는 젊은 선
생에 불과하였다면, 사람들은 주님이 지나가는 말로라도 그런 느낌을 표
현하였기를 기대하였을 것입니다. 나는 아름다움과 불합리함이 기이하게
뒤섞인 책인 코란 어디에선가, 마호메트가 자기를 믿으려고 한 첫 영혼을
발견하고서 느낀 행복한 심정이 얼핏 비치는 것을 본 기억이 있습니다. 그
런데 예수 그리스도께서는 이 이야기에서는 보는 대로 이 사람을 환영하
지 않았다는 것은 이상한 일입니다. 왜냐하면 그리스도는 그를 만나고서
도 격려의 말 한 마디 하지 않았고, 암중모색 하는 가운데 점점 더 자라는
신뢰를 인정하는 것 같은 말을 한 마디도 하시지 않았기 때문입니다. 그러
나 주님은 "꺼져가는 심지를 끄려고" 하시지도 않았습니다. 그렇습니다!
때로 불완전한 생각을 가장 친절하게 다루는 방법은 그것이 불완전한 이

유를 냉정하게 보여주는 것입니다. 때로 불완전한 믿음을 외견상 쫓아버리는 것이, 그의 믿음을 인정하지 않지만 사실은 그 사람을 그리스도께 가까이 끌어오는 것입니다.

주님께서 니고데모가 이처럼 주님을 인정하는 말에 들어 있는 결점들을 어떻게 대하시는지 살펴봅시다. 주님은 먼저 사람들의 가장 깊은 보편적 필요가 무엇인지부터 지적하십니다. 니고데모는 "랍비여 우리가 당신은 하나님께로부터 오신 선생인 줄 아나이다"고 말하였습니다. 그런데 그리스도께서는 "진실로 진실로 네게 이르노니 너는 거듭나야 한다"고 말씀하십니다. 이 말씀이 니고데모의 치하와 무슨 상관이 있습니까? 언뜻 보기에는 아무런 상관이 없는 것 같습니다. 그런데 모든 면에서 상관이 있습니다. 조금만 생각해 보면, 어떻게 주님의 이 말씀이 니고데모의 치하에 정확하게 대응하며, 주님에 대한 그의 생각을 더 깊게 하도록 만드는지를 보게 될 것이기 때문입니다. 여러분과 내가 하나님 나라에 들어가기 위해 필요한 첫 번째 일은 전체 성품과 본성이 철저히 바뀌는 것입니다. "너는 거듭 나야 한다." 이 말씀은 이 이상으로 무엇을 의미하든지 간에, 어쨌든 이 점, 즉 세상과 세상을 구성하는 모든 개인이 갖고 있는 절실한 필요는 사람의 본성의 철저한 혁신과 변화라는 것을 의미합니다.

그 필요성의 가장 깊은 근거는 죄의 사실에 있습니다. 형제 여러분, 우리는 마음의 깊은 심연을 정직하게 살펴봄으로써, 그리고 하나님의 관점에서 자신을 봄으로써만 주님의 주장이 옳다는 것을 입증할 수 있습니다. "하나님은 빛이시라 그에게는 어둠이 조금도 없으시다"(요일 1:5)고 말할 때, 그것이 무슨 뜻인지 생각해 보십시오. 그 절대적 순결함을 생각해 보십시오. 그것은 악하고 죄악 된 모든 것을 끔찍하게 싫어함을 의미합니다. 하나님을 볼 수 있는 사람은 어떤 사람이 되어야 하는지 생각해 보십시오. 그 다음에 여러분 자신을 보십시오. 우리가 그 문지방을 넘어가기에 적합한 사람입니까? 하나님의 얼굴을 바라볼 자격이 있습니까? 우리가 하나님과 교제를 나눈다는 것이 가능한 일입니까? 아, 형제 여러분, 우리가 이 두 가지 사실, 곧 하나님의 거룩함과 우리 자신의 품성을 바르게 생각한다면,

예수 그리스도께서 "네가 거듭나야 하겠다"고 말씀하실 때, 진상을 제대로 말씀하셨다는 것을 느끼게 될 것이라고 생각합니다. 여러분과 내가 철저하게 변화될 수 없는 한, 우리에게 천국이란 없습니다. 하나님과 교제하는 일이란 없습니다. 우리는 하나님 앞에서 우리와 하나님 사이에 큰 간격이 있는 것을 느끼지 않을 수 없습니다.

그래서 사람이 어줍지 않은 생각으로 그리스도에 대해 "당신은 선생이다"고 말할 때, 눈부신 빛 가운데서 보면 그런 생각이 전혀 부적절하다는 것은 두 말할 필요가 없습니다. 세상이 원하는 것은 선생이 아니라 생명을 주시는 분입니다. 사람들이 원하는 것은 진리를 듣는 것이 아닙니다. 사람들은 진리를 이미 알고 있습니다. 사람들이 원하는 것은 그들의 의무가 무엇인지 듣는 것이 아닙니다. 그들은 이미 알고 있습니다. 사람들이 원하는 것은 그들 전체를 깨끗하게 변화시켜 줄 어떤 능력입니다. 주님을 볼 수 있기 전에 우리 각 사람에게 필요한 것은, 그런 것이 있을 수 있다면, 우리를 붙잡아 본성을 완전히 변화시키며 우리 마음에서 모든 것을 더럽히는 검은 물방울을 짜내게 하는 어떤 것입니다.

그런데 이 필요가 예수 그리스도 안에서 충족됩니다. 그리스도께서 니고데모와 나눈 대화에 두 가지 "당위"(하여야 한다)가 있는데, 두 가지 모두 그리스도께서 어떤 분이시고 무엇을 하셨는지에 대한 니고데모의 부적절한 생각을 바로 잡으려는 한 가지 목적과 직접적으로 관계가 있기 때문입니다. 그리스도께서 "네가 거듭나야 하겠다"고 말씀하셨는데, 이것은 니고데모와 우리가 이 점을 명심하도록, 즉 우리는 선생 이상의 어떤 존재, 즉 생명을 주는 분이 필요하다는 것을 마음에 새기도록 하기 위해서였습니다. 또 그리스도께서 "인자가 들려야 한다"고 말씀하셨는데, 이는 우리 모두에게 그리스도 안에서 그 필요가 충족된다는 사실을 알도록 하고, 또 하늘로부터 내려오셨고, 지금 땅에 계시는 동안에도 하늘에 계시는 인자가 사람들에게 하늘에 올라가 하나님을 볼 수 있게 하는 유일한 사다리라는 것을 알도록 하기 위함이었습니다.

이와 같이 그것은 구속자로서 그리스도의 사역이고, 십자가 위에서 드린 그리스도의 제사이며, 세상에 새롭고 거룩한 생명을 가져오며, 자기를 믿는 모든 자에게 그 생명을 불어넣으시는 그리스도의 능력입니다. 이런 것들이 그리스도의 사역의 핵심을 형성합니다. 그 사실 옆에 "당신은 하나님께로부터 오신 선생이니이다"는 말을 나란히 놓아보십시오. 형제 여러분, 그 말이 충분하지 않다는 것을 알 것입니다. 여러분과 내게 충분하지 않을 것입니다! 우리는 그 말보다 훨씬 더 깊은 어떤 것이 필요합니다. 예수님의 비밀은 우리가 성소에 들어가기 전에는 밝혀지지 않습니다. 우리는 예수께서 세상을 위한 제물이시고, 새 생명의 원천이요 근원이심을 성소에 들어가서 배웁니다. 나는 여러분이, 자신의 절실한 필요를 모르고 깊이 생각하지도 않는 이 랍비가 제시한 그리스도의 신분에 대한 이 증명서를 취급하는 예수님의 방식을 따르기 바랍니다.

여기에 나오는 기본 원칙, 즉 여러분이 그리스도를 알려고 하면 죄를 알아야 한다는 것, 죄를 가볍게 여기는 사람은 누구든지 그리스도를 멸시하게 될 것이라는 원칙에 주목하시기 바랍니다. 죄의 사실의 실재, 보편성, 심각성을 과소평가하기 때문에 사람들이 "랍비여 당신은 하나님께로부터 오신 선생이니이다"는 피상적이고 무기력한 생각에 빠지게 됩니다. 자신이 죄인이고, 사죄와 정결케 함이 필요하고, 내 속에서 끌어낼 수 없고 위로부터만 주어지는 새로운 본성이 필요하다는 것을 바르게 알면 나쁜 아니라 여러분도 지적으로 공손하게 그리스도를 인정하는 말을 하지 않고, 그리스도 앞에 엎드려 "하나님이여 불쌍히 여기소서 나는 죄인이로소이다"(눅 18:13) 하는 사려깊은 말을 외치게 됩니다.

3. 자, 사랑하는 교우 여러분, 이제 마지막으로 한 마디 하겠습니다. 이 불완전한 제자가 언제, 그리고 어디에서 용기 있는 고백자로 변화되었는지 살펴봅시다.

이 대화 직후에 어떤 일이 일어났는지 우리는 모릅니다. 상당한 시간이 지난 뒤에도 니고데모는 자기가 그리스도의 제자라는 것을 용감하게 인정하는 데까지는 이르지 못했다는 것을 압니다. 그는 "우리 율법은 사람의 말을 듣고 그 행한 것을 알기 전에 심판하느냐"(요 7:51)고 하였을 때, 겁을 먹고 공회에 들어가서 자신의 견해를 숨기면서도 그리스도께 혜택을 주기 위해 교묘하게 생각해낸 항의의 말을 슬그머니 던진 것입니다. 물론 이 소심한 항의는 당연히 그렇듯이 그의 동료 공회원들의 지독한 적의 때문에 완전히 무시당하였습니다.

그러나 십자가 처형이 일어났고, 제자임을 공언하는 것이 더 위험해졌을 때, 그는 용기를 내어, 혹은 십자가를 보고서 용기가 솟았든지 용감하게 가서 "예수의 시체를 달라 하여"(막 15:43) 시체를 받아다가 장사지냈습니다. 예수께서 십자가에 달려 계시는 것을 보았을 때, 분명히 그는 예루살렘에서 주님이 "인자도 들려야 한다"(요 3:14)고 말씀하셨던 것을 기억했을 것입니다. 예수께서 광야에서 들린 놋뱀에 관해 이야기하신 것을 떠올렸을 때, 그의 속에서 큰 빛이 번쩍하고 빛이 났었고, 그 빛이 그에게서 주저함과 소심함을 영원히 쫓아버렸을 것입니다. 그래서 그는 이제는 단지 "선생"이 아니라 그보다 훨씬 높으신 분이고, 그가 맞음으로 자신이 나음을 얻게 되는 하나님의 제물인 그분을 위해서는 순교자든 그 밖의 무엇이든 될 준비가 되어 있었습니다.

사랑하는 형제 여러분, 이제 여러분에게 그 십자가를 가져오니, 거기에서 여러분과 세상을 위한 그리스도의 참된 사역을 보시기 바랍니다. 그리스도는 우리를 가르치셨지만 그 이상을 행하셨습니다. 그리스도는 단지 말씀만 하신 것이 아니라 죽으셨습니다. 단지 걸어가야 할 길을 우리에게 보여주기만 하신 것이 아니라 우리가 그 길로 걸어갈 수 있도록 하셨습니다. 그리스도는 단지 인류를 지도하고 영감을 불어넣고 가르친 고귀한 무리들 가운데 한 사람이 아닙니다. 그는 홀로 서계시는데, 한 선생이 아니라 유일한 구속자로, 곧 "세상 죄를 지고 가는 하나님의 어린 양"으로 서 계십니다.

그리스도께서 선생이시라면, 그의 교훈을 받도록 하십시오. 그러면 그의 교훈은 무엇입니까? 그의 교훈은 이것입니다. 그는 하나님의 아들이시다. "그는 하나님께로부터 오셨다." 그는 "하나님께로 가셨다." 그는 "자기 목숨을 많은 사람의 대속물로 주신다"(마 20:28). 그는 인류의 심판장이 되실 것이다. 그리스도를 믿으면, 죄사함을 받고 우리의 본성이 새로워진다. 이 교훈들 가운데 어떤 것을 고르려고 하지 마십시오. 내가 언급한 이 교훈들은 "무엇이든지 남에게 대접을 받고자 하는 대로 너희도 남을 대접하라"(7:12)는 말씀이나 세상이 탄복한다고 하는 다른 도덕적 교훈처럼 확실히 그리스도의 교훈이기 때문입니다. 온전하신 그리스도의 모든 교훈을 받으십시오. 그러면 여러분은 그리스도께서 여러분 영혼의 구속자이시며, 우리를 하나님 나라에 들어갈 수 있게 하시는, 생명을 주시는 유일한 분으로 고백하게 될 것입니다.

17
바람과 성령

"바람이 임의로 불매 네가 그 소리는 들어도 어디서 와서 어디로 가는지
알지 못하나니 성령으로 난 사람도 다 그러하니라"

요 3:8

어쩌면 니고데모가 앉아서 예수님의 말씀을 듣고 있던 방에 갑자기 밤바람이 한 바탕 불어서 간결한 이 비유를 이야기할 기회를 주었는지 모릅니다. 그러나 이 비유를 말씀하신 충분한 이유는 "성령"이라는 단어에 있습니다. 주님께서 이 공회원 지도자에게 하신 말씀에서나 요한이 이 대화를 기록하는 데 사용한 말에서 모두, 이 단어는 영어에서와 같이 "영"과 "숨"을 뜻합니다. 이 단어의 이중적 의미 때문에 본문에서 유추들이 일어나고, 본문의 정확한 의미에 의문이 발생합니다. 두 가지 의미가 있을 수 있는데, 하나는 흠정역 성경(Authorised Version)과 개역 성경(The Revised Version)이 채택하고 있는 의미이고, 다른 하나는 개역 성경 난외주에서 찾아볼 수 있는 의미입니다. 그래서 우리는 "바람이 불매"라고 읽을 수도 있고, "성령이 숨을 쉬매"라고도 읽을 수 있습니다. 나는 이 두 번역 가운데 이것이나 저것을 선택할 수 있는 근거를 다루고 싶은 마음이 들기는 하지만, 그렇게 해서는 안 될 것입니다. 나는 여기서 본문의 번역을 지지하고, 이 물질적 사실의 현저한 특징과 사람들 마음에 작용하는 성령의 활동이 여기서 대비되고 있다는 점만을 말하려고 합니다.

그러나 여기서 취해야 할 또 한 가지 단계가 있습니다. 우리 주님께서는 방금 전까지 콩 심은 데 콩 나고 팥 심은 데 팥 난다는 원칙, 곧 육은 육을 낳고 영은 영을 낳는다는 원칙을 말씀하셨습니다. 그래서 이 원칙을 적용하면서 주님은 여기서 기대할 수 있는 대로 "사람 속에 새 생명을 낳는 일에 있어서 성령의 활동은 이러하니라"고 하시지 않고 "성령으로 난 사람은 이러하니라"고 말씀하십니다. 여기에는 서로 연결되는 세 가지가 있습니다. 즉 물질적 사실과 성령의 활동이 있습니다. 다양한 특징을 지닌 이 물질적 사실이 성령의 활동을 상징할 수 있습니다. 그 다음에 "자기를 창조하신 이의 형상을 따라"(골 3:10) 지어진 새 사람 속에서 일어난 성령의 활동의 결과가 있습니다.

이제 살펴보려고 하는 것은 그 세 가지 가운데 마지막 부분입니다. 여기서 여러분은 자유로운 성령의 활동의 결과로 간주되는, 그리스도인 생활의 이상적 모습을 봅니다. 그것은 모든 그리스도인들이 성령께서 주시는 새 생명이 그들 속에서 유력하게 활동하여 그들의 성품을 형성하는 그대로 그리스도인이 될 수 있는 능력이 있고 그렇게 되어야 하는 의무가 있으며, 또 그렇게 되는 모습을 그린 것입니다. 그래서 나는 이 특징들이 실제로 일어나는 모습 그대로라고 봅니다.

1. 여기서 우리는 새 생명의 자유를 봅니다.

"바람이 임의로 불매." 물론, 일기 예보와 풍향 감지장치가 있는 오늘날은 바람이 다른 현상과 같이 엄격한 자연 법칙에 종속되어 있다는 것을 우리는 압니다. 그러나 예수 그리스도께서는 성경이 언제나 자연에 대해 말하듯이 두 가지 관점에서 말씀하십니다. 하나는 대중적 관점인데, 사물을 표면에 나타나는 대로 보는 것입니다. 그리고 다른 하나는 시적, 신앙적 관점이라고 부를 수 있는 것인데, "대자연에서 하나님의 교훈"을 찾고, 모든 자연 현상에서 영적 세계에 대한 암시를 찾는 것입니다. 기상학이 엄연히 있지만 일반적 대화에서 "바람 같이 자유로운"이라는 속담적 직유가 사용되었듯이, 여기서 예수 그리스도께서도 "바람이 임의로 불매 … 성령으로 난 사람도 다 그러하니라"고 말씀하십니다. 그리스도께서는 중간 연결 고리를 사용해서 생명의 근원이신 성령을 표명하고, 성령의 활동의 결과로서 생기는 생명을 다루면서, 그 생명은 스스로 움직이고 스스로 방향을 정한다고 선포하십니다. 그것이 사람들이 바라거나 감탄하는 특징입니까? 지금 이것이 지극히 고귀한 생명에 대해 설명하고 있는 것입니까? 그것은 순전히 동물적 생명에 대한 묘사입니다. 그것은 전적으로 비천하고 저급한 생명에 대한 진술입니다. 그것은 지독한 범죄자의 생명에 대한 묘사일 수도 있습니다. 그 밖에도 우리는 "내가 이것을 원하므로 이렇게 명령한다. 내가 원하는 사실을 어떤 이유에도 불구하고 그대로 이루도록 하라"고 말하는 사람이 고상한 관점에서 말하고 있다고 일반적으로 생각하지 않습니다.

그러나 "바람"에는 두 가지가 있습니다. 비천한 열정과 우리 속에 있는 동물적 본성의 극성스런 욕구에 굴복하는 바람이 있습니다. 그런가 하면 더 고귀한 의지의 충동에 복종하는, 우리의 의지와 뒤섞인 "바람"이 있습니다. 여기서 우리는 미래에 누릴 자유의 비밀을 봅니다. 이 자유는 내가 원하는 대로 행하는 것이 아니라 하나님께서 내게 하기를 바라시는 대로 하는 것에 있습니다. 주님께서 "바람이 임의로 불매"라고 말씀하실 때, 사람에게 어떤 변화가 일어났음을 의미하시는 것입니다. 그때 새 생명이 사람 속에 탄생한 것입니다. 이로 말미암아 법, 곧 하나님의 알려진 뜻이 마음에 쓰여지고, 육의 마음 판에 새겨집니다. 그리고 그 법은 더 이상 사람에게 외부에서 작용하는 냉혹한 세력이 아니라 사람 속에서 일어나는 지극히 중요한 추진력이 됩니다. 내가 알고 있는 한, 나의 더 나은 의지가 하나님의 뜻에 절대적으로 근접하고 일치되게 하는 그것이 자유입니다. 사람은 자기가 넘어가고 싶지 않은 한계에 의해서는 구속되지 않기에, 자유와 향상과 고귀함은 외적 권위의 명령에 순종해서 생기지 않고 내적 생명의 충동에 순종함으로써 옵니다. "너희는 종의 영을 받지 아니하였다"(롬 8:15)고 하였는데, 이는 하나님께서 우리에게 천하고 열등한 "바람"은 억누르고 더 높고 고귀한 바람을 향상시키는 능력과 사랑과 자제의 영을 주셨기 때문입니다. "주의 영이 계신 곳에는 자유가 있느니라"(고후 3:17)고 하였는데, 이는 의무가 기쁨이 되었고, 더 고귀한 새로운 본성은 하나님이 기뻐하시는 것 외에는 아무것도 바라지 않기 때문입니다. 우리가 "하지 않으면 안 된다"는 것을 스스로의 의지로 "내가 주의 뜻 행하기를 즐기나이다"(시 40:8)라고 바꿀 때 참된 자유가 있습니다. 이렇게 해서 우리는 좋아하지 않는 외적 법의 속박과 짐에서 자유롭게 되고, 사랑을 인해서 사랑하는 분의 뜻을 행하는 자유를 누리게 됩니다. 시인 중의 한 사람은 훨씬 열등한 문제에 관해서 이렇게 말합니다.

"내 사랑하는 사람에게 나는
법이자 추진력이 될 것이네."

이 말은 그리스도인의 생활과 "그리스도께서 우리를 자유롭게 하려고 주신 자유"(갈 5:1)에 그대로 적용됩니다.

그러나 자유롭게 하는 이 온전한 율법(약 1:25)의 범위와 위대함을 충분히 이해하려면, 내가 앞에서 언제나 비천하고 때로 동물적이고 저급하다고 말한 "욕구"를 억누르고 필요하다면 내쫓을 수 있도록 하기 위해 새 생명이 우리 속에 심겨졌다는 사실을 기억해야 합니다. 이 자유는 자유를 제한하고 억누르는 모든 것, 즉 좀 더 비천하거나 혹은 좀 더 고상하지만 경건치 않은 자아의 열정과 욕구와 성향에 대하여 필연적으로 끊임없이 싸울 것이기 때문입니다. 말하자면 이런 것들은 새 생명이 들어오면 물러나게 됩니다. 그러나 왕관을 빼앗고 폐위시킨 폭군들을 계속 살려두는 것은 위험한 일입니다. 가장 좋은 것은 그들을 왕위에서 내쫓을 뿐 아니라 목을 베는 것입니다. "너희가 영으로써 몸의 행실"과 성향과 의지를 "죽이면 살리라"(롬 8:13). 여러분이 그렇게 하지 않으면 그것들이 살아서 여러분을 죽일 것입니다. 이와 같이 새 생명의 자유는 전투적 자유입니다. 우리는 이 자유를 유지하기 위해 싸워야 합니다. 버크(Edmund Burke: 1729. 1.12. ~ 1797. 7.9. 영국의 정치가·사상가 — 역주)가 정치적 영역에 관해서 "자

유의 대가는 영원한 경계(vigilance)"라고 말했듯이, 우리도 그리스도인의
새 생명에 관해 그같이 말합니다. 즉 그리스도인은 다시 지배권을 되찾으
려고 끊임없이 계획하고 애쓰는 늙은 폭군들을 잘 감금하고 있는 조건에
서만 자유롭다는 것입니다.

그 다음에, 이 새 생명이 의무를 선포하기만 하는 율법의 엄혹함으로부
터 자유롭게 만들고 또한 천박한 자아로부터 우리를 자유롭게 하는 동안
은 인간의 모든 권위로부터 우리를 자유롭게 만듭니다. 기독교 민주정치
의 진정한 기초는 각 개인이 영과 생명으로 하나님을 직접 만나고 하나님
을 실제로 직접 소유한다는 사실입니다. 그러므로 새 생명과 성령을 받아
들이는 정도에 따라 우리는 주변 사람들에게서 자유로울 것이고, "너희에
게나 다른 사람에게나 판단 받는 것이 내게는 매우 작은 일이라" (고전
4:3)고 말할 수 있을 것입니다. 이 새 생명은 정말로 깊고 진정한 의미에서
사람들을 창의적으로 만듭니다. 새 생명은 그리스도인들의 의무와 생활 방
식에 대한 개념을 다른 사람들로부터 간접적으로 이끌어내는 것이 아니라
하나님에게서 직접 이끌어내기 때문입니다. 그리스도의 교회가 지금보다
거룩한 생명으로 더 충만하였다면, 교회는 온갖 다양한 그리스도인의 아
름다움과 우수함으로 더 충만할 것이고, 이 모든 것은 "같은 한 성령이 행
하사 그의 뜻대로 각 사람에게 나누어 주신"(고전 12:11) 것의 결과로 나타
날 것입니다. 우리 교회가 정말로 새 생명으로 충만하였다면, 새 생명의
능력과 새 생명의 조화로운 다양한 특징들이 충일할 것이고, 오늘날 꿈에
도 생각지 않는 기독교 신앙고백의 관습들을 다 태워버릴 것입니다. "바람
이 임의로 불매."

2. 여기서 우리는 이 생명이 나타나는 모습을 봅니다.

"네가 그 소리는 들어도"(Thou hearest the sound). 혹은 이 단어를 문자
적으로 번역하자면 "그것의 소리"(the voice thereof)라고 할 수 있는데, 그
것은 오늘날 숲속에서 꽃 피는 너도밤나무의 어린잎들 사이에서 들리는
작은 속삭임으로부터 열대 해양의 나라들을 초토화시키는 태풍에 이르기

까지 모든 "그것의 소리"를 의미할 수 있습니다. 어떤 때는 속삭임으로 어떤 때는 고함소리로 나타나는 이 소리가 우리를 쓸어가는 보이지 않는 세력을 나타내는 유일한 형태입니다. 여러분이 그리스도인이라면, 표현되는 방법이 다양하고 그 힘의 정도도 각각 다르지만 이와 같이 여러분의 새 생명을 다른 사람들이 분명하게 인지할 수 있어야 합니다. 여러분이 새 생명의 뿌리를 보여줄 수는 없습니다. 그러나 그 열매는 보여 주어야 합니다. 여러분의 영을 그대로 보여주며 세상에 "자, 내 속에 거룩한 싹이 있는 것을 보시오"라고 말할 수 없습니다. 그렇지만 사람들에게 가서 여러분이 사는 생활을 통해 그 싹이 존재함을 증거할 수 있습니다. 여러분이 아무리 열심히 들어보려고 해도 윙윙 거리는 소리나 작은 여울 소리라도 듣지 못할 그리스도인들이 허다하게 많습니다. 그들에게는 죽은 듯한 정적이 있습니다. "급하고 강한 바람 같은 소리"(행 2:2)는 그쳤습니다. 고요한 바다에는 번드르르한 파도밖에 없습니다. "바람이 불면" "소리"가 들립니다. 바람이 그치면 무서운 침묵이 생깁니다. 그것이 살았다고 하는 이름은 가졌으나 죽은 많은 사람들의 상태입니다. 그리스도인 여러분, 누구라도 여러분 생활에서 속삭이는 그 소리를 듣습니까? 그것은 내가 대답할 문제가 아닙니다. 그것은 여러분이 묻고 여러분 자신이 대답해야 할 문제입니다.

그리스도인은 침체된 분위기 속에서 생기와 같은 존재가 되어야 합니다. 기독교 교회가 처음 생겼을 때, 교회는 타락하고 유해한 고대 이교 사상의 진행에 치료의 빛을 비추고, 청정한 산으로부터 열병에 걸린 지역으로 신선한 공기를 불어넣었습니다. 그리스도인 개인의 경험과 교회의 경험에서 볼 때, 이 거룩한 생명이 새롭게 탄생한 곳에서는 어디든지, 마른 뼈들 위로 부는 새로운 힘이 들어왔고, 세상은 그런 힘이 들어왔다는 것과 그래서 마른 뼈들이 살아난다는 것을 느꼈습니다. 그런데 슬프게도 자칭 그리스도의 교회라고 하는 교회들이 자신의 명백한 직무, 곧 죽은 자들에게 바람을 불어 그들이 살아나도록 하는 직무를 행하기를 그쳐버린 경우가 너무나 많습니다.

오늘날 사람들은 환자를 데려다가 야외에 세워놓고 하늘의 바람이 환자

주위에 자유롭게 불게 함으로써 폐병을 치료하거나 혹은 치료하고 있다고 말합니다. 그렇게 사람들을 따듯한 방에 가두고 사회적 정치적 규범들로 보호하지 않는 것, 그것이 세상의 질병에 대한 치료법입니다. 새 생명이 사람들 속에서 왕성하게 활동하는 곳에서는 어디든지, 사람들이 그 소리를 듣고, 그 소리가 하늘로부터 온다는 것을 깨닫게 될 것입니다.

3. 끝으로 여기서 우리는 이 새 생명이 이중의 비밀을 지닌 것을 봅니다.

나는 지금까지 새 생명은 모든 그리스도인이 구체적으로 나타내야 하는 표현 수단을 가지고 있다고 말하였습니다. 그런데 우리 주님은 표현할 수 있는 것과 없는 것을 명확히 구분하십니다. 앞에서 말했듯이, 여러분은 잎과 열매를 보여줄 수 있습니다. 그러나 뿌리는 덮여 있습니다. "네가 그 소리는 들어도 어디서 와서 어디로 가는지 알지 못하나니."

이 새 생명의 원천은 "그리스도와 함께 하나님 안에 감추어졌습니다"(골 3:3). 이렇게 우리는 생명의 교통에 대해 외적인 것들에 의존하고 있지 않기 때문에, 생명을 지속하고 살지게 하는 일을 위해 외적인 것들을 의지해서는 안 됩니다. 그리고 우리가 그리스도인이라면 두 영역에서 살고 있다는 것을 깨달아야 하고, 표면적 생활에 관해서는 시간에 속해 있지만 가장 깊은 생명에 관해서는 영원에 속해 있다는 것을 알아야 합니다. 표면적 원천들은 다 마를 수가 있습니다. 그러면 어떻게 합니까? 깊은 데서 물이 차오르는 샘이 있는 한, 우리는 기근과 가뭄을 비웃을 수 있습니다. "생명이 그리스도와 함께 하나님 안에 감추어진"(골 3:3) 것이 참이라면, 우리 생명의 방향과 추진력뿐 아니라 양육법이 그리스도에게서 나온다는 것도 진실입니다. 그래서 우리는 외적인 것에 이바지하는 것들이 풍성하기를 추구하기보다는 영혼에 내적 생명, 참 생명, 곧 그리스도의 생명을 유지하는 것들이 풍성하기를 추구해야 한다는 것은 진실된 것입니다.

세상은 그리스도인의 생명이 어디에서 오는지 모릅니다. 여러분이 그리스도인이라면, 여러분 생명의 깊은 능력이 주변 사람들에게 그들의 생명을 형성하는 것과는 다른 능력이라는 것을 은근히 말해주는 어떤 것을 여러분의 성품에 지니고 있어야 합니다. 여러분은 잠시 머무르고 있는 나라에 귀화할 수 있고, 그 나라의 언어를 아주 유창하게 말할 수도 있습니다. 그러나 여러분의 발음에는 어디 출신이지 말해주고, 여러분이 외국인이라는 것을 은연중에 드러내는 것이 있을 수밖에 없습니다. 우리는 사람들 가운데서 활동하면서 일반 사람들의 생활에 대해서 다 이해할 수 있지만 우리에 대해서는 다 설명할 수 없는 것이 우리에게 있어야 합니다. 그리스도인의 생활은 세상에 초자연적인 것이 있음을 보여주어야 합니다.

사람들은 "바람이 어디서 와서 어디로 가는지 알지 못합니다." 예, 모릅니다. 지극히 약하고 미숙한 상태에 있고, 이를 테면 말을 할 줄도 모르는 새 생명이라 할지라도 그 존재 자체가 일종의 예언자로서, "이 시간의 여울목과 둑" 너머에는 틀림없이 이 새 생명이 태어나고, 완전히 성숙하도록 자랄 수 있는 영역이 있다고 선포하는 것입니다. 여러분은 온실에서 외래종 식물이 아무리 돌봐주고 난로 불을 뜨겁게 해도 잘 자라지 못하고, 그 원산지인 열대의 열기를 그리워하는 것 같은 모습을 보게 될 것입니다. 우리 유업의 보증이고 성령의 처음 익은 열매인 그리스도인의 생명, 곧 하나님의 생명이 우리 속에 흘러들어옴으로 생겼고 또 그렇게 해서 유지되는 그의 생명은 어떻든지 잘 자라지 못하는 식물을 뽑아서 "이 식물들이 심겨 있는 더 높은 집으로" 옮겨 심을 것을 요구합니다. 이곳에서는 그 식물의 가지가 어떻게 뻗을지, 잎사귀의 광채가 어떨지, 사철 끊이지 않고 열리는 열매가 얼마나 달콤할지 "아직 나타나지 아니하였습니다"(요일 3:2). 사람들은 "바람이 어디로 가는지 알지 못합니다." 바람을 소유하고 있는 사람들조차도 항상 가까이 다가가지만 결코 도달하지 못하는 완전을 향해 끊임없이 전진하는 세월을 지나면서도 알지 못할 것입니다. "이는 그를 믿는 자들이 받을 성령을 가리켜 말씀하신 것이라"(요 7:39). 그리스도를 믿으십시오. 그러면 "그리스도 예수 안에 있는 생명의 성령의 법이 죄와 사망의 법에서 여러분을 해방할 것입니다"(롬 8:2).

18
놋뱀

"모세가 광야에서 뱀을 든 것 같이"

요 3:14

이 말씀은 이 복음서에서 주님의 사역의 어떤 면을 어렴풋이 보여주는 것으로서, 구약의 제도나 일을 다루시는 두 번째 예입니다. 첫 번째 예에서는 야곱이 본 사다리의 상(像)을 사용하여 자신을 하늘과 땅 사이의 유일한 소통의 매개자로 나타내셨습니다. 여기서 주님은 자신의 사역의 핵심을 향하여 한 걸음 더 나가십니다. 지금 앞에 두고 얘기하고 있는 바리새인에게 광야에서 장대에 매어 높이 든 놋뱀의 이미지를 사용하여 자신을 독에 물든 세상을 치료하고 생명을 주는 중재자로 선포하십니다.

그런데 오늘날 니고데모와 같은 사람들이 허다히 많습니다. 많은 사람들이 그의 입장을 취하고 있습니다. 니고데모는 그리스도를 선생으로 인정하였고, 갈릴리 출신의 거의 무명이나 다름없는 젊은 사람에게 몹시 탐나는 "랍비"라는 호칭을 기꺼이 붙여주었습니다. 니고데모는 약간은 생색을 내는 태도로 예수께 왔습니다. 그리고 유대인의 지도자요 교육받은 상류층의 일원인 자신이 예수님을 기꺼이 선생이라고 부르는 것은 명예를 갈망하는 젊은이라면 기쁘게 받아들일 사항이라는 생각을 가지고 온 것이 분명합니다. "랍비여 우리가 당신은 하나님께로부터 오는 선생인 줄 아나이다." 그러나 니고데모는 여기에서 멈췄습니다. 그는 다만 예수 그리스도께 찬사를 보낸 것이 아닙니다. 그는 그러는 동시에 그리스도를 그의 독특한 지위에서 끌어내립니다. 우리 주님의 인격과 사역에 대한 이러한 부적절한 생각에 대해, 그리스도는 하나님과 교제를 가질 수 없고 하나님께 순종할 수 없는 인간 본성의 무능력에 근거하여 엄숙하게 반대하는 주장을 펴셨습니다. 이어서 주님은 자신을 야곱의 환상 가운데 나타난 사다리에 비유할 때 취하셨던 바로 그 입장을 취하여서 자신을 하늘로부터 왔고, 그러므로 하늘의 것을 계시할 수 있는 인자로 말씀하십니다. 본문에서 주님은 한 걸음 더 나가서 하늘로부터 내려온 인자가 들려야 한다는 신비한 일에 대해 이야기하면서 자신의 인격과 사역의 비밀과 위엄을 상징을 써서 밝히십니다. 이 사실들, 곧 사람의 본성과 하나님의 뜻의 불일치, 하나님의 아들의 성육신, 성육신 하신 아들의 십자가의 죽음 등은 그리스도를 위대한 선생으로 보는 생각이 온전해지기 위해서 필요한 진리들입니다. 여기서 우리는 이 세 가지 점들을 봅니다. 즉 나는 예수 그리스도께서 니고데모가 가졌던 부적절한 생각을 온전하게 해 주는 것으로 말씀하신 그리스도의 사역에 대한 생각을 살펴보려고 합니다.

1. 여기에는 첫째로 인자가 들리는 일이 있습니다.

물론 그 놋뱀을 장대에 묶어 높이 든 목적은 사람들이 그것을 똑똑히 볼 수 있도록 하기 위한 것뿐이었습니다. 니고데모가 이 상징을 듣고서 알 수 있었던 것은 하늘로부터 내려온 이 인자가 알 수 없는 어떤 방법으로 이스라엘과 세상 앞에서 모든 질병을 고치는 자로서 나타날 것이라는 것이 전부였습니다. 그러나 그 사건 후로 우리는 이 유대인의 지도자가 그리스도의 사역 초입에 생각할 수 있었던 것보다 더 지혜롭게 생각합니다. 우리는 또한 이 일이 우리 주님께서 이 의미심장한 표현을 사용하신 첫 번째 경우이기는 하지만 유일한 경우는 아니라는 것을 기억해야 합니다. 왜냐하면 이 복음서에서 주님이 두 번 이상 그 표현을 입에 올리신 것을 보기 때문입니다. 한 번은, 믿지 않는 무리에게 말씀하실 때 "너희가 인자를 든 후에 내가 그인 줄을 알리라"(요 8:28)고 말씀하십니다. 그리고 또 한 번은 갈보리에 가까이 이르렀을 때, 헬라인 개종자들 몇이 예수님을 보기 원하였을 때 세상이 떼를 지어 자기에게 몰려오는 환상이 보이기라도 하듯이 독백처럼 "내가 땅에서 들리면 모든 사람을 내게로 이끌겠노라"(12:32)고 말씀하십니다. 본문에는 나와 있지만, "이렇게 말씀하심은 자기가 어떠한 죽음으로 죽을 것을 보이심이러라"(12:33)는 복음서 기자의 논평이 없이도 우리는 그 뜻을 충분히 알 수 있습니다.

이와 같이 이 복음서의 역사적 진실성을 받아들인다면, 우리는 여기서 예수 그리스도께서 공생애 사역 맨 초기에 자기에 대한 유대인들의 성향이 행동으로 발전되기 전부터 자기 사역의 종착지를 알았고, 갈보리에 높이 세워진 섬뜩하고 무서운 십자가를 보았다는 것을 알게 됩니다. 과학의 영역과 자선의 영역, 그리고 도덕과 종교의 영역에서 온갖 광신주의자들과 박애주의자들, 주창자들은 하나님이 자기들을 통해 말하는 것을 "자기 형제들이 깨달았다"(행 7:25)고 믿고서 사역을 시작합니다. 그러나 복음서 기자들에 따르면, 예수 그리스도께서 나사렛에 은거해 있다가 사역을 시작하실 때는 그런 망상에 사로잡히신 적이 결코 없습니다. 처음부터 주님은 십자가가 목적지가 될 것임을 아셨습니다. 그리스도께 십자가는 자기일을 충실히 하기 위해 치러야 하는 대가로, "나는 비록 죽을지라도 내 속에 있는 것을 말하겠다"고 할 수밖에 없는 불가피한 일이 아니었습니다. 주님께 십자가는 오셔서 이루기 위한 사역의 핵심이었습니다. 그러므로 이 유대인의 지도자에게 하늘에서 내려온 인자는 하늘의 일들을 말할 수 있다고 말씀하신 후에, 주님은 자신이 "들려야 하리라"고 더 깊은 필연성을 덧붙이셨습니다. 이 "하여야 하리라"는 말씀은 어디에 있었습니까? 주님께서 행하시려고 한 그의 일의 요구 조건에 들어 있었습니다. 이 위대한 말씀 이면에는 인간 본성의 상태에 대한 애처러우면서도 엄숙한 참된 생각이 깔려 있습니다. 독에 쏘여서 죽어가고 있는 사람들이 사방에 널려 있는 광야 야영지야말로 이제까지 살았던 인물 가운데 가장 너그럽고 친절하신 분인 예수 그리스도께서 보신 인류의 정경을 묘사하는 상징입니다. 예수께서 "인자가 들려야 한다"고 말씀하신 것은 인간 본성의 사실들을 생각할 때 "선생"보다 훨씬 더 높은 어떤 것이 요구되었기 때문입니다. 그 사실들이 요구한 것과 예수께서 스스로 제기하려고 하셨던 것은 오직 온 세상의 죄를 위해 자신을 내어주는 분을 통해서만 올 수 있기 때문입니다.

그러나 주님께서 이루려고 하신 그 과업의 필요 때문에 생겨난 "하여야 하리라"는 말씀은 주님의 마음속에서부터 시작된 것입니다. 그 생각은 밖에서 주님에게 지워진 불가피한 일이 아니었습니다. 사실 그것은 자식으로서의 순종 때문에 주께 지워진 필연이었습니다. 그것은 또한 주께서 자기 마음속의 충동에 따라 스스로 짊어진 필연이었습니다. 주님은 구원해야 하기 때문에 죽지 않으면 안 되었고, 사랑하셨기 때문에 구원하시지 않으면 안 되었습니다. 이와 같이 그리스도는 로마 군인들의 망치와 못 때문에 십자가에 못 박히신 것이 아닙니다. 그리고 그리스도께서 십자가에 달이셨을 때, 그에게 쏟아진 조소는 주님과 그분의 대의에 대해 던진 희롱이 보통 그러하듯이 희롱자들이 "그가 남은 구원하였으되 자기는 구원할 수 없도다"(마 27:42)라면서 이해했던 것 보다 더 깊은 의미를 갖습니다.

이와 같이 우리는 여기서 그리스도께서 십자가를 내다보실 뿐 아니라 받아들이시는 것을 보게 됩니다. 그러나 단지 그것만 보는 것이 아닙니다. 여기서 그리스도는 십자가를 수욕으로 보지 않고 높아지는 것으로 보신다는 것을 압니다. "인자가 들려야 하리니." 이 말이 의미가 무엇입니까? 그 것은 그리스도께서 공생애 마지막에 가까우셨을 때, "인자가 영광을 얻을 때가 왔도다"(요 12:23)고 말씀하셨는데, 같은 사실을 두고 말씀하신 것입니다. 우리는 그리스도의 죽음을 그리스도께서 인성을 지니셨다는 사실 자체에 고유하게 들어있는 수욕의 가장 낮은 부분이라고 말하는데 익숙합니다. 그리고 그것은 바르게 말하는 것입니다. 그리스도께서는 세상에 태어나기 위해 자신을 낮추셨습니다. 그런데 죽기 위해서는 훨씬 더 몸을 구부리셨습니다. 그것이 사실이지만, 또한 그 반대도 사실입니다. 즉 십자가 안에서 그리스도는 높아지셨다는 것이고, 십자가가 그의 보좌라는 것입니다. 우리는 십자가에서 무엇을 봅니까? 그리스도의 완전한 사랑이 최고로 표현되고, 가장 애정어린 상태로 계시되는 것을 봅니다. 그 외에 십자가에서 또 무엇을 봅니까? 가장 고귀한 능력이 가장 탁월하게 나타나는 것을 봅니다.

"아무것도 없는 데서 세상을 불러내신 것은 큰 일이었습니다.
그런데 구속하신 일은 더 큰 일입니다."

인류를 구원하는 것, 사람들이 거듭나고 하나님 나라에 들어가도록 만드는 일은 더 큰 일이었습니다. 그것은 창조의 일일 뿐만 아니라 또한 회복의 일이었기 때문에 별들을 궤도를 따라 가게 하고 옛적부터 있어온 하늘을 보존하는 것보다 위대한 일이었습니다. 우리가 "눈을 높이 들어" 하늘이 어떻게 움직이는지 볼 때, 하나님의 힘이 계시되는 것을 봅니다. "그의 능력이 강하므로 하나도 빠짐이 없기"(사 40:26) 때문입니다. 그러나 그리스도께서 인류의 폐허더미 가운데서 하나님의 형상을 회복하고 이어 맞추되, 말하자면 죄의 무거운 철퇴에 맞아 산산조각난 아름다운 형상을 흠이나 금 간 것이 없이, 한 조각도 모자람이 없이 회복하실 수 있는 것을 볼 때, 거기에서 하나님의 능력이 훨씬 힘있게 계시됩니다. 최고로 작용하는 능력, 지극히 애정어린 효험이 있는 능력, 가장 광범위하게 미치는 능력이 그리스도의 십자가에서 나가는 것입니다. 십자가에 달려 어둠 속에서 죽어가는 그 약한 인간이 "하나님의 지혜"일 뿐 아니라 "하나님의 능력"이신 것입니다. 십자가는 그리스도의 보좌입니다. 그러나 그리스도께서 우리에게 말씀하셨다고 믿는 대로, 그리스도의 종들이 해석한 대로 십자가가 죄에 사로잡힌 세상의 죄를 위한 죽음인 경우에만 십자가는 그리스도의 사랑과 능력을 가장 영광스럽게 나타내는 것입니다. 그리스도께서 죽으실 때 우리를 위해 죽으셨다는 것을 믿지 못하는 한, 그리스도의 죽음이 우리에게 사랑을 불러일으킬 이유가 있는지 모르겠습니다. 나는 우리 모두가 깨닫기를 바라는데, 선생이나 귀감보다 훨씬 그 이상의 어떤 것을 필요로 한다는 깊은 필요가 "죄를 위하는 한 영원한 제사"(히 10:12) 안에서 해결되었다는 것을 깨닫는다면, 십자가의 끄는 힘이 비밀을 말하기 시작하고, 그리스도께서 "내가 땅에서 들리면 모든 사람을 내게로 이끌겠노라"(요 12:32)고 말씀하셨을 때 무슨 뜻으로 하셨는지 이해하게 됩니다. 형제 여러분, 십자가는 그리스도의 보좌입니다. 그리스도는 십자가로부터 세상을 다스리십니다. 여러분이 그리스도의 사역에 대한 개념에서 죄를 위한 그의 희생제사를 삭제한다면, 여러분은 그리스도에게서 통치권을 강탈한 것이고, 그리스도께서 반역한 데서 회복시킨 사람들의 마음과 뜻을 다스리는 데 사용하시는 홀을 그 손에서 빼앗는 것입니다.

2. 그 다음에, 여기서 어떻게 높아지신 인자를 보는지 살펴봅시다.

여러분 스스로 상상력을 발휘하여 충분히 그려볼 수 있는 것을 내가 대신해서 그릴 필요는 없습니다. 그 장면은 죽어가는 사람들이 이스라엘 진바로 가장자리에서 몽롱한 눈으로 그들 가운데 장대에 달아놓은 놋 뱀을 돌아보는 광경입니다. 그렇게 바라보는 것은 우리에게 필요한 것을 상징하는데, 그리스도의 생명을 주는 능력이 우리의 죽음 속에 들어오도록 하기 위한 것입니다. 죽어가는 이스라엘 사람이 맥 빠진 눈을 들어 치료와 생명의 상징을 보는 모습만큼 기독교의 믿음의 행위를 잘 묘사하는 것은 없습니다. 예수께서 "그를 믿는 자마다"라는 말에서 강조하는 신뢰를 니고데모의 고백과 아주 뚜렷하게 대비시키십니다. "우리가 당신은 선생인 줄 아나이다." 니고데모여! 우리는 당신이 한 걸음 더 나가야 한다는 것을 압니다. "우리가 아나이다." 좋습니다. 그러면 당신은 "믿는 자마다"라는 말 속에 포함됩니까? 믿음은 신임을 받는 증거입니다. 믿음에 지적인 면이 있습니다. 그러나 믿음의 핵심에는 언제나 신뢰의 본질, 곧 신뢰할 만하다고 인식하는 것에 자신을 맡기는 의지의 행위가 있습니다. 여러분은 어떤 사람이 믿을 만하다는 것을 압니다. 그것은 그를 의지하는 것이 아닙니다. 거기에서 한 걸음 더 나가야 합니다. 그와 같이 사랑하는 형제 여러분, 여러분은 굳건한 신념으로 영국국교회의 39개 조항을, 아니 3만 9천 조항을 믿으면서도, 그 조항들의 하나를 믿지 않는다면 그 만큼 신앙에서 멀리 떠나 있을 수 있습니다. 신념으로는 완전하나 믿음은 절대적으로 부족할 수가 있습니다. 다른 한편으로, 신조를 아주 불완전하고 잘못되게 생각하면서도 실제로 작용하는 믿음을 가질 수 있습니다. 바위에 판 야생화가 뿌리를 뻗을 흙이 거의 없음에도 아름답고 찬란하게 꽃을 피웁니다. 그런가 하면 아주 비옥한 정원에서 자라는 식물이 꽃을 피우지 못하고 씨도 맺지 못할 수가 있습니다. 이와 같이 믿음과 신념이 언제나 대등하게 중요한 것은 아닙니다.

이 믿음은 제멋대로 하는 조건이 아닙니다. 이스라엘 사람은 놋뱀을 보라는 명령을 받았습니다. 그 상징이 하나님의 치료하시는 능력을 믿는 데 도움이 되고, 놋뱀을 보는 것이 그 능력에 대한 믿음이 있는지 판단하는 방법이 되지 않는 한, 이스라엘 사람이 보는 것과 치료 받는 것 사이에는 아무런 관계가 없었습니다. 그러나 놋뱀을 보라는 그 명령은 많은 사람들이 생각하듯이 아무렇게나 하는 약속이 아닙니다. 그 약속은 믿음으로 보는 것과 그리스도께서 주시는 영생을 분리할 수 없게 단단히 연결시킵니다. 구원은 단순히 어떤 사람을 지옥 밖으로 끄집어내고 그에게 천국으로 들어가는 문을 열어주는 외적 선물이 아니고, 하나님과 관계를 갖는 마음의 상태입니다. 이것이 구원이 사람의 마음속에 들어올 수 있는 유일한 이 길입니다. 즉 사람이 자기에게 구원이 필요한 것을 알고 그리스도를 의지하고, 그러면 그리스도를 통해서 새 생명이 그의 마음에 흘러들어올 것입니다. 믿음은 신뢰입니다. 신뢰는 귀한 선물을 받기 위해 손을 뻗는 것이고, 은혜를 받기 위해, 빵을 먹기 위해, 생명수를 마시기 위해 마음을 여는 것입니다.

믿음은 가능한 단 하나의 조건입니다. 나는 사람들의 악을 치료하고 사람들의 잘못을 교정하며 인류의 슬픔을 줄이는 다른 형태의 조건들을 무시할 생각은 추호도 없습니다! 나는 그 모든 조건들을 환영합니다. 그러나 교육, 예술, 문화, 세련됨, 개선된 환경, 더 나은 사회적 정치적 조건들, 이런 것들이 많은 일을 하지만 가장 밑바닥의 문제까지 해결하지는 못합니다. 여러분이 대학과 박물관, 품위있는 극장을 세운 뒤에 사람마다 그를 발전시키는 데 적합한 환경에 배치하고 나면, 여러분은 틀림없이 세상이 이미 발견하였던 사실을 발견할 것입니다. 캄파냐에 세워진 장중한 궁정에서처럼 말라리아가 공기 중에 떠돌다가 모르는 사이에 창문으로 들어가 집안 사람들을 모두 감염시킨다는 것입니다. 그러나 여러분은 혈관 속에 독이 들어간 사람을 화장품을 사용해서 치료할 수는 없고, 베수비오 화산을 물 한 주전자로 끌 수는 없습니다. 진(陣) 전체를 치료하려면 그리스도께서 높이 들려야 합니다.

3. 자, 끝으로 여기서 우리는 높이 들린 인자를 보는 데서 오는 생명을 봅니다.

여러분 가운데 개역 성경(The Revised Version)을 사용하는 분들은 여기에 약간의 변화가 생긴 것을 알 것입니다. 그 변화는 한 편으로 한 구절이 빠지고, 또 한 편으로는 단어의 순서가 바뀐 데서 생긴 것입니다. 변경된 이 번역이 원문에 더 가까울 뿐만 아니라 두드러진 한 가지 생각을 드러내기도 합니다. 이 구절은 "믿는 자마다 영생을 얻게 하려 하심이라"고 씌어 있습니다. 자, 이 중요한 단어들이 우리에게 암시하는 바를 전부 자세히 다루기에는 시간이 너무 많이 갔습니다. 그래서 두드러진 몇 가지 요점에 대해서 한 두 마디만 언급하도록 하겠습니다.

"영생." 여러분은 영생을 끝없이 이어지는 존재라는 편협하고 부적절한 개념으로 축소하지 않기 바랍니다. 영생이 그 점을 함축하지만, 그보다 훨씬 더 많은 것을 의미합니다. 영생은 생명이라고 부를 가치가 있는 그런 생명을 의미합니다. 곧 하나님과 연합된 생명, 따라서 복이 충만하고, 정결함과 만족이 충만하며, 소원과 갈망이 충만하고, 이 모든 것들에 영원함이 깊이 새겨진 생명입니다. 그리고 영생은 봄으로써 우리에게 오는 것입니다. 죽음의 과정이 저지될 뿐만 아니라 또한 그 과정이 새 생명을 점점 더 소유하는 새로운 과정으로 대치됩니다. 그리스도께서는 니고데모에게 지금까지 너는 "거듭나야 한다"고 말씀하셨습니다. 일단 사람이 예수 그리스도, 곧 높이 들린 인자를 신뢰한 사람에게 일어나는 변화는 아주 심오해서 새로운 출생이라고 말할 수밖에 없습니다. 독에 물들지 않고 죽음에 이르는 성향이 전혀 없는 새 생명이 그 사람의 혈관 속으로 들어오는 것입니다.

 "영생을 얻게 하려 하심이라." 지금 여기서 바로 영생을 얻게 하려는 것입니다. 이 영생은 죽을 인생들이 죽음의 고통을 통과하였을 때 그들에게 수여되는 미래의 선물이 아닙니다. 영생은 이 땅에서 우리에게 오는 선물이며, 누구든지 예수 그리스도를 보는 즉시 받을 수 있는 선물입니다.

 "그 안에서 영생을 얻게 하려 하심이라." 믿음으로 그리스도와 연합함으로써, 다른 말로 하면 그리스도 안에 깊이 편입됨으로서 영생을 얻게 합니다. 신약성경은 온갖 면을 들어서 이 연합이 기독교 축복의 기초인 것을 설명합니다. 그리스도와의 연합이 영생의 조건입니다. 사랑하는 형제 여러분, 이렇게 모든 독을 우리 혈관에서 빼내는 일이 필요합니다. 우리 모두는 죽음이라고밖에 묘사할 수 없는 상태로 내려가는 그 성향을 저지하고, 그 활동을 반대로 뒤집어 놓는 일이 필요합니다. 우리 모두는 지식에 활력이 생겨 믿음이 되도록 하는 일이 필요합니다. 과거를 용서받고, 현재 우리를 지배하는 죄의 세력을 소멸할 필요가 있습니다. "예수의 피가 우리를 모든 죄에서 깨끗하게 하실 것입니다"(요일 1:7). 이는 그 피가 많은 사람의 죄 사함을 위해 흘려졌고, 그 피가 흠 없는 생명의 원소를 우리 혈관 속에 주입하기 때문입니다. 예수께서 예루살렘에서 밤에 조용한 방에서 니고데모에게 하신 말씀은 곧 예수께서 십자가에 달리셨을 때 거기에서 실제와 행동으로 말씀하신 것이고, 그것은 또한 예수께서 지금 올리워 앉아계시는 보좌에서 우리 각 사람에게 말씀하시는 것입니다. "나를 믿는 자마다 영생을 얻게 하리라." 이 약속을 듣고 예수님을 붙잡으십시오. 그러면 그 약속이 사실임을 알게 될 것입니다.

19
그리스도의
'하여야 하리라'

"인자도 들려야 하리니 "
요 3:14

나는 본문에 있는 이 한 마디, 곧 우리 주님께서 그처럼 자주 입에 올리셨던 "하여야 하리라"는 엄숙한 그 말씀 때문에 이 본문을 택했습니다. 나는 주님께서 이 표현을 사용하신 예를 보려는 것 외에 이 구절의 나머지 부분이나 이 구절 자체를 다룰 생각이 전혀 없습니다. 나는 이 단어가 흥미롭고, 또 그리스도께서 자신의 생애를 지배하였고 조그만 행동에까지도 영향을 미쳤던 이 큰 필연성에 대해 말씀하시는 예들을 종합해 보면 이 단어가 오래된 진리들을 더 분명하게 드러낼 수 있겠다는 생각이 들었습니다.

　이 표현은 그리스도의 수난과 부활과 관련해서 아주 빈번하게 사용됩니다. 복음서들에는 예수께서 이 "하여야 하리라"는 표현을 사용하시는 예들이 많이 나옵니다. 그 중의 첫 번째가 이 본문입니다. 그 다음에, 열 두 살 먹은 소년이 모친에게 한 말에서 한 전형을 볼 수 있는 또 다른 부문이 있습니다. "내가 내 아버지의 일에 관계하여야 될 줄을 알지 못하셨나이까"(눅 2:49). 여기에서 이 아이는 마음에 하나님과의 특별한 관계에 대한 신비한 의식이 있었기에 성전으로 갔고, 하나님 아버지의 일에 관계하게 되었습니다. 이와 비슷한 다른 예들은 무리들이 예수님을 붙들어 두고자 했을 때 그들에게 답변하신 경우들입니다. "내가 다른 동네들에서도 전하여야 하리니"(4:43). 또 예수께서 "때가 아직 낮이매 나를 보내신 이의 일을 우리가 하여야 하리라"(요 9:4)고 말씀하신 경우도 있습니다.

예수께서 지상 사역과 고난을 훨씬 넘어서서 그 사역과 고난의 결과로 얻게 되어 있는 미래의 승리를 보고 이렇게 말씀하셨을 때, 바로 이 필연성의 또 다른 면이 나타납니다. "다른 양들이 내게 있어 내가 인도하여야 할 터이니"(10:16).

아주 작은 문제와 관련해서 또 다른 예가 나옵니다. 예수께서 마지막으로 예루살렘에 올라가는 중대한 여행에서 잠시 한 두 시간 동안 쉴 곳을 택하신 경우입니다. 이때 예수께서 이렇게 말씀하셨습니다. "삭개오야, 내가 오늘 네 집에 유하여야 하겠다"(눅 19:5).

자, 이 예들을 종합해 보면, 우리는 주님의 마음과 주님의 인생관을 얼핏 들여다볼 수 있는 귀한 시각을 얻을 것입니다.

1. 여기서 그리스도께서 자신의 죽음이 필연적임을 인정하고 받아들이시는 것을 봅니다.

우리가 요한복음을 받아들인다면, 본문은 주님께서 자신의 죽음을 예고하시는 것으로 보는 우리의 생각에 전혀 새로운 요소를 제공합니다. 왜냐하면 세 복음서들은 주님의 죽음에 대한 예고를 특별히 그리스도의 후반기 사역 동안에 하신 교훈의 한 부분으로 강조하기 때문입니다. 그러나 주님께서 자신의 죽음에 관해 이야기하기 시작하였을 때 비로소 죽음에 대해 생각하거나 살펴보기 시작했다고 말할 수 없습니다. 공생애 초기에는 자신의 죽음에 대해 비교적 말을 삼가한 데는 그만한 이유들이 있습니다. 일종의 실망한 열광주의자에게 그의 사역이 성공하지 못할 것과 또한 순교가 불가피하다는 냉혹한 현실이 먼저 나타났다고 결론내릴 근거는 없습니다. 그것은 최근 들어서 종종 지지를 받는 개념이지만, 내가 볼 때는 실제 사실과는 전혀 맞지 않는 주장입니다. 요한복음이 참된 기록이라면, 그 이론은 본문과 상충됩니다. 본문을 보면 주님은 공생애 사역 맨 초기에, 그러니까 다른 이론에 따르면, 예수께서 경력을 시작하는 개혁자가 으레 갖는 쾌활하고 근거 없는 기대로 가득 찼던 때에 니고데모에게 말하였듯 이 "인자도 들려야 하리라"고 하시는 모습을 보여줍니다. 요한복음의 앞 장에서도 수수께끼 같지만 의미심장한 발언과 그에 대한 요한복음 기자의 권위 있는 평을 봅니다. "너희가 이 성전을 헐라 내가 사흘 동안에 일으키리라 … 예수는 성전 된 자기 육체를 가리켜 말씀하신 것이라"(3:20,21). 이와 같이 공생애 사역 초기부터 주님은 자신의 끝을 분명히 아셨습니다.

그러면 그리스도께서는 왜 십자가를 향하여 가셔야 합니까? 다른 복음서 기자들이 표현하듯이 그것은 단지 "선지자로 하신 말씀을 이루려 하는"(마 2:23) 것이 아니었습니다. 예수께서는 선지자들이 메시야가 죽어야 한다고 말했기 때문에 죽어야 하는 것이 아니라, 예수께서 죽어야 하기 때문에 선지자가 메시야가 죽어야 한다고 말한 것입니다. 선지자의 말을 성취하기 위한 것보다 훨씬 더 깊은 필연성, 곧 선지자가 그렇게 말하도록 만든 필연성이 있었습니다. 예수 그리스도의 사역은 그리스도께서 죽지 않는 한 마쳐질 수 없었습니다. 그리스도께서 세상 죄를 위한 희생제물이 되지 않고서는 세상의 구주가 되실 수 없었습니다.

우리가 이 엄숙한 책무의 모든 이유를 다 볼 수 없지만, 이 점은 볼 수 있습니다. 즉 예수께서 죽으셔야 하는 것은 하나님의 의의 요구 때문이었고, 죄인들의 필요 때문이었다는 것입니다. 이와 같이 그리스도의 죽음은 자신의 의무를 충실히 이행한 벌로 죽어야 했던 순교자의 죽음이 아니었습니다. 그리스도의 죽음은 그리스도께서 자신의 사역을 수행하기 위해 치른 대가가 아니라, 그 자체가 하나의 사역이었습니다. 주님의 그 자비로운 생활도, "온전한 행실의 아름다움"도, 듣기 좋은 그의 지혜의 말씀과 초월적 능력의 행위들도 그리스도께서 "온 것은 자기 목숨을 많은 사람의 대속물로 주려 함이었다"(마 20:28)는 것 외에는 그런 능력을 일으키고, 그 과업을 완성시킨 자비를 설명할 수 없었습니다.

"하여야 하리라"는 것은 어려운 말입니다. 이 말은 달갑지 않은 불가피성을 표현할 수 있습니다. 이 불가피성은 달갑지 않은 것이었습니까? 예수께서 "인자도 들려야 하리라"고 말씀하셨을 때, 주춤거리거나 마지못해 복종하고 계셨습니까? 아, 그렇지 않습니다! 그리스도께서는 구원하고자 하셨기 때문에 죽으셔야 했고, 사랑하셨기 때문에 구원하고자 하셨습니다. 하나님께 대한 그리스도의 자식으로서의 순종이 사람들에 대한 그리스도의 동정과 함께 일어났습니다. 하나님의 의의 요구에 순종하실 뿐만 아니라 또한 죄인들의 곤경에 대한 동정심 때문에, 주께서 불가피한 그 일을 짊어지셨습니다.

형제 여러분! 우리를 구원하고자 하시는 그리스도의 소원 외에 아무것도 그리스도를 십자가로 끌고 간 것이 없습니다. 제사장들도 로마 군사들도 그리스도를 십자가로 데려가지 않았습니다. 그리스도를 십자가에 단단히 매단 것은 무자비한 손으로 박은 못이 아니었습니다. 조롱하는 자들이 그리스도께 말한 대로 그리스도께서 십자가에서 내려오지 않은 이유는 그리스도께서 받아들이기 어려운 신체적 곤경이나 도덕적 곤경 때문이 아니라 사람의 구원에 필요한 모든 것을 행하려는 그리스도의 의지 때문이었습니다.

이 희생제물은 사랑의 끈으로 제단에 묶여있었습니다. 우리는 화형 말뚝에 묶이기를 거부하고, 스스로 의지의 힘으로 맹렬한 불길 가운데서도 꼼짝 않고 있었다는 순교자들의 이야기를 들어왔습니다. 예수 그리스도께서는 자신이 원하셨기 때문에 십자가에 묶여 죽으셨습니다.

아, 그처럼 다정하고 평온한 삶이 첫 걸음부터 그처럼 무자비한 죽음을 분명히 내다보았다는 것을 생각할 때, 그 삶이 얼마나 처연하게 아름답고 감동적 모습을 띄는지 모릅니다! 얼마나 놀라운 자기 부정입니까! 주님께서 일생 동안 십자가가 늘 눈앞을 가리고 있었음에도 불구하고 얼마나 모든 슬픔에 대한 동정심으로 자신을 잊고 지내시고, 모든 봉사를 위해 얼마나 분발하셨습니까! 주님께서 느끼셨을 인간적 두려움을 생각해 보십시오. 그리고 그 두려움을 철저히 누르셨으므로 주님의 뜻이 조금도 흔들림이 없었음을 생각해 보십시오. 우리 각 사람이 "그리스도께서 나를 구원코

자 하셨으므로 죽으셔야 했다"고 말하고 나서 "나를 향한 주의 모든 은혜를 인해 주님께 무엇을 드릴 것인가?"라고 물을 수 있는지 생각해 보십시오.

2. 이러한 발언의 두 번째 유형에서, 우리는 그리스도께서 자식으로서의 순종과 자기 사명에 대한 의식으로 인해 움직이시는 것을 봅니다.

"내가 내 아버지의 일에 관계하여야 될 줄을 알지 못하셨나이까"(눅 2:49). 이것은 열 두 살 소년이 말하기에는 묘한 발언이었습니다. 이 발언은 소위 말하는 "메시야 의식"이 예수께서 세례를 받으시고 성령이 그 위에 임한 후에 처음으로 예수 그리스도께 생기기 시작하였다는 전제를 부정하는 것처럼 보입니다. 이 발언을 어떻게 보든지 간에, 이 발언과 내가 그리스도께서 죽기 전에 자신의 사역을 이행하는 것과 관련하여 앞에서 언급한 비슷한 구절들을 보면, 이 필연성은 그리스도께서 자신이 하나님의 아들이라는 의식과 자기가 행해야 할 사역에 대한 인식에서 생겨난 내적 필연성이었음을 알 수 있습니다. 그래서 그리스도는 우리에게 자발적 순종의 위대한 모범이십니다. 우리의 모범이신 그리스도께서 순종하시지 않는다면 스스로에게 모순이 됩니다. 이 소년을 성전으로 데려간 것은 본능이었습니다. 아들이 아버지의 집 말고 어디에 있어야 하겠습니까? 아들이 어떻게 아버지의 일을 하지 않을 수 있었겠습니까?

이렇게 주님은 우리 앞에 유일한 순종이라고 부를 만한 가치가 있는 순종의 모범으로, 하나님의 일을 행하지 않으면 불안하고 괴로워할 순종의 모범으로 우리 앞에 서 계십니다. 종교는 순종을 제2의 천성으로, 혹은 내가 감히 이름을 붙여보았듯이 본능, 즉 하나님과 교제하고 하나님의 뜻을 행하고자 하는 자발적이고 계산적이지 않은 억누를 수 없는 욕구로 만들기 위해 존재합니다. 이것이 우리 기독교 신앙의 의미입니다. 마지못한 순종은 순종이 아닙니다. 억지로 하는 봉사는 고역이지 봉사가 아닙니다. 기독교 신앙은 우리를 예수 그리스도와 깊이 교제하여 그리스도에게 있는 마음이 우리에게 있도록 하려는 특별한 목적을 위해 주신 것입니다. 기독교는 사람들이 우리를 다른 어떤 장소나 다른 어떤 일에서 찾을 수 있을 것으로 생각하는 것을 이상히 여기면서 "내가 아들이니 아버지의 일에 관계해야 될 줄을 알지 못하였는가"라고 말할 수 있도록 하려는 특별한 목적을 위해 주신 것입니다. 해바라기가 해를 따라가는 것처럼 확실하게, 예수 그리스도 안에 있는 마음에서 생기를 얻은 사람은 확실히 그리스도처럼 아버지 하나님의 뜻을 행하는 데서 생명의 숨결을 만날 것입니다.

그래서 형제 여러분, 마지못한 봉사를 어떻게 생각합니까? 마지못한 순종을 어떻게 생각합니까? 종교가 금하는 일들을 바라고, 언짢은 의무들을 억지로 행하는 만연된 잘못에 대해서는 어떻게 생각합니까? 내 기독교 신앙이 금하는 것에서는 나를 물러나게 하고 권하는 것은 벌떡 일어나 행하게 만들지 않는다면, 나의 신앙은 아무 쓸모가 없습니다. 우리가 성전 안에서 빈둥거리는 학생처럼 끊임없이 힐끔 힐끔 시계와 문을 쳐다보며 밖에 나가기를 바란다면, 성전 안에 있으나 밖에 있으나 마찬가지일 것입니다. 기쁜 순종이 참된 순종입니다. "주의 법이 나의 심중에 있습니다. 내가 주를 사랑하고 주께서 원하시는 바를 행하지 않을 수 없기 때문에 주의 뜻을 행합니다"고 말할 수 있는 사람만 그리스도인 생활에서 가능한 기쁨을 발견한 것입니다. 그리스도인의 생활은 밖에서 보는 사람들이 "추측할" 수 있는 것처럼 "거칠고 까다롭지" 않고, 음악이 있고 향기가 가득합니다. "내가 해야 한다"고 생각하는 바로 그 일에 대해 또한 "내가 하기로 결심한다"고 말할 수 있을 때만큼 복된 것은 없습니다. 그래서 의무가 즐거움이 될 때, 그 즐거움은 결코 넌더리가 나지 않을 것이고, 기쁨이 사라지지 않을 것입니다.

3. 이 위대한 "하여야 하리라"는 말을 사용하는 또 다른 경우에서, 우리는 그리스도께서 자신의 미래의 승리를 기대하시는 것을 봅니다.

"이 우리에 들지 아니한 다른 양들이 내게 있어 내가 인도하여야 할 터이니 그들도 내 음성을 듣고 한 무리가 되어 한 목자에게 있으리라"(요 10:16). 이 말씀은 그 자체로도 인상적이지만, 그 전후 문맥을 보면 훨씬 더 인상적인 것을 알 수 있습니다. 왜냐하면 이 말씀은 주께서 양들을 위해 자기 목숨을 내놓은 것에 대해 말씀하신 직후에 이어서 나오기 때문입니다. 그렇다면 이것은 십자가를 넘어서는 일이었습니다. 그 일이 무엇이든 간에, 그 일은 주께서 죽으신 후에 이루어지게 되어 있었습니다.

그리스도의 시력은 아주 멀리까지 미쳐서 희미하고 인적 없는 곳, 즉 어두운 산에서 길 잃은 양이 찢기고 겁먹고 굶주려 있는 곳까지 보실 수 있다는 점을 지적할 필요는 없을 것입니다. 주님께서 앞날을 한 눈에 얼마나 멀리까지 내다보시는지, 혹은 이 위대한 말씀이 얼마나 장엄하고 우리의 편협한 생각을 얼마나 책망하는지에 대해서 깊이 생각할 필요가 없습니다. "한 무리가 되어." 그들이 하나가 될 것인데, 이는 그들이 어떤 보이는 "우리"의 경계 안에 있기 때문이 아니라 그들이 한 목자를 중심으로 모이고, 다 같이 그 목자와 관계를 맺어 함께 사이좋게 결합되었기 때문입니다.

자신의 가장 광범위한 사역은 자기가 죽은 후에 가서야 이룰 것으로 생각하는 이 사람은 대체 어떤 사람입니까? "내가 그들도 인도하여야 하리니." 주께서 인도하신다고요? 어떻게? 언제 말입니까? 곧 닥치게 되어 있는 죽음을 뻔히 내다보면서 하는 이런 말은 전혀 의미가 없거나 아니면 거의 정신이상이나 다름없는 오만한 말이 확실합니다. 그렇지 않으면 이 말은 복음서 기자가 일어났다고 선포하는 그 일을 예상하는 것이 분명합니다. 즉 주님께서 "하늘로 올려지사 하나님 우편에 앉으셨고" 한편으로 그의 종들은 "나가 두루 전파할새 주께서 함께 역사하사 그 따르는 표적으로 말씀을 확실히 증언하셨다"(막 16:19,20)는 것입니다.

"내가 그들도 인도하여야 하리니." 이것은 단지 하나님의 본성과 사람의 결핍에 뿌리를 두고 있는 필연성이 아닙니다. 이것은 단지 그리스도의 자식으로서의 순종과 사명의식에서 생겨난 필연성이 아닙니다. 이것은 하나님의 뜻에 의한 "하여야 하리라"는 말씀입니다. 그리스도께서 자신의 수난의 확실한 결과들을 살펴보고 말씀하시는 "하여야 하리라"입니다. 이것은 세상을 화목케 하는 십자가의 능력을 의미하는 "하여야 하리라"입니다. 그래서 오늘날이나 어느 때든지 세상의 모든 염세적 사상에 대해, 그리고 그리스도인들의 마음이 떠는 이유가 거의 없을 수 있지만 아무튼 하나님의 언약궤로 인해서 떨게 될 때, 모든 뻔뻔스런 적의와 "전도의 미련한 것"을 멸시하는 골리앗 같은 교만한 자들 앞에서 우리는 그리스도의 이 위대한 "하여야 하리라"는 말씀을 의지합니다. 이 말씀은 하늘의 회의에서 하늘보다도 견고하게 기록되었고, 십자가의 능력으로 보증되었습니다. 또 십자가에 못 박히신 구주의 생명이 영원하고 확실하므로 그리스도께서 어느 날 인류의 왕이 되어, 그의 방황하는 양들을 인도하여 한 목자 주위에 모여 평안히 쉬게 하실 것이 틀림없습니다.

4. 끝으로, 우리는 그리스도께서 이 지극히 큰 원칙을 지극히 적은 의무에도 적용하시는 것을 봅니다.

"삭개오야 속히 내려오라 내가 오늘 네 집에 유하여야 하겠다"(눅 19:5). 왜 예수님께서 삭개오의 집에 유해야 하십니까? 삭개오를 구원하게 되어 있고, 삭개오가 구원할 만한 사람이었기 때문입니다. 여기서는 무엇이 "하여야 하는" 것이었습니까? 십자가를 향해서 가는 길을 한 두 시간 멈추는 것이었습니다. 이렇게 해서 주님은, 우리가 기쁘게 순종하는 하나님의 뜻을 충만히 생각하는 삶에서는 그 법에 따라 행하고, 그 거룩한 필연성에 따라 조정하기에 너무 큰일도 없고 너무 하찮은 일도 없다는 것을 우리에게 가르치십니다. 큰일에서든 작은 일에서든 순종은 순종입니다. 하나님의 뜻과 하나님의 뜻이 아닌 것을 구별하는 일에는 크기의 척도가 적용되지 않습니다. 중력은 목성이라는 덩어리뿐 아니라 햇빛 속에서 춤추는 티끌에도 작용합니다. 하나님의 진리는 너무 커서 지극히 하찮은 의무에는 적용되지 않는 법이 없습니다. 동방에서 뜬 별은 베들레헴에 있는 허름한 집으로 인도하는 안내자였습니다. 하늘 높은 곳에는 인생의 지극히 하찮은 행동들에서 우리의 안내자 역할을 하는 별처럼 빛나는 진리들이 있습니다.

형제 여러분, 여러분의 일을 포괄적 이러한 의무의 법칙에 따라 행하십시오. 사실 의무라는 말은 하나님의 뜻에 대한 이교적 표현입니다. 삶에는 이보다 낮은 필연성들이 작용하는 영역들이 무수히 많습니다. 환경, 우리의 과거, 편견, 기질, 관계, 우정, 시민의 의무, 이와 같은 것들, 이 모든 것들이 필연성을 가져옵니다. 그러나 우리는 이 모든 것들이 우리에게 하나님 아버지의 뜻을 나타내는 것으로 생각하도록 합시다. 삶에는 이 두 경로 중 어느 쪽이든 옳을 수 있는 영역들이 많이 있습니다. 그럴 때 우리는 의무의 결정을 하기보다는 선택의 결정을 하게 됩니다. 그러나 우리는 이 모든 것에서 우리는 하나님의 필연성이 우뚝 솟는 것을 보도록 합시다. "내가 하겠다"는 마음이 "나는 해야 한다"는 마음과 동시에 일어나도록 하는 것은 매일의 싸움입니다. 그 동시 발생이 확실히 일어나도록 하는 데 적절하고 항상 강력한 방법이 딱 한 가지 있습니다. 그것은 계속해서 예수 그리스도께 가까이 붙어서 그의 성령을 마시는 것입니다. 그리고 나서 의무와 기쁨이 동일 선상에 있을 때, "험한 곳이 평지가 될 것이요 굽은 데를 곧게 할 것이라 산마다, 언덕마다 낮아지며 골짜기마다 돋우어지며"(사 40:4; 42:16), 삶이 복을 받을 것이고, 봉사가 자유가 될 것입니다. "주께서 말씀하신 모든 것을 내가 행해야 하리라"는 이것이 우리 존재의 법칙이 될 때 기쁨과 자유와 능력과 평안이 우리 마음을 채울 것입니다.

20
호수와 강

"하나님이 세상을 이처럼 사랑하사 독생자를 주셨으니
이는 그를 믿는 자마다 멸망하지 않고 영생을 얻게 하려 하심이라"
요 3:16

나는 본문이 우리에게 호수, 강, 물주전자, 한 모금을 보여준다고 말해
봅니다. "하나님이 세상을 이처럼 사랑하셨다." 이것은 호수입니다. 호수
는 스스로 강을 만듭니다. "하나님이 세상을 이처럼 사랑하사 독생자를 주
셨으니." 그러나 사람에게 물을 떠 마실 것이 없으면 강은 아무의 갈증도
풀어주지 못합니다. "하나님이 세상을 이처럼 사랑하사 독생자를 주셨으
니 … 그를 믿는 자마다." 마지막으로 한 모금이 옵니다. "멸망하지 않고 영
생을 얻게 하려 하심이라."

1. 큰 호수인 하나님의 사랑.

예수 그리스도께서 세상에 오시기 전에는 누구도 "하나님이 사랑하신다"
는 말을 꿈에도 생각지 못했습니다. 구약의 시인들 가운데 어떤 이들은 그
진리를 얼핏 보았고, 상당히 가깝게 그 진리를 표현하였습니다. "많은 신
과 많은 주"(고전 8:5) 가운데는 음탕한 신과 아름다운 신, 게으른 신, 싸우
기 좋아하는 신, 평화로운 신들이 있습니다. 그러나 예배자가 그 신에 대
해 "그가 사랑한다"고 말한 신은 그 가운데 하나도 없습니다. 예전에 그것

은 전혀 새롭고 거의 믿을 수 없는 메시지였습니다. 그러나 우리는 그 메시지에 점점 익숙해졌고, 이제는 우리에게 더 이상 이상하게 생각되지 않습니다. 그러나 우리가 그 메시지가 의미하는 바를 생각해 보려고 한다면, 전체 진리가 갑자기 전혀 새로운 의미를 띄고 나타나고, 삶의 모든 비참함과 슬픔과 당혹스러운 일들이 바람 따라 사라지며, 우리는 그런 것들로 더 이상 근심하지 않게 될 것입니다. "하나님이 사랑하신다"는 것은 입으로 말할 수 있는 말 가운데 가장 위대한 사실입니다.

　"하나님이 세상을 사랑하셨다." 우리가 사랑하는 것에 대해 말할 때, 수많은 사람들은 그 사랑의 폭을 넓히면 넓힐수록 그 사랑의 깊이는 그만큼 더 얕아지지 않습니까? 영국에서 가장 열정적 애국자도 자신의 어린 딸을 사랑하는 그 십분의 일도 영국을 사랑하지 않습니다. 우리가 수많은 무리에 관해 무엇인가를 생각하거나 느낄 때, 그것은 마치 숲을 바라보는 것과 같습니다. 우리는 나무들 각각을 보지 않고 전체 나무를 봅니다. 그러나 그것은 하나님께서 세상을 사랑하는 방식이 아닙니다. 내가 인도 국민을 사랑한다고 말했다고 해봅시다. 나는 피부색이 거무스름한 수 백만 명의 각 영혼에 대해 어떤 느낌을 가지고 있다는 뜻으로 그렇게 말한 것이 아닙니다. 나는 단지 그들 모두를 한 무리로 본 것뿐입니다. 혹은 그들에 대해 소위 일반화를 시킨 것뿐입니다. 그러나 그것은 하나님이 사랑하시는 방식이 아닙니다. 하나님은 각 사람을 사랑하기 때문에 모두를 사랑하십니다. 우리가 "하나님이 세상을 이처럼 사랑하사"라고 말할 때는 전체 덩어리를 분자로 깨트려야 하고, 각 원자를 하나님의 사랑의 대상으로 생각해야 합니다. 우리가 산마루 꼭대기에서 뚜렷한 석양을 뒤로 하고 서 있다면 서로의 눈에 분명하게 비치듯이, 모두는 하나님의 사랑에서 두드러져 보입니다. 긴 행렬을 이루는 각각의 작은 점이 따로따로 보일 것입니다. 우리 한 사람 한 사람이 분리되어서, 온 우주에 하나님과 우리 외에는 또 다른 피조물이 없는 것처럼 하나님의 사랑을 독차지 하듯이 모두가 하나님 앞에 돋보이는 존재입니다. 우리가 "하나님이 세상을 사랑하셨다"고 말할 때, 그 말이 실제로 의미하는 바는 각 사람에 관하여 하나님께서 **나를** 사랑하신다는 것임을 생각한 적이 있습니까? 해의 온 광선이 해를 바라보고 있는 군중 한 사람 한 사람의 눈에 쏟아지고 있듯이, 하나님의 온 사랑이 무리에게 오거나 추상적 개념으로, 교회에 내리는 것이 아니라 공동체를 이루는 교회의 각 영혼에게 옵니다. 하나님은 각 사람을 사랑하기 때문에 우리 모두를 사랑하십니다. 우리는 이 말씀을 해석해서 마음에 새기지 않는 한, 그 사상의 모든 유익을 결코 얻지 못할 것입니다. "아, 그렇습니다! 하나님은 사랑이십니다"고 말하는 것은 아주 좋습니다. 그리고 하나님이 "세상을" 사랑하신다고 말하는 것도 아주 좋습니다. 그러나 훨씬 더 좋은 것은 바울이 말한 대로 "하나님이 나를 사랑하사 나를 위하여 자기 자신을 버리셨다"(갈 2:20)이라고 말하는 것입니다.

자, 앞으로 더 나가기 전에 여러분에게 말씀드리고 싶은 점이 한 가지 더 있습니다. 그것은 신약 전체를 통해서, 특별히 요한복음에서 "세상"은 사람들을 의미할 뿐만 아니라, 죄 있는 사람들, 곧 하나님에게서 떨어져 나간 사람들을 뜻한다는 것입니다. 여기서 가르치고 있는 복된 큰 진리는 내가 아무리 하나님에게서 멀어지려고 자신을 끌어당길지라도 하나님에게서 떨어져나갈 수 없고, 내가 아무리 하나님께 관심을 갖지 않거나 사랑하지 않고 하나님께 관해 아무리 생각을 안 할지라도, 그것이 하나님이 나를 사랑하신다는 사실에 머리카락만큼의 차이도 일으키지 못한다는 것입니다. 물론 나는 사람이 하나님의 사랑에 보답하여 하나님을 사랑하지 않는다면, 하나님의 사랑이 그렇지 않았으면 보이지 않을 모습을 띠게 되고, 그 모습이 그 사람에게는 매우 불편할 수가 있다는 것을 압니다. 그 모습이 바뀔 수 있고, 바뀔 수밖에 없을지라도, 그 사실은 변하지 않고 그대로 있습니다. 죄악 가운데 가장 무서운 죄를 범했다는 말을 듣는 가룻 유다를 포함하여 세상의 모든 죄인에게 하나님의 사랑이 있습니다.

2. 강.

자, 처음에 얘기했던 은유를 다시 사용하자면, 호수는 강이 됩니다. "하나님이 세상을 이처럼 사랑하사 독생자를 주셨으니."

그렇다면, 하나님께서 미워하고 화를 내는 데서 돌이키시게 만든 것은 그리스도의 죽음이 아니었습니다. 그것은 그리스도의 죽음을 정하신 하나님의 사랑이었습니다. 여러분이 그 사실을 기억하기만 한다면, 위대한 속죄의 교리에 대한 대중적이고 얄팍한 허다한 반대 이론들은 즉시 사라질 것입니다. "하나님이 이처럼 사랑하사 주셨으니." 그런데 어떤 사람들은 예수 그리스도께서 하나님의 진노가 사람들에게 임하지 않도록 하기 위해 우리 죄를 대신해서 죽으셨다고 전할 때, 우리의 가르침이 "그리스도께서 오셨고, 그 후에 하나님이 사랑하셨다"는 의미를 나타내기 때문에 부도덕하다고 말합니다. 친구여, 그렇게 말하면 거꾸로 말하는 것입니다. "하나님께서 이처럼 사랑하사 … 주셨습니다."

이제 여러분과 함께 구약으로 돌아가서 보도록 하겠습니다. 여러분은 한 아버지가 남자 아이에게 나뭇단을 지우고 불을 들려서 산을 터벅터벅 걸어 제사를 드리게 되어 있는 곳까지 데려간 이야기를 기억하십니까? 여러분은 금방이라도 독자의 눈에서 눈물을 빼게 하는 아이의 질문이 생각납니까? "불과 나무는 있거니와 번제할 어린 양은 어디 있나이까?"(창 22:7). 여러분은 이 아버지가 목소리를 떨지 않고 "내 아들아 번제할 어린 양은 하나님이 준비하시리라"(22:8)고 말하기가 힘들었을 것이라고 생각지 않으십니까? 여러분은 이 이야기의 끝을 기억하십니까? "여호와의 사자가 아브라함에게 이르시되 네가 이같이 행하여 네 아들 네 **독자도 아끼지** 아니하였은즉 내가 네게 복을 주리라"(22:16,17). 사도 중 한 사람이 창세기에서 아브라함이 자기 아들을 하나님께 드린 일과 관련하여 사용한 바로 그 말을 써서 "**자기 아들을 아끼지 아니하시고** 우리 모든 사람을 위하여 내주셨느니라"(롬 8:32)고 말한 것이 생각납니까? 이 말씀은 묘한 대비를 보여주지 않습니까? 웬일인지 하나님은 본문 다음 구절에서 말하고 있는 대로 자기 아들을 단지 **보내시기만** 한 것이 아니라 훨씬 더 친절하게, 훨씬 더 놀랍게, 훨씬 더 애처롭게 하나님은 자기 아들을 **주셨습니다.** 즉 자기 아들을 내어주셨습니다. 그래서 제물이 하나님의 독생자이셨기 때문에 제사가 더 고귀해졌습니다.

아, 사랑하는 형제 여러분, "하나님이 세상을 **사랑하셨다**"는 위대한 말씀 속에 담긴 모든 것을 철저히 규명하기를 두려워하지 맙시다. 주기를 기뻐하지 않는 사랑이란 없습니다. 어떤 형식이든지 자신의 것을 떼어 주기를 기뻐하지 않는 사랑이란 없습니다. 나는 바울이 "하나님이 자기 아들을" 주셨을 뿐 아니라 "우리 모든 사람을 위하여 죽음에 내어주셨다"고 말할 때, 그의 말을 지극히 복되고 놀라운 의미로 이해해야 한다고 생각합니다.

자, 여러분은 우리가 "이처럼"이라는 하찮은 단어의 위대함을 어느 정도 평가할 수 있다고 생각하지 않습니까? "하나님이 **이처럼** 사랑하셨습니다." 이처럼 깊게, 이처럼 신성하게, 이처럼 온전하게 사랑하셨습니다. 그래서 하나님이 "독생자를 주셨습니다." 하나님의 아들이라는 이 선물은, 말하자면 하나님의 사랑을 세상에 있는 모든 영혼에게 가져오는 강입니다.

그런데 이 위대한 본문의 중간 부분을 괄호 속에 넣고 싶어 하는 사람들이 무수히 많습니다. 그들은 말하기를, 우리가 본문의 처음 말과 마지막 말을 합치고, 그 사이에 있는 것은 전혀 신경 쓰지 않아도 된다고 합니다. 십자가의 교리를 좋아하지 않는 사람들은 "하나님이 세상을 이처럼 사랑하사 영생을 주셨고", 그리고 그것으로 끝이라고 말할 것입니다. "하나님이 있다면, 그리고 하나님이 세상을 사랑한다면, 왜 하나님이 손쉽게 세상을 구원할 수 없겠는가? 중간에 들어가는 구절들은 필요 없다. 하나님이 세상을 이처럼 사랑하셨으니, 사람은 누구나 천국에 갈 것이다." 이것이 여러분 가운데 아주 많은 사람들이 외치는 복음이고, 지혜롭고 학식 있는 수많은 사람들의 복음입니다. 그러나 그것은 요한의 복음은 아니고, 그리스도의 복음이 아닙니다. 본문의 처음과 끝을 구부려서 임시변통 식으로 서로 연결시킬 수 없습니다. 두 부분은 사슬을 가지고 연결해야 합니다. 그 사슬에는 두 개의 연결 고리가 있습니다. 즉 하나님께서 하나의 연결고리를 만드시고, 다른 하나는 우리가 만들어야 합니다. "하나님이 세상을 이처럼 사랑하사 주셨습니다." 이로써 하나님은 자기 일을 마치셨습니다. "믿는 자마다." 이것은 여러분의 할 일입니다. 여러분이 **여러분의** 연결 고리를 만들어 하나님의 것에 연결시키지 않는 한, 하나님께서 **하나님의** 연결

고리를 만드는 것이 소용이 없습니다. "하나님이 세상을 이처럼 사랑하사." 이것이 이 과정에서 첫 계단입니다. "하나님이 주셨으니." 이것이 두 번째 계단입니다. 그 다음에 "믿는 자마다"라는 말씀이 나오는데, 이것이 세 번째 계단입니다. 여러분이 네 번째 계단, 사실 이것은 계단이 아니라 착륙 장소인데, 이 자리에 이르기 전에 이 모든 계단이 필요합니다. "멸망하지 않고 영생을 얻게 하려 하심이니라."

3. 물주전자.

이제 내가 물주전자라고 부른, 마실 물을 담는 데 쓰는 도구를 다루게 되었습니다. "믿는 자마다." 여러분은 어쩌면 이렇게 말할지 모릅니다. "예. 나는 믿습니다. 나는 복음의 모든 말씀을 받아들입니다. 정말로 나는 예수 그리스도께서 죽으셨다는 것을 역사적 문제로 믿습니다. 예수께서 사람들의 죄를 위해 죽으셨다는 것을 정말 믿습니다." 그 다음에는 어떻게 됩니까? 그것이 예수 그리스도께서 행하신 바를 믿는 것입니까? 예수 그리스도께 관해 믿는 것은 예수 그리스도를 믿는 것이 아닙니다. 여러분이 그리스도를 믿지 않고서 그에게서 아무 유익도 얻지 못할 것입니다. 호수가 있습니다. 사람들이 강에서 물을 마시려면, 강이 숲속 개간지에 있는 오두막집 옆으로 흘러 지나가야 합니다. 그 강이 집 문 앞으로 미시시피 강처럼 넓게, 바다처럼 깊게 흘러갈 수 있습니다. 그러나 사람들이 기드온의 용사들처럼 손으로 물을 움켜 마시지 않으면, 목이 말라 죽을 것입니다. 사랑하는 형제 여러분, 여러분이 해야 할 일이 있습니다. 이 세상과 다음 세상에서 여러분의 구원과 평안, 기쁨, 고결함은 절대적으로 여기에 달려 있습니다. 즉 단순히 예수 그리스도를 의지하고, 여러분의 죄를 속하기 위한 그의 죽음을 믿는 것입니다.

때때로 나는 우리가 그동안 "믿음"이라는 단어를 들어본 적이 없었다면 좋았겠다고 생각합니다. 그것은 우리가 "믿음"에 관해 말하기 시작하자마자, 사람들은 일상생활에서 멀리 떨어진 어떤 신학적 영역에 들어가는 것으로 생각하기를 시작하기 때문입니다. 우리가 믿음을 일상적 일과 생각에 좀 더 가깝게 끌어오기 위해 종교적 문제에 쓰기 위해 신성하게 지켜온 단어인 "믿음"이라는 말을 사용하지 않고, "신뢰"라는 말을 쓴다고 생각해 봅시다. 그 단어는 여러분이 아내나 남편에게 쓰는 말이 아닙니까? 신뢰는 어떤 사람이 자기를 사랑하는 사람의 마음을 붙잡고 거기에 자신의 전체를 기대듯이, 여러분이 순전히 예수 그리스도를 붙잡기 위해 그에게 드려야 하는 바로 그것입니다. 예수 그리스도를 단단히 의지하고, 그를 굳게 붙잡으십시오. 혹은 구약에서 신뢰를 표시하는 다른 은유를 사용하자면, 그리스도께로 "피하십시오"(시 143:9). 어떤 사람의 뒤를 피의 보수자가 쫓아오고 있다고 생각해 보십시오. 쫓는 사람의 창이 그의 등을 거의 찌를 지경에 이르렀습니다. 그 사람이 전속력으로 도피성으로 뛰어들 것이라고 생각지 않으십니까? 그것이 바로 여러분이 해야 할 일입니다. 믿고서, 자기를 떠받치는 손을 신뢰로써 붙잡는 사람은 결코 넘어지지 않을 것입니다. 그 손을 붙잡지 않는 사람은 올라가는 것은 말할 것도 없고 서 있지도 못할 것입니다. 이렇게 두 개의 연결 고리에 의해서 세상에 대한 하나님의 사랑이 세상의 구원과 연결됩니다.

4. 한 모금.

끝으로, 여기서 우리는 생수 한 모금을 봅니다. 여러분은 왜 본문이 "멸망하지 않고"라는 말을 먼저 이야기하고 있는지를 생각해 본 적이 있습니까? 그것은 그리스도를 신뢰하지 않는 한 우리가 반드시 망할 것이기 때문이고, 그러므로 우리가 "영생"을 얻을 수 있으려면 먼저 틀림없이 멸망 받는 일을 피해야 하기 때문이지 않겠습니까?

나는 지금 "멸망"이라는 말과 "영생"이라는 엄숙한 이 두 표현을 자세히 설명할 생각은 없습니다. 다만 이 점을 말씀드립니다. 즉 사람들이 "멸망하기 위해서" 죽을 때까지 기다릴 필요가 없다는 것입니다. 지금 여기 계시는 분들 가운데 죽어 있는 사람들이 있습니다. 그분들은 살았다고 하지만 죽은 사람들입니다. 그들이 죽게 될 때, 멸망 곧 유죄 선고이자 파멸인 멸망에 이르면, 오늘 사실인 것을 또 다른 조건의 생활에서 보게 되는 것일 뿐입니다. 사랑하는 형제 여러분, 여러분은 죽어서 죄 가운데 멸망하지 않아도 됩니다. 감사하게도 여러분은 죽기 전에 영생을 얻을 수 있습니다. 여러분은 바로 지금 영생을 가질 수 있습니다. 영생을 얻는 방법이 딱 한 가지 있습니다. 그것은 생명이신 분을 붙잡는 것입니다. 여러분이 예수 그리스도를 신뢰할 때 확실히 그분을 모실 수 있는데, 마음에 예수 그리스도를 모신다면, 영생을 얻을 것입니다. 지금 여기서 영원한 생명을 얻을 것입니다. 죽음은 여러분이 이 땅에 살아 있는 동안에 소유했던 영생을 나타내고, 우리가 아직은 전혀 알고 있지 못한 형태로 그 생명을 온전케 할뿐입니다.

내가 지금까지 여러분에게 설명하려고 했듯이, 본문을 통해 나타나는 순서만을 기억하시기 바랍니다. 이 마지막 말씀들의 순서를 기억하십시오. 즉 우리는 무엇보다 먼저 영원하고 완전한 죽음에서 구원받은 후에야 절대적인 영원한 생명을 받을 수 있다는 것입니다.

자, 사랑하는 형제 여러분, 아마도 나는 전에 여러분 가운데 대다수의 사람들에게 한 번도 이 점을 말한 적이 없었을 것입니다. 그리고 앞으로 여러분 가운데 어느 누구에게도 다시 말하지 않을 것 같습니다. 지금까지 나는 하나님께 영혼들을 구주께 끌고 오도록 말할 수 있게 도와달라고 구해왔습니다. 이제 마지막으로 여러분에게 권합니다. 내 말을 들으려고 하지 말고 그리스도의 말씀을 들으려고 하십시오. "하나님이 이처럼 세상을 사랑하사 독생자를 주셨으니 이는 그를 믿는 자마다 멸망하지 않고 영생을 얻게 하려 하심이라"고 우리에게 말씀하시는 분이 바로 그리스도이시기 때문입니다. "믿는 자마다." 이것은 백지 수표와 같아서 거기에 여러분의 이름을 쓸 수 있습니다. 그러면 지금 여기서 멸망하지 않고 영생을 얻을 수 있습니다.

21
피곤하신 그리스도

"예수께서 길 가시다가 피곤하여 우물 곁에 그대로 앉으시니 … "
"이르시되 내게는 너희가 알지 못하는 먹을 양식이 있느니라"
요 4:6, 32

이 두 구절에서 두 가지 그림이 나옵니다. 두 그림 각각이 그 자체로 인상적일 뿐만 아니라 대비를 통해서 보다 강조되는 바가 있습니다. 더운 날 긴 여행을 한 끝에 지친 도보 여행자들 무리가 비옥한 골짜기로 접어들었습니다. 그곳에서 제자들이 멸시받는 동네 사람들에게서 할 수는 대로 음식을 조금 사려고 작은 산지 마을로 들어간 사이에, 제자들과 함께 오느라 틀림없이 너무 지치셨을 예수께서 "우물 곁에 그대로 앉으셨습니다." 그대로라는 이 사소한 단어는 영어로 표현하기 어려운 뜻을 지닌 것 같습니다. 이 단어는 몹시 지쳐있다는 생각을 부각시키기 위해 사용된 것이 분명합니다. 이는 "피곤하다"는 단어가 마음에 떠오르자 "그같이 피곤하게 우물 곁에 앉으셨기" 때문입니다. 혹은 이 단어는 우리가 "예수께서 계신 그 자리에"라는 말로 표현할 수 있는 개념을 전달하기 때문입니다. 마치 지친 사람이 사전에 아무런 준비 없이, 자기가 앉는 곳이 어디인지 전혀 신경 쓰지 않고 어디든지, 아무렇게나 풀썩 주저앉는 것과 같습니다.

이렇게 완전히 지치신 예수 그리스도께서 우물 곁에 앉아 계시고, 서쪽으로 기우는 해가 평지에 그림자를 길게 드리우고 있습니다. 제자들이 돌아와 보니 놀라운 변화가 일어났습니다. 굶주림이 사라졌고, 지친 모습도 보이지 않았습니다. 방금 전까지도 몹시 지쳐 보이던 주님께 새로운 활력을 찾으셨습니다. 무엇이 그런 차이를 만들어냈습니까? 그것은 사마리아 여인의 회개와 기쁨이었습니다. 예수께서는 "내게는 너희가 알지 못하는 먹을 양식이 있느니라"고, 즉 숨은 만나가 있다고 말씀하심으로써 자신이 원기를 회복한 비결을 밝히십니다.

우리가 여기서 세 가지 점을 본다면, 이 분명한 대조가 가르치는 교훈을 얻을 수 있을 것이라고 생각합니다. 그러면 피곤하신 그리스도, 헌신적 그리스도, 원기를 회복하신 그리스도를 살펴보도록 합시다.

1. 피곤하신 그리스도.

우리 주님의 분명한 신성과 그리스도 안에 있는 영광에 관한 지극히 고귀한 사실들을 담고 있는 이 복음서가 언제나 사람으로서 명백한 한계들과 연약함을 세심하게 강조하고 있다는 사실이 우리에게는 얼마나 귀한지 모릅니다. 요한은 모든 복음이 응축되어 있는, "말씀이 육신이 되었다"는 그의 위대한 진술을 결코 잊지 않습니다. 그는 항상 우리에게 "말씀"을 보여주고 또 항상 "육신"을 보여줍니다. 그래서 십자가에서 하신 말씀으로 "내가 목마르다"(요 19:28)는 말을 기록하고 있는 복음서 기자는 요한뿐입니다. 예수 그리스도께서 단지 편하게 대화를 시작하기 위해서나 편견을 없애기 위해서만이 아니라 자기에게 필요한 것을 얻기 위해 사마리아여 여인에게 "물을 좀 달라"고 말씀하신 사실을 기록하는 사람도 요한입니다. 그래서 주님의 피곤한 모습은 우리에게 다음과 같은 사실을 애처롭게 증거합니다. 즉 주님은 단지 인성을 그림자처럼 희미하게 취하신 것이 아니라 우리의 한계와 연약함을 분명하게 취하셨고, 그래서 주님 안에 "피곤하지 않으시며 곤비하지 않으시는"(사 40:28) 신성의 영광이 분명하게 거하셨음에도 불구하고 일하는 것이 주님께 피곤한 것이었음을 증거합니다.

이 감동적 사건은 우리에게 더 굳건한 믿음을 가르치고, 예수 그리스도의 인성의 실재를 더 감동적이고 더 친밀하게 이해하도록 가르칠 뿐만 아

니라, 그리스도의 사랑을 불완전하지만 어느 정도 전달하고, 그리스도의
능력의 한 가지 조건을 계시하기도 합니다. 아, 그리스도께서 그 자신이
피곤함을 알지 못하셨다면, "수고하고 무거운 짐 진 자들아 다 내게로 오
라 내가 너희를 쉬게 하리라"(마 11:28)는 말씀을 결코 하시지 못하였을 것
입니다. 주님께서 "피곤한 자에게는 능력을 주시며 무능한 자에게는 힘을
더하시는"(사 40:29) 것은 주께서 친히 "우리의 연약한 것을 담당하셨고"
(마 8:17), 그 연약함 가운데 지친 근육과 힘이 소진된 체력의 연약을 담당
하셨기 때문입니다. 창조주께서 피조물의 연약함을 가질 필요가 없습니
다. 모든 피조물을 그 이름대로 부르시는 것은 하나님의 지칠 줄 모르는
능력임이 틀림없습니다. 하나님은 권능이 크시기 때문에 하나님의 손으로
지은 피조물 가운데 "어느 하나도 떨어질 수 없습니다." 그러나 구속자께
서는 자기가 구속하는 대상에 참여해야 합니다. 그리고 그리스도의 능력
이 "우리의 약한 데서 온전하여진다"(고후 12:9)는 조건 때문에 우리의 약
함이 그리스도의 영광스런 능력에 그림자를 드리울 것입니다. 갈보리에
이르기 오래 전에, 그리스도께서 인간의 수욕과 고난과 슬픔을 맛보셨다
는 점에서 그리스도의 사랑의 정도를 볼 수 있습니다. "자녀들이 혈과 육
에 속하였기" 때문에 "그도 또한 같은 모양을 지니셨는데"(히 2:14), 이는
그리스도께서 "죽음을 통하여" 죽음으로부터 구원하실 뿐만 아니라 인생
의 악과 슬픔으로부터 생명으로 구속하려고 하신 것이라는 점에서 그리스
도의 능력의 조건을 볼 수 있습니다.

　야곱의 우물에 기대어 계시는 이 피곤한 인물은 우리에게 단지 그가 어
떤 존재이셨다는 것을 전하시기만 하는 것이 아닙니다. 그리스도께서 능
력의 한계치까지 일을 하셨다면, 즉 노고가 따른다고 해서 봉사하는 일을
그만 두시지 않았다면, 스스로 예수 그리스도의 제자라고 하면서 자기들
은 봉사를 하면 피곤해진다는 점을 들어 일체의 봉사에서 면제된다고 생
각하는 사람들에 대해서 어떻게 생각해야 하겠습니까? 주님의 뒤를 따른
다고 말하면서, 위안거리와 잠시의 여가, 신나는 즐거움을 조금이라도 포
기하거나 자기들을 위해 모든 것을 견디신 주님을 위해 희생과 자기 부인

의 행동, 고통스런 피곤을 맞닥트리는 것이 무엇인지 전혀 모르는 사람들에 대해서 어떻게 생각해야 합니까? 피곤한 그리스도께서는 자신의 인성을 분명하게 나타내고, 자신의 신성과 사랑을 밝히시며, 먼지를 일으키거나 열이 나는 일이 없이 행할 수 있는 조건에서만 "주의 명령하시는 길로 행하는 데" 동의하는 우리를 책망하십니다. 땀이 나거나 머리칼을 휘날리는 일이 없이 목표에 도달할 수 있다는 조건에서만 앞에 있는 경주를 달릴 준비가 되어 있는 우리를 책망하십니다. "예수께서 길 가시다가 피곤하여 우물 곁에 그대로 앉으시니."

2. 그 다음에 여기서 헌신적 그리스도를 살펴봅시다.

주님께서는 자신의 길을 추진해 가는 동기에 관한 한, 주님의 마음의 가장 깊은 내면을 우리가 잠시라도 보게 하시는 일이 많지 않습니다. 그런데 여기서 우리는 주님의 그 마음을 훤히 보게 됩니다. "나의 양식은 나를 보내신 이의 뜻을 행하며 그 일을 온전히 이루는 이것이니라."

내가 여러분에게 주의해서 보라고 하는 것은 단지 문법적 어떤 규칙이 아닙니다. 우리가 살펴볼 것은, 원문의 언어는 그리스도의 생활의 목적이 아버지 하나님의 뜻을 행하는 것이라는 사상을 두드러지게 나타내 보이도록 구성되어 있다는 것이며, 또 우리 주님께서 가리키시는 것은 그 목적의 실제적 이행과 실현이라기보다는 목적 자체라는 것입니다. 그 말을 문자적으로 해석하자면 이렇게 말할 수 있을 것입니다. "나의 양식은 나를 보내신 이의 뜻을 행하고 그의 일을 마치도록 하는 것이다." 말하자면, 그리스도는 자신의 자양과 원기 회복을 아버지의 명령을 이루는 데서 찾았고, 아버지의 명령을 이루는 것이 그의 지속적 추진 동기와 계속적으로 추구하는 목표였다는 것입니다. 이 표현은 우리에게 그리스도의 속 마음을 알게 하는 데 결과적으로 나타난 아름답고 거룩한 행동들보다는 그리스도의 마음을 가득 채우고 있는 한 가지 동기를 다룹니다.

형제 여러분, 우리 생활이 조금이라도 가치 있고 고귀한 것이 되려면, 우리 생활의 비밀도 그와 같은 것을 의식하는 것이 되어야 합니다. 즉 우리에게 사명이 있을 뿐만 아니라 또한 보내신 분이 있다는 것을 인식해야 합니다. 그것은 우리 위치에 대한 전혀 다른 견해입니다. 보내시는 분은 사랑하는 그 아들 안에서 우리에게 말씀하신 사랑하시는 아버지 하나님이십니다. 아들이신 그리스도께서는 우리가 주님의 목소리를 울려 내고 주님의 목적을 그대로 따를 수 있도록 하기 위해 친히 이같이 하나님께 순종하는 것을 생활의 목적으로 삼으셨습니다. 보내신 분에 대한 의식, 우리의 뜻을 하나님의 뜻에 절대적으로 복종시키는 것, 이것이 일생을 통해 내내 지속되어야 합니다. 여러분의 일상의 일이 무엇이든지 그 일을 할 수 있습니다. "주의 뜻이 이루어지이다"라는 것을 표어로 삼고 일할 수 있습니다. 장사나 직업을 이렇게 볼 수 있고, 일상적 일의 하찮고 단조로운 것들을 이 위대한 사상의 변화시키는 빛 안에서 볼 수 있는 사람들은 삶이 시시하고 천하며 피곤하고 무의미하다는 불평을 할 필요가 없을 것입니다. 햇빛이 쪼이는 맑은 시내에 있는 조약돌처럼, 그들을 담그고 있는 물은 그들을 아름답게 하고 더 크게 보이게 합니다. 그 조약돌을 꺼내보면, 그것은 뭉툭한 돌들에 불과합니다. 햇빛이 비치는 물결 아래 있을 때, 조약돌은 보석이 됩니다. 여러분 생활의 평범함과 생활의 모든 하찮은 것들을 위대한 그 시내 속에 던져보십시오. 그러면 그 시내가 지극히 하찮고 평범한 것들을 돋보이게 하고 아름답게 만들 것입니다. 하나님의 뜻에 절대적으로 순종하고, 하나님의 뜻 행하는 것을 항상 감격스러워 한 것이 그리스도의 삶의 비결이었고, 우리 생활의 비결이 되어야 합니다.

뜻을 행하는 것과 일을 완수하는 것을 구별한다는 점에 주의하시기 바랍니다. 이 사실은 예수 그리스도께서 아버지 하나님의 뜻으로 나타난 것들을 하나씩 이어서 순종하는 가운데 아직 마치지 않은 일을 하기 위해 계속 앞으로 나가셨다는 것을 의미합니다. 하나님의 뜻에서 나온 각각의 명령들을 순간 순간 계속해서 이루어간다는 조건을 떠나서는 그 일을 완수하거나 마치지 못할 것입니다. 주님의 종들로서 볼 때, 이것은 주께서 "푯대를 향하여"(빌 3:14) 나가신 순종의 태도였고, 또 개별적 순종의 행동들에 의해서 마침내 전체 "일"을 온전하게 성취해서 주님께서 십자가에서 확

실히 "다 이루었다"고 말씀하실 수 있도록 한 순종의 태도였습니다. 우리
가 조금이라도 자신을 주님의 것이라고 부를 수 있는 권리가 있다면, 우리
도 역시 그와 같이 살아야 합니다.

3. 끝으로, 원기를 회복하신 그리스도를 살펴봅시다.

　나는 두 그림, 곧 이 사건의 시작과 끝 사이의 유쾌한 대비를 이미 지적
한 바 있습니다. 그래서 그 점에 대해서는 길게 논하지 않겠습니다. 제자
들은 자기들이 주님께 가져 온 소박한 음식을 그리스도께서 전혀 바라지
도 필요로 하시지도 않는 것을 보았을 때 놀랐습니다. 그리스도께서 "내게
는 너희가 알지 못하는 먹을 양식이 있느니라"는 말씀으로 제자들의 호기
심을 채워주시기 보다는 그들의 동정에 대해 답변하셨는데, 이는 그들이
예수님께 아무 질문도 하지 않고, 다만 "랍비여 잡수소서"라고만 말했기
때문입니다. 주께서 그렇게 답변하시자, 제자들은 그 말씀을 잘 이해를 못
하고 누군가가 주님께 어떤 것을 갖다 드렸다고 어정쩡하게 생각할 수밖
에 없었습니다. 이렇게 해서 제자들은 지금까지 언급해온 그 중대한 말씀
을 들을 기회를 만들었습니다.

　그러나 그리스도께서 여기서 하나님의 뜻에 순종하고 하나님의 일을 성
취하려는 고귀한 목적을 영혼의 양식으로 말씀하시는 점에 주의할 필요가
있습니다. 그것이 우리 모두에게도 참된 양식입니다. 그런 양식을 먹는 영
혼은 자라고 살지게 될 것입니다. 종종 맛은 별로 없지만 건강에 좋은 순
종이라는 소박한 갈색 빵을 먹지 않고 자신의 뜻과 공상을 먹는 영혼은 입
에 서걱서걱 씹히고 입천장을 상하게 하는 재를 먹고 살게 될 것입니다.
그런 영혼은 때때로 "탁아소"에서 보는, 너무 굶주려서 자라지 못해 정상
키의 절반 밖에 되지 않는 비참한 어린애들같이 될 것입니다. 여러분의 영
혼이 힘 있고 강건하며 살지게 하기를 원한다면, 순종으로 살도록 하고,
하나님의 뜻을 영혼의 양식으로 삼으십시오. 그러면 모든 것이 잘 될 것입
니다.

　이런 양식을 먹는 사람들은 다른 사람들이 필요로 하는 많은 것들이 없

이도 잘 지낼 수가 있습니다. 물론 어떤 것에 대한 열심은 지극히 보잘것 없는 형태라 할지라도 사람을 물질적 궁핍과 저급한 욕망을 넘어서도록 고양시키는 면이 있습니다. 행군을 해야 하는 군대나 기록을 경신하려고 하는 운동선수는 비록 보잘것없고 천한 목적일지라도 자기 목적을 달성할 때까지는 음식이나 휴식, 수면도 잊은 채 계속해서 힘차게 걸어갈 것입니다. 삶의 모든 영역에서, 열심과 고귀한 목적은 영혼이 육체와 세상을 지배하도록 만듭니다.

그리스도인의 생활에서 우리는 하나님의 뜻을 행하려고 하는 마음의 진실과 열심의 정도만큼 육체와 세상을 지배하게 될 것입니다. 이런 양식을 먹는 사람들은 "즐거움을 주는 것들을 멸시하고 수고로운 인생을 살" 수 있는 여유가 있습니다. 이같은 양식을 먹는 사람들은 고귀한 생각뿐 아니라 고귀한 추진력이 있다면 간소한 생활을 감내할 수 있습니다. 나는 오늘날 그리스도인이라고 하는 사람들 가운데 점점 더 보편화되고 있는 사치스런 생활방식만큼 그리스도인 생활의 특징이 되어야 하는 뜨거운 순종을 소멸하는 것은 없다고 생각합니다.

우리가 바벨론의 온갖 포도주와 진미보다 콩과 물을 먹었을 때 그 얼굴이 빛나고 몸도 더 튼튼해진 유대인 소년들에 관한 오래된 이야기를 읽는 것이 무익하지 않습니다. "네가 만일 음식을 탐하는 자이거든 네 목에 칼을 둘 것이니라"(잠 23:2). 우리가 외적 물건을 적게 사용하면 할수록 그만큼 더 외적 물건의 필요를 적게 느낄 것이고, 거룩한 욕구와 고귀한 목적이 마음에 머무는 상태에 그만큼 더 가까이 다가간다는 점을 기억합시다.

형제 여러분, 나는 여러분이 본문의 이야기를 생각할 때 거기에서 끌어낼 수 있는 더 고상하고 영적 교훈을 볼 뿐 아니라 아주 문자적으로 그 이야기를 적용하기를 바랍니다. 그리스도께 가까이 가는 것, 그리스도를 위하여 사는 것이 세상적인 것들을 의지하는 데서 우리를 구원하여 줍니다. 이렇게 사는 사람들에게서 "의인의 적은 소유가 악인의 풍부함보다 낫도다"(시 37:16)는 옛 말씀이 성취될 것입니다.

22

물 좀 달라

"예수께서 물을 좀 달라 하시니 …"
"예수께서 이르시되 네게 말하는 내가 그라 하시니라"
요 4:7, 26

요한복음 기자는 주님께서 니고데모와 나눈 대화를 사마리아 여자와 나눈 대화와 나란히 놓고 있는데, 이는 아주 의미심장한 일입니다. 이두 인물은 전혀 다른 사람들입니다. 한 사람은 명성과 영향력이 있고, 당시 상류 사회 사람들이 가지고 있는 폭넓은 신학 지식이 있는 사람입니다. 다른 한 사람은 따돌림을 받는 여자였는데, 한낮의 더위에도 불구하고 물을 긷는 천한 일을 해야 했던 것을 보면 가난하고 평판이 별로 좋지 않은 사람이었습니다.

사람의 차이는 필연적으로 주님께서 각 사람에게 이야기하는 형태에 큰 차이를 가져옵니다. 그러나 상이한 점 못지않게 비슷한 점도 두드러집니다. 이 두 이야기 모두에서 우리는 주님께서 감수성이 예민한 영혼에게 진리를 점차로 드러내시는 방법을 봅니다. 즉 처음에는 상징과 암시로 시작하지만 점차로 암시를 확대하고 상징을 해석하시다가 마침내 자신을 주시는 분이자 선물 자체이심을 드러내시는 것입니다. 비슷한 점이 또 한 가지 있습니다. 두 이야기에서 다 같이 말하는 독특한 선물은 생명의 성령이고, 아마도 두 이야기에 나오는 상징도 같을 것입니다. 왜냐하면 한 이야기에서는 "물과 성령"에 대해서 읽고, 다른 이야기에서는 속에서 영생하도록 솟아나는 샘물에 대해서 읽기 때문입니다. 어떻든 간에, 이 두 경우에서 가르치는 과정이 형태는 매우 다르지만, 실질적으로는 거의 동일합니다.

오늘 본문으로 삼은 주님의 말씀은 이 대화에서 처음 발언과 마지막 발언입니다. 이 두 말씀 사이에는 참으로 큰 간격이 있습니다! 이 두 말씀은 중간에 삽입된 말씀에 의해 서로 연결되며, 이 말씀에 의해 커다란 사다리를 형성하는데, 이 사다리의 밑 부분은 땅에 굳게 서 있고 꼭대기는 하늘에 고정되어 있습니다. 한편으로 주님은 가장 낮은 수준의 필수품을 소유하면서, 다른 한편으로 지극히 높은 주장을 하십니다. 두 이야기를 나란히 배치한 주목할 만한 이 사실을 생각하고, 그 안에 분명히 담긴 교훈들을 헤아려 봅시다.

1. 첫째, 우리는 여기서 신세를 지는 그리스도의 신비를 봅니다.

"물을 좀 달라." "내가 그라." 잠시 이 여인의 눈으로 이 사실을 보도록 합시다. 이 여인은 산중턱 절벽들 위에 세워진 작은 동네에서 내려오는데, 높은 산꼭대기에서 비치는 햇빛을 받아 땀투성이가 되어 좁고 뜨거운 골짜기를 지나 내려옵니다. 그녀는 오래된 우물 주변에 자란 싱싱한 풀밭에 여행으로 지치고, 완전히 기진맥진해 보이는 한 유대인이 앉아 있는 것을 봅니다. 주님의 제자들이 음식을 사러갔고 주님은 너무 피곤해서 제자들과 함께 가지 못했기 때문입니다. 그는 우물을 들여다보지만 보화와 같은 시원한 물을 퍼 마실 국자나 그릇이 없었습니다. 그리스도의 요청을 단지 이 여인과 대화를 시작하는 방식으로, 즉 "말을 트는 방식"으로만 본다면 그 요청의 의미를 많이 놓칩니다. 그리스도의 요청은 말문을 열기 위한 방식보다 훨씬 더 많은 것을 의미하였습니다. 그것은 고통스럽게 느끼는 절실한 필요를 표현하는 발언이었습니다. 그 필요는 주님께서 자식으로서 하나님을 의지하고 있는 관계를 깨트리지 않고는 채울 수 없는 것이었습니다. 주님은 그 샘에서 물이 흘러나오게 하실 수 있었습니다. 주님은 제자들이 음식을 사러 갈 때 생각 없이 가져가버린 물주전자가 반드시 필요하지 않았습니다. 그 여인에게 물 좀 달라고 부탁할 필요도 없었지만, 그렇게 하기로 마음먹으신 것입니다. 우리가 이 사건에서 이 여인이 본 것 이상을 보지 못한다면 많은 것을 놓치는 것입니다. 그러나 그 여인이 본 것을 보지 못한다면 훨씬 더 많은 것을 놓치는 것입니다. 주님께서 그 여자에게 건넨 말씀은 단지 종교적 문제에 대한 대화를 시작하는 방법이 아닙니다. 주님은 절실히 필요했지만 달리는 얻을 방법이 없었던 물 한 모금을 구하신 것입니다.

그 다음에 여기서 주님이 우리 연약한 인성의 두드러진 두 가지 특징, 곧 신체적 필요를 느끼신다는 점과 친절한 도움에 의존하여 그 필요를 해결하신다는 점이 우리 앞에 감동적으로 나타납니다. 우리는 주님께서 피곤하고 배고프며 목말라 하시며, 때로는 꾸벅꾸벅 조시는 것을 봅니다. 그래서 이 모든 예들은 주님께서 우리와 같은 참 사람이셨고, 우리처럼 "자기를 섬긴 여자"(마 27:55)에게 의지하여 필요한 것들을 공급받으셨고, 그래서 사회적으로 도움을 받지 않으면 무력한 인성의 한계들을 아셨다는 사실을 보여주는 기록이자 증거들입니다.

그런데 피곤하고 목마른 어떤 사람이 그리 중요한 것이 아닙니다. 여기 계신 분은 **스스로 낮추어** 피곤하고 목이 마르게 되셨습니다. 이 복음서의 요지, 곧 이 복음서의 모든 보화를 열며, 모든 면에서 이 책 전체를 들어서 상세히 설명하는 한 가지 사상은 "말씀이 육신이 되었다"는 것입니다. 본문의 마지막 말씀, 곧 "네게 말하는 내가 그니라"는 말씀에 비추어 볼 때에만, 정말로 여러분이 "물 좀 달라"는 처음 말씀에 들어 있는 애처로움, 숭고함, 깊고 복된 의미를 알게 됩니다. 주께서 스스로 차꼬를 차기 위해 고개를 숙이고 손을 내미셨다는 것을 알 때, 우리는 주님의 인성을 보여주는 이런 흔적들의 의미를 이해하게 됩니다. 그 여자는 놀라서 이렇게 말합니다. "당신은 유대인으로서 어찌하여 사마리아 여자인 나에게 물을 달라 하나이까?" 그것은 놀라운 일이었습니다. 그러나 유대인의 한 사람처럼 보이는 이분이 누구신지 더 분명히 알았다면, 예수께서 자기에게 넌지시 말씀하실 때, 그 마음속에 더 깊은 놀라움이 서서히 일어났을 것입니다.

그 놀라운 사실은 영원하신 말씀이 우물물을 필요로 하시고, 보잘것없는 한 인간 피조물에게 물을 달라고 한다는 것입니다.

왜 이런 수욕을 당하시는 것입니까? 앞에서 말했듯이 주님은 기적을 일으키실 수 있었습니다. 보리떡 다섯 개로 오천 명을 먹이셨고, 시골 혼인 잔치에서 물로 포도주를 만드신 분께서 기적적 능력을 사용하시기로 마음 먹으셨다면 조금도 어렵지 않게 갈증을 푸셨을 것입니다. 그러나 주님은 여기서 우리에게 아버지 하나님에 대한 의존적 관계를 포기하기보다는 차라리 죽으시겠다는 자식으로서의 태도를 보여 주십니다. 그리고 주님이 광야에서 시험을 받을 때 "사람이 떡으로만 살 것이 아니요 하나님의 입으로부터 나오는 모든 말씀으로 살 것이라"(마 4:4)는 숭고한 확신으로 답변하도록 만든 바로 그 동기 때문에, 주님은 여기서 절실히 필요한 물 한 모금을 얻는 일을 위해 따돌림 받는 한 사람의 연민과 여인의 순간적 동정심에 호소하는 것 말고 다른 수단을 사용하시지 않습니다.

이렇게 인간의 한계와 약함을 기꺼이 수용하시는 그 동기는 결국 우리에 대한 주님의 사랑이라는 점을 기억하도록 합시다. 중세 찬송가도 "너희 피곤한 자여 나를 찾으라"고 하여 그 사랑을 표현하고 있습니다.

피곤하고 완전히 지쳐 있고, 목이 말라 낯선 사람에게 물 한 모금을 구하는 그 외로운 여행자에게 "은혜와 진리가 충만한 아버지의 영광"이 나타납니다. 이것은 하나님의 영광이 참으로 기이하게 나타나는 모습입니다! 우리가 하나님의 영광이 스스로 드러나는 하나님의 사랑의 찬란한 빛이라는 것을 이해한다면, 아마도 "물 좀 달라"는, 약하지만 간절함이 담긴 목소리에서 어떻게 바위투성이의 시내산 꼭대기에서 우르르 울렸던 천둥소리보다 더 크게 하나님의 영광이 울리는지 알 것입니다. 형제 여러분, 갈증으로 바싹 마른 그 입에서 나온, 낮고 약한 그 목소리가 바다를 향하여 "잠잠하라 고요하라"(마 4:39)고 말씀하시자 바다가 조용해졌던 목소리라는 것을 생각하면 기이합니다. 귀신들에게 "그 사람에게서 나오라"(눅 4:35)고 말씀하시자 귀들이 자기 요새를 떠났고, 무덤 속에 있는 나사로에게 명령하시자 나사로가 나왔으며, 어느 날 무덤 속에 있는 모든 자들이 듣고서 순종하여 무덤에서 나오게 할 그 목소리라는 것을 생각하면 기이하기 짝이 없습니다. "물 좀 달라." "네게 말하는 내가 그라."

2. 둘째 우리는 여기서 그 신성이 저절로 나타나는 그리스도를 볼 수 있습니다.

그리스도께서 이 여인(처음에는 아주 세속적이고 영적으로 둔감하게 보였음)에게 자신의 신분을 점차로 온전히 드러내는 과정은 흥미롭고 교훈적입니다. 이 과정을 여러분에게 자세히 설명하자면 너무 시간이 많이 걸려서 아주 개략적으로만 말씀드릴 수밖에 없습니다. 본문으로 잡은 이 두 말씀 사이의 독특한 상이점을 생각할 때, 한 말씀이 점차 다른 말씀으로 변화되는 것을 보는 것은 흥미롭습니다. 무엇보다 예수 그리스도께서는 손가락 하나를 펴서 이 여인에게 그 앞에 있는 선물을 힐끗 한 번 보도록 하시고, 이 여인이 아직까지 꿈에도 생각지 못한 주님의 인격과 본성에 있는 신비한 깊이를 넌지시 알리십니다. 이렇게 함으로써 그 여인의 마음속에 그 선물을 갖고자 하는 욕구를 일으키려는 것이고, 여인이 그 선물을 알면 더 놀라서 이 두 사람의 역할이 뒤바뀔 것입니다. 그녀 자신이 들은 말씀 이상의 것을 주님이 의미하셨다는 것을 잘 모르고, 주님께 "물 길을 그릇도 없고 이 우물은 깊다"는 점에서 길을 가로막고 있는 분명한 신체적 곤경을 들먹이며, 주님이 마실 물뿐만 아니라 우물을 준 조상 야곱보다 큰지 묻는 이 여인에게 우리 주님은 이렇게 답변하십니다. 주님께서는 그 선물의 성격에 대해 조금밖에 말씀하시지 않지만 여인의 시야를 넓혀서 선물의 복됨을 보게 하십니다. 그 선물의 복됨은 주님께서 주실 물은 채워지지 않는 욕망이 계속해서 고통으로 느껴지지 않도록 영원히 만족시키는 원천이 될 것이라는 사실과, 그 선물은 샘처럼 힘있게 솟아오르는 내적 소유가 되고, 그 속에서 일어나 영생에 이르는 생명이 될 것이라는 사실로부터만 추론할 수 있는 것입니다. 그 다음에, 주님은 양심을 공격하고 회개를 요구하며 자신을 마음의 비밀을 아는 분으로 계시하십니다. 그러고 나서, 영적 예배의 중요한 진리들을 밝히십니다. 마지막으로, 주님은 변장한 왕자처럼 앞의 대화에서 한두 겹 접어 올렸던 외투를 던져버리고 자신을 명백히 밝히십니다. "네게 말하는 내가 그라." 말하자면 소망에 불을 붙임, 완전히 만족시키는 선물을 제공함, 양심을 일깨움, 영과 진리로 예배해야 하는 하나님 아버지를 계시함, 모든 사람의 갈증을 풀어줄 선물을 주시는 분으로서 마침내 자신의 인격과 직무를 온전히 밝히심, 이런 것이 그리스도의 자기 계시의 단계들입니다.

그 다음에는, 그녀에 대한 주님의 계시 과정뿐만 아니라 또한 그 내용에도 주의하기 바랍니다. 이 여인은 메시야의 직무에 대해서 유대인들이 가졌던 것보다 훨씬 더 영적이고 고귀한 개념을 가지고 있었습니다. 이교도들이 진리의 어떤 부분들에 대해서 정통파 신자들이 도달하는 것보다 더 높은 이념에 도달한 경우가 이것이 처음이 아닙니다. 유대인에게 메시야는 그들이 적의 목에 올라타 그들이 받은 박해와 압제를 되돌려 주도록 도울, 정복하는 왕이었습니다. 그런데 이 사마리아 여자에게 메시야는, 말하자면 자기의 살아온 이야기를 아는 분, 즉 "모든 것을 우리에게 **알려 줄**" 분이었습니다.

예수 그리스도께서는 그녀의 입장을 받아들여 그녀의 기대를 지지하시면서, 사실상 자신을 그녀와 우리 앞의 영적 문제들에 관한 확신과 지식의 원천으로 나타내십니다. 우리가 하나님과 사람에 관해 그리고 그 상호관계에 관해서 알 수 있거나 알 필요가 있는 모든 것에 대해, 또 인간에 관해 곧 인간의 이상과 의미와 가능성과 운명에 관해 우리가 알 수 있거나 알 필요가 있는 모든 것에 관해, 그리고 사람들 서로의 관계에 관해 알 필요가 있는 모든 것에 대해 알려면, 우리는 예수 그리스도, 곧 "모든 것을 우리에게 알려 주시는" 메시야에게로 가야 합니다. 예수 그리스도는 빛의 근원이십니다. 확실성의 원천이십니다. 가설과 가능성, 추측, 꿈들을 찾지 않고 신뢰할 만한 지식의 견고한 내용을 찾는 사람은 그리스도를 붙잡아야 하고, 주님의 말씀과 주님의 활동들을 필요한 양식보다 귀중하게 여겨야 합니다.

주님은 니고데모의 생각들을 다루셨듯이 이 여인의 생각도 다루십니다. 주님은 니고데모에게 자신이 하나님의 아들임을 드러내셨고, 하늘로부터 내려왔고, 하늘에 있으며 하늘로 올라가는 인자임을 나타내셨습니다. 이 여인에게는 모든 진리를 우리에게 말씀하시는 메시야로 자신을 계시하시며, 이 두 사람에게 더 나은 생명을 전하고 유지하며 새롭게 하는 선물을 주시는 분으로 계시하십니다. 그런데 나는 우리 주님께서 여기서 사용하시는 아름답고 중요한 남다른 명칭, 곧 "네게 말하는 나"라는 명칭을 잠깐 생각해 보지 않을 수 없습니다. 우리 성경에서 "말하는"(speak)이라고 번역하고 있는 단어가 원문에서는 더 친밀한 용어로 쓰였기 때문에 훨씬 더 친절한 표현이고, 그래서 아주 자유롭고 솔직한 교제의 개념을 전달합니다. 어쩌면 우리는 이 명칭을 "너와 얘기하고 있는(talking with thee) 나"라고 번역할 수도 있을 것입니다. 우리 주님께서는 메시야이셨지만 이 여인의 마음에 그와의 친밀한 교제의 개념을 강조하고 싶으셨던 것 같습니다. 내가 볼 때, 이 점은 예수께서 고치신 맹인에게 아주 깊은 의미를 담아서 "네가 그를 보았거니와 지금 너와 말하는(talketh) 자가 그이니라"(요 9:37)고 말씀하실 때 은혜와 애정을 더하여 그 표현을 쓰신다는 사실에서 확실히 알 수 있습니다. 오셔서 "사람이 자기의 친구와 이야기함 같이"(출 33:11) 얼굴을 마주 보고 털어놓고 이야기하실 친밀한 그리스도는 우리에게 모든 것을 알려 주실 것이고, 그래서 우리가 전적으로 신뢰할 수 있는 그리스도이십니다.

이 계시는, 초기의 불완전한 가르침을 유순하게 받아들이는 태도가 있지 않으면 알 수 없는 것임을 또한 살펴봅시다. 이 여인이 주님의 초기의 이 말씀을 받아들이지 않았다면, 간파하는 능력은 희미했지만 가르침을 받고자 하는 마음으로 주님께서 하늘로 올라가는 사다리의 발판 하나하나를 밟아 가실 때 주님을 따라가지 않았다면, 이 여인은 그 사다리 꼭대기에 서서 이 놀라운 광경을 결코 보지 못했습니다. 여러분이 예수 그리스도에게서 바로 여러분처럼 연약함으로 둘러싸여 있으면서도 친절하고 자비로우며 선하고 순결한 사람을 본다면, 여러분이 알고 있는 바에 충실해져서 그대로 실천하고, 점점 더 분명해지는 모든 빛을 언제든지 받아들이도록 하십시오. "물 좀 달라"는 말을 듣고 바닥에서부터 시작하는 사람들은 꼭대기에 서서 주님이 환히 밝혀진 진리와 주님의 충만한 영광을 말씀하시는 것을 들을 수 있습니다. "무릇 있는 자는 받아 풍족하게 되고"(마 25:29). "사람이 하나님의 뜻을 행하려 하면 이 교훈을 알리라"(요 7:17).

3. 끝으로 우리는 여기서 우주적 그리스도를 만납니다.

이 여인은 유대인인 그가 자기에게 말하는 것을 이상하게 생각했습니다. 앞에서 말했듯이, 우리 주님께서 맨 처음 하신 발언은 정말로 신체적 필요를 표현한 것입니다. 그럴지라도 그 말씀은 이 여인이 느끼기에는 아주 높게 솟아 있는 장벽을 뛰어넘는 기이한 것이었습니다. 사마리아인이고 여자이며 죄인인 사람이 예수 그리스도께서 처음으로 자신이 메시야직과 위엄을 명확히 밝히시는 말씀을 받았습니다. 이 여인은 예수께서 그 같은 요청의 말씀으로 그 장벽을 단번에 쓸어버리고 자기에게 그처럼 가까이 오신 행동 이면에는 무엇인가가 있다고 본능적으로 느꼈는데, 그 느낌은 옳았습니다. 이 두 가지, 곧 인종에 대한 편견과 여자에 대한 경멸, 옛 세상의 심각한 두 가지 악을 우리 주님께서는 전혀 보시지 않은 것처럼 넘어가셨습니다. 이 악들이 사람의 연약한 사지로 넘기에는 너무 높았지만, 주님께서 거룩한 동정심을 보이는 길에는 아무 장애가 되지 못하였습니다. 여러분이 상징이라는 표현을 쓰는 것을 좋게 생각한다면, 그 말씀에는 상징이 있습니다. 그러나 거기에는 앞으로 성취될 예언이 있는데, 복음의 보편적 적응과 목적, 그리고 복음이 인종과 성별, 조건, 도덕적 성품의 모든 차별에 관계없음에 대한 예언이 담겨 있습니다. 그리스도 예수 안에서는 "유대인이나 헬라인이나 종이나 자유인이나 남자나 여자가 없고" "다 그리스도 예수 안에서 하나"입니다(갈 3:29). 예수께서 단지 유대인에 지나지 않았다면, 그가 사마리아인에게 말을 거는 것이 놀라운 일이었습니다. 그러나 그리스도의 신분과 생활에서, 공간적으로나 시간적으로 그리스도의 위치에서 기인하는 인종적 특색이나 특징이 전혀 없다는 사실만큼 두드러지고 분명한 것은 없습니다. 주님은 그의 민족과 아주 달라서 그 민족의 엘리트 계층이라고 하는 사람들이 주님을 보고 "너는 사마리아 사람이라!"(요 8:48)고 소리쳤습니다. 주님은 그런 사람들과 아주 달라서 철저하게 사람이지만 측근들로부터 도무지 설명할 수 없는 불가해한 존재로 느끼게 됩니다. 그러나 주님을 유대인, 즉 단지 한 사람이 아니라 인자, 곧 하나님이 이상적 인간을 구현한 분, 땅에 거하지만 그 출생과 고향이 하나님의 품에 계신 분이라는 신약의 이론에서 볼 때 그분을 비로소 이해할 수 있게 됩니다. 그러므로 그리스도는 세계의 그리스도이시고, 여러분의 그리스도이시며, 나의 그리스도, 모든 사람의 그리스도이십니다. 모든 사람이 가까이 가서 그 열매를 따 먹을 수 있도록 동산 중앙에 서 있는 생명나무이십니다.

형제 여러분, 이 선물을 제공받을 때 이 여인이 한 것처럼 대답하시기 바랍니다. "주여 그런 물을 내게 주사 목마르지도 않고 또 물 길으러 멀리 세상의 부서진 물탱크로 오지도 않게 하옵소서." 그리스도께서 여러분 마음속에 생명의 샘이 솟아나게 하실 것이고, 그러면 여러분도 이 여인의 동네 사람들처럼 "이제 내가 친히 듣고 그가 참으로 세상의 구주신 줄 앎이라."

23
선물과 주시는 이

"예수께서 대답하여 이르시되 네가 만일 하나님의 선물과 또 네게 물 좀 달라 하는 이가 누구인 줄 알았더라면 네가 그에게 구하였을 것이요 그가 생수를 네게 주었으리라"

요 4:10

이 복음서는 좀처럼 함께 볼 수 없는 두 가지 특징을 지니고 있습니다. 그것은 깊은 사상과 생생한 인물 묘사입니다. 이 장에 나오는 장면만큼 뚜렷하고 극적 모습이 없을 것입니다. 이 사마리아 여인을 묘사하는 말은 한 마디도 없습니다. 이 여인은 화장을 했지만, 아름다운 모습이 아닙니다. 이 여인은 평지 위 언덕에 자리 잡은 작은 동네 출신으로, 찌는 듯한 햇볕 속에서 야곱의 우물까지 내려오는 시골 농부의 한 사람인 것이 분명합니다. 이 여인은 꽤 나이가 들었고, 그리 평판이 좋지 못한 과거를 지녔습니다. 그녀는 낯선 사람들과 거리낌 없이 말을 주고받으며, 심각한 일도 금방 농담거리로 바꾸는 경솔한 사람입니다. 그러나 그녀는 불결한 장식품들 주렁주렁 달고 있었지만 그 밑에 양심이 있었고, 지금 가지고 있는 것보다 나은 것에 대한 갈망을 품고 있었습니다. 그리스도의 말씀이 그 갈망을 일깨웠고, 마침내 그 갈망이 활활 타올라 바리새인과 제사장들이 받을 수 없었던 그리스도의 메시야직에 대한 온전한 선언을 듣기까지 되었습니다.

나는 여기서 여러분에게 이상하게 짝을 이룬 이 두 사람 사이의 대화가 시작된 방식을 이야기할 필요가 있습니다. 여행에 지쳐서 우물 곁에 앉은 한 유대인이 물 한 모금을 달라고 청합니다. 설교를 시작할 기회를 얻기 위해서가 아니라 그냥 물이 필요하기 때문에 청하는 것입니다. 여자는 약간 놀란 듯이 소리를 내며 절반은 농으로, 절반은 빈정거리는 투로 말하며 그런 식으로 답변을 요구합니다.

그러나 그리스도께서는 경박함을 압도하고 더 충분한 계시를 받을 준비를 시키는 본문의 말씀으로 이 여인을 더 높은 수준으로 끌어올리십니다. "너는 유대인인 내가 사마리아인인 네게 물 좀 달라고 하는 것을 이상히 여기는구나. 내가 누구인지 안다면 내가 물 좀 달라고 해서 놀라는 것보다 더 놀라게 될 것이다. 내가 주는 것이 무엇인지 안다면, 우리 입장이 바뀌어서 네가 나에게 청하고 내가 네게 줄 것이다."

그 다음에 여기서 우리는 선물, 주시는 분, 얻는 방법, 구하지 못하게 막는 무지를 봅니다. 이제 이런 점들을 살펴봅시다.

1. 첫째, 하나님의 선물을 봅시다.

주님께서 그것이 무엇이든지 간에 "하나님의 선물"과 "생수"라는 두 가지 표현으로 동일한 것을 의미하는 것이 아주 분명합니다. 주께서 그런 뜻으로 말씀하지 않으면, 본문의 전체적 결론이 완전히 깨지기 때문입니다. "생수"라는 표현은 그 순간의 환경 때문에 쓴 것이 분명합니다. 거기 우물에는 항상 솟아나는 근원이 있었습니다. 그래서 주님께서는 목마른 입술과 더러운 손을 위해 항상 솟아나는 물처럼 하나님은 항상 감미롭고 충분한 물자를 언제든지 주실 수 있는 분이라고 말씀하십니다.

우리는 성경 전체를 통해서 이 물이 흐를 때 나는 소리를 어떻게 듣는지 기억할 수 있습니다. 이 표현의 뜻은 주로 구약과 구약에서 사용된 은유의 용례들을 보고서 판단해야 합니다. 여기서 하나님이 주시는 "생수"라는 말이 때로 은유로 표현되는 성령의 선물과 같은 특별한 선물을 뜻한다고 생각해왔습니다. 그보다 나는 이 "생수"는 영생이라고 말하고 싶습니다. "생명의 원천이 주께 있사오니"(시 36:9). 그래서 결국 하나님의 선물은 하나님 자신입니다. 형제 여러분, 다른 어떤 것도 우리를 만족시키지 못할 것입니다. 우리에게는 하나님이 필요합니다. 오직 하나님만 필요합니다.

주님은 이 대화의 다음 부분에서 이 중요한 은유를 다시 한 번 다루며, 이 은유의 한두 가지 특징과 복과 미점들을 말씀하십니다. "그 선물이 그의 안에 있을 것입니다." 우리가 마음속에 가지고 다니는 것이 있습니다. 그것은 우리 자신에게서 분리될 수 없고, 폭력에 의해 빼앗길 가능성이 전혀 없으며, 슬픔에 의해 우리에게서 찢겨나가거나 심지어 죽음에 의해서 분리될 수도 없는 것입니다. 사람이 자기 밖에 가지고 있는 것은 사실 가지고 있는 것처럼 보일 뿐입니다. 진정으로 소유하는 것은 우리 영혼 속으로 들어온 것뿐입니다. 우리는 다른 모든 것은 두고 갈 것입니다. 내적 행복만이 참된 행복입니다. 이 생명수는 마음의 가장 깊은 곳으로 흘러들어와 거기에 영원히 거하기 때문에 우리의 갈증을 풀어줍니다.

아, 어쨌든 여러분 밖에 있는 샘으로부터 만족을 추구하는 여러분, 그 모든 샘은 밖에 있음으로 인해서 조만간에 "물을 가두지 못할 터진 웅덩이들"(렘 2:13)이 된다는 것을 배우시기 바랍니다. 여러분이 영혼의 안식을 바라고 갈망을 달래기 원한다면, 그런 것을 유일하게 발견할 수 있는 곳인 그리스도에게서 찾도록 하십시오. 그리스도는 하늘에 거하여 통치하며 복을 내려 주실 뿐만 아니라 기다리는 마음에 들어가 거하시므로, 그분 안에서 내적, 따라서 유일하게 참된 소유와 부를 발견할 수 있습니다. "내가 주는 물은 그 속에서 샘물이 되리라."

그 물은 영원한 에너지와 함께, 항상 새로운 충만함으로, 양수기나 기계가 필요 없이 그 자체의 고유한 힘으로 "솟아나며" 또한 즐거운 에너지와 지속적 새로운 활력의 상징인 원기 회복을 뿜어냅니다. 마음에 하나님을 모시는 사람들이 이 원기 회복을 받으며, 따라서 이런 사람들은 지나치게 낙심할 수 없고, 인생의 짐을 질 수 없을 정도로 너무 무겁게 느끼거나 인생의 슬픔을 견딜 수 없을 만큼 너무 예리하게 느끼지 않습니다. 이 물은 "영생하도록" 솟아납니다. 사람 속에 있는 이 샘, 곧 샘을 소유하는 자가 영생에 이르도록 솟아오르는 이 샘은 마치 강한 샘물이 입구를 막고 있는 진흙더미를 들쳐 올리듯이 그 사람을 떠받치되, 그 샘의 원천이고 따라서 그 사람의 고향인 영생에 이르도록 그를 떠받칠 것입니다.

형제 여러분, 사람이 평안을 얻기 위해서 하나님 전부가 필요하다는 것만큼 사람이 가난하고 비천하고 용량이 좁고 마음과 머리가 제한되어 있다는 사실을 보여주는 것은 없습니다. 다른 어떤 것도 사람을 평안하게 만들지 못할 것입니다. 다른 곳에서 만족을 찾으려고 하는 것은 물통이 비어 있어서 곤경에 처한 선원들이 맹렬한 포격을 받은 배 옆을 무심하게 철썩이며 지나가는 믿을 수 없는 바닷물로 갈증을 풀려고 하는 것과 같습니다. 바닷물을 마시면 순간적으로 갈증이 누그러졌다가 다시 열 배나 더 강하게 갈증의 고통이 살아나 거의 미칠 지경이 될 것입니다. 여러분은 하나님과 함께 하는 생명의 원천을 쓸 수 있는데, 여러분 옆에서 굽이치는 소금물을 마시지 않도록 하십시오.

여러분은 "아, 평범하고 진부한 강단의 수사(修辭)이군요!"라고 말합니다. 좋습니다! 여러분은 그 말이 사실인 것처럼 삽니까? 이 말씀은 너무 진부해서 여러분 생활 속에 들어가 생활을 규제하게 되지 않은 한, 귀에 거의 들리지 않을 것입니다.

2. 이제 다음으로, 주시는 분에 대해서 살펴봅시다.

예수 그리스도는 놀랄 정도로 대담하게 한 문장 안에 하나님의 선물과 선물을 주는 자로서 자신을 조화시킵니다. 지쳐서 물 한 모금이 필요한 이 사람은 바싹 마른 입술로 방금 전에 말했던 요청과는 아주 대조되는 주장을 합니다. "그가 생수를 네게 주었으리라." 이 여인이 어리둥절하여 "이 우물은 깊고 당신은 물 길을 그릇도 없나이다"고 말할 수밖에 없었던 것은 이상한 일이 아닙니다. 어쩌면 이 여인은 "그렇다면 어째서 당신은 내게 물을 달라고 하나이까"라고 말했을지도 모릅니다. 예수님의 이 말씀은 이 여인을 놀라게 만들고 그래서 흥미를 불러일으킴으로 결국에는 더 큰 깨달음을 얻을 수 있도록 하기 위해 말씀하신 것입니다. 여러분이 그 자리에 있었고, 그 여인이 본 그 사람을 보고, 그녀가 들은 두 가지 일을 듣고, 그에 대해서는 그녀가 아는 정도 밖에 모른다고 생각해 봅시다. 그러면 여러분은 그와 그의 말씀에 대해서 어떻게 생각했겠습니까? 아마도 여러분은 이 여인보다 더 모욕적 말을 했을 것입니다. 여러분은 예수님의 이 말씀을 설명하고 정당화하는 많은 사실을 알고 있으므로, 그 말씀을 이 여인보다 잘못 다루지 않도록 하십시오.

예수 그리스도께서는 하나님의 선물을 준다고 말씀하십니다. 주님은 이 가난하고 경솔하며 마음과 생활이 부도덕한 이 여인이 요청하면, 과거에 종종 넌더리가 나도록 괴롭혔고 그 어떤 물로도 만족시키지 못한 그녀의 모든 갈증을 풀어줄 영생을 주실 수 있습니다.

그리고 주님은 "네가 나에게 구하였을 것이요 내가 생수를 네게 주었으리라"고 말씀하시기 때문에, 이렇게 생수를 주는 일에 있어서 자신이 단순히 수로가 아니라 그 이상의 존재라고 주장하십니다. 우리는 때로 하나님과 그리스도의 관계를 멀리 떨어진 산지 가운데 육지로 둘러싸인 바다와 목마른 골짜기에 그 바다의 반짝이는 보물을 날라주는 지류의 관계로 상징되는 것으로 생각합니다. 그러나 예수 그리스도는 단지 하나님의 선물을 전달하는 수단에 불과한 분이 아닙니다. 그리스도 자신의 마음과 능력과 사랑이 그 하나님의 선물에 담겨 있습니다. 그것은 하나님의 선물인 것과 꼭 마찬가지로 그리스도의 선물입니다.

나는 여기서 잠시 멈추고서 여러분에게 이런 주장에 반드시 포함될 수밖에 없는 추론이 무엇인지 한번 생각해 보라고 권합니다. 우리가 대체로 예수 그리스도에 대해 조금이라도 알고 있다면, 예수께서 이따금 이런 어조로 말씀하신 것이 아니라 습관적으로 말씀하신다는 것을 압니다. 이 사실은 주님의 성품이나 행동의 다른 작은 부분들을 식별하여 감탄하고, 주님의 교훈들, 곧 자신에 대한 주님의 주장들의 **가장 중요한** 특징을 무시하는 데 도움이 되지 않을 것입니다. 예수 그리스도께서 일찍이 본문과 같은 아주 하찮은 어떤 점을 말하셨다면, 그리고 이 말이 사실이 아니라면, 나는 그가 자신의 영감에 대한 공상에 정신이 팔린 광신자가 아니고 무엇이겠느냐는 말 밖에 할 것이 없습니다. 그런데 그가 이런 말을 했고, 이 말이 사실이라면, 그러면 그는 어떤 존재입니까? 그렇다면 이 복음이 처음부터 끝까지 주장하는 것은 그리스도께서 하나님의 영원한 말씀이셨다는 것, 곧 처음부터 하나님의 모든 계시가 그로 말미암아 이루어졌고, 우리가 "그의 충만한 데서 받고"(요 1:16) 또 그의 안에서 "하나님의 모든 충만하신 것으로 충만하게 되도록 하기"(엡 3:19) 위하여 마침내 "육신이 되신 분"이셨다는 것 외에 무엇이겠습니까? 나로서는 그 외에 다른 어떤 것도 생각할 수 없습니다.

그러나 나는 또한 여러분이 구주께서 느끼신 이런 필요와 하나님의 선물을 주실 수 있는 그의 능력 사이의 관계도 주의하기를 바랍니다. 왜 예수님께서는 이 여인에게 그냥 "내가 누구인지 안다면"이라고 말씀하시지 않았습니까? 왜 주님께서는 본문과 같이 "네게 물 좀 달라 하는 이가 누구인 줄"이라고 하는 완곡어법을 사용하셨습니까? 이렇게 말씀하신 것은 예수께서 이 여인이 주님의 겉모습과 주님의 주장 사이의 깜짝 놀랄 만한 모순에, 다시 말해 한편으로는 하나님의 대권을 주장하시고 다른 한편으로는 인간의 연약함과 곤경을 드러내는 점에 주의를 기울이게 하기를 원하셨기 때문입니다. 이 두 가지 사실, 곧 인간의 연약함과 하나님의 대권이 분리할 수 없게 한데 뒤얽혀 있기 때문입니다. 여러분 가운데는 셰익스피어의 비극 가운데 시저의 연약함이 그의 황제로서의 권위를 거부할 이유로 주장되는 중요한 장면을 기억하는 분들이 있을 것입니다.

> "아, 로마인들에게 명령을 내렸던 그의 혀를 보라
> 그를 주의하여 보고 그의 말을 로마인들의 책에 기록하라
> 슬프게도 그의 혀가 이같이 소리쳤다. '내게 물 좀 달라 …
> 병든 계집아이처럼.'"

여기서 이끌어내는 추론은 이런 그가 어떻게 사람들의 통치자가 될 수 있느냐는 것입니다. 그러나 예수께서 이 여인에게 물을 달라고 하실 때,

십자가에서 "목마르다"고 말씀하실 때 우리의 시저요 황제인 그리스도의
음성을 듣고, 이런 말씀들이야말로 많은 면류관으로 영화롭게 해야 할 그
리스도의 칭호들에 적합하다고 생각합니다. 이런 말씀은 주님을 우리에게
더 가까이 모셔오고, 그 말씀은 그리스도의 사랑이 그 목적을 이루는 수
단, 즉 우리가 그 사랑 곧 구원의 잔을 받으려고 한다면 우리 모두에게 주
시는 수단입니다. 예수께서 이 두 가지 사실 가운데 하나를 말씀하시지 않
았다면, 다른 하나를 말씀하실 수 없었을 것입니다. 예수께서 마른 입술로
"물을 좀 달라"고 청하지 않으셨다면, 자비로운 입술로 "네게 생수를 주리
라"고 말씀하시지 않았을 것입니다. 옛적에 야곱처럼 이 목자께서 "낮에는
더위를 무릅썼다"(창 31:40)고 말할 수 없었다면, 양 무리가 "다시는 주리
지도 아니하며 목마르지도 아니하리니 … 이는 보좌 가운데에 계신 어린
양이 그들의 목자가 되사 생명수 샘으로 인도하실 것임이라"(계 7:16,17)는
말씀이 불가능하였을 것입니다.

3. 이 선물을 어떻게 받는지 다시 한 번 살펴봅시다.

그리스도께서는 "네가 내게 구하였을 것이요"라는 말씀과 "내가 생수를
네게 주었으리라"는 말씀이 거의 동시에 이루어지는 것처럼 한데 붙여 놓
습니다. 전신기를 통해서 메시지를 발송하면 번개처럼 빠르게 즉시 그 답
신이 돌아옵니다. 예수 그리스도 안에 있는 하나님의 모든 선물들, 결국
본질적으로는 하나님 자신인 이 선물들을 간략하게 표현한 것이 생수인
데, 이 생수를 소유하는 조건, 유일한 조건, 절대 필요한 조건은 그 선물을
갖기를 바라고 예수 그리스도께로 돌이키는 것입니다. 사람들이 그 선물
을 갖기를 바라지 않는 것이 이상한 일이 아닙니까? 우리가 자신에게 필요
한 것을 바라지 않고, 오히려 많은 경우에 정반대의 것을 바라고 필요로
하는, 그처럼 어리석은 피조물이라는 것이 이상하고 슬픈 일이 아닙니까?
우리 모두 행복을 바랍니다. 그러나 우리 가운데 어떤 사람들은 지독한 알
콜 음료 때문에 맛과 미각이 손상되어서 생수가 전혀 맛이 없고 심심하게
느껴지게 되었습니다. 그래서 사람들은 하나님의 복락의 강수만을 마시려

고 하기보다는 오히려 사람을 속이는, 독이 든 음료를 다시 마시게 될 것입니다.

그러나 하나님의 선물을 갖기를 바라는 것만으로는 충분치 않습니다. 그 마음이 그리스도께로 돌이키는 데로 나가야 합니다. 사실 여러분과 나에 관해서 본문의 요구하는 바는 개인적 신앙이라는 중요한 핵심어, 곧 예수 그리스도께 대한 믿음을 말하는 또 다른 방식에 지나지 않습니다. 왜냐하면 자신의 필요를 알고 구하는 사람들은 자신의 구하는 바를 주시기를 호소하는 분의 능력을 확신하는 것이고, 구하는 바를 들어주실 그분의 사랑을 의지하기 때문입니다. 이 세 가지 사실, 즉 필요 의식, 구원하고 만족시키시는 그리스도의 능력에 대한 확신, 우리를 복되게 하기를 바라시는 그리스도의 무한한 사랑에 대한 확신, 함께 융합된 이 세 가지 사실이 하나님의 선물을 받게 만드는 믿음을 형성합니다.

형제 여러분, 그리스도를 의지하는 행동을 나타내는 성경의 또 다른 표현은 구하는 것이 아니라 취하는 것임을 기억하시기 바랍니다. 여러분은 마치 공급되지 않는 어떤 것을 구하는 것처럼 구할 필요가 없습니다. 우리 모두에게 필요한 일은 손을 뻗어 취하고 싶은 마음이 있다면 눈을 크게 뜨고 거기에 있는 것을 보는 것입니다. 못 자국이 난 손이 구원의 잔을 우리에게 내밀며 "이것을 다 마시라"고 말하는데, 왜 우리가 "물 좀 달라"고 말해야 하겠습니까? "오호라 너희 모든 목마른 자들아 나아오라 와서 돈 없이, 값 없이 마시라"(사 55:1).

소원을 가지고 그리스도께로 돌이키는 것 외에 다른 조건은 없습니다. 그러나 그것은 반드시 필요한 조건입니다. 수의사가 싫어하는 말들에게 물약을 먹이듯이, 즉 꽉 다문 이빨 사이로 억지로 약을 흘려보내듯이 하나님께서 사람들에게 구원을 주실 수는 없습니다. 반드시 입을 벌려야 합니다. 그러면 어느 곳에 있든지 충만한 공급이 이루어질 것입니다. "구하라 그리하면 너희가 받으리라." 취하라, 그러면 여러분이 소유할 것입니다.

4. 끝으로 구하지 못하게 만드는 무지에 대해 살펴봅시다.

예수 그리스도께서는 이 불쌍한 여인을 보시고, 앞에서 말했듯이 비록 어리석음과 죄의 더미 아래 숨겨져 있지만 희미하게나마 더 나은 어떤 것을 갈망하는 목마른 영혼이 그녀 속에 있는 것을 간파하셨습니다. 주님은 일단 신비한 주님의 존재와 자비로운 하나님의 선물을 그녀에게 보여주면 그녀가 확실히 채워지게 되어 있는 강한 소원의 열망을 품게 될 것이라고 믿으셨습니다. 이 사실은 어느 정도 우리 모두에게 적용됩니다. 왜냐하면 정말로 여러분이 현실과 사물을 있는 그대로 보기만 한다면, 여러분 가운데 어떤 분들은 계속 현재 형편대로 지내는 것에, 즉 생수 없이 지내는 것에 만족하지 않을 것이기 때문입니다. 한낮에도 어둠 가운데 있는 것처럼 더듬거리며 예수님을 떠나는 사람들은 눈 먼 맹인입니다. 여러분이 영혼의 갈증과 이 물의 달콤함, 주시는 분의 신속함, 그리고 여러분이 거절함으로써 처하게 될 바싹 마른 땅을 안다면, 단지 머리로만이 아니라 전 본성으로 안다면 그것을 안다면, 틀림없이 여러분은 자신을 생각하고 주님의 발 앞에 엎드려 생수를 구할 것이고, 또 받을 것입니다.

그러나 형제 여러분, 무지보다 더 나쁜 경우가 있습니다. 불완전한 지식 때문이 아니라 피하고 싶은 마음 때문에 알면서도 거절하는 사람들이 있습니다. 나는 바로 그것이 여러분의 상태가 아닌지 깊이 생각해 보라고 말씀드립니다. "원하는 자는 오라"(계 22:17). "너희가 영생을 얻기 위하여 내게 오기를 원하지 아니하는도다"(요 5:40). 내가 지금 내 말을 듣고 계시는 분들 가운데, 이제까지 하나님의 성도는 누구나 그랬듯이 영혼의 유일한 안식은 하나님 안에 있고, 그 안식을 얻는 방법은 그리스도를 통하는 것밖에 없다는 것을 마음 깊이 아는 사람들이 있는데, 그렇다고 해서 그들이 그리스도인인 것은 아니라고 할 때 내 말이 지나치다고 생각지 않습니다. 그들은 독을 좋아하고 생명을 원하지 않기 때문에 지식이 그들의 의지를 움직이지 못합니다.

아, 사랑하는 교우 여러분, 그리스도께서 이 여인에게 즉시 그리고 확실하게 답변하셨듯이 우리 각 사람에게도 그 같이 하실 것입니다. 그 제안을 이 여인에게 하셨듯이 우리 모두에게도 하십니다. 우리는 광야의 이스라엘 백성처럼 그 반석에 모여 들어 반석에서 흘러나오는 물로 영혼의 모든 갈증을 해소할 수 있습니다. 예수 그리스도는 이 여인에게 하셨듯이 각 사람에게도 부드럽게 권하듯이 초청하시면서도 책망하듯이 말씀하십니다. "네가 알았더라면 … 구하였을 것이요 … 내가 네게 주었으리라."

여러분이 계속해서 무시하기 때문에 그리스도께서 결국 어쩔 수 없이 말을 바꾸시고, 주께서 그토록 사랑하셨지만 멸망시키고 만 도성에 대해 슬퍼하셨듯이 여러분을 슬퍼하지 않도록 조심하십시오. "너도 오늘 평화에 관한 일을 알았더라면 좋을 뻔하였거니와 지금 네 눈에 숨겨졌도다"(눅 19:42).

24
솟아나는 샘물

"내가 주는 물을 마시는 자는 영원히 목마르지 아니하리니 내가 주는 물은
그 속에서 영생하도록 솟아나는 샘물이 되리라"
요 4:14

두 종류의 우물이 있습니다. 하나는 단순히 물을 담고 있는 저수조이고, 다른 하나는 샘의 물을 담고 있는 우물입니다. 헬라어 단어의 뜻뿐만 아니라 이 우물을 "솟아난다"고 표현한 데서도 분명히 알 수 있듯이, 여기서 말하고 있는 것은 후자의 우물입니다. 샘은 휴식이 아니라 운동의 상징입니다. 그 운동은 밖에서 전달받은 것이 아니라 그 자체로부터 나옵니다. 샘의 "은빛 물줄기"는 비록 중력이 아주 강하게 작용해서 다시 땅으로 끌어내리지만 항상 하늘을 향하여 솟아납니다.

그래서 그리스도는 무지하고 죄 많은 이 사마리아 여인에게 그녀가 원한다면 그녀의 영혼 속에 자체의 고유한 에너지로 솟아나고 그녀의 영을 음악과 원기와 만족으로 채울 선물을 심어주시겠다고 약속하십니다.

그 선물은 무엇입니까? 그 답은 여러 가지 방식으로 할 수 있지만, 사실은 모두 하나가 될 수 있습니다. 그것은 말로 다할 수 없는 선물, 그리스도의 가장 위대한 선물, 곧 그리스도 자신입니다. 그것은 "그를 믿는 자들이 받을" 성령이십니다. 그리스도께서 오셔서 사람들 마음 가운데 거하게 하시는 성령이십니다. 혹은 그것은 내주하시는 그리스도와 성령의 임재의

결과로서, 부여받은 생명과 비슷한 결과로서 생긴 생명입니다.

그래서 그 약속은, 그리스도를 믿고 그의 사랑을 의지하는 자들은 "영생하도록 솟아나는" 샘물처럼 그들 마음속에 일어날 새 생명의 원리를 받게 되리라는 것입니다.

우리가 인위적인 것에 지나지 않는 모든 규칙을 치워버리고, 이 말씀을 그냥 본문에 있는 그대로 받아들여 첫째로 그리스도의 선물을 속에 있는 샘으로 생각하고, 그 다음에 그 자체의 힘으로 솟아나는 샘으로, 그 다음에는 "영생하도록 솟아나는"샘으로 생각한다면, 이 위대한 약속의 깊이와 크기 전체를 가장 잘 이해하는 것이 될 것입니다.

1. 첫째, 그리스도의 선물이 여기서는 속에 있는 샘으로 묘사됩니다.

사람들은 대부분 필요한 물품을 밖에서 공급받습니다. 그들은 외적인 것들이 그들에게 힘과 행복과 부를 공급할 때에만 부유하고 행복하며 강합니다. 대부분에게는 우리가 가지고 있는 것이 우리의 행복을 결정합니다.

예를 들면, 대다수의 사람들이 영위하는 지극히 비천한 삶을 생각해 봅시다. 슬프게도 시대마다 다수를 이루는 사람들은 그들의 세속적 마음이 감각적 욕구의 형태를 띠든지 아니면 부와 외적 소유를 얻으려는 욕구를 띠든지 간에 순전히 세상의 낮은 차원에서, 세상만을 위해 삽니다. 그런 욕구는 잠시 만족되고 해소되지만, 걷잡을 수 없는 욕구는 다시 살아납니다. 슬프게도 여러분이 영혼의 갈증을 만족시키기 위해 마시는 것들은 너무도 많은 경우에 소금과 화학 물질과 온갖 문제를 일으키는 것들이 섞여 있는 불량 맥주처럼 갈증을 풀고 *끄기*보다는 더 불러일으킵니다. 그래서 "은을 사랑하는 자는 은으로 만족하지 못하고 풍요를 사랑하는 자는 소득으로 만족하지 아니합니다"(전 5:10). 욕구는 그 먹이에 의해 더 커집니다. 오늘 작은 욕망에 굴복하면 내일이면 그 욕망은 더 커지고, 오늘 마신 반 잔은 열두 달이 되면 한 병이 됩니다. 옛 속담처럼 "바늘 도둑이 소도둑 됩니다." 그와 같이 영혼의 갈증은 끊임없이 술을 필요로 하며 날마다 술로 지내게 만듭니다.

우리가 좀 더 높은 영역으로 올라가 "사람의 생명이 그 소유의 넉넉한 데 있지 아니하고"(눅 12:15) 사람의 동물적 본성이 얻는 만족의 넉넉함에도 있지 않으며, 도대체 만족케 하는 것이 있다면 내적으로 만족케 하는 샘이 있음이 틀림없다는 것을 어느 정도 배운 사람들의 경험을 볼지라도, 그리고 사상과 진리, 정신적 문화를 위해 살고 어떤 위대한 명분에 열정적으로 자신을 바치며 "내게는 내 마음이 왕국이다"고 당당하게 말하는 사람들을 볼지라도, 비록 그들이 전자보다 훨씬 더 고상한 생활 방식을 보여줄지라도, 바로 그처럼 더 고귀한 사람조차도 외적 세계에 너무 많이 뿌리를 박고 있어서 우연과 변화에 심하게 좌우됩니다. 그런 사람도 어떤 것 곧 어떤 진리, 어떤 지혜, 어떤 문화가 아무리 고귀하고 고상해보일지라도 그것이 그의 본성의 한 부분을 건드리지 못하는 것을 보면 어떤 것도 만족시키지 못하고 풀지 못하는 갈증을 마음 깊은 곳에 갖고 있다는 것을 알 수 있습니다.

나는 내 설교를 듣는 사람들 가운데 그런 분들이 있으며, 그런 분들에게 이 메시지가 와 닿을 것이라고 확신합니다. 여러분은 원한다면, 조금이라도 만족되지 못한 욕구가 여러분을 괴롭게 하지 못하게 할 기쁨과 복됨의 솟아오르는 샘물을 마음속에 가질 수 있습니다. 충만하신 그리스도, 그의 성령, 그리고 그리스도와 성령으로부터 흘러나오고 우리 마음속에 심겨진 생명, 이런 것들을 우리 모두에게 제공되는 것입니다. 우리에게 이런 것들이 있다면, 지극한 복에 반드시 필요한 것을 우리 속에 가지고 다니는 것입니다. 그래서 우리는 자신을 복되게 하는 일에 하나님도 사람도 필요 없다고 생각하는 사람의 오만하고 냉철한 독립심을 가지고 말하는 것이 아니라 "우리의 만족은 오직 하나님으로부터 나느니라"(고후 3:5)고 말할 수 있는 사람의 겸손한 독립심을 가지고 "어떠한 형편에든지 나는 자족하기를 배웠노라"(빌 4:11)고 말할 수 있습니다.

예수 그리스도에 대한 절대적 의지로부터 나오는 것이 아니라면, 외적인 것들에 대한 독립이라는 것이 가능하지 않고, 가능하더라도 유익하지 않습니다.

여러분 마음속에 그리스도가 계시다면, 그렇다면 어떤 상황, 어떤 장소에서도 생명이 가능하고, 평화가 가능하며 기쁨이 가능합니다. 영혼이 바라는 것은 무엇이든지 소유합니다. 여러분은 안마당에 힘차게 솟는 샘이 있고, 산꼭대기 높은 곳에 있는 공급원으로부터 음식을 공급받으며 포위자들이 결코 찾을 수 없는 지하수로를 통해서 그곳에 이를 수 있는, 포위된 성의 수비대와 같을 것입니다. 비통한 일들이 찾아와 여러분을 슬프게 만들 것입니다. 그리고 짙은 어둠이 여러분을 에워쌀 수 있지만 어둠 가운데서 빛이 있을 것입니다. 나무가 잎이 하나도 없이 벌거벗을 수 있지만 수액은 뿌리까지 내려갔습니다. 세상은 온통 겨울처럼 춥고 눈처럼 하얄수 있습니다. 그러나 여러분의 마음의 반석 위에는 밝게 타오르는 작은 불꽃이 있을 것입니다. 여러분은 복된 상태에 반드시 필요한 모든 것을 속에 가지고 다닐 것입니다. 여러분이 "질그릇 안에 그리스도"(고후 4:7)를 모시고 있다면 폭풍우를 보고서도 웃을 수 있습니다. 세상의 샘에서 물을 마시는 자들은 "다시 목마를" 것입니다. 그러나 마음에 그리스도를 모시고 있는 사람들은 아무리 추워도 얼지 않고 아무리 더워도 마르지 않을 샘을 속에 가지고 있을 것입니다. "내가 주는 물은 그 속에서 샘물이 되리라."

2. 그리스도의 선물은 솟아나는 샘물입니다.

물론 이 상징은 그 자체의 고유한 추진력에 의한 운동을 나타냅니다. 물은 괴어 있을 수 있습니다. 혹은 중력의 힘의 작용을 받아 내려가는 강바닥을 따라 흘러갈 수도 있습니다. 혹은 물은 외부적 힘을 빌어 펌푸질 하여 끌어올릴 수 있습니다. 혹은 물은 바다에서처럼 달의 인력으로나 바람에 밀려서, 외부적 열기나 냉기 때문에 생긴 조류를 따라 굽이치며 흐를수도 있습니다. 그러나 샘물은 본래부터 속에 있는 에너지에 의해 솟아나며, 따라서 스스로를 의존하고 스스로 단속하는 자유롭고 즐거운 활동을 상징합니다.

그래서 그리스도께서는 이렇게 말씀하십니다. "내가 주는 물은 그 속에서 솟아나는 샘물이 되리라." 이 물은 괴어 있지 않고 분수처럼 햇빛 속으로 솟구쳐 오르고, 밝은 광선이 비칠 때 다이아몬드처럼 눈부시게 번쩍일 것입니다.

이와 같이 여기에는 두 가지 약속이 있습니다. 그것은 활동에 대한 약속과, 그 자체가 법칙인 활동에 대한 약속입니다.

활동의 약속이 있습니다. 일을 너무 많이 시키는 이 세상에서 더 많은 활동에 대한 약속은 별로 복처럼 보이지 않습니다. 그러나 우리가 그리스도인이 아니라면 우리 본성 가운데 얼마나 거대한 부분이 잠자고 있는 것입니까! 행하는 활동 가운데 얼마나 많은 부분이 서글프고 따분하며 성미에 맞지 않는 고된 일입니까? 생의 바퀴가 그처럼 천천히 굴러가는 때가 얼마나 많습니까? 여러분은 말로 다할 수 없는 단조로움과 피곤에 넌더리가 나는 때가 많지 않습니까? 여러분은 "해야 한다"는 강한 의무감이 있지만 또한 내적으로 강한 반감을 느끼면서 직장에 가는 때가 이따금 있지 않습니까? 여러분의 본성 가운데는 지금까지 한 번도 깨어나서 활동한 적이 없고, 활동할 수 있도록 마련된 장이 없기 때문에 불안해하는 중요한 면들이 있지 않습니까? 마음은 맷돌과 같습니다. 여러분이 곡물을 맷돌에 집어넣어 갈지 않으면, 맷돌이 서로의 표면을 갈게 될 것입니다. 그래서 우리 가운데 어떤 분들은 조바심을 내거나 애매한 병에 걸려 있으며, 우리 본성의 지극히 높고 고상한 부분들을 한 번도 발휘해본 적이 없기 때문에 우울하고 비참하게 지냅니다. 우리가 그리스도께 자신을 맡기려고 한다면, 확실히 그리스도의 이 약속은 그런 사람들에게 실제로 그렇듯이 참된 복음으로 올 것입니다. 우리의 전 존재를 즐거운 에너지로 채우고 살고 활동하는 것을 기쁨으로 만들, 솟구치는 활동의 샘을 우리 마음속에 제공할 것입니다. 이 약속은 우리에게 새로운 능력과 동기를 가져다 줄 것입니다. 생의 모든 바퀴가 배나 빠르게 돌아가게 만들 것입니다. 우리는 마치 가물거리는 심지를 기름병에 집어넣으면 밝게 타오르는 것처럼 그처럼 강력한 능력이 존재함으로 인해 활기를 띠게 될 것입니다. 그래서 우리가 노동의 주이신 그리스도를 위하여 그리고 주님의 내주하시는 능력으로 수고할 때는 우리의 삶이 지극히 고된 노고 가운데서도 지극히 기쁠 것입니다.

여기에는 활동에 대한 약속이 있을 뿐만 아니라 그 자체가 법이고 추진력인 활동에 대한 약속도 있습니다. 그것은 두 가지 방식에서 복된 약속입니다. 첫째로, 법이 기쁨으로 바뀔 것입니다. 우리는 채찍을 들고 우리를 감독하거나 박차와 몰이 막대기로 우리를 몰아가는 계명에 의해서 움직이지는 것이 아니라 마땅히 해야 하는 것을 기쁘게 행할 것입니다. 우리의 생명이 우리 속에 있는 그리스도의 생명일 때는 모든 생활에서 의무와 성향이 동시에 일어날 것입니다.

여러분 가운데 지금까지 계속해서 악과 싸워왔고, 이따금씩 옳은 일을 행하려고 애를 썼지만 그런 노력이 부담스럽고 피곤하게 느껴온 사람들에게는 이 약속은 틀림없이 복일 것입니다. 여기에는 좋아하는 마음은 없지만 해야 하는 것으로 여기는 의무가 언제나 사람들의 어깨에 지우는 모든 구속과 속박의 멍에로부터 풀어주는 해방의 약속이 있습니다. 우리가 예수 그리스도에게서 나온 생명의 선물을 속에 지니고 다니며 "보시옵소서 내가 하나님의 뜻을 행하러 왔나이다"(히 10:9), "주의 법이 나의 심중에 있나이다"(시 40:8) 하고 말할 수 있을 때, 그때에만 생활에서 평안과 기쁨을 소유할 수 있을 것입니다. "그리스도 예수 안에 있는 생명의 성령의 법이 죄와 사망의 법에서 너를 해방하였음이라"(롬 8:2).

그 다음에, 둘째로, 그 자체가 추진력이자 법칙인 활동에 대한 바로 이 생각은 이 복됨의 또 다른 측면, 즉 이 활동이 우리 가운데 그토록 많은 사람들의 생활에 절대적으로 영향을 미치는 외적 환경의 포학으로부터 우리를 자유롭게 만든다는 점을 시사합니다. 모든 사람의 생활이 대체로 이런 것에 의해 형성될 수밖에 없습니다. 그러나 우리의 생활이 이런 외적 환경에 의해 완전히 결정될 필요가 없고 결정되어서도 안 됩니다. 사람들이 민들레 홀씨처럼 바람 앞에 날려가는 것을 보는 것은 슬픈 일입니다. 환경은 우리에게 영향을 끼칠 수밖에 없습니다. 그러나 환경 앞에서 우리는 비열하게 굴종하고 그 영향을 수동적으로 받을 수도 있지만 용감하게 저항하고 환경의 유혹을 굳세게 거부할 수도 있습니다. 그렇게 환경을 이용한다면, 환경에 정반대되는 유익을 더 굳게 붙잡을 수 있게 될 것입니다. 우리가 더욱 더 환경에 순응하지 않으면 않을수록 외적 환경은 그만큼 더 우리에게 불리하게 작용할 것입니다. 말하자면 여러분은 다음 둘 중의 한 가지 태도를 선택할 수 있습니다. 즉 여러분은 순전히 바람이 부는 대로만 따라서 움직일 수 있는 풍선이 되든지, 아니면 바람이 어느 쪽으로 불든지 계속해서 자기 항로를 유지할 수 있게 만드는 내적 동력을 가진 증기선이 되든지, 아니면 키를 단단히 붙잡고 배의 범포(帆布)를 제대로 펴고 맞바람이 칠지라도, 배가 물 위에 통나무처럼 떠 있다면 바람에 밀려 갈 방향과 거의 반대로 나갈 수 있는 잘 건조된 범선(帆船)이 되든지 선택할 수 있습니다.

여러분 모두에게, 특별히 젊은이 여러분에게 권합니다. 바람이 여러분을 벽돌 틀에 넣는 부드러운 진흙 덩어리처럼 주무르지 못하게 하고, 오히려 능숙한 손으로 바람을 붙잡아 하나님의 은혜로 여러분이 더 고귀하고 더 진실되며 더 순수한 사람이 되도록 돕게 만드십시오.

우리 가운데 그렇게 많은 사람들이 외적 요소들에 완전히 지배되어서 마치 냇가의 길게 자란 잡초들이 물의 흐름에 따라 움직이듯이 삶의 방향이 결정되는 삶을 사는 것이 사람에게 부끄러운 일입니다. 고상하고 멋진 격언을 들먹이며 사람들에게 외적 환경들을 지배하라고 말하는 것은, 그들에게 그렇게 할 수 있게 만들 내적 동력을 찾는 법을 이야기하지 않는 한, 소용없는 일입니다. 그러나 우리가 그리스도께서 언제든지 주시려고 하는 이 큰 선물을 가리키며 사람들에게 그들을 전제군주와 같은 이 환경의 지배에서 벗어날 수 있게 하고 그들을 풀어 "하나님의 아들의 자유"에 이르게 할 내주하는 능력을 받도록 마음을 열라고 권할 수 있을 때, 그런 고귀한 권고를 전할 수 있습니다. "내가 주는 물은 그 속에서 솟아나는 샘물이 되리라."

3. 여기서 마지막 요점은 그리스도의 선물은 "영생하도록 솟아나는 샘물"이라는 것입니다.

분수의 물은 그 자체의 추진력으로 솟아납니다. 그러나 그 은빛 물줄기는 아무리 솟구칠지라도, 언제나 다시 그 대리석 웅덩이로 떨어집니다. 그러나 이 분수는 더 높이 솟구치며 매번 물줄기를 뿜을 때마다 더 높이 올라가서 마침내 분수의 물길이기도 하고 또한 목표이기도 한 점에 도달합니다. 물은 제 위치를 찾아 낮은 데로 흐릅니다. 이 분수는 그 원천인 분에게 도달할 때까지, 주께서 소유하고 계신 영생에 이르기까지 솟구칩니다. 우리는 이 사상을 두 가지로 표현할 수 있을 것입니다. 첫째로, 이 선물은 존속 기간이 영원합니다. 세상이 갈증을 끄는 데 사용하는 물은 사라집니다. 모든 공급품과 자원은 여름 열기에 실개천이 마르듯 말라버립니다. 창조된 모든 행복은 잠깐뿐입니다. 어떤 행복은 사용하는 중에 사라집니다. 또 어떤 행복은 "땅에 쏟아진 물을 다시 담지 못함 같이"(삼하 14:14) 증발하여 사라집니다. 그리고 모든 행복은 우리가 이 세상을 떠날 때 두고 가야 합니다. 그러나 이 선물은 영생하도록 솟아납니다. 그래서 우리가 갈 때 함께 가지고 갑니다. 그리스도인의 성품은 두 세계에서 모두 같습니다. 직업의 형태와 세부 내용은 아주 다를 수 있지만, 본질적 원칙은 한 가지입니다. 그래서 이 땅에서의 그리스도인의 삶과 하늘에서의 생활은 하나의 물줄기일 뿐입니다. 말하자면 이 물줄기는 미국의 어떤 강들처럼 한 동안은 깊고 어두운 협곡을 지나거나 지하 수로를 통해 흐르다가 멀리 끝에 가서는 더 넓고 밝은 평원과 여름 대지에 이릅니다. 거기에서 이 물줄기는 좀 더 조용히 흐르고 잔잔한 물결에 햇빛을 반사하며 평온한 바다로 흘러들어갑니다. 그리스도인은 땅과 하늘을 위한 한 가지 선물과 한 생명을 가지고 있습니다. 즉 그리스도와 성령을 가지고 있고, 두 분으로 말미암아 일어나는 생명을 가지고 있는 것입니다.

그 다음에 이 중요한 사상의 다른 측면은 이 선물이 영생으로 향하고 영생을 목표로 하며 영생에 도달한다는 것입니다. 이 땅에서 그리스도인의 모든 경험은 천국에 대한 예언이고 예상입니다. 땅에서의 그리스도인의 모든 경험은 그 목표로서 천국을 향하고 있는 것이 분명하며, 그 목적지로서 천국에 의해 해석됩니다. 이것은 우리 가운데 그토록 많은 사람들이 가지고 있는 저급하고 일시적 목표와 얼마나 큰 대조를 이루는지 모릅니다! 많은 사람들의 삶이 하늘을 향해 솟구칠 수 있을 때 그들은 땅 표면을 따라 기어가고 있습니다. 친구 여러분! 이것이 여러분의 삶의 방식입니까? 여러분의 삶은 모래 속으로 사라지거나 서서히 늪지로 흘러들어가는 북아시아의 어떤 강들과 같습니까? 아니면 큰 절벽에서 굴러 떨어지면서 큰 소리를 내고 어둠 속으로 사라지고 있습니까? 아니면 여러분의 삶이 "영생하도록" 뛰어오르고 있습니까? 이 두 목표 가운데 어느 것이 더 지혜롭고 고귀하며 더 낫습니까?

이렇게 솟구치는 생명은 그것이 향하는 목표에 도달할 것입니다. 분수는 솟아오르다가 떨어집니다. 중력의 법칙이 끌어당기기 때문입니다. 그런데 이 분수는 솟아오르고 도달합니다. 압력의 법칙이 물줄기를 끌어올리고, 물이 그 원천의 수준에까지 올라가기 때문입니다. 그리스도의 선물은 아무도 실망시키지 않습니다. 그리스도의 선물은 성취하지 못할 희망을 일으키지 않습니다. 성공시키지 못할 일을 하도록 부추기지 않습니다. 여러분이 목표에 도달하는 삶을 원한다면, 모든 소원을 만족시키는 삶, 기쁜 에너지로 가득한 삶, 환경으로부터 그리고 달갑지 않은 법칙의 폭정으로부터 해방된, 외적인 것들을 지배하는 자유인의 삶을 바란다면, 마음을 열고 그리스도께서 여러분에게 제공하시는 선물을 받아들이도록 하십시오. 그리스도 자신, 즉 그리스도의 죽음과 수난, 그의 희생과 대속, 내주하시고 만족케 하시는 그리스도의 성령의 선물을 받도록 하십시오. 그리스도께서는 무지하고 방탕하며 경박한 이 사마리아 여인에게 지극히 충만한 그 은혜를 주셨습니다. 그리스도께서 그 은혜를 여러분에게 주십니다. 이 여인의 마음속에 반향을 일깨운 그 제안이 여러분에게 조금이라도 어떤 반응을 불러일으키지 않습니까? 아, 그리스도께서 여러분에게 "내가 주는 물은 네 속에서 영생하도록 솟아나는 샘물이 되리라"고 말씀하실 때, 여러분도 그 여인이 말했듯이 대답하기를 기도합니다. "주여! 주님! 그 물을 내게 주사 내가 목마르지도 않고 세상의 깨어진 저수조에 물을 길러 오지도 않게 하소서."

25
두 번째 표적

"이것은 예수께서 유대에서 갈릴리로 오신 후에 행하신 두 번째 표적이니라"
요 4:54

이 복음서 기자는 가나에서 일어난 두 표적을 함께 연결시키기를 바라는 것이 분명합니다. 복음서 기자의 목적은 어쩌면 주로 연대기적 관점을 가지고서 주님의 공생애 사역의 시기에 유의하게 하려는 것일 수도 있습니다. 그런데 우리는 이 두 표적이 얼마나 현저하게 대비되는지 보지 않을 수 없습니다. 한 가지 표적은 혼인식, 즉 시골의 잔치와 기쁨의 소박한 현장에서 일어납니다. 그러나 삶은 기쁨보다 더 깊은 사실들을 간직하고 있습니다. 초상집보다 잔치 집을 더 좋아한 분이라면 구주가 될 수 없을 것입니다. 그 다음에 두 번째 표적은 인간 경험의 좀 더 어두운 면을 향합니다. 아무리 행복한 가정도 슬퍼하는 때가 있으며, 아무리 진실된 부부 간의 기쁨에도 많은 근심과 염려가 따릅니다. 그러므로 혼인의 기쁨에 축복하는 일부터 시작하신 주님은 끊임없는 걱정에서 나오는 애처로운 호소에 계속해서 응답하십니다. 첫 번째 표적이 기쁨을 다루는 것은 적합한 일이었습니다. 그것이 자기 피조물에 대한 하나님의 뜻이기 때문입니다. 그리고 두 번째 표적은 병과 슬픔을 다루는데, 이것은 처음 목적 외에 죄 때문에 생긴 것입니다.

다시 한 번 말하지만, 첫 번째 표적은 일할 때가 왔다는 그리스도 자신의 판단의 결과로 누구의 중재 없이 일어났습니다. 두 번째 표적은 주님께서 불완전한 믿음과 아버지의 애끓는 호소를 듣고 행하셨습니다.

그러나 가나에서 행하신 이 두 번째 표적의 큰 특징은 이 표적이 처음부터 끝까지 연약한 믿음을 키우고 온전케 하기 위해 행하셨다는 것입니다. 이 이야기에는 세 마디가 나오는데, 그 각각의 말씀이 어떻게 이 과정에서 단계를 나타내는지 살펴보도록 합시다. "너희는 표적과 기사를 보지 못하면 … 믿지 아니하리라." "그 사람이 예수께서 하신 말씀을 믿고 가더니 … " "그가 자기와 그 온 집안이 다 믿으니라."

우리는 여기서 주님이 분별하시는 분으로, 책망하시는 분으로, 응답하시는 분으로, 따라서 아주 불충분하고 무지한 믿음에 힘을 북돋아주시는 분으로 나타나는 것을 봅니다. 이것은 "그는 꺼져가는 등불을 끄지 아니할 것이라"(사 42:3)는 옛적의 예언이 맞는다는 것을 보여주는 사랑스런 예입니다. 이와 같이 볼 때, 이 세 단계는 주의해서 보아야 할 세 요점입니다. 우리는 무엇보다 여기서 그리스도께서 온전치 못한 믿음을 슬퍼하시는 것을 봅니다. 그 다음에는 그리스도께서 믿음을 점검하시고 믿음을 튼튼하게 하고 자라게 하시는 모습을 봅니다. 그 다음에는, 그리스도께서 아이 아버지의 시험 받은 믿음에 보답하고 그 믿음을 영화롭게 해주시는 것을 봅니다. 우리가 이 이야기에서 이 세 단계를 본다면, 복음서 기자가 우리에게 눈여겨보게 하려는 중요한 점들을 알 수 있을 것이라 생각합니다.

1. 첫째, 여기서 우리는 주님께서 무지한 감각적 믿음을 슬퍼하시는 것을 봅니다.

얼핏 보아서는, 급히 와서 간절히 호소하는 아버지의 청에 대꾸하는 주님의 말씀은 당면한 문제와는 아주 거리가 멀게, 이상하고 냉정하게 들립니다. 이 불쌍한 사람이 한 순간도 늦추어서는 안 될 것으로 느끼고서 주님 발 앞에 엎드려서 자기 아이가 "거의 죽게 되었음"을 호소할 때 얼마나 조급한 심정으로 했겠는가를 생각해 보십시오. 그리고 그의 사정을 전혀 고려하지 않고 그에게 관심을 보이지 않는 것처럼 보이는 이상한 이 말씀이 어떻게 불같이 조급한 그의 마음에 끼얹는 냉수 한 바가지처럼 들렸겠는가를 생각해 보십시오. "너희는 표적과 기사를 보지 못하면 도무지 믿지 아니하리라." "그 말씀이 나와 내 죽어가는 아이와, 애타는 내 호소와 무슨 상관이 있습니까?" "이 말은 모든 면에서 너와 상관이 있느니라."

이것은 무엇보다 그리스도의 독특한 평온함과 위엄 있는 여유를 보여주는 계시입니다. 이 모습은 서두를 필요가 없는 주님께 합당한 태도인데, 이는 주께서 자신에게 절대적 능력이 있음을 아셨기 때문입니다. 사람들이 와서 "사랑하시는 자가 병들었나이다" 하고 간청하는 메시지를 들려주었을 때 예수께서는 "그 계시던 곳에 이틀을 더 유하셨습니다"(요 11:3,6). 이는 예수께서 나사로와 마르다와 마리아를 사랑하셨기 때문입니다. 이것은 마치 야이로가 예수님을 급히 모시고 자기 아이가 죽어가고 있는 침상 곁으로 가고 있을 때, 예수께서 가던 길을 멈추고 고통 받는 또 다른 사람의 간구를 들어주시는 것과 같습니다. 그와 같이 평온하고 여유로운 위엄을 보이는 가운데서 주님은 훨씬 더 깊고 절박한 문제를 다루기 위해 아주 다급해 보이는 문제를 옆으로 치우십니다.

이 말씀에는 우리 주님의 위엄 있는 여유가 계시될 뿐만 아니라 주께서 사람들을 대하시면서 가장 중요하게 생각하시는 것이 무엇인지도 나타납니다. 주님께서 이 남자 아이를 치료하는 데 마음을 쓰는 것은 훌륭한 일이었습니다. 그런데 이 아버지를 믿음에 이르도록 훈련하고 이끄는 것이 훨씬 더 필요한 일이었습니다. 사람은 전자보다 훨씬 더 나은 것을 기다릴 수 있습니다.

또 이 말씀에는 깊은 슬픔에서 나온 한숨 같은 것이 있습니다. 그리스도께서는 지금 책망하신다기보다는 슬퍼하고 계시는 것입니다. 지금 아픈 심정으로 말씀하고 계십니다. 주님은 지금 앞에 있는 이 사람에게서 사람의 말로 표현될 수 없는 것을 보십니다. 표면을 꿰뚫고 보는 하나님의 전지하신 능력으로 그의 마음을 읽으시면서, 그에게서 그의 모든 동포들에게 영향을 미친 바로 그 악을 보십니다. 그래서 주님은 상류 사회의 한 사람인 그에게 이러한 책망을 다소 부드럽게 말씀하십니다. 그래서 이 귀족의 간구에 대한 답변이 훨씬 덜 직접적이고, 널리 퍼져 있는 무지에 대해 슬프게 바라보는 주님의 눈길이 고통 가운데 주님 앞에 와서 무릎을 꿇은 개인에게 별로 마음을 쓰지 않는 것처럼 보입니다.

방금 그리스도께서는 유대인들이 멸시하는 사마리아를 떠나오셨습니다. 그곳에서 주님은 기적을 필요로 하지 않는 사람들을 만났습니다. 이들은 메시야를 단순히 기적을 행하는 사람이 아니라 "모든 것을 우리에게 알려주는" 분으로 생각하였고, 그리스도를 믿되 그가 행한 기이한 일들 때문이 아니라 직접 들었을 때 그의 말씀이 양심을 일깨우고 그들의 마음속에 기이한 열망을 불러일으켰기 때문에 믿었습니다. 다른 한편으로 그리스도께서 이제까지 "고향"에서 받은 그런 인식이 전적으로 그의 행하신 표적으로 말미암은 것이고, 바리새인인 니고데모조차 그리스도를 하나님이 보내신 선생으로 여기는 근거로서 "당신이 행하시는 이 표적들" 밖에 보지 못했습니다. 하지만 이 복음서 기자는 그리스도께서 그 인식을 전혀 신뢰할 수 없는 것으로 보셨다(요 2:23-25)는 사실을 앞 장들에서 주의 깊게 지적하였습니다. 그런데 이제 여기서 주님이 그 지역을 벗어나자마자 다시 바로 그 태도를 만나게 됩니다. 주님은 간절히 구하는 아버지의 눈물 어린 목소리에서도 그 의도를 듣습니다. 이런 목소리가 당장은 고통과 기도보다 주님의 동정에 더 영향을 주는 것은 분명합니다. 그래서 그 점을 놓고 주님은 슬퍼하십니다. 왜 그렇습니까? 그들 자신의 곤궁함 때문에 이 귀족과 그의 친구들은 그리스도의 모든 아름다움을 전혀 보지 못했기때문입니다. 주님의 본성의 자비로움이 그들에게는 아무것도 아니었습니다. 그들은 주님의 인자하심을 볼 눈이 없었고 주님의 지혜를 들을 귀가 없었습니다. 그러나 어떤 통속적 표적이 그들 앞에서 일어났다면, 그들은 별로 쓸모없는 믿음을 가지고 주님을 따랐을 것입니다. 어떻게 아낌없이 베푸시는 그리스도의 사랑과 그리스도의 삶에서 밝고 부드럽게 빛나는 모든 은혜와 진리가 그들의 눈에 비쳤음에도 불구하고 그리스도의 아름다움을 볼 수 없는지를 생각할 때, 신적 성품이 분명히 계시되었음에도 불구하고 단순한 외적 표적이 일으킬 수 있을 만한 믿음도 일어나지 못하는 것을 볼 때 그리스도의 마음은 고통스러웠습니다.

이렇게 말한다고 해서 "표적의 증거"를 나쁘다고 하는 것은 아닙니다. 표적의 증거는 스스로 증거하는 그리스도의 영광스런 성품을 전혀 보지 못하고, 또 보아도 그것이 "아버지의 독생자의 영광"임을 깨닫지 못하게 할 뿐이라는 것을 말하는 것입니다.

물질적인 것들만 마음을 차지하고 지성에 영향을 끼치기 때문에 예수 그리스도 안에 있는 신적인 것을 이처럼 전혀 보지 못하는 점은 지금도 인류가 안고 있는 병입니다. 이 사실은 불쌍히 여기고 도우시는 그리스도의 애정 어린 마음을 칼로 찌르는 것과 같습니다. 본문에서 보듯이 표적만을 구하는 인류의 병이 지금은 사라진 지 오래 되었습니다. 이 세대의 감각적 사람들은 표적을 구하지 않습니다. 기적이 많은 지역에서는 기독교를 받아들이는 데 도움이 되기보다는 오히려 장애가 됩니다. 사람들은 이제 그리스도의 기적들을 받아들이기보다는 그리스도의 아름다운 성품과 그리스도의 고상하고 순결한 교훈(이것은 일반적으로 그리스도의 교훈 가운데 전적으로 주님의 교훈이라고 할 수 없는 부분들을 의미함)을 어느 정도 칭찬하려고 합니다. 지금까지 바퀴가 돌아서 오늘날과 같이 변하였습니다.

그러나 형태는 전혀 다르지만, 그 정신은 여전히 같습니다. 우리 가운데 감각만을 확실한 것으로 생각하는 사람들이 많지 않습니까? 우리는 보고 만지고 다룰 수 있는 것으로부터 오는 지식과, 그런 것들로부터 이끌어낼 수 있는 추론만이 참 지식이라고 생각합니다. 그래서 많은 사람들에게는 그런 모든 사상과 아름다움의 세계, 곧 그와 같이 하나님의 자비와 은혜가 나타나는 점들은 안개요 꿈나라에 지나지 않습니다. 다소 의미가 수정되긴 하였지만, 지적으로 이 세대는 이 책망을 받아야 합니다. "너희는 보지 못하면 도무지 믿지 아니하리라."

감각에 매여 있는 눈에는 사랑하시는 그리스도의 모든 영광이 희미하고 비현실적인 것처럼 보이는 동시에, 실제적으로 대다수의 사람들은 물질세계를 극히 중요한 것으로, 끝난 일이나 성취된 진보만을 "일"이나 "진보"라는 이름을 붙일 가치가 있다고 생각하지 않습니까? 어떤 사람이 여러분 가운데 와서 물질적 행복을 가져다준다면, 그가 여러분에게 예언자가 된다는 것이 옛날이나 오늘이나 똑같지 않습니까? 참된 지혜, 아름다움, 마음을 고양시키는 사상, 신적 계시들, 이 모든 것들은 여러분의 이해를 초월합니다. 그러나 어떤 사람이 와서 빵을 늘려서 준다면, 여러분은 "이는 참으로 세상에 오실 그 선지자라"(요 6:14)고 말합니다. "너희는 표적과 기사를 보지 못하면 도무지 믿지 아니하리라."

반면에 종종 우리 감각으로 인지할 수 없는 분을 굳게 붙잡는다는 것이 매우 힘들다는 것을, 아니 거의 불가능하다고 느끼는 이 사실이 슬프게도 우리 가운데 지극히 순수하고 고상한 믿음을 가진 사람들에게도 적용이 되지 않습니까? 우리가 "한 번, 딱 한 번만이라도 우리 귀에 대고 말씀하시는 목소리를 들을 수 있으면 좋겠다"고, 혹은 하나님의 손의 움직임을 볼 수 있으면 좋겠다고 느끼는 때가 종종 있지 않습니까? 지극히 고상한 믿음을 가진 사람도 여전히 볼 수 있는 외적 표현에 호감을 보이고 동경합니다. 그래서 우리는 "너희는 표적과 기사를 보지 못하면 도무지 믿지 아니하리라"는 주님의 정신 차리게 하는 책망을 받을 필요가 있습니다. 그러므로 외적 어떤 것의 도움을 갈망하고, 종종 그런 도움이 없으면 힘이 없는 것을 고통스럽게 느끼는 믿음은 아직 매우 불완전하고 초보적인 것에 지나지 않습니다.

2. 여기서 우리는 이야기의 다음 단계로서 주님이 자라는 믿음을 시험하고, 그렇게 해서 튼튼하게 만들어 주시는 것을 봅니다.

주님의 이상한 말씀에 대한 이 귀족의 답변을 얼핏 볼 때, 주의 말씀이 그냥 그의 귓등으로 지나가고 아무 효과를 내지 못하는 것처럼 보입니다. "주여 내 아이가 죽기 전에 내려오소서." 이것은 마치 그가 거의 이렇게 말하는 것이나 같았습니다. "지금 닥친 이 일들에 관해서 내게 말하지 마십시오. 와서 내 아이를 고쳐주십시오. 그것이 내가 원하는 바입니다. 다른 문제들은 다음에 언제 한 번 이야기합시다." 그러나 정확히 말해서 그것은 귀족의 말뜻이 아닙니다. 아무튼 그는 그리스도의 말씀에서 자기 청을 들어주는 것을 내켜하시지 않는다는 것을 분명하게 읽지 못하였고, 하물며 자신의 청을 거절하시는 것으로는 전혀 생각지 않았습니다. 그는 주님의 말씀이 전달하는 슬픈 책망을 오해하지 않은 것이 분명합니다. 그렇지 않았으면 그는 다시 한 번 자신의 청을 말씀드릴 생각을 감히 하지 못했을 것입니다. 그는 자기에게 있는 것 이상의 어떤 것을 가진 체 하지 않습니다. 그는 그리스도께서 자기에게 하시는 비난을 부인하려고 하지 않고, 자신이 실제보다 더 고귀하거나 더 순수한 믿음을 가지고 있는 체 하지도 않습니다. 그는 그리스도의 성품에 대해 자기가 알 수 있는 것만큼 그 성품을 굳게 붙잡습니다. 그것이 모든 진보의 시작입니다. 그는 자신이 무엇을 알고 있는지 압니다. 그에게는 절박한 필요가 있습니다. 그것은 대단히 중요한 것입니다. 그가 이 돕는 분에게 왔습니다. 그것이 더 중요한 일입니다. 그는 주님을 찾고 있는 것에 불과합니다. 그러나 그는 자기가 알고 있고 느끼는 것을 넘어서는 말을 하려고 하지 않습니다. 그러므로 그에게는 작용하는 무엇인가가 있습니다. 믿음이 이미 싹이 나고 피기 시작하고 있는 것입니다. 그래서 "주여 내 아이가 죽기 전에 내려오소서"라는 그의 기도는 그리스도의 말씀에 대해 그로서 할 수 있는 최상의 답변입니다.

사랑하는 형제 여러분, 진실한 사람으로서 외적이고 일시적 필요 의식이라도 가지고 진정으로 그리스도께 가서 정말로 기도해 본 사람이라면 흔히 이런 경험을 하지 않을 수 없습니다. 즉 괴로워하는 가운데 부르짖는 기도의 첫 번째 결과는 고작 자신의 믿음이 불완전하고 무가치하다는 것이 드러나며, 그처럼 간절히 바라는 복이 오는 것이 이상하게도 지연되는 것처럼 보이게 되리라는 것입니다. 소리쳐 도움을 청하는 것에 대한 답변으로 자신의 무가치함과 불완전함이 놀랍게 드러나는 것을 의식할 때, 사람이 취해야 할 참된 태도, 곧 그런 주님의 처사에 대한 진정한 대답은 그저 다시 한 번 그 청을 말씀드리는 것입니다. 그러면 주님은 허리를 굽혀 그 청을 들으십니다. 주님은 그의 두 번째 기도에 첫 번째 기도보다 감각에 의존하는 태도가 덜하고, 더 고귀한 믿음의 작은 싹이 트기 시작하는 것을 보시기 때문에, 한 발 물러나시지만, 여전히 양보하시지 않으십니다. "주여, 내 아이가 죽기 전에 내려오소서." 예수께서 그에게 말씀하십니다.

"가라 네 아들이 살아 있다."

왜 예수께서는 애원하는 그 사람과 함께 가시지 않았습니까? 왜 주님은 그의 청을 들어주시면서 같이 가기는 거절하십니까? 간청하는 그 사람을 위해서입니다. 이 이야기의 전체 취지와 아름다움은 이 이야기와 비슷한 요점들을 제시하는 다른 이야기, 곧 가버나움에서 백부장의 하인을 고치신 이야기를 대비시키면 훨씬 더 생생하게 나타납니다. 백부장은 그리스도께서 그냥 말씀만 해주시기를 구하고, 그리스도께서는 "내가 가리라"고 말씀하십니다. 그 이야기에서 백부장은 주님이 함께 가시는 것이 필요하다고 느끼지 않고, 주님의 말씀이면 충분하다고 생각합니다. 여기서 귀족은 "내려오소서" 하고 말합니다. 이는 그가 그리스도께서 의사처럼 아이의 침대 곁에 있지 않는 한 아무것도 할 수 없다고 생각하였기 때문입니다. 그래서 그는 또한 "내 아이가 죽기 전에 내려오소서" 하고 말합니다. 이는 아이가 일단 죽음의 문턱을 넘어가면 그리스도께서 아무 일도 할 수 없을 것이라고 생각하였기 때문입니다.

그의 믿음이 그처럼 약하기 때문에, 그렇게 청을 거절하는 것이 그 믿음을 튼튼하게 만든다는 것을 알기 때문에 그리스도는 그의 청을 거절하십니다. 백부장으로부터 강한 믿음으로 그냥 "말씀만 하시기"를 요청받았을 때는 그리스도께서 단지 기도로 구하는 것 이상으로 대하여 "같이 갈" 것을 제안하십니다. 약한 믿음으로 "내려오시라"는 요청을 이 귀족에게서 받았을 때는, 그가 요청한 것보다 못하게 응답하셨는데, 사실은 그 이상으로 답변하신 것입니다. 이는 그리스도께서 멀리서도 병을 낫게 하실 수 있고, 그렇게 함으로써 그리스도의 능력과 은혜를 훨씬 더 놀랍게 나타내신다는 것을 알도록 하시기 때문입니다.

주님의 부드럽고 지혜로운 치료 방법은 말하는 것입니다. 지나치게 감각을 의존하고 있어서 "표적과 기사를 보지 못하면 도무지 믿지 않으려고 하였던" 사람이 자신이 복을 받았다는 아무런 표적이 없지만, 자신의 생각대로 믿고 돌이켜 떠나면서 그 복을 받습니다.

그가 아주 짧은 순간 동안 그리스도와 만나는 가운데 그에게 어떤 변화가 일어났는지 생각해 봅시다. 그가 아주 조급한 마음으로 몸이 달아 헐떡거리며 주님께 달려와서 간절한 청을 말씀드렸을 때, 자기 아이가 낫기만을 바랐고 그 순간 그것 외에는 아무것도 생각하지 않았습니다. 잠시 후에 그리스도에게서 떠날 때, 그는 이 고지에 올라섰습니다. 즉, 그는 주의 말씀을 그대로 믿고, 자기가 보이지 않는 선물을 소유하고 있다고 확신하고서 치료하는 분에게서 돌이켜 가버나움으로 향하게 된 것입니다. 그의 믿음이 이렇게 성장한 것입니다.

바로 그것이 여러분과 내가 해야 할 일입니다. 우리에게는 오직 그리스도의 말씀이 있으니, 모든 일에 그 말씀을 의지해야 합니다. 우리는 오직 왕의 약속만을 가지고 왕의 어전에서 나가면서, 그 약속을 굳게 붙잡는 것으로 만족해야 합니다. 연약한 믿음은 마치 길게 뻗는 약한 식물이 덩굴손으로 감고 올라갈 지주대를 필요로 하듯이, 볼 수 있는 감각적인 것의 도움을 요구합니다. 튼튼한 믿음은 순전히 말씀 외에는 믿을 근거가 아무것도 없는 복을 받은 것으로 확신하고서 기쁘고 평안한 마음으로 주님에게서 성큼성큼 걸어 나갑니다. 바로 그것이 우리가 발휘해야 할 믿음입니다. 그리스도께서 말씀하셨습니다. 그리스도를 미숙하게 알고 있는 데서 즉시 성숙한 단계로 올라선 이 사람에게 그것이면 충분하였습니다. 이 사실이 여러분에게도 충분합니까? 여러분은 기꺼이 이렇게 말하겠습니까? "내가 필요로 하는 것은 주의 말씀, 오직 주의 말씀뿐입니다. 주께서 말씀하셨으면 주께서 그 일을 하시지 않겠습니까?"

"가라. 네 아들이 살아 있다." 참으로 큰 시험이 아닐 수 없습니다! 그 아버지가 길을 가지 않았어도, 그의 아들이 살았겠습니까? 그렇지 않습니다! 아들의 생명과, 아버지가 요구한 것을 그리스도에게서 받는 것이 그 한 순간에 달려 있었습니다. 아이의 아버지가 그리스도를 믿을 것인가? 믿지 않을 것인가? 우물쭈물 하고 그대로 있을 것인가? 떠날 것인가? 아버지는 떠났고, 그렇게 믿는 행동을 보이는 가운데 복을 받고, 그의 아이가 구원을 받습니다.

이 이야기가 이 아버지의 온전한 신뢰를 어떻게 넌지시 알려주는지 살펴봅시다. 가나는 가버나움에서 몇 킬로미터 밖에 떨어져 있지 않았습니다. 언덕에 있는 그 작은 동네에서 가버나움 둑을 따라 물결이 햇빛에 반짝이는 곳으로 내려오는 길은 불과 몇 시간밖에 걸리지 않았습니다. 그런데 그가 아들이 나았다는 소식을 가지고 오는 종들을 만난 것은 다음 날이었습니다. 그는 자신의 요청이 응답받았음을 아주 확신하였기 때문에 서둘러 집으로 돌아가지 않고 조용히 여유 있게 가는 바람에 다음 날에야 아이에게 이르렀습니다. 숨을 헐떡이며 가나로 달려오던 것과 가나에서 조용히 돌아가는 것의 차이를 생각해 보십시오. "믿는 이는 다급하게 되지 아니하리로다"(사 28:16).

3. 끝으로 우리는 여기서 함께 따라가지 않은 그리스도께서 시험받은 그 믿음을 영광스럽게 하고 보답하시는 것을 봅니다.

우리는 아이의 아버지가 돌아가는 그림을 봅니다. 종들이 그를 만납니다. 아이의 아버지가 말하기도 전에 종들이 전하는 메시지는 "네 아들이 살아 있다"는 주님의 약속의 말씀을 특이하게도 그대로 반복하는 것입니다. 이 아버지의 믿음이 튼튼해지기는 했지만 아직 복을 온전히 받는 고지에는 이르지 못했습니다. 그는 아이가 서서히 회복될 것을 예상하고 "아이가 그 낫기 시작한 때"를 묻는 것을 볼 때 그것을 알 수 있습니다. 그는 "어제 일곱 시에 열기가 떨어졌나이다"는 말을 듣는데, 그 시간은 주님께서 말씀하신 때이고, 그때 아이가 즉시 완전히 나았던 것입니다. 이와 같이 그는 믿음으로 기대한 것 이상을 받았습니다. 그리스도께서는 사람에게 손을 대면 항상 즉시 일을 하시지는 않지만 철저하게 행하십니다.

이 표적을 왜 그렇게 이상한 방식으로 행하신 것입니까? 왜 우리 주님께서는 가서 아이 침상 곁에서 능력을 보이시지 않고 멀리서 능력을 발휘하셨습니까? 앞에서 우리는 아이 아버지 마음의 독특한 상태에 그 이유가 있는 것을 보았습니다. 그러나 여기서는 그 아버지가 그런 치료 방법을 통해서 그리스도께 치료 능력이 있다는 사실뿐만 아니라 그리스도께서 그 자리에 계시든지 않든지 간에 뜻을 말씀하시기만 하면 능력이 발휘된다는 사실도 배우게 되었다는 점을 보아야 합니다. 그리스도에 대한 그처럼 더욱 고귀한 생각이 그에게 생기기 시작하였을 것입니다.

그리스도께서 멀리 떨어져서도 능력을 발휘하신다는 사실이 우리에게는 예언적 의미를 갖습니다. 이 사실은 우리에게 오늘날 주님의 활동을 보여줍니다. 지금도 주님은 우리의 부르짖음에 응답하여 우리를 도우러 내려오시는데, 산위에 있는 도성, 혼인잔치가 벌어지는 도성으로부터 아래에 있는 마을들을 괴롭히는 병과 슬픔과 죄를 치료하는 능력을 내려 보내실 것입니다. "그의 명령을 땅에 보내시니 그의 말씀이 속히 달리는도다" (시 147:15).

이 새로운 경험으로 그의 믿음이 자라고 굳건해졌습니다. 그가 그리스도의 지도를 받아 이르게 된 두 번째 단계는 주님의 구체적 약속을 그냥 믿는 것이었습니다. 이것은 보아야 믿을 수 있었던 그의 첫 번째 믿음의 위치에서 엄청난 진보를 보인 것입니다.

그러나 그는 치료해 주신 그분을 메시야로 인지하는 온전한 믿음과 신뢰에는 아직 이르지 못했습니다. 그러나 비록 기적에 의존한 경험이긴 하지만, 그가 이제 갖게 된 그 경험은 그의 믿음이 단지 기사를 보거나 외적 표지를 본 결과로 생긴 믿음의 자리를 벗어나게 했습니다. 그래서 우리는 이같은 기사를 읽게 됩니다. "그의 아버지가 예수께서 네 아들이 살아 있다 말씀하신 그때인 줄 알고 자기와 그 온 집안이 다 믿으니라."

불완전한 믿음이 믿음을 자라게 하고 굳건하게 하는 경험을 불러옵니다. 그리스도를 희미하게 알고 여전히 시원치 않게 사랑하며 불완전하게 신뢰하는 사람들이 그와 같은 그리스도의 사랑의 큰 선물과 은혜로운 성령을 마음에 받아들이면, 그들의 믿음이 튼튼해지고 자라서 아주 온전히 평화로운 확신에 이르게 될 것입니다.

믿음을 자라게 하는 방법은 믿음을 발휘하는 것입니다. 진정으로 온전한 믿음에 이르게 하는 길은 사람이 지극히 미숙하며 거칠고 편협하고 분별이 없는 연약한 믿음일지라도 믿음을 발휘하는 데서 오는 복을 경험하는 것입니다. 할 수 있는 대로 주님을 신뢰하십시오. 주님에 대한 여러분의 생각이 불충분하거나 믿음이 약한 것에 대해 두려워하지 마십시오. 할 수 있는 만큼 주님을 신뢰하십시오. 그러면 주님께서 여러분에게 기대한 것보다 훨씬 더 큰 것을 주실 것입니다. 그래서 여러분은 주님을 더 신뢰하며 "이제 내가 믿는 것은 내가 친히 듣고 그가 그리스도, 곧 참으로 세상의 구주신 줄 알기 때문이라"고 말할 수 있습니다.

26
요한복음에 나타난
세 번째 표적

"예수께서 이르시되 일어나 네 자리를 들고 걸어가라 하시니"

요 5:8

요한복음에 기록된 세 번째 표적이 여기에 나오는 것은 다음 두 가지 이유 때문입니다. 첫째, 이 표적이 유대 지도자들의 맹렬한 불신앙이 시작되는 시점을 표시하기 때문입니다. 이 불신앙의 발전이 이 복음서가 추적해 가려는 목적 가운데 하나입니다. 둘째, 이 표적이 우리 주님께서 자신이 하나님의 아들이심과, 아버지께서 일하시듯이 자신도 일하는 신적 활동에 대한 이 위대한 발언을 하는 기회였기 때문입니다. 이 발언은 이 장의 나머지 전체를 차지하고, 이 복음서에서 뒤에 나오는 많은 부분의 기초가 됩니다. 요한이 이 사건을 우리에게 이야기하는 것은, 단지 다른 복음서 기자들이 기록하고 있는 많은 표적들에다 또 한 가지 기적적 치유 기사를 보태려는 것이 아니라 바로 이런 이유들 때문입니다.

이 표적을 복음서에 소개하는 그 이유를 고려한다면, 우리는 실제적 치유에 앞서 있었던 예비적 행동들의 세부 내용 가운데 일부만을 아주 간단하게 생각하고 지나갈 수 있을 것입니다. 예수께서 예루살렘에 올라가서 지내려고 하신 이 명절이 어느 절기였는지, 그리고 이 연못이 양(羊) 시장 곁에 있었는지 혹은 양문(羊門) 곁에 있었는지, 혹은 베데스다가 예루살렘에서 어디쯤에 있었는지 하는 문제는 지금 우리의 목적에 별로 중요하지 않습니다. 4절에 나오는 천사에 대한 언급은 원래 이야기에는 나오지 않는다는 점에 유의하는 것이 중요할 것입니다. 원문은 치료하는 효과가 있는 혹은 있다고 생각하는, 간헐적으로 솟아나는 연못이 있고, 그 둘레에 이름이 잊혀진 어떤 자선가가 친절을 베풀어 행각 다섯 개를 지었다는 사실만 이야기하고 있을 뿐입니다. 거기에는 쇠약한 많은 사람들이 누워 있었는데, 고통과 초췌함과 무기력이 서려있는 창백하고 슬픈 얼굴을 하고 여전히 베데스다에 모여 있었습니다. 베데스다는 그 뜻을 해석하면 "자비의 집"이라는 의미입니다. 이 연못은 거의 모든 사람이 다양한 병에 걸려 고통을 받고 있는 사람들로 가득 찬 세상을 표상합니다. 아주 막연하지만 돕고 치료해 줄 것처럼 보이는 어떤 것의 둘레에 열심을 품고 모이지만 곧 절망하게 될 세상을 표상합니다. 또한 이 연못은 감사하게도 온갖 슬픈 고통과 권태 가운데서도 "자비의 집"의 현관에 앉아 있고, 또 깨끗하게 하는 물이 돌 때 걸어 들어가는 첫 사람에게 효과가 있듯이 모든 세대의 마지막에 오는 사람에게도 강력한 효과를 내는 "죄와 더러움을 씻는 샘"(슥 13:1)이 한 가운데 있는 세상을 표상합니다.

삼십팔 년 동안 병들어 무기력하게 지낸 이 불쌍한 사람, 그 많은 세월 동안 매일 피곤하게 마비된 사지를 끌고 샘으로 가면서 조금씩 희망이 사라져 가고 있는 이 불쌍한 사람은 그리스도께서 그 행각에 들어가실 때 그의 관심을 사로잡습니다. 주께서 그에게 "네가 낫고자 하느냐"는 이상한 질문을 하십니다. 사실 그런 질문은 할 필요가 없었습니다. 그러나 많은 실망과 오랜 세월의 기다림과 고통 때문에 그 사람의 얼굴에 냉담한 표정이 역력하였습니다. 그리스도께서는 그리스도의 치유 능력이 그 사람의 본성 속에서 접촉점을 가질 수 있도록 하기 위해 먼저 필요한 일은 깜박거리는 작은 희망의 불꽃이 다시 한 번 그의 속에 타오르게 하는 것임을 아셨습니다.

그래서 주님은 틀림없이 얼굴에 미소를 띠며 "네가 낫고자 하느냐"고 물으셨을 것입니다. 이렇게 물으시는 것은 사실 "네가 원하면 내가 너를 고쳐주마"라는 뜻으로 말씀하시는 것입니다. 주님의 이 물음에 시큰둥한 답변이 돌아옵니다. 그것은 마치 그 사람이 이렇게 말한 것이나 같습니다. "낫고 싶으냐고요? 내가 이 오랜 세월 동안 무엇 때문에 여기에 누워 있었겠습니까? 나한테는 나를 이 연못에 집어넣어 줄 사람이 아무도 없어요."

그렇습니다. 주님의 이 말씀은 걸을 수 없는 병에 걸린 사람에게 그가 물까지 걸어가면 치료를 받고 후에는 걸어 다닐 수 있다고 제시하는 희망적 전망입니다. 그는 스스로 몸을 굴려서라도 연못에 들어가지 못하고 그 자리에 그렇게 오랫동안 누워 있었던 사람입니다. 따라서 그런 말은 병든 사람들에게 자가 치료에 대한 절망적 노력을 요구하는 것이며, 세상이 자기 사람들에게 설교하는 일종의 감질나는 복음과 같은 것입니다. 사지가 마비된 사람에게 "치료를 받을 수 있도록 걸어가라. 네가 생활에서 실천할 수 없는 계명을 지켜라"고 말하는 것과 같습니다.

이제 우리는 마침내 본문 이야기의 중요한 점을 다루게 되었습니다. 나는 이 말씀, 곧 치료를 전달한 실제적 이 말씀을 그리스도와 그에 대한 관계에 대해 매우 중요한 교훈과 사상을 전달해 주는 것으로 생각합니다.

1. 첫째, 이 말씀에서 주님이 자기를 의지하는 무력한 자들에게 능력을 주는 분으로 자신을 나타내시는 것을 봅니다.

주님의 말씀은 처음 얼핏 들을 때, 전혀 실행할 수 없는 것임이 이미 입증된 치료의 조건을 제시함으로써 거의 잔인한 풍자를 하는 것처럼 들릴 수 있습니다. 주님은 또한 "고침을 받도록 걸어라"고 말씀하십니다. 사지가 마비되어 움직일 수 없는 사람에게 그 이야기를 하십니다. 그러나 이 두 가지는 전혀 다릅니다. 왜냐하면 이 불구자가 무력한 사지를 똑바로 세우고 작고 가벼운 잠자리를 들어 어깨에 걸치려고 하면, 먼저 자기에게 그렇게 말씀하신 분에 대한 어떤 신뢰가 있어야 했기 때문입니다. 그것이 매우 무지한 신뢰였음이 분명합니다. 그러나 그는 자기 앞에 선 예수 그리스도께 관한 모든 것을 굳게 붙들고 의지했습니다. 그는 단지 그리스도를 치료하시는 분으로만 알고 그렇게 의지했습니다. 어떤 사람의 믿음의 내용은 그 사람의 믿음의 실재와 관계가 없습니다. 그리스도의 치유하시는 능력만을 계시 받고서 그 치료자를 붙드는 사람은 그리스도의 신성과 인성, 구속 활동의 충만함과 장엄함을 깨닫고 붙잡는 사람만큼 진정한 믿음으로 그리스도를 굳게 붙잡는 것입니다. 손으로 무엇을 붙잡든지 간에 붙잡는 손은 다 같은 것입니다.

이렇게 그 사람이 자신의 잠자리를 들고 걸어가기 전에 그 마음속에 일어난 것은 그리스도께서 자신의 구주이신 것을 아는 죄인이 그리스도의 십자가를 붙잡고 자기 영혼을 그리스도께 맡기는 바로 그 마음의 행위와 본질적으로 같다고 말하는 것은 이 이야기를 영적으로 해석하거나 이 이야기가 본래 지니고 있는 것보다 더 깊고 더 종교적 의미를 끄집어내는 것이 아닙니다. 다른 경우에서처럼 이 경우에도 사람에 대한 신뢰가 있는 것입니다. 단지 전자의 경우에서는 그분을 치료자로만 알았고, 다른 경우에는 그분을 구주로 알았던 것입니다. 그러나 어떻게 이해하든지 간에 그 믿음은 동일한 것입니다.

그리스도께서 오셔서 그에게 "일어나 네 자리를 들고 걸어가라"고 말씀하십니다. 그 사람의 마음속에 신뢰가 움직입니다. 그는 순종하려고 하고, 순종하는 행위를 취하는 가운데, 그에게 능력이 임합니다.

형제 여러분, 일은 언제나 그와 같습니다. 그리스도의 모든 명령은 선물입니다. 그리스도께서 "이것을 행하라!"고 말씀하실 때는 그것을 행할 능력을 여러분에게 주시겠다고 약속하시는 것입니다. 주님은 무슨 일을 명하시든지 그 일을 행할 힘을 주십니다. 주님은 명령으로써 스스로를 구속하십니다. 주께서 우리에게 "하라"고 명하시는 모든 말씀에는 "내가 하리라"는 주님의 약속을 핵심으로 담고 있습니다. 그래서 주님은 명령하시면서 주십니다. 그래서 우리가 겸손한 믿음으로 주님의 뜻을 행하려고 애쓸 때 그의 명령을 지킬 수 있는 능력을 받게 됩니다. 우리가 순종할 수 있는 것은, 오직 우리를 치료하신 분을 사랑해서 순종하려고 할 때뿐입니다. 이 사실을 확실히 아시기 바랍니다. 주께서 우리를 위해 자신을 주셨기 때문에 우리가 주님의 뜻이라고 알고 있는 것을 행하려고 할 때는 언제든지,

우리의 능력이 우리의 소원을 행할 수 있을 만큼 되고, 우리의 의무를 행하기에 충분하게 될 것입니다. 그것은 어거스틴이 말하는 것과 같습니다. "주께서 명하시는 바를 주십시오. 주께서 뜻하시는 바를 명령하십시오."

"일어나 네 자리를 들고 걸어가라." 혹은 다른 경우에서는 "네 손을 펴라"고 말씀하시고, "그가 내밀매 다른 손과 같이 회복되어 성하여졌습니다"(마 12:13). 그리스도께서는 순종하려고 하는 무력한 사람들에게 그리스도의 명령을 지킬 능력을 주십니다. 그들이 그리스도께 치료를 받았기 때문입니다.

2. 다음에, 이 표적에서 그리스도께서 치료자이기 때문에 절대적 주님으로 나타나는 것을 봅니다.

바리새인과 그의 친구들은 표적을 볼 눈이 없었습니다. 그러나 어떤 사람이 안식일에 간단한 잠자리를 들고 가는 것을 그들이 보았다면, 그것은 그들의 관심을 끌고, 따라서 그들이 즉각 주목해서 보았을 것임에 틀림없었습니다.

실로 그렇게 하고 있는 사람이 사지가 마비되었던 사람이었다는 사실에는 전혀 관심을 보이지 않고, 그들은 순전히 형식주의자들의 편협한 직감을 가지고 랍비들의 제한 규정을 어겼다는 사실만을 붙잡고 그를 막으려고 합니다. "오늘은 안식일이다! 네가 잠자리를 들고 가는 것은 불법이다."

그리고 그들은 그같이 말한 사람이 알고 있었던 것보다 훨씬 더 깊은 문제를 다루고, 그리스도인의 순종이라는 전체 문제를 바른 근거에 올려놓는 답변을 듣습니다. "그 사람이 대답하되 나를 낫게 한 그가 자리를 들고 걸어가라 하더라 하니." 그것은 마치 그 사람이 이렇게 말하는 것이나 같았습니다. "그가 내게 능력을 주었는데, 그렇다면 그가 내게 그 능력으로 할 일을 말할 권한이 있지 않겠는가? 내가 잠자리를 들 수 있었던 것은 그의 선물이었다. 어쨌든 나를 걸을 수 있게 만든 분이 내게 언제 어디에서 명령하면 내가 걸어야 하지 않겠는가?"

그 사실을 일반화한다면, 바로 이렇게 됩니다. 즉 여러분에게 명령할 권한을 가진 분은 오직 여러분을 구원하시는 그리스도뿐이라는 것입니다. 그리스도께서는 여러분에게 회복시켜주는 영적 능력을 가지고 원하시는 대로 행할 절대적 권세를 갖고 있습니다. 이는 그가 그 모든 능력을 여러분에게 주셨기 때문입니다. 그리스도의 통치권은 주님의 은혜 위에 세워집니다. 그리스도는 구주이기 때문에 왕이십니다. 그리스도는 구속하셨기 때문에 통치하십니다. 그리스도는 먼저 주는 것부터 시작하십니다. 그 후에 가서야 명령하십니다. 그 후에 가서야, 주님은 각 사람에게 웃음을 지으며 부드러운 목소리로 "너희가 나를 사랑하면 나의 계명을 지키리라"(요 14:15)고 말씀하십니다. 그리고 배은망덕한 사람이 아니라면, 누구든지 이 말씀으로 인해 영원히 그리스도에게 결속될 것입니다.

누가 되었든지 간에 권위 있는 목소리를 취하면 언제든지 개인적으로 듣기 어려운 불쾌한 면이 있습니다. 언제나 우리는 그런 목소리에 대해 반감을 갖고 뒤로 물러나게 됩니다. 명령을 감미롭게 만드는 것이 딱 한 가지 있습니다. 그것은 벌집에서 떨어지는 꿀처럼 사랑하는 사람의 입에서 명령이 나올 때입니다. 그리스도께서 우리에게 명령하시는 경우가 그와 같습니다. 온 마음으로 감사와 애정을 품고서 바라보는 분의 뜻을 알고 행하는 것은 기쁜 일입니다. 그리고 그리스도께서는 우리에 대한 주님의 기쁨을 전달함으로써 우리를 복되게 하고 특권을 주시는데, 이는 우리가 주님의 뜻에 순종하고, 그럼으로써 명령하시는 사랑에 순종하는 기쁜 사랑으로 화답하는 즐거움을 맛보도록 하시기 위함입니다. "나를 낮게 한 그가 말씀하셨고," 그가 말씀하시는 것을 행하는 것은 기쁜 일임에 틀림없습니다.

그래서 "내 멍에는 쉽고 내 짐은 가벼움이라"(마 11:30)고 말씀하십니다. 이는 그리스도께서 율법의 요구를 줄이시기 때문이 아니고, 그리스도인의 순종의 표준을 다른 어떤 행위와 인격의 표준보다 낮추시기 때문도 아닙니다. 그 표준은 훨씬 더 높습니다. 그리스도인의 의무가 되는 일들이 그 자체로는 매우 힘든 것일 경우가 많습니다. 그리스도인의 미덕에는 언제나 자기희생이 있습니다. 그리고 자기희생에는 언제나 쓰는 것이 있습니다. 그러나 "그 멍에가 쉽고 그 짐이 가벼운" 것은, 말하자면 그 멍에에 지극히 부드러운 벨벳을 덧대었기 때문이고, 주님께서 우리 목에 매셨기 때문에 그 짐이 가벼운 것입니다. 명령이 그리스도의 입술에서 나올 때는 명령의 거슬리는 모든 점들이 사라집니다. 그리스도의 명령은 "굽은 것을 곧게 하고"(사 42:16) "험한 곳을 평지가 되게 하며"(40:4), 싫은 의무를 즐거운 봉사로 만듭니다. 그리스도인의 순종의 복된 기초이자 그리스도의 권위의 복된 기초는 그리스도의 구속입니다.

3. 그 다음에 더 나아가서, 주님은 여기서 자신을 하나님의 아들로, 곧 일하는 데 휴식을 필요로 하지 않고 휴식을 모르는 분으로 나타내십니다.

이 장의 나머지 부분에서 이 민족의 적대 세력을 뜻하는 "유대인들"이라고 불리는 자들이 "예수께서 안식일에 이러한 일을 행하신다" 하여 주님을 죽이려고 하였다는 사실을 봅니다. 예수께서는 그들에게 이같이 말씀하셨습니다. "내 아버지께서 이제까지 일하시니 나도 일한다." 주님께서는 이 사람을 고치는 방식을 통해서 학자연하는 이 결의론자들이 굳게 붙들고 있는 요점들을 드러내려고 하셨던 것이 분명합니다. 주님은 안식일의 법에 대한 랍비들의 결의론(決疑論)들을 자신이 일축해 버리는 것을 사람들이 보게 하셨습니다. 주님께서는 이 엄숙하고 심오한 말씀에 들어 있는 대단한 주장, 곧 휴식을 필요로 하지 않고 휴식을 모르고 일하시는 하나님처럼 일하는 하나님의 아들이라는 주장을 하기 위해 그같이 하셨습니다.

"내 아버지께서 일하시니 나도 일한다." 창세기의 옛 기사에서 창조 후에 창조주께서 쉬셨다고 하는 안식은 마치 비활동의 휴식인 것처럼 해석해서는 안 되는 것이었습니다. 그것은 계속적 활동의 휴식이었습니다. 하나님께는 안식과 일이 하나입니다. 이 모든 시대 동안 내내 피조물을 보존하신 것은 지속적 창조입니다. 하나님의 에너지는 마치 불이 붙었으나 타지 않는 나무처럼, 불길이 영원히 줄어들지 않는 태양처럼 하나님 본성의 깊은 곳으로부터 영원히 흘러나오고, 영원히 우주를 떠받치고 있습니다. 그래서 신적 본성에 타당한 활동을 중지한다는 의미에서 안식일이란 없습니다. 하나님의 모든 활동이 휴식이고 "하나님께서 한창 활동하시는 가운데도 휴식이 있기" 때문입니다. 이처럼 하나님께만 있는 활동과 휴식의 일치가 신성과 인성을 지닌 이 하나님의 아들에게 있는 것입니다. 단순히 자신의 신성을 의식하는 데서 나온 것이 아니라면, 예수께서는 지금 아주 뻔뻔스럽게 하나님을 모독하는 교만한 태도로 자신의 활동을 성부 하나님의 활동과 나란히 놓는 것입니다. 즉 자신의 활동이 원칙적으로 성부 하나님의 활동과 동일하고, 방법이나 목적이 동일하며, 휴식과 활동이 일치하는 점에서도 동일하다고 말하는 것입니다.

"내 아버지께서 이제까지 일하시니 나도 일한다. 그러므로 아버지와 마찬가지로 나도 휴식의 안식일이 필요 없다." 인간의 활동은 힘들여 수고함으로 일어나고, 인간의 에너지는 소비함으로써 고갈됩니다. 사람은 일하면 피곤해지고, 일하면 괴롭습니다. 사람은 마음의 평온함을 회복하고 신체적 힘을 다시 얻기 위해서는, 안식일이 가져다주는 것과 같은 신체의 휴식과 마음을 추스르는 일이 필요합니다. 그러나 하늘에서 지칠 줄 모르고 일하시는 분에게는 그런 것이 필요 없고, 또 여기 이 땅에서 성부 하나님과 마찬가지로 힘들여 일하시는 분의 신적 본성에게도 필요 없습니다.

이렇게 말한다고 해서 그리스도를 따르는 사람들에게 안식일의 안식을 폐지한다는 뜻이 아니라는 점을 기억하시기 바랍니다. 그런 휴식은 모든 인간 노동자들은 휴식을 필요로 하고 감사한 마음으로 휴식을 받아들이지 않을 수 없다는 사실을 보여주거나 암시하는데, 주님은 그런 휴식에 전혀 의존하지 않고 그런 데서 초월해 있다고 주장하시는 근거를 보도록 해야 합니다. 그것은 주님께서 신적 동등성을 주장하시는 말씀입니다. 그것은 주님께서 인간의 활동과는 다른 활동을 하신다는 주장입니다. 주님은 휴식의 필요를 초월해서 있으며, 하나님의 뜻을 따라 휴식을 취할 수 있는 거룩한 법을 따라 움직이시는 주님이라고 주장하시는 말씀입니다.

이와 같이 주님의 이 말씀은 지금은 우리가 들어갈 수 없는, 거룩한 아버지와 거룩한 아들의 관계의 심연을 열어보여 줍니다. 안식일에 주님께서 사지가 마비된 사람을 보고 "일어나 네 자리를 들고 걸어가라"고 말씀하신 사건, 곧 바닷물에 떠다니는 작은 해초 이파리와 같은 이 작은 사건이 밑으로 내려가 사물의 심연에까지 이르고, 기독교의 핵심 진리, 곧 항상 일하시는 하나님 아버지와 한 분이신 하나님의 아들의 신성을 붙잡은 깊고 큰 덩굴손이 달려 있다는 것을 느끼게 만듭니다.

4. 끝으로, 우리는 이 사건에서 또 다른 교훈을 봅니다. 주님께서 치료자이실 뿐만 아니라, 병 나은 자에게 다시 타락할 수 있는 가능성을 경고하시는 재판장의 모습을 봅니다.

"예수께서 성전에서 그 사람을 만나 이르시되 보라 네가 나았으니 더 심한 것이 생기지 않게 다시는 죄를 범하지 말라 하시니." 이 사람이 삼십팔 년간 병을 앓았던 것은 방탕한 생활로 인해서 생긴 것 같습니다. 그에게 비참한 생활을 안겨 준 것은 육신의 앙갚음을 받은 세상적인 죄였습니다. 사람들은 그가 충분한 경고를 받았을 것이라고 생각할 것입니다. 그러나 방탕한 사람이 병들었다가 다시 건강을 회복하였을 때 어떤 마음을 품게 되는지를 말해주는 옛 속담을 우리는 잘 알고 있습니다. 그래서 그리스도께서는 다시 그에게 와서 이같이 엄숙한 경고의 말씀을 하십니다. "삼십팔 년 동안 사지가 마비된 것보다 더 심한 일이 있다. 너는 한 번 넘어졌고, 네가 받은 형벌은 혹독하였다. 네가 두 번 넘어지면, 그 형벌은 더 혹독해질 것이다." 왜 그렇게 됩니까? 첫 번째 형벌이 그에게 아무 유익을 주지 못하였기 때문입니다. 이와 같이 여기에는 우리를 위한 교훈이 있습니다. 우리는 옛 죄를 극복했다고 생각할지라도, 다시 넘어져 옛 죄에 빠질 위험은 항상 있습니다. 습관의 신비한 영향력, 약해진 의지, 익숙한 시험, 반역적 상상, 마음을 유혹하는 기억 등, 마치 한때 술주정뱅이였던 사람의 경우에 코에 닿는 술 냄새의 유혹이 그의 신체에 미치는 영향처럼, 이런 모든 것들 때문에 어떤 악이었든지 한 번 악의 지배 아래 있었던 사람은 다시 유혹을 받아 그 악의 세력에 지배될 수가 있습니다.

그런 타락은 단지 이전보다 더 죄가 되는 것뿐 아니라 전자보다 더 치명적입니다. "의의 도를 안 후에 받은 거룩한 명령을 저버리는 것보다 알지 못하는 것이 도리어 그들에게 나으니라"(벧후 2:21). "그 사람의 나중 형편이 전보다 더욱 심하게 되느니라"(마 12:45).

형제 여러분, 이보다 지독한 정죄는 없습니다. 강한 표현을 쓸 수 있다면, 신앙을 버린 그리스도인이 떨어질 지옥만큼 뜨거운 지옥은 없습니다. "참된 속담에 이르기를 개가 그 토한 것을 도로 먹는다는 말이 그들에게 응하였도다"(벧후 2:22). 아주 품위가 없고 거친 은유라고 생각합니까? 그렇습니다. 훨씬 더 심각한 현실을 표현하기 위해서 그런 은유를 쓰는 것입니다.

그리스도인 여러분! 그동안 여러분은 온전하게 지내왔습니다. "더 심한 것이 생기지 않게 다시는 죄를 범하지 말라." 그러니 주님을 보고 이렇게 말하십시오. "나를 붙드소서 그리하시면 내가 구원을 얻으리이다"(시 119:117). 그러면 적들이 여러분을 다시 차지하지 못하게 될 것이고, 손목에서 떨어져 나간 쇠사슬이 다시 여러분을 옭아매지 못할 것입니다.

27
생명을 주는 분이시자
재판장이신 분

"¹⁷예수께서 그들에게 이르시되 내 아버지께서 이제까지 일하시니 나도 일한다 하시매 ¹⁸유대인들이 이로 말미암아 더욱 예수를 죽이고자 하니 이는 안식일을 범할 뿐만 아니라 하나님을 자기의 친 아버지라 하여 자기를 하나님과 동등으로 삼으심이러라 ¹⁹그러므로 예수께서 그들에게 이르시되 내가 진실로 진실로 너희에게 이르노니 아들이 아버지께서 하시는 일을 보지 않고는 아무것도 스스로 할 수 없나니 아버지께서 행하시는 그것을 아들도 그와 같이 행하느니라 ²⁰아버지께서 아들을 사랑하사 자기가 행하시는 것을 다 아들에게 보이시고 또 그보다 더 큰 일을 보이사 너희로 놀랍게 여기게 하시리라 ²¹아버지께서 죽은 자들을 일으켜 살리심 같이 아들도 자기가 원하는 자들을 살리느니라 ²²아버지께서 아무도 심판하지 아니하시고 심판을 다 아들에게 맡기셨으니 ²³이는 모든 사람으로 아버지를 공경하는 것 같이 아들을 공경하게 하려 하심이라 아들을 공경하지 아니하는 자는 그를 보내신 아버지도 공경하지 아니하느니라 ²⁴내가 진실로 진실로 너희에게 이르노니 내 말을 듣고 또 나 보내신 이를 믿는 자는 영생을 얻었고 심판에 이르지 아니하나니 사망에서 생명으로 옮겼느니라 ²⁵진실로 진실로 너희에게 이르노니 죽은 자들이 하나님의 아들의 음성을 들을 때가 오나니 곧 이 때라 듣는 자는 살아나리라 ²⁶아버지께서 자기 속에 생명이 있음 같이 아들에게도 생명을 주어 그 속에 있게 하셨고 ²⁷또 인자됨으로 말미암아 심판하는 권한을 주셨느니라 "

요 5:17-27

유대인들은 예수께서 삼십팔 년의 비참한 생활에 처해 있던 사람을 구원하시자 분개하였습니다. 그들은 희망이 자꾸 미뤄지자 지치고 절망에 빠진 고통 받는 그 사람에 대한 인간적 동정이 전혀 없었고, 안식일을 어긴 사실에만 몸서리를 쳤습니다. 그들이 보기에는 "자비"보다 "제사"가 더 중요하였습니다. 그들은 이 표적이 그리스도께서 메시야이심을 입증한다고 인정하지 않았습니다. 그보다는 안식일에 그런 일을 하는 것을 보니 그가 악한 사람인 것을 입증한다고 확신하였습니다. 형식주의가 형식과 정신의 상대적 중요성에 대한 사람의 판단력을 얼마나 왜곡시켰는지 모릅니다!

예수께서 자신의 행동을 변호하신 말씀이 그들을 훨씬 더 화나게 만들었습니다. 그것은 주님께서 그들에게는 신성모독이나 마찬가지로 보이는 근거에서 자신을 변호하셨기 때문입니다. "내 아버지께서 이제까지 일하시니 나도 일한다." 그들은 이 위대한 말씀에서 한 가지 점에 매달렸습니다. 즉 주님의 말씀이 특별한 의미에서 하나님의 아들됨을 주장하였고, 그 근거에서 안식일의 율법을 어길 권한이 있다고 주장하였다는 것입니다. 하나님의 안식은 활동하지 않는 것이 아닙니다. "피조물을 보존하는 것은 지속적 창조입니다." 모든 존재가 존속하는 것은 하나님께서 끊임없이 일하고 계시기 때문입니다. 아들은 아버지와 협력하십니다. 그래서 아버지에게처럼 아들에게도 안식일의 법이 적용되지 않습니다. 안식일을 범한다는 비난은, 반대자들이 보는 가운데 그런 주장을 하는 죄 앞에서 희미하게 사라집니다. 그러므로 우리 주님은 나아가서 그 주장을 확대하고 정당화하십니다.

주님은 먼저 19절과 20절에서 전반적 내용을 진술하십니다. 여기서 주님은 아버지와 아들이라는 개념에 포함되어 있는 관계를 설명하십니다. 주님은 완전한 하나님의 아들로서 뜻과 행동에서 완벽하게 아버지 하나님과 하나이시고, 성부 하나님과 아주 완전히 결합되어 있어서 스스로 어떤 행동을 시작한다는 것이 불가능합니다. 이는 능력이 부족하기 때문이 아니라 존재의 통일 때문에 그렇습니다. 이 완벽한 통일이 소극적으로 표현되고("할 수 없나니") 그 다음에는 적극적으로 표현됩니다("그와 같이 행하느니라"). 그러나 이 통일이 행동에서만 분명히 나타나는 것이 아닙니다. 그보다는 이 통일은 항상 각각에게서 흘러나오고 각각에게로 흘러가는 완벽한 사랑에, 그리고 성부와 성자 간의 완벽한 교통에, 그리고 아들이 아버지에게서 모든 것을 받음에 깊은 뿌리를 두고 있습니다. 예수께서는 자기가 아버지께서 행하신 것은 무엇이든지 할 수 있다고, 아버지께서 행하시는 것을 아들도 "그와 같이" 행할 수 있다고 주장하셨습니다. 자신이 아버지 하나님의 사랑을 받는 유일무이한 대상이고, "아버지께서 행하는 것은 다" 완전히 전달받으실 수 있다고 주장하셨습니다. 또 주님은 자신이 그처럼 아버지 하나님과 완전히 일치하게 생활하시므로, 자신의 행동 하나하나가 모두 그 결과이고, 주님의 온전한 영에는 제멋대로 하는 흔적이 조금도 물들지 않았다고 주장하셨습니다. 이제까지 그런 주장을 하고서도 정신병자 취급을 받지 않은 사람이 있었겠습니까? 주님은 그런 주장을 하시고, 자기는 "마음이 겸손하다"고 말씀하십니다. 그래서 세상은 믿지는 않을지라도 아무튼 세상에서 가장 훌륭한 사람의 면전에 있는 것처럼 공손히 귀를 기울입니다. 그런데 그 주장이 정당하지 않다면, 그런 신적 대권을 가지고 있다고 주장하는 것은 터무니 없는 것입니다.

주님은 21-23절에서 주장을 발전시켜 두 가지의 일이 있는데, 자신이 그 일들을 한다고 말씀하십니다. 두 가지 일 모두 고유한 하나님의 활동입니다. 생명을 주는 것과 세상을 심판하는 것은 똑같이 인간의 능력을 초월하는 일입니다. 그런데 이 두 가지 일을 똑같이 주님께서 행하십니다. 이 일들은 예수께서 20절에서 예고하는 "더 큰 일"입니다. 이 두 가지는 이 전체 대화를 일으킨 치유의 표적보다 더 큰 일입니다. 먼저 생명을 주고, 다시 죽은 자들에게 생명을 주되, 단지 소생시키기만 하는 것이 아니라 죽은 자들을 일으키시는 것은 신적 능력에 속하는 일임이 분명합니다. 여기서 예수님은 조용히 자기에게 그런 능력이 있다고 주장하십니다.

나중에 따로 따로 다루겠지만, 육체적으로 죽은 자들과 정신적으로 죽은 자들을 모두 포함하여 아주 넓은 의미에서 엄청난 주장을 주님이 여기서 하신 것입니다. 하나님의 아들은 포괄적 그 단어가 의미하는 모든 면에서 생명의 원천이십니다. 주님은 무력한 자를 자발적으로 고치셨듯이 "자기가 원하는 자를 살리십니다." 이 주장이 방금 전에 말씀하신, 자기는 아무것도 스스로 할 수 없다고 하는 주장과 모순됩니까? 그렇지 않습니다. 왜냐하면 주님의 뜻은, 주님의 사랑이 항상 아버지의 사랑과 일치하듯이 아버지의 뜻에 항상 부합하기 때문입니다. 이 주장은 주님의 임의적 기쁨을 암시하거나 사람의 뜻을 아무것도 아닌 것으로 만듭니까? 그렇지 않습니다. 주님의 뜻은 의로운 사랑의 지도를 받기 때문이고, 주님은 자신의 요구 조건에 따르는 사람들을 살리고자 하기 때문입니다. 주님은 살리고자 하는 자신의 뜻은 전능한 힘이 있고, 또 주님의 음성은 "죽음의 무디고 냉담한 귀"를 파고들어 영혼을 이 장막의 빈 집으로 다시 돌아오게 하거나 "허물로 죽은" 영을 일으킬 수 있다고 주장하십니다.

다른 신적 대권인 심판하는 권세는 소생시키는 대권과 떨어질 수 없는 것입니다. 이 대권에 관해서 그리스도의 주장은 훨씬 더 높습니다. 이 대권은 전적으로 그가 아들이어서 부여받은 것이라고 말씀하시기 때문입니다. 소생시키는 개념과 결합되는 심판의 개념은 여기서 소생시키는 개념과 마찬가지로 좀 더 일반적 의미로("심판을 다") 보아야 합니다. 따라서 여기서는 두 가지를 다 포함하는 것으로 이해해야 합니다. 즉 예수께서 자기가 이를 위해 세상에 왔다고 말씀하셨고, 사람들이 그리스도와 그의 복음에 대한 태도에 의해 그들 자신에 대해 내리는 현세의 심판과, 또한 사람의 성품을 드러내고 운명을 결정하는 장래 마지막 심판을 모두 말하는 것으로 보아야 합니다. 이 두 가지 심판을 아버지 하나님께서 아들의 손에 맡기신 것입니다.

사람들에 관한 한, 아들에게 이 장엄한 대권들을 수여하신 목적은 아들이 만물로부터 하나님의 영광을 받으시도록 하기 위함입니다. 그보다 협소한 목적이 20절에 진술되었습니다. 이 구절에서 주님의 활동을 보는 사람들은 당시에 주님을 따르는 자들뿐이고, 그 활동을 통해서 일으키고자 한 효과는 단지 "놀랍게 여기게 하는 것" 뿐입니다. 그러나 놀라움을 일으키려고 한 것은 사람들이 그리스도의 능력의 의미와 그의 사람됨의 신비를 인식하는 데 이르도록 하려는 것이고, 그것은 또 아버지 하나님께 마땅히 돌려드려야 할 바로 그 영광을 주님께 드리도록 하려는 것입니다. 이 말씀에서 만큼 예배에 대한 분명한 요구와 신성에 대한 뚜렷한 강조를 다른 데서는 찾을 수 없을 것입니다. 그리스도를 예배하는 것이 하나님께 돌려야 할 영광을 가로채는 것이 아닙니다. 아들을 예배하는 것이 곧 아버지를 예배하는 것입니다. 아버지께서 보내신 아들을 영화롭게 하지 않는 자는 아무도 아들을 보내신 아버지를 영화롭게 하지 못합니다.

24-27절에서, 서로 관련이 있는 두 가지 대권이 영적 측면에서 제시됩니다. 반면에서 이 장의 후반부 구절들에서는 말 그대로 죽은 자들의 부활과 소생시키는 문제를 다룹니다. 24절에 소개되는 중요한 새 용어, "믿는 자"라는 말에 유의하시기 바랍니다. 죄와 자아의 죽음으로부터 일어나는 영적 부활은 "자기가 원하는 자들"에게 이루어집니다. 그런데 주께서는 그 일이 자기를 믿는 자들에게 일어나기를 원하십니다. 이와 비슷하게, 25절에서는 "살아날" 자들은 "듣는 자들"입니다. 그것은 그럴 수밖에 없습니다. 왜냐하면 생명이신 주님으로부터 오는 생명이 우리 속에 들어와 소생시키는 방법은 그 생명이 들어오도록 믿음으로 마음을 여는 것밖에 다른 길이 없기 때문입니다. 그리스도의 신성과 그의 부여하시는 생명의 신비는 깊습니다. 그러나 그 생명을 받는 조건은 분명합니다. 예수님을 신뢰하면 우리는 살 것입니다. 신뢰하지 않는다면 우리는 죽은 사람입니다. 예수님을 신뢰하는 것은 예수님을 보내신 아버지를 믿는 것이고, 우리는 그리스도의 "음성"을 "들을" 때 아버지를 신뢰할 수 있게 됩니다.

믿음의 효과는 즉각적입니다. 우리가 원한다면 이 보잘것없는 선물이 풍성해지고, 각 사람을 위하여 하늘의 빛을 입을 수 있습니다. 왜냐하면 예수께서는 죽은 자의 부활의 신비와 마지막 심판의 두렵고 엄숙한 사실을 먼저 지적하시지 않고, 우리 각 사람이 어느 때든지 시작할 수 있는 것을 언급하시기 때문입니다. 믿는 자는 "영생을 얻었고" "심판에 이르지 아니합니다." 이 생명은 복된 미래에 가서야 얻을 수 있도록 유보되지 않고,

현재 소유할 수 있는 것입니다. 사실 이 생명은 그 본향으로 옮겨갈 때에
는 비길 데 없이 고귀하게 꽃필 것입니다. 마치 이곳의 추운 기후에는 잘
맞지 않는 식물이 열대 지방으로 다시 옮겨 심으면 꽃피는 것과 같습니다.
그러나 이 생명은 현재 소유하는 것이고, 그 후 천국의 생명은 그리스도인
이 이 땅에서 누리는 생명과 종류가 다르지 않고 주로 정도와 환경에서 다
릅니다. 지금 여기서 이 생명을 가지고 있는 사람은 그의 외적 생활의 형
태 때문에 그를 심판에 이르게 할 죄들로부터 보호를 받습니다. 그리고 그
가 현재 받는 자비로운 심판은 그의 가장 깊은 자아가 바라는 것입니다.
그리고 이 복된 상태는, 다른 사람들에게는 "진노의 날"(계 6:17) "두려운
날"(말 4:5)인 마지막 큰 날에 그리스도께서 그의 내주하시는 생명으로 소
생시킨 사람들은 "그 앞에서 담대함을" 얻게 하실 것이라는 보증을 담고
있습니다.

이 구절들에서 믿음의 현재 효과들을 고려하고 있는 것이 분명합니다.
예수께서 그 효과들이 이루어질 수 있는 "때가 곧 이때라"고 확실하게 밝히
시기 때문입니다. 예수께서는 다시 한 번 지극히 강한 어조로 말씀하시는
데, 믿음이 우리에게 확실히 생명을 가져다준다고 확신할 수 있는 이유로
자신이 두 신적 대권, 곧 죽은 자를 소생시키는 권세와 심판하는 권세를
지니신 사실을 말씀하십니다. 그 생명을 주님께 "주어" "그 속에 있게" 하셨
다고 말하는 것은 참으로 모순처럼 보입니다! 그러면 주님은 언제 그 선물
을 받으셨습니까? 영원의 심연 가운데서 받으셨습니다.

주님은 "결코 불확실한 보좌에 앉지 않으시고 빌려오는 것들은 하나도
없으십니다." 그러므로 주님은 생명을 나누어 주실 수 있고 아무도 잃지
않을 수 있습니다. "인자"로서 주님께 속한 심판을 시행하는 능력은 주께
서 받은 것이면서 또한 주님 본래의 것인 생명과 뗄 수 없이 밀접하게 연
결되어 있습니다. 앞 구절들에서 주님께 속하는 것으로 생각해 온 것은
"아버지의 아들"로서 고려한 것입니다. 그러나 지금 주님께서 받기에 적합
하고, 실제로 부여받은 심판하는 권세는 참 사람으로서 받는 것입니다. 분
명 주님은 만민의 심판장이십니다. 이는 주께서 성육신과 지상 생애를 통

해 모든 사람에게 영생을 제공하시고, 사람들은 그 제공에 대한 태도에 의해 심판을 받기 때문입니다. 그러나 이 사상은 그리스도의 신성과 분리할 수 없이 한데 얽혀 있는 그리스도의 인성이 주님을 재판장으로 세우는 데 신성과 마찬가지로 필요하다는 것을 전하는 것으로 보입니다. 주님은 말하자면 속으로부터 "우리의 체질을 아십니다." 말하자면, 주께서 "자비하고 신실한 대제사장이 되기에"(히 2:17) 적합하도록 우리 본성에 참여하는 것은 그가 만민의 재판장이 되기에 알맞습니다.

28
요한복음의
네 번째 표적

"예수께서 떡을 가져 축사하신 후에 앉아 있는 자들에게 나눠 주시고
물고기도 그렇게 그들의 원대로 주시니라."

요 6:11

5천 명을 먹이신 이 표적의 이야기가 요한복음에서는 유독 갑작스럽게 소개됩니다. 이 장의 첫 절은 이렇게 시작됩니다. "그 후에(이 일들 후에) 예수께서 갈릴리 바다 건너편으로 가시매." 즉 갈릴리 바다 서쪽에서 동쪽으로 가셨다는 말입니다. 그런데 이 복음서 기자는 예수께서 어떻게 혹은 언제 서쪽에 가셨는지는 말하지 않습니다. 앞 장에 기록된 "이 일들"이란 베데스다 못 가에서 사지가 마비된 사람을 고치신 일, 그로 말미암아 유대인들의 적대감이 폭발한 일, 주님께서 아버지 하나님에 대한 자식의 관계를 주장하시는 장엄한 강화(講話)를 하신 일들을 말합니다. 그래서 우리는 이 장들 사이에 예루살렘에서 갈릴리로 온 여행, 그리고 몇 달의 경과를, 혹은 앞 장에 언급된 명절이 유월절이라면 거의 1년이라는 기간을 집어넣어야 합니다. 여기 있는 요한복음은 사건들의 단순한 구조에 대해서는 별로 관심을 보이지 않습니다. 이렇게 해서 전적으로 요한은 자신이 이 표적을 이야기하는 이유가 주로 이 표적의 영적 교훈과, 이 표적이 그리스도를 생명의 떡으로 나타내는 계시라는 것을 알게 하려는 것이

었습니다.

마찬가지로 요한은 주님께서 제자들과 함께 갈릴리에서 바다 동쪽으로 물러나신 이유들에 관해서 조금이라도 무엇을 이야기하려고 하지 않습니다. 이 이유들에 대해서는 다른 복음서 기자들에게서 알아야 합니다. 다른 복음서 기자들은 동시에 발생한 여러 가지 동기를 알려줍니다. 그 이유들로, 세례자 요한의 죽음에 대한 소식, 그리고 악의 불길한 예감이 들게 하는 일로서 잔인한 군주가 예수님을 보기를 바란 것, 또 열 두 사도가 시험적인 복음 전도 여행으로부터 돌아왔고, 따라서 그들이 휴식을 취할 필요성이 있습니다. 그리고 어쩌면 유월절이 가까이 오고 있었는데, 이때는 주님께서 유대인들의 적의 때문에 예루살렘에서 이 절기를 지키려고 하시지 않았고, 그래서 잠시 물러나 있으려고 한 것이 또한 그 이유일 것입니다.

이 모든 이유들이 동시에 발생하자, 주님과 제자들은 잠시 사람들에게서 떨어져 쉴 곳을 찾으려고 하였습니다. 그러나 그런 곳을 찾으리라는 희망은 헛되었습니다. 엄청난 수의 사람들이 떼를 지어 아주 열성적으로 서둘러 따라왔기 때문에, 그들의 필요에 맞게 음식을 자연에서나 일반적으로나 준비할 것을 생각하지 못하였습니다. 그래서 그들 앞에 이 표적을 행하는 계기가 된 것입니다.

이제 다루려고 하는 이 이야기는 주로 두 부분으로 나뉜다고 생각합니다. 이 두 부분이 모두 우리에게 중요한 몇 가지 교훈을 전달합니다. 첫째로 표적을 위한 준비가 있고, 그 다음에는 표적 자체가 있습니다. 이 두 가지 요점을 이어서 살펴봅시다.

1. 첫째, 표적을 위한 준비를 봅시다.

이 표적은 네 복음서 기자 모두가 기록하고 있는 것으로, 주님께서 마지막으로 예루살렘으로 올라가기 전에 있었던 유일한 사건이라는 점에 주의할 필요가 있습니다. 그러므로 이 이야기들 사이에서 볼 수 있는 변화들은 특별히 흥미롭고, 이 차이점들은 매우 중요합니다. 예를 들면, 요한의 설명에서는 떡을 어떻게 준비할 것인지에 대한 질문이 그리스도에게서 나왔습니다. 반면에 다른 복음서 기자들의 설명에서는 그 질문이 먼저 사도들 가운데서 조용히 논의되었습니다. 요한의 이야기에서는 심지어 이 질문이 무리들이 예수님께 오기 전에 나온 것을 봅니다. 공관복음서들에서는 이 질문이 주님께서 무리들을 가르치고 병 고치는 일로 긴 하루를 보낸 끝에 나온 것을 봅니다.

시간 상의 차이가 이 질문을 꺼낸 사람이 다른 것에 대한 해결책이 될 수 있습니다. 말하자면, 요한의 설명이 다른 복음서 기자들이 택하는 시점보다 이른 시점에서 이 이야기를 다루는 것은 매우 정당합니다. 사건들의 전체 순서는 이런 것이었습니다. 그날이 시작될 때, 사람들이 벌써 주님께로 몰려들고 있는 동안에, 주님께서 조용히 제자들 중 한 사람에게만 이 질문을 하십니다. "우리가 어디서 떡을 사서 이 사람들을 먹이겠느냐?" 그 뒤 "각 사람으로 조금씩 받게 할지라도 이백 데나리온의 떡이 부족하리이다"라는 답변은 그날이 끝나갈 무렵에 사도들이 주님께 "우리가 가서 이백 데나리온의 떡을 사다 먹이리이까"(막 6:37)라고 물었을 때 그 액수를 이야기하게 된 이유를 설명해 줍니다.

이러므로 우리는 여기서 잠시 멈추고 "우리가 어디서 떡을 사서 이 사람들을 먹이겠느냐"는 주님의 질문을 생각해 볼 수 있습니다.

우리는 이 질문에서 온갖 형태의 인간 곤경에 대해서 즉각적으로 솟아나는 구주님의 동정심이 아주 아름답게 나타난다는 점에 주의합시다. 주님은 잠시 휴식을 취하기 위해 사람들을 떠났습니다. 그런데 그 휴식이 주님에게 주어지지 않습니다. 서둘러 오는 무리들은 천한 호기심을 가지고 따라 옵니다. 이들이 주님을 찾아 온 이유는 통속적 호기심에 지나지 않았습니다. 주님의 마음에는 조급함의 움직임이 결코 지나가지 않습니다. 주님께서는 제자들과 호젓한 오후를 보내려던 기대가 사라지는 것을 조금도 못마땅해 하시지 않습니다. 주께서 몰려오는 무리들을 바라보면서, 첫 번째 드는 생각은 거룩한, 그러면서도 지극히 인간적 동정심이 본능적으로 즉각 움직이는 것이었습니다. 이 무리들의 음식을 어떻게 준비할까 하는 문제가 주님의 마음에 떠오릅니다. 무리들이 벌써 서둘러 주님께로 오고 있었습니다. 그들은 떡을 어디서 구할지는 전혀 생각하지 않았습니다. 그러나 주님은 이 태평한 사람들을 염려하셨고, 주님의 마음은 이들의 처할 곤경을 미리 아시고, 그들의 필요를 채우기 위해 "주께서 어떻게 해야 할지"를 재빨리 판단하셨습니다. 일이 늘 그렇습니다. 주님은 우리가 구하기 전에 대답하십니다. 오, 사랑의 그리스도시여! 주님은 인간의 곤경을 보기만 하면, 심지어 곤경이 예상되기만 해도 그 곤경을 해결하고 그들의 필요를 채우기 위해 즉각적으로 자비를 일으키십니다.

그 다음에 주님은 특별히 빌립을 지목하여 그에게 질문을 던집니다. 빌립은 "매우 실제적인 사람"이라고 불렸고, 그것을 최고의 찬사로 여겼던 것처럼 보이는 인물입니다. 그는 자신이 감각으로 파악할 수 없는 것은 무엇이든지 거의 믿지 않았고, "상식"이라는 낮은 수준에서 살았던 것으로 보입니다. 빌립은 언제나 "보는 것"을 강조합니다. 나다나엘이 "나사렛에서 무슨 선한 것이 날 수 있느냐"고 물었을 때 그에 대한 빌립의 답변은 "와서 보라"는 것이었습니다. 그것은 매우 훌륭한 답변이면서도, 또한 감각적으로 파악할 수 있는 그리스도의 외적 나타남에 의존하는 답변입니다. 그 다음에, 또 다른 경우에, 빌립은 주님께서 제자들에게 마지막으로 지극히 고귀한 영적 교훈을 전하고 계실 때 "주여, 아버지를 우리에게 보여 주옵소서 그리하면 족하겠나이다"(요 14:8)는 적절치 못한 질문을 하며 끼어듭니다. 그래서 여기서 보는 것을 믿고, 그렇지 않은 많은 것은 쉽게 이해하지 못한 그에게 예수께서 이 질문을 던지십니다. "우리가 어디서 떡을 사서 이 사람들을 먹이겠느냐 하시니 이렇게 말씀하심은 빌립을 시험하고자 하심이라." 예수께서는 그 질문이 빌립의 마음속에 약속을 기억나게 하고, 그래서 그가 "주께서 공급하실 수 있으니 우리가 살 필요가 없겠나이다"라고 답변할 수 있기를 바라셨습니다.

그리스도께서는 지금도 그와 같이 행하십니다. 주님은 우리 앞에도 해결할 문제들을 내놓으십니다. 그리고 말하자면 우리가 보이는 물질적 수준을 넘어설 수 있는지 혹은 그 가능성에 대한 우리의 모든 생각이 이런 문제들에 묶여 있는지를 시험하는 질문들을 가지고 우리를 확신 가운데로 이끄십니다. 때때로 이 질문이 처음에 얼핏 볼 때는 여기에서 나온 것과 같은 답변밖에 일으키지 못할 것처럼 보이지만, 후에는 더 깊은 데까지 내려가서, 우리가 당한 곤경으로 인해 분명한 믿음에 올라서도록 도와줍니다.

빌립의 대답은 매우 중요합니다. "이백 데나리온의 떡이 부족하리이다." 그는 대강 무리를 훑어보고서, 재빨리 대충 계산을 하고서 결론을 내립니다. 무리들 각 사람에게 조금씩 먹을 것을 준다고 하면 "이백 데나리온"이 들 것이라고 말합니다. 분명 빌립은 자신이 매우 실제적 사람이라고 생각했을 것입니다. 그는 숫자에 밝은 사람이었습니다. 표와 통계로 표시할 수 있는 것을 믿었습니다. 그렇습니다. 하지만 그러한 류의 다른 많은 사람들처럼, 그는 계산에서 작은 한 가지 요소를 빠트렸습니다. 그것은 예수 그리스도였습니다. 그래서 그의 답변은 믿음의 날개를 타고 높은 하늘에 올라 노래할 수 있을 때에 상처를 입은 뱀처럼 낮은 땅을 따라 기어가고 있었습니다.

이렇게 우리가 그리스도의 활동을 다루어야 할 때, 표로 작성할 수 있는 개연성들은 고려해야 할 최상의 근거가 전혀 되지 않는다는 점을 배우도록 합시다. 근거로 내세울, 볼 수 있는 것들이 아무것도 없어도 큰 일들을 기대하는 담대한 믿음은 그림자에 불과한 사실에 집착하여 중요한 사실인 우리 곁에 우리를 도우시는 이이며 친구이신 전능한 하나님이 계시다는 점을 잊고 지내는, 밑바닥을 기어 다니는 상식보다 더 지혜롭고 더 분별 있다는 점을 배우도록 합시다.

그 다음에, 이러한 준비 행동들 가운데서 다른 복음서들에 나오는 좀 더 충분한 이야기에 따라서 그리스도께서 알고 싶어 하셨던 그 불충분한 자원에 대해 표명한 점을 살펴봅시다. "여기 한 아이가 있어 보리떡 다섯 개와 물고기 두 마리를 가지고 있나이다." 보리떡 다섯 개는 천명에 한 개가 돌아가고, 물고기 두 마리는 양이 그보다 더 부족하며, 그 질도 아주 보잘 것없는 것입니다. 보리떡은 지극히 가난한 사람들의 음식이기 때문입니다. "그러나 그것이 이 많은 사람에게 얼마나 되겠사옵나이까?" 그런데 그리스도께서는 "그것을 내게 가져오라"(마 14:18)고 말씀하십니다.

그리스도께서 어떤 일에 부족한 자원을 가지고 충분하게 만들기 전에 하시는 준비 활동은 우리가 자원의 불충분함을 깊이 의식하게 만드는 것입니다. 우리는 무엇보다 이 점을 생각할 필요가 있습니다. "내게 있는 것이라곤 고작해야 보잘것없는 이 적은 자원뿐이다. 어떻게 이것으로 내가 해야 할 일과 내게 요구되는 사항들을 감당할 수 있겠는가?" 우리가 이 생각에 이를 때에야 비로소 주님의 큰 능력이 부어지고, 곤란을 이겨내고 기뻐하는 힘이 우리에게 채워질 수 있습니다. 옛적에 신비주의자들이 이렇게 말하곤 하였는데, 바르게 말한 것입니다. "너를 하나님으로 채울 수 있으려면 먼저 네 자신을 비워야 한다." 누구든지 마음을 열고 자기 자신의 능력보다 더 큰 능력을 받아들이는 준비를 하는 과정에서 제일 먼저 배울 것은 자신의 모든 힘이 지극히 보잘것없음을 아는 것입니다. "그것이 이 많은 사람에게 얼마나 되겠사옵나이까?" 우리가 일단 무능력을 철저하게 느끼는 자리에까지 밑으로 내려갔을 때, 그리고 우리가 해야 할 일이 마치 보잘것없는 연약한 우리 힘으로는 도저히 감당할 수 없는 큰 일처럼 우리 앞에 우뚝 섰을 때, 그때, 오직 그때에야 비로소 우리는 바라는 만큼의 능력을 받기를 기대하기 시작할 수 있는 자리에 이르게 됩니다.

내가 다룰 이 준비 행동들 가운데 마지막 행동은 순종함으로써 복을 받을 당당한 준비를 하는 것입니다. "예수께서 이르시되 이 사람들로 앉게 하라." 마가가 아름답게 묘사하는 대로, 거기에서 사람들이 조용한 호수가 옆, 푸른 하늘 아래, 채소를 키우는 네모난 텃밭 같은 잔디밭에 앉았습니다. 여러분은 그들 가운데 일부는 코웃음을 치며, 또 일부는 믿지 못하겠다는 듯이 조용히 미소를 짓고, 또 어떤 사람들은 마지못해 엉거주춤한 자세로, 그런가 하면 어떤 이들은 말은 하지 않지만 기대감을 가지고, 또 어떤 이들은 다소 놀라는 태도로 앉지만, 어떻든 그들 모두가 부분적으로 순종해서 자리에 앉는 것을 상상해 볼 수 있지 않습니까? 그러자 요한은 "사람들이 앉으니 예수께서 떡을 가져 축사하셨습니다"라고 정확히 설명합니다. 주님이 명령하시는 곳에 앉으십시오. 그러면 여러분이 먹지 못한 채 오래 기다리는 법이 없을 것입니다. 주님께서 여러분에게 말씀하시는 일들을 행하십시오. 그러면 여러분이 필요로 하는 음식을 받을 것입니다. 우리의 할 일은 순종하고 기다리는 것입니다. 우리가 자리에 앉으면 주께서 하실 일은 손을 펴서 자비를 베푸시는 것입니다. 이 위대한 표적을 위한 준비 행동에 대해서는 이만큼 이야기하기로 합시다.

2. 다음으로, 표적 자체에 대해서 이야기해 봅시다.

나는 이 표적에서 두 가지, 딱 두 가지 교훈을 배웁니다. 첫째로 나는 여기서 그리스도가 모든 시대를 통하여 지속적으로 사람들의 신체적 생명을 유지하시는 분으로 계시되는 것을 봅니다. 둘째로 이 표적에서 나는 그리스도 자신이 생명의 떡을 상징하는 것을 봅니다.

첫 번째 교훈에 대해서 말하자면, 여기서 우주의 법칙이 계시되는 것을, 곧 그리스도께서 대대로 사람들의 신체적 생명을 유지하시는 분으로 계시되는 것을 봅니다. 이 이야기에서 기적적 순간은 우리에게 알려지지 않습니다. 떡을 증가시킨 초자연적 능력이 언제, 어느 곳에서 일어났는지 우리는 모릅니다. 아마도 제자들이 주님의 손에서 받아 전할 때 일어났을 것입니다. 그것은 그렇다고 할지라도, 이 오천 명을 다 먹이는 음식을 마련한 것은 바로 그리스도의 뜻이었습니다. 나는 이 성경의 교훈이 가장 심오한 철학, 곧 모든 물리적 현상들의 한 가지 원인은 임재하신 하나님의 뜻이라는 사실에 일치한다고 믿습니다. 그 원인이 통상적으로 사람들이 일반화하며 법칙이라고 부르는 일반적 작용 방법과 일치하더라도, 그렇다고 믿습니다. 무엇이 존재하는 이유와 만물이 변화하는 이유는 자신의 모든 피조물 가운데 계시고, 물질세계에서 유일한 뜻과 능력이신 내주하시는 하나님이 그때 그 자리에서 쏟아내는 에너지 때문입니다.

나는 모든 현상의 원인이고, 만물이 존재할 수 있는 근원적 기초인 지속적 의지를 옛적부터 말씀이라 불리는 분이 다루고 조정한다는 것을 성경이 가르친다고 믿습니다. "그 안에 생명이 있었으니, 지은 것이 하나도 그가 없이는 된 것이 없느니라." 우리 그리스도는 창조주이시고, 우리 그리스도는 만물의 유지자이십니다. 우리 그리스도는 별을 운행하고 참새들을 먹이십니다. 그는 "만물보다 먼저 계시고 만물이 그 안에 함께 섰습니다"(골 1:17). 주님은 못 자국이 있는 손을 펴서 "모든 생물의 소원을 만족하게 하십니다"(시 145:16).

두 번째 구절을 어떻게 생각해야 하고, 이 이야기에서 영원하고 영속적 사실이 잠시 특이하게 나타나는 것을 어떻게 보아야 하는지 알아봅시다. 예수께서는 떡을 받아 앉아 있는 사람들에게 나누어주셨습니다.

둘째로, 이 기적은 하나의 표지, 곧 예수님을 세상의 참된 양식으로 보여주는 상징입니다. 이 점은 예수께서 이 장의 뒷부분에서 이 표적에 근거한 위대한 강화(講話)에 덧붙이는 설명이자 주해입니다.

"나는 생명의 떡이라." 이 장의 남은 부분에서 주님이 이 주제에 대해 말씀하신 세 가지가 있습니다. 주님은 "나는 생명의 떡이라"고 말씀하십니다. 나의 인격은 그 떡을 받을 때 생명을 유지시킬 뿐만 아니라 또한 그 떡을 먹고 사는 사람들에게 생명을 주는 것이라는 말씀입니다. 그러나 예수께서 "내가 줄 떡은 세상의 생명을 위한 내 살이니라"고 하셨는데, 여기서 "내가 줄 떡"이란 현재의 순간을 초월하여 장래에 "줄" 것을 말하고, "내 살"이란 단지 주님의 생활과 모범만이 아니라 그 이상의 어떤 것이 설명할 수 없는 방법으로 주어질 것을 말합니다. 그 다음에, 그보다 깊고 신비한 세 번째 진술이 나온다는 점에는 이견이 있을 수 없습니다. "내 살은 참된 양식이요 내 피는 참된 음료로다." 불쾌하고 불합리하게 들리는 말씀이지만, 바로 그렇게 불쾌하고 불합리한 말씀 가운데, 그 진술이 위대한 진리를 다루고 있음을 선포합니다. 형제 여러분, 그 진리는 이것입니다. 즉 의와 애정과 양심과 총명에 생명을 주는 것, 다시 말해 사람의 전 인격에 생명을 주는 유일한 음식은 "허물과 죄로 죽은"(엡 2:1) 세상의 생명을 위해 십자가에서 자기 살을 내어주고 십자가에서 자기 피를 흘리신 성육신하신 주님의 위대한 희생제물이라는 것입니다. 우리의 유월절 양이신 그리스도께서 우리를 위해 희생되셨고, 우리는 그 희생제물을 먹고 삽니다. 여러분의 양심, 여러분의 마음, 여러분의 욕구, 여러분의 기대, 여러분의 총명, 여러분의 의지, 여러분의 전 존재가 그리스도를 먹고 사는 것입니다. 주님은 우리의 깨끗함이 되실 것이고, 우리의 사랑이 되실 것입니다. 주님은 우리의 결실, 소망, 진리, 의가 되시고, 모든 것이 되실 것입니다. 믿음으로 그리스도를 먹으십시오. 그것이 진정으로 참된 양식을 먹는 것입니다. 그러면 여러분의 영혼이 살 것입니다.

끝으로 여기서 이 표적의 결과가 상징의 영역으로 전이된 것을 보도록 합시다. "먹고 다 배불렀더라"(눅 9:17). 남녀노유 할 것 없이 모든 사람들이 그리스도의 손에서 나온 떡에서 자기들이 필요로 한 양식을 얻었습니다. 누구든지 쾌락주의자들의 입맛을 만족시킬 진미(珍味)를 원한다면, 그 사람은 다른 곳으로 가야 합니다. 그러나 생명을 유지하고 굶주림을 면하기 위해 떡을 원하는 사람이라면, 그는 "인간 본성의 매일의 양식"이신 이 그리스도에게 가십시오.

지난 19세기 동안 세상은 이 복음서가 제공하는 보리떡을 비웃어 왔습니다. 이 보리떡은 세상의 과자류에 비하면 거칠지만, 먹는 사람에게는 다 생명을 주기에 충분한 것입니다. 이 보리떡인 인간 본성의 근원적 필요에 곧바로 도움이 되는 것입니다. 이 보리떡은 어떤 한 계층의 입맛에만 맞거나, 건강에 좋지 못하고 병들었거나 까다로운 사람의 비위를 맞추지 않습니다. 이 떡은 온 세상의 음식이지, 어떤 한 부류 사람들의 음식이 아닙니다. 모든 사람이 이 떡을 맛있게 먹을 수 있고, 모든 사람이 이 떡을 필요로 합니다. 그리고 이 떡은 모든 사람들에게 제공됩니다.

그것뿐이 아닙니다. 아무리 써도 부족함이 없는 풍성함에 유의할 필요가 있습니다. "먹고 다 배불렀더라." 그 다음에 제자들이 성경에서 말하고 있듯이 "조각들"을 거두었는데, 이것은 식사가 끝난 후에 잔디밭에 떨어진 빵부스러기라는 개념의 "조각들"이 아니라 "뗀 떡" 즉 그리스도의 손에서 나온 몫들을 거둔 것입니다. 그것이 열 두 바구니에 가득 찼는데, 이는 제자들이 처음에 떼기 시작했을 때 가졌던 것보다 엄청나게 많은 양입니다. "좋은 선물은 받을 때 더 커지는 법이다." 다른 물건들과 소유물들은 사용하면 사라지지만, 이 선물은 사용할수록 더 커집니다. 사람이 먹으면 먹을

수록, 먹을 것이 그만큼 더 생깁니다. 온 세상이 영원히 이 음식을 먹고 살 수 있습니다. 처음에 먹기 시작했던 때보다 마지막에 먹을 것이 더 많아질 것입니다.

형제 여러분, 왜 여러분은 "어찌하여 양식이 아닌 것을 위하여 은을 달아 줍니까"(사 55:2). 합리적이라고 여길 만한 답변은 없습니다. 양심의 빛을 견디거나 심판날의 더 밝은 빛을 견딜 만한 답변은 없습니다. 이제 여러분에게 말씀드립니다. 나의 보잘것없는 말이 보리떡과 물고기 두 마리에 지나지 않을 수 있습니다. 여기 모인 모든 분들에게 아무것도 아닐 수 있습니다. 나는 그리스도와 함께 와서 여러분에게 말합니다. "먹으세요. 그러면 여러분의 영혼이 살 것입니다." 그리스도께서 여러분을 위하여 광야에서 식탁을 차리시고, 마침내는 그의 나라에 식탁을 차리고 여러분을 데려다가 거기에 앉히실 것입니다.

29
"조각"인가 아니면
"뗀 떡"인가?

"그들이 배부른 후에 예수께서 제자들에게 이르시되
남은 조각을 거두고 버리는 것이 없게 하라 하시니"
요 6:12

이 구절에서 개역성경(The Revised Version)은 몇 단어를 아주 가볍지만 매우 비중있게 바꾸고 있는데, 그것은 옳은 일입니다. "조각들"(fragments)이라는 말 대신에 "뗀 떡"(broken pieces)이라는 말을 씁니다. 변화는 매우 적지만 그 효과는 상당합니다. 이 단어는 사도들이 거두라고 명령받은 것이 무엇이었는가에 대해 아주 흔하게 퍼져있는 오해를 바로잡음으로써 그 장면에 대한 그림을 바르게 이해하도록 돕습니다. 사람들의 일반적 생각은 이런 것이라고 생각합니다. "조각"이라고 할 때, 그것은 각 사람이 먹을 때 손에서 떨어진 작은 조각들이고, 따라서 일반 독자들이 상상하는 그림은 사도들이 음식의 부스러기들이 풀밭에 떨어진 것을 조심스럽게 줍고 있는 장면입니다. 그러나 바른 생각은 이것입니다. 여기서 "뗀 떡 가운데 남은 것들"이란 주님께서 기적을 일으키는 손으로 떡을 떼어주신 것들 가운데 쓰지 않은 떡들을 말합니다. 그래서 바른 그림은 굶주린 무리의 배를 채우고도 남을 만큼 주님께서 마련하신 풍성한 음식 가운데 남은 것들을 나중에 쓰기 위해 사도들이 조심스럽게 따로 모으고 있는 것입니다. 주님의 명령에 대한 이런 생각이 가르치는 것은 다른 개념보다 훨씬 더 아름답고 깊은 교훈을 가르쳐 줍니다.

일반적 번역과 생각이 옳다면, 이 점이 우리를 가르치는 것은, 혹은 적어도 주로 가르치는 것이란 고작 검약과 주의 깊은 절약의 의무밖에 없습니다. 반면에 다른 번역과 생각은, 여기서 가르치고 있는 것은 예수 그리스도께서는 언제든지 자기 백성을 위해 무엇인가를 준비하시되 당시 백성들이 꼭 필요로 하는 만큼을 넘어서서 준비하신다는 것, 주님께서는 가난하고 굶주린 자신의 식솔들을 위해 당당히 준비하시되, 그들의 생명을 유지하는 데 꼭 필요한 만큼을 훨씬 넘어서서 준비하여 넉넉하게 남기신다는 것입니다. 그 다음에, 우리는 여기서 그리스도께서 제공하시는 넘치는 은혜를 사용하는 일에 있어서 지혜로운 관리와 절약의 교훈을 배우고, 사려 깊은 절약의 원칙은 세상적 부의 관리와 마찬가지로 영적 부의 관리에서도 존중된다는 것을 배우게 됩니다. 주님께서는 이렇게 말씀하시는 것입니다. "내가 뗀 떡들, 곧 내가 필요할 것을 생각해서 만든 넉넉한 음식을 모으라. 내 선물은 당시 요구되는 것을 넉넉하게 채우고도 남는다. 이 선물들을 필요할 때까지 잘 간직하고 있어라." 이것이, 주님의 명령을 허겁지겁 먹는 사람들의 입에서 떨어진 부스러기를 모으는 절약의 교훈으로 보는 것보다 주님의 명령을 좀 더 가치 있게 해석하는 생각입니다.

그 다음에, 이 명령을 이렇게 해석을 약간 바꾸어서, 그리고 그 결과 범위를 좀 더 넓혀서 보면, 이 명령이 분명히 제시하는 교훈들을 다음과 같이 간단히 모아볼 수 있을 것입니다.

1. 내가 앞에서 언급한 그 생각은 번역을 약간 바꿈으로써 뜻이 더 분명하게 드러난다고 봅니다.

"뗀 떡"이라는 말을 사용함으로써 그 번역은 그리스도께서 떡과 생선을 떼시는 것과 관계가 있음을 나타냅니다. 여기서 우리는 그리스도의 선물은 우리의 필요에 차고 넘친다는 것을 생각하도록 배웁니다. 주님께서는 자신을 이 표적에 대한 주석의 모범으로 보여주셨습니다. 그리스도의 모든 표적들은 비유입니다. 모든 표적은 자연스런 외적 일들의 수준에서 영적 세계에 관한 참된 교훈들을 가르쳐 줍니다. 그러나 이 표적은 요한복음에 기록된 모든 표적들이 그렇듯이 특별히 상징적입니다. 여기서 우리는 그리스도께서 이 표적을 행하신 다음 날, 생명의 떡에 대한 주님의 길고 심오한 설교에서 표적에 대해 의견을 말씀하시는 것을 봅니다. 이 설교에서 주님은 굶주린 무리들을 주님의 손길에 초자연적으로 불어난 떡으로 먹이는 일을 하신 것은 무리들이 자신을 그의 찢기신 몸과 흘리신 피로써 "하늘에서 내려 세상에 생명을 주는 하나님의 떡"으로 보는 더 높은 이해에 이르도록 하기 위한 것일 뿐임을 분명히 암시합니다.

이와 같이 주께서 떼신 떡이 당시에 굶주린 무리가 필요로 하는 것보다 넘치게 풍성하였던 것은 사실 예수 그리스도 안에서 우리를 위해 쌓아둔 다함이 없는 자원과 쓰지 않은 은혜가 그만큼 넘치도록 많다는 것을 나타냈다고 말할 때, 어떤 사건이 표면에 나타나는 것보다 훨씬 더 깊은 의미를 가진 것으로 상상하여 해석하고 있는 것이 아닙니다. 주님은 먹이시는 자를 마음껏 먹이십니다. 주님의 선물은 우리의 필요를 채우되 넘치게 채웁니다. 왜냐하면 주님은 "우리가 구하거나 생각하는 모든 것에 더 넘치도록 능히 하실"(엡 3:20) 분이시기 때문입니다. 그리고 우리의 어떤 생각이나 간구, 현재 받을 수 있는 어떤 능력도 그리스도 안에서 우리를 위해 쌓아 둔, 그리고 우리가 그리스도의 손을 잡을 때마다 잠재적으로 각 사람의 손에 쥐게 되는 무한한 은혜를 제한하지 못하기 때문입니다.

사랑하는 교우 여러분! 여러분과 내가 항상 그리스도의 능력과 친절함, 귀함, 사랑 가운데서 받고 또 거기에 대해서 느낀 것은 그리스도 안에 있는 그 모든 것의 무한한 깊이에 비할 때 아무것도 아닙니다. 바다는 해변을 따라 난 작은 시내를 채우기만 하는 것이 아니라 대서양 중간에 있는 수평선에 이르기까지 무한히 뻗어있는 바닥을 헤아릴 수 없는 깊이를 채우며 넘실거립니다. 그리스도께서 어떤 분이신가에 대한 모든 그리스도인들의 현재의 경험은 마치 미지의 어떤 대륙에 첫 식민자들의 경험과 같습니다. 횡단하지 않은 대륙의 중심부에 자원이 풍부하고 비옥한 대초원이 알려지지 않고 개간되지 않은 채 끝없이 펼쳐져 있지만, 그들은 소심하게 그 가장자리에 사람들을 조금 풀어놓고서 그곳에서 부족한 곡물을 재배하도록 합니다. 아무리 성능이 좋은 망원경도 성운을 속속들이 보지 못합니다. 성운들은 희미한 빛 먼지처럼 보이지만, 거대한 항성들로 타오르고 있는 것입니다. 하나님이 "주께 피하는 자를 위하여 인생 앞에 베푸신 은혜"(시 31:19)는 시편 기자가 경배하는 마음으로 외치듯이 놀라울 정도로 "큽니다." 그러나 시편의 바로 그 구절이 찬양하는 것, 곧 하나님이 "주를 두려워하는 자를 위하여 쌓아 두신" 은혜는 훨씬 더 큽니다. 실제로 화폐로 주조되어 사람들 손에서 옮겨 다니는 금은 지하 저장소에 비축되어 있는, 주조되지 않은 엄청난 양의 금괴에 비하면 그 부스러기에 지나지 않습니다. 그리스도는 어느 누구든지 혹은 모든 사람이 이제까지 그리스도를 안 것보다 훨씬 초월하는 분이십니다. "남은 조각을 거두라." 주님께서 우리가 그의 무한한 자원 가운데 아무것도 잃지 않도록 하시려는 것을 보십시오.

2. 그 다음에 여기서 끌어낼 수 있는 또 한 가지 매우 단순한 교훈이 있습니다.

이 명령은 그리스도께서 자신의 기적적 능력을 사용하시는 일에 있어서 (이런 표현을 쓸 수 있다면) 절약하시는 모습을 우리에게 보여줍니다.

틀림없이 제자들은 이렇게 말했을 것입니다. "주께서 떡 다섯 개로 이렇게 많이 불릴 수 있다면, 말씀 한 마디로 언제든지 우리를 위해 떡을 만드실 수 있는 분이 우리에게 계시는데, 왜 우리가 떡이 가득 든 바구니를 메고 힘들게 걸어다녀야 하는가?" 그렇습니다. 구약과 신약에 나오는 기적적 모든 일의 특징을 이루고, 그리스도의 표적과 거짓 종교의 거짓 기적을 대체로 구별하는 한 가지 원칙은 이것입니다. 즉 기적적 일들이 할 수 있는 대로 최소한도로 행해진다는 것과, 꼭 필요한 정도를 넘어서는 조금도 기적을 행하지 않는다는 것, 사람들이 할 수 있는 것이면 무엇이든지 사람들이 하도록 하는 것, 사람들의 활동을 시작할 수 있으면 가능한 빨리 시작하고, 늦출 수 있으면 가능한 끌고가도록 한다는 것입니다. 이와 같이 그리스도께서는 나사로를 일으키려고 하셨을지라도, 사람들의 손을 써서 돌을 굴려내도록 하였습니다. 또 그리스도께서 나사로를 일으키셨을 때에도, 사람들을 시켜서 그 얼굴에서 수건을 풀도록 하였습니다. 그리스도께서는 야이로의 딸에게 "달리다굼"(소녀야, 일어나라!) 하고 말씀하실 수 있었지만, 그 다음에 하신 말씀은 "소녀에게 먹을 것을 주라"(막 5:41,43)는 것이었습니다. 기적적 일이 필요할 때는, 기적을 쓰셨지만, 절대적으로 필요한 것 이상으로는 추호도 기적을 더 사용하는 법이 없었습니다.

여기서 그리스도께서 떡을 많게 불리셨지만, 사도들 각각은 여행에서 작은 생활 필수품들을 담아가지고 다녔을, 일종의 버들가지로 짠 물건인 바구니를 가지고 다녀야 했습니다. 그래서 사도 각각은 아마도 자기 바구니에서 자신들의 초라한 옷가지를 꺼내고 이 떡조각들로 바구니를 가득 채웠을 것입니다. 이는 그리스도께서 사람들의 절약과 사려 분별을 활용할 수 있는 곳에서는 기적을 베풀려고 하시지 않았기 때문입니다.

주께서는 지금도 그렇게 하십니다. 우리는 믿음으로 살고, 우리가 그리스도를 의지하여 산다는 것은 아무리 강조해도 부족합니다. 그런데 때로 게으름이 믿음의 옷을 입고 믿음의 말을 하며, 순전히 게으르면서도 진실한 척 하기도 합니다. 하나님께서 모세에게 이렇게 말씀하셨습니다. "너는 어찌하여 내게 부르짖느냐 이스라엘 자손에게 명령하여 앞으로 나아가게 하라"(출 14:15). 참된 믿음은 우리를 일하게 만듭니다. 우리 안에서 일하시는 하나님께 지도를 받고 힘을 얻어 열 손가락과 머리를 사용하여 앞에 놓인 일을 할 수 있을 때, 참된 믿음을 하나님께서 우리를 대신해서 일하도록 게으르게 잘못 의지하는 것으로 곡해해서는 안 됩니다.

3. 그 다음에, 여기서 또 한 가지 교훈을 볼 수 있습니다.

이 명령은 초자연적인 것을 사용함에 있어서 그리스도의 절약을 보여줄 뿐만 아니라 우리에게 주신 영적 은혜를 사용함에 있어서 절약과 조심해야 하는 의무를 가르쳐주기도 합니다.

제자들은 이렇게 기적적으로 만들어진 떡들을 사람들에게 주었습니다.

그러나 제자들은 초자연적 선물을 보존하는 일에 일반적 절약의 정신을 발휘해야 했습니다. 여러분은 이제까지 있었거나 베풀어질 수 있는 것 가운데 가장 큰 기적에 의해 그리스도를 받았습니다. 여러분이 그리스도인이라면, 여러분 마음속에 거하며 여러분을 지혜롭게, 의롭게, 온유하게, 강하게 만들고 전적으로 그리스도인답게 만드는 성령을 받은 것입니다. 그러나 이 선물들을 조심해서 간직해야 합니다. 여러분은 일상의 평범한 것들을 사용할 때와 같이 이 하나님의 선물들을 사용할 때 절약과 검소라는 일반적 미덕을 발휘해야 합니다. 여러분은 하늘에서 내려온 하나님의 떡을 지혜롭게 사용하고 낭비하지 않아야 합니다. 그렇지 않으면 이 하나님의 떡이 여러분을 먹여 살리지 못할 것입니다. 여러분은 나머지 무진장한 이 하나님의 선물을 가지고 다닐 바구니를 준비해야 합니다. 그렇지 않으면 아주 풍족한 가운데서, 손만 뻗치면 닿을 수 있는 곳에 온 세상을 먹이고도 남을 만큼 풍성한 떡이 있는데도 굶주린 채 지낼 것입니다.

내가 이 설교를 시작하면서 언급하였던 번역을 채택한다면 아주 두드러지게 나타나는 본문의 교훈은 바로 이것입니다. 즉 그리스도인들이여, 살아계신 그리스도의 위대한 이 선물, 곧 기적으로 여러분에게 주어진 여러분 영혼의 양식에 대해 조심스런 청지기가 되라는 것입니다. 사용하지 않은 남은 은혜를 장래의 필요를 위해 그처럼 모아두는 일은 다음 세 가지 방식으로 행할 수 있습니다. 첫째로, 받은 은혜를 부지런히 사용해야 합니다. 여러분에게 주어진 선물을 현재 받아들일 수 있는 능력과 현재의 필요에 따라 최대한 충분히 사용하도록 하십시오. 여러분은 남은 은혜로 무엇을 할 것인지 생각하기 전에 먼저 여러분이 담을 수 있는 만큼 많이 그리스도를 받아들이도록 하십시오. 그리스도로부터 받을 수 있는 것을 받는 일에, 우리에게 필요한 것을 그리스도로부터 사용하는 일에 조심하지 않는다면, 남은 은혜를 충실히 사용할 기회는 거의 없습니다. 물방아가 돌고 있지 않을 때에도 물방아로 흐르는 물은 물통을 따라 아주 넘치게 흐릅니다. 그런데 그토록 많은 그리스도인들이 자기들이 필요로 하는 것보다 훨씬 더 많은 것을 받은 것처럼 보이는 한 가지 이유는 그들이 받은 선물을 사용하는 일을 전혀 하고 있지 않기 때문입니다.

그런 청지기의 태도에 반드시 필요한 두 번째 요소는 받은 은혜를 해칠 수 있는 모든 것으로부터 은혜를 신중하게 보호하는 것입니다. 세상적 마음, 일, 세상의 염려, 이생의 슬픔, 기쁨, 의무, 염려나 쾌락, 이 어떤 것도 마음속에 들어와 그리스도를 밀쳐내지 않게 하고, 하늘에서 내려온 이 참된 떡에 대한 갈망을 무디게 하지 않도록 해야 합니다.

끝으로, 우리는 모든 한계를 뛰어넘을 만큼 크신 그리스도의 큰 선물을 부지런히 사용하고 조심스럽게 지킬 뿐만 아니라 더 큰 선물을 간절히 바람으로써 그리스도의 인자하심과 존귀하심을 더욱 더 마음속에 받아들이고, 그리스도의 아름다움과 영광을 우리의 변화된 성품에 더욱 더 받아들일 수 있게 될 것입니다. 우리가 가지고 다니는 이 바구니, 곧 우리 마음의 용기(容器)는 탄력성이 있습니다. 이 그릇은 여러분이 거기에 담고 싶은 만큼의 양을 담을 수 있도록 늘어날 수 있습니다. 그리스도의 은혜를 더욱 받고자 하는 바람이 이 그릇의 용량을 키울 것입니다. 그 용량이 커짐에 따라 흘러들어가는 선물도 커지며, 그리스도를 더 많이 채울수록, 내 마음의 공간도 그만큼 더 커집니다.

이와 같이 여기에서 가르치는 교훈은 우리가 받은 은혜를 간직하고 사용하는 일에 신중하라는 것입니다. 우리는 그리스도의 자원은 다함이 없다는 것과, 장차 훨씬 더 큰 은혜를 지속적으로 선물로 받을 수 있다는 것을 기쁘게 확신하라는 명령을 받습니다. 그리스도의 이러한 자원과 은혜는 그리스도를 처음으로 마음속에 모셔 들일 때 받아서 이미 우리 모두의 것이고, 따라서 이제는 처음부터 싹의 형태로 받은 경험에서 점점 더 충실히 자랄 필요가 있을 뿐입니다.

4. 끝으로, 이 명령에는 엄숙한 경고가 포함되어 있는데, 그 이유는 "하나도 잃어 버리지 아니하려는 것"입니다.

그렇다면, 우리가 값없이 받은 선물을 잃어버릴 가능성이 있다는 것입니다. 우리는 떡을 낭비할 수 있습니다. 그래서 조만간 배가 고프게 되면,

우리는 손을 벌리고 있어서 떡이 떨어져 사라져 버린 것을 비로소 알게 될 수가 있습니다. 여러분이 그리스도의 은혜로 이익을 얻거나 부유하게 되기까지, 풍성한 그리스도의 은혜는 마치 아무도 자기 것이라고 나서지 않는 주인 없는 엄청난 돈과 같을 수 있습니다. 그렇지만 그 많은 돈도 죽은 영혼에게는 소용이 없습니다. 여러분은 영광 가운데 있는 하나님의 모든 부를 마음대로 쓸 수 있는데도 극빈자로 지낼 수 있고, 그리스도께서 우리를 위해 떼어주신 떡이 가득 든 바구니가 우리 옆에 그대로 있는데도 굶어 죽을 수 있습니다. 우리 가운데는 하늘에서 내려온 하나님의 떡의 달콤함을 한 번도 맛본 적이 없거나 그 떡을 먹어본 적이 없는 사람들이 있습니다. 그런데 그보다 훨씬 더 놀라운 사실은, 우리 가운데 배고픈 채로 그리스도께 와서 양식을 받아먹었던 사람들이 이제는 그 순수한 자양과 만나의 맛을 더 이상 바라지 않고, 또 다시 추잡한 욕구를 가지고 돼지 여물통에 있는 옥수수 껍데기를 찾고 있다는 것입니다. 부주의한 그리스도인들이여! 세상적 그리스도인들이여! 여러분들은 사용할수록 사라져버리는 돈이나 그 밖의 진미와 기쁨거리를 보다 바라는 자들입니다. 믿음을 저버리는 그리스도인들이여! 여러분은 일찍이 그리스도를 갈망하고 그리스도를 더 찾았었는데 이제는 더 이상 그리스도를 바라지 않은 자들입니다. 여러분은 지금 모든 영적 부를 손가락 사이로 다 흘리고 있는 위험에 처해 있는 사실을 깨닫기 바랍니다. 그리고 잡을 수 있는 거리에 있지만 손을 뻗어 거머쥐지 않고 있는 보물을 바라보고, 그 창고에 와서 보물을 얻기 바랍니다. 모든 것을 잃어버리지 않도록 남아 있는 조각들을 모으기 바랍니다.

30
요한복음의
다섯 번째 표적

"제자들이 노를 저어 십여 리쯤 가다가 예수께서 바다 위로 걸어 배에 가까이 오심
을 보고 두려워하거늘 이르시되 내니 두려워하지 말라 하신대"

요 6:19, 20

요한복음에 기록된 주님의 비유들은 모두 표적들과 연관되어서 나옵니다. 이 복음서에서 말하는 표적들은 모두 비유들입니다. 비유에서 이야기를 통해 진리가 전달되고, 도덕적이고 종교적인 진리는 외적 사건에 의해 전달됩니다. 눈에 보이는 사실은 좀 더 분명하게 일어납니다. 사람들이 본능적으로 이해하고, 시인과 웅변가와 종교적 교사가 언제나 풍부하게 사용해 왔고, 또 때로는 과학적 진리의 반열에 올려놓으려는 시도가 있었지만 성공하지 못했다고 생각되는 자연의 세계와 영적 세계 사이의 유추가 이 일련의 표적들의 근저에 있습니다. 이것이 우리 앞에 있는 표적의 의미를 이해하는 유일한 열쇠는 아니라 할지라도, 주된 요소입니다.

인생을 항해의 모습으로 보고, 인생의 근심과 고난을 폭풍우의 은유로 표시하는 상징은 우리 영국 사람들처럼 물을 좋아하는 민족들에게는 특별히 자연스러운 것입니다. 나는 우리에게 매우 친숙한 이 은유가 구약이나 신약에 사용되는 예가 있는지 모르겠습니다. 근심과 불안, 반역하는 세력을 상징하는 것으로서 바다의 표상은 구약의 저자들에게 매우 익숙하니

다. 그들은 하나님의 길을 바다에 길이 있는 것과 같이 묘사하는 것이나, 욥기에 나오는 대로 신적 대권을 "바다 물결을 밟으시는"(욥 9:8) 것으로 표현하는 것을 결코 모르지 않습니다. 그래서 자연의 상징과, 구약에서 사용하는 그런 표현들을 한데 합치면 이 표적을 보는 하나의 관점이 나타날 것으로 생각합니다.

이 표적이 다른 두 복음서에 나오고, 요한복음서에서 보는 대로 베드로가 물 위로 걷는 것과 다른 복음서 기자들이 전하는 작지만 생생한 다른 세부 내용들이 생략됨으로 인해 간결하게 기술된 이 이야기는 전체 이야기의 상징적 의미를 더욱 뚜렷하게 만들고, 이야기의 중요한 목적과 의미를 두드러지게 만듭니다.

이 이야기의 요점들을 여기에 나와 있는 순서대로 따라가기만 하면, 여기에 담겨 있는 교훈들을 가장 잘 끌어낼 수 있을 것이라고 생각합니다.

1. 무엇보다 여기서 힘들게 애쓰는 사람들을 봅니다.

다른 복음서 기자들은 오천 명을 먹이신 후에 주님께서는 제자들을 "재촉하여" 배를 타고 건너편으로 가게 하셨다고 말합니다. 이 말은 제자들 편에서 보면 어느 정도 마지못한 태도가 있었고, 주님으로서는 권위를 발휘하신 점이 있음을 암시합니다. 요한은 주님께서 제자들을 재촉하셨다는 사실을 언급하지 않지만 그렇게 하신 이유를 제시합니다. 바로 앞의 기적으로 군중들은 아주 위험할 정도까지 흥분하게 되었습니다. 군중은 언제나 그렇습니다. 이 군중들은 언제, 어느 시대의 다른 군중들과 같이 마음대로 떡을 만들 수 있는 이 선지자야말로 자기들이 원하던 바로 그 선지자라고 생각하였을 것입니다. 그래서 그들은 주님을 억지로 붙잡아 왕으로 삼기로 결심하였습니다.

그리스도께서는 그 위험을 아시고, 자신의 나라가 그처럼 더러운 손과 천박한 동기에 의해 나아가는 것을 원치 않아 근처에 있는 한적한 산지로 물러나셨습니다. 이 작은 그룹을 분리시키는 것은 지혜로운 일이었습니다. 그렇게 함으로 주의를 다른 데로 돌리려고 하였습니다. 그렇게 하면 군중들 가운데 일부는 우리가 아는 대로 배가 떠난 것을 발견했을 때 배를 좇아갈 것입니다. 그렇게 하면 사도들은 군중들의 천박하고 거무칙칙한 열광에 영향을 받지 않을 것입니다. 또 그렇게 하면 제자들이 주님이 물러나신 곳을 누설하지 않도록 만들 것입니다. 그렇게 해야 주님께서 사람들 눈에 띄지 않고 좀 더 안전하게 몰래 가버릴 수 있었을 것입니다. 그래서 제자들을 약 10킬로미터 정도 떨어진 호수 건너편으로 보냅니다. 한두 시간이면 호수 건너편에 도착할 수 있었을 텐데, 무슨 이유에서인지 그들은 오래 머물렀던 것으로 보입니다. 어쩌면 그들은 특별히 서둘러야 할 필요를 느끼지 못했는지도 모릅니다. 거의 만월에 가까운 유월절 달이 바다를 비추고 있었을 것입니다. 제자들의 마음과 머리는 그들이 방금 목격한 표적으로 인해 바쁘게 돌아갔을 것입니다. 그래서 자기들이 목적지에 도착할 때를 별로 생각하지 않고 그냥 물을 따라 흘러갔을 수도 있습니다. 그런데 산지 호수에서 특별히 해질 무렵에 종종 만나는 동풍이 갑자기 일어났고, 곧 그들이 감당할 수 없는 강풍으로 변했습니다. 요한복음 기자는 그 강풍이 얼마 동안 지속되었는지 이야기하고 있지 않습니다. 그런데 우리는 마가에게서 그 시간에 대한 정보를 얻습니다. 마가는 그때를 "밤 사경쯤"이라고 말합니다. 그 시간은 다음 날 아침 3시에서 6시 사이를 말합니다. 그렇다면 제자들은 적어도 7,8시간 동안 헛되이 힘겹게 노를 저었거나 배에서 물에 젖고 피곤한 몸으로 떨고 있었을 것입니다.

이것은 간단히 말해서 교회의 역사가 아닙니까? 이것은 우리 모두에게 해당되는 인생의 상징이 아닙니까? 우리가 살면서 지배를 받는 엄숙한 법칙은 끊임없는 노력을 요구하며, 우리에게 계속해서 적의를 보입니다. 인생의 목적은 사람들을 사람이 되게 만들며, 모든 사건의 의도는 인격을 형성하는 것입니다. 나를 좀 더 강하게 만드는 것은 무엇이든지 복이고, 나의 도덕을 발전시키는 것은 무엇이든지 내게 올 수 있는 최고의 유익입니다. 그러므로 적대감이 내 안에 "세상과 시름하여 물리치는 근력을" 형성하고 강하고 훌륭한 근육을 키워주며 내 뺨에 구리 빛 색깔을 띠게 한다면, 나는 추위와 습기에 괘념치 않고, 얼굴에 바람이 몰아치고 뱃머리에

물보라가 부딪혀도 별로 신경 쓸 필요가 없습니다. 여름에 평온한 하늘 아래 푸른 바다에서 육지로 둘러싸인 만 가운데 날씨가 좋을 때만 항해하는 것은 빈둥거리며 시간을 보내는 사람들에게는 아주 좋을 수 있습니다. 그러나 항해의 목적이 우리를 분발시키고 우리의 능력을 끌어내는 것이라면 "바람 불고 폭풍우가 치는 바다"가 더 낫습니다.

그러므로, 배가 호수로 들어가는 협곡 입구를 지나가고 있을 때, 갑작스런 돌풍이 몰아치는 바람에 여러분이 배의 키를 잡고 어떻게 해서든지 배가 가라앉지 않도록 온 힘을 기울이지 않을 수 없게 된다면, 감사하게 생각하십시오. 불평하거나 하나님의 섭리가 이상하다고 생각하지 마십시오. "날은 저물었고 예수는 아직 그들에게 오시지 아니하셨는데," 호수에 폭풍이 몰아쳐서 우리를 항로에서 이탈시키려고 위협하는 때가 아주 많기 때문입니다. 그러므로 불평하기보다 예수님이 사랑과 자비 가운데서 일년 내내 다양한 날씨를 보내시는 주님이시라는 것을 깨닫도록 합시다.

그 다음에는, 본문의 첫 번째 그림에서 아주 자연스럽게 그 상징은 생각 없는 항해자들을 덮친 폭풍우에 관해서 뿐만 아니라 다른 점들, 이를 테면 어둠 가운데서 폭풍우와 싸워야 했고, 주님이 안 계셨다는 점들에 대해서도 그 영적 의미를 잘 드러냅니다. 전에 한 번, 제자들이 호수에서 이와 비슷한 폭풍을 만난 적이 있었습니다. 그러나 그때는 낮이었고, 예수께서 그들과 함께 계셨습니다. 그 점에서 모든 것이 완전히 바뀌었습니다. 이번에는 밤이었고, 그들은 동편의 어스름한 산지를 희미하게 바라보면서 아무런 도움을 받지 못한 채 밀려가고 있었습니다. 마가는 그리스도께서 저 언덕에서 제자들이 힘겹게 노 젓는 것을 **보셨지만**, 제자들은 주님을 보지 못했다는 아름다운 사실을 한 번 언급하고 지나갑니다. 틀림없이 제자들은 아무 희망이 없는 것을 느끼고, 예수께서 계신 바닷가 쪽으로 여러 차례 갈망의 눈길을 보내셨을 것입니다. 그들 마음속에 주님께 대해 불평하는 생각이 있었을지도 모릅니다. 호수에서 폭풍을 만난 다른 때보다 더 분명한 이유를 가지고 "선생님이여, 우리를 돌보지 않으십니까" 하는 소리가 그들의 입에서 나왔을 것입니다. 그러나 주님은 조용하면서도 애정 어린 눈길로 제자들의 두려움과 노고를 동정하며 내려다 보셨습니다. 어둠 때문에 주님이 제자들을 못 보시지 않았고, 주께서 견고한 땅에 안전하게 있다고 해서 제자들을 잊지 않으셨고, 또 아버지 하나님과의 교제에 너무 깊이 빠져서 제자들을 생각하지 못하시는 것이 아닙니다.

이것은 부재하신 주님과 수고하는 교회의 영속적 관계에 대한 비유이고 예언입니다. 우리가 바다에 있는 동안 주님은 산에 계십니다. 하늘의 견고한 영원이 주님을 붙들고 있으며, 우리는 시간의 끊임없는 변덕에 엎치락 뒤치락 합니다. 우리는 이런 시간 위에서 하나님의 명령에 따라 수고합니다. 주님께서 거기에서 우리를 위해 중재하고 계십니다. 주님은 기도하면서 보시는데, 기도로 우리를 돕기 위해서 보십니다. 외로운 이 선원들은 스스로 생각하는 것만큼 외롭지 않았습니다. 그처럼 맹목적 사랑을 지니고 있고, 그처럼 많은 두려움과 근심을 가지고 있는, 물위에서 춤추는 이 작은 점을, 주님께서 조용한 산 꼭대기에서 하나님과 교제하시면서 보셨습니다. 어둠 가운데 헤매며 인생의 폭풍과 슬픔과 싸우는 외롭고 지친 마음들이 언제나 이 이야기에서 소망스런 예언과 도움에 대한 확신을 주는 상징을 발견하였고, 그리스도께서 하늘에서 바다에 있는 자들을 보시며 주님의 사랑하시는 눈에는 "흑암이 숨기지 못한다"(시 139:12)는 것을 알고 기뻐하였습니다.

2. 이제 이야기의 두 번째 단계를 봅시다. 여기서 우리는 가까이 다가오시는 그리스도를 봅니다.

"제자들이 노를 저어 십여 리쯤 가다가" 호수 가운데쯤 이르러서 "예수께서 바다 위로 걸어 배에 가까이 오심을 보았습니다." 제자들이 호수를 반쯤 건넜을 때였습니다. 예수께서 오신 것이 밤 사경의 어느 시각이었는지는 모릅니다. 하지만 아마도 동이 틀 무렵이었을 것입니다. 이들이 밤새도록 애를 쓴 것입니다. 이 사실은 기쁨과 도움은 아침과 함께 온다는 상징과 일치할 것입니다.

이 상징과 상관없이 잠깐 이 기적적 사실만을 본다면, 여기서 우리는 그리스도께서 물질적 우주의 주로서 계시되고, 그의 왕국은 소리치던 군중들이 억지로 주님을 세우려고 했던 나라보다 그 범위가 훨씬 넓고 권위가 훨씬 크다는 것이 계시되는 것을 봅니다. 주님의 뜻이 파도를 순종하게 만들었거나 굽이치는 파도 위에서 그의 물질적 몸을 떠받치게 하였습니다. 우리가 이 표적이 전자의 경우에 일어난 것으로 생각하느냐 혹은 후자의 경우에 일어난 것으로 생각하느냐 하는 것은 물질적 질서를 지배하는 그리스도의 능력을 나타내는 그 가치에 비해 아무 차이가 없습니다. 후자의 경우에는 어쩌면 주님의 물질적 몸에 어떤 능력이 거하고 있다는 암시가 있을 것입니다. 우리는 변화산의 경우에서처럼 그의 몸의 다른 면을 보고 있는 것일 수 있고, 이런 몸은 죄 없는 인간이 자연을 어떻게 지배할 수 있는지를 보여주는 예언이 될 수 있습니다. 그렇다 할지라도, 여기서 우리는 모든 시대에 능하신 그리스도에게 적용되는 놀라운 모습, 즉 부드러운 발자국 소리에 뛰놀던 파도가 대리석 바닥처럼 평평해지고, 사랑의 뜻을 품고 가까이 오실 때 아무런 장애를 받지 않고 심지어는 반대하는 세력조차 승리의 행진을 위한 길처럼 사용하시며 오는 전능하신 그리스도의 놀라운 모습을 보게 됩니다.

여기서 우리는 두 가지 교훈을 이끌어낼 수 있습니다. 한 가지 교훈은 그리스도는 놀라운 섭리 가운데서 모든 불안과 소동, 곧 그의 제자들을 태우고 있는 배 주변에 일어나는 반대와 폭풍을 오히려 그의 목적을 성취하는 수단으로 사용하신다는 점입니다. 우리는 이 두 가지 명확한 사실들을 생각할 때 모두가 해결할 수 없는 신비 앞에 서게 됩니다. 첫째는 그리스도 안에서 구속하시는 하나님의 전능한 의지이고, 둘째는 그 의지에 반대할 수 있는 인간의 적의입니다. 그리고 우리는 또 다른 신비, 곧 우리가 아주 확실하게 풀 수 있다고 생각하지만 풀 수 없는, 지극히 복된 신비 앞에 서게 됩니다. 즉 그리스도께서는 맞바람조차도 돛에 바람을 불어넣게 만들게 하고, 끊임없이 변화하는 성난 흰 파도를 밟으시면서 자신의 뜻을 거스르는 반대로 말미암아 목적을 이루신다는 것입니다. 세상 역사에서 이 장면이 얼마나 자주 반복되었는지 모릅니다! 뜻밖의 거룩한 결과로 말미암아 적들이 그리스도의 대의를 돕는 조력자들이 되었고, 그들이 복음을 분쇄하기 위해 세웠던 계획이 오히려 복음을 진척시키게 된 적이 얼마나 많았는지 모릅니다! "진실로 사람의 노여움은 주를 찬송하게 될 것이요 그 남은 노여움은 주께서 금하시리이다"(시 76:10).

우리 각 인생에 대한 또 다른 교훈은 이것입니다. 즉 그리스도께서는 우리를 떠받치는 인자하고 온유한 도움을 가지고 슬픔과 근심의 바다를 건너 우리 모두에게 가까이 오신다는 것입니다. 즐겁고 유쾌한 때보다는 어둡고 슬픈 때에 주께서 우리 가까이 계시다는 느낌이 언제나 더 부드럽고 더 은혜롭게 주어집니다. 우리에게 가까이 오기 위해 그리스도께서 건너오시는 것은 언제나 폭풍우치는 바다입니다. 폭풍우를 한 번도 경험해 보지 못한 사람들은 주님의 임재의 깊숙한 즐거움을 아직 배워야 합니다. 밤에, 어두울 때, 곧 밤의 까만 하늘이 가장 어두워졌을 때, 그리스도께서 폭풍우 치는 바다를 성큼 성큼 걸어서 우리에게 오십니다. 슬픔이 그리스도를 우리 가까이 모셔 옵니다. 슬픔이 여러분을 그리스도에게서 몰아내지 않는다는 것을 아십시오!

3. 그 다음에 우리는 이 이야기에서 공포와 인지를 봅니다.

사도 요한은 제자들이 두려워한 이유를 말하지 않습니다. 그것은 말할 필요가 없습니다. 그들은 아마도 동쪽 언덕에서 밝아오는 잿빛 여명의 차갑고 희미한 빛 속에서 어떤 물체가 바다를 건너 자기들에게로 오는 것을 보았을 것입니다. 그들은 이제까지 폭풍에 맞서 용감하게 싸워왔지만, 이 알 수 없는 형체는 그들의 심장의 피를 얼어붙게 만들었습니다. 윙윙 거리는 바람소리와 파도의 부딪치는 소리를 넘어서까지 들릴 수 있게 제자들이 소리를 쳤다는 사실은 이 평범하고 거친 사람들의 심장에 미신적 공포가 밀려들었다는 표시입니다.

나는 보통 사람이 보이지 않는 세계로부터 어떤 물체가 자기에게 가까이 오고 있다는 것을 상상하면 두려워서 몸이 움츠러든다는 사실에 대해 길게 생각하지 않겠습니다. 그것이 인간들 자신과 보이지 않는 세계 사이의 불화에 대한 깊은 죄의식이 인간 영혼 속에 잠재해 있다는 표지이자 암시라고 생각하는지에 대해서 묻지 않겠습니다. 그러나 우리가 가까이 오시는 주님을 잘못 알아보고, 기쁘게 여겨야 할 때 주님 앞에서 떠는 일이 많지 않은지 물어봅니다.

우리는 자기 일에 너무 열중해서, 힘들게 노를 젓는 데 너무 바빠서, 조류의 흐름을 근심스럽게 쳐다보느라, 배의 키를 바로 잡는 데 온통 집중하는 바람에 바다 멀리 눈을 들어 이 모든 혼란을 뚫고 우리에게 오고 계시는 분이 누구인지 볼 시간과 마음의 여유가 없을 때가 너무 많습니다. 그리고 눈을 들어 무엇인가 거기에 있는 것을 알 때는, 종종 그것을 두려워하고 몸을 피하여 달아나려 하는 경우가 태반입니다. 위로의 부드러운 속삭임, 말하자면 주님의 임재를 의식하는 실바람이 우리 영혼에 불 때, 우리는 그것이 단지 스스로 만들어낸 유령에 지나지 않고, 가까이 오시는 그리스도가 우리의 생각과 상상의 놀이에 불과하다고 생각합니다.

아, 형제 여러분, 마음에 근심이 있을지라도 주님을 바라보려고만 한다면 언제나 여러분 가까이에 오시는 주님을 볼 수가 있는데, 근심과 의무에 사로잡혀서 어린아이 같이 불평하느라, 슬픔에 빠져서 가까이 오시는 주님을 보지 못하는 일이 없도록 합시다!

신앙적 생각을 마음에 품기를 내켜 하지 않거나 보이지 않는 세계와 접촉하는 것을 두려워하든지, 혹은 그리스도를 흥을 깨는 분으로 생각하여 몸을 움츠리는 것 때문에 근심 중에 있는 여러분 가까이로 오시는 주님을 보지 못하는 일이 없도록 합시다. 의심이라는 교활하고 조롱하는 메피스토펠레스나 현대의 물질주의라는 썩어서 냄새 나는 늪지 위로 부는 유독한 공기 때문에 여러분이 바다 위를 밟고 오는 살아있는 실체를 보고서 꿈이거나 공상 혹은 여러분의 상상이 허공에 투영된 것이라고 생각하지 않도록 하십시오. 아무리 놀랍고 피상적인 것처럼 보일지라도 그리스도는 실체이십니다. 폭풍은 그리스도만큼 현실적이지 않고, 파도는 파도를 밟고 서 계시는 그리스도만큼 확실하지 않습니다. 폭풍과 파도는 지나가고 잠잠해질지라도 그리스도는 영원히 거하실 것입니다. 주님께서 바다를 건너 여러분에게 오시기 때문에 기운을 내고 기뻐하십시오. "내니 두려워하지 말라"고 하시는 주님의 음성에 귀를 기울이십시오.

두려워하지 말라는 격려의 말씀은 "나다" 하는 외침에 뒤따라 옵니다. 제자들이 일단 그 놀라운 사실의 고지에 이르렀을 때, 얼마나 큰 기쁜 확신이 그들 마음속에 몰아쳤겠습니까!

"폭풍우가 아무리 고함을 쳐도 듣는 사람들은
폭풍우를 뚫고 오는 더 깊은 소리를 듣는다."

주님의 임재를 의식하면 두려움이 없습니다. "두려워하지 말라"는 것은 주님이 옛적부터 하신 말씀입니다. 주님은 어디로 오시든지 오는 곳에서 이 말씀을 하십니다. 주님의 오심은 위험을 추방하고 두려움을 내쫓기 때문입니다. 그래서 여러분과 내가 폭풍과 공포가 난무하는 가운데서 "주님이시다"고 말할 수만 있다면, "바닷물이 솟아나고 뛰놀든지 산이 흔들려 바다 가운데에 빠지든지 우리는 두려워하지 아니하리로다"(시 46:2,3)고 말할 수 있습니다. 주님이 우리와 함께 하십니다. 영원하신 그리스도께서 우리의 돕는 자이시오 피난처이시며 우리의 힘이십니다.

4. 끝으로, 우리는 이 이야기에서 폭풍우와 항해의 끝을 봅니다.

이 복음서 기자는 다른 복음서 기자들과 다르게 그리스도를 이 작은 배에 영접하자 폭풍이 그쳤다는 사실을 기록하지 않습니다. 그런가 하면 다른 복음서 기자들은 요한과 다르게 이 항해가 마무리된 것을 기록하지 않습니다. "배는 곧 그들이 가려던 땅에 이르렀느니라." 이 두 가지 사실은 원인과 결과였습니다. 나는 많은 사람들이 생각하듯이, 부차적 기적을 본문의 마지막 구절에서 다시 볼 수 있다거나, "곧"이라는 말을 마치 잠시도 지체함이 없이 혹은 시간의 간격이 없이 항해가 끝났다는 뜻으로 해석해야 한다고 생각하지 않습니다. 그보다는 주님께서 이 작은 배에 오르시자 폭풍이 그치고 파도가 잔잔해지므로 나머지 항해가 비교적 간단하고 빠르게 마쳐졌다는 것으로 생각해야 할 것입니다.

그리스도께서 배에 오르면 방해는 끝이 나고 천국이 이른다는 말은 언제나 사실이 아니어서, 맞는 경우가 좀처럼 없습니다. 그러나 그리스도께서 배에 오르시면 그를 동무로 모시게 되고, 또 그 사실을 알고 있는 사람들 마음에 새로운 정신이 들어온다는 것은 언제나 맞는 이야기입니다. 그 사실은 사람들의 노동을 수월하게 만들어주고, 남아 있는 일들을 "넉넉히 이기게" 만듭니다. 지친 사람들이 주님을 배에 모시게 되었을 때는 전혀 다른 정신으로 다시 한 번 노를 힘껏 저을 것이고, 여러분과 내가 주님의 임재를 확신하게 된다면 전혀 다른 마음으로 일에 매진할 것입니다.

그리스도께서 우리의 걱정거리를 함께 지시면, 최악의 걱정거리는 사라진 것입니다. 우리의 모든 고통에 주님께서 함께 하신다는 확신에는, 주님께서 보내신 거친 바람을 잠재우는 놀라운 마력이 있습니다. 우리가 지금 주님의 뒤를 따르고 있다고 느낀다면, 주님께서 우리와 폭풍우 사이에 피난처와 은신처로 서 계신다는 것을 느끼게 됩니다. 우리가 여전히 주님의 뒤를 따르고 있다면 근심과 폭풍, 슬픔과 고난을 겪고 있을지라도 최악의 돌풍은 면할 것이고, 긴 파도가 여전히 올 수 있을지라도, 공포와 위험은 밤이 지나가면 사라질 것이며, 아침 해가 여전히 요동하는 파도 위로 떠오르고, 주님께서 우리와 함께 계심을 보여주며, 항구의 흰 제방이 멀리서 빛나고 있음을 보여 줄 것입니다.

교우 여러분, 어쨌든 인생은 항해입니다. 모든 사람에게 인생은 폭풍과 위험, 곤란, 피곤함, 위험에 노출됨, 걱정, 두려움, 슬픔이 많은 항해입니다. 그러나 여러분이 그리스도를 배에 모셔 들인다면, 그 항해는 어두운 바다를 홀로 건너려고 할 때와 전혀 다른 일이 될 것입니다. 그리스도가 없으면, 여러분은 스스로를 파멸시킬 것입니다. 그리스도를 모시고 있으면, 여러분의 항해가 위험하고 사나운 폭풍우를 만날 수 있지만 그리스도께서 "광풍을 고요하게 하사"(시 107:29) 여러분을 바라던 항구로 데려가실 것입니다.

31
하나님의 일을 하는 방법

"그들이 묻되 우리가 어떻게 하여야 하나님의 일을 하오리이까 예수께서 대답하
여 이르시되 하나님께서 보내신 이를 믿는 것이 하나님의 일이니라 하시니"

요 6:28, 29

오천 명을 먹이신 일은 그리스도께서 행하신 표적들 가운데 가장
"인기가 있는 것"이었습니다. 이 복음서 기자는 웃음과 한숨 사이이의 어
떤 것, 곧 "이 표적을 본 사람들은 이 사람이 참으로 그 선지자라"(요 7:40)
하였고, 그래서 그들은 그리스도와 이 표적을 너무 기뻐하여서 그곳에서
반란을 일으켜 그리스도를 왕으로 삼으려고 하였다는 사실을 우리에게 전
합니다. 나는 그런 류의 사람들이 하나라도 남아 있는지 궁금합니다. 내일
아침 두 사람이 맨체스터에 들어오게 되어 있는데, 그들 중 한 사람은 물
질적 행복을 제공하려고 하고, 다른 한 사람은 마음의 지혜와 평화를 제공
하려고 한다면, 여러분은 이들 가운데 누구에게 더 많은 사람들이 따를 것
이라고 생각합니까? 우리는 이 사람들이 자기들을 먹여줄 선지자에 대해
얼굴을 붉히지 않고 솔직하게 칭찬하는 것에 대해 비난할 필요가 없습니
다. 왜냐하면 우리 가운데 대다수가 털어놓고 이야기한다면 가장 좋아할
사람이 바로 그런 선지자이기 때문입니다.

그래서 예수 그리스도께서는 잘못된 생각으로 자신을 찬미하는 사람들
의 불편한 열광을 피해야 했습니다. 그리고 그 사람들은 열심을 내어 주님

을 좇았지만, 주님으로부터 그들을 또 다른 영역으로 높이 들어 올리고 그들의 열심을 식게 만드는 말씀을 들었습니다. 주님은 그들의 생각을 표적에서 돌이켜 훨씬 더 고귀한 선물로 향하게 하려고 하십니다. 주께서는 사람들이 음식을 얻기 위해 자진해서 받아들이는 수고를 하늘로부터 내리는 참된 양식을 얻는 데 대한 무관심과 대비시키며, 그들이 음식을 얻기 위해 언제든지 수고할 자세를 보여준 것처럼 하늘의 양식을 위해서도 그같이 하라고 명하십니다.

그들은 옳은 것과 그른 것이 아주 묘하게 혼합된 본문의 질문을 그리스도께 던집니다. "선생님은 우리에게 일하라고 명하시는데, 어떻게 일해야 할지 말씀해 주십시오. 우리가 하나님의 일을 하려면 무슨 일을 해야 합니까?" 그리스도께서는 그들의 혼란스런 생각을 밝혀주고 전체 문제를 분명하게 밝혀주는 말씀으로 답하십니다. "하나님께서 보내신 이를 믿는 것이 하나님의 일이니라."

1. 그렇다면, 믿음은 일입니다.

여러분은 복음의 일반적 교훈은 믿음을 행위와 대립시킨다는 것으로 알고 있습니다. 그 대립을 제대로 이해한다면 아주 맞는 이야기입니다. 그러나 나는 설교의 대부분을 청중들이 한쪽 귀로 듣고 한쪽 귀로 흘려버린다는 인상을 강하게 갖고 있습니다. 이런 용어들 자체가 아주 친숙하기 때문에 청중들이 시인하였고, 또 그 용어의 의미를 이해했다고 생각하기 때문입니다. 나는 많은 사람들이 일생 동안 교회에 나가서 믿음으로 구원을 받고 행위로 구원받지 못한다는 이 교리를 귀에 못이 박히도록 들었지만, 그 말이 의미하는 바를 한 번도 정확히 이해한 적이 없다고 생각합니다.

그래서 나는 잠깐 동안만, 믿음이 일이라는 모순처럼 보이는 이 진술의 의미를 밝혀보도록 하겠습니다. 우리는 무슨 뜻으로 믿음이라는 말을 합니까? 여러분은 친구에 대해, 아내에 대해, 남편에 대해, 여러분의 안내자에 대해 믿음이 있다고 말할 때 무슨 뜻으로 이야기합니까? 여러분은 단지 그 사람을 신뢰한다고 할 때 신뢰의 행위로 그 사람을 붙잡는다는 것을 뜻할 뿐입니다. 맨체스터의 전체 거래가 신뢰에 의존하고 있을 뿐 아니라 사회 전체 조직이 신뢰에 의존하고 있습니다. 믿음, 신뢰, 곧 진실되고 믿을 만하며 강하고 당면한 목적을 이루기에 충분하다고 생각하는 것에 내 자신을 기대는 것, 이것은 매일의 생활과 우리를 서로에게 결합시키는 공통적 감정보다 더 신비롭지 않고 더 멀리 떨어져 있지도 않는 것인데, 바로 이것이 신약성경이 믿음을 강조할 때 의미하는 바라고 나는 생각합니다.

우리 모두 믿음을 발휘하고 삽니다. 여러분은 낮은 수준과 방향에서 믿음을 표현합니다. "그런 자의 남편의 마음은 그녀를 믿나니"(잠 31:11)라는 말씀이 지금 내 설교를 듣는 교우들 가운데 많은 분들의 행복한 생활을 간단히 요약해주는 말임에 틀림없다고 생각합니다. 여러분은 그런 신뢰를 하나님에 대해서는 전혀 갖지 않습니까? 우리처럼 약하고 틀리기 쉽고 변덕스러운 피조물에게는 한껏 신뢰를 퍼붓고, 영원히 절대적으로 믿을 수 있는 분에 대해서는 전혀 신뢰를 두지 않아야 하겠습니까?

그렇다면, 물론, 우리가 서로에 대하여 믿음이라는 이 감정을 발휘함으로써 알 수 있듯이, (내가 여러분에게 지금까지 늘상 이야기하였듯이) 하나님이나 그리스도에 대한 이 신뢰의 이면은 내 자신을 부인하는 것입니다. 신뢰를 발휘한다고 할 때, 그 자체로 반드시 필요한 부분으로서, 내가 신뢰하는 분에게 모든 짐과 당면한 문제를 맡기기 위해 내 자신에게서 떠나는 것을 수반하지 않는 신뢰란 없습니다. 그래서 그리스도인의 믿음은 이 두 요소가 혼합되어 있습니다. 아니, 그보다는 그리스도인의 믿음은 서로에게 대응하는 이 두 면이 있다고 말할 수 있겠습니다. 바로 이 비유는 여러분이 이 면이나 또 다른 면에서 보는 것에 따라 볼록렌즈가 되기도 하고 오목렌즈가 되기도 합니다. 여러분이 한 면에서 믿음을 본다면, 믿음은 하나님을 향하여 일어섭니다. 다른 면에서 본다면, 믿음은 자신을 파내어 크게 빈 공간을 만듭니다. 그래서 믿음의 이면은 불신입니다. 하나님을 신뢰하는 사람은 그로 인해 자신에게서 벗어나고, 자기에게는 의지할 것이 아무것도 없다고 선언하는 것입니다.

확신과 소심, 신뢰와 불신은 하나이며, 이 두 면은 진실로 하나의 행위입니다. 그것은 어느 쪽도 쉽지 않습니다. 믿음은 우리 자신의 가장 깊은 본성의 발휘입니다. 그것은 의지의 노력입니다. 믿음은 자신을 강제함으로써 발휘하게 되어 있습니다. 믿음은 많은 시험과 곤란에 직면해서도 지켜야 합니다. 믿음과 행위의 대비는 하나의 내적 행동과 수많은 외적 실행들 사이에서 이루어집니다. 그러나 나를 하나님께 묶는 믿음은 나의 행동이고, 나는 그 행동에 책임을 집니다.

그러면서도 믿음은 행위가 아닙니다. 왜냐하면 믿음은 자신의 활동을 그치고, 하나님이 들어오시도록 자신에게서 떠나는 것이기 때문입니다. "의로운 행위로 말미암지 아니하고"(딛 3:5) "그리스도를 믿음으로 말미암는다"(갈 2:16)고 말할 때, 우리는 속사람이 자기를 부인하고 자신의 무능력을 고백해야 하며, 자신이 행하는 것은 무엇이든지 의지하기를 그치고, 그렇게 함으로써만 하나님과 결합될 수 있다고 선언하는 것에 지나지 않습니다. "썩을 양식을 위하여 일하지 말고 영생하도록 있는 양식을 위하여 하라 … 믿는 것이 하나님의 일이니라." 여러분은 그렇게 믿음을 발휘하는 일이든지 아니면 발휘하지 않는 일에 대해 책임을 져야 합니다.

2. 둘째, 개별적 수많은 행동이 아니라 믿음이 하나님을 기쁘시게 하는 것입니다.

이 질문의 형태와 답변의 행태의 차이점에 주목해 봅시다. 사람들은 "우리가 어떻게 하여야 하나님의 일들(works)을 하오리이까"라고 말합니다. 그리스도께서는 이에 대해 단수로 답변하십니다. "믿는 것이 일(work)이니라." 사람들은 아주 다양한 법률 준수와 행위들을 하나님의 일로 생각하였습니다. 주님께서는 그 모든 행위들을 하나로 모으십니다. 그들은 행위들을 쌓아올린 무더기를 생각하였습니다. 그래서 그 더미가 높이 올라가면 갈수록 하나님께서 자기들을 더 잘 받아들이실 것으로 생각하였습니다. 그리스도께서는 요구 조건을 하나로 통합하셨고, 그 모든 조건을 이 한 가지 행동으로 요약하십니다. 이 한 가지 행동에 다른 모든 행위들이 들어 있고, 이 한 가지 행동에 사람의 구원의 전체 무게를 의지하게 되어 있습니다. "우리가 어떻게 하여야 하나님의 일들을 하오리이까"라는 것은 우리 주변의 모든 사람들이 마음으로 온갖 방식으로 묻는 질문입니다. 이에 대해 아주 떠들썩하게 답변이 들려옵니다! 사제는 "의식과 예법들"이라고 말합니다. 사상가는 "문화와 교육"이라고 말합니다. 도덕가는 "이것을 하고, 저것을 하며 그밖의 것을 하라"고 말하며 일련의 개별적 행동들을 일일이 열거합니다. 예수 그리스도께서는 "한 가지라도 족하니"(눅 10:42) "믿는 이것이 하나님의 일이니라"고 말씀하십니다. 그리스도께서는 사제의 답변과 단순한 도덕가의 답변을 치워버리고 말씀하십니다. "그것이 아니다! 행하지 말고 믿어라." 그것이 행위인 한에서는, 믿음은 여러분에게 필요한 유일한 행위입니다.

이 요구조건은 타당해 보입니다. 사람은 자기 행위 이상의 존재입니다. 동기가 행동보다 중요하고, 성품이 행위보다 더 깊은 데 있습니다. 하나님께서는 사람들이 행하는 것을 기뻐하시지 않고 그 사람의 됨됨이를 기뻐하십니다. 우리는 먼저 사람이 **되어야** 하고, 그 다음에 **행동해야** 합니다. 우리가 삶의 다른 모든 관계에서 이 요구조건에 대한 유추들을 찾아볼 수 있기 때문에 확실히 타당해 보입니다. 여러분은 꼬박꼬박 잘 순종하는 자녀에 대해 걱정할 것이 있으며, 그 자녀를 사랑하고 신뢰하지 않겠습니까? 충성하는 행동을 과시하면서도 마음속으로는 음모를 꾸미고 반역을 키우고 있는 신하를 왕이 어떻게 생각하겠습니까?

의로운 각각의 행위들을 하는 것이 하나님의 일을 하는 방법이라면, 이제까지 하나님의 일을 행한 사람은 없었습니다. 왜냐하면 사람마다 자기 양심에 맞게 살지 못한다는 것이 분명한 사실이기 때문입니다. 양심은 거룩한 법보다 면밀하지 못합니다. 우리 가운데 아무리 악한 사람도 가장 훌륭한 사람이 의로운 행위에 대해서 아는 것보다 훨씬 더 많은 것을 압니다. 일반적으로 우리의 삶은 기껏해야 도달할 수 없는 순종과 미덕의 목표를 달성하기 위해 부분적으로 노력하는 것에 지나지 않습니다.

그러나 우리 양심의 요구조건들을 실제보다 훨씬 더 완벽하게 이행하고 우리의 위치와 관계들의 명백한 의무들을 다 지킬 수 있다고 생각해 볼 때에도, 우리가 그런 일에서 믿음 없이 하나님의 일들을 하고 있다고 생각합니까? 어느 사람이 모든 행동의 밑바닥에 하나님에 대한 일체의 신뢰가 없이 자신의 이상적 미덕을 완전히 실현할 수 있다고 추측해 봅시다. 여러분은 이런 행동이 하나님을 기쁘시게 하는 일이 될 것이라고 생각합니까? 오랜 시간 고결하고 단호하게 악과 싸운 삶이 단지 인간의 눈으로만 볼 때는 아무리 훌륭하고 감탄할 만한 가치가 있을지라도 거기에 하나님을 위해 그 일을 하는 최고의 은혜가 없다면, 내게는 그런 삶은 거의 모든 것이 부족한 것처럼 보입니다. 그런 생애는 하나님께서 받으실 만하고 하나님을 기쁘시게 하는 것이 부족하다고 말할 수 있을 것입니다. 이상적 우리의 의무와 행동을 아주 보잘것없고 불완전하게 이행하는 것일지라도 거기에 할 수만 있으면 더 낫게 행하려는 하나님께 대한 사랑과 믿음을 담고 있다면, 그런 행위가 천국의 눈, 곧 진리를 보는 눈으로 볼 때 신뢰하지 않는 마음으로 행한 지극히 고귀한 업적보다 더 고귀한 것이라고 나는 감히 말합니다. 나는 그렇게 말하는 것이 편협한 신앙이라고 생각하지 않고, 그것은 하나님에 대한 사람의 관계가 인간의 가장 깊은 문제이고, 그 관계가 바르면 다른 것들이 올바르게 되고, 그 관계가 그릇되면 어떤 것도 옳을 수 없다고 하는 이 사실로부터 이끌어낸 명백한 추론이라고 생각합니다.

여기서 사람들이 마치 예수 그리스도에게서 나오지 않은 다른 어떤 것처럼 말하는 바울의 사상과 교리의 기초가 바로 예수 그리스도이신 것을 봅니다. 우리는 종종 사람들이 이렇게 말하는 것을 듣습니다. "아, 믿음으로 의롭다함을 얻는다는 당신의 복음적 교훈은 그리스도의 가르침에서 나오지 않고, 요한복음에서도 나오지 않으며 바울 서신에서 나오는군요." 하지만 여기에는 차이가 있습니다. 주님의 말씀에 들어있는 가르침의 씨앗과 서신서들의 좀 더 체계화되고 발전된 교훈에서 얻는 이 씨앗들의 꽃과 열매 사이의 차이점을 인정하지 않는 것은 무분별한 것입니다. 나는 솔직하게 그 점을 인정합니다. 그리고 그리스도가 어떤 분이시고 바울이 누구인가에 대한 신앙을 가지고서 볼 때, 나는 그런 점이 있으리라고 예상하지 않을 수 없습니다. 그러나 "하나님께서 보내신 이를 믿는 것이 하나님의 일이니라"는 말씀에는, 율법의 행위는 아무 쓸모가 없고, 사람들을 하나님과 결합시키고 사람들이 영생을 얻도록 만드는 일에 믿음만이 효력 있다고 가르친 바울의 교훈의 싹이 있습니다. 이 말씀이 요한복음에 나옵니다. 이와 같이 다른 형태를 취하고 있긴 하지만 바울과 요한은 다 같이 이 말씀을 받아들였고, 그 다음 교훈을 다루는 다른 곳에서 주님의 이 말씀으로부터 싹의 형태의 교훈을 풀어냈습니다. 우리는 '믿음으로 말미암는 구원'이 그리스도의 복음에 바울의 사상을 보탠 것이라는 말을 더 이상 듣지 맙시다. 그리스도께서 친히 "하나님께서 보내신 이를 믿는 것이 하나님의 일이니라"고 선언하셨기 때문입니다.

3. 셋째, 이 믿음이 하나님의 모든 일들을 일으키는 근원입니다.

내가 지금까지 강조하려고 해왔던 이 교훈은 게으름을 위한 구실이 되고, 부도덕과 긴밀히 연결되도록 잘못 설명되어 온 것을 압니다. 이 교훈이 그런 식으로 소개되어 왔지만, 이 교훈의 적들이 우리를 믿게 하려고 한 것만큼 자주 그런 식으로 소개되지는 않았습니다. 믿음으로 말미암는 구원이라는 이 위대한 교리를 전하는, 아주 능력있고 걸출한 설교자들 가운데서 그 교리의 가장 위대한 선생이 하였듯이 "조심하여 선한 일을 힘쓰게 하려 함이라 이것은 사람들에게 유익하니라"(딛 3:8)는 말씀을 덧붙이지 않은 사람을 거의 알지 못합니다. 그러나 바른 교훈은 믿음이 행위를 대신하지 않고, 믿음이 행위의 기초라는 것입니다. 무엇보다 복음은 믿음입니다. 그렇다면 믿음의 행위를 하도록 애쓰십시오. 믿음은 사랑으로 일합니다. 믿음은 그리스도의 생명이 들어오도록 마음을 여는 것입니다. 그리고 물론 생명이 들어오면, 생명은 그 사람 속에서 생명의 원천과 근원에 적합한 방식으로 작용할 것입니다. 그리고 믿음으로 말미암아 예수 그리스도께 연합되고 그리스도의 생명을 받아들이기 위해 마음을 연 사람은 당연히 그의 믿음의 정도에 맞게 의의 열매를 내놓을 것입니다.

우리는 열매와 꽃이 나올 뿌리를 강조한다고 해서 열매와 꽃을 무시하는 것이 아님이 확실합니다. 봄에 어린 아이들이 울타리에서 잘라낸 나무 가지들에 데이지 꽃을 꽂듯이 사람이 불완전한 미덕의 행위들을 할 수 있습니다. 그러나 이런 꽃들은 죽을 것입니다. 모든 의의 기초는 믿음입니다. 믿음의 표현은 실천적 의입니다. "네 믿음을 행위로 내게 보이라"(약 2:18)는 것은 주님의 충직한 종 야고보의 교훈인 것만큼 또한 그리스도의 가르침이기도 합니다. 사랑하는 교우 여러분, 우리는 이렇게 말할 때 인간에게 가능한 완전한 미덕들로써 삶을 부요하게 만드는 첩경으로 가고 있는 것입니다. 즉 "처음부터 시작하라. 급할수록 돌아가라. 먼저 네 온 마음을 다해 주님을 의지하라. 그러면 그것이 '무엇에든지 사랑 받을 만하며 무엇에든지 칭찬 받을 만한 것으로'(빌 4:8) 꽃 피울 것이다." 사도 베드로의 두 번째 서신에 나오는 아름다운 은유에서, 믿음은 그 결과로서 일어나는 은혜의 합창을 시작하는 처녀입니다. 우리는 여기서 "너희 믿음에 덕을 더하라"(벧후 1:5)고 권고를 받습니다. 그러면 다른 모든 것들은 이 한 가지 중심 원천으로부터 사이좋게 연달아 나타납니다.

시간이 있다면 나는 이런 점들이 오늘날 대체로 그리스도 교회의 주의를 끌고 있는 주제들에 던지는 빛에 대해 잠시 생각해 보겠습니다. 나는 여러분이 기독교 신앙의 적용에 관해 많은 말을 하기 전에 사람들 속에 적용할 기독교 신앙이 있다는 것을 아주 확신할 수 있어야 한다고 주장하고 싶습니다. 나는 기독교 사역자들과 교회가 "하나님께서 보내신 이를 믿는 것이 하나님의 일이니라"는 이 복음을 전하는 것보다 행위를 고수함으로써 사람들의 사회적, 정치적, 지적, 도덕적 진보와 사람들의 향상을 위해 더 많은 유익을 끼치지 못하는 경우가 거의 99퍼센트에 해당한다는 나의 소박한 신념을 말씀드리고 싶습니다.

4. 끝으로, 이 믿음이 생명의 떡을 확보합니다.

이 생명의 떡이 모든 대화의 출발점입니다. 아주 넓은 의미에서, 불멸의 영혼의 굶주림을 진정으로 만족시켜 주는 것은 무엇이든지 생명의 떡입니다. 더 깊은 의미에서, 생명의 떡은 바로 예수 그리스도 자신이십니다. 왜냐하면 그리스도께서는 자신이 생명의 떡을 줄 것이라고 말씀하실 뿐만 아니라 또한 자신이 생명의 떡이라고도 하시기 때문입니다. 그리고 가장 깊은 의미에서, 생명의 떡은 십자가의 희생제물로서 우리를 위해 찢기신 그의 살입니다. 이 떡은 선물입니다. 이렇게 해서, 하나님이 **주실** 떡을 위해 **일하라는**, 본문에 나오는 역설이 생깁니다. 이 떡이 선물이라면, 그 사실이 그 선물을 얻기 위해 어떤 일을 해야 할지를 결정합니다. 이 떡이 선물이라면, 해야 할 일이란 선물을 받는 것뿐입니다. 이 떡이 선물이라면, 응분의 대가의 영역에서 벗어나 있는 것이며, 중국 사람들이 하듯이 하나님이 우리에게 주실 것을 사기 위해 다 합해도 1실링도 안 되는 커다란 동전꾸러미를 가져올 필요가 없습니다. 이 떡이 선물이라면, 그렇다면 주시는 분을 신뢰하고, 그 선물을 받는 것이 할 수 있는 유일한 조건입니다.

그것은 하나님께서 고안하여 마음대로 부과한 조건이 아닙니다. 그 조건의 필요성은 일의 성격 자체에 깊이 박혀 있습니다. 공기가 배기펌프 속에 있는 쥐의 폐에는 들어갈 수 없습니다. 모든 문을 닫고 열쇠를 잠근 방에는 빛이 들어갈 수 없습니다. 사람이 다리가 유리로 된 작은 걸상에 앉아 전도체에서 손을 떼기로 하면, 전기가 그에게 통하지 않을 것입니다. 내가 입술을 닫기로 마음먹는다면, 예수 그리스도께서는 꽉 다문 내 입을 억지로 벌려 원치 않는 입에 생명의 떡을 넣어주시지 않습니다. 우리가 구하면 얻고, 취하면 갖습니다.

이렇게 해서, 우리가 선물을 받기 위해 일하는데, 내 자신에게서 떠나는 것이기 때문에 일이 아닌 일을 한다는 역설이 생기는 것입니다. 이사야 선지자가 "돈 없이, 값 없이 사라"고 하였을 때 말한 것이 바로 이 복된 역설입니다. 아, 돌을 언덕 꼭대기까지 굴려 올라가지만 언제나 다시 굴러 내려오는 일을 해야 했던 사람의 수고처럼 참으로 절망적 노력과 피곤한 수고가, 내가 지금까지 보잘것없지만 말하려고 노력해온 이런 말씀 때문에 우리 어깨에서 치워집니다! 불쌍한 영혼이여, 착하게 살려고 그리고 자신과 세상과 악과 싸우기 위해 "여러분은 많은 일로 염려하고 근심합니다" (눅 10:41). 그렇게 하지 말고 주님께서 이같이 말씀하시는 것을 들어보십시오. "자신의 힘으로 무엇을 하려고 하는 노력을 포기하라. 이것은 너희를 위하는 내 몸이니 받아먹으라."

32
만나

"내가 곧 생명의 떡이니라 너희 조상들은 광야에서 만나를 먹었어도
죽었거니와 이는 하늘에서 내려오는 떡이니
사람으로 하여금 먹고 죽지 아니하게 하는 것이니라"

요 6:48-50

그리스도께서 보리떡 다섯 개와 물고기 두 마리로 오천 명을 먹이셨을 때, 유대인들은 "이는 참으로 그 선지자"라고 하였습니다. 그들에게 예수는 그런 정도의 선생이었습니다. 그들은 주님의 지혜로운 말씀과 아름다운 행위에는 전혀 영향을 받지 않았지만, 음식을 마련한 표적은 그들의 필요를 정확히 충족시켰고, 이렇게 해서 예수께서 전혀 반기시지 않는 불순한 열광이 일어났습니다. 그러므로 그리스도께서 사람들의 그런 열광에서 물러나셨고, 사람들이 더 많은 떡을 얻고 더 표적을 보기를 잔뜩 기대하고 주님을 따르자 주께서 그들의 열광을 식히는 냉수를 한 바가지 그들에게 뒤집어씌우고, 그들을 다시 비판적이고 의심하는 분위기에 빠트리셨습니다. 사람들은 만나의 표적을 가리키며, 자기들이 주님을 받아들이기를 기대한다면 주께서 모세가 하였듯이 혹은 그와 비슷한 어떤 일을 해야 한다는 뜻을 넌지시 비쳤습니다. 아마도 당시에 메시야가 만나의 표적을 되풀이 할 것이라는 뜻의 유대인 전승이 있었던 듯합니다. 어쨌든 그리스도께서는 사람들이 꺼낸 말을 붙잡아서 사실상 이렇게 말씀하셨습니

다. "만나의 표적을 보여 달라고? 그렇게 하마. 나는 참된 만나를 주는 사람이고, 내가 바로 참된 만나이다."

이 말씀은 이 복음서에서 주님이 구약의 사건과 제도들을 자신을 상징하는 것으로 지적하신 세 번째 경우입니다. 그 세 가지 경우들 가운데, 주님께서 자신을 야곱이 본 사다리에 비유하신 첫 번째 경우에서 자신이 하늘과 땅 사이를 연결하는 중재자라고 주장하셨습니다. 주께서 자신을 광야에서 높이 든 놋뱀에 비유하신 두 번째 경우에서, 주님은 자신이 죄에 타격을 받고 독에 물든 세상의 치료자이시라고 주장하셨습니다. 그리고 이제 이 표적에 대해 언급하고 또 만나의 표적을 보여 줄 것을 바라는 유대인의 요구를 언급하시면서, 주님은 자신이 굶어 죽어가는 세상의 참된 양식이라고 주장하십니다. 이와 같이 본문에는 세 가지 사실이 나옵니다. 즉 그리스도의 주장과 그리스도의 요구 조건, 그리스도의 약속이 있고, 떡과 먹는 것과 그 결과가 있습니다.

1. 그리스도의 주장을 살펴봅시다.

앞에서 말하였듯이, 내가 일부분의 말씀을 본문으로 취한 이 놀라운 전체 대화에는 오병이어의 표적에 대한 언급과 만나의 표적에 대한 언급이 나옵니다. 주님께서 자신이 어떤 존재라고 주장하실 때 의미하는 바는 이 두 가지 언급에 공통적으로 나오는 것입니다. 즉 주님은 인간의 근본적 큰 필요, 곧 마음의 굶주림을 채우신다는 것입니다. 또 한 가지 언급이 있을 수 있는데, 이것은 깊이 생각하지 않고 그냥 지적하고만 넘어가려고 합니다. 보리떡은 아주 거칠고 볼품없는 떡입니다. 보리떡은 별로 가치가 없을 뿐만 아니라 오천 명이 먹기에도 적당하지 않았습니다. 이집트의 마늘과 부추의 쏘는 맛에 익숙하지 않은 입은 이 가벼운 떡을 싫어했습니다. 이와 같이 예수 그리스도께서는 좀 더 세상적 음식물의 자극적 맛에 길들여진 사람들은 맛없다고 돌아보지 않는 보리떡이나 푸석푸석한 떡처럼 비천한 모양으로 세상에 오십니다. 그러나 비천한 모양의 주님, 맛없는 주님이 인간의 가장 깊은 필요를 충족시키는 떡이시며, 주께서는 누구든지 만족시키실 것이기 때문에 모든 사람의 음식이십니다.

나는 여러분이 주님께서 자신을 생명의 떡이라고 설명하시는 이 위대한 설교에서 자신의 말의 의미와 자신이 제공하는 것의 깊이를 점차 밝히시는 놀라운 방식을 눈여겨보기를 바랍니다. 예수께서는 인자인 자기가 사람들에게 "영생하도록 있는" 양식을 줄 것이라는 말부터 시작하셨습니다. 그 다음에 듣는 사람들이 그 말씀을 잘 알아듣지 못했지만 속에 묘한 새로운 욕구와 갈망이 생겨 주께 와서 "주여, 이 떡을 항상 우리에게 주소서" 하고 구하자, 주님은 그들에게 손가락을 또 하나 펴고 손바닥에 있는 보물을 조금 더 보여주는 말씀으로 답변하십니다. 주님께서 "나는 생명의 떡이라" 고 말씀하시는 것입니다. 이것은 앞에 하신 말씀에서 한 걸음 앞으로 나간 것입니다. 주님께서 떡을 주십니다. 그리고 자신이 믿고 받아들인 어떤 위대한 진리나 위대한 복이 인류를 기운 나게 하고 살지게 할 것으로 안 사람은 누구든지 바로 이같이 말했을 것입니다. 그런데 이제 우리는 더 큰 신비의 그늘진 부분으로 들어갑니다. "나는 생명의 떡이라." 여러분은 그리스도께서 주시는 것과 그리스도 자신을 분리할 수 없습니다. 여러분은 다른 어떤 사람이 자신의 인격과 전혀 상관없이 선언하는 진리들을 받아들일 수 있습니다. 그의 인격은 혼란을 일으킬 뿐입니다. 그래서 그의 인격을 떼어내면 낼수록, 우리는 그가 전달하기만 하는 그 메시지를 더욱 더 확고하고 순결하게 얻습니다. 여러분은 플라톤을 좋아하는 만큼만 그의 가르침을 받아들일 수 있습니다. 그러나 그리스도에 대해서는 여러분이 좋아하는 만큼만 그의 교훈을 받아들일 수 없습니다. 그리스도의 인격은 그리스도께서 세상에 주시는 그의 선물의 중심입니다. "나는 생명의 떡이라." 그리스도께서 그 떡을 주신다는 것은 많은 의미를 지닙니다. 그런데 그가 바로 그 떡이라는 것은 훨씬 더 많은 의미를 지닙니다.

주님이 이렇게 우리를 그 빛의 기이한 범위 안으로 조금 더 끌어들이고 나서, 어떻게 자신이 그 선물과 분리될 수 없음을 단언하실 뿐만 아니라 또한 틀림없이 만나를 가리키는 말로서 "나는 하늘에서 내려 온 떡이라"고 주장하시는지 살펴봅시다. 듣는 사람들은 즉시 한 가지 요점은 붙잡고, 다른 모든 것은 무시해버렸습니다. 그리고 그들은 비록 반박하려는 목적이지만 본능적으로 "하늘에서 내려 왔다"는 이 중심적 말씀에 온통 주의를 기울였습니다. 그들은 서로를 보며 말했습니다. "이는 요셉의 아들 예수가 아니냐 그 부모를 우리가 아는데 자기가 지금 어찌하여 하늘에서 내려왔다 하느냐?" 형제 여러분, 이와 같이 밤이슬 가운데 하늘에서 내린 만나가 빵집에서 구운 빵과 전혀 달랐듯이 그리스도께서는 자연적 출생 과정을 통해서 태어나는 사람과 전혀 다르십니다. 이 위대한 주장에는 우리와 우리의 구원을 위해 인자가 되는 하나님의 아들의 성육신이 담겨 있습니다. "태초에 말씀이 계시니라 이 말씀이 하나님과 함께 계셨으니 이 말씀은 곧 하나님이시니라." 그리고 시대의 긴 과정에서 명확히 어떤 시점에 "말씀이 육신이 되어 우리 가운데 거하시니라"는 이 말씀을 주님께 관한 진리로 받아들이지 않는 한, 그리스도의 메시지의 핵심을 이해하지 못합니다. 그리스도께서 "하늘에서 내려온 떡"이 아니면 결코 "생명의 떡"이 되지 못할 것입니다. 왜냐하면 인류에게는 높이 멀리서 굽어보고 있는 푸른 하늘이 내려와야 할 필요가 있기 때문입니다. 위로부터 어떤 손이 우리의 타락의 심연으로 내려와 우리를 낮은 데서 들어 올리지 않는 한, 우리가 "기가 막힐 웅덩이와 수렁에서"(시 40:2) 올라올 수 없기 때문입니다. 땅이 하늘에 닿으려고 한다면, 하늘이 땅으로 내려와야 합니다. 사람들이 낮은 땅에서 하나님의 얼굴을 볼 수 있는 저 꼭대기로 올라가려고 한다면, 사다리가 위에서부터 내려와야 합니다.

그러나 그것이 전부가 아닙니다. 내가 앞에서 사용한 비유를 다시 한 번 사용할 수 있다면, 우리 주님은 이어서 손가락을 또 하나 펴서 선물을 조금 더 보여주셨습니다. 왜냐하면 주님께서는 "인자가 이 떡을 주리라" 또 "나는 하늘에서 내려온 떡이라"고 말씀하셨을 뿐만 아니라 또한 계속하여 이 대화의 다음 단계에서 "내가 줄 떡은 곧 세상의 생명을 위한 내 살이니라"고 말씀하셨기 때문입니다. 자, 여기서 "**줄**"이라는 말을 유의해 봅시다. 그렇다면, 말씀이 육신이 되었고, 만나가 하늘에서 내려왔지만, 세상의 생명을 위한 주님의 살이라는 특별한 선물은 이 말씀을 하던 당시에는 미래의 일이었습니다. 이 대화의 절정에 해당하는 말씀을 읽을 때, 다시 말해 주님께서 우리가 이 생명을 받는 조건은 "인자의 살을 먹고 피를 마시는 것"이라고 선언하실 때, 주님의 말씀의 의미가 훨씬 더 분명하게 드러납니다. 이 비유는 의도적으로, 다시 말해 이 말에 자극을 받아 우리가 그 의미를 꿰뚫어보게 하기 위해 불쾌한 표현을 사용한 것입니다. 이 말씀은 피가 있는 것을 만지거나 맛보는 일을 종교적으로 혐오하는 유대인들에게는 훨씬 더 불쾌한 표현이었습니다. 그런데 주님은 자신을 떡이라고 할 뿐만 아니라 자신의 살과 피가 세상의 음식이라고까지 말씀하십니다. 살과 피를 분리하는 것은 분명히 폭력적 죽음을 가리킵니다. 주님께서 자신을 인류의 양식으로 주장하는 가장 깊은 기초를 밝히는 이 위대한 말씀에는, 당시 주님의 사명 수행 단계에 꼭 필요하였던 불분명한 언어에서 자신의 죽음을 굶주린 세상이 먹고 만족할 수 있는 희생제물로 분명히 언급하는 어조가 있다는 것을 전혀 의심하지 않습니다.

이와 같이 우리는 이 세 단계에서 복음의 중요한 핵심적 진리가 상징으로 표현되는 것을 봅니다. 즉 생명의 떡을 주시는 그리스도, 생명의 떡이신 그리스도, 그의 살과 피가 분리되어 죄 범한 모든 영혼의 자양이 되는 죽음이 그것입니다. 나는 이 주장들을 강조하는 말은 하지 않고, 다만 여러분이 이 복음서의 이야기들을 정당하게 다루고, 주님의 행동이나 말씀들 가운데 마음에 드는 것들은 골라내고 나머지는 모두 무시하는 일은 하지 않기를 권합니다. 예수 그리스도께서 일찍이 "남에게 대접을 받고자 하는 대로 너희도 남을 대접하라"(눅 6:31)고 말씀하신 것이나 산상수훈 가운데 사람들이 자신들의 기독교 신앙으로 받아들이는 어떤 부분을 믿는다면 "주께서 내가 줄 떡은 곧 세상의 생명을 위한 내 살이니라"고 말씀하신 것을 못 믿을 이유가 없습니다. 사실이 아니라고 생각하겠지만, 주관적 이유로 여러분이 주님의 교훈의 그 모든 부분을 무시해버린다면, 그것은 여러분이 다른 역사적 문서를 대하는 것처럼 성경의 기록을 대하고 있지 않는 것입니다. 그러나 여러분이 주님의 이 말씀을 받아들인다면, 주님은 얼마나 신선하고 온전하신 분이신지요? 주님의 온유하심과 겸손한 마음은 얼마나 적합합니까? 주님께서 나사렛 출신의 젊은이로서 가버나움 회당에서 일어서서 "하늘에서 내려왔고 사람들에게 죽음을 당하는 나는 온 세상을 위한 생명의 떡이라"고 말할 때, 주님이 얼마나 온전한 정신으로 말했겠습니까?

나는 또 한 가지 사실을 주목하려고 했었는데, 지금은 아주 간단히 언급하고 지나갈 수밖에 없습니다. 즉 그것은 자신에 대한 주님의 점진적 계시의 세 단계에 대해 이런 관점을 충분히 고려하면, 이 강화와 주님의 성찬 규례 사이의 관계가 무엇인가라는 문제에 대해 답을 얻을 수 있다는 것입니다. 오늘날 성찬을 중시하는 사람들은 예수 그리스도께서 이 장에서 성찬에 대해 말씀하고 계신다고 주장할 것입니다. 나는 주님께서 지금 성찬에 관해 말씀하고 계시는 것은 아니지만 이 강화(講話)와 이 의식은 같은 진리들을 다루고 있는데, 한 가지 진리는 명확한 말씀으로, 다른 진리는 그와 동등한 상징들로 다루고 있다는 견해를 받아들입니다. 이것이 합리적 설명이라고 생각합니다. 그래서 우리는 본문을 성찬 의식에 대한 어떤 암시로 해석할 필요는 없지만, 본문과 이 의식에서 동일한 사실, 곧 죄를 위한 희생제사의 피와 살은 죄가 있지만 깨끗함을 받은 세상이 먹을 수 있는 양식이라는 사실을 선포하고 있음을 보아야 합니다.

2. 둘째, 여기서 우리 주님의 요구 조건들에 유의하시기를 바랍니다.

주님은 계속해서 은유를 사용하십니다. "이는 하늘에서 내려오는 떡이니 사람으로 하여금 먹고 죽지 아니하게 하는 것이니라." 먹는다는 것은, 마음이 굶주려 있는 우리 모두가 이 하나님의 떡을 먹고 살 수 있는 방법을 가리키는 것으로서 떡이라는 상징에 뒤이어 나오게 되어 있습니다. 많은 곳에서, 그리고 이 전체 문맥에서 이 상징이 매우 분명하게 설명되는 것을 말할 필요는 없을 것입니다. 이 대화의 또 다른 부분에서 또 다른 은유를 사용하여 동일한 사실을 표현하는 "내게 오는 자는 결코 주리지 아니할 터이요 나를 믿는 자는 영원히 목마르지 아니하리라"는 말씀을 봅니다. 이와 같이 '먹는 것'과 '오는 것'이 각기 다른 상징이지만 한 가지 사실, 곧 믿는 것을 나타냅니다. 먹을 때, 사람은 먹는 음식을 자기 것으로 만들고 자기 몸에 포함시킵니다. 그리스도를 믿을 때, 사람은 바로 예수 그리스도의 생명을 자기 것으로 삼고 자기의 가장 깊은 곳에 포함시키는 것입니다. "그것은 신비주의라"고 여러분은 말합니다. 내가 그리스도를 믿을 때 그리스도의 선물보다 더 많은 것을 얻는다, 즉 그리스도 자신을 얻는 것이며, 내 믿음이 그리스도에게 이를 때, 믿음은 내가 그리스도를 의지하도록 만들 뿐만 아니라 그리스도를 내 안으로 모셔오고, 또 앞으로 보겠지만 영의 양식은 내 영혼의 생명이 된다는 것이 신약성경의 가르침입니다.

이 조건은 반드시 필요한 것입니다. 여러분이 식탁이나 접시 혹은 여러분 손에 음식을 놓아두는 것은 소용이 없습니다. 그 음식은 여러분을 살지게 하지 못합니다. 여러분은 그 음식을 먹어야만 합니다. 그때서야 여러분은 그 음식에서 자양분을 섭취합니다. 그동안 굶주린 아주 많은 사람들이 곡식 창고 앞에서 죽었습니다. 우리 중에는 곁에 "하늘에서 내려 온 하나님의 떡"이 있는데도 굶어 죽는 사람들이 있습니다. 형제 여러분, 여러분은 먹어야 합니다. 여러분에게 이 질문을 한 번 해보겠습니다. 여러분은 예수 그리스도께서 세상의 구주시라고 믿지 않습니까? 여러분은 성육신을 믿지 않습니까? 여러분은 속죄를 믿지 않습니까? 그것이 아니라면 여러분은 그 하나님의 떡에 여러분의 몫이 있다고 주장해오지 않았습니까? 여러분은 그 떡을 먹지 않았습니까? 믿어라, 그러면 먹은 것이다고 어거스틴은 말하였습니다. "믿어라" 즉 "의지하라," 그러면 "당신은 먹은 것이다." 여러분은 먹었습니까?

그 다음에, 이 먹는다는 상징 아래 믿음의 최초 행위뿐만 아니라 지속적으로 먹는 과정도 포함되어 있다는 점을 말씀드립니다. 작년 이맘때 먹은 저녁 식사는 오늘의 굶주림을 달래는 데 아무 소용이 없습니다. 오래 전에 행했던 믿음의 행위는 오늘 여러분을 살지게 할 그 떡을 가져다주지 못할 것입니다. 여러분은 계속해서 음식을 먹어야 합니다. 이 대화의 마지막 부분에서 주님은 먹는다는 것을 표현하는 단어를 매우 아름답고 인상적으로 바꾸시고, 마치 이전 조건을 충족시킨 사람들에게 말씀하고 있는 것처럼 동물들의 되새김질하는 행동을 암시하는 또 다른 단어를 대신하여 사용하십니다. 그것이 바로 그리스도인들이 해야 할 일입니다. 즉 "하늘에서 내려온 하나님의 떡"을 거듭 먹어야 한다는 것입니다. 그리스도께서 특별히 우리를 위한 죽음에서 그리고 그 죽음을 통하여 우리의 의지를 살지게 하고 떠받칠 수 있으며, 사람들이 바라야 하는 것의 본보기와 그것을 바라는 동기를 제공하실 수 있습니다. 그리스도께서는 특별히 그의 죽음을 통해서 우리의 이해를 살지게 하실 수 있고, 또 거기에서 하나님과 사람에 관한 그리고 사람의 운명과 하나님의 자비에 관한 아주 깊은 진리들을 밝히실 수 있습니다. 그리스도께서는 특별히 그의 죽음에서 우리의 감정을 살지게 하실 수 있고, 우리의 사랑과 욕구와 순종과 희망에 천상의 자양분을 공급하실 수 있습니다. 그리스도는 "하나님의 떡"이시므로, 우리 앞에 놓인 것을 먹기만 하면 됩니다.

3. 끝으로 우리는 여기서 이런 결과들을 봅니다.

"너희 조상들은 광야에서 만나를 먹었어도 죽었거니와." 이 떡은 "사람으로 하여금 먹고 죽지 아니하게" 합니다. 썩을 양식은 썩을 생명을 먹입니다. 그러나 이 떡은 "허물과 죄로 죽은" 사람들이 받아들인, 썩지 않을 생명을 부양할 뿐만 아니라 탄생시키며, 악을 전혀 좋아하지 않고 따라서 죽음을 두려워하지 않는 생명을 그들에게 나누어 줍니다.

"사람으로 하여금 먹고 죽지 아니하게 하는 것이니라." 그리스도께서는 우리를 위해 신체적 죽음이라는 단순한 사건을 없애버리십니다. 죽음은 진행하는 과정에서 순간적으로 잠깐 덜커덕 거리는 것에 지나지 않습니다. 죽음은 괄호 속에 다 집어넣을 수 있습니다. "그는 죽지 아니하고" 생명이신 그리스도와의 연합으로 말미암아 소유하는 참된 생명을 살 것입니다. 우리가 먹는 떡이 생명을 유지합니다. 그리스도께서 주시는 떡은 생명을 일으킵니다. 우리가 먹는 떡은 신체에 흡수되지만, 그리스도께서 주시는 이 떡은 우리의 영적 본성을 그리스도의 것으로 동화시킵니다. 이와 같이 그리스도께서 주시는 떡만이 굶주린 마음을 달랠 수 있는 유일한 음식이고, 결코 물리지 않고 만족시키는 유일한 음식입니다. 이 떡은 우리가 먹으면 배부르고, 배부르면 더 먹을 수 있고, 더 먹을 수 있으면 더 받을 수 있는 음식입니다. 성취, 바람, 만족, 욕구가 영원히 복되게 지속될 것입니다.

"너희가 어찌하여 양식이 아닌 것을 위하여 은을 달아 주느냐"(사 55:2). 여러분은 이 질문에 어떤 합리적 말로 답변할 수 없습니다. 아, 사랑하는 교우 여러분! 우리 각 사람에게 지금 "받아서 먹으라, 이것은 너희를 위하는 내 몸이라"고 하시는 주님의 말씀에 귀를 기울이시기 바랍니다.

33
두 가지 의미를 지닌 한 말씀

"예수께서 이르시되 내가 너희와 함께 조금 더 있다가
나를 보내신 이에게로 돌아가겠노라 너희가 나를 찾아도 만나지 못할 터이요
나 있는 곳에 오지도 못하리라 하시니"

요 7:33, 34

"작은 자들아 내가 아직 잠시 너희와 함께 있겠노라 너희가 나를 찾을 것이나
일찍이 내가 유대인들에게 너희는 내가 가는 곳에 올 수 없다고 말한 것과 같이
지금 너희에게도 이르노라"

요 13:33

아주 비슷한 말씀을 들은 이 두 그룹만큼 뚜렷이 대조되는 그룹을 더
이상 생각할 수 없을 것입니다. 한 그룹은 관리들, 곧 바리새인들과 제사
장들의 앞잡이들로 구성됩니다. 이들은 그리스도를 잡도록 보냄을 받았기
때문에 어떻게 해서든지 자기들 주인의 명령을 이행하기를 바랐지만 자기
들 스스로도 설명할 수 없는 묘한 두려움 때문에 손을 대지 못하였습니다.
다른 그룹은 배우는 데 더뎠지만 충실히 따르는 주님의 소수의 제자들로
이루어져 있습니다. 이들은 많은 실수를 하였고, 때로는 주님의 인내심이

바닥이 나기까지 만들었지만 주님을 많이 사랑하였기 때문에 많은 용서를 받은 사람들입니다. 한 그룹은 미움이 활력을 불어넣었고, 다른 그룹은 애정이 깃든 슬픔이 기운을 북돋았습니다.

그리스도께서 이 두 그룹 모두에게 거의 똑 같은 말씀을 하시지만, 그 어조와 의미와 적용은 전혀 다릅니다! 관리들에게 주님의 이 말씀은 주님의 당당한 확신을 보여주는 것입니다. 즉 그들의 악의는 무력하고, 그들의 무기는 소용이 없으며, 주께서는 원하실 때 가실 것인데, 그들이나 어느 누구에게 제지당하지 않고 적들이 찾을 수도 따라갈 수도 없는 안전한 피난처로 가시리라는 것입니다. 이 관리들은 주님이 말씀하신 의미를 이해하지 못합니다. 그들은 언제나 그리스도가 나쁜 유대인이라고 생각했었는데, 그가 아주 이방인들에게 넘어감으로써 완전히 유대교를 떠날지도 모른다고 생각하였습니다. 어쨌든 그들은 예수께서 자기들 나라를 떠나려는 것으로 느낍니다.

제자들은 그들 자신이 잠시 후에 이야기하는 것을 보면 예수께서 어디로 가시는지에 대해 아는 것이 별반 다르지 않습니다. 그러나 그들은 그리스도의 말씀에서 애정이 깃든 동정을 느끼고, 비록 그 말씀이 겉보기에는 이별을 예고하는 위협적 어조이지만, 그 이면에는 재결합의 가능성을 암시하고 있음을 짐작합니다.

그 말씀은 이 두 경우에 거의 똑같지만 전혀 다른 뜻입니다. 그 말씀의 두 번째 형태에는 중요하게 생략된 것과 추가된 것이 있습니다. "작은 자들"이라는 말은 그리스도께서 제자들을 부르신 이름들 가운데 가장 부드러운 명칭이었고, 이 한 번의 경우를 제외하고는 주님의 입에서 결코 듣지 못한 이름이었습니다. 작별의 말은 애정이 깃들어 있을 수밖에 없기 때문입니다. 그리스도께서는 "내가 너희와 함께 조금 더 있겠다"고는 말씀하시나 "나를 보내신 이에게로 돌아가겠노라"는 말씀은 하시지 않습니다. "너희가 나를 찾을 것이라"고는 말씀하시나 "만나지 못할 것이라"는 말씀은 하시지 않습니다. "내가 유대인들에게 너희는 내가 가는 곳에 올 수 없다고 말한 것과 같이 지금 너희에게도 이르노라"고 하시는데, "지금"이라는 이 작은 단어가 현재에만 해당되는 어떤 진리를 알려줍니다. 주님의 제자들은 주님을 헛되이 찾지 않을 것입니다. 그들은 찾으면 만날 것입니다. 비록 제자들이 잠깐 동안은 주님과 헤어지겠지만, 그 단어는 재결합의 전망과 확신을 간직하고 있습니다. 그렇다면 여기서 두 가지 주요한 생각을 살펴봅시다. 첫째로, 여기에는 두 가지 "찾음" 곧 헛된 찾음과 헛되지 않은 찾음이 있습니다. 그리고 두 가지 "할 수 없음" 곧 그리스도의 적들이 주님이 계시는 곳에 영원히 올 수 없는 무능력과 주님의 친구들이 주님이 계시는 곳에 잠시 동안 올 수 없는 무능력이 있습니다.

1. 두 가지 찾음.

앞에서 언급한 대로, 이 말씀의 형태에는 매우 중요한 사실이 생략되어 있습니다. 그리스도의 적들은 그들이 결코 주님을 만나지 못할 것이라는 말을 듣지만, 주님의 친구들에게는 그런 말씀을 전혀 하시지 않습니다. 이와 같이 적의를 가지고 그리스도를 찾는 일은 수포로 돌아갑니다. 그러나 그리스도의 제자들이 비록 주님을 아주 희미하게 밖에 알지 못하고 그래서 더 잘 알기 위해 주님을 찾는 것이지만, 그같이 제자들이 사랑을 가지고 주님을 찾는 일은 항상 응답을 받고 넘치도록 응답을 받습니다.

아주 잠깐 동안만 이 두 가지를 하나씩 다루어보도록 하겠습니다. 본문의 첫 번째 말씀은 아주 간단히 말하자면 이런 뜻입니다. "너희는 나를 잡을 수 없다. 나는 너희 손이 결코 내게 미치지 못하는 안전한 피난처로 넘어갈 것이다."

이 말씀이 우리에게는 직접적으로 해당되지 않지만 잠시 일반화하여 다음과 같은 옛적의 복된 진리를 설교할 수 있습니다. 즉 적의를 가지고 그리스도의 인격이나 그의 복음에서 혹은 그의 제자들과 추종자들에게서 그리스도를 찾는 사람은 결코 그리스도를 만날 수 없다는 것입니다. 지금까지 그리스도와 그의 대의명분, 그의 말씀, 그의 추종자들과 제자들에 퍼부어진 적의는 무력하였고 아무 쓸모가 없었습니다. 이 추격자들은 새를 쫓는 개처럼, 올라갈 수 없는 높은 가지에 내내 앉아 있다가 노래하며 하늘로 올라가는 먹잇감을 찾아 쿵쿵거리며 땅을 헤맵니다. 육체로 계시는 동안, 주님의 적들은 주께서 허락하시기 전까지 주님께 손을 댈 수 없었고 주님이 그들에게서 숨기로 작정하셨을 때는 주님을 찾았지만 만날 수 없었듯이, 그 이후로 주님의 대의에 관해서나 주님을 사랑하는 모든 사람을 향해서 겨냥한 어떤 무기도 성공을 거두지 못할 것입니다. 이런 것들은 필요할 때면 보호하는 어두운 구름에 감싸여 피난처에서 안전하게 지낼 것입니다. 아무리 하찮게 보이고 아무리 세속적인 것처럼 보일지라도 친구의 선과 복지를 위해 무엇인가를 하려고 애쓰고 있는 여러분, 모두 기운을 내십시오! 그런 모든 봉사는 그 안에 조금이라도 선한 것이 있다면, 그리스도의 사역을 연장하는 것이고 그리스도의 사역에서 흘러나오는 것입니다. 그 봉사는 그리스도의 사역이므로 영원하고 안전합니다. "너희가 나를 찾아도 만나지 못할 터이요."

그러나 그 외에도 또 한 가지 생각할 점이 있습니다. 헛되고 절망적인 것은 단지 그리스도를 적의를 가지고 찾는 것만이 아닙니다. 점점 더 압박해 오는 로마의 멍에 아래, 그리고 이 민족을 거의 말살시키다 시피 한 마지막 포위공격과 말로 할 수 없는 수난의 고통 가운데서 이 사람들 가운데 스스로에게 이렇게 말한 사람이 많았을 것이라고 생각하지 않습니까? "아, 우리가 그 나사렛 예수를 하루 이틀 동안만 우리에게 다시 불러올 수 있다면, 우리가 그의 말을 듣기만 했더라면 좋았을 텐데!" 여러분은 이스라엘이 피 흘리며 해체되기 전에, 적의를 가졌거나 소외되어 서 있는 사람들 가운데, "인자의 때의 하루"를 보기를 원했던 사람들 가운데 그날을 보지 못한 사람들이 많았다고 생각하지 않습니까? 그들은 주님을 찾았지만 더 이상 화가 나서 찾은 것이 아니고, 그들이 주님을 찾았지만 회개하여 찾은 것이 아닙니다. 그렇지 않았다면 그들은 주님을 만났을 것입니다. 그들은 단지 고통 가운데 있으면서, 얻었을 때는 별로 관심을 갖지 않았던 것을 다시 얻을 수 있기를 바라고 찾았습니다.

지금 내 말을 듣고 있는 사람들 가운데 이 말씀이 적용되는 사람은 없습니까?

"할 수 있을 때 하려고 하지 않는 자는
 하려고 할 때 할 수 없게 될 것이라."

찾는 사람은 주님을 만나며, 회개하는 심정으로 그리스도의 손을 붙잡으려는 흔적이 조금이라도 있을 때는 언제든지 그리스도께서 우리의 손을 붙잡으신다는 것이 언제나 맞는 말이지만, 다음 또한 사실입니다. 즉 일단 한 번 무시하고 지나간 것들은 다시 가져올 수 없고, 씨 뿌리는 시간을 놓쳐버리면 되돌릴 수 없다는 것입니다. 사랑하는 교우 여러분, 여러분 가운데 어떤 이들이 그러듯이, 자기를 사랑하고 의지하라고 권하시는 그리스도의 말씀에 일생 귀를 돌이키고 산 사람들이 어느 날 그렇지 않았기를 바라면서 주님을 찾지만 만날 수 없다는 것입니다.

주님을 찾지만 만나지 못하는 또 다른 길, 즉 마음의 준비 없이 머리로만 주님을 찾는 길이 있습니다. 오늘날 "우리는 일생 동안 종교에 관한 진리를 찾았지만 아직 얻지 못했다"고 말할 사람들이 분명히 있을 것입니다. 나는 여러분의 동기나 방법을 판단할 생각은 없지만 이 점은 압니다. 예수 그리스도를 찾는 것은 아닐지라도 계속해서 종교적 확신을 추구하는 이들 중에, 주님을 만나 보아도 사실상 주님을 분별하지 못하는 사람들이 많이 있습니다. 그것은 그 사람의 눈이 한결같지 않거나 그의 마음이 세속적 생각이나 무관심으로 가득 차 있기 때문이며, 혹은 그가 과거의 결론으로부터 시작하고 그 결론을 확립하기 위해 사실들을 보기 때문이거나 자신과 자신의 창조주 사이를 가로막는 모든 악한 일들을 치워버리려고 하지 않기 때문입니다.

형제 여러분! 마음에 온통 세상이 가득 찬 채 예수 그리스도를 찾는다면, 여러분이 과거의 모든 습성과 세속적 태도를 그대로 붙잡고 있으면서 주님을 찾는다면, 결코 주님을 만나지 못할 것입니다. 관능주의자가 주님을 찾고, 탐욕스러운 사람도 주님을 찾으며, 성미가 급하고 까다로운 사람도 주님을 찾고, 부질없는 생각에 빠져 살거나 가사 일을 하면서도 화장에 마음이 빼앗긴 여자도 주님을 찾습니다. 이런 사람들은 연약한 모습으로 주님을 찾겠지만 결코 만나지 못할 것입니다. 이들은 다른 것들이 마음에 가득하고, 크고 작은 이생의 일들과 죄가 가득한 채 주님을 찾기 때문입니다.

이렇게 주님을 헛되게 찾는 일을 잠시 살펴보도록 하겠습니다. "너희가 나를 찾으리라"는 말씀은 무엇인가 미흡할지라도 주님을 사랑하는 사람을 향하여 주께서 이별의 문장이나 슬픈 약속을 하신 것이 아닙니다. 그 말씀은 복된 법, 곧 그리스도인 생활의 원칙을 말씀하신 것입니다.

그 생활은 결국 그리스도를 찾아 좇는 것입니다. 사랑은 우리 눈에 보이지 않을 때, 안 계시는 분을 찾습니다. 우리가 조금이라도 주님에 관해 관심을 갖고 있다면, 겨울이 추워지기 시작하면 이동하는 새들이 자신들도 알지 못하는 본능에 의해 양지바른 남쪽을 찾는 것처럼 우리 마음도 자연스럽게 주님께로 향할 것입니다. 남편이나 아이 혹은 친구가 보이지 않을 때 그를 찾아 머릿속으로 온 세상을 구석구석 뒤지는 바로 그 법칙에 의해 진정한 그리스도인의 마음은 자기가 사랑하는 그리스도를 보지 못했을 때는 마치 담쟁이덩굴이 지지대를 찾아 더듬듯이 확실히 그리스도를 찾게 됩니다. 둥근 돌 위에서 자라는 식물인 마가목(mountain ash)의 뿌리가 땅에 닿을 때까지 돌 옆을 감아내려가는 것처럼 확실히, 황새가 햇볕이 잘 드는 지중해의 따뜻함을 좇아가는 것처럼 확실히, 여러분이 그리스도를 사랑한다면 확실히 여러분 행동의 중심과 동기는 그리스도를 찾는 것이 될 것입니다.

형제 여러분, 그래서 여러분이 그리스도를 찾지 않는다면, 그리스도께서 우리의 감각에서 떨어져 있는 것처럼 확실하게 그리스도를 잃게 될 것이고, 그리스도는 여러분에게서 완전히 떠나실 것입니다. 눈앞에 보이지 않는 사람에 대해서는 우리 쪽에서 부지런히 생각과 사랑과 의지를 발휘하여 항상 그와 접촉하는 것 외에는, 다시 말해 머릿속으로는 항상 묵상하고, 항상 그에게 사랑을 보내고, 의지로 복종하는 것 외에는 그 사람을 가까이 붙들어 둘 수 있는 방법이 없기 때문입니다. 이런 노력이 없다면, 군중 속에 있는 어린 아이가 자기를 붙잡고 있는 사람에게서 손을 빼면, 유모와 안내자를 잃어버리는 것처럼 확실히 여러분은 주님을 잃을 것입니다. 달이 빛을 잃을 때처럼, 여러분이 서 있는 땅의 어두운 그림자가 천천히 주님의 은빛 광채를 모르는 사이에 덮을 것이고, 그러면 여러분은 주님을 잃었다는 것을 모르고, 다만 여러분의 하늘이 어두워졌다는 것만 슬프게 깨달을 것입니다. "너희가 나를 찾을 것이라"는 것은 그리스도와 우리 사이의 지극히 행복한 친교의 조건입니다.

사랑하는 형제 여러분, 내가 말한 세 가지 형태의 찾음, 곧 우리의 생각과 사랑과 의지에 계속해서 주님을 모셔두려는 노력은 우리가 주님을 소유하지 못한다는 의식에서 출발하는 찾음도 아니고 실망으로 끝나는 찾음도 아닙니다. 그보다 우리는 이미 어느 정도 주님을 모시고 있기 때문에 주님을 찾는 것이며, 주님을 더 풍성히 소유하기 위해 찾는 것입니다. 그렇지 않은 일이 있을 수 있다면, 그런 찾음은 헛될 것입니다. 사람들이 만든 우물에 가지만 물을 찾지 못하고 물그릇이 빈 채로 부끄럽게 돌아올 수 있습니다. 그러나 구원의 샘을 찾는 사람은 누구나 그 샘에서 기쁨으로 물을 길을 것입니다. 예수 그리스도를 찾는 마음이 주님을 모시지 못한다면, 그것은 부풀어진 폐에 공기가 채워지지 않는 것과 같고, 혹은 빗물에 빈 그릇을 내놓아도 물이 채워지지 않는 것과 같습니다. 주님은 숨지 않으시고 사람들에게 발견되기를 원하십니다. 아이가 엄마를 찾다가 만나는 데서 더 큰 기쁨을 얻도록 하기 위해 엄마가 때로 아이에게 숨는 체 하는 것처럼, 그리스도께서 한 가지 이유를 위해서, 곧 우리에게 주님을 더듬어 찾으려는 마음을 일으키기 위해 눈에 보이지 않게 떠나시는 일이 있다고 말할 수 있습니다! 우리가 하나님 안에 숨은 그리스도를 찾는다면 마음의 기쁨을 위하여 주님을 찾을 것입니다.

일찍이 한 위대한 사상가가 자기는 진리를 소유하기보다는 진리를 찾기를 바란다고 말하였습니다. 그것은 분별없는 말이지만, 소유하는 것보다는 덜 복된 것으로서, 가리개에 지나지 않는 찾음이 있다는 사실을 지적하였습니다. 그 사실이 순수하고 고상한 진리에 관해서 적용이 된다면, 그리스도 자신에 관해서는 훨씬 더 적용이 됩니다. 그리스도를 찾는 것은 기쁨입니다. 그리스도를 만나는 것은 기쁨입니다. 무한히 귀중한 대상, 곧 항상 찾고 항상 만나며, 그 귀중함을 깊이 알고 찾고 그 진가를 더욱 알고 더 크게 누릴 수 있는 능력을 가지고 만나는 귀중한 대상을 끊임없이 찾는 삶보다 더 행복한 삶이 있을 수 있겠습니까? "너희가 나를 찾을 것이라"는 것은 나쁜 말이 아니라 격려의 말입니다. 왜냐하면 찾으라는 이 명령의 깊은 곳에는 우리가 찾을 것이라는 약속이 묻혀 있기 때문입니다.

2. 둘째로, "할 수 없으리라"는 이 두 말씀을 간단히 살펴봅시다.

주님은 "너희는 내가 가는 곳에 올 수 없다"는 말씀을 아무 제한이나 조건이 없이 그의 원수들에게 말씀하십니다. 그들이 주님께 대해 계속 적의를 품고 있는 한, "올 수 없다"는 이 말씀은 절대적이고 영속적입니다. 반면에 주님은 그의 친구들에게 "말한 것과 같이 지금 너희에게도 이르노라"고 말씀하십니다. 이것은 현재의 법칙입니다. 즉 예수께서 그 다음에 하신 "내가 가는 곳에 네가 지금은 따라올 수 없으나 후에는 따라오리라"(요 13:36)는 말씀에서 좀 더 충분하게 설명하시듯이, 이것은 저 세상에 대한 법칙이 아니라 강 이편에 적용되는 법칙입니다.

그렇다면, 그리스도께서는 지금 어딘가에 계십니다. 주님께서 이 세상을 떠나셨을 때, 단지 어떤 상태에 들어가신 것이 아니라 어떤 장소에 들어가신 것입니다. 주님은 아무리 변화되었다고 할지라도 물질적인 몸을 가지고 가셨습니다. 주님은 지금 어딘가에 계십니다. 거기에는 주님의 친구든지 원수든지 아무도 들어갈 수 없습니다. 이들이 "땅에 있는 장막집"(고후 5:1)을 입고 있는 한에는 그렇습니다. 그러나 여기서 "갈 수 없다"는 무능력은 그 이상의 의미를 지니고 있습니다. 죄인은 아무도 거기로 갈 수 없습니다. 주님은 어디에 가셨습니까? 본문 앞에 나오는 말씀이 답을 줍니다. "하나님도 자기로 말미암아 그에게 영광을 주시리라"(요 13:32). 신성의 가장 깊은 영광을 취하실 것이라는 전망을 하게 되자, 곧바로 주님은 그 일이 앞으로 자신과 자신의 보잘것없는 친구들과의 관계에 가져올 변화를 생각하게 된 것입니다. 주님께서 자신의 장래에 대해서 승리를 전망하시게 되었을 때, 곧바로 자기 친구들의 외로움을 생각하지 않을 수 없고, 그래서 본문의 말씀을 하시게 된 것입니다. 주께서는 신성의 찬란한 영광의 중심으로 들어가셨습니다. 내가 거기에 들어갈 수 있겠습니까? 내가 무시무시하게 불타오르는 그 용광로로 들어갈 수 있겠습니까? "우리 중에 누가 삼키는 불과 함께 거하겠는가?"(사 33:14). "네가 지금은 따라올 수 없으리라." 그리스도 외에는 아무도 그리스도께서 가시는 곳에 갈 수 없습니다.

"내가 가서 너희를 위하여 거처를 예비하리라"(요 14:3)는 주님의 이 말씀에는 깊은 신비가 들어있습니다. 우리는 이 말씀이 명확히 주님 편에서 행하는 어떤 방식의 활동을 의미하는지 모릅니다. 이 말씀은 황금으로 포장된 길을 우리가 밟고, 신성의 찬란한 영광의 광채 앞에서도 우리의 보잘 것없고 연약한 인성이 오그라들지 않고 살 수 있도록 하기 위해서는, 어떻든 영광스런 몸을 입으신 우리 맏형이신 그리스도께서 천국에 계시는 것이 필요하다고 말하는 것처럼 보입니다.

우리는 주님이 그 장소를 어떻게 준비하시는지 모릅니다. 천국이 어떤 곳이든 간에, 거기에 사람이신 그리스도께서 계시지 않는다면 사람을 위한 장소는 아닙니다. 그리스도는 땅뿐만 아니라 천국에서도, 그리고 이 현세뿐만 아니라 영원한 세계에서도 하나님을 계시하시는 분입니다. "나로 말미암지 않고는 아버지께로 올 자가 없느니라"(14:6)는 말씀은 언제, 어디서나 진리이고, 이 세상뿐 아니라 저 세상에서도 진리입니다. 그래서 그리스도께서 계시지 않는다면, 천국 자체는 어두울 것이고, 그곳의 왕을 볼 수 없을 것입니다. 그리고 사람이 거기에 들어갈 수 있다고 하더라도, 사람의 눈이 그런 찬란한 영광 빛을 볼 수 있도록 조정되지 않았기 때문에 도저히 견딜 수 없는 밝은 섬광을 쐬거나 한낮에도 맹인처럼 손으로 더듬을 것입니다. 그럴 수 있기 때문에 "그리로 앞서 가신 예수께서 우리를 위하여 들어 가셨습니다"(히 6:20). 그리스도께서는 그 큰 도성, 곧 "그의 평온한 본향, 영원한 거처"를 아시기 때문에 먼저 가셨습니다. 주께서 그토록 오래 동안 거하셨고, 또 우리를 만나실 곳에 우리를 위하여 거처를 마련하기 위해 먼저 가셨습니다. 우리가 인도를 받아 그 도성의 수도에 이르고 성문에 도달하며, 익숙하지 않은 걸음으로 우리를 위해 마련된 그 저택에 이를 때, 그리스도께서 거기 계시지 않으면 광야에 홀로 거하는 사람처럼 당황하게 될 것입니다.

주님께서 거기에 계실 때에라도 거기 들어갈 수 있는 권한은 우리가 믿음으로 그리스도와 연합되어 있음에 달려 있습니다. 우리가 그리스도와 연합되어 있으면, 육신 때문에, 더욱이 죄 때문에 절대적으로 "들어갈 수 없는 상태"라는 철저하고 영구한 불가능성이 상대적이고 임시적인 무능력으로 변화됩니다. 우리가 그리스도를 믿고, 또 믿음으로써 그리스도로부터 동일한 생명을 이끌어내고 있다면, 우리의 본성이 하늘의 찬란한 복을 감당할 수 있는 것으로 변하는 과정을 겪을 것입니다. 그리스도의 이 친구들이 주님을 아주 진실되게 사랑하였고 어느 정도 이해하였지만 언제든지 주님을 따를 수 있는 준비된 상태에서는 멀리 있었습니다. 따라서 그들이 추수를 할 만큼 성숙하기 전에 생활과 수고의 훈련뿐 아니라 십자가에 대해, 감람나무에 대해, 오순절에 대해 그들에게 가르칠 필요가 있었듯이, 우리들 대부분도 그리스도께서 우리를 위해 마련하신 위치에 설 수 있기 전에 그와 비슷한 훈련을 겪어야 합니다. 확실히 사람이 그리스도를 신뢰하면 곧 바로 그리스도께서 계시는 곳에 들어갈 수 있습니다. 그런데 제자들이 그리스도께서 가시는 곳에 갈 수 없었던 진짜 이유는 그들이 그리스도를 자기들의 죄와 세상 죄를 위한 하나님의 희생제물인 것을 아직 분명하게 알지 못했던 것이고, 그들이 그리스도를 아무리 메시야로 알긴 했어도 그리스도를 자기들의 구주로 믿을 수 있는 지식을 아직 갖지 못했고, 가질 수도 없었던 것입니다.

그런데 그것이 사실이긴 하지만, 또한 우리 구주님의 은혜와 지식에서 각자의 진보를 보이면 그와 함께 그리스도의 나라의 중심에 더 가까이 들어갈 수 있고, 그리스도의 아름다운 모습을 더 볼 수 있는 능력도 따라서 생길 것이라는 점도 사실입니다. 이와 같이 그리스도의 친구들이 오해와 그릇된 생각이라는 어두운 구름에 싸여 있는 한, 그리고 그리스도인으로서 그들의 성품이 본문의 시대에 언급된 것 처럼 아주 불완전하고 불충분한 한, 그들은 주님을 따라서 거기로 갈 수 없었습니다. 그러나 그것은 갈수록 줄어드는 불가능성이었습니다. 날마다 그들은 점점 더 그리스도의 형상을 닮는 데로 가까이 갔습니다. 이것은 그들이 더욱 더 그리스도를 신뢰하였고, 더욱 더 그리스도를 사랑하며, 점점 더 그리스도를 바라고, 그래서 날마다 더욱 더 그리스도의 나라에 들어갈 수 있게 되었기 때문입니다.

여러분은 그렇게 할 수 있는 능력에서 자라고 있습니까? 여러분이 죽을 몸을 가지고 있다는 사실만이 여러분이 천국에 들어가는 데 적합하지 않은 유일한 점입니까? 다른 면들에서는 천국에 들어가기에 적합하고, 천국의 빛 가운데 걸어도 소멸되지 않을 수 있습니까? 그 질문에 대한 답은 다른 면에서 찾아볼 수 있습니다. 여러분은 순전한 믿음으로 예수 그리스도와 연결되어 있습니까? 그리스도께 대한 적의가 영원하다면, 천국에 들어갈 수 없는 부적당함도 절대적이고 영원합니다.

상태와 위치는 성품에 의해 결정되고, 성품은 믿음에 의해 결정됩니다. 이질적 물질들이 함께 녹아 합쳐진 용액이 든 병을 선반에 올려놓고 서서히 가라앉도록 두면, 그 내용물이 층을 이루며 가라앉을 것입니다. 중력에 따라 병의 맨 밑바닥에는 가장 무거운 물질이, 병의 맨 꼭대기는 가장 가벼운 물질이 쌓일 것입니다. 그것이 다른 세계가 정리되는, 즉 층을 이루는 방법입니다. 현재의 모든 혼란 상태가 끝이 나고, 모든 습기가 제거되면, 사람들도 비슷한 사람끼리 모여서 층을 이루게 될 것입니다. 베드로가 비슷한 지혜로 말을 아껴서 유다에 대해 "그는 제 곳으로 갔나이다"(행 1:25) 하고 말한 것과 같습니다. 우리가 갈 곳은, 우리에게 적합한 곳입니다.

하나님은 아무에게도 천국 문을 닫지 않으십니다. 천국 문은 활짝 열려 있습니다. 그러나 거기에는 보이지는 않지만 그룹과 화염검보다 더 생생하고 확실하게 차단하는 신비한 장벽이 있습니다. 그것은 마음과 본성이 그리스도를 믿는 순전한 믿음에 의해 그리스도처럼 변하고 천국에 들어가

기에 적합하게 변한 사람의 발이 아니면 아무도 문턱을 넘어갈 수 없게 만
드는 장벽입니다.

그리스도를 사랑하고 신뢰하십시오. 그러면 이 땅에서 여러분의 삶이
찾는 것이 즐거운 일이고, 만나는 것은 더 없이 행복한 안식이 되는 분을
복되게 찾고 만나는 생활이 될 것입니다. 여러분은 이 세상에서 그리스도
와 떨어져서 지내지 않을 것이고, 여러분의 가장 진정한 자아인 생각과 사
랑을 가지고 그리스도가 계시는 곳에 올라가되, 그리스도의 접견실에 입
고 들어가기에는 부적합한 "썩고 마는 진흙투성이의 옷을" 떼어놓고 올라
가면, 여러분은 그곳에 들어가 "영원히 주와 함께" 지낼 것입니다.

34
반석과 물

"명절 끝날 곧 큰 날에 예수께서 서서 외쳐 이르시되 누구든지 목마르거든
내게로 와서 마시라 나를 믿는 자는 성경에 이름과 같이
그 배에서 생수의 강이 흘러나오리라 하시니"

요 7:37, 38

이 중대한 말씀을 하신 경우와 시기를 이 복음서 기자는 주의 깊게
제시하는데, 그것은 그 경우와 시기가 이 말씀의 의미와 중요성에 대해 많
은 빛을 던져주기 때문입니다. "예수께서 서서 외치신" 것은 "명절 끝날 곧
큰 날"이었습니다. 이 명절은 초막절이었는데, 이 절기는 광야에서 방랑하
던 일들을 계속 기억하도록 하기 위해 제정된 것이었습니다. 해마다 이 기
념일이 되면 유대인들은 유럽 도시들의 더럽고 추한 많은 유대인 거주지
역과 뒷골목에서 늘상 해오던 대로 이 날을 기념하고 있습니다. 유대인들
이 푸른 나뭇가지들로 지은 오두막 밑에 앉아서 출애굽의 사건과 방랑하
던 생활을 기념했습니다. 그 의식(儀式) 중 한 가지는, 칠일 간의 절기 아
침마다, 혹은 팔 일째 되는 날, 곧 "명절 끝날"에 흰옷을 입은 제사장 행렬
이 예루살렘 성전에서 실로암에 이르는 좁은 바위 길을 돌아내려갔고, 거
기 샘에서 금대야로 물을 길은 다음, "너희가 기쁨으로 구원의 우물들에서
물을 길으리로다"(사 12:3)는 선지자의 말을 노래로 부르면서 다시 올라와
성전 문에 들어와 물을 헌주(獻酒)처럼 부었습니다.

그 장면을 속으로 그려보십시오. 좁은 길을 힘들게 걸어 올라가는 흰옷 입은 제사장들, 성전 뜰에 모여 있는 군중, 합창대의 노래와 함께 번쩍이는 물을 쏟아 붓는 모습을 생각해 보십시오. 그런데 그때, 제사장들이 빈 그릇을 들고 서 있을 때, 군중 가운데서 작은 소동이 일어났습니다. 그 광경을 줄곧 지켜보고 서 있던 한 사람이 큰 소리로 외쳤습니다. "누구든지 목마르거든 내게로 와서 마시라." 어느 때, 어느 장소에서 말하든지 이상한 말로서, 거기 성전 뜰에서는 감히 할 수 없는 말입니다! 왜냐하면 그때 그 자리에서 주님의 말씀이 의미하는 바는 주께서 이 의식이 가리키는 옛 표적, 곧 반석이 물을 내었을 때의 그 표적을 붙잡고 이 표적이 나타내고 예표하는 모든 것이 그 자신에게서 반복되고 수행되며 더 낫게 이루어졌으며, 그 일을 광야에서 소수의 유목민을 위하여 하는 것이 아니라 모든 세대에 온 세상을 위한다고 주장하였기 때문입니다.

이렇게 앞에서 여러분에게 주의를 기울이도록 한 예들에 덧붙여지는 또 한 가지 예가 있습니다. 요한복음에서 보면, 이 경우들에 그리스도께서는 자신이 옛 언약의 사건들, 곧 야곱의 사다리, 놋뱀, 만나, 그리고 지금 이야기하는 물을 낸 반석의 사건들을 성취하고 있다고 주장하시는 것을 봅니다. 그리스도께서는 그 모든 것들은 그림자였고, 실체는 자기 안에 있다고 말씀하십니다.

1. 먼저 여기에 나타난 그리스도의 인간관을 살펴보아야 하겠습니다.

여러분은 이스라엘 백성들이 광야에서 모든 신체적 갈망 가운데 가장 절박한 욕구인 갈증으로 고통을 받자 모세와 아론에게 나와서 "너희가 어찌하여 우리를 이 광야로 인도하였느냐 이곳에는 포도도 없고 석류도 없고"(민 20:4,5) 갈증과 죽음밖에 없지 않느냐 하고 말한 것을 기억하고 있습니다. 그리스도께서 이미 언급한 앞의 경우들에서 뱀에게 물려 독에 쏘인 진(陣)을 인류의 상징으로 가리키셨듯이, 광야에서 굶어죽고 있던 사람들의 굶주림을 하나의 상징으로 가리키셨듯이, 여기서 이렇게 말씀하십니다. "목마른 고통으로 사납게 날뛰지만 위안을 찾을 곳도, 갈증을 풀 곳도 알지 못하는 사람들의 모임, 이것이 세상이다." 인간 영혼에 밀어닥치는 지배적 모든 욕구들, 지식을 추구하는 지적 갈망, 사랑을 찾는 마음, 잡을 수 있고 잡으면 만족을 느낄 수 있는 외적 어떤 것을 맹목적으로 그리고 흔히 절망적으로 찾는 전체 본성을 살펴볼 필요는 없을 것입니다. 여러분은 그것들을 알고, 우리가 다 압니다. 지하실에서 자라서, 멀리 있는 빛을 향하여 뻗는 약하고 하얗게 바랜 덩굴손을 가진 어떤 식물처럼 인간마다 속에 수많은 갈망들을 지니고 있습니다. 이 갈망들은 감아 올라갈 수 있는 원통형의 물건이 필요한데, 그렇게 하는 가운데 쉴 수 있는 어떤 곳을 찾습니다.

"사람에게 임하는 화가 심합니다"(전 8:6). 이는 사람이 욕구들을 가지고 있지만 그 가운데 많은 욕구를 잘못 해석하고, 대부분 그 가운데 가장 고귀한 욕구는 질식시키고 무시하며 위축시키기 때문입니다. 우리의 마음 깊은 곳에서부터 올라오는 불분명한 이런 외침들의 의미를 오해하고, 또 참된 행복을 붙잡기 위해 많은 경우에 더럽고 빈손을 내밀 때, 우리가 더듬어 찾고 있는 것을 잘못 생각하는 버릇만큼 슬픈 비극은 없다고 생각합니다.

형제 여러분, 여러분 가운데 많은 사람들은 자기에게 무엇이 필요한지 모릅니다. 열망, 동경, 갈망, 불안, 불만이 속에서 내내 들끓다는 의미는 "내 영혼이 하나님 곧 살아 계시는 하나님을 갈망하나이다"(시 42:2)라는 뜻인데도, 온갖 하찮은 것들로 마음을 채우려고 하는 끝없는 노력을 보면 측은한 생각이 듭니다. 지극히 비천하고 전혀 배움이 없는 사람의 지극히 작은 마음도 오직 무한만이 만족시킬 수 있습니다. 가까이 갈 수 있는 변함없는 무한자를 우리의 모든 보화로 삼는 것만이 항상 인간 영혼에 안식을 줍니다. 여러분은 지금까지 온갖 하찮은 것들을 시험해보았습니다. 1,000 파운드를 만들려면 동전 주머니가 엄청나게 많이 필요하고, 이 주머니들은 가지고 다니기에 귀찮습니다. 모든 부를 가지고 여러분의 모든 욕구를 만족시키기 위해 필요하다면 비싼 많은 진주들을 내주고 "극히 값진 진주 하나"(마 13:46)를 구하는 것이 낫지 않겠습니까? 사람들이 갈망하고 있는 대상은 바로 하나님입니다. 그런데 슬프게도 우리 가운데 그 사실을 모르는 사람들이 너무 많습니다. 옛 선지자는 "그들이 스스로 웅덩이를 팠다"(렘 2:13)는, 지금도 측은한 마음을 자아내는 말에서, 사람들은 우물이 하나로는 충분치 못하고 많이 필요로 한다고 말합니다. 그것은 그 안에 부은 것을 가두는 웅덩이에 지나지 않는데, 이 웅덩이들은 부은 것을 가두지 못하는 "터진 웅덩이"입니다. 그런데도 우리는 이상한 열정에 사로잡혀 이 웅덩이들로 달려갑니다. 어리석은 자라도 알 만한 경험인데, 우리는 이것을 보고도 배우지 못합니다. 우리는 샘에서 돌이키고 이 웅덩이들로 향합니다. 하나 뿐인 샘, 솟아나는 샘, 충분한 샘, 다함이 없는 샘, 넘치는 이 생명수 샘에서 돌이킵니다. 여러분 가운데는 집 꼭대기에 푸른 이끼가 끼어있고 검댕이가 칠해진 물탱크가 있는 사람들이 있습니다. 여러분은 바위 속에서 번쩍이며 솟아나는 밝고 복된 깨끗한 물보다 그 더러운 물을 더 좋아합니까?

그런데 사람들은 이 욕구들을 잘못 해석할 뿐만 아니라 가장 고귀한 욕구를 질식시키기도 합니다. 그리스도께서는 본문에서 마치 그 갈증이 결코 보편적이 아닌 것처럼 말씀하십니다. 슬프게도 "누구든지 목마른" 것이 아닙니다. 우리 가운데는 목마르지 않은 사람들이 있습니다. 우리 모두 끊임없이 자기 훈련과 자기 억제, 자기 발전을 통해서 자신을 단속하지 않으면, 잡초가 곡물보다 더 잘 자라듯이 저급한 욕망들이 고상한 욕망들보다 더 무성하게 자랄 것입니다. 그리고 여러분 가운데는 본성의 지극히 비천한 필요와 갈망을 만족시키는 데 너무 익숙해져서 지극히 고귀한 갈망은 전혀 돌아보지 않는 사람들이 있습니다. 그리고 그 결과는 채워지지 않는 갈망은 지극히 비천한 욕망을 채우는 다른 무엇에 불안과 불만족을 주입함으로써 고귀한 욕망을 무시한 것에 대해 보복을 합니다. "은을 사랑하는 자는 은으로 만족하지 못하고 풍요를 사랑하는 자는 소득으로 만족하지 아니하나"(전 5:10). 하나님을 사랑하는 자는 은보다 못한 것으로도 만족하고, 부가 줄어도 계속해서 만족할 것입니다. 땅에서 자라는 감미로운 자줏빛 포도에서 마지막 한 방울까지 단맛을 빨아먹으려면, 여러분은 최상의 것을 추구하는 식욕을 깨닫고, 그것을 베풀어, 만족시켜야만 합니다. 동시에 하나님으로 만족할 때, 우리는 "어떠한 형편에든지 자족하기를 배우는"(빌 4:11) 것입니다. 그러나 말씀드리다시피, 지극히 고귀한 욕구를 무시하고 지극히 비천한 욕망을 소중히 여기고 그 뜻을 받아주면, 입맛을 버리게 됩니다. 여러분 가운데 많은 분들이 하나님을 전혀 원하지 않고, 고귀하고 고상한 것들에 대한 욕구가 전혀 없으며, 낮은 평지에서 어린 잎을 먹거나 "돼지 먹는 쥐엄 열매"를 먹고 사는 것에 아주 만족해합니다. 그러는 동안 여러분의 가장 고상한 능력은 속에서 굶어 죽어가고 있습니다. 형제 여러분, 우리가 물을 내는 반석에 이를 수 있으려면, 먼저 필요 의식이 있어야 합니다. 여러분은 자신에게 필요한 것이 무엇인지 압니까? 여러분은 의와 정결함, 고귀함에 대한 갈망이 있습니까? 또한 무엇보다 하나님이 필요하고, 하나님을 모시지 않으면 결코 안식할 수 없다는 것을 배우기 전에는 아주 위대한 것처럼 보이지만 실상은 하찮고, "아무런 의미가 없는 소리와 분노"에 지나지 않는 이 세상의 사소한 것과 평범한 것들을 불태우는 하나님의 모습 보기를 바라는 갈망이 있습니까?

2. 둘째, 여기서 그리스도의 자기의식을 살펴봅시다.

사람의 발언 가운데 "누구든지 목마르거든 내게로 와서 마시라"는 본문의 이 말씀만큼 위엄 있고 놀라운 말이 있겠습니까? 이 말씀에서 주님은 자신이 갈증을 풀어주려고 하는 그런 사람들과 전혀 다르다고 주장하십니다. 여기서 주님은 우리의 복잡한 본성 속에 있는 모든 열망과 영적 필요, 참된 모든 욕구를 채워줄 수 있다고 주장하십니다. 한 사람을 위해 이렇게 할 수 있고, 따라서 모든 사람을 위해서 할 수 있다고 주장하십니다. 모든 세대의 인류에게 마지막까지 즉시로 그같이 할 수 있다고 주장하십니다. 이렇게 인류 앞에서 꿋꿋이 서서 인간의 깊은 갈증들을 알고, 그 갈증들을 해소하기 위해 고안해낸 것의 무기력함을 알고, 스스로 신적 대권을 취하여 "세상 끝날까지 모든 영혼의 소원을 만족시키기 위해 내가 왔다"고 말하는 이 사람은 누구입니까? 그렇습니다. 그리스도께서 성전에서 서서 이렇게 외치신 그날부터 오늘에 이르기까지 이렇게 말할 수 있는 사람들은 그동안 수없이 많았고, 지금도 무수히 많습니다. "우리가 지금까지 이 구원의 우물에서 물을 길렀는데, 한 번도 우리를 실망시킨 적이 없다." 그리스도께서 자신을 세상의 모든 필요를 채울 수 있는 사람으로 대담하게 세상에 소개하신 것이 진실임이 19세기 동안의 경험으로 입증되었고, 그리스도께서 참되시고, 그분이야말로 영혼에 충분한 분이시라는 것을 언제든지 증거하려고 하는 사람들이 오늘날 온 세상에 수없이 많습니다.

형제 여러분, 나는 주님의 인격의 이 면에 대해 길게 생각할 마음이 없습니다. 다만 여러분에게 그리스도께서 우리 인류 가운데 사람 이상의 어떤 존재가 아니라면, 그런 말을 하는 사람의 인격에 대해 어떤 인상을 받을 것인지 자문해보기를 바랍니다. 예수 그리스도께서는 이 말에서 오직 신성을 가진 자만이 말할 수 있고 혹은 그 말을 성취할 수 있다는 주장을 한 것은 대낮처럼 분명한 사실입니다. 만일 여러분이 예수 그리스도께서 자신을 모든 인류에게 충분한 성육신하신 하나님의 말씀으로 나타내신다는 것을 믿지 않는다면, 무엇이 대안이 될 수 있는지 생각해보라고 말하고 싶습니다. "나는 마음이 온유하고 겸손하니." 주께서 인류 앞에 서서 "누구든지 목마르거든 내게로 와서 마시라"고 말씀하신다면, 그의 겸손한 마음은 기이하게 입증된 것입니다.

3. 그 다음에 그리스도의 초대를 생각해 봅시다.

"와서 마시라." 이 두 가지 표현은 한 가지 사실을 말합니다. 이 초대의 말씀은 성경 전체를 통해서 울립니다. 아마도 주님의 마음에는 물을 낸 반석에 대한 언급 외에도 이사야서 말씀이 오래 메아리쳤을 것입니다. "오호라 너희 모든 목마른 자들아 물로 나아오라"(55:1). 그리스도께서는 "아니다, 물로 오지 말고 내게로 오라"고 하셨습니다. 그 다음에 우리는 주께서 사마리아 여인에게 하셨던 것과 동일한 초대의 말씀을 하시는 것을 듣습니다. 주께서는 사마리아 여자에게 약간 특이한 외국인으로서 야곱의 우물이었던 그 자연적 물을 두고 말씀하셨을 뿐이지만, 택한 족속의 후손들인 이 사람들에게는 광야의 표적을 들어 말씀하시면서, 자신이 그 표적을 성취한다고 주장하셨습니다. 성경의 맨 마지막 페이지에는 지금 여기 나와 있는 대로, "목마른 자는 오라"고 하여 본문 말씀이 다시 한 번 메아리치는 것을 볼 수 있습니다. 내가 말했던 대로, 오려면 먼저 필요 의식이 있어야 합니다. "또 원하는 자는 값없이 생수를 받으라."

자, 사랑하는 교우 여러분, 이 두 가지 은유적 표현 밑에는 단순한 한 가지 조건이 있습니다. 나는 이 조건을 세 마디로 표현하겠는데, 쉽게 기억하도록 두운의 형태로 표현할 수 있겠습니다. 그것은 그리스도께 가까이 오라(approach Christ), 그리스도를 자기 것으로 삼으라(appropriate Christ), 그리스도를 끝까지 붙들라(adhere to Christ)입니다.

그리스도께 가까이 오라. 여러분 믿음으로 오고, 사랑으로 오며, 친교로 오십시오. 여러분이 원하면, 비록 그리스도께서 지금 보좌에 계시지만 그리스도께 갈 수 있습니다.

그리스도를 자기 것으로 삼으라. 여러분이 반석에서 물이 콸콸 쏟아져 나올지라도 마셔서 자기 것으로 만들지 않는 한, 물이 나오는 것이 소용이 없습니다. 그 물이 여러분의 입술을 거쳐 가야 합니다. 물이 여러분 개인의 소유물이 되어야 합니다. 여러분은 공동의 것의 한 조각에 울타리를 둘러쳐서 자신의 것으로 만들어야 합니다. "그가 **우리**를 사랑하시어 **우리**에게 자신을 주셨다." 좋습니다. 그러나 여기서 "우리"라는 말을 빼고 "나를"이라는 말을 집어넣도록 하십시오. "그가 **나를** 사랑하시어 **나에게** 자신을 주셨다." 이 강수가 바로 여러분의 집 문 앞으로 흘러갈 수 있지만, 여러분이 수초와 자갈들 사이로 흐르는 물소리를 듣고만 있는 동안에는 여러분의 입술이 갈증으로 갈라 터질 수 있습니다. 그리스도를 자기 것으로 삼으십시오. "와서 마시라."

그리스도를 끝까지 붙들라. 여러분이 어제 목이 말라서 마셨습니다. 그러나 어제 마신 물이 오늘의 갈증을 풀지 못하고, 갈증이 또 다시 일어나는 것을 막지 못합니다. 여러분이 갈증으로 죽지 않으려면 계속해서 마셔야 합니다. 날마다, 조금씩, 한 모금씩 마셔야 합니다. 바울 사도가 그의 서신 가운데 하나에서 바로 이 표적에 관해 언급하는 고대 유대인 전승에 따르면, 여러분은 광야의 순례 여행 기간 내내 이 반석이 여러분을 따라다니도록 해서, 매일, 시간마다 끊임없이 믿음과 사랑과 친교로 물을 마셔야 합니다.

4. 여기서 이런 점들뿐만 아니라 네 번째 요점, 곧 그리스도의 약속도 보게 됩니다.

"나를 믿는 자는 그 배에서 생수의 강이 흘러나오리라." 이것은 그리스도를 믿는 자는 자기가 믿는 그리스도처럼 된다는 보편적 법칙의 한 예입니다. 파생적으로 그리고 나누어줌에 의해 받는 것이 분명하지만, 이 반석, 곧 물이 힘차게 흘러나오는 샘물에 간 사람은 그리스도의 성령에 의해 내적 생명을 자기 안에 받아들이는 것이고, 그래서 그는 자기 안에 "영생하도록 솟아나는 샘물"(요 4:14)을 갖습니다. 잠언에 "선한 사람은 자기로 인하여 만족하리라"(개역개정은 "선한 사람도 자기의 행위로 그러하리라" — 역주)는 말씀이 있는데, 선한 사람도 "이제는 내가 사는 것이 아니요 오직 내 안에 그리스도께서 사시는 것이라"(갈 2:20)고 말할 수 있을 때에야 비로소 자기로 인하여 만족하고, 더 나은 자신으로 말미암아 만족을 얻게 될 것입니다.

이와 같이 우리는 안마당에 우물을 가질 수 있고, 자신 속에 샘물을 가지고 다닐 수 있습니다. 그리스도의 거룩한 생명이 성령에 의해 믿음으로 우리 속에 주입되고 나면, 그 생명이 우리에게서 나올 것입니다. 그리스도인 여러분에게 한 가지 질문이 있습니다. 생명수가 여러분에게서 조금이라도 흘러나옵니까? 생명수가 조금이라도 흘러나오지 않는다면, 여러분이 그 샘물을 마셨는지 의심해 보아야 합니다. 자칭 그리스도인이라고 하는 사람들 가운데는 맨체스터의 포장된 도로 밑을 흐르는 아주 더럽고, 덮여 있어서 아무도 보지 못하는 작은 도랑물 같은 사람이 많이 있습니다. "그에게서 생수의 강이 흘러나오리라." 바로 이것이 영원한 생명의 복을 세상에 전달하는 그리스도의 방식입니다. 즉 이미 그 복을 받은 사람들을 매개로 전달하는 것입니다. 여러분이 믿음으로 말미암아 생명을 얻게 되었다면, 그리스도인 여러분, 여러분이 그리스도께 가까이 가고, 그리스도를 자기 것으로 삼으며, 그리스도를 굳게 붙드는 가운데 그리스도를 닮아 가고, 매일의 생활에서 하나님의 은혜가 여러분을 통해 모든 사람에게 열매를 맺고 있으므로, "마른 땅에 냇물 같으며 곤비한 땅에 큰 바위 그늘 같이"(사 32:2) 되도록 하십시오.

35
세상의 빛

"나는 세상의 빛이니 나를 따르는 자는
어둠에 다니지 아니하고 생명의 빛을 얻으리라"

요 8:12

예수 그리스도는 주님 자신에게 중요한 주제였습니다. 그 사실을 어떻게 설명하든지 간에, 주님께서 가르치는 습관적 어조에 관해 조금이라도 안다면, 주님의 가르침이 그 자신에 대한 것으로 가득 차 있다는 것을 변함없이 압니다. 또한 우리가 아는 것은, 주님이 자신에 관해 말씀하신 내용은 지혜롭고 겸손한 종교 선생에게 어울리는 언어가 전혀 아니었다는 것입니다. 주님께서 자신의 인격에 돌리는 탁월함과 자신에 대해 제시하는 엄청난 주장들은 한 가지 사실을 제외하고는 주님의 본성과 사역에 대한 어떤 개념과도 일치시키기 어렵습니다. 즉 우리는 예수에게서 육신을 입고 나타난 하나님을 본다는 것입니다. 이러한 말을 자신의 생명과 지식의 한계와 불완전함을 알고 있는 사람이 말할 수 있겠습니까? 이런 말은 어떤 사람이 자기가 종교 선생이나 도덕가인 체 하려고 하는데 치명적 장애가 되지 않겠습니까? 주님의 이 말씀은 말하는 본인이 세상에 빛을 비추는 원천이고, 유일한 원천이며, 모든 사람을 위한 원천이라고 주장하는 것입니다. 이 말씀은 믿음으로든지 행동으로든지 주님을 "따르는 것"이 오류와 죄의 어둠에서 확실하게 구원하는 것이고, 따르는 모든 사람에게 생명인 빛을 심어준다고 주장하는 것입니다. 그런데 세상은 그런 기괴한 억측을 외면하고 비웃거나 무시하지 않고 듣고 대체로 믿었으며, 그런 말이 묘하게도 이 사람이 자기에게 있다고 말하는 아름다운 온유함을 훼손한다고 생각하지 않았습니다.

　이와 비슷한 말씀이 주님의 입에서 자주 흘러나왔습니다. 각 경우에 그런 말씀은 여기에서와 같이 특별히 적용되는 의미를 지닙니다. 이 말씀에는 앞장에서 주님이 참여하셨던 초막절과 관련된 일부 의식(儀式)을 암시하는 것이라는 주장이 있었는데, 타당한 것이라고 봅니다. 초막절 첫날 저녁에, 성전 뜰에 있는 번제단 양쪽에 하나씩 서 있는 거대한 두 금등잔이 밤이 시작될 때 불이 붙여져서 성전과 도시와 깊은 골짜기에 밝은 빛을 흘려보냈고, 밤이 깊어가는 동안 기뻐하는 예배자들의 무리가 두 금등잔 주변에 모여서 춤추고, 노래하였다고 주석가들은 말합니다. 이 설명은 이 복음서의 기자가 말하는 장소에 대한 언급으로 그 가능성이 더 설득력을 얻습니다. 예수께서 "이 말씀은 성전에서 가르치실 때에 헌금함 앞에서 하셨다"고 하였습니다. "헌금함"은 바로 성전 뜰에 있었고, 따라서 이 금등잔은 주님의 말씀을 듣는 사람들 눈에 정면으로 보였을 것이 분명합니다. 이 점은 앞장에서 초막절 의식의 또 다른 부분을 암시하는 것이 틀림없는 말씀에 의해 더 뒷받침이 됩니다. 앞장에서 주님은 본문의 말씀과 아주 비슷하게 "누구든지 목마르거든 내게로 와서 마시라"는 말씀으로 자신의 계시와 요구에 대해 또 다른 중요한 말씀을 하십니다. 그 말씀은 초막절 동안에 실로암 샘물에서 물을 길어 제단에 붓고, 한편으로 모인 무리가 "너희가 기쁨으로 구원의 우물들에서 물을 길으리로다"(12:3)라는 이사야 예언의 옛 선율을 노래하던 관습을 가리킵니다. 본문의 말씀이 이렇게 초막절에 성전에서 하신 말씀들에 속하였을 가능성을 판단할 때는 다음의 사실을 또한 기억해야 합니다. 즉 본문과 성전에서 하신 말씀들 사이를 비집고 들어온 부분, 간음하다가 현장에서 붙잡힌 여인에 관한 이야기를 담고 있는 부분이 여기에 어울리지 않다고 최고의 비평가들은 생각하고, 또 가장 귀중한 사본에는 나오지 않는다는 것입니다. 동시에 이 암시가 매우 타당하다고 생각한다면, 나는 이 암시가 이 중대한 말씀에 특별한 방향과 의미를 제공한다고 생각하며, 잠시 생각해볼 만한 가치가 있다고 봅니다.

살펴볼 첫 번째 사실은, 우리 주님이 여기서 자신에 대한 상징으로 가리키시는 의식에 담긴 의도입니다. 이 절기의 따뜻한 가을 밤 내내 빛을 비추고 있던 이 큰 등잔의 의미는 무엇이었습니까? 초막절의 모든 의식들은 광야에서 40년간 방랑하던 생활의 모습을 떠올리도록 하기 위한 것이었습니다. 제단 곁에 있는 금등잔들은 낮의 구름기둥과 밤의 불기둥을 기념하는 것이었습니다. 예수께서 "나는 세상의 빛이라"고 말씀하실 때, 속에서 불꽃이 타오르는 구름이 한 세대 동안 광야에서 방랑하던 사람들의 눈에 보였던 그 모습처럼 자신이 세상 끝까지 모든 영혼에게 실제로 그런 존재라고 선포하려고 하셨던 것입니다.

자, 그 구름이 광야에서 방랑하던 사람들에게 의미하였던 주요한 사실은 하나님의 임재를 보여주는 가시적 수단이라는 것이었습니다. "여호와께서 구름 기둥으로 그들 앞에서 가시며"(출 13:21). "여호와께서 불기둥 가운데서 보시고"(14:24). "여호와께서 구름 가운데 강림하사 모세에게 말씀하시고"(민 11:25). "구름이 회막을 덮었고 여호와의 영광이 나타났더라"(16:42). 항상 그 구름에 대해 이야기하는 방식이 이런 식입니다. 이스라엘에게 그들의 왕 하나님이 그들 가운데 볼 수 있는 형태로 임재하신 것을 나타낸 것입니다. "여호와의 영광"이 구약에서는 매우 특별한 의미를 지니고 있습니다. 여호와의 영광은 통상적으로 밝은 광채, 곧 구름 기둥 속의 타오르는 불길을 의미합니다. 대체로 이 영광이 나타날 때는 구름에 가려지고, 해가 진 후에 세상이 어두워지듯이 광채를 거두어들이지만, 때때로 홍해 바다 앞이나 시내산에 있을 때, 혹은 반역자들에 대한 신속한 심판의 때처럼 역사상 중요한 국면들에서는 그 휘장을 찢고서 사람들의 눈앞에 밝게 타올랐습니다. 하나님을 나타내기도 하고 또한 숨기기도 하는 이 구름기둥과 불기둥이 바로 그 점으로 인해서 모든 계시에도 불구하고 여전히 다 알 수 없는 분을 상징하기에 부족하지 않다는 것을 굳이 여러분에게 말할 필요가 없을 것입니다. 나타나는 것은 무엇이든지 역시 무한한 영광을 가리지 않을 수 없습니다. 그리스도께서 자신을 사람의 눈이나 지성에 혹은 마음에 알리는 데 사용하시는 모든 것에 대해 이렇게 말할 수밖에 없습니다. "그의 권능이 그 속에 감추어졌도다"(합 3:4). 그 불은 항상 구름 속에 감싸여 있습니다. 아니, 실제는 영광으로 가득한 그 빛은 가까이 하기 어렵고, 주님께서 거하시는 빽빽한 구름은 완전한 빛을 가리는 "영광스런 차단막"에 지나지 않습니다.

진행하는 백성들 앞에서 움직이며 인도하던 그 기둥, 곧 타는 듯한 열기를 피하게 하는 구름과 밤의 어둠 속에서 기운을 북돋우는 불로 이루어진 기둥이 광야의 장막 위에 퍼지고, "여호와의 영광이 성막에 충만함하였습니다"(출 40:35). 이동하는 장막 대신에 고정된 성전이 들어섰을 때, 다시 "구름이 여호와의 성전에 가득하였습니다"(왕상 8:10). 거기에, 곧 모든 피조된 생명체를 상징하는 그룹들 사이에, 사죄를 말한 시은좌 위에, 휘장 뒤, 지성소의 짙은 어둠 속에, 곧 회개하는 자의 옷을 입고 속죄의 피를 든 흰옷 입은 제사장이 일 년에 한 차례 들어가는 것 외에는 아무도 들어가지 못하는 곳에, 임재하신 하나님의 위엄을 보여주는 하나님의 영광의 빛이 비쳤습니다.

그러나 그 빛이 떠난 지 오랜 세월이 흘렀습니다. "그 영광"은 이때 시온 위에 서 있는 그 전(殿)에 이미 그쳤습니다. 그룹들 사이에 비치던 빛이 사라졌습니다. 그렇다면 예수께서 지극히 슬픈 의미에서 지성소가 비어있는 성전 뜰에 서서 과거의 쉐키나의 영광을 기념하는 등불이 꺼진 것을 가리키며 "나는 세상의 빛이라"고 말씀하셨을 때, 깊은 의미를 가지고 그 무서운 공백을 언급하는 것임을 보아야 하지 않겠습니까?

그리스도는 세상의 빛이십니다. 그 안에 하나님의 영광이 있기 때문입니다. 그의 말은 임재하시는 하나님이 그의 안에 보일 수 있게 거하신다는 사실에 의해 변호되지 않는다면, 미친 말이고 신성모독이나 다름없는 말입니다. 인간이라는 구름, 곧 "휘장 곧 그의 육체는"(히 10:20) 신성을 감싸고 누그러뜨리지만, 신성을 감싸고 있는 동안에도 그 투명한 주름을 통해 신성을 계시합니다. 햇빛을 받아 빛을 내면서 해를 가리고 지나가는 양털 같은 수증기처럼, 구름은 우리의 약한 눈이 어둠을 보지 않고 빛을 보게 하며, 구름이 없었다면 볼 수 없을 광휘를 볼 수 있게 만듭니다. 그렇습니다! 주님은 세상의 빛이십니다. 주님 안에는 "신성의 모든 충만"(골 2:9)이 거하시기 때문입니다. 주님의 종이 "말씀이 육신이 되어 우리 가운데 거하시매 우리가 그의 영광을 보니 아버지의 독생자의 영광이요 은혜와 진리가 충만하더라"고 말하였을 때, 이 말씀의 의미를 우리에게 가르쳐 준 것입니다.

그 다음에, 이 주요한 생각에 부차적으로 따르는 것으로, 잠시 다루어볼 수 있는 다른 의향이 있는데, 그것은 구름기둥과 불기둥처럼 그리스도께서 인생행로에서 우리를 인도하신다는 것입니다. 신명기(9장)에서 이스라엘 진의 진행과 정지가 이 구름의 움직임에 의해 절대적으로 통제된다는 사실이 얼마나 강조되었는지 여러분은 기억할 수 있을 것입니다. 구름이 떠오르면 이스라엘 백성들은 여행하였고, 구름이 내려앉으면 진을 쳤습니다. 구름이 장막 위에 펼쳐져 있는 한, 그들은 그 자리에 머물렀습니다. 조급한 사람은 구름을 쳐다볼 수 있고, 성급한 사람은 안달할 수 있을 것이지만, 전혀 문제 될 것이 없습니다. 우물과 종려나무에서 멀리 떨어진 곳에, 그늘이 없고 불 뱀들이 살고, 사나운 적들이 출몰하는 황폐한 곳에 진을 칠 수도 있습니다. 그래도 상관이 없습니다. 이 구름기둥이 움직이지 않는 한, 아무도 움직이지 않았습니다. 이렇게 강제로 그 자리에 꼼짝 안 하고 있는 가운데 따분한 날들이 천천히 지나갈 수도 있습니다. "이틀이든지 한 달이든지 일 년이든지 구름이 성막 위에 머물러 있을 동안에는 이스라엘 자손이 진영에 머물고 행진하지 아니하다가"(민 9:22). 구름이 떠오를 때는 언제든지, 아무리 짧게 머물렀든지, 백성들이 아무리 지치고 발에 상처가 났든지, 진을 치고 있던 곳이 아무리 쾌적한 휴식처였든지 상관없이, 즉시 장막의 말뚝을 뽑고 떠났습니다. 그 신호가 한밤중에 떨어졌다면, 파수꾼 외에는 모두 잠들었을 때나 한낮이라도, 그것은 마찬가지였습니다. 그들의 행진을 지휘하는 참된 사령관이 있었습니다. 이스라엘 백성을 인도한 것은 모세가 아니었고, 민첩한 아랍 사람의 눈과 그 땅의 지식을 가진 이드로도 아니었습니다. 그들 앞에 떠오른 당당하고 장엄한 그 구름기둥이었습니다. 그들은 구름자락이 장막 지붕을 따라 천천히 펼쳐질 때는 구름이 그 자락을 모아들이는지를 눈여겨보았을 것이고, 구름이 선두에서 나아갈 때는 구름이 내려앉아 펼쳐지는지를 유심히 살폈을 것입니다!

"나는 세상의 빛이라." 우리는 그리스도에게서 이스라엘의 경우보다 더 나쁘고 복잡한 환경을 헤치고 이끌고 갈 더 나은 인도자를 만납니다. 우리 속에 계시는 성령에 의해, 그리스도의 충분하고 완전한 생활의 모범을 통해, 그의 섭리의 다양한 증거들에 의해 예수 그리스도는 우리의 인도자가 되십니다. 언제든지 우리가 곁길로 가면, 그것은 우리의 잘못이지 그리스도의 잘못이 아닙니다. 그 인도에 순종하지 않은 사람은 아무도 그 인도가 얼마나 온유하고 애정 깊은 것인지 말할 수 없습니다. 그 인도를 따라갔던 사람들 외에는 그 인도가 얼마나 지혜롭고 안전한지 알지 못합니다. 그리스도께서는 "가라"고 말씀하시지 않고 "오라"고 하십니다. 그리스도께서는 자기 양들을 내놓으실 때는 양들에 앞서 가십니다. 아주 험한 곳에서 주님은 민첩한 손을 내밀어 우리를 구원하십니다. 위험이 닥치면, 알프스 가이드들이 건너기 위험한 빙판을 만나면 하듯이 우리를 주님에게 묶습니다. 시편에서 "내가 너를 주목하여 인도하리로다"(시 32:8, 개역개정은 "내가 너를 주목하여 훈계하리로다" — 역주)는 아름다운 말로 표현하듯이, 매를 때리는 것이 아니라 눈길로, 즉 의무를 행할 기운을 주고 의무를 말해주는 사랑으로써 인도하실 것입니다. 우리가 그 눈길을 알아채기 위해서는 그리스도께 아주 가까이 있어야 하고, 그 눈길을 이해하기 위해서는 주님의 마음에 깊이 공감해 있어야 합니다. 그리고 그 눈길을 알면 우리는 즉시 순종해야 합니다. 우리의 눈은 항상 주님을 향해 있어야 합니다. 그렇지 않으면 구름기둥이 쉬기 위해 자락을 펼친 것을 모르고 진행을 하고 있거나, 구름이 행진하기 위해 자락을 거두어 들인지 한참이 지났는데도 장막에서 게으르게 빈둥거리고 있을 때가 많을 것입니다. 여러분은 조급한 마음 때문에 주님의 계획이 확실하게 펼쳐지기 전에 그 계획을 성급하게 해석하지 않도록 하십시오. 많은 사람들이 제멋대로 하는 태도, 경솔함, 해야 할 일에 대해 성급하게 결론을 내림으로 인해 인생을 망쳤습니다. 구식 표현을 쓰자면, "보냄을 받기 전에 달려가지" 않도록 조심하십시오. 길을 안내하는 언약궤와 여러분 사이에는 언제나 "이천 규빗쯤"(수 3:4) 되는, 분명한 거리를 유지해야 합니다. 그러면 길을 잃는 실수를 하지 않을 수 있습니다. 주님께서 우리가 어디로 가기를 바라는지 우리가 알고 있다고 확신하면서 인도자의 뒤를 따라가는 것은 공손한 일이나 또는 지혜로운 일이 아닙니다.

모닥불 곁의 따듯함이나 장막을 친 그늘진 곳의 쾌적함 때문에 구름이 떠오른 때에도 계속 그곳에 머물러 있지 않도록 하십시오. 언제든지 변화를 받아들일 준비를 하고, 언제든지 체류할 준비를 하십시오. 여러분은 지도자이자 사령관인 주님과 교제하고 있기 때문입니다. 주님께서 가라고 하시면 가십시오. 이것을 하라고 하시면, 주께서 작은 목소리로 오라고 하실 때까지 즐거이 그 일을 하십시오. 오라는 주님의 목소리를 듣고 가면 여러분이 강물이 갈라지고, 여행이 끝이 날 것입니다. 여행길 내내 여러분을 인도한 "불기둥과 구름기둥"이 "어린 양이 그 등불이 되시는"(계 21:23) 더 높은 본향에서 영원한 영광을 펼칠 것입니다.

진정으로 그리스도를 따르는 일은 모두 믿음으로 시작합니다. 혹은 우리가 따르는 것이 곧 믿음이라고까지 말할 수 있을 것입니다. 왜냐하면 우리 주님이 이 복음서에서 현재 구절과 비슷한 또 다른 구절에서 따른다는 말 대신에 믿음이라는 말을 사용하시기 때문입니다. "나는 빛으로 세상에 왔나니 무릇 나를 믿는 자로 어둠에 거하지 않게 하려 함이로라"(12:46). 이 두 가지 개념은 동등한 것이 아닙니다. 믿음은 따름의 조건이고, 따름은 결과이고 시험 수단입니다. 따름은 믿음의 작용이기 때문입니다. 그리스도를 믿는 자들 외에는 아무도 그리스도를 따르지 않을 것입니다. 그리스도를 따르지 않는 자는 믿지 않는 자입니다. 그리스도를 따른다는 것은 그리스도와의 교제를 바라고 추구하는 것을 의미합니다. 시편 기자가 말하듯이 "나의 영혼이 주를 가까이 따르는"(63:8) 것입니다. 그리스도를 따른다는 것은 의지로 복종하는 것이고 전 본성으로 노력하는 것이며, 날마다 그리스도의 모범을 본받는 것입니다. 그리스도의 명령을 나의 법으로, 그의 섭리를 나의 뜻으로, 그의 교제를 나의 기쁨으로 철저히 받아들이는 것입니다. 그런 모든 따름의 뿌리와 시작은 내 자신의 어둠을 알고 그리스도의 큰 빛을 신뢰하여 그리스도께 오는 데 있습니다. 우리는 인도자의 지시를 받아들이려면 인도자를 의지해야 합니다. 주님께서 명령하시는 대로 가지 않는다면, 그리스도를 신뢰한다고 말하는 것은 터무니없는 것입니다. 이와 같이 "나를 따르라"는 말씀은 진정으로 모든 그리스도인의 의무의 총합입니다.

이 생각은 우리 시야를 아주 넓게 열어줍니다. 이 점에 대해서는 지금 잠깐이라도 볼 틈이 없습니다. 그러나 여기서 말하는, 이해할 수 없는 엄청난 자기 확신에 대해서는 잠깐 시간을 내어 이미 한 말을 다시 한 번 말하지 않을 수 없습니다. "나를 따르라." 그 다음에 예수 그리스도께서 조용히 자신을 모든 영혼이 추구하는 목적과 목표로 제시하십니다. 자신의 행사를 기질과 성품과 문화와 일이 각기 다른 우리 모든 사람에게 충분히 적용되는 규칙으로 내세우시면서, 자신이 온 세상 앞에 서고, 온 세상을 지배하는 권세를 가지고 있다고 조용히 주장하십니다. 주님은 성인이든 현인이든 왕이든 거지든, 사람들은 모두 항상 자기 뒤에 서야 한다고 생각하십니다. 사람들이 자신을 닮으면 닮을수록 그만큼 더 완전함과 생명에 가까이 다가갈 것이라고 주님은 생각하십니다. 주님은 여러 세대의 신비한 행진 앞에 서서, 여호수아가 여리고 평지에서 보았던 신비한 천사처럼 고고한 주장을 하십니다. "이르되 아니라 나는 여호와의 군대 대장으로 지금 왔느니라"(수 5:14). 우리가 그의 이름을 알기 때문에 그의 주장을 받아들입니까? 그리스도께서 하나님의 말씀이시므로 사람들의 빛이시라는 것을 배웠기 때문에 우리는 그리스도를 전적으로 신뢰합니까? 그리스도께서 지금까지 우리 영혼의 구주이셨고, 지금도 구주이시기 때문에 충성스런 순종과 간절한 사랑과 겸손으로 주님을 따르면서 본받습니까?

우리가 따르는 만큼 "나를 따르는 자는 어둠에 다니지 아니하리라"는 이 놀라운 말씀의 큰 약속들을 이해하고, 우리로 말미암아 그 진실함이 입증될 것입니다. 이 말씀이 낮게 성취될 수도 있고 높게 성취될 수도 있다고 말할 수 있습니다. 낮게 성취되는 것은 실제 생활과 생활의 곤란한 일들과 관련해서입니다. 이 말씀을 실행해 보지 않은 사람은 그리스도를 따르려고 하는 단순한 그 행동으로 인해서 사람의 길에서 얼마나 많은 곤경들이 제거되는지 아무도 믿지 않을 것입니다. 우리가 무엇을 해야 할지에 대해서 여전히 모호한 점들이 있고, 그래서 끈기 있게 지혜를 발휘해야 할 필요성이 있을 것은 분명합니다. 그러나 그런 모호한 점들은 해가 떠오르면, 곧 일단 우리가 구름기둥의 빛이 어디로 인도하고 있는지 정직하게 찾고자 애쓸 때, 대부분 안개처럼 사라집니다. 우리가 가야 할 길을 잘 보지 못하게 되는 것은 길 자체에 있는 모호함보다는 내켜하지 않는 뜻과 좋아하는 것과 싫어하는 것의 개입 때문인 경우가 더 허다합니다. 우리가 그 일을 할 수 있는지 알기만을 바랄 때, 하나님의 뜻을 분변하기는 거의 불가능합니다. 어쨌든 그 일이 우리에게 불가능하다면, 그 불가능성은 마치 장막 위에 내려앉아 있는 구름과 같은 것입니다. 즉 현재로서 하나님의 뜻을 조용히 기다리며 지켜보아야 한다는 표시인 것입니다.

그러나 이 말씀에는 실제적 지시라는 이 약속보다 더 높은 의미가 있습니다. 성경의 심오한 상징에서, 특별히 요한복음의 상징에서, "어둠"은 하나님을 떠난 영혼의 전체 상태를 가리키는 말입니다. 그래서 우리 주님은 여기서 자기를 따르는 것은 영혼의 그 흑암으로부터 나오는 진정한 구원이라고 선언하고 계시는 것입니다. 무지의 어둠이 있고, 부정함의 어둠이 있으며, 슬픔의 어둠이 있습니다. 그런데 이 빛을 따르지 않는 사람들은 죽음의 어둠에 더하여 이 세 가지 어둠에 싸이게 됩니다. 그것이 이 말씀의 냉혹하고 비극적 측면입니다. 너무 슬프고 두려워서 이에 대해 많은 것을 말할 수 없고, 다만 이 한 마디 말씀에 대해 엄숙한 인상을 받게 되면 그것이 최선일 것입니다. 그러나 이 말씀의 복되고 소망스런 측면은, 아무리 미약할지라도 예수 그리스도를 믿기 시작하고, 비틀거리는 걸음이지만 처음으로 그리스도의 발자국을 따라 걸으려고 하면 우리를 그 빛으로 인도한다는 것입니다. 우리가 목표에 도달하였다는 것이 필요하지 않습니다. 우리가 목표를 바라보고 있다는 것과, 그 목표에 도달하기를 바란다는 것으로 충분합니다. 그러면 우리를 지배하는 어둠의 세력이 깨어진다는 것을 확신할 수 있습니다. 비록 멀리 떨어져서 그리고 한결 같지 않은 걸음일지라도 그리스도를 따르면, 그로 인해 우리 길이 갈수록 더 밝아지고, 악과 무지와 슬픔이 한낮에 우리 길에 어둠을 드리울지라도, 그것들이 점점 더 빛나는 영광 가운데서 녹아 없어질 것입니다. 그래서 우리는 "우리로 하여금 빛 가운데서 성도의 기업의 부분을 얻기에 합당하게 하신 아버지께" 감사할 수 있습니다. "아버지께서는 우리를 흑암의 권세에서 건져내사 그의 사랑의 아들의 나라로 옮기셨습니다"(골 1:12,13).

그러나 우리는 단지 그 빛의 인도를 받고 그 빛에 들어갈 것이라는 약속만 받은 것이 아닙니다. 훨씬 더 깊고 큰 선물이 여기서 제공됩니다. "나를 따르는 자는 생명의 빛을 얻으리라." 나는 흔히 사람들이 부주의하게 그 의미를 생각하는 것처럼 이 말씀이 생명을 해명하는 빛을 의미하는 것이 아니라 요한복음에 나오는 이와 비슷한 표현들, 곧 "생명의 떡"과 "생명수"와 같이 생명인 빛을 가리킨다고 생각합니다. "그 안에 생명이 있었으니 이 생명은 사람들의 빛이라." 생명과 빛, 이 두 가지가 그 원천에서 하나인데, 그 원천은 하나님의 말씀인 예수이십니다. "생명의 원천이 주께 있사오니 주의 빛 안에서 우리가 빛을 보리이다"(시 36:9). 이 두 가지가 가장 깊은 본성에서는 하나입니다. 생명이 빛이고, 빛이 생명인 것입니다. 이 한 가지 선물이 그리스도를 따르는 모든 사람에게 주어집니다. 우리의 외적 생활이 밖으로부터 빛을 받고 인도를 받을 뿐만 아니라 우리의 내적 존재도 빛을 받아 아주 밝아질 것입니다. "너희가 전에는 어둠이더니 이제는 주 안에서 빛이라"(엡 5:8).

그 불기둥은 떨어져 있고 밖에 있었습니다. 그러나 우리 영혼의 더 나은 참된 이 인도자는 우리 안에 들어와 거하시되, 생명과 빛과 사랑이라는 그리스도의 세 가지 선물을 충만히 가지고서 들어와 거하십니다. 우리 속에서 그리스도께서는 주로 자신이 우리 영의 인도자이심을 입증하실 것인데, 단지 우리 길에 빛을 비추시기만 하는 것이 아니라 우리 자신을 주님의 찬란한 빛으로 가득 채우실 것입니다. 그리스도께서 우리의 인도자이시라면, 지식과 선함과 기쁨의 모든 빛이 우리의 것이 될 것입니다. 우리가 그리스도를 따른다면, 그리스도는 확실히 우리 소유가 될 것입니다. 우리는 그리스도를 떠나서 우리의 상상에서 나온 도깨비불, 즉 늪지 위에서 깜박 거리는, 부패한 데서 나온 춤추는 불빛을 따라가지 않도록 조심합시다. 왜냐하면 그런 불빛들은 우리를 악한 것들이 출몰하는 음울한 땅으로 인도하고 바깥 어두운 데로 데려갈 것이기 때문입니다. 우리는 이 하나님의 빛을 조심해서 사용하도록 합시다. 그리스도는 옛적의 그리스도의 상징처럼 보는 눈에 따라 이중적 면을 지니고 있기 때문입니다. "구름기둥이 애굽 진과 이스라엘 진 사이에 이르러 서니 저쪽에는 구름과 흑암이 있고 이쪽에는 밤이 밝으므로"(출 14:20). 그리스도는 걸림돌(사 8:14)이거나 확실한 기초이시고, 또한 생명의 향기이거나 죽음의 향기이십니다. 그가 어떤 분이신가 하는 것은 우리 자신에게 달려있습니다. 믿고 사랑하고 따르면, 그리스도는 빛이십니다. 무시하고 떠나면 그리스도는 어둠이십니다. 그리스도께서 세상의 빛이실지라도, 그리스도가 생명의 빛을 주실 수 있는 사람은 그리스도를 따르는 사람뿐입니다. 그러므로 최선을 왜곡하여 최악으로 만드는 인간의 끔찍한 특성 때문에, 사람들의 빛으로 오신 그리스도께서 이처럼 슬프고 엄숙한 말씀을 하시지 않을 수 없었던 것입니다. "내가 심판하러 이 세상에 왔으니 보지 못하는 자들은 보게 하고 보는 자들은 맹인이 되게 하려 함이라"(요 9:39).

36
믿음의 세 가지 면

"많은 사람이 믿더라
그러므로 예수께서 자기를 믿은 유대인들에게 이르시되"

요 8:30, 31

개역성경은 이 두 구절에 나오는 한 가지 표현에 변화를 줌으로, 즉 앞 절에서 "그를 믿었다"(believed on Him, 한글개역개정은 "믿더라" — 역주)는 말은 그대로 두고, 뒷 절에서는 "그의 말을 믿었다"(believed Him, 한글개역개정은 "자기를 믿은"으로 되어 있음 — 역주)는 단순한 말로 바꿈으로서 원문의 뜻을 정확하게 나타냅니다. 인접한 이 두 구절에서의 변화는 요한 사도처럼 매우 세심한 작가에게서는 좀처럼 우발적으로 생길 수 있는 일이 아닙니다. 이 변화의 이유와 의미는 이 이야기의 표면에서 아주 분명하게 나타납니다. 주님께서 두 구절에서 이런 변화를 준 목적은 예수 그리스도를 온전히 받아들이는 것과 덜 받아들이는 것을 구분하기 위함입니다. 더 완전하게 그리스도를 받아들인 것은 전자의 경우입니다. "사람들이 그를 믿었다"(they believed on Him). 온전히 받아들이지 못하는 것은 후자의 경우인데, 그것은 그리스도께서 자신을 메시야로 주장하는 말을 그냥 받아들이는 것인데, 이것은 얄팍한 태도로 비난받고, 문맥에서 볼 때 일시적인 것으로 드러납니다.

이들은 믿은 "유대인들"이었습니다. 이들은 믿고 있는 동안에는 계속 믿는 유대인으로 지냈습니다. 그런데 요한복음에서 "유대인"이라는 말은 언제나 예수 그리스도에 대한 반감을 품고 있습니다. 이 사람들에 대해서 말하자면, 그들이 주님을 지지하는 것이 얼마나 가볍고 믿을 수 없는 것인가 하는 점은 다음의 몇 구절이 전개되는 데서 드러납니다. 이 장 마지막에 가면, 그들은 돌을 들어 예수님을 치려고 합니다.

이와 같이 요한은 진짜일 수 있고, 장차 훨씬 더 나은 어떤 것의 기초가 될 수 있는 받아들임, 그렇지만 자라지 않으면 썩고 사라지는 받아들임이 있다는 것을 보여주려고 하였습니다. 주님은 그런 받아들임과 다른 지적 행동, 곧 훨씬 더 깊고 더 건전하고 더 생생하고 지속적 받아들임, 요한이 "그를 믿었다"는 말로 표시하는 행동을 뚜렷이 구별하려고 하셨습니다. 그래서 나는 이 말을 생각해 보려고 하는데, 그것은 이 말이 암시하는 다른 생각들을 다루기 위해서라기보다는 이 말이 믿음이라는 행위의 여러 단계들, 곧 신약성경에서 이 단어의 다양한 문법적 관계와 구조에 의해 표현되는 이 행위의 복과 성격, 그 대상들을 생각할 수 있는 출발점을 제공하기 때문입니다.

그러면, 내가 다루고자 하는 사실들을 아주 간단하게 다음과 같이 기술할 수 있을 것입니다. 신약성경이 믿음의 행위와, 그 행위의 대상인 그리스도와의 관계를 표시하는 방법에는 세 가지가 있습니다. 세 가지 방식 가운데 첫 번째는 본문에서 "그의 말을 믿었다"(believed Him)는 말로 나타나는 것과 같이 단순한 것입니다. 그 다음에는, 약간 다르게 두 가지 형태로 나오지만, 우리의 목적을 위해서는 본질적으로 같은 것으로 다룰 수 있는 두 번째 방식이 있습니다. 그것은 "그를 의지한다"(believing on Him)는 것입니다. 그 다음에 세 번째 방식이 있는데, 그것은 문자적으로 정확히 번역하자면, "믿고 그에게로 혹은 그의 안으로 들어간다"(believing unto or into Him)는 것입니다. 그것이 요한 사도가 좋아하는 표현입니다. 그런데 어쩔 수 없는 면이 있긴 하지만 불행하게도 이 단어를 대체로 번역가들은 다소 설득력이 떨어지는 "믿는다"(believing in)는 말로 번역하였습니다. 이 번역은 전진하는 움직임의 개념을 전달하지 못하고 안에서 쉬는 개념을 전달합니다. 이 세 가지 방식을 깊이 생각한다면, 이 방식들이 믿는 이 행위의 본질에 대해, 믿음이 붙잡는 그 대상에 대해, 그리고 믿음으로부터 흘러나오는 복에 대해 매우 중요한 교훈들을 보여줄 것이라고 생각합니다. 이 교훈들은 여기서 생각해 볼 만한 가치가 있을 것입니다. 이 전체 주제는 다음의 세 가지 권고 형태로 표현할 수 있을 것입니다. 그리스도의 말을 믿으라(believe Him). 그리스도를 의지하라(believe on Him). 믿고 그리스도에게로 가라(believe unto Him).

1. 첫째, 그리스도의 말을 믿으라는 권고에 대해 살펴봅시다.

우리는 어떤 사람을 신뢰할 때 그 사람의 말을 받아들입니다. 신념, 즉 믿음이 신약성경에서 매우 드물게 계시의 말씀을 그 대상으로 삼는 것으로 기술되는 경우가 있지만, 말을 받아들이는 이면에는 말하는 사람에 대한 신뢰가 있습니다. 모든 진정한 기독교 신앙의 시작에는 단지 어떤 주장들을 맞다고 지적으로 받아들이는 것이 아니라 그 주장들을 우리에게 말한 사람, 바로 우리 주 예수 그리스도의 진실성을 신뢰하는 것이 담겨 있습니다.

나는 여기서 그 점을 주장할 필요가 없습니다. 그것을 주장한다면 현재의 목적에서 빗나가게 될 것입니다. 그보다 내가 강조하고 싶은 점은, 영혼을 그리스도께 묶는 믿음은 지극히 초보적이고 불완전한 믿음의 아주 작은 싹에 불과할지라도 처음부터 그리스도를 대상으로 삼고 있습니다. 따라서 믿음은 말하는 사람의 권위보다는 다른 기초에 근거해서 정당하게 사람의 마음을 끌 수 있는 어떤 진리를 단순히 받아들이는 것과는 구별됩니다.

그 다음에는, 그리스도의 말을 믿으십시오. 자, 이 점은 두 가지 생각으로 나뉩니다. 그 점에 대해 더 많은 말을 할 수 있겠지만, 내가 지금 이 점에서 추론하려는 것은 이 두 가지 개념이 전부입니다. 한 가지 생각은 이것입니다. 예수 그리스도께서 우리에게 요구하시는 작고 낮은 일은 그리스도의 말씀을 최종적이고 결정적이며 절대적으로 옳은 것으로 주저 없이 전적으로 받아들이는 것입니다. 예수 그리스도를 이 이상의 다른 어떤 분으로 볼 수 있지만 무엇보다, 그리스도는 그의 생활과 말씀에 의해 하나님의 확실한 진리를 전달하시는 분입니다. 그리스도는 선생보다 훨씬 더 크신 분이지만, 또한 무엇보다 선생이십니다. 기독교 신앙은 이 외에 다른 것일 수 있고, 훨씬 그 이상이 되지만, 기독교 신앙은 적어도 주님의 입에서 나오는 모든 말씀의 권위를 솔직하게 전적으로 인정하는 것을 요구합니다. 신조가 없는 기독교 신앙은 몽상입니다. 살이 없는 뼈는 건조하기 이를 데 없습니다. 그렇지만 뼈가 없는 살은 어떻게 되겠습니까? 움직이지 못하는 형태 없는 덩어리에 불과합니다. 예수님을 우리 행동의 지침으로 삼을 수 있지만 예수께서 우리에게 무슨 말을 하는지에 대해서는 신경쓸 필요가 없다고 말하는, 이 말세의 공상적 꿈에 따라 신앙을 형성한다면, 여러분은 정말로 활기찬 기독교 신앙은 결코 갖지 못할 것입니다. 예수님은 우리에게 말씀하십니다. "나를 믿으라"는 것이 주님의 요구입니다. 주께서 하신 말씀과, 주님의 아름다운 생활과 은혜로운 모든 처사를 통해 보이신 계시가 바로 최종적이고 절대적이며 확실한 진리를 사람에게 밝혀 줍니다.

그러나 반면에, 이 모든 것이 성경의 가르침에 아주 분명하고 뚜렷하게 나타나지만, 이것이 우리를 첩경으로 인도한다는 사실을 기억하도록 합시다. 우리는 이 설교에서 출발점으로 삼는 예에서 그리스도께서 말씀하시는 것을 단순히 받아들이는 것과 그리스도를 영원히 붙들고 따르는 참된 믿음을 뚜렷이 구분하고, 해당된 사람들의 행동에서 실제로 예를 들어 설명하는 것을 봅니다. 주님의 말씀을 그냥 받아들이는 좀 더 수준 낮은 과정을 낮추어 말하는 태도가 동일한 표현들에서 여러 차례 발견됩니다. 예를 들면, 본문에서 서로 결부되어 있는 이 두 가지가 앞에 나오는 주님과 반대자들 사이의 대화에서 사용되는 것을 봅니다. 주님께서 반대자들에게 "하나님께서 보내신 이를 믿는 것이 하나님의 일이니라"고 말씀하시자, 반대자들은 주님의 주장을 낮은 데로 끌어내려 "우리가 보고 당신을 믿도록 행하시는 표적이 무엇이니이까"라고 대꾸합니다. 주님은 자기에 대해 믿을 것을 요구하셨습니다. 그들은 "우리의 믿음에 논리적 필연성을 보여줄 수 있는 어떤 것을 본다는 조건에서 당신을 믿을 준비가 되어 있다"고 대답합니다.

단지 예수 그리스도의 가르침을 받아들일 뿐이지 그 이상으로 나가지 못하는 믿음의 초보적이고 불완전한 성격을 깊이 생각하도록 합시다. 자신이 정통파적 관행이 기독교 신앙이라는 개념, 곧 신약의 교훈에 반대하지 않기에 그로 인해 기독교인이라는 개념은 아주 오래되고 널리 퍼진 것으로 매우 위험한 생각입니다. 우리 가운데는 그리스도인이라고 불리는 것을 이런 정도로 생각하는 사람들이 많습니다. 즉 우리가 예수 그리스도께서 가르치시는 것은 무엇이든지 거기에 충분한 관심을 갖지는 않을지라도 그를 부인하지 않았고, 부인하려고도 하지 않는다고 하는 것입니다. 계시된 진리를 받아들이는 것으로 만족하는 초보적 신앙은 단순한 형식주의로 굳어지거나, 아니면 믿는다고 고백하는 진리 자체에 대해서는 별 생각 없이 무관심하게 되기도 합니다. 우리 머릿속에 잠들어 있고 생활에는 전혀 영향을 미치지 못하는 신조만큼 무력한 것은 없습니다. 나는 이 설교를 읽는 사람들 가운데서 스스로 훌륭한 그리스도인이라고 생각하면서, 한때 일본 사람들이 자기들의 천황을 대하듯이 그 신조를 대하는 사람이 얼마나 많을까 생각하게 됩니다. 일본 사람들은 천황을 죽(竹)의 장막 뒤에 있는 궁정에 지내게 하면서 그에게 어떤 것도 행하도록 허용하지 않습니다. 그리고 실질적인 모든 권세는 다른 어떤 사람이 다 쥐고 있는데, 그는 자기가 왕이라고 결코 내세우지 않았습니다. 여러분은 기독교 신앙의 39개 조항 혹은 390개 조항이 여러분에게 제시되면, 그 가운데 하나도 여러분의 생각이나 행동에 전혀 영향을 끼치지 않지만 거기에 서명을 할 것이기 때문에 자신이 그리스도인이라고 생각합니까? 우리는 실질적 통치를 행사하는 곳에 이런 "게으른 왕들을" 시장으로 세우지 말고, 마음의 보좌에 여러분 신앙의 원칙들을 세우고, 여러분의 모든 신앙을 실천하고 모든 실천이 믿음에서 힘을 얻도록 합시다.

일련의 교리들에 있어서 예수 그리스도의 권위, 곧 우리가 조금도 개의

치 않고 생활에 아무런 효과를 내지 못하는 교리에 대한 이런 믿음은 야고 보 사도가 그처럼 신랄하게 비판하는 믿음입니다. 야고보 사도는 내가 그 의 본보기에 자극을 받지 않는 한 감히 이야기해보려고 할 수 없는 말을 퍼붓습니다. "허탄한 사람아! 네가 믿느냐 잘하는도다 귀신들도 믿고 떠느 니라"(약 2:19,20). 귀신들의 이 믿음이 자신들을 떨게 만드는 영향력을 발 휘한다는 점에서는, 귀신들이 여러분보다 낫습니다. 그런데 자신이 그리 스도의 제자라고 고백하면서도 자신의 신조 때문에 떨지도 감동하지도 않 고, 소망하거나 두려워하지도 않고 단 한 가지 행동도 하지 않는 사람에 대해서는 무엇이라고 말해야 하겠습니까? 예수님을 믿으십시오. 그러나 거기에서 그치지 마십시오.

2. 그리스도를 믿으라.

자, 내가 이미 말했듯이, 그리고 여러분 가운데 많은 분들이 알고 있듯 이, 성경에는 이 어구가 약간 다른 두 가지의 형태로 나옵니다. 나는 그 두 가지 형태 사이의 미묘한 차이점을 가지고 여러분을 괴롭힐 생각은 없습 니다. 이 두 가지 형태가 내가 다루기 원하는 중요한 점에서 동시에 나옵 니다. 그리스도를 믿는다(believing on Christ)는 표현은 그리스도의 말씀 을 단지 그의 권위에 근거해서 받아들이는 행동에서 우리를 끌어내어 그 리스도를 의지하는, 훨씬 더 자발적이고 도덕적이며 인격적 행동으로 데 려갑니다. 이 은유는 성경에서 다양한 방식으로 전개됩니다. 그래서 나는 이 은유에 대한 내 생각을 제시하기보다는 이 은유가 구약과 신약성경에 서 표현되는 세 가지 형태를 살펴보도록 하겠습니다.

이 가운데 첫 번째이자, 다른 두 가지를 지배하는 것으로 볼 수 있는 형 태가 이사야서에 나옵니다. "보라 내가 한 돌을 시온에 두어 기초를 삼았 노니 견고한 기촛돌이라"(28:16). 그리고 베드로 사도의 "그를 믿는 자는 부 끄러움을 당하지 아니하리라"(벧전 2:6)는 말에서도 볼 수 있습니다. 여기 서 제시되는 사상들은 건물이 그 기초 위에 세워졌다는 것, 영혼의 안식과 생명의 양육이 예수 그리스도라는 기초 위에서 영위된다는 것입니다.

이 은유는 우리가 이 용어를 적용할 수 있는 모든 면에서 기초이신 그리스도에 관해 얼마나 많은 것을 말해주는지 모릅니다! 그리스도는 우리 소망의 기초이고, 안전의 보장이시며, 믿음의 기초석, 곧 우리 전체 생활이 근거하고 있는 토대이며, 평안의 원천이시고, 평화의 보증이십니다. 내가 생각하고 느끼며 바라고 소원하며 행하는 모든 것은 사랑하시는 주님을 의지해야 하고, 단순한 믿음으로 주님 위에 세워져야 합니다. 내 생활의 구조를 그리스도 위에 굳게 세우고, 이 은유를 사용할 수 있다면, 생활의 모든 돌을 기초석이신 그리스도에게 연결시키려고 인내심을 가지고 끊임없이 노력할 때 나는 강하고 평온하며 정결해질 것입니다.

폭풍이 오고, 파도가 일어나며, 바람이 윙윙 거리고 우박과 비가 "거짓의 피난처를 소탕합니다"(사 28:17). 그러면 기초가 없는 약한 집에 거하는 사람들은 계속해서 높이 솟아오르는 조류 앞에서 몹시 당황하여 정신없이 이리저리로 왔다갔다 할 것입니다. 그러나 이 기초 위에 집을 세우는 사람은 이사야 선지자가 말하듯이 "다급하게 되지 아니할"(28:16) 것입니다. 홍수가 자기를 덮치기 전에 서둘러 거처를 옮길 필요가 없고, 사납게 돌진하는 맹렬한 폭풍과 음울한 파도가 솟아오르는 것을 조용히 바라볼 것입니다. 그와 같이 그리스도를 의지하는 것, 그리스도를 정직하게 기초로 삼고 단지 우리의 소망의 기초로만 삼는 것이 아니라 우리의 생각, 행동, 우리의 전 존재의 기초로 삼는 것이 안전의 비결과 평안의 보증입니다.

"믿는다"(believing on)는 동일한 표현의 또 다른 형태가 있는데, 여기서는 기초 위에 건물을 세운다는 비유보다는 약한 사람이 튼튼한 버팀줄을 의지하는 혹은 뻗은 강한 팔을 붙잡는 비유가 제시됩니다. 이 은유는 "의지"라는 말에 함축되어 있습니다. 다른 모든 버팀목들을 버리고 그리스도의 충분함과 친절함을 깨달을 때, 우리는 그리스도를 의지합니다. 우리의 피곤한 온 몸과 무기력한 모든 약점을 주님의 지칠 줄 모르는 튼튼한 팔에 기대면 구원을 받습니다. 다른 모든 버팀목은 선지자가 애굽 왕을 비유하고 있는 나일강의 갈대와 같습니다. 이 갈대는, 사람이 기대면 부서져서 살을 찔러 상하게 할 것입니다. 그러나 그리스도를 기대면, 우리는 놋 성벽과 철기둥을 의지하는 것입니다.

이 은유의 또 다른 형태가 있습니다. 이 형태에서는 기초 위에 건물을 세우거나 밑에 있는 버팀목을 기대는 개념을 제시하지 않고, 위에 있는 튼튼하고 안전한 어떤 것에 매달린다는 개념이 제시됩니다. 바로 이 그림이 "달려있음"이라는 단어에서 나타납니다. 한 선지자가 "못이 단단한 곳에 박힘 같이 그의 아버지 집의 모든 영광이 그 위에 걸리리니"(사 22:23,24)라고 하였습니다.

"어찌할 줄 모르는 내 영혼이 주께 매달리나이다."

절벽 너머로 드리워진 밧줄은 위태로운 보금자리에 있는 새끼들을 출렁이는 바다 위에서 안전하게 붙들어 줍니다. 위에서 내려뻗은 그리스도의 손을 붙잡는 사람들은 까마득히 깊고 공허한 골짜기 위에서 흔들리면서도 떨어질 것을 전혀 두려워하지 않을 수 있습니다.

이와 같이 형제 여러분, 그리스도 위에 세우십시오. 그리스도를 의지하고, 그리스도를 신뢰하십시오. 그러면 헛수고로 끝나지 않을 것입니다. 그러나 여러분이 이 확실한 기초석 위에 자신을 세우려 하지 않는다면, 부서지기 쉬운 기초석이 무너질지라도 이상하게 생각하지 말기 바랍니다. 여러분이 강한 버팀목에 기대려고 하지 않으면, 약한 버팀목이 여러분 몸무게를 견디지 못하고 산산이 부서질 때 불평하지 마십시오. 여러분이 하나님의 보좌에 감겨있는 철석같은 쇠사슬을 붙잡고 있기 보다는 가느다란 노끈에 매달려 한없이 깊은 골짜기 위에서 흔들리기를 택한다면, 여러분은 그 끈이 끊겨져 골짜기 아래로 떨어져 산산조각이 날 준비를 해야 합니다.

3. **이 표현들을 비교 연구하는 데서 마지막으로 나오는 권고는 믿고 그리스도 안으로 들어가라(believe into Christ)는 것입니다.**

그것은 매우 의미심장하고 주목할 만한 표현입니다. 여러분도 아시겠지만, 이 단어는 우리말로 번역할 때 거슬리는 점을 거의 피할 수 없습니다. 그렇지만 이 단어에 포함되어 있는 이중적 의미를 얻기 위해서는 그런 불편함은 감수할 만한 가치가 있습니다. 왜냐하면 우리가 그리스도를 믿고 받아들인다고 말할 때, 그것은 신약의 저자들이 분명히 마음에 품고 있었던 두 가지 사실을 제시하기 때문입니다. 하나는 사랑하는 주님으로 향하는 움직임이고, 다른 하나는 주님 안에서 쉬는 것입니다.

이와 같이 참된 기독교 신앙은 영혼이 그리스도께로 향하여 날아가는 것입니다. 여기에는 그리스도인 생활의 특별히 복된 한 면이 있습니다. 즉 그리스도인 생활은 절대적으로 무한하고 끝없이 도달해가는 완전한 영광을 그 목적과 목표로 가지고 있습니다. 그래서 지치지 않는 새로움, 다함이 없는 쾌활함, 끝없는 진보가 진정으로 그리스도를 의지하는 모든 영혼이 그리스도께로부터 상속받은 특징입니다. 다른 모든 목적과 목표는 제한되어 있고 일시적이며 따라서 지나갈 것입니다. 이미 우리의 그토록 많은 획기적 사건들이 사라졌고, 다른 모든 역사적 사건은 마지막 순간이 오면 다 수평선 밑으로 가라앉아 사라질 것입니다. 그러나 우리가 그리스도인이라면, 우리의 노력이 소망스럽고 확신에 찬 것으로 생각하는 데 이를 것을 충분히 확신하게 될 것입니다. 동시에 우리가 그리스도인이라면 우리의 노력을 끝없는 열망으로 채우게 되는 데 절대 이르지 않을 것을 확신하면서, 사랑하는 주님의 큰 빛과 사랑을 밝히 볼 수 있고, 볼 것이며, 그래서 다른 모든 것을 소유하는 것보다 복되신 분을 갈망하게 될 것입니다. 움직임 자체에도 안식이 있고, 찾으면 만나는 분을 열심히 따르게 될 것입니다. 신앙은 영혼의 비상(飛上)이며, 사람이 "그리스도를 알고 그 안에서 발견되기 위해"(빌 3:8,9. 개역개정은 "그리스도를 얻고 그 안에서 발견되려" ― 역주) 도달할 수 있지만 도달하기 어려운 분을 향하여 품는 열망입니다.

이런 점들을 생각하면 스스로를 그리스도인이라고 부르는 우리가 얼마나 부끄러워지는지 모릅니다! 성장, 진보, 그리스도께 더 가까이 감, 항상 그리스도를 간절히 열망함! 우리들 대부분에게 적용할 때, 이런 말씀은 풍자처럼 보이지 않습니까? 현재 달성한 것에 게으르게 만족하는 그리스도인들의 일반적 모습, 곧 비상하는 독수리보다는 엉금엉금 기어가는 거북이의 모습을 생각해 봅시다. 우리는 이것을 부끄럽게 생각하고 이 점을 기억하도록 합시다. 그리스도의 말을 믿는 믿음과 그리스도를 의지하는 믿음 모두, 그리스도에게로 나가는 믿음, 곧 "뒤에 있는 것은 잊어버리고 앞에 있는 것을 잡으려고 나아간다"(빌 3:13)는 것을 표어로 삼는 믿음에 의해 마무리되고 온전해질 필요가 있는 것입니다.

믿음의 이 마지막 단계에는 또 다른 면이 있습니다. 진정으로 그리스도를 향한 혹은 그리스도에게 가는 믿음은 영혼이 그리스도 안에서 쉬는 안식입니다. 믿는 영혼이 예수 그리스도와 결합하는 것을 우리가 그리스도 안에 들어가 거한다는 말로 적절하게 묘사할 수 있는데, 이 일은 깊고 매우 실제적인 믿음에 의해 이루어집니다. 신자는 자기가 믿는 분에게 포함되는 것과 같습니다. 사실, 바울 사도가 "주와 합하는 자는 한 영이니라"(고전 6:17)고 말할 때는 포함보다 더 놀라운 표현을 사용하는 것입니다. 우리가 믿음으로 그리스도를 향하여 나간다면, 믿음으로 그리스도 안에 있게 될 것입니다. 믿음은 활동이자 안식이고, 탐색이자 발견이며, 소원이자 결실입니다. 이 단어의 마지막 형태의 명문구는 단어들에서와 같이 사실에서 하나로 묶는 이 두 가지 개념을 표현한 것입니다. 믿는다(to believe)는 동사에 안에(in)라는 단순한 전치사가 붙은 드문 구조는 믿어 그에게로 간다(believing unto) 혹은 믿어 그 안으로 들어간다(believing into)는 의미의 이 부분과 일치하므로, 따로 떼어서 생각할 필요가 없습니다.

이 의미를 이해하면, 우리는 요한사도가 이 구조를 보다 좋아하는 것이 매우 자연스럽다는 것을 알게 됩니다. 왜냐하면 요한이 우리에게 말할 것이 있다면, 그것은 참된 그리스도인의 생활은, 말하자면 예수 그리스도 안으로 들어간 생활이라는 것이 확실하기 때문입니다. 나는 바울이 비록 다른 관점에서 시작하지만 이 교훈에서는 요한과 일치한다는 점을 굳이 여러분에게 말씀드릴 필요가 없습니다. 왜냐하면 바울에게 있어서 "그리스도 안에" 있다는 것은 모든 복, 곧 의와 평안과 능력의 총합이기 때문입니다. 대기 속에서 지내는 것처럼 우리는 그리스도 안에서 지낼 수 있습니다. 그리스도는 우리가 끊임없이 가서 쉴 수 있는 튼튼한 거처가 될 수 있습니다. 믿는 것을 나타내는 구약의 단어들 가운데 하나는 '피하는 것'입니다. 이런 생각이 신약 형태의 이 표현에서 자연스럽게 암시됩니다. "내가 주께 피하여 숨었나이다"(시 143:9). 우리는 그 요새 안에 안전하게 거합니다.

의지와 욕구에 의해 그리스도와 결합되고, 한결 같이 믿는 마음과 순종의 생활로써 그리스도와 결합되어 예수님 안에 있는 것, 이렇게 그리스도 안에 거하는 것이야말로 믿음의 왕관과 정점이며, 모든 완전함에 이르는 조건입니다. 그리스도 안에 있는 것이 생명입니다. 그리스도를 떠나는 것은 죽음입니다. 그리스도 안에서 구속을 얻습니다. 그리스도 안에서 지혜와 진리, 의로움, 소망, 확신을 얻습니다. 그리스도 안에 있는 것이 천국 안에 있는 것입니다. 우리는 믿음으로 들어갑니다. 믿음은 단지 그리스도의 말씀을 받아들이는 것이 아닙니다. 믿음은 영혼이 그리스도를 의지하는 것이고, 그리스도를 향하여 날아가는 것이며, 그리스도 안에 거하는 것입니다. "내 백성아 갈지어다 네 밀실에 들어가서 네 문을 닫고 분노가 지나기까지 숨을지어다"(사 26:20).

37
남의 종이 된 적이 없다

"우리가 남의 종이 된 적이 없거늘
어찌하여 우리가 자유롭게 되리라 하느냐"
요 8:33

"**남의** 종이 된 적이 없다"고 했습니까? 그러면 애굽과 바벨론, 바사, 앗시리아에게 사로잡혔던 것은 어떻게 된 일입니까? 이 거짓말로 허풍을 떨며 서있는 성전 뜰을 이때 로마 수비대가 성에서 내려다보고 있지 않았겠습니까? 그런 역사와 현재 당면한 처지에도 아랑곳하지 않고 "남의 종이 된 적이 없다"고 말하려면 참으로 뻔뻔하지 않고는 안 되었습니다. 그러나 그것은 우리 모두가 가지고 발휘하는 교묘한 능력, 곧 불쾌한 사실들을 무시하고 사진에서 주름살을 감쪽같이 숨기는 그런 능력을 보여주는 한 예이지 않습니까? 아마도 유대인들은 예수 그리스도의 말씀을 아주 오해해서 그 말이 암시하는 바를 전혀 모르지는 않았을 것입니다. 내 생각에는 만약에 예수님께서, 유대인들이 짐짓 보이는 태도처럼 그동안 정치적이고 외적 자유를 약속해 오셨다면, 그들은 이 말씀에 반응을 보인 것보다 좀 더 열심히 예수님의 말에 넘어갔을 것입니다.

그렇다 할지라도, 유대인들의 이 묘한 답변은 내가 방금 말한 방식에서 뿐만 아니라 또 다른 방식에서도 사람들이 보고 싶지 않은 것을 무시하는 능력을 보여줍니다. 유대인들이 예수께서 종과 자유라는 말로 의미하신 바를 어렴풋하게라도 알아차렸다면, 이런 말을 듣고서 자기들이 깊은 내적 의미에서 노예라는 생각을 떨쳐버리고, 자유의 메시지를 조금이라도 자신에게 적용하였을 것이기 때문입니다. 사랑하는 교우 여러분! 이렇게 폐부를 찌르는 주님의 말씀과 자기들 사이에 차단막을 치는 이들에게서 인간 본성이 현저히 나타난 것입니다. 이들은 우리 가운데 많은 이들이 어느 정도 행하는 바로 그것을 행하고 있었던 것이 아닙니까? 그들 자신이 처해 있는 곤경의 사실들, 그들의 영적 상태에 대한 사실들을 무시하고, 경험에서 얻는 분명한 교훈들을 부인하고 있었던 것이 아닙니까? 이들처럼 우리도 주님을 떠나서는 모두가 실제로 종의 상태에 있다는 사실을 정면으로 보려고 하지 않는 때가 많지 않습니까? 우리가 노예 상태에 있다는 것을 깨닫지 못하기 때문에 자유의 제공에 관심이 없는 것이 아닙니까? "우리가 남의 종 된 적이 없거늘." 그래서 우리는 여기에 이 말을 덧붙입니다. "그런데 어떻게 당신이 나를 자유롭게 하겠다는 말을 하는가?" 그래서 본문을 보면 다음의 세 가지 사실을 생각하게 됩니다. 즉 우리의 노예 상태, 노예 상태에 대한 우리의 무지, 결과적으로 그리스도의 자유의 제공에 대한 무관심이 그것입니다. 이들 각각에 대해서 한 두 마디씩 하도록 하겠습니다.

1. 첫째, 우리의 노예 상태에 대해서 살펴보겠습니다.

그리스도께서는 본문에 나오는 헛된 자랑에 대해 주께서 하신 말씀의 무겁고 심오한 의미에 대해 조용히 설명을 덧붙이십니다. "죄를 범하는 자마다 죄의 종이라." 이 말씀은 두 가지 면에서 맞습니다. 범죄의 행위에 의해서 사람은 자기를 사로잡은 이질적 권세의 노예임을 보여줍니다. 그리고 범죄의 행위에서 사람은 그 쇠사슬을 단단히 조이고 그 포학을 증가시킵니다. 사람은 노예입니다. 그렇지 않으면 사람은 죄에 복종하지 않을 것입니다. 사람은 거듭 죄에 복종해왔기 때문에 더욱 더 노예입니다. 자, 예수께서 죄와 그 노예 상태에 대해서 말씀하실 때, 단지 혹은 주로 거친 불법 행위들과 도덕과 예의 분명한 원칙에 어긋나는 것들만 생각하고 계셨다고, 모든 사람들이 잘못이라고 낙인찍는 외적 행위들만을, 혹은 법적으로 죄로 정하는 것들만을 생각하고 계셨다고 치부하고 여러분의 눈길을 돌리지 마십시오. 우리가 죄에 대한 기독교적 개념의 본질과 깊이를 이해하려면, 그보다 훨씬 더 깊이 들어가야 하고, 생활에서 그보다 훨씬 더 깊은 내적 영역으로 들어가야 합니다. 즉 우리의 생활 전체를 하나님께 가까이 가져가서 그 행위들을 판단해야 합니다. 나는 지금 법을 지키는 훌륭한 사람들에게 설교하고 있다는 것을 압니다. 여러분들 가운데 보다 더 거칠고 추한 그런 범죄를 아는 사람은 거의 없을 것입니다. 아마도 여러분 가운데는 인간의 법을 어기고 죄를 짓는 것을 경험한 사람이 아무도 없을 것입니다. 내가 여러분을 **부도덕한** 행위로 비난할 일이 없고, 하물며 **범죄로** 비난할 일은 더더군다나 없지만, 내가 "모든 사람이 **죄를 범하였으매** 하나님의 영광에 이르지 못하더니"(롬 3:23)라고 말할 때는 이 두 마디 가운데 어느 것보다도 훨씬 더 엄중한 말씀을 각 사람의 양심에 제시하는 것입니다. 죄의 노예 상태의 보편성과 현실에 대한 이 선언은, 보통 잘 의식하지 못할 수 있지만 보편적으로 경험하는 사실을 분명한 말로 표현하고 있는 것일 뿐입니다. 우리는 그 사실에 직접 주의를 기울이지 않기 때문에 그 사실을 알 수 없습니다. 그러나 그 사실이 있습니다. 사람의 열망이 때로 아무리 고귀하고, 사람의 신념이 아무리 순수하고 고귀하며, 옳은 일을 행하려는 사람의 시도가 대개는 아무리 정당할지라도, 자신을 정직하게 살펴볼 때, 영혼에 대한 분석과 자기 반성을 실시한 탁월한 전문가가 겪은 경험, 곧 "내가 한 법을 깨달았노니" 즉 필연적으로 확실히 내 마음에 작용하는 한 영향력을 깨달았으니, "곧 선을 행하기 원하는 나에게 악이 함께 있는 것이로다"(롬 7:21)는 경험을 다소간에 그대로 의식할 수밖에 없는 것입니다.

우리는 이 사실을 마땅히 알아야 하는 대로 간주하는지 않는지 모두 압니다. 우리가 그 사실을 보지 않을 수 없을 때는 그 점에 대해 모두 동의한다고 말합니다. 우리 속에는 선을 향한 열망을 좌절시키고 악으로 기울어지는 어떤 것이 있습니다.

"육체의 칸막이 외에 무엇을 느끼겠는가?"

그것은 단지 칸막이에 지나는 것이 아닙니다. 그것은 우리가 원하는 만큼 높이 올라가지 못하도록 막을 뿐만 아니라 우리 속에 있는 어떤 것이 뒤로 물러나 악이라고 낙인찍는 행위들을 하도록 낮은 데로 끌어내리기도 합니다. 예수께서는 죄를 범하는 자는 죄의 노예라고 가르칩니다. 말하자면 어떤 이질적 권세가 범죄자를 사로잡아 억압하고 있다는 것입니다. 이 가르침은 책임을 말살시키지 않고, 소망에 불을 붙입니다. 땅을 침략한 외국의 적보다 강한 자가 와서 그를 치면, 그 적을 땅에서 쫓아낼 수 있고, 그가 사로잡은 모든 포로를 풀어줄 수 있습니다. 기독교가 인간 마음의 부패를 설교하기 때문에 우울하고 엄격하다는 말을 듣습니다. 이것은 사람이 행하는 악과 그 사람의 자아에 차별을 두는 복음이 아닙니까? 사람에게 "죄라고 하는 것은 인간 본성의 필연적 행동에 불과하다"고 말하는 것보다 "죄가 당신 안에 거하고 있다"고 말하는 것이 더 낫고 더 소망스러우며 더 참된 복음이지 않습니까? 자신들의 현재 상태가 노예 상태가 아니라고 믿기 때문에 사람들은 자유를 얻을 소망을 잃어버립니다. 인류를 해방시키는 참된 복음은 죄의 속박에 대한 기독교 교리에 근거하고 있습니다.

자유는 외적 제한들이 없어지는 데 있는 것이 아니라 우리 속에 있는 사람의 수성(獸性)이 의지에 의해 지배되는 데 있다는 것을 말씀드립니다. 사람은 육체가 자유로울 때에도 노예로 지내기 때문입니다. 이 말은 의지가 양심에 지배되어야 한다는 것이고, 양심은 하나님께 지배되어야 한다는 의미입니다. 이런 것들이 단계입니다. 사람들은 말하자면 세 층으로 구성되어 있습니다. 성향, 열정, 욕망, 욕구들은 맨 밑바닥에 내려가 거기 거합니다. 이런 것들은 모두 그것을 만족시키는 것이 옳은지 그른지에 대해 전혀 의문을 품지 않고 적절한 만족을 추구하여 오로지 맹목적으로 나아가는 것들입니다. 그리고 그 위에, 그런 것들을 통제하려고 하는 지배적 의지가 있고, 그 위에 양심이 있습니다. 그것은 피라미드입니다. 금박을 입힌 어떤 첨탑에 햇빛이 비칠 때와 같이, 빛나는 정점인 양심은 하나님의 빛이 그 위에 임할 때 밝아집니다. 사람이 그런 식으로 세워지고, 그 방식을 따를 그때, 오직 그때만 사람은 자유롭게 됩니다.

본문의 은유가, 사람이 한 번 생각하거나 행한 한 가지 악한 일은 계속해서 그 악을 재연하도록 만드는 능력이 있다는 두려운 사실에서 가장 비극적이면서도 가장 흔한 예와 증거를 본다는 점은 굳이 설명할 필요가 없을 것입니다. 사람이 딱 한 번 범하지 않았더라면 어떤 악을 행하지도, 술취하지도, 훔치는 일이나 그와 비슷한 일을 하지 않았을 것이라는 점은 그보다 훨씬 더 일반적 사실입니다. 맨 처음에 의학적 분석에서는 많은 양의 피에 딱 한 개의 박테리아가 어렵게 발견되는 이상한 병에 대한 이야기를 들은 적이 있습니다. 그러나 며칠이 지나지 않아, 박테리아가 급격히 증가해서 정맥 어디에서 피를 채혈할지라도 피에 박테리아가 가득하였다는 것입니다. 바로 그것이 사람이 어떤 악한 일의 노예가 되는 방식입니다. 습관은 "강한 하나님의 아들, 영원한 사랑" 외에는 어떤 것보다 강하게 됩니다. 그런데 이 아들의 영은 습관마저도 정복할 수 있습니다. "구스인이 그의 피부를, 표범이 그의 반점을 변하게 할 수 있느냐 할 수 있을진대 악에 익숙한 너희도 선을 행할 수 있으리라"(렘 13:23). 이 노예 상태는 실재하고 견고합니다.

본문에서 우리는 이 묘하고 슬픈 사실을 봅니다.

2. 우리의 노예 상태에 대한 무지.

유대인들은 "우리가 남의 종이 된 적이 없다"고 말하였습니다. 우리는 이 헛된 자랑을 반복하는 경향이 있습니다. 사람들이 바로와 느부갓네살, 안티오쿠스와 아우구스투스를 잊어버리는 것처럼 우리는 실패와 잘못과 죄를 잊습니다. 우리는 그런 것들을 무시합니다. 이 점 역시 우리가 경험하는 분명한 사실이 아닙니까? 슬프게도 사람들의 거의 대다수가 죄가 자기들을 지배하고 있다는 부인할 수 없는 이 진리에 실제로 한 번도 눈길을 준 적이 없습니다. 사람들은 사물의 겉만 훑고 지나가고 항상 인생의 얄팍한 것들만 붙들며 온갖 의무와 즐거움들에 몰두합니다. 그래서 사람들이 사실들에 눈을 감거나 아니면 사실들에서 눈을 돌리기 때문에 하나님 보실 때 자신들의 참된 상태가 어떤 것인지 알지 못합니다. 이 문제와 관련해서, 지금 내 설교를 듣는 사람들 가운데 어떤 분들은 옛날 청교도들이 부르던 대로 "복음에 냉담해진 사람들"입니다. 이들은 내가 지금 이 진리들을 적용하려고 하듯이 자신들에게 거듭 적용하지만 자신들 마음과 복음 사이에 쌓인 층에 막을 한 번 더 입히는 식으로 적용함으로 이 진리들에 대해 그들의 마음이 방수가 되도록 합니다. 그들은 이 메시지의 말씀을 아주 잘 알고 있어서 이 메시지의 능력을 자신들에게 적용하는 기능을 거의 상실하다시피 합니다. 모든 일반 교회와 비 기독교도들에게 있는 경향, 곧 예배당 구석에 편안히 앉아서 강단에 서 있는 사람은 마땅히 자기가 해야 할 말을 하고 있고, 자기들은 그 모든 말을 전에 다 들었기 때문에 그의 메시지에 별로 주의를 기울 필요가 없다고 생각하는 경향을 내가 극복할 수 있다면, 또한 우리가 죄의 노예 상태 가운데 있다고 하는 기독교의 이 위대한 교리의 요점을 일단 분명하게 파악할 수 있다면, 마음의 껍질을 둘러싸고 있는 여러 층을 통해, 어떤 분들은 아주 공상적이고 별로 중요하지 않다고 생각하는 많은 사실들에 대한 실상과 압박을 발견할 것입니다.

이 점을 생각할 때, 어떤 것에 주의를 기울이지 않음으로써 마치 그것이 실제로 존재하지 않는 것처럼 만드는 능력만큼 우리에게서 현저하고 두려운 것은 없습니다. 전함(戰艦)에 있는 이 커다란 탐조등들은 거대한 바다에 떠 있는 지극히 작은 조각에 그 정체를 낱낱이 드러내는 무서운 능력의 빛을 비출 것입니다. 그 빛이 적의 함대에 가득 찰 수 있지만, 나머지 모두는 어둠 속에 엎드려있을 것입니다. 우리로서는 여러분이 죄의 노예로 있는 사실들을 생각하도록 만들 수 없기 때문에, 여러분에게 그 사실들이 존재하지 않는 것입니다. 확실히 사람이 한 번도 자기 마음 깊은 곳에 내려가서 거기에 똬리를 틀고 있고 씨름하며 떼를 지어 모여 번식하는 추한 것들을 보지 않는 것은 좋은 일이 아닙니다! 에스겔은 한 번 성벽에 부서진 구멍을 통해 벽에 이교도의 끔찍한 우상들이 그려진 안쪽 방으로 인도받아 갔습니다. 거기 더러운 형상들 앞에서 훌륭한 제사장들과 이스라엘의 고관들이 하나님의 계시에 등을 돌리고 손에 향로를 들고 서 있었습니다. 우리 모두의 마음속에도 그와 같은 방이 있습니다. 우리 가운데 많은 사람들이 그러듯이, 자신의 죄에 대해서는 무지한 어리석은 자들의 천국에서 살기보다는 성벽에 난 구멍을 통해 깊은 데로 내려가 그 모습을 보는 것이 훨씬 나을 것입니다. 우리가 그 사실들을 무시하는 것은 그 사실들에 주의를 기울이려고 하지 않기 때문입니다. 우리가 행하며, 마음속에 처리하지 않고 그대로 품고 있는 악들은 폭풍우 치는 해안의 약탈자들과 같습니다. 이들은 부표에 매달려 있는 종의 방울들을 제거하고 등대에서 비치는 빛을 꺼트리고서 군사작전을 시작합니다. 죄는 양심을 질식시킵니다. 그래서 사람은 악해지면 악해질수록 자신이 나쁘다는 것을 그만큼 더 느끼지 못합니다. 성인은 가벼운 죄에 대한 양심의 가책으로 고통을 받지만, 산적은 살인을 몇 번이나 범하고서도 입을 닦으며 "나는 아무 해도 끼치지 않았어"라고 말할 것입니다. 우리는 양심에 뇌물을 쓰기 때문에, 양심에 마취제를 먹이고, 영적 존재의 사실들에 주의를 기울이려고 하지 않기 때문에 죄에 대해 모릅니다.

자신의 노예 상태를 모르고 있다는 점이 이 세대 지식인들의 특징입니다. 다른 많은 점들에서와 같이 이 면에서도 내가 어렸을 때 이후로 많은 점들이 바뀌었습니다. 나는 한때 들었던 죄에 대한 깊고 통절한 회개와 고백을 오늘날 예수 그리스도와 결합하기를 바라는 사람들에게서 듣지 못합니다. 나는 보통 일반 사람에게서 개인적 책임보다는 환경과 유전을 더 많이 생각하는 경향을 봅니다. 그리고 전체적으로 볼 때, 범죄의 깊이와 힘, 보편성에 대한 훨씬 저급해진 의식을 봅니다. 그리고 바로 그점 때문에 대체로 이 세대의 기독교 신앙이 지금처럼 천박해졌습니다.

그래서 끝으로 다음의 점에 관해 한 마디 하게 됩니다.

3. 결과적으로 그리스도께서 자유를 제공하시는 말씀에 무관심하게 됩니다.

"어찌하여 우리가 자유롭게 되리라 하느냐?" 물론 이 유대인들에게 노예 상태에 대한 의식이 전혀 없었다면, 자유를 약속하는 말씀에 끌리는 마음이 전혀 없었을 것입니다.

이 점은 다음 두 가지 생각을 열어 보여주는데, 이것들에 대해 길게 이야기할 생각은 없습니다. 첫째로, 오늘날 우리 모두에게 아주 만연해 있는 죄의 사실을 무시하는 태도 때문에 그리스도와 기독교 신앙을 이해할 수 없게 됩니다. 형제 여러분, 이 위대한 복음과 이 복음의 주제이신 위대한 주님에게는 이보다 많은 면들이 있습니다. 예수께서 해방자이시기 때문에 복음은 죄로부터 해방시키는 것이라는 이 점이 복음과 그리스도의 중심 사상입니다. "주의 성령이 내게 임하셨으니 이는 내게 기름을 부으시고 포로 된 자에게 자유를 전파하게 하려 하심이라"(눅 4:18,19). 오늘날 우리가 많은 지역에서 발견하듯이, 기독교 신앙의 중심 사실인 세상 죄에 대한 죽음이 제자리에서 빠진 것을 보는 곳은 어디서든지 복음에서 생혈(生血)이 빠지고 있는 것입니다. 역사적으로 거의 모든 이단들의 시작은 죄의 사실을 과소평가하는 것이었습니다. 여러분이 인간 경험의 얕은 곳에 머물러 있는 한, 얄팍한 기독교와 피상적 그리스도가 여러분에게 충분할 것입니다. 그러나 일단 여러분이 자신이 처한 곤경의 깊이와 형제의 곤경의 깊이를 이해하게 되면, 죄의 폭정에서 영혼과 세상을 해방시키는 문제를 해결하기 위해 죽은 그리스도만이 여러분에게 충분할 것입니다. 일단 "큰 깊음의 샘들이 터지고"(창 7:11) 큰 물이 쏟아져 나오면, 방주 외에는 아무것도 소용이 없습니다. 그때는 인간 그리스도를 말하는 것으로 충분하지 않습니다. 사람의 양심이 깨어나서 자신이 어떤 존재인지 밝히 보게 되었을 때는, 귀감으로서 그리스도나 혹은 가르치는 그리스도를 말하는 것으로 충분하지 않습니다. 우리는 "내가 받은 것을 먼저 너희에게 전하였노니 이는 성경대로 그리스도께서 우리 죄를 위하여 죽으셨다"(고전 15:3)는 사실을 원합니다.

형제 여러분, 죄의 사실을 무시하면 그리스도와 그의 말씀을 이해할 수 없듯이, 우리 스스로 그리스도를 받아들일 수 없습니다. 많은 사람들이 다른 길을 통해서 그리스도께 가까이 옵니다. 감사한 일입니다! 십자가에 이르는 길은 수천 가지가 됩니다. 그러나 진정한 의미에서 그리스도를 붙잡으려고 한다면, 우리가 붙들어야 하는 것은 바로 십자가입니다. 오늘날 우리들 가운데서 아주 흔히 볼 수 있는 기독교 신앙에 대한 피상적이고 부분적 안이한 고백과, 사활을 걸고 그리스도를 굳게 붙잡고 매달리는 것 사이에는 큰 차이가 있습니다. 그런데 이렇게 그리스도를 붙잡고 매달리는 일은 사람이 자기가 종으로 섬기는 폭군이 자기 뒤에 가까이 있다는 것을 알고, 또 자신이 자유를 얻는 유일한 기회는 성소의 제단 뿔을 단단히 붙잡고, 오직 그 안에서만 자유를 누리는 그리스도를 굳게 붙잡는 것임을 깨달을 때, 오직 그때에만 일어납니다.

38
종과 아들

"종은 영원히 집에 거하지 못하되 아들은 영원히 거하나니"
요 8:35

이 구절의 뜻과 전후관계라고 생각하는 것에 대한 한 두 가지 의견에 대해 여러분에게 주의를 기울이라고 요구하지 않을 수 없습니다. 이 말씀 자체는 설명이나 예증이 전혀 필요 없습니다. 이 말씀은 단순하고 아주 분명합니다. 그러나 앞 뒤에 나오는 부분에 대한 이 말씀의 관계와 말씀에 의도된 적용을 생각하면 매우 어려운 문제가 발생합니다.

"종은 영원히 집에 거하지 못하되 아들은 영원히 거하나니." 여기서 적어도 이 점만큼은 분명합니다. 즉 주님께서 지금 종과 아들에 대해 일반적으로 말씀하고 계신다는 것이며, 혹은 다른 말로 하자면, 영원의 문제에서 종과 아들이 어디에서 발견되든지 간에 이 두 관계를 대비시키고 있다는 것입니다. 어떤 가족이든지 간에 아들은 가족의 태생적이고 양도할 수 없는 부분입니다. 종은 그렇지 않습니다. 종은 획득할 수 있고 팔 수도 있으며, 다른 주인에게 넘길 수도 있고 혹은 풀어줄 수도 있습니다. 그리스도의 이 말씀을 듣는 사람들이 잘 알고 있었던 유대인 종들에 대해서는, 그 종이 "영원히 집에" 거하는 것에 대한 특별한 규정이 있었습니다. 종이 자발적으로 주인에게 영속적으로 자신을 넘겨줄 것을(이렇게 함으로서 강제적 노예 상태에서 자발적 종의 신분으로 넘어가며, 이로써 노예 신분은 끝이 났다. 그리고 그 표지로 그는 집 문설주에 귀를 대고 송곳으로 귀를 뚫었다) 택하지 않는 한, 희년이 되면 그는 자유롭게 되어 자기가 원하는 곳으로 갈 수 있었습니다. 그러나 아들은 어떤 틈도 끼어들지 못하고 아무리 시간이 가도 사라지지 않는 인연에 의해 아버지의 집에 묶여 있습니다.

그러면 여기서, 그리스도께서는 종과 아들의 특징적 차이에 관한 이 일반적 진리를 어떻게 적용하실 생각이신가 하는 질문이 생기게 됩니다. 일반적 답변은 전혀 만족스럽지 않게 보입니다. 간단히 말하자면 이것입니다. 집에 영원히 거하지 못하는 종들은 유대인들이라는 것입니다. 유대인들은 자기들이 강제적 순종이라는 거친 결속에 의해서만 하나님께 묶여 있다고 생각하였고, 그래서 마음속으로 아들이 아니라 종들이었기 때문에, 그들의 특별한 민족적 특권을 빼앗기고 그 집에서 곧 이스라엘 땅이나 옛 언약에서 쫓겨날 것이 확실하였습니다. 이 해석에 따르면, 일반적 이 진술이 사실 그 구절에 "하나님의"라는 말을 집어넣으면 특별해지고, 실질적으로 이런 뜻이 될 것입니다. 마지 못해 일하는 종에 지나지 않는 사람은 종, 곧 하나님의 종은 하나님의 집에서 영구한 위치를 갖지 못한다는 것입니다.

그러나 여러분은 앞 절에서 종의 주인이 분명하게 언급된다는 점에 주목해야 합니다. "죄를 범하는 자마다 죄의 종이라." 그런데 이 점을 완전히 외면하고 죄의 종을 이야기하다가 하나님의 종을 이야기하는 데로 넘어가는 것은 전후관계를 아주 무리하고 갑작스럽게 비트는 것이 됩니다. 또한 본문의 두 구절, 즉 후자뿐 아니라 전자의 구절도 "그러므로 아들이 너희를 자유롭게 하면 너희가 참으로 자유로우리라"는 결론을 내리는 이중적 근거로 제시되었다는 점도 보아야 합니다. 이 두 가지 점에 유념하면, 이 말씀에 대한 일반적 설명을 받아들일 수 없게 보입니다. 일반적 설명은 이 두 가지 요점을 강제적으로 앞의 구절에서 떼어내고 또 주님께서 다음 구절에서 이 두 가지 점에 근거하여 내리는 결론과 분리시키는 반면에 유대인들이 하나님의 아들이 아니라 종들이기 때문에 가나안에서 쫓겨난다는 전혀 관계없는 생각을 끌어들입니다.

　이 말씀이 종과 아들들에 관해 일반적으로 말하며, 종과 아들 각 계층의 모든 사람들에게 적용되는 일반적 원칙을 진술하지만, 직접적 적용은 그리스도께서 방금 전까지 말씀한 죄의 종들에 대해 하게 되어 있다고 생각해 봅시다. 그렇게 생각할 때 이 말씀이 적절하고 충분한 의미를 제공하겠습니까? 죄의 종이 죄의 집에 영원히 거하지 못한다는 생각의 뜻은 무엇이겠습니까? 그것은 죄의 속박과 노예 상태가 아무리 힘들고 오래 지속되었을지라도 그 관계 자체는 영속적으로 진행될 필요가 없는 것이며, 포로 된 사람이 어느 날엔가 감옥에서 나오고, 그동안 매여 지내온 이 폭군의 집과의 관계를 떨쳐버리고 빠져 나올 수 있다는 희망을 전면에 지니고 있는 이 중요한 진리를 선언하는 것이 아니겠습니까? 노예로 아무리 오랫동안, 그리고 힘들게 일했을지라도 종은 자기 집에 거하지 못하고, 주인의 가족에 편입되지도 못합니다. 종과 주인 사이는 태생적 인척관계가 없습니다. 그 관계는, 한 사람이 "강한 자의 집에 들어가 그 세간을 강탈할"(마 12:29) 수 있을 만큼 강하다는 것이 드러나면, 당장에라도 딱하고 부러질 수 있는 유대에 지나지 않는 것입니다. 그렇다면, 이 말씀을, 노예 신분의 성격 자체에 포함되어 있는 해방의 가능성을 진술하는 것으로 생각할 수도 있습니다.

　다음 구절은 이어서, 이 폭군의 집 안으로 아들인 분이 들어오셨고, 변할 수 없는 태생적 관계에 의해 하나님의 집에 영원히 거하신다고 선언합니다. 아들은 영원히 아버지 가족의 일원이라는 일반적 진술은 일차적으로 그리스도에게 적용되어야 하는 것은 분명한 사실입니다. 그러므로 그리스도께서 거하시는 집이 하나님의 집인 것이 분명합니다. 이 표현이 이 아름다운 세상을 표시하는 한, 죄의 집은 하나님께 속해 있습니다. 그래서 무자비한 이 폭군이 휘두르는 전제정치는 권리침해입니다. 인간 사회의 한 가운데로 영원히 아들이시고, 영원히 아버지와 함께 거하시는 분이 들어오십니다. 그리스도께서 영원히 아들이시고 아버지와 함께 거하시기 때문에, 노예 신분의 성격상 바랄 수 없는 해방의 가능성을 그리스도는 실제적 사실로 바꾸고 우리를 자유롭게 만드실 수 있습니다. 종은 영원히 거할 필요가 없습니다. 거기에 소망이 있습니다. "아들은 영원히 거하니라." 거기에 훨씬 더 빛나는 소망이 있습니다.

이 두 가지 사실 위에 확실하고 중요한 이 사실이 서 있습니다. "그러므로 아들이 너희를 자유롭게 하면 너희가 참으로 자유로우리라." 그리스도는 능력이 있으시므로, 그리스도께서 뜻을 가지고 계시다면, 사람들이 눈물로 눈이 흐려지고 절망으로 마음이 찢긴 채 수천 년 동안 갈망하는 목적을 위해 확실한 그 대권을 실제로 사용하려고 한다면, 여러분은 자유롭게 될 것입니다. 그 경우에 우리에게 무조건적 자유가 주어지지 않을 것입니다. 그보다는 본문의 대조에 의해 암시되듯이, 해방은 양자로 삼는 일이 될 것입니다. 노예 상태를 떠나서 다른 관계, 곧 아들의 상태로 들어갈 것입니다.

이와 같이 해서 주님께서 여기에서 제시하는 사상의 결론을 간단하지만, 똑똑히 볼 수 있는 한 분명하게 기술하였습니다. 이렇게 이해하였다면, 주님의 이 말씀이 한데 합쳐져서 그 말씀에 대한 일반적 해석보다 더욱 일관성 있고 인상적 의미를 제시하지 않는지 생각해 보시기 바랍니다. 이와 같이 제시되는 원칙들을 간단하지만 좀 더 자세히 설명해 보도록 하겠습니다.

1. 먼저 죄의 폭정이 끝날 수 있는 가능성이 있습니다.

"종은 영원히 집에 거하지 못하되." 죄의 사역이 아주 힘든 노예 상태라는 바로 그 사실 때문에 죄의 사역이 부자연스럽고 비정상적이며 결국 끝이 날 수 있다는 것을 보여줍니다. 죄의 활동이 선을 사랑해서는 아니라 할지라도 하여튼 악에 지쳐서, 그리고 양심의 고통 때문에 끝이 날 것을 온 세상이 어렴풋하게 소망해 왔습니다. 그러나 계시를 떠나서는 아무도 그 점을 확신할 수 없었습니다. 이 보편적 상태가 부자연스러운 것이고, 그로부터 회복되는 일이 모두에게 가능하다는 것을 우리에게 확신시키는 분은 그리스도밖에 없습니다. 우리가 고생하고 있는 감옥의 시커먼 벽들이 우리 힘으로는 올라갈 수 없을 만큼 높고 견고해 보이며, 수많은 세대들의 한숨으로 얼룩져 있지만 그 밑이 파이고 흔들리고 있다는 것을 보여 줄 분은 그리스도뿐입니다. 해방이 가능합니다. 하나님의 계시의 빛에 비추어 볼 때, 노예 주인이 찬탈자라는 것을 알기 때문입니다. 아무리 죄가 인간 생활을 꽁꽁 묶고 있는 것처럼 보일지라도, 하나님께서 사람에게 바라듯이 죄는 사람에게 자연스럽지 않은 것이 분명합니다. 죄는 본래부터 있던 것이 아니라 결과로 생긴 것이며, 하나님께서 사람을 창조할 때 고려하신 이상의 한 부분이 아니라 기형인 것입니다.

우리는 자신의 본성과 상태, 우리 존재의 구성, 우리의 능력이나 관계를 대략 한 번만 보아도 그 점을 충분히 알 수 있습니다. 그 증인들이 우리 속에 있습니다. "아름다움을 지니고 있는 자체가 불멸을 위해 태어났음을 증거한다는 그러한 생각들을" 일으키고 품을 수 있는 우리의 이 지성을 봅시다. 씀씀이가 헤픈 사람이 술에 취해서 거지들에게 금화를 한 줌 뿌리는 것처럼 풍성히 받은 초월적 애정을 낭비하는 마음을 보십시오. 아주 약하면서 또한 아주 강한 이 의지들, 곧 자신을 인도할 절대적 권위를 항상 갈망하면서 언제나 자신이 "자기에게 율법이 되려고" 무력하게 애쓰는 의지들을 보십시오. 아주 예민하기도 하고 또한 아주 무딘 양심을 보십시오. 죄수들이 도망간 후에 감옥 문을 아주 든든하게 잠그는 서투른 간수처럼 악을 행한 뒤에만 깨어나는 양심들, 곧 막는 데는 무력하지만 보복하는 데는 강한 양심을 보십시오. 자신의 명령을 순종하게 만들 수단은 없지만 최고의 입법자의 개인적 목소리를 반영하는 목소리들을 보십시오. 현재의 우리 모습과 가능성 있는 우리의 모습 사이에 명백한 불균형을 생각해 보십시오. 기독교 신앙에서는 될 수 있는 것과 마땅히 되어야 하는 것이 같다는 점을 기억하시기 바랍니다. 그 다음에 죄가 있는 이 보편적 상태가 가장 깊은 의미에서 솔직히 부자연스럽지 않은지 말해 보십시오. 이것은 정상적 생장물이 아니라 갑자기 생긴 것이고, 기괴하거나 비정상적으로 발육한 것이며, 병든 사마귀나 혹이고, 건전하거나 건강하지 못한 삶입니다.

그렇다면, 죄 많은 사람과 그의 죄 사이에는, 죄로부터 해방이 불가능한 그런 관계가 없다는 것이 분명합니다. 죄 많은 사람과 죄를 갈라놓을 수 있고, 사람을 약하게 만든 것을 잃음으로 사람을 더 강하게 만들며, 사람의 생명에 매달려 왔던 독있는 짐승을 그에게서 떨어냄으로써 더욱 더 사람답게 만드는 일이 틀림없이 가능합니다. 어떻게든지 하여, 나와 내 죄를 갈라놓고, 죄를 하나님의 등 뒤 깊은 바닷 속으로 던져버리고, 나를 사랑과 빛 안에서 하나님 앞에 세우는 일이 틀림없이 가능합니다. 우리가 죄의 종들이라면, 죄의 집에서 옮겨져 하나님 아버지 집에 있는 진짜 집으로 들어갈 수 있습니다. 그렇다면, 여기에 우리 모두를 위한 복스런 소망이 있습니다. 족쇄가 아무리 사지를 꽉 옭아매고 비벼서 상처를 내며 뻣뻣해진 손목을 파고들지라도, 그 족쇄들을 벗어버릴 수 있습니다. 사람은 아무도 절망적으로 어쩔 수 없이 계속해서 악을 행하도록 정죄받지 않습니다. 우리는 일생을 악을 행하며 살아왔을 수 있습니다. 그리고 우리 안에 악이 있는 한, 악이 우리의 전 본성을 타락시키고 곡해시켜 왔을 수 있습니다. 그럴 수 있습니다. 그래도 이 더러운 것이 떼어낼 수 없을 정도로 우리 생활에 얽히지는 않습니다. 우리가 현재 어떤 상태에 있든지 간에, 해방의 가능성은 모두에게 열려 있습니다. 하나님을 잊어버리고 아주 먼 땅으로 가서 방탕한 생활로 인생을 탕진한 사람들, 세리와 창기보다 더 다루기 어렵고 절망적 사람들, 곧 말쑥하게 차려입은 정통 신앙을 가진 훌륭한 서기관과 바리새인들, 즉 종교의 형태는 충분히 받아들였지만 종교의 능력에는 전혀 영향을 받지 않은 교인들, 이 모든 사람에게 해방이 가능합니다.

사람들은 언제나 이런 신념들을 품어왔고, 그렇게 할 이유가 거의 없는 것처럼 보이는 때에도 역사와 경험에도 불구하고 끈질기게 그런 신념들을 품어왔습니다. 사람들은 스스로를 해방하려고 노력해왔지만 그들의 시도는 헛되었습니다. 모든 실패에도 불구하고 이 "소망"은 "사람의 가슴에 영원히" 솟아났습니다. 사람들은 어떤 곤란한 습관이나 이상한 버릇, 잘못된 억양을 스스로 고치려고 노력했지만 소용이 없었습니다. 그렇지만 어떻든지 그들을 악한 모든 사슬에서 끊고 해방시키는 데 적합한 능력이 있다는 것을 믿도록 하십시오. 이상하지 않습니까? 한 가지 가정을 제외하고는 애처롭고 비극적 것입니다. 대부분이 믿기를 바라지만, 구원자인 그리스

도를 믿지 않는다면, 범죄한 무수한 세대들이 품고 살았지만 결국 성취하
지 못하고 죽은 이 불멸의 소망만큼 슬픈 것이 있는지 나는 모르겠습니다.
성취하지 못한 열망, 좌절된 신뢰, 날이 환히 밝기도 전에 비올 듯한 잿빛
속으로 사라지는 붉은 아침빛처럼 희미해지고 불안하게 보이는 빛이 얼마
나 많습니까! 그렇다면 가장 고귀한 꿈은 가장 거짓된 것이 아닙니까? 공
허한 꿈같은 이 소망들을 바라보며 슬프게 미소 짓는 이 쓰디쓴 신조를 우
리는 믿어야 하겠습니까? 혹은 세상이 그 소망을 실현하는 법을 모를지라
도, 세상이 믿어왔던 것처럼, 세상을 지배해 왔고 모든 인류를 가두고 있
는 감옥의 검은 벽을 높이 쌓아 온 이 전제정치는 결국 인간보다 나중에
시작하였고, 결국 끝이 날 권리침해라는 것이 맞는 말입니까?

정말로 우리는 자신과 우리 죄를 구분할 수 없고, 해방을 가져올 수도 없
습니다. 그것은 암과 같습니다. 우리는 악이 나타나는 한 가지 모양인 썩
어가는 살을 잘라낼 수 있습니다. 우리는 악을 줄이기 위해 어떤 일을 할
수 있습니다. 그런데 이런 악한 것들의 원천이 혈관을 통해 흐르고 있고,
심장에서 맥박을 치며 나옵니다. 이것은 외과수술보다 더 깊은 치료가 필
요합니다. 오염되지 않은 원천으로부터 새로운 피를 주입해야 합니다. 죄
는 우리의 인격이 아닙니다. 그래서 우리는 죄를 제거해도 살 수 있습니
다. 그러나 죄는 우리 자신과 너무 깊게 얽혀 있어서 얽혀있는 그 덩어리
를 제거할 수 없습니다. 복음서에 나오는 귀신들린 사람, 곧 의식이 혼미
한 가운데 있어서 어느 것이 귀신이고 어느 것이 사람인지 알지 못하는 그
사람이 "네 이름이 무엇이냐"는 질문을 받자 아주 기이하게 뒤섞인 두 사
람의 목소리로 "내 이름은 군대니 우리가 많음이니이다"(막 5:9)라고 무서
운 답변을 하였는데, 그는 자기를 타고 있는 귀신을 떨어낼 수 없었습니
다. 우리도 할 수 없습니다. 그렇지만 귀신을 그 소굴에서 끌어낼 수 있습
니다. 귀신을 떼어낼 때 옷을 찢고 경련을 일으키며 입에 거품을 물고 상
처를 내며 거의 죽은 듯이 될 수가 있습니다. 그러나 이것이 "강한 자가 무
장을 하고 자기 집을 지킬 때에는 그 소유가 안전한"(눅 11:21) 것보다 낫습
니다. "더러운 귀신아 그 사람에게서 나오라"(막 5:8)고 말씀하신 목소리는

지금도 권능이 있습니다.

모든 실패에도 불구하고 품고 있는 이 희망들은 어디에서 일어나는 것입니까? 이 희망들은 속담의 말대로 아침 꿈과 같은 것들입니다. 이 꿈들이 실현되는 것은 그런 꿈이 존재한다는 사실 자체에 의해 가능성이 있습니다. 왜냐하면 "하나님께서 입을 만드시고 입에 넣을 고기를 보내시지 않는 일을 하시지 않기" 때문입니다. 이 소망들의 성취는 이교도와 인류의 "알지 못하는 예언"과 알고 있는 갈망들을 실현하는 분, 곧 세상이 원하는 모든 것이고, 우리와 우리 형제들이 감히 소망해 온 모든 것 이상이 되시는 바로 그분, 그리스도께 있습니다.

이 말씀에 들어 있는 첫 번째 생각, 곧 일의 성격상 본래부터 들어 있는, 죄의 짐과 속박으로부터 해방의 가능성에 대한 생각은 이만큼 하기로 하겠습니다. 이어서 다음 구절은 이 가능성이 어떻게 사실로 전환되는지를 밝힙니다. 여기서 우리는 이 점을 봅니다.

2. 실제적 해방자.

종은 영원히 거할 필요가 없습니다. 그러나 종을 노예 신분이라는 부자연스런 상태에서 끄집어 낼 누군가가 있습니까? 이 관계를 끝내려고 하는 사람이 있다면, 그 관계는 끝이 날 수 있습니다. 이 관계가 끝날 수 있느냐는 질문에 대한 대답은 "아들은 영원히 거하나니"라는 말씀에 있습니다. 이 말씀은 그런 모든 아들들에게 주로 적용되는 일반적 진술이지만, 특별히 우리 주님을 언급하는 것이 확실합니다. 내가 이렇게 생각하는 점은, 이 말씀이 "그러므로"라는 말에 의해서 "아들이 너희를 자유롭게 하면 너희가 참으로 자유로우리라"는 중대한 결론과 단단하게 결합되어 있다는 사실에서 분명히 알 수 있습니다.

본문의 대비되는 이 진술들을 합쳐서, 참된 자유를 아들의 선물로 즐거이 확신할 수 있는 근거를 제시하려면, 어찌되었든 이 두 집이 같아야 하고, 아니면 적어도 항상 아버지의 집에 있는 이 아들이 이렇게 땅에 계시는 동안에는 이 폭군의 어두운 요새 속에서 노예들 가운데 있어야 한다는 것을 또한 살펴봅시다. 이것은 쓰디쓴 실패의 경험에 의해 지혜롭게 된 우리의 양심과 마음을 분별할 수 있는 필연성을 비유적으로 표현하는 것에 지나지 않습니다. 그 필연성이란 우리를 죄에서 자유롭게 하는 것이 인간의 범주를 초월하는 능력으로부터 나와야 하지만, 또한 그 범주 속에 있는 어떤 원천으로부터 퍼져야 한다는 것입니다. 그 능력이 위로부터 오지 않으면, 우리를 감옥의 나락에서 들어올릴 수 없을 것입니다. 그러나 그 능력이 우리 수준에 있지 않으면, 우리가 그 능력을 붙잡을 수 없을 것입니다. 구원자 자신이 자유로워야 합니다. 그러므로 구원자는 긴 쇠사슬처럼 모든 죄수들을 함께 묶는 치명적 악의 연속성에서 떨어져 있어야 합니다. 구원자는 자기가 도울 사람들과 비슷해야 하고, 그들의 상태를 공유하고 있어야 합니다. 서로 모순되는 이 요구 조건들이, 오래 전에 "여호와께서 내게 기름을 부으사 포로된 자에게 자유를 선포하게 하셨다"(사 61:1)는 말을 들었고, "하늘에서 내려온 자 곧 인자 외에는 하늘에 올라간 자가 없느니라"(요 3:13)고 하여 이 두 가지를 자기 인격 안에 결합시켰다고 친히 주장하신 분 안에서 조화를 이룹니다. 이 구원자는 정말로 우리 가운데 한 사람으로 완전한 인간이십니다. 인간의 본질적인 전체 특징이 그 안에 있습니다. 이 구원자께서 하늘에서 내려와 감옥에 들어가 죄수들 가운데 하나가 되셨습니다. 그러면서도 내내 "하늘에 계셨습니다." 즉 하나님과 참되고 중단없는 교제 가운데 계셨습니다. 그리스도께서는 "그가 나를 혼자 두지 아니하셨느니라"(8:29)고 하여 그 점을 증언하셨습니다. 이 구원자는 하늘로부터 내려온 인자이고, "아버지 품 속에 있는 독생하신 하나님"(1:18)이십니다. 그러므로 그는 자기 형제들의 구원자이십니다.

　그 다음에, 단순한 자유의 가능성이 실제적 사실로 전환되려면 두 가지 점이 필요합니다. 하나는 이 구원자가 하나님의 아들이어야 한다는 것과, 다른 하나는 구원자가 영원히 하나님의 아들이어야 한다는 것입니다. 사랑하는 교우 여러분, 우리가 이 비참한 노예 상태의 냉혹한 손아귀에서 벗어나려면, 힘과 지혜와 하나님 아버지의 모든 것을 주시는 사랑이시며, 또한 이 모든 것을 가져오고 사용하시는 분이 우리를 구원하셔야 합니다. 이 일은 다른 어떤 존재도 소유하지 못하는 무한한 신성과 완전히 동종(同種)이고 그 신성에 참여한다는 의미에서 아들이신 분에 의해 이루어져야 합니다. 이러한 일에는 큰 능력과 인내하는 사랑이 필요합니다. 우리를 자유롭게 하시는 분은 바로 이 인자이심에 틀림없습니다.

　이제 여러분에게 이 복음서의 생생한 핵심 진리를 말씀드립니다. 사랑하는 형제 여러분, 우리의 곤경이라는 엄연한 사실과, 그리스도 안에서 우리 모두에게 주시는 그 곤경에 대한 복된 답변을 마음에 새기시기를 바랍니다. "이러한 대제사장은 우리에게 합당하니"(히 7:26). 그리스도와 그의 사역은 우리의 필요에 정확히 상응합니다. 우리와 같은 본성을 지니고 있되 우리처럼 죄가 있지 않는 분, 우리 위에 있으면서 또한 우리 곁에 계시는 분, 죄인들에게서 떨어져 계시되 지극히 타락한 자들에게 형제보다 가까이 계시는 분이 우리 노예들 가운데로 들어오시지 않는 한, 손이 깨끗하며 마음이 지극히 부드러워 문둥병과 죽음에 서슴없이 깨끗한 손을 대시는 분, 모든 면에서 우리와 같지만 우리가 그 아래서 신음하며 죽어가는 사슬에 묶이시지 않은 분이 들어오시지 않는 한, 우리에게 들러붙어 있는 이 타락의 저주에서 구원 받을 길은 없습니다. 감사하게도 우리는 사랑스런 주님에게서 이 불가능한 조합을 봅니다! 그리스도는 하나님의 아들이시며 모든 사람의 형제이십니다. 거기에 파생되지 않은 원천의 생명, 곧 신적이므로 인간적인 것이 될 수 있는 생명이 있습니다. 여기에 죄로 더럽혀지지 않고 악과 아무 상관이 없는 사람이 있습니다. 죄가 인간 본성의 필수적 부분이라는 거짓말에 대한 생생한 항의와 우리도 그리스도와 같이 될 수 있고 노예 상태에서 자유롭게 되고 영광 가운데 온전해 질 수 있다는 예언이 완벽하게 제시되고 있습니다. "하나님이 그 아들을 보내사 여자에게서 나게 하시고 율법 아래에 나게 하신 것은 율법 아래에 있는 자들을 속량하시고 우리로 아들의 명분을 얻게 하려 하심이라"(갈 4:3,4). 그렇습니다! 아들이 자유롭게 하고, 다른 누구도 하지 못할 것입니다. 그렇습니다. 바로 이 아들이 자유롭게 하였습니다. 우리에게는 그 외 아무도 필요치 않습니다.

그 다음에 여기서 주님은 아들로서 영원히 거하시는 것이 주께서 그 큰 일을 행할 수 있는 기초라고 강조하십니다. 우리와 모든 사람들은 세상 끝 날까지 살아계신 구주님을 의지해야 합니다. 구주님은 땅에 계실 때 주님의 십자가 주위에 둘러선 사람들에게 가까이 계셨듯이 최근 세대들에게도 가까이 계시는 분이십니다. 아니, 우리는 심지어 이렇게 말할 수 있습니다. 주님은 더 가까이 계시어 우리를 구원하시고 더 충만한 능력으로 우리에게 복을 베푸시는데, 그것은 주님 자신이 그렇다기보다는 주님의 가까이 하심과 충만함에 대한 우리의 이해에 있어서 더 가까이 하시고 더 충만하시다는 것입니다. 이 이해는 주님이 하늘로 올라가신 이후로 지나간 모든 사람에 의해 점점 더 깊어집니다. 주님의 사역의 권능과 주님의 인격의 위엄이 이 모든 세기의 경험들에서 새롭게 예증되지 않았습니까? 다른 빛들은 거리가 멀어질수록 희미해지고, 그 망루들은 점점 더 낮아져 지평선 아래로 사라졌으나, 이런 사실에 의해 우리는 황무지를 가로질러 타오르며, 거리 때문에 줄어들지도 시간 때문에 소멸하지도 않는 꺼지지 않는 불길의 찬란함을 좀 더 바르게 평가하고, 뒤로 물러설수록 점점 더 높이 솟아오르는 열방들을 위한 회복 계기의 단계를 정확히 재는 법을 배우지 않았습니까? 확실히 우리가 이 영감 받은 기록과 내주하시는 성령, 우리 경험의 목소리, 하나님의 교회의 역사를 충실하게 사용하고자 한다면, 오랜 세월이 경과함으로 인해, 그리고 그 세월 동안 시험하고 승리를 거둔 모든 것으로 인해 우리는 그리스도의 자유를 처음보다 훨씬 더 충만히 이해할 수 있게 되었습니다. "내가 떠나가는 것이 너희에게 유익이라"(요 16:7).

이것이 전부가 아닙니다. 주님 자신과 우리를 위해 아버지께로 가므로 우리에게 기뻐하라고 명하시는 그리스도께서는 이 땅에서 활동하실 때 아버지와 함께 계셨고 하나님 보좌에 앉아 계시는 동안에도 우리와 함께 하시기 때문입니다. 그리스도는 항상 우리 곁에 계시며 복을 주시고 자유롭게 하십니다. 그리스도께서는 십자가로 구원을 이루셨던 것과 꼭 같이, 지금도 그의 사랑과 능력을 베푸심으로 우리의 구원을 계속 이루어가십니다. "이는 그가 항상 살아 계셔서 온전히 구원하실 수 있느니라"(히 7:25).

우리에게는 의지할 항상 살아계시는 구주가 계십니다. "아들은 영원히 거하나니." "그러므로 아들이 너희를 자유롭게 하면 너희가 참으로 자유로우리라."

3. 끝으로 우리는 여기와 전체 문맥에서 함축된 사상, 즉 아들의 영원함이 종의 해방을 이룬다는 사상을 아주 간단하게 언급할 수 있습니다.

이 구원의 과정은 한 집에서 다른 집으로 옮겨가는 것입니다. 우리는 그리스도로 말미암아 양자로 삼으심을 받아 "아바, 아버지"라고 부를 때 노예 상태에서 자유롭게 됩니다. 이 아들의 영, 곧 그리스도 안에 있던 생명의 영, 이 영만이 "죄와 사망의 법에서 우리를 해방시킵니다"(롬 8:2). 사람이 죄에게 복종하는 데서 돌이킬 수 있는 유일한 방법은 하나님을 아버지라고 부르고, 사람의 악한 본성에 아버지에게 있는 것과 같은 생명, 곧 이전 주인에게 결코 충성을 바치지 않는 생명을 받는 것입니다. 사람이 죄와 상관없는, 하나님으로부터 오는 새 생명과, "아버지"라는 호칭을 자연스럽게 만드는, 하나님과 가족이라는 의식을 얻는 유일한 길은 그리스도를 영접하는 자들에게 얼마든지 하나님의 자녀가 되는 권세를 주시는 그리스도를 순전하게 믿는 것입니다.

우리가 서 있을 수 있는 조건은 두 가지밖에 없습니다. 이 두 조건 가운데 어느 하나가 우리의 형편이 될 수밖에 없습니다. 그 두 가지 조건이란 죄의 종이 되든지 아니면 하나님의 아들이 되는 것입니다. 이 두 조건은 관계에서, 그리고 그 관계를 떠받치고 있는 면에서 참으로 대조적입니다! 종이거나 아니면 아들입니다! 하나님이거나 아니면 죄입니다! 한쪽에는 가혹한 노예 상태가 있고, 다른 한쪽에는 넘치는 부드러운 사랑이 있습니다. 한쪽에는 채찍과 매가 있고, 다른 쪽에는 "내 아들아 네 아비의 훈계를 들으라"(잠 1:8)는 말씀이 있습니다. 한쪽은 하나님에게 복종하는 것이 타락인 주인, 곧 무법한 만큼 또한 무자비한 태생이 천한 권력 찬탈자 같은 그런 주인이 있습니다. 그런 주인의 노예가 된다는 것, 곧 밀턴이 말하듯이 "짓밟히고 낙담한 파멸의 종자(從者)"가 된다는 것이 그런 본성을 가진 사람에게는 참으로 비참한 수치입니다! 한쪽에는 모든 사랑의 원천, 모든 소원의 성취, 모든 정결과 평화의 원천이 있습니다. 사랑하는 형제 여러분, 우리는 그리스도로 말미암아 하나님께 아들로서 가까이 가서 "아바, 아버지"라고 부를 수 있습니다. 그때 우리는 하나님의 아버지 되심과 하나님의 사랑을 기쁘게 의식하며, 하나님의 돌보심을 받고, 하나님의 선물로 부요로운 가운데서 기쁘게 섬기며 즐거이 순종하면서 영원히 하나님의 집에 거할 것입니다. 세상의 변화가 하나님 안에서 누리는 안식을 우리에게서 빼앗아가지 못할 것이고, 세상의 오락거리들이 우리에게서 하나님의 권속으로서 누리는 즐거움을 빼앗지 못할 것입니다. 어디로 가든지 우리는 하나님과 함께 편안히 지낼 수 있습니다. 무엇을 하든지 우리는 하나님 아버지의 일을 할 수 있습니다. 죽음도 우리가 하나님의 아들됨을, 그리고 아들이라는 의식을 깨트리지 못할 것입니다. 우리는 하나님 아버지의 집, 곧 우리를 자유롭게 만드신 아들이 우리를 위해 마련하신 집에서 바깥에서 내실로 들어가는 것일 뿐입니다. "네가 이 후로는 종이 아니요 아들이니"(갈 4:7), "자녀이면 또한 상속자 곧 하나님의 상속자요 그리스도와 함께 한 상속자니라"(롬 8:17).

39
자신의 초림에 관한 예수님의 말씀

"내가 하나님께로부터 나와서 왔음이라"

요 8:42

"**예수에게로** 돌아가자"라는 것이 오늘날 점점 더 유력해지는 학파의 표어입니다. 이 외침에는, 그리고 지혜로운 그리스도인이라면 누구나 동조할 이 표어가 나타내는 사상의 취지에는 많은 것들이 담겨 있습니다. 그러나 이 표어는 전혀 다른 경향들을 감추고 있습니다. 어떤 경우에 이 표어는 예수 그리스도에 대한 경건한 순종과 그의 모든 말씀을 받아들임을 의미합니다. 그런가 하면 어떤 경우에 이 표어는 복음서들을 아무것에도 얽매이지 않고 제멋대로 다루는 태도와 연관이 되어 있는데, 이런 태도는 결국 사실상 그리스도의 초자연적 기원이나 신적 능력을 가리키는 그리스도의 모든 말씀을 진짜가 아닌 것으로 거절하는 결과를 낳습니다. 그런 경우에 밑에 깔린 동기는 서신서들에서 벗어나 나사렛의 현인이자 성인인 예수의 좀 더 단순한 가르침으로 생각되는 것으로 돌아가자는 바람인 것입니다. "예수에게로 돌아가자"는 표어가 많은 경우에 "바울은 집어치우고 마태복음과 다른 복음서들 가운데서 인도주의자인 그리스도의 상을 보여줄 수 있는 부분만을 지키도록 하자"는 의미입니다. 교리적 선입관들이 비평을 받게 됩니다.

그러나 이렇게 성경의 기록을 자유롭고 쉽게 다루는 태도에서 아주 멀리까지 나가는 사람들이, 일단 우리가 예수께서 말씀하신 내용과 예수 자신과 그의 사명에 대한 생각을 알 수 있다면, 절대적 진리를 얻게 된다는 원칙에서 그렇게 하는 것으로 보이는 것은 다소 이상한 일입니다. 사실 그것은 이상한 일이고, 그들의 관점에서 보면 특별히 더 이상합니다. 왜냐하면 일반적으로 사람들은, 특별히 어떤 사람이 자기를 높게 평가할 경우에는 그 평가를 결정적인 것으로 받아들이지 않기 때문입니다. 경험을 통해서 우리는 그런 주장을 대하는 바리새인의 간단한 방식을 취하는 법을 배웠습니다. "네가 너를 위하여 증언하니 네 증언은 참되지 아니하도다." 그러나 세상은 그리스도 자신의 평가에 따라 그리스도를 받아들일 준비가 되어 있습니다. 어떻게 이런 일이 생겼습니까?

나는 지금 "그리스도에게로 돌아가서" 그리스도께서 친히 자신의 사명에 대해 말씀하신 것을 모아보고 싶습니다. 나의 주제는 내가 읽은 단 한 말씀이 아니라, 그 말씀이 속해 있는 구절들 전체입니다. 그 구절들은 다소 많습니다. 내가 아주 틀리지 않았다면, 그 구절들은 교리적 서신서들이 명확하게 진술하는 그리스도의 생각에 대한 깊고 넓은 확고한 기초입니다. 복음서들이 예수께서 자신과 자신의 사역에 대해 일치하게 그가 말씀하셨다고 보고하는 것이나 그와 같은 것들을 말씀하셨다면, 바울과 베드로, 히브리서, 요한의 교리들은 주님의 주장들에 대한 적절한 유일한 설명이고, 또한 설명에 **지나지 않습니다**.

자, 시작하기 전에 먼저 이런 말씀을 드리면서, 주님께서 자신과 자신의 사역에 대해 하신 이런 말씀들을 두 세 가지 제목으로 나누어 보도록 하겠습니다. 주님의 말씀을 이렇게 분류하는 것이 도움이 될 수 있습니다.

1. 첫째, 주님의 이 말씀들은 자신의 천상적 기원과 세계적 의미에 대한 그리스도 자신의 평가를 보여줍니다.

예수께서 딱 한 번 "태어나셨음"에 대해 말씀하시고, 그것이 내가 곧 여러분에게 이야기할 상황, 그 특이한 표현을 설명해 주는 상황 하에 있었다는 것은 매우 주목할 만한 일입니다. 다른 모든 때에는 그 표현이 "내가 온다" "내가 왔다" "인자가 왔다" 혹은 "나는 보냄을 받았다"는 것입니다. 그런데 그것이 순전히 우연일 수 있습니다. 사람이 자신이 세상에서 행할 어떤 큰 일이 있는데, 자기 사명의 실제를 넘어서는 특별한 어떤 것을 요구할 생각이 없이 자신의 큰 일을 깊이 의식하고 있다면, 그런 식으로 말하는 상태에 빠질 수 있다는 것은 충분히 생각해 볼 만한 일입니다. 그러나 주님께서 그 용어만을 일관되게 사용한다는 것은 그가 사람들에게 공통적으로 있는 것 이상의 어떤 것을 주장하시려는 의도가 있었음을 보여 주는 것 같습니다. 그리고 예수께서 그같이 하셨다는 가정은, 우리가 그 내용을 충분히 볼 수 있을 만큼 그 표현을 확장해서 사용하시는 두 세 가지 예를 증거로 인용하는 동안 주의하여 들으면 확실해질 것입니다.

이 예들 가운데 하나가 본문에 나오는 "내가 나와서"라는 말씀입니다. 이 말씀은 예수께서 세상에 나타나시기 전에 계셨던 상태, 자발적으로 떠나오신 상태를 가리킵니다. "내가 하나님께로부터 왔음이라." 이 말씀은 주님의 지상 생애가 예수께서 친히 자발적으로 행하신 최초의 행위의 영구한 결과임을 보여줍니다. 이것이 올바른 견해입니다.

이 확신은, 주님께서 다락방에서 슬퍼하는 친구들을 달래기 위해 "내가 아버지에게서 나와 세상에 왔다"(요 16:28)고 말씀하신 또 다른 장면을 볼 때 훨씬 더 확실해집니다. 여기에는 스스로 시작한 한 가지 진지한 활동이 있었는데, 그 활동의 두 종착점은 볼 수 없는 하나님 아버지와, 하나님이 볼 수 있게 나타난 무대인 세상이었습니다. 그리고 이 신성한 활동은 필연적으로 그 자체로 되돌아가서, 예수께서 이어서 "다시 세상을 떠나 아버지께로 가노라"고 말씀하시듯이 당신이 나왔던 곳으로 돌아가는 과정을 수반하였습니다. 두 가지 사실을 말씀하시는 "나"는 보이지 않는 곳에서 하나님과 함께 거하는 것과, 이 땅에 보일 수 있게 나타나는 것 사이에서 동요합니다. 이 세상 무대로 들어오는 것과, 이 세상 무대를 떠나는 것에 동일한 의지가 작용하고 있습니다.

그 다음에, 나는 묘하게 다른 환경에서 말씀하셨고, 그래서 전혀 다른 색깔을 지닌 말씀을 봅니다. 자기 앞에 서 있는 왕이라고 하는 누더기를 입은 사람을 향해 어느 정도 재미 삼아 모욕을 하는 로마 총독에게, 그리고 세속적이고 물질적 권력을 의식하는 표정을 잔뜩 지으며 "그러면 네가 왕이냐"는 조롱 섞인 질문에 대해 예수께서는 "내가 이를 위하여 태어났다"고 답변하셨습니다. 그리고 빌라도가 이해할 수 있었던 것은 이 답변뿐입니다. 그런데 예수께서는 "이를 위하여 내가 세상에 왔다"고 덧붙이셨는데, 왜 이 말을 덧붙이셨습니까? 그 말은 태어난다는 말의 동의어이었습니까? 아닙니다. 그것은 출생 이면에 놓인 어떤 것입니다. 그것은 어쩌면 이렇게 말할 수 있을 것입니다. 즉 그리스도께서는 빌라도가 이해할 수 있는 수준인 전자의 말씀에다 자신이 말씀하신 특이한 표현을 충분히 설명하는 말을 덧붙이신 것입니다. 그것은 처음으로 그 말을 듣는 사람들을 깨우쳐 주시려는 것보다는 주님 자신이 의식하고 있는 사실을 분명히 보여 주기 위해 덧붙인 것입니다. 주님께서는 듣는 사람들이 자신의 출생이 비로소 자기 존재의 시작이거나 다른 사람들의 출생과 같다는 추론을 할 수 있게 만들 언어는 한 순간이라도 사용할 수 없기 때문입니다.

자, 형제 여러분, 나는 지금 이 세 마디 말씀을 해석하면서 조금이라도 과장하고 있다고 생각지 않습니다. 그래서 감히 이렇게 말해 봅니다. 사도 바울이 예수 그리스도께서 하나님의 형상이시지만 하나님과 동등됨을 꼭 붙들어야 할 것으로 생각지 않고 자기를 비워 종의 형체를 취하여 사람의 모양으로 나타나셨음에 대해 매우 교리적 형태로 말할 때, 혹은 히브리서 저자가 "자녀들은 혈과 육에 속하였으매 그도 또한 같은 모양으로 혈과 육을 함께 지니셨다"(히 2:14)고 말할 때, 혹은 요한이 "말씀이 육신이 되어 우리 가운데 거하셨다"고 말할 때, 이들은 바로 예수 그리스도께서 자신에 관해 말씀하신 그 점을 이야기하고 있는 것입니다. "그리스도에게로 돌아가라!" 예! 물론 그래야 합니다. 자신은 태어나기 전부터 있었다고, 자신이 스스로의 행동으로 영원한 하나님의 영광을 버리셨다고, 자신의 의지로 사람의 제한 속으로 들어왔고, 우리의 형제라 부름받기를 "부끄러워하지 않으셨다"고 선포하신 그리스도께로 돌아가야 합니다.

그러면 이 중요한 세 말씀에서 생각해 볼 교훈들 가운데 첫째 교훈에 대해서는 이만큼 하기로 하겠습니다. 또 다른 교훈에 대해서는 딱 한 문장으로 이야기하겠습니다. 이 말씀들에서 우리는 그리스도께서 자신과 자신의 사역이 전 세계적 의미를 지녔다고 생각하신 분명한 표현들을 봅니다. 그런 표현을 보여주는 구절들을 많이 인용할 필요는 없습니다. 내가 여러분에게 생각해보도록 제시할 것은 두 구절뿐입니다. 하나는 예수께서 "나는 빛으로 세상에 왔나니 무릇 나를 믿는 자로 어둠에 거하지 않게 하려 함이로라"(요 12:46)고 말씀하시는 구절이고, 다른 하나는 예수께서 "내가 온 것은 세상을 심판하려 함이 아니요 세상을 구원하려 함이로라"(12:47)고 말씀하시는 구절입니다. 지상 사역에서 주님은 "나는 이스라엘 집의 잃어버린 양 외에는 다른 데로 보내심을 받지 아니하였노라"(마 15:24)고 하여 자기 사역의 제한을 인정하셨습니다. 그렇지만 주님의 사랑과 예지적 눈은 나사렛 회당에서 증언하시듯이 처음부터 "이 우리에 들지 아니한 다른 양들"(요 10:16)에게로, 이스라엘 밖에 있는 나병환자와 과부들에게로, 세상 온 인류에게로 향하였습니다.

생각해 보십시오. 절반은 이방 지역인 갈릴리 산지 속에 숨어 있는 그 작은 마을에서 이름도 없고 교양도 없으며 물질적 힘도 없는 "목수의 아들"이 허름한 회당에 서서 "내 사명은 인류를 향한 것이다"고 말하는 것을 생각해 보십시오! 그리고 지난 19세기 동안 근거 없는 허풍으로 보였던 그 말씀이 어떻게 사실로 입증되었는지 생각해 보십시오.

2. 둘째, 이 말씀들에서 주님의 세상에 오신 목적들에 대한 생각이 한데 뭉뚱그려 나타나는 것을 봅니다.

그 목적들을 잠시 모아보겠습니다. "인자가 온 것은 잃어버린 자를 찾아 구원하려 함이니라"(눅 19:10). "인자는 사람의 생명을 멸망시키러 온 것이 아니요 구원하러 왔노라"(9:56, 난외주). "내가 온 것은 세상을 심판하려 함이 아니요 세상을 구원하려 함이로라"(요 12:47). 그렇다면 구원이 주께서 세상에 오신 목적입니다. 다른 예를 들어봅시다. "내가 온 것은 양으로 생명을 얻게 하려는 것이라"(10:10). "하나님의 떡은 하늘에서 내려 세상에 생명을 주는 것이니라"(6:33). 그렇다면 구원, 혹은 생명의 전달이 목적입니다. 그런가 하면 이 말씀이 있습니다. "나는 빛으로 세상에 왔나니 무릇 나를 믿는 자로 어둠에 거하지 않게 하려 함이로라"(12:46). 그렇다면 구원, 혹은 생명의 전달, 혹은 세상을 빛으로 채움, 이런 것이 예수께서 자신이 세상에 온 목적으로 본 것들입니다.

인류에 대해서는 어떻게 생각했는지 살펴봅시다. 즉 여러분과 나에 대해, 이 엄숙한 말씀 밑에 있는 여러분과 나의 곤경에 대한 생각을 봅시다. 고통 가운데, 굶주려 있고, 어둡고 맹목적 상태, 곧 죽어 있다는 것이 나사렛의 이 온유한 현인 앞에 펼쳐진 인류의 상태입니다. 그처럼 절망적 곤경에 가득 차 있고, 자기 스스로 도무지 어떻게 해볼 도리가 없는 인류를 다루는 것이 이 대담한 젊은 랍비가 붙잡고서 자기가 해결하겠다고 한 문제였습니다. 그것은 엄청난 일입니다. 그것은 엄청난 일일 뿐만 아니라, 예수께서 세상을 묘사한 그 용어가 우리에게 조금이라도 적용되는지 보고, 적용된다면 우리가 어떻게 해야 좋을지 생각해 보게 만들 수 있습니다. 그리스도께서는 표면 아래를 보셨습니다. 주님은 사람들을 주로 하나님과의 관계에서, 그리고 하나님의 법과의 관계에서 다루셨고, 온 민족들 위에 먹구름이 널리 펼쳐지고, 모든 사람이 하나님의 영광에 이르지 못하는 것을 보셨습니다.

그 다음에, 자신이 세상에 온 목적을 이렇게 선언하시는 가운데서 어떻게 예수 자신은 이 보편적 상태에 전혀 관계가 없음을 분명히 의식하고 계셨는지 봅시다. 세상에 오셔서 이런 곤경들을 해결할 능력과 권세가 자기에게 있다고 밝히시는 분은 이런 곤경에 전혀 연루되어 있지 않는 것이 분명합니다. 자신에게서 무한한 사랑이 흘러나가는 것뿐 아니라 자신에게 다함이 없는 능력이 있음을 알고 있는 점에 대해 생각해 봅시다. 자신의 일생의 사역에 대한 생각을 보면 그리스도께서 그런 능력을 가지셨다는 것이 입증됩니다. 자신의 손길에 들어 있는 치료하는 능력, 곧 차고 넘치는 생명력에 대한 아주 놀라운 확신이 있습니다! 그리스도께서는 마른 뼈들이 가득한 골짜기에 있는 모든 시체들의 갈빗대에 바로 이 생명력으로 영혼을 불어넣으실 수 있었습니다! 그리스도는 자신에게 무한한 빛의 원천이 있다는 것을 확실히 알고 있었기에 이처럼 담대한 말을 할 수 있습니다!

모든 도덕적, 물질적 악에서 건져내고 모든 도덕적, 물질적 선을 부여한다는 의미에서 세상을 구원할 수 있다고 하는 주님의 이 엄청난 주장은 사실들에 의해 입증됩니다. 그리스도께서는 우리 가운데 어떤 이들을 위해 구원을 행하셨고, 매일 구원을 행하고 계십니다. 그리스도께서 세상을 위해 구원을 행하시지 않는다면, 그것은 그리스도께 능력이 없기 때문이 아니라 세상이 그 능력에 복종하려고 하지 않기 때문입니다.

베드로나 요한, 바울이 예수께서 직접 말씀하신 것보다 주님의 사역에 관해 더 많은 것을 말하지 않았습니까? 이들이 기쁨에 차서 한 말은 주님 자신의 말씀을 상술하고, 주님의 말씀의 근거와 결론을 표현하는 것이 아닙니까? "그리스도" 곧 생명을 주시는 분, 빛을 가져오시는 분이니 구주께로 "돌아갑시다."

3. 이렇게 한데 모아놓은 말씀들에서, 자신의 생의 목적을 이행하는 방식에 대한 주님의 생각을 살펴봅시다.

다시 한 번 요약해 봅시다. "인자가 온 것은 섬김을 받으려 함이 아니라 도리어 섬기려 하고 자기 목숨을 많은 사람의 대속물로 주려 함이니라"(마 20:28). "내가 의인을 부르러 온 것이 아니요 죄인을 불러 회개시키러 왔노라"(눅 5:32). "내가 이를 위하여 세상에 왔나니 곧 진리에 대하여 증언하려 함이로라"(요 18:37). "내가 불을 땅에 던지러 왔노니"(눅 12:49). 그리스도께서 자신의 사역을 이행하시는 방식을 언급한 것 가운데 뒤의 세 진술, 즉 죄인을 불러 회개시키는 것, 진리에 대하여 증거하는 것, 땅에 불을 던지는 것은 여기서 인용한 구절들 가운데 첫 번째 구절, 즉 "인자가 온 것은 많은 사람의 대속물로 주려 함이니라"는 말씀에 진술되어 있는 큰 목적에 부속되어 있습니다. 죄인을 불러 회개시키는 것과 진리에 대하여 증거하는 것은 예수께서 지상에서 행하신 사역에 주로 속합니다. 땅에 불을 던지는 일은 주님의 말씀이 충분히 보여주듯이 예수께서 자기 생명을 많은 사람을 위하여 대속물로 주신 결과로서만 이루어질 수 있습니다. 그래서 우리는 주께서 자신의 목적을 성취하는 방식이 크게 두 부분으로 나뉜다고 보아야 합니다. 그 중의 한 부분은 주님의 지상 사역을 다룹니다. 그 사역은 세리와 창기들을 부르고, 민감한 영혼들을 녹여 열정과 후회할 것이 없는 회개에 이르게 한 온유한 모든 말씀으로 이루어져 있고, 또 주님의 입에서 나온 은혜로운 말씀으로 진리를 증거하시고 사람들에게 하나님을 선포하고 사람이 무엇인지를 계시한 주님의 생활에 의한 증거로 진리를 증거하신 것으로 이루어져 있습니다.

그러나 "많은 사람을 위한 대속물"인 그리스도의 죽음은 생활로써 증거하는 그 사역과 나란히, 그리고 그 사역과 따로, 또 날마다 행위를 쌓아 높아진 그 거대한 피라미드의 빛나는 꼭대기와 별도로 서 있습니다. 형제 여러분, 세상을 구원하는 그리스도의 방식을 이야기한다고 하면서 그리스도께서 진리를 증거하신 것이나 그의 은혜로운 사역 혹은 죄인을 불러 회개시키는 일만을 강조하는 태도는 가장 중요한 것이 잘린 불완전한 것입니다. 반면에 그리스도의 그 밖의 다른 모든 활동은 십자가에서 우리의 속전으로 죽으신 그리스도의 죽음 안에서 아주 충분하게 효력을 발휘합니다. 아주 고결한 아름다움을 가진 그리스도의 지상 생활에서 사람들의 마음을 겸손하게 만들고, 자신들의 죄와 죽음의 권능과 비애감 같은 것들을 진심으로 혐오하고 거기에서 돌이키게 만든 것이 무엇이었는지를 생각해 보면 알 수 있을 것입니다. 주님의 입에서 나온 은혜로운 모든 말씀과, 주님께서 우리를 위해 생생한 의무의 본보기로 행하신 아름다운 모든 행위들에서 그리스도의 죽음만큼 그 진리를 증거한 것이 달리 없을 것입니다. 민첩한 성령의 불을 붙여서 얼음처럼 차가운 세상에 쏟아 부은 것은, 반드시 그 했던보다 먼저 일어나야 했던 그 희생제사가 아니면 어떻게 되었겠습니까?

그러므로 속죄를 예수께서 세상을 구원하시는 방식의 주요 부분으로 받아들이지 않는 한, 우리는 "그리스도께로 돌아가는 것"이 아니고, 주님 자신에 대한 주님의 평가를 받아들이지 않는 것입니다. 주님의 자신에 대한 평가를 받아들인다면, 우리는 주께서 이렇게 말씀하시는 것에 귀를 기울여야 합니다. "모세가 광야에서 뱀을 든 것 같이 인자도 들려야 하리니"(요 3:14). "내가 줄 떡은 곧 세상의 생명을 위한 내 살이니라"(6:51).

4. 끝으로, 우리는 한데 모아놓은 이 말씀들에서 자신의 사역의 결과에 대한 주님의 예지를 봅니다.

"내가 세상에 화평을 주러 온 줄로 생각하지 말라 화평이 아니요 검을 주러 왔노라"(마 10:34). 다른 복음서 기자는 비슷한 구절에서 이 말씀을 좀 덜 생생하게 표현합니다. "화평을 주려고 온 줄로 아느냐 아니라 도리어 분쟁하게 하려 함이로라"(눅 12:51). 보게 된 맹인이 보려고 하지 않는 맹인들에게 쫓겨난 중요한 이야기에 대해 주님의 끝맺는 말은 "내가 심판하러 이 세상에 왔으니 보지 못하는 자들은 보게 하고 보는 자들은 맹인이 되게 하려 함이라"(요 9:39)는 것입니다.

예수께서는 자기 사역의 결과에 대해 전혀 환상을 갖지 않으셨습니다. 목적은 이것이지만, 결과는 전혀 다릅니다. 주님의 사명은 한 가지 의도밖에 없지만, 결과는 두 가지입니다. 사람의 자유의지가 개입이 되면, 하나님의 무한하신 사랑도 모든 사람이 포로로 사로잡힌 데서 속전을 치러 자유롭게 하신 은혜를 받아들이도록 보장할 수 없기 때문입니다. 그렇지 않으면 모든 사람이 성령의 타오르는 불길에 불이 붙을 것입니다. "암탉이 제 새끼를 날개 아래에 모음 같이 내가 너희의 자녀를 모으려 한 일이 몇 번이냐 그러나 너희가 원하지 아니하였도다"(눅 13:34). 이것이 뜻을 좌절당하신 전능하신 주님의 부르짖음입니다. 상처받으신, 무한한 사랑이 흘린 피 같은 땀방울입니다. 모든 세대를 통해 동일한 결과가 실현되고 있고, 지금 여기서도 이루어지고 있습니다. "그 말을 믿는 사람도 있고 믿지 아니하는 사람도 있어"(행 28:24). 이와 같이 해서 나이 많은 시므온의 예언적 환상이 성취됩니다. "이는 이스라엘 중 많은 사람을 패하거나 흥하게

하기 위하여 세움을 받았고"(눅 2:34). 주님의 사명의 목적은 한 가지이지
만, 결과는 두 가지입니다.

사랑하는 교우 여러분, 그래서 여러분에게 권합니다. 그리스도의 말씀
을 받아들이시되, 모든 말씀을 받아들이십시오. 그리스도의 말씀들 가운
데 어떤 것을 골라내거나, 그리고 동일한 증거에 의해 우리에게 증거된 두
말씀 가운데 하나를 거절하는 일반적 기술을 위한 근거는 없습니다. 그러
면서도 우리는 이 말씀은 우리 생각에 맞고 다른 말씀은 맞지 않다는 이유
로 후자를 받아들입니다. "전부 받아들이든지 아니면 아무것도 받아들이
지 않든지"라는 것이 성육신하신 진리의 말씀을 다루는 우리의 원칙이 되
어야 합니다.

말로 이야기할 수 있는 한 분명하게, 주님께서는 자기가 "하나님에게서
나와 세상에 왔다"(요 16:28)고 주장하셨습니다. 바로 이것이 성육신에 대
한 사도적 교리의 기초입니다. 말로 이야기할 수 있는 한 분명히, 주님은
자기가 세상에 온 목적은 잃어버린 자를 구원하고, 죽은 자를 살리며 "어
둠에 앉은 자에게 빛을 비추는"(눅 1:79) 것이라고 주장하셨습니다. 바로
이것이 사람의 죄와 위난에 대한 사도적 교리의 토대입니다. 말로 표현할
수 있는 한 분명하게, 주님은 자신의 목적을 성취하는 방식은 "섬기는 것"
이고 "진리에 대해 증거하는 것"이며 "죄인들을 불러 회개시키는 것"이고
"자기 목숨을 많은 사람의 대속물로 주는 것"이라고 밝히셨습니다. 바로
이것이 속죄에 대한 사도적 교리의 기초입니다. 말로 할 수 있는 한 분명
하게, 주님은 십자가를 지신 후에 세상을 온통 불로 태우겠다고 주장하셨
습니다. 바로 이것이 내주하시는 성령에 대한 사도적 교훈의 토대입니다.
말로 할 수 있는 한 분명하게 주님은 보는 것이나 보지 못하는 것, 생명이
나 죽음이 그의 말씀을 받아들이거나 거절하는 것에 달려 있다고 주장하
셨습니다. 바로 이것이 우리가 주님의 말씀에 귀를 기울이거나 주님을 떠
나는 것에 의해 구원이나 멸망이라는 엄청난 결과가 달려 있는 사도적 교
훈의 기초입니다.

형제 여러분, 바로 이 점 때문에 내가 지금 그리스도의 합당한 사신으로

그리스도를 대신하여 여러분에게 그리스도의 말씀에 귀를 기울이라고 권하는 것입니다.

하나님께서 친히 하늘로부터 이같이 말씀하셨습니다. "이는 내 사랑하는 아들이니 너희는 그의 말을 들으라"(막 9:7). 우리에게 여전히 "말씀하시는 이를 거역하지 말도록 합시다." 왜냐하면 "땅에서 경고하신 이를 거역한 그들이 피하지 못하였거든 하물며" 지금 "하늘로부터 말씀하시는 이를 배반하는 우리는 더더욱 피할 수 없을 것이기"(히 12:25) 때문입니다.

40
너는 사마리아 사람이다

"우리가 너를 사마리아 사람이라 하는 말이 옳지 아니하냐"

요 8:48

군중은 별명을 좋아하고, 그래서 보통 상당히 정확한 통찰력을 가지고 별명들을 지어냅니다. 그러나 군중이 분별해내는 특징들이 가치 있는 것인지에 대한 판단은 대체로 신뢰할 수 없습니다. 왜냐하면 군중은 비천한 것은 칭찬하고, 순수하고 고귀한 것을 비웃기 때문입니다. 그래서 군중이 비난하는 것이 칭찬할 만한 것이고, 군중이 칭송하는 것이 비난 받을 만한 것이 되는 경향이 있습니다.

예수 그리스도께서는 그와 같은 비난을 충분히 받으셨습니다. 주님의 제자들 가운데 어느 누구도 주님만큼 악한 이름으로 불린 적이 없습니다. 그러나 주님께 퍼부은 적의에 찬 조롱들은 사실 주님께 바치는 찬사입니다. 그 조롱들을 한데 모으면 주님의 성품과 사역에 대한 전체적 증거가 됩니다. 그 증거는, 그것이 주님의 적들에게서 나왔고, 주님의 주장에 치명적인 것으로 생각되었기 때문에 한결 더 가치가 있습니다. 주님의 반대자들이 내뱉은 풍자의 말은 사실상 복음서 기자들이 애정어린 마음으로 그린 것과 같은 표정을 보여줍니다. 예를 들면 사마리아인이라는 이 이름은 주님의 교훈과 행동에서 어떤 사실들을 악의적으로 왜곡하여 말하는 이미지를 보여줍니다. 본문에 나오는 이 질문을 보면, 이 명칭이 전에 흔하게 사용되었다는 것을 알 수 있고, 또 그 명칭이 통용된다는 것은 사람들이 일반적으로 그 명칭을 적합하게 느낀다는 것을 보여줍니다. 예수께서 어떻게 이 별명을 얻게 되었는지 묻는다면, 우리는 곧바로 주님의 성품과 사역의 지극히 영광스런 어떤 면들을 만나게 됩니다. 그렇다면 우리는 주님의 적들의 안내를 받고 그들의 악의에 찬 욕설의 도움을 받아서, 그들이 주님의 어떤 면을 보고 그들의 둔한 머리와 악의적 마음이 충격을 받아 이 별명을 짓게 되었는지 알아보도록 합시다.

내가 볼 때, 이 별명이 특별히 나타내는 점들이 세 가지가 있는 것 같습니다. 이 명칭은 그리스도께서 선지자처럼 민족적 편견과 죄에 대해 담대하게 책망하셨다는 것을 증거합니다. 이 명칭은, 더 나은 말이 없기 때문에 이렇게 말할 수 있다면, 주님의 독창성을 증거한다고 봅니다. 그리고 이 명칭은 주님의 보편성을 증거합니다. 내가 볼 때, 이 세 가지 사상이 본문에 깔려 있는 진리들입니다. 그 명칭의 의미에 대해 이 사상들을 생각할 때, 우리는 그 질문에 대해 이렇게 답변할 수 있을 것입니다. "그렇다, 너희가 그를 사마리아 사람이라 말하였는데, 옳은 말이다."

1. 첫째, 이 이름은 그리스도께서 민족적 편견을 심하게 건드리고 민족적 죄를 책망하는 데서 선지자처럼 담대하였음을 증거합니다.

본문의 이야기가 나오도록 만든 이 사건은 이 명칭의 근저에 있는 일련의 사실들의 한 표본으로 생각할 수 있습니다. 우리 주님께서는 지금까지 유대인들에게 죄가 있다고 책망해 오셨고, 그들이 아브라함의 자손인 것을 부인하며, 그들이 하나님께 속하지 않았다고 주장하시며 그들이 종이요 마귀의 자식이라고 공공연히 말씀하셨습니다. 어리석게도 그들은 예수님이 실제로 선한 유대인이라면 택한 백성들에게 그런 신랄한 말을 할 수 없다고 생각합니다. 그들은 그런 말은 적들이나 하는 것으로 생각하고, 그래서 "네가 사마리아 사람이라" 하고 맹렬하게 되받아칩니다. 그들은 그처럼 엄격한 말 이면에 있는 사랑을 알아보지 못했습니다. 즉 그들의 유익을 바라고 그래서 그들에게 악함을 경고하는 마음의 고동을 깨닫지 못했습니다. 개인들과 마찬가지로 민족들도 그들에게 진실을 말하는 사람은 그들의 적이 된다고 생각하는 경우가 아주 흔합니다. 그 말의 충격을 오해하고, 그 말의 끝을 유난히 날카롭게 느낀 이 사람들은 이같이 말할 수 있는 예수는 나쁜 유대인이고, 진짜로 자기 민족의 적이라고 생각할 수 있을 뿐입니다.

그 다음에 이 유대인들의 말은 우리 주님의 교훈의 두드러진 한 가지 특징, 즉 주님께서 온 유대 민족이 자랑으로 여긴 순전한 타고난 혈통에 대해 정당성을 일절 부인한 엄격함을 지적합니다. 유대인들은 순전히 신체적 혈통 때문에 자신들을 하늘의 은총을 받은 자들이라고 생각하였고, 자기들을 에워싸고 있는 "할례 받지 않은 개들"보다 위에 있다고 생각하였습니다. 그런데 여기 한 사람이 와서 그들에게 "너희가 아브라함이 행한 일들을 하지 않는 한 아브라함의 자손이 아니다"(개역개정은 "너희가 아브라함의 자손이면 아브라함이 행한 일들을 할 것이거늘" — 역주)고 말하였습니다.

또 그리스도는 예배의 단순한 외적 형식들은 아무 가치가 없다고 비하하였습니다. 그리스도께서는 랍비들의 결의론(決疑論)을 깨끗이 치워버리셨습니다. 그리스도께서는 유대인들의 마음에 그처럼 열심을 불러일으켰던, 세속적 통치의 메시야를 바라는 뜨겁게 달아오른 소망에 찬물을 끼얹으셨습니다. 주님은 주변에 만연해 있는 죄들을 서슴없이 정죄하셨고, 이 모든 일의 피할 수 없는 결말에 대해서 눈물을 흘리면서도 단호한 어조로 말씀하실 때, 주님의 부드러운 목소리는 엄격해졌습니다. 이렇게 해서 민족의 편견에 맞서고, 대중의 망상에 타협하지 않으며, 백성들을 꾀어내는 거짓말을 멸시하고 그밖의 다른 것들을 멸시하게 만드는 이 사람이 "네가 사마리아 사람이라"는 비난을 받은 것입니다. 이 비난은 선지자처럼 주님께서 "나팔을 네 입에 대고"(호 8:1) "이스라엘 집에 그 허물을, 야곱에게 그의 죄를 알렸다"(사 58:1 참조)는 것을 의미할 뿐입니다.

교우 여러분, 그런 일을 하는 모든 사람에게는 동일한 운명이 따릅니다. 민주주의는 아첨의 말을 필요로 합니다. 그래서 공인들이 점점 더 타락해

서, 진정한 곤경을 해결하기 위해서는 필요하다면 백성들의 요구를 정면
으로 반대하기 보다는 백성들의 요구라고 생각하는 것들을 들어주는 일을
하고 있습니다. 어떤 강한 사람이 일어서서 대중의 욕구의 열광적 흐름에
맞서는 곳에서는 어디서든지, "애국심이 없는 나쁜 국민, 국민의 적들을
사랑하는 사람"이라는 비난을 받을 각오를 해야 할 수 있습니다. 그리스도
인 여러분은 주님이 그러셨듯이 동일한 비방을 받을 각오를 해야 합니다.
다소 폭력적 비유를 쓸 수 있다면, 대중들의 비난을 받는 사람들에게 던져
진 썩은 달걀들은 날아가는 동안에 장미로 변합니다. 선량한 사람들의 칭
찬이나 방종한 생활을 하는 사람들의 조롱은 모두 사람의 성품을 증명하
는 데 똑같이 가치가 있습니다. 주님에게 따라다녔던 동일한 비난을 받지
않는 교회는 아마도 교회의 의무를 이행하지 못한 경우일 것입니다. 쾌락
에 탐닉하는 사람들에게 "우울하다" "얼굴을 찌푸리고 다닌다"는 말을 듣
는 것은 좋은 일입니다. 우리가 악을 묵인하기를 바라는 군중에게 편협하
다는 말을 듣는 것은 잘하는 일입니다. 교우 여러분, 나는 여러분도 주님
의 발자취를 따라야 한다는 말을 여러분이 알기를 바랍니다. "예수님을 본
받는 것"이 단지 영적 교제의 신성성과 비밀성에만 있는 것이 아니고, 온
유하고 조용한 마음으로 복을 비는 것에만 있지 않고, 예수께서 일어서서
널리 퍼진 악에 대해 공공연히 적극적으로 반대하고 필요하다면 대중적
잘못에 대해 강력하게 항의하신 곳에 서는 것도 포함합니다. 여러분에게
어떤 별명이 따른다면, 개의치 마십시오! 주님께서 이렇게 말씀하신 것을
기억하시기 바랍니다. "사람이 너희를 위정자나 권세 있는 자 앞에 끌고
갈 것이라"(눅 12:11). 민중의 법정은 어떤 왕의 재판보다 더 무서운 재판자
리입니다. "이 일이 도리어 너희에게 증거가 되리라"(21:13).

2. 둘째, 이 명칭은 더 나은 용어가 없기 때문에 내가 예수 그리스도의 독창성이 라고 감히 말하는 것을 보여주는 증거입니다.

이 명칭은 구경꾼들이 가졌던 막연한 느낌, 곧 그리스도에게는 출생과
혈통으로, 훈련과 교육으로, 혹은 오늘날 사람들이 환경이라고 부르는 것

으로는 설명할 수 없는 새로운 현상이 있었다는 어렴풋한 느낌을 증거합니다. 그리스도는 이런 환경들에서 나오지 않았습니다. 이 사람은 유대인들의 일반적 타입이 아닙니다. 그는 "사마리아 사람"입니다. 말하자면 그리스도는 그를 둘러싸고 있는 사람들과 다르다는 것입니다. 그 명칭은 일반 유대인들을 형성했던 것과는 다른 영향력이 그를 형성하는 데 미쳤다는 생각을 은연중에 드러냅니다.

그것은 예수 그리스도의 교훈과 성품에서 아주 뚜렷하고 두드러지며 중요한 특징들 가운데 하나입니다. 그 특징은 그리스도께서 자기가 살았던 환경에서 끌어낸 어떤 것과도 무관하고, 그런 것으로는 설명할 수 없는 것입니다. 그리스도는 유대인이었지만 유대인 같지 않았습니다. 그리스도는 사마리아인이 아니었지만 사마리아 사람 같았습니다. 그리스도는 헬라인이 아니었지만 헬라 사람 같았습니다. 그리스도는 로마인이 아니고 영국 사람도 아니며 힌두 사람이 아니고, 아시아인도 아니며 아프리카인도 아닙니다. 그렇지만 그리스도는 이 인종들의 특징을 다 지니고 있었고, 그의 완전한 인성이라는 충분한 그릇 안에 그 모든 것을 간직하고 있었습니다.

주님의 교훈에 눈을 돌리면, 그것이 최초로 그리스도의 말씀을 듣는 사람들에게 적용되는 필연성 때문에 그 형태에서 어느 정도 영향을 받았다는 것이 분명하면서도, 랍비들로부터 오거나 심지어는 선지자와 시편기자들로부터 온 것을 훨씬 초월하는 어떤 요소가 거기에 있다는 것을 발견합니다. 오늘날 현대의 기독교 학자들은 유대 문헌이 나사렛 목수 예수의 교훈과 지성에 얼마만큼 영향을 미쳤는지 알기 위해 입수할 수 있는 대로 그 문헌을 연구하는 일로 매우 분주하였습니다. 그 둘 사이에 비슷한 점이 있습니다. 그러나 그 비슷함은 다른 점을 더욱 더 뚜렷하게 나타내는 데 기여할 뿐입니다. 나로서는 이렇게 주장하고 싶습니다. 주님의 교훈의 형태는 주께서 자라면서 받았던 영향들에서 대체로 그 근원을 찾아볼 수 있고, 주님의 교훈의 어떤 내용들은 유대 민족의 초기 랍비들이 예전에 말했던 것일 수 있지만, 산꼭대기에서 주님의 말씀을 들은 군중은 "그의 가르침에 놀라고" 예수께서 말씀하시는 권위 있는 어조에서 예수님의 교훈과 그들이 그동안 들어왔던 사람들의 교훈 사이에 특징적 차이를 발견하였을 때 훨씬 더 중요한 사실을 알아낸 것입니다. 주님은 전혀 논의하시지 않습니다. 주님은 단언하고 주장하십니다. 일절 논증하지 않고, "진실로 진실로 네게 이르노니"라고 하며 자신의 말을 하십니다.

이와 같이 교훈의 형태에서뿐만 아니라 그 내용에서도, 또한 높은 도덕성과 영적 신앙에서도, 모든 사람에게 성부 하나님과 하나님께서 아버지 되심을 계시함에서도, 교훈으로서 그리스도의 가르침은 절대적으로 독보적 위치에 서 있습니다.

그리스도의 성품을 보면, 우리에게 인상을 주는 한 가지는 주님의 성품에는 다른 사람들에게 특징적으로 나타나는 시간이나 인종의 한계들이 전혀 없다는 것입니다. 그리스도는 그의 시대나 다른 어떤 시대의 풍조도 따르지 않습니다. 그리스도는 완전한 미덕을 스스로 체현하신 분이십니다. 이 나무는 나무가 자라는 숲을 두르고 있는 울타리 위로 우뚝 솟았고, 그 잎사귀는 영원히 마르지 않습니다.

여러분은 마음속으로 다른 위대한 영웅들, 성인들, 사상가들, 시인들의 이름을 대충 떠올려 보십시오. 그들에게는 모두 자기 시대와 환경의 흔적이 찍혀 있습니다. 그 시대와 환경에 속한 미덕의 유형이나 사고방식의 흔적이 있습니다. 예수 그리스도만이 어떤 인간의 탁월함과 어떤 선생에게도 반드시 있기 마련인 제한점들이 전혀 없이 사람들 앞에 우뚝 서 있습니다. 그래서 주님은 묘하게 신선하고 친밀한 모습으로 우리에게 오십니다. 19세기가 지나갔지만 주님은 지상에 내려와 살던 세대의 곤경을 해결하셨던 것과 꼭 같이 지금 우리의 필요도 채우십니다. 다른 모든 위대한 이름들이 과거로 물러감에 따라 두터워지는 망각의 안개가 그 이름들을 감쌉니다. 그 이름들 가운데 가장 높은 이름을 지닌 사람에 대해서도 우리는 이렇게 말하지 않을 수 없습니다. "이 사람은 자기 시대를 섬기다가 잠들어 썩음을 당하였도다"(행 13:36). 그러나 그리스도의 가르침이나 성품에는 지역적인 것이나 일시적인 것이 하나도 없기 때문에, 예수 그리스도는 오래 갑니다.

자, 내가 감히 이름을 붙여본, 그리스도의 성품에서 이 독창성이야말로 네 복음서에서 그리스도를 실물 그대로 정확하게 그린 묘사임을 보여주는 매우 설득력 있는 논증입니다. 이 네 복음서 기자들은 각각 어디에서 그리스도를 알게 되었습니까? 그 지식이 상상에서 나온 것이었습니까? 아니면 신화에서 나온 것이었습니까? 많은 전승들이 우연히 합쳐진 데서 나온 것이었습니까? 한 화가에 관한 오래된 이야기가 있습니다. 바다에 몰아친 폭풍의 효과를 표현해내지 못하는 것에 절망한 화가가 마침내 젖은 스펀지를 화포에 던졌는데, 놀랍게도 그 스펀지가 자기 원했던 바로 그 일을 해낸 것을 보았다는 것입니다. 그러나 젖은 스펀지가 사람의 초상을 그릴 수는 없습니다. 따라서 이 네 복음서 기자들이 그릴 사람을 앞에 있지도 않은 채 그런 그림을 그렸다고 주장하는 것이 내게는 이제까지 조작해낸 가설들 가운데서 가장 무모한 것을 이야기하는 것으로 들립니다. 그리스도가 없었다면, 혹은 그리스도가 있었는데 복음서들이 그리고 있는 그리스도와 달랐다면, 이 작은 책의 저자들은 더할 나위 없는 천재들이고 그들의 작품은 세계의 상상력이 풍부한 문학 가운데 최고봉에 속했을 것입니다. 이 복음서들이 역사적 사실들일 경우에 복음서들이 우리에게 전하는 그리스도를 설명하는 것보다, 이 복음서들이 역사적 사실이 아닌 경우에 복음서를 설명하는 것이 더 어려운 일입니다.

그 다음에, 이 독창성의 신비를 해결할 수 있는 열쇠는 딱 한 가지뿐입니다. 그리스도는 하나님의 아들이시기 때문에 모든 제한을 초월하고 어떤 환경에도 영향을 받지 않는 완전한 사람이십니다. 나는 순전히 자연적 혈통을 통해서 죄 많고 평범한 사람들이 지루하게 출생하던 중에 갑자기 독특하고 빛나는 이 인물이 태어났다고 믿기보다는 차라리 어떤 목초지에서 수년 동안 보잘것없는 잡초만 무성하게 나던 땅에서 갑자기 종려나무가 우뚝 솟았다는 것을 믿겠습니다. 불신자 여러분, 그리스도를 설명해 보십시오! 오늘의 이 문제, 지금도 그것을 둘러싸고 온갖 전쟁이 벌어지고 있는 문제는 예수 그리스도라는 인물입니다. 그리스도가 복음서들이 우리에게 이야기하는 바로 그분이라면, 불신자에게는 싸울 만한 것이 아무것도 남지 않습니다. "여러분은 그리스도를 어떻게 생각합니까? 그리스도는 누구의 아들입니까?" 유대인들은 "네가 사마리아 사람이라"고 말했습니다. 우리는 "주는 그리스도시요 살아계신 하나님의 아들이시니이다"(마 16:16) 하고 말합니다.

3. 끝으로 그 이름은 그리스도의 보편성을 증거합니다.

사람들이 진정한 유대교로 받아들였던 것에 대해 예수께서 적의를 보이신 것 외에도, 또 다른 일련의 사실들, 즉 선량한 유대인이라면 누구나 의무적으로 전심으로 미워해야 하는 사람들을 그리스도께서 친절히 대하는 것을 보여준 사실들이 이 명칭의 밑에 깔려있다고 생각합니다. 요한복음에 나오는 사마리아 여인의 이야기, 선한 사마리아인의 비유, 사마리아인으로 감사하는 나병환자의 사건, 뜨거운 열심을 지닌 사도들이 한 사마리아 촌에 있는 불친절한 시골 사람들에게 하늘로부터 불을 내려 태워버릴 수 있게 하기를 거절한 사실 등은 주님의 적들이 모르지 않은, 주님의 전체 사역의 분명한 특징을 현저히 보여주는 표본들이었습니다. 그래서 유대인들은 "만일 당신이 우리 원수들을 사랑한다면, 당신은 틀림없이 우리를 미워하는 것이다. 그리고 당신은 우리 원수들 가운데 한 사람임이 분명하다"고 주장하였습니다. 그들은 이렇게 주장함으로써 그리스도의 복음과 그리스도 자신의 큰 영광이 무엇인지, 곧 그리스도께서 이 세상에 속하고, 그리스도의 구원과 그의 사랑의 범위, 그리스도의 십자가의 능력이 온 인류를 위한 것이라는 점을 왜곡하였습니다.

이 보편성은 내가 이미 앞에서 충분히 말한 제한성이 없다는 데서 주로 일어납니다. 그 성품에 있어서 그리스도는 어느 시기에도 속하지 않기 때문에, 그 효과에 있어서 그리스도는 모든 시기에 유효하신 분입니다. 그리스도의 교훈은 어느 학파나 어느 시대 혹은 어느 사조의 경향에 물들어 있지 않기 때문에, 그 교훈은 모든 인류에게 해당됩니다. 이 물은 영원한 반석에서 나오며, 그 물이 지금까지 흘러 지나온 어떤 토양에도 오염된 적이 전혀 없습니다. 그러므로 세상의 목마른 모든 입술들은 거기에 입을 대고 마시며 만족할 수 있습니다. 그리스도의 유일한 제사는 온 세상에 쓸모가 있습니다.

그러나 나는 여러분이 보편성은 또한 개별성을 의미하기도 하고, 예수 그리스도는 각 사람의 그리스도이기 때문에 모든 사람을 위한 그리스도라는 점을 기억하시기 바랍니다. 생명나무는 동산 중앙에 있어서, 모든 사람이 똑같이 그 나무에 이를 수 있습니다. 이 보편적 그리스도가 여러분의 그리스도이십니까? 당신의 그리스도이십니까? 그것이 문제입니다. 그리스도께 손을 내밀면서 여러분도 그리스도를 소유할 수 있다고 주장함으로, 마음을 그리스도께 쏟음으로, 여러분의 모든 것을 그리스도께 맡김으로, 그의 말씀에 귀를 기울임으로, 그의 명령에 순종함으로, 그리스도의 복을 충분히 마심으로 그리스도를 여러분의 그리스도로 삼도록 하십시오. 여러분이 할 마음이 있으면 그렇게 할 수 있습니다. 그렇게 하지 않는다면, 보편적 그리스도가 여러분에게 아무것도 아닙니다. 그리스도를 여러분의 그리스도로 삼으십시오. 그리스도의 사랑과 그리스도의 희생제사의 효험이 여러분이 품고 받아들이도록 하십시오. 그리스도는 보편적 그리스도이십니다. 그러므로 그리스도는 유일한 그리스도이십니다. "다른 이로써는 구원을 받을 수 없나니"(행 4:12). 그리스도로 말미암아 모든 사람이, 각 사람이, 당신이 구원을 받음이 틀림없습니다. 그리스도가 없으면 모든 사람이, 각 사람이, 당신이 구원을 받을 수 없습니다. 그리스도를 여러분의 그리스도로 삼으십시오. 그러면 그리스도를 소유하는 사람마다 그리스도를 전부 소유하며, "하늘에서 내려온 하나님의 떡"(요 6:33)을 충분히 누리는 것을 아무도 훼방하지 못한다는 것을 발견하게 될 것입니다.

41
한 은유와 두 의미

"때가 아직 낮이매 나를 보내신 이의 일을
우리가 하여야 하리라 밤이 오리니 그때는 아무도 일할 수 없느니라"
요 9:4

"밤이 깊고 낮이 가까웠으니
그러므로 우리가 어둠의 일을 벗고 빛의 갑옷을 입자"
롬 13:12

여러분은 두 구절을 보는 순간 뚜렷이 대비된다는 것을 즉시 알아차리 것입니다. 두 구절은 동일한 은유들을 사용하지만 정반대 방향으로 적용하고 있습니다. 앞 구절에서 현재의 생활은 낮이고, 죽음 너머의 상태는 밤입니다. 그런가 하면 뒤 구절에서 현재의 생활은 밤이고 죽음 너머의 상태가 낮입니다. 두 구절의 대비가 뚜렷하지만, 각 구절의 말씀하는 이를 생각한다면, 그 대비는 훨씬 더 뚜렷해집니다. 이 구절들의 화자는 우리 생각에 상대방이 말해야 할 것으로 보이는 것을 말합니다. 일할 시간이 짧다는 것을 앎으로써 부지런히 일하도록 부추기는 말을 바울이 하였다면 자연스러웠을 것입니다. 우리가 믿고 있듯이 하나님으로부터 오신 예수님, 영원한 큰 영광의 처소에서 오신 예수님이 이 땅에서의 생활은 예수께서 전에 알고 계셨던 빛에 비할 때 밤이라고 말씀하셨다면, 그것이 자연스

러운 일일 것입니다. 그런데 사람은 일반적으로 짧은 인생을 마치면 활동
할 수 없는 상태에 들어간다는 의식을 말하시는 분이 주님이시고, 그보다
좀 더 높은 관점을 취하는 것은 그의 종입니다.

본문의 첫 번째 말씀이 주님의 입에서 나왔다고 보기에 이상한 점이 있
습니다. 그래서 이 점이 그처럼 어울리지 않는다고 보는 사람들이 있었기
에 영어 개역성경(The Revised Version)은 그 부분에 대한 해석에 상당한
변화를 주어 그 구절을 이렇게 번역하였습니다. "나를 보내신 이의 일을 우
리가 하여야 하리라"(KJV의 번역은 "나를 보내신 이의 일을 내가 하여야
하리라" — 역주). 그러나 내가 볼 때, 이 의견은 이 문맥에서 주님께서 말
씀하시고자 한 목적과 전혀 상관이 없습니다. 이 문맥에서 주님은 지금 자
기 종들의 의무를 규정하고 계신 것이 아니라 자신의 행동을 변호하고 계
시는 것입니다. 여기서 주님은 우리가 아주 드물게 주님의 속내를 얼핏 보
게 하는 말씀 가운데 하나를 이야기하고 계십니다. 그래서 우리는 현재와
미래에 대해 바르게 생각하고, 현재 바르게 행하기를 바란다면 주님의 생
각과 이 종의 생각을 분명하게 대비시키고 또 그 둘을 결합시켜야 합니다.

1. 현재와 미래에 대한 주님의 생각을 살펴보도록 합시다.

이미 말하였듯이, 여기서 우리 주님은 사실 매우 일반적이고 보편적 사
람의 생각을 말씀하고 계십니다. 매우 작은 빛의 한 점과 그 점을 둘러싸
고 있는 어둠의 긴 고리 사이의 대비, "유쾌한 날의 따뜻한 뜰"과 활동하지
않는 밤의 차가운 고독 사이의 대비는 처음부터 도덕가들과 생각이 깊은
사람들이 상투적으로 사용하는 진부한 표현이었습니다. 이 대비는 시에
연민의 정을 불어 넣고 우리의 날에 진지함을 부여했으며, 고귀한 것들뿐
아니라 천한 것들에도 적용이 되었습니다. 사람에게 "한낮의 생활에는 열
두 시간이 있고, 그 다음에는 어둠이, 곧 모든 활동을 집어삼키는 흑암이
온다"고 말하는 것은 모든 고상한 생각을 의미하는 말이 되었습니다. 아니
면 그 말을 천하게 생각해서 "내일 죽을 터이니 먹고 마시자"(고전 15:32)
"즐길 수 있을 때 즐겨라" "짧은 인생, 즐겁게 살아라"와 같은 인생관을 이

야기할 수 있고, 또 사실 그렇게 이야기해왔습니다. 이 생각은 부지런하도록 자극하지만 그 부지런함을 바르게 지도하는 일은 전혀 하지 않습니다. 이 생각은 사람들이 맹렬하게 일하게 만들지만, 천하게 활동하는 것을 막지 못할 것입니다. "네 손이 일을 얻는 대로 힘을 다하여 할지어다"라는 것이 "우리가 장차 들어갈 무덤에는 일도 없고 계획도 없고 지식도 없고 지혜도 없음이니라"(전 9:10)는 점을 생각할 때 내릴 수 있는 결론입니다. 그러나 손으로 할 일을 찾는 것은 전혀 다른 점들을 고려해서 결정해야 합니다.

우리 주님은 일반적 사람의 관점을 가지고 이렇게 말씀하십니다. "인생은 활동하는 시간이다. 그 시간은 밤의 어둠으로 둘러싸여 있기 때문에 인생을 훨씬 더 부지런히 살아야 한다." 우리 주님께서 밤이라는 은유를 사용하여서 나타내시려는 뜻이 정확히 무엇입니까? 거기에 딱 맞는 비유적 표현이 없다는 것을 우리는 압니다. 비교의 요점은 어떤 한 특징에 있어서는 비교되는 두 가지에 모두 있을 수 있습니다. 그래서 이 유추를 다른 특징들에까지 확대 적용하려고 하면 온갖 해악이 일어날 수 있습니다. 낮과 밤을 각각 생명과 죽음, 죽음 너머의 상태를 유추하는 것으로 볼 수 있는 점들이 아주 많이 있습니다. "울음의 밤"이 있고, "무지의 밤"이 있습니다. 그런데 우리 주님께서는 "밤이 오리니 그때는 아무도 일할 수 없느니라"고 말씀하실 때 마음에 품고 있는 비교점이 무엇인지 직접 우리에게 말씀하십니다. 본문에서 비교하는 것은 밤이 강제적으로 활동하지 못하게 하는 시기라는 것입니다. 그래서 여기서 우리는 사랑하는 주님의 이 표현이 인간의 공통된 동기에 영향을 받고, 또 시간이 지나가면 일할 기회가 더 이상 없을 것이기 때문에 할 일이 명확한 시간 안으로 밀고 들어올 수밖에 없음을 느끼는 것을 봅니다.

본문의 첫 번째 말씀에서, 앞에서 말한 대로 주님의 속내를 보이는 말씀이 무엇인지 보도록 합시다. 주님은 자신의 일생이 그처럼 자주 말씀하셨던 **하여야 하리라**는 중요하고 엄숙한 그 당위 아래 있었고, 자기가 이 땅에서 아버지의 뜻을 행해야 하고, 자신에게 무겁게 지워진 의무, 곧 주님이

면할 수 없고, 그렇게 할 수 있다고 하더라도 면하려고 하지 않은 의무를 행해야 한다는 것을 느꼈습니다.

우리 삶에는 두 종류의 "하여야 하는 것"이 있습니다. 날카로운 철 이빨로 우리를 꽉 움켜쥐고 있는 달갑지 않은 필연성이 있습니다. 소망과 꿈과 기호를 눌러 뭉개고, 종에게 마음 내키지 않는 일을 억지로 시키는 반드시 해야 하는 일이 있습니다. 그런가 하면 의지와 마음속으로 들어와서 의무를 이행하려고 하는 깊은 소원이 되고, 더 이상 채찍과 사슬을 든 엄한 주인으로 우리를 감독하지 않고 우리 속에 들어와서 영감과 기쁨이 된 "하여야 하리라"가 있습니다. 인성을 입으신 예수 그리스도께서 "나의 양식" 곧 본성의 기운을 돋우는 것이며, 내 존재에 반드시 필요한 자양물인 "나의 양식은 내 아버지의 뜻을 행하는 것이니라"고 했듯이 말할 수 있고, 또 말했던 사람, 그 사람만이 주님의 생애를 복되게 지배하는 필연성의 부담을 고통스런 압박으로 느끼지 않습니다. "내가 하리라"와 "내가 선택한다"는 말이 유클리드 삼각형의 꼭지점처럼 한 군데서 만날 때, 생활에 자유가 들어옵니다. 이마를 찌푸리지 않고 기꺼이 멍에를 메며 "내가 그것을 해야 한다"고 말할 수 있는 사람, "주의 법이 나의 심중에 있나이다"(시 40:8)고 말할 수 있는 사람, 그 사람이야말로 그리스도와 같고, 자유롭고 행복한 사람입니다.

그 다음에, 여기 현재와 미래에 대한 그의 생각에서 주님이 세상에서 하나님의 일이 어떤 것이라고 생각했는지 봅시다. 제자들이 길가에 앉아 있는 맹인을 보았습니다. 이 맹인을 보고 제자들이 생각한 것은 랍비들이 좋아할, 절반은 신학적이고 절반은 형이상학적 호기심어린 질문이었습니다. "누구의 죄로 인함이니까, 자기니이까 그의 부모니이까?" 제자들은 이 맹인이 그 재난을 설명해 줄 어떤 일을 이 세상에서 행하기 전에 맹인으로 태어났다는 사실에 함축된 신학적 문제에 대해 이야기할 것만 생각하였습니다. 예수 그리스도는 그 사람을 보았지만 신학적 난제에 대해 생각하시지 않았습니다. 그 사람을 보고 예수님에게 떠오른 생각은 악과 싸워 없애는 것이었습니다. 악한 일을 다루고 제거하는 법을 알기 위해 악한 일의 기원, 곧 슬픔이나 죄의 기원에 대해 논의하는 것이 때로 필요합니다. 이런 경우가 아닌 한, 우리가 첫째로 할 일은 "어떻게 해서 이런 일이 생기는가"라고 묻는 것이 아니라 이런 일이 더 이상 생기지 않도록 조처를 취하는 것입니다. 먼저 사람을 치료하고, 그 다음에 무엇 때문에 이 사람이 맹인이 되었는가에 관한 여러분 마음속의 문제를 논하도록 하십시오. 그러나 먼저 그 사람을 치료하도록 하십시오. 그래서 예수 그리스도께서는 이렇게 가르치셨습니다. 활동하는 낮의 의미는 마귀의 일을 멸하려고 노력하는 것이고, 하나님의 일은 우리가 죄와 슬픔과 싸우며, 우리의 힘이 미치는 한, 온갖 모양으로 나타나고 아주 무성하고 힘 있게 자라는 이 모든 악을 폐하는 것이었습니다. 슬픔과 죄가 있다는 사실은 하나님께서 그의 자녀들에게 하나님의 아름다운 세상에서 슬픔과 죄를 내쫓는 일에 노력하라는 부르심입니다. 그리고 "낮"은 그런 일을 행할 수 있는 기회입니다.

앞에서 이미 말하였듯이, 여기서 주님은 어떻게 자신이 우리와 같은 본성을 지니셨고, 우리의 상태를 경험하셨는지, 그리고 주님도 인간 공통의 정서를 느끼시고, 밤이 가까이 온다는 생각에 서두르지는 않지만 또한 쉬지 않는 열심을 내야겠다는 자극을 받는 것을 매우 아름답고 감동적으로 보여주십니다. 우리가 이 요한복음서에서는 연대기적 자료를 거의 얻지 못하지만, 주님이 죽으실 때가 이 시점에서 매우 가까웠었다고 생각합니다. 주님은 자신의 생명을 해하려는 무서운 시도를 방금 전에 피하셨습니다. "그들이 돌을 들어 치려 하거늘"(요 8:59) "예수께서 그들 가운데로 지나서 가시니라"(눅 4:30)는 말씀은 예수께서 이 맹인을 만나신 이야기 직전에 나오는 진술입니다. 유대인이 주님에 대해서 무엇이든지 할 수 있다는 깊은 미움을 드러낸 직접적 경험을 겪은 터이기에, 주님은 이런 식으로 말씀하시는 것입니다. "때가 가까웠다는 것이 사실이라면, 오늘이 안식일이기 때문에 내가 여기서 잠시 멈추는 것이 그만큼 더 필요하다." 무리들이 돌을 들어 예수님을 치려고 하였지만, 예수께서는 도망가던 길을 멈추었습니다. 예수께서 고쳐줄 필요가 있겠다고 느낀 불쌍한 맹인이 한 사람 있었기 때문입니다. 이렇게 예수께서 밝게 빛이 비추는 작은 점을 어둠이 둘러싸고 있으므로 일할 수 있는 힘에 한계가 있다는 것을 꼭 우리 사람들처럼 느끼셨다는 사실은 아름답고, 우리와 그리스도를 매우 가깝게 연결해 줍니다.

그러나 어떤 사람들은 이렇게 말할 것입니다. "어떻게 예수 그리스도께서 정말로 이런 생각을 마음속에 품을 수 있겠습니까?" "예수께서 자기 사역의 결말이 죽음이라는 것을 모르셨습니까? 예수께서 세상을 떠나가시면 그 후에 아무 일도 안 하는 상태에 들어가는 것이 아님을 다양한 형태로 거듭 말씀하시지 않았습니까? 주님의 죽음이 주님의 사역의 중심에 있고, 그 죽음의 이편에서 주님은 활동하시고, 죽음의 저편에서도 더 고상하고 더 중요한 의미에서 여전히 활동하신다는 점에서 주님의 죽음이 세상의 다른 모든 일꾼과 은혜를 베푸는 사람들과 선생들의 죽음과 다르다는 것이 주님의 사명의 특징이 아닙니까?" 그렇습니다. 전적으로 옳은 말입니다. 나는 주님께서 이 지상 생애가 주님의 전기와 활동에 대한 기록의 첫 권에 지나지 않다는 것을 잊고 계셨다고 단 한 순간도 생각지 않습니다. 또 주님께서 언제나 자신의 행위들을 생각하실 때 죽음 너머의 생활을 세상 끝날까지 자기 종들 안에서, 종들에게, 종들 위에, 그리고 종들을 통해서 일하는 것으로 생각하셨다는 것을 잊고 계셨다고 단 한 순간도 생각지 않습니다.

그러나 주님께서 여기서 취하시는 관점을 충분히 이해하려면 주님의 지상 생애와 천국 생활 사이의 차이점을 기억하기만 하면 됩니다. 주님의 지상 생애는 천국 생활의 기초입니다. 지상 생애는 씨 뿌리는 시기이고, 천국 생활은 추수기입니다. 지상 생애는 지상에서 한정된 시간을 갖고, 그 시간 안에 씨 뿌리는 일을 할 수 있습니다. 천국 생활은 영원의 무한한 시간을 갖습니다. 천국 생활은 영원을 통해서 계속됩니다. 우리 주님의 지상 생애 가운데 어느 한 부분에서 그 의무를 이행하지 못하였고, 아버지의 뜻을 이행하지 못하였으면, 천국의 찬란한 영광 가운데 계시는 주님이라도 그 이후에는 그 작은 간격을 메울 수 없을 것입니다. 지상 생애의 모든 시간들은 십자가의 위대한 봉사와 희생에 이르기까지 봉사로 채워질 필요가 있는데, 이는 지상 생애 위에 주님의 천국 생활이라는 두 번째 단계와 국면이 세워지기 때문입니다. 지상 생애에 대해 주님은 십자가에서 "다 이루었다"고 말씀하셨습니다. 그러나 죽으셨을 때, 주님은 활동하지 않는 밤으로 넘어가신 것이 아니라 더 큰 사역의 날에 들어가신 것입니다. 천국에서 더 거룩한 형태의 주님의 사역이 계속되어 "세상 나라가 우리 주와 그의 그리스도의 나라가 되고"(계 11:15), 주님의 지상 생의 모든 은혜와 효과가 모든 인류에게 나누어지면 "이루었도다"(계 21:6)는 말이 들리고, 하늘의 천사들이 사람을 위한 주님의 사역이 완성되었음을 선포할 것입니다. 이렇게 주님의 사역이 두 가지 형태를 띠고 있으므로, 우리처럼 예수께서도 생활의 제한들을 의식하고, 낮이 지나면 밤이 오는 것을 생각하시지 않을 수 없었습니다.

2. 이제는 두 번째로 종의 생각을 살펴봅시다.

이미 지적하였듯이, 종의 생각은 정확히 그 반대입니다. 그리스도에게 "낮"인 것이 바울에게는 "밤"이고, 그리스도에게 "밤"인 것은 바울에게는 "낮"입니다. 내가 주장하고 싶은 첫 번째 요점은 이것입니다. 예수께서 "밤"의 어둠 속으로 내려가시지 않았다면 미래가 바울에게 결코 "낮"이 될 수 없었을 것이라는 점입니다. 우리 주님의 마음속에 밤과 낮의 비교점은 딱한 가지가 있었다고 말씀드렸습니다. 우리는 이 비유를 조금 더 확대해서 빛이 "사망의 음침한 골짜기"(시 23:4)로 내려가 이 끝에서 저 끝까지 불을 환하게 밝혔다고 말할 수 있을 것입니다. 생명이 사망의 궁정에 들어가서 그 모든 곳에 생명을 불어넣은 것입니다. 옛날 대가인 한 수도사 화가가 피렌체의 한 수녀원 벽에 그린 유명한 그림이 있습니다. 이 그림은 예수께서 죽은 자들의 어두운 영역으로 내려가는 모습을 묘사하고 있습니다. 예수님 주위에는 어두운 회랑을 밝게 비추는 빛의 후광이 있습니다. 그 회랑에는 구약의 족장들과 성도들이 그 복을 받기 위해 열렬히 환영하며 손을 들고 떼를 지어 몰려오고 있습니다. 아, "흑암에 행하던 백성이 큰 빛을 보고 사망의 그늘진 땅에 거주하던 자에게 빛이 비치도다"(사 9:2)는 말씀이 맞습니다. 빛이신 그리스도께서 어둠으로 내려가셨고, 그래서 주님께 밤이었던 것을 우리를 위해 낮으로 만드셨습니다. 성경이 거의 십자가 위에서 겪으신 그리스도의 경험에 대해서만 죽음이라는 이름을 붙이고, 그리스도의 죽음의 효력에 의해 또 우리의 안식을 위해 죽음을 잠이라는 복된 이미지로 부드럽게 표현하듯이, 주께서는 죽음의 어둠을 낮의 여명으로 바꾸셨습니다.

그 다음에, 이 종에게는 앞날의 찬란함이 지상의 모든 번쩍이는 영광을 어둠처럼 침침하게 만들었습니다. 바울에게 더 가까이 있는 것이 그처럼 어둡게 보였던 것은 그가 그처럼 찬란하게 타오르는 저 세상의 타오르는 불을 보았기 때문입니다. 서쪽 하늘에 해가 떠올랐을 때 여러분과 서쪽 하늘 사이에 사람이나 다른 물체가 있으면 아주 어둡게 보이듯이, 천국이 뒤편에 비칠 때 세상은 단지 희미한 그림자로만 보일 뿐입니다. 저 세상의 낮은 아주 강하게 빛나므로 지상의 모든 광채와 빛을 어둠으로 만들어버립니다. 여러분이 열대 지방과 같은 뜨거운 햇빛 속에 있다가 방에 들어가면, 방이 아주 깜깜하고 어둡게 보일 것입니다. 장차 올 날만을 바라보는 사람은 이 세상에서는 자기가 밤에 다니는 사람처럼 행한다는 것을 발견하게 될 것입니다.

현재 밤의 어둠뿐 아니라 그날의 찬란함을 보았기에 이 종은 자기가 어떤 일에 열심을 내야 할지를 알았습니다. "낮이 가까웠다"는 말이 사실이므로, 빛의 갑옷을 입고 거기에 맞는 옷을 입도록 합시다. "밤이 깊었다"는 사실이므로, 우리는 어둠의 일들을 벗어버리도록 합시다.

3. 이렇게 해서 마지막 요점을 보게 되었는데, 그것은 주님의 생각과 종의 생각의 결합이고, 그 결합이 우리에게 가져다 줄 효과입니다.

"밤이 오리니 그때는 아무도 일할 수 없느니라"고 말하는 것은 우리에게 충분하지 않습니다. 지금 생활은 낮이지만, 또한 밤이기도 합니다. 죽음은 밤이지만 또한 새벽이기도 합니다. 우리는 이 둘을 함께 연결시키지 않는 한, 현재도 미래도 이해할 수 없습니다. 한 면에서 활동의 정지인 죽음이 그리스도에게와 같이 그리스도의 종들에게도 더 고귀하고 높은 형태의 활동의 시작입니다. 나는 천국이 활동이 없다는 뜻에서 안식이라는 것을 믿지 않습니다. 또한 죽음은 인간 영의 활동에 종지부를 찍는 것이라는 것도 믿지 않습니다. 나는 이 세상이 우리의 학교요 우리의 도제 기간이라고 믿습니다. 즉 우리가 직업을 배우고 기능을 발휘하는 곳이며, 그림을 그리는 곳입니다. 말하자면 우리가 위대한 예술가 조합에 들어가기를 바랄 때 내놓는 그림을 그리는 곳이고, 심판장 앞에서 그 결과에 따라 장차 우리가 들어갈 데를 정하는 곳입니다. 독일 사람들이 "증거들"이라고 부르는 것, 그것이 현재 생활의 의미입니다. "밤이 오리니 그때는 아무도 일할 수 없을지라도" 낮이 옵니다. 그때는 우리가 이 땅에서 직접 작성한 선언서들, 그동안 길렀고 깊이 몸에 밴 습관들, 그동안 발휘해 온 능력들, 지상에서 우리의 모든 행동의 성향과 경향 등이 거기에서 우리가 행할 일을 결정할 것입니다.

그 다음에, 이 두 가지 생각을 입체적으로 볼 때, 우리는 그 두 가지로부터 나오는 확실한 상(像)을 얻게 됩니다. 이 사실은 우리에게 열심을 내도록 가르치고 이같이 자극을 줄 뿐만 아니라 열심을 내도록 지도하고 인도합니다. 우리는 시간과 기회를 사용하는 데서 구두쇠가 되어야 합니다. 예수 그리스도께서는 "때가 아직 낮이매 나를 보내신 이의 일을 내가 하여야 하리라"고 말씀하셨습니다. 하물며 여러분과 나는 어떻게 말해야 하겠습니까? 우리 가운데 어떤 분들은 아주 특별하게 그 말을 하고 느끼지 않을 수 없을 것입니다. 우리가 연장을 내려놓아야 할 때가 아주 가까이 오고 있고, 또 그림자가 길어지고 있기 때문입니다. 여러분이 지난 몇 일 동안 여름날 저녁에 들판에 있었다면, 건초를 만드는 사람들이 저녁이 점점 더 어두워지고 있기 때문에 더욱 더 열심히 일하는 모습을 보았을 것입니다. 사랑하는 교우 여러분, 우리 가운데 어떤 분들은 열한 시에 와 있습니다. 우리는 이 시간에 부지런히 일하도록 합시다. 밤이 오고 있습니다.

그런데 본문의 말씀은 열심을 내도록 격려할 뿐만 아니라 그 열심의 방향도 지도합니다. 내세의 날이 있고, 그리스도의 사람들이 "낮의 아들들"

이라면, "우리는 다른 이들과 같이 자지 말고 오직 깨어 정신을 차리도록"
(살전 5:5,6) 합시다. 그리스도를 우리의 구주님으로 의지하고, 주님이요
친구로 사랑하며, 우리의 모범이요 안내자요, 도움이시며, 우리의 빛이요
생명으로 받아들이도록 합시다. 그러면 우리는 이생의 번쩍이는 광채에
속지 않고 이생의 어둠과 슬픔에 눌리지도 않을 것입니다. 그리고 마지막
순간을 무활동의 밤으로 알고 피하려 하지 않고, 현재 우리의 일의 짐을
벗어버리려고도 하지 않을 것입니다. 그보다 우리는 "낮"을 맞이하도록 준
비하는 일을 즐거이 할 것이고, 일이 끝났다고 우리를 방앗간과 공장에서
불러내는 밤의 종소리를 달갑지 않게 여기지 않을 것입니다. 왜냐하면 그
종소리는 우리를 더 높은 활동과 더 고귀한 봉사에 참여하도록 불러들일
것이기 때문입니다. 그 이동은 해가 지지 않는 북극 지방의 여름날 밤과
같을 것입니다. 빛이 희미하게 비치는 얇은 막을 지나면서 우리는 완전한
날로 들어갈 것입니다. 거기에는 "주 하나님 곧 전능하신 이와 및 어린 양
이 그 등불이 되시고" 그래서 "거기에는 밤이 없을"(계 21:22,23,25) 것입니
다.

42
요한복음의 여섯 번째 표적 —

보지 못하는 자들은 보게 하고 보는 자들은
맹인이 되게 하려 함이라

"이 말씀을 하시고 땅에 침을 뱉어 진흙을 이겨 그의 눈에 바르시고 이르시되 실로
암 못에 가서 씻으라 하시니 (실로암은 번역하면 보냄을 받았다는 뜻이라)이에 가
서 씻고 밝은 눈으로 왔더라"

요 9:6, 7

이 표적과 이 표적에 수반된 의도를 기록하고 있는 그 할당된 길이
를 보면, 이 복음서 기자가 이 표적과 그 결과를 상대적으로 중요하게 생
각하고 있음을 아주 분명하게 보여줍니다. 이 표적의 이야기를 기술하는
데는 두 구절이 할애되고, 이 장의 나머지 전체는 이 표적의 시작과 그 결
과를 기록하고 있습니다. 날 때부터 맹인이 된 사람을 치료하는 것은 중요
한 일이었습니다. 그러나 맹인의 영이 그리스도를 하나님의 아들로 인지
하는 충만한 빛에 이르기까지 점점 더 깨닫게 된 과정에 대한 이야기가 이
복음서 기자에게는 외적 눈에 외적 빛을 분별하는 능력을 주는 것보다 훨
씬 더 중요하였고, 우리도 그와 같이 중요하게 생각해야 합니다. 이 이야
기에는 머리말과 맺음말이 있습니다. 이 이야기를 바르게 볼 수 있는 관점
은 우리 주님께서 이 사건을 맺으면서 하신 진지한 말씀에서 볼 수 있습니

다. "내가 심판하러 이 세상에 왔으니 보지 못하는 자들은 보게 하고 보는 자들은 맹인이 되게 하려 함이라."

그래서 이 표적이 중요하기는 하지만, 표적에 대해서는 맨 마지막에 살펴 볼 것입니다.

1. 여기서 주께서 구하지 않은 축복을 주시면서 그의 진의를 드러내는 것을 봅니다.

요한복음서에 기록된 여덟 가지 표적 가운데서 우리 주님이 기적적 능력을 나타내 보이라는 요구에 응하신 표적은 하나밖에 없고, 다른 모든 표적들은 다 자발적으로 행하신 것이라는 사실이 주목할 만하다고 생각합니다.

다른 복음서들에서 주님은 때로 고통 받는 자들의 호소 때문에, 그리고 때로는 동정심이 많은 친구들이나 주변 사람들의 요청 때문에 치료하시고, 때로는 요구를 받지 않았지만 고통과 병 가운데 있는 사람들을 불쌍히 여겨 치료하십니다. 그러나 요한복음서에서는 처음부터 끝까지 주님 스스로의 깊은 심정이 움직여서 행동하시는 하나님의 아들을 주로 봅니다. 그리스도의 이러한 태도는 그리스도께서 자신의 생명에 대해 친히 하신 심오한 말씀에서 절정에 이릅니다. "내가 아버지에게서 나와 세상에 왔고 다시 세상을 떠나 아버지께로 가노라"(16:28). 이와 같이 주님은 다른 것들에서 영향을 받기보다는 그 자신에게서 동기와 추진력, 원칙을 끌어내어 이 땅에서 행하시는데, 저수조가 아니라 샘으로서, 그리스도께서 가져오시는 복의 창시자로서 행하십니다.

이것이 본문의 머리말이 이 표적에서 주님의 행동을 아주 두드러지게 설명하는 관점입니다. 본문의 이야기는 "예수께서 길을 가실 때에 날 때부터 맹인 된 사람을 보신지라"고 시작됩니다. 예수께서 맹인을 유심히 보십니다. 그 맹인이 무슨 소리를 쳐서 주님의 주의를 끈 것이 아닙니다. 맹인은 자기를 뚫어지게 쳐다보는 자비로운 눈을 전혀 모른 채 그 자리에 앉아 있습니다. 제자들이 주님 곁에 서 있지만 주님과 같은 심정은 없습니다.

그들은 주님께 어떤 일이라도 하도록 요청하지 않습니다. 그들에게는 맹인이란 어떤 존재인가 하는 신학적 문제에만 관심이 있었습니다. 그들의 마음에는 동정심이 지나간 흔적이 전혀 없습니다. 그들은 주님께서 그 일에 끼어들어 표적을 행하실 것을 바라거나 기대하지 않았던 것처럼 보이기까지 합니다. 바로 이것이 복음서들에서 나타나는 매우 현저한 특징입니다. 아무튼 제자들은 여기서 표적을 기대하지 않는 것이 분명합니다. 일생 동안 고통을 받은 이 사람을 보고서 그들 속에서 일어난 일이란 고작 이런 질문을 하는 것입니다. "누구의 죄로 인함이니까, 자기니이까 그의 부모니이까?" 아마도 그들은 자기들이 묻고 있는 질문을 철저히 모르는 것 같습니다. 그리고 우리도 제자들이 이 질문을 할 때 그들 마음속에 사람 영혼의 선재에 대한 충분한 개념이 있었는지에 대한 문제로 골치 썩일 필요가 없습니다. 어쩌면 그들은 주님께서 "가라, 네가 나았으니 더 심한 것이 생기지 않게 다시는 죄를 범하지 말라"(요 5:14)고 말씀하신 무력한 사람을 기억했을지 모릅니다. 그래서 그들은 욥의 친구들만큼이나 오래된 교리, 즉 큰 고통이 있는 곳은 어디서든지 먼저 큰 죄가 있음에 틀림없다는 교리가 주님의 인정을 받았다고 생각했을지 모릅니다.

　이것이 고작 슬픈 광경이 사람들에게 일으키는 전부입니다. 사람들은 그 광경을 보고 검열관 같은 판단을 하거나 아니면 아무 쓸데없는 호기심 어린 생각만 할 뿐입니다. 그리스도께서는 자신이 그 광경을 보고 무엇을 하셨는지, 그리고 그 광경이 우리에게 무엇을 하라고 요구하는지 보여주십니다. "이 사람이나 그 부모의 죄로 인한 것이 아니라 그에게서 하나님이 하시는 일을 나타내고자 하심이라." 말하자면 인간의 슬픔은 생혈(生血)이 빠져나가고 있는 상처를 싸매고, 그 피를 멈추게 하는 점에서 하나님의 자비를 나타내야 하는 기회로 보아야 한다는 것입니다. 냉담하게 서서 호기심을 보이거나 무자비하게 비판하지 마십시오. 불쌍한 사람들을 신학적 문제의 논쟁거리로 삼지 말고, 그들에게서 봉사하라는 부르심을 보십시오. 그들을 볼 때, 하나님의 빛을 여러분 속에 있는 것만큼 비추고 손을 움직여 자비의 수고를 할 기회를 보도록 하십시오.

그 다음에 이어서 주님은 자기 생애를 지배했고, 또 우리의 삶도 지배해야 하는 원칙을 훨씬 더 분명하게 진술하십니다. "때가 아직 낮이매 나를 보내신 이의 일을 내가 하여야 하리라 밤이 오리니 그때는 아무도 일할 수 없느니라." 그렇다면 불쌍한 사람의 비참한 형편은 하나님의 사랑이 나타날 기회인 것입니다. 그렇습니다. 그러나 사람은 인격적 매개체를 통해서, 즉 사람을 통해서 나타납니다. 영어 개역성경(The Revised Version)에서 보는 이 말씀에 대한 해석, 곧 "내가 하여야 하리라"는 말씀 대신에 "우리가 하여야 하리라"고 읽는 해석을 택한다면, 여기서 그리스도는 자신의 생애를 지배했던 그 원칙을 모든 제자들에게까지 적용하시며, 그 원칙을 우리 각 사람에게 구속력 있는 가장 중요한 의무로 삼으시는 것입니다. 앞에서 말하였듯이, 이 복음서에서 그리스도는 스스로의 동기로 자비와 모든 일을 행하시는 하나님의 아들로 움직이십니다. 이 점의 다른 면은 이 복음서에서 그리스도는 자기 생애에서 아버지의 뜻이 가장 중요하다는 것을 언제나 인정하고 자식으로서 순종하는 겸손한 태도를 가지고 움직이시며, 그래서 주님은 자기를 보내신 이의 뜻을 행하는 것을 기쁜 의무로 알고 행하지 않을 수 없는 것입니다. 사명에 대한 의식, 자식으로서 순종하려는 태도, 아들의 뜻을 아버지의 뜻에 즐거이 맞추는 것, 이런 것들이 주님의 생애의 비밀이었습니다.

이런 점들을 생각하게 되지만, 주님에게도 시간이 짧다는 생각이 있었습니다. 그리고 십자가와 무덤 너머로 주께서 세상의 복을 위해 일하실 영원이 펼쳐져 있지만, 육신의 장막과 연약함을 입고 있는 동안에 하셔야 했던 특별한 일을 수행할 수 있는 날과 시간은 얼마 남지 않았다는 생각이 있었던 것입니다. 그러므로 우리가 그럴 수밖에 없듯이 주님께서 죽을 인생의 제한들 아래에서 일하셨고, 짧은 생애에서 열심히 지속적 봉사를 하라는 또 다른 부름이 있음을 인정하셨습니다.

이런 것들이 우리가 주님과 함께 공유할 수 있는 주님의 동기들입니다. 그러나 주님은 우리가 공유하지 못하는 다른 동기를 덧붙이시며, 항상 주께서 자기를 나타내고 하나님을 나타내는 행동을 하도록 부추기는 독특한 의식이 있음을 밝히십니다. "내가 세상에 있는 동안에는 세상의 빛이로라."

예수께서는 이렇게 슬픈 광경을 보고 마음이 움직이셨고, 사람의 비참한 형편에서 도움을 구하는 말없는 부르짖음을 알아차리시며, 거기에서 하나님의 더욱 고귀한 자비를 나타낼 기회를 보셨습니다. 그리스도는 모든 악을 하나님의 사랑과 선을 더 밝게 나타낼 기회로 삼으시고, 이 땅에서 자신의 유일한 목적은 기회가 있는 대로 하나님의 뜻에 순종하며 자기를 보내신 이의 일을 행하는 것이라고 느끼며, 자기에게서 세상을 밝게 하는 모든 빛이 흘러나간다는 기이하고 독특한 생각을 갖고 계십니다. 그리스도는 아무것도 모르는 맹인 앞에서 빛과 시력이 얼마나 자기 가까이에 있는지 모르는 불쌍하고 쓸모없는 눈동자를 보시며, 일생 주님을 움직인 충동에 순종하여 "이 말씀을 하시고" 나서 기이한 치료를 행하십니다.

2. 다음으로 그리스도께서 자신의 능력을 물질적 수단으로 감추시는 것을 생각해 보겠습니다.

여기서 사용된 독특한 방식으로 표적이 마련된 장소는 복음서에서 딱 한 군데 더 있습니다. 즉 마가복음에 기록된 귀먹고 말 못하는 사람을 치료한 표적입니다. 주님은 이 표적에서 이와 비슷하게 진흙에 침을 뱉어 귀먹은 사람의 귀에 바르십니다. 주님의 표적을 행하시는 방법의 다양성은 몇 가지 목적에 맞습니다. 즉 그 점은 우리에게 방법들은 아무것도 아니고, 주님은 그 모든 방법을 자유롭게 사용하셨으며, 모든 경우에서 실질적 원인은 딱 한 가지인데, 그것은 순전히 주님께서 뜻을 보이시는 것이라는 점을 가르쳐 줍니다. 또 더 나아가서 특별한 경우에는 그 사람들의 도덕적, 종교적 상태에 특별한 수단을 사용하여 표적을 베풀어야 하는 이유, 물론 우리들로서는 그것을 알 길이 없는 이유들이 있었다는 것을 가르쳐 줍니다. 그렇다면 첫째로 여기에는 물질적 수단을 사용하는 치료가 있습니다. 진흙은 치료하는 능력이 없었습니다. 실로암 물도 치유하는 효과가 없었습니다. 치료한 것은 그리스도의 뜻이었습니다. 그러나 주님은 이 불쌍한 맹인이 자기가 치료받게 될 것을 믿게 하기 위해 외적 수단들을 사용하십니다. 주께서는 빛에 익숙하지 않은 시력이 약한 눈이 순전한 광채를 응시할 수 없을 때, 희미하게 가린 빛을 볼 수 있도록 하기 위해 자신의 능력을 겸손히 휘장으로써 덮어 가리십니다. 눈이 빛의 찬란한 광채를 그대로 볼 수는 없지만 무엇을 가리면 희미하게 빛을 볼 수 있는 것과 같은 것입니다.

주님께서 치료를 통해 기운을 북돋으려고 하는 그들의 약한 믿음을 위해 물질적 수단을 사용하는 것은 원칙적으로 주님 자신의 성육신과 주께서 외적 의식과 규례들을 정하신 것과 목적이 같은 것입니다. 세례, 주의 만찬, 보이는 교회, 예배의 외적 수단 등, 이 모든 것은 동일한 범주 안에 드는 것입니다. 주님의 뜻이 이런 것들을 통해 작용하지 않는 한, 그것들 자체에 생명이나 능력은 없습니다. 그러나 이런 것들은 감각에 매여 있는 약한 신앙이 영적 진리를 이해하는 데로 올라가도록 돕는 목발이고 도움입니다. 치료하는 효능과 은혜가 진흙에 있는 것이 아니고 물에 있는 것도 아니며 교회에 있는 것도 아닙니다. 규례에도 있지 않고 외적 예배도, 기도 형식도, 성례에도 있지 않습니다. 이런 것들 가운데 어떤 것도 자체에 그런 효능과 은혜가 있지 않습니다. 이런 것들은 우리가 주님께로 올라가는 데 사용하는 사다리에 지나지 않습니다. 그래서 우리는 이런 것들이 없이 지낼 수 있는 때, 곧 "성전이 없는" 천국을 주제넘게 앞질러 생각하지 않도록 하고, 또 신자의 생활에서 그리스도께서 한 번도 의도하시지 않은 중요하고 힘 있는 위치에까지 이런 것들을 미신적으로 높이지 않도록 해야 합니다. 예수께서 물질적 수단을 사용하여 치료하십니다. 그러나 참된 치유의 원천은 주님 자신의 애정 어린 뜻입니다.

그 다음에, 주님은 멀리서 치료하십니다. 여기서 우리는 이미 앞에서 생각한 바 있는, 가버나움의 귀족의 아들을 고치신 이야기와 비슷한 경우를 봅니다. 거기에서도 동일한 현상을 봅니다. 즉 치유하는 능력이 주님에게서 나갔고, 주님이 육체로 계신 자리에서 멀리 떨어진 곳에서 그 능력이 작용했습니다. 진흙을 사용하는 것이 믿음을 돕기 위한 수단이었듯이, 이것은 믿음을 시험하는 것이었습니다. 주님은 멀리 떨어진 곳에서도 치유하는 일을 하십니다. 주님에게는 가까운 곳도 먼 곳도 없기 때문입니다. 영화롭게 되어 전능하신 하나님 아버지 우편에 계시는 인자는 신적 편재 가운데 여기와 모든 곳에 계시며, 주님께 오는 연약과 고통을 언제든지 돕고 치료하며 복을 주실 준비가 되어 있으십니다. "볼지어다 내가 세상 끝 날까지 너희와 항상 함께 있으리라"(마 28:20).

이 복음서 기자는 이 맹인이 가서 물로 씻은 샘의 이름 자체에서 그냥 지나쳐서는 안 되는 상징을 봅니다. "실로암 못에 가서 씻으라 하시니 실로암은 보냄을 받았다는 뜻이라"고 요한은 말합니다. 우리는 요한복음의 이 단락에서 실로암 연못에 대해 이미 들은 적이 있습니다. 7장에 "명절 끝날 곧 큰 날에 예수께서 서서 외쳐 이르시되 '누구든지 목마르거든 내게로 와서 마시라'"는 말씀이 나옵니다. 이 말씀은 아마도 초막절 마지막 날에 하셨을 것입니다. 이 날에 거행하는 의식의 한 부분은 크게 기뻐하면서 실로암 연못에서 물을 길어 성전으로 가져오는 것입니다. 이 말씀에서 그리스도는 "하나님의 천사에 의해 물이 빨리" 불어나고, 성전이 세워진 산 밑에서부터 솟아나는 이 샘을 자신에 대한 상징으로 가리키셨습니다.

여기서 이 복음서 기자는 우리가 이 샘이 지닌 바로 그 이름(성전 반석 밑에서 솟아나는 샘으로서든지 아니면 하나님의 선물로서든지)이 마찬가지로 주님 자신에게 적용될 수 있는 것으로 생각하기를 원하였습니다. 여기서 배울 교훈은 우리가 가서 "죄와 부정함을" 씻어야 하는 샘, 맹인에게 시력을 줄 물약인 물을 뿜어내는 샘, 사람들이 온 나라에서 찾아온 진짜 "영원한 청춘의 샘"은 바로 그리스도 자신이라는 것입니다. 우리는 그리스도에게서 하나님의 마음이 솟구치는 것을 보며, 생명수, 기쁨의 물, "마시는 자는 영원히 목마르지 아니하고"(요 4:14) 맹인의 눈에 닿아 희미함을 씻어내고 새로운 시력을 주는 영원한 시냇물을 봅니다.

3. 여기서 우리는 주님께서 순종을 근거로 치료하시는 점을 봅니다.

"가서 씻으라." 예수께서 손 마른 사람에게 "손을 내밀라"(마 12:13)고 말

씀하시고, 이 복음서에서 중풍병자에게 "네 자리를 들고 걸어가라"(요 5:8)
고 말씀하셨듯이, 여기서 "가서 씻으라"고 하십니다. 그리고 어떤 친절한
사람이 손을 내밀어 이 맹인을 붙잡았든지 아니면 이 사람 자신이 익숙한
그 길로 가는 것을 알아 그 연못으로 가서 눈을 씻고 시력을 회복합니다.

여기에 두 가지 교훈이 있는데, 이것을 길게 생각할 필요는 없습니다.
첫째, 그리스도께서는 자신이 제시하는 조건에 순종하는 것을 보고서 치
료를 시행하신다는 일반적 진리가 있습니다. 주님은 그냥 아무에게나 병
이 나으라고 말씀하시지 않습니다. 때로 몸을 고치는 일에 있어서 그렇게
말씀하실 수 있었고 또 말씀하시기도 하였습니다. 그러나 우리의 눈 먼 영
혼을 치료하는 일에서는 그렇게 할 수 없습니다. 죄로 인해 병에 걸리고
눈이 먼 사람에게 주님은 "만일 한다면 네가 온전하여지리라" 혹은 "그렇
게 한다면 너를 온전케 하리라"고 말씀하십니다. 어떻게 한다는 것입니
까? 네가 예수께서 치유하는 효능을 넣어둔 샘에 간다면 온전케 되리라는
말씀입니다. 맹인이 시력을 회복하는 조건은 "내게로 오라, 나를 믿으라,
그러면 네가 온전하여지리라"는 그리스도의 초대에 순종하는 것입니다.

그 다음에 여기에 특별한 한 가지 교훈이 있는데, 그것은 순종이 시력을
가져온다는 것입니다. "사람이 하나님의 뜻을 행하려 하면 이 교훈이 하나
님께로부터 왔는지 알리라"(요 7:17). 여러분 가운데 신학적 난제들과 종교
적 의문거리들 주변을 어둠 속에서 더듬거리고 있는 사람이 있습니까? 여
러분이 알고 있는 것에 순종하십시오. 여러분이 어떻게 해야 하는지 분명
히 알고 있는 것을 행하십시오. 여러분의 의지를 인정된 진리에 복속시키
십시오. 알고 있는 모든 지식을 실행한 사람은 필요할 때마다 더 많은 지
식을 얻을 것입니다. "가서 씻으라 하시니, 이에 가서 씻고 밝은 눈으로 왔
더라."

**4. 끝으로 우리는 여기서 주님께서 자신이 눈 먼 영혼의 치유자로서 지극히 고귀
한 일을 하심을 어렴풋이 나타내시는 것을 봅니다.**

나는 이 표적의 기사에 이어서 나오는, 굳세고 재치 있으며 솔직한 이

맹인과 편협하고 신랄한 바리새인들 사이의 논쟁을 묘사하는 매우 극적이고 교훈적 이야기를 지금 다룰 수는 없습니다. 다만 한 두 가지 요점만 살펴보도록 하겠습니다.

　이 두 당사자는 서로 대비되는 두 계층의 표본을 나타내는 것이 분명합니다. 이 맹인은 정직한 무지의 본보기를 나타냅니다. 즉 자신이 무지하다는 것을 알고, 설득이든 위협이든 자기에게 없는 지식을 있는 체 하도록 넘어가지 않고, 자기가 알고 있는 것은 굳게 붙들며, 그 지식이 부족한 것을 알기 때문에 빛을 기다리며 기꺼이 인도를 받으려고 하는 모범적 태도입니다. 그러므로 그는 겸손하면서도 굳세고, 유순하면서도 자존심이 강하며, 정말로 가르칠 수 있는 사람의 말에는 언제든지 귀를 기울이면서도 단지 관직에 있다고 거들먹거리는 사람들의 과장된 주장에는 신중한 풍자로 공격하는 매우 영리한 사람입니다. 반면에 바리새인들은 자기들은 종교와 도덕의 영역에서 무엇이든 알 수 있는 것은 다 알고 있다고 확신하는 사람들입니다. 또 이들은 진리를 절대적으로 소유하고 있다고 철석같이 믿고 있으며, 진리가 그들의 직무상 특징과 상투적 수단보다 낫다는 것을 전혀 모르며, 교회의 예의범절과 전통에 어긋나는 표적의 영광을 분별할 수 없으며, 자기들에게 책임이 있는데도 깨우쳐 줄 생각을 한 번도 한 적이 없는 무지를 경멸합니다. 이 사람의 불행에 대해 무자비하게 조롱을 퍼붓고, 답변하기보다는 내쫓는 것이 훨씬 쉬운 사람에게 출교라는 무기를 재빠르게 사용하는 바리새인들은 유감스럽지만 회당의 선생들뿐 아니라 교회의 선생들까지 언제든지 타락시킬 수 있는 대표적 인물인 것이 분명합니다.

　"우리가 안다"는 표현이 얼마나 끊임없이 나오는지 눈여겨보지 않을 수 없습니다. 이 맹인의 부모는 그 말을 세 번에 걸쳐 사용합니다. 바리새인들은 이 사람을 두 번째 만나 얘기를 나눌 때 이 표현을 사용합니다. "우리는 이 사람이 죄인인 줄 아노라." 그는 답변하면서 자기가 "아는" 견고한 사실, 곧 자기 눈이 떠졌다는 사실을 확고하게 지지하는 것 외에는 자기로서는 "알지 못하기" 때문에 예수라는 사람의 인물됨에 관한 어떤 것도 단정하기를 사양합니다. 이렇게 해서 우리는 여기서 무지한 지식과 알고 있는 무지가 처음 만나고, 후자가 명백히 승리를 거두는 것을 봅니다. 그리고 두 번째 만남에서 바리새인들은 이 사람의 태연한 풍자를 하나님이 모세에게는 말씀하셨다는 지식을 맹렬하게 주장함으로써 뭉개려고 했습니다. 하지만, 그들은 그 지식으로도 예수의 사명이 어떻게 시작되었는가 하는 문제는 해결할 수 없다는 것을 시인함으로써, 정직하고 겸손하지만 눈이 날카로운 이 사람에게 단도 같이 예리한 갑작스런 공격을 당하고 맙니다. 모든 것을 아는 당신들, 전문적으로 기적을 행하는 사람이 어디서 오는지 아는 것이 본업인 당신들이 "이 사람이 내 눈을 뜨게 하였으되 당신들은 그가 어디서 왔는지 알지 못하니 이상하다." 여러분의 말을 사용한다면, "하나님이 죄인의 말을 듣지 아니하시고 경건하여 그의 뜻대로 행하는 자의 말은 들으시는 줄을 우리가 아나이다."

그 다음에, 양쪽 입장에서 과정이 어떻게 진행되고 있는지 살펴봅시다. 이 사람은 계단을 올라갈 때마다 더욱 더 빛을 받아가고 있습니다. 그는 "예수라 하는 그 사람"이라고 말하는 데서부터 시작합니다. 그 다음에는 "선지자"라고 답변하고, 그 다음에는 "하나님을 예배하고 하나님의 뜻을 행하는 자"(개역개정은 "경건하여 그의 뜻대로 행하는 자" — 역주)라는 깨달음에 이릅니다. 그 다음에 그는 아주 특별한 의미에서 "이 사람이 하나님께로부터 오지 아니하였으면 아무 일도 할 수 없으리이다"는 생각에 이릅니다. 이런 것이 그가 숙고한 의견들이고, 사실상 정직한 마음에 일어난 인상입니다. 그가 자기에게 있는 빛을 이렇게 사용하였기 때문에, 예수께서 그에게 더 많은 빛을 주며, 그를 찾아 "네가 하나님의 아들을 믿느냐"(개역개정은 "네가 인자를 믿느냐"– 역주)는 질문을 던지십니다. 그러자 자기 신념에 아주 강하고 그처럼 자존심이 세며 말로 꾀거나 강요하기 어려웠던 사람이 이제 아주 유순하고 순종적이 되어서 예수께서 무슨 말씀을 하시든지 받아들일 준비가 되어 있었습니다. "주여 그가 누구시오니이까 내가 믿고자 하나이다." 그것은 쉽사리 믿는 믿음이 아니었습니다. 그는 자신이 그리스도를 믿어야 한다는 것을 알만큼 그리스도에 대해 이미 충분히 알았습니다. 그의 유순한 마음에 충분한 계시가 주어졌습니다. 그는 바리새인들과 불의한 자들의 들을 가치가 없는 말을 듣습니다. "네가 그를 보았거니와" 내가 시력을 준 그 눈으로 보았는데 "지금 너와 말하는 자가 그이니라." 지적 확신, 도덕적 신뢰, 전인(全人)의 헌신과 부복(俯伏)으로 그는 그리스도의 발 앞에 절을 합니다.

자신이 눈이 멀었다는 것을 아는, 무지하지만 정직한 영혼이 빛을 받아 완전히 보게 되기까지의 과정을 그린 이야기입니다.

그가 위로 올라갔듯이 다른 사람들은 아주 꾸준하고 비참하게 아래로 내려갔습니다. 그들에게 빛이 있었지만 그들은 빛을 보려고 하지 않았고, 그러자 빛이 그들을 결딴내 눈을 멀게 하였습니다. 그들은 그리스도의 나타남을 보았지만, 그것을 비웃고 조롱하며 못 본 체 하자, 그것이 그들에게 저주가 되었습니다. 그들의 영에 이슬이 아니라 황산 같은 것이 내렸고, 기운을 북돋우는 것이 아니라 신랄하게 비난을 받았습니다.

그러므로 그리스도는 그들의 운명을 선언하며 양날 가진 엄숙한 판결로 이 이야기를 요약하십니다. "내가 심판하러 이 세상에 왔으니 보지 못하는 자들은 보게 하고 보는 자들은 맹인이 되게 하려 함이라."

그리스도께서 세상에 오신 목적은 심판하는 것이 아니라 구원하시는 것입니다. 그러나 사람들이 그리스도께서 구원하시도록 하지 않으면, 그리스도의 오신 결과가 해를 끼치게 될 것입니다. 그러므로 그리스도의 오심은 마치 자석이 물건더미에서 쇳가루는 모두 끌어당기고 놋쇠는 남기듯이 사람들을 두 부류로 나눌 것입니다. 주님은 심판하기 위해 오시는 것은 아니지만 주님의 오심은 심판을 행합니다. 그리스도는 사람들이 그로 인해 일어서거나 넘어지도록 하기 위해 세움을 입었고, "마음의 생각과 뜻을 판단하시는"(히 4:12) 분입니다.

빛은 두 가지 효과가 있습니다. 빛이 병든 눈에는 고통스럽지만 건강한 눈에는 기쁨을 줍니다. 그리스도는 보는 능력이며 또한 보여지는 것이기도 하므로, 그리스도는 빛이십니다. 그러므로 그리스도께서 사람들의 마음에 비추는 빛은 사람들의 마음을 심판하여, 그 마음을 밝게 하든지 어둡게 할 수밖에 없습니다.

우리는 모두 눈이 있습니다. 즉 우리는 "하나님의 영광을 아는 빛"(고후 4:6)을 볼 수 있는 기관이 있습니다. 우리는 모두 자신의 죄 때문에 스스로 눈이 멀었습니다. 그리스도께서는 우리에게 하나님을 보여주시고, 우리가 하나님을 볼 수 있는 빛이 되기 위해, 하나님을 볼 수 있는 우리의 기능을 회복하고 힘을 주기 위해 오셨습니다. 여러분이 그리스도를 환영하고 마음속에 모셔 들이면, 그리스도께서는 여러분에게 빛이 되고 또한 시력이 되실 것입니다. 주께서는 맹인에게 시력을 주기 위해 오셨습니다. 그러나 또한 자신이 눈이 멀었다는 것을 모르고 아주 밝게 본다고 우쭐하는 사람들은 더 보지 못하도록 하기 위해 오셨다고 담대히 말할 수 있습니다. "아버지여 이것을 지혜롭고 슬기 있는 자들에게는 숨기시고 어린 아이들에게는 나타내심을 감사하나이다"(마 11:25).

자신이 보지 못한다는 것을 아는 사람들, 곧 자신이 무지하다는 것을 아는 사람들, 자신이 죄가 많고 비참하며 무력하다는 것을 인정하고 슬픈 곤경 가운데 그리스도께로 돌이키는 겸손한 사람들은 점점 더 지식이 자라고 복을 받는 길로 인도함을 받아 마침내 더욱 밝아진 눈으로, 지금은 우리가 어둠 가운데 있지만 그때는 찬란하게 빛나는 빛을 볼 수 있게 될 완전한 날에 이르게 될 것입니다. "본다"고 말하면서 자신들이 비참하고 눈이 먼 것을 알지 못하며 "안약을 사서 눈에 발라 보게 하라"(계 3:18)는 주님의 권고를 듣지 않는 사람들은 자기들이 거절하는 빛이 비침으로 인해 또 한 꺼풀의 막을 눈에 쓰고, 충분한 빛과 시력을 받았다는 것이 죄를 더하게 할 뿐인 어둠 가운데로 들어가게 될 것입니다. 예수 그리스도는 우리에게 빛이요 시력이십니다. 그리스도를 믿으면 여러분의 눈이 하나님을 보기 때문에 복을 받을 것입니다. 그리스도에게서 돌이키면 애굽의 어둠이 여러분 영혼에 임할 것입니다. "있는 자는 받을 것이요 없는 자는 그 있는 것까지도 빼앗기리라"(막 4:25).

43
양떼에게 주시는 선물

"누구든지 나로 말미암아 들어가면 구원을 받고
또는 들어가며 나오며 꼴을 얻으리라"
요 10:9

사람들은 이 놀라운 약속의 넓이나 깊이가 보다 주목할 만하다는 것을 모릅니다. 예수 그리스도께서는 온 인류 앞에 나와서 자신은 거대한 전체 속에 있는 모든 개인의 필요를 채울 수 있다고 선언하십니다. "누구든지 들어가면"이라고 하셨습니다. 누가 들어가는지, 어디서, 언제 들어가는지 상관없다는 것입니다.

지극히 고귀하고 행복한 삶을 위해서는 적어도 다음의 세 가지가 필요합니다. 즉 그것은 안전, 음식, 활동할 수 있는 영역입니다. 이런 것들을 제공하는 것이 모든 인간 사회와 정부의 목적입니다. 예수 그리스도께서는 여기서 자신이 모든 사람에게 이 모든 것을 줄 수 있다고 말하십니다.

물론 양(羊)과 양 무리에 대한 이미지는 여전히 주님의 마음속에 있지만 표현 형태가 다릅니다. 그러나 그 내용은 이 점을 선언하는 것입니다. 즉 어떤 위험에 둘러싸여 있든지, 일에 어떤 지장과 훼방을 받고 있든지, 땅이 아무런 소출을 내지 않든지 간에 상관없이 어떤 영혼에게든지 예수께서는 이것들, 곧 생활의 근본적 필수품들을 주시리라는 것입니다. "그가 구원을 받고 또 들어가며 나오며 꼴을 얻으리라."

자, 나는 주님께서 여기서 우리 모두에게 가능한 것으로 제시하는 참된 그리스도인의 생활의 복된 세 가지 측면만을 다루어 보고자 합니다. 즉 그 것은 안전, 방해 받지 않는 활동, 그리고 자양물 곧 음식입니다.

1. 첫째, 누구든지 그리스도 안에서, 그리스도를 통하여 구원받을 수 있습니다.

나는 여기서 "구원받다"는 단어가 전적으로 기독교적 의미로 궁극적이 고 영원한 구원을 가리킨다고 보기보다는 이 비유의 상(像)과 관련해서 사 용된 것이며, 따라서 현재의 문맥에서 의미는 "구원받다"는 것보다는 "안 전하다"고 해석하는 것이 더 적절하다고 생각합니다. 또한 이 두 개념은 서로 교체되어 진행됩니다. 본문이 말하는 바는 이것입니다. 즉 걸음마다, 투쟁마다, 외적인 것이든 내적인 것이든 만나는 위험마다, 예수 그리스도 께서는 우리가 그와 연합되어 있음으로 해서 우리를 안전하게 지키시므 로, 마침내 우리는 영원한 구원에 이르게 될 것입니다. 보호하는 능력을 지속적으로 발휘함으로써 "그가 우리를 구원하여 그의 영원한 나라에 들 어가게 하실 것입니다." 그리스도 안에서 발견하는 피난처 외에는 무방비 상태의 머리와 무장하지 않는 몸을 지킬 다른 보호막은 없습니다. 동물의 세계에는 자기들의 몸이 방비 능력이 전혀 없어서 뾰족한 물건에 찔리는 것을 막지 못하기 때문에, 다른 피조물들의 버려진 껍질을 피난처로 삼는 본능을 지닌 열등한 피조물들이 있습니다. 여러분과 나는 치명적 해를 받 지 않고 인생을 살아가려면 뜨거운 사랑과 전능한 손이라는 방호물 뒤에 몸을 숨겨야 합니다.

외적 위험들에 관해서도 예수 그리스도와의 연합이 우리를 보호하고 구 원한다는 점을 생각해봅시다. 두 사람, 이를 테면 맨체스터의 장사꾼 두 사람이 똑같이 상업적 위기를 만나 파산을 하였습니다. 혹은 난파를 당한 두 선원이 난파된 배의 조각에 세게 부딪혔습니다. 혹은 두 사람이 객차에 나란히 앉아 있다가 똑같이 큰 충돌 사고를 당했다고 생각해 봅시다. 한 사람은 그리스도인이고 다른 사람은 아닙니다. 같은 충격이 두 사람에게 미치는 국면과 실질적 효과에서는 전혀 다릅니다. 두 사람이 신체적으로

나 운(運)에 있어서는 똑같은 일을 당합니다. 사람의 외양은 똑같은 영향을 받지만, **사람 자체**는 다르게 영향을 받습니다. 한 사람은 뭉개지고 비참해지고 절망에 빠지거나 아니면 괴로움을 달래기 위해 술을 마시거나 이런 저런 일에 빠집니다. 다른 사람은 엎드려 "이는 여호와이시니 선하신 대로 하실 것이니라"(삼상 3:18)고 말합니다.

이와 같이 두 사람이 당하는 재난이 형태는 똑같을지라도 전혀 다릅니다. 예수 그리스도로 말미암아 양 우리에 들어간 사람은 우리 속에서 안전합니다. 외적 위험에서 안전하다는 것이 아닙니다. 사실 외적 안전이란 보잘것없을 것입니다. 예수 그리스도와 교제를 나누며 사는 진실한 신자에게, 슬픔은 비록 검은 옷을 입고 있을지라도 밝은 얼굴과 부드러운 손, 따뜻한 마음을 가진 하나님의 천사입니다. "누구든지 나로 말미암아 들어가면 안전하리라."

그 다음에, 예수 그리스도와 연합하고, 그리스도에 대한 순전한 믿음과 충성스런 순종으로 말미암아 우리는 참으로 악한 일들과 정말로 위험이라고 부를 수 있는 것들이 결코 뚫지 못하는 방어물을 받게 됩니다. 정말로 악한 일이란 우리가 믿음을 잃어버리고 자신에 대해 진실하지 못하며 살아계신 하나님에게서 떠나게 만드는 위험밖에 없습니다. 우리를 시험하되, 시험에 성공하여 우리를 하나님에게서 떼어놓는 것 외에는 악한 일이란 없습니다. 그런 모든 위험을 맞을 때는 그리스도를 굳게 붙들고, 그리스도의 임재를 의식하며, 여러분과 시험 사이에 그리스도에 대한 생각을 독한 공기를 방출시키고 공기 중에 있는 바이러스를 제거하는 여과기로 세워두는 것이 안전과 승리를 얻는 한 가지 비결입니다.

예수 그리스도께서는 자신에게서 근거한 참된 능력의 선물, 곧 우리의 연약함에 그리스도의 힘을 불어넣고, 우리의 죽은 상태에 그리스도 안에 있는 생명의 성령을 불어넣음에 대한 약속을 하십니다. 그리고 이 약속은 시험이 올 때 그리스도를 의지하는 모든 사람에게 풍성하게 이행됩니다. 죽어가는 순교자가 하늘을 올려다보았을 때 예수 그리스도가 "하나님 우편에 서서" 도우려고 하시는 것을 보았듯이, 말하자면 그리스도께서 자기

종을 구원하려는 간절한 바람으로 영원히 앉아 계신 보좌에서 막 일어서시는 것을 보았듯이, 우리도 원하면 사랑하는 주님께서 악 중의 악, 곧 시험하는 악의 능력으로부터 우리를 구원하기 위해 가까이 오셔서 도우실수 있다는 것을 볼 수 있을 것입니다. 온갖 시험이 우리를 에워싸고 있을때 우리가 매일의 생활에서 그 광경을 보고 그 빛 안에서 행할 수 있다면, 우리를 하나님에게서 떼어놓으려고 하는 모든 시험들이 얼마나 하찮게 보이겠습니까!

예수님을 기억하는 일에는 악한 모든 생각을 죽이는 힘이 있습니다. 우리 대부분의 사람들을 시험하고 우리의 가장 나쁜 측면들, 곧 감각과 야망, 자존심, 불신, 고집에 아주 직접적으로 호소하는 일들, 이 모든 것들도 예수 그리스도께서 나의 요새이시고, 나의 모범이고 동무이시라는 생각이 한 번 마음에 번쩍 하고 스치면 그 힘을 잃고 맙니다.

형제 여러분! 그리스도 없는 삶이라는 함정과 올무에 빠지지 않도록 하십시오. 그 함정에 빠진다면, 모든 악 중의 진짜 악이 여러분을 사로잡아 제것으로 만들 것입니다. 사랑하는 주님의 곁을 떠나지 마십시오. 그러면 "악이 네게 미치지 못하며 재앙이 네 장막에 가까이 오지 못할"(시 91:10, 개역개정은 "화가 네게 미치지 못하며" — 역주) 것입니다. 숨어 있는 시험은 여러분에게 해를 주지 않은 채 지나갈 것이고, 나타난 시험은 밟힌 채 지나갈 것입니다. "어두울 때 퍼지는 전염병과 밝을 때 닥쳐오는 재앙을 두려워하지 아니하리로다"(91:5). 숨어 있는 시험이든 눈 앞에 나타난 시험이든 똑같이 무력하게 될 것입니다. 누구나 그리스도를 믿는 믿음으로 들어가는 그 우리 안에서 여러분은 안전할 것입니다. 이와 같이 위험을 당하고 시험을 만날 때마다 안전하게 보호를 받는 많은 구원이 합쳐져서 천국에서 완성되는 영원한 구원을 이룰 것입니다.

이 조건만을 기억하십시오. "누구든지 나로 말미암아 들어가면." 이것은 단 한 번으로 끝내는 일이 아니고 계속해서 반복해야 할 일입니다. 우리가 손에 무언가를 쥘 때, 처음에 아무리 단단하게 쥘지라도 계속해서 힘을 주는 노력을 기울이지 않으면 근육이 풀어집니다. 그래서 계속 물건을 쥐고 있으려면 계속해서 근육을 긴장시켜야 합니다. 이와 같이 그리스도인의 생활에서도 우리를 에워싸고 있는 위험들을 계속해서 면하려면 여기서 주님이 "그로 말미암아 들어가는 것"이라고 말씀하시는 그 행동을 끊임없이 반복하는 것밖에 없습니다.

여러분과 폭풍우 사이에 항상 그리스도를 두십시오. 항상 만세반석의 가려진 곳에 서 계십시오. 항상 방파제 뒤에 서십시오. 밖에는 사나운 파도가 출렁이고 있어서, 갑판이 없는 상태에서 연약한 손으로 키를 붙잡고 있는 여러분의 작은 배는 곧 침몰될 것이기 때문입니다. 항상 우리 안에 있으십시오. 늑대와 사자가 도처에 엎드리고 있기 때문입니다. 혹은 분명하게 이야기한다면, 순간순간 그리스도의 임재와 능력과 은혜를 인식하며 사십시오. 그럴 때, 오직 그럴 때에만 여러분은 안전할 것입니다.

2. 둘째 예수 그리스도 안에서 누구든지 마음껏 일할 수 있는 영역을 찾을 수 있다는 점을 살펴봅시다.

"들어가며 나오며"라는 은유는 부분적으로 양 무리의 이미지에 의해 설명됩니다. 양 무리는 평화롭게 쉬기 위해 우리에 들어가고 위험이 없을 때는 활동과 음식을 위해 다시 나옵니다. 또 이 은유는 구약과 일반적 회화에서 인간 생활의 두 면을 지닌 활동을 지칭하는 것으로 "들어가며 나오며"라는 표현을 자주 사용한다는 점에 의해 부분적으로 설명됩니다. 한 면은 믿음과 사랑에 의해 하나님과 내적 연합을 이루는 명상적 생활입니다. 다른 면은 하나님께서 우리에게 제공하시는 일터에서 실천적 순종을 실행하는 생활입니다. 이 두 가지 모두는 우리가 항상 그리스도 가까이에 있고 그리스도에 대한 믿음으로 사는 조건에서 최고의 능력에 도달할 수 있고, 그리고 전혀 제한이 없는 즐거운 활동에 의해 이행될 수 있습니다.

그 다음에는 "그가 들어가며"라는 점을 살펴봅시다. 이 점은, 이 은유와 충돌하여 적당하지 않게 보이지만 이 앞의 말씀에서 먼저 "내가 문이니 나로 말미암아 들어가는 것"에 대해 이미 생각하고 있으므로 앞에 옵니다. 말하자면, 믿음으로 예수 그리스도와 연합이 되면, 그 다음에는 반드시 모든 활동의 기초로서 묵상, 믿음, 열망, 소원의 깊은 내적 활동이 빈번하게 일어난다는 것입니다. 여러분은 그리스도로 말미암아 하나님의 깊은 곳에 들어가야 합니다. 여러분은 그리스도로 말미암아 여러분 영혼의 깊은 곳으로 들어가야 합니다. 여러분은 아무리 긴박하고, 자비를 베푸는 것이며, 아무리 필요한 것일지라도 마음을 흐트러뜨리는 외적 일에 손대는 것을 삼가고 "지존자의 은밀한 곳에서"(시 91:1) 예수님과만 지내는 데 익숙해져야 합니다. 우리가 성전의 가장 깊은 신비한 곳에 들어갈 수 있는 것은 바로 그리스도를 통해서입니다. 우리가 영에 관한 지극히 크고 높고 고귀한 진리들의 길이와 넓이와 높이를 배우는 것도 그리스도를 통해서입니다. 우리가 자아의 가장 깊은 비밀들을 친숙히 알게 되는 것도 그리스도를 통해서입니다. 그리고 홀로 은밀히 교제하는 보이지 않는 이 생활을 습관적으로 하는 사람만이 외적 활동 분야에서 많은 일을 할 것입니다. 이 세대의 그리스도인들은 밖이 내다보이는 거실에서만 생활하는 데 너무 익숙해 있습니다. 그래서 그들은 영혼의 건강에 대해, 일의 신선함과 번영에 대해 아는 것이 너무 적고, 모든 힘을 공급해주는 은밀한 명상과 기대에 찬 예배라는 내적 생활에 대해서 아는 것이 거의 없습니다. 오늘날 우리 가운데 너무 많은 사람들에게서 보듯이, 여러분의 물건은 모두 다 점포의 진열장에 내놓고 선반에는 가짜만 갖다 놓는 일은 하지 않도록 하십시오. 주님께서 먼저 "들어가라"고 말씀하신다는 점을 기억하십시오. 그렇게 하지 않으면 여러분은 "구원받지" 못할 것입니다.

그 다음에, 그리스도로 말미암아 주님과만 교제하는 은밀하고 즐거운 생활을 그동안 해왔고, 앞으로도 계속 한다면, 그리스도를 믿는 믿음으로 말미암는 해방만이 가져올 수 있는 외적 봉사를 위한 능력이 더 커지고 기회도 더 늘어나는 일이 따르게 될 것입니다. 여러분과 내가 아무리 외적 환경 때문에 방해를 받을지라도, 즉 외부의 어떤 것이 달랐다면 우리의 활동하는 능력이 훨씬 더 만족스럽게 발전하였을 것이고, 그리스도의 대의를 위해 훨씬 더 많은 일을 할 수 있었을 것이라고 아무리 생각할지라도, 진짜 장애물은 밖에 있지 않고 안에 있습니다. 그리고 그 장애물은 그리스도와의 깊은 교제를 시작하는 것으로만 극복할 수 있습니다. 우리가 일을 할 때, 그 활동 분야가 무미건조하고 지루하며 많은 경우에 불쾌하며 단조롭고 평범한 일이든지 아니면 좀 더 이타적이고 기독교적 봉사의 활동이든지, 우리가 애써 일해야 하는 곳에 들어갈 때마다 그리스도의 임재와 그의 모범, 그의 사랑, 그리고 우리의 신실한 봉사에 대한 보답으로 그리스도의 얼굴에 나타날 미소를 즐겁게 생각한다면, 그리고 외적 노동의 모범과 동기, 원칙, 수행 능력을 그리스도와의 교제로부터 이끌어낸다면 우리의 노동은 더 이상 고된 일이 아니고 천한 일도 아니라는 것을 발견하게 될 것입니다. 심지어 "굽은 것이 곧아지고 험한 길이 평탄하여질 것이요"(눅 3:5), 비참한 일은 적어도 견딜 만하게 될 것이며, 무거운 짐은 가벼워지고, 희미하게 반짝이는 "보이는 잠깐의" 일들은 투명하게 되어 "보이지 않는 영원한"(고후 4:18) 것들이 분명하게 나타나게 될 것입니다.

우리 가운데 어떤 이들은 체질적으로 이런 기독교 활동들 가운데 전자를 좋아하고, 어떤 이들은 후자를 좋아하게 태어났습니다. 이 세대는 후자의 활동에 너무 떨어져 있고 전자의 활동은 제외시키는 경향이 있습니다. 충돌하는 주장들을 화해시키는 것은 어려운 일입니다. 항상 예수 그리스도와 접촉하려고 애쓰는 것만큼 그 중도의 길을 취하는 데 나은 방법은 없다고 생각합니다. 그러면 썩는 양식을 위하는 일이든 그리스도의 나라와 의를 위하는 일이든, 어떤 외적 수고도 거기에 너무 몰두한 나머지 마음을 세상에 빼앗기는 일이 없을 것이고, 주님과 은밀히 교제하는 시간이 너무 길어져서 외적 의무들을 소홀히 하는 일도 없을 것입니다. 평지에 귀신들린 소년이 있었기 때문에 변화산 위에 장막을 짓고 지낼 수 없었습니다. 그러나 그 산에 오르지 않은 제자들은 그 소년에게서 귀신을 전혀 쫓아낼 수 없었습니다. 항상 예수 그리스도 가까이에 있다면 우리는 그리스도를 통하여 "들어가며 나올" 수 있고, 그러는 가운데서 주님을 섬기고 기쁘시게 하는 한결 같은 목적을 추구할 수 있다는 사실을 발견할 것입니다. 그러면 "내가 내 평생에 여호와의 집에 살면서 여호와의 아름다움을 바라보며 그의 성전에서 사모하는 그것이라"(27:4)는 시편 기자의 기도가 우리에게서도 이루어질 것입니다.

3. 끝으로 예수 그리스도 안에 있으면 누구든지 음식을 받을 수 있습니다. "누구든지 꼴을 얻으리라."

물론 지금 주님의 마음속에는 양과 우리(양을 가두는 곳)의 이미지가 있으며, 이 위대한 약속을 표현하는 형태를 결정합니다.

이 사실을 예증하기 위해서는 여러분에게 두 가지 사실을 말씀드리기만 하면 될 것입니다. 한 가지는 인간의 모든 참된 필요가 예수 그리스도 안에서 채워지고 만족된다는 것입니다. 그리스도는 "하늘에서 내려 세상에 생명을 주는 하나님의 떡"(요 6:33)이십니다. 나는 지성을 만족시킬 외적 대상이 필요합니까? 나는 그리스도에게서 그 대상을 발견합니다. 내 마음은 끝에 눈이 달리지 않은 덩굴손을 뻗어 지지대가 썩거나 잘리거나 넘어질 염려를 하지 않으면서 감고 올라갈 어떤 것을 갈망하는 것 같습니까? 예수 그리스도는 비둘기가 날개를 접고 편하게 쉴 사랑의 안식처이십니다. 나는 절대적이고 권위 있는 명령, "표정으로 명령하고 지극히 가벼운 말에도 마력이 있는" 명령이 내 의지에 내려지는 것이 필요합니까(내가 바보가 아니라면 내게는 정말 필요합니다)? 나는 학대의 흔적이 전혀 없고 명령을 받는 사람을 타락시키는 일이 전혀 없는 절대적 권위를 그리스도의 무한하신 뜻에서 발견합니다. 내 양심은 아주 뿌리깊게 스며들어 단단해진 얼룩들을 제거할 강한 세척제가 필요합니까? 나는 "우리를 모든 죄에서 깨끗하게 하실 예수의 피"(요일 1:7)에서만 그 세척제를 발견합니다. 나는 꿈나라 같은 허망한 것을 붙잡고 있는 것이 아니라 견고하고 실질적이고 확실하며 영속적 선을 갈망하고 바랍니까? 그리스도는 우리의 소망이십니다. 내가 마음속으로 갈망하는 복잡한 이 모든 선을 만족시키는 사람은 단 한 분, 곧 예수 그리스도밖에 없습니다. 그리스도 외에 다른 어떤 것도 사람 전체에 자양분을 주는 것은 없습니다. 인간 신체가 모든 부분에서 영광과 성장에 필요한 모든 요소들이 오직 그리스도에게만 있습니다. 이렇게 그리스도 안에서, 그리고 그리스도를 통해서 우리는 "꼴"을 얻습니다.

그뿐 아니라 우리가 단순하고 지속적 믿음과 사랑, 순종으로 그리스도와 연합되어 있다면, 열매를 맺지 못하는 땅이 자양물이 풍부하게 되고, 만족을 주지 못하는 세상의 선물들이 풍요롭고 귀하게 됩니다. 이런 것들은 최우선시 하면 아무것도 아니고, 두 번째 자리에 두면 많은 유익이 있습니다.

나는 오스트레일리아에서 불쌍한 가축들이 먹으려고 하면 입에서 먼지처럼 부스러지고 마는 볕에 그을린 갈색 줄기밖에 없는 노란 목초지에서 풀을 찾으려고 애쓰는 모습을 보던 때가 생각납니다. 바로 그것이 예수 그리스도가 없는 세상입니다. 그런데 6주 후, 비가 온 뒤에 바로 그 목초지를 보았습니다. 높고 기름지고 촉촉한 풀들이 풍성하게 자라고 있었습니다. 세상을 두 번째 위치에 놓고 여러분의 영혼이 먼저 예수 그리스도로 인해 만족하기를 구한다면, 세상도 여러분에게 그렇게 풍요롭게 될 수 있습니다. 그때, 바로 그때에야 비로소 물에 불과한 것이 예수님의 손길과 축복으로 포도주로 변하여 항아리 가득 채워지고, 능숙한 식도락가에게 좋은 포도주라는 말을 듣게 될 것입니다. "내가 좋은 꼴을 먹이고 그 우리를 이스라엘 높은 산에 두리니 그것들이 그곳에 있는 좋은 우리에 누워 있으며 이스라엘 산에서 살진 꼴을 먹으리라"(겔 34:14).

44
선한 목자

"나는 선한 목자라 나는 내 양을 알고 양도 나를 아는 것이 아버지께서
나를 아시고 내가 아버지를 아는 것 같으니
나는 양을 위하여 목숨을 버리노라"

요 10: 14,1 5

"**나는** 선한 목자라." 아마도 그리스도께서도 이것만큼 열매가 풍부한 말씀을 하신 적이 없을 것입니다. 얼마나 많은, 외롭고 지친 마음들이 이 말씀에서 격려를 받았고, 이 말씀에 모든 세대를 위한 격려와 위로가 얼마나 풍성하게 있었는지 한 번 생각해 보십시오. 어린아이는 자려고 누울 때 이렇게 기도합니다.

"사랑 많은 목자이신 예수님, 제 기도를 들어주세요.
오늘 밤 주의 어린 양에게 복을 주옵소서."

노인은 누워 죽음에 들어갈 때 이렇게 속삭입니다. "내가 사망의 음침한 골짜기로 다닐지라도 해를 두려워하지 않을 것은 주께서 나와 함께 하심이라"(시 23:4). "나는 선한 목자라." 어떤 설교도 이 말씀의 취지를 완전히 다 나타낼 수는 없을 것입니다. 이 말씀이 소박하고 단순하며 달콤하게 모든 사람의 마음에 감동을 주지만, 그 말씀에는 깊이 생각할 만한 중요한

진리들이 있고, 설명할 필요가 있는 심오한 사상들이 있습니다.

주목할 세 가지 점이 있는데, 첫째는 이 은유의 전체적 의미이고, 그 다음은 우리 주님께서 그 은유를 친히 적용하신 구체적 두 가지 예입니다.

1. 무엇보다 먼저 이 은유의 전반적 적용에 대해 한 두 마디 하도록 하겠습니다.

이 말의 통상적 개념은 그 자체로 자연적 의미에 국한되지만 아주 고결하고 아마 약간은 감상적인 이해로 이어지면서, 겉보기에 아주 평범한 것을 내용을 제시합니다. 이 점에 대해서는 따로 이야기할 필요가 없을 것입니다. 그리스도의 모범은 나에게 법입니다. 그리스도의 섭리는 나의 인도이고 방어입니다. 이것은 이 세상에서 그리스도의 교제를 의미합니다. 그리스도의 섭리는 나의 안전이며 나의 음식입니다. 이것은 이 세상에서 그리스도께서 바로 내 영혼의 양식이라는 뜻입니다. 이 선한 목자께서 양을 보살피시므로 양들을 근심에서 구원하십니다. 이 사실은 이 세상에서 우리의 할 일이란 유순하게 따르고 조용히 의지하는 것뿐임을 의미합니다. "나는 선한 목자라." 이 사실에 인도와 보호, 교제, 양육이 있습니다. 이 모든 것은 그리스도의 넓은 어깨에 지워진 책임이고, 그리스도의 깊은 마음에 사랑으로 간직하신 것입니다. 그러므로 우리에게 단순한 순종과 조용한 신뢰가 요구됩니다.

이 상징의 전체적 의미를 파악하는 또 다른 방법은 어떻게 이 개념이 거기에 따르는 단어에 의해 강화되는지를 살펴보는 것입니다. 그리스도께서는 "나는 한 목자라"고 말씀하시지 않고 "나는 선한 목자라"고 하십니다. 언뜻 보아서는 이 "선하다"는 단어가 앞에서 말한 대로 주님의 친절함, 사랑, 관심을 표현하는 감상적이고 시적 방식으로 해석됩니다. 그러나 그런 해석이 여기서 충분한 의미라고 생각하지 않습니다. 여러분은 요한복음서에서 "나는 참 떡이라" "나는 참 포도나무라"는 말과 같은 표현들을 보는데, 여기서 "선하다"고 번역된 단어의 의미는 그 개념과 매우 비슷합니다. 참 떡, 참 포도나무, 참 목자라는 말은 현대의 표현을 사용하자면 이것입니다. 예수 그리스도께서 육체적 목자와 그의 양 사이의 열등한 관계에 의해

비유와 그림자로 표현되는 모든 것을 여러분과 나에 대한 관계에서 성취
하신다는 것입니다. 전자는 그림이고 후자가 실체입니다. 분명히 해야 할
또 한 가지 점이 있는데, 그것은 "선하다"는 말이 주님께서 사용하시는 개
념을 충분히 나타내는 것일 수 있지만, 우리 성경에 나오지 않는 원어에
따르는 특별한 뜻과 의미가 있다는 것입니다. 원어의 뜻을 살리면 그 의미
가 보존될 수 있을지 모르겠습니다. 여기에서 사용되는 표현은 일반적으
로 "공명정대한" 혹은 "사랑스러운" 혹은 "아름다운" 으로 번역되는 것입니
다. 이 표현은 신약성경을 기록하는 데 쓰인 놀라운 언어의 특징에 속합니
다. 이 언어는 사랑스러운 것으로 생각하는 도덕적 순결, 최고의 선, 그리
고 옛날 헬라 사람들이 생활에서는 별로 실천할 수 없었을지라도 가르친
지극히 평온한 아름다움을 나타내는 이름을 가지고 있습니다. 그래서 여
기서 나타나는 생각은 유일한 그 목자가 우리 앞에 서계시다는 것입니다.
즉 그 이름이 의미하는 모든 것의 실현이 무한히 사랑스럽고 완전히 공정
하며, 아름다운 것의 진가를 인정하고 좋은 평판을 가진 것을 칭찬할 수
있는 사람이라면 누구나에게서 감탄을 끌어내는 그런 방식으로 표현되고
있다는 것입니다.

　본문에 대한 이 첫 번째 견해와 관련해서 살펴볼 또 한 가지 점이 있습
니다. 주님께서는 세상의 목자는 그림자이고 자신이 그 실체이며, 따라서
자신은 흠 없고 완전한 목자라고 선언하실 뿐만 아니라 또한 자신만이 참
되다고 선언하십니다. "나는 선한 목자라. 내 안에, 내 안에만 사람들이 필
요로 하는 것이 있다." 이 사실을 생각할 때 나는 반드시 언급해야 하는 또
다른 점을 이야기하지 않을 수 없는데, 그것은 구약에서 이 은유의 역사를
고려하지 않으면 이 중요한 말씀의 충분한 의미를 알 수 없다는 것입니다.
그리스도께서는 이 비유의 재판을 말씀하십니다. 따라서 우리는 이전에
있었던 모든 비유를 기억해야 합니다. "여호와는 나의 목자시니 내게 부족
함이 없으리로다"(시 23:1). "주의 백성을 양 떼 같이 모세와 아론의 손으로
인도하셨나이다"(77:20). 이 구절들은 구약 계시에서 여호와 자신이 인류
의 목자이심을 말하는 지속적 일련의 발언들 가운데 표본에 지나지 않습

니다. 한두 개 인용할 또 다른 구절들도 있습니다. "그는 목자 같이 양 떼를 먹이시며 어린 양을 그 팔로 안으시리로다"(사 40:11). "칼아 깨어서 내 목자, 내 짝 된 자를 치라 목자를 치면 양이 흩어지려니와"(슥 13:7). 이 표현에 두 가지 경향이 있었다는 점을 기억해야 합니다. 전자의 경우에 따를 때, 여호와 자신이 이스라엘의 목자이셨고, 후자의 경우에 따르자면, 메시야는 목자이셨습니다. 여기서 예수 그리스도께서 그 두 가지에 다 손을 대시며 "이것들은 나에 대한 말이고, 내게 대하여 증언하는 것이다"고 말씀하십니다. 이 말씀들이 매우 듣기 좋고 은혜로워서 우리는 이 말씀의 장엄한 의미를 놓치기가 쉽기에, 여기서 우리에게 믿으라고 요구하는 주장이 얼마나 크고 광대한지 알 수 있으려면, 먼저 이 점을 생각할 필요가 있습니다. 즉 이 사람이 우리 앞에 서서 옛적부터 시인과 선지자들이 증언한 신적 대권이 자기에 있다고 말하며, 고대에 인간 목자에 대해 이야기했던 예언들이 그에 대한 것이며, 이 상징이 암시하는 양육, 보살핌, 권위, 명령, 이 모든 것이 그리스도 안에서 완전히 하나로 합쳐진다고 주장한다는 것입니다.

2. 여기서 주님께서 선한 목자로서 자신의 관계를 아주 분명하게 보여주는 것으로 강조하시는 두 가지 특별한 점을 살펴보도록 합시다.

본문의 말씀은 이와 같이 되어 있습니다. "나는 선한 목자라 나는 내 양을 알고 양도 나를 아는 것이 아버지께서 나를 아시고 내가 아버지를 아는 것 같으니." 우리 서구의 방식으로는 이 상징의 충분한 의미를 표현할 수 없습니다. 동양을 여행해 본 사람마다 동양의 멀리 떨어진 초원과 황무지에서는 목자와 양 사이에 동정과 애정 어린 관심, 유순한 감사가 섞인 묘한 연대감이 싹튼다는 말을 합니다. 그래서 양들이 낯선 자의 눈으로 서로 비슷하게 보여도, 목자는 참으로 그 양들 각자를 압니다. 또한 보잘것없는 본능과 제한된 지성을 가진 어리석은 양이라도 자기의 목자를 얼마나 잘 알아보는지 낯선 이가 속이려고 목자의 옷을 대신 입어도 속지 않고 그 이방인의 목소리를 따르지 않습니다.

그러나, 우리는 계속해서 다음의 말에 주목해야 합니다. 즉 그리스도께서 저울의 한쪽 끝에서는 그리스도와 그의 제자들 사이의 관계를 예증하는 것으로서 동물의 무언의 본능을 붙들고, 다른 쪽 끝에서는 동일한 사실을 예증하는 것으로서 성부 하나님과 아들 사이의 친교를 설정합니다. "나는 내 양을 알고." 이것은 목자가 아는 것과 같은 지식으로, 친밀한 유대를 말합니다. 그러나 그리스도는 양들을 보고나서 양들에 대해 생각하기 때문에 양들을 아는 것이 아닙니다. 그리스도가 양을 아시는 것은 그보다 훨씬 더 복된 것입니다. 그리스도는 나를 사랑하시기 때문에 나를 압니다. 그리스도는 나를 동정하시기 때문에 나를 압니다. 만일 내가 사랑함으로 그리스도를 안다면, 나는 그리스도를 아는 것입니다. 나는 공감으로 그리스도를 알고, 친교로 그리스도를 압니다. 사랑이 없는 마음은 이 목자를 알지 못합니다. 목자의 마음이 전적으로 사랑이 아니었다면, 목자는 자기 양을 알지 못했을 것입니다. 이 목자의 사랑은 개별적 사랑입니다. 목자는 양떼를 개별적으로 알기 때문에 자기 양떼 전체를 압니다. 우리는 예수 그리스도의 개인적 지식, 곧 개인적 사랑과 동정인 그 지식에 의지할 수 있습니다. "양도 나를 아는 것이." 이것은 지성의 힘으로 아는 것이 아니고 어떤 진리를 이해하듯이 아는 것이 아닙니다. 물론 이런 것들이 매우 중요하지만, 그렇게 아는 것이 아니고, 우리의 마음을 그리스도 안에서 조화시키고 우리 영을 그리스도와 일치시키고 교제를 나누도록 함으로써 아는 것입니다. "양들은 나를 아느니라." 안식은 이 지식과 함께 옵니다. "양들은 나를 아느니라." 모든 의심과 두려움에 대한 최상의 답변이 이 앎에 있습니다. 양들은 위험에 노출되어 있지만, 우리 안에서는 조용히 가서 쉴 수 있습니다. 목자가 문에서 지키고 서서 모든 위험을 막는다는 것을 양들이 알기 때문입니다.

3. "나는 양을 위하여 목숨을 버리노라"는 마지막 요점을 잠시 생각해 봅시다.

우리 서구 표현 방식으로는 목자와 양 사이에 존재하는 일종의 공감을 가리키는 이 은유의 요소를 충분히 나타내지 못한다는 것을 앞에서 말하였습니다. 또한 우리 서구 생활은 다른 이 요소도 나타내지 못합니다. 영국에서 목자들은 양을 위하여 목숨을 내놓을 필요가 없습니다. 팔레스타인에서는 목자들이 종종 양을 위해 목숨을 내놓았고, 지금도 때때로 그같이 합니다. 여러분은 다윗이 사자와 곰과 싸운 것을 압니다. 이것은 이 은유를 뒷받침하는 현실을 보여주는 한 가지 예에 불과합니다. 이와 같이 아주 깊은 의미에서 목자의 죽음은 양의 안전입니다. 무엇보다 우리는 사람이 의복을 벗듯이 "나는 목숨을 버리노라"고 하는, 그리스도 죽음의 절대적 자발성을 나타내는 지극히 분명하고 단호한 표현을 보도록 합시다. 어쨌든 나는 이 점을 아주 힘주어 강조하려고 했습니다. 이 은유가 이렇게 적용된다는 점이 그 뒤에 따라오는 다음의 말씀으로 훨씬 더 강화됩니다. "이로 말미암아 아버지께서 나를 사랑하시느니라 이를 내게서 빼앗는 자가 있는 것이 아니라 내가 스스로 버리노라 나는 버릴 권세도 있고 다시 얻을 권세도 있노라." 우리는 "내가 목자를 치리니 양들이 흩어지리라"(막 14:27)는 말씀을 읽었습니다. 그러나 어쩐 일인지 목자를 치는 것은 양떼를 흩어버리는 것이 아니라 오히려 모으는 것입니다. 여기서는 어쨌든 죽은 이 목자는 양떼를 보호하고 인도하며 지키는 능력이 있습니다. 여기서는 어쨌든 목자의 죽음이 양의 안전입니다. 양떼인 여러분에게 말씀드립니다. 모든 사람에게 하나님의 양떼 가운데 들어가는 것은 양을 위하여 목숨을 버리셨고, 자기를 신뢰하는 자를 자기 양으로 삼으시는, 죽으신 그리스도라는 문을 통해서 이루어집니다.

45
다른 양들

(* 이 설교는 침례교 선교회에서 행한 것임)

"이 우리에 들지 아니한 다른 양들이 내게 있어 내가 인도하여야 할 터이니 그들도
내 음성을 듣고 한 무리가 되어 한 목자에게 있으리라"

요 10:16

이 강화(講話)에는 거짓 목자들, 곧 제일 처음 이 설교를 들은
바리새인들에 대한 생소하고 신랄한 교훈들이 많이 있었습니다. 그런데
하나님의 양떼가 하나님의 양우리보다 더 넓게 존재한다는 이 말씀만큼
그들의 마음에, 그리고 스스로 지극히 신성하다고 생각하는 그들의 신념
에 충격을 준 교훈은 없었습니다. 주님께서는 유대교가 신성한 제도로 중
간에 막힌 담을 가지고 있음을 분명하게 인정하시면서, 또한 그만큼 분명
하게 그 담 너머로 시선을 돌리십니다. 주의 말씀을 듣는 사람들에게는,
"이 양 우리" 곧 자신의 민족적 국체(國體)가 모든 양떼를 소유하고 있었습
니다. 밖에는 개들이 있고, "들짐승이 이리와 만나는"(사 34:14) 음울한 땅
이 있습니다. 그런데 이 새로운 선생은 바리새인들을 삯군이라고 부르는
것에 만족하지 않고, 그 자신이 이스라엘의 유일하고 참된 목자로서 울타
리를 헐고, 자신을 사람들의 목자로 부르십니다. 그들이 "그가 귀신 들려
미쳤다"고 말한 것이 이상한 일이 아닙니다.

우리가 아는 대로, 지상 생애 동안 주님은 자신의 사역을 대부분 이스라

엘 집의 잃어버린 양들에게 국한하셨습니다. 하지만 오로지 이스라엘 집의 잃어버린 양들만 돌아보신 것은 아닙니다. 주께서 적어도 두로와 시돈의 해변 지방으로 가서 가르치고 치료하는 일을 하셨기 때문입니다. 수로보니게 여인은 주님의 발을 붙잡고 자기의 요청하는 바를 구하여 받았습니다. 많은 사람들을 먹이신 주님의 기적 가운데 하나는 굶주린 이방인들을 위해 베푸신 것입니다. 그러나 주님의 사역이 이스라엘 안에서 이루어졌지만, 그것은 인류를 위한 것이었습니다. 일반적으로 말해서 "이 우리"라는 말이 주님의 노고의 경계를 정하지만, 주님의 사랑이나 생각을 국한시키지는 않았습니다. 전 세계적 선언과 약속이 한 번 이상 주님의 입에서 나왔는데, 심지어는 "만민에게 복음을 전파하라"(막 16:15)는 최종적이고 보편적 명령을 내리시기 전에도 나왔습니다. "내가 땅에서 들리면 모든 사람을 내게로 이끌겠노라"(요 12:32). "나는 세상의 빛이로라"(9:5). 이 말씀들이나 이와 비슷한 말씀들을 보면 주님께서 자신이 "이방 나라를 유업으로 그리고 소유를 땅 끝까지" 받았다는 고귀한 의식을 가지고 계셨음을 알 수 있습니다. 본문의 말씀도 본질적으로 이런 말씀들과 같은 것입니다. 현재 우리는 본문 말씀이 주님께서 이방 세계에 대해, 주님의 사역과 우리 사역에 대해, 그리고 그 두 사역의 결과들에 대해 어떻게 보셨고 또 우리가 어떻게 보기를 바라시는지를 말씀하는 교훈을 담고 있는 것으로 볼 수 있습니다.

1. 여기서 우리는 그리스도께서 이방 세계를 어떻게 생각해야 하는지를 가르치고 계심을 봅니다.

여기서 주님이 하신 말씀이 온 인류가 자기 양이라는 선언이 아니라는 점을 살펴봅시다. 이 앞의 구절들은 분명하게 어떤 계층의 사람들은 이름을 소유한 것으로 규정지었고, 그 다음에 나오는 구절들은 동일한 규정을 반복하되 또 다른 계층의 사람들은 분명하게 제외시킵니다. "너희가 내 양이 아니므로 믿지 아니하는도다"(10:26). 주님의 양들은 주님을 알고, 또 주께서 아시는 자들입니다. 주님과 양들 사이에는 사랑의 친교와 생명의 연합이 있고, 그로 말미암은 상호간의 지식이 있습니다. 이 지식은 지상 생활의 지극히 친밀함을 초월하는데, 그와 비슷한 예는 홀로 아들을 아시는 성부 하나님과, 항상 아버지 품속에 계시며 그만이 아버지를 알고 우리에게 아버지를 계시하시는 독생자 사이에 존재하는 깊고 신비한 하나됨에서만 찾을 수 있습니다. "나는 내 양을 알고 양도 나를 아는 것이 아버지께서 나를 아시고 내가 아버지를 아는 것 같으니라 내 양은 내 음성을 들으며 그들은 나를 따르느니라 내가 그들에게 영생을 주노라"(10:14-15, 27-28). 이런 것이 그리스도와, 그리스도로 말미암아 그의 양이 되는 사람들 사이에 존재하는 관계의 특징입니다. 우리 주님께서 황량한 광야에서 보시는 것이 바로 이런 사람들입니다. 주님께서는 지금 모든 사람들이 창조됨으로 말미암아 주님과 갖는 관계를 이야기하는 것이 아니라 주님의 이름을 믿는 자들이 주님과 갖는 관계를 말씀하는 것입니다.

본문 말씀에 대한 이 해석은 그리스도의 사랑의 심정에 모든 인류가 포함되고, 그리스도께서 모든 사람을 위하여 죽으셨으며, 모든 사람이 중보자 그리스도의 나라의 신민이 되고 선교하는 교회의 충실한 전도를 받을 수 있다는 진리와 모순되지 않고, 오히려 그 진리를 전제로 하며 기초로 삼고 있습니다. 이런 진리들에 근거하여 본문 말씀은 한 걸음 더 나아가, "나를 믿을" 자들을 생각합니다. 그들이 적든지 많든지 하는 것은 당면한 문제가 아닙니다. 장래 어느 때 땅의 모든 거민이 그리스도를 믿는 자가 될 것인가 하는 것도 당면의 관심사가 아닙니다. 복음을 계획하고 전하고 적용할 때 사람의 모든 영혼을 포함시켰다는 것이 당면의 관심사가 아닙니다. 당면한 문제는 이것입니다. 즉 예수 그리스도께서는 양들에게 자기 생명을 주실 것을 내다보는 고귀한 순간에 아주 멀리 앞을 내다보셨고, 모든 민족과 백성 가운데서 그리스도께서 자기 것으로 알고, 어느 날 자기를 알고 그리스도께서 "푸른 풀밭과 쉴 만한 물 가"로 인도할 영들을 보셨다는 것입니다.

그런데 예수께서 이 말씀을 하실 때 그들은 어디에 있었고 혹은 어떤 사람이었습니까? 주께서는 그들이 이미 그 음성을 듣고서 주님의 발자취를 따르고 있으며 그의 사랑을 알고 그의 손에서 영생을 받았다는 뜻으로 말씀하신 것이 아닙니다. 그런 뜻으로 말씀하실 수 없습니다. 이어서 주님이 그들을 "인도할" 것과 그들이 "들을" 것을 말씀하시기 때문입니다. 즉 그것이 앞으로 될 일이라고 말씀하시기 때문입니다. 그것은 주님께서 "없는 것을 있는 것으로 부르시는"(롬 4:17) 충만한 신적 지식을 가지고 그들에 대해 이같이 말씀하시는 것으로밖에 볼 수 없습니다. 그렇다면 주께서 여기서 말씀하시는 것은 바로 예언적 말씀입니다.

본문의 뜻이 일차적으로 적용되는 것을 알려면 그리스도 시대의 문명화된 이교도의 상태를 생각해보기만 하면 될 것입니다. 구원의 일이 우리 주님의 생애와 죽음 안에서 세상을 위해 준비되고 있는 동안, 세상은 구원의 소식을 듣기 위해 준비되고 있었습니다. 도처에서 사람들이 자기들 우상에 대한 신앙을 잃어버리고 어떤 구원자를 열망하고 있었습니다. 어떤 사람들은 철학적 사색의 공허함에 지치게 되어 빌라도처럼 "진리가 무엇이냐"고 묻고 있었습니다. 한편으로 사람들은 빌라도와는 다르게 답을 기다렸고, 성육신하신 지혜자의 입에서 진리가 나올 때 믿으려고 했습니다. 빛나는 자신들의 과학의 인도를 받아 성육신하신 지혜자의 구유에 왔다가 자기들을 그리로 안내한 것보다 더 나은 빛을 가지고 동방의 오지로 돌아간 박사들이 그런 사람들이었습니다. 초기 기독교 회심자들 가운데, 오랫동안 좋은 진주를 절망적으로 찾았고, 그래서 좋은 진주를 제공받았을 때 그 진주의 가치를 알도록 배워 온, 적지 않은 사람이 그러했습니다. 썩는 신화와 타락시키는 도덕 가운데서 오랫동안 절망에 넌더리를 내며 자신과 세상에 건강을 불어줄 바람을 갈망해 왔고, 그래서 "급하고 강한 바람"(행 2:2)이 능력있게 불어왔을 때 환영할 줄 알게 된 사람들이 있었습니다. 택한 백성들 안에서 뿐 아니라 밖에도 위로가 어디서 오는지 알지 못하지만 그 위로를 기다리는 순전한 영혼들이 있었습니다. 구원이 예수님에게 있다는 것을 배워야 할 것이 여전히 있지만 그래도 "구원이 유대인에게서 남이라"(요 4:22)는 사실은 이미 배워 안 사람들이 많이 있었습니다. 빌립을 만났을 때 이사야서를 곰곰이 생각하고 있었던 에티오피아의 정치가가 그런 사람이었고, 기도와 구제가 하나님 앞에 상달된 가이사랴에 있는 로마의 백부장이 그런 사람이었습니다. 서구의 이 헬라인들은 그리스도의 구유를 찾아 온 동방의 박사들처럼 주님의 십자가로 왔고, 또 그리스도께서 보시기에 "비둘기들이 그 보금자리로 날아가는 것 같이"(사 60:8) 십자가에 달리신 그리스도께 피하기 위해 날아올 양 무리의 전위이자 첫 선구자들 같은 이들이었습니다. 온 세상이 때가 찼다는 것을 보여주었습니다. 교회 초기의 역사를 보면 참으로 많은 영혼들 속에서 준비의 과정이 소리 없이 진행되어 왔다는 것을 알 수 있습니다. 그것은 마치 초봄의 싱싱함과 같았습니다. 추위 속에서 자라왔고 부풀어 왔던 모든 싹이 벌어지고, 혹독한 겨울에도 내내 표면까지 밀고 올라왔던 여린 꽃들이 아름답게 웃음을 터트리고, 4월의 번쩍이는 태양이 비치자마자 온 울타리에 푸르른 휘장이 깔리는 것과 같습니다.

주께서 이방 땅에 있는 자기 양들을 보셨을 때 마음속으로 이들만 생각하셨던 것이 아닙니다. 그런 사전 준비가 전혀 없었고, 깜깜한 어둠 속에 빠져 있었지만 그것이 어둠인지도 모르는 사람들이 많이 있었습니다. 우상숭배에 넌더리를 내고 케케묵은 신조에 불만스런 사람들뿐이 아니었습니다. 일루리곤의 야만적 사람들, 고린도의 방탕한 사람들, 빌립보의 간수처럼 거친 사람들, 그 밖의 더 많은 사람들이 주님의 눈에 비쳤습니다. 표면 밑과 현재 너머를 보시는 주님은 사람들이 늑대밖에 볼 수 없는 곳에서 자기 양들을 보십니다. 주님은 하나님을 모독하는 사울에게서 사도를 보시며, 호색가이고 마니교도에 불과한 아프리카인 어거스틴에게서 모든 세대를 위한 선생을 보시고, 열심 있는 수도사 루터에게서 개혁자를 보시며, 땜장이 번연에게서 시인 전도자를 보십니다. 주님은 현재의 죄인에게서 미래의 성도를 보시고, 세상의 짐이 무겁게 놓여 있는 많은 어깨에서 돋아나고 있는 천사의 날개를 보시며, 짐승의 표밖에 없는 많은 이마에서 새 이름과 하나님의 이름의 수가 기록된 것을 보십니다.

주께서 말씀하는 동안에 보고 계시는 양들은 그 세대의 사람들만이 아닙니다. 이 중대한 말씀은 전세계적이고 세상 끝날까지 지속되는 것입니다. 주님의 마음에는 모든 시대의 사람들이 있습니다. 마치 모든 민족이 어느 날 그리스도의 심판좌 앞에 모이듯이 주님의 예언자적 시야 앞에서 모든 민족이 모입니다. 그리고 헤아릴 수 없이 많은 이 모든 무리 가운데서 주님은 세상 끝날까지 주님의 부르심에 애정 어린 믿음으로 나오고 주님의 발자취를 기쁘게 순종하여 따라갈 사람들에게 손을 대시고 사랑으로 붙드시는 것입니다.

이와 같이 그리스도께서는 우리 밖에 있는 세상을 내다보십니다. 여기서 오래 머물 수 없고, 내친 김에 본문의 말씀에서 풍기는 정신을 간단히 언급하고 지나갈 수밖에 없을 것입니다. 그리스도께서 지도자요 안내자이시며, 모든 사람의 친구요 돕는 분이시고, 주님만이 복을 주실 수 있는 분이시라는 고귀한 의식이 있습니다. 이 세상은 땅 끝까지 주님의 것이라는 충만한 확신이 있습니다. 주님은 목자가 없고 우리도 없이 온갖 높은 산지에서 헤매고 물이 없는 마른 땅에서 죽어가는 이방 백성들의 슬픈 상태를 분명히 보고 계십니다. 궁지에 처해 있는 그들에 대한 애정 어린 동정과 그리워하는 사랑이 있습니다. 그들이 와서 주님 안에서 복을 받을 것이라는 분명한 확신이 주님께 있습니다. 나는 현재 우리의 목적에 가장 적합한 생각을 강조하기 위해서 이 말씀에서 자연스럽게 발견하는 다른 것들은 그냥 지나갑니다. 사랑하는 형제 여러분, 우리가 이방 세계를 생각할 때 그리스도를 우리의 모범으로 삼으십시다.

주께서는 기존 교회들의 한계를 훨씬 넘어서는, 즉 현재의 성취점을 훨씬 초월해서 바라보는 시야의 모범을 우리에게 세워주셨습니다. 우리는 떠오르는 생각들과 따뜻한 동정심을 우리 눈에 보이는 범위 안이나 개인적 교제의 범위 안으로 그 경계를 정하려는 경향이 강합니다. 우리의 이기심과 게으름은 우리 활동의 성격에 영향을 미치는 것만큼이나 우리 생각의 대상에도 영향을 미칩니다. 이기심과 게으름은 우리 자신을 일의 성격과 생각의 대상의 중요한 목적으로 삼음으로써, 그리고 좋아하는 중심으로부터 멀어지는 것만큼 빠르게 그 두 가지의 취지를 약화시킴으로써 일의 성격이나 생각의 대상을 훼손합니다. 그것은 우리 생각을 어떤 울타리의 경계 안에 계속 가두어 두거나 이미 성취한 진보에 의해 계속 제한시키는 동일한 질병이 묘한 형태를 띠는 것에 지나지 않습니다. 우리에게는 온 세상이 우리를 구속하기 위해 죽으신 우리 주님의 소유입니다. 우리는 주님께서 "이 우리에 들지 아니한 다른 양들이 내게 있어"라고 말씀하실 때 주님의 마음에 가득했던 예언자적 확신의 정신을 가지고 이 전체를 생각해야 합니다. 그리스도인들이 자신의 성품을 점점 더 정결하게 하는 일이든지 세상을 점점 더 그리스도께로 인도하는 일이든지 그리스도인에게 적합한 태도는 "뒤에 있는 것은 잊어버리고 앞에 있는 것을 잡으려고" 앞으로 나아가는 것뿐입니다. 우리는 과거의 모든 성공은 더 고귀한 일을 하기 위한 디딤돌로 삼아야 합니다. 현재를 제대로 사용하는 길은 현재에서 더 고귀한 미래로 나아가는 것입니다. 먼 미래가 우리에게 손짓을 합니다. 먼 미래가 우리에게 손짓하는 것이 헛되지 않다면 우리에게 잘된 일입니다. 양 우리 너머에 있는 황무지를 동정하는 생각에 익숙하지 않다면, 이 울타리의 넓이가 세월이 갈수록 더 넓어져서 마침내 온 세상을 두르기까지 이르러야 할 것이라는 믿음이 마음속 깊이 뿌리를 내리지 않았다면 우리는 이 말씀에서 나타난 바와 같이 주님의 정신이 가르치는 첫 번째 교훈을 여전히 배워야 합니다. 이 외침은 옛적부터 우리에게 메아리치고 있습니다. "너의 줄을 길게 하며 너의 말뚝을 견고히 할지어다 이는 네가 좌우로 퍼지게 할 것임이라"(사 54:2,3). 우리가 신앙적 사상의 기존 주제들의 "지역을 넘어"(고후 10:16), 즉 우리가 아는 바와 같이 교회는 에스겔이 온 세상의 기쁨이 될 영원한 예루살렘의 뜰을 금 장대로 측량했던 것과 같은 넓이를 가진다고 조심스럽게 생각할 때 이런 요청에 반응하여 첫 걸음을 떼는 것입니다. 이 복음서의 참된 특징은 대망을 품게 하는 것입니다. 그 특징은 복음이 사람에게 제시되는 범위의 보편성, 기간의 영원성, 정도의 완전성에 만족하는 것입니다. 우리는 발견의 항해를 하는 사람같이 되어야 합니다. 즉 멀리서 희미하게 가물거리는 갑(岬)마다 다 둘러보고 측량하면서 국기를 꽂을 때까지는 임무를 완수했다고 생각하지 않는 사람 같아야 한다는 말입니다. 한 곳의 갑을 지나면 또 다른 갑이 나타나므로, 우리는 계속해서 앞으로 나가야 합니다. 우리의 배가 가서 닿고, "임마누엘이여 네 땅"을 가득 채우는 "왕을 부르는 소리"(민 23:21)가 해변마다 울려 퍼지기 전까지는 우리 생각이 그칠 수 없고, 우리의 동정심도, 우리의 활동도 그칠 수 없습니다. 오늘날 그리스도의 교회라는 보이는 공동체의 범위는 언젠가 그 범위가 반드시 이르게 될 경계에서 더 멀리 있습니다. 우리가 아직 여리고 가까이에 진을 치고 있고 전투를 막 시작하였음을 알라는 것이 주의 말씀이 우리에게 가르치는 바입니다. 아이 전투, 벳호른 전투, 그 밖의 많은 전투가 우리 앞에 있습니다. 우리는 미래에 살고, 멀리 있는 것을 굳게 붙잡도록 합시다. 미래와 멀리 있는 것이 모두 우리 주님의 것이고, 그렇게 할 때 우리가 현재의 당면한 주님의 일을 더 잘 할 수 있을 것이기 때문입니다.

주님은 이교 세계를 꿰뚫어보는 시선, 즉 이교 세계의 한결같은 비참함 밑에 주께 속한 영혼들이 있음을 보는 시선의 본보기를 우리에게 두었습니다. 우리는 그리스도인이 수고하는 모든 분야를 볼 때, 그 속에 그리스도의 음성을 들을 사람들이 있다는 확신을 가지고 보아야 합니다. 그리스도께서 오셨을 때 그랬듯이, 그것은 항상, 어디서나 그렇습니다. 세상은 복음을 받기 위해 준비되고 있습니다. 전반적으로 우상숭배에 대한 신앙은 소멸하고 있고, 사람들의 도덕적 상태는 더디지만 조금씩 상승하고 있습니다. 각 개인들이 자기들의 신에게서 떨어져 나가고 있는데, 그들은 그리스도에 대해 듣기 전까지는 어떻게 자기들의 신에게서 떨어져나갈지를 알지 못했고, 왜 그렇게 해야 하는지도 알지 못했을 것입니다. 주님은 복음을 받아들이고 있는 모든 땅에서 "주를 위하여 준비한 백성을"(눅 1:17)을 보십니다. 주님은 동굴의 갈라진 틈에서 희미하게 번쩍이는 금을 보시고, 맥석(脈石)에 연마되지 않은 거친 보석들이 들어 있는 것을 봅니다. 주님은 허다한 우상숭배자들만 보시지 않고, 그의 음성을 들을 신실한 영혼들도 봅니다. 바로 이 무리를 주님과 같은 확신을 가지고 보는 것이 우리의 할 일입니다. 냉담한 무관심이나 나약한 의심을 수용함으로써 우리의 손을 약하게 만들어서는 안 됩니다. 전망이 매우 어두울 수 있고, 적의 힘은 강하며, 우리의 자원은 매우 불충분할 수 있습니다. 그러나 우리는 그리스도의 눈으로 보도록 합시다. 그러면 우리는 도처에서 우리의 메시지에 반응이 나타날 것을 기대할 수 있다고 확신할 것입니다. 그들이 누가 될지 우리는 모릅니다. 그들이 얼마나 많은 수가 될지 알지 못합니다. 그들이 어떻게 주님의 인도를 받을지 우리는 모릅니다. 그러나 주님은 모든 것을 아십니다. 우리는 그런 사람들이 있다는 것을 알 수 있습니다. 우리는 그런 사람들이 있다는 것만 알고, 그들이 누구인지는 말할 수 없기 때문에, 우리는 모든 사람들에 대해, 곧 인류 가운데 지극히 타락한 사람과 버림받은 사람에 대해서까지 희망을 품어야 합니다. 우리는 어떤 분야나 어떤 사람도 희망이 없는 것으로 여겨 포기할 권리가 없습니다. 그리스도의 양이 늑대와 양들 가운데서 나오는 것을 보게 될 것입니다. 어둠이 땅을 덮을 수 있고, 큰 어둠이 사람들을 덮을 수 있습니다. 그러나 우리가 그리스도께서 보셨듯이 그리고 우리를 보게 하려고 하듯이 그것을 본다면, 우리는 어두운 곳 여기저기에서 깜박거리다가 확하고 타오를 불빛들을 볼 것입니다. 예언자적 안목, 끝없이 소망을 품는 마음, 그리스도가 전파되는 모든 땅에 그의 음성을 들을 자들이 있으리라는 굳은 확신, 이런 것들이 주님께서 "이 우리에 들지 아니한 다른 양들이 내게 있어"라고 말씀할 때 우리에게 가르치시는 바들입니다.

이 말씀과 연관된 또 한 가지 사상이 있는데, 여기서 그에 대해 간단히 말해볼 수 있을 것입니다. 그것은, 그동안 복음이 전파되어 온 모든 땅에, 비록 그리스도의 보이는 교회와는 아무 관계를 맺고 있지 않지만 그리스도께서 영접하신 사람들이 있다는 것입니다.

이 우리 안에 염소들이 많이 있습니다. 또 이 우리 밖에 양들도 많이 있습니다. 심지어 복음이 오랫동안 전파되어 온 나라에서도 우리는 교회 단체가 신앙을 고백했다고 해서 그것을 곧바로 그리스도와 생생한 연합을 이루었다고 감히 말하지 못합니다. 이 사실은 우리의 선교 활동과 그 활동으로 생기는 회심자들에게 훨씬 더 적용됩니다. 겉으로 나타나는 결과와 실제로 성취된 결과는 전혀 다릅니다. 우리는 뱅골 시장에서 지나가는 길에 한 마디 들었거나 길가에서 선교사에게서 전도 책자를 받은 사람들, 그리고 마음속에 그 씨를 품고서 교회에서 멀리 떨어진 채 아무도 모르게 오랫동안 그리스도인으로 살아온 사람들에 대한 이야기를 종종 듣습니다. 우리는 어떤 경우에는 수줍은 때문에, 또 어떤 경우에는 거리 때문에 이같이 은밀한 제자들이 생겨났다고 쉽게 생각할 수 있습니다. 비록 이들이 양떼의 예를 따르지 않지만 목자께서 이들을 따로 인도하실 것입니다. 어린 양의 생명책에는 교회의 명부에 기록되어 있거나 선교 통계치에 나와 있는 것보다 더 많은 이름이 있을 것입니다. 해마다 하늘을 가득 채우는 유성들이 잠깐 동안 보일 수 있는데, 이 유성들은 잠깐 하늘에서 빛을 내며 지나가다가 땅의 어둠 속으로 사라집니다. 그런데 천문학자들은 유성들이 잠깐 동안만 밝게 빛나는 것처럼 보이지만 언제나 그 자리에 있다고 말합니다. 우리는 이 유성들을 볼 수 없지만, 이 별들은 어두운 길을 계속 가며, 태양 둘레를 돕니다. 이와 같이 많은 이방 나라들에, 우리에게 잠깐 동안만 보이다가 사라지지만 여전히 보이지 않는 곳을 가득 채우며 의의 태양 둘레를 순종하며 도는 믿는 영혼들이 있다는 것을 확실히 알도록 하십시오. 그들의 이름이 땅에서는 가려져 있지만, 하나님의 아들들이 나타나는 때가 오면, 그들은 창공의 해처럼, 별처럼 영원히 빛날 것입니다. 우리의 활동은 현재 우리가 아는 지식의 범위를 뛰어넘는 결과를 냅니다. 교회, 곧 어린양의 신부가 마지막 날에 눈을 들어 볼 때, 전혀 알지 못했던 자녀들이 떼 지어 몰려오는 것을 보고 기이히 여기며 이렇게 말할 것이라고 선지자는 말합니다. "누가 나를 위하여 이들을 낳았는고? 나는 홀로 남았거늘 이들은 어디서 생겼는고 하리라"(사 49:21). 이들은 하나님께서 외형적 교회 울타리 밖에서 숨겨 길렀지만 마침내 교회의 승리를 함께 나누고 교회 옆에 거하게 하신 자녀들입니다. "이 우리에 들지 아니한 다른 양들이 내게 있다."

그렇다면 우리가 이교 세계를 볼 때, 마음에 얼마나 큰 확신과 얼마나 애정 어린 동정과 얼마나 큰 소망을 품어야 하겠습니까! 우리는 현재의 성과에 만족해서는 안 됩니다. 우리는 온 세상이 즐거운 소리를 들으며, 주님의 얼굴 빛 가운데 걷는 복을 받기 전까지는 끝날 수 없는 임무를 맡았습니다. 동양의 사도라고 불리는 로마 가톨릭 교회의 위대한 선교사 프란치스코 자비에르(Francis Xavier, 1506-1552)는 그가 사랑했던 야만인들 가운데서 임종의 자리에 누워있었을 때, 떠나가는 그의 영은 바쁘게 일하고 있었습니다. 응시하는 눈은 더 이상 분명하게 보지 못하고 잿빛 입술은 굳어져 영원한 침묵 속으로 들어가기 시작하는 죽음의 순간에조차, 더욱 많은 영혼을 획득하는 광경이 그의 눈앞에 번쩍하고 스쳤고, 그가 마지막으로 외친 말은 "앞으로!'라는 것이었습니다. 이것은 더 순수한 신앙을 자랑하는 우리의 선교 활동의 표어가 되어야 합니다. 우리는 이 표어를 지니고 이교도에게 가고 이 표어로 우리 영혼에 불을 붙여야 합니다. 우리가 낙담이 되어 일을 중단하고 싶거나 우리의 활동을 돌아보고 회심자의 수를 헤아리며 감사한 마음으로 쉬고 싶은 생각이 든다면, 주님께서 십자가의 광경을 바라보고, 또 십자가 너머로 사람들이 한데 모인 세상의 광경을 보는 지극히 중요한 시간에 말씀하시는 그 목소리에 귀를 기울이도록 합시다. "이 우리에 들지 아니한 다른 양들이 내게 있다."

2. 여기서 그리스도께서 자신의 일과 우리의 일을 어떻게 생각해야 하는지를 가르치시는 것을 봅니다.

"다른 양들도 내가 인도하여야 할 터이니." 주님에게는 어떤 필연성이 부과되는데, 그것은 주님의 생명의 법칙인 하나님의 일로부터 그리고 주님 자신의 사랑과 동정에서 나오는 것입니다. 반드시 필요한 이 일을 성취하는 수단은 주님의 속죄의 죽음이라는 것이, 이와 비슷한 다른 성경 말씀들에서와 같이 본문에서도 암시됩니다. 여기에 사용되는 도움과 수단은 이 땅에서 주님 자신의 활동뿐만 아니라 하나님 보좌 우편에 앉아 성결의 영으로 능력 있게 통치하시는 것이고 또한 교회의 활동이고 교회를 통한 주님의 활동입니다. 주께서 "다른 양들도 내가 인도하여야 할 터이니"라고 말씀하실 때 주로 그 점을 말씀하고 계십니다. 그 다음에 이교 세계를 위한 우리의 노력에 활기를 불어넣을 뿐 아니라 그 기초가 되고 그 형태를 이루는 진리들이 있습니다.

첫째로, 주님께 부과된 이 최고의 필연성이 우리에게도 지워진다는 점을 기억해야 합니다. 그리스도 안에 있는 "생명의 성령"에는 "법"이 있었는데, 그 법은 하나님의 뜻입니다. 이 하나님의 뜻이 주님의 모든 것을 결정지었습니다. 주님은 "내 아버지의 일에 관계하여야 하리라"(눅 2:49 난외주)고 말씀하신 처음 순간부터 "아버지 내 영혼을 아버지 손에 부탁하나이다"(눅 23:46) 하고 탄식하신 마지막 순간까지 하나님의 뜻을 아주 분명하게 인식하고 거기에 완전하게 순종하시는 모범을 세우셨습니다. 주님의 활동을 "하여야 하리라"는 의무로서 결정된 것으로 자주 표현하는 말씀은 이런 점에서 나온 것입니다. "하여야 하리라"는 것은 주님의 생애에서 작게 보이는 일에 대해서든지 크게 보이는 일에 대해서든지 언제나 똑같이 절대 필요한 일이고, 그것이 예언적 어떤 말씀을 성취해야할 필요에 기초한 것이든 아니면 아들로서 마땅히 해야 하는 합당한 것에 기초한 것이든 결국 하나님의 뜻을 이행하는 것입니다. 주님께서 달빛을 받으며 겟세마네로 나가시기 전, 유월절 밤에 마지막으로 "나는 아버지께서 명하신 대로 행하느니라"(요 14:31)고 하신 말씀은 주님의 전 지상 생애를 형성한 영향력을 담고 있습니다.

주님에게는 이 하나님의 뜻이 지금의 경우에서 그 필연성의 가장 깊은 근거를 형성합니다. 하나님의 영원한 뜻은 "땅 끝까지도 모두 하나님의 구원을 보게"(사 52:10) 하려는 것이었습니다. 그러므로 노고와 고통이 아무리 크고, 상실과 죽음이 아무리 두려울지라도 자기를 보내신 하나님의 뜻을 행하는 것을 양식으로 삼으시는 주님께서 자신을 바쳐 그 일을 이루지 않을 수 없고, 지친 방랑자들을 하나씩 다시 어깨에 메고 사랑으로 감싸 안기까지는 쉴 수 없을 것입니다.

사람들의 구원을 위한 주님의 사역에서가 아니라 주께서 그 일을 행하신 정신에서 주님이 우리의 모범이시라는 점을 기억하도록 합시다. 주님이 기꺼이 순종했던 신성한 의무의 법칙이 우리에게도 법이 됩니다. 주께서 복종하신 권위 있는 명령은 우리에게도 복종을 요구하는 권한을 갖습니다. 우리가 삶을 거룩하고 튼튼하며 지혜롭고 선하게 영위하려면 "죄와 사망의 법에서 우리를 해방하는 그리스도 예수 안에 있는 생명의 성령의 법"(롬 8:2)을 가져야 합니다. 더 높은 법에 순종하는 것이 낮은 법에 묶여 있는 노예 상태에서 풀어주기 때문이고, 우리가 그리스도의 사람들이 되면 다른 모든 권위는 우리에 대하여 죽기 때문입니다. 우리는 주님의 목적과 같은 목적, 곧 세상의 구원이라는 목적을 지향하는 봉사를 수행해야 할 의무가 있는 것입니다. 그리스도께 "내가 너를 이방의 빛으로 삼으리라"(사 49:6)고 말씀하시는 그 목소리가 우리에게 "너희는 나의 증인, 나의 종으로 택함을 입었느니라"(43:10)고 말씀하십니다. 그리스도를 기름부음 받은 그 선지자로 세운 바로 그 의지가 우리에게 "나의 기름 부은 자를 손대지 말며 나의 선지자들을 해하지 말라"(시 105:15)고 말씀하십니다. 우리는 구속 받은 사람들이므로 하나님을 찬양할 수 있습니다. 우리 자신만을 위하거나, 결국 우리 개인이 하나님께 인정받는 것으로 끝나는 목적들 혹은 우리 개인의 성품을 완성시키는 것, 이런 것들이 대단히 귀중하지만 그런 것을 위하지 않고 세상에 영향을 끼치는 목적들을 위해서 하나님께서 지금까지 우리에게 자비를 베푸신 것입니다. 우리를 값을 주고 사신 것은 우리가 하나님의 종들이 되도록 하시기 위함입니다. 우리가 받은 것은 주도록 하기 위함입니다.

"횃불은 우리가 불을 붙이지 않으면 스스로 불이 붙지 않듯이
   하나님께서 우리를 그렇게 대하십니다."

"일어나라 빛을 발하라 이는 네 빛이 이르렀음이라"(사 60:1).
  우리에게 주어진 이 선교 사역은 우리 하고 싶은 대로 취하기도 하고 내려놓기도 할 수 있는 것이 아닙니다. 선교 사역은 교회의 생활에서 파생되는 것이나 어쩌다 보니 자연스럽게 나오는 것이 아닙니다. 우리는 모두 선교를 여분의 일, 즉 그런 쪽에 취미를 가진 사람들이 종사할 수 있고, 그 일에 전혀 관심이 없는 사람들은 그냥 내버려두어도 아무 해를 받지 않을

수 있는, 일종의 공덕(功德)을 쌓는 일 같은 것으로 생각하는 경향이 있습니다. 언제쯤 선교는 마땅히 해야 하는 일이라고 깊이 그리고 항상, 실제적으로 느끼고, 그 일을 소홀히 하면 우리가 죄를 짓고 있는 것이라고 생각하게 될 것입니까? 사랑하는 형제 여러분, 우리는 우리 삶의 모양을 결정짓는 이 필연성의 진지한 무게를 마음과 양심에 느껴보았습니까? 하나님께서 명백히 말씀하신 뜻이 우리를 이 직무로 몰아가는 그 무서운 능력을 느껴본 적이 있습니까? 우리 귀에 항상 울리는 "가라, 너희는 온 천하에 다니며 전파하라, 만민에게 복음을 전파하라"(막 16:15)는 그 두려운 명령을 듣는 마음에 대해서 우리는 조금이라도 아는 것이 있습니까? 하나님은 우리에게 나팔을 들라고 명령하십니다. 우리가 아주 분명한 큰 죄로 영혼을 더럽히지 않으려면 나팔을 입에 대고 경고의 소리를 울려서 하나님의 은혜로 잠자는 자들을 깨우고, 그토록 오랫동안 이 땅을 괴롭혀 온 강도의 성읍의 고색창연한 담들이 흔들려 무너지게 하고, 하나님의 구속을 받은 자들은 관대하게 넘어가고 포로들은 자유롭게 해줄 수 있도록 해야 합니다.

우리가 이 일을 마땅히 해야 할 바로 느낀다면, 확실히 우리의 헌신은 좀 더 온전해지고 봉사는 더욱 가치 있게 될 것입니다. 우리에게 길을 보여주는 하나님의 뜻을 분명하게 확신하는 것은 모든 일에서 정력적 활동을 하도록 이끌고, 마음에 평온함을 가져다주며 따라서 성공에 이르게 하는 놀라운 도움이 됩니다. 이 위대한 일에서 그 신념은 더 큰 노력을 발휘하도록 우리를 북돋우고, 더 큰 결과를 얻도록 준비시킬 것입니다. 이 신념은 우리의 동기를 단순하게 만들고 깊게 하며, 그렇게 하여 우리 동기에서 더 고귀한 행동과 더 순수한 희생을 끌어낼 것입니다. 소위 신중함에서 나오는 모든 반대와, 빈약한 결과로 말미암아 생기는 모든 계산, 잔소리하며 방해하려고 할 수 있는 구경꾼들의 모든 트집에 대해 우리는 한 가지 충분한 답변을 가지고 있음에 틀림없습니다. 그것은 우리가 이런 요점들에 대해 서로 논쟁을 주고받는 것이 아닙니다. 우리는 곤경과 낙담, 희생에 대해 전혀 개의치 않습니다. 희미한 달빛 속에서 번쩍이는 성난 파도의 하얀 거품을 응시하다가 그 파도 위에 누가 서계신지 까먹고 큰 두려움 속에 물에 빠져갔던 사도처럼 우리는 이런 점들을 생각하다가 그리스도인 성품의 남자다운 기상을 모두 잃어버릴 수 있습니다. 우리는 좀 더 고귀한 정신을 가져야 합니다. 노고는 혹독하고, 희생이 크며 수확량은 적게 보입니다. 그래도 상관없습니다! 그런 모든 생각에 대해 우리는 한 가지 답변을 가지고 있습니다. 우리가 그 신념의 장엄한 능력을 더욱 느낄 수 있으면 좋겠습니다! 하나님의 뜻은 그런 것입니다. 우리는 명령받은 대로 행하고 있고, 그래서 계속해서 나가려고 합니다. "다른 양들도 내가 인도하여야 할 터이니"라고 주님은 말씀하십니다. 바울 사도는 그 말씀에 "내가 부득불 할 일임이라 만일 복음을 전하지 아니하면 내게 화가 있을 것이로다"(고전 9:16) 하고 화답합니다. 우리는 굳은 마음으로 헌신하고 떨리는 심정으로 하나님의 뜻에 순종하여 이에 아멘이라고 화답합시다. 우리의 이기심에서 나오는 활동을 무력화시키는 모든 제안과 선교 사업을 막으려고 하는 세상적 지혜와 불신앙의 조롱에서 나오는 시험하는 모든 목소리에 직면하여 오래된 위대한 이 답변을 던지도록 합시다. "하나님 앞에서 너희의 말을 듣는 것이 하나님의 말씀을 듣는 것보다 옳은가 판단하라 우리는 보고 들은 것을 말하지 아니할 수 없다"(행 4:19,20)

그러나 우리는 그리스도께서 몹시 싫은 일에 마지못해 동의하신 것이 아니었다는 것을 잊어서는 안 됩니다. 주님께 대해 언제나 그렇듯이 이 경우에도 예언의 말씀은 사실이었습니다. "내가 주의 뜻 행하기를 즐기오니"(시 40:8). 주님께는 법과 선택 사이에 아무런 분리가 없었습니다. 주님은 방황하는 양들을 우리로 인도해야 한다고 말씀하실 때, 주께서 친히 무한한 자비를 베푸시기를 원하시는 것과 마찬가지로 하나님의 뜻에 순종하기를 바라시는 것입니다.

우리도 그래야 합니다. 우리의 선교 활동이 의무보다 못한 수준으로 떨어져서는 안 되지만 의무의 수준에 머물러서도 안 됩니다. 우리는 외부에 있는 어떤 힘에 끌려서 선교 활동에 가담해서는 안 되고 우리 속에 있는 힘에 자극을 받아 가담해야 합니다. 주님처럼 되려면, 주님을 위해 일하도록 만드는 우리 마음의 자극에서 일어나는 필요를 알아야 합니다. 이 말씀이 자기 뼈 속에서 견딜 수 없는 불처럼 타오르는 것을 느끼지 못한 사람은 이 복음의 정신을 제대로 파악하지 못한 것입니다. 사람들을 동정하는 마음이 없고, 모든 사람들을 우리에게 복을 주신 그리스도께 데려오겠다는 열망도 없이 단지 명령을 받았기 때문에 이 일을 떠맡으려고만 한다면, 선교 사역을 그냥 내버려 두는 것이 나을지 모릅니다. 그런 심정에서 선교 활동을 한다면 아무에게도 이롭게 하지 못하고, 우리 자신에게도 이롭지 못하며, 세상에 대해서는 더 더욱 이롭게 하지 못할 것입니다. 우리 마음이 스스로 자신에게 이 필요성을 가르칠 수 있도록 하려면, 주님 가까이에서 살아야 하고, 우리에게 베푸신 주님의 은혜를 알아야 합니다. 우리는 그렇게 살고 아는 만큼 복음을 전파하는 데 열심을 낼 것이고, 어떤 분명한 명령을 받고 포도원에 들어가기 전까지 시장 모퉁이에서 빈둥거리며 서 있지 않고 우리 마음이 편하도록 나가서 복음을 전파할 것입니다. 진에 있던 불쌍한 나병환자들이 서로에게 말하기를 "오늘은 아름다운 소식이 있는 날이거늘 우리가 침묵하고 있도다 만일 밝은 아침까지 기다리면 벌이 우리에게 미칠지니라"(왕하 7:9)고 하였습니다. 우리가 알고 있기 때문에 이 좋은 소식을 말하지 않을 수 없고, 이 소식이 우리 형제들을 기쁘게 할 것이라는 바로 그 감정은 그리스도인의 성품에 속하는 것입니다. 그렇다면 복된 필연성이 우리에게 부과된 것입니다. 아버지 하나님의 뜻에 순종하는 기쁨과 아울러 우리 본성의 깊은 본능을 만족시키는 기쁨을 가져다주는 복된 사역이 우리에게 주어진 것입니다. 구주께서는 사람들을 사랑하셨기 때문에 "다른 양들도 내가 인도하여야 하리라"고 말씀하셨습니다. 이에 대해 사도는 "모든 성도 중에 지극히 작은 자보다 더 작은 나에게 이 은혜를 주신 것은 측량할 수 없는 그리스도의 풍성함을 이방인에게 전하게 하심이라"(엡 3:8)고 화답합니다. 우리는 주님의 빛 안에서 살면서 주님의 영을 깊게 받아들이도록 합시다. 그래서 이 임무가 짐이 아니라 은혜와 특권이 되고, 주님의 대의에 대해 침묵하고 나태하게 지내는 것이 우리 감정에 어긋나고, 아버지 하나님의 뜻을 어기는 죄일 뿐 아니라 큰 기쁨을 잃는 것이기 때문에 도무지 그렇게 지낼 수 없게 되도록 합시다.

　양을 그리스도께로 데려가는 데 사용하는 수단이 무엇인지 다시 한 번 생각해 보십시오. 문맥이 그 문제에 대해 분명히 답을 하고 있습니다. 여기서 그리스도의 속죄의 죽음이 그 일을 성취하는 데 사용되는 능력으로 명확하게 나타납니다. 본문 앞의 구절에서 주님은 "나는 양을 위하여 목숨을 버리노라"고 말씀하십니다. 그리고 본문 다음 구절에서는 "내가 목숨을 버리니 이로 말미암아 아버지께서 나를 사랑하시느니라"고 말씀하십니다. 그것은 주께서 명절에 올라와 이 위대한 진리를 들은 헬라인들을 영접할 때 하신 놀라운 말씀에서 나타나는 것과 같은, 수단과 목적의 관계입니다. 이 진리가 없기 때문에 헬라인들의 철학과 예술이 실패로 끝났습니다. "한 알의 밀이 땅에 떨어져 죽지 아니하면 한 알 그대로 있고"(요 12:24), 그래서 "내가 땅에서 들리면 모든 사람을 내게로 이끌겠노라"(12:32)고 말씀하십니다.

　그렇습니다, 형제 여러분! 그리스도의 십자가, 이 십자가만이 사람들을 하나로 모읍니다. 십자가만이 사람들을 그리스도에게 이끌기 때문입니다. 우리의 속전인 그리스도의 죽음이 하나님의 통치의 여러 면과 하나님의 공의의 시행에 놀라운 변화를 일으켜 "전에 멀리 있던 우리가 그리스도 예수 안에서 그리스도의 피로 가까워졌습니다"(엡 2:13). 그리스도의 죽음은 그 죽음을 받아들이는 사람들의 마음속에 강제적 삶의 동기로 작용하여 사랑의 끈으로 사람들을 그들 자신의 방식에서 끌어내어 그리스도에게 묶습니다. 그리스도의 죽음은 그리스도께서 반역자들에게 성령의 은사들을 취득하게 해주시는 것입니다. 성령께서는 이제 "우리가 다 그리스도의 장성한 분량이 충만한 데까지 이르기까지"(4:13) 이 사실을 세상에 납득시키고 교회에 보증하십니다. 죽은 자들 가운데에서 먼저 나신 자는 그러므로 땅의 모든 왕들의 왕이십니다. 그래서 주님은 민족들 가운데서 세상을 자기에게로 인도하기 위해 다스리십니다. "다른 양들도 내가 인도하여야 할 터이니"라는 말씀에는 역사 철학이 들어 있습니다.

　십자가와 십자가에 대한 선포가 다른 어떤 것도 갖지 못하는 이 능력이 있음을 기독교 선교 사업이 풍성하게 증명합니다. 이것은 기독교의 윤리가 아니고 기독교의 이야기에서 연역해낼 수 있는 추상적 진리도 아닙니다. 모든 조건과 환경, 문화의 단계에서 사람들의 마음을 지배하는 능력을 주는 것은 고난당하신 구속자의 이야기입니다. 십자가의 자력(磁力)만이 영혼을 죄와 세상으로 이끄는 중력을 극복할 수 있을 만큼 강력합니다. 우리는 오늘날 기독교에서 역사적 사실들과 기독교의 불쾌감을 주는 희생적 측면을 제거함으로써 기독교에 시행하려고 하는 새로운 개혁에 대한 이야기를 많이 듣습니다. 이 개혁을 시행하면, 순전히 영적 개념들이 육적 옷을 벗고 풀려나며, 그 다음에 우리는 그리스도를 이상적 인물로 미화하는 이야기를 듣게 될 것입니다. 이것이 땅에서 실제로 높이 세워질 것입니다. 그래서 모든 사람들을 이끌 것입니다. 예, 이런 개혁이 시행되면, 무엇이 남을 것입니까? 기독교는 사람들이 수 세기 전부터 효과 없고 무력하다는 것이 입증되었다고 생각하였던 모호한 이신론(理神論)으로 후퇴하게 될 것입니다. 이렇게 기독교를 정신적 의의로 해석하는 일은 스스로 증발해 버리는 것으로 판명이 날 것입니다. 그리고 그 나머지는 비참할 정도로 만족스럽지 못한 어떤 것, 곧 거의 무에 가깝고, 우리가 예의를 갖추어서 신앙이라고 부를 수 있어도 자기들의 이 신앙을 퍼트리거나 사람들을 그 신앙으로 이끌려는 소원을 그 제자들에게 불러일으킬 수 없게 될 것입니다. 제단에 드려진 제물이 없는 기독교는 성전에 예배자들이 없는 기독교입니다. 말을 타고 나가 정복하는 이 만왕의 왕은 피에 적신 옷을 입고 계십니다. 그리스도인 황제가 하늘에서 십자가를 보았는데 "이 표지로 네가 승리하리라!"는 말을 들었다는 전설이 있습니다. 십자가는 모든 시대에 적용되는 문장(紋章)입니다. 십자가는 구원에 이르게 하는 능력입니다. 땅위에 흩어져 있는 인종들은 자신들을 위해 재집결지를 만들려고 종종 노력해 왔습니다. 그리고 통일을 이루려는 그들의 시도는 반발과 혼란의 중심지인 바벨탑이 되었습니다. 하나님께서 우리에게 그 핵심을 주셨는데, 그것은 중앙에 있는 생명나무입니다. 십자가에 못 박힌 구주는 이새의 뿌리이십니다. 이 뿌리가 사람들에게 깃발이 될 것이고, 이방인들이 이 깃발을 찾아올 것이며, 십자가의 그늘 아래서 평안히 지낼 것입니다. "내가 땅에서 들리면 모든 사람을 내게로 이끌겠노라."

다시 한 번 우리 주님은 여기서 교회의 사역과 자신의 사역을 동일시하심을 우리에게 가르칩니다. 그의 종들이 그를 위해 하는 일을 주께서 행하십니다. 그 종들이 주의 일을 행할 능력을 주님에게서 끌어내고, 그 일을 효과적으로 만드는 복이 주님에게서 오기 때문입니다. 주님은 우리 안에서 일하시고, 우리와 함께 일하시며, 우리를 위해 일하십니다. 그리스도는 우리 안에서 일하십니다. 우리에게는 마음을 감동시키고 봉사할 수 있도록 우리를 거룩하게 하시는 성령의 은혜가 있습니다. 주께서는 자기 교회의 의지와 소원에 성령의 은혜를 주어 주의 일에 전념하도록 만드십니다. 교회의 의지와 소원에 공감과 헌신을 가르치십니다. 주님은 교회의 의지와 소원에 세계적 열망을 불어넣으십니다. 사람들을 일으켜 나가게 하십니다. 주님은 우리와 함께 일하시는데, 우리의 연약함을 돕고 우리의 무지에 빛을 비추며 우리의 걸음을 인도하시고, 학생에게 문법과 사전을 들추는 따분한 일을 할 수 있는 능력을 주시고, 주님의 이름으로 말하는 자들에게 지혜와 입이 되시며, 듣는 사람들의 마음을 감동시킴으로써 우리와 함께 일하십니다. 주님은 우리 바구니에 씨앗용 옥수수를 넣어주십니다. 주님은 밭고랑을 소나기로 부드럽게 만드시고, 씨앗을 심고나면 밭의 샘에 복을 베푸십니다. 주님은 우리를 위해 일하십니다. 민족들 가운데 문을 여시고, 섭리의 진로를 조정하시며, 자기 종들을 붙잡으시므로 그들이 일을 마칠 때까지 죽지 않습니다. 이 긴 행렬이 세상을 휩쓸며 지나가는 곳 어디서든지 주님의 개선 차량이 당당히 굴러갈 때, 승리의 개선 차량에 즐거운 포로들을 인도하시는 주님께 항상 감사의 목소리를 높일 수 있게 하십니다. 우리는 자비로 전투에 나가지 않고 스스로의 힘으로 전투에 임하지도 않습니다. 주님께서 우리와 함께 싸우시고, 마지막에는 우리에게 후하게 갚아주실 것입니다. 우리는 자원을 계산할 때, 종종 그 계산에서 그리스도를 빠트리지 않습니까? 우리는 우리의 힘을 적과 겨루어 보지 않고, 약한 사람은 그리스도가 더하여지면 언제나 다수가 된다는 것을 잊어버리지 않습니까? "말하는 이는 너희가 아니라 너희 속에서 말씀하시는 이 곧 나의 아버지의 성령이시니라"(마 10:20). "내가 수고하였으나 내가 한 것이 아니요 오직 나와 함께 하신 하나님의 은혜로라"(고전 15:10). 이렇게 도움을 받고 영감을 받는 우리가 낙담을 하는 것은 잘못된 일입니다. 큰일을 기대하지 않고 큰일을 시도하지 않는 것도 잘못된 일입니다. 우리가 주의 일을 하려고 하지 않는 것은 잘못된 일이고, 주의 일을 소홀히 하는 것도 잘못된 일입니다. 그리스도의 사역이 우리의 사역임을 생각합시다. 그러면 우리는 그 생각의 진지함에 고개가 숙여지고 그 필연성을 즐겁게 받아들일 것입니다. 우리의 사역이 그리스도의 사역임을 생각합시다. 그러면 우리는 연약한 가운데서 그리스도의 능력이 우리에게 임할 수 있고, 약한 마음에 작별을 고하고, 약한 마음이 반드시 튼튼해진다는 것을 확신할 수 있을 것입니다. "하나님이여 일어나 주의 원통함을 푸소서"(시 74:22). "여호와여 영광을 우리에게 돌리지 마옵소서 우리에게 돌리지 마옵소서 오직 주의 이름에만 영광을 돌리소서"(115:1).

"주께서 하늘로 올려지사 하나님 우편에 앉으시고 제자들이 나가 두루 전파할새"(막 16:19,20). 이것은 주님께서 의식적 능력을 크게 기대하면서 자기 원수들이 발등상이 되기까지 앉아서 쉬시는 것과 주님의 흩어진 제자들의 노고 사이에 묘한 대조처럼 보입니다. 그것은 위대한 화가의 천재성이 불멸의 작품에서 포착된 순간과 같습니다. 즉 예수께서 죽은 위인들과 교제를 나누기에 여념이 없고 거룩한 산 위에서 변화되어 있다가 최종적으로 하나님께 인정받는 말씀을 받으셨을 때, 산 아래에서 주님의 제자들은 나가지 않으려고 하는 귀신을 쫓아내려고 무력하게 애쓰고 있었던 것과 같습니다. 그러나 그것은 사실 대조가 아닙니다. 주께서는 우리의 수고가 시작되기 전에 주님의 일이 끝나는 것처럼 일찍 노고에서 손을 떼시지 않으셨습니다. 주님은 안전한 산 위에서 내려다 본 모세처럼 여호와의 군대 대장 혼자서 치열한 전투의 흐름을 지켜보는 동안 전투하는 교회가 정면으로 전투에 임하도록 내버려 두시지 않았습니다. 이 복음서 기자는 계속해서 우리에게 이같이 말합니다. 주님도 제자들과 함께 일하시고, 그들과 함께 수고하고 그들의 짐을 가볍게 해주시며, 제자들이 땅에서 성공을 얻도록, 그리고 주께서 허리띠를 띠고 그들을 섬길 때 주님의 안식과 같은 안식을 누리도록 준비하고 계셨다고 말합니다. 주님께서 하늘에 오르신 후에 닫혔던 하늘이 죽을 인생의 눈에 처음으로 다시 열렸을 때 공회의 회의소에 있는 순교자 스데반에게 자신의 모습을 보여 주었는데, 태평하게 혹은 조용히 앉아계신 것이 아니라 중재하고 힘을 북돋우며, 주님의 죽어가는 종을 받아 영화롭게 하기 위해 하나님 우편에서 서 계시는 모습을 보여 주었습니다. 주님은 우리가 가는 곳에 우리와 함께 가십니다. 그리고 우리의 사역을 통해, 은사와 기도를 통해, 십자가에 대한 선포를 통해 그리스도는 자신의 뜻을 실행하시고, 마침내 성부 하나님께서 지혜 가운데 주님께 부과하시고 주님의 명령으로 우리에게 부과하신, 그리스도의 죽음에 의해 성취되게 되어 있는 그 위대한 필연성을 성취하실 것입니다. 주님은 단지 유대 민족을 위해서 죽으실 뿐만 아니라 널리 흩어져 있는 하나님의 자녀들을 하나로 모으기 위해 죽으셔야 했습니다.

3. 여기서 주님은 자신의 사역과 우리 사역의 결과들을 어떻게 생각해야 할지 가르치는 것을 봅니다.

"그들도 내 음성을 듣고 한 무리가 되어 한 목자에게 있으리라." 우리는 이 말씀이 두 가지 사실을 품고 있는 것으로 볼 수 있습니다. 한 가지는 좀 더 가까운 결과, 즉 주님의 부르심에 언제나 따르게 될 반응이고, 다른 한 가지는 좀 더 먼 결과, 즉 주님의 사역의 완성입니다. 물론 후자의 말씀은 아주 복된 의미에서 현재에도 적용되고, 또 바울 사도가 이스라엘의 복에 대해 외인이었던 사람들에게 "그는 둘로 하나를 만드셨으니 그러므로 이제부터 너희는 외인도 아니요 오직 성도들과 동일한 시민이요"(엡 2:14,19)라고 말할 수 있었던 이래로 적용되어 왔습니다. 그러나 이 위대한 말씀은 숫자가 제한되어 있고, 회원들이 있어서 자신들의 결속성을 부분적으로 알고 있지만 삯군 목자들을 따르는 사람들에게도 둘러싸여 있는, 현재 존재하는 이 양 우리만을 가리키지는 않습니다. 이 말씀은 아주 먼 미래가 오기 전까지는 완전히 다 성취되지 않을 것입니다.

그러나 현재로서는 "그들도 내 음성을 들으리라"는 전자 구절의 예언이 우리 앞에 있습니다. 이 말씀은 우리에게 어떤 기대를 소중하게 품으라고 가르칩니까? 이 말씀은 그리스도의 메시지를 사람들이 보편적으로 받아들일 것으로 말하지 않고 어떤 이들은 듣고 어떤 이들은 멀리 할 것으로 말하는 것 같습니다. 이 말씀은 선교 사역에 다양한 결과들이 따른다는 것을 알라고 가르칩니다. 우리의 선교 사역에는 언제나 아레오바고 관리 디오누시오 같은 사람, 루디아 같은 여성, 친절한 본토인들, 양심이 찔린 간수 같은 사람들이 있을 것입니다. "예수와 부활"에 대해서 들을 때 조롱하는 사람들이 언제나 있을 것입니다. 그런가 하면 이 문제에 대해 다시 듣겠다는 약속으로 양심과 타협하는 주저하는 사람들과, 이 메시지를 말살하기 위해 당국을 부추기거나 무리들에게 폭력을 부추기는 맹렬한 반대자들도 항상 있을 것입니다.

다시 한 번 말하지만, 이 말씀은 오랜 기간이 걸리는 과업을 생각하는 것으로 보입니다. 그리스도의 나라가 퍼져나가는 속도에 관한 언급은 전혀 없고, 끝이 언제 올 것인가와 같은 질문에 대한 답변도 한 마디 없습니다. 이 말씀의 전체적 어조는 양들을 데려오는 일은 시간이 오래 걸리고, 광야로 나가는 지루한 여행을 많이 해야 한다는 생각을 암시합니다.

그런데 이와 같이 이 말씀의 어조는 차분하고 기대는 온건하지만 차분한 만큼 확신이 있고, 온건한 만큼 분명한 소망을 풍깁니다. 이 말씀에 대해 언제나 반응이 있을 것입니다. 주님의 목소리는 눈보라 속이나 외로운 산 중턱에서 높게 울려 퍼지지만 듣는 이도 없고 주의를 기울이는 이도 없이 주님의 귀에만 메아리치고 마는 일이 없을 것입니다. 그 수고가 더 길어질 수도 있고 짧아질 수도 있으며, 그 혹독함이 더 심해질 수도 있고 덜할 수도 있지만, 결코 헛되지 않을 것입니다.

우리가 자신의 기대치를 조절한다면, 우리는 이런 기대들에 대해 지혜롭게 대처할 것입니다. 여러분의 소망에서 주님이 약속에서 뺀 것들은 제외시키십시오. 주님께서 말씀하시지 않은 것은 구하지 마십시오. 여러분이 주님께서 당한 일을 만나도 이상하게 생각하지 마십시오. 제자들이 선생보다 낫지 못하고, 사람들이 주님의 말씀을 지킨다면 여러분의 말도 지킬 것이기 때문입니다. 그러나 다른 한편으로, 주님께서 예언하신 것만큼 기대하십시오. 주님께서 예언하신 것이 여러분의 활동의 결과가 아니라 주님의 사역의 결과로 올 때 받아들이고, 조용하지만 예언적 이 말씀에 여러분의 수고가 헛되지 않으리라는 굳건한 믿음을 세우십시오.

　하나님 나라의 진행에 관해서는 이만큼 이야기하도록 하겠습니다. 그러면 그 끝은 어떻게 됩니까? 양을 한 마리씩 데리고 오면, 마침내 한 마리도 남기지 않고 모두 우리 안에 모으게 됩니다. 별들은 어둠이 짙어지면 하나씩 슬그머니 자기 자리로 숨어들어갑니다. 주께서 "별들을 수대로 부르시면"(시 147:4) 한 밤중에 하늘의 별들이 가득해집니다. 이는 "그의 능력이 강하므로 하나도 빠짐이 없기"(사 40:26) 때문입니다. 그렇다면 여기서 우리는 최종 결과에 대해 어떤 기대를 소중하게 품어야 할지를 배우게 됩니까?

　우선 첫째로, 주님의 통치가 궁극적으로 보편성을 띠며, 주님의 보좌만이 최고의 주권을 가짐에 함축되어 있는 점을 주목해야 합니다. 한 목자밖에 없으므로, 온 땅이 모두 일치하여 주님께 순종해야 한다는 것입니다. 주님을 인정하지 않는 모든 권위에 대해서는 조종(弔鐘)이 울리고, 주님을 인정하는 모든 이에게는 주께 복종하라는 음성이 들립니다. 그토록 오랜 세월 동안 인류를 그릇 인도하고 괴롭혀 온 삯군 목자들, 곧 눈 먼 안내자들은 모두 잊혀지게 될 것입니다. 거짓 신들은 왕관을 빼앗기고 그 신들의 신전 문지방에 넘어져 산산조각 날 것이며, 이 신들의 패배에 관심을 갖거나 고치려는 예배자가 하나도 없게 될 것입니다. 사람들을 정도를 벗어난 길로 인도하였고, 기껏해야 부분적 진리와 온통 어리석음이 뒤섞인 지혜밖에 말하지 못한 사상가들이여, 주님 앞에 머리를 숙이라! 성을 피로 쌓고 사람들을 양처럼 살육한 용사들이여, 주님 앞에서 칼을 내려놓으라! 그리스도는 산더미처럼 쌓아올린 전리품보다 영광스러우시고 뛰어나시다. 세상의 왕들과 모든 재판장들이여, 그리스도 앞에 여러분의 왕관들을 내려놓으라. 그리스도는 가시 면류관을 쓰신 연고로 왕이시기 때문이다! 이 분은 만민의 주, 곧 모든 사람의 선생이요 지도자요 통치자이시다. 다른 모든 이름은 잊혀지고, 그의 이름만 영원히 거할 것입니다. 문으로 들어오 려고 하지 않는 자들이 그동안 목자 노릇을 해왔다면, 구속 받은 세상은 그 목자들의 몰락에 기뻐하며 이 옛 찬송을 부를 것입니다. "주 외에 다른 주들이 우리를 관할하였사오나 그들은 죽었은즉 다시 살지 못할 것이니 이는 주께서 벌하여 그들을 멸하사 그들의 모든 기억을 없이하셨음이니이 다"(26:13,14). 사람들이 이 목자장에게 순종해 왔고 양 무리에게 본보기가 되어 왔다면, 그들은 주님이 흥하고 자신들은 쇠하는 것을 기뻐할 것이고, 신부를 신랑에게 데려오는 일을 도와왔기 때문에 신랑 곁에 기쁘게 서서 마지막에 충만한 결실을 맛보는 온전한 사랑으로 자신을 잊을 것입니다. 온 세계가 주님께 바치는 공순한 순종에 대해 아무도 이의를 제기하지 않 고 또 가로막지도 않는 때가 되면, 오래 전에 선언된 견고한 약속이 성취 될 것입니다. "내가 한 목자를 그들 위에 세워 먹이게 하리니 그가 그들의 목자가 될지라"(겔 34:23).

그리스도와 여기서 예언되는 모든 사람들 사이에 존재하는 관계의 복된 성격에 다시 한 번 주목하기 바랍니다. 옛적부터 모든 민족들에서 목자는 왕권, 곧 모든 종류의 지도력을 상징해왔습니다. 그런데 사실과 상징이 모 순되는 경우가 얼마나 많았는지 역사가 말해줍니다. 그러나 예수님에게서 는 사실은 모순되지 않을 뿐만 아니라 오래된 애정어린 이 비교를 초월하 기까지 합니다. 그리스도는 온순하게 다스리십니다. 주님의 홀은 쇠막대 기가 아니라 목자의 지팡이입니다. 이 지팡이를 사용하는 가장 깊은 목적 은 다윗이 배웠던 것처럼 우리를 "위로하기" 위한 것입니다. 이 은유에는 자비로운 인도, 애정 어린 돌봄, 우리가 연약할 때 돕는 팔, 우리가 지쳤을 때 끌어안는 사랑 깊은 가슴 등의 온갖 생각들이 둘러 있습니다. 이 은유 는 우리를 찾을 때까지 온 산을 찾아 헤매는 사랑을 이야기하고, 찾았을 때는 우리를 어깨에 메고 오는 튼튼한 어깨를 말합니다. 이 은유는 뜨거운 한낮에 평온한 바다에서 쉬는 즐거운 시간을 가리키고, 푸른 초장에서 영혼의 모든 갈망을 채우는 충분한 양식을 말합니다. 이 은유는 사람들이 따라갈 수 있게 앞서 가며, 사람들에게 즐거운 길을 찾아주는 발걸음을 말합니다. 이 은유는 마음을 끌도록 부드럽게 이름을 부르는 소리를 가리킵니다. 사자와 곰이 먹이를 찾아 올 때 지키는 방어와, 조용한 별들이 잠자는 양과 깨어있는 목자를 비추는 밤에 안전하게 웅크리고 있음을 가리킵니다. 주님께서 이 위대한 강화(講話)에서 자기 양을 알고 부르시는 것과 양들 앞에서 가는 것, 양들을 위하여 목숨을 버리는 것을 택하여 말씀하실 때, 친히 이 상징에 최고의 의미를 부여하시는 것입니다. 여기서 주님이 장차 이를 행복한 날에 온 세상이 소유할 것으로 생각해보라고 가르치는 은혜로운 복이 이런 것입니다. 다른 한편으로 이 상징은 사람들 마음속에 있는 신뢰하는 사랑을 이야기하고, 사람들의 의지를 조용히 달래고 기쁘게 하는 유순한 순종의 큰 평안에 대해, 그리스도의 온전한 사랑을 알고 그리스도의 은혜로운 성품을 아는 것에 대해 말합니다. 또 이에 즐겁게 응답하여 주님과 교제를 나누는 것에 대해, 모든 적들로부터 보호받는 안전에 대해, 자유에 대해, 친숙하게 하나님께 들어가고 나가는 것에 대해 이야기합니다. 이와 같이 한 우리와 한 목자는 긴밀하게 연결될 것입니다. "그들이 길에서 먹겠고 모든 헐벗은 산에도 그들의 풀밭이 있을 것인즉 그들이 주리거나 목마르지 아니할 것이며 더위와 볕이 그들을 상하지 아니하리니 이는 그들을 긍휼히 여기는 이가 그들을 이끌되 샘물 근원으로 인도할 것임이라"(사 49:9).

사람들 서로의 관계에 대해서 여기서 아주 놀랍게 보는 점을 다시 한 번 주목할 필요가 있습니다.

사람들은 다 함께 모여서 평화롭게 조화를 이루게 되어 있습니다. 사람들은 모두 한 목소리를 듣기 때문에 하나가 될 것입니다. 우리 주님께서는 우리 영어 성경에서 주님이 말씀하시는 것처럼 되어 있는 것과 다르게 한 우리가 있을 것이라고 말씀하시지 않는다는 점에 주목해야 합니다. 주님은 본문 후반부에서 분명한 목적을 가지고 그 단어를 생략하고, 그 단어 대신에 양떼로 번역하는 것이 가장 적합할 다른 단어를 쓰십니다. 표현에서 왜 이런 변화가 생겼습니까? 주님께서는 복된 미래에 임할 통일체는 유대인 교회의 통일체, 곧 형식적이고 외형적 통일체와 같지 않을 것을 우리에게 가르치려고 하셨기 때문입니다. 고대의 정치 조직은 우리(fold)였습니다. 고대 정치 조직은 획일적 외적 결속에 의해 그 회원들을 결합하였습니다. 그러나 미래의 보편적 교회는 양 무리(folck)가 될 것입니다. 이 교회는 정말로 뚜렷이 하나가 될 것입니다. 그렇게 하나가 될 것은 교회가 하나의 울타리로 가두어지기 때문이 아니라 한 목자를 중심으로 모이게 되기 때문입니다. 양들이 이 목자에게 더욱 더 가까이 갈수록, 그만큼 더 양들은 서로에게 가까워 질 것입니다. 모든 반경이 만나는 중심점이 모든 반경들이 항상 제 위치에 있도록 잡아줍니다. "떡이 하나요 많은 우리가 한 몸이니 이는 우리가 다 한 떡에 참여함이라"(고전 10:17). 구약의 의식(儀式)에서, 일곱 가지가 벋어 있는 커다란 금 촛대가 성전 뜰에 세워져 있었는데, 이 금 촛대는 백성들이 외형적으로 하나 됨을 상징하였고, 어두운 세상에 하나님의 빛이 되라는 뜻을 나타냈습니다. 신약의 이상에서, 밧모 섬에 있던 선견자는 가지들이 벋어 있는 등잔을 본 것이 아니라 일곱 금 촛대들을 보았습니다. 이 촛대들은 인자가 그들 사이에 걸어 다니시므로 더 거룩하고 더 자유로운 통일체가 되었고, 전에는 어둠이었지만 어느 날 주님 안에서 빛이 될 다양한 백성들 안에서 이루어지는 하나 됨을 상징하였습니다. 민족들 간의 차이점은 계속될 수 있습니다. 외면적 통일이 있을 수도 있고 없을 수도 있습니다. 여하튼 간에 우리 주님은 우리의 생각을 외적 데서 내적 데로 돌리고, 양 우리는 많을지라도 양들이 모두 주님의 음성을 듣고 따를 것이기 때문에 양 무리는 하나가 될 것을 확실히 알라고 말씀하십니다.

그러나 이 말씀은 그때 양들 사이에 존재할 평화로운 관계를 즐겁게 생각하도록 넌지시 제안합니다. 땅의 족속들이 마치 우리 안에 조용히 있는 양처럼 서로 가까이에서 쉴 것입니다. 주님의 지극히 온유하심을 배웠기 때문에, 양들은 더 이상 서로 물거나 삼키지 않을 것입니다. 아, 그런데 슬프게도 이 말씀은 너무 좋아서 사실이 아닌 것처럼 보입니다. 이 말씀대로 실현되려면 너무도 오랜 세월이 걸릴 것처럼 보입니다. 주께서 이 말씀을 하신 이후로 내내, 피 흘리는 오래된 소행이 계속되어 왔고, 인간 마음의 오래된 정욕들이 많은 전쟁과 싸움을 일으킬 분쟁의 씨앗들을 부지런히 뿌려왔습니다. 미개한 나라들에서는 물 한 방울 속에 있는 미세 동물의 싸움처럼 무의미하고, 저열하며 기록되지 않는 전투가 끊임없이 치열하게 벌어집니다. 문명화된 땅에서는 같은 말로 같은 그리스도를 사랑하고 예배하는 사람들이 이 시간에도 서로 대치하고 있습니다. 서로 칼을 들고 싸우는 전쟁과 충돌하는 신조 간의 전쟁, 삶의 거친 길에서 인간의 이기심에서 나오는 다툼이 온통 우리를 두르고 있습니다. 이런 전쟁들의 씨앗이 우리 자신 속에 있습니다. 사람들이라는 인종은 우리 안에 있는 양처럼 살지 않고 약한 동류에게 먼저 덤벼들어 삼키는 늑대 무리처럼 삽니다.

그러나 여기에 아름다운 소망이 있습니다. 모든 악한 생각들과 모든 이기적 욕망들, 시샘에서 나오는 모든 불평이 이른 아침에 사라지는 더러운 영처럼 사람들의 마음에서 사라지며, 자기를 잊고 자신들의 특권을 양보하며 다른 누구의 것도 탐내지 않으며, 해 끼치는 것을 싫어하고 부당한 대우를 잠잠히 참는 마음만 남을 때, 이 소망이 성취될 것입니다. 지옥에서 불어 닥치는 모든 바람이 타다 남은 것들에 부채질을 할지라도 지옥 불을 일으킬 연료는 없을 것입니다. 평화와 일치가 모든 사람들 속에 있을 것입니다. 그리스도께서 모든 사람 안에 계실 것이기 때문입니다. 민족들 간의 특성은 그대로 있을 수 있지만, 가장 오래되고 가장 뿌리 깊은 민족들 간의 적의는 사라질 것입니다. 앗시리아, 이집트, 이스라엘이 여전히 있을 것이지만, 그들이 우리의 평화이신 그리스도를 공동으로 소유하고 있기 때문에 이전 관계는 물러나고 우호적 사이가 될 것입니다. "그날에 이스라엘이 애굽 및 앗수르와 더불어 셋이 세계 중에 복이 되리니 이는 만군의 여호와께서 복 주시며 이르시되 내 백성 애굽이여, 내 손으로 지은 앗수르여, 나의 기업 이스라엘이여, 복이 있을지어다 하실 것임이라"(사 19:24,25). 평화로운 세상에 대한 우리의 소망에 어긋나는 것처럼 보이는 것이 그만큼 많다는 것을 우리 조상들이 알았고 우리도 알고 있지만, 또 오늘날 전쟁을 일삼는 악마 같은 사람들이 세상을 향해 짖어대고 있고, 어디에서도 그 평화로운 시대가 가까이 오고 있다는 표지를 볼 수 없을지라도, 우리는 정한 때가 되면 그 시기가 올 것을 알기에 그 이상을 기다릴 수 있습니다. 그때가 되면

"전쟁의 소리도 싸움의 소리도
온 세상에 들리지 않고,
창과 방패는 한가롭게 걸려 있으며
무장한 군인들에게 울려대는 나팔 소리가 없고
사람들이 왕이신 주님께서 옆에 계신 것을 확실히 알고 있기나 한듯
왕들은 두려워하는 눈으로 가만히 앉아 있다네."

주님께서 우리 선교 사역의 현재와 미래에 대해 우리에게 가르치시려고 한 생각들이 이런 것입니다. 현재에 대해서는 우리가 때때로 실망을 겪겠지만 계속해서 성공을 온건히 기대하고, 오랜 노고 속에서 용감히 인내하라고 주님은 가르치십니다. 미래에 대해서는 아주 뜨겁게 불타오르는 소망과 굳세기 이를 데 없는 믿음을 가지라고 가르치십니다. 전자의 가르침은 지금도 우리 자신의 경험과 형제들의 경험에서 실행되고 있습니다. 그러므로 우리는 미래의 소망이 정한 때가 되면 이루어질 것을 더욱 더 확신할 수 있습니다. 그리스도의 눈으로 바라보면, 우리는 이교사상이 끊임없이 나타나는 것에 낙담하지 않고, 주님이 보셨던 것처럼 주님께로 인도할 수 있고 반드시 주님께로 올, 주님께 속한 영들을 도처에서 볼 것입니다. 그래서 주께서 우리에게 하라고 맡기신 일을 즐겁게 붙잡을 것입니다. 우리가 그리스도의 사랑을 나타내는 참된 상(像)을 붙잡고, 구속 받은 무리 가운데서 미래에 대해 많은 것을 붙잡기까지, 우리도 황무지에 장미꽃들이 피고, 사막의 메마른 땅에 반짝이는 물들이 넘치며, 사람들이 식구대로 예수님의 발아래에서 정신이 온전하여 옷을 입고 앉아 있는 것을 볼 때까지, 과거에 십자가 밑에서 많이 삶으로써 현재의 실망거리들에 대비 태세

를 갖추어야 할 것입니다.

우리의 선교 사역은 본문의 이 말씀을 믿는 믿음에서 필연적으로 나오는 순수한 결과입니다. 그리스도께는 주께서 양 우리 안으로 데리고 와야 하기 때문에 죽으셨고, 또 위해서 죽으셨기 때문에 데리고 들어올 다른 양들이 있다는 것을 사람이 믿을 수 있습니까? 선교 정신은 그리스도의 정신이 특정한 한 방향에서 작용하는 것입니다. 선교회는 기독교 원칙들의 신뢰할 만한 결과들 가운데 하나에 지나지 않은 것으로, 거룩한 생활이나 기도 활동만큼이나 자연스러운 것입니다.

우리가 그런 활동에서 좀 더 왕성한 에너지를 확보하는 데 주로 필요한 것은, 모든 그리스도인의 성장에 필요한 것입니다. 즉 그리스도와 좀 더 깊고 잦은 교제, 다시 말해 우리에 대한 그리스도의 은혜와 사랑을 더욱더 생생하게 인식하는 것이 필요합니다. 그 다음에, 우리는 본질적으로는 하나이지만 두 가지로 나타나는 그리스도의 사랑과 계명이라는 자극제 아래에서 그리스도인의 사명이라는 주제를 좀 더 자주 생각할 필요가 있습니다. 우리들 대부분은 훨씬 많이 생각해야 할 이 문제에 관해 아는 것이 별로 없습니다. 그 다음에는 우리는 개인의 책임과 의무에 관한 사실들을 좀 더 진지하게 생각해야 할 필요가 있습니다. 여러분은 이 설교와 같은 호소는 케케묵은 것이라고 불평합니다. 형제 여러분, 여러분은 낡아빠진 진리들을 새롭게 하는 비결, 즉 모든 질문들 가운데 가장 단순하면서도 가장 중요한 질문, 곧 그렇다면 나는 이 진리들에 비추어 무엇을 해야 하는가라는 질문과 관련해서 진리들을 생각하는 비결을 시험해 본 적이 있습니까? 오늘날 그리스도인이라고 하는 사람들의 절반 정도는 선교 사역과 관련하여 그 질문을 생각하는 데 한 시간도 할애하지 않는다고 말하면, 내가 과장하고 있는 것입니까? 사랑하는 교우 여러분, 여러분은 자신을 위하여 그리스도 안에 살도록 하고, 여러분 마음에 동정심이 일어나고 여러분도 그리스도의 사역을 하고, 방황하는 사람들을 그리스도께 데려오려는 굳은 결심이 생길 때까지 이교 세계에 대한 그리스도의 마음을 생각해 보도록 하십시오.

그동안 우리는 그리스도께서 우리에게 기대하도록 만든 것만큼 큰 결과들을, 그리고 우리가 마땅히 받을 것보다 훨씬 더 큰 결과들을 받았습니다. 기독교의 선교 사업은 아직 유아 단계에 있습니다. 슬프게도, 형편이 그렇습니다. 그러나 선교 사업이 시작되었다고 말할 수 있는 이래 최근 70년 동안, 참으로 놀라운 성공이 이루어졌습니다. 종종 우리는 한 것이 아무것도 없다는 말을 듣습니다. 그렇습니까? 공장 설비가 정리되었고, 작업 방법들이 체계화되었으며, 실수들이 어느 정도 수정되었습니다. 우리는 그동안 일하는 방법을 배우는 데 많은 시간을 소비했습니다. 그 과정은 아직 끝나지 않았습니다. 그런데 정당하게 끌어내야 하는 이 모든 추론들로 인해서 그동안 얼마나 많은 일들이 성취되었습니까? 성경이 여러 언어로 번역되어 7억 명의 사람들의 손에 들어갔습니다. 초기 단계의 기독교 문헌이 세계 인구의 6분의 5에게 공급되었습니다. 1세기가 끝날 무렵에는 1세기 동안의 수고 후에, 사도들의 선교와 기적의 증거로 인해 50만 명의 회심자라고 하는 사람들이 모여들었고, 혹은 그만한 정도의 회심자들이 있었습니다. 이 사람들은 여전히 발목에 차꼬의 흔적을 지니고 있고 절뚝거리며 걷거나 처음에는 아주 분명하게 보지 못한다면, 그것은 감옥의 오랜 어둠 속에서 지낸 탓으로 생각할 수 있습니다. 그것은 다름 아니라 바울이 에베소와 고린도에서 말하지 않을 수 없었던 것입니다.

이 노고에 참여한 교회마다 함께 복을 받았고, 저마다 성공을 거두었습니다. 우리는 자메이카를 얻었습니다. 런던 선교회는 마다가스카르와 남태평양을 얻었습니다. 웨슬리 선교회는 피지 제도를 얻었고, 성공회는 인도의 티네벨리(Tinnevelly)를 얻었으며, 아메리카 형제회(The American brethern)는 버마와 카렌족(The Karens)을 얻었습니다. 이보다 더 거친 어떤 신화들은 완전히 근절되어서 우상숭배자들의 자녀들이 자기 조상들이 숭배했던 신들을 대영박물관에서 처음으로 보았습니다. 한편으로 강대한 민족들에게 잠자는 여인을 덮친다는 몽마(夢魔)처럼 놓여 있는 좀 더 치밀하고 과학적 제도들 위로 다가오는 파멸에 대한 넌더리는 나는 의식이 스며들었습니다. 그래서 그들은 자기들보다 강한 자가 자기들을 정복한다는 것을 이미 절반 정도 인정하고 있습니다.

"이들은 유다의 땅에서
  두려운 아기의 손길을 느낀다."

"벨은 엎드러졌고 느보는 구부러졌도다 그들의 우상들은 짐승에게 실렸으니"(사 46:1). 확실히 하나님께서는 우리가 감사하는 마음으로 갖는 확신보다 충분한, 우리에게 합당한 응분의 보상보다 더 충분한 성공을 주셨습니다. 다시 한 번 말하지만, 그 성공은 주께서 약속하신 것만큼 이루어졌고, 우리가 기대할 수 있었던 것만큼 이루어졌습니다. 그 성공은 다른 어떤 믿음의 체계나 믿음이 없는 체계 혹은 여러분이 정신적 의의로 해석하는 기독교 혹은 훨씬 더 파악하기 어려운 신조들이 이루어낸 것보다 더 큰 것을 이룬 성과입니다. 우리를 헛되이 조롱하는 사람들, 기독교 진리를 조금 덜 싫어한다면 그리스도인의 선교 사업을 그만큼 싫어하지는 않는 사람들에게, 우리는 조용하지만 아주 똑똑하게 답변할 수 있습니다. 어쨌든 이 지팡이에 싹이 났으니, 당신도 당신의 마법으로 똑같은 일을 해보라고 말입니다.

그러나 과거는 미래의 척도가 아닙니다. 그 일의 성격에서 볼 때, 전진의 비율은 빠른 속도로 증가합니다. 인도에서 처음 10년 동안의 수고로 27명의 회심자가 나왔고, 70년이 되었을 때에는 2만 7천 명 이상의 회심자가 나왔습니다. 준비 기간은 뇌운(雷雲)이 장엄하게 모이는 것처럼, 곧 소리 없이 슬그머니 자기 자리를 찾아들어가고 굽이치는 잿빛 구름을 서서히 위로 들어 올릴 때처럼 더디게 진행될 수 있습니다. 그런데 최종적 성공은 한 순간에 하늘 이쪽에서 저쪽까지 번쩍이는 번개처럼 재빠르게 이루어질 수 있습니다. 터널을 파고 "고르지 아니한 곳을 평탄하게 만들며 험한 곳을 평지가 되게 하는 것은"(사 40:4) 오랜 세월이 걸립니다. 그 다음에는 커다란 기차가 철길을 따라 매끄럽고 쏜살같이 달립니다. 우리에게 "너희는 사막에서 우리 하나님의 대로를 평탄하게 하라"(40:3)는 외침이 우리에게 들립니다. 노고는 격심하고 오래 갑니다. 그러나 "여호와의 영광이 나타나고 모든 육체가 그것을 함께 볼"(40:5) 것입니다. 알프스 산맥의 정상들은 봄 햇빛 속에서도 무섭도록 하얗게 서있고, 햇빛은 층층이 쌓인 냉기에 아무 힘없이 내리쬐고 있는 것처럼 보입니다. 그러나 서서히 햇빛은 눈 덮인 지대를 소리 없이 허물고 있고, 잠시 후에 봄 햇빛이 돌출한 암반을 따라 지나가거나 바람 한 점이 작은 눈가루를 날리면, 순식간에 그 움직임이 1마일 가량 산지로 퍼져서, 거대한 눈사태가 계곡 밑으로 빠르게 돌진합니다. 그리고 계곡 밑에서는 눈사태가 모두 향긋한 물로 변해서 햇빛에 반짝이는 잔물결을 이루며 흐릅니다. 우리의 사역이 이와 같습니다. 우리의 사역은 매우 절망적으로 보일 수 있고, 대개는 눈에 띄는 표면적 결과로 나타나지 않을 수 있습니다. 그러나 그 모든 점에도 불구하고 실제로 작용하고 있습니다. 우리의 임무가 그 길을 준비하는 것이 될 수 있도록 만드는 정복하는 추진력을 받을 것이고, 그러면 우리는 보지 못하는 때에도 하나님의 나라가 어떻게 확실히 오고 있는지 알고 놀라게 될 것입니다.

여러분에게는 인내가 필요하므로 인내를 기를 필요가 있고, 그리스도와의 교제가 필요하며, 그리스도의 약속들을 믿는 믿음과 그리스도의 마음에 공감하는 것이 필요합니다. 사랑하는 형제 여러분, 하나님께서는 지난 한 해 동안 우리의 근심들을 끝내고 우리 선교회를 위한 활동의 최후를 장식한 복들 안에서 이 봉사에 새롭게 헌신해야 할 특별한 이유를 우리에게 주셨습니다. 그동안 이룬 일에 대해서 오래 생각하지 않도록 합시다. 이 성공들은 우리가 길가에서 물을 마시는 작은 시내들에 지나지 않습니다. 우리는 외진 산골짜기에 있는 목자같이 되어야 합니다. 줄기차게 내리는 눈과 심한 바람 속에서도 산 중턱에서 부르는 소리를 알아듣고 눈이 아무리 깊게 쌓이고 아무리 바람이 날카롭게 불지라도 거의 죽게 된 불쌍한 양들을 밤새도록 힘을 다해 찾고, 한 마리씩 발견할 때마다 안전한 은신처로 데려오고, 뒤에 남아서 구출한 양들을 헤아리지도 않으며, 피곤함을 녹이지 않으며, 움막 안은 아주 밝고 밖은 깜깜하지만 주변에 눈으로 덮인 죽음으로부터 주님의 양을 모두 구출하여 주님의 우리 안에서 평안하게 잘 때까지 다시 찾으러 나가는 목자와 같아야 합니다. "다른 양들이 내게 있다"고 하는 능하신 이의 목소리가 항상 우리 귀에서 울려야 하고, 우리는 마음과 생활로 "주여, 내가 그들도 데려오겠나이다" 하고 대답해야 합니다. 먼 장래의 결과가 성취되기까지 우리는 쉴 권한이 없습니다. 그때가 되면, 우리가 주님 곁으로 모으도록 주께서 도와주신 사람들과 함께 양 무리 가운데 있을 것입니다. 이 양 무리에서 어린 양이자 목자이며, 우리의 형제이자 주님이시고, 우리의 희생제물이자 왕이신 주님께서 하늘의 푸른 풀밭에서 "그들의 목자가 되사 생명수 샘으로 인도하실"(계 7:17) 것입니다. 거기에는 노략질하는 이리가 없고, 주님의 양떼를 무섭게 하고 당혹스럽게 하는 거짓 지도자들이 다시는 없을 것입니다.

46
사랑에서 나온
기도 응답의 지연

"예수께서 본래 마르다와 그 동생과 나사로를 사랑하시더니
형제 나사로가 병들었다 함을 들으시고
그 계시던 곳에 이틀을 더 유하시고"
요 11:5, 6

이 장의 후반부를 보면 그리스도께서 베다니에 도착하셨을 때는 나사로가 죽은 지 4일이 되었다는 것을 알 수 있습니다. 그리스도께서 계시다가 메시지를 받았던 곳으로 짐작되는 마을에서 베다니까지 거리는 하루 길쯤 되었습니다. 그러므로 예수께서 그 소식을 받은 후에도 여전히 그곳에 머문 이틀에다, 그 소식을 가져온 사람들이 예수님께 찾아와 전하는 데 걸린 하루, 그리고 주님께서 여행하는 데 걸린 하루를 보태면, 나사로가 무덤에 있은 지 4일이 됩니다. 따라서 우리 주님께서 그 소식을 들었을 때, 나사로가 죽었을 수 있습니다. 그러므로 그리스도께서는 나사로를 고침으로써 행하려고 했던 것보다 나사로를 죽은 자 가운데서 살리심으로써 더 큰 기적을 행하기 위해 그곳에 여전히 머무신 것이 아닙니다. 이상하게 보이겠지만 그리스도께서는 그의 사랑하시는 세 사람의 최고의 행복과 긴밀히 연결된 이유 때문에 머무셨습니다. 주께서 그들을 사랑하셨기 때문입니다.

요한은 언제나 "그러므로"라는 단어를 사용할 때는 매우 꼼꼼합니다. 그는 이 단어를 사용하여서 미묘하고 아름다운 많은 인과 관계를 지적합니다. 나는 이런 예들 가운데 어떤 것이 본문의 경우만큼 하나님의 섭리의 방법에 관하여 의미있고 충분하게 잘 밝혀주는지 알지 못합니다. 이 두 자매는 사일 동안 주님이 오시는 기미가 보이는지 여리고에서부터 올라오는 바위투성이의 길을 참으로 눈이 빠지도록 내려다보았을 것입니다. 주님이 그 소식을 듣고도 전혀 움직이려는 표시를 보이지 않는 것이 제자들에게는 매우 기이하게 여겨졌을 것입니다. 요한이 그리스도께서 가만히 계셨던 이유는 사랑이었다고 조심스럽게 지적하는 것은 아마도 이틀 동안이나 주님께서 움직이지 않고 계시는 동안 요한과 그의 형제들의 마음에 슬그머니 끼어들었던 의심이 생각났기 때문이었을지도 모릅니다. 이 복음서 기자는 우리에게 당면한 문제를 훨씬 넘어서서 어두운 많은 곳에 빛을 던져주는 교훈을 배우게 하려는 것입니다.

1. 그리스도께서 지체하신 것은 사랑에서 나온 지연입니다.

내가 생각할 때, 우리 모두에게는 우리가 찾을 수 있는 최상의 증거를 따를 때 하나님의 뜻에 일치한다고 믿고, 그래서 참된 믿음과 순종으로 기도할 수 있기에, 괴로움이나 슬픔을 없애 주시기를 바라거나 기대나 소원을 이루어주시기를 바라고 거듭 기도하지 않을 수 없었으나 전혀 답이 오지 않은 경험이 있습니다. 짐을 들어주고 소원을 이루어주기 위해 소망을 연기시키는 것이 섭리의 방법 중의 하나입니다. 우리가 다 알 수 없는 이 신비에 걸려 넘어지거나 마치 우리에게 큰 믿음이 요구되는 것처럼 생각하기보다는, 우리가 여기서 사도의 간단한 이 말씀을 붙잡고 거기에서 무한한 조망을 내다보게 하는 작은 창문을 보고, 우리를 대하시는 주님의 거룩한 동기의 핵심을 흘끗 한 번 보는 것이 더 지혜로운 일이 아니겠습니까?

우리가 일단 마음에 이 확신을 얻을 수 있다면, 얼마나 조용히 우리의 일에 힘쓰게 되겠습니까! 우리의 소원을 성취하고 괴로움을 제거하는 때를 선택함에 있어서 하나님의 섭리가 작용하도록 만드는 유일한 이유가 오직 우리 자신의 선이라는 것을 항상 느낀다면, 우리에게 참으로 아름답고 용감한 인내가 있을 것입니다! 주님이 행하시는 모든 일에서는 지극히 순수하고 순전한 사랑, 주름 잡힌 것이 없는 투명한 사랑만이 주님을 지배합니다. 우리가 이 사실을 믿는 것이 왜 그렇게 어렵습니까? 우리가 인생을 볼 때 인생에 따르는 온갖 달갑지 않은 의무와, 고통과 슬픔, 모든 실망과 그에 따르는 그 밖의 모든 병고를 단지 징계로만 보지 않고, 우리에게 닥친 일의 불쾌함에 대해서는 덜 생각하고 그 목적에 대해서 더 생각한다면, 우리는 주님의 지체가 사랑에서 나온 행동이고, 주님의 애정 어린 보살핌의 표시라는 것을 아는 데 어려움을 훨씬 덜 겪을 것입니다.

슬픔이 허용되어서 오래 머무는 것은 같은 이유 때문입니다. 슬픔을 잠깐 동안 허용하는 것은 별 소용이 없습니다. 대부분의 경우에, 시간은 우리에게 제대로 영향을 미치는 데 작용하는 한 가지 요소입니다. 무거운 물건을 들어 올리면, 밑에 있던 탄력 있는 물질이 다시 솟아오릅니다. 옥수수 밭에 바람이 지나가자마자, 숙였던 이삭들이 고개를 듭니다. 여러분이 깨끗한 물로 때를 씻어내려면 더러운 물건을 잠시 물속에 담가야 합니다. 이와 같이 시간은 우리가 인생의 훈련에서 끄집어내는 모든 유익에 있어서 중요한 요소입니다. 그러므로 우리가 겪는 징계를 보내는 바로 그 사랑이 우리의 바람을 넘어서서 그 징계를 오래 연장시키는 것이 분명합니다. 앞에서 말한 대로, 우리에게 닥친 일을 좀 더 자주 훈련과 교육으로 생각하고, 고통과 짐으로 덜 생각한다면, 우리가 당하는 일들의 의미를 지금보다 훨씬 더 잘 이해하게 되고, 그 일들을 좀 더 용감한 마음으로 직면하고, 잘 인내하며 거의 즐거운 마음으로 감당할 수 있게 될 것입니다.

우리의 슬픔과 무거운 짐들이 지닌 어떤 목적들을 생각한다면, 그 목적들을 성취하려면 시간이 필요하다는 것, 그러므로 슬픔과 무거운 짐을 제거하는 시간이 오는 것을 연기시키는 것은 사랑이라는 점을 훨씬 더 분명하게 깨닫게 될 것입니다. 예를 들면, 이 모든 일의 목적이고, 우리 중 누구든지 얻을 수 있는 최고의 복은 하나님의 뜻에 조화를 이룰 때까지 우리

의지를 복종시키는 것인데, 그것은 시간을 필요로 합니다. 배 목수가 '무릎같이 굽은 목재'를 만드는 데 필요한 재목을 얻게 되면 그 재목을 제대로 된 형태로 만드는 것이 하루 일이 아니라는 것을 압니다. 의지가 강풍을 만나면 꺾일 수 있지만, 의지를 **구부리려면** 시간이 걸릴 것입니다. 빠르게 지나가는 재해들은 우리 의지를 단련하는 데 항구적 효과가 별로 없기 때문에, 가혹하게 보이지만 실상은 인자한 주님의 뜻에 계속해서 복종하는 행동을 하도록 지속적으로 요구하는 어떤 고정된 사실을 생활에 갖는 것은 악이 아니라 복입니다. 예수 그리스도 안에서 하나님의 사랑은 우리의 의지를 하나님의 뜻에 복종시키고 "내 원대로 마시옵고 아버지의 원대로 되기를 원하나이다"(눅 22:42)라고 말하는 기회를 줄 뿐입니다. 바로 그 이유 때문에 주께서 사랑하는 사람들의 소식을 듣고도 요단 저편에 머물며 오시지 않는 것이라면, 자신의 사랑을 가장 친절하고 고귀한 형태로 나타내 보이신 것입니다. 그와 같이 사랑하는 교우 여러분, 여러분이 평생 따라다니는 슬픔을 지고 있다면, 하늘에 전능하시고 무한한 마음을 가지신 주님이 계시는데 왜 그런 슬픔을 져야하는지 알 수 없다고 생각하지 않기 바랍니다. 그 슬픔이 여러분이 하나님의 뜻에 복종하도록 하는 효과를 지니고 있다면, 그것은 주님께서 보내실 수 있는 애정 어린 보살핌을 가장 진실되게 보여주는 표지인 것입니다. 마찬가지로 성취되지 않는 소원과 누그러지지 않는 슬픔이 우리에게 세 가지이지만 실은 하나인 믿음과 인내와 기도를 가르치고, 그래서 끊을 수 없는 세 가닥 끈으로 우리를 하나님의 마음에 묶는다면, 그런 짐을 지고 피곤함을 감수하는 것이 더욱 할 만한 일이 아닙니까?

2. 이렇게 지체된 도움은 언제나 제 때에 우리에게 옵니다.

하늘의 시계는 우리 시계와 다르다는 점을 잊지 맙시다. 우리의 낮은 12시간이 있지만, 하나님의 낮은 천년이 있습니다. 우리에게 길게 보이는 것이 하나님께는 "잠시"입니다. 우리는 "조금 있으면이라 하신 말씀이 무슨 말씀이냐 무엇을 말씀하시는지 알지 못하노라"(요 16:18)고 말한 제자들처럼 근시안적 안목에서 나온 조급함을 본받지 않도록 합시다. 제자들이 예상할 때 아주 오래 걸릴 것으로 보인 이별의 시간이 주님께는 한 순간에 지나지 않았습니다. 예수께서는 이틀, 곧 48시간 동안 마리아와 마르다에게 답변을 연기하셨는데, 두 사람에게는 그 괴로운 시간이 천천히 지나가는 동안 영원처럼 생각되었고, 그래서 "너무 지치는데, 주님은 오시지 않는다"고 말할 뿐이었습니다. 두 자매가 다시 산 나사로를 받기까지 그 시간이 얼마나 오래 느껴졌겠습니까?

우리의 간절히 열망하는 기대와 소원이 아무리 길게 늦추어진다고 할지라도 그 기간을 주께서 판단하는 자, 곧 영원의 자로 잰다면 눈 깜짝할 사이에 지나지 않을 것입니다. 아침에 태어나서 날이 저물 때 죽은 하루살이 곤충은 우리의 자보다 훨씬 더 미세한 자를 가지고 있습니다. 그러나 우리는 그 자로 길고 짧음을 평가하려고 생각하지 않습니다. 그렇다면 하나님의 섭리의 진행을 우리 시계의 빠른 속도로 판단하려고 하는 똑같은 어리석음을 범하지 않도록 합시다. 하나님은 영원을 개입시키시기 때문에 여유있게 일하십니다.

하나님의 답변은 언제나 제 때에 오고, 연기되는 것 같지만 시간을 정확히 지킵니다. 예를 들면, 베드로가 감옥에 갇혔습니다. 교회가 그를 위해 계속 기도합니다. 날마다 기도합니다. 그러나 기도 응답은 없습니다. 유월절 주간이 이릅니다. 더욱 간절히 끊임없이 기도를 드립니다. 그런데도 응답이 없습니다. 시간이 더디 지나갑니다. 겉으로 볼 때는 베드로의 생애의 마지막 날이 오고 지나갑니다. 그래도 답이 없습니다. 베드로가 살아서 지낼 마지막 밤의 마지막 파수꾼의 마지막 시간이 이르렀습니다. 어둠의 장막이 엷어지고 있고, 날이 새기 시작하고 있을 때, "주의 사자가 그를 두루 비추었습니다"(눅 2:9). 그러나 그를 구원하는 일에 성급함이란 없습니다. 마치 시간이 충분히 여유 있고 완전히 안전하다는 것을 확신하는 것처럼 모든 일이 여유 있게 이루어집니다. 베드로는 빨리 일어나라는 지시를 받지만, 그를 감옥에서 풀어주는 단계들에서 서두르는 일은 없습니다. "띠를 띠고 신을 신으라." 베드로가 신발의 끈을 묶는 데 시간이 걸립니다. 4인조

군인들이 깨거나 그 모든 일을 하는 데 시간이 부족할지 모른다는 두려움
이 없습니다. 우리는 잠이 덜 깨고 아주 어리둥절한 사도가 움직이다가 보
초들을 깨울까 두려워 신발 끈을 조심스럽게 만지작거리고 천사가 조용한
얼굴로 지켜보는 것을 상상해 볼 수 있습니다. 사도는 신발 끈을 조이자,
옷을 걸치고 따라오라는 지시를 받습니다. 여전히 여유 있고 질서 있게 베
드로는 천사의 인도를 받아 잠자는 군사들의 첫 번째와 두 번째 초소를 지
나고, 그 다음에는 감옥 문을 빠져나갑니다. 베드로는 지하 감옥에서 들려
서 완전히 빠져나와 많은 사람들이 모여 그를 위해 기도하고 있는 집 앞에
내려졌을지 모릅니다. 그처럼 점진적 구원이 베드로를 인도하여 서서히
모든 장애물을 지나고, 장애물들의 능력을 마비시켰을 때, 나타난 능력의
전시는 더욱 두드러졌습니다. 하나님은 결코 서두르시지 않습니다. "여호
와께서 그들을 도와 건지시되 새벽에 도우시리로다"(시 37:40; 46:5). 산헤
립의 군대가 성을 둘러싸고 있고, 성 안에는 기근이 있습니다. 내일이면
너무 늦을 것입니다. 그런데 오늘 밤 하나님의 사자가 쳐서, 적들이 모두
죽습니다. 이와 같이 하나님의 지체는 구원을 허락하실 때 구원을 더욱 두
드러지고 즐겁게 만듭니다. 소망이 지연되면 때로 마음이 상할 수 있지만,
그 소망이 이루어질 때 그것은 생명나무가 됩니다.

3. 최상의 도움은 지연되는 법이 없습니다.

우리가 지금까지 예를 들어 설명한 이 원칙은 우리의 기도와 그리스도
의 응답에 관하여 절반만 맞는데, 좀 덜 중요한 절반에만 적용됩니다. 왜
냐하면, 영적 복들에 관해서, 좀 더 충만하고 좀 더 순수하며 좀 더 거룩한
생명을 바라는 우리의 간구에 대해서는 지체되는 일이 없기 때문입니다.
이 영역에서 법은 "예수께서 그 계시던 곳에 이틀을 더 유하시니라"는 것
이 아닙니다. 그보다는 "그들이 부르기 전에 내가 응답하겠고 그들이 말을
마치기 전에 내가 들을 것"입니다(사 65:24). 여러분이 하나님을 더 깊이
알기를 바라고, 더욱 하나님을 닮은 삶을 살기를 바라며 마음이 성령으로
더욱 충만하기를 바라고 기도해왔는데 응답을 받지 못했다면, 뒤로 물러

나서 그 영역과는 아무 관련이 없는 본문의 이 말씀과 같은 원칙을 잘못 적용하는 일에 빠지지 않도록 하십시오. 훌륭한 사람들이 구하는 그리스도인 생활의 복을 즉시 받지 못하는 유일한 이유는 그들 자신에게 있지 하나님께 있는 것이 결코 아니라는 사실을 기억하시기 바랍니다. "여러분이 얻지 못함은 구하지 아니하기 때문이요 구하여도 받지 못함은" 주께서 지체하시기 때문이 아니라 여러분이 "정욕으로 쓰려고 잘못 구하기 때문"입니다(약 4:3). 혹은 여러분이 구하고 나서 일어나 그 복이 오고 있는지 아닌지 보려는 생각이 없이 가버리기 때문입니다.

아, 영적 복을 구하는 기도에 거짓과 위선이 통탄할 정도로 많이 있습니다. 영적 복을 구하는 많은 사람들이 사실 그 복을 갖기를 바라지 않습니다. 그들은 그 복을 얻을지라도 어떻게 사용해야 할지 모를 것입니다. 그들은 자기 부모가 자기들 앞에서 그렇게 구했고, 이런 것들이 기도할 때 말할 바른 것이기 때문에 그렇게 기도할 뿐입니다. 어떤 사람은 영성이 더 길러지기를 기도하고는 세상에 나가서 자신의 기도와 정반대로 생활한다면, 그가 하나님께서 기도 응답을 지체하신다고 말할 무슨 권리가 있습니까? 그렇지 않습니다. 하나님은 기도 응답을 미루시지 않습니다. 다만 우리가 하나님의 응답을 뒤로 밀치는 것이고, 주신 선물을 받으려고 하지 않을 뿐입니다. 한 짝을 이루는 하나님의 처사의 두 면이 같은 동기에 의해 조정되지만 같은 원리에 의해 움직이는 것은 아닙니다. 외적 일들과 관련된 소원에 관해 종종 우리의 유익을 위해 응답을 지체하는 사랑은 우리의 영적 생활의 범주 안에서 움직이는 모든 간구에 대해서는 번개처럼 빠르게 응답합니다.

"서서 기도할 때에 무엇이든지 기도하고 구하는 것은" 그때 그 자리에서 "받은 줄로 믿으라"(막 11:24). 그러면 지체하시지 않는 하나님께서 "여러분이 구하는 것을 받도록" 살피실 것입니다.

47
각 사람에 대한
그리스도의 질문

(젊은이들을 위한 설교)

"이것을 네가 믿느냐 이르되 주여 그러하외다 주여"

요 11:26, 27

내가 그토록 오랫동안 설교해 온 연간 설교들을 하나하나 다시 할 때마다 나는 이 설교가 마지막일 수 있다는 가능성이 점점 더 높아지는 것을 더욱 진지하게 느낍니다. 하루 일의 끝마무리를 하고 있는 사람처럼 나는 남은 순간을 최대한 활용하고 싶습니다. 이것이 앞으로 내가 전할 마지막 설교이든지 아니든지 간에, 여러분 가운데 어떤 분들에게는 이번이 내게서 들을 혹은 어쩌면 다른 누구에게서라도 들을 마지막 설교가 된다는 것은 확실합니다.

그래서 사랑하는 교우 여러분, 부차적 주제들 가운데 어떤 것은 고려해 볼 만한 것도 있을 수 있겠지만, 여러분이나 나나 우선 부차적 주제들을 생각하는 데 이 시간을 쓸 여유가 없다고 생각했습니다. 나는 바로 주요 요점을 다루고 여러분 모두에게, 특별히 여러분 가운데 젊은 사람들에게 신앙 문제를 던지고 싶습니다.

여러분도 아마 기억하겠지만, 본문의 말씀은 주님께서 죽은 남자 형제에 대한 고통으로 몸부림 치고 있는 마르다에게 말씀하신 것입니다. 그리스도께서는 유달리 평온하고 위엄 있게 자신의 신분과 활동을 부활과 생명이라고 선포하시고, 그 다음에는 마르다의 마음을 빼앗는 슬픔에서 끌어내어 주께서 선포하시는 진리를 붙잡을 믿음의 노력을 하도록 이끄십니다. 예수께서는 번쩍이는 단도로 빠르게 찌르는 것처럼 갑작스럽게 이 질문을 던지십니다. 그것은 주님의 주장이 엄청난 것이긴 하지만 주님의 있는 그대로의 말씀의 주장을 신뢰하라는 요구입니다. 그리고 그 요구에 대해 "주여 그러하외다" 즉 내가 '주님을 믿고 또한 주의 말씀도 믿나이다'라는 주저하지 않는 신속한 답변으로 응답하였습니다.

자, 교우 여러분, 예수 그리스도께서 지금 각 사람에게 바로 이 질문을 던지고 계십니다. 나는 우리가 마르다처럼 답변하기를 기도합니다.

1. 첫째, 이 질문의 의미를 살펴봅시다.

"이것을." 이것이 무엇입니까? 이 답변은 그리스도인에게 믿음을 일으키는 본질적 중심 사실들이 무엇인지를 말해 줄 것입니다. 물론 주님께서 앞서 발언하신 말씀의 형태는 말씀하는 상황에 영향을 받았고, 그 순간의 긴급한 상황에 대처하도록 조정된 것입니다. 그러나 이와 같이 그 형태가 주께서 이때 이별의 고통을 겪고 있는 마음을 향해 말씀하고 계셨다는 사실에 의해 그리고 부활이라는 놀라운 행동의 예비 단계로서 결정되었지만, 그렇게 해서 표현된 본질적 진리들은 내가 기독교의 근본 진리들, 곧 복음의 핵심을 구성하는 것이라고 믿는 진리들입니다.

그러면 이번에는 본문 직전에 나오는 것을 잠시 살펴보도록 합시다. 우리 주님은 세 가지 사실을 말씀하십니다. 첫째로, 주님은 생명에 대한 자신의 초자연적 신분과 신성한 관계를 주장하십니다. "나는 부활이요 생명이다." 다음에, 주님은 자신이 죽어가는 사람들과 죽은 사람들에게 생명을 전달할 수 있다고 선언하십니다. 그 생명을 죽음을 이기고 변화를 비웃으며, 우리가 죽음이라는 이름을 붙이는 피상적 경험을 겪을지라도 마치 적막한 소금 바다 한 가운데서 단 샘물이 솟구쳐 나듯이 죽음에 영향을 받지 않고 쇠퇴하지도 않은 채 계속 됩니다. 그 다음에 주님은 생명을 주시는 분으로서 자신이 죽어가는 사람에게 자신의 불멸의 생명을 주는 조건은 주님을 믿는 믿음이라고 밝히십니다. 이 세 가지, 곧 주님의 신분과 사역, 주님의 손에 가득한 선물들, 그 선물들을 우리 사람들이 소유할 수 있는 방법이 기독교 신앙의 중심적 사실들입니다. "이것을 네가 믿느냐?"

이 질문은 우리 모두에 대한 것입니다. 불안한 이 시대에, 기독교의 가르침 가운데 "더 이상 줄일 수 없는 최소한의 것"이 무엇인지에 대해 분명하게 이해하는 것은 좋은 일입니다. 나는 바로 그것이 여기에 있다고 말씀드립니다. 모든 상반된 오류들이 그렇듯이, 함께 결합되어서 공동의 중심을 맴도는 두 가지 오류가 있습니다. 그 두 오류 가운데 하나는 성막의 핀과 볼트 하나하나를 마치 제단과 언약궤와 똑같이 신성한 것으로 간주하는 지극히 보수적 경향입니다. 그리고 다른 하나는 스스로 "자유주의적이고 진보주의적"이라는 이름을 붙이는 경향으로, 옛 등불들이 과거에 밝게 타올랐음에도 불구하고 언제나 기회만 있으면 이 등불들을 아직 제련되지 않은 반짝이는 금속에 불과한 새 등불로 바꾸려고 하는 오류입니다. 오늘날, 우리 조상들이 그 점(젊은이들이 대부분 빠지기 쉬운 오류)을 믿었다는 것은 어떤 의견과도 반대되는 근거인데, 그 반대의 에너지에 의해 그 오류는 전통적 모든 것에 집착하는, 즉 기독교 신앙의 본질적인 것들로 간주되어 온 모든 것에 집착하는 정반대의 과장을 불러일으켜 왔고, 지금도 일으키고 있습니다. 그래서 그럴 필요가 없는데도 하나님의 언약궤에 대해 떨고 두려워하는 이때에, 우리는 주님의 이 위대한 말씀에 의지하여, 세상에 대한 주님의 메시지와 선물의 생생한 핵심을 구성하는 것들은 바로 이 세 가지라는 것을 보도록 합시다. 즉 초자연적 그리스도, 그리스도께서 나누어주는 생명, 그 생명을 주는 조건이 그것입니다. "이것을 네가 믿느냐?" 여러분이 믿는다면, 그밖의 다른 문제들에게 관한 변덕스런 당대의 의견들이 그 나름대로 귀중하고 중요할 수 있지만, 그런 것에 별로 주의를 기울일 필요가 없습니다. 그리고 사람들에게 이 사실들이 논쟁적 문제들, 즉 계시의 수단을 일으키고 보존해온 방법, 교회의 외적 형태들에 대한 규정, 사람들이 종종 인내심을 잊어버리고 기독교 신앙을 망치면서까지 위해서 싸우는 그밖의 많은 일들에 대해 무엇을 이야기하든, 중심적 큰 진리, 곧 위로부터 오시는 그리스도, 그를 믿는 모든 사람에게 생명을 주시는 분을 의지하라고 말할 수 있습니다.

이 문제를 좀 더 상세히 설명하겠습니다. "모든 사람이 죄를 범하였으매 하나님의 영광에 이르지 못하더니"(롬 3:23). "이것을 여러분은 믿습니까?" "우리가 다 반드시 그리스도의 심판대 앞에 나타나게 되리라"(고후 5:10). "이것을 여러분은 믿습니까?" "하나님이 세상을 이처럼 사랑하사 독생자를 주셨으니 이는 그를 믿는 자마다 멸망하지 않게 하려 하심이라" "이것을 여러분은 믿습니까?" "인자가 온 것은 자기 목숨을 많은 사람의 대속물로 주려 함이니라"(마 20:28). "이것을 여러분은 믿습니까?" "우리가 믿음으로 의롭다 하심을 받았으니 우리 주 예수 그리스도로 말미암아 하나님과 화평을 누리자"(롬 5:1). "이것을 여러분은 믿습니까?" "이제 그리스도께서 죽은 자 가운데서 다시 살아나사 잠자는 자들의 첫 열매가 되셨도다"(고전 15:20). "이것을 여러분은 믿습니까?" "내가 너희를 위하여 거처를 예비하러 가노라"(요 14:2). "이것을 여러분은 믿습니까?" "나 있는 곳에 나를 섬기는 자도 거기 있으리라"(12:26). "이것을 여러분은 믿습니까?" "그리하여 우리가 항상 주와 함께 있으리라"(살전 4:17). "이것을 여러분은 믿습니까?" 이것이 기독교 신앙입니다. 기독교는 영감이나 제사장직, 성례적 효험 혹은 시대가 지나가면서 일어난 그밖의 곤란한 질문들 가운데 어느 한 가지에 대한 이론이 아닙니다. 여기 살아 있는 중심이 있습니다. 이 중심을 굳게 붙잡으시기 바랍니다.

그 다음에 다시 말하지만, 이 질문의 의미는 사람들이 이 중대한 진리들을 붙잡을 수 있는 길을 우리에게 분명히 보여주는 방향에 있습니다. 이 진리들은 그런 종류의 것이어서, 단지 우리가 "아, 그래요 나는 그것을 믿어요. 그것은 정말 맞아요"라고만 말하는 것은 충분치 않습니다. 어떤 사람이 내게 이제까지 생겨난 이 두 평행선은 결코 만나지 않을 것이라고 말한다면, 나는 "그렇습니다. 나는 믿습니다"라고 말합니다. 이 외에 더 이상할 말이나 행동은 없습니다. 어떤 사람이 "둘 더하기 둘은 넷이다"고 말하면, 나는 "네. 맞습니다"고 말합니다. 그것으로 내 동의는 끝납니다. 어떤 사람이 "정의를 행하는 것을 옳은 일이다"고 말하면, 다른 순서의 진술에 대해서 아주 충분했던 지적 동의의 태도가 이 경우에는 충분하지 않다는 것이 아주 분명합니다. 그래서 단순히 "아, 예. 정의를 행하는 것은 옳은 일입니다" 하고 말하는 것이 그런 진리에 관해서 취해야 할 유일한 태도가 아닙니다. 하나님께서 내게 오셔서 "너는 죄인이다. 예수 그리스도가 너를 위해 죽었다. 네가 그를 네 구주로 받아들이면 너는 이생에서 구원을 받고 영원히 구원을 받는다"고 말씀하시면, 단순히 그 말씀을 진실로 받아들이는 것이 그 말씀에 대한 적절한 태도의 전부가 아니라는 것이 그만큼 분명합니다. 혹은 좀 더 분명하게 말하자면, 사람이 이 복음에 동의하거나 부인하기를 삼가는 것 이상의 행동을 하지 않는다면 사실은 철저히 그리고 적절하게 복음을 믿으려고 하는 것이 아닙니다.

그래서 나는 지금 여러분에게 이 형태의 질문을 던지려고 합니다. 사랑하는 형제 여러분, 여러분은 자기가 믿는다고 하는 "이것"을 **신뢰합니까**? 기독교 신앙에 있어서 철학자들이 **쓸모없다**(otiose)고 부르는 일반적 게으름만큼 큰 적은 없습니다. 그것은 사람들이 기독교 신앙을 부인하거나 생각하는 수고를 하고 싶지 않기 때문에 하는 지적 동의를 나타내는 게으름을 표시하는 중요한 단어입니다.

그것이 훌륭한 많은 교회와 교인들이 믿는다고 하는 기독교 신앙입니다. 이들은 신앙의 일반적 노선과 모순되는 주제에 별로 관심이 없습니다. 모든 무력한 일들 가운데서 사람 머릿속에만 게으르게 있고 그의 마음이나 의지에 전혀 접촉되지 않은 신조만큼이나 무력한 것이 없습니다. 평생 복음에 흠뻑 젖어 살았지만 복음이 아무 효과도 거두지 못하는 여러분에게서 무슨 성과를 거두기보다는 내가 복음에 관해 아무것도 들어보지 못한 사람에게 이야기할 때 훨씬 더 많은 것을 얻을 것입니다. 세바스토폴(Sebastopol)의 토루(土壘: 흙으로 만든 보루)에 퍼부어진 포탄들이 흙 성벽의 전면을 부셔버리자, 요새를 보호하고 있는 것은 잡동사니들뿐이었습니다. 바로 그것이 내 설교를 듣고 있는 많은 분들에게 일어나고 있는 일입니다. 여러분이 복음을 너무 자주 들어와서 옛날에 들었던 것들의 부스러기가 여러분과 나 사이를 가로막고 있어서 내 말이 여러분에게 가서 닿을 수 없습니다. "이것을 여러분은 믿습니까?" 사람들이 살면서 주일마다 예배당에서 일어나 주위를 둘러보며 신조를 줄줄 외우지만, 신조의 단 한 조항도 그 정신을 생각하지 않고 믿는 것을 말하는 것이 아닙니다. 이 진리들에 대한 확신이 아주 깊어서 여러분의 전 본성을 움직여 예수 그리스도를 구주요 모든 것으로 믿고 의지하게 하는 의미에서 믿는지를 묻는 것입니다. 바로 그것이 여기서 약속된 생명이 임할 믿음입니다. 아, 형제 여러분, 나는 여러분에게 이 질문을 할 자격이 없고, 여러분은 그 질문에 대해 내게 답변할 필요가 없습니다! 때때로 선의를 가진 훌륭한 사람들이 아직 준비되지 않은 사람들에게 그런 질문을 던짐으로써 많은 해를 입힙니다. 그보다 이 질문을 여러분 마음에 받아들이고, 믿음이 무엇인지, 그리고 여러분이 믿어야 하고 내가 여러분에게 던지는 이 진지한 질문을 믿음의 참된 의미에 따라서, 양심의 빛에 비추어서 답변해야 한다는 것이 무엇인지 생각하기 바랍니다.

2. 둘째, 나는 여러분에게 이 대답에 따라 무엇이 좌우되는지 생각해보라고 말씀드립니다.

여기서 잠깐 돌아볼 수 있다면, 본문의 경우에 그 답변에 따라 무엇이 바뀌는지를 아주 밝히 보여주는 예가 있습니다. 마르다는 그리스도께서 부활이요 생명이라는 것을 볼 수 있는 선행 조건으로 그 사실을 믿어야 했습니다. 왜냐하면 예수께서 나사로를 일으키는 강력한 말씀을 하시기 전에 친히 "네가 믿으면 하나님의 영광을 보리라 하지 아니하였느냐"고 말씀하셨고, 이와 같이 그녀의 믿음이 그녀가 믿음으로 붙잡은 사실들이 진실임을 확인할 수 있는 조건이었기 때문입니다. 자, 그 점을 좀 더 분명하게 말씀드리겠습니다. 그것은 바로 이것입니다. 사람은 그리스도께서 자기에게 주시리라고 믿는 것을 그리스도에게서 받습니다. 그리고 주님의 약속들을 받아들이는 것 말고 그 약속이 진실되다는 것을 입증할 다른 방법이 없습니다. 그렇게 받아들일 때에야 그 약속들이 성취될 것입니다. 여러분은 약을 삼키지 않고서는 약이 여러분을 치료하리라는 것을 알 수 없습니다. 여러분은 "여호와의 선하심을 알려면" 먼저 그 사실을 맛보아야 합니다(시 34:8). 믿음은 믿음이 가져오는 경험에 의해 스스로 진실됨을 증명합니다.

그러면 믿음은 무엇을 가져옵니까? 나는 사람이 그리스도를 믿을 때 기대하는 모든 것을 가져다준다고 말했습니다. 모든 것은 이 요한복음에서 계시되는 것과 같이 주님께서 자주 사용하시는 그 말씀으로 요약됩니다. 즉 이것은 복되고 의로운 모든 것을 포함하는데, 그것은 생명, 곧 영원한 생명입니다. 형제 여러분, 예수 그리스도를 떠나서는 여러분과 나는 허물과 죄로 죽은 사람들입니다. 우리가 육체 가운데 사는 생명은 하나님을 떠난 참된 죽음을 가리우는 외견상의 생명입니다. 젊은이 여러분, 맨 처음에 이 사실을 여러분 마음속에 굳게 붙잡으십시오. 이 사실이 여러분을 많은 번민과 잘못에서 구원해줄 것입니다. 예수 그리스도를 믿는 믿음으로 말미암아 자유롭게 순종하는 조용한 마음에 오는 생명 외에는 생명이라고 부를 가치가 있는 것은 아무것도 없습니다. 여러분이 자신을 그리스도께 맡기고 이 질문에 대해 "주여 그러하외다" 큰 소리로 답변한다면, 여러분을 죽은 데서 깨울 생명을 얻게 될 것입니다. 날마다 여러분의 성품이 좀 더 온전히 아름다워지고 그리스도를 닮아가도록 만들 생명, 무미건조하고 평범한 것들에 달콤함과 매력을 뿌려주고, 풀이 없는 황량한 사막에 갑작스럽게 푸릇푸릇한 초목이 일어나게 할 생명을 얻을 것입니다. 모든 의무를 행할 수 있게 하는 힘인 슬픔을 진지한 기쁨으로 바꾸는 생명, 광야에서 만나를 내리고, 바위에서 꿀이 나게 하며 어둠 속에서 빛을 비추고, 임재하시는 하나님을 여러분의 충분한 기업으로 가져다 줄 생명, 계속 달려서 영원의 희미한 영광에 이르고 수 천년 동안 끊임없이 진보할 생명을 얻게 될 것입니다.

그러나 사랑하는 형제 여러분, 이와 같이 거룩하고 영원한 모든 복과 진보로 들어가는 문이 믿음을 조건으로 사람들에게 활짝 열려있지만, 이 질문에 따라 달라지는 결과들의 다른 면들을 잊어서는 안 됩니다. 예수 그리스도께서 생명이고, 생명을 주시는 분이며, 그리스도를 믿는 믿음이 여러분과 내가 그 생명을 얻는 길이라는 것이 사실이라면, 그리스도 밖에 있고 그리스도를 믿지 않는 것은 죽음에 감염되어 납골당에 갇히게 된다는 결론에서 피할 길이 없기 때문입니다. 나는 예수께서 친히 "아들이 있는 자에게는 생명이 있고 아들이 없는 자에게는 생명이 없느니라"(요일 5:12)고 분명히 말씀하신 가르침을 감히 억압하지 못합니다. 본문의 이 질문에 대한 답변에 따라 달라지는 결과들은, 이렇게 말할 수 있다면, 우리 주님의 말씀을 반대로 바꾸어 봄으로 요약할 수 있습니다. "믿는 자는 죽어도 살겠고 무릇 살아서 나를 믿는 자는 영원히 죽지 아니하리라." 이 말씀은, 그리스도를 믿지 않는 자는 살아 있어도 죽을 것이고, 살아서 믿지 않는 자는 영원히 살지 못할 것을 뜻합니다. 이런 것이 이 질문에 대한 여러분의 답에 따라 바뀌는 결과들, 곧 다른 결과들입니다.

3. 끝으로 이 질문에 들어 있는, 모든 사람에게 직접적으로 호소하는 요소를 생각해 보기를 바랍니다.

나는 이 질문을 구성하고 있는 세 마디, "이것을 네가 믿느냐"는 말 가운데 두 마디 "이것을 믿느냐"는 말씀을 생각했습니다. 이제는 "네가" 믿느냐는 말을 잠시 생각해 보겠습니다.

자, 이 말씀은 길게 생각할 필요는 없지만 잠깐이라도 여러분의 마음과 양심에 떠오르게 하고 싶은 사상, 곧 예수 그리스도가 조금이라도 당신에게 유용할 수 있게 만드는 매우 개인적 믿음의 행위를 암시합니다. 사람들이 교회나 교회의 의식들의 유익에 관해 갖고 있는 막연한 어떤 생각 때문에 곁길로 가지 않도록 하기 바랍니다. 어떤 성례나 사제가 여러분이 철저히 혼자 자신의 의지로 해야 하는 일, 곧 손을 뻗어 예수 그리스도를 붙잡는 일을 여러분 대신 해줄 수 있다고 생각하지 마십시오. 여러분의 개인적 믿음의 행위가 활동하는 것 외에, 어떤 사람이나 일이 여러분이 영적 복을 받을 조건이 되거나 영적 복이 여러분에게 임할 통로가 될 수 있습니까?

빵이 여러분의 피에 영양분을 공급하고 여러분의 생명에 힘을 공급할 수 있으려면, 먼저 여러분이 직접 손으로 빵을 집어 이로 씹고, 여러 기관을 사용하여 소화시켜야 합니다. 누구든지 사람이 예수 그리스도와 생명을 주는 지극히 중요한 관계를 맺을 수 있는 방법이 딱 한 가지 있는데, 그것은 자신의 믿음을 발휘하는 것입니다.

예수 그리스도를 믿는 일이 철저히 여러분 자신의 일이듯이, 이 문제에 대답하는 책임도 철저히 여러분 자신의 일이라는 것 또한 기억하시기 바랍니다. 이 질문은 바로 여러분에게만 던지는 것입니다. 여러분이, 오직 여러분만 이 문제에 대답해야 합니다.

옛날에 예수 그리스도의 뒤를 따라가며 하얗고 가냘픈 떨리는 손가락을 뻗어 예수님의 옷 가를 만진 불쌍한 여인이 있었습니다. 예수께서는 간구하는 심정으로 내민 손가락의 가벼운 접촉도 예민하게 감지하시고, 비록 사람들이 떼 지어 몰려 주님을 밀치고 있었지만 치료하는 효능이 나가도록 허락하셨습니다. 그러나 여러분과 그리스도 사이에는 아무런 군중이 밀려들지 않습니다. 여러분과 그리스도 사이에는 말하자면 장벽이 없으므로, "네가 믿느냐"는 이 질문이 곧바로 여러분에게 이릅니다.

아, 형제 여러분, 여러분이 안심하고 조용히 앉아 있거나 혹은 내가 날카롭게 개인에게 전하려 하는 것에 전혀 영향을 받지 않고 앉아 있는 것은 바로 무리들 가운데로 슬그머니 숨어서 아주 열렬한 강단의 설교가 청중 위로 흩어져 버리게 만드는 습관 때문입니다. 이 예배당에 있는 다른 모든 사람들은 떠나고 여러분과 나밖에 없다고 생각해 보십시오. 그러면 내가 지금 전하려고 하는 말씀이 지금보다 훨씬 더 힘있게 여러분의 마음에 다가가지 않겠습니까? 자, 세상과 세상의 수많은 사람들은 잊어버리고, 여러분이 그리스도께서 온통 여러분에게 관심을 쏟고 있는 가운데서 그리스도 앞에 서 있고, 여러분이 "주여, 그러하외다 내가 믿나이다!" 하고 대답하기를 바라는, 은혜롭고 자비한 심정으로 여러분 개인에게 이 질문을 하신다는 사실을 깨닫기를 바랍니다.

왜 여러분은 그렇게 하지 않습니까? 여러분이 그리스도께 "아닙니다, 주님. 나는 주님을 믿지 않습니다" 하고 말했다고 생각해 보십시오. 그리고 주께서 "왜 너는 나를 믿지 않느냐"고 말씀하셨다고 생각해 보십시오. 그 러면 여러분은 무엇이라고 대답할 생각입니까? 여러분은 어느 날, 즉 대열에서 나와 지휘관에 대한 하극상의 행위에 대해 답변하라고 명령을 받은 병사가 군인들에게서 떨어져 나오듯이 모든 무리에게서 떨어져 나갈 지극히 엄숙한 환경에서 그 문제에 답해야 할 것입니다. "우리 각 사람이 자기 일을 하나님께 직고하리라"(롬 14:12). 나사로의 무덤 앞에서 "이것을 네가 믿느냐"고 깊은 사랑으로 말씀하셨고, 그리고 사랑하는 교우 여러분, 나의 시원치 않은 말일지라도 지금 여러분에게 다시 그 질문을 하고 계신 주님께서 다시 한 번 그 질문을 물으실 것입니다. 이것은 그 답변에 따라 우리가 그리스도의 오른편에 설지 혹은 왼편에 설지를 결정하는 질문이기 때문입니다. 지금 겸손히 믿음으로 "주여, 그러하외다" 하고 말하십시오. 그러면 여러분은 보지 못하였으나 믿은 사람들의 복을 받게 될 것입니다.

48
베다니에 있는 열린 무덤

"[30]예수는 아직 마을로 들어오지 아니하시고 마르다가 맞이했던 곳에 그대로 계시더라 [31]마리아와 함께 집에 있어 위로하던 유대인들은 그가 급히 일어나 나가는 것을 보고 곡하러 무덤에 가는 줄로 생각하고 따라가더니 [32]마리아가 예수 계신 곳에 가서 뵈옵고 그 발 앞에 엎드리어 이르되 주께서 여기 계셨더라면 내 오라버니가 죽지 아니하였겠나이다 하더라 [33]예수께서 그가 우는 것과 또 함께 온 유대인들이 우는 것을 보시고 심령에 비통히 여기시고 불쌍히 여기사 [34]이르시되 그를 어디 두었느냐 이르되 주여 와서 보옵소서 하니 [35]예수께서 눈물을 흘리시더라 [36]이에 유대인들이 말하되 보라 그를 얼마나 사랑하셨는가 하며 [37]그 중 어떤 이는 말하되 맹인의 눈을 뜨게 한 이 사람이 그 사람은 죽지 않게 할 수 없었더냐 하더라 [38]이에 예수께서 다시 속으로 비통히 여기시며 무덤에 가시니 무덤이 굴이라 돌로 막았거늘 [39]예수께서 이르시되 돌을 옮겨 놓으라 하시니 그 죽은 자의 누이 마르다가 이르되 주여 죽은 지가 나흘이 되었으매 벌써 냄새가 나나이다 [40]예수께서 이르시되 내 말이 네가 믿으면 하나님의 영광을 보리라 하지 아니하였느냐 하시니 [41]돌을 옮겨 놓으니 예수께서 눈을 들어 우러러 보시고 이르시되 아버지여 내 말을 들으신 것을 감사하나이다 [42]항상 내 말을 들으시는 줄을 내가 알았나이다 그러나 이 말씀 하옵는 것은 둘러선 무리를 위함이니 곧 아버지께서 나를 보내신 것을 그들로 믿게 하려 함이니이다 [43]이 말씀을 하시고 큰 소리로 나사로야 나오라 부르시니 [44]죽은 자가 수족을 베로 동인 채로 나오는데 그 얼굴은 수건에 싸였더라 예수께서 이르시되 풀어 놓아 다니게 하라 하시니라 [45]마리아에게 와서 예수께서 하신 일을 본 많은 유대인이 그를 믿었으나"

요 11:30-45

왜 예수께서는 베다니 밖에 머물며 마르다와 마리아에게 오라고 말씀하셨습니까? 아마도 주님은 관습적으로 시끄럽게 울어서 슬픔의 존엄과 신성함을 훼손하는 떠들썩한 무리에게 섞이고 싶지 않으신 것 같고, 진정으로 슬퍼하는 두 사람의 마음에 말씀하시고 싶었던 것 같습니다. 신성한 예의를 지키시는 주님으로서는 그런 집에 갈 수 없으셨습니다. 생명을 가져오시는 분은 항상 떨어져 계십니다. 주님은 외로운 가운데 있는 사람에게 위로의 말씀을 하십니다. 주님은 슬픔을 존중하십니다.

주님의 동정하는 섬세한 마음씨는 마리아를 "위로하던" 사람들이 마리아가 다시 슬픔이 북받쳐서 갑작스럽게 무덤으로 달려가지 않을 수 없다고 생각하면서 무정하게 몰려 따라온 것에 비할 때 참으로 아름답게 나타납니다! 그들이 정말로 동정심이 있거나 지각이 있었다면, 있던 그 자리에 그대로 머물러 있고, 마음이 무거운 불쌍한 사람이 편한 곳에 가서 혼자 울도록 버려두었을 것입니다. 그런데 아주 저속한 사람들처럼 그들은 우는 사람들만 내버려두거나 울게 해서는 안 된다는 한 가지 생각밖에 하지 않았습니다.

이 세 단계는 더없이 영광스런 이 기적에서 나타나는 예수님의 자기 계시에서 살펴볼 수 있는 것 같습니다. 여기서 세 단계란 예수께서 비통히 여기심과 눈물을 흘리심, 생명을 주는 능력을 이제 나타내 보일 것에 대한 예수님의 당당한 확신, 예수께서 그 능력을 실제로 발휘하심을 말합니다.

1. 마리아가 예수님을 보고 첫 인사로 마르다의 말을 반복하였다는 사실은 이 서글픈 4일 동안 두 자매의 마음을 가득 채웠던 한 가지 생각을 애처롭게 말해줍니다.

왜 예수께서 오시지 않으셨습니까? 예수님이시라면 쉽게 오실 수 있었을 텐데! 예수님이시라면 틀림없이 이 모든 비참함을 막으실 수 있었을 텐데! 주님의 능력에 대한 확신이 주님의 돌보심에 대한 의심과 묘하게 섞입니다. 두 자매의 말에는 주님의 능력에 대한 신앙보다는 은근히 비난하는 듯한 암시가 있습니다. 예수께서는 그 말에 함축된 성급한 판단을 나무라

시지 않습니다. 그 말에 깔려 있는 참된 사랑을 아셨기 때문입니다. 예수
께서는 마르다에게 하셨던 것과 다르게 마리아에게는 즉각 답변하시지 않
습니다. 이는 두 자매에게 각각 다르게 대할 필요가 있었기 때문입니다.

우리는 여기서 마리아가 마르다가 표현했던 것과 같은 희망을 갖고 있
지 않다는 점에 주목합니다. 마리아는 좀 더 수동적이고 명상적 성향 때문
에 기가 꺾였고, 슬픔에 압도당했습니다. 이와 같이 마리아에게서 우리는
과도한 슬픔의 표본을 봅니다. 그 슬픔이란 일어나지 않은 다른 어떤 일이
발생하였다면 생겼을 것이 지루하게 반복되는 것에 매몰되고, 그 어둠이
너무 깊어서 희미한 소망이 거의 비치지 않습니다. 그런 슬픔을 위로하는
데 말은 별로 효과가 없습니다. 말없이 슬픔을 함께 하고, 도움을 주는 행
동이 가장 큰 유익을 줄 것입니다.

이와 같이 감정의 큰 파동이 보통 때는 평온하던 예수님의 영혼을 휩쓸
고 지나갔습니다. 요한은 "그러므로"(33절, 개역개정은 이 단어를 번역하
고 있지 않음 ─ 역주)라는 말로써 우리에게 그 원인까지 더듬어보도록
요구합니다. 마리아의 진심어린 눈물과 문상객들의 절반 정도 진실된 눈
물을 보고, 또 그들이 큰 소리로 "우는 것"을 듣고서 예수님의 마음이 움직
였고, 감정이 갑자기 울컥하였습니다("불쌍히 여기사"). 그러나 동정심과
슬픔이 지극히 평온한 주님의 마음을 흔들었을 뿐만 아니라 마음을 산란
케 하는 또 다른 요소가 있었습니다. 예수께서는 "통분히 여기셨습니다"
(영어 개역 성경 난외주. 개역개정은 "비통히 여기시고" ─ 역주). 불행을
당했을 때에 내는 화는 종종 우리의 슬픔과 뒤섞입니다. 그러나 그리스도
의 통분함은 그런 것이 아니었습니다. 그리스도의 통분히 여기심에 나타
나는 낯선 요소에 대한 적절한 설명은 그것이 사망의 원인, 곧 죄에 대한
것이었다는 설명뿐입니다. 주님은 원인인 죄가 그 결과들에 나타나는 것
을 보셨습니다.

예수께서는 마리아에 대해서 우셨고, 마르다에 대해서는 그녀에 적합하
게 답변하셨습니다. 예수께서 흘리신 눈물은 사람이신 그리스도의 완전한
사랑과, 그리스도 안에서 계시된 하나님의 완전한 사랑을 증거하였습니

다. 그리고 통분히 여기심은 완전히 의로운 사람과 그 안에서 계신된 거룩한 하나님이 죄에 대하여 갖는 반감과 혐오를 증거하였습니다. 여기서 우리는 안개가 덮인 넘실거리는 바다를 얼핏 보듯이 그리스도의 마음을 얼핏 보게 됩니다. 그리스도의 이 모습에서 순간적으로 우리는 성육신하신 말씀인 그리스도 안에서 우리의 재난에 대한 동정과 우리의 죄에 대한 혐오가 함께 만나는 것을 보게 됩니다.

무덤의 위치를 물어보는 주님의 질문은 전혀 예상치 못한 것입니다. 아주 돌연하게 이 질문을 하신 것은 주께서 감정을 억누르고, 이 슬픔을 제거하는 일에 잠시도 지체하지 않으려는 노력을 보여줍니다. 이 작은 무리가 무덤을 향하여 걸음을 옮기기 시작할 때, 그 순간 감정을 억제하신 후에 다시 흘리시는 눈물은 인간적 눈물 가운데 지극히 아름다운 것입니다. 주님의 거룩한 슬픔에 대한 동정심이 없는 비판은 인간적 비판 가운데 지극히 슬픈 것입니다. 구경꾼들 가운데 감동 받은 사람들조차 보고서 다소 놀랐을지 모르지만 그 눈물을 예수님의 사랑의 표시로 볼만큼 생각이 온건하였습니다. 반면에 다른 사람들은 예수님께 사랑이 있는지 또 능력이 있는지를 모두 의심하는 빈정대는 말을 쏟아냅니다. "울기는 쉽다.

그러나 그가 나사로에게 마음을 쓰고 기적을 행할 수 있었다면 나사로가 죽지 않고 살도록 했을 것이다." 사람들이 얼마나 분별력이 없는지! "예수께서 눈물을 흘리시더라." 구경꾼들이 느낀 것은 예수께서 고인이 된 하찮은 사람을 그만큼 사랑하신 것에 대한 놀라움이나, 주님의 슬픔의 진정성과 그 능력의 실재에 대해 의심을 표시하시는 것이 전부였습니다. 예수께서는 지금도 우리에게 동정과 슬픔을 보여주시는데, 이것은 많은 사람에게 별 효력이 없습니다.

2. 무덤으로 가는 길에서 주님께서 통분히 여기시는 일은 계속되었습니다.

그러나 무덤에 도착하시면서 예수님은 평온함과 위엄을 되찾으셨습니다. 예수께서 요단 저편에 있는 은신처를 떠나실 때 생각하셨던 때가 이제 이르렀습니다. 흔히 우리 자신도 경험하듯이, 위기의 순간을 마주 대할 때

갑작스럽게 불안과 두려움이 마음에서 떠납니다. 이 이야기에서 예수께서 눈물을 흘리고 통분히 여기시던 모습과 무덤 앞에서 보인 평온하고 권위 있는 모습 사이의 대비만큼 두드러진 점은 없습니다. 갑작스럽게 변한 모습에 틀림없이 구경꾼들은 놀랐을 것입니다.

예수께서는 필시 팔레스타인 지방에서 많이 발견되는 것과 같았을, 무덤 입구 바위 지면에 파인 홈을 따라 굴려서 막아놓은 돌을 가리키십니다. 이 명령은 최소한의 범위 내에서만 기적을 행하려고 하시는 주님의 평소의 습관과 일치합니다. 주님은 기적에 의지하지 않고 할 수 있는 일에 대해서는 아무것도 기적으로 행하려고 하시지 않습니다. 돌이 무덤을 그대로 막고 있었더라도 나사로는 주님의 음성을 듣고 나올 수 있었습니다. 이 이야기가 신화였다면, 필시 나사로는 그렇게 했을 것입니다. "풀어 놓아 다니게 하라"는 말씀처럼, 이 사실은 꾸며낼 수 없는 사소한 필치이며, 이 이야기의 꾸밈없는 역사적 성격을 확증하는 데 도움이 됩니다.

일어나지 않았더라면 틀림없이 언급되지 않았겠지만, 언급된 사실을 볼 때 마르다의 개입은 그만큼 자연스러운 것입니다. 마르다는 앞으로 어떤 일이 있을 것인지 틀림없이 들었을 것이고, 집에 남겨져 있었지만, 평소의 행동대로 그 행렬에 가담하여 따라왔습니다. 마르다는 예수께서 무덤으로 가실 것을 생각하고, 예수님에 대해서 뿐 아니라 불쌍한 사람들에 대한 공손한 마음이 있기에 마르다는 주님의 애정 어린 눈이 그들을 보고 계신다는 생각을 피합니다. 마르다는 예수님과 이야기를 나눌 때 마음속에 희미하게 솟아올랐던 희망을 잊어버린 것이 분명합니다. 그래서 주님은 부드러운 말로 그녀에게 그 희망을 상기시키십니다. 왜냐하면 그 사실을 전하는 부분(25-27절)에서 지금 사용되는 표현의 형태가 그대로 나타나지는 않을지라도, 이때 하신 주님의 말씀(40절)은 그 면담 외에 어떤 것도 가리킬 수 없기 때문입니다.

우리는 여기서 자신의 능력에 대한 주님의 조용한 확신, 그 능력의 결과로 하나님의 영광이 나타날 것으로 보심, 마르다에게 믿으면 그 영광을 볼 것이라고 하여 믿음을 발휘하도록 격려하심을 봅니다. 그러면 이 말씀은 주님께서 마르다가 믿지 않으면 나사로를 일으키지 않으시겠다는 뜻입니까? 그렇지 않습니다. 주님은 나사로가 죽기 전에 있었던 곳을 떠나기 전에 "내가 그를 깨우기로" 결정하셨기 때문입니다. 그러나 이 표적에서 마르다의 믿음은 하나님의 영광을 보는 조건이었습니다. 우리는 하나님의 영광이 찬란히 빛나도 전혀 보지 못할 수도 있습니다. 자연의 세계에서는 "보는 것이 믿는 것"이지만, 영적 세계에서는 믿는 것이 보는 것입니다.

지극히 평온한 확신이 있는 자식으로서 드리는 놀라운 그 기도도 마찬가지로 두드러지는 면입니다. 주님은 마치 그 기적이 이미 이루어진 것처럼 말씀하십니다. 그래서 이렇게 확신 있게 말씀하십니다. "내 말을 들으신 것을." 이렇게 감사의 말씀을 드리신다고 해서 주님이 자기들에게 수여된 신적 능력으로 기적을 행한 다른 하나님의 종들의 수준으로 낮아지십니까? 절대로 그렇지 않습니다. 왜냐하면 이 말씀은 모든 복음서의 가르침에 전적으로 일치하고, "아들은 아무것도 스스로 할 수 없나니라"는 가르침에 일치하기 때문입니다.

그러나 아버지께서 무엇을 행하시든지 "그것을 아들도 그와 같이 행하십니다"(요 5:19). 이 진리의 두 면을 다 같이 고려해야 합니다. 아들은 아버지에게서 독립해 계시지 않습니다. 그러나 아들은 아버지와 항상 완전히 하나가 되시므로 교제가 끊임이 없고, 계속해서 신적 능력을 온전히 사용할 수 있음을 아십니다.

그러나 여기에서는 이 감사의 실제적 목적에 특별히 주목해야 합니다. 이 감사의 말씀에 따라 주님의 전체 주장이 이제 막 해결할 단 한 가지 결과에 달리게 됩니다. 이 감사는 사람들을 그 사건에 주목하도록 만듭니다. 예수께서는 전에 한 번도 이렇게 기적을 행하기에 앞서서 이런 말씀을 하신 적이 없습니다. 예수께서 황송하옵게도 "하나님이 지금 나를 통해 일하시지 않으면 나를 사기꾼으로 여기고 배척하라. 그러나 하나님이 나를 통해 일하시면 나를 메시야로 알고 내게 복종하라"고 진지하게 말씀하신 적이 없습니다. 이런 순간은 주님의 생애에 딱 한 번밖에 없습니다. 얼마나 놀라운 장면인지 모릅니다! 죽은 자가 들어 있는 무덤이 열려 있습니다.

열심이 있으면서도 의심을 품는 무리가 있고, 울기를 그치고 마음속에 스며들기 시작하는 묘한 희망을 품고 바라보는 자매들이 있으며, 말없이 서 있는 제자들이 있습니다. 이 모든 사람들 앞에서 예수님은 방금 전까지 눈물을 흘렸던 눈에 힘 있는 광채를 뿜으며 고양된 어조로 말씀하십니다. 모든 사람들이 다음 순간에 일어날 행동을 기대하고 얼마나 잠잠히 있었겠습니까!

3. 기적 자체는 몇 마디로밖에 언급되지 않습니다.

여기에서 더 말할 것이 무엇이었습니까? 말하자면 땅속에 묻혀 있던 사슬의 두 끝이 땅위로 나타납니다. 원인과 결과가 하나로 결합되었습니다. 물리적 현상에서 보는 것처럼 연결 고리가 많이 달린 사슬은 없었습니다. 그러나 여기에서는 생명을 주는 말씀이 있었고, 죽은 사람이 다시 살아났습니다. 그 "큰 소리"는 돌을 굴려 옮기는 것만큼이나 필요 없는 말이었습니다. 그것은 그리스도의 의지가 작용하고 있다는 표지에 불과하였습니다. 다른 어떤 원인이 없이 그리스도의 의지가 작용하자 물리적 결과가 나타납니다.

나사로는 바위 동굴에서 멀리 떨어져 있었습니다. 그러나 어디에 있든지 그는 들을 수 있었고, 또 복종해야 합니다. 그래서 수의로 발을 감싸고, 검푸른 얼굴에는 수건을 싸맨 채, 나사로는 4일 동안 갇혀 있어서 눈부신 빛 속으로 비틀거리며 걸어 나와 놀라움에 사로잡힌 군중 앞에서 꼼짝하지 않고 조용히 서 있었습니다. 거기에 단 한 사람만 놀라지 않았습니다. 방금 전까지 죽은 자들의 영역에서 울려퍼졌던 그리스도의 조용한 목소리가 간단한 명령을 내렸습니다. "풀어 놓아 다니게 하라." 주님께는 생명을 다시 돌려주는 것이 놀라운 일이 아니었습니다. 눈물을 흘리셨던 그리스도께서는 무덤에 있는 모든 자가 장차 그의 목소리를 듣고 나오게 하실 바로 그 그리스도이시기 때문입니다.

49
요한복음의 일곱 번째 표적, 나사로를 일으키심

"이 말씀을 하시고 큰 소리로 나사로야 나오라 부르시니 죽은 자가 수족을 베로 동인 채로 나오는데 그 얼굴은 수건에 싸였더라 예수께서 이르시되 풀어 놓아 다니게 하라 하시니라"

요 11:43, 44

요한복음서에 기록된 대로, 유월절 전에 주께서 행하신 일련의 표적들은 나사로를 일으키신 일로써 적절하게 끝을 맺습니다. 이 표적은 이 사실의 중대함과 주님의 일하시는 방식, 이 표적에 따르는 세부적 내용들의 세심함과 풍부함, 주님의 마음이 드러남, 이 표적이 슬퍼하는 사람들에게 주는 위로, 혹은 이 표적이 마음에 불붙이는 불멸의 희망을 고려하느냐 하는 것으로써 이 전체 표적을 마무리 짓습니다.

이 외에도, 이 표적이 마침내 십자가라는 파국을 몰고 오는 한층 격해진 적대감을 즉각 일으킨다는 점에서 이 표적은 요한복음의 목적을 발전시키는 데 중요한 위치를 차지합니다. 그러므로 이 이야기가 길게 설명됩니다.

물론 우리가 이 전체를 아주 엉성하게라도 살피는 것은 불가능한 일입니다. 두드러진 점들 가운데 한 두 가지를 다루는 것으로 만족해야 할 것입니다. 내가 이 기사에서 우리가 주목할 가치가 있다고 생각하는 점이 세 가지가 있습니다. 감정과 슬픔을 인해서 그리스도를 우리의 형제로 보여

주는 계시가 있습니다. 신적 능력이 있음을 앎으로 인해서 그리스도를 우리 주님으로 보여주는 계시가 있습니다. 생명을 주는 강력한 말씀을 인해서 그리스도를 우리의 생명으로 나타내는 계시가 있습니다. 이 세 가지 요점들을 간단히 설명하도록 하겠습니다.

1. 첫째, 여기서 우리는 감정과 슬픔을 인해서 그리스도를 우리의 형제로 나타내는 계시를 봅니다.

이 표적은 표적을 행하기에 앞서 주님의 마음을 뒤흔드는 감정의 폭풍이 먼저 일어난 사실로 인해서 주님의 능하신 활동을 보여주는 당당한 기적들 가운데서 단연 돋보입니다. 요한은 주님께서 통분히 여기심과 눈물로 표현되는 두 가지 감정으로 갈리는 그 정서를 억누르기보다는 마음에 품은 것으로 묘사합니다. "예수께서 심령에 비통히 여기시고"라고 번역되고, 이야기에서 두 번 반복되는 이 말씀은, 매우 꼼꼼한 철학적 주석가들의 연구에 따르면 감정의 외적 표지를 나타내는 것일 뿐만 아니라 그 감정의 성격을 나타내는 것이기도 합니다. 이 정서의 성격은 단지 눈물로 표현되는 슬픔과 고통이 아니라 그보다 깊은 어떤 것입니다. 이 단어에는 적어도 "분노"(영어 개역성경 난외주에 나와 있는 대로)라는 격정의 기미가 들어 있습니다. 주님은 무엇 때문에 그렇게 분개하셨습니까? 우리는 주님의 눈앞에서 창백한 환영(幻影)의 행렬 처럼 인간의 슬픔과 상실의 긴 시리즈가 나타났고, 그 중의 한 가지가 주님의 눈에 보여지고 있음을 상상할 수 있지 않습니까? 예수께서는 한 개인의 경우에서 그 **종류** 전체를 보셨습니다. 주님은 거기에서 집단 전체가 표현되는 것을 보셨고, 바닷물 한 방울에서 바다를 보셨습니다. 사실을 넘어 서서 사실과 그 원인을 연결시키셨습니다. 죄로 말미암은 인간의 황폐한 현실이 주님 앞에 나타났을 때, 그리고 이 모든 비참함과 상실, 고통, 이별, 죽음은 하나님의 목적에 어긋나고 하나님의 질서를 훼방하는 것이며, 이 모든 것이 인간 자신의 악과 어리석음에 의해 스스로에게 떨어진 것이라는 생각이 떠올랐을 때, 슬픔이 견고한 사슬에 의해 죄와 연결되어 있는 것을 볼 때 주님의 마음속에 완전한 인성의 한 부분인 분노가 일어났던 것입니다.

그러나 이 분노의 번개는 금방 동정과 슬픔의 비로 변했습니다. 그래서 우리는 "예수께서 눈물을 흘리시더라"는 글을 읽게 됩니다. 울고 있는 마리아와 슬퍼하는 무리들을 보고, 또 자기가 사랑하던 친구와 헤어지는 고통을 스스로 느끼자, 너무 깊어서 말로 표현할 수 없는 감정을 겪고 있는 인간 본성의 고백인 눈물이 만물을 내다보시는 주님의 눈물에서 흘렀습니다.

아, 형제 여러분, 확실히 이 표현에는, 좀 더 적절하게 말하자면 두 가지 감정에 나타난 주 그리스도에 대한 이 계시에는 우리를 위한 중요하고 복된 교훈들이 확실히 있습니다! 그 교훈들을 아주 간단하게 다루어볼 수 있겠습니다. 여기서 한 가지는 예수께서 진정으로 우리의 형제이심을 보여주는 복된 표지와 증거가 있습니다. 다른 어떤 사람이 교회와 세상에게 주님이라는 분의 신적 독특성을 전한 것보다 많은 것을 교회와 세상에 말하는 일을 맡은 이 복음서 기자는 또한 예수님의 인성의 실재와 진실을 강조하는 그에 상응하는 보충적 메시지를 전하는 책임을 맡았습니다. "말씀이 육신이 되었다"는 것이 요한이 선포한 바였습니다. 요한은 그 메시지의 두 면, 곧 예수님을 말씀으로 설명하며 또한 예수님을 육신으로 설명하는 두 면을 깊이 생각하지 않을 수 없었습니다. 그래서 요한은 이야기가 진행되는 과정에서 그리스도의 육체적 인성의 실재를 보여주는 모든 점들을 강조합니다.

요한은 예수께서 배고프고 목마르며 주무시고 피곤하셨다는 점에서 어떻게 그가 "우리 뼈 중의 뼈요 살 중의 살"(창 2:23)이셨는지, 또 예수께서 슬퍼하기도 하고 기뻐하기도 하셨으며, 의아하게 여기기고 바라기도 하셨으며 애통해 하며 울기도 하셨다는 점에서 어떻게 그가 사람이셨는지를 말하는 데 있어서, 이처럼 고귀한 사실을 선포하는 일을 맡지 않은 사람들과 목소리를 같이 합니다. 그래서 우리는 예수님을 보고, 이분이 참으로 모든 인간의 경험을 공유하며 영을 지니고, 사람에게 속한 모든 감정에 따라 흔들리는 마음을 지닌 우리와 같은 분임을 느낄 수 있습니다.

여기서 우리는 또한 슬픔을 인정하는 것과 슬픔의 한계를 배웁니다. 기독교는 그릇된 금욕주의와 상관이 없고, 부분적으로 오만하고 또 부분적으로 불성실한 그릇된 종교와도 상관이 없습니다. 그릇된 종교는 하나님께서 치실 때 우는 것은 잘못되었다고 이야기합니다. 본문의 이야기가 아주 분명히 우리에게 "네 자신을 위해서 울고, 고인이 된 사랑하는 사람들을 위해서 울라"고 이야기하듯이, 슬픔이 신성하고 사람을 신성하게 하는 경계를 분명히 표시하고, 그 경계를 넘어서는 사람을 약하게 만드는 해로운 것이라고 밝힙니다. 울고 있는 불쌍한 이 두 자매의 슬픔과 눈물을 흘리시는 그리스도의 슬픔을 나란히 놓아보십시오. 그러면 거기에서 큰 교훈을 얻습니다. 두 자매는 모든 것을 바꿀 수 있는 다른 어떤 일이 일어나지 않은 것에 대해서 불평하기만 할 수 있었습니다. "주께서 여기 계셨더라면 내 오라버니가 죽지 아니하였겠나이다." 두 자매 중 한 사람은 집에서 팔짱을 끼고 앉아 그냥 온통 슬픔에 몸을 맡기고 있습니다. 마르다는 슬픔 때문에 약해져서 주께서 그녀에게 내미시는 위로를 잡을 수 없습니다. 그리고 슬픔 때문에 미래의 소망이 아주 희미하고 중요하지 않게 보였습니다. 그래서 "네 오라비가 다시 살아나리라"는 주님의 말씀을 성급히 손사래를 치다시피 하며 밀쳐버립니다. "마지막 날 부활 때에는 다시 살아날 줄을 내가 압니다. 아, 하지만 그것은 너무 멀리 있는 일입니다. 내게 필요한 것은 현재의 위안입니다." 이와 같이 본분을 잊어버리고, 달라졌을지도 모르는 사건에 대해 불평하며, 미래를 채우는 소망을 붙잡지 못한 채, 두 자매는 슬픔에 상처를 입고 슬픔이 둑을 넘어서 땅을 쓸어가도록 버려둡니다. 그러나 슬픔 가운데 계신 그리스도는 일을 하기 위해 슬픔을 억제하십니다. 슬픔 가운데 있으면서도 아버지 하나님께서 자신의 말을 들으신다는 것을 확신합니다. 슬픔 가운데서도 옆에 있는 사람들을 생각하고, 그들에게 위로와 격려를 가져다주려고 하십니다. 언제나 귀를 기울이시는 아버지 하나님과의 교제를 더욱 생각하게 만드는 슬픔, 하나님께서 우리에게 하라고 맡기신 일을 할 수 있는 능력을 더욱 의식하게 만드는 슬픔, 애통해 하는 모든 사람을 더욱 애정을 가지고 동정하게 만들며, 우리의 일을 더욱 빨리, 더욱 즉각적으로 착수하도록 만드는 슬픔, 그런 슬픔이야말로 하나님께서 우리에게 의도하신 바를 행하고 있는 것이고, 우리가 베일에 싸였다고 거의 말할 수 없게 매우 형식적으로 숨은 모습의 복인 것입니다.

그 다음에, 여기에는 내가 다룰 수 없는 다른 교훈들이 있습니다. 예를 들면, 주님의 이 감정에서 나타나는 개인을 진지하게 생각하고 우정의 모든 감미로움과 능력을 느끼는 개인적 사랑에 대한 계시가 그런 것입니다. 주님의 이 개인적 사랑은 우리 한 사람 한 사람에게 모두 열려 있습니다. 그래서 우리는 다 그 사랑의 은혜와 친절함을 알 수 있습니다. "예수께서 사랑하시는 제자"는 이 사랑하시는 주님께서 순수한 마음의 성소에 마리아와 마르다, 그의 오라비를 받아들이셨다는 것을 질투심이 없이 우리에게 기쁘게 말하는 이 복음서 기자입니다. 이들이 받은 것은 이 복음서 기자에게서 빼앗아 주신 것이 아니었습니다. 이들은 각각 주님의 사랑 전부를 소유했습니다. 이와 같이 우리 한 사람 한 사람에게 주님의 그 마음이 활짝 열려 있습니다. 형제 여러분, 여러분과 나는 주님과 그런 개인적 관계를 맺어 사람이 친구와 지내듯이 그리스도와 함께 살 수 있고, 주님의 마음이 전부 우리 것임을 느낄 수 있습니다.

그리스도께서 자신을 우리의 형제로 나타낸 감정들에 대한 교훈은 이만큼 하기로 하겠습니다.

2. 그 다음에는, 이야기에서 이 점과 나란히 놓여, 언뜻 보아서는 이상하게 그 점과 모순되는 것처럼 보일 수 있지만 사실은 그 개념, 즉 주님께서 자신을 우리 주님으로 계시하는 신적 능력을 조용하고 당당하게 의식하고 계신다는 생각을 완성시키는 점을 아주 간단하게 살펴보도록 하겠습니다.

통분히 여기시고 감정의 폭풍을 겪으신 것에서 한 걸음 물러나신 뒤에는, "돌을 옮겨 놓으라"고 말씀하십니다. 마르다의 비탄의 소리에 대해 놀랍고 중요한 말씀을 하십니다. "내 말이 네가 믿으면 하나님의 영광을 보리라 하지 아니하였느냐?" 여기서 주님은 말은 하지 않았지만 주께서 오시기를 바라던 두 자매의 희망에 답하여 그들에게 보내신 메시지, 곧 "이 병은 죽을 병이 아니라 하나님의 영광을 위함이요 하나님의 아들이 이로 말미암아 영광을 받게 하려 함이라"고 하신 말씀을 회고합니다. 그리고 주님께서는 내가 이미 이전 설교들에서 이 "표지들"에 관해 말하였듯이 요한복음의 모든 표적의 특징을 이루는 자발성(자연스러움)을 가지고 처음부터 "친히 어떻게 하실지를 아시고"(요 6:6), 자신에게 신적 능력이 있음을 알고서 죽은 나사로를 생명을 주는 아들 안에서 하나님의 영광을 세상에 나타내는 기회로 삼도록 해야 하겠다고 결심하셨음을 보여주십니다.

그 다음에, 신적 능력에 대한 당당한 의식에서 나오는 같은 어조로, 기적을 행하시기 전에 이미 기적이 이루어진 것처럼 감사하는 말씀을 합니다. "아버지여 내 말을 들으신 것을 감사하나이다 항상 내 말을 들으시는 줄을 내가 알았나이다 그러나 이 말을 하옵는 것은 둘러선 무리를 위함이니 곧 아버지께서 나를 보내신 것을 그들로 믿게 하려 함이니이다." 이 말씀에 대한 가장 훌륭한 주석, 곧 성부와 성자의 협력에 관한 이 말씀에 들어 있는 중요한 진리들에 대한 아주 깊고 충분한 설명은 요한복음 5장에서 이 중요하고 심오한 주제에 대한 진리의 선이 아주 명확하게 그어진 구절에서 찾을 수 있습니다. "아들이 아무것도 스스로 할 수 없나니 아버지께서 행하시는 그것을 아들도 그와 같이 행하느니라"(요 5:19). 예수께서는 전능하신 성부 하나님과 계속해서 협력하고 있다는 의식, 예수님의 뜻이 항상 성부 하나님의 뜻과 일치한다는 의식이 있습니다. 그래서 우리는 선물을 부여 받고 능력을 끌어낸다고 말할 수 있지만, 예수님께서는 전능하신 하나님이 행하시는 모든 것을 할 수 있는 능력이 온다고 말할 수 있습니다. 그래서 주시는 성부 하나님과 받는 아들 사이의 관계는 그와 전혀 다르고, 구하는 사람과 수여하시는 하나님과의 관계와는 다릅니다. 불쌍한 마르다는 이렇게 말하였습니다. "나는 이제라도 주께서 무엇이든지 하나님께 구하시는 것을 하나님이 주실 줄을 아나이다." 마르다는 예수님을 그의 기도가 하늘에 영향을 미칠 수 있는 훌륭한 분으로 생각하였습니다. 그러나 이 말씀에서 표현된 거룩한 아들의 의식은 전혀 다른 지역으로 훨씬 높이 날아올라 갑니다. 이 아들은 그의 일이 성부 하나님의 일과 전적으로 같은 목적을 지니며, 서로 모순처럼 들리는 두 가지 사실을 모두 그에 대해서 말할 수 있는 그런 분입니다. 즉 그리스도의 전능하심은 그 자신의 것이며, 또한 성부 하나님의 것입니다. "아버지께서 생명이 있으므로" 스스로 능력이 있음 같이 "아들에게도 주셨습니다." 여기에 역설의 절반이 있습니다. "그와 같이 아들에게 생명을 주어 그 속에 있게 하셨습니다." 여기에 그 역설의 나머지 절반이 있습니다. 이 두 가지 사실을 합치지 않는다면, 여러분은 그리스도께서 우리에게 가르치신 대로 그리스도를 생각하지 않는 것입니다.

3. 끝으로, 여기서 우리는 생명을 주는 예수님의 위대한 말씀에서 그리스도께서 우리의 생명으로 계시되는 것을 봅니다.

이미 말했듯이, 이 표적은 중요한 위치를 차지합니다. 그것은 물론 정확하게 말해서 이 표적에 사실의 중대함을 말해주는 특징은 전혀 없지만, 우리가 볼 때 그 사실의 중대성 때문만이 아니라 그 표적이 작용하는 방식에 의해서도 중요한 위치를 차지합니다. 무덤 속으로 울려 퍼지는 목소리는 수의에 감싸인 죽은 자의 귀에 들립니다. "나사로야 나오라!" 그동안 복음서 기자들이 받아왔던 두렵고 엄숙한 인상을 전달하는 말씀에서, 사지를 수의로 동인 사람이 비틀거리며 나오고, 그를 사랑하는 사람들이 주님의 지시를 받아 그의 얼굴을 감싼 수건을 푸는 모습이 나옵니다. 아마도 그 수건을 풀었을 때 얼마나 놀라운 광경이 펼쳐질지 몰라 손을 떨었을 것입니다.

그 다음에 일어난 일에 대해서는 복음서 기자는 입을 조심하여 아무 말도 하지 않습니다. 이 여행자가 본래 있던 "목적지"에서부터 다시 가져온 이 경험들에 대한 기쁨이나 번뜩이는 감정에 대한 어떤 암시도 새어나오지 않습니다. 그가 레테(Lethe: 그 물을 마시면 일체의 과거를 잊는다고 하는 망각의 강 — 역주)의 물을 한 모금 마신 것이 확실합니다. 그래서 그의 정신이 건전한 망각에 빠졌을 것입니다. 그렇지 않다면 생활이 그에게는 고문이 되었을 것이 틀림없습니다.

그러나 그렇다고 하더라도, 우리가 눈여겨보아야 하는 것은 여기 있는 사실이고, 그것이 사실로서 우리에게 가르치는 바입니다. 이 사실은 예수 그리스도를 생명을 주기도 하고 죽음을 되돌리기도 하시는, 절대적 생명과 죽음의 주로 계시하지 않습니까? 죽음이 그 먹이를 붙잡았습니다. "용사가 빼앗은 것을 어떻게 도로 빼앗으며 의인에게 사로잡힌 자를 어떻게 건져낼 수 있으랴 용사의 포로도 빼앗을 것이요"(사 49:24,25). 주님의 말씀은 그 자체만으로 신적 능력으로 작용합니다. 주께서 그 섬뜩한 그림자를 향하여 "나오라!"고 말씀하시면 그가 나옵니다. "가라!"고 하시면 그는 갑니다. 목자가 양을 물고 있는 곰을 몰아내면, 곰이 이를 드러내고 으르렁거리기는 하지만 먹이를 떨어트리고 물러나듯이, 주님의 목소리에 나사로가 생명으로 돌아오고, 낙담한 죽음은 슬그머니 어둠 속으로 물러납니다.

이 기적은 주님이 사망의 주요 생명을 주시는 분이심을 보여줍니다. 그리고 또 한 가지 교훈, 즉 그리스도와 그의 친구 사이의 영속적 결속은 생명이나 죽음이라는 피상적 사건에 의해 끊어지지도 훼손되지도 않는다는 것을 보여줍니다. 나사로는 어디에 있었든지 주님의 음성을 들었고, 어디에 있었든지 그 목소리를 알았으며, 어디에 있었든지 그 목소리에 순종하였습니다. 이와 같이 여기서 우리는, 그리스도와 우리의 생명의 관계, 그리스도를 사랑하고 의지하는 모든 사람들과의 관계는 다른 모든 결속을 물어서 두 동강으로 끊어버리는 죽음의 이가 전혀 힘을 쓰지 못한다는 것을 배웁니다. 그리스도는 생명이십니다. 그러므로 그리스도는 부활이십니다. 소위 죽음이라고 하는 것은 표면을 덮고 있는 막에 불과하고, 그래서 우리와 그리스도 사이의 깊은 관계를 뚫고 들어올 힘이 없습니다.

아주 간단히 말해서 이 표적이 사실로서 갖는 교훈들은 그런 것입니다. 그런데 말을 끝내기 전에, 이 표적을 단지 사실로서만 볼 뿐 아니라 예언과 비유로서도 보아야 한다는 점을 말씀드리지 않을 수 없습니다.

이 표적은 수정된 의미에서 예언입니다. 어쨌든 우리에게 주님은 사람들을 티끌과 어둠에서 돌아오도록 명령하실 수 있는 권세가 있음을 말해 주고, 주님 자신의 말씀은 훨씬 더 분명하게 우리에게 확신을 주는 예언으로 전달됩니다. "무덤 속에 있는 자가 다 그의 음성을 듣고 나올 때가 오나니"(요 5:28). 형제 여러분, 이 한 가지 약속에 두 가지 부활이 있습니다. 즉 그리스도의 친구들의 부활이 있고, 그리스도의 적들의 부활이 있습니다. 주님의 음성에 두 부류가 모두 깨어날 것이지만, 어떤 이들은 일어나 기쁨과 영생을 누릴 것이고, "수치를 당하여서 영원히 부끄러움을 당할 자도 있을"(단 12:2) 것입니다. 여러분이 그 음성을 들을 것입니다. 여러분은, 주께서 부르시고 여러분이 대답할 때 기쁘게 주님을 바라보면서 "보소서 내가 여기 있나이다"(사 6:8)하고 말할 것인지, 아니면 마지못해 일어나서 "산들과 바위에게 말하되 여러분 위에 떨어져 보좌에 앉으신 이의 얼굴에서 여러분을 가리라"(계 6:16)고 말할 것인지 결정해야 합니다.

나사로를 일으키신 이 표적은 예언일 뿐 아니라 또한 비유입니다. 왜냐하면 그리스도께서 이 나사로의 생명이셨듯이, 어렴풋하고 은유적이며 신비한 의미에서가 아니라 더 깊고 더 실제적 의미에서 예수 그리스도는 진정으로 살아있는 모든 영의 생명이시기 때문입니다. 우리는 "허물과 죄로 죽은"(엡 2:1) 사람들입니다. 하나님으로부터 분리는 모든 영역에서 죽음이기 때문입니다. 몸에 대해서 죽음이고, 지성에 대해서 죽음이며, 정신에 있어서 죽음이고, 영에 있어서 죽음입니다. 그리스도를 마음에 영접하는 사람들만 살아있는 것입니다. 그리스도인 한 사람 한 사람이 기적입니다. 인간 속에 신적, 정말로 초자연적 역사가 일어난 것이고, 죽은 영혼에 그리스도의 생명인 하나님의 생명이 주입된 것입니다.

여러분과 나는 그 생명을 얻을 수 있습니다. 그 조건은 무엇입니까? "듣는 자는 살아나리라"(요 5:25). 여러분은 주님의 음성을 듣습니까? 여러분은 그 음성을 환영합니까? 그 그리스도를 여러분 마음에 영접하십니까? 형제 여러분, 그리스도께서 여러분의 생명이십니까?

그 음성을 거부하고, 여러분의 귀를 진흙으로, 세속적 생각, 죄, 자기 신뢰로 잔뜩 틀어막아서 그 음성이 여러분의 마음에 울리지 못하게 할 수 있습니다. "때가 오나니 곧 이 때라, 죽은 자가 인자의 음성을 들을 때가 오나니 듣는 자는 살아나고"(5:25,28) 신체의 부활보다 "더 좋은 부활"(히 11:35)을 오늘 얻을 것입니다. 여러분이 그 음성을 듣지 못한다면, "사망의 회중에 거할"(잠 21:16) 것입니다.

50
가야바

"그 중의 한 사람 그 해의 대제사장인 가야바가 그들에게 말하되 너희가 아무것도 알지 못하는도다 한 사람이 백성을 위하여 죽어서 온 민족이 망하지 않게 되는 것이 너희에게 유익한 줄을 생각하지 아니하는도다 하였으니"

요 11:49, 50

나사로의 부활은 대중들에게 흥분의 물결을 일으켰습니다. 백성들 가운데 일어나는 소동은 어떤 것이든지 위험하였습니다. 가까이 다가오고 있는 유월절에는 특별히 더 위험하였습니다. 이때는 예루살렘이 불씨라도 하나 떨어지면 언제든지 타오를 준비가 되어 있는 사람들로 가득 찰 것입니다. 그래서 상황에 대해 논의하고 이 초기의 열광을 잠재우기 위한 방책들을 협의하기 위해 유대인의 최고 성전 회의가 성급하게 소집되었습니다. 어떤 사람은 그 회의에서 죽었던 사람이 살아 있으므로 자신의 주장에 대해 그처럼 확실한 증거를 보인 선생에 대해 정직하게 조사하자는 처분을 기대하였을 수도 있습니다. 그러나 그들의 저열한 생각에는 그런 계획이 전혀 나타나지 않습니다. 약한 사람들이 다 그렇듯이, 그들은 "무슨 일인가 해야 하는데" 그것이 무엇인지 전혀 말할 수 없음을 느낍니다. 그들은 그리스도께서 행하신 기적들을 인정합니다. "이 사람이 많은 표적을 행한다." 그러나 그들은 주님의 사명을 인정하는 일에 조금도 더 가까워지지 않고, 그렇게 함으로써 자기들의 법을 위반하고, 자기들의 직무에도 불성실합니다. 그들은 어떤 소요라도 일어나서 로마가 자기들을 압제하고 그래서 결국 자기들이 현재 유지하고 있는 보잘것없는 민족 생활이라도 잃게 될까 두려워합니다. 그러나 그 두려움은 애국심도 신앙도 아닙니다. 그것은 순전히 사리사욕에 지나지 않습니다. "로마인들이 와서 우리 장소와"(개역 개정은 "우리 땅" — 역주) "민족을 빼앗아 가리라." 여기서 우리 장소란 필시 성전을 가리킬 것입니다. 그들이 볼 때는 이 거룩한 것들이 그들의 특별한 자산이었습니다. 그래서 그들 자신과 민족의 운명이 걸린 이 중요한 날에, 그들의 걱정은 온통 개인적 이익에 관한 것뿐입니다. 그들은 망설이고 어찌할 바를 모릅니다.

그러나 그들이 아무리 망설일지라도, 결심이 서 있는 한 사람이 있는데, 그는 대제사장 가야바입니다. 그는 무엇이 해야 할 옳은 일인지에 대해 확신을 갖고 있습니다. 그는 아주 분명하고 확고한 목적을 가지고 있고, 양심의 속박이나 섬세한 마음씨 때문에 그 목적을 발설하지 못하는 사람이 전혀 아닙니다. 그는 사람들의 우유부단을 참지 못하고, 퉁명스럽고 얕보는 듯한 말로 그 모든 것을 쓸어버립니다. "너희가 아무것도 알지 못하는도다." "우리가 생각해야 할 한 가지 중요한 점은 우리 자신의 이익에 관한 것이다. 그 점을 분명히 알도록 하자. 무엇이 '우리에게 유익한가'를 물으면, 그 답변에는 아무런 의심이 없을 것이다. 이 사람은 죽어야 한다. 그의 표적들이나 그의 가르침, 그의 훌륭한 성품은 아무래도 상관 없다. 그의 생명은 우리의 특권에 지속적 위험 요소이다. 그를 죽일 것을 제안한다!" 그래서 그는 마치 흔들리는 바다에 쇠기둥을 박듯이 사람들이 망설이고 있는 가운데 그의 조언을 불쑥 내던집니다. 양심에 조금도 제지를 받지 않고, 모든 사람들 마음속에 떠다니고 있지만 감히 발설하지 못하는 생각을 냉소적으로 거리낌 없이 털어놓는 이 강한 사람이 그 상황을 지배하고, 그의 결의가 채택됩니다. "이날부터는" 그들이 예수님을 죽이기로 결심하였습니다.

그런데 요한은 이기적이고 무자비한 이 조언을 예언으로 간주합니다. 가야바는 자신이 알고 있는 것보다 더 지혜로운 사실들을 말하였습니다.

성령께서 심지어 그런 입을 통해서도 묘하게 작용하여 그의 잔인한 발언을 그리스도의 죽음의 성격과 능력에 관한 지극히 깊은 사상을 표현하기에 적합한 형태로 만들었습니다. 비록 그 백성이 그리스도를 거절하였고, 두려워한 로마인들이 와서 우리의 장소와 민족을 빼앗아갔지만, 그리스도께서는 그 백성을 위해 죽으셨습니다. 그러나 그의 죽음은 훨씬 더 큰 목적이 있었습니다. 그리스도의 죽음은 그 민족만 위한 것이 아니라 또한 "흩어진 하나님의 자녀를 모아 하나가 되게 하기 위한" 것이었습니다.

그 다음으로, 그 사람과 그의 조언의 두 면, 곧 한편으로 파렴치한 제사장과 그의 잔인한 조언, 그리고 다른 한편으로 본의 아니게 선지자가 된 자와 그의 위대한 예언을 살펴봅시다.

1. 첫째, 먼저 전자의 관점을 택해서 이 파렴치한 제사장과 그의 잔인한 조언을 생각해봅시다. "한 사람이 백성을 위하여 죽어서 온 민족이 망하지 않게 되는 것이 유익하다."

그가 누구였는지, 즉 이 민족의 대제사장이었다는 것을 기억하시기 바랍니다. 머리에 아론의 대제사장관을 썼고, 수 세기의 빛나는 전통을 몸으로 구현하고 있는 사람이고, 그 전통에 들어 있는 메시야적 대망의 신성한 불길을 돌보는 직무를 맡은 사람이며, 깨끗한 손과 마음으로 백성의 죄를 위해 제사를 드려야 하는 사람이었습니다. 다른 모든 사람에게서 공의와 자비가 사라졌어도 그의 마음에는 살아있어야 하는 민족적 종교의 수장이요 정상에 있는 사람이고, 아무리 미세한 하나님의 목소리라도 들을 수 있게 귀가 열려 있어야 하는 사람이며, 입으로 항상 진리를 증거할 준비가 되어 있어야 하는 사람이었습니다.

그런데 그가 어떤 사람인지 보십시오! 교활한 음모자인 그는 그리스도의 아름다운 성품과 그의 위대한 말씀을 도무지 보지 못하는 두더지처럼 깜깜한 사람이고, 지극히 현세적이며 아주 이기적이고, 무례하고 흉악한 살인자처럼 잔인한 사람입니다. 지극히 추한 생각을 아주 분명한 말로 포장해서 뻔뻔스럽게 세상에 공표할 수 있는 악의 절정에 이른 사람입니다.

가야바의 이 말과 이 말에 의해 드러난 그 성품은 직업적으로 종교와 관련이 되어 있는 모든 사람들에게 참으로 중요한 교훈을 보여줍니다!

가야바는 세상이 언제나 보았던 지극히 위대한 영적 계시에 관해 한 가지 관점밖에 취할 줄 모릅니다. 즉 그 관점은 그 자신의 야비한 이익과 그가 속해 있는 계층의 이익만을 생각하는 것입니다. 그래서 예수님의 지혜나 표적이나 선함이 어떤 것이든 상관없이, 예수께서 제사장직의 특권을 위협하기 때문에 그는 죽어야 하고, 제거되어야 하는 것입니다.

이것은 시대마다 나타나는 기질과 경향의 극단적 예에 불과합니다. 교황과 종교 재판관들, 모든 시대의 사제들이 시대마다 자기 정도에 맞게 같은 일을 해왔습니다. 이들은 언제나 종교와 종교적 진리, 종교적 조직을 어쨌든 자신들의 개인적 이익을 위해 존재하는 것으로 보고 싶어 했습니다. 그래서 "교회가 위험에 처해 있다"는 말은 일반적으로 "내 위치가 위협을 받고 있다"는 뜻입니다. 이단들은 그들의 가르침이 사제들의 특권에 불편하기 때문에 제거하고, 새로운 진리는 관리들이 그 진리가 자신들의 탁월함과 어떻게 조화를 이루는지 보지 못하기 때문에 그 진리에 맞서 싸웁니다.

이 경향의 실례가 되는 인물들이 교황과 종교 재판관, 사제들만이 아닙니다. 이 경고는 나와 같은 위치에 있는 모든 사람, 곧 직업적으로 신성한 일들을 다루는 사람, 기독교의 제도들과 의식을 관리하는 사람에게 모두 필요합니다. 그런 모든 사람은 진리를 장사 도구로 생각하고 혁신들에 대해서는 반대하며 진보에 대해서 본능적으로 맞서 싸우려 하며, 진리의 새로운 면과 새로운 선생들에 대해서는 언짢게 생각하려는 경향이 있습니다. 이것은 순전히 그런 것들이 자신들의 위치와 특권을 위협하거나 위협하는 것으로 보이기 때문입니다. 직업상 하나님의 계시를 다루게 되어 있는 모든 사람에게 가야바의 죄는 범할 수 있는 것이고, 가야바의 시험을 실제로 발생할 수 있는 일입니다.

그러나 가야바의 이 말과 그 성품이 주는 교훈은 우리 모든 사람에게 해당되는 것입니다. 가야바의 의견은 철저히 이기적 입장을 드러내놓고 뻔뻔스럽게 인정하는 말입니다. 일어서서 조금도 얼굴을 붉히지 않고 이렇게 말하는 것은 보통의 타락이 아닙니다. "나는 계시의 모든 주장들, 영적이라고 하는 모든 진리, 그 밖의 모든 것을 지극히 단순한 한 관점, 곧 그것이 내 유익이라고 생각하는 것과 어떤 관계가 있는가 하는 관점에서 봅니다." 사람이 그 입장을 취하면 참으로 당혹스러운 많은 일을 면할 수 있습니다! 그렇습니다! 그는 바로 그런 행동으로써 스스로 얼마나 저주스러운 일을 했는지 모릅니다! 본문의 예에서 오로지 자기 이익만을 생각하는 독점적 태도가 어떤 일을 하는지 보고, 이런 태도가 우리 자신에게 어떤 유익을 줄 것인지 보기 바랍니다.

자신의 이익만을 생각하는 이런 이기적 태도에 빠지면 우리는 박쥐처럼 지극히 빛나는 진리의 아름다움을 보지 못하게 될 것입니다. 그렇습니다. 주님과 주님의 메시지를 인정하는 것이 이런 것들 가운데 어느 하나에라도 위협이 되는 것처럼 보이면 주님에 대해서조차 눈이 멀게 될 것입니다. 사람들은 동굴 속의 물에서 사는 고기들은 시력을 잃게 된다고 말합니다. 그와 같이 언제나 지극히 이기적 성격이라는 어두운 구멍 속에서 살고 있는 사람들도 영적 시력을 잃게 되어, 지극히 아름답고 고귀하며 참되고 빛나는 광경들(실재들)이 눈 앞에 지나가도 보지 못합니다. 사람들이 말에게 눈가리개를 씌우듯이 자신만을 생각하게 되면, 여러분은 포괄적으로 넓게 보는 능력을 더 이상 갖지 못하고, 여러분 자신의 이익에 맞게 그어 놓았다고 생각하는 좁은 선을 따라서 오로지 앞만 보게 됩니다. 이기적 사람의 마음에 자신의 상투 수단이나 이익에 어긋나는 것처럼 보이는 진리나 그리스도의 사명의 어떤 면이 들어오기라도 하면, 그는 그 점에 대해 얼마나 맹목적으로 반대하는지 모릅니다! 넬슨 경(Lord Nelson)이 코펜하겐에서 전투를 벌일 때 사람들이 퇴각 신호기를 올렸지만, 그는 망원경을 맹인이 된 눈에다 대고는 "신호기가 보이지 않네!"라고 말했습니다. 바로 이것이 순전히 자신의 이익만을 생각하는 태도가 그런 것을 전혀 고려하지 않는 수많은 사람들을 대하는 방식입니다. 그런 태도는 돛대 머리에서 펄럭이고 있는 사령관의 분명한 뜻을 전혀 보지 못하게 만듭니다. "보지 않으려고 하는 사람만큼 눈 먼 사람이 없습니다." 앞이 보인다면 자신의 침로(針路)를 바꾸어야 할지 모른다는 불안한 의심을 가진 사람만큼 결코 보려고 하지 않는 사람은 없습니다. 그래서 본문의 예를 보고, 자신의 이익만을 생각하기 때문에 진리와 아름다움이신 그리스도를 보지 못하는 맹목에 대한 교훈을 배우라고 말하는 것입니다.

그 다음에, 바로 이 이기심이 사람을 타락시켜 온갖 악한 짓을 범하게 만듭니다. 민족의 최고 재판장인 가야바는 이 이기심 때문에 암살자가 되고 살인 공범자가 되었습니다. 그런 기질과 경향의 지시에 일단 굴복하는 사람이 얼마나 멀리까지 내려갈 것인가 하는 것은 순전히 우연한 사고와 환경에 달린 문제일 뿐입니다. 우리는 모두 이런저런 죄의 형태를 띠는 극도의 이기심에 대해서 싸워야 합니다. 우리가 지혜로운 사람이라면, 모든 이기심 속에 숨어 있는 아직 죄로 발전하지 않은 경향에 대해 싸워야 합니다. 여러분이 "그것이 내게 유익하다"는 것을 처음부터 행동의 규범으로 정하면, 여러분은 아주 급격하게 기울어져 있고, 기름이 잔뜩 칠해져 있으며, 저쪽 끝은 어둠과 죽음의 심연으로 떨어지게 되어 있는 경사면을 가진 것이고, 그러면 여러분이 얼마나 멀리, 얼마나 빨리, 얼마나 깊고 회복할 수 없게 미끄러져 내릴까 하는 것은 시간문제일 뿐입니다.

끝으로, 사물을 이렇게 보는 방식, 곧 "유익하다"는 것을 결정적 고려 요소로 보는 방식에는 사람이 악을 보고도 거기에 잘못된 것이 있다는 것을 전혀 모르게 만들 만큼 사람의 양심을 왜곡하고 마비시키는 무서운 힘이 있습니다. 본문에서 이 냉소적 대제사장은 사람들이 자신들의 제사장직이 위협을 당하기보다는 그리스도를 죽이는 것이 낫다는 의견을 내었을 때, 자신이 지극히 자연스런 자기 보존 본능의 지시를 따르고 있는 것뿐이라는 것을 전혀 몰랐습니다. 실제로 그리스도를 십자가에 못 박는 죄는, 그 일을 행한 사람들이 그것이 죄라는 것을 전혀 의식하지 못했기 때문에 감소되었습니다. 그러나 그들이 알지 못하게 되기에 이른 그 과정의 죄는 참으로 더 커지고 깊어졌습니다! 그래서 우리 자신의 이익에 도움이 되는 것만을 보고, 그것을 우리 행동을 결정하는 관점으로 택한다면, 우리는 양심이 옳고 그른 것에 대해 더 이상 민감하게 작용하지 않고 온갖 악한 일을 행하면서도 악한 줄 모르는 상태에 빠질 수 있고, 또 빠지게 될 것입니다. 우리는 "입을 닦으면서 '나는 해를 끼친 적이 없어'라고 말할" 것입니다. 여러분, 이 점을 기억하십시오. 즉 자신을 위해서 사는 것은 지옥이고, 무분별과 죄, 양심의 마비로 인도하는 그런 이기심의 적대자는 예수 그리스도 안에 나타난 하나님의 사랑에 굴복하고 "이제는 내가 사는 것이 아니요 오직 내 안에 그리스도께서 사시는 것이라"(갈 2:20)고 말하는 것입니다.

2. 이제는 이 말씀의 두 번째 측면, 곧 전자가 그 속에 용해되어 사라지는 측면을 간단하게 살펴보도록 하겠습니다.

이 복음서 기자는 신정정치 국가의 수장으로서 대제사장직을 맡은 이 사람은 당연히 신적 계시의 중재자였다고 생각합니다. 복음서 기자가 "그 해의 대제사장인 가야바가 미리 말함이러라"고 할 때, 대제사장직은 해마다 바뀌었다는 것을 암시하는 것이 아니라, 그 해가 세상과 제사장직의 역사에서 지극히 중요함을 나타내려고 한 것뿐입니다. "그 해" "영원한 대제사장이" 오셔서 잠깐 동안 세상의 대제사장 곁에 서셨습니다. 즉 실체가 그림자 옆에 서서, 자신을 죄를 위한 영원한 제물로 드림으로써 그 이후에 오는 제사장과 제사들에게서 그 효력을 거두어가셨습니다. 그래서 가야바는 사실상 마지막 대제사장이었고, 그 후로 반 세기가 못 되는 동안 그 뒤를 이었던 제사장들은 동이 튼 후에 다니는 유령과 같은 존재들이었습니다. 이 복음서 기자가 주목하려고 했던 것은 언제나 가야바를 기억할 수 있게 만들 만한 "그 해"의 중요성입니다. 아론의 제사장직의 오랜 가계가 그런 사람으로 끝이 났다는 것은 엄숙하고 기이한 일입니다. 강이 끝에 가서 악취가 나는 늪에 이른 것입니다. 이 민족의 역사의 모든 세월에 있어서 "그 해에" 그런 사람이 제사장직을 차지하였던 것입니다!

"대제사장이므로 그가 미리 말함이러라." 나쁜 사람이 예언한다는 것이 이상한 일이었습니까? 옛적에 하나님의 영이 발람을 통해 숨 쉬지 않았습니까? 사람이 자기도 모르게 예언하는 일이 있다는 것이 믿기지 않습니까? 빌라도가 "이는 유대인의 왕"(마 27:37)이라는 팻말을 히브리어와 헬라어, 라틴어로 써서 십자가 위에 못 박았을 때, 자기는 거친 조롱을 하고 있다고 생각하지만 사실은 영원한 진리를 선포하고 있었던 것이 아닙니까? 바리새인들이 십자가 밑에서 예수님을 보고 비웃으며 "그가 남은 구원하였으되 자기는 구원할 수 없도다"(막 15:31)고 말하였을 때, 그들도 자기들이 아는 것보다 더 깊은 사실을 이야기한 것이 아닙니까? 이렇게 비열하고 이기적이며 현세적이고 파렴치하며 잔인한 제사장이 자기도 모르게 입술을 놀려서 한 말이 기독교 신앙의 영광스런 핵심 진리, 곧 그리스도께서 그를 거절하고 죽인 민족을 위해 죽으셨는데, 단지 그들만을 위해서 죽으신 것이 아니라 온 세상을 위해서 죽으셨다는 사실을 선포한 것이 아닙니까? 우리가 지금까지 생각해 왔던 이 말에 대한 새로운 관점에서 나오는 생각들을 잠깐 동안만 살펴봅시다.

이 생각들은 무엇보다 그리스도의 죽음의 두 면을 우리에게 알려줍니다. 인간적 관점에서 볼 때, 그리스도의 죽음은 정치적 목적을 위해 법의 형태로 집행된 잔인한 살인입니다. 가야바와 제사장들은 자기들의 특권을 위협할 수도 있는 대중의 소동을 피하기 위해 예수님을 죽였고, 빌라도는 예수의 처형을 거절했을 때 따를 수 있는 나쁜 평판을 피하기 위해 그리스도의 사형에 동의하였습니다. 신적 관점에서 볼 때, 그리스도의 죽음은 세상 죄를 위한 하나님의 위대한 제사입니다. 그리스도의 죽음은 세상 역사를 통해서 내내 작용하는 섭리의 엄숙한 법칙을 보여주는 매우 두드러진 예입니다. 즉 이 섭리의 법칙에 의해서 나쁜 사람들의 나쁜 행동들이 말하자면 신적 섭리라는 훌륭한 그물망에 걸러지면서 그 독성을 잃고 자양이 풍부하고 땅을 기름지게 하는 것이 됩니다. "사람의 노여움은 주를 찬송하게 될 것이요 그 남은 노여움은 주께서 금하시리이다"(시 76:10). 이제까지 세상에서 저질러졌던 죄 가운데 가장 큰 범죄가 이제까지 세상에 주어진 복 가운데 가장 큰 복입니다. 사람의 죄는 하나님의 지극히 고귀한 목적을 성취합니다. 이는 산호충이 맹목적으로 암초를 쌓아올려서 파도를 막는 것과 같고, 맹렬하게 성내는 거친 바다가 땅을 집어삼키려고 하지만 해변에다 파도를 막고 그 광포를 억제하는 모래톱을 만드는 것과 같습니다.

그 다음에, 가야바의 조언에 들어있는 이 두 번째 측면은 그리스도의 죽음이 그 민족에게 미친 두 가지 결과를 말해줍니다. 이 요한복음은 필시 예루살렘 멸망 후에 쓰였을 것입니다. 이 복음서 기자가 이 말을 썼을 무렵에는, 로마인들이 이미 와서 유대인들의 위치를 빼앗은 뒤였습니다. 가야바와 그의 도당들이 근시안적 정책으로 예방하려고 하였던 파국이 바로 그 행위로 인해 일어나고 말았습니다. 그리스도의 죽음이 실제로 유대인 국가가 멸망하는 이유가 되었기 때문입니다. "농부들이 그 아들을 보고 서로 말하되 이는 상속자니 자 죽이고 그의 유산을 차지하자"(마 21:38) 하고 말하였을 대, 이것은 가야바의 조언을 다른 말로 옮긴 것에 지나지 않는데, 그 농부들은 그로 인해 유산을 빼앗겼습니다. 그와 같이 그리스도의 죽음은 그 민족을 구원하는 것이 아니라 멸망시켰습니다.

그러나 그리스도께서 그 민족을 위해 죽으셨고, 그 민족의 한 사람 한 사람을 위해, 곧 요한을 위해서 죽으신 것만큼 가야바를 위해서 죽으셨고, 베드로를 위해서 만큼이나 유다를 위해서도, 또 십자가 밑에 서서 말없이 울고 있는 여인들을 위해서 만큼이나 십자가에 둘러서 조롱하였던 서기관과 바리새인들을 위해서도 죽으신 것이 사실이었습니다. 그리스도께서는 이들 모두를 위해 죽으셨습니다. 그래서 요한은 자기 민족의 멸망을 돌아보면서도 "예수께서 그 민족을 위하여 죽으셨다"고 말할 수 있습니다. 그렇습니다! 바로 그리스도께서 그 민족을 위해 죽으셨고, 그들이 그리스도를 거절했기 때문에, 그들이 자신들의 구원이 되도록 하지 않은 그리스도의 죽음이 그들의 멸망이 되고 파멸이 되었습니다. 아, 형제 여러분, 이 일은 언제나 그렇습니다! 그리스도는 "생명으로부터 생명에 이르는 냄새이고 또 사망으로부터 사망에 이르는 냄새"이기도 합니다(고후 2:16). "보라 내가 한 돌을 시온에 두어 기초를 삼았노니"(사 28:16). 그 기초 위에 건물을 세우십시오. 그러면 여러분은 안전합니다. 그 기초 위에 세워지지 않는다면, 그 돌이 "부딪치는 돌과 걸려 넘어지게 하는 바위가"(벧전 2:8) 됩니다. 그리스도 위에 세워져야 합니다. 그렇지 않으면 여러분은 그리스도로 인해 넘어지고 맙니다. 여러분은 그리스도 위에 세워져야 합니다. 그렇지 않으면 그 돌에 깔려 가루가 되고 말 것입니다. 선택하십시오! 이 두 가지 결과는 언제나 일어납니다. 그러나 우리는 이 두 가지 결과 가운데 어느 것이 우리에게 일어나게 할지 선택할 수 있습니다.

3. 끝으로, 우리 주님의 위대한 죽음이 그 효과를 일으키는 두 가지 영역을 봅니다.

나는 이 복음서가 예루살렘 멸망 후에 쓰였다고 이미 말한 바 있습니다. 이 복음서의 전체 어조를 보면, 교회를 유대교와 완전히 분리된 것으로 여기는 생각이 확립되었다는 것을 알 수 있습니다. 좀 더 협소한 민족 종교는 산산이 부서졌고, 산산이 부수는 파멸의 먼지와 섬뜩한 잔해에서 세상만큼이나 보편적 교회의 아름다운 실체가 출현하였습니다. 결국 작은 건물에 불과한 시온의 성전은 불에 타고 말았습니다. 그것이 가야바가 말한 대로 그들의 장소였습니다. 그러나 좀 더 좁은 건물이 제거되자 큰 성전, 즉 그 지붕이 온 땅을 덮고, 그 뜰에 모든 사람이 서서 하나님을 찬송할 수 있는 기독교 교회의 높은 벽이 드러났습니다. 이렇게 요한은 에베소에 있는 집에서, 유대인들이 점점 줄어드는 작은 요소가 되어 버린 번성하는 교회들에 둘러싸여서 입에 감람나무 가지를 문 비둘기가 참으로 멀리 날아갔다는 것을 깨달았고, 유대 민족은 그리스도께서 위하여 죽은 많은 사람들 가운데 작은 부분에 지나지 않는다는 것을 아주 확실히 알게 되었습니다.

"흩어진 하나님의 자녀"가 모두 십자가를 중심으로 하나가 될 것이었습니다. 그렇습니다! 사람들을 하나로 묶는 것은 그들이 다 같이 구속자이신 하나님과 관계를 맺고 있다는 사실뿐입니다. 그 결속은 모든 민족적 유대보다 깊고, 모든 혈연보다 깊으며, 인류라는 공동체보다, 가족보다, 우정보다, 사회적 유대보다, 의견의 고유보다, 목적과 행동의 공유보다 깊습니다. 이 결속은 이 모든 것을 다 흡수하게 되어 있습니다. 이 모든 것은 일시적이고 불완전합니다. 이 모든 결속에도 불구하고 사람들은 격리되어서 헤맵니다. 그러나 우리가 그리스도와 결합되어 있으면, 그리스도와 결합된 모든 사람과도 결합되어 있는 것입니다. 한 생명이 모든 사지를 움직이며, 한 생명의 피가 모든 정맥을 통해 순환합니다. "그리스도도 그러합니다"(고전 12:12). 우리는 그리스도 안에서 하나입니다. 그리스도 안에서 온 몸이 서로 결합되어 자라고, 그 안에서 모든 건물이 서로 연결되어 성장해 나갑니다. 우리를 끌어당기는 십자가의 능력에 굴복하였다면, 우리는 회개하고 그리스도께 의식적으로 복종하는 일에 이전 어느 때보다 더욱 철저히 혼자가 되었을 것입니다. 그러나 그리스도께서는 가족들 속에 외로운 자를 심으시며, 우리가 더 이상 외롭지 않고 "성도들과 동일한 시민이요 하나님의 권속"(엡 2:19)이라는 복된 의식을 가진 뒤에는 우리의 재판장이시고 구주이신 주님과만 지내는 신성한 경험이 따라올 것입니다.

그리스도의 죽음으로 사람들이 하나님의 가족이 됩니다. 그리스도께서 "흩어진 하나님의 자녀를 모아 하나가 되게" 하실 것입니다. 이들은 미리 하나님의 자녀라고 불립니다. 요한의 모든 저술에서 가르치는 교리는 인간성 때문에 하나님의 자녀가 된다는 것이 아닙니다. 즉 사람들이 하나님에 의해 하나님의 형상을 따라 영과 의지를 지닌 피조물로 지어졌다는 열등한 의미에서 말하는 것이 아니라 하나님의 아들을 믿는 믿음, 곧 우리가 신의 성품에 참여하게 되는 중생을 일으키는 믿음으로 말미암아 하나님의 자녀가 **된다**는 교리로서 이것보다 분명한 것이 없음은 확실합니다. "영접하는 자 곧 그 이름을 믿는 자들에게는 하나님의 자녀가 되는 권세를 주셨으니"(요 1:12). 그러므로 여러분, 우리 모두를 위해 죽으셨고, 우리 각 사람을 위해, 나와 여러분을 위해 죽으신 사랑하는 그리스도께로 돌이키고 그의 위대한 희생제사를 신뢰하시기를 바랍니다. 그러면 여러분이 고립된 데서 사회 속으로 들어가고, 죽음에서 생명으로, 이기심이라는 죽음에서 하나님의 생명으로 나아가게 될 것입니다. 그리스도의 말씀에 귀를 기울이십시오. 그리스도께서는 이렇게 말씀하십니다. "이 우리에 들지 아니한 다른 양들이 내게 있어 내가 인도하여야 할 터이니 그들도 내 음성을 듣고 한 무리가 되어 한 목자에게 있으리라"(10:16).

51
사랑의 아낌없는 베풂이
비판을 받기도 하고
변호를 받기도 함

"¹ 유월절 엿새 전에 예수께서 베다니에 이르시니 이 곳은 예수께서 죽은 자 가운데서 살리신 나사로가 있는 곳이라 ² 거기서 예수를 위하여 잔치할새 마르다는 일을 하고 나사로는 예수와 함께 앉은 자 중에 있더라 ³ 마리아는 지극히 비싼 향유 곧 순전한 나드 한 근을 가져다가 예수의 발에 붓고 자기 머리털로 그의 발을 닦으니 향유 냄새가 집에 가득하더라 ⁴ 제자 중 하나로서 예수를 잡아 줄 가룟 유다가 말하되 ⁵ 이 향유를 어찌하여 삼백 데나리온에 팔아 가난한 자들에게 주지 아니하였느냐 하니 ⁶ 이렇게 말함은 가난한 자들을 생각함이 아니요 그는 도둑이라 돈궤를 맡고 거기 넣는 것을 훔쳐 감이러라 ⁷ 예수께서 이르시되 그를 가만 두어 나의 장례할 날을 위하여 그것을 간직하게 하라 ⁸ 가난한 자들은 항상 너희와 함께 있거니와 나는 항상 있지 아니하리라 하시니라 ⁹ 유대인의 큰 무리가 예수께서 여기 계신 줄을 알고 오니 이는 예수만 보기 위함이 아니요 죽은 자 가운데서 살리신 나사로도 보려 함이러라 ¹⁰ 대제사장들이 나사로까지 죽이려고 모의하니 ¹¹ 나사로 때문에 많은 유대인이 가서 예수를 믿음이러라"

요 12:1-11

예수께서 여리고에서 오셨습니다. 여리고에서 주님은 자기 집에 이른 구원을 기뻐하는 삭개오를 떠나셨고, 볼 수 있는 새로운 능력을 기뻐하던 바디매오는 여기서부터 주님을 따랐던 것으로 보입니다. 몇 시간 걸리지 않아 예수께서 베다니에 이르렀습니다. 다른 복음서 기자들에 따르면, 예수께서 바윗길을 앞서서 가셨기 때문에 예수님에게서 의도적 높은 긴장감이 나타났고 그 때문에 제자들이 두려워했던 것을 알 수 있습니다. 주님의 마음은 아주 가까이 다가온 투쟁과 죽음으로 가득 차 있었습니다. 나병환자 시몬의 집에서 열린 조촐한 시골 잔치가 어둠이 몰려들고 있는 가운데서 묘하게 벌어집니다. 그러나 틀림없이 예수께서는 모든 일에서 그러시듯이 그 잔치를 받아들이고, 그 시간의 활기를 맛보셨을 것입니다. 주님은 식탁에서 냉담하게 자기 생각에 몰두함으로 초대한 사람들을 괴롭게 하려고 하시지 않았을 것입니다. 나사로의 이름이 1절과 2절에서 두 번 언급된 것을 볼 때, 이 잔치를 벌인 이유는 나사로가 다시 살아난 것 때문인 것이 분명합니다.

우리 주님은 그 표적을 행하신 직후에 에브라임으로 물러가셨기 때문에 주님께 경의를 표하는 일이 일어나지 않았습니다. 산헤드린의 명령(11:57)에도 아랑곳하지 않고 그리스도께 경의를 표하는 것은 용감한 행동이었습니다. 이 사건은, 자신의 제일 좋은 것을 드리기를 기뻐하는 사랑의 전형인 마리아와 오직 갖기만을 바라는 이기심의 전형인 유다라는 두 인물을 뚜렷이 대비시킵니다. 그리고 예수께서 계산하지 않고 드리는 자를 보호하고 마리아의 행동에 의미를 부여하시는 것을 보여줍니다.

1. 동양의 방식대로 손님들은 모두 남자들이었던 것으로 보입니다.

틀림없이 그 동네의 유력자들과 예수님과 그의 제자들이 있었을 것입니다. 동네의 유력한 사람들은 나사로를 보는 데 익숙해 있었을 것이나, 예수님을 따르는 자들은 호기심어린 눈으로 나사로를 보았을 것입니다. 그리고 아마도 나사로는 얼굴에서 수건을 벗긴 후로 보지 못하였을 예수님을 뚫어지게 보았을 것입니다. 두 자매는 각각 고유한 성품이 있었습니다.

분주하고 실제적 마르다는 아주 섬세하거나 쉽게 감동받는 정서를 갖지 않은 듯합니다. 마르다는 자기 형제들에게 은혜를 베푸신 분에게 품위 있게 말할 수 없었고, 그래서 어쩌면 주님의 발 앞에 앉아 주님의 가르침을 넋을 놓고 듣고 있지 못했을 수 있습니다. 그러나 마르다도 마찬가지로 온 마음으로 주님을 사랑했고, 그녀는 사랑을 봉사로써 나타내 보였습니다. 틀림없이 마르다는 가장 좋은 음식을 예수님께 먼저 드리려고 신경을 썼을 것이고, 그 땅의 풍습대로 예수님께 잡수시라고 자꾸 권하였을 것입니다. 우리는 마르다에게 경의를 표해야 하고 그런 봉사가 참된 봉사라는 것을 인정하지 않는다면 마르다를 공정하게 대하지 않는 것입니다. 그리스도를 진실하게 따르는 사람들 가운데 마르다와 같은 사람들이 많이 있습니다. 그들은 "눈물을 펑펑 흘리지도" 않고 그렇다고 주님의 지극히 고귀한 가르침의 정점에 이르지도 않지만 그리스도를 주님으로 모셨고, 어쨌든 부엌이나 일터에서 겸손하게 실제적 봉사를 할 수 있는 사람들입니다. 좀 더 "지적이고" 혹은 시적 정서가 풍부한 그들의 형제들은 이들을 깔보기 쉽습니다. 그러나 예수께서는, 마르다가 마리아에게 같은 일을 시키도록 요구한다면 마리아가 자기 나름대로 사랑을 표현할 권리가 있음을 변호하시듯이, 마리아가 마르다를 경시한다면 언제든지 마르다를 변호하실 것입니다. "직분은 여러 가지나 주는 같으며"(고전 12:5).

마리아는 실무적이지 않은 사람입니다. 마르다가 아주 쓸모없다고 생각하기 쉽고 종종 참고 보지 못하는 종류의 사람입니다. 마리아는 떠들썩한 잔치 속에서 도움을 줄 만한 어떤 일도 찾을 수 없었습니까? 음식을 나를 손이 없거나 일을 거들 만한 상식이 없었습니까? 그렇지 않은 것이 분명합니다. 다른 모든 사람은 일을 맡고 있었고, 나사로가 예수님 곁에 앉아 있는 것을 볼 때 그녀의 마음속에 솟아 오른 사랑을 어떻게 보여야 하겠습니까? 마리아에게는 값비싼 소유물이 한 가지 있었는데, 한 파운드 나가는 향유였습니다. 그 향유는 순전히 그녀의 것이었던 것이 분명합니다. 왜냐하면 나사로와 마르다와 공동으로 소유하였다면 그녀가 그 향유를 가져오지 않았을 것이기 때문입니다. 그래서 마음에 복되게 지고 있는 사랑의 큰 짐 외에는 아무것도 생각지 않고, 마리아는 "향유를 예수의 머리에 붓고" (막 14:3) 또 발에 부었습니다. 식사 때 비스듬히 기대는 방식 때문에 예수님 뒤에 서 있던 마리아가 발에 향유를 부을 수 있었습니다. 참된 사랑은 아낌이 없습니다. 이를 두고 낭비한다고 말해서는 안 됩니다. 참된 사랑은 자신의 가장 좋은 것을 사랑하는 사람에게 아낌없이 주는 것처럼 잘 사용하는 법을 모르며, 그것만큼 고귀한 기쁨을 가질 수 없습니다. 참된 사랑은 냉담한 눈으로 보는 것처럼 멈춰 서서 실익은 계산하지 않습니다. 참된 사랑은 심지어 실제적 결과가 없다는 사실에서 오히려 묘한 기쁨을 갖습니다. 그로 인해 사랑을 표현한다는 것 자체가 더욱 더 순수해지기 때문입니다. 그리스도의 발을 씻는 데는 물 한 대야와 수건이면 되었을 것이고 혹은 더 나았을 것입니다. 그러나 마리아의 마음에 가득한 사랑의 부담을 더는 데는 부족하였을 것입니다. 우리는 무엇이든지 할 수 있는 그 충동을 조금이라도 압니까? 우리가 주께 드리는 것을 마리아가 드리는 것 옆에 만족스럽게 갖다 놓을 수 있겠습니까?

2. 유다는 마리아의 행동을 더욱 돋보이게 합니다.

어떻게 해서든 잡아채려고 하는 맹금(猛禽)의 발톱처럼 손을 내뻗는 유다의 음침하고 속 검은 이기심은 마리아의 빛나는 행동을 더욱 빛나게 하고, 마리아의 행동으로 말미암아 더욱 어두워집니다. 선량한 행동은 언제나 악이 스스로를 드러내도록 일깨웁니다. 다른 복음서 기자들은 마리아의 행동을 유다의 최종적 반역을 부추긴 원인으로 연결시킵니다. 또한 다른 복음서 기자들은 유다의 그럴 듯한 반대가 겉보기에 상식적이고 자선을 베푸는 것처럼 보여서 제자들의 찬성을 얻었다는 점도 밝힙니다. 가난한 많은 사람들을 도울 수 있었을, 300 데나리온이나 나가는 좋은 향유를 낭비하였다는 것입니다! 그렇습니다. 세상에 이 이야기가 없었다면 세상이 얼마나 더 가난해졌겠습니까! 마리아는 그녀의 비평자들보다 더 실리적 사람이었습니다. 마리아는 계산하지 않고 아낌없이 드림으로써 모든 세대들 가운데 가장 고귀한 선을 내놓은 것이고, 이 선으로 말미암아 가난한 자들 가운데 소수가 잃었을 것보다 더 많은 것을 얻었습니다.

유다의 비판은 지금도 되풀이 되고 있습니다. 세상은 기독교의 자기희
생을 이해하지 못합니다. 왜냐하면 물질적 진보를 돕거나 물질적 필요를
만족시키는 확실한 현실에 비교할 때, 그 결말이 세상에는 희미하게 보이
기 때문입니다. 정작 가난한 사람들에게 별로 도움을 주지 않는 많은 비평
가들이 종교 사업에서 돈을 낭비한다는 이야기를 길게 늘어놓으면서, 아
주 비현실적 열광주의자들에 대해서는 짐짓 겸손한 미소를 보냅니다. 그
러나 사랑은 자신의 의미를 알고, 사랑하지 않는 자들의 비난에 부끄러워
할 필요가 없습니다.

요한은 자선을 가장하고 있는 유다의 탐욕에 대해 순간적으로 분노를
보입니다. 요한이 유다의 천하고 도둑 같은 동기를 드러내어 비난하는 것
은 단지 혐의를 가지고 말하는 것이 아닙니다. 그는 틀림없이 부정한 일들
을 실제로 알았을 것입니다. 사람이 이기적 탐욕에 완전히 치우쳐서 상식
적 정직마저 내팽개치게 되면, 자기를 버리는 사랑의 모습이 그에게는 어
리석은 일로 보이는 것이 이상한 일이 아닙니다. 세상은 경건한 생활의 높
이를 잴 수 있는 도구가 없습니다. 유다가 마리아를 찬성하거나 마리아를
이해한다면 진정한 마리아가 아닐 것입니다.

3. 예수께서는 비난 받는 자기 종의 행동을 변호하십니다.

주님의 말씀은 두 부분으로 나뉘는데, 그 가운데 앞부분은 마리아의 행
동에 의미를 부여하는데, 아마 마리아는 그 의미를 몰랐을 것입니다. 한편
으로 뒷부분은 흠만 잡는 유다의 비난을 다룹니다. 예수께서 마리아의 기
름 부음에서 자신의 장례에 대한 그림자를 보신다는 사실에서 조촐한 잔
치에 참석하고 있는 동안에도 가까이 다가온 마지막이 어떻게 마음을 가
득 채우고 있었는지가 애처롭게 드러납니다. 주님은 십자가가 아주 가까
이 다가온 것이 분명히 보임으로 거기에 마음이 빼앗겨서 마리아의 사랑
이나 시골 사람들의 소박한 잔치에 무관심한 태도를 보이는 일이 없었습
니다. 주님은 마음에 아무리 무거운 짐이 있을지라도 언제나 친구들을 돌

보고 변호할 여유가 있으셨습니다. 주님은 사랑하는 마음으로 가져오는 모든 것을 받으시고, 받으시는 가운데 드리는 사람의 생각을 뛰어넘는 의미를 그 사랑에 부여하십니다. 우리는 주님께서 우리의 보잘것없는 봉사를 어떻게 쓰실 수 있는지 모릅니다. 그러나 확실히 알 수 있는 것은, 우리가 생각할 수 있는 것이 옳다면, 즉 동기가 옳다면, 주님께서 우리가 예측할 수 없는 것, 즉 그 결과를 살펴주실 것이고, 사랑이 없는 비평가들은 쓸모없는 낭비라고 선언하는 희생을 고귀하게 사용하실 것입니다.

"가난한 자들은 항상 너희와 함께 있거니와." 형제로서 관대함을 발휘할 기회는 언제든지 있습니다. 그러므로 그에 대한 의무는 변치 않습니다. 그러나 이런 영속적 의무들이 마리아에게 보였고, 또 곧 끝나게 되어 있는 예수께 대한 특별한 사랑을 특별한 형태로 표현할 기회를 막지 못합니다. 앞 절에서와 같이 가까이 다가오고 있는 이별에 대한 생각이 "항상 있지 아니하리라"는 유보적 말씀에 애처로움을 더합니다. 사랑하는 마음은 모두 잘 알고 있듯이, 예수께서 곧 그들을 떠나실 것이라는 사실이 특별한 사랑의 표시들을 정당화하였습니다. 그러나 이 말씀은 직접적으로 가리키는 점 외에, 더 넓은 교훈을 전달합니다. 즉 일반적으로 가난과 불행이 있으므로 통상적으로 우리에게 지워지는 자선의 의무 외에도, 그리스도인의 생활에는 그리스도에 대한 사랑이 충만한 마음으로부터 특별히 솟아 넘쳐 흐르는 것을 표현할 여지가 있습니다. 세상은 그것을 쓸데없는 낭비라고 조롱할 수 있습니다. 그러나 예수께서는 그것이 주님을 위하여 한 일임을 보시고, 따라서 받아들이시며, 거기에 의미를 부여해 주십니다.

"온 천하에 어디서든지 이 복음이 전파되는 곳에서는 이 여자가 행한 일도 말하여 그를 기억하리라." 이 약속을 기록하는 복음서 기자는 마리아의 이름을 언급하지 않습니다. 그런데 그 이름을 언급하는 요한은 그 약속을 기록하고 있지 않습니다. 예수님께서 우리의 이름을 마음에 새기고 계시는 한, 우리의 이름이 기억되는 일은 별로 중요하지 않습니다.

52
새로운 왕

"¹²그 이튿날에는 명절에 온 큰 무리가 예수께서 예루살렘으로 오신다는 것을 듣고 ¹³종려나무 가지를 가지고 맞으러 나가 외치되 호산나 찬송하리로다 주의 이름으로 오시는 이 곧 이스라엘의 왕이시여 하더라 ¹⁴예수는 한 어린 나귀를 보고 타시니 ¹⁵이는 기록된 바 시온 딸아 두려워하지 말라 보라 너의 왕이 나귀 새끼를 타고 오신다 함과 같더라 ¹⁶제자들은 처음에 이 일을 깨닫지 못하였다가 예수께서 영광을 얻으신 후에야 이것이 예수께 대하여 기록된 것임과 사람들이 예수께 이같이 한 것임이 생각났더라 ¹⁷나사로를 무덤에서 불러내어 죽은 자 가운데서 살리실 때에 함께 있던 무리가 증언한지라 ¹⁸이에 무리가 예수를 맞음은 이 표적 행하심을 들었음이러라 ¹⁹바리새인들이 서로 말하되 볼지어다 너희 하는 일이 쓸 데 없다 보라 온 세상이 그를 따르는도다 하니라 ²⁰명절에 예배하러 올라온 사람 중에 헬라인 몇이 있는데 ²¹그들이 갈릴리 벳새다 사람 빌립에게 가서 청하여 이르되 선생이여 우리가 예수를 뵈옵고자 하나이다 하니 ²²빌립이 안드레에게 가서 말하고 안드레와 빌립이 예수께 가서 여쭈니 ²³예수께서 대답하여 이르시되 인자가 영광을 얻을 때가 왔도다²⁴내가 진실로 진실로 너희에게 이르노니 한 알의 밀이 땅에 떨어져 죽지 아니하면 한 알 그대로 있고 죽으면 많은 열매를 맺느니라 ²⁵자기의 생명을 사랑하는 자는 잃어버릴 것이요 이 세상에서 자기의 생명을 미워하는 자는 영생하도록 보전하리라 ²⁶사람이 나를 섬기려면 나를 따르라 나 있는 곳에 나를 섬기는 자도 거기 있으리니 사람이 나를 섬기면 내 아버지께서 그를 귀히 여기시리라"

요 12: 12-26

예루살렘 입성에 대한 요한의 설명과 공관복음서의 설명 사이의 차이점은 매우 독특합니다. 요한복음서의 설명은 공관복음서에 비해 훨씬 더 간결합니다. 그러나 요한복음이 본질적 내용을 분명하게 전하며, 이 사건이 최종적 파국을 일으키는 사슬에 있어서 하나의 고리의 역할을 하는 것을 보여주고, 이 사건이 여러 계층에 미친 결과에 주목하는 점에서는 특별합니다.

12절에 나오는 "그 이튿날"은 아마도 십자가에 못 박히시기 전의 주일이었을 것입니다. 그날의 사건들을 알려면, 사람들이 유월절을 지키기 위해 올라왔고, 나사로가 살아난 이야기를 들은 이들 가운데서 흥분이 얼마나 빨리 그리고 관원들이 생각한 대로 얼마나 위험하게 일어났는지 실감하도록 해야 합니다. 언제나 유월절은 민족적 감정이 곧 타오를 준비가 되어 있어서, 불똥이 하나라도 튀면 확하고 불이 붙을 수 있는 때였습니다. 이때는 마치 나사로가 성냥이 되기라도 할 것처럼 보였습니다. 그래서 토요일에 관원들은 이때 일어나고 있는, 예수를 메시야로 받아들이는 경향을 막기 위해 예수님을 죽이기로 결심하였습니다.

그들은 이미 예수님을 처치하기로 마음먹었는데, 이제는 공의를 비웃으면서 "나사로까지 죽이려고" 결심하였습니다. 그래서 "백성을 위하여 죽을" 사람이 두 명이 되었습니다. 대중들의 감정의 이 모든 움직임을 생각할 때, 지금까지 본대로 예수께서 몰래 숨으려 하거나 주님 자신과는 전혀 다른 메시야적 이상을 품은 무리가 바치는 경의를 물리치실 것이라고 예상할 수 있을 것입니다.

요한은 이 사건에 대한 설명에서 두 가지 점을 부각시키는 데 주로 관심이 있습니다. 첫째로, 요한은 우리가 다른 복음서들을 보고서 추측하지 않았을 점, 즉 이 환호하는 행렬이 베다니가 아니라 예루살렘에서 시작되었다는 것을 말합니다. 이 행렬은 나사로가 살아남으로 인해 일어난 열광이 끓어오른 직접적 결과였습니다. 사건의 흐름을 보면 이랬던 것 같습니다. "유대인의 큰 무리"가 죽었다가 살아난 사람과 그를 살린 이를 보기 위해 일요일에 베다니로 몰려들었고, 그들과 그들 가운데 나사로를 살릴 때 그 자리에 있었던 사람들이 예루살렘으로 돌아가서, 예수께서 다음 날 베다니에서 올 것이라는 정보를 퍼트렸습니다. 그래서 예수님을 맞이하려는 행렬이 형성된 것입니다.

군중들의 이런 표현의 의미는, 승리와 기쁨의 표시인 종려나무 가지를 들은 것을 보나 시편 118편에서 일부를 인용한 찬송을 부르는 것을 보나 분명하였습니다. "곧 이스라엘의 왕"이라는 덧붙인 말을 보면, 이 인용구가 메시야를 가리킴이 분명합니다. 그 시편에서 "여호와의 이름으로 오는 자"는 성전 가까이 오는 예배자를 의미합니다. 그러나 본문의 덧붙인 말은 그 표현을 예수님께 돌리고, 예수님을 왕으로 환호하여 맞으며 "구주"로 부르며 그에게 빕니다. 소리치는 이 군중은 예수께서 어떤 구주이신지 제대로 알지 못하였습니다. 그들이 이때 생각하고 있던 것은 로마의 압제로부터 구원하는 것이었습니다.

우리는 그들이 얼마나 천하고 현세적 메시야관을 가지고 있었는지를 기억해야 합니다. 그러면 지금 예수님의 행동이 과거의 모든 행동과 다르게 참으로 이상하다는 것을 느낄 수 있을 것입니다. 예수께서는 그동안 군중과 그들의 불순한 열광을 피하셨습니다. 군중들이 억지로 예수님을 왕으로 세우려고 하였을 때 슬그머니 그들을 떠나 한적한 곳으로 가셨고, 널리 알려지는 것과 대중들의 감정이 고조되는 것을 피하기 위해 할 수 있는 모든 방법을 동원하셨습니다.

그런데 지금은 예수께서 의도적으로 스스로 나서서 그 분위기를 더욱 부추기십니다. 예수께서 예루살렘으로 타고 들어갈 나귀를 선택하신 일은 아주 분명한 메시야적 예언을 자신에게 돌리는 행위가 확실하고, 많은 사람들도 그렇게 보았을 것이며, 틀림없이 군중의 열기를 한껏 고조시켰을 것입니다. 우리는 예수께서 무리를 맞을 때 예수님을 향하여 환호하는 우렁찬 갈채 소리와 무리가 예수님의 가시는 길에 급히 옷을 벗어서 온통 그 앞에 펼칠 때 가졌던 열광적 감정을 마음에 그릴 수 있습니다.

왜 예수께서는 이렇게 과거와는 전혀 다르게 행동하고, 지금까지 꺼트려왔던 거무칙칙한 열광을 오히려 불러 일으키셨습니까? 예수께서는 "자기 때"가 왔고, 십자가가 바로 가까이 다가온 것을 아셨기 때문이고, 그래서 할 수 있는 대로 빨리 십자가가 이르게 하여, 예수께서 피하려고 하지 않은 고난을 줄이고, 성취하기를 간절히 원한 사역을 마무리 짓고자 하셨기 때문입니다. 이런 말을 쓸 수 있다면, 이 마지막 여행 동안 내내 예수님에게서 현저하게 나타났던 조급함이 이제 절정에 이르렀으며, 이 사실에서 우리는 어두운 시간을 끝내려는 인간적 열망과 우리를 위해 죽으시려는 확고한 의지를 보고 동정과 감사를 느끼지 않을 수 없습니다.

그러나 예수께서는 무리의 환호를 받아들이고 의도적으로 나서서 열광을 불러일으키는 동안에도 군중의 천한 생각들을 정화하려고 애쓰셨습니다. 예수께서 무리들 가슴 속에 들끓고 있는 로마 군대와 정면 충돌을 원하는 사나운 격정과 열심이 주님의 목적과 참된 메시야적 이상에 어긋난다는 것을 선포하는 데 온순하고 천천히 걷는 나귀를 타는 것만큼 인상적 방식이 있을 수 있겠습니까? 정복하는 왕이라면 전차나 군마를 타고 승리의 입성을 하였을 것입니다. 그런데 이 기묘한 군주는 나귀 위에 보좌를 마련하셨습니다. 그리스도께서 이런 식으로 입성하신 것은 예언을 문자 그대로 성취하는 것이었을 뿐만 아니라 그의 나라의 본질적 성격을 나타내는 것이기도 하였습니다.

요한은 과연 그답게 이 입성이 두 계층, 곧 제자들과 관리들에게 미친 영향에 대해 주의를 기울입니다. 제자들은 십자가와 부활을 경험한 후에 이 사건을 생각하면서 갑작스럽게 이 입성의 의미를 깨닫게 되었습니다. 관리들은 대중의 감정이 점점 고조되는 것을 보고 당황하였으며, 예수께서 의도하셨던 대로 이 군중의 광기를 멈추게 하기 위해 단호한 조처를 취할 결심을 더욱 굳혔습니다.

이 단락에 나오는 두 번째 사건은 첫 번째 사건과 대비가 되지만, 어떤 면에서는 첫 번째 사건의 연속이기도 합니다. 첫 번째 사건에서 예수님은 자기를 태울 짐승으로 나귀를 택하심으로써 자신의 통치의 진정한 성격을 뚜렷하게 나타내셨고, 그렇게 함으로써 자신의 통치가 정복에 있지 않고 온유함에 있음을 선포하셨습니다. 두 번째 사건에 예수님은 자신의 사역의 훨씬 더 깊은 면을 계시하며, 사람들에 대한 자신의 영향력은 완전한 자기 희생을 통해서 얻으신다는 것과, 그의 신민들도 예수께서 영광으로 나아가기 위해 자기 생명을 버리는 바로 그 길을 걸어가야 한다는 것을 가르치십니다.

그 사건의 세부 내용은 중요하고 엄숙한 그 교훈에 비할 때 그리 중요하지 않습니다. 그러나 그 내용들에 대해서 몇 마디는 언급할 수 있겠습니다. 몇몇 헬라인들이 예수님을 보고자 했던 것은 아마도 대중의 열광을 반영하는 한 면에 지나지 않았고, 주로 무엇이든지 "새로운 것"을 보고자 하는 헬라인다운 열심과 호기심에서 일어난 일이었을 것입니다. 헬라인들이 그 청을 빌립에게 말한 것은 빌립이 "갈릴리 벳새다 사람"이었고, 아마도 호수 건너편에 인접해 있는 데가볼리에서 이 헬라인들을 만났을 것이라는 사실로써 설명할 수 있을 것입니다.

빌립이 다른 곳에서 알게 된 고향 사람 안드레에게 이 문제를 상의한 것은 그처럼 전례가 없는 요청을 주님께 말씀드리기를 주저했다는 것을 암시합니다. 두 사람은 예수께서 그 요청에 대해 무슨 말씀을 하실지 몰랐습니다. 그리고 예수께서 말씀하신 것은 그들이 예상할 수 있었던 것과는 전혀 다른 것이었습니다.

이 사소한 요청은 예수님의 갈망하는 영혼이 그것을 통해 광활한 전망을 내다보는 좁은 창이었습니다. 즉 그것은 허다한 이방인들, 다시 말해 예수께서 이 자리에서 말씀하시는 "많은 열매" 즉 그가 "인도하여야 하는 다른 양들"이 예수께 오는 것을 보는 것이었습니다. 이 생각이 항상 예수님께 있었던 것이 분명합니다. 그렇지 않았다면 이런 때에 바로 그런 말씀이 나오지 않았을 것입니다. 이 작은 창은 우리에게 주님의 마음과 머릿속에 항상 무엇이 있었는지도 말해줍니다. 말하자면 주님은 자신이 영광을 얻을 때의 시간이 울리는 것을 듣습니다. 이 표현에는, 예수께서 사람들을 이끌어 자신의 사랑을 알게 함으로써 영광을 얻으신다는 생각과, 이 복음서에서 언제나 나타나듯이 십자가가 그리스도의 수욕의 가장 깊은 심연이 아니라 그리스도의 영광의 정점이라는 생각이 함께 융합되는 것처럼 보였습니다.

씨에서 수확물이 나오려면 씨가 죽어야 합니다. 이 사실은 모든 도덕적, 영적 개혁들에 적용되는 법칙입니다. 모든 대의에는 그것을 이루기 위해 죽는 순교자가 있기 마련입니다. 사람이 자신을 희생하지 않고서는 열매를 맺을 수 없습니다. 우리가 말 그대로 "죽든지" 아니면 실제로 그에 못지않게 엄격한 자기 부인과 억제에 의해 "죽지" 않으면 다른 사람들을 "고무시키지" 못할 것입니다.

그러나 그 필요성이 중요한 대의를 지닌 사도나 선교사들에게만 해당되는 것이 아닙니다. 그것은 참되고 고귀한 모든 생활의 조건이며, 다른 사람들을 위해서 살려고 하는 사람들만이 아니라 진정으로 자신의 삶을 살려고 하는 모든 사람을 위해서도 길을 알려줍니다. 자기부인이 "생명나무"에 이르는 길을 지켜줍니다. 이 교훈은 특별히 "헬라인들"에게 필요하였습니다. 미술에 있어서든 문학에 있어서든, 이 사실을 모르는 것은 나무의 꽃을 갉아먹는 벌레였습니다. 이것은 감각적이고 사치스러우며 탐욕스러운 세대에게도 필요합니다. 오늘날 세상의 구호는 두 가지입니다. "벌어라!" "즐겨라!" 하지만 그리스도의 명령은 "부인하라!"입니다. 이 목적들만을 추구하는 사람은 결코 얻지 못하지만 우리는 자기를 부인하는 가운데서 그 목적들을 다 실현할 것입니다.

그리스도의 종은 그리스도를 따르는 자가 되어야 합니다. 실로 봉사는 따르는 것입니다. 그리스도의 십자가에는 재현될 수 없고 모든 반복을 쓸모없게 만드는 유일한 면이 있습니다. 그러나 또한 십자가에는 모든 제자에게서 재현될 수 있고, 재현되어야 하는 면도 있습니다. 십자가를 신뢰의 근거로만 삼고 생활의 발판으로는 삼지 않는 사람은 십자가에 대한 자신의 신뢰가 진정한 것인지, 조금이라도 가치가 있는 것인지 스스로에게 물어볼 필요가 있습니다.

물론 지도자를 따르는 사람들은 지도자가 이미 이른 곳에 도달할 것입니다. 발이 피곤하고 진행이 꾸불꾸불하고 더딜지라도, 우리는 광야에서 길을 잃지 않을 것이고 주님의 격려를 받아 주님 곁에 이르고, 마침내 주님이 계시는 곳에 이를 것이라는 약속을 가지고 있습니다.

53
그리스도를 따르는 것과
그리스도와 함께 있는 것

"사람이 나를 섬기려면 나를 따르라
나 있는 곳에 나를 섬기는 자도 거기 있으리니"
요 12:26

우리 주님은 어떤 헬라인들을 주님을 보기를 원한, 사소해 보이는 이 사건에 묘하게 감동을 받으셨습니다. 주님은 그들에게서 이방인의 첫 열매들을 보시고 환영하셨습니다. 주님의 요람에 찾아온 동방 박사들과 십자가에 달리기 몇 시간 전에 찾아 온 서구 문화를 대표하는 이 사람들은 다 같이 예언자들이었습니다. 그래서 그들의 요청에 대답하면서 주님은 그 요청의 즉각적 결실을 넘어서서 주님의 사역의 미래의 발전과 관련하여 그 요청을 생각하십니다. 인자가 이제 영광을 받기 시작한다는 생각에서 주님은 영광에 앞서 오게 되어 있는 사실, 즉 그의 죽음을 직면하려고 합니다.

더욱 고귀한 생명은 열등한 생명의 썩음에 의해서만 이룰 수 있다는 위대한 법칙, 십자가가 그것을 입증하는 큰 실례인 그 법칙을 예수께서는 먼저 자연에서 이끌어낸 본보기를 들어 설명하십니다. 즉 밀알이 열매를 맺으려면 먼저 죽어야 한다는 것입니다. 그 다음에, 주님은 "자기의 생명을 사랑하는 자는 잃어버릴 것이요 이 세상에서 자기의 생명을 미워하는 자는 영생하도록 보전하리라"는 이것이 보편적 법칙이라고 선언하십니다. 그리고 이어서 주님은 자연에서 어렴풋이 나타나고 모든 인류에게 적용되며 십자가에서 가장 고귀한 형태로 나타난 이 보편적 법칙이 그리스도인 제자도의 법이라고 공표하십니다. "사람이 나를 섬기려면 나를 따르라." 그러면 그 결과로 "나 있는 곳에 나를 섬기는 자도 거기 있으리라."

이 두 구절에서 주님은 현재와 미래의 모든 근거를 다룹니다. 많은 사상가들과 선생들은 자신들의 사상을 단단히 기억하고 손쉽게 적용할 수 있는 간단한 형식으로 표현하려고 노력해 왔습니다. 고대 현인들은 "자연을 따르라"고 말하였는데, 그들은 그 생각을 반복하는 현대의 추종자들이 생각하는 것보다 더 고귀한 의미를 그 요약된 명령에 덧붙입니다. 다른 사람들은 "의무를 따르라"고 말합니다. 그런데 그리스도께서는 "나를 따르라"고 말씀하십니다. 이 말씀이면 살아가기에 충분합니다. 그리고 저 너머에 있는 희미한 모든 영역에 대해서는 "나 있는 곳에 나를 섬기는 자도 거기 있으리라"는 이 전망이면 충분합니다. 하나의 형태가 현재와 미래 위에 우뚝 서 있습니다. 현재와 미래가 모두 그리스도와 그리스도에 대한 우리의 관계로부터 그 색깔과 가치를 끌어냅니다. "따르라." 이것은 생활의 의무에 대한 간결한 요약입니다. "나와 함께 있으리라." 이것은 우리의 모든 소망을 구체적으로 표현한 것입니다.

1. 모든 것이 충족한 삶의 법칙.

"사람이 나를 섬기려면 나를 따르라." 모든 것이 이 말씀 속에 녹아들어가 있습니다. 이 말씀에서 여러분은 모든 사람의 모든 행동에 대해 충분히 다루고 있는 지침을 얻을 수 있습니다.

이것이 현재 설교의 목적과 상관이 없지만, 나는 여기서 잠깐 멈추고서 여러분에게 이런 발언의 비류 없는 유일무이함에 대해 생각해 보라고 말씀드립니다. 한 사람이 모든 인류 앞에 서서 태연하게 의도적으로 이렇게 말한다고 생각해 보십시오. "나는 인간 행동의 이상을 실현한 사람이다. 나는 육신을 가진 완전이다. 무한히 다양한 조건과 문화, 성품을 가진 너희 모두는 나를 너희의 본보기로, 지침으로 삼아야 한다." 지금까지 세상은 그의 말에 귀를 기울여 왔고, 웃지 않았고, 화를 내지도 않았습니다. 사람들이 저토록 터무니없는 말을 잠잠케 만들 것이라고 기대할 수 있었을 어떤 분노나 조롱도 그리스도의 이 발언에 따르지 않았습니다. 이 점에 대해 길게 생각할 시간은 없습니다. 현재 설교의 목적과는 조금 동떨어졌지만, 여러분은 이 사실이 얼마나 이상한지 곰곰이 생각해 보라고 말씀드립니다. 어떤 사람이 그런 말을 했고, 세상의 가장 지혜롭다고 하는 사람들이 그를 그 자신의 평가대로 받아들이기를 동의하고, 그와 같은 발언이 있은 후에도 그를 "온유하고 마음이 겸손하다"고 말하는 사실을 어떻게 설명할 수 있는지 생각해보라고 말씀드립니다.

이제 그 문제는 그만 다루겠습니다. 예수께서는 무슨 뜻으로 "나를 따르라"는 이 명령을 말씀하십니까? 물론 나는 이 계명이 모든 의무를 예수 그리스도를 본받는 것으로 요약한다는 사실을 여러분에게 상기시킬 필요가 없습니다. 이것은 길게 논할 필요가 없고, 이 주제를 다루면 이르게 될 많은 영역, 곧 결실이 풍부한 생각할 주제들을 발견할 수 있는 많은 영역을 자세히 조사하여 규명할 필요도 없는 진부한 사실입니다. 나는 여기서 명하고 있는 따름의 특별한 형태를 한 두 문장으로 강조하고 싶기 때문입니다. 그리스도를 본받는 것에 관해 이야기하는 것은 매우 중요한 일입니다. 이 명령을 아무리 피상적으로 받아들일지라도, 그것은 모든 사람에게 적용되는 훌륭한 지침입니다. 그러나 그리스도를 우리의 모범으로 삼아야 하고, 그 명령은 그리스도께서는 유일무이하신 분이므로 흉내 낼 수 없는 분이라고 생각하는 바로 그 사실과 관계가 있다는 것을 깨닫지 못한 사람은 아무도 엄중하고 포괄적 이 명령의 깊이를 꿰뚫어보지 못한 것입니다. 그리스도께서 이 말씀을 하면서 생각하고 계시며, 우리가 따라야 할 모든 도덕의 사전이자 총합으로 규정하고 계시는 것은 그의 십자가이지 그의 생활이 아니고, 그의 죽음이지 그의 덕이 아닙니다. 나는 앞 부분에서 현재의 문맥의 취지를 이미 지적한 바 있습니다. 그래서 나는 그 점을 더 상세히 설명할 필요가 없고, 그리스도의 죽음이 여기서 우리 앞에 놓은 본보기라는 내 주장을 변호할 필요가 없습니다. 물론 우리는 매우 부차적이고 비유적 방식으로 본받는 것을 제외하고, 그 결과에 있어서 그리스도의 죽음을 본받을 수 없습니다. 그러나 자기희생의 최고의 모범인 그리스도의 십자가 밑에 깔려 있는 정신을 생활의 최고의 법으로 모두에게 권하고 있는 것이며, 우리가 그 법을 따르지 않는 한, 우리는 자신을 그리스도의 제자라고 부를 권리가 없습니다. 더 고귀한 생명을 위해 죽는 것, 자신의 뜻을 철저히 버리고 하나님께 순종하며 이타적 마음으로 다른 사람들을 돕고 복을 비는 것, 이것이 바로 제자도의 알파와 오메가입니다. 이 점은 언제나 그래왔고, 또 앞으로도 언제나 그럴 것입니다. 그러므로 사랑하는 형제 여러분, 이 점을 마음에 새기고 우리가 참된 제자가 되는 것, 우리가 "그의 죽으심을 본받아야" 한다는 것을 볼 수 있는 곳에 이르렀는지 자신의 행동을 엄중하게 조사하도록 합시다.

그런데 오늘날 현대 신학은 신약의 분명한 이 가르침을 너무 흐려놓았습니다. 그것은 현대 신학이 그리스도의 죽음의 다른 면을 설명하는 데 관심을 가져왔기 때문입니다. 나는 너무 많이 관심을 가져왔다고 말하는 것이 아니라 거기에만 관심을 가져왔다고 말하는 것입니다. 다른 면이란 그리스도의 죽음을 우리의 죽음이 본받을 생각을 아예 해볼 수도 없는 세상 죄를 위한 희생으로만 보는 것입니다. 그러나 그리스도의 십자가를 보는데 두 가지 방법이 있다는 것을 아시기 바랍니다. 여러분은 그리스도의 십자가가 여러분의 모든 소망의 기초, 즉 여러분을 죄책과 습관과 정죄인 죄로부터 구원하는 능력임을 깨닫는 것부터 시작해야 합니다. 그리스도의 십자가가 여러분의 죄를 위한 희생과 죄값이 된다면, 그 다음에는 그리스도의 십자가를 여러분 생활의 본보기로 삼고, 따라야 합니다. "사람이 나를 섬기려면 나를 따르라." 따르는 것이 "자기의 생명을 사랑하는 자는 잃어버릴 것이요 자기의 생명을 미워하는 자는 영생하도록 보존하리라"는 말씀이 실현되는 특별한 영역이 여기에 있습니다.

자, 그 다음에, 모든 실제적 경건과 기독교 신앙의 정수인, 간결하게 표현된 이 계명이 기독교 도덕의 복된 특성을 이룬다는 점을 여러분이 기억하시기 바랍니다. 의무에 관한 신약의 가르침과 고상한 도덕가들과 옛 현인들의 가르침을 구분하는 것이 무엇인지 묻는 사람들이 있습니다. 많은 경우에 현인들의 가르침은 깊지만, 어떤 구체적 교훈들은 없습니다. 인간의 우수함과 미덕을 보는 관점이 기독교 안에서 변화되었지만, 세상의 도덕이 전반적으로 더 화려한 계명들을 세운 곳에서는 개별적 계명들과 더 온건하고 친절한 미덕들이 가장 높은 위치를 차지하지 못하였습니다. 투박하게 말해서, 영웅은 세상의 표본이고, 성도는 신약의 표본입니다. 그러나 행동에 대한 기독교 교훈의 참된 특징은 이 사실에 있습니다. 즉 그 법이 한 사람에게 있고, 그 법에 순종하는 능력이 바로 그 사람을 사랑하는 데서 온다는 것입니다. 모든 것이 다릅니다. 우리가 그리스도를 따르고 있기만 한다면, 달갑지 않은 의무들이 덜 싫어지고, 힘든 과업이 가벼워지며, 슬픔이 견딜만하게 됩니다. 여러분은 스코틀랜드 역사에서 왕의 심장을 맡은 기사에 관한 옛날이야기를 압니다. 이교도들에게 포위된 그 기사가 빽빽하게 둘러선 이교도 대열로 황금 상자를 던지고서 "먼저 가십시오. 따라가겠습니다"고 말했다는 이야기를 아실 것입니다. 그 생각으로 말에 박차를 가하여 앞으로 향했을 때는 죽음 자체도 가벼운 것이었습니다.

형제 여러분, 이와 같이 앞서 길을 가시는 그리스도께서 우리를 이끌지 아니하시면, 그리스도께서 앞을 바라보고 우리로 자기를 따르게 하실 때 그의 옷이 빛나는 것을 보지 않으면, 우리 양심이 우리에게 명하는 의무의 길을 가는 것은 너무도 힘든 일입니다. 가이드가 얼음도끼로 찍어서 발을 딛는 곳에 계단을 만들어 우리가 발을 딛도록 해주었을 때는 빙벽을 등반하는 것은 쉬운 일입니다. 그리스도를 따르는 것이 의무가 되고, 그리스도께서 험하고 좁은 길을 우리 앞서 가실 때는 의무의 엄격함과 법의 엄정함, "해야 한다"는 냉정함이 다 변합니다.

이 교훈이면 아주 충분합니다. 물론, 일반화한 교훈을 우리 생활의 특별한 경우에 적용하는 것은 지혜가 필요한 일이고 상식이 필요한 일이며, 신중함과 그 밖의 미점들을 가지고 행하는 매일의 교양이 필요한 일일 것입니다. 그렇게 적용하려면 부차적 많은 규칙이 필요할 수 있지만, 최고의 법령은 한 가지이고, 단순하고 충분한 그 법령은 "나를 따르라"는 것입니다. 이것이 이상한 일이 아닙니까? 내가 볼 때는 한 가지 가정을 제외하고는 설명할 수 없는 지극히 독특한 일입니다. 지극히 단편적 기록들을 통해서만 알려져 있고, 우리가 전혀 경험하지 못하였고, 지금의 우리 세상과 전혀 다른 세계에서 영위되었던 그처럼 짧은 생애가 여전히 사람들에게 지침이 된다는 것이 기이한 일이 아닐 수 없습니다. 즉 구체적 몇 가지 점들에서 지침이 된다기보다는 이 동기들 가운데 "그리스도께서도 자기를 기쁘게 하지 아니하셨느니라"(롬 15:3)는 말씀과 "나의 양식은 나를 보내신 이의 뜻을 행하며 그의 일을 온전히 이루는 이것이니라"(요 4:34)는 말씀과 같이 가장 중요한 동기에서 사람들의 지침이 된다는 것은 기이한 일이 아닐 수 없습니다.

　형제 여러분, 이 예리한 시험 기준을 생활의 큰일들에서 뿐 아니라 소소한 모든 일에서 날마다 정직하게 생활에 적용해 보십시오. "사람이 나를 섬기려면"이라고 말씀하셨는데, 그 기독교 "봉사"가 참으로 슬프게도 그동안 가장 중요한 의미를 잃어버리고 피상적이고 협소하게 되었습니다! "봉사"란 사람들이 건물을 짓고 노래하며 기도하는 일에 종사하는 것을 의미합니다. 봉사는 자선을 베풀고, 가르치며 설교하고, 다양한 종류의 물질적, 영적 도움을 주는 행위를 의미합니다. 이런 일들이 이 단어의 의미를 거의 독점하다시피 하였습니다. 그러나 그리스도께서는 그 단어의 좁아진 내용들을 다시 한 번 확대시켜서 이렇게 가르치십니다. 즉 자기를 부인하고 그리스도를 따르는 것이 특별히 종교 예배라고 하는 활동들, 그리고 소위 기독교 활동과 봉사, 곧 절대로 필요하다고 하는 행동들보다 위에 있다고 가르치십니다. "사람이 나를 섬기려면," 그 사람은 노래하고 찬송하며 기도하도록 해야 합니까? 그렇습니다. "사람이 나를 섬기려면," 그 사람은 다른 사람들을 돕고, 사람들에게 봉사하는 가운데 주님을 섬기도록 해야 합니까? 그렇습니다. 그러나 "사람이 나를 섬기려면," 그 모든 것보다 깊게, 그리고 다른 모든 것들보다 근본적으로 그 사람은 주님을 **따르도록** 해야 합니다. 스스로 그리스도인이라고 하는 우리 각 사람이 이 질문을 자신에게 해보도록 합시다.

2. 여기에서 우리는 미래에 대한 충분한 희망을 봅니다.

나는 여기서 지극히 위대한 사상을 지극히 단순한 비유로 설명하는 아주 소박한 이 방식만큼 아름다운 것이 얼마나 있는지 모르겠습니다. 두 사람이 한 곳에 이르는 같은 길을 걷고 있다면, 앞서 가는 사람이 먼저 도착하고, 그 뒤를 따르고 있는 친구가 계속해서 걷는다면 목표 지점에 두 번째로 도착할 것입니다. 그리고 두 사람은 같은 길을 앞서고 뒤따르기 때문에 종착점에서는 함께 만날 것입니다. 그래서 그리스도께서 이같이 말씀하십니다. "물론 네가 나를 따르면 나를 만날 것이고, 나 있는 곳에 나를 섬기는 자도 거기에 있을 것이다." 이 세상에서 진실하게 그리스도를 따르는 그리스도인 생활에 함축된 사실은 장래에는 그리스도와 하나가 될 것이라는 확신에 반드시 이르게 됩니다. 이것은 말할 재료가 많은 깊은 개념이지만, 지금은 길게 논할 수가 없습니다.

나는 설교 앞부분에서 우리 주님이 자신을 인간의 모든 우수한 점에 대한 본보기로 제시하시는 것이 매우 독특한 일이었다고 말한 바 있습니다. 주님께서 자신과 교제하는 것을 모든 슬픔과 모든 노력, 모든 고통과, 모든 순례 여행에 대한 충분한 보상으로 제시하는 것이 훨씬 더 특이하지 않습니까? 주님은 자신과 함께 하는 것이 모든 사람에게, 어느 누구에게든지 충분한 것으로 생각하십니다. 그러면 주님은 자신을 어떤 존재로 생각하신 것입니까? 주님은 우리와 자신의 관계를 어떤 것으로 생각하셨습니까? 마음이 복을 얻는 데 필요한 것은 자기 곁에 있는 것뿐이라고 세상을 향하여 이렇게 태연히 말할 수 있는 이분은 누구이십니까? 그런데 우리는 이 사실이 우리 생활에 별로 영향을 주지 못한다고 생각합니다. "그리스도와 함께 있는 것"이 "훨씬 더 좋은 일"(빌 1:23)입니다. 별 아래 있는 모든 것보다 좋고, 이생에서 영원히 있는 것보다 좋은 일입니다.

주님께서는 아주 충족한 이 소망을 무슨 뜻으로 말씀하시는 것입니까? 우리는 저편에 있는 희미한 영역에 대해서는 거의 아는 것이 없습니다. 그

우리가 익숙하게 알고 있는 구절들에서 보는 것처럼, 주님께서 사람의 죄의 전체 무게와 피곤함을 그리고 사람의 죄책의 전체 짐과 그로 말미암은 형벌의 모든 비참함을 스스로 지셨던 것처럼 자신의 인성을 강조하고자 하는 경우에 습관적으로 그 이름을 사용하십니다. 그 구절들이 너무 많아서 그냥 언급만 할 뿐 그 구절들을 인용하지 않겠습니다. 그 구절들 가운데서 우리는 인자가 "죄인의 손에 팔리느니라"(마 26:45)는 말씀이 있고, 또 달리 말하자면, 예를 들어 사람의 낮아짐과 주께서 온 세상과 맺고 있는 신비한 관계에 대한 고귀한 의식이 놀랍게 뒤섞여 있는 구절도 있습니다. "인자가 온 것은 섬김을 받으려 함이 아니라 도리어 섬기려 하고 자기 목숨을 많은 사람의 대속물로 주려 함이니라"(마 20:28).

자, 우리가 이 모든 예들을 함께 모으고(그리고 이 예들은 거의 임의로 모은 예들에 지나지 않습니다) 이와 같은 말에 의해 밝혀진 대로 잠시 동안 이 이름에 대해 묵상한다면, 이 예들을 통해서 그리스도께서 정말로, 그리고 말할 수 없이 감사하게도 "우리 뼈 중의 뼈요 살 중의 살"임을 보게 됩니다. 우리 인간으로서 모든 기쁨을 주께서 맛보셨습니다. 주님은 인간의 모든 슬픔을 아셨습니다. 인간 본성의 일반적 필요를 주님께서 느끼셨습니다. 주님은 배고프고 목마르며 피곤하셨습니다. 주님은 먹고 마시며 주무셨습니다. 인간 마음의 일반적 필요를 아셨습니다. 주님은 미움에 상처를 입고 배은망덕 때문에 괴로움을 당하셨으며 사랑을 그리워하셨습니다. 주님은 친구들 사이에서 쾌활하게 지내셨고, 그들이 떨어져 나갈 때 고통스러워하셨습니다. 그리스도께서는 싸우고 수고하며 슬퍼하고 즐거워하셨습니다. 그는 기도하고 신뢰해야 했고, 또 울지 않으면 안 되었습니다. 그는 사람의 아들, 곧 사람들 가운데 정말 사람이셨습니다. 그의 생애는 짧았습니다. 그리고 우리는 그 생애 가운데 짧은 3년의 시간에 대한 단편적 기록밖에 없습니다. 외적 형태에서 주님의 생애는 인간 경험의 좁은 영역에만 걸쳐 있고, 인간 생활의 많은 면들이 거기에 나타나지 않는 것처럼 보입니다. 그러나 이제 막 원숙한 장년기에 접어들고 있을 때 죽은 이 시골 랍비의 환경과 아무리 다를지라도, 어떤 환경에서든지 모든 시대, 모든 부류의 사람들은 이 사람이 그 외의 모든 사람보다 자기들과 더 가깝다고 느낄 수 있습니다. 의무 혹은 은혜나 슬픔의 인내에 대한 자극이든지 기쁨의 자제 혹은 모든 환경과 직무를 신성하게 함에 대한 자극이든지 간에, 그런 자극을 주기에 인자의 임재와 모범은 충분합니다. 어디로 가든지 우리는 밟고 가야 하는 날카로운 부싯돌에 떨어진 주님의 핏방울을 보고 주님의 발자국을 좇아갈 수 있습니다. 가시나무가 양떼의 털을 찌르는 좁은 모든 샛길에서, 우리는 사람들이 앞서 가는 하나님의 어린 양의 흰털에서 뜯겨진 것이 가시에 남아 있는 것을 볼 수 있습니다. 인자는 우리의 형제요 모범이십니다.

수욕과 연약함과 우리와 같음을 강조하는 이 이름이 주님께서 언제나 입에 올리신 이름이라는 사실이 아름답고, 아주 가까이 있고 또 우리를 자기 가까이로 부르려고 하시는 주님의 간절한 바람을 감동적이고 사랑스럽게 말해주지 않습니까? 이 위대한 사실들을 하찮은 점들과 비교할 수 있다면, 문명화된 생활을 떠나 미개한 생활로 들어간 어떤 교사나 박애주의자가 유럽에서 자신을 부르던 이름은 뒤에 놔두고, 파송되어 간 야만족의 언어에서 의미가 있는 야만족의 명칭을 채택하고 사람들에게 "이것이 이제 내 이름이니 나를 이 이름으로 부르라"고 말할 수 있는 것과 꼭 같습니다. 마음에 사랑을 가득 품고 양손에는 복을 잔뜩 쥐고서 우리 해변에 도착한 이 위대한 우리 영들의 지도자께서 자신을 우리 중 하나와 같이 만드는 이름을 취하셨고, 그것이 바로 자신을 알리는 이름으로 택한 것임을 싫증내지 않고 우리 마음에 호소하고 말씀하시는 것입니다. 주님을 이 세상에 오시도록 만들고, 주께서 약함과 일체감을 나타내는 이름, 곧 "인자"라는 이름을 평소의 즐겨 사용하는 명칭으로 택하도록 만든 것은 바로 이 무한한 겸손의 마음이 작용하였기 때문입니다.

2. 이 호칭에서 또한 아주 분명하게 나타나는 점을 살펴보도록 하겠습니다.

여기서 우리는 주님께서 자신과 우리를 구별하시고, 자신만이 온 세상과 독특한 관계를 맺고 있다고 주장하는 것을 봅니다.

우리 가운데 누군가 자신이 사람이라는 사실을 끊임없이 강조하고, 그 사실을 자신에 대한 연속적 묘사로서 취하며, 마치 그 점에 이상한 어떤 것이 있는 것처럼 사람들에게 주의를 기울이라고 요구한다면 얼마나 우스꽝스러운지 생각해 보십시오. 그것은 상식을 벗어난 생각입니다. 이 이름이 우리 주님의 입에서 얼마나 자주 나오고 강조되었는지를 알게 되면, 사람은 그 이름에는 표면적으로 나타는 것 이상의 어떤 점이 이면에 있는 것이 아닌가 의심하게 될 것입니다. 여러분이 인자(the Son of Man)라는 이름 앞에 붙은 정관사에 주의하면, 그 인상이 확실해지고 확신하게 됩니다. 그냥 사람의 아들(a Son of Man)은 전혀 다른 것입니다. 주께서 "인자"(the Son of Man)라고 말씀하실 때 자기 안에 인간을 구성하는 모든 특성이 다 모여 있다고 선언하시는 것입니다. 현대 용어를 사용하자면, 자신이 인간의 이상을 실현한 사람, 곧 인간에 속하는 모든 것이 그 안에 있고, 그래서 완전하고 완벽하게 나타는 표본적 사람이라고 선언하시는 것입니다. 그 다음에 이 이름은 수욕의 인상을 주는 것과 대조적으로 권위와 존엄을 연상시키는 명칭으로 계속 사용됩니다. "인자는 안식일의 주인이니라"(막 2:28). "인자는 땅에서 죄를 사하는 권세가 있느니라"(2:10), 등등. 그래서 여러분은 이 사실, 즉 온 세상이 협력하여 그의 너그러우심과 온유하심, 그의 겸손하심과 종교적 온건함을 칭송하자고 공언한 이 사람이 앞으로 나와서 "나는 완전하고 완벽하다. 인간에 속한 모든 것을 너희는 내 안에서 발견할 것이다"고 말씀하셨다는 사실을 피하여 벗어날 수 없습니다.

그리고 이와 관련해서 이 명칭이 네 번째 복음서에서보다 처음 세 복음서들에서 더 자주 나온다는 것은 매우 중요한 사실입니다. 일반적으로 네 번째 복음서는 다른 세 복음서에 나오는 것보다 예수 그리스도의 본성과 인격에 관해 더 높은 개념을 보여준다고 합니다. 마태복음에는 우리 주님께서 자신을 인자라고 부를 때, 그 이름이 전달하는 유일무이함과 완전함을 함축하여서 부르시는 예들이 더 많이 나옵니다. 종의 복음인 마가복음에서도 하나님의 말씀의 복음인 요한복음보다 많이 나옵니다. 그래서 나는 우리가 그리스도께서 자신에게 붙이신 이 이름으로써 자신의 인성, 곧 절대적으로 완전하고 완벽한 인성을 선언하셨음을 이 네 복음서의 증언이 아주 의심이 많은 독자라도 확신하게 만든다고 말할 수 있습니다.

사실 주님은, 바울이 주님을 가리켜 "마지막 아담"이라고 불렀을 때 주님에 대해 주장한 그 사실을 자신에 대해 주장하고 계시는 것입니다. 바울은 지금까지 세상에 두 사람이 있었다고 말합니다. 즉 발달하지 못한 유아기의 완전성을 지닌 타락한 아담과 풍부하고 완전한 인성을 지니신 그리스도가 있다고 합니다. 다른 모든 사람들은 부스러기들에 지나지 않고 그리스도만이 "전체가 완전한 감람석"이십니다. 17세기 신학자들 가운데 한 사람이 풍자적으로 말하였듯이, "아리스토텔레스는 아담 같은 사람의 쓰레기에 지나지 않고" 아담은 예수 같은 사람을 대강 희미하게 그린 스케치에 불과합니다. 이 두 사람 사이에는 아무도 없었습니다. 하나님께서 사람의 전형으로, 곧 완전한 인간, 실현된 이상(理想), 사람의 모든 능력을 구비한 자로 세우신 그 유일한 사람이 바로 스스로 자신이 그 위치에 있다고 주장하고, "나는 마음이 온유하고 겸손하다"는 이상한 말을 하면서 그 위치에 들어간 그분이십니다.

"이 인자는 누구냐?" 아, 형제 여러분! "누가 깨끗한 것을 더러운 것 가운데에서 낼 수 있으리이까 하나도 없습니다"(욥 14:4). 여인에게서 났고, "우리 뼈 중의 뼈요 살 중의 살"인 완전한 사람의 아들은 단지 사람의 아들에 지나지 않아서는 안 됩니다. 배반자로 하여금 "자기가 무죄한 피를 팔았다"(마 27:4)는 것에 절망하여 성소에 은 삼십을 던져 넣지 않을 수 없게 만들었고, 빌라도로 하여금 "이 옳은 사람의 피"(27:24)에 대하여 손을 씻게 만들었으며, 주께서 적들에게 자신의 죄를 말해보라고 하여 그들의 입을 막으셨고, 그 이래로 온 세상이 인정하고 존중해온, 인간 본성의 모든 기능과 부분에서 나타난 그 도덕적 완전함과 이상적 완전성을 볼 때 당연히 우리는 이 질문을 묻지 않을 수 없습니다. "이 인자는 누구냐?" 그리고 그에 대해, 우리 모두가 답하기를 기도하는 대로 이렇게 답변하지 않을 수 없습니다. "주는 그리스도시오 살아 계신 하나님의 아들이시니이다"(16:16).

그리스도의 절대적 완전함이라는 이 사실로 인해 그의 사역은 남은 인류에 대해 아주 유일한 관계를 갖게 됩니다. 그래서 우리는 주님께서 자신을 세상에 모든 복과 구원을 전달하는 유일한 중보자로 나타내고자 할 때 이 이름을 사용하시는 것을 봅니다. 예를 들면 이런 것입니다. "인자가 온 것은 자기 목숨을 많은 사람의 대속물로 주려 함이니라"(20:28). "너희가 하늘이 열리고 하나님의 사자들이 인자 위에 오르락내리락 하는 것을 보리라"(요 1:51). 그분은 시리아의 하늘 아래서 돌베개를 하고 누웠던 족장이 이상 중에 본 그 사다리였습니다. 즉 하늘과 땅 사이의 모든 소통을 잇는 중보자이셨습니다. 하늘과 땅을 연결시키고, 모든 천사들이 외로운 파수꾼들에게 내려오게 만드는 그 사다리는 햇빛이 내려쪼이듯이 사람이 있는 곳은 어디든지 모든 사람에게로 곧바로 내려옵니다. 우리 각 사람은 자신이 서 있는 곳에서부터 가운데 있는 빛까지 이르는 최단 거리를 보며, 빛의 광선은 곧바로 각 사람의 눈동자에 이릅니다. 그래서 그리스도는 사람 이상인 분이시기 때문에, 그리스도는 그 사람이기 때문에, 주님의 복은 마치 그것이 우리에게만 해당하는 목적과 메시지를 갖고서 보좌를 떠난 것처럼 우리에게로 곧바로 옵니다. 이와 같이 본래 완전한 사람이신 그분이 모든 사람과 접촉하시고, 모든 사람이 그와 접촉합니다. 하나님께서 보증하신 인자는 하늘에서 내리는 양식을 우리 각 사람에게 주실 것입니다. 땅에서 그리스도를 각 사람과 연결시키고 그리스도를 구주요 돕는 이이시오 우리 모든 사람의 친구로 만드는 유일한 관계가 그리스도께서 자신을 인자라고 부르시는 데서 표현됩니다.

3. 이 명칭의 예언적 성격에 관하여 마지막으로 한 가지 말씀드리겠습니다.

우리가 이 명칭을 실제로 다니엘서에 나오는 예언을 인용한 것으로 볼 수 없을지라도, 그 예언을 암시하는 것은 분명하고, 또 그 명칭으로 나타내는 전반적 사상, 곧 대적하는 모든 세력을 멸할 영원한 통치와 인자 같은 이가 심판을 위해 오는 장엄한 도래를 암시하는 것은 분명합니다.

그 다음에 주님께서 인자의 재림에 대해 이야기하는 구절들로서, 너무 익숙히 알고 있고 또 너무 많아서 인용할 필요가 없는 구절들에서 그 이름이 매우 자주 언급되는 것을 봅니다. 예를 들면, 다니엘서와 아주 뚜렷하게 연관되는 이름으로서, 대제사장의 재판정 앞에서 지극히 엄숙한 의미를 지니는 말씀입니다. "이 후에 인자가 권능의 우편에 앉아 있는 것과 하늘 구름을 타고 오는 것을 너희가 보리라"(마 26:64). 혹은 주님이 "아버지께서 아들에게 인자됨으로 말미암아 심판하는 권한을 주셨느니라"(요 5:27)고 말씀하실 때와 같이, 혹은 최초의 순교자가 마지막에 갑작스런 놀라움과 기쁨의 전율을 느끼는 가운데 "하늘이 열리고 인자가 하나님 우편에 서신 것을 보노라"(행 7:56)고 밝혔을 때와 같습니다.

이 두 가지 사상이 내가 여기서 다룰 수 있는 전부입니다. 이 이름은 부활하신 주님의 현재 활동과 영속적으로 사람으로 계심이라는 복된 메시지를 전달합니다. 스데반은 다른 모든 성경이 그리고 있듯이 그리스도께서 하나님 우편에 앉아계시는 것을 보지 않고 우편에 서 계시는 것을 봅니다. 그리스도께서 하나님 우편에 앉아계시는 상징은 승리에 대한 흔들리지 않는 확신 가운데 당당하고 평온한 모습을 나타냅니다. 이 모습은 주님께서 지상에서 행하신 사역이 마무리되었음을 나타냅니다. 따라서 미래의 모든 역사는 주께서 머리를 숙이고 죽으셨을 때 주께서 친히 다 이루었다고 하신 그 사역의 결과들이 전개되는 것에 지나지 않습니다. 그런데 이 죽어가는 순교자는 마치 그리스도께서 고난당하는 사람들의 긴 행렬 가운데 첫 번째 사람에서 나오는 믿음의 부르짖음을 듣고 벌떡 일어선 것처럼 주께서 서 계시는 것을 봅니다. 그것은 마치 왕위에 앉아 검투사들이 죽을 때까지 싸우고 있는 투기장을 내려다보고 있는 황제가 릭토르(lictor, 로마 시대에 집정관 등을 따라다니며 죄인을 잡던 관리 — 역주)들이 들고 다니는 집정관의 표지인 번쩍이는 도끼들과 보좌의 자줏빛 휘장들 사이에서 조용히 앉아서 그들의 필사적 싸움을 볼 수 없어서 그들을 돕기 위해 벌떡 일어서거나 적어도 동정하는 표정으로 굽어다 보는 것과 같습니다. 이와 같이 인성을 지닌 인자이신 그리스도께서는 "지금도 형제의 눈으로 이 땅을 굽어보시고" 자기를 의지하는 모든 고투하는 영혼들을 항상 곁에서 도우시는 분입니다.

그 다음에 여기서 고려하는 다른 주요한 생각, 곧 그 완전한 사람이 다시 와서 우리의 재판장이 되신다는 것입니다. 그것은 참으로 엄숙한 주제여서 사람의 입으로 그에 관해 많은 것을 말할 수 없습니다. 그 생각은 지금까지 통속화되었고, 사람들의 마음에 그 점을 명심하게 하려는 선의에서 나온 많은 시도들에 때문에 힘을 잃었습니다. 그러나 그 두 번째 오심은 **확실합니다.** 이 사람은 십자가를 지셨다고 해서 우리와의 관계를 끝낼 수 없었고, 복을 베푸시면서 일찍이 그룹들 사이에 거하셨던 밝은 구름, 곧 변화산에서 주님을 신비한 휴식 가운데로 받아들인 그 밝은 구름 속으로 천천히 장엄하게 올려가셨다고 해서 끝날 수 없었습니다. 그리스도께서 다시 오신다는 것은 주님의 사역을 완성시키는 마지막 남은 한 가지 일입니다.

그 재판장께서 우리의 형제이십니다. 그래서 지극히 깊은 의미에서 우리는 동료이신 그분에게 재판을 받습니다. 사람의 지식이 아무리 높아도 무릇 사람이 행하는 모든 일의 도덕적 공과(功過)를 말할 수 없습니다. 여러분은 행동을 판단할 수 있고, 율법의 위반에 대해 판결할 수 있으며, 어떤 사람이 그런 위반에 대해 아무 책임이 없다고 밝힐 수 있습니다. 그러나 사람이 다른 사람의 마음의 비밀을 읽는 것은 사람의 능력을 초월하는 일입니다. 그래서 재판하는 이가 단지 사람뿐이었다면, 처리하는 일이 거칠고, 내려진 판결에는 큰 실수들이 많이 있었을 것입니다. 그러나 우리의 재판장이 바로 그 인자이시라고 생각할 때, 우리는 마음을 살피고 동기를 읽으시는 하나님의 전능하심이 인간의 부드러움과 동정과 완전히 결합될 것을 압니다. 밖으로부터 오는 것으로 창조주에 대한 지식뿐만 아니라 안에서 오는 것으로 소유자의 지식도 갖고 있는 우리의 체질을 모두 아시는 분에게, 그리고 모든 시험을 싸워 이기신 분에게 우리가 심판받을 것입니다. 그리고 무엇보다 감사한 것은 우리가 하나님의 보좌 앞에서 무죄로 설 수 있도록 그 자신의 사역과 사랑을 들어 간청해야 하는 분에게 심판을 받으리라는 것입니다.

형제 여러분, 이와 같이 이 위대한 이름에 모든 과거와 현재와 미래가 한데 모이고, 뒤섞입니다. 과거를 돌아보면 그리스도의 십자가가 장면을 가득 채우고, 미래에는 희고 엄숙한 그리스도의 판단의 보좌가 솟아오릅니다. "인자가 온 것은 자기 목숨을 많은 사람의 대속물로 주려 함이니라"(마 20:28). 그것이 모든 역사의 중심점입니다. 인자가 세상을 심판하러 오실 것입니다. 그것이 미래를 채우는 한 가지 사상입니다. 그리스도께서 십자가에서 행하신 큰 일을 참된 믿음으로 굳게 붙잡읍시다. 그러면 우리는 "심판이 베풀어지고 책들이 펴 놓였을"(단 7:10) 때 보좌에 앉으신 우리의 형제를 기쁘게 볼 것입니다. 교우 여러분, 여러분은 그날에 "인자 앞에 서기에"(눅 21:36) 합당한 자로 여김을 받도록 항상 믿음과 사랑으로, 친교와 본받음으로, 순종과 고백으로 주님을 굳게 붙드십시오.

56
그리스도를
외면함에 대한 경고

"예수께서 이르시되 아직 잠시 동안 빛이 너희 중에 있으니 빛이 있을 동안에 다녀 어둠에 붙잡히지 않게 하라 어둠에 다니는 자는 그 가는 곳을 알지 못하느니라 너희에게 아직 빛이 있을 동안에 빛을 믿으라 그리하면 빛의 아들이 되리라"

요 12:35, 36

이 말씀은 우리 주님께서 공적 활동 가운데 마지막으로 전하신 말씀입니다. 이후에 주님께서는 베다니에 있는 마음에 맞는 집에서, 그리고 다락방에서 신성한 의식을 행하는 가운데 조용히 제자들에게만 말씀하셨습니다. "내가 아직 잠시 너희와 함께 있겠노라"(요 13:33). 해는 거의 졌습니다. 이틀이 더 남았습니다. 십자가가 갈보리에 세워졌으나 아직 빛으로 돌이킬 시간이 있었습니다. 그래서 주님의 거룩한 자비심은 "모든 것을 바랐고" 그토록 오랫동안 자기를 거절한 사람들에게 계속해서 호소하셨습니다. 마지막 호소에 걸맞게, 이 말씀은 그리스도의 마음을 드러냅니다. 이 말씀은 거기에 담겨 있는 경고로 엄숙하고 약속으로 빛나며, 거의 진지하게 간청하다시피 합니다. 주님은 너무 사랑하셔서 차마 경고하는 일을 못하시는 일이 없습니다. 그러나 주님은 위협하는 쓴 맛을 맛보지 않으려고 하지 않습니다. 그래서 은혜를 쏟아 부으시는 그의 입은 적들에게 작별을 고하면서 그들이라도 "빛의 아들"이 되도록 하는 약속과 희망을 주셨습니다.

그 다음에, 이때의 엄숙함이 이 말씀에 중요한 의미를 부여합니다. 이때를 기억하는 것이 우리가 이 말씀의 의미를 바르게 평가할 수 있는 길입니다. 세상을 향한 그리스도의 마지막 말씀에 어떤 교훈이 있을 수 있는지 살펴봅시다.

1. 첫째, 거기에는 자기 계시가 있습니다.

본문에서 네 번에 걸쳐 주님이 정관사를 사용하여 "그 빛"(개역개정에는 단지 "빛"이라고 번역되어 있음 — 역주)이라고 말씀하신다는 사실에 주의를 기울이게 하는 것은 단순한 문법적 규칙이 아닙니다. 본문에서 빛의 일반적 개념을 강조하고자 하는 것이 전부인 마지막 구절에서는 정관사가 생략되었다는 사실을 볼 때, 그것이 단순히 우연한 일이 아니라는 것이 분명합니다. "아직 잠시 동안 빛(the light)이 너희 중에 있으니 빛(the light)이 있을 동안에 다녀 … 너희에게 아직 빛(the light)이 있을 동안에 빛(the light)을 믿으라 그리하면 빛(light)의 아들이 되리라."

그렇다면 여기, 세상에 대한 마지막 호소에서 주님은 휘장을 거두십니다. 말하자면 등을 덮고 있는 가리개를 치워서 불빛이 한 번 찬란하게 비추어 주님께서 남기시는 마지막 인상을 강하게 받도록 하시는 것이 아주 분명합니다. 이 갈릴리 촌부(村夫)가 이 짧은 구절들에서 고금(古今)을 통하여 거듭 자신이 유일하고 초월적 의미에서 바로 인류의 유일한 빛(the Light)이라는 엄청난 주장을 한다는 것이 참으로 의미심장하고 인상적이지 않습니까? 사람들의 전반적 반대에도 태연하고, 의심과 조롱의 삐죽이는 입에도 흔들리지 않으며, 분명 죽음이 가까이 다가옴에도 꺾이지 않은 채, 주님은 세상 앞에 자신을 세상의 빛으로 소개합니다. 역사에서 자신이 영감을 받았다거나 신적 권위를 받았다고 하는 광신자들의 미친 주장들 가운데서 어떤 것도 주님의 이 주장들에 비교할 수 없습니다. 주님은 자신이 빛을 비추는 모든 계몽의 원천이라고 주장하십니다. 주님은 온 인류 앞에서 서서 자신이 "우리 모두를 볼 수 있게 하는 빛"이라고 주장하십니다. 빛이라는 이 위대한 표상으로써 무슨 개념이든지, 즉 분명한 지식이나 환희에 찬 기쁨, 깨끗한 순결함을 상징하든지 간에, 주님은 사람들에게 그 모든 것을 나타내십니다. 다른 것들도 빛을 비출 수 있습니다. 그러나 그런 것들은 주께서 말씀하신 대로 "켜서 둔 등불"이고 따라서 "불이 타고 있는 것"일 뿐입니다. 다른 것들도 빛을 비출 수 있지만, 주님으로부터 오는 광선을 붙잡은 것일 뿐입니다. 모든 선생이나 조력자들, 사상가들이 조금이라도 영감을 가진 것이 있다면, 그 안에 생명이 있고, 그 생명이 사람들의 빛이신 주님으로부터 받은 것입니다.

최근에 하늘에 새로운 별이 밝게 빛나고 있었습니다. 그 별이 빈 우주 공간에 갑자기 나타나 천문학자들을 놀라게 했습니다. 그러나 그 밝기가 태양보다 훨씬 더 밝지만 곧 약해지기 시작했습니다. 머지않아 전에 흑암이 있었던 곳에 다시 암흑이 찾아올 것이 분명합니다. 이와 같이 주님의 빛이 아닌 모든 빛은 파생된 것일 뿐 아니라 일시적인 것입니다. 사람들이 덧없이 지나가는 광채를 보고서 "한때 그 빛에 즐거이 있으려 하고"(요 5:35) 한 시대의 선생의 말에 귀를 기울이려 하지만 세월이 감에 따라 그의 계몽과 그의 사상의 인도를 잃게 됩니다. 그러나 이 유일한 빛(the Light)은 "어느 한 시대를 위한 것이 아니라 모든 시대를 위한" 것입니다.

자, 형제 여러분, 이것이 그리스도의 자신에 대한 평가입니다. 나는 그 의미의 깊이를 남김없이 다 살펴볼 목적으로 그 평가를 길게 논할 생각이 없습니다. 그 평가에는 그리스도께서, 오직 그리스도만이 하나님과 사람에 관한, 그리고 하나님과 사람 사이의 관계에 관한 가장 깊고 확실한 모든 지식의 원천이 있다는 주장이 있습니다. 거기에는 그리스도께서, 오직 그리스도만이 우리의 그 밖의 어두워진 생활과 조화될 수 있는 참된 모든 기쁨의 원천이 되시며, 더 나아가서 그리스도에게서, 오직 그리스도에게서만 우리를 깨끗하게 만들 정결함이 흘러나올 수 있다는 주장이 들어 있습니다. 우리는 십자가를 가까이에 두고 계시는 그분에게로 돌이켜야 합니다. 이 십자가는 그리스도께서 죽음의 일식의 그늘진 부분을 말씀하고 계시는 동안 그분에게 나타나기 시작했습니다. 그리고 우리는 시편 기자가 옛적에 자기가 알았고, 우리가 예수님 안에 내주하시는 분으로 인정하는 여호와께 말씀드렸던 바를 그리스도께 이야기해야 합니다. "생명의 원천이 주께 있사오니 주께서 주의 복락의 강물을 마시게 하시리이다 주의 빛 안에서 우리가 빛을 보리이다"(시 36:8,9).

그리스도께서는 자신을 이와 같이 생각하셨습니다. 그리스도께서는 우리가 그리스도를 그와 같이 생각하도록 하셨습니다. 만일 우리가 인류에게 빛을 비추는, 파생되지 않으며 영원하고 보편적 유일한 능력을 지녔다는 그 주장을 받아들이지 않는다면, 어떻게 세상의 숭배를 받도록 그의 성품을 지킬 수 있는가 하는 것이 문제가 됩니다. 우리는 주님의 말씀들 가운데서 어떤 것을 골라서 "이것은 역사적인 것이고 저것은 신화적인 것이다"고 말할 수 없습니다. 우리는 주님의 말씀들 가운데 어떤 것은 골라내고 어떤 것은 한쪽으로 치워둘 수 없습니다. 갈보리가 보이는 곳에서, 거의 모든 백성들의 배척에 직면하여 목소리를 높여 세상에 대한 고별사로 "나는 세상의 빛이니라"(요 8:12)고 선언하신 분이 바로 그리스도이십니다. 그래서 그리스도는 우리에게 이같이 말씀하시는 것입니다. 우리 모두 주님 앞에 엎드려 "여호와 내 하나님이여 나를 생각하사 응답하시고 나의 눈을 밝히소서!"(시 13:3).

2. 둘째, 우리는 여기서 이중의 권고를 봅니다.

"빛 가운데 행하라. 빛을 믿으라." 이 두 가지 권고가 우리의 모든 의무들을 요약합니다. 혹은 이 빛에 대한 관계로 말미암아 우리가 얻을 수 있는 모든 특전과 복을 충만히 밝혀줍니다. 이 두 권고 가운데 후자가 사상에서는 더 깊고, 전자는 후자의 결과로 나오는 것임이 분명합니다. 빛 가운데서 "행함"이 있기 전에 빛에 대한 "믿음"이 있어야 합니다. 행함에는 외적 활동과 진행의 개념들이 들어 있습니다. 그래서 이 두 가지를 합칠 때, 우리는 주관적인 것으로 생각하는 기독교 신앙 전체를 알 수 있습니다. "빛을 믿으라, 빛을 의뢰하라." 그 다음에 빛 가운데 "행하라." 그 다음에 이 이

중적 권고를 지닌 각각에 관해 한 마디 드리겠습니다.

"빛을 의뢰하라." 이 비유적 표현은 처음에 언뜻 보아서는 관계가 없는 것처럼 보입니다. 왜냐하면 한낮에 햇빛을 믿는 데는 믿음이 거의 필요 없기 때문입니다. 빛이 쏟아지고 있을 때, 사람이 어떻게 빛을 보지 않을 수 있겠습니까? 그런데 전혀 어울리지 않는 것처럼 보이는 이 은유는 영적 면에서 아주 깊은 어떤 점을 가리킵니다. 우리는 빛이 쏟아질 때 우리 눈에 비치는 빛을 믿지 않을 수 없습니다. 그러나 사람은 이 빛이 비치는 것에 대해 스스로 눈을 감아 볼 수 있습니다. 그래서 "빛을 믿으라"는 이 권고가 필요합니다. 여러분이 빛을 믿음으로써만 볼 수 있기 때문입니다. 눈이 보는 기관이듯이, 시신경이 신비한 광선을 느끼듯이, 우리와 태양 사이의 우주 공간을 날아온 부드럽지만 강력한 힘이 눈의 수정체에 부딪히되 상하게 하지 않고 닿듯이, 외로운 영혼을 "더없이 기쁘게 만드는 내적 눈" 곧 믿음이야말로 여러분과 내가 빛을 볼 수 있게 하는 기관입니다. 옛 속담에 "백문이 불여일견"이라는 말이 있습니다. 이 속담은 물질적 면에서 맞는 말입니다. 그런데 영적이고 거룩한 영역에서는 믿는 것이 보는 것이라는 말이 참됩니다.

우리는 빛을 의뢰할 때에만 빛을 봅니다. 여러분과 내가 하나님의 아들이시자 인자이신 예수 그리스도를 신뢰하지 않는 한, 그리스도를 제대로 알지 못하고 분명히 볼 수도 없습니다. 우리는 사랑하기 위해서는 알아야 합니다. 그러나 또한 우리는 알기 위해서 사랑해야 합니다. 정말로 우리는 믿기 위해서 알아야 합니다. 그러나 믿음에 선행하는 예비적으로 한 번 보는 것은 우리가 진실을 이해하고 믿음으로 붙잡는 그리스도의 광채를 아는 데 동원하는 확신의 견고성과 깊이에 비할 때 하찮고 희미한 것입니다. 여러분이 주님께로 향하여 여러분의 예민하고 기다리는 마음에 주님만이 주실 수 있는 온기와 광채를 받지 않는 한, 바라보는 여러분의 눈에 닿는 빛의 영광과 아름다움을 알지 못할 것입니다. "빛을 믿으라." 즉 빛을 의뢰하라. 달리 말하자면, 빛이신 주님을 의뢰하라는 말입니다. 그리스도는 거짓말을 하실 수 없습니다. 하늘에서 오는 이 빛은 결코 우리를 잘못된 방향으로 이끌 수 없습니다. 우리는 절대적으로 이 빛을 의지할 수 있습니다. 우리는 무조건 이 빛을 따라야 합니다. 다른 은유를 사용하자면, 온 몸을 실어 그리스도를 의지해야 합니다. 주님의 팔은 우리 연약함, 슬픔, 그리고 무엇보다 우리의 죄의 짐을 감당할 만큼 튼튼합니다. "아직 빛이 있을 동안에 빛을 믿으라."

그런데 그것으로 충분치 않습니다. 이중적 관계를 지닌 사람은 내적이고 명상적 생활이 있을 뿐 아니라 활동적이고 외적 생활도 있음에 틀림없습니다. 그래서 우리 주님은 내가 지금까지 다루어 온 권고와 나란히 "빛 가운데 행하라"는 또 한 가지 권고를 말씀하십니다. 여러분의 내적 감정이 아무리 깊고 귀할지라도, 여러분의 신뢰가 아무리 진실하다고 할지라도, 여러분의 사랑이 아무리 전심을 다한 것이라 할지라도, 그 감정에 행동이 따르지 않는 한, 그것은 쓸모가 없고 발육이 멈춘 것이며 빛이 요구하는 것이 아닙니다. 우리는 낮의 햇빛을 필요로 하는 것은 무엇 때문입니까? 앉아서 빛을 가만히 쳐다보기 위해서입니까? 결코 그렇지 않습니다. 낮의 햇빛이 우리의 가는 길을 비추어 우리를 인도하고, 모든 활동에 우리를 돕도록 하기 위해서입니다. 이와 같이 모든 그리스도인들은 예수 그리스도께서 생명의 빛이신 그리스도에 대한 우리 관계의 이 두 면, 곧 믿음에 의한 복된 내적 명상과 실천적 외적 활동을 하나로 확고하게 묶으셨다는 사실을 항상 기억할 필요가 있습니다. 물론 행하는 것은 사람의 외적 생활에 친숙한 은유입니다. 우리의 모든 행동은 그 빛에 일치하게, 그리고 주님과 교제하는 가운데 이루어져야 합니다. 이것이 외적 면에서 그리스도인 생활의 참된 성격을 가장 깊게 나타내는 명칭일 것입니다. 신자가 그리스도 안에서 행한다는 것은 그리스도의 빛이 비칠 때가 아니면 아무것도 행하지 못하고, 이와 같이 우리의 생활을 인도하고 밝게 비추며 기쁘게 하고 성결케 하는 생명이신 그리스도와 교제한다는 의식 하에서 늘 이루어집니다. "그가 빛 가운데 계신 것 같이 우리도 빛 가운데 행하자"(요일 1:7). 우리의 날은 어느덧 지나가고 변합니다. 그러나 주의 날은 영구하고 한결같습니다. 내가 앞에서 인용한 이 말씀이 원래는 아버지 하나님을 가리키는 것이지만, 이 말씀은 하나님 우편에 계시며 아버지와 함께 하시는 빛이신 그리스도에게도 그대로 적용되기 때문입니다. 그리스도는 빛 가운데 계십니다. 우리의 생명은 변화하는 장면들을 지나고, 노력과 분투가 우리 생활의 특징일지라도, 우리는 변함없고 평온한 그 광선에 가까이 갈 수 있습니다. 아, 형제 여러분, 그렇게 생활이 짙게 그늘이 진 곳에도 빛을 비추며 사망의 음침한 골짜기의 어둠을 장엄한 빛으로 변화시키며, 어둠이 그 속에 숨어 있는 해로 타오르고 있음을 가르쳐 주는, 지지 않는 밝은 햇빛으로 인해 얼마나 복되고 기쁘게 되는지 알 수 없습니다!

그러나 여기에는 활동의 개념만 있는 것이 아니라 진보의 개념도 있습니다. 그리스도인들이 믿음과 그로 인한 활동에 있어서 지속적 진보와 성장을 이루고 있지 않는 한, 그들이 대체 빛을 알고 있다고 믿을 만한 이유는 거의 없습니다. 여러분이 빛을 믿는다면, 빛 가운데서 행할 것입니다. 여러분의 날이 그리스도에게 일치하지 않고 그리스도와 교제를 나누고 있지 않으며 그 빛의 중심으로 점점 더 가까이 나아가고 있지 않다면, 여러분은 자신이 과연 "생명의 빛"을 정말로 보았는지 혹은 대체 믿었는지 스스로에게 물어보는 것이 적합한 일입니다.

3. 셋째, 여기에는 경고가 있습니다.

"빛이 있을 동안에 다녀 어둠에 붙잡히지 않게 하라." 이것은 믿기 어려운 완고한 그 백성의 전 역사를 요약하는 말씀입니다. 이때 이후로 이스라엘의 역사는 불기둥이 없이 광야에서 헤맨 것 외에 무엇이었습니까? 그러나 이 말씀에는 그 이상의 의미가 있습니다. 그리스도께서는 우리가 그리스도를 외면할 경우에 우리에게 닥치는 엄숙한 경고의 말씀을 내리십니다. 빛을 거절하는 것이 지극히 짙은 어둠을 가져오는 원인입니다. 빛이 있는데도 빛을 믿지 않는 사람은 계시의 빛을 전혀 알지 못한 사람 주위에서 깜박거리는 희미한 빛보다 훨씬 더 쓸쓸하고 앞을 내다볼 수 없는 어둠과 슬픔의 빽빽한 구름으로 자신을 가리는 것입니다. 이교적이고 적그리스도적 국가의 역사는 주님의 이 말씀에 대한 끔찍한 주석이며, 오늘날 우리가 사방에서 그리스도의 빛을 따르지 않으려 하고, 자기들이 불가지론의 어둠 가운데 거하는 것을 한탄하든지 자랑하는 사람들로부터 듣는 외침들을 볼 때, 사람들의 지성과 마음에 임할 수 있는 모든 일식(日蝕) 가운데서, 하늘에서 그리스도의 빛을 보았으면서도 그 빛을 떠나 "저것은 빛이 아니다. 단지 가짜 태양이다"고 말한 사람들의 일식만큼 비참하고 두려운 어둠은 없다는 것을 알게 됩니다.

그리스도인들이 지식과 순종에서 발전하지 않으면, 구름처럼 짙은 어둠이 그들 위에 임할 것입니다. 진보하지 않는 그리스도인만큼 절망적 경우가 없고, 가까이 부름을 받았으면서도 거기서 조금도 더 가까이 나가지 못하는 사람만큼 그리스도에게서 멀리 떨어져 있는 사람은 없습니다. 여러분이 빛을 믿는다면, 여러분이 점점 더 빛을 믿고 빛 가운데 행하는지 보십시오. 그렇지 않으면 어둠이 여러분에게 임하여 자신이 어디로 가는지 모르게 될 것입니다.

4. 끝으로, 여기에는 소망과 약속이 있습니다. "그리하면 빛의 아들이 되리라."

믿음과 순종이 사람으로 하여금 그가 신뢰하는 분을 닮도록 만듭니다. 우리가 예수님을 믿으면 예수님께 마음을 엽니다. 우리가 예수님께 마음을 열면, 예수께서 들어오실 것입니다. 여러분이 어두운 방에 있다면, 방에 즐거운 햇빛을 가득 채우기 위해서는 어떻게 해야 합니까? 덧문을 열고 차일을 걷어 올리십시오. 그러면 나머지 모든 일은 빛이 할 것입니다. 여러분이 빛을 믿으면, 빛이 쏟아져 들어와 여러분 마음의 모든 틈바구니를 채울 것입니다. 믿음과 순종은 자연스런 결과로 우리가 의지하는 분을 닮도록 만들 것입니다. 옛적에 독일의 한 신비주의자가 말하였듯이 "당신은 사랑하는 것을 닮게 된다." 감사하게도 그 말은 사실입니다. 바로 그 원리를 따라 그리스도인은 그리스도를 닮게 되고, 우상숭배자들은 자기들의 우상을 닮게 됩니다. 한 시편은 이렇게 말합니다. "우상들을 만드는 자들과 그것을 의지하는 자들이 다 그와 같으리로다"(시 115:8). 이스라엘 연대기 기록자는 이스라엘의 결점에 대해서 "그들이 허무한 것을 뒤따라 허망하여졌다"(왕하 17:15)고 말합니다. "우리가 다 수건을 벗은 얼굴로 거울을 보는 것 같이 주의 영광을 보매 그와 같은 형상으로 변화하는도다"(고후 3:18). 빛을 믿으십시오. 그러면 여러분은 "빛의 아들"이 됩니다.

사랑하는 교우 여러분, 우리 모두는 믿음과 행함의 보상으로 점점 여기 이 땅에서도 하늘에 계신 자의 형상을 지닐 수 있다고 소망할 수 있습니다. 우리가 아직 그 빛을 믿고 있기만 하다면, 태양계에서 가장 먼 경계에 있으면서도 빽빽한 증기와 헤아릴 수 없이 먼 우주 공간을 지나서 희미하고 약하게 비치는 빛과 온기를 받는 행성처럼 우리는 빛의 변화시키는 능력에 참여할 수 있습니다. 우리에게는 중심에 더 가까이 가게 되면 지구보다 태양에 더 가까이 있는 행성처럼 그 열기를 더욱 충만하게 느끼고 빛의 영광에 흠뻑 적셔지게 될 것이라는 확신이 있습니다. "우리가 그의 참모습 그대로 볼 것이고"(요일 3:2), 그러면 우리도 "우리 아버지 나라에서 해와 같이 빛날"(마 13:43) 것입니다.

57
떠나가시는
그리스도의 사랑

"예수께서 자기가 세상을 떠나 아버지께로 돌아가실 때가 이른 줄 아시고
세상에 있는 자기 사람들을 사랑하시되 끝까지 사랑하시니라"
요 13:1

이 말씀으로 시작하는 요한복음의 후반부는 신약성경 가운데 지성소에 해당합니다. 우리 주님의 신적 위엄과 인간적 온유함이 한데 어우러져 그처럼 부드럽고 찬란하게 빛나는 곳이 여기 말고 달리 어디에도 없습니다. 그처럼 단순하면서도 깊은 주의 말씀이 다른 어디에도 없습니다. 하나님의 마음이 우리에게 그처럼 밝히 드러난 곳이 여기 말고 어디에도 없습니다. 성경 가운데서도 이 장만큼 그토록 많은 사람들이 글썽이는 눈으로 바라보고, 그 눈물이 마르기까지 바라본 곳은 없습니다. 예수께서 이 다락방에서 하신 불멸의 말씀은, 마치 그 말씀이 결국 마지막에 이르게 하는 십자가가 그리스도께서 행동으로 보이시는 지극히 완전한 자기 계시이듯이 그리스도께서 말로 하시는 지극히 고귀한 자기 계시입니다.

본문의 말씀은 신약성경 가운데 지극히 신성한 이 부분의 도입부입니다. 본문 말씀은 우리에게 그리스도의 마음을 어렴풋이 보여주고, 복음서 기자들이 어떻게 해서든지 해보려고 하는 일, 즉 이때 주님의 사랑의 흐름과 모양을 결정한 그 영향력을 다소 분석하여 보여줍니다.

　　훌륭한 많은 주석가들이 본문의 말씀을 "예수께서 자기 사람들을 사랑하시되" "끝까지" 사랑하시니라기보다 "극진히" 사랑하시니라로 읽어서, 그 말이 주님의 사랑의 불변함과 영속성을 나타내는 것보다 사랑의 깊이와 정도를 표현하는 것으로 봅니다. 내가 볼 때, 그것은 다른 헬라어 저자들이 통상적으로 사용하는 그 표현에서 확인되는 의미일 뿐 아니라 훨씬 더 가치 있고 고귀한 의미입니다. 이 마지막 순간의 감정이 그리스도의 사랑을 가로막지 못했다는 것을 아는 것이 중요합니다. 어떤 의미에서 그 감정이 그리스도의 사랑을 온전케 하였고, 그리스도의 사랑의 친절함을 훨씬 더 생생하게 돋보이게 하고 그 사람이 더욱 귀하고 아름답게 나타나도록 하였다는 것을 아는 것이 훨씬 더 중요합니다. 이렇게 이해할 때, 그 신성한 다락방에서 제자들의 발을 씻는 놀라운 일이 있었고, 이어서 놀라운 강화가 있으며, 모든 것의 절정으로 대제사장의 기도가 잇따라 일어난 이유를 이 말씀이 설명해 줍니다. 이 말씀은 그 엄숙한 시간에 그리스도께서 더 깊이 의식하게 된 사랑을 보여줍니다.

　　이와 같이 요한의 인도를 따라가면, 우리는 적어도 이 심연에 이르는 작은 길을 보고, 또 좌우간 "지식에 넘치는"(엡 3:19) 사랑의 가장자리와 표면을 아주 공손하게 조사해보고 어느 정도 볼 수가 있습니다. "예수께서 자기가 세상을 떠나 아버지께로 돌아가실 때가 이른 줄 아시고 세상에 있는 자기 사람들을 사랑하시되 끝까지 사랑하시니라."

　　내 목표는 그냥 본문의 인도를 따라가며 여러분에게 이 사랑을 이별에 대한 예상으로 말미암아 중단되는 것이 아니라 완전해지는 사랑으로 먼저 보라고 요구할 때 가장 잘 이루어질 것입니다.

1. 그 명상이 아무리 흥미로울지라도, "예수께서 자기가 세상을 떠나 아버지께로 돌아가실 때가 이른 줄 아셨다"는 말씀에서 나타난 대로 주님의 의식을 조금이라도 꼼꼼하게 깊이 생각하는 것은 현재의 목적에서 너무 멀리 벗어나는 것이 될 것입니다.

　　그렇지만 나는 불과 몇 문장으로밖에 표현되지 않지만, 여기에서 나타난 바와 같이 그리스도의 의식의 두드러진 몇 가지 점들을 주목하지 않을 수 없습니다.

"예수께서 때가 이른 줄 아시고." 주님은 자기에게 부과되었고, 주님 자신도 사랑하는 마음으로 기꺼이 받아들인 신적 필연성(필요, 불가피성)을 의식하고서 모든 생활을 영위하셨습니다. 주님의 입에서 나온 말씀 가운데 "내가 하여야 하리라"는 신적 말씀만큼 중요하고 더 자주 나온 말씀은 없습니다. 성부 하나님의 뜻에 의해 부과되었고, 그리스도께서 세상의 구주가 되려는, 사랑에서 나온 결심에 의해 결정된 그 필연성에 부응하여 "인자가" 이 일을 하고, 저 일을 하며 다른 일도 "하여야 한다"는 것입니다. 그리고 마찬가지로 공생애 내내 그리스도께서는 자신이 그의 사명의 여러 위기와 단계에서 두드러지게 나타나는 때를 알고 계심을 밝히 보이십니다. 그때가 주님께 임하고, 주께서는 그때를 분별하십니다. 그때가 오기 전까지는 그리스도께서 어떤 외적 힘에 강제를 받아 무슨 행동이라도 취하실 수 없습니다. 그리고 때가 왔을 때는 어떤 외적 힘도 주께서 행동을 취하시는 것을 방해할 수 없습니다. 시간이 울리면, 그리스도께서는 환영 같은 종소리를 들으시고, 순종하십니다. 이와 같이 마지막의 더없이 중요한 고비에, 그 시간이 의심할 수 없이 결정적으로 주님께 임하였습니다. 주께서는 이때를 어떻게 맞이하셨습니까? 한편으로 "아버지여 나를 구원하여 이때를 면하게 하여 주옵소서 그러나 내가 이를 위하여 이때에 왔나이다"(요 12:27) 하고, 주님께서 친히 말을 수정하여 구하신 기도에서 우리가 애처롭게 보는 움츠리는 모습이 있었지만, 마침내 결정적 시간이 왔다는 기이하고 당당한 기쁨이 이 움츠림에 뒤섞여 있습니다.

이때 주님께서 이것을 어떤 식으로 생각하고 계셨는지에도 주의를 기울여야 합니다. 즉 이제 고난 당할 시간, 죽음을 맞이할 시간, 혹은 세상 죄를 짊어질 시간이 왔다고 생각한 것이 아니라, 물론 우리가 알고 있듯이 이 모든 면을 주님은 알고 계셨지만, 그렇게 생각하시지 않고, 이제 주께서 곧 온 세상을 밑에 두고 아버지 하나님께로 돌아가게 되었다고 생각하셨다는 것입니다.

두려움과 고통, 부끄러움, 무게를 다 헤아릴 수 없는 세상 죄의 짐이 이제 그리스도에게 놓이게 되었습니다. 말하자면 이 모든 요소들은 밑에 가라앉았고, 모든 제한들과 수욕, 부드러운 살갗에 놓인 뜨겁게 달구어진 낙인처럼 매시간, 매순간 주님께 고통을 주는, 어쩔 수 없이 악을 대면하고 지내는 일을 뒤에 남기고 그 모든 위로 높이 날아올라 주님 자신의 평온한 집, 주께서 창세 전에 계셨던 대로 영원부터 아버지와 함께 계신 거처로 간다는 이 생각보다 두드러지게 나타나지 않는 것입니다. 이와 같이 참으로 기이하게 움츠림과 열망이 뒤섞이고, 슬픔과 기쁨이 뒤섞이며, 임박한 죽음에 대한 인간의 두려운 의식과 인자가 지극히 고통스럽고 부끄러운 순간에 역설적으로 영화롭게 되고 "세상을 떠나 아버지께로 돌아가실" 때가 가까이 이르렀다는 의기양양한 의식이 뒤섞여 있습니다!

우리는 기이하고 독특한 이 의식을 조금이라도 구체적으로나 깊이 공감할 수 없습니다. 그러나 여기에서 그 의식이 주님께서 다가오는 이별을 생각하셨을 때 그 마음을 사로잡고 특별히 목소리를 부드럽게 만든 이유와 근거로 제시되고 있습니다. 그리고 내가 여러분에게 특별히 주의를 기울이라고 말씀드리고 싶은 것이 바로 그 점입니다.

주님의 그 생각이 아름답지 않습니까? 이 거룩한 구주께서 참으로 "우리 뼈 중의 뼈요 살 중의 살"이시고 순전한 인간의 모든 감정을 느끼는 마음을 가지신 분이라는 것을 우리가 깨닫도록 이 생각이 돕지 않습니까? 우리는 또한 사랑하는 제자들과 이별할 일이 가까워 오기 때문에 더욱 더 따뜻하게 대할 필요를 느낀다는 것이 무엇인지 알았습니다. 그런 순간에는 세상 관습의 가면들은 사라지고 그리고 우리는 온 마음을 표정으로 나타내고 우리의 사랑을 모두 표현하여, 이후에 두 사람에게 영원히 기억할 기쁨이 될 수 있는 밀착된 포옹을 나타내는 어떤 단어를 간절히 찾습니다. 주님은 그 열망을 아셨고, 이별의 고통을 느끼셨습니다. 주님은 또한 인간의 격한 감정에 사로잡히셨고, 그래서 헤어진다는 생각에 가장 열심히 단속한 마음의 숨은 방을 열고, 마음 가운데 지극히 수줍은 감정을 한 번 밝히 드러내십니다. 그래서 "예수께서 때가 이른 줄 아시고 자기 사람들을 사랑하시되 끝까지 사랑하셨습니다."

그러나 이 점에서 그리스도의 참된 인성이 놀랍게 표현될 뿐만 아니라, 그와 더불어 더 신성하고 훨씬 더 깊은 어떤 점도 나타납니다. 세계 문학이 간직해온 모든 이별의 장면들 가운데서, 어떤 것을 순교자가 우는 친구들을 오히려 위로한 데서 보는, 마지막 순간의 자기 망각의 모든 예들 가운데서 최고의 유일한 이 자기 망각의 사례 옆에다 놓을 때 빛을 잃지 않을 수 있는 것은 아무것도 없습니다. 그리스도께서 첫째로 그리고 직접적으로 소수의 가난한 사람들을 위하여, 그리고 후에는 물론 둘째로 그리고 간접적으로 나머지 사람들을 위하여 이 같은 마지막 순간에 생길 수 있는 자연스런 모든 감정을 아주 철저히 억누르셨습니다. 그래서 그런 감정을 전혀 보이지 않는 것이 아주 특이해서 그 이상의 어떤 점을 가리키는 것 같았습니다. 즉 인간의 모든 감정을 느끼셨고 우리를 사랑하시되 단지 우리의 이해를 뛰어넘는 높고 절대적이며 완전하고 변치 않는 거룩한 사랑으로 뿐만 아니라 인간의 감정과 같은 사랑으로 사랑하신 이 인자는 우리를 위로하고 떠받치기 위해 감정을 억제하시고, 십자가로 가시면서 다른 사람들을 위로하고 격려하는 부드러운 말씀을 하셨습니다. 주님은 사람의 마음이 우리에게 줄 수 있는 이상의 것을 가지고 계셨고, 그 이상을 우리에게 주신 것이 아니겠습니까? 예수께서는 자기 앞에 놓여 있는 것을 모두 알고 계셨지만 거기에 온통 마음을 빼앗기지 않으셨고 당황해 하지도 않으셨으며, 그 순간조차도 "끝까지" 사랑하시는 여유로운 마음을 가지고 계셨습니다.

그리고 이 전망이 주님의 사랑의 흐름을 예리하게 하고 온전하게 하였을 뿐 한 순간도 그 흐름을 방해하지 않았다면, 실제로 달리 무엇을 할 능력이 없는 것입니다. 그리스도께서 영광에 이르셨을 때, 영광 가운데서 주님은 똑같이 사랑하는 그 마음을 부어주셨습니다. 그리고 오늘날은 다락방에서 식탁을 굽어보시던 바로 그 얼굴로 내려다보시며, 동일한 그 온유함으로 우리를 대하십니다. 요한이 다음에 주께서 승천하신 후에 바위가 많은 밧모 섬에서 영광스런 이상들 가운데서 주님을 보았을 때, 비록 주님의 얼굴이 해처럼 힘 있게 빛났지만, 그것은 예전에 뵈었던 그 얼굴이었습니다. 그리스도께서 손으로 별을 무더기로 쥐고 있었지만, 못 자국이 난 것은 바로 그 손이었습니다. 가슴을 통치권과 제사장직의 금띠로 졸라맸지만, 요한이 기쁘게 그 머리를 기댄 것이 바로 그 가슴이었습니다. "음성은 많은 물소리와 같지만"(계 1:15), 그리스도께서 "두려워하지 말라 나는 처음이요 마지막이니라"(1:17)고 말씀하셨을 때, 그 음성은 누그러져서, 주님 부근에서 조수가 없는 바다가 은빛 모래에 잔물결을 이는 것처럼 부드럽게 재잘거리는 소리가 되었습니다. 자기가 아버지께로 돌아갈 것을 아시고, 그리스도께서는 끝까지 사랑하시고, 아버지와 함께 계시므로 지금도 그처럼 사랑하십니다.

2. 이제 나는 본문이 나타내는 다른 점들에 대해서는 다소 느슨하게 생각하지 않으면 안 됩니다. 그 다음에 본문을 보면, 예수 그리스도의 사랑에서 과거의 의무를 충실히 이행하는 사랑을 봅니다.

그리스도께서는 지금까지 사랑해 오셨고, 여전히 사랑하십니다. 그리스도께서는 지금까지 확실한 존재로 계셨기 때문에, 지금도 계시도 앞으로도 계실 것입니다. 이것은 신성을 함축하고 있는 주장입니다. 인간적인 것에 관해서는 그 어떤 것도 지금까지 존재해왔기 때문에 앞으로도 존재할 것이라고 말할 수 없습니다. 슬프게도, 인간적 많은 것에 대해서 우리는 반대로, 즉 그것이 지금까지 있어왔기 때문에 앞으로는 그칠 것이라고 말하지 않으면 안 됩니다. 감사하게도, 생활에서 과거에 큰 사랑을 보여 왔기 때문에 영원히 그 사랑을 분명하게 나타내는 인간 마음을 경험하지 못한 사람은 거의 없고 또 불쌍하지만, 우리가 서로에 대해, 심지어 가장 사랑하는 사람에 대해 그와 같은 절대적 확신을 가지고 "그가 지금까지 사랑하였고 여전히 사랑한다"는 말을 할 수 없습니다. 그러나 그리스도에 관해서는 그렇게 말할 수 있습니다. 그리스도의 마음에서 흘러나오는 그 큰 시내는 결코 마르지 않고, 흐르는 물이 결코 줄어들지도 않습니다.

사람들은, 광선을 쏟아내는 우리 태양계의 중심 천체인 태양도 그 온기가 그치고, 지속적으로 연료가 공급되지 않는다면 틀림없이 불타기를 점차로 그칠 것이고, 심지어 연료가 계속해서 보충될지라도 점차로 궁극적으로는 타기를 그치며, 차갑고 죽은 재 덩어리가 될 것이라고 말합니다. 그러나 이 중심의 빛, 즉 세상의 태양이신 그리스도의 마음은 태양처럼 지속할 것이고, 태양이 차가와진 후에도 그의 사랑은 영원히 지속될 것입니다. 그리스도께서는 사랑을 다 쏟아 부으시고, 여전히 사랑을 주십니다. 주님의 지출에는 파산이란 없고, 주님의 노력에 기진맥진 하는 법은 없으며, 주님의 저축에 감소란 없습니다. "주의 인자하심이 영원하나이다"(시 138:8). "주께서 지금까지 사랑하셨으므로, 앞으로도 사랑하실 것입니다"는 것이 현재와 영원히 우리가 의지할 수 있고 안심할 수 있는 추론입니다.

3. 그 다음에, 더 나아가서 여기서 이 사랑이 자기 사람들을 향한 특별한 애정을 지닌 사랑으로 제시되는 것을 봅니다.

"예수께서 자기 사람들을 사랑하시되 끝까지 사랑하시니라."

이들은 온갖 실수가 있지만 주님을 굳게 따르고, 희미하게라도 주님의 위대하심과 아름다우심을 다소 알고 있는 가난한 사람들이었습니다. 여러분과 나는 이들보다 낫습니까? 온갖 죄에도 불구하고 대개는 주님께 충성한 사람들이고, 주님을 따르기 위해 많은 것을 포기하고 자신과 주님을 동일시한 이들의 마음에 온 세상이 있기 때문에 주님의 마음에서 특별한 위치를 차지해서는 안 되어야 하겠습니까? 우리가 모든 인류를 가슴에 품는 예수 그리스도의 보편적 사랑이 주님을 자기 하나님으로 삼고 자신을 주님의 것으로 드린 사람들에게는 특별히 더 애정어리고 아름답게 임한다고 말하는 것을 두려워해야 할 이유가 있습니까? 주님께서 자기를 사랑하는 사람들을 특별히 더 가깝게 여기시는 것은 틀림없는 사실입니다. 주께서 자기를 닮고자 애쓰는 사람들을 특별히 더 기뻐하시는 것이 합당한 것이 확실합니다. 주께서 자기를 신뢰하고 주님 위에 자신의 전 생애를 건설하고 있는 사람들의 계획을 특별히 존중하시리라는 것은 당연히 사람들이 주님께 확실하게 기대할 수 있는 것입니다. 해가 똥더미와 모든 더러운 것들에 빛을 비추기 때문에, 해가 그 광채를 반사하는 잘 닦인 거울에 특별히 더 밝게 비쳐서는 안 될 이유가 없는 것이 확실합니다. 감사하게도, 예수 그리스도께서 세리와 창기와 부랑자와 죄인들을 사랑하시기 때문에, 주님을 사랑하여 주님을 섬기려 하고, 주님께만 소망을 둔 사람들을 특별한 애정으로 굽어보셔서는 안 되어야 할 이유가 없는 것이 확실합니다. 무지개가 하늘에 걸려 있지만, 풀잎에 반짝이며 매달려 있는 작은 이슬 방울마다에도 무지개가 있습니다. 여러분이 예수께서 모든 사람들에게 "자기 사람들"이라는 그 사회에 들어오라고 청하셨고, 또 스스로 들어오기를 거부한 사람들에게만 그 문이 닫혔다는 그 진리를 따를 때, 그리스도께서 자기 사람들에 대해 특별한 애정을 보이신다는 것을 선포하는 일에 어떤 제한도, 어떤 편애도, 어떤 편협함도 없습니다. 감사하게도, 온 세상이 그리스도의 사랑 안에 있습니다. 그러나 주님의 마음에는 자기들의 천국과 모든 것을 발견하는 자들에게 자신의 마음을 밝히 보여주시는 내밀한 방이 있습니다. 이 단어의 좀 더 넓은 의미에서 "그가 자기 땅에 오셨으나" "자기 백성이 영접하지 아니하였습니다." 그러나 "예수께서는 자기 사람들을 사랑하시되 끝까지 사랑하셨습니다." 스펙트럼에서 빛의 어떤 광선만을 흡수할 수 있는 직물과 생명이 있습니다. 말하자면 심판과 진노의 보랏빛 광선만을 받아들일 수 있는 사람들이 있습니다. 그 광선의 또 다른 끝에 있는 붉은 빛에 마음을 여는 사람들도 있습니다. 형제 여러분, 여러분은 그리스도 전체를 마음에 영접하고, 주님께서 자신의 사랑을 충만히 열어 보여주실 수 있는 측근 그룹에 속하는 사람들이 되도록 하십시오.

4. 끝으로, 본문을 보면 그리스도의 사랑이 주님의 친구들의 곤경과 위험 때문에 특별히 더 애정어리게 되는 것을 알 수 있습니다.

　"예수께서 세상에 있는 자기 사람들을 사랑하셨습니다." 그처럼 그들을 사랑하시되 "끝까지 사랑하셨습니다."

　우리는 본문에 이어지는 이 귀한 강화(講話)들을 다 읽어보면, 잇따라 나오는 이별에 대한 암시와, 주께서 제자들을 매우 위험한 환경에 무방비 상태로 외롭게 놓아두게 된 것에 대한 암시가 많이 나옵니다. 그리스도께서 마지막으로 대제사장으로서 드리는 기도에서 "나는 아버지께로 가니 세상에 더 있지 아니하오나 그들은 세상에 있사오니 거룩하신 아버지여 아버지의 이름으로 그들을 보전하옵소서"(요 18:11) 하고 말씀하십니다. 목자의 확실한 안전과 흩어진 양 무리의 난처한 위험 사이의 이 대조가 본문의 말씀에도 들어 있는 것 같이, 예수께서 자기 양 무리에게 특별한 애정을 보이신 아름답고 복된 이유를 말해줍니다. 임종을 맞이하고 있는 아버지가 아무 방비 없이 버려두고 가는 고아가 될 자식들을 간절히 보고 싶어 할 수 있듯이, 여기서 그리스도께서 자기를 따르는 자들이 처하게 될 외로움과 위험을 생각하셨을 때 주님의 마음에 애정 어린 열망이 생기는 것을 의식한 것으로 나타납니다.

아, 그것은 자줏빛 휘장 가운데 보좌에 앉아 있는 황제와, 아래 투기장에서 씨름하고 있는 불쌍한 경기자 사이의 가혹한 대조처럼 보입니다. 사랑하시는 주님께서 산으로 올라가시고 제자들은 인생이라는 폭풍 치는 바다에서 힘겹게 노를 젓도록 내버려 두신 것을 생각하면 이상한 일처럼 보입니다. 그러나 그 대조는 분명합니다. 왜냐하면 우리가 그리스도를 사랑하고 신뢰한다면 여기서 수고하는 동안에도 여러분과 내가 그리스도와 함께 "하늘에"(엡 2:6) 있고, 그리스도께서 "하나님 우편에 앉아 계시는" 동안에도 우리와 함께 계시고 함께 일하고 계시기 때문입니다.

형제 여러분, 우리의 곤경이 심해짐에 따라 언제나 그 사랑이 더욱 더 크게 나타난다는 이 점을 확실히 알 수 있습니다. 밤이 깊을수록 그만큼 더 별이 밝게 빛나는 법입니다. 알프스 산맥의 골짜기가 깊고 좁으며 거칠수록 보통 그 골짜기를 흐르는 시냇물도 그만큼 더 풍부하고 빠른 법입니다. 우리를 두르고 있는 적이 많고 두려움이 클수록, 우리 위로자의 음성은 그만큼 더 아름답게 임할 것이고, 주님께서 우리에게 가까이 가져오시는 애정과 은혜의 선물도 그만큼 더 충만할 것입니다. 우리의 슬픔과 위험과 곤경은 주님의 사랑이 가까이 올 수 있는 문입니다.

　사랑하는 교우 여러분, 우리는 달콤하지만 덧없는 인간적 사랑을 경험해 왔고, 변하기 쉬운 무력한 사랑을 경험해 왔습니다. 그러니 이 모든 인간적 사랑을 떠나, 어떤 변화도 영향을 끼칠 수 없고 어떤 이별도 감소시키지 못하며, 어떤 죄도 화를 일으키지 못하고, 우리의 곤경이 심해질수록 더 인자하고 더 깊어지는 사랑으로 넘치는 그리스도의 영원하고 깊은 이 마음을 생각하십시오. 그리고 "지식에 넘치는 그리스도의 사랑을 알고 그 너비와 길이와 높이와 깊이가 어떠함을 깨달아 하나님의 모든 충만하신 것으로 너희에게 충만하게"(엡 3:18,19) 되도록 주께서 여러분의 마음을 그 사랑으로 채워주시기를 구하십시오.

58
종이자 주님이신
그리스도

"예수는 아버지께서 모든 것을 자기 손에 맡기신 것과 또 자기가 하나님께로부터 오셨다가 하나님께로 돌아가실 것을 아시고 저녁 잡수시던 자리에서 일어나 겉옷을 벗고 수건을 가져다가 허리에 두르시고 이에 대야에 물을 떠서 제자들의 발을 씻으시고 그 두르신 수건으로 닦기를 시작하여"

요 13:3-5

그 다락방의 신성함을 깨트린, "누가 크냐" 하는 논쟁은 사도들 각자가 동료들의 발을 씻기는 천한 일을 별로 하고 싶어 하지 않은 것과 관련이 있음을 암시하고 있습니다. 이들은 베다니에서 왔고, 그래서 누군가 그들의 발을 씻겨주어야 하는 봉사가 필요하였습니다. 그런데 그 일이 없이 지나간 것이 분명합니다. 본문에 기록되어 있는 하기 어려운 그 행동이 식사가 시작될 무렵에 행해졌다고 생각할 수 없지만, 그 기록을 볼 때 그 봉사가 이행되지 않았다고 볼지라도 틀렸다고 생각할 수 없습니다.

우리에게 그 논쟁을 이야기하면서도 발을 씻기는 일에 대해서는 언급하지 않는 어느 복음서 기자는 이 사건에서만 그 말의 참된 의미를 찾을 수 있는 "나는 섬기는 자로 너희 중에 있노라"(눅 22:27)는 말씀을 기록하고 있습니다. 요한만이 이 감동적 사건을 기록하고 있지만, 성경의 다른 부분들에서도 이 사건을 암시하는 것처럼 보이는 언급들이 있습니다. 예를 들면, 그것은 바울이 "종의 형체를 가지사"(빌 2:7)라고 말할 때와 같으며, 훨씬 더 현저하게는 베드로가 "서로 겸손으로 허리를 동이라"(벧전 5:5)는 권고에서 사용하는 것과 같은 주목할 만한 단어를 사용할 때와 같습니다. 거기에서 "동이라"고 번역된 단어는 성경에서 그 한 곳에서만 나오고, 문자적으로는 종의 의복을 걸치는 것을 의미하기 때문입니다. 그렇다면, 내가 언급한 이 세 단락에서 요한만이 기록하고 있는 이 사건이 반영하고 있는 것을 보지 않을 수 없습니다. 그래서 우리는 복음서 기록들의 부족한 면을 보면서 또한 동시에 그 기록들이 조화를 이루고 있다는 암시를 보게 됩니다.

1. 이 행위의 동기를 생각해 봅시다.

이것은 복음서 기자들이 좀처럼 다루지 않는 점입니다. 복음서 기자들은 우리에게 그리스도께서 무엇을 하셨는지는 말해주지만, 주께서 왜 그 일을 하셨는지에 대해서는 어렴풋하게라도 알려주는 일이 거의 없습니다. 그런데 요한복음의 이 단락은 그리스도의 공생애 마지막 행위에서 그리스도를 몰아간 동기가 무엇이었는지에 대해 충분하고 세심한 분석을 뚜렷하게 보여줍니다. 어떻게 요한은 그리스도께서 이 행위를 하신 이유를 알아냈습니까? "만찬석에서 예수의 품에 의지하였고"(요 21:20). 주님과 아주 친밀하게 지냈던 것이 분명한 요한은 어쩌면 부활과 승천 사이의 40일 동안 기록되지 않은 시간에 친밀한 사귐을 갖는 가운데서 주님으로부터 그 동기에 대한 설명을 들었을지도 모릅니다. 그러나 그보다 요한은 오랜 세월 동안 점점 더 주님을 닮고, 뚜렷한 기억이 회상하는 지극히 작은 사건들의 깊은 의미를 묵상한 결과 그리스도의 목적과 동기를 알게 되었을 가능성이 더 높습니다. "여호와의 친밀하심이 그를 경외하는 자들에게 있음이여"(시 25:14). 우리가 주님을 닮으면 닮을수록, 우리가 성령으로 충만하면 할수록, 주님의 행동의 목적과 동기들을 그것이 성경에 기록된 대로든 혹은 매일의 생활의 경험에서 깨닫게 된 대로든 그만큼 더 쉽게 알게 될 것입니다.

그러나 그 점은 놔두고, 우선 나는 본문에 나와 있는 주님의 행위를 알 수 있게 하는 두 가지 열쇠에 여러분이 주의를 기울이기 바랍니다. 무엇보다 이 장의 첫 절에는 다락방에서 보낸 모든 시간 동안에 주님의 마음에 가장 중요하게 생각한 것이 무엇이었는지에 대한 일반적 설명이 나옵니다. 본문에 나오는 행위와, 이후에 연속적으로 이어지다가 위대한 중보자의 기도로 마무리되는 장들의 놀라운 말씀이, 내가 볼 때는 이와 같이 처음으로 우리에게 주님의 동기를 밝힘으로써 모두 설명됩니다. "예수께서 자기가 세상을 떠나 아버지께로 돌아가실 때가 이른 줄 아시고 세상에 있는 자기 사람들을 사랑하시되 끝까지 사랑하시니라."

그 다음에, 이 단일 사건에 특별히 더 적용되는 본문의 말씀은 이 사건과 관련이 있을 뿐 아니라, 여기서 그리스도의 사랑을 이렇게 나타낸 이유를 말해줍니다. "예수는 아버지께서 모든 것을 자기 손에 맡기신 것과 또 자기가 하나님께로부터 오셨다가 하나님께로 돌아가실 것을 아시고." 그 다음에 동기에 대한 설명이 두 가지가 있습니다. 한 가지 설명이 다른 것보다 더 넓은 영역을 다루지만, 둘 다 본문의 사건에서 하나로 모아집니다.

이 두 가지 설명 가운데 첫 번째는 바로 이것입니다. 다가오는 이별에 대한 생각 때문에 그리스도께서 평소보다 더 애정 깊게 자신의 사랑을 나타내 보이게 되셨다는 것입니다. 왜냐하면 여러분이 개역 성경(The Revised Version)의 난외주에서 볼 "예수께서 자기 사람들을 사랑하시되 **지극히 사랑하시니라**"는 번역이 "예수께서 자기 사람들을 사랑하시되 끝까지 사랑하시니라"는 다른 번역보다 이 복음서 기자의 의중을 더 충실히 밝히는 것으로 보이기 때문입니다. 그냥 십자가의 그늘이 비치기를 그치지 않았다고 말하기보다 십자가의 그늘이 단지 그리스도 마음의 깊은 사랑을 좀 더 복되고 놀라운 모습으로 표면에 나타내게 하였을 뿐이라고 말하는 것이 요한의 목적에 더 중요한 것이었기 때문입니다. 예수께서는 슬픔을 겪으시는 동안 내내 계속해서 사랑하셨다는 것을 아는 것이 중요합니다. 그리고 그 슬픔이 사랑의 통렬함을 더 뚜렷하게 하고 사랑의 깊이를 더하며, 사랑의 친절함을 더 간절하게 만들었다는 것을 아는 것은 훨씬 더 중요합니다.

이 점을 생각할 때 우리는 사람이신 그리스도를 얼마나 가깝게 느끼게 됩니까! 우리는 이별하는 순간을 더 애정 어린 순간으로 만드는 사람의 감정을 다 알지 않습니까? 세상 관습의 가면들은 떨어져 나갑니다. 보통 사람들이 우리의 가장 깊은 감정들에 관해 지혜롭게 장려하는 과묵한 태도가 이 순간에는 녹아 없어지고 맙니다. 우리는 입밖에 내지 않은 모든 사랑을 한 마디 말이나 행동, 표정, 혹은 포옹으로 압축하여 표현하기를 갈망합니다. 그리고 이것은 후에 기억하는 두 사람의 마음에 생명이 될 수가 있습니다. 지진은 숨어 있는 금광맥을 드러나게 하고, 다가오는 이별은 속마음을 밖으로 표출시킵니다. 우리가 일반적으로 하듯이 예수 그리스도의 사역이 단지 교훈적이고 교리적 목적을 가진 것으로만 생각한다면, 그 사역을 결코 이해하지 못할 것입니다. 그리스도 안에서 진정으로 인간의 마음이 움직였고, 그리스도께서 저녁 자리에서 일어나 제자들의 발을 씻을 준비를 하신 것은 제자들에게 그들의 의무를 가르칠 뿐만 아니라 자신의 사랑을 나타내고자 하신 것임을 우리는 기억해야 합니다.

그 다음에, 다른 한편으로, 복음서 기자들이 좀 더 직접적으로 이 사건과 관련시키는 다른 동기는 "예수는 아버지께서 모든 것을 자기 손에 맡기신 것과 또 자기가 하나님께로부터 오셨다가 하나님께로 돌아가실 것을 아셨다"는 것입니다.

주께서는 자신의 지극히 높은 위엄을 의식할 때 지극히 낮은 순종으로 나아가지 않을 수 없습니다. "모든 것을 자기 손에 맡기셨다"는 말은 우주적이고 절대적 통치를 의미합니다. "자기가 하나님께로부터 왔다"는 말은 선재하심, 자발적 성육신, 영원한 신성, 성부 하나님과 중단 없는 교제를 의미합니다. "하나님께로 돌아가실 것"이란 그리스도께서 자발적으로 이 낮은 세상을 떠날 것과 "그의 평온한 집, 곧 영원부터 그의 거처인 곳"으로 돌아가실 것을 의미합니다.

이 모든 말씀을 종합할 때, 이 표현들은 주께서 자신의 신성을 확실히 알고 계셨음을 암시합니다. 바로 이 의식 때문에 주께서 허리에 수건을 두르고, 베다니로부터 먼지투성이의 더운 길을 지나 예루살렘 성 동쪽의 온갖 더러운 곳들을 거쳐 다락방에 온 도보 여행자들의 더러운 발을 씻으셨던 것입니다.

이 사람이 처음부터 "하나님과 함께 계셨고 하나님이신" 그분이셨습니다. 이 사람이 사망의 주이시오 무덤 위의 승리자이신 그분이셨습니다. 이 사람이 자신의 권세로 하늘에 오르셨고 오늘날 우주의 보좌에서 다스리시는 그분이셨습니다. 이 사람이 이 복음서 기자가 복음서를 쓰기 전에 가슴에 제사장과 통치자의 "금 띠를 띠고"(계 15:6) 제자들의 발을 수건으로 닦은 그 손에 일곱 별을 붙든 것을 보여준 그분이셨습니다.

오, 형제 여러분! 우리가 신조를 믿는다면, 그처럼 높으신 분이 그처럼 낮게 허리를 굽히셨다는 사실을 생각할 때 우리 마음이 얼마나 큰 놀라움과 경외심으로 녹아내리겠습니까! 예수께서는 "자기가 하나님께로부터 오셨다가 하나님께로 돌아가실 것을 아셨습니다." 그리고 주께서 이 사람들 앞에서 무릎을 굽히고 계셨을 때에도 "아버지께서 모든 것을 그의 손에 맡기셨습니다." 그런데 주께서 무슨 일을 하셨습니까? 의기양양한 모습을 보이셨습니까? 자신의 위엄을 나타내셨습니까? 순간적으로 자신의 권세를 보이셨습니까? 자신을 섬기도록 요구하셨습니까? "수건을 허리에 두르고 제자들의 발을 씻으셨습니다!"

높은 위엄에 대한 의식만이 주님의 탁월한 그 겸손을 설명하는 데 유용한 것이 아닙니다. 여러분은 그 점과 결합할 전자의 동기가 필요합니다. 높은 위엄을 접고 봉사하도록 만들며, 탁월성의 의식이 변하여 독립적 우월성을 벗어버리고 연합하는 감정을 강조하도록 만드는 것은 사랑 밖에 없기 때문입니다.

2. 이 행위의 상세한 마무리.

이 수욕의 단계들에 대한 이야기가 매우 상세하다는 것은 목격자가 있음을 나타냅니다. 요한은 이 모든 이야기를 마음에 지울 수 없이 뚜렷하게 간직하였고, 그래서 우리는 그 잊지 못할 시간이 지난 지 아주 오랜 후에도 그가 그 장면을 하나하나 상세히 회상하는 이야기를 듣습니다. 우리는 이 작은 무리가 예수께서 식탁에서 일어나시는 바람에 식사 자리가 흐트러지자 놀라며, 다음에 무슨 일이 벌어질지 몰라 입을 벌리고 말없이 바라보는 모습을 볼 수 있습니다. 예수께서는 식탁에서 일어나 행동에 거추장스러운 윗옷을 벗습니다. "주께서 무슨 일을 하려고 하시는가?" 예수께서는 쓰지 않고 물도 채워지지 않은 대야를 들고서 제자들의 발을 씻을 준비를 하셨습니다. 예수께서 친히 대야에 물을 채우시고 아무에게도 도움을 청하지 않으십니다. 수건을 허리에 두르고 나서, 어쩌면 배반자 유다의 발부터 씻기 시작하셨을 것입니다. 아무튼 베드로부터 먼저 씻으시지는 않았습니다.

여러분은 제자들이 어떤 표정을 짓고 있는 보이지 않습니까? 여러분은 각 단계에 대한 상세하고 구체적 설명이 엄숙하다고 느끼지 않습니까?

또한 우리는 이 모든 것이 예수께서 "육신이 되어 우리 가운데 거하심"에서 나타나는 더 위대한 겸손을 보여주는 더 큰 사실에서 작용하였던 동일한 원칙을 좀 더 낮은 차원에서 우화나 실례로 설명하는 것이라고 말할 수 없습니까? 예수께서는 "아버지 품속에" 있던 자기 자리에서 일어나셨던 것처럼 "잡수시던 자리에서 일어나셨습니다." 예수께서는 천국의 잔치를 깨트리신 것처럼 식사 자리를 흐트러트리셨습니다. 예수께서는 "하나님과 동등됨을 취할 것으로(a thing to be worn eagerly) 여기지 아니하시고" 옷을 벗으셨습니다. 그리고 육신의 약함을 입으셨듯이 "수건을 가져다가 허리에 두르셨습니다." 친히 예수께서 스스로 수고하여 대야에 물을 채워서 씻을 도구를 준비하셨습니다. 그리고 자기와 함께 있는 자들의 발을 씻으셨습니다. 그것은 모두 주님을 이 세상으로 끌어내린 바로 그 이중적 동기에서 나온 행위였습니다. 주님께서 몸을 굽히시고, 손으로 제자들의 발을 씻기신 이유는 바로 주님께서 씻을 손을 가지신 이유와 같습니다. 즉 예수께서 자신이 만물보다 높다는 것을 아시며 만물을 사랑하시고, 우리가 그리스도를 닮도록 하기 위해 우리와 같이 되기로 결정하신 것입니다. 이와 같이 이 행위의 상세한 이야기는 주님의 성육신과 죽음에 대한 비유입니다.

3. 그 다음, 이 행위의 목적에 대해 살펴봅시다.

우리가 주님의 행동들에 대해서 언제나 교리적이거나 교훈적 목적을 찾고, 그 행동들을 주님의 감정과 신인으로서 주님의 본성이 드러난 것으로 보기보다는 설교로 생각하거나 때로는 그 행위에서 책망을 찾기만 한다면 주님의 행동들을 바르게 이해하지 못한다고 말했습니다. 하지만, 그럴지라도 우리는 또한 도덕적이고 영적 교훈들을 고려해야 합니다. 주님의 행위는 말씀이고, 주님의 말씀은 행위입니다. 이 사건이 그리스도께서 사랑을 나타내심으로써 애정 어린 심정을 달래고 부드러운 사랑의 표시로써 제자들의 마음을 위로하시려는 것 말고 다른 목적이 있는 한, 이 사건의 주요한 일차적 목적은, 곧 보게 되겠지만, 제자들에게 그들의 의무를 가르치는 것이었을지라도, 베드로가 사양한 일화에서 아주 분명하고 두드러지게 나타나는 이 행동의 특별한 측면은 이 사건의 해석을 통해서 전부 드러나게 되어 있습니다. 이 사건은 예수 그리스도께서 하늘에서 내려와 육신을 입으신 이유였습니다. 이것이 예수 그리스도께서 육신을 입고서 스스로 몸을 굽혀 사람들을 깨끗이 씻는 이 천한 일을 수행하신 이유였습니다.

감히 말씀드리지만, 우리의 죄를 씻는 이것을 이 사건의 현저한 목적으로 깨닫기 전에는 예수 그리스도와 그의 사역을 결코 알지 못할 것입니다. 우리에게 필요한 것에 대한 부적당한 생각, 곧 죄의 사실의 심각성과 보편성, 뿌리 깊음에 대한 얄팍하고 피상적 견해들은 우리와 예수 그리스도에 대한 바른 모든 이해 사이를 가로 막아 보지 못하게 만드는 휘장입니다. 세상을 구속하는 목적을 제외하고는, 하나님의 아들의 성육신과 희생과 같은 놀라운 사실에 적합한 동기는 없습니다. 여러분 개개인과 여러분의 형제인 우리 모두가 깨끗함을 받을 필요가 있다는 것을 믿지 않는다면, 예수 그리스도의 신성과 구속을 믿기가 힘들다는 것을 발견할 것입니다. 여러분이 자신의 마음의 깊은 곳에 내려가서 자신의 악한 본성과 죄가 얼마나 무섭고 악마적 힘을 행사해왔는지를 깨닫는다면, 여러분의 죄의 짐을 지고 없애버리기 위해 하늘로부터 몸을 굽히시는 성육신하신 하나님보다 못한 어떤 것에도 만족하지 못할 것입니다. 여러분이 왜 이 하나님께서 옷을 치워두고 사람의 모양으로 종의 형체를 취하셨는지를 알고자 한다면, 사람의 죄가 하나님의 사랑에 호소하였고, 거기에 응답하여 하나님께서 겸손을 보이셨다는 것이 유일한 설명입니다.

다시 말하지만, 그리스도 없이는 죄 씻음이 없다는 점을 여러분은 생각해야 합니다. 여러분은 스스로 그 일을 할 수 있다고 생각합니까? "한 손이 다른 손을 씻는다"는 옛 속담이 있습니다. 이 속담은 몸에 묻은 얼룩에 대해서 적용됩니다. 그러나 우리 영에 묻은 얼룩에 대해서는 맞지 않는 말입니다. 아무도 우리를 위해서 그 일을 할 수 없고, 오직 예수 그리스도만이 하실 수 있습니다. 그리스도께서 우리를 위해 죽으셨기 때문에 우리를 씻으실 권한과 능력을 가지고 우리 앞에 무릎을 굽히십니다. 잉글랜드의 왕들은 "연주창"(the king's evil: 왕의 손이 닿으면 낫는다고 믿어진 데서 유래한 병 이름 — 역주)의 치료를 위해 어루만지고, 더럽고 냄새 나는 민중들에게 깨끗한 손을 대곤하였습니다. 우리 왕께서 손으로 만져주심에는 우리 죄의 타락과 초기의 부패에 특효가 있습니다. 예수 그리스도의 능력 외에는 하늘에나 땅에나 사람을 깨끗하게 할 능력이 없습니다. 예수 그리스도냐 아니면 더러움이냐 하는 것뿐입니다.

잠시 본문을 벗어나서 생각할 수 있다면, 나는 여러분에게 본문에 바로 이어서 나오며, 예수 그리스도께서 우리를 깨끗하게 하시지 않는다면 그리스도가 우리에게 아무것도 아님을 암시하는 일화를 생각해보도록 하고 싶습니다. "내가 너를 씻어 주지 아니하면 네가 나와 상관이 없느니라." 물론 나는 주님에 관해 부분적이고 기초적이며, 때로 공손한 생각을 품고 있으면서 그리스도에게 "죄와 더러움을 씻는 샘"(슥 13:1)이 있는 것을 깨닫지 못할 수 있다는 것을 압니다. 그리스도를 자신에게 적합한 분으로, 무엇보다 죄를 깨끗이 씻는 능력으로 소유하지 않으면, 예수 그리스도를 사람들의 영혼의 필요한 분으로, 그리고 사망의 붕괴시키는 능력보다 오래 견디는 분으로 실제로 확실하게 소유하는 일은 없다는 이 점을 확실히 압니다. 무엇보다 먼저 그리스도께서 깨끗이 하는 일을 하셔야 합니다. 그러면 하나님의 영광과 하나님의 은혜의 선물들의 다른 모든 면들이 우리 마음에 부어질 것입니다. 그렇다면 그 죄 씻음이 그리스도의 성육신과 희생의 목적과 변호임을 깨닫지 않고서는 그리스도를 전혀 이해할 수 없고, 그리스도 없이는 죄를 씻음이 없으며, 깨끗이 씻음이 없이 이름으로만 그리스도를 부르는 것은 가치가 없습니다.

4. 끝으로, 이 행동에서 본보기를 살펴봅시다.

여러분은 제자들의 발을 씻으신 다음, 주께서 옷을 입고 다시 식사 자리에 앉으신 후에 하신 엄숙한 말씀이 바로 뒤따르는 것을 알 것입니다. 그 말씀에는 자신이 진리의 선생이요 인생의 인도자로서 권위가 있음을 의식하는 것과 지극히 아름답고 애정 어린 겸손함이 아주 놀랍게 어우러져 있습니다. 예수께서는 이 말씀에서 자신의 겸손한 사랑과 깨끗하게 하는 능력에서 나온 이 놀라운 행위를 그리스도인 생활의 법칙으로 규정하셨습니다. 우리 가운데는 예수 그리스도를 영혼을 깨끗하게 하시는 분으로 기꺼이 의지한다고 공언하면서도 그리스도의 모범을 생활의 본보기로 받아들이려 하지 않는 사람들이 많이 있습니다. 신약성경에서 주님을 우리의 모범으로 언급하는 모든 구절이 주님의 수난과 직접적 연관 속에서 제시된다는 사실을 아주 주목할 만한 점으로 살펴보기를 바랍니다. 주님의 생애에서 우리가 대체로 매우 독특하고 비길 데 없는 것으로 간주하는 부분은 사도와 복음서 기자들이 주님의 생애 가운데 우리에게 모범으로 제시하려고 선택한 사실입니다.

여러분은 과연 누가 예수 그리스도의 수난을 흉내 낼 수 있느냐고 묻습니까? 그리스도의 수난의 미덕과 효험에서는 아무도 흉내 낼 수 없습니다. 한 면에서, 곧 그 수난의 동기에 관해서는 모방할 수 없습니다. 그러나 또 다른 면에서는 흉내 낼 수 있습니다. 주님을 수난 받도록 몰아간 그 정신에 있어서는 주님을 본받을 수 있습니다. 도시의 도랑으로 흐르는 지극히 작은 실개울은, 미시시피 강이 미 대륙의 절반에 영향을 미치는 것과 같이 진흙 창을 지나면서 양쪽에 작은 언덕과 절벽을 만들며 거대한 규모의 모든 침식 현상을 보이며, 대야 속의 지극히 작은 파도는, 대양 한 가운데의 큰 놀과 마찬가지로 동일한 물결을 만들 것입니다. 여러분과 나는, 우리의 보잘것없는 생애에서 "내가 너희에게 행한 것 같이 행하기를" 열망할 수 있습니다.

우월함을 바르게 사용하는 것이 봉사입니다. **노블레스 오블리제입니다!** 신분, 부, 능력, 재능, 이 모든 것들이 우리에게 주어진 것은 그것들을 마지막까지 우리 동료들을 위해 사용하도록 하기 위해서입니다. 세상과 사회가 수건을 허리에 두르고 무릎을 굽히신 그리스도께서 우리에게 가르쳐주신 이 위대한 진리를 깨달을 때에야 비로소, 사회가 하나님께서 의도하신 원칙에 따라 세워질 것입니다.

그 다음에, 지극히 고귀한 형태의 봉사는 깨끗이 하는 것입니다. 깨끗이 하는 일이 모든 가정부가 알고 있듯이 청소하는 사람들에게는 언제나 더러운 일입니다. 여러분은 사람들을 꾸짖거나 사람들에게 강연을 하거나 후원함으로써 깨끗이 만들 수 없습니다. 여러분이 오물을 제거하려면 오물 있는 데까지 내려가야 합니다. 여러분이 오물이 있는 데로 몸을 굽히는 것이 형제를 구원할 수 있다면, 냄새 나는 병들을 뒤에 두고서도 전혀 불쾌하게 생각하지 않아야 합니다.

우리가 그 모범을 본받을 수 있는 유일한 길은 무엇보다 우리 스스로 그 모범에 참여하는 것입니다. 그리스도의 십자가가 우리의 본보기가 되고 법이 되려면, 무엇보다 먼저 그 십자가를 우리의 의지할 것으로 삼아야 합니다. 먼저 우리는 "주여, 내 발뿐 아니라 손과 머리도 씻어주소서"라고 말해야 합니다. 그러면 깨끗하게 하는 기도를 받은 만큼 더러움과 나병에 우리의 친절한 손을 얹고 모든 불결한 자들에게 "나를 깨끗하게 하신 예수 그리스도께서 당신을 깨끗하게 한다"고 말하지 않을 수 없고, 말할 수 있을 것입니다.

59

유다를 떠나가게 하심

"이에 예수께서 유다에게 이르시되

네가 하는 일을 속히 하라 하시니"

요 13:27

우리 주님께서 음식 한 조각을 접시에 담아 유다에게 주셨을 때, 요한 만이 그 행위의 의미를 알았습니다. 여기서 이 이야기에 마태가 전한 말을 보충한다면, 음식 한 조각을 준 것에 이어 이 배반자가 뻔뻔스러운 얼굴을 하고 위선적으로 "주여, 나는 아니지요?" 하고 말하였고, "네가 말하였느니라!"는 엄숙하고 슬픈 답을 들은 짤막한 대화가 있었다는 사실을 알게 될 것입니다. 그렇다면 그 순간에 두 가지 사실이 그에게 호소하였습니다. 즉 하나는 그가 발각되었다는 양심의 가책이고, 다른 하나는 주께서 여전히 그를 사랑하셨다는 놀라운 확신입니다. 음식 한 조각을 선물로 주는 것은 우정의 표시였기 때문입니다. 그런데 유다는 이 두 가지 표시에 대해 마음을 닫았습니다. 그는 그리스도에 대해 마음을 닫았을 때, 마귀에게 마음을 연 것입니다. 그래서 "조각을 받은 후 곧 사탄이 그 속에 들어간지라." 그 순간 한 영혼이 자살을 감행한 것입니다. 그 자리에 앉아 있던 사람들 가운데 그리스도와 "그의 사랑하시는 제자" 외에는 비극이 자기들 눈앞에서 벌어지고 있다는 것을 조금이라도 생각한 사람은 아무도 없었습니다.

본문의 말씀만큼 중요하고 놀라운 말씀이 달리 어디에 있는지 모르겠습니다. 할 수만 있다면, 나는 이 말씀의 엄숙한 의미와 뜻을 여러분도 나와 같이 느낄 수 있게 하고 싶습니다. "네가 하는 일을 속히 하라."

1. 첫째, 나는 이 말씀에서 투쟁을 단념하는 절망적 사랑의 목소리를 듣습니다.

내가 이 사건의 의미를 바르게 추론하였다면, 그 사건의 분명한 의미는 이것입니다. 여러분은 개역 성경(The Revised Version)이 본문의 말씀을 좀 더 정확하고 엄밀하게 번역을 하여 "그러므로"(개역개정은 "이에" ― 역주)라는 말로 시작하는 것을 볼 것입니다. "그러므로 예수께서 유다에게 이르시되." 주사위는 던져졌기 때문입니다. 유다가 자기 의지로 확실히 사탄을 맞이하고 결정적으로 그리스도를 배척하였기 때문입니다. 그러므로 타이르는 것이 소용없는 것을 아시고, 사실상 그 행위가 마쳐졌다는 것을 아시고, "모든 것을 믿으며 모든 것을 바라는"(고전 13:7) 성육신한 자비하신 예수께서 그를 그 자신에게 맡기고 이렇게 말씀하신 것입니다. "자, 네가 원한다면, 너는 그렇게 하리라. 나는 할 수 있는 모든 것을 다 했다. 마지막 남은 화살을 쏘았고, 과녁을 맞히지 못했다. 네가 하는 일을 속히 하라."

"하는"이라는 그 작은 한 마디에 엄숙한 의미를 지닌 세계가 들어 있습니다. 이 한 마디는 그 의미를 잊기가 아주 쉬운 옛 교훈을 우리에게 가르쳐 줍니다. 그것은 사람의 행위들에 있어서 진정한 행위자는 "마음에 숨은 사람"(벧전 3:4)이라는 것이며, 그 숨은 사람이 행하였을 때, 단지 손이나 다른 기관이 도구가 되어 그 명령을 수행했다는 것은 별로 중요한 문제가 되지 않는다는 것입니다. 그 사람이 확고한 의지로 그 일을 행하기로 결심했을 때 그 일은 시행하기 전에 이미 행해진 것입니다. 그 배신은 과정 중에 있어서, 쉽게 취소할 수 있을 시작 단계를 넘어가지 않았지만 벌써 달성한 것처럼 실질적이었습니다. 유다에게 지금 어떤 것으로도 변경할 수 없는 확고한 결심이 서 있었기 때문에 예수 그리스도께서 그 행위가 수행된 것으로 간주하시는 것입니다. 우리라는 존재는 우리가 마음속으로 생각하는 그 사람입니다. 우리의 확고한 결심, 우리 의지의 성향이 이런 것들이 실제로 구체적으로 표현된 단순한 결과보다 훨씬 더 진정한 의미에서 우리의 행동입니다. 사람을 그가 행한 것을 기준으로 판단하는 것은 사람을 빈약하게 평가하는 것에 지나지 않습니다. 하나님께서 성전을 지을 것을 생각하였지만 짓도록 허락받지 못한 왕에게 "이 마음이 네게 있는 것이 좋도다"(왕상 8:18)고 말씀하셨습니다. 사람들의 행동을 평가하는 하나님께서 죄인이 손으로 아무 행위도 하지 않고 한가롭게 놀리고 있을지라도 마음으로 결심한 죄인에게 "이 일을 네 마음에 두었으니 악하도다"(행 5:4)고 말씀하십니다. 겉으로 결코 표현되지 않는, 이와 같이 숨어 있는 욕구와 의지가 우리의 진정한 자아입니다. 그와 같이 숨어 있는 욕구와 의지를 살피십시오. 그러면 행위는 스스로 조심할 것입니다. 독사의 알 속에는 독사가 들어 있습니다. 어떤 죄를 짓기로 결심한 사람은 그가 손을 뻗어 그 행위를 하였든 하지 않았든 간에 이미 그 죄를 행한 것입니다.

그러면 여기서 암시하고 있는 다른 생각을 잠시 한 번 생각해 봅시다. 그것은 신적 사랑이라도 그 영혼에게 부과할 수 있는 다른 어떤 억제 수단이 전혀 없고, 그 영혼이 미친 짓을 하지 않도록 막기 위해 제시할 수 있는 동기도 바닥이 나서 자기가 원하는 대로 하도록 내버려진 어떤 영혼의 진지한 체하는 모습입니다. 나로서는 이 세상에서 어떤 사람도 죄인을 찾으시는 하나님의 사랑이 돌이킬 수 없는 자로 포기할 만큼 완전히 "죄 아래 팔린"(롬 7:14) 자는 없다고 믿습니다. 하나님의 은혜가 그 영혼 속에 들어가 그를 변화시킬 수 있는 틈을 찾을 수 없는 사람은 없습니다. 사람들이 이 세상에 있는 한 절망적 경우는 없습니다. 그런데 사람의 본성을 두고서는 절망적이지 않다고 할 수 있지만, 우리 각 사람은 이런 저런 악에 대해서 정확히 그 상태, 다시 말해 하나님께서 발람이 하늘의 모든 충고에도 불구하고 자신의 탐욕스런 성향을 따를 때 그에게 하셨듯이, 우리를 대하기를 포기하고 내버려 두실 만큼 우리가 저항하려는 마음으로 확고히 결심하는 상태에 이른다는 것이 무엇인지 거듭 경험해 왔습니다. 하나님께서 마침내 발람에게 "가라!"고 말씀하셨습니다. 그것이 그가 가기를 바라는 일이 얼마나 어리석은 짓이었는지 그에게 가르치는 최선의 길이었기 때문입니다. 이와 같이 우리가 하나님의 사랑의 호소와 간청을 듣지 않기로 마음먹을 때, 가장 바른 친절은 스스로 하도록 내버려 두어 땀을 흘리고 지치도록 달리게 하는 것입니다. 그리고 나면 우리는 그 후의 구속에 좀 더 순순하게 따를 것입니다.

하나님께서 지금 자신의 가벼운 손짓에도 순종하도록 가르치기 위해 어떤 특정한 죄를 추구하여 자기 길로 달려가도록 내버려 두시는 사람들이 있습니까? 아마 있을 것입니다. 하여튼, 우리가 하고 싶은 대로 할 수 있게 되는 위치는 우리 모두가 자신의 성향을 만족시키고 하나님의 호소에 마음을 닫는 정도만큼 빠지게 되는 상태라는 것을 기억하도록 합시다. 뜨거운 인두로 지지듯이 마비된 양심과 같은 것이 있습니다. 사람들은 여러분이 바늘로 찔렀는데도 아무 느낌이 없다면 몸에 마녀의 흔적이 있다고 말하곤 하였습니다. 사람들은 하나님께서 충고, 책망, 징벌로써 찌를지라도 무감각한 그와 같은 표시들로 자신을 온통 감쌉니다. 사람들은 "입을 닦고 나는 아무 해도 끼치지 않았어" 하고 말합니다. 여러분은 헤매다가 부딪히면 산산조각이 날 시커먼 바위 위에서 흔들리는 종의 추를 소리가 안 나게 단단히 묶을 수 있습니다. 여러분은 그냥 무시함으로써 하나님의 소리를 잠재울 수 있습니다. 유다는 두 가지 사실을 무시하기로 단단히 결심하였습니다. 즉 하나는 예수 그리스도께서 자신의 죄를 아셨다는 엄숙한 양심의 가책이고, 다른 하나는 예수 그리스도께서 여전히 자기를 사랑하신다는, 구원에 이르게 할 수 있는 확신이었습니다. 이 두 가지 중 어느 것이든 거부하는 자는 누구든지 이런 자리에 위험스럽게 가까이 있는 것입니다. 곧 하나님께서 불쾌하게 말씀하시는 것이 아니라 동정하여 "좋다, 내가 너를 불렀는데 네가 거절하였구나. 이제 가서 네가 하고 싶어 하는 것을 하라. 하고 나서 좋은지 보아라. 네가 하는 일을 속히 하라"고 말씀하실 자리에 가까이 있는 것입니다. 여러분은 "어차피 행할 바라면 속히 행하는 것이 좋다"는 다른 말을 기억합니까? 그런데 행위가 지나간 뒤에도 결과는 계속되므로, 여러분이 행동을 하기로 결정하기 전에 중지하는 것이 나을 것입니다.

2. 둘째, 나는 이 말씀에서 위엄과 수욕이 묘하게 섞인 음성을 듣습니다.

"네가 하는 일을 하라!" 유다는 자기가 그리스도의 인품을 소유했고, 진정한 의미에서 그리스도가 자신의 선생이라고 생각했습니다. 그런데 갑자기 그 희생자가 주님의 위치에 서서 명령합니다. 주님은 반역자(유다)에게 그 자신의 희생자인 예수님의 계획을 그가 방해하고 훼방하기 보다는 수행하고 있는 것뿐이며, 유다 자신이 하나님의 뜻을 수행하기 위한 그리스도의 손 안에 있는 도구였음을 보여줍니다. 이 두 가지 생각, 말하자면 사실 모든 반감, 모든 악의적 미움, 온갖 폭력적 반대가 합력하여 그리스도의 목적을 이루고, 그리스도의 뜻을 실행하게 될 뿐이라는 것과, 아주 깊은 나락으로 떨어진 것이 분명한 순간에 그리스도께서 분명한 위엄과 주님의 모습으로 우뚝 서신다는 것이 본문의 말씀에서 분명히 가르치는 바라고 생각합니다.

그리스도께서는 자신의 목적을 진척시키는 데 적들을 이용하십니다. 그것이 그 후 지금까지의 역사였습니다. "여호와여 큰 물이 소리를 높였나이다"(시 93:3). 그러면 큰 물이 무슨 일을 하였습니까? 큰 물은 방파제에 강하게 부딪히며, 방파제의 강력한 블록들을 견고하게 하고, "높이 계신 여호와의 능력은 많은 물소리보다 크심을"(93:4) 입증할 뿐입니다. 이 사실은 과거에 그랬고, 오늘날 그러하며, 세상 끝날까지 그러할 것입니다. 유다처럼 주를 배반하려고 하는 사람은 모두 자기도 모르게 주님의 종이 되어, 자기가 치명적 타격을 입히려고 했던 것이 오히려 자기가 적대한 그 주님의 목적과 뜻을 성취하고 있음을 깨닫고 당황하게 됩니다.

여기서 이 두 가지 일, 곧 반역적 마음은 악의를 가지고 떠들어 댈 수 있는 지극히 부끄러운 일을 기꺼이 받아들이는 것과, 동시에 위엄과 주님 되심을 당당히 의식하는 것을 그처럼 놀랍게 나란히 결합시키는 것이 본문의 말씀이 우리에게 나타내고자 하는 바입니다. 이와 같은 철저한 겸손과 초월적 위엄의 결합은 우리 주님의 생애와 역사 전체를 통해서 내내 유지됩니다. 일찍이 여러분은 그 묘한 결합이 복음서들 전체를 통해서 그처럼 자연스럽게 표현된 주장이 복음서들의 역사적 진실성을 참으로 강력하게 변호한다고 생각하였습니까? 서로 상반되는 말을 똑같이 보여주는 인물, 즉 그 두 가지 가운데 어떤 것도 다른 것의 영역과 충돌하지 않는 인물, 환경에 있어서 철저한 겸손과 수욕, 그리고 모든 상황을 초월하는 위엄 있는 주권과 높아지심이 함께 공표된 인물을 만들고 일련의 고유한 장면들 속에 배치하라는 문제를 시인들이 받았다고 생각해 봅시다. 그 시인들 가운데 아이스킬로스(Aeschylus: 그리스의 비극 시인. 525-456 B.C. ― 역주)와 셰익스피어가 있다고 할지라도, 그들 가운데 어느 누가 우리가 복음서라고 부르는 작은 이 책자들을 쓴 이 네 사람만큼 그 문제를 해결할 수 있었을 것이라고 생각합니까? 지극히 어려운 이 문학적 문제들을 이 사람들이 어떻게 해서 그렇게 당당하게 풀었습니까? 그에 대한 답변은 딱 한 가지라고 생각합니다. "그들은 보도 기자여서 아무것도 상상하지 않고 모든 것을 관찰하고 일어난 일을 그대로 다시 진술하였기 때문입니다." 슬픔의 사람이셨고 슬픔을 잘 아시지만 또한 성부 하나님의 영원한 아들이신 그분이 이 반대되는 것들을 조화시키셨습니다. 복음서들은 주님이 내놓으신 해결책에 대한 단순한 기록이기 때문에 그 문제를 해결한 것입니다.

그리스도의 역사에서 겸손의 특징이 있는 곳에서는 어디든지, 그 옆에 위엄이 언뜻 비칩니다. 그리스도의 역사에서 육체의 휘장으로부터 신성의 숨은 영광이 어렴풋하게 나타나는 곳에서는 어디든지 즉시 그 휘장을 덮어 영광을 가리는 일이 있습니다. 이 두 가지는 모순되지 않고 혼동되지 않습니다. 그보다 우리는 배반당하시는 그리스도와 배반자에게 명령하고 그의 반역을 이용하시는 그리스도의 두 가지 모습을 봅니다. 그래서 우리는 "말씀이 육신이 되어 우리 가운데 거하셨다"고 말합니다.

3. 다시 말하지만, 나는 여기서 본능적 인간의 연약한 목소리를 듣습니다.

"네가 하는 일을 속히 하라." 내 말이 미덥지 못하고, 어떤 분들은 내 말을 받아들이고 싶지 않을 수도 있습니다. 그런데 내게는 이 말씀이 지속적 불안감과, 모두 아주 잘 알고 있는 칼이 오랫동안 우리 위에서 아주 가까이 머물러 있는 것에 대한 본능적 혐오를 표시하는 말로 들립니다. 고통을 기다리는 것보다 고통을 받는 것이 낫습니다. 아주 큰 천둥소리도 하늘이 구름 속에서 우르르 하는 소리가 들리기 전에 캄캄해졌을 때의 자연의 무서운 침묵만큼 두려움을 일으키지 않습니다. 많은 순교자들이 자신의 환난을 빨리 끝내주시기를 기도하였습니다. 악이 올 것을 예상하면서 몸을 움츠리고 앉아서 고통 받는 많은 사람들이 말하자면 그 긴장을 조정할 수 있기를 바랐고, 그 악이 한 방울씩 떨어지는 것보다는 한 번에 차가운 홍수로 끝나기를 원하였습니다. 아무리 용감한 병사라 할지라도 처음 사격을 시작하기 전에 대열에 설 때의 5분간을 싫어한다고 사람들은 말합니다. 죄송하지만 여기서 나는 아주 조심스럽게 이렇게 생각해 봅니다. 연약함이 죄가 아닌 한에서 우리의 모든 약함을 아신 주님은 여기서 그 자신도 다가오고 있는 악이 빨리 오기를 바랐고, 악이 오는 것을 예상하는 고통스런 그 긴장이 할 수 있는 대로 짧기를 바랐다는 것입니다. 이 말을 믿을 수 없을지도 모릅니다. 나는 그 점을 길게 논할 생각은 없고, 여러분이 한 번 스스로 생각해 보시기 바랍니다.

4. 그 다음에는 이 말씀에서 듣는 어조들 가운데 마지막 부분, 곧 기꺼이 세상 죄를 위한 희생이 되겠다는 목소리를 살펴봅시다.

"네가 하는 일을 속히 하라." 이 복음서 이야기의 후반부 전체를 통해서 이야기의 결말 부분으로 점점 더 다가가면서 예수께서 십자가를 향하여 서둘러 가신 것처럼 보이는 태도만큼 명백한 것은 없습니다. 여러분은 주님의 이 말씀을 기억할 것입니다. "나는 받을 세례가 있으니 그것이 이루어지기까지 나의 답답함이 어떠하겠느냐"(눅 12:50). 여러분은 예수께서 갈릴리를 떠나 마지막으로 예루살렘으로 올라가는 엄숙한 여행에서 그 분위기가 얼마나 이상했는지, 그리고 어떻게 제자들이 예수님의 얼굴에 나타난 결단과 열중의 이례적 표정에 놀란 채 뒤따랐는지 압니다. 예수께서 예루살렘에서 마지막 주간에 행하신 일들, 곧 어떻게 주께서 대중들의 이목을 집중시키셨는지, 어떻게 자신의 공적 적들과 마주치는 것을 피하지 않으셨는지, 정확하게 말해 화를 돋우기 위해서가 아니라 결코 화해하지 않기 위해 어조를 날카롭게 하셨는지를 생각한다면, 앞으로 보면 알겠지만, 그 모든 사실에서 때가 왔다는 주님의 의식과 자신을 세상 죄를 위해 드리려는 확고한 준비와 자진하는 마음을 볼 것이라고 생각합니다. 주님은 말하자면 손을 뻗어 십자가를 자신에게 더 가까이 끌어당기시되, 순교를 바라는 광신적 열망의 연약함 때문이 아니라 훨씬 더 깊고 놀라운 추진력으로 그같이 하십니다.

이렇게 말할 수 있다면, 그리스도께서는 왜 그토록 기꺼이, 그리고 간절히 죽으려고 하셨습니까? 밑바닥에 있는 두 가지 이유가 그 질문에 답을 합니다. 그리스도께서는 아버지의 뜻에 순종하고자 하셨기 때문에, 그리스도께서 온 세상, 곧 여러분과 나와 모든 사람들을 사랑하셨기 때문에 서둘러 십자가로 가셨습니다. 이때 우리 각 사람이 그리스도의 마음에 있었습니다. 예수께서 유다에게 "네가 하는 일을 속히 하라"고 말씀하신 것은 여러분을 구원하기 원하셨기 때문입니다. 세상의 구원과 유다의 구원을 이루고자 하셨기 때문입니다. 이런 것이 주님을 제단에 묶은 끈들이었습니다. 우리 각 사람을 위하여 십자가에서 죽으시려고 한 주님의 애정 어린 열의가 없었다면, 유다의 배반과 관리들의 적의, 빌라도의 권세, 병사들의 못, 백부장들의 창, 사망이라는 어두운 그림의 화살도 모두 그리스도께 아무 영향력을 끼칠 수 없었을 것입니다.

그러므로, 형제 여러분, 이 음성을 들을 때, 그 어조에서 자신의 성향을 따르고 그리스도의 책망을 억눌러 주께서 당장 실망하여 우리를 포기하시기까지 이르게 만드는 위험에 대해 우리를 경고하시는 뜻이 있음을 분별하도록 합시다. 그 음성에서 우리의 모든 약함을 아시고 우리의 모든 감정을 겪으신 우리와 같은 형제의 감동적 목소리를 듣도록 합시다. 우리는 적들을 사용하여 자신의 목적을 이루시며, 지극히 낮을 때 가장 높이 계시고, 그의 십자가가 그의 영광의 보좌이며, 그의 지극히 낮아지심이 바로 높아지심인 절대적 권세자의 목소리를 듣도록 합시다. 모든 시대, 모든 무리들 가운데서 우리 각 사람을 찾아내시며, 우리 구주가 되기를 원하셨기 때문에 기꺼이 십자가로 가신 사랑의 음성을 듣도록 합시다.

시간이 부족하고 미래는 불확실하며, 지체하면 실패와 거절로 끝날 수 있다는 것을 알기 때문에, 이 말씀이 또 다른 면에서 우리에게 하신 것으로 생각하고, 그 말씀에서 "우리가 오늘 그의 음성을 듣거든 우리 마음을 완악하게 하지 말지어다"(시 95:7,8)라는 경고를 듣도록 합시다. 주께서 회개와 믿음과 그리스도인의 헌신과 봉사에 관해 말씀하시면서 "네가 하는 일을 속히 하라"고 말씀하실 때, 우리는 "내가 주의 계명들을 지키기에 신속히 하고 지체하지 아니하였나이다"(시 119:60) 하고 답하도록 합시다.

60
십자가의 영광

"그가 나간 후에 예수께서 이르시되 지금 인자가 영광을 받았고 하나님도 인자로 말미암아 영광을 받으셨도다 만일 하나님이 그로 말미암아 영광을 받으셨으면 하나님도 자기로 말미암아 그에게 영광을 주시리니 곧 주시리라"

요 13:31, 32

이 복음서 기자가, 유다가 자신의 악한 볼일을 보도록 허용한 시간에 대한 간단한 언급에는 아주 기이하고 두려운 점이 있습니다. "유다가 곧 나가니 밤이러라." 그 어두운 영혼이 암흑 속으로 들어간 것입니다. 그 시간은 "흑암의 권세"였고, 인간의 죄로 형성된 검은 아치의 이맛돌이었으며, 그 권세의 그림자가 바로 그리스도의 영혼에 드리워졌습니다.

반역자가 떠난 것과 직접적으로 관련하여, 본문에 갑작스럽게 승리를 이야기하는 특이한 이 말씀이 나옵니다. "그러므로 그가 나가자 예수께서 이르시되"(개역개정에는 "그가 나간 후에 예수께서 이르시되" — 역주). 그와 관련하여 진실과 자연스러움을 놀랍게 다룹니다. 반역자가 나갔습니다. 지금까지 그가 그 자리에 있었던 것이 주님의 가슴을 답답하게 만들었습니다. 이제 "애찬에 암초"(유 1:12)였던 것이 사라졌으므로, 주께서 편안해지셨습니다. 바닥에 있는 시커먼 바위를 빼낸 시냇물처럼, 주님의 말씀이 좀 더 자유롭게 흘러나왔습니다. 그리스도께서도 마음에 맞지 않는 사람이 한 자리에 있는 것에 부담을 느끼셨고, 그가 사라지자 마음이 편하고 즐거워졌다는 것을 볼 때, 이 이야기가 참으로 사실적이고 인간적인 것으로 드러납니다! 반역자가 그 자리를 떠남으로 해서 이 승리의 말씀이 또 다른 방식으로 흘러나온 것입니다. 그가 나가자, 도화선에 붙일 성냥에 불이 켜졌다고 말할 수 있습니다. 유다가 악한 용건을 위해 나갔고, 그로 인해 십자가가 우리 주님이 가늠할 수 있는 거리로 들어왔습니다. 십자가가 가까이 다가왔음을 새롭게 의식하고서 주님은 여기서 말씀하셨습니다. 이와 같이 시간에 대한 언급은 주님께서 말씀하신 이유를 설명해 줄 뿐만 아니라 또한 주님의 말씀을 바르게 이해할 수 있게 해주며, 그 말씀에 대한 다른 어떤 해석을 할 수 있게 해줍니다. 유다가 나가서 하려고 한 일은 그리스도를 영화롭게 하는 일의 시작이었습니다. 여기서 우리는 세 가지 면에서 영화롭게 되는 일이 이루어지는 것을 봅니다. 즉 인자가 십자가에서 영화롭게 되고, 하나님께서 인자 안에서 영화롭게 되시며, 인자가 하나님 안에서 영화롭게 되는 것을 봅니다. 그러면 이제 잠깐 동안 이 삼중의 영화에 대한 생각을 살펴봅시다.

1. 첫째, 여기서 우리는 인자가 십자가에서 영화롭게 되는 것을 봅니다.

이 말씀은 역설(逆說)입니다. 이상하게도, 바로 그와 같은 순간에, 곧 수치와 괴로움, 고통과 죽음, 그리고 그 모든 것보다 더 견디기 어려운 버림당함의 의식이 그리스도 앞에 모두 선명하게 떠오른 바로 그때, 그리스도께서는 손을 뻗쳐서 십자가를 더 가까이 이끌어 당기시는 것처럼 보이고, 그의 영혼은 승리감으로 가득 찬 것처럼 보입니다!

우리 주님은 자신의 고난을 두 가지 면에서 보셨습니다. 한편으로 우리는 주님에게서 명백히 십자가를 꺼려하는 태도와, "나는 받을 세례가 있으니 그것이 이루어지기까지 나의 답답함이 어떠하겠느냐"(눅 12:50)고 하신 말씀과 겟세마네 동산에서 고뇌와 같은 사건들에서 나타난 순전히 인간적 움츠림을 봅니다. 그렇지만 그 움츠림과 더불어, 거기에 압도당하지 않지만 그렇다고 그것을 정복하지 않는, 그 반대되는 감정이 있는데, 곧 적극적으로 손을 뻗어서 십자가를 가까이 끌어 당기려는 모습이 보입니다. 이 두 가지가 주님의 마음속에 한데 뭉쳐 있습니다. 완전히 뒤섞여서 긴 거리를 흘러가는 라인 강의 맑은 물과 모젤 강(프랑스에서 시작하여 룩셈부르크를 지나 독일의 라인 강과 합류하는 강 — 역주)의 흙탕물처럼, 십자가를 꺼려하는 태도와 십자가를 끌어당기는 마음이 그리스도의 마음속에 동시에 존재하였습니다. 여기서 승리의 예감이 표면에 떠올라 십자가를 꺼리는 태도를 한 동안 가리는 모습을 보게 됩니다.

왜 그리스도께서는 십자가가 자기를 영화롭게 하는 것으로 생각하셨습니까? 신약성경은 대체로 십자가를 그리스도의 낮아지심의 가장 낮은 지점으로 묘사합니다. 그런데 요한복음은 십자가를 언제나 그리스도의 영광의 최고점으로 표현합니다. 두 가지 사실 모두 맞습니다. 그것은 마치 하늘의 천정이 세상 저편에 있는 사람들에게는 밑바닥인 것과 같은 것입니다. 어떤 면에서 그리스도의 낮아지심의 가장 밑바닥으로 보이는 사실이 다른 면에서는 그리스도 영광의 절정에 해당합니다.

십자가가 어떻게 그리스도를 영광스럽게 하였습니까? 두 가지 방식으로 영광스럽게 하였습니다. 십자가는 그리스도의 마음을 계시하였습니다. 십자가는 그리스도의 주권적 권세를 보여주는 보좌였습니다.

십자가는 그리스도의 마음을 계시하였습니다. 일생 동안 내내 그리스도께서는 자신이 세상을 참으로 사랑한다는 것을 세상에 알리려고 애쓰셨습니다. 주님의 사랑은 주님의 말씀과 행동, 행실과 태도를 통해서 여실히 드러났습니다. 그러나 주님의 사랑은 그의 죽음에서 도도하게 흘러나오고 세상에 쏟아 부어집니다. 일생동안 주님은 자신의 사랑을 행동이라는 작은 틈새를 통해서, 말하자면 창문의 가느다란 틈새를 통해서 자기 마음을 줄곧 계시하셨습니다. 그러나 주님의 죽음에서 그 모든 장벽이 무너져버렸고, 광채가 사람들에게 확하고 비쳤습니다. 주님께서는 일생을 통해 자신의 사랑을 세상에 전달하려고 애쓰셨고, 그 향기가 귀한 향유 옥합 틈새로 새어나오다가, 옥합이 깨지자 집에 향기가 가득하게 되었습니다.

그리스도가 사람들에게 알려지는 것이 영화롭게 되는 것입니다. 주님은 그처럼 정결하고 온전하였습니다. 그래서 주님의 성품에 대한 계시와 주님을 영화롭게 하는 것은 하나이고 동일한 사실이었습니다. 그리스도의 십자가는 내내 그리고 영원히 어떤 희생도 겁내지 않는 사랑을 세상에 계시하기 때문에, 다시 말해 자기 전체를 포기할 수 있는 사랑, 지극히 부요롭고 고귀한 선물들로 가득한 사랑, 이기적이고 죄 많은 심정마저도 주님의 정결하고 온전한 마음을 닮게 하는 사랑을 세상에 계시하기 때문에, 주님은 자기가 어떤 존재인지를 세상에 계시하고 우리 각 사람에게 자신의 사랑을 가져다 줄 십자가를 생각하면서 "지금 인자가 영광을 받았다"(요 13:31)고 말씀하십니다.

우리는 한 어머니가 방탕한 자식으로 인해 겪는 수치와 불명예, 고통과 슬픔, 죽음을 예상하면서도, "내가 이 모든 것을 감당한다면, 고집을 피우며 방황하는 내 불쌍한 자식이 마침내 내가 얼마나 그를 사랑했는지 알 것이라"는 이 한 가지 생각에 그 모든 것이 사라지기 때문에 그 모든 불명예와 수치, 고통과 슬픔, 죽음을 잊는 것을 생각해 볼 수 있습니다. 이와 같이 그리스도께서는 자신에 대한 지식을 우리에게 나누어주시기를 열망하시는데, 이는 그 지식으로 말미암아 우리에게 주님의 사랑과 봉사를 납득시킬 수 있기 때문입니다. 그러므로 주님은 마지막 순간의 고뇌와 모욕적 언동, 슬픔을 내다보실 때, 다른 모든 생각은 이 생각에 다 삼켜져 버리고 맙니다. "이것들은 세상에 대한 내 깊은 사랑의 심정을 온 세상으로 깨닫게 할 수단들이 될 것이다."

또한 주님은 자신의 십자가를 자기를 영화롭게 하는 수단으로 간주하십니다. 이는 십자가가 구원하는 능력의 보좌이기 때문입니다. 본문의 역설적 말씀은 주께서 일생 동안 나타내 보이셨던 것보다 더 강력하고 신성한 능력을 자신의 죽음에서 발휘하실 것이라는 깊은 확신에서 나오는 것입니다. 본문 말씀은 "내가 들리면 모든 사람을 내게로 이끌겠노라"(요 12:32)는 위대한 말씀과 어조와 실제에 있어서 같은 말씀입니다. 자, 여러분은 자신에게 한 가지 질문을 물어보시기 바랍니다. 즉, 그리스도의 십자가가 일반적으로 위대한 선생이나 은인의 죽음이 그의 생애에 대해서 갖는 것과 전혀 다른 관계를 그리스도의 생애에 대해서 갖지 않는 한, 그리스도의 십자가가 어떤 의미에서 그리스도를 영화롭게 하겠습니까? 플라톤이나 존 하워드(John Howard) 같은 사람들은 자신의 죽음을 다른 사람들의 복지를 위한 활동의 종결로 생각했을 수 있겠지만, 그리스도께서 자신의 죽음을 단지 그런 식으로 생각하였다면, 본문과 같은 말씀을 결코 할 수 없었을 것입니다. 그리스도의 죽음이 본질적 가치를 지니고 있지 않다면, 그리스도의 죽음이 단지 세상을 위한 활동의 종결 이상의 어떤 의미가 있지 않다면, 본문 말씀을 어떻게 해석할 수 있을지 모르겠습니다. 주님의 죽음이 주님을 영화롭게 한다면, 그 죽음에는 주님의 생애가 아무리 아름다울지라도 그 생애로써 완성하지 못하였고, 주님의 말씀이 아무리 지혜롭고 애정 어린 것이지만 그 말씀으로써 이루지 못하였으며, 주님의 권능의 사역이 아무리 회복하고 치유하는 능력이 있을지라도 그 사역으로 달성하지 못한 어떤 것이 있기 때문임이 틀림없습니다. 그리스도의 죽음에는 이런 것들이 나타내지 못하는 것이 있습니다. 그것은 무엇입니까? 여기에는 이 점이 더 있습니다. 그리스도의 십자가는 "온 세상의 죄를 위한 화목제물"(요일 2:2)입니다. 그리스도는 그 점에서 영화롭게 됩니다. 이것은 소크라테스 같은 사람이 조용하고 고귀한 죽음에 의해 칭송을 들을 수 있는 것과 다릅니다. 이는 주님의 생애에서 어떤 것도 세상을 떠나는 것보다 나은 것이 없기 때문이 아니고, 주님의 수난의 이야기를 말하는 페이지를 우리가 세상에서 가장 애정 어리고 신성한 기록이라고 생각하기 때문이 아닙니다. 그보다는 그 죽음에서 주님은 우리의 적들과 싸워 이겼기 때문이고, 옛적에 유다의 그 영웅처럼 죽으면서 주께서 우리의 폭군들이 세운 그 집을 무너뜨리고 산산조각 내었기 때문입니다. "지금 인자가 영광을 받았도다."

형제 여러분, 주님의 죽음은 주께서 시행하신 행위였는데, 이와 같이 우리 주님의 마지막 행동에는 영광과 수치라는 모순된 개념이 묘하게 뒤섞여 있습니다. 그것은 마치 시커먼 뇌운(雷雲)이 가득한 가운데 그 구름들 사이로 지극히 밝은 파란색과 불타는 듯한 햇빛이 비추는 하늘과 같습니다. 십자가에서 죽음은 그리스도께 생명의 왕으로서 왕관을 씌워줍니다.

그러므로 그리스도의 십자가는 그의 보좌입니다. 일생 동안 주님은 세상의 빛이셨습니다. 그러나 주님의 영광이 가장 밝게 나타나는 절정의 시간은 일식(日蝕)의 그림자가 온 땅을 덮었고, 주님께서 십자가에 달려 어둠 속에서 죽어가고 계시던 그 시간이었습니다. "초 저녁 무렵에 그것은 빛이었습니다." "그는 십자가를 참으사 부끄러움을 개의치 아니하셨습니다"(히 12:2). 자, 영광이 아주 밝게 빛나는 가운데 수치가 번쩍하고 비쳤습니다. 불명예와 고통이 그리스도의 면류관의 보석이 되었습니다. "지금 인자가 영광을 받았도다."

2. 여기서 제시되는, 그리스도를 영화롭게 하는 세 가지 점 가운데 두 번째 요소를 잠시 생각해 봅시다. 즉, 하나님은 인자 안에서 영화롭게 된다는 것입니다.

앞으로 나갈수록 신비한 요소가 더 깊어집니다. 하나님께서 한 사람 안에서 영화롭게 된다는 것은 이상한 일이 아닙니다. 그러나 하나님이 예수께서 여기서 생각하는 두드러진 그 특별한 방식으로 그처럼 영광스럽게 된다는 것은 이상한 일입니다. 하나님을 영화롭게 할 행위가 한 무고한 사람의 죽음이었다는 것을 생각할 때는 더더욱 이상한 일입니다. 하나님께서 예수 그리스도의 십자가에서 두드러진 특별한 방식으로 영광을 받으신다면, 그 사실은 여하튼 두 가지 사실을 함축하고 있는 것 같습니다. 물론 두 가지만이 아니라 더 많은 것들이 있지만 그것을 모두 다룰 시간은 없으므로 여기서는 아주 분명하게 드러나는 두 가지 사실을 다루도록 하겠습니다. 한 가지는 아주 특별한 방식으로 "하나님께서 그리스도 안에 계셨다"는 사실입니다. 그리스도의 모든 생애가 하나님의 성품을 지속적으로 나타내는 것이었다면, 그리스도의 말씀이 하나님의 지혜였다면, 그리스도의 동정이 하나님의 동정이었다면, 그리스도의 낮아지심이 하나님의 온유하심이었다면, 사람으로서 그리스도의 전 생애와 성격이 하나님이 어떤 분이신지를 세상에 가장 밝고 분명하게 나타내는 것이었다면, 우리는 십자가가 세상에 하나님의 성격을 가장 잘 계시하는 지점이었고, 따라서 그리스도 안에서 하나님을 영화롭게 하는 것이었다는 사실을 이해할 수 있습니다.

　내가 볼 때 본문 말씀에는 하나님께서 그리스도 안에 친밀하고 독특하게 거하시며 연합하여 계시다는 사상을 함축하고 있을 뿐만 아니라 또 다른 이 사상, 곧 이 고난들이 그것을 겪는 이 사람의 받을 응분의 벌과 아무 관련이 없었다는 점을 함축하고 있습니다. 정결하고 순수한 성품을 지니신 그리스도, 즉 복음서를 읽는 사람들이라면 모두가 인정하는 무구함과 고귀함을 지니신 그리스도께서 그와 같이 고난을 당하셨다면, 세상에서 이제까지 볼 수 있었던 것 가운데 가장 고귀한 미덕이 그 보상으로 수치와 침 뱉음과 십자가밖에 받지 못하였다면, 그리스도의 생애와 죽음이 단지 세상의 가장 위대한 은인들에 대한 세상의 대우를 보여주는 대표적 예에 지나지 않는다면, 그 외에 그들이 하나님의 성품과 조금이라도 관계가 있다면, 그들은 하나님의 통치에 관해 빛을 던져주기보다는 그늘을 드리우고, 하나님께서 모든 일을 제대로 행하셨다는 것을 확실히 알기 전에는 내세에서 해결되어야 할 곤경과 매듭들을 적지 않게 두려워하게 됩니다. 그러나 우리가 "그는 실로 우리의 질고를 지고 우리의 슬픔을 당하였도다"(사 53:4)고 말할 수 있다면, "하나님께서 그리스도 안에 계시사 세상을 자기와 화목하게 하셨느니라"(고후 5:19)고 말할 수 있다면, 그리스도의 죽음이 하나님께서 우리를 위해 살고 죽도록 정하신 분의 죽음이었다고 말할 수 있다면, 이 사상에 여전히 깊은 신비들이 있지만 우리는 하나님께서 그리스도의 죽음에서 매우 독특한 방식으로 영광을 받고 찬양을 받으신다는 것을 볼 수 있습니다.

　왜냐하면 그리스도께서 죽으시는 것이 하나님의 아들이 우리를 위해 죽으시는 것이라면, 거룩한 성품의 영광은 거룩한 사랑이라는 것을 십자가가 가르쳐주기 때문에, 십자가가 하나님을 영화롭게 하는 것입니다. 십자가에 달려 죽으시는 이 연약한 사람은 지혜와 능력, 혹은 신적 성격의 더욱 "장엄한" 속성들을 기이하게 구현하는 인물이었습니다. 그러나 하나님의 광채의 핵심이 순결하게 타오르는 사랑의 흰 불꽃이라면, 하나님께서 자기 피조물에게 자신을 주는 것만큼 하나님께 거룩한 것이 없다면, 신적 성격의 최고의 영광이 동정하고 주는 것이라면 그리스도께서 달려 죽으신 십자가는 다른 모든 계시들 위에 우뚝 서서 하나님의 성품을 지극히 두렵고 신성하게, 지극히 부드럽고 철저하게, 지극히 감동적이고 압도적으로 보여줍니다. 별들과 세계들, 천사들, 힘 있는 피조물들, 높은 곳에 있는 것들과 깊은 곳에 있는 것들, 이들 각각이 하나님의 성품의 일부를 받아 세상에 나타내게 되어 있는데, 이들이 하나님은 사랑이시다, 하나님은 불쌍히 여기고 용서하신다는 것을 선포하는 그리스도의 십자가로부터 비치는 광채, 곧 부드럽게 빛나는 온화한 광채 앞에서 희미해지고 사라집니다.

그렇지 않습니까? 그리스도의 십자가로부터 흘러나온 이 사상, 곧 하늘에 계신 우리 아버지 하나님이 어떤 분이신가에 대한 기독교계의 이 사상은 세상이 이제까지 알았던 것 가운데 가장 고귀하고 가장 복된 사상이 아닙니까? 이 사상은 사람의 마음에 빙산처럼 놓여있던 의심들을 산산이 깨트리지 않았습니까? 하늘을 어둡게 감싸고 있던 구름들을 깨끗이 치워버리지 않았습니까? 이 사상이 성난 신들, 변덕스러운 신들, 복수심에 불타는 신들, 무관심한 신들, 그저 힘세고 크고 무섭기만 한 나쁜 신들에 대한 몽상에서 사람들을 구해내지 않았습니까? 이 사상이 사람들에게 사랑이 하나님이고 하나님은 사랑이시라는 것을 가르치고, 그래서 온 세상을 참된 복음, 하나님의 은혜의 복음으로 데려오지 않았습니까? 이렇게 그리스도의 십자가에서 아버지 하나님은 영광을 받으십니다.

3. 이제 끝으로 여기서 인자가 아버지 하나님 안에서 영화롭게 되시는 것을 봅니다.

우리가 앞으로 나갈수록 신비와 역설이 더 깊어지는 것을 봅니다. "만일 하나님이 그로 말미암아 영광을 받으셨으면 하나님도 자기로 말미암아 그에게 영광을 주시리니 곧 주시리라"(요 13:32). 여러분은 이 말이, 어떤 선한 사람이 죽을 때 자기가 사랑하는 아버지 하나님께 받아들여지고 고난을 끝내고 쉬게 될 것을 믿는 사람의 확신을 나타내는 것에 지나지 않는 표현으로 들립니까? 내가 볼 때, 그 말은 그 이상의 지극히 큰 것을 이야기하고 있습니다. "하나님도 자기 안에서 그에게 영광을 주시리라"(개역개정은 "하나님도 자기로 말미암아 그에게 영광을 주시리라" — 역주) 이 말씀은 앞 절에서 말해왔던 것, 곧 외적 세계에 영광을 나타냈다는 점에서 하나님을 영화롭게 한다는 것과 명백히 반대가 됩니다. 여기서 말하는 것은 신적 성품의 깊은 곳에서 영광을 주시는 것을 가리키기 때문입니다. 이 말씀에 대한 최상의 주석은 다음과 같은 우리 주님의 말씀입니다. "아버지여 창세 전에 내가 아버지와 함께 가졌던 영화로써 지금도 아버지와 함께 나를 영화롭게 하옵소서"(요 17:5). 우리는 이 말씀에서, 말하자면, 하나님의 광채의 중심을 흘긋 보고, 자비심이 가득한 그 용광로에 들어가 "인자 같은 이"(단 7:13)를 봅니다. 그리스도께서는 자신이 말로 다할 수 없는 심오한 의미로, 말하자면, 하나님께로 붙들려 올라가 태초부터 거하셨던 것처럼 "아버지의 품속에" 거할 것을 예상하십니다. "하나님이 자기 안에서 그에게 영광을 주시리라."

그 다음에, 우리는 이렇게 아버지 하나님께서 인자를 자기 품 속에 영접하셨다는 사실에 주의할 필요가 있습니다. 즉, 사람이신 예수 그리스도, 곧 마리아의 아들이요, 우리 모든 사람의 형제요, "우리의 뼈 중의 뼈요 우리의 살 중의 살"이신 분, 곧 땅 위에 걸으셨고 우리 가운데 거하셨던 그 분이 붙잡혀서 하나님의 심장에 들어가시는 것이고, 영원한 말씀이 태초부터 하나님과 함께 가졌던 그 영광에 인성을 가지고서 들어가시는 것입니다.

그 다음에, 우리는 여기서 이런 말을 사용할 수 있다면, 하나님의 중심으로 영접되고 합병되는 일이 인자에게 주어졌다는 사실이 아주 놀라운 언어로 표현되는 것을 볼 뿐만 아니라 이렇게 인자를 영화롭게 하는 일이 그리스도가 십자가에서 하나님을 영화롭게 하는 일을 완성하자마자 즉시 시행되는 것으로 표현된 것을 봅니다. "하나님이 자기 안에서 그에게 곧 영광을 주시리라." 그 즉시, 말하자면 그리스도께서 "다 이루었다"고 말씀하시고, 십자가가 하나님을 영화롭게 하기 위해 할 수 있는 모든 일이 다 마쳐졌을 때, 그 즉시, 조금의 간격도 없이 하나님께서 자기 안에서 아들을 영화롭게 하는 일이 시작되었습니다. 그 일은 그날에 주께서 들어가신 것으로 우리가 알고 있는 그 낙원에서 시작되었습니다. 하나님께서 "그를 죽은 자 가운데서 살리시고 영광을 주셨을"(벧전 1:21) 때, 그 일이 세상에 나타났습니다. "그가 구름을 타고 옛적부터 항상 계신 이에게 가까이 나아가며," 하늘에 오르시고, 통치와 보좌와 영광을 받으셨을 때, 그 일이 한층 더 정점에 이르렀습니다. 그리고 이제 마침내, 인자가 하늘에서 그의 영광의 보좌에 앉아 계시는 동안, 그 통치와 보좌와 영광으로 하나님의 속성들을 발휘하고, 우주의 법칙들과 섭리의 비밀들을 집행하고 계십니다. 인자가 "자기 영광으로 와서 모든 민족을 그 앞에 모을"(마 25:31-32) 때, 그 영광이 가장 찬란하게 나타날 것입니다.

그렇다면 다락방에서 그리스도 앞에 펼쳐진 이 모습은 그리스도께서 극단적 수치를 겪는 가운데서 그 자신이 영광을 받는 모습이었습니다. 왜냐하면 그리스도의 십자가가 하나님의 사랑과 구원하는 능력을 나타냈기 때문입니다. 그리고 하나님을 나타내는 그리스도의 다른 어떤 행동보다 그리스도께서 십자가에 죽으셔서 하나님의 심정을 계시하셨을 때, 그리스도 안에서 하나님이 영광을 받으시는 모습이었고, 그리스도께서 모든 피조물보다 높이 되어 하나님 보좌 우편에 앉으시고 하나님 아버지의 나라를 다스리실 때, 그리스도께서 아버지 안에서 영광을 받으시는 모습이었습니다.

주님은, 우리로서는 가까이 갈 수도 없고 상상할 수도 없이 높은 곳에서 내려다보시면서, 우리가 오직 주님만을 의지하고 사랑하며 주님에게서 아버지 하나님의 얼굴의 광채를 보려고 한다면, 이 땅에서 고통과 비천함, 진부함과 단조로움 가운데서 수고하고 애쓰는 불쌍한 각 피조물에게 언제든지 복을 주시려고 합니다. 하나님은 우리 모두에게 관심을 갖고 계십니다. 우리가 주님을 구주님으로 모시려고만 한다면, 주께서 지성소 안에서 우리를 위해 기도하시는 아주 힘 있는 기도가 마침내 틀림없이 이루어질 것입니다. "아버지여 내게 주신 자도 나 있는 곳에 나와 함께 있어 아버지께서 창세전부터 나를 사랑하시므로 내게 주신 나의 영광을 그들로 보게 하시기를 원하옵나이다"(요 17:24).

61
갈 수 없음과
갈 수 있음

"작은 자들아 내가 아직 잠시 너희와 함께 있겠노라 너희가 나를 찾을 것이나 일찍
이 내가 유대인들에게 너희는 내가 가는 곳에 올 수 없다고 말한 것과 같이 지금 너
희에게도 이르노라"

요 13:33

앞의 문맥을 보면, 어떻게 십자가가 지금 갑자기 예수님 앞에 아주 크
고 시커멓게 나타났고, 또 어떻게 십자가 너머로 영광이 주님께 찬란하게
비쳤는가를 알 수 있습니다. 이 두 가지 사실이 주님의 생각을 사로잡은
것은 잠시뿐이었습니다. 주님은 놀라울 정도로 자기를 잊고 자제하면서,
가까운 미래가 자기에게 어떤 영향을 미칠지에 대한 생각을 즉시 접고, 그
일이 홀로 남을 수밖에 없는 소수의 무력한 제자들에게 어떤 영향을 미칠
지에 대해서 생각하십니다. 이별이 다가오면 사람의 마음이 간절해지는
법입니다. 사람은 본능적으로 흔히 숨겨두었던 모든 사랑을 마지막 한 표
지에 다 채워서 표현하고자 한다는 사실을 우리는 다 알고 있습니다. 그래
서 여기서 주님은 이 한 번 외에는 전혀 사용되지 않는 "작은 자들"이라는
이름으로 제자들에게 말을 건넵니다. 이 이름은 다정한 애칭으로, 특별히
애정 깊은 감정을 드러낼 뿐만 아니라, 제자들이 홀로 남겨질 때 처할 무
방비 상태를 동정하시는 심정을 또한 보여줍니다. 아마도 임종하는 어머

니가 어린 아이들을 이와 같이 볼 것입니다.

그런데 이어서 나오는 말씀은 언뜻 볼 때 최종적이고 완전한 이별에 대한 의식으로 어둡습니다. "너희가 나를 찾을 것이다." 제자들이 주님을 찾을 뿐만 아니라, 주님 자신이 그의 보잘것없는 친구들을 주님의 독한 적들이 자리 잡았던 그 자리로 밀어 넣으시는 것처럼 보입니다. "그러나 일찍이 내가 유대인들에게 너희는 내가 가는 곳에 올 수 없다고 말한 것과 같이 지금 너희에게도 이르노라." 이 두 부류 모두가 주님을 계속해서 따르지 못하게 만드는 어떤 것이 있었습니다. 주님은 어둠 속으로 들어가는 길과 영광으로 난 길을 홀로 걸어가셔야 했습니다.

이 말씀은 주님께서 무덤에 누워 계시고, 제자들이 모든 것이 끝났다고 절망적으로 생각하고 있었던 동안의 시간에만 온전히 적용됩니다. 그것은 짧은 기간이었습니다. 그것은 대개혁을 일으키는 시간이었습니다. 그 시간이 금방 끝날 것이었지만, 제자들을 그 시간으로부터 보호할 필요가 있었습니다. 물론 이 말씀이 영화롭게 되신 그리스도와 그의 제자들인 우리 사이의 항구적 관계에 적용되지 않지만, 부분적으로는 유사점에 의해, 그리고 더욱더 그와 대조적으로, 이 말씀은 그리스도인의 매우 복된 상태와 그리스도인에게 반드시 필요한 의무들을 시사해줍니다. 이 점들은 주로 두 가지 대조적 사실을 둘러싸고 있습니다. 즉, 일시적으로 주께 "갈 수 없음"은 이내 항상 주께 "갈 수 있음"으로 변하고, 아주 잠깐 찾는 일은 이내 찾는 것을 발견하는 복된 찾음으로 변합니다. 여기서는 전자만을 다루도록 하겠습니다.

여기서 우리는 일시적으로 주께 "갈 수 없음"이 이내 항상 주께 "갈 수 있음"으로 변하는 것을 봅니다.

"너희는 내가 가는 곳에 올 수 없다." 우리는 이 말씀에서 개인적 슬픔이 밴 어조를 듣지 않습니까? 예수께서는 언제나 이해받기를 갈망하셨고, 동무들의 공감에 목말라하셨습니다. 주님이 일생 맛보신 슬픔 가운데 하나는 철저한 외로움이었습니다. 그러나 주님은 제자들과 함께 지내시는 동안 한 번도 사람들의 이해와 제자들의 공감을 받으신 적이 없습니다. 그래서 주님은 마지막으로 겟세마네 동산에서 보내시던 시간 동안처럼 씨름하고 있는 주님을 돕기 위해 맞잡아 주는 따뜻한 인간의 손길을 바라고 손을 내미신 것입니다. 어쩌면 우리는 감히 이렇게 말할 수도 있을 것입니다. 이 말씀에서 우리는 그리스도께서 자신이 어두운 길을 걸어가고, 그 너머에 있는 광휘 속으로 들어가는 일을 철저히 혼자 해야 하는 자신의 슬픔을 은연중에 드러내시는 것을 본다고 말입니다. 그리스도께서는 바랄 수 없는 사람들의 교제를 갈망하셨고, 그뿐 아니라 그런 교제를 불가능하게 만드는 사람들의 결함을 슬퍼하셨던 것입니다.

왜 제자들이 "지금은 주님을 따를" 수 없었습니까? 이 질문에 대한 답은 주께서 어디로 가셨는지를 생각해 보면 찾을 수 있습니다. 주님께서 승천하실 때 빛나는 쉐키나 구름이 주님을 가리어 보이지 않게 하였을 때, 왜 그들이 주님을 따라 갈 수 없는지를 보여주었습니다. 쉐키나 구름은 예수께서 세상을 떠나셨을 때 아버지 하나님께로 가셨다는 것을 나타내었기 때문입니다. 이와 같이 우리는 성품이 하늘에 들어갈 자격을 만든다는 옛적의 엄숙한 사상을 여기서 만납니다. "여호와의 산에 오를 자가 누구며 그의 거룩한 곳에 설 자가 누구인가?"(시 24:3) 하고 시인은 물었습니다. 그리고 한 선지자는 훨씬 더 날카로운 형태로 질문을 던졌는데, 그 질문 형식 자체로 부정적 답변을 암시하였습니다. "우리 중에 누가 삼키는 불과 함께 거하겠으며 우리 중에 누가 영영히 타는 것과 함께 거하리요"(사 33:14). 누가 하나님 어전에 나아가고 하나님 가까이 섰을 때, 신성한 불에 닿자 재로 변해버렸다는 옛 전설의 처녀처럼 되지 않을 수 있겠습니까? "거룩함이 없이는 아무도 주를 보지 못합니다"(히 12:14). 여기서 울려 퍼지는 목소리를 제대로 알아 듣는다면, 우리 모두는 하나님과 함께 거하고 그리스도께서 계신 그 영광에 들어가기 위해서 말할 것도 없이 분명히 요구되는 조건은 우리 가운데 아무도 달성할 수 없는 것임을 마음 깊은 곳으로부터 틀림없이 느낄 것입니다. 준비가 안 되어 있고 미성숙한 친구들, 작은 자들, 곧 주님을 사랑하지만 자기들이 사랑하는 분을 아직 잘 모르는 어린아이들과 주님을 노려보고 있는 적들이 그 점에서는 다 한 가지였습니다. 왜냐하면 그들 모두 똑같은 인간의 마음을 가졌고, 그 마음 깊은 곳에는 하나님께 대한 소외와 반대의 심정이 있기 때문입니다. 그래서 그리스도께서 포도즙 틀을 홀로 밟으셨고, "인자가 이전에 있던 곳으로" 홀로 "올라가셨습니다"(요 6:62).

그러나 이 "갈 수 없음"이 잠시뿐이었다는 점을 기억합시다. 왜냐하면 본문에서 "말한 것과 같이 지금 너희에게도 이르노라"는 말씀을 강조하지 않을 수 없고, 그 직후에 사도들 가운데 한 사람이 "지금은 어찌하여 따라갈 수 없나이까"(요 13:37)라는 질문을 던지자, 그 답변으로 "네가 지금은 따라올 수 없으나 후에는 따라오리라"고 말씀하셨기 때문입니다. 이 말씀 역시 주께서 이별을 앞두고 제자들에게 하신 놀라운 위안과 권고의 말씀에 바로 뒤이어 나옵니다. 이 모든 말씀을 통해서 제자들이 주님이 계시는 곳에 함께 있으며 그의 영광을 볼 것이라는 약속이 언뜻 비칩니다. 본문에서 주님이 자기를 붙잡은 제자들의 손을 풀고 자기가 걸어가야 할 외로운 길을 바라보는 이 슬픈 말씀과 함께, 신약성경의 다른 부분이 그리스도와 신자의 관계를 말할 때 습관적으로 보인 의기양양한 어투가 나옵니다. 이 위대한 구절을 생각해 봅시다. "너희가 이른 곳은 살아 계신 하나님의 도성인 하늘의 예루살렘과 … 만민의 심판자이신 하나님과 … 새 언약의 중보이신 예수시니라"(히 12:22-24). 주님께 갈 수 없게 만들던 것이 어떻게 되었습니까? 사라졌습니다. 주께 "갈 수 없음"이 어디에 있습니다. "갈 수 있는" 복된 상태로 변하였습니다. 그래서 사도는 주저 없이 "우리의 시민권은 하늘에 있다"(빌 3:20)고 말하고, "우리가 그리스도 예수 안에서 함께 하늘에 앉아 있다"(엡 2:6)고 합니다. 막혔던 길이 열렸습니다. 거대하고 시커먼 장벽처럼 솟아있던 불가능성이 녹아 없어졌습니다. 지성소로 들어가는 길이 그리스도의 피로 말미암아 열린 것입니다. 왜냐하면 그리스도의 죽음에는 인간의 죄로 생긴 모든 방해물을 깨끗이 쓸어버리는 능력이 있기 때문입니다. 부활하여 영화롭게 되어 내주하시는 그리스도의 생명에는, 마음 깊은 곳에서 "육과 영의 온갖 더러운 것"(고후 7:1)을 깨끗이 씻고, 우리 죽을 인생이 영원의 길을 걸을 수 있게 하며, 우리가 전적으로 무가

치함과 아주 꺼리게 만드는 모든 것에도 불구하고 하나님 앞에 설지라도 부끄러워하거나 소멸되지 않게 만드는 능력이 있기 때문입니다. "너희가 올 수 없다"는 말씀은 며칠 동안만 해당되었습니다. "너희가 올 수 있다"는 말씀은 영원히, 그리고 모든 그리스도인들에게 해당됩니다.

그러나 감히 하나님께 가까이 가지 못하는 죄 많은 불쌍한 사람이 예수 그리스도의 죽음의 공로와 능력, 그리스도의 생명의 내주하시는 능력을 받을 수 있는 단 한 가지 마음의 태도는 개인적으로 예수 그리스도를 믿는 것밖에 없다는 점을 잊지 맙시다. 그리스도를 믿는 것은 그리스도께 가는 것입니다. 그리스도를 믿는 것이 성경에서는 즉시 하나님께 가까이 갈 수 있게 만드는 것으로 표현됩니다. 사람들은 때로 "빛 가운데서 성도의 기업의 부분을 얻기에 합당하게"(골 1:12) 되기를 기도합니다. 어떤 의미에서 그 기도는 지혜롭고 올바릅니다. 그런데 사람들은 자신들이 그와 같이 인용하는 말씀과 관련해서 사도가 본래는 "그가 우리를 흑암의 권세에서 건져내사 빛 가운데서 성도의 기업의 부분을 얻기에 합당하게 하셨다"고 말한다는 사실을 너무 자주 잊어버립니다. 말하자면, 연약에 에워싸여 있고 죄를 지고 있는 불쌍한 영혼이 십자가로 죄를 이기시고 그 피를 우리 혈관에 주입하신 주님께로 향할 때는 언제든지, 즉 그의 생명의 성령을 우리에게 주신 주님께로 향할 때는 언제든지, 주님 자신의 의를 얻게 하십니다. 그 순간 그 영혼이 하나님 앞으로 인도되고, "그를 믿음으로 말미암아 담대함과 확신을 가지고 하나님께 나아감을 얻게"(엡 3:12) 됩니다. 길을 걸을 수 있는 순간, 형제 여러분, 이와 같이 무능력을 깨끗이 치워버릴 수 있고, 우리를 어둠으로 몰아내는 "주께 갈 수 없음" 대신에 빛으로 인도하는 "주께 갈 수 있음"을 받을 수 있게 되었으니, 그리스도인이라면 누구나 누릴 수 있는 이 영적 교제를 우리가 생생하게 맛보고, 영원히 주님 안에 거하고 주님과 함께 거할 수 있게 만드는, 하나님께 나아감을 사용하도록 합시다.

믿음의 행동이 사람을 그리스도의 죽음과 생명의 능력으로 예수 그리스도와 연합시킴으로써 그 믿음을 발휘하는 사람은 누구나 하나님 앞으로 나갈 수 있게 만든다는 점을 앞에서 말했습니다. 그러나 나는 또한 이 점을 여러분에게 상기시키고 싶습니다. 즉, 우리가 이 영적 교제를 더 충분하고 더 일상적으로 누리기에 합당하도록 만드는 것이 지상 생활, 곧 이생의 슬픔과 기쁨, 사역과 휴식을 통하여 모든 훈련을 우리에게 시행하는 그 목적입니다. "하나님은 우리의 유익을 위하여 그의 거룩하심에 참여하게 하신다"(히 12:10)는 것입니다. 확실히 우리의 일과 관련해서, 기쁜 일뿐 아니라 시련과 관련해서 늘 그 관점에서 생각한다면, 모든 것이 달라질 것입니다. 우리를 정성어린 사랑으로 준비시키며, "경계에 경계를 더하며 교훈에 교훈을 더하는" 일을 끈기 있게 반복하고, 목적은 한결같지만 아주 다양한 방법들을 사용하여서, 또 우리가 살면서 만나는 모든 일을 통해서 우리가 영원한 빛에 이르는 영원한 길을 걸어가기에 더욱 합당하도록 준비시키고 있는 것입니다. 우리는 매일 자신의 환경을 그렇게 생각합니까? 우리가 때로는 믿음이 없이 불가사의한 일이라고 말하거나 우리의 생각을 감히 노골적으로 말할 수 없을지라도 무자비하고 혹독하다고 은근히 불평하는 식으로 생각하는 모든 일을 이 위대한 사상에 비추어서 돌아봅니까? 어떤 귀한 것들을 어깨에서 내려놓거나 마음에서 치워버린다면, 그런 것들을 치워버림으로서 내가 좀 더 가벼운 발걸음으로 평강의 길을 걸어갈 수 있다면, 그것이 무슨 문제가 됩니까? 우리가 지키기를 간절히 바라는 많은 것들을 잃을지라도, 그렇게 잃음으로써 하나님께 나아가는 길에서 조금이라도 앞으로 나가게 된다면, 그 일이 무슨 문제가 됩니까? 조지 허버트(George Herbert)가 말하듯이, 슬픔과 기쁨은 배드민턴 공을 치는 라켓과 같습니다. 그래서 슬픔과 기쁨이 모두 "우리를 던져 하나님의 품에 이르게" 할 수가 있습니다. 아무리 어린 믿음일지라도 믿음이 있으면, 자질이 충분히 발달하지는 못했지만 하나님과 함께 거하는 데 필요한 자질의 싹이 그 안에 있을 수 있습니다. 그러나 그 역량은 자라야 하고, 어린아이들은 성인으로 자라도록, 즉 이 땅에서 만나는 모든 일을 통해서 "그리스도의 장성한 분량이 충만한 데까지"(엡 4:13) 자라도록 도움을 받아야 합니다. 여러분은 우리가 인생을 더욱 잘 알아야 한다고 생각하지 않습니까? 인생이 갑자기 새로운 빛 속에서 환하게 밝아질 것이라고 생각하지 않습니까? 우리가 이 모든 것을 이 관점에서 본다면, 즉 이 모든 일이 우리가 영구히 아버지 하나님과 함께 거하기에 적합하도록 만들고 있다고 본다면, 하나님의 측량할 수 없는 섭리라고 부르는 것을 만나도 좀처럼 어리둥절하지 않게 될 것이라고 생각하지 않습니까?

또 다른 종류의 잠시 "주께 갈 수 없음"이 있었다는 점도 잊지 않도록 합시다. "혈과 육은 하나님 나라를 이어 받을 수 없기"(고전 15:50) 때문입니다. 이렇게, 생활을 우리가 하나님께로 가도록 돕는 것으로 생각할 때 인생이 변하듯이, 이렇게 말할 수 있다면, 우리가 죽음을 왕의 알현실에서 시중드는 안내인으로 생각할 때, 즉 보좌와 우리 사이에 쳐있는 휘장을 제치고 손을 잡고 하나님 앞으로 인도하는 시종으로 생각할 때, 죽음이 변화됩니다. 그렇지 않으면 죽음을 엄격한 시종처럼 생각할 것입니다. 언제나 이런 식으로 죽음을 생각한다면, 우리는 어린아이가 길을 잃었을 때 "나하고 가자. 내가 네 아버지에게 데려다 줄게"라고 말하는 낯선 사람의 손을 잡듯이, 틀림없이 우리는 기꺼이 주님에게 손을 맡길 수 있을 것입니다. "내가 유대인들에게 너희는 내가 가는 곳에 올 수 없다고 말한 것과 같이 지금 너희에게도 이르노라."

내가 지금까지 말한 모든 사실에서 나오는 한 가지 생각을 여러분과 내 자신에게 강조하지 않을 수 없습니다. 그 생각이란 신자에게 의무인 복된 가능성을 말합니다. 그 가능성을 복되다고 하는 것은 아버지 하나님이신 왕에게 가까이 갈 수 있는 권리를 우리 대부분이 사용하는 것보다 훨씬 더 많이 사용하는 일이 가능하기 때문입니다. 자기들에게는 언제나 왕의 어전에 들어갈 수 있는 권리가 있다는 것을 중요한 영예 가운데 하나로 생각하는 귀족들과 단체들이 있습니다. 그런데 그리스도인은 누구나 그 권리가 있습니다. 옛날에 남작이 어전에 모습을 나타내지 않았을 때는, 자연스럽게 의심이 일었는데, 그래서 그는 반역의 심정은 품지 않았을지라도 왕에게 불만을 품은 것으로 사람들에게 오해받는 위험에 처했습니다. 아, 여러분과 내가 그 법에 따라 판단을 받는다면, 우리는 어떻게 되겠습니까? 우리는 가고 싶을 때 하나님 앞에 갈 수 있습니다. 그런데 하나님 앞에 나가는 일이 얼마나 드문지 모릅니다! 우리는 여기 아래서 활동하고 있는 동안에도 하늘에서 살 수 있습니다. 우리는 높은 하늘보다 낮은 땅을 좋아합니다. "우리가 이른 곳은 만민의 심판자이신 하나님과 새 언약의 중보자이신 예수"(히 12:22-24)이십니다. 이상적으로 그리고 우리의 본성 깊은 곳에서 우리는 그곳을 친밀하게 느낍니다. 우리는 거기에 이르렀습니까? 우리는 힘든 의무들에 둘러싸여 있고, 괴로운 걱정거리들에 무겁게 눌리는 소소한 일상생활에서 날마다 마음을 늘 하늘에 두고 있고, 우리를 하나님께로 인도하는 길을 익숙하게 걸어가고 있습니까? "위의 것을 생각하라 거기는 그리스도께서 하나님 우편에 앉아계시느니라"(골 3:1,2). 하나님의 종들이 하나님이 계시는 곳은 어디든지 가까이 갈 수 있다는 점에서 하나님의 종들에게 "주께 갈 수 없는" 일이란 없기 때문입니다.

62
예수님을 찾음

"너희가 나를 찾을 것이나"
요 13:33

이 구절에 대한 앞의 설교에서 나는 이 말씀이 십자가에 못 박힘과 부활 사이의 짧은 기간에만 전적으로 해당된다는 것, 그러나 부분적으로 대비에 의해, 또 부분적으로 유추에 의해 이 말씀이 그리스도와 그의 제자들 사이의 항구적 관계를 나타낸다고 지적했습니다. 그때 내가 지적하였듯이, 이 관계는 크게 두 가지였습니다. 한 가지는 그 구절의 뒷부분에 나오는 "너희는 내가 가는 곳에 올 수 없다"는 말씀으로 표시된 관계였습니다. 여기서 "올 수 없는" 짧은 시간은 금방 항구적으로 "올 수 있는" 시간으로 변할 것입니다. 그 다음에 두 번째 관계는, 잠시 헛되이 찾는 슬픈 관계는 금방 찾으면 만나는 관계로 변할 것입니다. 이제 살펴보고자 하는 것은 후자의 관계입니다.

"너희가 나를 찾을 것이라"는 말씀이 관 뚜껑 위로 뿌려지는 흙처럼 사도들의 마음에 의미 없이 울려 퍼졌습니다. 이 말씀은 우리에게 허용과 명령과 약속으로 다가옵니다. 나는 슬프게 주님을 찾은 이 시간에 대해서 길게 이야기할 생각이 없습니다. 이 시간은 아주 짧았지만 몹시 괴로운 것이었습니다. 우리는 깜깜한 허공 속에 손을 내밀어 우리가 아는 손길을 찾으려고 더듬지만 찾지 못하게 되는 것이 무엇인지 압니다. 어찌할 바를 모르는 이 불쌍한 제자들은 이별의 외로움 때문에, 결코 채워지지 않는 열망 때문에, 무력한 절망감 때문에 영원의 고통이 압축된 이 고뇌의 시간에 "아, 주께서 다시 우리 곁에 계시면 좋을 텐데!" 라고 말하고 있었습니다.

이렇게 헛되이 주님을 찾는 일은 주께서 제자들에게 오셨을 때 끝이 났고 그때 "제자들이 주를 보고 기뻐하였습니다"(요 20:20). 하지만 "구름이 그를 가리어 보이지 않게 하였을" 때(행 1:9) 또 다른 종류의 찾기가 시작되었습니다. 전자의 찾기에 슬픔이 드리워졌던 만큼 이번의 찾기는 기쁜 것이었고, 전자가 틀림없이 낙담시키는 것이었던 만큼 찾는 대상을 확실히 만나게 해주는 것이었습니다. 주님께서 어둠 가운데서 제자들에게 말씀하셨던 것을 이제 우리에게는 빛 가운데서 말씀하십니다. 즉 "내가 너희에게 하는 이 말은 모든 사람에게 하는 말이니라"(막 13:37). 그 말은 찾으라는 것입니다. 이제 우리는 그 대상을 확실히 만나는 이 즐거운 찾기를 살펴봅시다. 이 찾기는 복된 것이지만 그 대상을 만나는 것 자체에 비하면 적은 복에 불과합니다.

1. 그리스도인은 누구나 바로 그 이름이 나타내듯이 그리스도를 찾는 사람입니다.

이 찾기에는 두 종류가 있습니다. 하나는 마치 어미 새가 새끼들이 슬그머니 어디로 사라져 버렸는데 어디로 갔는지 알지 못해 여기저기로 날아다니며 찾는 것과 같은 찾기입니다. 다른 하나는 똑같은 새가 그 작은 가슴 속에서 이동의 본능이 일어나 화살처럼 곧장 날아가는데, 그 목표를 모르지 않고 알기 때문에, 햇빛이 따뜻하고 하늘은 푸르며 겨울이 추운 북쪽 지방으로 물러난 저쪽을 향해 날아가는 것과 같은 찾기입니다. "너희가 나를 찾을 것이라"는 말씀은 약속의 말씀입니다. 이 말씀 때문에 찾는 대상이 어디 있는지 모른 채 찾는 헛된 수고는 그곳이 거처 없는 자의 본향이라는 것을 알고 마음으로부터 찾아가는 복된 찾기로 변합니다. 이와 같이 본문은 그리스도인 생활의 핵심적 복과 특성을 보여줍니다. 즉 그리스도인의 생활은 그 목표가 확실하며, 발견할 수 있거나 발견하지 못할 수도 있는 것을 찾는 것이 아니며, 혹은 찾더라도 우리가 꿈꾸어 오던 것일 수도 있고 아닐 수 있는 것을 찾는 것이 아니라는 것입니다. 이것은 어디 가면 만날 수 있는지 아는 분을 찾는 것이고, 모든 갈망을 충족시켜줄 것이라고 아는 분을 찾는 것입니다. 한편으로 사람에게는 갖가지 서로 다른 찾기가 있고, 다른 한편으로 이 모든 찾기를 한데 모으면 복된 것으로 변하시키는 유일한 찾기가 있는데, 바로 예수 그리스도를 찾는 것입니다.

이렇게 말할 수 있다면, 사람들은 자기들에게 네 가지가 필요하다는 것을 압니다. 즉 알아야 할 진리, 마음을 감쌀 수 있는 사랑, 의지를 명령하고 제지할 수 있는 권위, 실제 생활을 위한 능력이 그것입니다. 그러나 그리스도를 찾는 일은 별 문제로 하고 사람들 대부분은 이 필요한 재화들을 몇 가지 대상에서 찾고, 자신들의 욕구를 채워줄 것을 단편적으로 찾습니다. 그러나 단편적인 것들은 사람의 영혼을 결코 만족시키지 못하고, 진리는 이곳에서 찾고, 사랑은 저곳에서 찾으며 또 권위는 다른 곳에서 찾고 능력은 또 다른 곳에서 찾는 사람들은 자신들이 찾는 것을 결코 얻지 못할 것입니다. 사람들은 오직 한 분에게서만 찾을 수 있는 것을 여러 곳에서 찾고 있습니다. 그것은 마치 보석을 가득 실은 배가 사람들 앞에서 쓰러졌을 때, 사람들이 다이아몬드를 주우려고 달려가지만 에메랄드와 사파이어는 잃고 마는 것과 같습니다. 그러나 지혜로운 사람들은 "극히 값진 진주 하나"(마 13:46)를 찾는 데 집중합니다. 이 진주는 두뇌를 위한 진리와 마음을 위한 사랑, 의지를 위한 권위, 생활을 위한 능력을 모두 지니고 계시는 분입니다. 그 안에 무엇보다 복된 모든 것의 총화가 들어 있는 분이고, 우리를 대신하여 죽으신 형제이며, 살아서 영원히 우리 마음을 채우시는 그리스도이십니다. 태양 하나가 뜨면 모든 별은 빛을 잃고 맙니다. "온전한 감람석 하나면 당신이 바라는 귀한 모든 것들을" 하찮게 만들고 부스러기로 만들 것입니다.

그리스도를 찾는 것이야말로 그리스도인의 특징입니다. 그리스도와 교제를 가지면 가질수록, 그리스도께서 나누어 주신 생명 곧 의와 평강과 희락과 능력인 그 생명을 더욱 온전히 소유하면 할수록 이 찾기는 간절한 열망이 되고 힘써서 찾는 노력이 됩니다. 랍비들의 말에 따르면, 만나는 각 사람에게 그가 가장 바라는 맛이 났다고 합니다. 한 분 그리스도의 다양함은 어리석은 사람들이 인식하는 단편적이고 부분적 여러 목표들이 보여주는 여러 면보다 훨씬 더 다채로운 면을 지니고 있습니다.

그리스도를 찾는 방법들은 매우 평범합니다. 무엇보다 우리가 마음과 생각을 신학적 교리가 아니라 살아계신 그리스도로 채우려고 노력한다면, 그 노력만큼 그리스도를 만납니다. 아, 형제 여러분, 그것은 어려운 일입니다. 아마도 여러분들 가운데 대다수는 이것이 나 같은 사람들, 곧 밤낮 서재에만 앉아 있기 때문에 마음을 빼앗는 일은 아무것도 없다고 생각하는 사람들보다는 사업과 일상생활의 소동과 분주함과 갈등 속에 지내는 여러분들에게 훨씬 더 어려운 일이라고 생각할 것입니다. 나는 그렇게 생각하지 않습니다. 이 일은 우리 모두에게 똑같이 어렵지만 가능한 일이라고 생각합니다. 나는 알프스 산의 촌락들을 가 본 적이 있습니다. 그 촌락들은 마을의 지저분한 골목길 끝마다 거대하고 깨끗하며 조용하고 흰 산 꼭대기로 이어져 있었습니다. 우리의 삶이 바로 그와 같을 수 있습니다. 우리가 살고 있는 동네의 골목길이 아무리 악취가 나고 사람들로 북적거리며 좁을지라도, 우리가 눈을 들어 바라보려고 하기만 한다면, 그 골목길 끝에 알프스 산이 있습니다. 하찮은 것을 위대하게 만들고, 모든 일들이 아주 순조롭고 쉽게 가도록 만드는 생각, 곧 유혹을 찾아 물리치게 만드는 시금석이자 묘술과 같은 생각, 다시 말해 내 영혼의 연인이자 내 생활의 조력자이신 임재하신 그리스도에 대한 생각이 "홀로 조용히 생각하는 달콤한 시간" 뿐만 아니라 직장이나 거래소의 소란스럽고 분주한 순간들에도 찾아올 수 있는데, 마치 "너무 아름다워서 우리가 듣고 있는지조차 모를 감미롭고 매혹적 선율"처럼 다가올 수 있습니다.

그 다음에, 우리는 열망과 소원을 품음으로써 그리스도를 마음과 생활에 모셔 들일 때 그리스도를 만납니다. 그리스도는 언제나 그런 식으로 모셔오게 됩니다. 우리가 그리스도를 마음에 모시기를 얼마나 간절히 소원하는가에 따라 그분을 소유하게 됩니다. 소원하는 것은 마음을 여는 일입니다. 그런데 슬프게도 우리가 소원하고 바라므로 마음을 열지만 아무것도 들어오지 않는 때가 많습니다. 소원은 황량한 바다에 떠다니며 먹을거리를 찾지만 얻지 못하는 바다 생물의 촉수와 같습니다. 그러나 우리가 그리스도를 향해 마음을 열면, 그 즉시 그리스도께서 우리에게 오십니다. "너희가 얻지 못함은 구하지 아니하기 때문이요"(약 4:2). 사랑하는 교우 여러분, 진정한 소원을 품으면 그것이 매우 구체적 기도로 표현된다는 것을 잊지 마십시오. 그런 소원은 기도입니다. 그런데 내가 기도라고 할 때는 간절한 소원이 없이 그저 말만 늘어놓는 것을 의미하지 않습니다. 그리고 소원이라고 할 때는 간절히 구하는 기도로 표출되지 않는 막연히 바라는 마음을 뜻하지도 않습니다. 그 소원은 그리스도를 어떤 곳에든지 모셔오는 기도이고, 모든 생활에 모셔오는 기도입니다.

이 두 가지 방법 외에도 그리스도를 찾는 또 한 가지 방법이 있다는 것을 잊지 않도록 합시다. 즉 비천한 이생의 모든 겉치레와 하찮은 것들을 통해서, 그리고 그 안에서 그리스도를 우러러 보며, 흙 밑의 나무뿌리가 곧장 시냇가로 뻗어가듯이 그리스도를 보기를 바라는 간절한 소원을 품음으로써 그리스도를 찾는 이 두 가지 방법 말고도 다른 방법이 있다는 것을 잊지 않도록 합시다. 그 방법은 본받음과 순종입니다. 우리가 그리스도께서 밟고 가신 길이면서 또한 그리스도께로 인도하는 길을 밟고 가면서 그리스도를 찾고 있지 않다면 그리스도를 생각하는 것은 헛된 일이고, 그리스도를 바라는 체 하는 것은 진실 되지 않습니다. 본받음과 순종은 우리가 생활의 모든 하찮은 것들을 지나서 바로 주님 앞으로 나갈 때 밟고 가는 계단들입니다. 주님께로 인도하는 길에서 조금만 벗어나서 걸어도 우리는 인생을 낭비하는 슬픈 결과에 이르게 될 것입니다. 아무리 작고 희미한 구름일지라도 하늘을 슬그머니 가리면 별들의 절반은 보이지 않게 될 것입니다. 그리스도를 생각하고 바란다고 하면서 그리스도께서 걸으셨던 길을 우리도 걷고 그래서 그리스도께서 계신 곳에 가지 않는 한 우리는 그리스도를 찾는 것이 아닙니다. 예수께서 친히 자신의 종이 자기를 따른다면 자기가 있는 곳에 그 종도 함께 있을 것이라고 말씀하셨습니다. 우리 모두의 특징이 되어야 하는 이 찾기는 이 네 가지 사실로 이루어져 있습니다.

그 다음에 이 점을 살펴봅시다.

2. 그리스도를 찾는 사람은 언제나 그리스도를 만납니다.

나는 지난 설교에서 우리 주님께서 자신의 비천한 제자들에게 하신 말씀이 또 다른 때 주님께서 자신의 지독한 적들에게 하신 말씀과 묘하게 일치한다는 사실을 지적했습니다. 주님께서는 본문이 들어 있는 이 구절에서 제자들에게 정체성을 생각나게 하십니다. "내가 유대인들에게 … 말한 것과 같이 지금 너희에게도 이르노라." 주님께서 유대인들에게 말했던 것 가운데 제자들에게 말씀하시지 않은 것이 한 가지 있었습니다. 주께서 유대인들에게는 "너희가 나를 찾아도 만나지 못할 터이요"(요 7:34)라고 말씀하셨습니다. 이 말씀을 제자들에게는 하시지 않았습니다. 슬픈 시간에도 이 말씀은 제자들에게 해당되지 않았습니다. 자기를 따르는 자들에게 이 말씀을 하시지 않았고, 우리에게도 하시지 않습니다.

우리는 찾으면 그리스도를 만날 것입니다. 그리스도인의 생활에서 실망은 없습니다. 사람이 그리스도를 간절히 구하는 데 그리스도를 소유하지 못하는 일이란 없습니다. 이제까지 그리스도를 찾은 사람치고 그리스도를 소유하지 못한 사람은 없었습니다. 그래서 앞에서 이야기하였던 바를 다시 강조합니다. 즉 그리스도께서 우리 모두에게 진리와 사랑과 인도와 힘과 그 자신 전부를 주시기를 간절히 바라기 때문에 우리가 예수 그리스도의 능력과 생명을 소유하는 정도는 우리 자신에게 달려 있다는 것입니다. 여러분이 작은 컵 하나를 들고 샘에 가면, 작은 컵 하나밖에 물을 담아 오지 못할 것입니다. 큰 그릇을 가져가면 **큰 그릇**에 물을 담아 올 것입니다. 구약의 기사에 나오는 여인이 기름이 기적적으로 흘러나오는 곳에 그릇을 가져다 놓는 한, 기름은 계속 흘러나왔습니다. 그러나 기름을 담을 그릇이 더 이상 없자, 흘러나오던 기름이 그쳤습니다. 사람이 포도주병을 포도주 통 꼭지 밑에 흔들리지 않게 잘 대고 있지 못하면, 귀한 포도주의 절반을 땅에 흘릴 것입니다. 내가 지금까지 말해온 이 조건들을 이행하는 사람들은 그들의 믿음대로 되는 것을 확실히 볼 수 있을 것입니다. 사랑하는 교우 여러분, 여러분이 필요로 하는 모든 것이 되시는 그리스도의 임재를 생생하게 느낀 경험이 없다면, 그 책임은 전적으로 여러분 자신에게 있습니다. "나는 야곱 자손에게 너희가 나를 혼돈 중에서 찾으라고 이르지 아니하였노라"(사 45:19). 따라서 주님께서 "너희는 나를 찾으라"고 말씀하셨을 때는, 찾는 영혼에게 만나주고 간절히 바라는 마음에 자신을 주시겠다고 절대적으로 약속하고 계신 것입니다.

결국에 가서는 언제나 그리스도를 만나는 이 찾기만이 실패가 있을 수 없는 그러한 찾기임을 또한 기억해야 합니다. 인생의 행로에서 실망을 경험하지 않는 길이 딱 한 가지 있습니다. 우리는 추구하는 일들에서 참으로 자주 실패를 경험한다는 것을 모두 압니다. 또 목표를 이루고 보니 이루지 못했을 때보다 더 쓰디쓴 실망감을 맛보게 되는 경우가 참으로 많다는 것을 우리는 다 잘 압니다. 물속의 해파리가 물속에 있는 한에는 보잘것없는 그 물체가 사랑스럽고, 섬세한 보랏빛과 푸른색에 물들어 넓게 퍼지면서 해파리의 길게 늘어진 몸체들이 물의 흐름에 따라 아름답게 너울거립니다. 하지만 해파리를 해변 가에 놓아보십시오. 그러면 해파리는 뭉툭한 덩어리가 되고 해독을 끼치고 쏩니다. 여러분은 큰 바다에서 바라던 것을 건져 올립니다. 바라던 것을 얻었을 때, 그것이 여러분을 실망시킵니까? 아니면 찾는 동안 부풀어 올랐던 기대를 충족시켜 줍니까? 우리를 실망시키지 않는 것이 한 가지 있습니다. 결코 마르지 않는 샘이 하나 있습니다. 그리스도인의 생활에 깊이 들어가면 들어갈수록, 그만큼 더 우리는 아라비아의 그 여왕이 아주 기뻐서 소리친 말을 우리 자신도 외치게 될 것입니다. "내게 말한 것은 절반도 못되도다"(왕상 10:7).

이제 끝으로 이 점을 말씀드리겠습니다.

3. 그리스도를 만나면 다시 더욱 그리스도를 찾게 만듭니다.

그리스도인이 찾는 대상은 예수 그리스도입니다. 그는 성육신하신 무한자이십니다. 사람이 결코 다 알 수 없는 분이십니다. 그리스도인이라면 예수 그리스도를 찾는 정신이 있습니다. 그 정신은 무한한 확대와 접근과 동화의 구체적 가능성입니다. 이것은 결코 다함이 없습니다. 그래서 무한하신 그리스도에게, 그리고 그 용량이 무한히 확대될 수 있는, 그리스도를 찾는 사람에게 싫증이란 있을 수 없고, 한계가 있을 수 없으며, 그 과정이 끝나는 법이란 없습니다. 이 포도주 부대는 거기에 새 포도주를 부어도 터지지 않을 것입니다. 오히려 탄력성 있는 용기처럼, 포도주를 부으면 그 부대는 불룩해지며 늘어날 것입니다. 소유가 더 많아집니다. 그리스도의 충만이 사람의 마음에 부어지면 부어질수록, 넓어진 마음은 그만큼 더 많은 복을 받게 됩니다.

사랑하는 형제 여러분, 인생의 한 행로가 있습니다. 나는 오직 이 행로밖에 없다고 믿습니다. 즉 우리 모두가 사물의 본성에서, 그리스도의 본성에서, 우리 자신의 본성에서 성장과 진보에 끝이 없다는 확신을 가지고 시작할 수 있는 인생행로가 있습니다. 활기를 주는 새로움과 복됨, 에너지를 생각해 보십시오. 도달하지 못하고, 도달할 수 없는 대상을 갖는다는 것, 즉 결코 이를 수 없지만, 우리가 끊임없이 가까이 갈 수 있는 목표를 갖는다는 것이 끊임없는 기쁨과 영속적 젊음을 누리는 비결이라고 나는 생각합니다. "나는 뒤에 있는 것은 잊어버리고 앞에 있는 것을 잡으려고 달려가노라"(빌 3:13)고 말하는 것은 단조로움과 지루함을 쫓아버리고 끝까지 사람과 함께 가는 주문이자 묘술입니다. 그래서 다른 모든 목표와 대상들이 시들어 재로 변했을 때에도, 이것은 우화에 나오는 버질(Virgil)의 무덤 안에 있는 등불처럼 무덤 속에서 밝게 빛나며 우리에게 빛을 비추어 저기 영원에까지 이르게 합니다.

왜냐하면 이 땅에서 그리스도인의 전진에 싫증날 것이 없고 한계도 없다면, 이 땅에서 그리스도인의 진보는 경주의 첫 "단계"에 불과하다는 것, 즉 인생행로의 첫 번째 **경주장**에 지나지 않는다는 것, 다시 말해 길을 가로질러 그어져 있는 좁고 어두운 선 너머로, 그 행로는 계속해서 위로 달리고, 영원히 나아갈 것이라는 것을 이보다 더 잘, 그리고 강력하게 보여주는 증거가 없기 때문입니다.

"둥근 원이 땅에서는 끊어지지만 하늘에서는 완전한 모양을 이루네."

확실히 발견할 수 있다고 생각하는 것을 찾으십시오. 여러분을 결코 실망시키지 않을 것을 찾으십시오. 영원히 여러분에게 있을 것을 찾으십시오. 성경에 기록된 그리스도의 첫 번째 말씀은 **"무엇을 구하느냐"**(요 1:38)는 질문입니다. 이것은 우리 모두에게 던지시는 질문입니다. 처음에 이 질문을 받은 두 사람처럼 "우리가 무엇을 구하는 것이 아니라 누구, 곧 주님을 찾고 있습니다. 주님은 어디 계십니까"라고 대답한다면 잘하는 일입니다. 또한 우리가 마음으로 그렇게 묻는다면, 그들이 받았던 초대, 곧 "와보라" 즉 와서 찾으라는 초대를 우리도 받을 것입니다. "나를 찾으라"는 말씀은 은혜로운 초대이며, 엄연한 명령이고, 우리가 찾으면 만날 것이라는 믿을 수 있는 약속입니다. "그리스도를 얻는 자는 생명을 얻고 그리스도를 잃는 자는" 다른 무엇을 찾아 얻었을지라도 "자기의 영혼을 해하는 자"입니다(잠 8:35,36).

63
"내가 너희를
사랑한 것 같이"

"새 계명을 너희에게 주노니 서로 사랑하라 내가 너희를 사랑한 것 같이
너희도 서로 사랑하라 너희가 서로 사랑하면 이로써
모든 사람이 너희가 내 제자인 줄 알리라"
요 13:34, 35

죽음을 앞둔 사람의 입에서 나오는 소원은 신성합니다. 이런 소원은
사람의 뇌리에 깊이 박히고, 그 소원에 충실하게 살도록 만듭니다. 이별이
가까이 다가왔다는 것을 느끼자 주님의 말씀은 이례적으로 부드러워졌습
니다. 그래서 주님은 제자들을 "작은 자들"이라고 다정하게 불렀습니다.
여기서는 그같은 의식 때문에 주님의 말씀이 엄숙해지고 명령의 형태를
띠게 됩니다. 제자들은 주님께서 그들 가운데 계셨기 때문에 한데 뭉쳐 있
었습니다. 그런데 아치의 이맛돌을 쳐서 빼트리면 아치의 모양이 그대로
있겠습니까? 바퀴통을 제거하면 바퀴살이 무너지지 않겠습니까? 주님께
서는 자신이 떠났을 때 틀림없이 제자들에게 일어날 붕괴시키는 경향으로
부터 그들을 보호하려고 하셨습니다. 그래서 주님은 제자들에게 자신의
부재를 감당할 수 있는 위안을 알게 하고, 자신의 임재를 대신할 분을 가
르쳐 주려고 하셨습니다. 왜냐하면 제자들이 보는 형제들을 사랑하는 것
은 어떤 의미에서 그들이 더 이상 보지 못하는 그리스도를 계속해서 사랑

하는 것이 될 것이기 때문입니다. 그래서 주님은 "너희는 내가 가는 곳에 올 수 없다"고 말씀하신 뒤에 바로 이어서 "내가 너희를 사랑한 것 같이 너희도 서로 사랑하라"고 말씀하십니다.

이웃을 자신처럼 사랑하는 것은 유대인들 사이에서는 익숙히 알고 있는 진부한 말이고 랍비들의 가르침에서 분명한 위치를 차지하고 있었음에도 불구하고 주님은 이것을 "새 계명"이라고 부르셨습니다. 주님의 계명은 새로운 사랑의 대상을 제안하였고, 새로운 사랑의 정도를 말하였는데, 이 사랑은 이전에 있던 모든 것과는 아주 달라서 마치 거의 새로운 사랑을 말하는 것처럼 들렸습니다. 또 이 계명은 사랑의 새로운 원동력을 제시하고 공급하였습니다. 이 계명은 "생명을 줄 수 있었고" 또 그 자체를 실현할 수 있었습니다. 그러므로 이 계명은 우리에게까지 "새로운 계명"으로 옵니다. 이 계명 앞에 나오는 말씀들, 우리가 지난 설교들에서 생각하였던 그 말씀들과 다르게, 이 계명은 지난 시대들에서처럼 오늘날도 전적으로 새롭게 적용될 수 있습니다. 여러분에게 먼저 이 점을 생각해 보라고 말씀드립니다.

1. 새 계명의 새로운 범위.

"서로 사랑하라." 우리가 이 계명에 순종할 때 나타나는 새로운 현상을 잠시 생각해 본다면 이 교훈이 새로운 것임을 깨닫게 됩니다. 이 말씀을 하였을 때, 당시에 알려진 개화된 서구 세계는 빙하의 균열처럼 거대하고 깊은 틈으로 벌어져 있었습니다. 인종적 원한과 계층 간의 차이는 거기에 비하면 단지 표면에 실처럼 그어진 균열에 지나지 않습니다. 언어, 종교, 민족적 원한, 조건의 차이, 무엇보다 슬픈 것은 성(性)의 차별로 인해 세계가 서로 합칠 수 없게 조각조각 나뉘었습니다. 어떤 언어에서는 "나그네"와 "원수"가 같은 단어이었습니다. 학식이 있는 사람과 배우지 못한 사람, 노예와 주인, 야만인과 헬라인, 남자와 여자가 거대한 심연의 맞은편에 서서 서로를 원수처럼 대합니다. 한 유대인 촌사람이 자신의 자그만 땅덩어리에서 3년 동안 오르락내리락 하며 돌아다녔습니다. 이 땅은 로마의 역사가가 유대인들을 가리켜 "인류의 증오거리들"이라고 할 때 느꼈던 것처럼, 편협과 분리와 적의의 중심지였습니다. 이 유대인 촌사람은 소수의 제자들을 모았고, 남을 얕보는 로마 총독에게 십자가 처형을 당했습니다. 이 총독은 골치 아픈 자기의 신민들에게 인기를 얻기 위해 광신적 유대인 한 사람의 생명을 취하는 것은 작은 대가에 불과하다고 생각하였습니다. 한 세대 후에 그 간격들을 이어주는 다리가 놓이고, 제국 전역에 걸쳐 기이하게도 통일에 대한 의식이 새롭게 붙었고, 그래서 "야만인이나 스구디아인이나 종이나 자유인"(골 3:11)이나 남자나 여자, 유대인이나 헬라인, 학식이 있는 자나 무식한 자가 악수하고 한 식탁에 앉아 자신들이 "그리스도 예수 안에서 모두 하나"라고 느꼈습니다. 이들은 언제든지 다른 모든 인연을 끊고 그리스도의 십자가에서 흘러나오는 연합시키는 힘에 복종할 뜻이 있었습니다. 이제까지 그와 같은 일은 없었습니다. 이를 보고 세상이 마술과 음모, 입에 올릴 수 없는 악에 연루되어 있다고 떠들어대기 시작한 것은 이상한 일이 아닙니다. 그것은 제자들이 "새 계명"에 순종하고 있었던 것뿐이고, 새로운 사실이 세상에 일어난 것입니다. 즉 지리적 우연이나 언어적 동족 관계 혹은 정복자의 철 차꼬에 의해 결합된 것이 아니라 사랑으로 결합된 공동체가 나타난 것입니다. 사람들은 이랑으로 분리된 밭고랑에 씨를 뿌리고 흙을 덮어줍니다. 그러면 씨가 싹트면, 이랑이 가려져서 아무 구분이 보이지 않고, 눈길이 미치는 데까지 옥수수 밭이 뻗어 있고, 금빛 물결이 끝없이 펼쳐져 일렁입니다. 새 계명은 새로운 사실을 만들어 냈고, 세상은 의아해 하였습니다.

자, 형제 여러분, 이 계명에 순종하는 것이 어떤 면에서 그때보다 오늘날이 훨씬 더 힘들지라도, 오늘날 그리스도인 개인들과 기독교 공동체들이 처해 있는 다양한 환경 때문에 이 계명에 순종하는 형태가 달라질 수는 있지만 그리스도인 개인이든지 기독교 공동체든지 이 계명을 따르는 의무를 조금도 약화시키지 못한다는 것을 잊지 않도록 해야 합니다. 수의 증가, 세계의 무장한 적대 행위의 중지, 기독교 진리에 관한 지식인의 다양한 입장, 문화의 차이, 그 밖의 많은 사실들이 사람들을 갈라놓는 세력들입니다. 그런데 우리 기독교 신앙이, 기독교 초창기 시절에 이 새로운 회심자들의 마음에서 솟아나온 신앙이 그들이 투쟁해야 했던 훨씬 더 강력한 분리의 경향들을 억제하였던 것과 같이, 이 분리하는 경향들을 억제할 수 없다면 별 가치가 없습니다.

그리스도인은 누구나 자신이 다른 모든 그리스도인과 같은 동족임을 알아야 의무가 있습니다. 다시 말하면, 그리스도인은 사람들을 가를 수 있는 문화나 견해 혹은 그와 같은 것들의 피상적 차이들보다 훨씬 더 깊은 곳에 있고, 따라서 서로를 끌어당기는 데 훨씬 더 강력하게 작용해야 하는, 자신의 영적 존재의 깊은 기초들에서 자신이 다른 그리스도인과 같은 동족임을 알아야 한다는 말입니다. 그리스도인들을 한데 묶는 유대는 한 주님과 맺고 있는 공통적 관계입니다. 이 관계가 서로에 대한 그리스도인들의 태도에 영향을 끼치게 되어 있습니다. 여러분은 내가 당연한 사실을 말하고 있다고 합니다. 그렇습니다. 오늘날 기독교의 상태는 이 당연한 말을 교회가 이전에 한 번도 들은 적이 없는 것처럼 교회의 귀가 닳도록 다시 말해야 할 필요가 있을 만큼 슬프고 비극적입니다.

기독교의 사랑은 단지 감정에 불과하다고 생각하지 마십시오. 이 말에 대해 즉시 한두 마디 해야 하겠지만, 나는 할 수 있으면 말만 번지르르하게 하는 영역에서, 그리고 아무 의미가 없는 절반은 거짓된 감정을 분출하는 영역에서 이 주제를 끄집어내고 싶고, 우리 주님께서 "서로 사랑하라"고 말씀하실 때, 기독교의 사랑은 우리를 단단히 붙드는 매우 실제적 계명임을 여러분이 느끼도록 하고 싶습니다.

이 계명을 순종하기 어렵게 만드는 부수적 상태들에 대해서는 앞에서 말한 바 있습니다. 이 계명을 순종하기 어렵게 만드는 진짜 이유는 우리가 중심인 그리스도를 굳게 붙잡지 않는다는 것입니다. 우리를 예수 그리스도로 채우는 정도만큼 그리스도의 영이 우리에게서 나타날 것이고, 그만큼 그리스도의 생명이 우리의 것이 될 것입니다. 그리스도인은 누구나 존재의 깊은 곳에서 다른 모든 그리스도인에 대해 친화력을 갖습니다. 그래서 그리스도인은 "보배로운 믿음"(벧후 1:1)을 고백하는 형제와 사고방식과 개인의 특성, 문화, 신조에서 아무리 다를지라도, 이 모든 문제들에서 훨씬 더 일치하는 점이 많지만 그와 다르게 예수 그리스도를 믿고 사랑하며 순종하지 않는다는 이 사실 때문에 갈라지는 사람보다 훨씬 더 가까운 것입니다. 그래서 이 계명은 그리스도인 개인들과 교회들에게 다음의 형태를 이룹니다. 즉 깊은 내면으로 내려가 보십시오. 그러면 여러분은 자신과 아무리 가까운 것처럼 보이는 불신자들보다도 여러분과 아주 멀리 떨어져 있는 것처럼 보이는 그리스도인이나 교회와 더 가깝다는 것을 발견하게 될 것입니다. 그러므로 여러분의 영적 혈족인 형제를 사랑하도록 하십시오. 여러분을 한데 묶는 통일성이 여러분들 가운데 있다는 사실을 깨닫도록 하십시오. 이것은 혁명적 계명입니다. 도처에서 그리고 언어가 다르고, 신조가 다른 여러 곳에서 예수를 자신들의 주라고 부르며, 이 계명을 지킨다면 자신들의 주요 우리의 주라고 부르는 전체 가족에 대해 우리 개인들의 관계는 어떤 것이 되겠습니까? 그 질문에 대해서는 여러분 스스로 답변해 보시기 바랍니다. 나는 이 계명은 첫째로 어떤 곳에 있든지 주 예수 그리스도를 사랑하는 모든 사람에게 해당된다는 사실만 말씀드리겠습니다.

그러나 이 계명에는 그 이상의 것이 함축되어 있습니다. 서로 사랑하라는 이 말씀을 모든 제자들에 대한 명령으로 만드는 바로 그 원칙 때문에 예수 그리스도를 따르는 모든 사람이 예수께서 지극히 사랑하여 대신하여 죽으신 모든 자들을 마땅히 참된 애정으로 환영해야 하는 것입니다. 나나 다른 그리스도인이 그리스도를 사랑하기 때문에 다른 그리스도인을 사랑해야 한다면, 그리스도께서 나와 모든 사람을 사랑하시기 때문에, 또한 그리스도께서 나와 모든 사람을 위해 십자가에서 죽으셨기 때문에 내가 모든 사람을 사랑해야 합니다. 그래서 다른 사도들 가운데 한 사람 혹은 적어도 그 사도의 이름으로 전해지는 편지는, 그리스도인의 애정을 교회에 집중하고 세상은 이질적인 것으로 여겨 마귀에게 가도록 버려두기보다는 "너희 믿음에" 이것, 저것을 더하고 "형제 우애를, 형제 우애에 사랑을 더하라"(벧후 1:5,7)고 말하였을 때, 바른 관계를 말한 것입니다. 개별적인 것이 전체적인 것을 배제하지 않고, 개별적인 것은 전체적인 것으로 이어집니다. 벽난로에 타오르는 불은 방 전체에 온기를 전달합니다. 원은 가운데 중심이 있습니다. 그래서 아무리 넓은 원이라도 가운데 있는 작은 점에 연결되어 있습니다. 이와 같이 이 새 계명은 인류를 두 부류로 나누지 않고 모든 차이를 모아서 하나로 만들고, 세상의 모든 대립과 반대에 화해시키는 그리스도의 위대한 사랑을 퍼트립니다. 이제 다음의 사실에 유의하시기 바랍니다.

2. 새 계명의 모범. "내가 너희를 사랑한 것 같이."

"같이"라는 엄숙한 말씀이 우리 앞에서 높이 오르고, 우리 멀리서 빛을 비춘다는 사실을 생각할 때 기대감을 가지고 그 말씀으로 다가가도록 해야지, 절망감에 사로잡혀 그 말씀에서 물러나지 않도록 해야 합니다. "내가 사랑한 것 같이." 한 사람이 다른 사람들 앞에 서서 이렇게 말한다는 것은 무시무시한 일입니다! 즉 "나를 완전한 사랑의 완전한 모범으로 삼으라. 수 세기의 간격에도 희미해지지 않고, 조건과 환경의 변화에도 약해지지 않으며, 수 세기가 지나갔지만 여전히 새롭고, 인간의 다양한 모든 성격과 상태에 여전히 적합한 내 모범을 따르라. 그 이상을 내가 실현하였고, 너희는 비록 실패할지라도 그 이상을 실현하기 위해 애쓰는 만큼 복을 받을 것이다!" 예수 그리스도께서 자신을 그처럼 완전한 사랑의 완전한 구현이라고 표현할 수 있도록 보장하는 유일한 한 가지 면이 있는데, 그것은 그리스도의 탄생 자체가 사랑의 결과였고, 그의 죽음은 그 사랑의 절정이라는 오래된 믿음에서 찾아 볼 수 있다고 말할 수 있습니다. 그렇다면 우리는 베들레헴과 그리스도의 전 생애, 생애 마지막으로서 십자가를 그리스도께서 형제에 대한 우리의 사랑에 대해 주신 모범과 본보기로 보아야 합니다.

우리는 십자가에서 무엇을 봅니까? 나는 사람들이 일반적으로 이 위대한 계명을 다룰 때 그저 유약하고 감상적으로 다루는 일이 너무 많다는 것과, 그래서 이 계명을 그런 영역에서 끄집어내어 훨씬 더 고귀하고 노력을 요하는 어려운 영역으로 올리기를 원하였다고 앞에서 말하였습니다. 이것이 바로 우리가 그리스도의 생애와 죽음에서 보는 바입니다. 무엇보다 사랑의 행위를 봅니다. "우리가 말로만 사랑하지 말고 행함과 진실함으로 하자"(요일 3:18). 그 다음에 자기를 잊는 사랑의 속성을 봅니다. "그리스도께서도 자기를 기쁘게 하지 아니하셨나니"(롬 15:3). 그 다음에는 사랑의 자기 희생을 봅니다. "사람이 친구를 위하여 자기 목숨을 버리면 이보다 더 큰 사랑이 없나니"(요 15:13). 할 수만 있다면 더 자세히 말하고 싶은 이 세 가지 요점들, 곧 적극적 사랑, 자기를 잊는 사랑, 자기를 희생하는 사랑에서 여러분은 모두를 위한 모범을 봅니다. 그리스도인의 사랑은 감상적 정서와 달콤한 말이 마음에 가득 찬 유약한 처녀가 아닙니다. 그리스도인의 사랑은 봉사하기 위해 허리띠를 매고 정력적으로 일하는 처녀이며, 위험을 감수하고 필요하다면 순교할 준비가 되어 있는 여장부입니다. 사랑의 언어는 희생입니다. "너에게 내 자신을 준다"는 것이 이 사랑의 표어입니다. "내가 너희를 사랑한 것 같이." 바로 이것이 우리 모두 앞에 제시된 모범입니다.

나는 지금까지 이 계명이 어떻게 많은 점에서 새로운 것인지를 설명하려고 애썼습니다. 이 계명은 이 점에서 영원히 새롭습니다. 즉 이 계명은 신실한 마음으로 가까이 다가가지만 도달하지 못하고 영원히 우리 앞에 있으며, 언제나 새로운 영웅적 행위를 하게 만들고, 따라서 자기희생의 복됨을 맛보게 하며, 우리와 주님 사이의 차이점들, 즉 우리가 때로 너무 뻔뻔스럽게 생각하는 그분, 감히 우리 주님이라고 부르는 주님과 우리 사이의 깊고 비극적이며 죄 많은 차이점들을 항상 고백하지 않을 수 없게 한다는 점에서 영원히 새롭습니다.

여러분은 유명한 미술관에 가서 라파엘로의 작품과 같은 그림 앞에서 모사가(模寫家)가 앉아서 자신의 보잘것없고 서투른 그림이 비록 기계적으로 그 윤곽을 따라 그린 것이지만, 대가가 화폭 전체에 불어넣은 신성한 아름다움을 별로 드러내지 못하고 잘못 그린 것을 비교해 보는 모습을 본 적이 있습니까? 바로 그것이 여러분과 내가 우리 자신의 생활에 대해서 행해야 할 일입니다. 즉 우리의 생활을 원화(原畫) 옆에 나란히 놓는 것입니다. 언젠가는 그렇게 하지 않을 수 없을 것입니다. 지금 그렇게 해서 모사(模寫)한 그림을 명작에 조금이라도 더 비슷하게 만들고, "내가 너희를 사랑한 것 같이"라는 말씀이 항상 우리 앞에 빛을 비추어서 우리가 도달할 수 없는 고지에 더 가까이 다가가도록 하는 것이 낫지 않겠습니까?

이제, 끝으로 우리는 이 점을 봅니다.

3. 이 계명에 순종하도록 만드는 원동력.

이 점은 다른 모든 것만큼이나 새롭습니다. "같이"라는 말은 사랑의 방법을 나타내지만 또한 동기와 능력을 표시하기도 합니다. 이 말은 같은 뜻인 "방식으로"라는 말로 번역할 수도 있고, 혹은 같은 "하므로"라는 말로, 즉 "내가 너희를 사랑하였으므로"라고 번역할 수도 있습니다. 원문의 뜻을 따르면 이렇게도 번역할 수 있습니다. "너희도 서로 사랑하도록." 말하자면, 사람들이 이 계명을 지키지 못하도록 만드는 것은 우리 모두에게 본성적으로 있는 본능적 이기심입니다. 아주 정교하게 구성되어 단단하게 결합되어 있는 몸에는 근육들이 있습니다. 심장은 이 근육들 가운데 괄약근(括約筋)으로 형성된 것입니다. 그래서 심장은 특별히 어떤 것이 그 안으로 들어오면 본능적으로 닫혀서 아무것도 침투할 수 없게 합니다. 그러나 우리 마음의 권좌에서 자아를 쫓아내고 사랑이라는 천사를 왕위에 앉히는 어떤 것이 있습니다. 즉, 그 마음에 "내가 너희를 사랑한" 그 위대한 사랑에 대한 의식이 물결치듯이 밀려올 것입니다. 그 사랑이 빙산을 녹일 것입니다. 이 사랑 외에 다른 아무것도 그 일을 하지 못할 것입니다.

우리가 마음에 받아들이고, 그래서 그리스도께 응답하는 사랑을 일으키는 우리에 대한 그리스도의 사랑은 우리가 그 사랑 안에 살고, 그 사랑이 우리를 지배하는 만큼 그리스도께서 사랑하시는 모든 것과 모든 사람을 우리가 사랑하게 만듭니다. 우리 마음에 슬그머니 들어와 마음속에서 항상 일어나는 "생의 문제들을" 유쾌하게 만드는 예수 그리스도의 사랑이 주님의 모든 계명에 기쁘게 순종하는 데로 마음이 흐르게 만들 것입니다. 우리의 마음에 받아들이고, 거기에 대해 사랑으로 응답하는 그리스도의 사랑은 사랑이 언제나 그렇듯이 매혹적인 변화를 일으킬 것입니다. 한 위대한 수도원 선생이 그리스도를 본받음에 관해 귀한 책을 썼습니다. "본받음"이라는 중요한 단어입니다. 그러나 "변화"는 더 중요한 단어입니다. 사랑하는 우리 마음의 거울에 예수 그리스도의 사랑을 받을 때 "우리가 다 그와 같은 형상으로 변화합니다"(고후 3:18). 이렇게 우리의 모범인 그 사랑이 또한 순종에 대한 동기와 능력이 됩니다. 그래서 우리가 이 사랑에 영향을 받으면 받을수록 그만큼 더 예수님의 사랑을 받고 예수님을 사랑하는 모든 사람들을 사랑하게 될 것입니다.

이것이 세상을 친목과 일치의 끈으로 굳게 결합시킬 수 있는 기초입니다. 그동안 형제애를 일으켜보려는 시도들이 있었습니다. 그러나 "형제"라는 이름으로 시작된 일을 단두대가 끝을 냈습니다. 사람들이 탑을 세우지만, 그리스도의 사랑이 그 벽돌들을 결합시키지 않는 한, 벽돌들 사이에 시멘트는 없는 것입니다. 그래서 바벨탑을 세우는 건축자들 주위에 계속해서 바벨탑이 무너지는 것입니다. 그러나 오늘날 모든 정세가 어둡고 전운(戰雲)이 낮게 내려오고 있으며, 사람들의 마음은 사나운 열정으로 타오르고 있을지라도, 그리스도의 계명은 그리스도의 약속입니다. 이상이 비록 더딜지라도 반드시 이루어질 것입니다. 그래서 오늘날도 그리스도인들은 그리스도의 평화와 그리스도의 사랑을 나타내게 되어 있습니다. 우리가 처음부터 받아가지고 있었던 이 옛 계명은 모든 시대에 적합하듯이 오늘날에도 적합한 새 계명입니다. 그것은 꿈이라고 어떤 사람들은 말합니다. 그렇습니다. 꿈입니다. 그것은 실현되는 아침의 꿈입니다. 그 꿈이 현실이 되도록 하고, 양 무리와 같은 사람들이 한 목자의 주위에 모일 날을 오게 하기 위해 우리가 할 수 있는 작은 일들을 합시다. 이 목자께서는 사람들을 죽기까지 사랑하셨고, 사람들에게 "주님께서 그들을 사랑하셨듯이" 혹은 "사랑하셨으므로" "서로 사랑하라고" 명령하시며 그들이 서로 사랑할 수 있도록 도우신 분입니다.

64
쿠오바디스?

"베드로가 이르되 주여 내가 지금은 어찌하여 따라갈 수 없나이까 주를 위하여 내
목숨을 버리겠나이다 예수께서 대답하시되 네가 나를 위하여 네 목숨을 버리겠느
냐 내가 진실로 진실로 네게 이르노니 닭 울기 전에 네가 세 번 나를 부인하리라"

요 13:37, 38

베드로의 주요 특성들이 여기서 모두 나타납니다. 나서기 좋아함,
자신의 생각과 감정을 불쑥 이야기함, 주님에 대한 뜨거운 사랑, 그뿐 아
니라 주님을 이해하지 못함, 자신감 넘치는 오만이 그것입니다. 베드로는
그리스도의 말씀의 깊은 의미에 아예 귀를 닫고 끼어들어 주님의 엄숙한
말씀을 방해하며, 오직 한 가지 생각, 즉 예수께서 떠나실 것이고 자기는
혼자 남게 될 것이라는 생각에만 골몰하였습니다. 그래서 그는 이 질문을
던집니다. "주여 어디로 가시나이까?" 이렇게 묻는 것은 그 점에 관심이 있
어서라기보다는 그 질문으로써 베드로가 뜻하는 바는 "가시는 곳을 말씀
해 주시면 나도 가겠습니다"는 것입니다. 주님께서 어디로 가시든지 개가
주인의 뒤를 따르듯이 충성스럽게 따르겠다고 맹세하는 것입니다.

주님께서는 방금 전에 일반적 원칙으로 말씀하신 것을 다시 한 번 개인
적으로 적용하시면서 그 말씀의 밑에 깔린 의미에 답을 하셨습니다. "내가
가는 곳에 네가 지금은 따라올 수 없으나 후에는 따라오리라." 그 다음에
주목할 만한 이 대화가 이어졌습니다.

이 사건의 전체 의미는 다음과 같은 아름다운 전설에 간직되어 있습니다. 그 전설은 로마 가까이에 있는 아피아 가도에서 베드로가 목숨을 보존하기 위해 급히 달려가고 있을 때, 주님을 만나서 다시 한 번 주님께 "주여, 어디로 가시나이까" 하고 물었다는 것입니다. 불가타 성경에 나와 있는 대로, 이 질문의 단어가 베드로가 주님을 만나 물었다고 여기는 장소와 그곳에 서 있는 작은 교회의 이름이 되었습니다. 주님께서 이렇게 대답하셨다고 합니다. "다시 십자가에 못 박히기 위해 로마로 간다." 그 답변이 사도의 가슴을 찔렀고, 비겁한 도망자를 영웅으로 변화시켰습니다. 베드로는 주님을 따라서 기쁘게 죽는 자리에까지 갔습니다. 베드로가 주님을 따라갈 수 있으려면 먼저 이루어져야 할 일이 죽음이었기 때문입니다.

자, 본문의 말씀에 대해서는, 우리가 이 대화의 지금까지의 과정을 더듬어 보면 그 의미를 가장 잘 헤아려서 마음에 간직할 수 있을 것이라고 생각합니다. 본문 말씀에는 세 가지 요점이 있는데, 대담한 질문, 경솔한 맹세, 슬픈 예측이 그것입니다.

1. 대담한 질문.

"주여 어디로 가시나이까"라는 베드로의 첫 번째 질문이 말 그대로의 뜻이라기보다는 "주께서 어디로 가시든지 주님을 따르겠으니 내가 따라갈 수 있도록 어디로 가시는지 말씀해 주십시오"라는 의미였듯이, 마찬가지로 두 번째 질문도 실제로 "주여 내가 지금은 어찌하여 따라갈 수 없나이까"라고 물었다는 것이라기보다는 우리 주님의 부인하는 말씀에 가장 가능성 있는 답변을 한 것입니다. 베드로는 질문의 형태로 주께 말씀드리는데, 그 말의 의미는 이것입니다. "아닙니다. 나는 주님을 따라갈 수 있습니다. 그 증거로 나는 주님을 위하여 내 목숨을 내어놓겠습니다." 이 대담한 질문에 이 사람의 끈덕짐과, 자칫 공경심이 부족한 것처럼 보일 수 있게 만드는 그의 사랑이 나타났습니다. 이 질문에 깔려 있는 의미는 주님의 말씀을 믿지 못하겠다는 것이었습니다. 그러나 그 질문에는 결심의 고귀한 면이 있습니다. 비록 후에 그 결심이 깨졌지만, 주님과 헤어지기보다는 어떤 것이든 감당하겠다는 결심의 고귀한 성격이 담겨 있습니다. 그러나 그 동기가 고귀하였지만, 그 형태는 공경심이 부족하였고, 그보다 더 큰 잘못이 그 말에 들어 있었습니다. 베드로는 "따르겠다"는 말의 의미가 무엇인지 몰랐습니다. 그는 먼저 그 의미를 배워야 했습니다. 베드로 주님을 따라갈 수 없었던 주요한 이유들 가운데 한 가지는 그가 거기에 포함된 사실을 알지 못하였다는 것입니다. 주님을 따른다는 것은 단순히 주님의 뒤를 좇아가는 것 이상을 의미하였습니다. 곧 십자가에까지 따라간다는 것이었습니다. 그처럼 주님을 따르는 데 쓸모 있는 것으로 생각했던 것보다 더 철저한 훈련과 더 정력적 노력이 필요하였습니다.

베드로의 생활을 좀 더 들여다봅시다. 그날 아침의 장면을 생각해 봅시다. 즉 호숫가 언덕에서 베드로가 얕은 물을 건너 주님의 발 앞에 물을 뚝뚝 떨어트리며 털썩 엎드려 세 번의 고백으로써 세 번 부인한 일을 지우고, 그가 듣기를 간절히 원했지만, 다락방에서는 "지금은" 따를 수 없었다는 말을 들었는데 마침내 그 허락을 받은 그날 아침의 장면을 생각해 봅시다. "예수께서 이르시되 너는 나를 따르라 하시더라"(요 21:22). 그때 죄를 뉘우치는 베드로의 마음에 틀림없이 지난 기억들이 홍수처럼 밀려들었을 것입니다! 베드로는 주님을 "'따를 수 없었던' 자신이 이처럼 빨리, 이렇게 금방 따를 수 있게 되다니!, '후에는'이라는 말씀이 이렇게 빨리 현재가 되다니!" 하고 스스로 생각하였을 것입니다.

이 일이 있은 뒤 오랜 후에, 베드로가 노인이 되고 경험을 통해서 주님을 따른다는 것의 의미가 무엇인지 배웠을 때, 베드로는 그의 편지를 받는, 흩어져 있는 모든 나그네들과 자신의 특전을 나누며, 그들에게 "(내가 무지한 채 열정에 들떠서 지내던 때에 종종 생각했던 것처럼 단지 나에게만 본을 보이신 것이 아니라) 우리에게 본을 끼쳐 그 자취를 따라오게 하려 하셨느니라"(벧전 2:21)고 하였습니다. 이 말은 이 사건과 부활 후의 다른 사건을 가리키는 것이 분명합니다.

형제 여러분, 큰 잘못이지만 사랑에서 나온 이 대담한 질문은 예수 그리스도를 따르는 것이 모든 행위를 결정짓는 가장 중요한 지침임을 보여줌니다. 신조가 있든지 없든지 사람은 모두 이 사실을 인정합니다. 주님의 생애에서 나타난 "모든 시적 생각보다 강한 온전한 행위의 사랑스러움"이 사람이 무슨 행위를 하든지 따라야 하고, 따르는 만큼 그 행위가 고귀하게 될 살아있는 법을 야기합니다.

그 점에 기독교 도덕의 큰 복과 엄숙한 의무, 고상한 특권이 있습니다. 기독교 도덕은 명령에 순종하라고 하기보다 어떤 분을 따르라고 하고, 사람들에게 "착하라"고 하지 않고 "그리스도처럼 되라"고 말합니다. 기독교 도덕은 의무의 개념을 추상적 영역에서 끌어내어 생생한 현실의 영역으로 가져갑니다. 기독교 도덕은 완전에 대한 차갑고 균형 잡힌 이상을 제시하기보다는 살아계신 분, 곧 사랑의 마음과 우리를 돕는 손을 가지신 분을 말합니다. 이 때문에 옳은 것을 이루려고 애쓰는 모든 면이 달라집니다. 왜냐하면 예수 그리스도께서 우리에게 "나처럼 되라. 그러면 너희가 선하게 되고 복 받을 것이라"고 말씀하실 때, 일은 더 쉬워지고, 주님과의 교제가 들어오는 것은 행실을 돕기 위한 것이 됩니다. 노력하는 것이 목표를 달성하는 것만큼 복될 것이고, 그리스도를 좇아 열심히 나아간다는 의식이 그리스도를 붙잡았다는 의식에 못지않게 복될 것입니다. 그리스도를 따르는 것은 지극히 큰 복이고, 그리스도께 이르는 것은 천국입니다.

그러나 이처럼 그리스도를 따라가기 위해서는 베드로가 "내가 지금은 어찌하여 따라갈 수 없나이까" 하고 물었을 때 하지 못하였던 일을 해야만 합니다. 베드로가 주님을 따라갈 수 없었던 한 가지 이유는, 앞에서 말하였듯이 그가 주님을 "따라간다는 것"의 의미를 아직 알지 못하였고, 그의 성품이 이처럼 주님과 동화되거나 그의 행동이 주님을 닮기에는 아직 부적합하였다는 것이었습니다. 또 한 가지 이유는, 십자가가 아직 주님 앞에 있었고, 무한한 사랑과 완전한 자기희생으로 다른 사람들을 위해 죽으시는 일이 성취되기 전까지는 모범이 아직 완전하지 못하였고, 인간 생명의 최고의 이상이 생전에 실현되지 않았기 때문입니다. 그러므로 이때 주님을 "따른다는 것"은 불가능한 일이었습니다. 그리스도께서는 우리가 따라야 할 모범을 완성하시려면 먼저 죽어야 합니다. 아무리 비틀거리고 멀리서 따를지라도 그리스도께서 주님을 따를 수 있게 만들 추진력을 우리에게 주시려면 먼저 죽으셔야 합니다.

주님의 생애와 죽으심의 핵심은 다음 두 가지 사실에 있습니다. 즉 자신의 의지를 전적으로 아버지 하나님의 뜻에 복종시키시는 것과 인류를 위하여 전적으로 자기를 희생하시는 것입니다. 그 생애와 죽음과 희생에는 아무도 모방할 수 없고, 세상이 지속되는 동안 다시 반복될 필요가 없고 반복되는 것을 용인할 수도 없는 유일무이함이 있습니다. 나는 설교에서 이런 점이 있음을 말하는 것을 결코 잊지 않을 것입니다. 그럴지라도 주님의 생애와 죽음에는 모방할 수 있는 점이 있습니다. 예수님을 따른다는 것은 자신을 부인하고 하나님을 위하여 사는 것이고, 자아를 희생하고 사람들을 위하여 사는 것입니다. "우리에게 본을 끼쳐 그 자취를 따라오게 하려 하셨느니라"(벧전 2:21)는 엄숙한 말씀에, 다시 말해 주께서 "우리를 위하여 고난을 받으신" 죽음이라는 그 행위와 사항에 바로 이런 점들이 들어 있습니다.

"본"이라고 번역된 이 단어는 습자(習字) 선생님이 학생들에게 한 줄 한 줄 그대로 베껴 쓰도록 주는 글씨체를 가리킵니다. 우리가 습자 교본에 쓴 S자와 S자 모양의 선이 얼마나 엉터리인지, 페이지가 얼룩으로 엉망이 되었다는 것을 다 압니다. 그렇지만 페이지 맨 위에는 선생님의 똑똑한 글씨가 그대로 있습니다. 그 페이지를 넘겨 새 페이지에 글씨를 따라 쓰기 시작할 때는 전 페이지의 마지막 줄이 얼룩이 지고 더러워졌을지라도, 글씨 본은 처음 그대로 있을 것입니다. "우리가 그와 같을 줄을 아는 것은 그의 참모습 그대로 볼 것이기 때문"입니다(요일 3:2). "네가 후에는 따라오리라"(요 13:36)는 말씀은 명령입니다. 그런데 감사하게도 이 말씀은 또한 약속이기도 합니다. "따라가는 것"은 결국 도달하는 데, 이른다는 사실을 잊지 않도록 합시다. 주님께서 또 다른 경우에 말씀하셨던 것과 같습니다. 그때 주님은 "사람이 나를 섬기려면 나를 따르라 나 있는 곳에 나를 섬기는 자도 거기 있으리라"(요 12:26)고 말씀하셨습니다. 물론 우리가 따른다면 어느 날 같은 곳에 이르게 될 것입니다. 그래서 이 큰 약속이 성취될 것입니다. "이 사람들은" 더욱 고귀한 생활을 하는 가운데 "어린 양이 어디로 인도하든지 따라갈" 것입니다. 이 땅에서처럼 불완전하게 그리고 멀리 뒤 처져서가 아니라 주님 옆에 가까이 붙어서 주님이 앞서 가시면 뒤를 좇아 한 걸음 한 걸음 따라갈 것입니다.

그러나 우리가 장차 주님을 따를 것이고 그 따름이 완전할 것이지만, 현재의 무능력이 주님을 본받아 생활하게끔 하는 "주님을 따라가는 그 일"에 장애물과 결점으로 작용한다는 점을 기억해야 합니다. 왜냐하면 주님께서 친히 우리에게 "내가 너희를 위하여 거처를 예비하러 가노라"(요 14:2)고 말씀하셨고, 주께서 죽음을 겪으시고 영광에 들어가시기 전까지는 사람이 황금 길을 걸을 항구적 기초가 없었고, 그리스도께서 죽으시기 전에는 사람이 천국에 이를 수 없었기 때문입니다. 이렇게 생활을 예수님을 따르는 면에서 보면 모든 생애가 변하듯이, 죽음도 그 관점에서 볼 때 전혀 다르게 변합니다. 예루살렘 성벽 밖에서 돌에 무참하게 맞아 죽은 첫 번째 순교자는 주님의 죽음을 기억하고 그 모범을 따라 죽었습니다. 주님께서 죽을 때 "아버지 내 영혼을 아버지 손에 부탁하나이다"(눅 23:46) 하고 말씀하셨듯이, 그도 죽어가면서 "주 예수여 내 영혼을 받으시옵소서"(행 7:59)라고 말하였습니다. 주 예수께서 마지막 순간에 "아버지 저들을 사하여 주옵소서 자기들이 하는 것을 알지 못함이니이다"(눅 23:33) 하고 기도하셨듯이, 스데반도 주님의 본을 받아 마지막 순간에 "주여 이 죄를 그들에게 돌리지 마옵소서"라고 기도를 드렸는데, 이 기도에는 주님의 본을 닮은 것만큼 중요한 차이도 있습니다. 그 다음에, 왁자지껄한 소음과 무자비한 공격을 당하는 가운데서 어머니의 품에 있는 아이처럼 "그가 잤다"고 성경의 기록은 아름답게 기술합니다. 죽음이 그리스도를 따르는 것이 될 때, 그 죽음은 달라집니다.

2. 여기서 우리는 경솔한 맹세를 봅니다.

"내가 주를 위하여 내 목숨을 버리겠나이다"(요 13:37). 여기서 이 말이 참으로 기이하게 뒤바뀌게 되는 것을 봅니다! "나를 위해 당신의 목숨을 버리십시오"라는 말이 되었습니다. 42시간이 채 지나기도 전에 갈보리에서 그리스도께서 베드로를 위하여 자기 목숨을 내놓으셨을 때 그와 같이 바뀌었습니다. 베드로는 시대착오적 말을 한 잘못이 있었습니다. 주님께서 제자들을 위해 죽으시기 전까지는 제자들이 자기 주님을 위하여 죽는 시간은 오지 않았기 때문입니다. 그러나 베드로가 주님을 따르는 것을 외적이고 물리적 행동의 관점에서만 생각하긴 했지만, 언제든지 주님을 위하여 죽을 준비를 할 필요가 있다고 생각한 것은 바른 일이었습니다. 이것이 그 맹세의 밑바닥에 깔려 있어서, 맹세의 경솔함을 어느 정도 벌충합니다. 이것은 우리가 항상 진정으로 주님을 따르는 자가 된다면 마음에 새길 필요가 있는 중대한 진리입니다. 우리가 그리스도를 따르려고 하면 그리스도를 위해 죽는 일이 필요합니다. 여러분은 매일 죽지 않으면 그리스도를 따라갈 수 없습니다. 사람이 매 순간 자신을 죽이고 억압하여 버리고, 자신과 육신적 세상과의 관계를 끊어버리며, 비참한 생활 가운데서도 생명과 죽음의 주이신 주님께 자신을 산 제사로 드리는 일이 없이는 이제까지 아무도 주님을 따라간 사람은 없습니다. "그리스도를 따라가는 것"을 사람들이 매일의 생활에서 편하게 행할 수 있는 도덕적 행위를 감상적으로 표현하는 것에 지나지 않는 것으로 생각하지 맙시다. 그러나 여기서 베드로 사도는 매우 경솔하고 지극히 무지하며 아주 천박한 태도에도 불구하고 슬프게도 사람이 잘 잊어버리는, 중대하고 변치 않는 원칙, 곧 죽는 것이 예수님을 따르는 일에 본질적 면이라는 사실을 굳게 붙들었습니다.

한 번 십자가에 가서 십자가를 지고 끝내는 것보다 훨씬 더 어려운 매일 죽는 일은 당시 베드로가 알지 못하기도 했지만, 알았다고 하더라도 할 수 없었습니다. 그의 맹세는 분별없는 것이었습니다. 그리스도께서 베드로와 우리를 위하여 목숨을 버리는 일이 아직 이루어지지 않았기 때문입니다. 거기에 원동력이 있습니다. 감사하는 마음을 이끌어내고 우리의 모든 이기심을 녹이는 이 원동력에 의해서, 이 원동력에 의해서만 우리의 악을 매일 십자가에 못 박고 자기 과신과 자기를 기쁘게 하려는 마음, 제 고집을 매일 버리는 가운데 우리를 위해 죽으신 주님께 자신을 드릴 수 있습니다.

주께서는 우리를 위해 목숨을 버리셔야만 하고, 그리고 우리는 주께서 그 일을 하셨다는 것을 알고 우리의 큰 희생이요 우리 죄를 속하는 제사장으로 의지해야 합니다. 그렇지 않으면 우리는 죽음으로써 살고, 주님을 위하여 살기 위해 죽을 수 있음에 관하여 자아의 폭정으로부터 결코 풀려나지 못할 것입니다. "나는 다시 십자가에 못 박히기 위해 로마로 간다"는 말은 옛 전설의 도망자를 붙잡아 영웅으로 만들고, 그가 자기를 위해 죽으신 주 님께 고집과 오만을 드린 후로 오랫동안 지녀왔던 자신의 신체적 목숨을 바치고 자기 주님처럼 십자가에 못 박히기 위해 다시 돌아가게 만든 말씀 이었습니다.

하나님 우리 아버지시여! 우리가 목자의 음성을 듣고 따르는 양들 가운 데 속하게 해주시기를 아버지께 간구합니다. 우리를 위해 목숨을 버리신 사랑하는 주님에 대한 믿음을 굳세게 하여서 매일 자기 부인(否認)과 자기 희생을 통해서 주님을 위해 우리 목숨을 버리고, 이 땅에서 주님의 사랑의 모든 발자국을 따라 주님을 좇아가게 하여 주옵소서.

65
경솔한 맹세

"예수께서 대답하시되 네가 나를 위하여 네 목숨을 버리겠느냐
내가 진실로 진실로 네게 이르노니 닭 울기 전에 네가 세 번 나를 부인하리라"
요 13:38

지난 설교에서 나는 이 말씀이 결말 부분을 이루고 있는 그 대화를 조금 생각해 보았습니다. 그 결말 부분에는 사실상 주님의 말씀을 반박하는 것이나 다름없는 "내가 지금은 어찌하여 따라갈 수 없나이까"라는 베드로의 넉살 좋은 질문과, "주를 위하여 내 목숨을 버리겠나이다"고 한 경솔한 맹세, 그리고 "닭 울기 전에 네가 세 번 나를 부인하리라"는 슬픈 예측의 말씀이 들어 있는 것을 보았습니다. 나는 이 세 단계 가운데 두 번째 단계, 곧 경솔한 맹세를 한창 생각하는 중에 잠시 멈추었습니다. 그때 나는 베드로 사도가 "그리스도를 따른다"는 것이 무엇을 의미하는지 정말로 몰랐지만, 그 의미를 제대로 짚었고, 어쨌든 "그리스도를 따른다"는 것은 그리스도를 위해 죽는다는 것을 의미한다는 것을 깨달았을 때, 그는 자기도 모르게 그리스도인 생활의 핵심과 영원한 진리를 말한 것이라는 점을 지적하였습니다. 그렇습니다. 그 점은 언제나 그렇습니다. 왜냐하면 자기희생을 통해서, 그리고 세상을 버리고 감각적 생활과 자아를 버리는 일을 통해서 "날마다 죽는 것"이 없이는 그리스도를 따를 수 없기 때문입니다. 하지만 이 경솔한 맹세는 좀 다른 관점에서 보아야 합니다. 그리고 우리는 옳은

것과 그른 것, 오류와 그 속에 있는 깊은 진리가 묘하게 뒤섞여 있는 것을 고려해야 할 뿐만 아니라 그 말에 나타나는 사도의 감정과 생각에 옳은 것과 그른 것이 묘하게 뒤섞여 있는 것도 고려해야 합니다. 그래서 나는 전자를 먼저 생각하고, 그 다음에 뒤에 나오는 슬픈 예측을 살펴보겠습니다.

우리의 말이 아무리 좋은 것이라 할지라도 거기에 옳은 것과 그른 것, 선한 것과 악한 것이 묘하게 섞여 있는데, 그와 같이 이 말을 볼 때에 거기에서 다음과 같은 점들을 발견합니다.

1. 고상하고 진지하지만 일시적인 것에 지나지 않는 정서와 충동.

"내가 주를 위하여 내 목숨을 버리겠나이다." 베드로는 말 한 마디 한 마디를 그대로 말하였습니다. 그는 만일 그때 그 다락방에 교수대나 십자가 형틀이 세워졌었다면 말 그대로 행했을 것입니다. 그러나 불행하게도 고상함과 고귀한 열정의 순간과 순교에 대한 부르심이 언제나 동시에 일어나는 것은 아닙니다. 신성한 분위기가 감돌던 다락방에서 그것은 느끼기 쉬운 감정이었고, 그렇게 곧 고귀하게 행동하기는 쉬웠을 것입니다. 그러나 겟세마네 동산에서 차가운 봄 밤에 주님께서 감람나무의 흔들리는 그림자 밑에서 나오기를 기다리며 졸고 있을 때에, 혹은 활기가 완전히 가라앉을 때인 희뿌연 아침에 관정(官廷)의 아래 계단 끝에 있는 불 옆에 웅크리고 있을 때에는 그렇게 느끼고 행동하기는 쉽지 않았습니다.

이와 같이 진실하고 고귀한 그 말은 베드로를 한 순간 높이 들어 올리고 그에게 도움이 되었지만 또한 그를 훑고 지나가면서, 공허한 말 가운데 사라져버린 감정의 분출 때문에 자신을 냉담하게 만들고 훨씬 더 약하게 만든 충동과 감정의 표현에 지나지 않았습니다. 왜냐하면 감정이 아무리 고귀하고 고상하며 혹은 성스런 영감을 받았다고 할지라도, 본래 감정은 일시적이며 거기에 반작용이 확실히 따르는 것임을 잊지 않아야 하기 때문입니다. 바싹 마른 땅에 흐르는 겨울철 급류처럼, 급류가 거품을 내면 낼수록, 그만큼 계곡의 바닥은 다시 빠르게 마르며, 그만큼 더 급류는 성장과 비옥함을 가져다 줄 흙을 실어 나릅니다. 사람은 어떤 감정이 몰아치고

난 다음에는 바위처럼 무감각하고 완고한 심정에 빠지는 경향이 있습니다. 지나치게 감정적 기독교 신앙과 결함이 많은 생활 사이에는 밀접한 관계가 있습니다. 감정은 행동의 대용물이 되는 경향이 있습니다. "인정 많은 감정"을 뜻하는 "자비심"이라는 단어가 "친절하게 행하기"라는 의미를 지닌 "자선"에 정당하게 속한 의미를 지니게 되었다는 것이 아주 주목할 만한 사실이 아닙니까? 감정적 사람은 자신의 민감한 감수성과 고상한 열정, 따뜻한 정서는 행동이라고, 혹은 행동만큼 좋은 것이라고 생각하여 스스로 속고 맹목적이 됩니다. 그 사람은 형제에게 "덥게 하라, 배부르게 하라"(약 2:16)고 말하며, 마음은 나태한 가운데서 자기가 형제를 돕기 위해 손가락 하나도 까닥하지 않았다는 것을 잊습니다.

나는 감정적 종교나 종교적 감정을 결코 나쁘게 말할 생각이 없습니다! 그것은 이 세대에서 가장 하지 않아야 할 일입니다. 오늘날 교회가 다른 어떤 것보다 필요한 것이 있다면, 그것은 교회의 기독교 신앙이 지금보다 훨씬 더 감정적이 되고, 교회의 추진력이 더 강하고 빠르며 더 자발적이고 압도적이 되어야 한다는 것이며, 또 교회를 이런 점들로 권하되, 단지 이러이러한 희생이나 노력이 자기들이 갚아야 할 빚이라는 사실을 마지못해 인정함하도록 설득해서는 안 됩니다. 교회의 예배는 그것이 열정적이고 감정에서 나온 예배가 될 때에만 기쁜 예배가 될 것입니다. 형제 여러분, 그리스도인이라고 하면서 자기를 위해 죽으신 위대한 사랑에 대해 지극히 깊고 뜨거운 감정이 생활에 나타나지 않는 사람은 괴물이나 다름없습니다. "여호와의 불은 시온에 있고 여호와의 풀무는 예루살렘에 있느니라"(사 31:9). 이 말씀이 우리 교회나 기독교 국가의 여느 교회의 열정을 표현하고 있습니까? 오늘날 교회가 풀무, 곧 용광로입니까? 천만에, 얼음집입니다! 지붕이 푹 꺼졌고, 차가운 굴뚝이 있는 곳에 타다 남은 장작이 들어 있는 녹슨 벽난로가 있으며, 그 위로 눈이 내리고 있는 허물어진 오두막을 생각해 보십시오. 바로 그것이 오늘날 허다히 많은 교회들을 바르게 묘사하고 있는 모습입니다. 오늘날 교회는 "여호와의 풀무"가 아닙니다.

지금 우리가 목도하는 이 사건에서 배워야 할 교훈은 감정의 위험이 아닙니다. 그보다는 오히려 감정의 필요입니다. 다만 여기에는 두 가지 단서 조항이 있습니다. 즉, 감정은 주께서 나를 위해 자기 목숨을 버리셨다는 중대한 진리를 명확히 인식한 근거 위에 형성된 감정이 되어야 한다는 것이고, 또 그 감정은 그냥 말로 허비되는 것이 아니라 일을 하도록 만드는 감정이 되어야 한다는 것입니다. 떨어지는 물의 기세가 강하면 강할수록 여러분은 거기에서 그만큼 더 많은 전기 에너지를 얻을 수 있고, 그 에너지를 가동시켜 생의 바퀴를 돌릴 수 있을 것입니다. 감정을 두려워하지 마십시오. 여러분에게 감정이 없다면 기독교 신앙을 거의 이해하지 못할 것입니다. 그러나 감정을 불러일으키는 진리를 분명하게 깨닫는 가운데서 그 감정을 통제하도록 해야 하고, 그래서 감정이 생의 바퀴를 돌리는 데 사용되도록 해야 합니다. "서원하고 갚지 아니하는 것보다 서원하지 아니하는 것이 더 나으니라"(전 5:5). 수다를 떨고 빈둥거리는 것으로 감정을 표출하기보다 말을 자제하고 활동으로 표현하는 것이 더 낫습니다. 감정은 종노릇을 할 때는 선하지만 주인 노릇을 하면 나쁩니다. 열정과 감정을 그리스도인으로서 자신의 진로를 진척시키는 데 사용하는 사람은 마치 한두 시간 동안에는 시속 10노트 가량의 연풍이 불다가 다음에는 사람의 활기를 뺏는 병적으로 조용한 평온이 찾아오는 적도 근처의 다양한 바람의 지대에 들어와 있는 배와 같습니다. 좀 더 남쪽으로 밀어서, 바람이 일년 내내 한결같이 한 방향으로 지속적으로 부는 "무역풍" 지대에 들어서도록 하십시오. 열정과 감정을 확고한 원칙으로 바꾸십시오. 감정에 의해 따뜻해지고 열정에 영향을 받은 원칙으로 바꾸십시오.

2. 이 경솔한 맹세는 선과 악이 묘하게 뒤섞인 확신을 보여주는 예입니다.

"내가 주를 위하여 내 목숨을 버리겠나이다." 앞에서 말하였듯이 베드로는 정말로 그런 뜻으로 말했습니다. 베드로의 이 말은 "내가 마시려는 잔을 너희가 마실 수 있느냐"는 주님의 엄숙한 말씀에 주님의 두 제자들이 조금도 주저하지 않고 "할 수 있나이다"(마 20:22) 하고 대답한 말과 비슷합니다. 한 훌륭한 선생은 두 제자의 이 말을 "위험을 무릅 쓴 믿음"의 말이라고 간주하였습니다. 아마 그랬을지도 모릅니다. 그 말에는 믿음만큼이나 자기 과신이 많이 들어 있었을 것입니다. 베드로의 답변에는 믿음보다는 자기 과신이 더 많았던 것이 분명합니다. 그래서 시련이 닥쳤을 때 그의 자기 과신은 무너지고 말았습니다.

세상과 교회는 자기 신뢰의 가치에 대해 정반대의 입장을 취하고 있습니다. 세상은 자기 신뢰가 능력을 갖추는 조건이라고 말합니다. 교회는 그것이 약점의 근원이라고 말합니다. 자신감이 있으면 사람은 하나님의 도움을 구하지 않고 따라서 능력의 원천에서 멀어지게 됩니다. 여러분이 잠깐만 생각해 보면, 신약성경이 사람의 자아에 대한 지혜로운 모든 지식에 일치하는 능력의 비결로서 전하는 믿음이 그 표면에, 곧 믿음의 다른 쪽에 자신 없음과 자기 불신을 지니고 있음을 알게 될 것이기 때문입니다. 자신을 마땅히 불신해야 할 대로 불신하지 않는 사람은 하나님을 마땅히 신뢰해야 할 대로 신뢰하지 않습니다. 산을 평평하게 하는 방법은 산이 서 있는 높이까지 물을 끌어오는 길밖에 없습니다. 사람들이 기계 장치와 수문을 이용해서 운하를 산꼭대기까지 끌어 올릴 수 있지만, 강을 산꼭대기로 끌어올릴 수는 없습니다. 하나님의 도움의 강은 골짜기를 따라 흐르며 지극히 낮은 곳을 찾아갑니다. 믿음과 자기에 대한 절망은 정교하게 짠 옷감처럼 한 사물의 윗면과 아랫면과 같습니다. 한 면은 다른 면과 다른 문양을 보이고 있지만, 같은 실로 짠 것이고, 같은 실이 위쪽에서 아래 쪽으로 지나가 만든 것입니다. 이와 같이 믿음과 자기 불신은 하나의 복합물을 두 이름으로 부르는 것뿐입니다.

나는 예전에 한쪽 면에는 "베옷과 재"라는 글자가 새겨져 있고, 다른 한쪽에는 "금 면류관"이라는 글자가 새겨진 옛날 유대인 동전을 본 적이 있습니다. 이 동전은 과거 이스라엘의 모습과 당시 이스라엘의 모습을 비교하려는 뜻이 있었습니다. 처음에는 면류관이 왔지만 마지막에는 베옷과 재가 왔습니다. 하지만 우리는 내가 지금 생각하고 있는 이 점을 예를 들어 설명하는 데 그 동전을 사용할 수 있을 것 같습니다. 자기 절망이라는 베옷과 재가 있는 곳에는 언제든지, 오직 거기에만 그에 상응하는 믿음의 금 면류관이 있을 것입니다. 웨슬리가 그의 위대한 찬송에서 노래하였듯이, 이렇게 "자기에 대해 확실히 절망하고서" 하나님을 굳게 붙들 때, 우리는 "내가 약한 그 때에 강함이라"(고후 12:10), "우리가 대적할 능력이 없고 오직 주만 바라보나이다"(대하 20:12)라고 말할 수 있습니다. 만약에 베드로가 "내가 주의 도우심을 받아 주를 위해 내 목숨을 버리겠나이다" 하고 말하였다면, 그의 확신은 하나님의 능력에 감동을 받은 자아에 대한 확신이었을 것이기 때문에 타당하고 복되었을 것입니다.

형제 여러분, 이렇게 전적 자기 불신이 합당한 태도이고 우리가 필요한 능력을 받는 조건이 됩니다. 하지만, 아주 절대적 확신, 보이는 것들만을 볼 수 있는 사람의 눈에는 완전히 정신 나간 얘기라고 생각할 그 확신이 그리스도인에게는 정상적인 것입니다. 세상이 이렇게 말한다면, 아주 옳은 말을 하는 것입니다. "당신이 믿는다면, 일을 할 수 있다. 그 일을 하기 위해 지금까지 먼 길을 온 것이다." 성공에 대한 기대가 스스로 성공하는 기막힌 기술을 발휘하는 경우가 종종 있습니다. 그러나 세상은 우리의 비결을 모릅니다. 우리의 비결은 우리의 겸손한 믿음이 앞장서신 우리 구원의 대장을 모시면 그와 함께 밭에 저수지를 끌어들인다는 것입니다. 그러므로 자기를 부인하는 그리스도인은 주저 없이 혹은 주제넘지 않는 태도로 이렇게 말할 수 있습니다. "내게 능력 주시는 자 안에서 내가 모든 것을 할 수 있느니라"(빌 4:13).

여러분이 하나님을 고려할 때는 교회의 이상들이 실현 가능한 일들이 되지만, 하나님을 고려하지 않으면 정신 나간 얘기처럼 보입니다. 예를 들어 전도에 대해 생각해 봅시다. 한 줌밖에 안 되는 그리스도인들이, 말하자면 온 세상과 비교할 때 우리는 한 줌에 불과하기 때문에, 한 줌밖에 안되는 그리스도인들이 세상 구석구석에 복음을 전하고 도처에서 복음에 대해 반응하는 것을 발견한다는 것에 관해 말하는 것이 얼마나 터무니없게 들리겠습니까. 그렇습니다. 터무니없는 얘기입니다. 그러나 똑똑하고 머리가 잘 돌아가는 선생님은, 그 일이 합리적지 불합리한지 평가하는 일에 하나님을 빼먹습니다. 절대적으로 온전한 성품이라는 그리스도인의 이상을 또 예로 들어봅시다. "도대체 사람이 그런 위치에 이를 수 있는 것처럼 말한다는 것이 참으로 터무니없는 생각이다." 그렇습니다. **사람이 그런 위치에 이를 수 있는 것처럼 말한다면, 나도 당신의 말에 동의합니다.** 그러나 하나님이 그와 함께 하신다면, 사람이 그 위치에 이르지 못할 것으로 생각하는 것이 터무니없는 일입니다. 당신의 팔 길이만큼 0이 길게 늘어서 있습니다. 그 0은 아무 의미가 없습니다. 그러나 줄지어 서 있는 0의 왼쪽 끝에 1을 써 보십시오. 그러면 그 숫자는 무엇을 의미합니까? 이와 같이 그리스도를 생활에, 교회에 모셔 들이는 믿음은 "하찮은 사람들을"을 대단한 사람들로 만듭니다. 즉 "불가능한 일들을 비웃으며 그 일이 이루어질 것이라고 외칩니다!"

그 다음에, 이 경솔한 맹세에서 우리는 곤경을 과소평가하는 태도를 봅니다. 베드로 사도의 생애에서는 이 사건의 묘한 판박이라고 할 수 있는 또 한 사건이 있었습니다. 그가 한편으로는 호기심에서 또 한편으로는 튀고 싶은 마음에, 또 한편으로는 주님에 대한 사랑에서 대제사장의 관정에 들어갔듯이, 이 사건에서도 스스로 나댔습니다. 베드로는 스스로 어떤 위험에 뛰어들고 있는지를 한 순간도 생각해보지 않고 배에서 앉아 "나를 명하사 물 위로 오라 하소서"(마 14:28) 하고 말했습니다. 그는 자신이 무겁고, 물은 단단하지 않으며, 바람이 세고 호수의 물결이 거칠다는 것을 잊었습니다. 그래서 그가 발을 바다에 내리자 차디찬 파도가 무릎으로 올라오는 것을 느꼈을 때, 믿음이 달아나면서 용기도 함께 사라지자 바다 속으로 빠지기 시작했습니다. 그때 베드로는 "주여 나를 구원하소서"(마 14:30) 하고 부르짖었습니다. 만일 그 상황의 현실을 잠시만 생각해 보았더라면 그는 배에 가만히 앉아있었을 것입니다. 만일 그가 예수님을 죽는 데까지 따라간다면 어떻게 될 것인지 생각해 보았더라면, 맹세하기를 주저하였을 것입니다. 그러나 시련이 닥칠 때 영웅적 행위를 하는 것보다 조용히 한쪽 구석에서 영웅적 행위를 결심하는 것은 훨씬 더 쉬운 일입니다. 열심과 고귀함, 두드러진 희생의 모습이 보이는 위대한 일을 하는 것이, 특별히 마치 도끼로 사람의 머리를 자르는 것처럼 한 순간에 그 일을 처리할 수 있는 경우에는 "매일 죽는 것"보다 훨씬 더 쉽습니다. 형제 여러분, 사람을 참으로 힘들게 만드는 것은 작은 문제들입니다. 여러분은 요즘 가을철 신문에서 물 건너 저 놀라운 나라에서 기차들이 욕심쟁이들 때문에 운행이 중단되고 있다는 소식을 때때로 봅니다. 기독교라는 기차는 높이 솟은 견고한 장애물 때문에 서기보다는 많은 욕심쟁이들 때문에 서는 일이 훨씬 더 많습니다. 우리 그리스도인의 생활이 실패에 봉착하게 되는 것은 그리스도인들이 큰 반대에 직면할 준비가 되어 있지 않기 때문이라기보다는 많은 작은 반대들을 고려하지 않기 때문일 가능성이 훨씬 더 많습니다. 산의 급류 위로 다리를 세우면서 얼음이 녹을 때 발생하는 큰물을 전혀 고려하지 않는 중재인을 여러분은 어떻게 생각하시겠습니까? 그의 다리와 교각은 첫 해 겨울에 사라지고 말 것입니다. 여러분은 자기는 "가벼운 마음으로" 프랑스 독일 전쟁에 참가하여 7주 만에 스당(Sedan: 프랑스 아르덴주에 위치한 코뮌 중 하나 — 역주)에 왔는데, 황제는 폐위되고 군대는 항복하고 말았다고 말한 사람이 누군지 압니다. "항상 두려워하는 자는 복되거니와"(잠 28:14, 개정개역은 "항상 경외하는 자는 복되거니와" — 역주). 우리가 만나는 곤경을 과소평가하는 것만큼 치명적 실수는 없습니다.

3. 여기에 나오는 슬픈 예측에 대해 한 마디 말씀드리겠습니다.

"네가 세 번 나를 부인하리라."

우리는 불쌍한 베드로의 무너짐이 아무리 보아도 이례적이거나 보기 드문 일이라고 말할 수 없습니다. 그것은 바로 우리 가운데 허다히 많은 사람들이 범하고 있는 일입니다. 베드로는 예수 그리스도를 위해 죽는 데까지 갈 수 있었을 것이고, 그렇게 하려고 했을 것이라는 점을 의심하지 않습니다. 그러나 그는 예수님으로 인해 조롱받는 것을 견딜 수 없었습니다. 베드로는 사형집행인의 예리한 검에는 기꺼이 목을 내놓으려고 하였을 것이지만, 여종의 날카로운 말은 견딜 수 없었습니다. 그래서 그는 예수님을 부인하였습니다. 그러나 이는 그가 목숨을 잃을까 두려워했기 때문이 아닙니다. 왜냐하면 이 여종들이 서투른 조롱의 말로 그를 놀려먹으려는 것이상의 어떤 생각을 가지고 있었다고 볼 수 없기 때문입니다. 그보다는 베드로가 자신이 놀림감이 되는 것을 견딜 수 없었기 때문에 예수님을 부인하고 만 것입니다.

사랑하는 형제 여러분, 우리가 그리스도인임을 드러내는 것을 "예의"가 아니라고 때로 생각하는 집단에서는 우리 모두는 다소간에 감정이 뒤흔들어지는 사람들이라고 생각합니다. "나는 그리스도인이다"고 말하는 것이 "시대에 뒤졌고" "구닥다리"라는 표시로 여겨지는 가게에서 일하는 청년들이나 대학에서 공부하는 학생들, 그리고 각각 여러 곳에서 지내는 우리 모두 때때로 함께 용기를 모으고, 우리가 누구에게 속한 사람인지를 밝히기를 두려워하지 않아야 합니다. 생활이 말보다 뛰어난 증인임에 틀림없지만, 때로 말의 해설이 따르지 않는 한 생활이 말로써 나타낼 수 있는 만큼 훌륭한 증언이 되지 못하는 것도 분명한 사실입니다. 이와 같이 그리스도를 고백하는 것에는 두 가지 의미가 있습니다. 훨씬 더 위험한 어떤 일보다 더 견디기가 어려운 경우는 종종 있는 비웃음 앞에서 때로 "나는 그리스도의 사람이라"고 말하는 것이며 생활로 그리스도를 나타내고, 행동으로 "나는 그리스도의 사람이라"고 말하는 것입니다. "누구든지 사람 앞에서 나를 시인하면 나도 내 아버지 앞에서 그를 시인할 것이요 누구든지 사람 앞에서 나를 부인하면 나도 그를 부인하리라"(마 10:32,33). 여러분의 본 모습을 숨기려고 하지 마십시오. 여러분이 "반대편들" 가운데 있을 때 자신의 정체를 숨기지 마십시오. 생활로써 예수님을 나타내고, 사람들에게 권할 만한 때는 예수님을 전하십시오.

그러나 베드로의 넘어짐은 우리 모두가 범하기 쉬운 전형적 시험인데, 거기에 은혜로운 메시지가 들어 있습니다. 베드로의 넘어짐은 어떤 깊은 몰락에서도 회복될 수 있고, 어떤 먼 곳에서 방황할지라도 다시 돌아올 수 있는 가능성을 분명히 보여주기 때문입니다. 여러분은 이 넘어짐이 베드로의 기억에 얼마나 깊이 새겨졌는지, 베드로는 오순절 성령 강림 후에 설교를 시작하면서 청중들을 고발할 때 "너희가 거룩하고 의로운 이를 부인하였다"(행 3:14, 개역개정은 "너희가 거룩하고 의로운 이를 거부하였다"

— 역주)는 식으로 말하였고, 또 그의 이름으로 전해지는 두 번째 서신이 베드로의 것이라면, 오랜 후에 그가 낙인을 찍고 있는 이단들의 죄를 요약하면서 "자기들을 사신 주를 부인한"(벧후 2:1) 사실을 들어 말한다는 점에 주목한 적이 있습니까? 베드로는 자신이 주님을 부인한 사실을 잊지 않았고, 사람이 예수 그리스도와의 관계에서 잘못한 모든 것을 대표하는 표시로 그에게 남아 있었습니다. 내가 생각할 때, 그 사실은 베드로의 기억에 깊이 새겨졌을 뿐만 아니라 그의 자신감도 다 태워 없애버렸다고 봅니다. 베드로가 그의 편지에서 '두려움'을 그리스도인에게 지혜로운 태도로 거듭 말하는 것을 보게 되는 것은 아름다운 일입니다. 조지 허버트(George Herbert. 1593-1633. 영국의 성직자, 시인 — 역주)가 "슬픈 가운데서도 지혜를 발휘하는 용기야말로 참된 모습이다"라고 말한 대로입니다. 이와 같이 자신에 대해 그렇게 자신만만하던 사람이 이렇게 말하는 법을 배웠습니다. "너희 속에 있는 소망에 관한 이유를 묻는 자에게는 대답할 것을 항상 준비하되 온유와 두려움으로 하라"(벧전 3:15).

여러분은 베드로가 그 넘어짐으로 인해 주님의 용서하시는 사랑과 자비를 더욱 배웠기 때문에 이전 어느 때보다 예수 그리스도께 더 가까이 가게 되었다고 생각하지 않습니까? 베드로는 부활 후에 주님과 단 둘이서 얘기한 그날 아침에 주님께 더 가까이 가지 않았습니까? 베드로는 호수에 있는 배에서 내려 애써서 주님 발 앞으로 갔을 때, 주께서 그를 다시 받아들여 그리스도의 사도로서 직분을 맡기셨던 그날 아침에 주님께 더 가까이 간 것이 아닙니까? 베드로가 자신이 어떻게 죄를 지었는지 과연 잊을 수 있었겠습니까? 그리스도께서 어떻게 자기를 사랑하시고 지키려 하셨는지를 잊은 적이 있었겠습니까? 아니요. 결코 잊지 못했을 것입니다. 끊어진 밧줄은 합쳐 이은 부분이 다른 어떤 부분보다 강한데, 이는 그 부분이 끊어졌기 때문이 아니라 재주 좋은 손에 의해 그 부분이 더 튼튼해졌기 때문입니다. 우리는 자신의 죄로 인해 더 강해질 수 있는데, 이는 죄가 우리를 튼튼하게 만들기 때문이 아닙니다. 죄는 우리를 약하게 만듭니다. 그보다는 하나님께서 죄 지은 우리를 회복시키시기 때문입니다. 우리가 옛 자아라는 폐허 위에 더 아름다운 건축물을 짓는 일이 가능합니다. 우리가 "일어서기 위해 넘어지고, 더 잘 싸우기 위해 맞는" 일이 있을 수 있습니다.

　우리의 힘이신 주님께 매달리기만 한다면, 우리가 어떤 실패를 하고, 부인을 하며, 타락하고 모순된 행동을 할지라도 "그는 넘어지나 아주 엎드러지지 아니함은 여호와께서 그의 손으로 붙드심이로다"(시 37:24)는 약속은 우리의 것이 될 것입니다.

66
하나님을 믿고
또 그리스도를 믿으라

"너희는 마음에 근심하지 말라 하나님을 믿으니 또 나를 믿으라"

요 14:1

열 두 제자는 그리스도께서 자기들 곁을 떠나실 것이라고 말한, 잘 알 수 없는 우울한 전망의 말씀으로 인해 망연자실한 채 다락방에 앉아 있었습니다. 그리스도께서는 자신의 짐은 잊은 채 제자들을 위로하고 격려하는 일을 하십니다. 이 다정하고 위대한 말씀은 온유함과 위엄이 더할 수 없이 아름답게 어우러집니다. "너희는 마음에 근심하지 말라"는 말씀에서, 어머니의 손처럼 부드러운 마음을 누그러뜨리는 다정한 운율을 누가 본뜰 수 있겠습니까? 그리고 "하나님을 믿으니 또 나를 믿으라"는 말씀에서 그 장엄한 어조를 느끼지 못할 사람이 있겠습니까?

헬라어 원문을 보면 이 구절 후반부에 모호한 부분이 나옵니다. 왜냐하면 그 헬라어 동사는 직설법 동사일 수도 있고 명령형 동사일 수도 있기 때문입니다. 그래서 우리는 "믿는다"는 이 두 동사 각각을 두 가지 방식으로 읽는 데에 따라 네 가지 의미로 해석할 수 있습니다. 흠정역 성경(The Authorized Version)과 개역 성경(The Revised Version)은 모두 앞 구절에서 "믿으라"는 단어를 직설법 동사로 보고, 뒤 구절에서는 명령형 동사로 해석합니다. 그러나 나는 이 두 구절을 모두 같은 법으로 보아 명령형으로 읽는다면, 즉 "하나님을 믿으라, 또한 나를 믿으라"고 읽는다면, 더 잘 맞는 의미를 얻을 수 있을 것이라고 생각합니다. 한 구절은 사실에 대한 단언으로 보고, 다른 구절은 명령으로 본다는 것이 안 어울릴 것이라고 생각합니다. 제자들에게 그들이 하나님을 믿는다는 사실을 상기시킨다는 것은 문맥에 맞지 않을 것으로 봅니다. 그런 식으로 읽는 방법은 이 구절의 통일성을 깨트리고, 구절의 전반부와 후반부의 관계를 깨트릴 것입니다. 즉 전자를 소극적 교훈으로 생각해서 "너희는 마음에 근심하지 말라"는 뜻으로 보고, 후자는 적극적 교훈으로 생각하여 "근심하기보다는 하나님을 믿고 나를 믿으라"는 말씀으로 보는 것입니다. 이와 같이 이 모든 이유들을 생각할 때, 나는 앞에서 지적한 해석을 택하는 것이 맞다고 생각합니다.

1. 이 말씀에서 내게 떠오르는 생각은 그리스도는 자신을 하나님께 드리게 되어 있는 종교적 신뢰의 대상으로 나타내고 계시다는 것입니다.

우리가 이 말씀의 놀라움과 위대함을 보지 못하는 것은 순전히 이 말씀을 익숙히 알고 있다는 것 때문입니다. 처음으로 이 말씀을 듣고, 이 말씀을 하신 상황을 떠올리도록 해보십시오. 아무리 보아도 그의 모든 주장과 소망을 완전히 무효로 돌리는 부끄러운 죽음을 24시간 안에 당할 사람이 여기 앉아 있습니다. 그런 그가 "하나님을 믿고 또 나를 믿으라!"고 말합니다. 우리가 처음으로 이 말씀을 들었다면, 이 말씀의 깊은 의미를 오늘날 우리 가운데 어떤 사람들이 이해하는 것보다 더 잘 이해하였을 것이라고 생각합니다.

그리스도께서 여기서 요구하시는 바가 무엇입니까? 혹은 그리스도께서 여기서 우리에게 제공하시는 것이 무엇이냐고 물을 수도 있습니다. 왜냐하면 우리가 이 말씀을 요구나 명령으로 보아서는 안 되고, 그보다는 우리에게 생명과 복이 되는 일을 행하라는 자비로운 초대로 보아야 하기 때문입니다. 이 말씀을 "하나님을 믿으라, 곧 하나님이 계시다는 것을 믿으라, 나를 믿으라, 곧 내가 있다는 것을 믿으라"는 정도의 의미로 받아들이는 것은 이 말씀을 매우 저급하고 불충분하게 해석하는 것입니다. 그것은 여기서 그리스도께서 요구하고 계시는 것이 단지 그의 가르침을 이해하라고 동의하는 것에 지나지 않게 생각하는 것입니다. 결코 그런 뜻이 아닙니다. 그리스도께서 우리를 초대하여 맛보도록 하시는 것은 그보다 훨씬 더 깊은 의미를 지닙니다. 이 초대의 핵심은 결코 이해가 아니라 의지와 마음의 행위입니다. 사람이 그리스도를 역사적 인물로 믿고, 이 땅에서 그리스도에 관한 모든 말을 받아들이지만, 그리스도께서 여기서 말씀하시는 것처럼 그리스도를 신뢰하는 위치에는 있지 않을 수 있습니다. 왜냐하면 이 말씀의 전체적 핵심은 제안에 대해 지적으로 동의하는 과정이 아니라, 의지와 마음을 살아계신 분에게 드리는 철저한 인격적 행위이기 때문입니다. 믿음은 교리를 붙드는 것이 아니라 마음을 붙듭니다. 그리스도께서 요구하시는 신뢰는 사람들을 그리스도에게 묶는 띠입니다. 신뢰의 생명은 내 모든 관계에서, 내 모든 필요에 대해 내 자신을 전적으로 그리스도께 맡기는 것입니다. 그리스도를 내가 필요로 할 수 있는 모든 것을 충분히 채워주실 수 있는 분으로 절대적으로 신뢰하는 것입니다. 우리는 "신념"이라는 냉랭한 지성주의에서 벗어나 "신뢰"라는 따뜻한 분위기 속에 들어갑시다. 그러면 우리는 그리스도께서 여기서 말씀하시는 의미와 그리스도께서 요구하시는 믿음의 능력과 복됨을 많은 책을 통해서 아는 것보다 더 잘 이해하게 될 것입니다.

게다가 그리스도께서 우리에게 요구하시거나 행하도록 초대하시는 것, 곧 이렇게 그리스도를 믿는 것이 어떤 일이든지 간에 그리스도께서 우리에게 하나님께 드리라고 명하시는 것은 정확히 같은 사실이라는 점에 주목해야 합니다. 원문에서는 이 두 구절이 우리 번역본 성경에서보다 이 개념을 훨씬 더 생생하게 나타냅니다. 뒤 구절에서 말의 순서가 뒤집어져 있고, 그래서 그 말씀의 문자적 의미는 "하나님을 믿으라. 또한 나를 믿으라"는 것이기 때문입니다. 이 구절에서 말의 순서를 바꾼 목적은 이 두 단어, 곧 하나님과 그리스도를 할 수 있는 대로 가깝게 붙여놓고, 또 동일한 정서를 처음과 끝에, 즉 문장의 양쪽 끝에, 바깥에 배치하려는 것입니다. 언어를 그 논리적 관련과 배열에서조차 이보다 더 정교하게 조정하여 이 사상을, 곧 우리가 그리스도께 드리는 것이 무엇이든지 간에 바로 그것을 하나님께 드리는 것이라는 이 사상을 잘 강조할 수 있을지 모르겠습니다. 그래서 주님은 여기서 자신을 가장 깊은 의미에서 종교를 형성하는 신뢰, 복종, 의뢰라는 이 모든 정서를 마땅히 받을 수 있는 존재로 제시하십니다.

이 어조가 이곳에서는 결코 특이한 것이 아닙니다. 그것은 주님의 가르침에서 한결같은 어조이고 특징입니다. 한두 문장만을 예로 들어 말씀드리겠습니다. 그리스도께서는 세상 앞에 서서 토르발드센(Bertel Thorwaldsen, 1770 ~ 1844. 덴마크 조각가 ― 역주)이 멋지게 조각한 희고 거대한 그리스도 석상처럼 팔을 뻗고서 그의 발아래 몰려든 기력이 없고 무거운 짐을 진 피곤한 무리들에게 "수고하고 무거운 짐 진 자들아 다 내게로 오라 내가 너희를 쉬게 하리라"(마 11:28)고 말하는 자신에 대해 어떻게 생각하셨습니까? 이것은 분명 신적 대권을 나타내는 말씀입니다. 주님께서는 "모든 사람으로 아버지를 공경하는 것 같이 아들을 공경하게 하려 하심이라"(요 5:23)고 말하는 자신을 어떻게 생각하셨습니까? 그리스도께서 산상수훈(수족이 절단되어 불구가 된 기독교 신앙의 옹호자들은 자신들의 신앙을 신비한 교리들로 밝히기 보다는 산상수훈으로 설명한다고 말하는)에서 자신이 인류의 재판장이라고 하시고, 모든 사람이 그의 법정에 서서 "그 몸으로 행한 것을 따라"(고후 5:10) 그리스도로부터 보응을 받을 것이라고 선언하는 자신에 대해 어떻게 생각하셨습니까? 이 복음서들을 해석하는 공정한 원칙들에 근거할 때, 그리고 여러분이 주님의 말씀 가운데서 공공연히 이 말씀은 골라 받아들이고 저 말씀은 골라 거부하지 않는 한, 예수 그리스도에 대한 성경의 표현에서 그리스도께서 오직 하나님만 자기에게 돌리라고 요구하실 수 있고, 또 하나님만 만족시키실 수 있는 마음의 정서들을 자신에게 돌리라고 요구하신 사실을 제거할 수 없습니다.

이 점에 대해서는 오래 생각하지 않겠지만 한 마디 한다면, 우리가 선생과 사람으로서 예수 그리스도의 인격을 판단하려고 한다면 그 점을 고려해야 한다고 말하고 싶습니다. 나는 주님의 본성과 사역에 대해 내게는 불완전한 것처럼 보이는 개념들을 주님에게서 외면하고 싶지 않고 오히려 그 개념들을 육성하고, 완전하신 그리스도에 대한 좀 더 충분한 인식에 이르게 하고 싶습니다. 그러나 이 점은 말하지 않을 수 없습니다. 즉 이 복음서들을 다룰 때 증거와는 전혀 상관이 없이 순전히 사람의 주관적 상상에 따라 복음서들을 대하는 완전히 제멋대로인 변덕에 지나지 않는 것이 그리스도의 가르침으로부터 이것을 그 독특한 차이점으로 생각할 수 있다고 믿습니다. 그리스도를 다른 모든 종교 선생들과 다르게 두드러진 인물로 부각시키는 것은 그리스도께서 하나님 아버지의 사랑이나 도덕, 정의, 진리, 선함에 관한 진리들을 되풀이 할 때 보여주는 명확함이나 부드러움이 아닙니다. 그보다는 그리스도께서 세상을 향하여 요구하시는 것이 지극히 독특한 것은 "나를 믿으라"고 말씀하신다는 것입니다. 그리스도께서 그 말씀이나 그와 같은 말씀을 하셨다면, 우리가 주님에 대해 조금이라도 알 수 있는 유일한 원천인 이 사복음서에 나오는 그의 교훈에 대한 설명들을 받아들인다면, 그렇다면 다음 두 가지 사실 가운데 한 가지 결론이 나옵니다. 그의 말이 틀렸고, 그렇다면 그는 정신이상이라는 이유 때문에 신성모독의 유죄 판결에서 면제가 되는 미친 광신자였습니다. 혹은 그렇지 않다면 그는 "육신으로 나타난 하나님"(딤전 3:16)이셨습니다. 그리스도의 일부를 상상해서 그린 초상화 앞에 절하고, 나사렛의 보잘것없는 현인을 높이면서 그리스도와 다른 모든 사람들 사이에 차별을 만들어 내는 바로 그 사실, 곧 자신이 하나님의 아들이라고, 즉 인간의 종교적 감정을 받을 만한 분이고 적합한 대상이라고 주장하는 이 말을 대담한 주장으로 만들든지 아니면 지극히 참된 주장으로 만드는 그 사실을 빠트리는 것은 헛된 일입니다. "하나님을 믿으라 또한 나를 믿으라."

2. 둘째, 그리스도를 믿는 믿음과 하나님을 믿는 믿음은 둘이 아니라 하나입니다.

이 두 구절이 표면적으로는 병행구절로 보입니다. 좀 더 자세히 들여다보면, 이 두 구절은 상호 관통과 일치를 보여줍니다. 예수 그리스도께서는 단지 하나님 옆에서 스스로 서신 것이 아닙니다. 우리가 예수 그리스도께 절하고 하나님 앞에 엎드릴 때 두 하나님을 예배하는 것이 아닙니다. 그리스도를 믿는 것은 곧 하나님을 믿는 것이며, 하나님을 믿는다고 하면서 그리스도를 믿지 않으면 그 믿음은 불완전하고 불충분하며 끝까지 지속하지 못할 것입니다. 그리스도를 믿는 것은 곧 하나님 아버지를 신뢰하는 것이며, 하나님 아버지를 신뢰하는 것은 곧 그리스도를 믿는 것입니다.

여기에 깔려 있는 기본적 진리는 무엇입니까? 입체경 속에서 보는 두 인물처럼 이 두 대상이 어떻게 하나로 어우러집니까? 예수 그리스도에게로 흘러가는 믿음이 어떻게 하나님을 의지하게 됩니까? 그 자신이 하나님이신 예수 그리스도께서 하나님의 거룩한 계시자라는 것이 중요한 진리입니다. 이 두 가지 사상 가운데 후자에 대해 오래 생각할 필요는 없습니다. 즉, 하나님의 깊은 사랑이나 하나님의 자비하신 본성, 혹은 하나님의 빛나는 거룩하심에는 참된 하나님에 대한 실제적 지식이 없습니다. 확신이 없습니다. 우리가 예수 그리스도 밖에서 보는 하나님은 때로는 의심이고 때로는 소망이며, 때로는 두려움이고 언제나 멀리 있고 인격체이기보다는 모호한 추상적 개념이며, 이름을 붙일 수 없는, 우리 밖에 있는 "경향의 흐름"이나 그와 같은 존재라는 것입니다. 예수 그리스도께서 우리에게 아버지 하나님을 나타내 보이셨고, 우리가 사랑할 수 있고, 또 전부는 아니지만 정말로 알 수 있으며, 우리가 자신의 인격을 확신할 수 있는 것만큼 확실히 알 수 있는 하나님을 우리 마음에 보여주셨다는 이 숙고에 대해서는 길게 설명하지 않겠습니다. 그리스도께서 하나님을 우리 앞으로 모셔 왔기 때문에 멀리서 몸을 굽실거릴 필요가 없다는, 또 신뢰할 수 있는 하나님을 우리에게 모셔왔다는 이 생각에 대해서 오래 생각하지 않겠습니다. 기독교만이 종교의 본질을 신뢰의 행위에 둔다는 사실은 매우 중요합니다. 다른 종교들은 종교의 본질을 공포, 예배, 의식 등과 같은 것들에 둡니다. 예수 그리스도만이 사람들과 하나님을 묶는 끈은 신뢰라는 복된 결속이라고 말씀합니다. 주님만이 사람들에게 신뢰하라고 말하는 것이 어리석은 일이 아닌 하나님을 우리에게 모셔오기 때문에 주께서 그같이 말씀하시는 것입니다.

다른 한편으로 이 숙고의 밑에 깔려 있는 진리는 예수 그리스도는 하나님의 계시자일 뿐만 아니라 그 자신이 하나님이라는 것입니다. 빛이 창문을 통해서 빛나지만, 빛을 보이게 만드는 유리와 빛은 서로 공통점이 전혀 없습니다. 하나님께서 그리스도를 통해서 빛납니다. 그러나 그리스도는 단지 투명한 매개체가 아니십니다. 그리스도께서 우리에게 하나님을 나타내 보이고 계실 때 그가 우리에게 보이는 것은 바로 그 자신입니다. "나를 본 자는" 나를 통해서 흘러나오는 빛을 본 것이 아니라 나를, 즉 아버지를 "본"(요 14:9) 것이라고 하셨습니다. 그리스도 자신이 하나님이시고 하나님의 계시자이시기 때문에, 그리스도를 붙잡는 믿음은 하나님을 붙잡는 믿음과 뗄 수 없이 하나입니다. 사람들은 모세나 이사야 혹은 바울 같은 사람들을 보고, 그들에게서 신성의 광채가 나타나는 것을 볼 수 있었습니다. 그러나 매개물이 계시하는 대상을 직접 볼 때는 그 매개물은 잊혀집니다. 여러분은 하나님을 더 명확히 보기 위해서 그리스도를 잊어버리는 일을 할 수 없습니다. 그보다는 그리스도를 보는 것이 곧 하나님을 보는 것입니다.

그것이 사실이라면, 다음의 두 가지 사실이 따라옵니다. 하나는 하나님에 대한 불완전한 모든 계시는 예수 그리스도 안에서 나타나는 완전한 계시에 대한 예언이고, 그 계시를 향하여 간다는 사실입니다. 히브리서 기자는 그 진리를 매우 인상적으로 제시합니다. 그는 하나님을 아는 다른 모든 수단을 한 위대한 말씀의 단편적 음절들에 비유합니다. 이 위대한 말씀의 어떤 음절은 이 사람에게 주어졌고, 다른 음절은 또 다른 사람에게 주어졌다고 합니다. 하나님이 "선지자들을 통하여 여러 부분과 여러 모양으로 우리 조상들에게 말씀하셨습니다"(히 1:1). 그러나 온전한 말씀은 하나님의 아들이 분명하게 말하였습니다. 이 아들 안에서 하나님이 "이 모든 날 마지막에 우리에게"(1:2) 말씀하셨습니다. 단지 계시를 위한 매개자에 불과하였던 이들을 통해서 주신 불완전한 계시는 결국 그 자신이 계시이고, 계시자이시며, 계시된 바이신 그리스도에게 이르게 됩니다.

마찬가지로, 하나님을 아는 다른 단편적 수단들을 붙잡고 있고, 떨리는 손으로 그리스도를 신뢰하려고 애써왔던 모든 불완전한 믿음은 예수 그리스도를 붙잡는 활짝 핀 믿음에서 믿음의 절정과 완전한 꽃을 만납니다. 이 교도들이 부지중에 말한 예언, 상류 사회의 사람들이 희미하게 알고 있는 신에 대해 보여 온 신뢰, 구약 성도들의 믿음, 오늘날 기독교권 밖에서 사람들 사이에서, 또 우리들 가운데서의 하나님을 아는 지식과 하나님을 믿는 신뢰의 초보적 단계들, 이 모든 것들은 절반만 세운 건물처럼 불완전하고, 기초석이 나타나기를 기다립니다. 즉 예수 그리스도 안에서 하나님께 대한 충만한 계시가 나타나기를 기다리고, 그리스도를 알고 완전히 받아들이며 그리스도를 믿는 믿음이 나타나기를 기다리는 것입니다.

이 외에 또 한 가지 사실이 있습니다. 그리스도를 믿는 믿음이 없이 하나님을 믿는 믿음이 가능하지만, 연약하고 불완전하며 오래 지속하지 못합니다. 역사적으로 철저한 일신론은 무력할 뿐입니다. 세상에서 대체로 그런 일신론의 예가 딱 한 가지 있는데, 그것은 기독교의 사생자인 이슬람교입니다. 우리는 일신론이 종교로서 어떤 유익이 있는지 모두 알고 있습니다. 오늘날 우리 가운데 자신이 매우 진보한 사상가라고 주장하면서 자신을 그리스도인이라고 하지 않고 일신론자라고 부르는 사람들이 많이 있습니다. 하지만 나는 그 신앙은 오래 가지 못할 것이라고 봅니다. 거기에는 실체가 거의 없습니다. 사람들이 예수 그리스도 밖에서 아는 신은 모호하고 보잘것없는 존재입니다. 실체가 아니라 하나의 개념일 뿐입니다. 그는, 아니 그보다는 그것이라고 말해야 옳을 것인데, 그것은 모호한 형태를 띤 얇은 구름막입니다. 이 막을 통해서 여러분은 별들을 볼 수 있습니다. 그것은 억제하는 능력이 거의 없습니다. 그것은 영감을 주지도, 일을 추진시키지도 못합니다. 위로할 힘은 더더군다나 없고, 무엇보다 마음을 만족시킬 수 없습니다. 여러분이 세상을 흔들고 사람들의 마음을 만족시킬 뜻이 있다면, 비기독교적 일신론이라는 멀리 떨어진 신보다는 좀 더 본질적 어떤 것을 붙잡아야 할 것입니다.

사랑하는 형제 여러분, 그래서 나는 이렇게 말하지 않을 수 없습니다. 어쩌면 이 말씀이 지금 내 말을 듣고 계시는 어떤 분들에게는 적합한 말씀일지도 모릅니다. 즉 "하나님을 믿으십시오." 그러면 여러분이 또한 "그리스도를 믿을" 수 있습니다. 왜냐하면 시련이 와서 여러분이 신을 **필요로 할** 때, 여러분의 신이 예수 그리스도 안에서 계시된 하나님이 아니라면, 그는 무력한 신이 될 것이기 확실하기 때문입니다. 여러분에게 그리스도에 대한 믿음이 없다면, 절대로 필요하고 가치 있는 사실인 하나님에 대한 믿음을 오래 간직하지 못할 것입니다.

3. 끝으로 그리스도에 대한 이 믿음이 평온한 마음의 비결입니다.

여러분이 이 구절을 다 읽고서 "하나님을 믿고 또 그리스도를 믿으라"고 말하지 않는 한, 사람들에게 "마음에 근심하지 말라"고 말하는 것은 소용 없는 일입니다. 믿지 않는 한, 우리는 근심할 것이 분명하기 때문입니다. 이 세상에 사는 사람의 상태는 남쪽 바다의 햇볕 잘 드는 섬들의 상태와 같습니다. 즉 종종 거칠기 짝이 없는 큰 회오리바람이 사납게 불어 닥치며, 신록의 아름다움이 풍성하게 빛나는 대지 아래의 한 가운데에서 때때로 단단한 땅을 뒤흔들고 사방을 파괴시키는 숨어 있는 불을 품고 있는 섬들의 상태와 같습니다. 밖에는 폭풍이 있고, 안에는 지진이 있는데, 이것이 바로 인류의 상태입니다. "안식"은 어디에서 옵니까? 다른 모든 방어물은 약하고 보잘것없습니다. 우리는 그동안 "지진에 대비하는 약"(pills against earthquakes)에 대해 말을 들어왔습니다. 바로 그것이 세상이 제공하는 위로와 평온을 상당히 비슷하게 견주어 설명할 수 있는 것입니다. 믿지 않으면 우리는 "근심하고" "근심할" 것이고 "근심할 수밖에" 없습니다.

믿는다면 우리는 평온할 수 있습니다. 믿음은 언제나 평온합니다. 짐을 내게서 벗겨 다른 사람의 어깨에 지우는 것은 언제나 안식을 가져다줍니다. 그러나 예수 그리스도를 믿는 것은 내게 무한한 가능성을 가져다줍니다. 순종은 휴식입니다. 가시 채를 뒷발질 하는 것을 그칠 때 우리는 자신을 찔러 상처를 주는 일을 그칩니다. 믿음은 마음을 엽니다. 마치 시커멓고 파괴적 홍수를 막아내던 방주의 창문이 입에 감람나무 가지를 문 평화로운 비둘기가 들어오도록 열리는 것처럼 말입니다. 믿음은 지극히 온유하고 위대하며 다정하신 그리스도를 내 편으로 모셔옵니다. 내가 믿는다면, "아주 잘못된 것처럼 보이는 것도 모두 옳습니다." 내가 믿는다면 양심은 평온합니다. 내가 믿는다면, 생활은 "불행을 진심으로 비웃게" 됩니다. 내가 믿는다면, 마음속의 불안이 평온하게 변하고, 미친 듯한 격정이 빠져나가고 "옷을 입고 정신이 온전하여" 예수님의 발 앞에 앉아있게 됩니다.

"악인은 평온함을 얻지 못하는 요동하는 바다와 같으니라"(사 57:20). 그러나 내가 믿는다면, 내 영혼은 모든 폭풍이 잠자는 유리 같은 바다가 될 것이고, "평화의 새들이 묘술에 걸린 파도 위에 조용히 앉아 있습니다." "평안을 너희에게 끼치노라"(요 14:27). "너희는 마음에 근심하지 말라 하나님을 믿고 또 나를 믿으라."

하나님이시여! 우리가 당신의 귀한 아들에게 마음을 드리고, 그 아들 안에서 하나님을 발견하고 영원한 안식을 얻게 도와 주소서.

67
"거할 곳이 많도다."

"내 아버지 집에 거할 곳이 많도다
그렇지 않으면 너희에게 일렀으리라"

요 14:2

슬픔은 단순한 위로의 말을 필요로 합니다. 지극히 큰 진리를 포장하는데 제일 좋은 덮개는 단순한 말입니다. 이 불쌍한 열한 제자들은 그리스도께서 떠나가신다는 생각에 희망이 꺾이고 우울해졌습니다. 그들은 주께서 그들을 떠나시면 주님을 잃어버릴 것으로 생각했습니다. 그래서 아무리 연약한 사람도 붙잡을 수 있고, 아무리 근심이 많은 사람도 평안을 얻을 수 있는 단순하고 어린아이 같은 말로 주님께서는 그들에게 주님을 믿으라고 격려하신 후에 이같이 말씀하셨습니다. "내가 지금 가는 곳에는 나를 위해서만이 아니라 너희를 위한 집도 많이 있다. 과거에 우리가 허물없이 교제한 것을 생각할 때 내가 정말로 너희를 떠나려고 한다면 내가 그에 관해 전부 너희에게 말했을 것을 너희도 확실히 알 것이다. 내가 언제 고통스러운 일을 너희에게 숨긴 적이 있느냐? 내가 언제 너희에게 거짓 약속으로 나를 따르라고 꾄 적이 있느냐? 우리의 이별이 영원한 것이 될 것이라면 내가 그에 관해 아무 소리도 안할 수 있겠느냐?" 이렇게, 간단히 말해서 어머니가 아기를 가슴에 품고 잠재우듯이 그리스도께서는 제자들의 슬픔을 누그러뜨리십니다. 그렇지만 아무리 둔한 사람도 알아들을 수 있게 하신 이 조용한 말씀에는 우리가 지금까지 이해한 것보다 훨씬 더 깊고 위대한 진리들이 들어 있고, 영원에 이르기까지 그 위엄과 위대함을 나타 낼 것입니다. "내 아버지 집에 거할 곳이 많도다 그렇지 않으면 너희에게 일렀으리라."

1. 이제 주님의 이 말씀에서 먼저 "내 아버지 집"과 그곳에 있는 많은 곳을 살펴봅시다.

우리 주님께서 이 표현을 사용하신 곳은 여기 말고 다른 곳이 딱 한 군데 더 있습니다. 이 표현은 요한복음의 시작 부분에서 나옵니다. 첫 번째로 성전을 정결케 하시는 기사에서 우리는 주님께서 "내 아버지의 집으로 장사하는 집을 만들지 말라"(요 2:16)고 말씀하신 것을 봅니다. 이 표현을 초기에 사용하신 예는 뒤에 가서 이 단어를 사용하신 한 면을 이해하는 데 빛을 던져줄 수 있습니다. 왜냐하면 이 단어의 이미지에는 가정적으로 친숙히 알고 있는 개념과, 지상의 성전이 희미한 예언과 그림자로서 예표 하도록 되어 있는 실체로서 위대한 미래에 대한 개념이 섞여 있기 때문입니다. 성전의 뜰과 많은 방, 떼 지어 밀려드는 예배자들을 수용하는 방을 갖춘 널찍한 현관은 더 수준 높은 집의 넓은 영역과 공간을 빈약하게나마 나타내었고, 의식이 있는 어린 시절 초기에 이 소년을 그의 아버지 집으로 이끌었던 아들의 의식을 가지고 여기서 말씀하시는 것입니다.

하늘을 아버지의 집으로 보는 개념이 하늘을 매우 친숙하고 기분 좋은 곳으로 만드는 것임에 대해 잠시 생각해 봅시다. 저 세상의 영광은 생각만 해도 아무리 훌륭하고 거룩한 사람이라도 어떤 두려움을 느끼게 만듭니다. 천국의 입구에 있는 죽음, 휘장 뒤에 있는 모든 것을 우리가 전혀 알지 못함, 우리의 지극히 사랑하는 사람들이 구름 안으로 빨려 들어갈 때 그들에게 임하는 무서운 침묵과 거리, 이런 모든 점들 때문에 우리는 영원한 미래의 복을 생각할 때에도 엄숙함과 두려움을 많이 느끼는 경향이 있습니다. 그러나 "내 아버지 집"이라고 말할 때는 그런 느낌이 완전히 누그러집니다. 우리들 대부분은 이 세상에서 아버지 집의 어린아이로 살았을 때 느끼곤 하였던 행복한 안전감, 아무 책임 의식이 없음, 방어와 공급에 대한 확신을 잊은 지 오래입니다. 그러나 우리는 아버지의 집이 어떤 악도 미칠 수 없는 난공불락의 요새를 의미하고, 모든 필요가 공급되고, 아무리 수줍을 타는 겁 많은 아이라도 편안하고 안전함을 느낄 수 있는 풍성한 가정을 의미하였던 이 어린 시절이 훨씬 더 고귀한 형태로 새롭게 시작될 것을 내다볼 수 있습니다. 형제 여러분, 그 시절이 다시 올 것입니다. 그러면 미래의 상상할 수 없는 존엄한 영광 가운데서 어린 아이가 되어 아버지 집에 안전하게 누워 있다는 옛날 느낌이 다시 한 번 우리의 조용한 마음을 채울 것입니다.

그 다음에 그 위대한 미래를 아버지 집으로 보는 개념이 어떻게 그 집에 거하는 사람들 서로의 관계에 대한 우리의 많은 질문에 답을 제시하는지 생각해 보십시오. 아버지 집에 거하는 사람들이 여러 집에서 각각 따로 지낼 것입니까? 그것이 가정에서 어린아이들이 서로 지내는 방식입니까? 하나님이 아버지시라면, 천국이 아버지 집이라면, 구속받는 자들 서로에 대한 관계는 지상의 가족들에 존속하는 즐거운 친밀함과 무한히 허물없음 이상의 것이 거기에 들어 있음이 확실합니다. 외로운 천국은 절반의 천국에 지나지 않고, 천국을 "내 아버지 집"이라는 표현에서 나올 수밖에 없는 소망과 일치하지 않을 것입니다.

그러나 천국에 대한 다정하고 위대한 이 이름이, 아버지로서 하나님의 애정 어린 표현과 임재, 아들이라는 온전한 의식, 큰 가족 안에 있는 모든 자녀의 행복한 통일, 그들의 모든 복을 맏형이신 주님에게서 이끌어냄이 본질적 요소들을 이루는 영적 상태로서의 그 개념에서 깊은 의미를 가진다는 것을 생각해 봅시다.

이 중요한 은유에서 암시되고 있는 이 지상의 성전은 하나님의 영광이 비록 상징이지만 또한 실제로도 찾는 영혼들에게 나타나신 곳이었고, 본문의 표현은 가정의 자유롭고 허물없는 교제와 지성소의 장엄한 계시라는 두 개념을 뒤섞습니다. 우리가 "내 아버지 집"을 성전으로 생각하든지 아니면 가정으로 생각하든지, 이 구절의 어느 면에서든지 이 구절은 우리 앞에 천국의 큰 복과 영광, 아버지를 봄, 아들이라는 의식, 아버지와 완전히 하나가 됨을 나타냅니다. 은유와 부정적 진술의 아지랑이를 통해서 희미하게 비치는, 우리가 전혀 경험하지 못한 상태에 의해서만 계시될 수 있는 부차적이고 좀 더 외적 복과 영광이 많이 있습니다. 그러나 이것은 부차적인 것들입니다. 하늘의 하늘은 하나님의 아들들이 아들로 말미암아 들어가는 아버지 하나님의 소유입니다. 인성을 입으신 예수 그리스도께서 더 높은 저 집에서 차지하고 있으며, 그리스도로 말미암아 아들로 입양된 모든 사람들과 함께 누리는 아들로서 뛰어난 위치가 이 중요한 은유의 핵심이고 힘줄입니다.

그러나 우리는 거기에서 한 걸음 더 나아가서 그 이미지에는 영광스런 미래가 단지 상태에 그치는 것이 아니라 또한 장소이기도 하다는 가르침이 본래부터 들어있다는 사실을 알아야 합니다. 이 말에서 공간적 연상(聯想)을 분리해서는 안 됩니다. 우리가 그런 문제에 관해 이야기할 수 있는 것이 별로 없을지라도, 성경의 그 가르침에 들어 있는 모든 것은 천국의 핵심은 상태라는 것이 참으로 맞는 말이지만, 그럼에도 천국은 또한 공간적 거처이고 하나님의 광대한 우주에 있는 한 장소라는 사상을 나타내고 있습니다. 예수 그리스도께서는 이때 영광스럽게 된 인간의 몸을 가지고 계십니다. 성경이 가르치듯이 그 몸은 어딘가에 있고, 그가 계시는 곳에 그의 종도 있을 것입니다. 이 문맥에서 주님은 이어서 "우리를 위하여 거처를 예비하러 간다"고 말씀하십니다. 나는 이 말씀을 문자적으로 해석해야 한다고 주장하고 싶지 않지만, 이 표현의 취지는 복 받은 자들의 거처를 물질적으로 표현하지는 않을지라도 어떤 장소로 표시하는 경향이 있음은 분명하다고 말씀드립니다. 그래서 우리는 단지 그리스도께서 어떠하면 그의 종들도 그러할 것이라고 말할 뿐만 아니라 그리스도께서 계시는 곳에 그의 종들도 있을 것이라고 말할 수 있다고 생각합니다. 본문의 표현을 볼 때 우리가 그 깊이를 다 헤아릴 수 없지만, 적어도 이 점은 파악할 수 있을 것입니다. 즉 미래에 대한 우리의 생각에 견고함과 현실성을 부여하는 이 것, 곧 천국이 매우 기분 좋은 안전감과 집 같이 편안한 휴식이 가득한 장소라는 것, 모든 사람이 마음으로 하나님을 알고, 하나님을 사랑하는 아버지로 의식하며, 그곳에 거주하는 모든 사람들이 서로 허물없는 형제로서 교제를 나누며, 아버지 하나님의 사랑을 알고 아버지의 궁정에서 풍성한 양식으로 기뻐하는 곳이라는 사실입니다.

그 다음에 이 말씀이 시사하는 두 번째 생각이 있는데, 그것은 이 큰 집에는 있을 곳이 충분하다는 것입니다. 원문에서 본문의 이 말씀의 취지는 앞에서 이미 말씀드렸듯이 단지 소수의 제자들의 두려움을 누그러뜨리려는 것뿐이었습니다.

그리스도께서 가서 열한 명의 가엾은 제자들을 위해 마련하신 것은 거처였습니다. 그렇습니다. 그들을 위한 충분한 거처를 마련하러 가셨습니다! 그러나 그리스도께서는 앞을 내다보시는 눈으로 모든 시대를 내려다보셨고, 장차 하늘에 있는 하나님의 집을 가득 채울 수많은 무리들에게서 임박한 그의 영혼의 수고의 결과를 멀리서 볼 때, 아직 태어나지 않았지만 그가 십자가에 달려 들리신 후에 그에게로 끌어들일 수많은 사람들을 보셨으며, 그의 슬픔 위로 문득 스치고 지나가는 만족의 기쁨을 보셨습니다. "거할 곳이 많도다!" 이 사상은 우리가 파악할 수 있는 범위를 훨씬 더 넘어섭니다. 아마도 이 다락방은 유대인들의 집에 있는 대부분의 지붕의 방들처럼 위가 하늘로 툭 터져 있었을 것입니다. 주님께서 말씀하시는 동안, 맑은 하늘에서 반짝이는 헤아릴 수 없이 많은 별들이 그들을 내려 비추고 있었고, 주님께서는 이 별들을 가리키며 말씀하셨을 수도 있습니다. 그만큼 더 아브라함은 예수 그리스도처럼 별이 총총한 하늘을 바라보며, 미래를 보는 가운데 그로 말미암아 "아들의 명분"(갈 4:5)을 받고 "하늘의 허다한 별과 또 해변의 무수한 모래와 같은"(히 11:12) 여호와의 전에 영원히 거할 사람들을 보았을 것입니다.

아, 형제 여러분, 우리가 요한이 말하듯이 새 예루살렘의 성벽을 "내게 말하는 자" 곧 "천사가 그 성곽을 측량하는 데 사용한"(계 21:15) "금 갈대자"로 측량할 수만 있다면, 새 예루살렘이 이 땅의 보잘것없는 우리의 분파들과 공동체들 가운데 그 어떤 것보다 훨씬 더 크다는 것을 분명히 알 것입니다. 우리가 본문에 나오는 "많다"는 막연한 표현의 깊은 의미를 마땅히 알아야 할 대로 안다면, 우리의 생각이 좁다는 것을 깨닫게 될 것입니다. 하늘의 집에는 허다한 무리가 있을 것입니다. 그래서 이 땅의 그리스도인들(그 중에서 대부분의 로마 가톨릭 교인들)은 거기에 가서 많은 사람들이 이 땅에서 소위 그리스도인들이라고 하는 공동체에는 아무 데도 들어가지 못했는데, 그곳에서는 자신들이 들어가는 것을 보고 깜짝 놀랄 것입니다.

"많다"는 이 한 마디는 그리스도의 십자가의 승리를 확신하게 만들어 주고 있습니다. 따라서 이 말은 우리의 가엾은 자아에 대한 확신을 강화시키는 데 사용될 수 있습니다. 큰 성전의 방이 우리 각 사람을 기다리고 있습니다. 문제는 우리가 그 방을 차지할 것인가 하지 못할 것인가 하는 것입니다. 옛날 랍비들에게 한 가지 전승이 있는데, 그 전승은 일견 어리석게 보이는 그들의 많은 말처럼 그 속에 매우 깊은 진리를 생생하게 담고 있습니다. 랍비들이 말한 바는 이것입니다. 즉 유월절에 예루살렘에 올라온 예배자들의 무리가 아무리 많을지라도 예루살렘의 거리와 성전의 뜰은 결코 다 차지 않았다고 하였습니다. 이 큰 새 예루살렘도 그와 같습니다. 모든 사람이 쓸 방이 있습니다. 허다한 무리가 있지만 결코 붐비지 않습니다. 사람마다 아버지 집의 충분한 공간 안에서 있을 곳을 얻습니다. 마치 미개한 동방 왕들이 건설하곤 하던 광대한 궁정들처럼, 그 안에 군대가 주둔하고, 그 방들이 천 개에 이르는 어마어마한 궁정들처럼 말입니다. 그처럼 충분한 거처에서 여러분과 나는 원한다면 영원히 묵을 수 있는 한 자리를 얻을 것이 틀림없습니다.

이 표현들에서 이끌어낼 수 있는 부차적 개념들에 대해서는 오래 생각하지 않겠습니다. "거할 곳"이란 영원히 거처할 장소를 의미하며, 두 가지 의향을 나타냅니다. 즉, 여행자들과 덧없이 지나가며 애쓰는 이 세상에서 고생하는 사람들에게 기분 좋기 짝이 없는 '변함없음'과 '휴식'이라는 두 가지 의향을 나타냅니다. 구속받은 자들의 달성에 차이가 있다는 것이 이치에 맞고 성경적 생각인데, 그 사상을 본문에서 추론할 수 있지만, 그것이 우리 주님의 이 말씀의 취지와 상관이 없는 것으로 본 사람들이 있습니다.

다른 한 가지 점을 말씀드리지만, 그 점을 상세히 설명하지는 않겠습니다. 이 복음서의 여기서 "거할 곳"이라고 번역된 단어가 달리 사용되는 곳이 딱 한 군데 있습니다. 그것은 "우리가 그에게 가서 거처를 그와 함께 하리라"(요 14:23)는 말씀입니다. 우리의 거할 곳은 하나님 안에 있습니다. 그리고 하나님의 거처는 우리 안에 있습니다. 그러면 여러분은 하늘의 거처에 여러분의 자리가 있는지 스스로에게 물어보십시오. 방탕한 자녀가 아버지 집을 떠나 멀리 갈지라도, 상심한 부모는 마치 그 아이가 어리고 순수하였을 때 방을 썼던 것처럼 그 자녀의 방을 간수하며, 아이가 돌아와 다시 그 방을 쓰기를 소망하고 오랜 날 동안 간절히 바랄 것입니다. 하나님께서 그의 집에서 여러분을 위한 방을 간수하고 계십니다. 여러분이 반드시 그 방을 차지하도록 하십시오.

2. 다음으로, 여기서 우리에게 필요한 그리스도의 계시의 충분성을 생각해 봅시다.

"그렇지 않으면 너희에게 일렀으리라." 그리스도께서는 자신을 우리를 위하여 그 집에 대한 계시자요 그 집의 문을 여는 분으로 당당하게 나타냅니다. 미래에 대해 언급하는 주님의 얼마 안 되는 모든 말씀에는 독특한 어조, 곧 확고한 어조가 들어 있습니다. 즉 주님은 보통 사람들이 그렇듯이 자기가 생각해냈거나 자기에게 떠오른 것을 말씀하시는 것처럼 하지 않으시고, 자신이 직접 본 것을 이야기하는 것처럼 말씀하십니다. "우리는 아는 것을 말하고 본 것을 증언하노라"(요 3:11). 주님께서는 산꼭대기에 서 있는 사람처럼 저 세상의 골짜기들을 내려다보시며, 자기 뒤의 평지에 있는 친구들에게 자기가 보는 것을 말씀하고 계십니다. 언제나 주님은 보이지는 않는 세상에서 지냈던 사람으로, 의견을 진술하는 것이 아니라 경험을 전하는 사람으로서 그 세상에 대해 이야기하십니다. 그리스도의 지식은 아버지 하나님과 함께 거하였고, 주님의 방황하는 형제들을 찾아 데려오기 위해 집을 떠난 분의 지식이었습니다. 그것은 "그 자신의 조용한 집, 곧 영원부터 지낸 거처"였습니다. 그러므로 주님은 알려지지 않은 그 나라의 지리에 대해 우리가 알아야 할 필요가 있는 모든 것, 즉 우리가 가보지 못한 집의 도면에 대해 확신을 가지고 아주 분명하게 말할 수 있었습니다. 그러므로 그리스도께서 이런 어조로 이야기하면서 미래에 대해 언급하면서 그처럼 말을 삼간다는 것은 주목할 만한 사실입니다. 본문은 주께서 그처럼 말씀을 아끼시는 근본적 이유를 암시합니다. "그렇지 않으면 너희에게 일렀으리라." 나는 너희가 때로 원하는 것만큼 말을 하지는 않을지라도 너희에게 필요한 모든 것은 말한다는 말씀입니다.

우리에게 그리스도와 같은 계시자가 계심을 생각할 때, 미래에 대한 우리의 지식에서 느끼는 간격은 상당한 것입니다. 그러나 본문을 보면 우리가 필요한 만큼 받는다는 사실을 알게 됩니다. 나도 알고 여러분 가운데 많은 분도 압니다. 즉 우리는 지독한 경험을 통해서, 많은 사람들이 어떻게 질문을 하고, 외롭고 근심하는 사람들이 미래에 대해 우리의 짐을 아주 가볍게 해주는 것처럼 보이곤 하는 답변들을 제시하며, 우리가 어떻게 헛되이 하늘에 집요하게 질문을 하면서 답변을 하지 못하는 현인에게 묻는지 압니다. 그러나 우리는 필요한 만큼 압니다. 우리는 하나님이 계시다는 것을 압니다. 그곳이 아버지의 집이라는 것을 압니다. 그리스도께서 그 집에 계시다는 것을 압니다. 우리는 그곳에 거하는 사람들이 가족이라는 것을 압니다. 거기에는 기분 좋은 안전과 풍부한 양식이 있다는 것을 압니다. 안식을 위하여 우리가 더 들었어야 할 필요가 있다면, 주께서 우리에게 말씀하셨을 것입니다.

> "저 세상에 대한 내 지식은 보잘것없고
>   믿음의 눈은 희미합니다.
>   그러나 그리스도께서 모든 것을 아시고
>   내가 그리스도와 함께 있을 것이니, 그것으로 충분합니다."

간격이 있는 대로 둡시다. 그 간격도 계시의 일부이고, 우리는 믿고 소망을 갖기에 충분할 만큼 알고 있습니다.

우리는 이 사상을 미래의 생활에 대한 우리의 제한적이고 단편적 생각들에게 적용하기보다 다른 문제들에 확대해서 적용할 수 없습니까? 오늘날과 같이 의심과 불안의 시대에, 우리 지식의 한계와 우리가 가지고 있는 단편적 지식들의 자격을 깨닫는 것은 기독교 신앙의 큰 지혜입니다. 우리가 계시를 받는 것은 무슨 목적입니까? 신학적 난제와 교리적 문제들을 해결하기 위해서입니까? 하나님처럼 준(準) 전지함을 얻었다는 자긍심으로 우리를 우쭐하게 만들기 위해서입니까? 혹은 믿음과 사랑과 순종과 본받음을 위해 그리스도 안에서 우리에게 하나님을 보여주시기 위해서입니까? 후자를 위해서인 것이 확실합니다. 그런 목적을 위해서라면 우리는 충분한 계시를 받았습니다.

그러니 우리의 지식이 지극히 부분적인 것에 지나지 않는다는 것을 인정하도록 합시다. 아주 거대한 벽이 평평하게 서 있고, 거기에는 창문이 없습니다. 창문을 낼 필요가 있었다면, 벽을 뚫고 창문을 만드셨을 것입니다. 하나님께서는 많은 사실을 분명치 않은 상태로 남겨두기를 기뻐하셨는데, 이는 우리의 믿음을 시험하기 위해 기분 내키는 대로 그렇게 정하신 것이 아닙니다. 왜냐하면 본문 말씀이 암시하는 바를 보면 주님과 우리의 관계를 생각할 때 주께서는 우리에게 아주 허물없이 말씀하시지 않을 수 없고, 따라서 우리에게 필요하고 주께서 말씀하실 수 있는 것은 모두 말씀하신다는 것을 알 수 있기 때문입니다. 따라서 그렇게 하는 것은 우리 믿음을 시험하기 위해서가 아니라, 더 고귀한 이유들 때문에, 즉 우리의 현재 환경의 조건들 때문입니다. 이 이유들 때문에 좀 더 완전한 전반적 지식을 허락하시지 않는 것입니다.

그러니 우리의 한계들을 인정합시다. 우리는 부분적으로 압니다. 따라서 부분적으로 안다고 인정한다면 우리는 지혜로운 사람입니다. 이 중심의 빛을 굳게 붙잡읍시다. 이 빛은 곧 예수 그리스도이십니다. "예수께서 이 책에 기록되지 아니한 다른 표적도 많이 행하셨습니다"(요 20:30). 계시의 구성에는 인간의 관점에서 볼 때 간격과 부족이 많이 있습니다. "오직 이것을 기록함은 너희로 예수께서 하나님의 아들 그리스도이심을 믿게 하려 함이요." 이를 위해서는 주께서 우리에게 충분히 말씀하셨습니다. "또 너희로 믿고 그 이름을 힘입어 생명을 얻게 하려 함이니라"(20:31). 그 목적이 우리 안에서 이루어진다면, 하나님께서 헛되이 말씀하시지 않은 것이고, 우리도 헛되이 듣지 않은 것입니다. 이 중심의 빛을 붙잡읍시다. 그러면 둥그런 어둠의 테두리가 점점 더 물러가고, 빛이 비치는 우리의 범위가 점점 더 넓어져서, 우리가 아버지 집의 거할 곳에 들어가는 낮에 이를 것입니다. 그러면 "주의 빛 안에서 우리가 빛을 보고"(시 36:9) "주께서 우리를 아신 것 같이 우리가 온전히 알"(고전 13:12) 것입니다.

사랑하는 교우 여러분, 여러분의 맏형 되신 그리스도께서 여러분을 다시 아버지 하나님 품으로 데려가도록 하십시오. 여러분이 그리스도를 신뢰하고 그의 음성을 들으면, 여러분이 이 땅에서 천국을 미리 맛볼 수 있을 만큼 충분히 알게 될 것이고, 여러분을 위하여 거할 곳을 마련하신 맏형이신 그리스도와 함께 마침내 아버지 집에서 여러분의 거할 곳을 얻게 될 것입니다.

68
선구자

"내가 너희를 위하여 거처를 예비하러 가노니
가서 너희를 위하여 거처를 예비하면 내가 다시 와서
너희를 내게로 영접하여 나 있는 곳에 너희도 있게 하리라"
요 14:2, 3

이 말씀에는 참으로 놀라운 단순함과 깊이가 있습니다! 이 말씀은 시간을 초월한 보이지 않는 세상으로 우리를 데려갑니다. 그렇지만 어린 아이는 그 말씀을 붙잡을 수 있고, 슬퍼하는 당신들과 죽어가는 사람들은 그 말씀에서 평안과 기쁨을 발견할 수 있습니다. 이 말씀의 밑에는 매우 친숙한 이미지가 있습니다. 옛적에는 여행자들이 일행 중 일부를 먼저 보내어 묵을 곳을 찾고 큰 도시에서 자신들을 위해 잔치를 준비하도록 하는 것이 통상적 일이었습니다. "주께서 친히 가시려는 모든 곳에" 제자들 가운데 이 사람이나 저 사람을 "앞서 보내신"(눅 10:1) 일이 많이 있었습니다. 바로 그날 아침에도 제자들 가운데 두 사람이 주님의 분부를 받아 그들이 앉아서 먹을 자리를 마련하기 위해 베다니에서부터 떠났습니다. 여기서는 그리스도께서 친히 그 일을 떠맡으십니다. 이 상징은 수수하지만, 이것이 의미하는 사실은 뛰어납니다.

이 말씀에 위엄과 겸손함이 섞여 있는 것이 또한 놀랍습니다. 주님께서 스스로 떠맡으시는 이 임무는 아랫사람과 종의 일입니다. 그렇지만 본문에서 말하는 임무를 수행한다는 사실은 전 우주를 다스리시는 주님의 권위와 그의 영원한 생명, 천국을 만들 수 있는 주님의 임재의 충분함을 의미합니다. 또한 우리는 여기서 상반되는 또 다른 두 가지가 섞이는 것을 보지 않을 수 없습니다. 자신의 죽음이 곧 닥칠 것에 대한 주님의 확신과, 그럼에도 불구하고 또 그럼으로 인해 자신의 일을 계속해야 하며 결국에는 돌아올 것이라는 주님의 확신이 이 말씀에 밀접하게 얽혀 있습니다. 어떻게 주님은 자신의 죽음을 예고하는 모든 말씀에서 죽음을 한 번도 실패라고 말씀하거나 자신의 활동이 중단된다거나 활동의 끝으로 말씀하신 적이 없고, 언제나 죽음을 더 확장된 활동으로 넘어가는 것으로, 확장된 사역의 조건으로 말씀하실 수 있습니까? "나는 간다. 갈지라도 내가 다시 와서 너희를 내게로 영접할 것이다"(요 14:3).

이와 같이 본문 여기에는 세 가지 사실이 있는데, 그것은 목적을 가지고 떠남, 돌아옴, 완전한 연합입니다.

1. 떠남.

우리 주님께서 이 작은 무리를 떠나가시는 것은 두 단계로 이루어진 여행이었습니다. 갈보리가 첫 번째 단계였습니다. 두 번째 단계는 감람산이었습니다. 주께서는 이 표현으로써 그의 죽으심과 함께 시작되고 그의 승천으로 끝나는 연속된 전체 과정을 나타내십니다. 두 가지 사실이 모두 주님의 이 말씀에 들어 있고, 두 사실이 각각 협력하여 큰 목적을 달성합니다.

그리스도께서는 죽음으로써 우리가 거할 곳을 마련하십니다. 고대 의식(儀式)에서는 대제사장이 일 년에 한 번 두꺼운 휘장을 쳐들고, 그룹들 사이의 빛만 보이는 곳인 어두운 방에 들어갈 특권이 있었습니다. 그가 손에 희생제물의 피를 들고 있었기 때문에 들어갈 수 있었습니다. 그러나 우리 신약 시대에서는 "지성소"에 들어가는 길, 곧 천상의 것들과의 지극히 친밀한 교제와 하나님과의 교제가 실현되는 길이 가능하게 되었고, 그 길은 모든 사람에게 열려 있습니다. 이는 예수께서 죽으셨기 때문입니다. 지상의 교제가 그렇듯이 천국에서의 교제가 온전해지는 것도 그리스도의 죽으심 때문입니다. 그리스도께서 세상 죄를 짊어지고 죽음의 타격을 견딤으로써 죽음의 "날카로움"을 "이기시며" "모든 신자들에게 하늘나라를 열어 주시지 않았다면, 우리 가운데 누가 두려운 성소에 발을 들여놓을 수 있고, 영원한 빛과 흠 없는 정결이 거하는 곳에서 평온히 서 있을 수 있겠습니까?

억지로 밀고 들어가려고 하면 그 어떤 누구도 들어오지 못하도록 막지만 피 한 방울이 떨어지면 활짝 열린다고 하는 신비한 문들을 이야기하는 옛날 전설들을 우리는 알고 있습니다. 그와 같이 그리스도께서는 그의 죽으심으로 그 문들을 여셨고, 한 점 흠 없이 정결한 하늘을 죄인들의 거처로 만드셨습니다.

그리스도의 떠나심의 두 번째 단계는 여기서 그리스도의 마음에 더 두드러지게 나타나는 것입니다. 주님은 자신이 이 하늘의 거처에 들어가 거하심으로써 우리를 위한 자리를 마련하십니다. 주님의 이 말씀은 그와 비교할 다른 말씀이 거의 없고, 그 말씀을 해석할 수 있는 경험을 우리가 하지 못하였기 때문에 모호합니다. 우리는 이 문제에 관해 알고 있는 것이 지극히 적기 때문에 그에 관해 말을 많이 하는 것이 지혜롭지 못한 일입니다. 불빛이 있는 작은 지점 주위로 거대한 어둠이 둘러싸고 있지만, 그것은 다만 그 불빛을 더 생생하고 더 귀하게 만들 뿐입니다. 우리가 아는 것이 별로 없지만, 마음으로 믿기에 충분할 만큼은 알고 있습니다. 그리스도께서 승천하심으로써 자기를 따르는 자들을 위해 천국을 준비하시는 방법들을 우리가 모른다고 해서 의심을 가질 필요가 없고 천국을 준비하신다는 주님의 확언을 무시해서도 안 됩니다.

그리스도께서 승천하시지 않았다면, 도대체 "어떤 장소"라는 것이 있었겠습니까? 주님은 영화롭게 되었지만 여전히 공간과 관계를 맺고 있는 사람의 몸을 가지고 가셨으며, 따라서 반드시 어딘가에 계십니다. 우리는 그리스도께서 하늘에 오르신 것 때문에 그의 종들이 있을 곳이 마련되었다고까지 말할 수 있습니다. 우리의 한계를 넘어서고 있는 생각은 별 문제로 하더라도, 그리스도께서 하늘에 계시는 것이 하늘을 불쌍한 인간 영혼들이 거처하는 곳으로 만들기 위해 필요하다는 것을 알 수 있습니다. 이 땅에서와 같이(성경이 우리에게 확실히 말하듯이) 그리고 오늘날과 같이 영원히 예수 그리스도는 하나님에 대한 인간의 모든 지식과 소유를 이루시는 중보자이십니다. 지상의 사람들이든 하늘에 있는 사람들이든, 사람들이 알고 소망하고 누리는 모든 것, 곧 하나님께로부터 흘러나오는 지혜와 사랑과 아름다움과 평화와 능력에 대한 모든 것이 사람들에게 오는 것은 바로 그리스도로부터 오고, 그리스도로 말미암아 오는 것입니다. 그리스도인이 기대하는 하늘로부터 예수 그리스도로 말미암아 사람에게 오는 것을 치워보십시오. 그러면 아무것도 남는 것이 없습니다. 그리스도와 그의 중보와 봉사만이 그 고귀한 상태를 찬란하고 복되게 만들 수 있습니다. 휘장 너머에 우리의 형제이신 그리스도께서 계시지 않는다면, 그곳에 있는 모든 것의 영광이 우리에게는 섬뜩하고 어리둥절하게 만드는 면이 있을 것입니다. 대도시에 들어온 가엾은 야만인이나 왕의 어전과 궁전에 들어온 시골뜨기처럼, 우리도 휘장 저편에서 우리가 의지할 수 있고, 또 우리가 그곳을 집으로 느낄 수 있도록 만드시는 우리의 친족이신 그리스도께서 거기 서 계시는 것을 보지 않는 한, 그 미래 생활의 영광과 의식(儀式)들 속에서 불안해 할 것입니다. 그리스도의 임재 때문에 하늘이 우리 마음의 고향이 됩니다.

그리스도께서는 우리의 거할 곳을 마련하기 위해서 가셨을 뿐만 아니라 또한 대대로 우리 모두를 위하여 계속해서 그곳을 준비하고 계십니다. 우리는 그리스도의 현재 활동의 두 형태, 곧 그리스도의 과거 지상 생활에서의 사역과 존귀하게 되신 현재의 사역을 생각해야 합니다. 그것은 여기 지상에서 우리와 함께 또 우리 안에서 행하시는 주님의 사역과, 하늘에서 우리를 위해 행하시는 주님의 사역을 가리킵니다. 우리는 하늘에서의 그리스도의 두 가지 활동 형태를 생각해야 합니다. 이 활동을 성경은 은유로 표현하는데, 그리스도의 제사장적 중보 사역을 말하는 것으로서 그것을 완전히 이해하는 것은 우리의 현재 능력과 경험을 초월합니다. 또 한 가지는 본문에서 은유로 표현하고 있는데, 주께서 우리를 위해 거할 곳을 마련하시는 활동으로서 우리가 좀 더 이해할 수 있는 사역일 것입니다. 휘장 뒤에는 일하고 계시는 그리스도가 계십니다. 그는 하늘에서 그를 사랑하는 모든 사람을 위한 장소를 준비하고 계시는 중입니다.

2. 다음으로, 돌아오심에 대해 생각해 봅시다.

여기서 주님께서 친히 말씀하신 대로, 주님의 떠나는 목적을 들을 때 우리는 주께서 다시 돌아오실 것을 확신하게 됩니다. 그것이 본문의 단순한 논법의 취지이고, "내가 너희를 위하여 거처를 예비하러 가노니 가서 너희를 위하여 거처를 예비하면 내가 다시 와서 너희를 내게로 영접하리라"(요 14:2,3)는 다정한 말씀을 제자들의 마음을 달래기 위해 연민의 심정으로 거듭 반복하시는 취지입니다. 주님의 떠나심은 거할 곳을 마련하기 위한 목적이 있었기 때문에, 주께서 돌아오시는 것은 필연적으로 따라오는 일입니다. 주님은 선구자로서 떠나셨기 때문에 그가 다시 안내자로서 돌아와서 위하여 거할 곳이 마련된 사람들을 그가 마련한 거처로 인도하시기 전까지는 자신의 사역을 끝내신 것이 아닙니다.

주님의 떠나심처럼 주님의 돌아오심도 두 단계가 있는 것으로 생각해 볼 수 있습니다. 이 말씀의 주된 의미와 적용은 역사의 종국에 이루어지고, 모든 그리스도인이 변함없이 소망해온 주님 자신의 최종적 도래를 가리키는 것이 분명합니다. 주님께서는 가신 "그대로 오실" 것입니다(행 1:11). 우리는 이 말씀을 생각할 때 주님의 돌아오심이 그 방법에 있어서 떠날 때와 정확히 같지 않은 것으로 생각해서는 안 될 것입니다. 주님의 떠나심이 볼 수 있었고 말 그대로 몸을 가지고 친히 공간적으로 이동하신 것이었듯이, 주님의 귀환도 볼 수 있게 말 그대로 친히 몸을 가지고 공간 속에서 이루어질 것입니다. 주께서는 가신 대로 볼 수 있게 사람의 몸으로 오시되, 다만 권능과 큰 영광을 입고서 하늘 구름 가운데 보좌에 앉으신 모습으로 오실 것입니다. 바로 이것이 주께서 떠나시면서 친히 말씀하시는 목적입니다. 주님은 다시 오기 위해 떠나시는 것입니다.

아, 사랑하는 교우 여러분, 이 주님의 재림이 그리스도인의 염원과 소망의 중요 주제가 되어야 한다는 점을 기억합시다. 이런 기억의 힘으로 살아가도록 합시다. 재림 때 수반되는 자연계의 모든 격변과 그 전에 이루어지는 심판과 함께 오는 이 장엄한 재림의 개념에는 생각할 점이 많습니다. 이 주님의 재림이 사람들의 마음에 오싹함을 일으키는 것은 당연한 일입니다. 그러나 우리가 마음에 그리스도께 대한 사랑과 충성심이 있다면, 여러분과 나에게는 "주의 오심"이 "아침을 준비하듯이 준비될" 것입니다. 우리도 주께서 세상을 심판하러 왕으로 오시기 때문에 산과 바위들에게 소리 높여 노래하고, 들판의 나무들에게 손뼉을 치라고 요구하는 많은 시편의 말할 수 없는 큰 기쁨에 참여하게 될 것입니다. 주께서 말씀하신 비유를 보면 우리가 주의 오심을 어떻게 생각해야 하는지 알 수 있습니다. 무화과나무의 가지가 연하여지기 시작하고, 작은 잎들이 윤기 나는 줄기에서 돋아나기 시작할 때, 여름이 가까이 온 것을 압니다. 주님의 재림은 햇빛이 열 배나 밝고 뜨거우며 강력한 영광스런 시기, 잘 여문 수확물과 잘 익은 열매를 거두는 시기, 해를 좋아 하는 모든 피조물을 위한 기쁨의 시기가 다가오듯이 올 것입니다. 주님의 재림은 주님의 모든 종들의 기쁜 소망임에 틀림없습니다.

우리는 모든 세대에 그렇듯이 이 시대 가운데서도 증거하는 두 증언이 있습니다. 이 증언의 절반은 뒤로 십자가에까지 미쳐서 "그리스도께서 오셨다"고 선언합니다. 높게 솟은 이 두 개의 교각 사이에서 세상 역사의 쇠사슬이 흔들거립니다. 세상 역사는 죽기 위해 오셨고 우리를 위해 거할 곳을 준비하기 위해 가신 주님께서 심판하고 구원하기 위하여 재림하시는 것으로 끝이 납니다.

그러나 우리가 이와는 또 다른 관점에서 볼 수도 있다는 점을 잊지 않도록 합시다. 성경은 주님의 재림 전에 이루어지지만, 원칙적으로는 재림과 같은 주님의 많은 "오심"에 대해 이야기합니다. 민족들에게 있어서 그들 역사의 중대한 모든 위기는 심판장이신 "주님의 오심"입니다. 우리가 개인들에게 있어서 각 사람의 죽음에서 진정한 주님의 오심을 본다고 하면, 성경의 유추와 정확히 일치된 생각을 하는 것입니다.

바로 그것이 우리가 그리스도인의 임종을 볼 때 취해야 하는 관점입니다. "선생님이 오셔서 너를 부르신다"(요 11:28). 모든 이차적 원인들을 넘어서서, 곧 질병이나 사고보다 더 깊은 곳에 생명과 사망의 주이신 주님의 애정 어린 뜻이 있습니다. 사망은 그리스도의 종입니다. "비록 그 얼굴은 검지만 강력하고 아름다운" 종입니다. 사망도 "구원 받을 상속자들을 위하여 섬기라고 보내심을 받은 섬기는 영들"(히 1:14) 가운데 서 있습니다. 한 사람에 대해서 "내가 이 사람은 머물게 하고자 한다"고 말씀하시고, 다른 사람에 대해서는 "가라"고 하시며 그 사람을 떠나게 하시는 분이 그리스도이십니다. 그러나 그리스도인이 누워 죽을 때는 언제든지 그리스도께서는 "오라"고 말씀하시고, 그러면 그는 그리스도께 갑니다. 이 사실을 생각하면 임종을 지켜보는 방이 주님이 와 계심으로 인해 신성해지지 않을 수 없습니다! 이 사실을 생각할 때 우리의 마음이 말할 수 없이 차분해지고 눈물이 마르게 됩니다! 이 사실은 "두려워하는 사람의 어두운 모습"의 전체적 면을 완전히 바꾸어 놓지 않을 수 없습니다! 그리스도께서 함께 하시며 우리의 동무가 되신다면, 홀로 가는 길이 처량하지 않을 것입니다. 죽음을 예감하면 우리의 소심한 마음은 걸핏하면 "흑암이 반드시 나를 덮을 것이라"(시 139:11)고 말할 수 있지만, 우리가 주님을 곁에 모시고 있다면 "밤조차도 내 둘레를 비추는 빛이 될"(개역개정은 "나를 두른 빛은 밤이 되리라 할지라도" — 역주) 것입니다. 예루살렘 성벽 밑에서 죽어가는 그 순교자는 얼굴을 하늘로 들고 "주 예수여 내 영혼을 받으시옵소서"(행 7:59) 하고 말했습니다. 그 외침은 "내가 다시 와서 너희를 내게로 영접하리라"는 주님의 약속에 대한 메아리였습니다.

3. 셋째, 완전한 연합에 대해 생각해 봅시다.

그런 목적을 위해 떠나심에는 필연적으로 다시 돌아오심이 따랐습니다. 떠남과 다시 돌아옴은 모두 "나 있는 곳에 너희도 있게 하리라"는 말씀과 같이 완벽한 연합에 의해 수행되는 과정 속에 있는 단계들입니다.

지금까지 말해온 대로 그리스도께서 곧 천국입니다. 그리스도께서 함께 계심(임재)은 우리가 평화, 기쁨, 순결, 안식, 사랑, 성장을 위해 필요로 하는 모든 것입니다. 주님께서 그 다락방에서 전하신 놀라운 이 마지막 말씀의 또 다른 부분에서 우리에게 말씀하시듯이 "주님과 함께" 있는 것은 바로 "주의 영광을 보는 것"(요 17:24)입니다. 요한이 그의 편지에서 말하듯이 그리스도의 영광을 보는 것은 그리스도처럼 되는 것입니다. 그러므로 그리스도께서 함께 계시는 것은 우리에게 그리스도의 빛나는 모든 광채와 지극히 깨끗한 그의 순결과 깊고 깊은 그의 복을 우리에게 전달하고, 그의 놀라운 통치에 참여하게 함을 의미합니다. 우리가 그리스도의 영화롭게 된 인성을 입을 것이고, 그리스도께서 계시는 곳에 그와 함께 있는 자들은 영혼의 본향에 있는 것처럼 안식하고, 그리스도께서 모든 것이 충족하신 분임을 알게 될 것입니다. 그리스도께서 함께 계심이 곧 나의 천국입니다.

그것이 우리가 알고 있는 것의 전부입니다. 아, 그것은 우리가 알 필요가 있는 모든 것 이상입니다. 그 휘장은 그림입니다. 성경이 천국을 단지 넌지시 암시하거나 소극적 진술들, 곧 "밤이 없고" "애통하는 것이 없으며" "눈물이 없고" "이전 것은 지나갔다"는 말과, 인간의 건물과 사회에서 지극히 고귀하고 훌륭한 모든 것으로부터 모은 영광과 광채의 상징들로 밖에 묘사할 수 없는 것은 거기에 있는 것의 영광이 우리의 모든 현재 경험을 초월하기 때문입니다. 그러나 이 모든 것들은 부차적이고 보잘것없는 것에 지나지 않습니다. 소망의 생생한 핵심이자 부드럽게 빛나는 광채의 중심은 "그리하여 우리가 항상 주와 함께 있으리라"(살전 4:17)는 사실입니다.

그리고 그것이면 충분합니다. 바깥뜰에 있는 우리와 성소에 있는 사람들 사이에 결합의 끈을 묶는 것으로 충분합니다. 죽은 친구들은 밤의 같은 시간에 같은 별을 보고 어떤 일치감을 느낄 것입니다. 우리는 땅의 구름 가운데서, 그리고 저들은 천국의 순결한 광채 가운데서 눈을 들어 같은 그리스도를 바라본다면, 우리는 멀리 떨어져 있는 것이 아닙니다. 그리스도께서 우리 각 사람의 동무이시라면, 그리고 각 사람에게 손을 내밀어 붙잡으신다면, 떨어져 있는 사람들과 결합되는 것입니다. 그래서 우리가 모두 그리스도와 함께 살기 때문에 "우리는 깨어 있든지 자든지 함께 사는 것입니다."

형제 여러분! 예수 그리스도께서 여러분에게 너무 중요해서 그리스도가 가까이 있고 그리스도를 닮았다는 점에서 천국을 이루는 그곳에 여러분은 조금이라도 매력을 느낍니까? 그리스도를 구주로, 여러분의 희생제사로, 조력자요 동무로 삼으십시오. 그리스도를 왕으로 삼고 그에게 복종하며, 여러분의 친구로 삼고 그를 사랑하며 여러분의 모든 것으로 삼고 그를 신뢰하십시오. 죽음이라는 어둠은 주님의 손에 있는 그림자에 불과하다는 것을 확신하십시오. 그러면 두려운 죽음을 생명과 사랑과 활동과 기쁨에서 여러분을 떼어놓는 것으로 보지 않고 얇은 휘장을 찢어서 여러분을 하늘들 중의 하늘이신 그리스도와 연합시키는 것으로 알고 죽음을 평안하게 맞이하게 해 줄 것입니다.

그리스도께서는 우리를 위해 거할 처소를 마련하러 가셨습니다. 우리가 주께서 가시도록 한다면, 주님은 우리를 위해 그 장소를 준비할 것이고, 그 다음에 오셔서 우리를 거기로 인도하실 것입니다. "주께서" 사망을 지나가는 "생명의 길을 내게 보이실" 것입니다. "주의 앞에는 충만한 기쁨이 있고 주의 오른쪽에는 영원한 즐거움이 있나이다"(시 16:11).

69
그 길

"내가 어디로 가는지 그 길을 너희가 아느니라 도마가 이르되 주여 주께서 어디로 가시는지 우리가 알지 못하거늘 그 길을 어찌 알겠사옵나이까 예수께서 이르시되 내가 곧 길이요 진리요 생명이니 나로 말미암지 않고는 아버지께로 올 자가 없느니라 너희가 나를 알았더라면 내 아버지도 알았으리로다 이제부터는 너희가 그를 알았고 또 보았느니라"

요 14:4-7

우리 주님께서는 지금까지 자신이 떠날 것에 대해서, 그 목적에 대해서, 그 목적에 의해 보장된 주의 돌아오심, 그의 종들이 주와 영원히 그리고 완전히 재결합하는 것에 대해 말씀하셨습니다. 그러나 이렇게 격려하고 마음을 진정시키는 이런 생각들도 모든 제자들의 필요를 만족시키지 못했기 때문에 주님의 위안을 다 드러내는 것은 아닙니다. 제자들은 이런 말씀을 듣고도 여전히 이렇게 말했을 수도 있습니다. "그렇습니다. 우리는 주께서 다시 오실 것을 믿습니다. 그리고 우리가 함께 지낼 것도 믿습니다. 그러나 주께서 안 계시는 동안은 어떻게 되는 것입니까?" 그 답을 혹은 적어도 답의 일부를 여기 말씀하십니다. "내가 어디로 가는지 너희가 아느니라 그 길을 너희가 아느니라"(Whither I go ye know, and the way ye know) 혹은 개역 성경(The Revised Version)이 제시하는 좀 더 짧은 번역을 채택한다면 "내가 어디로 가는지 그 길을 너희가 아느니라"(Whither I go ye know the way).

여러분이 어떤 사람에게 "당신은 그 길을 압니다"고 말할 경우에, 그 말은 "오세요"라는 뜻입니다. 내가 볼 때, 이 말씀에는 제자들에게 주께서 그들에게 다시 오기 전에 자기에게 오라는 은근한 초대가 있고, 그들이 떨어져 있을지라도 여전히 아버지 집으로 가는 길을 찾아 걸어와서 주님과 함께 지낼 것이라는 보장이 있습니다. 제자들 가운데 계시지 않는 그리스도는 주님 자신으로 인도하는 길로서 제자들과 함께 계십니다. 주님이 안 계시는 막간의 시간은 이와 같이 그 중간이 연결되어 있습니다. 자, 이 구절들에서 우리는 매우 중요한 여러 교훈들을 보는데, 이 교훈들은 그 과정을 따라 가보기만 해도 그 교훈들을 아주 잘 이끌어낼 수 있다고 생각합니다.

1. 제자들이 자기도 모르게 알고 있는 지식을 살펴봅시다.

예수 그리스도께서는 이렇게 말씀하십니다. "너희는 그 길을 안다. 너희는 목적지를 안다." 제자들 가운데 한 사람이 감히 딱 잘라서 주님의 말을 부인하며 주님의 두 가지 주장을 무뚝뚝하고 완전히 부인하고 나섭니다. "주여 주께서 어디로 가시는지 우리가 알지 못하거늘 그 길을 어찌 알겠사옵나이까" 하고 도마가 말합니다. 그는 이 대화에서도 나오고, 주님께서 나사로를 살리러 가시기 전에 하신 대담에서도 나오고, 또 주님께서 부활하신 후의 대담에서도 나오는 인물입니다. 이 세 경우에서 모두 그는 주로 감각의 지배를 받고, 그래서 감각의 한계를 넘어서는 것에 대해서는 이해하는 데 더디며, 병적으로 우울하고 사물을 아주 어둡게 보는 경향이 있는 실제적 비관주의자로 나타나지만, 솔직하고 숨김없이 말하는 특징이 있는데, 이 특징으로 인해 다른 특징들로 비난 받는 것이 절반은 줄어드는 인물로 나옵니다. 도마는 주님께서 방금 말씀하신 깊은 말씀을 다 이해하지 못하였습니다. 그의 이해는 아주 희미하였습니다. 그래서 그는 자신의 무지를 제시하기 가장 좋은 분은 그 무지를 밝히실 수 있는 조명자이신 그리스도이시라는 것을 알고서 자신의 무지를 불쑥 말하였습니다.

"주께서 어디로 가시는지 우리가 알지 **못하거늘** 그 길을 어찌 알겠사옵나이까?" 예수님의 말씀이 옳았습니까? 도마의 말이 옳았습니까? 아니면 두 사람의 말이 다 옳았습니까? 사실 도마와 그의 모든 동료들은 어느 정도 알았지만 자기들이 알고 있다는 것을 몰랐습니다. 그들은 과거에 그리스도께서 어디로 가실 것이라는 것에 대해 많이 들었습니다. 그에 대한 말씀이 그들의 귀에 몇 번이고 울렸던 것이 분명하였습니다. 그 말씀이 그들의 머릿속에 어느 정도 남아 있었고, 그런 의미에서 그들은 알고 있었습니다. 그리스도께서 여기서 지적하시는 것은 바로 제자들이 사용하지 않고 의식하고 있지 않은 그들의 지식입니다. 주께서 "내가 어디로 가는지 그 길을 너희가 아느니라"고 말씀하실 때 의식하도록 하고 힘을 발휘하도록 하시는 것이 바로 그 지식입니다. 그것은 바로 인내심 많은 선생님이 어쩔 줄 모르는 아이를 대할 때 아이에게 하는 말이 아닙니까? "천천히 생각해 봐! 네가 잘 생각하기만 하면 아주 잘 알 수 있을 거야." 여기서 주님은 그와 같이 말씀하시는 것입니다. "마음에 동요하지 말고 근심하지 말라. 돌이켜 보아라. 기억해 보아라. 너희 기억을 자세히 조사해 보아라. 내가 너희에게 거듭 말한 것을 생각해 보면, 내가 어디로 가는지 너희가 **정녕** 알고, 그 길을 너희가 **정녕** 알고 있다는 것을 깨닫게 될 것이다."

학생들의 더딘 학습을 오래 참고 부드럽게 대하는 선생님의 태도가 여기서 아름다운 사례로 나타납니다. 주님께서 애정을 가지고 인내하며 택하는 방법, 곧 제자들에게 그의 가르침을 받고 깨달은 그들 자신의 생각을 고려해보고, 그들의 머릿속의 먼지 쌓인 구석 어느 곳에서 끌어내 깨끗이 털어내기만 하면 진리가 무엇인지 나타나고 그때 필요한 아주 충분한 빛과 힘을 가져다 줄 진리가 어디 있는지 보라고 말씀하시는 방법도 좋은 예가 됩니다.

이 대화는 우리 모두에게 해당되는 사실을 보여주는 경우입니다. 즉 우리는 예수 그리스도께서 주신 진리들을 소유하고 있습니다. 진리의 범위와 취지, 진리의 장엄함과 힘과 빛을 비추는 능력을 받았는데도 그것을 꿈에도 생각지 않는다는 것입니다. 우리가 알고 있는 신조들 가운데 희미하게 알고 발전시키지 못한 것들이 얼마나 많은지 모릅니다! 우리가 소유하고 있는 부를 알고, 우리의 근심하는 영이 매달릴 수 있는 확실한 사실들을 깨닫기 위해서는 시간과 환경이 필요하고 영혼의 깊은 고뇌가 필요합니다. 또한 우리에게 있는 진리들을 소유하고, 우리가 알고 있는 것을 알며, "우리에게 주신 하나님의 일들을" 이해하기 위해서는 보통 그리스도인의 마음에 들려고 할 것이 아니라 훨씬 더 인내하며 정직하게 깊이 묵상하고 생각하는 실천이 필요합니다.

여러분이 알고 있는 모든 신조에는 여러분이 어떤 식으로든 믿고 있지만 여러분의 의식에서 활력을 얻지 못하고 생활에서 힘을 얻지 못하는 부분들이 많이 있습니다. 여기서 주님이 이 제자들에게 하시는 일은 정확히 주님이 날마다 우리에게 하시는 일입니다. 즉 우리로 자신을 돌아보게 하시거나 우리 안에 있는 주님의 계시를 살펴보고, 그 깊이를 헤아리고 그 위대함을 생각하여 우리가 믿는다고 말하는 사실들을 이해하도록 하시려는 것입니다.

우리가 알고 있는 것이라곤 고작 무지하다는 사실뿐입니다. 주님께 무지하다고 고백하는 것은 진리를 알아가는 과정에 속합니다. 주님의 빛이 연기에 닿으면 연기를 빨간 불꽃으로 변화시킬 것입니다. 여러분이 모른다면, 주님께 가서 "주여, 제가 모릅니다"라고 말하십시오. 어디에 어둠이 있는지 정확히 아는 것이 빛으로 나가는 첫 걸음입니다. 우리는 주님의 진리에 대한 부정확하고 피상적 모든 이해를 주님 앞에 가져가야 하고, 그러면 주님으로부터 더 깊은 지식, 더 견고한 믿음을 얻을 수 있고, 주님의 다함이 없는 교훈에 대한 더 즐거운 확신을 얻을 수 있습니다. 기독교 신앙의 모든 조항과 일에는 우리의 현재 이해를 뛰어넘는 초월적 요소가 있습니다. 날이 밝아올 것임을 확신합시다. 새로운 깨달음이 올 때 그것을 환영하도록 합시다. 그 깨달음이 하나님께로부터 온다는 것을 확실히 압시다. 여러분이 모든 것을 안다는 자만심으로 우쭐하지 않도록 합시다. 이 사실을 분명히 알도록 합시다. 오래된 좋은 은유에 따르면, 우리는 끝없이 펼쳐진 햇빛 비치는 큰 바닷가에서 파도에 떠밀려 우리 발 앞에 이른 조개 껍질 몇 개를 주운 어린아이에 불과합니다. "그 길을 너희가 아느니라."

"주여 우리가 그 길을 알지 못하나이다."

2. 둘째, 여기서 깨닫지 못하고 있는 이 지식을 일깨우는 주님의 위대한 자기 계시를 살펴봅시다.

"예수께서 이르시되 내가 곧 길이요 진리요 생명이니 나로 말미암지 않고는 아버지께로 올 자가 없느니라"(요 14:6). 문맥의 전체 경향과 이 말씀의 목적을 두고 생각할 때, 이 말씀의 주요 개념은 "내가 곧 길이라"는 첫 번째 말씀에 있는 것이 아주 분명합니다. 이 사실은 이 구절의 마지막 말씀 때문에 더 확실해집니다. 그 말씀은 이전의 세 주장들의 취지를 요약하면서 길이라는 은유만을 강조합니다. "나로 말미암지 않고는 아버지께로 올 자가 없느니라"(요 14:6). 길과 진리와 생명이라는 위대한 이 세 단어의 취지가 이와 같으므로, 우리는 두 번째와 세 번째 은유를 첫 번째 단어에 대한 설명이라고 보아야 합니다. 이 세 은유는 동등한 것이 아니고, 첫 번째 은유가 더 전반적인 것이고, 다른 두 은유는 첫 번째 은유가 어떻게 실현되는지를 보여준다고 말할 수 있습니다. "내가 진리요 생명이기" 때문에 "나는 길이다"는 것입니다.

주님의 말씀 가운데서 이 말씀만큼 내가 앞에서 말한 견해를 적용해야 할 필요가 있는 것은 없는 것 같습니다. 우리는 알고 있습니다. 그렇지만, 아 여기에 얼마나 넘치는 영광과 헤아릴 수 없는 깊이가 있는지 우리는 알지 못하고, 결코 알 수 없습니다. 이 말씀을 아주 단편적이고 불충분하게 파악할지라도 그로 인해 지성에 빛을 얻고 마음에 고요함과 평안을 얻을 것입니다. 그러나 이 말씀의 전체 의미는 사람과 천사들의 한계를 넘어섭니다. 우리는 표면을 대충 훑어 읽을 수 있을 뿐이고, 우리 지식의 경계를 좀 더 넓혀서 그 한계 안에 그 말씀이 우리에게 가져다주는 영역을 좀 더 포용하고자 할 수 있을 뿐입니다. 그래서 그 방향에서 도움이 될 수 있는 생각을 한두 가지만 살펴봅시다.

그러면 이 세 구절 모두에 속한 것으로 "나는 … 이다"는 주목할 만한 말씀을 살펴봅시다. 사람들이 길을 설명하는데, 그리스도께서 길이십니다.

사람들이 진리를 말하는데 그리스도께서 진리이십니다. 부모들이 자기들이 받은 생명을 나누어 주는데, 그리스도는 생명이십니다. 그리스도께서는 자신이 단지 전달자나 선생 혹은 안내자에 지나지 않는 것이 아니라 그 자신이 친히 길이요 진리요 생명이라고 말씀하심으로써 모든 사람들과 자신을 구별하십니다. 주께서는 갈보리가 상당히 가까이 왔을 때 이 말씀을 하셨습니다. 주께서는 자신을 어떻게 생각하셨고, 우리는 주님을 어떻게 생각해야 하겠습니까?

그 다음에 주님께서 자신과 진리 사이의 유일무이한 관계가 자신이 하나님께 이르는 길이 되는 한 근거라고 밝힌 점을 살펴봅시다. 그리스도는 신적 본성과 관련해서 진리이십니다. 그렇다면 그 진리는 단순히 말의 문제가 아닙니다. 우리를 가르치는 것은 그리스도의 말씀뿐이 아니고 우리에게 하나님을 보여주는 것은 바로 그리스도 자신이십니다. 그리스도의 전 생애와 성품, 인격이 인간의 조건들 안에서 보이지 않는 하나님을 참되게 나타냅니다. 그래서 주께서 "내가 곧 길이요 진리라"고 말씀하실 때, 사실상 이 복음서의 위대한 서문이 그리스도를 말씀이요 사람들의 빛이라고 부를 때 말하는 바로 그 사실을, 바울 사도가 그리스도를 가리켜 "보이지 아니하는 하나님의 형상"(골 1:15)이라고 할 때 말하는 바로 그 사실을 말씀하고 있는 것입니다. 하나님에 관해 말하는 것과 하나님을 보여주는 것 사이의 차이가 있을 뿐입니다. 사람들은 말로써 하나님을 나타내지만, 그리스도께서는 그 자신이, 그리고 그의 생애의 사실들로써 하나님을 계시하십니다. 사람들이 얻을 수 있는, 신적 본성에 대한 가장 참되고 고귀한 표현은 예수 그리스도의 얼굴에 나타납니다.

내가 생각할 때 이 문맥의 목적과 관계가 없는 것으로, 이밖에 이 중대한 말씀이 적용될 수 있는 이보다 저급한 예들에 대해서는 딱 한 마디만 여러분에게 말씀드리면 될 것입니다. 성경에 기록된 예수 그리스도의 생애와 역사적 나타남에서 사람들이 도덕적이고 영적 기초 진리들을 발견하기 때문에 그리스도는 진리이십니다. "무엇에든지 참되며 무엇에든지 정결하며 무엇에든지 사랑 받을 만하며 무엇에든지 칭찬 받을 만하든지"(빌

4:8) 간에 그리스도께서 바로 그런 분이십니다. 모든 참된 윤리는 예수 그리스도의 생애와 성품에 나타난 모든 사실들을 행동 원리로 체계화한 것에 불과합니다.

그 다음에, 본문은 그리스도께서 생명이시기 때문에 길이라고 말합니다. 한편으로 예수 그리스도의 생애를 통해서 하나님이 모든 사람의 마음에 알려지고, 어떤 점에서 사람들에게 이해됩니다. 그래서 그리스도는 길이십니다. 그러나 그것으로 충분하지 않습니다. 신적 본성과 관련된 행동뿐 아니라 우리에 대한 행동도 있어야 합니다. 하나님은 그리스도 안에서 나타나심으로써 사람들에게 알려지십니다. 그러면 죽은 우리들이 생명의 전달로 말미암아 살아납니다. 이 표현은 그리스도의 모든 활동을 통해 그리스도를 계시자로 나타냅니다. 다른 표현은 우리에 대한 그리스도의 모든 활동을 통해 그리스도를 생명을 주시는 영이요 소성케 하는 이요 영감을 주시는 이로서 나타냅니다. 죽은 사람들은 길을 걸을 수 없습니다. 길이 묘지에서부터 시작된다면 길을 만드는 것은 소용없는 일입니다. 그리스도께서는 자기와 관계없는 사람들은 죽은 자들이고, 그들이 얻을 수 있고 하나님과 결합될 수 있는 생명은 그리스도 안에 있는 하나님의 생명뿐이고, 자신이 그 생명의 원천이고 온 세상을 위한 원칙이라고 가르치신 것입니다. 주께서는 여전히 참된 사실을 여기서 말씀하시지 않고, 이 위대한 대화의 다른 부분에서 충분하게 말씀하시는 것을 여기서 말씀하시지 않습니다. 그것은 주님께서 가져오시는 그 생명을 퍼트리고 전달할 수 있는 유일한 길은 그의 죽으심을 통해서라는 것입니다. "한 알의 밀이 땅에 떨어져 죽지 아니하면 한 알 그대로 있느니라"(요 12:24). 그리스도는 생명이십니다. 그런데 신비한 역설이고 그리스도 복음의 핵심은, 그리스도의 생명을 우리에게 주시는 유일한 방법이 그리스도께서 우리를 위하여 자신의 신체적 생명을 버리시는 것이라는 사실입니다. 그리스도께서 세상을 위한 생명의 원천이 되기 위해서는 죽으셔야 합니다. 향유와 그 향기를 쏟아 붓기 위해서는 향유 옥합을 깨트려야 합니다. 생명이신 그리스도의 죽음이 우리에게는 죽음의 생명이기 때문에 일반적 의미보다 더 깊은 의미에서

"죽음은 생명의 문"입니다.

그래서 한편으로 그리스도께서 하나님을 우리 마음에 알리셔서 우리가 사랑하고 의지할 수 있기 때문에, 다른 한편으로는 죄로 말미암아 하나님과 떨어져 있는 진정한 죽음으로 죽어 있는 우리 영들에게 그리스도께서 우리를 하나님과 결합시키는 생명을 전달하여 주시기 때문에, 그리스도는 아버지 하나님께 이르게 하는 길이십니다.

그러면 그리스도에 대해 들어본 적이 없는 사람들, 그 길로 가는 것이 막혀 있던 사람들, 그 진리가 나타나는 것을 본 적이 없는 사람들, 그 생명을 받은 적이 없는 사람들은 어떻게 됩니까? 아, 그리스도께서는 역사적으로 자신을 나타내시는 방법 말고도 달리 일하시는 방법들이 있습니다. 이 네 번째 복음에서 빛이 "세상에 와서 각 사람에게 비추었다"(요 1:9, 개역개정은 "세상에 와서 각 사람에게 비추는 빛이 있었나니" — 역주)는 이것만큼 분명히 가르치는 진리가 없기 때문입니다. 이 영원한 말씀은 온 세상에서, 사람들의 생각을 초월하는 방법들을 통해서 활동합니다. 그래서 아무리 불완전하다 할지라도 누군가가 하늘에 계시는 아버지 같은 하나님에 대한 생각을 더듬어 찾고 나름대로 붙잡은 곳은 어디든지 사람들의 빛이신 그 말씀이 활동을 하신 것입니다.

그러나 이 성경을 받은 우리에게, 사람들이 아주 비꼬는 말로 "기독교국"이라고 부르는 곳에 본문의 법칙이 엄중하게 적용되며, 이 법칙은 오늘날 우리 주위 사방에서 실행되고 있습니다. "나로 말미암지 않고는 아버지께로 올 자가 없느니라." 내 생각에는 우리나라 영국에서, 그리고 유럽 대륙과 아메리카에 있는 우리의 자매 나라들에서 사람들이 예수 그리스도를 하나님의 계시자요 사람들의 생명으로 믿든지 아니면 텅 비어있는 하늘을 믿든지 선택하는 문제에 직면해 있습니다. 개인적으로 여러분은 그리스도를 유일한 길로 영접하든지 아니면 여러분의 아버지 하나님을 잊고 광야에서 방황하든지 해야 합니다. 그리스도를 진리로 영접하든지 아니면 본성적이고 정치적이며 지적 불충분한 진리들에, 시간과 감각의 허식과 환영에 자신을 맡기든지 해야 합니다. 그리스도를 여러분의 생명으로 영접하든지 아니면 하나님과 떨어져 죽은 상태로 지내든지 해야 합니다.

3. 끝으로, 우리는 여기서 제자들의 무지와 그 무지를 깨끗이 없애 버리는 새로운 시각을 봅니다.

"너희가 나를 알았더라면 내 아버지도 알았으리로다 이제부터는 너희가 그를 알았고 또 보았느니라." 우리 주님께서 우선 도마의 입장을 받아들이십니다. 주께서는 제자들의 지식에 그림자처럼 따라다녔던 무지, 주님 안에서 아버지 하나님이 나타나시는 것을 보지 못함으로써 슬프지만 아주 분명하게 나타났던 그들의 무지를 용인함으로써 제자들이 알고 있다는 주님의 이전 입장을 보충하십니다. 주께서는 제자들이 알지 못한다고 생각하는 것을 알고 있다고 방금 말씀하셨습니다. 그런데 이제 주님은 그들이 오랜 시간 교제하였으므로 아주 잘 알고 있다고 생각하는 분, 곧 주님 자신을 모르고 있다고 말씀하십니다. 제자들이 주님을 알지 못하였다는 증거는 그들이 그리스도 안에서 계시된 하나님 아버지를 몰랐으며, 하나님 아버지를 계시하고 계시는 그리스도도 몰랐다는 것입니다. 그들이 그 사실을 이해하지 못하였다면 모든 것을 놓친 것입니다. 그들이 그리스도의 은혜로우심에 대해 모든 것을 알았다고 하더라도 주님의 진정한 자아에 대해서는 전혀 모른 것입니다. 그들이 모른다고 생각하면 그들의 알고 있는 것이 드러날 것이고, 그들이 알고 있다고 생각하면 그들의 무지가 드러날 것입니다.

여기서 우리가 배워야 할 교훈은 그리스도를 아는 우리 지식이 온전하고 가치가 있는가를 보여주는 참된 시금석은 우리가 그리스도로 말미암아 우리에게 가까이 오신 하나님 아버지를 알고 있느냐 하는 점에 있습니다. 이 말씀은 그리스도의 인격에 대한 순전히 인도주의적 견해들이 아무리 그리스도의 성품의 아름다움과 그의 지혜의 "멋지고 온당함"을 분명하게 보고 극구 칭찬을 할지라도 그런 견해들에는 근본적 결함이 있음을 지적합니다. 이런 모든 견해들은 여기서 무너지고, 너무 얕고 불완전하여서 그리스도를 아는 지식이라고 불릴 가치가 전혀 없는 것으로 비난받습니다.

여러분이 예수 그리스도에 대해 조금이라도 바르게 알고 있다면, 그리스도 안에서 하나님을 안다는 이것이 여러분이 그리스도께 대해 아는 것입니다. 여러분이 그리스도 안에서 하나님을 보지 못하였다면, 이 신비의 핵심에 이르지 못한 것입니다. 그리스도를 최고의 사람, 최고의 순교자, 최고의 선생, 아름답고 온유한 최고의 형제로 알고 그치는 지식은 불완전하기 짝이 없어서 주님조차도 그것을 무지나 다름없는 것으로 부르실 수밖에 없습니다. 아, 형제 여러분, 그리스도에 대한 우리의 생각이 주님께서 친히 규정하신 이 시험을 충족시킵니까? 우리는 그리스도를 볼 때 그 안에서 하나님을 본다고 말할 수 있습니까?

그 다음에 우리 주님은 또 다른 생각, 곧 당시 스스로도 알지 못하고 있던 무지가 자신이 알고 있다는 것을 인식하는 지식으로 점차 변하고 있었는데, 그 무지에 부여하고 있던 새로운 시각을 다루십니다. "이제부터는 너희가 그를 알았고 또 보았느니라." 우리는 시간에 대한 언급으로서 "이제부터는"이라는 말을 다소 자유롭게 해석하여, 본문의 말씀이 들어 있는 주님의 전체 말씀과 행위에 적용해야 합니다. 그렇게 한다면 우리는 이 결론에 이르게 됩니다. 즉 그리스도께서 하나님을 계시하고 세상에 자신의 생명을 주시는 일의 새로운 단계를 시작하신 것이, 바로 그리스도께서 그 다락방에서 보이신 그 지혜와 온유함, 깊은 진리들에 있었다는 것입니다. 겟세마네 동산의 고뇌와 복종에 있었고, 재판장들 앞에서 온순하게 인내하심에 있었고, 치욕과 부끄러움을 잠잠히 받아들이심에 있었으며, 십자가에서 오래 시간을 사랑하는 마음으로 기꺼이 참으심에 있었다는 것입니다. 바로 이 사람 예수에게서 사람들이 전에는 보지 못하였던 "아버지 하나님"을 알고 보는 것이 이때로부터, 이로 말미암아서 된 것입니다. 십자가와 그리스도의 수난은 세상에 하나님의 마음을 열어 보여 주는 것입니다. 과거에 그리스도께서 아무리 고귀하고 멋지게 하나님을 나타내고 하나님께 대해 말씀하신 것이라도 이런 시각 옆에서는 아주 하찮은 것으로 변하고 맙니다. 살아계신 하나님을 계시하는 분은 죽으시는 그리스도이십니다.

형제 여러분, 이렇게 그리스도는 여러분을 하나님께로 인도하시는 길입니다. 여러분은 오직 그리스도를 의지해서만 하나님을 찾도록 하십시오. 그리스도는 여러분의 진리입니다. 그리스도를 붙잡아 여러분 가슴에 품으십시오. 오래 묵상하고 지속적으로 신뢰함으로써 여러분이 그리스도 안에서 이미 전달받은 모든 보화로 부요하게 되도록 하십시오. 그리스도는 여러분의 생명이십니다. 그리스도를 굳게 붙잡음으로 그리스도 안에 있는 성령께서 여러분 속에 들어가 여러분이 이 세상에서와 영원히 모든 죽음을 이기고 살 수 있도록 하십시오. 그리스도를 친구로 아십시오. 그를 단지 역사적 인물이나 머릿속에만 있는 지식으로 알지 마십시오. 친구를 안다는 것은 진리를 안다는 것보다 훨씬 더 깊은 의미를 지니기 때문입니다. "너는 하나님과 화목하고 평안하라"(욥 22:21). "영생은" 생명과 소유인 지식을 가지고 "곧 유일하신 참 하나님과 그가 보내신 자 예수 그리스도를 아는 것"(요 17:3)입니다.

70
하나님을 바르게 봄

"빌립이 이르되 주여 아버지를 우리에게 보여 주옵소서 그리하면 족하겠나이다 예수께서 이르시되 빌립아 내가 이렇게 오래 너희와 함께 있으되 네가 나를 알지 못하느냐 나를 본 자는 아버지를 보았거늘 어찌하여 아버지를 보이라 하느냐 내가 아버지 안에 거하고 아버지는 내 안에 계신 것을 네가 믿지 아니하느냐 내가 너희에게 이르는 말은 스스로 하는 것이 아니라 아버지께서 내 안에 계셔서 그의 일을 하시는 것이라 내가 아버지 안에 거하고 아버지께서 내 안에 계심을 믿으라 그렇지 못하겠거든 행하는 그 일로 말미암아 나를 믿으라"

요 14:8-11

빌립이 주께서 조용히 강화(講話)를 이어가시는 중에 갑작스럽게 끼어들어 말을 한 것이 단지 경솔하거나 호기심에서 나온 행동은 아닙니다. 우리는 빌립의 말에서 진지함이 묻어나는 것을 보며, 수년 동안의 열망이 목소리로 튀어나온 것입니다. 빌립은 주님께서 지금까지 말해오신 심오한 가르침에서 주님의 깊이를 따라가지 못했던 것이 분명합니다. 그런데 주께서 하나님을 보는 것에 대해 말씀하시자 익숙히 알고 있던 주제를 만났다고 생각한 것입니다. 구약 신자인 빌립은 옛적에 모세가 이스라엘 장로들을 데리고 산으로 올라갔고 거기에서 "그들은 하나님을 뵈었고"(출 24:11), 그밖의 많은 사람들이 하나님의 임재가 볼 수 있게 나타나는 것을 보았음을 알았습니다. 제자로서 빌립은 자신의 믿음을 견고하게 해줄 그와 비슷한 표적을 간절히 원하였습니다. 사람으로서 빌립은 우리가 알고 있든지 모르든지 간에 모두가 느끼고 있는 깊은 필요, 곧 보이지 않고 알 수 없는 하나님보다는 좀 더 현실적이고 만질 수 있는 어떤 것을 바라는 깊은 필요를 의식하고 있었습니다. 빌립의 특이한 기질이 그 갈망을 더 부추겼습니다. 그가 복음서들에서 나타나는 첫 번째 모습은 그 특징에 있어서 이 마지막 모습과 비슷합니다. 그는 나다나엘의 모든 반론에 대해서 그저 "와보라"고만 대답할 뿐이었습니다. 그리고 여기서 빌립은 이렇게 말합니다. "아, 우리가 아버지를 볼 수 있다면 충분하겠습니다." 그는 백문이 불여일견이라는 믿음을 가지고 있는 사람이었습니다. 그래서 그는 말을 합니다.

그의 간청은 그 단순함이 어린아이 같고, 그 신뢰함이 아름다우며, 사람들의 필요에 대한 평가에서 고귀하고 진실됩니다. 그는 하나님 보기를 간절히 원합니다. 그는 그리스도께서 하나님을 보여주실 수 있다고 믿습니다. 하나님을 보면 마음이 만족할 것이라고 확신합니다. 이런 생각들이 "본다"는 말의 의미에 따라서 틀린 생각이 될 수도 있고 맞는 말일 수도 있습니다. 빌립은 이때 손으로 만져서 알 수 있게 하나님이 나타나시는 것을 뜻하는 말로 본다고 하였습니다. 그런 점에서 그는 틀렸습니다. 그 말에 가장 고귀하고 진실된 의미를 부여하면, 빌립의 틀린 생각은 위대한 진리가 됩니다. 우리 주님께서는 넌지시 책망하시되 애정을 가지고 부드럽게 그의 요청에 답변하시며, 틀린 생각을 진리에서 털어내려고 하십니다. 주님의 답변이 우리가 읽은 본문에 들어 있습니다. 그 말씀을 따라가며 생각해 봅시다. 겉만 훑고 지나가면 그 말씀의 깊이를 알 수 없기 때문입니다.

무엇보다 우리는 그리스도 안에서 하나님을 보는 것이 사람들의 갈망을 채워주기에 충분한 답이라는 사실을 봅니다. 주님의 답변의 첫 마디에 슬픔과 다정함이 묻어나고, 고통을 억누름과 마음이 아픈 애정이 들어 있습니다. "빌립아 내가 이렇게 오래 너희와 함께 있으되 네가 나를 알지 못하느냐?" 주님은 좀처럼 제자들의 이름을 부르시지 않습니다. 주께서 제자의 이름을 부르실 때는 그 이름에 깊은 애정의 억양이 묻어나옵니다. 빌립은 첫 제자들, 곧 그리스도께서 친히 부르신 최초의 적은 무리 가운데 한 사람이었고, 주님의 공생애 사역 기간 내내 주님과 함께 있었습니다. 그래서 주님은 빌립만큼이나 주님을 사랑한 제자들 앞에서 계속해서 자신을 계시하신 것이 그처럼 별 효과를 거두지 못한 것에 대해 의아해 하십니다. 주님의 답변의 첫 부분에는 내가 지난 설교에서 깊이 다루려고 했던 생각들이 다시 나옵니다. 그래서 여기서는 간단하게 언급할 수 있을 것인데, 그 생각들이란 "나를 본 자는 아버지를 보았거늘"이라는 말씀대로 그리스도를 보는 것은 곧 하나님을 보는 것이며, "빌립아 네가 나를 알지 못하였다"는 말씀처럼 그리스도께서 이같이 하나님을 나타내 보이시는 분이라는 것을 알지 못하면 그리스도를 전혀 모르는 것이라는 사실들입니다. 그 다음에는 그리스도 안에서 하나님을 보는 것으로 충분하다는 생각이 들어 있습니다. "어찌하여 아버지를 보이라 하느냐?" 이 모든 사실에서 우리는 간단히 다룰 몇 가지 생각을 모을 수 있습니다.

1. 첫 번째는 우리 모두가 필요로 하는 것은 하나님을 볼 수 있게 만드는 것입니다.

이교도의 역사가 그 사실을 보여 줍니다. 모든 나라에서 사람들은 "신들이 사람의 형상으로 우리 가운데 내려오셨다"(행 14:11) 하고 말하였습니다. 고도로 개발되고 자의식이 강한 20세기의 매우 높은 교양도 아주 미개한 야만인들이 지녔던 필요, 곧 그리스도 안에 나타난 하나님에 대한 계시를 떠나서는 희미하고 모호한 신 개념을 가질 수밖에 없는데, 그와는 다른 종류의 신적 본성의 현시를 얻고자 하는 그 필요를 제거하지 못했습니다. 창조나 섭리 혹은 역사의 신비, 혹은 내 자신의 내적 생명의 경이로부터 추론한 결과물에 지나지 않는 신, 곧 논리나 사색의 피조물인 신은 사람들을 움직이고 영향을 주는 데 아무 힘이 없습니다. 여러 가지 한계를 지닌 우리의 능력과 무한히 뻗어갈 수 있는 우리 마음이 그런 신보다 우리에게 가까이 계시고, 우리가 볼 수 있고 사랑하며 확신할 수 있는 하나님을 보기를 바라고 부르짖습니다. 온 세상이 하나님을 보는 것을 가장 깊은 필요로 간직하고 있습니다. **여러분의 마음과 지성이 바로 그것을 원합니다.** 이 외에 다른 어떤 것도 우리의 굶주림을 채우지 못하고, 질문을 던지는 우리 지성에 답변을 주지 못할 것입니다.

그리스도께서 이 필요를 충족시키십니다. 여러분은 자신의 지혜를 어떻게 나타내 보일 수 있습니까? 여러분은 사랑이나 순결을 어떻게 볼 수 있습니까? 내가 여러분의 영을 어떻게 봅니까? 바로 여러분의 몸의 행동들을 통해서 봅니다. 하나님께서 사람들에게 아주 가까이 오셔서 그들의 생활에서 끊임없이 능력과 동기로 작용할 수 있는 유일한 방법은 사람들이 그들 가운데서 하나님의 형상이자 계시로 존재하는 사람 속에서 활동하시는 하나님을 보도록 하는 것입니다. 그리스도의 전 생애가 보이지 않는 하나님을 보여줍니다. 그리스도는 보이지 않는 아버지를 세상에 나타내시는 분입니다.

그렇게 보는 것으로 충분합니다. 즉 그렇게 보는 것이 지성에나 마음에, 의지에 모두 충분합니다. 이 외에는 다른 어떤 것도 충분하지 않습니다. "어찌하여 아버지를 보이라 하느냐?" 우리가 하나님을 볼 수 있다면, 그것으로 우리는 만족합니다. 그러면 지성은 그리스도를 모든 존재와 변화의 기초로 알고 안정을 취하며, 마음은 그리스도를 중심에 모실 수 있고, 하나님을 찾던 영혼은 날개를 접고 쉬며, 근심하는 영혼은 조용해지며, 비난하던 양심은 잠잠히 있으며, 반역하던 의지는 진압되고 격렬한 열정은 가라앉으며, 내적 왕국에 큰 평안이 찾아옵니다. 그리스도 안에서 하나님을 보는 것이 모든 사람의 마음에 평안을 가져다줍니다. 이런 시각을 갖지 못하는 것이 모든 불안을 일으키는 진정한 비밀입니다. 우리가 예수님의 얼굴에서 우리 아버지 하나님을 보지 못하기 때문에 불안해하고 근심하며, 폭풍우의 큰 파도에 떠밀려 요동치고 바람이 불 때마다 휩쓸려 갑니다. "아버지를 우리에게 보여 주옵소서 그리하면 족하겠나이다"는 말은 어린 아이 같은 간청이든지 아니면 인간 마음의 지극히 깊고 고귀한 기도입니다. 본다는 것이 무엇인지 배운 사람들, 어디에 가면 이 위대한 봄을 경험할 수 있는지 아는 사람은 복이 있습니다!

우리의 현재 지식과 시각은 빌립이 원하였던 하나님을 외적으로 나타내는 상징에 불과한 것보다 훨씬 더 고귀한 것입니다. 이스라엘 장로들은 이스라엘의 하나님을 보았습니다. 그러나 그들이 본 것은 볼 수 없고 도달할 수 없는 분을 상징적으로 나타낸 것에 지나지 않았습니다. 그러나 그리스도 안에서 하나님을 보는 우리는 상징이 아니라 실체를 봅니다. 이 이상 가는 것도 이 이상 바랄 수 있는 것도 없습니다. 현재 그리스도 안에서 하나님의 나타나심과 하나님을 보는 것이 여러 가지 점에서 장차 우리에게 임할 것에 미치지 못합니다. 그러나 우리가 장차 얼굴과 얼굴을 대하여 보고 하나님이 우리를 아시는 것처럼 우리가 알게 될 그 시각의 완전함에 비할 때 현재 우리가 그리스도 안에서 하나님을 보는 것이 아무리 불완전할지라도 모든 질문을 잠재우고 굶주린 영혼들의 갈망을 충족시키기에 충분합니다. 아니 그 이상입니다.

2. 주님께서는 한 걸음 더 나아가 답변하시며, 이렇게 하나님을 볼 수 있게 만드는 하나님의 상호 내주하심에 대해 말씀하십니다.

"내가 아버지 안에 거하고 아버지는 내 안에 계신 것을 네가 믿지 아니하느냐? 내가 너희에게 이르는 말은 스스로 하는 것이 아니라 아버지께서 내 안에 계셔서 그의 일을 하시는 것이라." 이 말씀에는 중요한 두 가지 사실이 있습니다. 즉 그리스도께서는 자신이 하나님과 끊임없이 교제를 나누고 있다고 주장하시고, 또 따라서 하나님과 완전한 협력을 이루고 있다고 주장하십니다. "내가 아버지 안에 거한다"는 말씀은 독립적이고 따라서 반역적 의지와 의식, 행동을 일절 하지않는다는 뜻을 나타냅니다. "아버지는 내 안에 계신다"는 말씀은 하나님의 충만함이 아들이신 이 사람에게 중단 없이 계속적으로 부드럽고 깊게 흘러들어간다는 것을 나타냅니다. 이것은 어떤 지혜나 외경도 우리에게 상세히 설명해 주지 못하는 이 큰 신비의 두 면입니다. 이 두 면이 합해서 지극히 친밀하고 중단 없는 융합과 관통과 친교를 나타냅니다.

그 다음에, 이러한 지속적 상호 내주 때문에 완전한 협력이 있다는 주장이 뒤따릅니다. 이것은 또한 앞에서 말씀하신 두 가지 표현에 상응하여 진술된 것이 분명합니다. "내가 너희에게 이르는 말은 스스로 하는 것이 아니라"는 말씀은 "내가 아버지 안에 거하니라"는 말씀에 대응합니다. "아버지께서 내 안에 계셔서 그의 일을 하시는 것이라"는 말씀은 "아버지께서 내 안에 계시느니라"는 말씀과 조화를 이룹니다. 이 두 가지 사실이 합해서 우리에게 이 점을 가르칩니다. 즉 이루 말할 수 없는 그 신비한 친밀한 연합 때문에, 예수 그리스도께서 그의 모든 말과 활동을 통해서 하나님의 뜻을 완전히 수행하시므로, 그리스도의 말씀은 곧 하나님의 말씀이고 그리스도의 활동은 곧 하나님의 활동이 됩니다. 그래서 그리스도께서 말씀하실 때, 주님의 유순한 지혜, 애정 어린 동정, 마음을 움직이는 다정함, 그의 권위 있는 명령, 그의 예언적 경고가 다 하나님의 말씀입니다. 그리고 주님께서 행동하실 때, 그것이 표적으로 보이시는 행동이든 생활의 일반적 행동이든, 우리가 보는 것은 하나님께서 우리 눈앞에서 일하고 계시는 것입니다. 우리는 어떤 사람에게서도 하나님을 보지 못합니다.

이 모든 사실에서 두 세 가지 고려할 사실들이 따라옵니다. 그리스도께서 자신과 아버지 하나님 사이에서 조금이라도 빗나거나 부조화를 이룬다는 의식이 전혀 없는 점에 주목해야 합니다. 서로 겹쳐 있는 삼각형은 모든 선과 점과 각이 일치합니다. 이 사람 예수는 하나님의 전체가 유입되는 것을 받아들일 수 있고, 이 내주하시는 하나님은 이 사람에게서 완벽하게 표현됩니다. 여기에 죄를 의식한 흔적은 전혀 없습니다. 예수 그리스도께서는 자기가 말씀하신 모든 것이 하나님이 말씀하실 것으로 알았습니다. 또 자기가 행하는 모든 것이 하나님께서 행하실 것으로 알았습니다. 예수님과 아버지 하나님 사이에는 아무 장벽이 없었습니다. 예수 그리스도께서는 어떤 틈도 알지 못하셨습니다. 아주 친밀하고 지속적으로 서로 결합되고 내재되어 있는 이 두 분 사이에는 지극히 얇은 공기막조차도 존재하지 않았습니다. 이것은 두려운 주장입니다.

자, 나는 여러분이 스스로에게 이렇게 물어보기 바랍니다. 이것이 그리스도께서 말씀하신 것이라면, 그리스도께서는 자신에 대해 어떻게 생각하

신 것입니까? 이분은 자신의 이상을 구현하려고 하고 더더군다나 하나님
의 뜻이라고 자기가 알고 있는 그것을 생활에서 실현하려고 하는, 얼룩과
죄가 있고 부족이 있는 우리와 같은 사람입니까? 이분은 우리에게 이같이
말하는 다른 이들과 같은 사람입니까? 예수께서 이런 의식을 가졌다면,
그는 아주 우습기 짝이 없고 비극적이며 불경스러우며 완전히 잘못 생각
하고 있으며 전혀 신뢰할 수 없는 사람이거나 아니면, 교회가 대대로 그를
"아버지의 영원하신 아들"이라고 고백해온 바로 그분이십니다.

3. 끝으로, 주님께서는 자신이 하나님과 연합되어 있고 하나님을 계시한다는 사실 에 근거하여 우리에게 믿으라고 요구하십니다.

"내가 아버지 안에 거하고 아버지께서 내 안에 계심을 믿으라 그렇지 못
하겠거든 행하는 그 일로 말미암아 나를 믿으라." 본문의 마지막 구절의
맨 앞에 나오는 이 동사는 복수 형태로 변한다는 점에 주목할 필요가 있습
니다. 주님께서는 지금까지 특별히 빌립을 상대하셨으나, 이제는 주님의
말씀을 모든 제자들과, 주님의 말씀을 듣는 사람들 가운데 있는 우리에게
말씀하십니다. 주님은 우리에게 그를 믿고, 주님 자신의 증언을 의지하여
주님에 관한 사실을 믿거나, 혹은 그런 믿음이 생기지 않을 때는 차선책으
로 주님의 활동의 증거를 보고서 그를 믿으라고 명하십니다. 나는 이 점에
관해 말하고자 하는 바를 다음 세 가지 점으로 정리하겠습니다.

사람들과 예수님 사이를 연합시키는 진정한 끈은 믿음입니다. 우리는
믿어야 합니다. 그리고 믿는 것이 보는 것보다 낫습니다. 우리는 그분을 신
뢰해야 합니다. 그는 우리 믿음의 인격적 대상이십니다. 모든 믿음에는 도
덕적 요소와 자발적 요소라고 부를 수 있는 것이 있습니다. 사람이 어떤
명제를 믿는 것은 그 명제가 자기에게 강요되어, 지적으로 받아들이지 않
을 수 없기 때문입니다. 사람이 그리스도를 믿는 것은, 그가 그리스도를
믿으려 하기 때문이고, 믿음은 어떤 신학적 명제에 대한 지적 동의로 이해
하는 것을 훨씬 뛰어넘어서 우리를 이끌고 가는 도덕적이고 자발적 요소
가 있기 때문입니다. 믿음은 사실 전인(全人), 곧 마음과 의지와, 지성과

모든 것이 자기가 붙드는 사람에게로 나가는 것입니다. 그런데 여러분과 내가 믿어야 하는 그리스도는 스스로 자신이 어떤 존재라고 우리에게 주장해온 그분이십니다. "내가 아버지 안에 거하고 아버지께서 내 안에 계심을 믿으라." 오늘날 스스로 기독교 신앙이라고 부르지만 불구나 다름없는 잡종 같은 신앙이 온 세상에 떠돌아다니고 있습니다. 그것은 온갖 아름다운 방식으로 예수 그리스도를 믿는다고 하지만 그리스도를 보이지 않는 하나님을 볼 수 있게 친히 계시하는 인격체로는 믿지 않으려는 신앙입니다. 예수 그리스도께서는 여기서 그것은 예수께서 우리에게 내보이라고 요구하시는 그런 믿음은 아니라고 말씀하십니다. 우리가 그런 믿음밖에 보이지 않는다면, 우리는 아직 그리스도를 안 것이 아닙니다. 아, 사랑하는 교우 여러분! 우리가 의지해야 할 분은 여기서 우리에게 자신이 어떤 존재라고 친히 주장하신 그 그리스도밖에 없습니다. 그분이 육신으로 나타난 하나님이 아니시라면 나는 그를 믿어서는 안 됩니다. 나는 그분을 역사적 명사로 칭송할 수 있습니다. 나는 그분의 지혜와 아름다움을 인해서 그를 숭배할 수 있습니다. 조금 모호하긴 할지라도 그에 대해 사랑의 심정도 품을 수가 있습니다. 그러나 상식적 면에서 나는 어떤 점 때문에 그를 믿어야 하겠습니까? 그리스도께서 내 앞에 사람이 신뢰하기에 적합한 대상으로, 즉 사람의 몸을 입고 나타난 하나님으로 서시지 않는 한, 나에게 자기를 믿으라고 요구할 수 있는 이유가 있겠습니까?

그 다음에, 신뢰한다는 의미에서 믿는다는 것은 보고 안다는 것임에 주의할 필요가 있습니다. 빌립은 "아버지를 우리에게 보여 주옵소서"라고 말했습니다. 이에 대해 그리스도께서는 "믿으라. 그러면 너희가 보리라"고 답변하십니다. 여러분이 이 장의 앞 구절들을 보면 전반부에서 핵심어는 "안다"는 것이고, 두 번째 부분에서 핵심어는 "본다"는 것이며, 세 번째 부분에서 핵심어는 "믿다"는 말임을 알게 될 것입니다. 세상은 말합니다. "백문이 불여일견이다." 복음은 말합니다. "믿으면 보게 된다." 눈으로 불확실하게 보는 것보다 더 낫게 보고 참된 지식에 이르는 길은 믿음입니다. 우리가 본 적이 없는 그리스도를 믿는 믿음을 통하여 갖는 하나님에 대한 지식은 정말로 확실히 우리가 순전히 신체적 시력으로 도달할 수 있는 확실성과 직접성을 훨씬 더 능가합니다. 그래서 신적 모든 지식에 이르는 열쇠이자, 가장 참되게 하나님을 볼 수 있는 확실한 길은 믿음입니다.

그 다음에, 믿음이 아주 높은 토대 위에 세워져 있지 않더라도, 그것은 여전히 믿음이고 주께서 받아들이실 수 있는 것입니다. "그렇지 못하겠거든 행하는 그 일로 말미암아 나를 믿으라." "행하는 그 일"이 순전히 주님의 기적만을 가리키는 것은 아니라 할지라도 주로 그것을 가리킨다고 생각합니다. 그렇다면 여기서 우리는 이 점을 배웁니다. 즉 사람이 예수 그리스도의 형상을 보고 그리스도의 마음을 붙잡고 주님을 의지하고 사랑하지 않을 수 없게 되는 정도까지의 영적 감수성에 이르지 않았다면, 아직 보아야 할 기적들이 있는 것입니다. 그 기적들을 붙잡고, 비록 차선책이지만 그 사다리의 도움을 받아 그리스도에게까지 올라가는 그 믿음이 아직까지 현실적입니다. 기적의 증거는 부수적이지만, 그럴지라도 그 증거는 효과가 있고 충실합니다. 그래서 우리 주님은 과거 세대들의 과장을 부인하고 이 세대의 과장도 부인하며, 믿음을 가질 수 있는 중요한 이유가 기적이라고 주장하시지도 않고 그렇다고 기적이 전혀 쓸모없다고 말씀하시도 않습니다. 그리스도 교회에서 이전 세기들은 과거의 과장을 그대로 되풀이 하였고, 그래서 부분적으로 오늘날의 과장을 유발시켰습니다. 우리는 중도를 지킵시다. 그리스도께로 가는 데 기적의 문을 통하는 것보다 더 나은 방법이 있습니다. 그것은 주님께서 우리 지성과 마음에 주님 자신의 신성한 즐거움과 고귀함을 새기신다는 것입니다. 그러나 우리가 그 수준에 이르지 못하였다면, 그 수준에 올라가도록 우리를 도울 수 있는 그 사다리를 걷어차 버리지 맙시다. "그 일로 말미암아 나를 믿으라." 불완전한 신앙이 완전한 믿음으로 나아가는 대로가 될 수 있습니다. 빛이 멀리서 희미하게 빛날지라도, 우리가 그 빛의 인도를 충실히 따라가면 마침내 한낮에 이를 것을 확신하고서 그 빛을 따라가도록 합시다.

사랑하는 교우 여러분, 반면에 그리스도께서 자신을 나타내시는 인격을 보고 그리스도를 붙잡지 않는 믿음은 믿음을 위해 쌓아둔 모든 보물을 전혀 사용하지 못한다는 사실을 기억합시다. 그리스도에 대한 충분하고 가치 있는 믿음은 그리스도를 성육신하신 하나님이요 구주로 붙잡는 믿음뿐입니다. 그런 믿음만이 그리스도의 자신에 대한 주장을 바르게 평가합니다. 그런 믿음만이 하나님을 보고 아는 데 이르는 확실한 길입니다. 그런 믿음만이 의문을 갖는 지성이 답변을 얻고, 굶주린 마음이 만족을 얻으며, 다가오는 심판을 예언하고 고소하는 양심이 정결케 되는 복을 가져옵니다.

그리스도께서는 우리 각 사람에게 다음과 같은 자비로운 초청의 말씀을 전하십니다. "내가 아버지 안에 거하고 아버지께서 내 안에 계심을 믿으라." 우리 모두 이렇게 답변할 수 있기를 바랍니다. "우리가 주는 그리스도, 곧 살아계신 하나님의 아들이신 줄 믿습니다"(요 6:69, 개역개정은 "우리가 주는 하나님의 거룩하신 자이신 줄 믿고" — 역주).

71
그리스도의 일과
우리의 일

"내가 진실로 진실로 너희에게 이르노니 나를 믿는 자는 내가 하는 일을 그도 할
것이요 또한 그보다 큰 일도 하리니 이는 내가 아버지께로 감이라 너희가 내 이름
으로 무엇을 구하든지 내가 행하리니 이는 아버지로 하여금 아들로 말미암아 영
광을 받으시게 하려 함이라 내 이름으로 무엇이든지 내게 구하면 내가 행하리라"
요 14:12-14

나는 이 문맥의 핵심어는 "믿으라!"는 것임을 앞의 설교에서 이미 지적
한 바 있습니다. 연속적으로 세 구절에서 그 단어가 나오는데, 나올 때마
다 적용 범위가 더 넓어집니다. 처음에는 이 질문이 한 제자에게만 주어지
는 것을 봅니다. "빌립아, 네가 믿지 않느냐?" 그 다음에는 그 권유가 제자
들 전체에게 주어지는 것을 봅니다. "나를 믿으라!" 그리고 여기서 우리는
모든 세대에, 세상의 모든 구석에서 그리스도를 의지한 모든 사람을 언급
하고, 이 위대한 약속의 햇빛을 주님을 믿는 모든 자에게 확대시키는 전반
적 표현을 봅니다. 주님께서는 믿는 것을 근심하는 마음에 중요한 해독제
로, 아버지 하나님을 아는 확실한 길로, 보는 것보다 나은 대체물로 지적
하셨습니다. 이제 여기서 주님은 우리 앞에 믿음의 훨씬 더 놀라운 특권과
결과들을 펼쳐 놓으십니다. 주님의 말씀은 우리를 높고 희미한 영역으로
끌고 올라가는데, 거기에서는 우리가 주님의 말씀을 붙잡지 않는 한 자유

롭게 숨을 쉴 수 없고 분명하게 볼 수도 없습니다. 그래서 주님은 말씀을 시작하실 때 "진실로, 진실로"라는 말을 사용하여서 우리에게 놀라운 어떤 것을 털어놓는 주님의 말씀에 주의를 기울이고, 그 말씀이 아무리 기이하고 그렇지 않으면 깨달을 수 없는 것이라 할지라도 주님의 권위에 근거하여 주저없이 확신을 가지고 받아들이라고 명령하십니다.

그러면 주님께서 이와 같이 우리에게 받아들이라고 명하시는 것은 무엇입니까? 적어도 덜 익숙한 말로 바꾸는 장점이 있을 수 있는 의역을 시도해 본다면, 그것은 바로 이것입니다. 즉 그리스도께서 세상을 떠나시기 때문에, 그리고 떠나신 후에 기도의 응답으로 믿는 사람들을 움직여서 그들이 주께서 행하신 일을 하고, 어떤 의미에서는 그보다 큰일을 하도록 하시리라는 것입니다.

1. 여기서 우리는 높이 되신 그리스도께서 그의 종들을 위하여, 또 그 종들을 통해서 지속적으로 행하시는 일을 봅니다.

물론 이 제자들은 예수께서 떠나가시면 자신들을 위해 부단히 활동하신 것을 그토록 오래동안 절대적으로 의지해왔는데, 그 활동이 끝날 것이라는 생각에 떨고 있었고, 마음이 무거웠습니다. 이후로는 어떤 재난이나 곤경이 닥칠지라도 주님의 목소리는 들리지 않을 것이고 주님의 손은 움직이지 않을 것입니다. 제자들은 주님이 동행하시지 않고 주님의 조언도 듣지 못한 채 온갖 폭풍우를 맞닥뜨리게 될 것입니다. 우리 가운데 어떤 이들은 그런 경험이 삶을 얼마나 서글프게 만드는지 알고, 이 사람들이 앞날을 그같이 전망하고서 얼마나 겁을 내었겠는지 알 수 있습니다. 그리스도의 말씀은 그 시련을 맞닥뜨릴 힘을 줍니다. 또 주님이 떠나가신 후에 그들이 지금은 할 수 없는 것을 할 수 있게 되고 주께서 그들을 위해 하시곤 하던 일을 할 수 있게 된다는 것을 제자들에게 알려줄 뿐만 아니라, 주께서 떠나가신 후에는 주님이 제자들을 위해서 뿐 아니라 제자들 안에서 일을 하실 것이고, 그들의 활동 능력이 되실 것도 알려주십니다.

이를 위하여, 우리가 지금 다루고 있는 이 말씀의 주목할 만한 관계를 눈여겨봅시다. "나를 믿는 자는 내가 하는 일을 그도 할 것이요." 그렇게 할 수 있는 근거는 "내가 아버지께로 가기" 때문이고, 신자가 "무엇을 구하든지 내가 행할" 것이기 때문입니다.

이렇게 주님은 여기서 뚜렷한 두 길을 우리에게 보여주시는데, 자신의 미래의 활동이 그 길을 지나갈 것이라고 말씀하십니다. 한 가지는 우리의 기도에 응답하여 우리를 위해 일하시는 길입니다. 다른 한 가지는 우리에 대해서 그리고 우리 안에서 일하심으로써 우리의 활동이 주님의 활동이 되고, 주님의 활동이 우리의 활동이 되는 길입니다. 우리는 이 두 길을 잠시 따로 떼어서 볼 수 있을 것입니다.

그리고 여기서 다음의 이 중대한 사상이 명백히 진술되고 있습니다. 즉 그리스도께서 세상을 떠나신다고 해서 세상에서 활동하고 사물에 영향을 미치는 일이 끝나는 것이 아니며, 이 세상에 계시지 않을지라도 주님은 여전히 능력으로 임재해 계시며, 죽음을 통과하셨고 감각의 세계에서 옮기셨지만 여전히 우리 주위의 사물에 영향을 줄 수 있고 자신의 뜻에 따라 사물을 움직이실 수 있다는 것입니다. 우리는 이 말씀을 기억과 과거 역사의 지속적 영향력이 모든 시대에 힘으로 작용할 것이라는 그런 의견으로 생각하여 그 효력을 약화시켜서는 안 됩니다.

그것은 맞는 말입니다. 멋지고 독특하게 맞는 말입니다. 그러나 그리스도께서 여기서 말씀하시는 진리는 아닙니다. 기록된 과거 활동의 지속적 영향력 외에도, 주님의 현재 활동이 미치는 현재의 영향력이 있고, 오늘날 주님은 땅에 계실 때 활동하셨던 것만큼이나 진짜로 활동하고 계십니다. 주님의 활동의 한 가지 형태는 주께서 마지막 숨을 내쉬면서 선언하셨던 것처럼 갈보리에서 끝났습니다. 그러나 그리스도께서 역사 중간에서 세상이라는 장기판에서 졸(卒)을 움직이면서, 천사들이 "이루었도다! 세상 나라가 우리 주와 그의 그리스도의 나라가 되도다"(계 21:6; 11:15) 하고 노래할 날이 이르기 전에는 끝나지 않을 엄숙한 전쟁의 운명을 주관하는 그리스도의 또 다른 활동이 있습니다. 살아계신 그리스도께서 물질적인 것들에 대해서 그리고 생활의 섭리 가운데서 자신의 현재 능력을 진정으로 발휘함으로써 일을 하십니다. 그러므로 이 제자들은 마치 주께서 자기들을 위해 일하시는 것이 끝나는 것처럼 낙담해서는 안 되었습니다.

물론 이런 말씀이 정당화되려면 예수 그리스도의 본성과 인격에서 유일무이한 어떤 것이 요구된다는 것은 분명합니다. 다른 모든 사람들의 활동은 죽음으로 두 동강이 납니다. "이 사람은 당시에 하나님의 뜻을 따라 섬기다가 잠들어 그 조상들과 함께 묻혀 썩음을 당하였다"(행 13:36). 이것이 아주 위대한 사상가들, 정치가들, 영웅들, 시인들의 비문(碑文)이고, 아주 친절하고 전도가 유망한 사람들을 위한 비문입니다. 아버지, 어머니, 남편, 아내, 자녀, 친구, 모두가 죽으면 활동을 그칩니다. 천둥이 칠지라도 그들은 잠잠히 있고 더 이상 도울 수 없습니다. 그러나 그리스도께서는 오늘 살아계셔서 우리 주위 모든 일을 경영하고 계십니다.

자, 형제 여러분, 우리 그리스도인 생활의 즐거움을 위해서, 슬픔과 죄와 싸울 용기를 위해서는, 우리가 신조와 마음에서 그리스도께서 살아계신다는 이 위대한 진리를 가장 높은 곳에 두어야 하는 것이 지극히 중요한 일입니다. 그 진리가 외로운 사람들에게 어떻게 그리스도와 교제한다는 큰 즐거움을 가져다 주는지 모릅니다! 살아계신 그리스도께서 오늘날 세상에서 자신의 능력을 발휘하심으로써 실제로 일하고 계시다는 확신을 굳게 붙잡으면, 세상 역사의 복잡한 일들과 재난들을 생각하면서 얼마나 차분한 심정으로 바라볼 수 있는지 모릅니다!

그러나 그것이 전부가 아닙니다. 주님은 여기서 자신의 활동을 우리에게 얼핏 보여주시는 또 다른 길이 있습니다. 주님은 우리를 위해서 뿐만 아니라 우리에 대해서 또 우리 안에서, 그리고 우리를 통해서 일하시고, 그래서 우리가 주님을 의지하여 믿음으로 행하는 일들이 어떤 면에서 주님의 활동이고 다른 면에서는 우리의 활동입니다.

"내가 하는 일을 그도 할 것이요." 이는 "너희가 내 이름으로 무엇을 구하든지 내가 행할" 것이기 때문입니다.

우리는 주님을 생각할 때 그저 우리를 위한 그 활동이 자비롭고 기이하지만 희미한 과거에 십자가에서 끝이 난 주님으로 생각해서는 안 됩니다.

또 우리를 위한 활동이 외롭고 분투하는 모든 사람들에게 강력하고 위안이 되기는 하지만, 그저 하늘 높은 곳에서 일하시는 그런 주님으로 생각해서는 안 됩니다. 그보다는 우리 곁에 계시고 우리 안에 계시며 아무도 보지 못하고 그리스도 외에는 아무도 걸어갈 수 없는, 우리 영혼의 깊은 휴식에 이르는 숨은 길을 알고, 왕이시자 의로서, 생명이자 힘으로 거기에 들어가실 수 있는 분으로 주님을 생각해야 합니다. 이것이 주님께서 여기서 우리에게 가르치려고 하시는 교훈들 가운데 가장 깊은 것입니다. "그런즉 이제는 내가 사는 것이 아니요 오직 내 안에 그리스도께서 사시는 것이라"(갈 2:20). 그래서 내가 주님의 곁을 떠나지 않는다면 그리스도께서 나를 통해서 나의 보잘것없는 인성으로는 결코 도달하지 못하였을 형태로 강력하게 일을 하실 것입니다. 포도나무와 가지의 표상, 집과 그 거주자의 표상, 머리와 지체의 표상, 모든 것이 피상적이고 현세적 사람들은 "신비하다"고 하지만 그리스도인 특권의 핵심이자 그리스도인 소망의 닻인 바로 이 사실을 가리킵니다. 우리 안에 계시는 그리스도는 현재 우리의 의이시며 미래 영광의 소망이십니다.

예수 그리스도와 신자의 이 연합이 결국 우리가 그리스도의 일을 행하고 그리스도께서 우리의 일을 행하는 것으로 귀결되는 것으로 표현되고, 그 점에서 성부 하나님과 성자 하나님 사이의 훨씬 더 놀랍고 이루 말할 수 없는 연합과 비교되므로 예수 그리스도와 신자의 이 연합의 훨씬 더 엄숙하고 신비로운 측면에 이제 주목하도록 합시다. 한 구절에서 주님이 "내가 아버지 안에 거하고 아버지는 내 안에 계시느니라 내가 너희에게 이르는 말은 스스로 하는 것이 아니라 아버지께서 내 안에 계셔서 그의 일을 하시는 것이라"고 말씀하시고, 그 다음에 "내가 하는 일을 그도 할 것이요"라고 말씀하시는 것이 우연이 아닙니다. 그리고 그렇게 말씀하심으로써 우리에게 성부 하나님과 성자 하나님의 그 연합에서, 그리고 그 연합의 결과로서 발생하는 성자 하나님과 성부 하나님의 협력에서 그 연합의 친밀함의 가까움에 관해서, 또 그 결과로 생활에서 나타나는 모습에 관해서 그리스도와 우리의 연합이 본받아야 할 모범을 보라고 명령하시는 것이 우연이 아닙니다. 그리스도께서 우리 안에 계시고 우리가 그리스도 안에 있는 것이 어느 정도 성자께서 성부 안에 계시고 성부께서 성자 안에 계시는 것과 비슷합니다. 주님께서는 그리스도께서 지상에서 행하신 일들에서 성부 하나님과 성자 하나님이 보이신 완전한 협력을 희미하게 반영하고 나타내는 방식으로 우리가 행하는 일들을 행하십니다.

신자가 그리스도를 붙잡고 믿음으로 행한다면, 그리스도께서 그리스도인의 모든 활동을 행하는 생명이자 능력이시므로 그 일들은 그리스도께서 행하시는 것입니다. 그리스도께 받은 생명이 그 생명의 특징을 따라 펼쳐지고 그리스도를 사랑하는 사람은 변화되어 그리스도를 닮고 성령을 받은 자가 될 것이므로 그리스도의 행위가 그리스도의 겸손한 제자에게서 재연되고 영속화됩니다. 그래서 우리는 이 강력한 조수가 우리 속으로 흘러들어오도록 자기 신뢰와 완고함을 억제하도록 합시다. 우리 모두에게서 소심함과 불신, 우울함을 던져 버리고, 우리에게는 하늘에 살아계시면서 우리를 위해 일하시고 우리 안에 살아계시면서 우리를 통해 일하고 계시는 그리스도가 계시다는 것을 굳게 확신하도록 합시다.

요한복음에는 승천에 대한 기록이 없습니다. 그러나 본문의 이 말씀은 승천의 가장 깊은 의미를 우리에게 보여주고, 복음서 기자들 가운데 한 사람이 그린 위대한 그림, 곧 두 부분으로 되어 있지만 하나로 결합된 그림과도 완전히 일치합니다. "주 예수께서 말씀을 마치신 후에 하늘로 올려지사 하나님 우편에 앉으시니라 제자들이 나가 두루 전파할새"(막 16:19,20). 여기서 두 모습이 극명하게 대조가 됩니다. 위에서는 쉬고 있고 아래에서는 힘써 일합니다! 그렇습니다. 그러나 다음에 나오는 말씀이 이 두 부분을 한데 묶습니다. "주께서 함께 역사하사 그 따르는 표적으로 말씀을 확실히 증언하시니라."

2. 다음으로, 주께서 그의 종들에 의해서 또 그 종들을 위해 일하시는데, 그 종들의 더 큰 일들에 대해 생각해 보도록 하겠습니다.

"나를 믿는 자는 내가 하는 일보다 큰일도 할 것이라." 그렇다면 종이 자기 주인보다 크고, 보냄을 받은 자가 그를 보낸 자보다 큽니까? 그렇지 않습니다. 그 종이 무슨 일을 하든지 그것은 주님이 그와 함께 계시고 그 안에 계시기 때문에 행하는 것입니다. 그리스도께서 지상에서 행하시는 일과 그 종이 이후에 하게 되어 있는 더 큰일 사이의 대비는 사실 그리스도께서 지상에서 한계와 수욕을 받는 시기에 자신을 나타내신 것과 승천하시고 하늘의 영광 가운데 계시는 시기에 자신을 나타내신 것 사이의 대비입니다.

우리는 이같이 중요한 말씀이 사실은 하나이지만 둘로 구분된 면, 곧 계시와 구속의 면에서 그리스도의 지상 사역의 유일무이하고 비할 데 없는 성격을 조금이라도 침해하지 않을까 걱정할 필요가 없습니다. 이 일들은 끝이 났고, 따라서 역사 종국까지 그것을 모방하거나 되풀이하거나 영속될 필요가 없습니다. 그리스도께서 승천하셨을 때 완성된 객관적 계시의 활동과 그리스도께서 부활하셨을 때 끝마쳐진 구속의 활동, 이 두 활동은 역사 대대로 적용되어야 합니다. 지상에서의 그리스도 사역의 제한된 영역과 보잘것없는 결과들과, 그의 종들의 증거 활동에 의한 사역의 세계적 범위와 그 사역의 결과들이 적용되는 광대한 범위를 비교하는 것은 그리스도의 완성된 사역을 그 사역의 계획된 결과들이 실제로 이행되도록 적용하는 문제에 대한 것입니다. 주님의 사역보다는 종들의 사역으로 성취된 영적 결과들이 더 넓고 더 온전하다는 것이 여기서 비교하는 요점입니다. 아무리 보잘것없는 그리스도인이라 할지라도 어떤 사람에게 가서 그가 자기의 죄를 위해 죽으시고 자기를 영화롭게 하기 위해 살아나신 분으로 아는 그리스도께로 그를 말로나 생활로 인도할 수 있다면, 그는 주님께서 이 땅에 계실 때 생활이나 말로 행하실 수 있었던 것보다 큰일을 행하는 것이라는 점만을 말씀드리면 될 것으로 생각합니다. 왜냐하면 그리스도의 구속은 말로 선포될 수 있으려면 먼저 행동으로 성취되어야 했기 때문입니다. 그리고 그리스도께서는 우리가 "하나님의 아들께서 우리의 죄 때문에 죽으셨고 성경대로 다시 살아나셨고 당신에게 증거합니다"고 말할 때 가지고 있는 무기, 곧 사람들의 영혼을 붙들어 오고 악의 성소들을 무너뜨릴 수 있는 무기를 쥐고 계시지 못하였기 때문입니다. 나는 주께서 지상에서 제한 가운데 사역하실 수밖에 없었던 좁은 범위와 그의 종들에게 주어진 세계적 범위 사이의 이 비교에 대해서는 주님의 겸손을 칭송하지 않을 수 없고, 우리의 자기 칭찬을 인해서 우리를 겸손하게 만든다는 점밖에 더 말할 것이 없습니다. "그는 소수의 병자에게 안수하여 고치셨고"(막 6:5), 그의 생애 마지막에는 예루살렘에 120명의 제자들이 있었고 갈릴리에 5백 명의 제자들이 있었습니다. 그 정도의 수는 이 예배당에 다 모아놓아도 남는 공간이 충분할 것입니다. 그것이 예수 그리스도께서 이 땅에서 행하신 전부였습니다. 반면에 오늘날 지금 세상이 영향을 받고 있고, 세상 나라들이 주님의 이름을 알기 시작하고 있습니다. 그리스도께서 자기 안에서 그의 모든 일을 하시도록 하는 "그는 그보다 큰일도 할" 것입니다.

3. 끝으로 높이 되신 주님께서 자기 종들을 위해서 또 자기 종들에게 일하시는 조건들을 살펴봅시다.

그 조건은 두 가지, 곧 믿음과 기도입니다.

"나를 믿는 자는 내가 하는 일을 그도 할 것이요." 예수 그리스도를 사랑하고 신뢰하는 단순한 행동인 믿음은 하나님의 장엄한 전능함이 들어올 수 있도록 우리의 마음과 본성의 문을 열고, 그 전능함을 소유할 수 있게 만듭니다. 이 하나님의 능력을 주시는 그리스도를 신뢰하는 것이 바로 그리스도의 이 신성한 능력을 소유하는 유일한 조건이며, 절대로 필요한 조건임이 분명합니다. 그리스도를 믿으면 우리는 헛되이 믿는 것이 아니고, 생각을 뛰어넘는 능력이 우리에게 올 것이고, 그 능력이 우리를 기쁨과 순전한 에너지로 채울 것입니다. 믿음은 우리가 그리스도를 닮도록 만들 것입니다. 믿음은 매우 실천적입니다. "믿는 자는 할 것이요." 믿음은 사람들이 행동하도록 영향을 주는 일에 전혀 무력한 신조에 냉담하게 동의하는 것이 아니고, 사람들에게 활력을 불어넣어 고귀한 봉사를 하고 기적적 헌신을 하도록 하는 데 전혀 무력한 병적 감정에 불과한 것이 아닙니다. 믿음은 주님 앞에서 엎드려 "주의 영으로 나의 빈 것을 채우시고 내게 생명을 주소서" 하고 기도하는 전 인격의 서약입니다. 언제나 하나님의 능력을 충만히 받도록 만드는 것은 믿음입니다. 우리는 하나님의 능력을 받을 수 있는 용량의 정도에 따라 하나님의 선물을 받습니다.

이와 같이 그리스도인 개인들과 그리스도 교회들이 무능하거나 거의 무능하다고 볼 수 있다면, 그 이유를 아는 것이 전혀 어렵지 않습니다. 그리스도인들과 교회들이 연결을 끊었고 수도 꼭지를 막았기 때문입니다. 이들에게는 믿음이 부족하고, 그래서 그들의 능력이 약한 것입니다. "우리는 어찌하여 능히 그 귀신을 좇아내지 못하였나이까(막 9:28)? 내가 너희 안에서 일하여 귀신을 좇아낼 수 있다는 것을 너희가 믿지 않기 때문이다. 그것이 이유이다. 이유는 그것뿐이다." 그리스도인들이 약한 비밀은 그들의 믿음이 약한 사실이라는 점을 배우도록 합시다.

또 한 가지 조건은 기도입니다. "너희가 내 이름으로 무엇을 구하든지 내가 행하리라." 주님은 이 약속을 확정하고 더 강조하기 위해 반복하십니다. "너희가 내 이름으로 무엇이든지 구하면"(개역개정은 "너희가 내 이름으로 무엇이든지 내게 구하면" — 역주) 혹은 어쩌면 이 구절을 약간 변형시켜서 읽어야 하듯이, "너희가 내 이름으로 무엇이든지 내게 구하면 내가 행하리라."

여기서 세 가지 점을 언급할 수 있을 것입니다. 우리의 능력은 기도에 달려 있습니다. 하나님의 충만과 그리스도의 충만, 기꺼이 그 충만을 전달하려는 의사는 우리의 기도에 달려 있지 않습니다. 그러나 그 충만을 받을 수 있는 우리의 용량과 그 충만을 우리에게 전달할 수 있는 가능성은 우리의 기도에 달려 있습니다. "너희가 얻지 못함은 구하지 아니하기 때문이요"(약 4:2).

우리 기도의 능력은 계시된 그리스도와 우리가 하나됨을 의식하는 데 달려 있습니다. "내 이름으로 구하면"이라고 주께서 말씀하십니다. 사람들은 제 고집과 이기적 생각으로 가득 채운 기도를 끝맺는 형식으로 "그리스도의 이름으로 기도합니다 아멘" 하고 겉으로만 기계적으로 말을 하면 자기들이 그 조건을 이행하였다고 생각합니다. 그것이 그리스도의 이름으로 구하는 것입니까?

그리스도의 이름은 그리스도라는 인물을 계시하는 것입니다. 어떤 사람의 이름으로 무슨 일을 행하는 것은 그의 대리자로서 그 일을 하는 것이며, 깊고 실제적 의미에서 즉 어떻든 현재의 목적을 위해서 우리가 그리스도와 하나라는 것을 깨닫고서 그 일을 하는 것입니다. 우리 기도가 옛날 목사들이 말하곤 하였듯이 "세상을 움직이는 하나님의 손을 움직이고" 사람들에게 복이 쏟아지게 만드는 능력을 갖는 것은 우리를 위한 그리스도의 사역과 그의 사랑하시는 마음을 겸손히 의지하고 가까이 나아갈 때 뿐 아니라 또한 우리가 그리스도와 연합되었고 그리스도와 하나이며 자신이 진정으로 그리스도를 대표하는 자라는 것을 알 때입니다. 그리스도의 이름으로 기도드리는 일은 쉽지 않습니다. 그것은 많은 훈련과 신중함이 필요합니다. 그리스도의 이름으로 드리는 기도는 제 고집과 이기심을 다 버려야 합니다. 본문이 말하듯이 성자의 활동의 목적이 아버지의 영광이라면, 우리 자신의 편안함이나 위로가 아니라 바로 그 목적이 그리스도의 이름으로 드리는 모든 기도의 목적이 되어야 합니다. 우리가 그와 같이 기도할 때 우리 기도가 응답을 받습니다. 그처럼 많은 기도가 지붕 위로 더 이상 올라가지 못하고 기도하는 사람에게 아무 복을 가져다주지 못하는 이유는 그 기도를 그리스도의 이름으로 드리지 않기 때문입니다.

그리스도의 이름으로 드리는 기도는 그리스도께 상달되는 기도로 변합니다. 그리스도께서 여기서 우리에게 분명히 가르치시듯이(내가 앞에서 언급한 독법을 여기서 채택한다면) 주님은 그런 간구에 귀를 기울이시고, 하나님의 능력을 발휘하여 응답하십니다. 성벽 밖에서 죽어가던 그 순교자가 큰 소리로 "주 예수여! 내 영혼을 받으시옵소서"라고 말했을 때, 그것이 신성모독이 아니고 하나님께만 드려야 할 예배를 다른 데로 돌리는 것도 아니었음이 분명합니다. 우리가 그리스도께 가까이 가서 그가 성부 하나님의 선물로 주시는 것을 달라고 구하고, 그리스도 안에 거하시는 아버지께서 그를 통해서 행하시는 그 일을 우리에게 행하시라고 구할 때, 그것은 신적 본성과 연합됨으로 우리에게 부과되는 지극히 엄숙한 의무들을 하나라도 떠나는 것이 아니고 우리가 성부 하나님 외에 다른 누구에게 기도하는 우상숭배를 행하는 것도 아닙니다.

그리스도를 의지하고, 여러분의 욕망을 가라앉히며 여러분 속에서 들리는 그리스도의 음성에 귀를 기울이며 그 목소리가 여러분에게 말씀하시도록 하십시오. 사랑하는 형제 여러분, 그러면 우리는 마음이 고양되고 힘이 우리에게로 흘러 들어올 것이며, "내 안에 거하시며 나를 강하게 하시는 그리스도로 말미암아 내가 모든 것을 할 수 있다"고 말할 수 있게 될 것입니다. 배들이 마치 죽은 듯이 누워있고 진흙이 햇빛을 받아 굳어가고 있는 질척질척한 항구의 빈곳에 햇빛을 받고 즐겁게 들어오는 조수가 채우듯이, 우리의 더럽고 부패한 마음의 빈 곳에 햇빛을 받아 번쩍이는 파도가 쏟아져 들어올 것입니다. 즉 언제나 신선한 하나님의 능력이 밀려들어 올 것입니다. 그러면 "이 강물이 이르는 곳마다 모든 것이 살"(겔 47:9) 것이고, 우리는 아주 겸손하게 그렇지만 그리스도께서 초월적 약속을 신실하게 지키실 것을 기쁘게 알고서 이렇게 말할 수 있을 것입니다. "이제는 내가 사는 것이 아니요 오직 내 안에 그리스도께서 사시는 것이라." 이는 "내가 육체 가운데 사는 것은 하나님의 아들을 믿는 믿음 안에서 사는 것이기"(갈 2:20) 때문입니다.

72
사랑과 순종

"너희가 나를 사랑하면 나의 계명을 지키리라"
요 14:15

앞의 설교들에서 보았듯이 이전 문맥의 핵심어는 "믿으라!"는 말씀입니다. 이 핵심어가 이제는 "사랑하라"는 말씀으로 바뀝니다. 여기 이 순서는 경험의 순서입니다. 먼저는 그리스도께서 계시된 대로, 즉 보이지 아니하시는 하나님의 형상으로 믿고 그리스도를 보는 것입니다. 그 믿음이 사랑에 불을 지피고 순종하도록 부추깁니다.

이 단어들과 그 이전의 말씀 사이에 또 한 가지 매우 아름답고 미묘한 연결 고리가 있습니다. 주님께서는 방금 전에 "너희가 내 이름으로 무엇을 구하든지 내가 행하리라"고 말씀하셨습니다. 종이 구할 때 행하시는 주님과 주님이 명령하시면 행해야 하는 종을 비교하는 것이 순전히 우연이거나 가상적 일입니까? 양쪽 모두에 상대편으로부터 오는 메시지를 듣고 움직이기를 기뻐하는 사랑이 있습니다. 한편에는 명령하고, 요청을 받으면 기쁘게 듣는 더없는 사랑이 있습니다. 다른 한편에는 구하고 명령 받는 것을 기뻐하는 의존적 사랑이 있습니다. 이 둘 사이의 간격이 크고, 그리스도의 법과 우리의 간구 사이의 차이가 무한하지만, 그럼에도 유사한 점이 있습니다.

여기서 이 말씀은 단지 그 다음에 나오는 중요한 약속의 기초로서 소개

될 뿐이지만 이 말씀에 대해서 잠시 생각해 보겠습니다. 이는 그 말씀이 그처럼 넓은 장(場)을 열어주기 때문입니다. 이 말씀에는 그리스도인 행동의 충분한 법이 들어 있습니다. 그 법을 실행하도록 만드는 유일한 동기가 들어 있습니다. 이 말씀은 기독교 도덕의 뿌리를 드러내고, 사람들 사이에서 나타나는 그리스도의 독특한 능력과 영향력의 비결을 얼마간 보여줍니다. 이 말씀은 절망하고 있는 모든 영혼들에게 그들이 하려고 하던 일을 행할 수 있다는 격려의 메시지와 수많은 소소한 외적 법규들로 짐을 진 모든 사람들에게 자유를 선포하는 메시지를 전합니다. "너희가 나를 사랑하면 나의 계명을 지키리라." 여기서 생각할 점이 세 가지 있습니다. 즉, 아주 충분한 이상(理想)이나 삶의 인도, 그리스도께서 말씀하시는 지극히 능력 있는 동기, 그리고 동기를 행동으로 옮기도록 만드는, 모든 것을 복종시키는 믿음으로 봄이 그것입니다.

1. 우리는 이 말씀에서 아주 충분한 이상이나 삶을 위한 안내를 봅니다.

예수 그리스도는 지금 단지 이 다락방에 있는 소수의 사람들에게만 말씀하시는 것이 아니라 모든 세대, 모든 나라에, 곧 시간의 마지막까지 온 세상에 말씀하고 계시는 것입니다. 여기서 주님이 권위 있는 어조로 말씀하고 계신다는 점은 아주 주목할 만한 사실입니다. 주님은 여호와께서 시내산에서 말씀하셨듯이 말씀하시고, "나의 계명을 지키라"고 말씀하실 때는 옛 율법의 말을 그대로 인용하시는 것입니다. 그리스도의 이 말씀에는 깜짝 놀랄 만한 두 가지 사실이 들어 있는 것이 분명합니다. 하나는 그리스도께서 모든 인간에게 자신의 뜻을 부여할 수 있는 권리가 있다는 태도를 취하시는 것이고, 다른 하나는 자신의 뜻에는 인간의 행동을 규제하기에 아주 충분한 훈령이 들어 있다는 태도를 취하시는 것입니다.

그러면 주님의 계명들은 무엇입니까? 주께서 말씀하신 계명들은 분명하고 단순합니다. 세상에서 그리스도의 사역의 위대함에 흠을 찾고 싶어 하는 사람들은 도덕가들과 철학자들을 조사해 보면 그리스도의 모든 계명과 거의 같은 것들을 찾아낼 수 있다고 말하며, 옛날 랍비들 가운데서 일찍이 그리스도께서 말씀하셨던 것과 조금이라도 비슷한 것을 발견하면 의기양양해 하며 큰 소리로 떠들어댈 것입니다. 그래도 좋습니다! 그것이 무슨 문제가 됩니까? 그리스도의 "계명들"은 그리스도 자신입니다. 주께서 "이것을 하고 저것을 하며 또 저것을 하라"고 말씀하시지 않고 "나를 닮아라" "나는 마음이 온유하고 겸손하니 나의 멍에를 메고 내게 배우라"(마 11:29)고 말씀하시는 이것이 도덕적 선생으로서 그리스도의 독창성과 유일무이함을 나타냅니다. 그리스도의 계명은 바로 그 자신이십니다. 그의 모든 계명들의 총합은 이것입니다. 즉 완전히 자기를 망각하고, 아들로서 아버지에게 즐거이 순종하는 정신이 뼛속까지 스며들어 있으며, 자기 형제들에게 자신을 완전히 내어주는 인물입니다. 주께서 우리에게 지키라고 명하시는 것이 바로 그리스도의 계명입니다. 그리스도의 법은 그의 삶에서 찾을 수 있습니다.

그렇다면, 우리가 그리스도를 그의 법을 실제로 구현하는 분으로 받아들일 때 율법의 그 측면이 참으로 놀랍게 변합니다! 어렵고 불쾌하고 멀리 떨어져 있으며 냉담하였던 모든 것이 사라집니다. 우리에게는 더 이상 "돌판"이 없고 "육의 마음판"(고후 3:3)이 있습니다. 주님은 우리가 사랑해야 하고 굳게 매달리며 신뢰해야 할 분으로, 그를 아는 것이고 복이고 닮는 것이 완전인 분으로 우리 앞에서 서 계십니다. 기차가 달리는 철로가 단단할 수 있지만, 그것은 안전하다는 것을 의미하며, 철로는 달리는 갈 수 없는 나라들로 사람들은 편안하게 데려다 줍니다. 이와 같이 우리에게 전해진 예수 그리스도의 생애는 우리가 따라서 여행해야 하는 견고하고 평탄한 선로입니다. 의무라는 냉담한 생각에서 힘들고 어려웠던 모든 것이 매력 있는 살아있는 모범과 예로 바뀝니다. 살아있고 호흡하며 사랑하는 이 계명은 인간 생활의 모든 세세한 것과 복잡한 일에 적용되기에 아주 충분합니다. 그것은 신자들과 불신자들의 고백에 의해 입증되는 바인데, 한편으로는 신자들의 즐거운 고백으로 다른 한편으로는 불신자들 가운데 많은 사람들의 솔직한 인정으로 입증됩니다. 그들이 하는 말 가운데 한 가지를 들어봅시다. "합리적 비평으로 우리에게서 다른 무엇을 빼앗아갈지라도 유일한 인물인 그리스도는 여전히 남는다. 그는 그 이전의 사람들과 다를 뿐 아니라 그 뒤에 온 사람들과도 같지 않다 … 종교가 이 사람을 인류의 이상적 대표자요 인도자로 선택한 점에서 나쁜 선택을 했다고 말할 수 없다. 그리스도께서 우리 삶에 보여주려고 하셨던 대로 살려고 노력하는 것만큼 관념적인 것에서 이끌어낸 미덕의 규범을 구체적인 것으로 잘 변화시킨 예를 찾는 것은 불신자에게 지금도 쉽지 않은 일일 것이다.”

“나의 계명을 지키라”고 말씀하시는 그 목소리에 귀를 기울이고 순종하는 것이 행동을 규정하는 일에 충분하고, 성품을 판단하는 데 충분하며, 의무들이 서로 충돌하는 당혹스런 모든 일에 해결하는 데 충분한 규정이 됩니다.

2. 둘째로 지극히 강력한 동기를 살펴봅시다.

개역 성경(The Revised Version)이 보듯이 본문을 이해하는 것이 아마도 가장 잘 읽는 방법일 것입니다. 개역 성경은 본문을 “너희가 나를 사랑하면 너희가 나의 계명을 지킬 것이라”고 하여, 명령으로 보지 않고 확신으로 이해합니다. 그리스도께서는 하나님을 사랑하면 생활을 지배하기에 충분한 힘을 갖게 된다고 확신을 가지고 조용히 말씀하십니다. 여기서 주께서 말씀하신 바는 기존의 계명들에 또 한 계명을 추가하신 것이라기보다는 그 모든 계명들을 어떻게 지켜야 할 것인지를 지적하시는 말씀입니다.

그렇다면 이 말씀의 밑에 깔려 있는 원칙은 이것입니다. 즉 사랑이 순종의 기초이고, 순종은 사랑의 확실한 결과라는 것입니다. 이 사실은 좀 더 낮은 형태의 사랑에도 적용되는데, 낮은 형태의 이 사랑이 좀 더 고귀한 사랑의 작용에 대해서 무엇인가를 가르쳐 줄 수 있습니다. 우리 모두는 사랑을 가장하지만 사실은 열정과 이기심에 지나지 않는 사랑이 아니라 참된 사랑, 곧 사랑하는 사람의 뜻을 알고 행하는 것을 무엇보다 기뻐하는 사랑을 알고, 사랑하는 사람에게 명령을 받고 사랑 때문에 순종하는 것만큼 즐거운 것은 없다는 사실을 압니다. 주님께서 사람을 변화시키고 거룩하게 하는 힘의 모든 효력의 근거를 “너희가 입법자인 나를 사랑하면 내

법의 계명들을 지킬 것이라"는 이 한 가지 원칙에 두셨을 때 주님은 어떤 가공의 힘이 아니라 전능한 능력을 하나님께 구하신 것이라는 점을 알기 위해서는, 진실한 사람이 모두 매일의 생활에서 수많은 방식으로 경험하는 것을 좀 더 고귀한 영역으로 끌어올리고 우리와 그리스도를 묶는 관계에 적용시켜 보기만 하면 됩니다.

바로 이 점 때문에 이 복음의 도덕이 다른 모든 도덕 체계와 구별되고, 다른 모든 도덕 위에 서게 됩니다. 세상에서 아무리 악한 사람도 훌륭한 사람보다 자기 의무에 대해 훨씬 더 잘 압니다. 사람들이 타락하는 것은 지식이 부족하기 때문이 아니라 그 지식대로 살 힘이나 의지가 없기 때문입니다. 도덕이 인간의 의무에 대해서는 아주 훤하게 이야기하면서도 행하지 못하는 것을 그리스도께서 오셔서 행하십니다. 이 도덕의 법은 반역하는 지역에 붙은 아무 쓸모없는 포고문과 같습니다. 즉 그 포고문을 뒷받침할 군대가 없고, 그 포고문을 낸 왕의 권위를 무시하는 지역에 나붙은 포고문과 같습니다. 그리스도의 법은 스스로 순종에 이르게 합니다. 세상의 무력한 도덕과 예수 그리스도의 계명 사이의 차이점이 그것입니다. 여기 곧고 평탄한 길이 있습니다. 그러나 그 길을 따라 수레를 끌고 갈 힘이 없다면 길이 있다는 것이 무슨 소용이 있겠습니까? 게다가 길이 전혀 없을 수도 있습니다. 윤이 나게 잘 닦고 정비가 완벽하게 된 직조기가 있습니다. 그러나 보일러에 증기가 전혀 없으면 꼼짝도 하지 않아 아무것도 짜지 못합니다. 우리에게 필요한 것은 법이 아니라 능력입니다. 그리고 복음이 주는 것, 복음만이 우리에게 줄 수 있는 것은 단지 하나님의 뜻을 알고, 우리가 어떤 사람이 되어야 하는 것에 대한 명확한 계시가 아니라 그런 사람이 될 수 있는 능력입니다.

사랑이, 사랑만이 그 일을 합니다. 우리 마음속에 작용하는 강력한 이 힘이 모든 경쟁자들, 즉 거짓되고 저열한 모든 것을 마음에서 다 쫓아낼 것입니다. 옛 신화에서 이야기하고 있듯이 더럽기 짝이 없는 아우게아스 왕의 마구간 같은 마음을 깨끗하게 청소하는 바른 방법은 강물을 그리로 흘러 들여보내는 것입니다. 쓰레기를 삽으로 외바퀴 수레에 담아 나르려고 했다면 일이 끝이 없었을 것입니다. 증기를 집어넣으면 증기가 모든 오물을 깨끗이 제거할 것입니다. 언약궤가 다곤 신전으로 들어오자, 다곤이 사지가 토막으로 끊겨 문지방에 놓입니다. 그리스도께서 내 마음속에 들어오시면, 거기에 숨어서 마음을 더럽히던 어둠을 좋아하는 온갖 추잡한 모양들이 주님의 조용하고 순결한 임재 앞에서 마치 닭우는 소리에 도망가는 유령처럼 사라질 것입니다. 내 사랑의 문을 통해 내 마음속에 들어오시는 주님만이 나의 악을 억제하고 선을 북돋우십니다. 내가 그리스도를 사랑하면, 내가 그의 계명을 지킬 것입니다.

자, 형제 여러분, 우리의 사랑과 순종을 예리한 시금석으로 시험하는, 두 가지가 겹쳐있는 평이한 시험이 있습니다. "너희가 나를 사랑하면 나의 계명을 지키리라." 이 말씀은 첫째로, 사랑이라고 하면서 계명을 지키지 않는다면 사랑이라고 불릴 가치가 없다는 것입니다. 그리스도인 경험 가운데 정서적 부분들, 신비한 부분들, 소위 더 고상하다고 하는 부분들은 이 분명한 시험을 거쳐야 합니다. 즉 그런 부분들이 그리스도께서 우리에게 바라시는 대로 우리가 살도록 돕는가? 그리스도께서 바라시기 때문에 그렇게 사는것을 돕느냐는 시험을 거쳐야 합니다. 주님의 계명을 지키지 않는 사랑은 주님께서 볼 때 가짜이거나 위험할 정도로 약한 것입니다. 마음에 사랑이 있는지, 그리고 그 사랑이 가장 고귀하게 활동하고 있는지를 보여주는 참된 표지는 뜨거운 감정의 적극적 표현에서 찾아서는 안 되고, 심지어 하나님과의 호젓한 교제의 신성한 기쁨에서 찾아서도 안 됩니다. 사랑은 일상생활의 고된 투쟁 속에서 지내며 사소한 일들에 둘러싸여 있는 가운데서 우리가 하나님 가까이에서 그리고 하나님에 의해서, 하나님을 위해서 살며 하나님을 닮게 만드는 것에서 찾아야 합니다. 그렇게 산다면 나는 하나님을 사랑하는 것입니다. 그렇게 살지 않는다면 나는 하나님을 사랑하지 않는 것입니다. 그렇게 말한다고 해서 내가 그리스도인으로 생활하면서 개별적 활동을 할 때마다 이 최고의 사랑을 항상 의식해야 한다는 뜻은 아닙니다. 그보다 그리스도인 생활의 개별 행동은 이 최고의 사랑이 활동을 이루는 원칙과 토대로 자리 잡고 있는 성품에서 나와야 한다는 뜻입니다. 샘에 떨어트린 물감은 흐르는 물줄기의 모든 방울을 물들일 것입니다. 마음속 깊은 곳이 예수 그리스도의 다정한 사랑으로 물든 사람들에게서는 생의 문제들이 마음으로부터 그 사랑에 의해 형성되고 물들어서 나올 것입니다. 여러분이 생활에서 실제로 순종하는지 여부를 가지고 그리스도에 대한 여러분의 사랑을 시험해 보십시오.

다른 한편으로, 순종이라고 하면서 사랑에서 나온 것이 아니라면 순종이라고 부를 가치가 없습니다. 그리스도인들이 행하는 옳은 일들 가운데 이 동기 없이 행하는 무수한 일들은 그 점을 고려할 때 아무 가치가 없는 것이 되고 맙니다. 사랑으로 주님의 뜻에 순종하려는 마음이 없이 형식적이고 기계적으로, 별 생각 없이 행하는 순종, 혹은 두려움 때문에 마지못해 순종하거나 다른 사람들을 흉내 내어 계산적으로 행하는 순종, 이런 순종은 모두 아무것도 아닙니다. 예수 그리스도께서는 그런 행위는 전혀 순종으로 치지 않으십니다. 이것은 아주 작은 그물망으로 이루어진 체입니다. 그래서 이 체를 흔든 후에는 쓰레기들이 엄청나게 남아 있을 것입니다. "너희가 나를 사랑하면 나의 계명을 지키리라." "나를 사랑하는 것"이 밑에 깔려 있지 않은 채 "나의 계명을 지키는 것"은 전혀 지키는 것이 아닙니다.

3. 마지막으로 모든 것을 가라앉히는 응시를 살펴봅시다.

이 응시가 본문에 나오지 않지만, 예수 그리스도께서 여기서 생활을 거룩하게 하고 우리의 본성을 성결하게 만드는 것으로 말씀하시는 힘들에 대한 견해를 마무리 짓기 위해서는 이것이 반드시 필요합니다. 우리는 내가 이미 앞에서 지적한 것을 가지고 그 점을 언급하게 되었습니다. 즉 본문에 나오는 "사랑"과 앞 구절에 나온 "믿으라"는 말 사이의 관계가 그것입니다. 나는 어떤 사람이 이렇게 말하는 것을 생각해 볼 수 있습니다. "주님의 계명들을 지키라구요? 말도 안 됩니다! 내가 어떻게 지킬 수 있습니까?" 그에 대한 답변은 "사랑"입니다. 그 다음에 그가 또 이렇게 말하는 것을 생각해 볼 수 있습니다. "사랑이라구요?" 그렇습니다! "내가 어떻게 사랑하지요? 나는 명령의 말씀을 사랑으로 대하거나 그 명령에 조금이라도 자발적 노력을 기울일 수 없습니다." 거기에 대한 답변이 다시 나옵니다. "믿으라!" 그리스도를 믿으십시오. 그러면 그리스도를 사랑하게 될 것입니다. 그리스도를 사랑하십시오. 그러면 여러분이 그의 뜻을 행할 것입니다. 그러면 또 이 문제가 나옵니다. "무엇을 믿으라는 말입니까?" 그 답변은 이것입니다. "그리스도께서 여러분을 위하여 죽으신 하나님의 아들이심을 믿으라."

그런 특성과 면에서 그리스도를 믿음으로 생각하고 붙잡는 것만큼 사람에게 사랑의 불을 붙이는 것은 없을 것입니다. 구속하시는 그리스도만이 우리가 그리스도를 사랑할 수 있는 타당한 기초를 제공하십니다. 여기 죽은 사람이 있습니다. 19세기 전에 죽었지만, 여러분과 내가 우리 행위와 성품에 영향을 미칠 개인적 강렬한 감정을 자기에 대해서 품기를 기대하고 있는 사람입니다. 그는 무슨 권리로 우리에게 그런 것을 기대할 수 있습니까? 나에게 예수 그리스도를 사랑하라고 요구할 수 있는 타당한 근거는 딱 한 가지밖에 없습니다. 그것은 그리스도께서 나를 위해서 죽으셨다는 사실입니다. 그런 그리스도에 대한 사랑만이 약하고 제멋대로 굴며 반항하고 게으른 나의 의지를 지도하고 억제하며 강요하며 제지하고 격려할 수 있는 능력을 발휘할 것입니다. 소위 예수 그리스도에 대한 감탄과 경배와 공경과 애정이라는 그밖의 감정들은 미지근해지기 쉽습니다. 그러나 이 사랑이라는 감정에는 능력과 온기가 있습니다.

세상 역사에서 그리스도께서 그 이후 모든 세대를 향하여 이 놀라운 주장을 하셨을 뿐만 아니라 또한 그 이후의 모든 세대들이 그 주장에 응답하고 나왔으며, 오늘날 따듯하고 인격적이며 깊고 강력한 사랑으로 사람들의 모든 선의 원천이자 그들 생활의 주이신 예수 그리스도를 사랑하는 사람들이 허다히 많다는 독특한 사실이 있습니다. 그들이 왜 그리스도를 사랑합니까? 딱 한 가지 이유 때문입니다. 그들은 그리스도께서 그들 개인을 위하여 죽으셨고, 하늘에 오르셨지만 지금도 여전히 그들을 돕고 사랑하시는 분으로 살아계신다는 것을 믿기 때문입니다.

　형제 여러분, 감히 단언하건대 그 믿음이, 그 믿음만이 마음속에 사랑의 열을 보내어 사지를 신속하게 행복하게 움직여 순종하게 만드는 능력이 있습니다. 그 믿음, 그 믿음만이 우리 영혼에 두껍게 언 얼음을 녹이고, 즐거운 물소리를 내며 흘러가게 만들 것입니다. 십자가를 바라보는 사랑이 보좌에서 말씀하시는 그리스도의 법을 지킬 것입니다. 우리가 그리스도께서 우리를 위해 십자가를 지셨다는 것을 믿음으로 붙잡으면, 우리 속에 사랑이 깨어나서 그의 계명을 듣고 지킬 것입니다.

　"우리가 사랑함은 그가 먼저 우리를 사랑하셨음이라"(요일 4:19). 그런 사랑이 꽃을 피우고 순종의 열매를 맺을 것입니다. 내가 그리스도를 사랑하면 그의 계명들을 지킬 것입니다. 믿음으로 그리스도를 성육신 하신 주님으로, "나를 사랑하사 나를 위하여 자기 자신을 버리신"(갈 2:20) 하나님의 아들로 붙잡을 때 내 의지를 유순하게 만들고 내 생활을 즐거운 봉사로 만드는 사랑으로 주님을 사랑하게 될 것입니다.

73
보혜사를 주심

"(그리고) 내가 아버지께 구하겠으니 그가 또 다른 보혜사를 너희에게 주사 영원
토록 너희와 함께 있게 하리니 그는 진리의 영이라 세상은 능히 그를 받지 못하나
니 이는 그를 보지도 못하고 알지도 못함이라 그러나 너희는 그를 아나니 그는 너
희와 함께 거하심이요 또 너희 속에 계시겠음이라"

요 14:16,17

본문의 맨 앞에 있는 "그리고"(개역 개정에는 번역되지 않았음 — 역
주)라는 말씀이 있는 것을 보면 본문 말씀이 이 앞의 말씀의 연속이고 그
결과라는 것을 알 수 있습니다. "너희가 나를 사랑하면 나의 계명을 **지키리**
라 내가 … 하겠으니 그가 … 주시리라." 이 표현들은 연속적으로 이어지는
말씀입니다. 그러나 앞의 설교들에서 보았듯이, 본문 앞 절에서 말하는 순
종이 그 이전 단계들의 결과로 다루어지고 있다는 점을 또한 기억해야 합
니다. 땅 위에 세워지고 그 꼭대기는 하늘에 닿아있는 사다리에는 발로 딛
는 가로대들이 있는데, 제일 밑에 있는 첫 번째 가로대는 "믿으라"는 것이
고, 두 번째 가로대는 "사랑하라"는 것이며, 세 번째 가로대는 "순종하라"는
것입니다. 이와 같이 본문을 따라가 보면 우리는 그리스도인 생활의 맨 기
초에서 시작하여 그리스도인 생활의 최고의 보상, 곧 위로자이시며 선생
이신 우리 영혼의 목자장이신 그리스도께서 순종하는 영에게 주시는 훨씬
더 큰 선물에까지 나아갑니다.

이 말씀과 이전의 말씀을 연결시키는 것을 아주 뚜렷하게 보여주는 또 한 가지 요소가 있습니다. 만약 가능하다면, 승천하신 그리스도와 우리를 갈라놓는 심연을 연결시키는 두 대의 전화기가 있다고 말할 수 있을 것입니다. 이 두 대의 전화기 가운데 한 대가 "너희가 내 이름으로 무엇을 구하든지 내가 행하리라"는 그리스도의 말씀에 들어 있습니다. 또 다른 전화기는 "너희가 나의 계명을 지키면 내가 구하리라"는 말씀에 들어 있습니다. 갈라진 이 큰 절벽의 이편에 있는 사랑은 반대편에 있는 사랑을 두 가지 방식으로 움직이게 만듭니다. 우리가 구하면 주님은 행하십니다. 우리가 행하면 주님은 구하십니다. 주님의 행동은 우리 기도에 대한 응답이고, 주님의 기도는 우리의 순종하는 행동에 대한 답변입니다. 여기서 우리는 다음의 세 가지 점을 봅니다. 즉 기도하시는 그리스도와 주시는 성부 하나님, 영속적 선물, 그리고 보지 못하는 세상과 선물을 받는 제자들이 그것입니다.

1. 첫째, 기도하시는 그리스도와 주시는 성부 하나님에 대해 살펴봅시다.

"내가 구하겠으니 그가 주시리라"는 말씀은 우리가 이 장의 앞 구절들에서 친숙히 들어왔던 주님의 높은 주장들과 다소 동떨어진 것 같은 느낌이 듭니다. 그 주장들이란 이것입니다. "하나님을 믿고 또 나를 믿으라." "나를 본 자는 아버지를 보았느니라." "너희가 내 이름으로 무엇을 구하든지 내가 행하리라." "나의 계명을 지키라." 이런 말씀들이 그리스도의 신성과 그의 대권, 권위를 나타내거나 필연적으로 함축하고 있는 것이 분명합니다. 그러나 하나님에 대한 완전한 계시를 말하고, 인생의 완전한 법에 대해 권위 있는 말씀을 낸 그 목소리가 여기서 기도하는 일에서는 어조가 부드러워지고 낮아집니다. 예수 그리스도께서 기도하는 자들의 대열에 합류하시는 것입니다. 우리가 상식적으로 생각해 볼 때 연속적으로 말하는 담화에서 그처럼 밀접하게 연결되었던 다양한 견해들을 발언하는 사람이 서로 모순되는 것처럼 생각했을 수 없다는 것은 분명한 이치임을 알 수 있습니다. 그리스도의 의식에 나타나는 이 두 면, 곧 하나는 자신을 지극히 신성하고 권위가 있으며 높은 신분으로 보는 의식이고 다른 하나는 자신을 도처에서 하나님께 기도하고 간구하는 사람들과 동일시하는 위치로 아주 낮게 보는 의식을 정당하게 다루는 설명은, 그리스도께서 "육신으로 나타난 하나님"(딤전 3:16), 곧 인성으로 기도하시고 신성으로 사람들의 기도를 들으시는 분이라는 오늘날에는 인기가 없는 구식 믿음 외에는 아무것도 없다고 단언할 수 있습니다. 순전히 인도주의적 입장에서 본문과 같은 말씀만을 강조하는 사람은 다른 말씀들을 어떻게 생각해야 할지 도무지 알지 못하며, 이 두 가지 이미지를 어떻게 해서든지 결합하여 입체적 고형물로 만들 재주가 없습니다. 그런 일은 우리 구주의 인성과 신성을 믿는 믿음을 가진 사람만이 할 수 있습니다.

그리스도의 중보는 그리스도인의 큰 소망입니다. 그리스도의 중보 기도는 지금 높이 되어 영광 가운데 계신 그리스도께서 행하시는 위대한 활동입니다. 그리스도의 중보 활동은 단순히 말만 하는 것이 아니고 성부 하나님께 다른 어떤 뜻을 말씀드리는 것도 아닙니다. 그리스도의 중보 활동은 신비스럽고 우리의 짧고 볼품없는 줄과 다림줄로는 그 깊이를 헤아릴 수 없지만 어떻든 이 점을 의미하는 것임에 틀림없습니다. 즉 그의 중보 활동은 성부 하나님 앞에서 십자가에서 이루신 자신의 위대한 사역을 그의 간구의 동기와 조건으로 말씀드리며 끊임없이 활동하는 것입니다. 이 대제사장께서는 손에 자신이 준비한 제물을 들고 휘장 안으로 들어가십니다. 그리고 그 제물 때문에 그리고 속죄소 앞에 그가 능력 있게 임재해 계시기때문에 인류를 구속하고 중생시키며 거룩하게 하는 모든 영적 선물들이영원히 나오고 있는 것입니다. "내가 구하겠으니 그가 주시리라"는 것은"그러므로 휘장 가운데로 들어가신 하나님의 집 다스리는 큰 제사장이 계시매 그에게로 나아가자"(히 10:21,22)고 말하는 한 가지 방법일 뿐입니다.

그러나 나는 지극히 낮은 수욕과 자신과 인류를 완전히 동일시함을 나타내는 예수 그리스도의 모든 발언이 언제나 그렇듯이, 가리어진 영광, 곧완전히 감출 수 없는 밝은 섬광을 가린 데서 새어나오는 어떤 빛이 늘 있는 것을 여러분이 알았으면 좋겠습니다. 이 위대한 발언에서 다음 두 가지 사실에 주목하도록 합시다. 하나는 그리스도께서 역사 대대로 그리고 그리스도께서 죽은 지 19세기가 지난 오늘날, 종으로서 그의 일들을 행하신 그 순간에 모든 것을 아신다고 조용히 말씀하십니다. "나의 계명을 지키라. 너희가 나의 계명을 지키는 것을 알면 내가 그때 거기서 너희를 위하여 기도할 것이다." 주께서는 역사 대대로 이루어지고, 땅과 하늘 사이의 심연을 가로질러 일어나는 사람들의 모든 행위를 하나님으로서 초자연적으로 비범하게 인지한다는 점을 단순한 말로 주장하십니다.

그 다음에, 그리스도의 기도에 찍힌 신성의 또 다른 표시는 응답에 대한 주님의 확신입니다. "내가 구하겠으니 그가 주시리라." 주님은 말하자면 아버지의 행위를 우리에 대한 보증으로 제시하시며, 확신에 찬 어조로 우리에게 다짐하십니다. 이 확신에 찬 어조는 단지 믿음의 확신이 아니라 "아버지와 하나인" 분으로서 그의 기도가 항상 응답을 받는다는 확신입니다. "아버지여 내게 주신 자도 나와 함께 있게 하시기를 원하옵나이다"(요 17:24). 참으로 이상한 말씀입니다! 사람으로서는 도무지 보장할 수 없는 일을 말하는 것입니다! 벳새다의 어부가 그런 말씀으로 순종과 권위를 기이하게 섞어서 이야기하시는 것을 듣지 못했더라면 도무지 상상할 수 없는 말씀입니다!

그 다음에 내가 이미 앞에서 말한 바를 기억하시기 바랍니다. 즉 이 구절의 문맥과 관련해서 이 구절의 교훈에 따를 때, 본문에 나타난 대로 그리스도의 중보 활동을 일으키도록 만드는 것은 그리스도인의 순종이라는 것입니다. 여러분이 순종하면 그리스도께서 기도하시고 아버지께서 보내실 것입니다. 그래서 불완전한 순종에 대한 보상은 우리에게 주시는 큰 상급인데, 그것은 우리 안에 내주하심으로 순종할 수 있게 만들고, 우리의 자기 포기가 기쁨과 능력이 되게 만드는 하나님의 성령을 주시는 것입니다. 그것은 어떤 행동이든 되풀이하면 좀 더 완전해지는 경향이 있는 자연스런 작용 때문이 아니고, 단지 "있는 자는 받을 것"(막 4:25)이라는 경우도 아니며, 사람의 팔이 운동을 통해서 튼튼해지고, 사람의 어떤 기능이 계속 사용함으로 그 소유자의 명령에 좀 더 자신 있고 신속하게 움직이는 경우와 같은 것이 아닙니다. 여기에는 순종하는 모든 사람에게 하나님의 선물들을 확실히 초자연적으로 나누어 주시는 것이 있습니다. 이 선물들은 예수 그리스도를 통해서 곧바로 순종하는 사람에게 옵니다. 이 구절과 가까운 문맥에서 주님은 친히 "내가 가면 그를 너희에게로 보내리라"(요 16:7)고 말씀하십니다. 주님의 속생각은 우리의 볼품없고 흠이 많은 순종에 대한 면류관이자 보상으로 우리 앞에 있는 사실인 성령을 선물로 주시는 일에 하나님이 온전히 개입하신다는 것입니다. 즉 원천으로서 성부 하나님과 통로로서 성자 하나님, 선물이신 성령 하나님이 개입하신다는 것입니다.

2. 둘째, 본문이 이 영속적 선물에 대해 어떻게 말하는지 살펴봅시다.

"그가 또 다른 보혜사를 너희에게 주사 영원토록 너희와 함께 있게 하리니 그는 진리의 영이라." 나는 이 설교를 듣는 사람들 대부분이 "보혜사"라는 이 단어의 의미에 대해 들을 필요가 있는 모든 말을 당연히 알 것이라고 생각할 수 있습니다. 오늘날 현대 영어에서 이 단어는 그 어원이 나타내었던 것보다 훨씬 더 좁은 의미를 지니고 있고, 어쩌면 이 단어가 처음으로 영어로 번역되어 사용하던 때 가졌던 것보다도 훨씬 더 좁은 의미를 지닐 것입니다. "보혜사"란 말은 그동안 우리가 거의 그 의미로 국한시켜 왔지만 단순히 "위로자"라는 말 훨씬 이상의 의미를 지니고 있습니다. 이 단어는 슬픔 가운데 있는 사람에게 다정한 위안의 말을 속삭이는 사람을 의미할 뿐만 아니라 어떤 상황에 있든지 간에 함께 함으로써 힘을 북돋아 주는 사람을 의미하기도 합니다. 여기서 보혜사로 번역되고 있는 헬라어 원어는 매우 비슷한 의미를 지니고 있습니다. 이 단어의 원래 의미는 "다른 사람을 돕도록 부름을 받은 사람"이라는 뜻으로, 첫째로 법정의 변호사와 같은 사람을 뜻하고, 좀 더 넓게는 어떤 형태로든지 돕는 사람을 뜻합니다. 그리고 바로 그것이 여기서 이 단어에 따르는 개념입니다. 즉 함께 함으로써 힘을 북돋아주는 위로자, 곧 우리의 변호사이고 돕는 이이시며 안내자요 선생이신 중재자라는 개념입니다. 이 은유에서 나오는 중요한 생각들을 깊이 다룰 필요가 있습니다. 즉 여기서 우리는 단지 모호한 영향력을 찾는 것이 아니라 어떤 분을 찾아야 한다는 것입니다. 우리의 믿음과 사랑과 순종을 조건으로 우리 편에 서서 우리가 약할 때 힘이 되시고 우리가 근심할 때 평안이 되시며, 어두움 속에 있을 때 지혜가 되시고, 당혹스러운 일에 처했을 때 안내자가 되시며 우리를 위로하고 소중히 여기시는 분이 되시며, 죄가 강하게 일어날 때 우리의 의가 되시고, 시험을 당할 때 승리자가 되시며, 외로울 때 우리의 동무가 되시고 우리의 마음을 즐겁게 하시는 분이 되시는 하나님 같은 분을 찾아야 한다는 것입니다. 성경에서 이 위대한 인격적 영향력을 나타낼 때 사용하는 은유들은 교훈과 아름다움이 가득합니다. 그분은 녹이고 따뜻하게 하며 깨끗하게 만들고 소생시키는 "불로서" 오십니다. 그분은 그 날개에 건강을 실어오고, 때로는 저항할 수 없는 힘으로 쓸어버리는 "급하고 강한 바람"으로 오십니다. 그분은 부드럽게 흐르며 매끄럽게 하고 모든 관절에 영양을 공급하고 유연하게 만드는 "기름"으로 오십니다. 그분은 기분을 상쾌하게 하고 활력을 주며 만물을 자라게 하는 "생명수"로 오십니다. 그분은 우리 마음에 보금자리를 만들 평화의 새인 하나님의 비둘기로 퍼덕거리며 내려오십니다. 성경에서 이 위대한 명칭에 붙이는 술어(述語)들 또한 다양하고, 성령께서 위로자와 변호자로 활동하시는 방식에 대한 교훈으로 가득합니다. 성령은 성결의 영이시고, 진리의 영이시며, 지혜의 영이시고, 능력의 영, 사랑의 영, 건전한 지성의 영, 아들의 영, 간구의 영이시고, 이밖의 많은 중대한 일들을 행하시는 영이십니다. 다정하고 능력이 있으며 모든 것이 충분한 이분을 우리 각 사람에게 주시는 것입니다. 이분이 우리 마음에 들어오기를 기다리십니다.

그리스도께서는 이렇게 우리에게 힘을 주시고 우리를 변호하시는 이분이 그리스도 자신을 대신하고 자신의 일을 행할 것이라고 말씀하십니다. "그가 또 다른 보혜사를 너희에게 주시리라." 여기서 다른 분이란 이때 말씀하고 계시던 주님 말고 누가 있었겠습니까? 그래서 이 소수의 사람들이 발견한 모든 것, 곧 친절함, 보호, 확실한 인도, 그들이 약할 때 지지하심,

그들이 외로울 때 동무가 되어주심, 그들이 머리를 누일 수 있는 가슴, 그들의 마음을 담글 수 있는 사랑, 이 모든 것을 성령께서 우리가 원하면 우리 각 사람에게 가져다주실 것입니다.

그 다음에 우리 주님은 이렇게 지속적으로 우리와 함께 하시면서 힘을 북돋우시는 분이 영원한 동무가 되실 것이라고 말씀하십니다. "그가 영원토록 너희와 함께 있으리라." 주께서는 이때 주님의 떠날 것을 생각하고 떨고 있으며, 이 짧은 3년 동안에 누렸던 모든 즐거움이 끝날 것으로 알고 있는 제자들을 위로하고 계셨습니다. 그래서 주님은 그 제자들에게, 그리고 그들을 통해서 세상 끝날까지 이를 모든 세대에게 이렇게 말씀하시는 것입니다. "영원히 함께 거하실 손님을 보낸다. 너희 죄 외에는 아무것도 그를 너희 마음에서 쫓아내지 못할 것이다."

그 다음에 그리스도께서는 이 위대한 성령께서 어떻게 그의 일을 행하실 것인지를 말씀하십니다. 성령은 "진리의 영"이십니다. 마치 성령께서 새로운 진리를 가져오시지 않은 것처럼 그렇게 말합니다. 성령께서 새로운 진리를 가져오신다고 생각하면 온갖 광신적 행위로 나갈 수 있는 문을 열게 됩니다. 그러나 진리, 곧 예수 그리스도의 인격과 사역 안에서 다 모아지고 완성되는 계시는 이 하나님의 성령께서 그의 모든 정복의 일을 행하실 때 사용하는 무기이고, 성령께서 우리가 의지하도록 하고 우리를 강하게 만드시는 데 쓰시는 지팡이입니다. 성령은 언제나 혼란스럽고 불충분할 뿐인 불완전한 외적 교훈이 아니라 우리의 마음과 영을 다루는 내적 교훈으로써 우리가 진리를 인격적으로 소유하도록 만드시는 영이십니다.

그러나 그리스도는 보지 못하는 세상에 대해서도 말씀하십니다. 주님의 말씀에는 깊은 슬픔의 어조가 깃들어있습니다. 힘을 주시는 이분을 받아들일 수 없는 수많은 무리들을 생각할 때 순간적 그림자가 슬그머니 찬란하고 위대한 주님의 약속에 드리워집니다. "세상은 능히 그를 받지 못하나니 이는 그를 보지도 못하고 알지도 못함이라." "세상"은 하나님을 믿지 않고 하나님에게서 떨어져 지내는 사람들의 집단입니다. 그리고 우리 모두 안에는 세상적 요소가 조금은 있습니다. 그러나 전적으로 세상의 영향력과 지배 아래 사는 사람들이 있습니다. 그리스도께서 이 사람들은 이 거룩한 보혜사의 교훈을 전혀 받지 못한다고 말씀합니다. 물론 본문에서 더 나아가면 우리가 들어야 할 성령의 또 다른 활동들이 있습니다. 즉 "죄에 대하여, 의에 대하여, 심판에 대하여 세상을 책망하는"(요 16:8) 활동들이 있습니다. 그러나 주님께서 여기서 말씀하시는 것은 우리의 순종의 결과로 주님의 기도에 응답하여 오시고, 오실 때 능력과 정결과 평안과 지혜를 가져오시는 성령의 활동입니다. 그러나 세상으로 가득차고 세상이 들끓고 있는 마음은 성령의 활동의 이런 면을 받기에 적합지 않습니다. 그런 마음은 성령을 볼 수 없습니다. 짐승처럼 변한 본성은 고귀한 사상을 전혀 받아들이지 못하고, 자연의 아름다움을 인지하지 못하고 예술을 감상할 수 없습니다. 세상적 사람들은 바로 그 법에 의해서 이 하나님의 성령을 받을 수 없습니다. 야만인은 햇빛을 보면 눈부신 것밖에 보지 못합니다. 세상적 사람들, 말하자면 그 취향과 성향, 욕구, 희망, 목적, 추구가 눈에 보이는 이 매일의 일상에만 매여 있는 사람들은 그들 주위에서 활동하고 계시는 이 성령을 볼 수 있는 기관이 없습니다. 여러분이 육체적 욕구 때문에 눈이 멀었든지 혹은 이 세대의 많은 사람들이 그렇듯이 지적 자만과 속임 때문에 눈이 멀었든지 간에, 세상이 좀 더 거친 방식으로든 아주 세련된 형태로든 여러분의 주인 노릇을 하고 있다면, 여러분은 우주의 가장 중요한 사실들을 전혀 보지 못하고, 존재하고 있는 사물들을 보지 못합니다. 여러분이 교회의 역사를 보고 혹은 기독교 국가의 현재 상태를 보고 "여기에서 성령이 활동하시는 것을 전혀 보지 못한다"고 말한다면, 여러분에 할 수 있는 것은 이 말밖에 없습니다. "안과에 가 보세요. 시력이 나쁘군요. 어쩌면 우리 가운데 몇몇 사람들이 알고 있듯이, 견고한 땅이 있는데, 당신은 거기에서 안개밖에 보지 못하는군요." 이 세대 사람들에게는 우리 곁에서, 그리고 우리 가운데서 작용하는 초자연적 능력에 대해 설교하는 것이 필요합니다. 우리가 그 사실을 믿기 전까지는 그리스도의 선물의 충만함을 알지 못합니다.

3. 끝으로, 성령을 받는 제자들에 대해 살펴봅시다.

이 구절들의 순서가 본문의 끝부분에 가서 뒤바뀐 것에 주목할 필요가 있습니다. 세상은 성령을 받을 수 없는데, 이는 세상이 성령을 알지 못하기 때문입니다. 제자는 성령을 아는데 이는 그가 성령을 받기 때문입니다. 소유와 지식이 상호 교차적으로 사용되고, 서로의 원인과 결과가 될 수 있습니다. 말하자면, 본질적으로 이 둘은 하나이고 같은 것입니다. 성령을 아는 것은 성령을 소유하는 것이고, 성령을 소유하는 사람만이 성령을 압니다. 이 제자들은 어떤 면에서 그리스도를 알았습니다. 그런데 그리스도께서는 제자들이 그를 알지 못하였다고 방금까지 말씀하셨습니다. 그러나 그들이 그리스도를 어렴풋이라도 파악하고 있는 한, 그들은 이후부터 알게 될 것과는 다른 방식으로 성령을 안 것입니다. 불완전하지만 여전히 바르게 안 것입니다. 지금은 그들이 "거울로 보는 것 같이 희미하게"(고전 13:12) 성령을 보고 성령을 부분적으로밖에 소유하지 못하지만, 앞으로는 새벽의 여명에서 한낮의 영광에 이르기까지 꾸준히 점점 더 성령을 알고 소유하게 될 것입니다. 그래서 예수께서는 이렇게 말씀하십니다. 지금 "그는 너희와 함께 거하심이요" 또 이후부터는 "너희 속에 계시겠음이라"(요 14:17). 앞으로 그들에게 성령을 더 낫게 소유하는 일이 있을 것인데, 그 일이 오순절에 일어났고 그 이후로 계속되었습니다. 그 이후부터 성령이 우리에게 계시는데, 이제는 성령께서 단지 우리 곁에 계시며 우리와 교제를 나누시는 것이 아닙니다(왜냐하면 본문에 나오는 "함께"라는 두 단어는 다른 말들인데, 각각 가까움과 교제를 표시하는 말입니다). 그보다 성령께서는 우리 본성의 깊은 중심에 실제로 거하시며, 그럼으로써 우리는 외적으로 아무리 가까이 있고 아무리 외적으로 다정한 교제를 나눔으로써 가질 수 있는 것보다 더 완전하고 복되게 성령을 소유하는 것입니다.

영원히 내주하시는 성령을 소유하는 것은 그리스도께서 모든 그리스도인에게 주시는 선물이고, 우리 모두가 본문과 전후 문맥에서 아주 분명하게 표시된 길을 따라감으로써 얻을 수 있는 것입니다. 그 길은 "믿으라" "사랑하라" "순종하라"는 것입니다. 그러면 비둘기와 같은 하나님의 성령께서 우리에게 내려오고 우리 마음에 깃들이며 혼란스러운 우리 영들의 적막한 바다 위를 덮을 것이고, 거기에 새로운 질서와 아름다움으로 빛나고, 창조주의 보시기에 "심히 좋은" 새로운 세계를 가져오실 것입니다.

74
곁에 없지만
함께 하시는 그리스도

"내가 너희를 고아와 같이 버려두지 아니하고 너희에게로 오리라 조금 있으면 세상은 다시 나를 보지 못할 것이로되 너희는 나를 보리니 이는 내가 살아 있고 너희도 살아 있겠음이라"

요 14:18, 19

그리스도께서 지금까지 제자들의 두려움을 달래기 위해 하셨던 다정하고 은혜로운 위로의 말씀들은 매우 깊은 데까지 나갔습니다. 그러나 아직 충분한 깊이에까지 이르지는 않았습니다. 제자들이 주님의 가시는 목적, 곧 주께서 어디로 가시는지 알아야 했고, 그들이 주님의 떠나심에 깊은 관심을 가지고 있었다는 것은 중요한 사실이었습니다. 제자들이 주님과 다시 연합할 것을 내다볼 줄 알아야 한다는 것은 중요한 일이었습니다. 또 주께서 그들을 떠나시는 동안에도 내내 그들 안에서 일하실 것을 알아야 하고, 그들과 함께 계시지 않지만 그들에게 큰 선물을 보내실 것을 확신해야 하는 것이 중요한 일이었습니다. 그러나 재결합, 곧 멀리서부터 미치는 영향력과 심연의 반대편에서 오는 선물들이 제자들에게 필요한 전부는 아니었습니다. 그래서 여기서 우리 주님은 역설적 형태로 그 이상의 것을 말씀하십니다. 즉 주께서 곁에 없지만 제자들과 함께 계시고, 보이지 않지만 볼 수 있고, 죽으시지만 영원히 그들을 위해 사시고 생명을 주신다는 것입니다. 이 중요한 생각들이 제자들과 우리의 필요의 핵심을 차지합니다. 이제 그 생각들을 간단하게 살펴보겠습니다.

내가 방금 읽은 말씀이 함께 긴밀하게 연결된 문맥의 일부이지만, 거기에는 중요한 세 가지 생각이 들어 있습니다. 그것은 그리스도께서 제자들을 떠나시지만 제자들과 함께 계신다는 것이고, 그리스도께서 더 이상 보이지 않지만 그리스도를 볼 수 있다는 것이며, 그리스도께서 죽으시지만 살아계셔서 생명을 주신다는 것입니다. 이 세 가지 생각을 하나씩 살펴봅시다.

1. 첫째, 그리스도께서 제자들을 떠나시지만 제자들과 함께 계십니다.

"내가 너희를 쓸쓸하게 버려두지 아니하고"(개역개정은 "고아와 같이" —역주) 혹은 개역 개정(The Revised Version)이 번역하고 있는 대로 "외롭게" 버려두지 아니하고 "너희에게로 오리라." 내 생각에는 우리들 대부분이 알고 있는 대로, "쓸쓸하게" 혹은 "외롭게"로 번역된 단어의 문자적 의미는 "고아"입니다. 그러나 그 의미는 주님과 그 제자들의 관계를 나타내기 위해 사용하는 형식으로는 다소 특이합니다. 그래서 아마도 영어 번역 성경들은 그 말이 전달하는 그 구체적 개념보다는 외로움이라는 다소 일반적 개념을 전달하려고 애쓴 것 같습니다. 그러나 이 전체 대화가 "작은 자들아"(요 13:33)라는 말로 시작된다는 사실을 여전히 기억해야 할 것입니다. 그리고 이 단어를 사용하는 것이 그리스도와 그의 형제들 사이의 관계를 규정하기 위한 것이라기보다는 그리스도께서 떠나셨을 때 이 작은 무리의 외롭고 무력한 상태를 묘사하기 위한 것이라는 점을 기억하기만 한다면, 굳이 이 단어의 문자적 의미를 감추어야 할 이유는 없는 것처럼 보입니다. 이들은 냉담한 세상에서 부모 없는 고아와 같이 될 것입니다. 그런 상태를 무엇이 막을 것입니까? 오직 한 가지 밖에 없습니다. "내가 너희에게로 오리라." "그때, 오직 그때에야 비로소 너희가 더 이상 외롭지 않을 것이고 고아처럼 지내지 않을 것이다. 나의 옴으로 인해 모든 것이 바뀔 것이고, 겨울이 빛나는 여름으로 변할 것이다."

자, 그러면 이 "온다"는 말씀은 무엇을 말합니까? 우리 주님께서 "내가 올 것이라"고 미래로 말씀하시지 않고, "내가 온다" 혹은 "내가 오고 있다"고 곧 임박한 일로 말씀하고 계셔서, 거의 현재 일이나 다름없다고 말할 수 있다는 점에 주목해야 합니다. 이 말씀에 아주 멀리 있는 심판을 위하여 최종적으로 오심을 가리킨다고 생각은 전혀 할 수 없을 것입니다. 만약에 그런 점을 언급하고 있다면, 본문으로부터 우리는 그 시기까지 여기 이 땅에서 그리스도를 사랑하는 모든 사람들은 고아처럼, 버림받은 채 쓸쓸하게 방황하며 지내야 한다는 결론을 내리게 될 것입니다. 그런 일은 분명 있을 수 없습니다. 그래서 우리는 여기서 주님의 떠남과 동시에 이루어지고, 사실상 주님의 신체적 부재의 반대 면에 불과한 주님의 오심을 여기서 약속한다는 점을 인정해야 합니다.

그리스도께서 신체적으로 "잠시" 그의 백성을 "떠나시는" 것은 그의 백성들이 더 나은 형태로 "영원히" 그를 받도록 하기 위함이라는 것은 사실입니다. 아무리 외적으로 그리스도의 함께 하심이 철회되고, "어리석은 감각"에 의존할 때는 그리스도께서 우리와 함께 계시지 않는다고 말하지 않을 수 없지만 그리스도께서 자기를 사랑하는 모든 자들과 함께 계시고, 세상에서 자신을 나타내시는 것이 그 목적을 다 이루었고 그래서 이제는 그리스도와의 충만한 교제에 도움이 되기보다는 오히려 방해물로 한쪽으로 치우게 되는 바로 그 이유 때문에 훨씬 더 그들과 함께 계신다는 것을 확신하며 기뻐할 수 있다는 이 점이 여기서 우리가 얻는 위로의 핵심이고 중심입니다. 우리는 **신체적인 것**을 **실질적인 것**으로 혼동합니다. 그리스도께서 신체적으로 우리와 함께 계시는 것은 끝이 났지만, 실질적으로 함께 계시는 것은 영원히 지속됩니다.

나는 이런 말씀에 절대적 신성이 명백히 함축되어 있다고 주장할 필요는 없다고 생각합니다. "내가 오리라." "여기 없지만 나는 대대로 함께 있는다. 나는 모든 사람의 마음에 함께 있는다." 그것은 하나님의 편재성(遍在性)과 같은 말입니다. 그것은 신성의 영원한 존재와 같거나 그것을 함축하는 말입니다. 세상을 떠나가시면서, 사람들 앞에서 즐거이 볼 수 있는 형태를 거두고 떠나가는 행동을 취하면서 "내가 오리라"고 말하고 "내가 세상 끝날까지 너희 모두와 항상 함께 있으리라 하시니라"고 말씀하시는 분은 다름 아닌, 한 동안 육신을 입고 나타나시고 성령 안에서 그의 자녀들과 영원히 함께 하시는 하나님이십니다.

나는 오늘날 일반 그리스도인의 생활을 보면 그들은 이 중요한 진리를 단순하게 깨닫지 못하고 있어서 조용하지만 힘을 북돋우는 행복한 확신 가운데 살아가는 것과는 아주 거리가 멀다고 생각하지 않을 수 없습니다. 그러나 우리가 결코 혼자가 아니고, 예수 그리스도께서 우리와 함께 계시되 주께서 세상에서 생활하시는 동안 주님 가장 가까이 지내던 사람들이 누렸던 것보다 더 친밀하고 더 실제적이고 더 효과적으로 그리고 더 충만한 영향력으로 우리 각 사람과 함께 계십니다.

형제 여러분, 진짜 그리스도가 실제로 항상 우리와 함께 계신다는 이것을 너무 익숙해서 아무런 인상을 주지 못하는 신조의 하나로 믿는 것이 아니라 항상 의식하는 지극히 중요한 신념으로 우리가 정말로 믿는다면, 모든 짐과 염려가 얼마나 가벼워지는지, 당혹스러운 모든 일들이 얼마나 수월하고 똑바로 되는지, 시험들이 어떻게 그 힘을 잃게 되는지, 슬픔과 기쁨과 모든 일들이 우리가 항상 깊이 인식하고 있는 바로 이 믿음에 의해서 얼마나 달라지는지 모릅니다! 우리와 함께 하시는 그리스도는 모든 그리스도인 영혼에 힘이고 의이며 평화요 기쁨이며, 앞으로 보게 되겠지만 진정한 의미에서 말 그대로 생명이십니다.

그 다음에 더 나아가서, 우리 주님의 이 오심은 성령의 오심과 동일시된다는 점을 살펴봅시다. 주께서는 그동안 내내 "또 다른 보혜사"를 보내시겠다고 말씀하셨습니다. 성령께서 또 다른 보혜사이시만, 성령의 오심은 곧 예수님의 오심이므로 성령께서는 그를 보내시는 분과 분리할 수 없게 결합되어 있습니다. 성령은 심연의 반대편에서 오는 것처럼 우리에게 전해지는 선물이 아닙니다. 그보다 성령은 하나님의 통일성 때문에, 보내심을 받은 성령의 신성 때문에, 예수 그리스도와 그리스도께서 보내시는 그 성령은 각각 다른 분이시지만 분리할 수 없이 굳게 결합되어 있어서 성령이 계시는 곳에 그리스도께서 계시고, 그리스도께서 계시는 곳에 성령이 계십니다. 이런 사실들은 제자들이 발전하는 단계에서는 "감당할 수 없고" 이후로 더 설명을 들어야 했던 깊은 것들에 속합니다. 우리가 성령 안에서 그리스도를 모시고 또 그리스도 안에서 성령을 모신다는 것을 알고, "누구든지 그리스도의 영이 없으면 그리스도의 사람이 아니라"(롬 8:9)는 것을 기억하면 제자들이나 우리나 그것으로 충분합니다.

우리는 여기서 끝이 없고 깊이를 헤아릴 수 없는 바닷가에 서 있습니다. 나로서는 정통 신앙이 믿을 수 없고 모순된다고 말하는 사람들이 인간 능력의 한계를 좀 더 알고, 신적 본성에 대한 교리를 부인하는 사람들은 그 자신이 하나님보다 높은데 서서 내려다본다는 것을 암시한다는 점을 기억하면 좀 더 현명해질 것이라고 생각합니다. 그래서 나는 신의 전지하심과 이해를 버리고, 성부와 성자와 성령이 함께 오셔서 마음에 거하신다는 주장을 받아들입니다.

그 다음에, 우리와 함께 하시는 이 그리스도께서 세상이 고아처럼 버려진 상태를 고치는 유일한 치료책이십니다. 이 말씀은 자신들의 인도자요 선생이며 동무이신 분을 잃고서 당황해 하는 이 적은 제자들에게 애처로운 심정으로 다정하게 하시는 말씀입니다. 복된 3년 동안 잘 보지 못하는 그들의 눈이 되어주시고 상담자요 영감을 주시는 분이요 모든 것으로 함께 하셨던 분이 떠나가시므로 그들이 아무 보호를 받지 못한 채 폭풍우를 그대로 맞게 되었습니다. 그들이 주님이 안 계시는 가운데 그들에게 닥쳐오게 되어 있는 앞날의 일들을 내다보았을 때 참으로 두려워하였을 것입니다. 그래서 우리 주님은 그들을 주님 없이 버려두지 않을 것이고, 주께서 계시지 않기 때문에, 그동안 제자들에게 모든 것이 되어오셨는데 여전히 앞으로도 모든 것이 될 것이라는 확언으로 그들의 기운을 북돋우십니다.

그리고 그 약속은 성취되었습니다. 그렇게 겁먹고 풀이 죽은 사람들이 어떻게 그리스도께서 십자가에 죽으신 후에 한데 모이는 용기를 이끌어냈습니까? 그들이 요한의 제자들의 본을 따라 흩어져 사라지며 "게임은 끝났어. 함께 모이는 것은 더 이상 쓸데없어" 하고 말하지 않은 이유는 무엇이었습니까? 분리의 과정은 그리스도께서 십자가에 못 박히신 그날에 시작되었습니다. 그 분리를 막을 수 있었던 것은 오직 한 가지뿐이었습니다. 그것은 부활이고, 부활하신 그리스도께서 능력으로, 그리스도의 충만한 선물 가운데서 그의 교회와 함께 계시는 것입니다. 그리스도께서 제자들에게 오시지 않았다면, 그들은 사라져버렸을 것이고, 기독교는 유대주의 속에서 잊혀진 실패한 종파들 가운데 하나가 되고 말았을 것입니다. 그러나 실상은 오순절 후에 신약 전체는 자기 백성들 가운데 일하시는 임재하신 그리스도에 대한 의식으로 불타오릅니다. 어떤 면에서 우리가 몸을 가지고 있는 동안에는 주님께서 우리와 함께 계시지 않는다는 것이 사실이지만, 또 다른 면에서 그보다 훨씬 더 높은 면에서 사도들과 순교자들의 힘과 기독교적 생명은 바로 이것, 즉 그리스도께서 단지 자신의 영향력이나 모범을 나타내는 수사적 은유나 혹은 제자들의 상상 속에 머물러 있는 기억이 아니라 친히 곧 진정으로 그리스도 자신이 그들과 함께 계시고, 그들에게 힘을 주고 복을 주시겠다고 하신 이 확언이었습니다.

우리가 세상을 사막과 황무지로 여기지 않는다면, 여러분과 나는 바로 이 믿음을 가져야 합니다. 참으로 심오한 의미에서, 여러분이 우리의 장자이신 예수 그리스도, 곧 유일하게 사람들에게 아버지 하나님을 계시할 수 있는 그분을 제거한다면, 우리는 모두 빈 하늘을 바라보며 아무것도 보지 못하는 아버지 없는 자녀들이 된다는 것이 사실입니다. "고아"라는 말의 더 넓은 의미에서 생각할 때, 생활은 그리스도 없이 지내는 쓸쓸함이 있지 않습니까? 공허한 기쁨, 덧없는 행복, 꽃잎이 떨어진 후에 오래도록 가시가 달려있는 장미, 진짜 슬픔, 겉치레, 위선, 비통함과 실망, 이런 것들이 그리스도를 생활에서 배격한 한에서 우리 인생이지 않습니까? 어둠 가운데서 잃어버린 아버지의 손을 찾아 더듬거리다가 그 손을 찾지 못하여 죽어가는 아버지가 없는 외로운 아이가 되는 것에서 우리를 구원할 수 있는 것은 그리스도께서 친히 우리에게 오셔서 우리와 함께 계시는 것뿐입니다.

2. 지금 보이지 않는 그리스도는 땅에서 보았던 그리스도이십니다.

본문의 두 번째 절에서 언급하고 있는 기간이 첫 번째 절에서 언급한 기간과 동일하고, 그래서 "조금 있으면"이라는 말은 그리스도께서 승천하시기까지의 전체 시간을 가리키는 것이 분명합니다. 만일 주께서 지상에 계셨던 40일간, 곧 문자적으로 세상은 "다시 그를 보지 못하되" 사도들은 "그를 본" 그 기간을 조금이라도 언급하는 것이 있다면, 그 언급은 부차적인 것일 뿐입니다. 이처럼 일시적으로 나타나는 것은 이처럼 중대한 약속의 무게를 감당하기에 충분한 순간이나 기간이 아닙니다. 주의 오심의 결과로 이렇게 보는 것은 오심과 같이 시간이 연장됩니다. 말하자면, 주를 보는 것은 지속적이고 영구합니다. 우리는 여기서 함께 계시는 그리스도를 영속적으로 보게 해주시겠는 중대한 약속을 읽어야 합니다.

"본다"는 단어가 이 두 구절에서 각기 다른 두 가지 의미로 사용되고 있다는 사실도 분명합니다. 앞 구절에서 이 단어는 단지 신체적으로 보는 것을 가리키고, 뒷 구절에서는 영적으로 인식하는 것을 가리킵니다. 잠시 동안 믿음이 없는 많은 사람들은 외적으로 볼 수 있었습니다. 그러나 그들은 그동안 이 외적 시력을 제대로 사용하지 않아서 "보기는 보아도 알지 못하였습니다." 이제 그처럼 외적으로 보는 일이 그칠 것이었습니다. 그리스도를 사랑한 자들은 외적으로 보는 일이 그쳐도 그 시력을 잃지 않을 것입니다. 그리스도를 감각과 감각에 매여 있는 사람들에게서 숨기는 이 물러남이 그리스도의 친구들에게는 그리스도를 더욱 분명하게 계시할 것입니다. 이들도 그리스도께서 그들 곁에 계셨을 때는 그리스도를 희미하게 밖에 보지 못하였습니다. 그리스도께서 그들을 떠나시지만 함께 계실 때 그들은 좀 더 바른 통찰력을 가지고 주님을 눈여겨 볼 것입니다.

이렇게 모든 그리스도인의 생활이 이와 같을 수 있고 또 이와 같아야 합니다. 즉 항상 함께 계시는 그리스도를 지속적으로 보는 것입니다. 오는 것은 그리스도께서 하실 일입니다. 오시는 그리스도를 보고 아는 것은 우리가 할 일입니다.

믿음은 영혼으로 보는 것입니다. 그것은 감각으로 보는 것보다 훨씬 더 나은 일입니다. 그것은 직접적으로 보는 것 이상입니다. 내가 보는 것을 내 눈이 가서 만지지 못합니다. 나와 보는 것 사이에는 수백만 킬로미터나 떨어져 있는 심연이 있습니다. 그러나 믿음은 단지 눈만 있는 것이 아니라 손도 있습니다. 그래서 볼 뿐만 아니라 붙잡고, 믿음은 바라보는 것과 접촉합니다. 믿음은 훨씬 더 분명하게 봅니다. 감각은 사람을 속일 수 있습니다. 그러나 믿음은 하나님 말씀 위에 서 있기 때문에 속일 수 없습니다. 믿음이 주는 정보는 훨씬 더 확실하고 훨씬 더 유효합니다. 나는 내가 만지고 사용하는 것들을 믿기보다 예수 그리스도를 믿을 만한 이유들이 더 충분합니다. 그래서 사람들이 "아 우리가 눈으로 그리스도를 보기만 했더라면!" 하고 말할 필요가 없습니다. 여러분은 그리스도를 보았더라도 필시 그리스도를 알지 못했을 것입니다. 교회가 보기보다는 사랑하고, 만지기보다는 믿어야 한다고 해서 교회가 누릴 특권에서 후퇴하였다고 생각할 이유는 없습니다. 그것은 진보입니다. "보지 못하고 믿는"(요 20:29) 자들의 복이 우리에게 내려오기 때문에 우리는 그들보다 더 낫습니다. 믿는 사람에게 주어지는 특권인 그리스도를 보는 것은 그리스도를 이 땅에서 본 사람들에게 주어졌던 것보다 본질적으로 더 낫고 정도에서도 더 뛰어납니다. 감각은 마음을 어지럽히고, 오직 믿음이 봅니다.

　"세상은 다시 나를 보지 못할 것이로되." 왜 그렇습니까? 세상은 이 현세이기 때문입니다. "너희는 나를 보리니." 왜 그렇습니까? 여러분이 헛된 것을 보는 데서 눈을 돌렸기 때문입니다. 그리고 눈을 돌린 만큼 주님을 보는 것입니다. 여러분이 영혼의 눈이 열리기를 원한다면 감각의 눈을 감아야 합니다. 시간과 물질적 세계가 우리를 우롱하고 현혹시킬 때 사용하는 눈부신 거짓말을 보는 데서 눈을 돌이키면 돌이킬수록 그만큼 더 우리는 그를 보는 것이 곧 영원히 사는 것인 그리스도를 보게 될 것입니다.

　아, 형제 여러분! "본다"는 이 강력한 단어가 주님의 함께 하심을 사실로 깨닫는 것의 생생함, 직접적임, 확실함을 어느 정도 표현하지 않습니까? 우리가 주변 사람들을 분명히 아는 것만큼 예수 그리스도를 분명히 보고 인식할 수 있으며 확신할 수 있습니까? 우리에게 어떤 것이 그림자이고,

어떤 것이 실체입니까? 보이는 것들, 감각이 "진짜"라고 영예를 부여하는 것들을 실체로 봅니까? 아니면 너무 크고 우리 위에 우뚝 솟아 있어서 영원히 보이지 않기 때문에 볼 수 없는 것들을 실체로 봅니까? 우리 눈은 주로 어느 세계를 봅니까? 그리스도께서 계시는 곳입니까? 아니면 여기 이 세상입니까? 행복한 우리 눈은 우리에게 나타나신 이 생명의 말씀을 볼 수 있고, 복된 우리 손은 이 말씀을 사용할 수 있습니다. 우리가 유일하게 볼 만한 가치가 있는 것에서 눈을 돌려 황량하고 울적한 세상을 바라보는 일을 하지 않도록 주의합시다.

3. 끝으로, 우리와 함께 계시고 보이는 그리스도는 살아계시고 생명을 주시는 분이십니다.

본문의 마지막 말씀은 개역 성경(The Revised Version)의 난외주에서 보여주듯이 그 전의 말씀과 결부되어 있을 수 있습니다. 그러나 이 말씀을 독립적인 것으로, 그리스도의 오심으로 발생하는 복됨과 동등한 또 다른 요소를 제시하는 것으로 이해하는 것이 더 나을 것입니다. 그리스도께서 오시기 때문에, 그리스도께서 찾아오시는 사람들, 그리스도를 보는 사람들의 마음에 그리스도의 생명이 들어오는 것입니다.

주께서 곧 죽음으로 파래질 그 입으로 자신의 생명이 절대적이고 신적인 것이라고 말씀하시는 그 장엄한 선언을 시간이 부족해서 깊이 생각할 수 없습니다. "내가 살아 있다"는 이 장엄한 말씀에 주목할 필요가 있습니다. 이것은 영원한 현재 시제로서, 중단되지 않고 파생되지 않으며 죽지 않는 하나님의 생명을 표시한다고 믿습니다. 이것은 다름 아니라 "여호와"라는 구약의 위대한 이름을 인용한 것입니다. 이 이름이 지닌 의미의 깊이와 범위를 사도 요한의 계시록에서 봅니다. 계시록에서 그리스도를 "살아 있는 자"(계 1:18)라고 부릅니다. 즉 죽은 동안에 살아 있었고, 죽었지만 "세세토록 살아 있는" 분이라고 부릅니다.

생명을 충만히 가지고서 자신의 모든 친구들에게 와서 갈보리를 바로 앞에 두고 있는 동안에도 그 생명을 절대적으로 소유하고 있다고 주장하시는 이 그리스도는 그를 사랑하고 믿는 모든 사람에게 생명을 주시는 분입니다.

그리스도께서 살아계시기 때문에 우리가 살아 있습니다. "생명"이라는 단어가 갖는 모든 의미에서 사람들의 생명은 창조의 대행자이시고 하나님으로부터 피조물에게로 생명을 흘려보내는 수로 역할을 하시는 분, 우리 중 누구든지 더 나은 생명을 살 희망을 가질 수 있게 하는 유일한 수단이신 그리스도로부터 나옵니다. 그 생명만이 참되고, 그 생명은 하나님과의 교제와 연합에 있습니다.

우리는 그리스도께서 살아 계시는 한 살 것입니다. 그리스도의 살아 계심은 그를 사랑하는 모든 사람이 영원히 살 것에 대한 서약이자 보증입니다. 여기 이 땅에서 예수 그리스도로부터 영적 생명을 받은 영혼이 단지 신체의 분리와 같은 볼품없는 사소한 외적 일 때문에 그리스도와 언제까지나 떨어져 지낼 수 밖에 없다는 것은 결코 있을 수 없는 일입니다. 그리스도께서 살아계시는 한 우리의 생명은 안전합니다. 머리에 생명이 있다면 지체가 "부패할 수 없습니다." "나의 중년에 나를 데려가지 마옵소서 주의 연대는 대대에 무궁하니이다"(시 102:24)라는 것이 예배하는 자의 덧없음과 하나님의 영원하심의 대비를 깊이 느끼며 이 대비가 변하여 같아지기를 희미하게 바라는 옛 성도의 기도였습니다. 본문의 위대한 약속이 그 기도에 대한 응답이며, 예배하는 자가 경배하는 그리스도께서 살아 계시는 한 그도 살 것이라고 우리에게 보장합니다.

우리는 그리스도께서 살아계시므로 살 것이고, 우리가 그의 모든 생명을 알 때까지, 그 생명의 충만함이 우리의 본성을 완전히 변화시키기까지 그리스도의 생명을 우리 것으로 취하는 일이 그치지 않을 것입니다. 그 일이 결코 끝나지 않을 것입니다. 그러므로 우리는 죽지 않을 것입니다.

사람들은 체력이 왕성한 신체로부터 피를 주입받아 생명을 연장해 왔습니다. 예수 그리스도께서 그 자신의 피를 우리 혈관에 주입하여 우리를 영원한 존재로 만드십니다. 그리스도의 교회는 구주를 나타내는 고대의 상징들 가운데 하나로 펠리컨을 택하였습니다. 우화에 따르면 펠리컨은 제

가슴에서 피를 뽑아 새끼에게 먹였다고 합니다. 그리스도께서 이와 같이 우리에게 생명을 주십니다. 우리 안에 계시는 그리스도는 우리의 생명이십니다.

형제 여러분, 예수 그리스도가 없으면 우리는 아버지가 없는 세상에서 고아입니다. 예수 그리스도가 없으면, 지쳤지만 만족할 줄 모르는 우리 눈은 하찮은 것과 골칫거리와 쓰레기들만을 바라봅니다. 예수 그리스도가 없으면 우리는 "살았다고 하나 죽은" 자입니다. 그리스도, 오직 그리스도만이 우리에게 아버지를 되돌려 주실 수 있고 우리 안에 아들의 영을 회복시켜 주실 수 있습니다. 그리스도, 그리스도만이 우리가 정결하고 평온하며 기쁜 눈으로 보게 만드실 수 있습니다. 그리스도, 그리스도만이 우리의 죽음에 생명을 불어넣으실 수 있습니다. 아, 그리스도께서 여러분을 위해 그 일을 하게 하십시오! 그리스도께서는 이 모든 선물을 들고 우리에게 오십니다. 이는 그리스도께서 자신을 우리에게 주기 위해 오시기 때문이고, 마치 "사탕이 꽉 들어차 있는 상자"처럼 그리스도 안에서는 외로운 마음, 지친, 눈, 죽은 영혼이 필요로 할 수 있는 모든 것이 들어 있기 때문입니다. 여러분이 그리스도의 것이라면 모든 것이 여러분의 것입니다. 그리스도께서 여러분의 것이라면 모든 것이 여러분의 것입니다. 믿음과 사랑으로 여러분 자신을 그리스도의 것으로 삼고 그리스도를 여러분의 것으로 삼는다면 그리스도는 여러분의 것입니다.

75
함께 하시는
그리스도의 선물

"그 날에는 내가 아버지 안에, 너희가 내 안에, 내가 너희 안에 있는 것을 너희가 알리라 나의 계명을 지키는 자라야 나를 사랑하는 자니 나를 사랑하는 자는 내 아버지께 사랑을 받을 것이요 나도 그를 사랑하여 그에게 나를 나타내리라"

요 14:20, 21

우리는 이 앞 절에서 주님이 풀이 죽은 제자들에게 지극히 깊고 강력한 격려가 되는 말씀을 하시는 것을 들었습니다. 격려가 되는 말씀은 그리스도께서 제자들과 함께 하신다는 것, 제자들이 진정으로 그리스도를 본다는 것, 그들이 그리스도의 생명에 참여한다는 것이었습니다. 본문의 첫 번째 부분은 이 격려가 되는 말씀과 긴밀히 연결되어 있습니다. 왜냐하면 이 부분은 그 격려의 말씀들의 종국과 결과를 보여주기 때문입니다. 그리스도의 참된 제자는 그리스도께서 함께 하시는 것을 알고 영의 눈으로 그리스도를 보고 그에게서 생명을 이끌어내기 때문에, 그는 아버지 안에 계시며 또한 그의 종 안에도 내주하시는 그리스도의 깊은 진리들과 그리스도 안에 거하는 그리스도의 종들의 진리들을 경험으로 알게 될 것입니다. 주님께서는 방금 전까지 그의 제자들에게 자기가 아버지 안에 계시고 아버지께서 자기 안에 계시다는 것을 믿으라고 권고하셨습니다. 그리고 제자들의 믿는 것이 더딘 것에 대해 의아하게 생각하는 것을 부드러운 말로 표시하셨습니다. 이제 주님은 제자들에게 주님이 떠나가면 제자들의 영적 신장이 매우 크게 자라서, 주께서 함께 계시고 그들 곁에 계실 때에 그들이 믿기 어려워하였던 사실을 알게 될 것이라고 말씀하십니다.

본문의 두 번째 부분은 우리 주께서 말씀하신 강화 전체의 결말입니다. 이 부분에서 주님은 사랑의 표시이자 시금석이며, 주께서 지금까지 내내 말씀하신 이 고귀하고 놀라운 것들을 받을 수 있는 조건으로서 실제적 순종이 필요하다고 강조하십니다. 그리스도께서는 지금까지 영적 복들을 말씀하셨는데, 이 복들은 이해하기 어렵고 구름 속에 있는 것처럼 보일 수 있으며, 사실상 많은 경우에 곡해되어 매우 부도덕하고 실천할 수 없는 꿈 같은 신비로 알려지기도 했습니다. 그래서 주님은 여기서 우리가 아주 명백한 진리들을 다시 보게 하고, 주님이 그동안 희미하게 말씀하셨던 이루 말할 수 없이 귀한 이 선물들은 정직한 순종과 주님의 계명을 단순히 지키는 것이라는 평범한 길을 통해서만 얻을 수 있다는 것을 가르치려고 하셨습니다. 본문의 이 마지막 말에서 주님은 해독제를 다루시며, 그동안 내내 말씀하셨던 중대한 것들을 남용하는 경우를 제지하는 말씀을 하십니다.

1. 그러면 그리스도께서 오실 때 따라오는 지식을 먼저 살펴봅시다.

"그날에는"이라는 말은 주께서 지금까지 말씀하신 기간, 곧 주께서 제자들을 떠나신 것과 심판을 위하여 최종적으로 몸으로 나타나시는 것 사이의 전 기간을 가리킵니다. 즉 많은 세대들이 잠깐 사이에 지나갈 큰 날을 가리킵니다. 그날에, 주님을 사랑하는 사람들은 주님의 함께하심을 얻고 주님을 보고 주님의 생명을 얻을 것입니다. 그들이 "내가 아버지 안에, 너희가 내 안에, 내가 너희 안에 있는 것을 너희가 알리라"는 주님의 말씀대로 될 것이기 때문입니다. 이 놀라운 말씀 밑에 깔려있는 원칙은, 그리스도인의 경험이 기독교의 근본 진리를 가장 잘 가르쳐 주는 교사라는 것입니다. 주님께서는 우리가 언뜻 보아서는 도무지 적용할 수 없는 것으로 생각되는 영역에 이 원칙을 얼마나 단호하고 담대하게 끌어들이는지 살펴봅시다. "내가 아버지 안에 있는 것을 너희가 알리라." 그리스도와 하나님 사이의 관계와 같은 일이 대체 어떻게 이 땅에 있는 우리가 아는 문제가 될 수 있습니까? 우리가 내내 들어왔기 때문에 스스로 어떤 확인도 할 필요가 없이 우리가 신뢰하고 믿어야 하는 것이 언제나 진리가 되어야 하지 않습니까? 그렇지 않습니다. 이전에 어떤 일이 벌어졌는지 기억하시기 바랍니다. 어떤 사람이 그리스도께서 자기와 함께 계시는 것을 알고 참된 시력을 제공하는 유일한 기관인 진정한 내적 눈으로 그리스도를 보고 순간순간 그리스도의 고귀한 불멸의 생명을 끌어내고 있다면, 이 사람의 경험은 그것이 신적 원천으로부터 온다는 근거 외에는 전혀 설명할 수 없는 그런 것이라는 말이 사실이지 않습니까? 내게 이런 경험이 있다면 나는 그 경험을 주시는 분이 예수 그리스도이시라는 것을 알고, 그리스도께서 하나님 안에 거하시지 않는다면, 그리스도께서 하나님이시지 않다면 그가 우리에게 그런 경험을 줄 수 없다는 것을 압니다. 이런 새 영향력들, 곧 내 안에서 일어나는 이 변혁, 치료, 강제로 깨끗하게 하는 손길, 마음을 진정시키고 기쁘게 하며 고양시키는 이 능력들, 새로운 소망, 거꾸로 된 욕망들, 내가 전에는 무심했던 모든 것을 사랑하고 전에는 내게 말할 수 없이 강력한 영향을 끼쳤던 모든 것에 대해 죽는 것, 이런 모든 일들이 하나님의 손에 의해 일어난 것이며, 내가 스스로를 그리스도인이라고 확실히 알고 있는 것만큼이나 확실히 그리스도인으로서 이 모든 경험이 그 경험을 일으키신 분을 선포하고, 그 경험을 주시는 그리스도께서 하나님 안에 계시다는 것을 확실히 압니다. "내가 아버지 안에 있는 것을 너희가 알리라."

내가 읽는 대로는, 신약성경은 예수 그리스도의 신성을 언급하는 부분이 도처에 충만합니다. 그 주제에 대한 심오하고 학문적인 많은 의견들을 신학자들이 주장해 왔습니다. 그리고 이 의견들은 모두 타당하고 나름대로 필요한 것들입니다. 그러나 그 주제를 확실히 알 수 있는 바른 길은 그리스도께서 우리와 함께 거하며 우리 안에서 일하게 하시는 것입니다. 그러면 신앙의 한 조항이었던 것이 지식의 일부가 되고, 우리는 그리스도께서 우리의 구주이시며 하나님의 아들이시라는 것을 압니다.

마찬가지로, 그리고 훨씬 더 명백하게, 그리스도께서 여기서 약속하시는 이 지식의 다른 요소들이 자연스럽고 필연적으로 그리스도인의 경험으로부터 흘러나오는 것으로 보일 수 있습니다. "너희가 내 안에, 내가 너희 안에 있는 것을 너희가 알리라." 그리스도인이 그리스도께서 자기와 함께 하신다는 의식을 가지고 있고, 그리스도를 자신의 어둠을 비추는 태양으로 모시며, 자신의 죽은 상태에 생명을 공급하시는 생명의 원천으로 모신다면, 그는 예수 그리스도께서 자기 안에 계신다는 것을 부정할 수 없게 확실히 아는 것입니다. 그는 주님의 손길을 느끼기 때문입니다. 그리고 자기가 그리스도 안에 있는 것을 아는데, 이는 그가 자기를 둘러싼 능력, 곧 그분 안에서 평안과 의와 모든 것을 얻는 능력을 알기 때문입니다.

사랑하는 형제 여러분, 그리스도인의 경험이 어떠해야 하고 그리스도인에게 어떤 유익을 주어야 하는지 배우도록 합시다. 그리스도인은 경험을 통해 신조의 조항들이 그 의식에 깊숙이 각인되도록 해야 합니다. 경험을 통해서 복음의 근본 진리들이 맞는다는 것을, 우리 영혼 속에서 일어난 일로 보증된다는 것을 참으로 생생하게 알게 되어야 합니다. 우리는 이렇게 말할 수 있어야 합니다. "우리 자신에게 증거가 있다." 불확실한 것이 여전히 많이 있고, 기독교 교리 가운데 분명하고 충분히 확인할 수 없는 것도 많으며, 여전히 단지 다른 사람들의 가르침이나 우리 자신의 연구에 좌우될 수밖에 없는 것이 많이 있습니다. 하지만, 복음을 이루는 핵심 사실들은 모두 경험이라는 단순하고 짧은 이 길에 의해서 의식에 깊숙이 박혀서 다른 누가 부인할지라도 우리에게는 부인할 수 없는 것이 될 수 있습니다.

그처럼 직접적으로 지식에 이르는 길은 이치에 맞습니다. 이것은 모든 것의 지식, 즉 단지 외적 사실들이지만 "과학"이라는 배타적 이름을 스스로 남용하여 취한 지식에 이르는 방법과 아주 흡사합니다. 여러분은 사랑에 관해 조금이라도 알 때 어떻게 압니까? 여러분은 언제까지나 시와 비극을 읽을 수 있습니다. 그러나 여러분이 사랑의 마력을 경험하기 전에는 사랑을 이해하지 못할 것입니다. 여러분이 그 감정을 경험하면 사람들이 사랑에 관해 한 모든 사실들이 더 이상 말에 불과한 것이 아닙니다.

"그가 여러분이 사랑할 만한 존재로 보이려면
먼저 그를 사랑해야 합니다."

그리스도를 확실히 아는 방법은 그리스도를 여러분의 것으로 삼는 것뿐
입니다. 그러면 그리스도께서 여러분 안에 들어오셔서, 거기 태양과 생명
으로 거하시며 여러분에게 활기를 주십니다.

사랑하는 형제 여러분, 성격상 가장 최고의 확신인 경험으로부터 오는
확신은 다른 사람들이 공유할 수 없지만, 그처럼 많은 사람들이 이 확신을
각기 다르게 가지고 있다고 주장하는 사실을 다른 사람들도 공유할 수 있
습니다. 불신자는 이 점, 곧 그리스도인이 시험한 진리들이 참이라고 아는
것에 대한 증언에 대해서 할 말이 아무것도 없습니다. "그가 죄인인지 내
가 알지 못하나이다"(요 9:25). 여러분은 기독교 계시를 둘러싸고 있는 논
쟁의 여지가 있는 의심스러운 점들에 대해 얼마든지 시끄럽게 떠들어낼
수 있습니다. 나는 그런 문제들에 대해 여러분이 무슨 답변을 하는지에 대
해서는 지금 관심이 없습니다. "그가 죄인인지 내가 알지 못하나 한 가지
아는 것은 내가 맹인으로 있다가 지금 보는 그것이니이다." 여러분은 적의
진영을 공격하여 이렇게 말할 수 있습니다. "아니! 기이한 일도 다 있네.
모든 것을 다 아는 여러분이 이 사람이 어디서 왔는지를 모르는군요. 하지
만 이 사람은 내 눈을 뜨게 했어요. 여러분은 사실이 필요합니다. 사실들
이 거기 있습니다. 여러분은 확인을 원하는군요. 우리는 경험으로 확인했
어요. 하나님이 진실되다는 것을 우리가 보증합니다."

여러분은 말합니다. "아, 하지만 이것은 그리스도인들이 일반적으로 이
문제에 관해 생각하는 방식을 정확하게 설명하는 말이 아닙니다." 글쎄요,
그 점에 관해 내가 말할 수 있는 것은 소위 그리스도인들이라고 하는 사람
들에 대해서는 상황이 그만큼 나쁘다는 것밖에 없습니다. 그 사람들이 그
리스도인이라면, 그리고 그리스도께서 하나님이시고 그들의 구주시라는
것을 이런 내적 경험에 의해서 알지 못한다면, 거기에 대해서 말할 수 있
는 이유는 다음 둘 중의 하나뿐입니다. 그들의 경험이 너무도 피상적이고

단편적이며 지극히 초보적 수준이어서 거의 경험이라고 말할 수 없거나 아니면 사실들을 알고 있지만 그 의미를 인식하지 못하고 숙고를 통해서 그 의미를 스스로 확신하지 못하였기 때문입니다.

　형제 여러분, 그리스도인이라면 누구나 이렇게 말할 수 있게 됩니다. "나는 그리스도를 모시고 있고 그리스도를 보며 그에게서 내 생명을 끌어내기 때문에 그리스도께서 아버지 안에 계시고 내가 그리스도 안에 있으며 그리스도는 내 안에 계시다는 것을 안다." 여러분이 그렇게 말할 수 없다면, 그리스도를 파악하고 있거나 파악한 것에 근거하여 생각하고 있는 것에 아주 심각한 결함이 있는 것입니다.

2. 본문은 사랑의 표시이자 시금석인 순종에 대해 이야기합니다.

　본문의 말씀은 우리가 이미 앞에서 생각했던 이 장 앞부분의 말씀과 본질적으로 같은 것입니다. 거기에서 주님은 "너희가 나를 사랑하면 나의 계명을 지키리라."

　그러나 이 두 말씀에는 관점에 있어서 약간의 차이가 있습니다. 전자의 말씀은 뿌리부터 시작해서 뿌리를 더듬어 위로 올라가 밖으로 열매에까지 이릅니다. 사랑이 순종으로 꽃을 피우는 것입니다. 본문은 그 과정을 거꾸로 하여, 일을 다른 쪽 끝에서 시작합니다. 말하자면 열매에서부터 시작해서 거슬러 내려가 안쪽으로 뿌리에까지 이릅니다. "나의 계명을 지키는 자라야 나를 사랑하는 자니라." 이 두 말씀은 본질적으로 같은 사실을 말합니다. 그러나 전자의 말씀에서는 사랑이 순종의 원인으로서 먼저 나오고, 후자의 말씀에서는 순종이 사랑의 확실한 열매이자 분명한 표지로서 먼저 나옵니다. 본문의 이 말씀과 전자의 말씀을 연결해서 생각해 보면, 앞에서 이미 지적한 대로 주님은 여기서 그의 모든 고귀한 약속들을 최종적으로 순종에 대한 명확하고 실제적 요구 조건에 묶어놓으시는데, 순종이야말로 그 약속들을 성취할 수 있는 유일한 조건이라는 것입니다.

　그래서 주님이 여기서 주의 계명을 소유하는 것이 주께 대한 사랑의 표지라는 것을 얼마나 뚜렷하게 밝히시는지 아주 간단히 살펴보겠습니다. 나의 계명을 "간직하고 있는 자"(개역개정에는 번역되지 않았음 — 역주). 이 것은 우리가 이 구절을 읽을 때 대체로 무시하고 넘어가는 단어입니다. "나의 계명을 간직하고 있는 자라야 나를 사랑하는 자니라"(개역개정은 "나의 계명을 지키는 자라야 나를 사랑하는 자니라" — 역주). 물론 주님의 계명을 간직하는 일에는 두 가지 방법이 있습니다. 즉 성경에 주님의 계명을 간직하는 방법이 있고, 마음에 주님의 계명을 간직하는 방법이 있습니다. 말하자면 내가 순종해야 하는 법으로 내 눈앞에 두거나 그 법을 실현하는 능력으로 내 의지 안에 두는 것입니다. 그리고 후자만이 그리스도께서 진짜 효력 있는 것으로 간주하시는, 주의 계명을 "간직하는 법"입니다. 전자의 방법은 그저 준비 단계이고 피상적인 것에 불과합니다. 사랑은 사랑하는 대상의 뜻에 대한 지식을 소유합니다. 그렇지 않습니까? 참된 애정과 함께 가는, 사랑하는 사람의 뜻을 간파하고자 하는 욕구의 힘이 얼마나 강한지 우리 모두 알지 않습니까? 단지 그 뜻을 간파하기만을 바라지 않고 그 뜻을 소중히 여기려는 이 욕구의 힘이야말로 우리의 참된 사랑을 나타내는 시금석이자 체온계라는 것을 알지 않습니까? 우리 가운데 어떤 사람들은 아마도 사랑하는 사람의 말이 적힌 노랗게 바래고 너덜너덜해진 오래된 종이쪽지를 자기만 아는 은밀한 곳에 숨겨두고 절대로 잃어버리려고 하지 않을 것입니다. "나의 계명을" 신실한 마음의 가장 깊숙한 곳에 소중히 "간직한 자"가 "나를 사랑하는 자니라."

마찬가지로 주님의 계명에 대한 실제적 순종이 사랑을 확실히 보여주는 표시이자 시금석이라고 주님은 말씀하십니다. 이 문제를 오래 생각할 필요는 없습니다. 계명을 지키는 데는 두 가지 동기가 있습니다. 하나는 계명을 명령받기 때문이고, 다른 한 가지는 명령하시는 분을 사랑하기 때문입니다. 첫 번째 동기는 예속이고, 둘째는 자유입니다. 전자는 북극 지방처럼 춥고 메말랐고, 후자는 열대 지방처럼 온기와 햇빛이 가득하고 영광스럽고 즐거운 열매가 가득합니다.

문장의 형태를 보면 사람들이 예수 그리스도에 대한 자신들의 사랑에 대해 착각하기가 참으로 쉽다는 것을 은근히 나타낸다는 것을 알 수 있습니다. 이 말씀에서 간직한 "자"를 강조하는 것과, 그 뿌리를 지적하기 전에 먼저 성품을 이야기하는 것은 사람들이 마치 사랑하고 있다고 그릇되게 생각하는 것을 일깨우기 위해서입니다. 그리스도께서 검증 각인을 찍고 진짜라고 인정하시는 사랑은 아무리 열정적이고 아무리 달콤할지라도 단순히 감정이 아니고, 아무리 순수하고 깊을지라도 단순히 정서가 아닙니다. 아무리 작고 하찮은 시냇물이라 할지라도 물방앗간을 돌리는 개울이 무섭게 쏟아지며 거품을 일으킬지라도 하는 일 없이 뒹굴며 흘러가는 나이아가라 폭포보다 낫습니다. 소위 예수 그리스도에 대한 사랑이라고 하면서 가면을 쓰고 세상을 휘젓고 다니지만 본문의 말씀을 예리하게 적용해 보면 그 장식이 벗겨지는 사랑이 많이 있습니다. 그리스도에 대한 사랑을 참으로 증명해 보이는 것은 성품과 행동입니다. 그리스도께서 받아들이시는 것은 그렇게 검증된 사랑뿐입니다.

3. 끝으로, 우리의 사랑과 순종에 대한 보답으로 주어지는 하나님의 사랑과 나타나심이라는 더욱 감미로운 선물들을 생각해 봅시다.

"나를 사랑하는 자는 내 아버지께 사랑을 받을 것이요 나도 그를 사랑하여 그에게 나를 나타내리라." 이 두 가지가 주님께서 그에 대한 우리의 보잘것없는 사랑을 갚으실 때 주시는 부요한 상급과 번쩍이는 면류관입니다. 그 두 가지는 각각 다르지만 또한 연합되어 있는 아버지의 사랑과 그리스도의 사랑이 하나이고, 또 하나는 거기에 더하여 그리스도께서 자기를 바라는 자에게 자신의 친절함을 나타내 보이시겠다는 것입니다.

두 가지 보답 가운데 첫 번째 것, 곧 "사람이 나를 사랑하면 내 아버지께서 그를 사랑하실 것이요"라는 위엄 있는 말씀의 엄청난 대담함에 주목할 필요가 있습니다. 하나님께서는 예수 그리스도에 대한 우리의 사랑을 율법을 지키는 것으로 간주하십니다. 하나님 자신에 대한 우리의 최고의 사랑과 같은 것으로, 하나님을 기쁘시게 하는 모든 것의 싹이 들어 있는 것으로 간주하십니다. 그래서 우리가 그리스도를 사랑하면, 아버지의 사랑에서 나오는 축복이 우리 마음에 내립니다. 물론 나는 여기서 주님이 모든 일의 맨 처음을 말씀하고 계시는 것이 아니라는 것을 굳이 말할 필요는 없습니다. 누가 되었든지 사람이 그리스도를 사랑하기 전에 먼저 그리스도께서 사람을 사랑하셨습니다. 그리스도께 대한 우리의 사랑은 단지 우리에 대한 그리스도의 사랑에 대한 반영이고 그 사랑이 불러일으키는 메아리일 뿐입니다. "우리가 사랑함은 그가 먼저 우리를 사랑하셨음이라"(요일 4:19)는 말씀은 본문 말씀보다 건물에 있어서 더 깊은 층으로 내려갑니다. 본문 말씀은 사람이 처음으로 하나님의 사랑을 받게 되는 과정을 이야기하는 것이 아니라 그리스도인이 하나님의 사랑을 소유하는 일에서 성장하는 과정을 이야기하고 있습니다. 그 사실을 이해하는 것이 여기서 배워야 할 중요한 교훈입니다. 사람이 불한당이냐 성도냐 하는 것이 하나님께 아무 상관없는 것이 아닙니다. 하나님의 사랑은 그 모든 작용 위에 미치고 온갖 종류의 인간을 품습니다. 지극히 타락하고 맞지 않는 적대적 사람들까지 품습니다. 그러나 내가 볼 때 이 세대에는 그것이 영광스럽고 복되게 사실이지만 다른 사실, 곧 우리 아버지 하나님의 사랑의 헤아릴 수 없는 깊이를 알고 이루 말할 수 없는 그 달콤함을 맛보려면 아버지께서 보내신 그리스도에 대한 사랑, 곧 우리의 순종으로 나타나는 그 사랑이 우리 마음에 있어야 한다는 것도 또한 사실이라는 것을 설교할 필요가 대단히 큽니다. 하나님의 사랑은 도덕적 사랑입니다. 햇살이 얼음에 비취면 얼음 위에서 어른거리고 때로는 얼음을 녹이지만, 얼음이 녹아 이루어진 잔물결에 햇살이 반사되기도 하고 아주 아름답고 가득 고이기도 합니다. 하나님께서는 자기를 사랑하지 않는 사람들도 사랑하십니다. 그러나 하나님의 깊은 마음과 하나님의 은혜의 은밀하고 신성한 총애는 예수 그리스도 안에서 어느 정도 하나님을 닮았고, 점점 더 닮아가는 사람들, 하나님을 사랑하여 하나님께 순종하는 사람들에게만 주어질 수 있습니다.

또한 본문을 보면, 우리가 이 땅에서 구름과 그림자와 어둠 가운데 있으면서 사랑하는 주님에 대해 알 수 있는 모든 것을 알기 원한다면 그런 지식에 도달하는 길은 간단합니다. 순종의 길을 걸으십시오. 그러면 그리스도께서 여러분을 만나 그의 사랑을 더욱 더 나타내실 것입니다. 우리가 믿는 대로 생활하는 것이 그리스도의 사랑을 더욱 풍성하게 하는 가장 확실한 방법입니다. 작은 것에 충성하는 것이 많은 것을 상속하는 확실한 방법입니다. 그리스도께서는 이제껏 소유한 부분적 지식을 사랑하는 마음과 순종하는 의지에 소중히 간직하고, 모든 지식을 행동으로 변화시키며, 모든 행동의 근거를 그리스도에 대한 지식에 세우는 사람에게 다른 사람이 잘 알지 못하는 지극히 깊고 달콤하며 부드럽고 저항할 수 없는 능력으로 자신을 나타내십니다. 주께서는 애초에 우리에게 자신의 전체를 주시지만, 우리는 이 선물이 얼마나 큰지를 점차로 파악합니다. 우리가 겸손히 주님을 믿고 불완전하지만 주님을 사랑하려고 할 때 주께서 자신을 우리의 손과 마음에 주십니다. 우리가 그 꽃을 받을 때는 봉오리에 불과하지만, 쥐고 있으면 그 꽃이 빛을 받아 꽃잎을 폅니다.

그래서 "사람이 하나님의 뜻을 행하려 하면 이 교훈을 알"(요 7:17) 것입니다. 나에 대한 하나님의 거룩한 사랑과 무한한 희생에 감동을 받아, 내가 보잘것없는 자신을 주님께 의탁하고 그 사랑에 보답하여 하나님을 사랑하려고 하며, 사랑하기 때문에 하나님의 계명을 지키려고 한다면, 나는 하나님의 지극히 만족스러우며 강력하고 영원한 사랑을 더욱 더 깨닫고, 구주님을 더욱 더 깊이 보게 될 것입니다. 이 구주님은 모든 계시 후에도 계시되지 않은 아름다움이 아직 무한히 남아있고, 그를 아는 것이 이 땅의 영혼에게 기쁨과 생명이듯이 그를 더욱 더 아는 것이 저 세상에서 천국 중의 천국이 될 분이십니다.

76
그리스도를 모시고 오는 분

"가룟인 아닌 유다가 이르되 주여 어찌하여 자기를 우리에게는 나타내시고 세상
에는 아니하려 하시나이까 예수께서 대답하여 이르시되 사람이 나를 사랑하면 내
말을 지키리니 내 아버지께서 그를 사랑하실 것이요 우리가 그에게 가서 거처를
그와 함께 하리라 나를 사랑하지 아니하는 자는 내 말을 지키지 아니하나니 너희
가 듣는 말은 내 말이 아니요 나를 보내신 아버지의 말씀이니라"

요 14:22-24

이 유다는 사도들 가운데서 낮은 위치에 있었습니다. 사도들의 모
든 명단을 보면, 사도들이 주님과 영적으로 가까운 정도에 따라 네 그룹으
로 나누어진 것이 분명한데, 유다는 이 네 그룹 가운데 마지막 그룹에 속
해 있습니다. 유다의 질문은 듣는 사람이 그리스도의 말씀의 의미에 대해
혼동하며 희미하게 밖에 알지 못할 경우에 꼭 물어볼 수 있는 것입니다.
그는 그리스도께서 어떤 사람들에게 자신을 나타내실 것이라는 마지막 말
씀을 붙잡습니다. 그는 자신과 자기 형제들이 사랑을 받을 자격을 갖고 있
다고 바르게 생각합니다. 그는 주님께서 공중 앞에 자신을 나타낼 것을 전
혀 숙고하시지 않는다고 바르게 알고, 그 점 때문에 실망합니다. 그들이
볼 때, 자기들이 언제나 예수께서 하시기를 바랐던 일, 곧 세상에 자신을
나타내시는 일을 시작한 지 겨우 하루 이틀 정도 밖에 지나지 않았던 것입
니다. 이제 그는 주께서 자신의 진로를 바꾸고 은밀히 교제를 나누는 옛날

계획으로 돌아가기 위해 제자들이 알지 못하는 어떤 일이 발생한 것이 틀림없다고 생각합니다. "주여! 무슨 일이 일어났기에 우리가 시작했던 그 진로를 버리고 머뭇거리십니까? 그때 주님은 환호성을 지르는 무리와 함께 예루살렘에 들어가시지 않았습니까?"

유다의 질문이 "이 일을 행하려 하거든 자신을 세상에 나타내소서"(요 7:4)라고 한 그리스도의 형제들의 힐책보다는 정신에 있어서 훨씬 낫지만, 이해력에 있어서는 매한가지입니다. 유다도 그리스도께서 볼 눈이 없는 다른 사람들 앞에서 그리스도의 영광을 간단하게 볼 수 있는 대중적 형태로 번쩍하고 나타내실 것을 생각하였습니다.

그런 질문은 틀림없이 예수님께 참으로 슬프고 낙담이 되는 물음이었을 것입니다! 우리는 모두가 더디 배우는 학생들입니다. 그런데 주께서는 참으로 놀라운 인내심으로, 힘들다거나 책망하는 말 한 마디 없이 여기서 조금 저기서 조금 교훈을 되풀이하여 가르치십니다. 그리고 다시 한 번 주님의 자기 계시의 조건들을 설명하고, 주께서 가져오시는 충만한 복들을 설명하십니다.

주님은 유다의 어리석은 질문에 들어 있는 두 조항, 곧 "우리에게는 나타내시고, 세상에는 아니하려 하시나이까"라는 두 사안에 맞추어 조용히 제자들에게 주님의 자기 계시를 받을 수 있는 긍정적 조건과 계시를 받을 수 없는 부정적 결격 사유를 이야기하십니다. 그래서 본문에서 두 가지 사실을 다룹니다. 그것은 사랑으로 순종하면 그로 인해 그리스도를 더욱 충만히 소유하게 된다는 것과, 사랑이 없으므로 불순종하면 주님의 나타나심을 볼 수 있는 자리에 결코 이를 수 없다는 것입니다. 혹은 이것을 좀 더 간단한 말로 표현하자면, 우리는 이 구절들 중의 하나에서는 첫째로 그리스도를 모셔 오는 것과 그리스도께서 가져오시는 것을 만나고, 다른 구절에서는 그리스도와 그의 모든 선물을 가까이 오지 못하게 하는 것을 만납니다. 이제 이 두 가지 사실을 살펴보도록 합시다.

1. 우리에게는 그리스도를 모셔 오는 것과 그리스도께서 가져오는 것이 있습니다.

"사람이 나를 사랑하면 내 말을 지키리니 내 아버지께서 그를 사랑하실 것이요 우리가 그에게 가서 거처를 그와 함께 하리라." 이 구절의 앞부분에서 어떻게 주님이 앞에서 말씀하신 진술의 형태를 교묘하고 의미 있게 고치시는지 살펴봅시다. 주님은 앞에서 "너희가 나를 사랑하면 나의 계명을 지키리라"고 말씀하셨습니다. 그러나 이제는 개인적 감정을 전혀 섞지 않고 매우 일반적 형태로 말씀하십니다. "사람이," 즉 "너희가"라고 하지 않고 "누구든지"라고 말씀하십니다. "사람이 나를 사랑하면" 곧 나를 사랑하는 사람은 "그가" 누구든지 "내 말을 지키리라." 왜 이런 변화가 생겼습니까? 아마도 그것은 주께서 자신을 "우리에게는 나타내시고 세상에는 아니 하려고 하신다"는 유다의 생각을 정면으로 반박하기 위해서였을 것입니다. 주님께서는 이 약속을 의도적으로 일반적 형태로 제시함으로써 이 약속이 보편적인 것을 선언하시고, 그것을 모르고 묻는 제자에게 이렇게 말씀하십니다. "너희 사도들에게 독점권이 있다고 생각하지 말라. 나를 나타내는 것을 너희가 보지 못할 수도 있다. 사람은 누구든지 그것을 볼 수 있다. 너희가 생각하는 것처럼 나를 나타내 보이는 것을 보지 못하는 '세상'은 없다. 누구든지 그 조건들을 지키면 나의 나타냄을 볼 수 있을 것이다."

우리가 이 장의 앞 구절들에 대한 이전 설교들에서 본문의 앞부분 말씀을 생각하지 않을 수 없었기 때문에 여기서 길게 다룰 필요는 없습니다. 앞부분에서와 같이 여기서도 주님은 사랑에 활력을 주는 원동력은 사랑하는 사람의 말을 소중히 간직하는 것이며, 사랑하는 사람의 뜻에 순종하는 사랑의 마음의 기쁨에 비할 수 있는 기쁨은 없다는 의향을 분명히 하신다는 점만을 언급하고 넘어갈 필요가 있습니다. 그것은 이 세상에도 적용되는 사실입니다. 그 점은 우리의 평범한 생활을 지극히 즐겁고 복되게 만듭니다. 그것은 천국에도 적용되는 사실입니다. 그 점은 우리를 그리스도께 묶어주는 결속을 즐겁고 자유로운 것으로 느끼게 만들어 줍니다.

그런데 나는 설교의 좀 더 당면한 주제를 다루기 전에 "사람이 내 말을 지키리라"는 주목할 만한 표현에 잠깐 주목하고 싶습니다. 말은 "계명" 이상의 것이지 않습니까? 그리스도의 "말씀"은 **교훈**보다 범위가 넓습니다.

그 말씀은 그리스도께서 말씀하신 모든 것을 포함하되, 지극히 중요한 통일성과 유기적 전체에 속하는 것으로 포함합니다. 우리는 그 말씀들 가운데서 어떤 것을 고르고 선택하려고 해서는 안 됩니다. 그리스도의 말씀들은 하나입니다. 말이라는 이 표현에는 그밖에 이 의견도 들어있습니다. 즉 그것이 하나님의 깊은 것들을 계시하는 말씀이든지 하나님께서 손에 가득 들고서 우리 머리에 뿌려주실 허다한 복들에 대한 약속이든지 간에 하나님의 말씀은 모두가 그 안에 계명을 간직하고 있다는 생각입니다. 주님은 단순히 우리가 알도록 하기 위해서만 계시를 말씀하시는 법이 없습니다. 주님은 단지 고통스런 마음이 치료받도록 하기 위해서만 위로의 말씀을 하시는 법이 없습니다. 주님의 모든 발언에는 실제적 취지가 들어있습니다. 주님의 모든 교훈과, 주님을 기다리는 마음에 사랑과 은총을 조용히 속삭이는 달콤한 모든 말씀에는 주님이 나타내신 뜻을 행하라는 명령이 들어있고, 의무를 지라고 직접적으로 요구하는 뜻이 들어있습니다. 주님의 모든 **말씀**들은 모아져 한 **말씀**이 되고, 주님의 다양한 모든 발언은 하나로 통일되어 우리 생활의 법이 됩니다. 본문의 언어에 대해 살펴보는 것은 이만큼 하기로 하겠습니다. 그리고 이제는 주님께서 여기에서 말씀하시듯이, 사랑으로 하는 순종에 대한 보상이 무엇인지 살펴봅시다.

그리스도께서는 그리스도를 사랑하는 마음에 자기를 나타내 보이실 것입니다. 이 점은 지극히 낮은 차원에서도 그대로 적용됩니다. 어떤 것이든 도덕적 진리에 대한 모든 순종의 행위는 그 보상으로 통찰력을 덤으로 받습니다. 하나님의 뜻에 순종하는 모든 행위는 망원경 렌즈에 끼어 있는 막을 깨끗이 제거하여 별들이 더 밝고 크고 가깝게 보일 것입니다. 의무를 행하면 그 행위로 인해 의무에 대해 더 고귀한 개념에 눈을 뜨게 되고, 그리스도를 더 분명하게 보게 됩니다. "있는 자는 받을 것이요"(막 4:25). 우리는 산을 올라갈수록 더 시야가 넓어집니다. 순종은 모든 사물에 대한 통찰력의 어버이입니다.

그러나 그리스도와 우리의 관계에 관해서 우리는 단순히 진리만을 다루어서는 안 되고 사람을 만나야 합니다. 우리는 어떻게 사람을 아는 법을 터득합니까? 한 가지 방법밖에 없습니다. 즉 사람을 사랑함으로써 압니다. 공감은 서로에 대한 참된 모든 지식의 어버이입니다. 사람들은 "사랑은 눈을 멀게 한다"는 어리석은 옛날 속담을 들어서 이야기합니다. 그렇지 않습니다! 사랑하는 눈만큼 사방을 밝게 볼 수 있는 눈은 없습니다. 우리가 어떤 사람을 깊이 알기 원한다면, 첫 번째 조건은 그 사람에 대해 호의적으로 생각하는 것입니다. 순종이 의무에 대한 통찰력을 길러주는 어버이이듯이 공감은 사람들을 깊이 볼 수 있게 하는 통찰력의 어버이입니다.

그러나 이 두 가지 예 모두 여기에 나오는 위대한 진리를 이해할 수 있도록 불완전하게 준비시키는 것에 불과합니다. 여기서 가르치는 중대한 진리는 예수 그리스도의 뜻으로 깨달은 뜻에 대한 사랑의 순종은 우리 내부에 대한 작용일 뿐만 아니라 또한 주님께 대한 외적 결과도 갖는다는 것입니다. 나는 이 세대의 그리스도인들이 예수 그리스도께서 그를 사랑하고 그에게 굳게 붙어 있는 사람들에게 현실에서 초자연적으로, 여러분이 이 말을 원한다면 기적적으로 그리스도 자신을 나타내신다는 것에 대해 아주 불완전한 믿음밖에 갖고 있지 못하지 않나 생각이 됩니다. 여러분은 이런 말씀에서 다음과 같은 사실들이 햇빛처럼 분명하게 계시된 진리라고 생각합니까? 즉 여러분이 그리스도를 사랑하고 신뢰하면 예수 그리스도께서 친히 여러분에게, 또 여러분 안에, 여러분을 위하여 어떤 일을 행하실 것이며, 또 주께서 옛적에 하셨던 것처럼 여러분 눈에 손을 대시고, 정말로 은유가 아니라 실제로 자신을 여러분에게 나타내 보이시리라는 것이 계시된 진리라는 것입니다. 내 생각이 틀릴 수도 있습니다. 그러나 아주 일반적으로 훌륭한 그리스도인들조차도 자기들 안에서 이루어지는 그리스도의 현재 활동보다 과거 지상에서 행하신 그리스도의 사역에 대해 훨씬 더 생생하고 현실적 믿음을 갖고 있다는 것이 사실이라고 생각합니다. 사람들은 후자를 분명한 진리로, 전자는 은유와 같은 것으로 생각합니다. 반면에 신약성경은 진리가 자연스럽게 우리 지식과 마음과 의지에 작용하는 것보다 훨씬 위에 그리스도께서 자기를 사랑하는 사람들과 현실에서 초자연적으로 계속 소통하시는 일이 있다는 것, 그 소통은 사람들이 신실하게 그 소통에 임하면 날마다 더 충만한 지식, 더 즐거운 사랑에 이르고, 그리스도를 더 충만히 소유하도록 하는 소통이 있다는 것을 후자에 못지 않게 분명히 가르칩니다. 주님께서 이런 말씀에서 우리의 의욕에 불을 붙여서 도달하게 하려고 말씀하시는 것이 바로 이것입니다.

형제 여러분, 사람들이 "우리가 어떻게 해야 그리스도를 볼 수 있는가"라고 질문할 때, 사랑에서 나온 정직한 순종의 한 행동이 사랑하는 마음이 없이 하는 모든 연구와 묵상보다 가치 있다고 답변해야 할 것입니다.

다시 말하지만, 그리스도께서는 자기를 사랑하는 사람에게 성부와 완전한 일치 가운데서 자신을 나타내 보이실 것입니다. 이와 같은 말씀의 장엄함을 보십시오. 한 가지 가정을 전제로 하지 않고는, 정신이상자의 주제넘는 말로밖에 볼 수 없습니다. "사람이 나를 사랑하면 내 아버지께서 그를 사랑하실 것이요." 마치 그리스도를 사랑하는 것과 하나님을 사랑하는 것이 같은 것처럼 말씀하십니다. 그 놀라운 결합을 보십시오. 그 결합에 대한 의식이 "우리가 그에게 가서"라는 말씀에서 나타납니다. 어떤 사람이 그런 말을 한다고 생각해 봅시다. 그것은 불경하기 짝이 없는 광기입니다. 그렇지 않으면 성부 하나님과의 결합, 곧 친밀하고 모든 유추를 초월하여 분리할 수 없게 연합된 결합을 의식하고 있는 사람의 말입니다. 함께, 이런 표현을 쓸 수 있다면 서로 손을 잡고서 "우리가 가리라." 좀 더 정확히 말하자면, 그리스도의 가심이 곧 하나님께서 가시는 것입니다. 마치 하늘에서 그리스도와 하나님이 지극히 친밀하게 결합되어 나타나므로 "하나님과 어린 양을 위한" 보좌가 하나밖에 없는 것같이, 땅에서도 그리스도와 하나님은 지극히 친밀하게 결합되어 아버지는 오직 아들 안에서 오실 뿐입니다.

내가 볼 때, 이 세대를 절망과 도덕적 자살 행위에서 지켜줄 것은 이 믿음밖에 없습니다. 이 세대를 위한 질문은 이것입니다. 사람들이 하나님을 알 수 있는가? 물질적 사실을 다루는 과학이든 내적 경험을 다루는 과학이든 모두 갈수록 만장일치로 다음과 같이 선언합니다. "보라! 우리는 아무것도 알지 못한다." 우리 위를 두르고 있는 커다란 검은 천장 앞에서 취해야 할 태도는 "우리는 아는 것이 아무것도 없다"고 말하는 것뿐입니다. 세상은 요한복음의 중요한 구절인 "본래 하나님을 본 사람이 없고"(요 1:18) "볼 수도 없느니라"는 말씀을 절반 배운 것입니다. 세상이 미치지 않으려면, 사람들이 절망에 떨어져 괴로워하지 않으려면, 도덕과 열광, 시, 그리고 물질적 현상과 그 결과에 대한 지식보다 고상하고 고귀한 모든 것이 이 땅에서 사라지지 않으려면, 세상인 그 구절의 나머지 절반을 배워서 이렇게 말해야 합니다. "아버지 품 속에 있는 독생하신 하나님이 나타내셨느니라." 그리스도께서 아버지 하나님과 완전히 하나가 되어 자신을 나타내실 것입니다.

끝으로 이 문제에 있어서, 그리스도께서는 순종하는 사랑에 대해 실제로 그에게 감으로써 자신을 나타내 보이십니다. "그에게 가서 거처를 그와 함께 하리라." 그리스도의 그런 오심은 더 높은 차원의 사실입니다. 따라서 그것을 단순히 하나님께서 어디에나 계심을 말하는 신적 편재(遍在)로 혼동하거나 우리 자신이 상상으로 꾸며낸 허구로 축소시켜서는 안 되고, 우리가 그리스도의 충만하심을 점점 더 인식하게 될 것을 약속하는 강력한 방식으로 혼동해서도 안 됩니다. 강력한 비유를 써서 말할 수 있다면, 태양계의 중심인 태양은 태양 주위를 도는 행성들에 점점 더 가까이 접근합니다. 그래서 한 때는 거의 무한히 멀리 떨어져 있었지만 행성과 태양이 하나로 결합하기까지 가까이 접근합니다.

사랑하는 형제 여러분, 우리가 이 사실을 곧이곧대로 진리로 받아들이는 태도를 갖고, 실제로 그리스도께서 자기를 사랑하는 사람 누구에게나 가신다는 것을 믿을 수 있다면, 온 세상이 우리에게 달라지지 않겠습니까?

그리스도의 이 오심은 영구히 거주하시기 위함입니다. "우리가 **거처를** 그와 함께 하리라." 여기서 주님이 "내 아버지 집에 거할 곳이 많도다"라고 하셨을 때, 이 놀라운 격려의 말씀을 연속적으로 시작하면서 처음에 이 아름답고 의미심장한 단어를 사용하시는 것을 살펴보는 것은 매우 아름다운 일입니다. 저 세상에서는 영원히 하나님과 함께 거하지만, 여기서 하나님은 그리스도 안에서 사랑하는 마음과 함께 영원히 거하십니다. 조건들이 충족되는 한, 그것은 영구한 거처입니다. 그러나 조건이 충족되는 한에서만 그렇습니다. 그리스도인의 마음에서 마비되고 죽은 것 같은 데서 제멋대로 하려는 생각이 일어나 다시 자기를 주장하고 그리스도의 멍에를 떨어버리면, 그리스도의 함께 하심은 사라집니다. 거룩한 성, 예루살렘의 마지막 시간에, 한 밤의 어둠 가운데서 떨고 있는 제사장들이 하나님께서 떠나시는 소리를 들었습니다. 큰 목소리로 "여기서 떠나자" 하는 소리가 들렸습니다. 다음 날 성전은 비었고, 그 다음날 불길에 휩싸였습니다. 형제 여러분, 여러분이 그 안에 하나님이 계시는 그리스도를 붙들어 두려면, 사랑하는 마음으로 행하는 순종의 행위 외에는 붙들어 두실 수 없습니다.

2. 그 다음에, 본문은 부정적 측면을 말하여 그리스도와 그의 모든 복을 멀어지게 만드는 것을 우리에게 보여줍니다.

사랑이 없어 불순종함은 눈을 닫아 그리스도를 보지 못하게 만들고, 마음을 닫아 그리스도께서 들어오시지 못하게 만듭니다. 우리 주님께서는 우리에게 두 가지 원칙을 주시고, 우리 스스로 결론을 이끌어내도록 하십니다.

첫 번째 원칙은 "나를 사랑하지 아니하는 자는 내 말을 지키지 아니하느니라"는 것입니다. 사랑이 없으면 순종하지 않습니다. 모든 계명의 핵심은 사랑이고, 따라서 사랑이 없는 곳에 계명의 정신을 따르지 않는 불순종이 있기 때문에, 그것은 분명히 사실입니다. 사랑의 능력 외에는 사람들이 그리스도의 멍에에 진정으로 순종하게 만들 힘이 없기 때문에, 그것은 분명 사실입니다. 그리스도의 계명들은 우리 본성에 전혀 맞지 않아서 사랑의 힘에 의하지 않고서는 결코 지킬 수 없습니다. 멤논(Memnon: 트로이 전쟁에서 아킬레스에게 살해된 에티오피아 왕 — 역주)이 멀리 사막을 가로질러 응시하고 있었을 때, 그의 꽉 다문 입술에서 음악을 끌어낼 수 있었던 것은 떠오르는 햇살뿐이었습니다. 우리가 입을 열어 찬송을 부르고 손을 들어 예배하는 것은 그리스도의 사랑이 우리 얼굴에 비칠 때뿐입니다.

사랑이 없으면 그리스도의 계명을 지킬 수 없습니다. 사랑은 기독교적이라고 부르는 많은 일을 척척 해치우지 않습니까? 마지못한 순종은 순종이 아닙니다. 자기본위적 순종은 순종이 아닙니다. 마음이 들어 있지 않는 외적 봉사 행위는 쓰레기요 잡동사니입니다. 신앙이 없는 도덕은 아무것도 아닙니다. 사람을 선하게 만드는 단 한 가지는 예수 그리스도께 대한 사랑입니다. 사랑이 있으면, 사랑이 있을 때에만 순종이 따릅니다.

"사람들이 도덕에 대해 말하는가? 피 흘리시는 어린 양이시여!
　주를 사랑하는 것이야말로 위대한 도덕입니다."

"사람이 나를 사랑하면 내 말을 지키리라."
　그 다음, 두 번째 원칙은 그리스도께 불순종하는 것은 하나님께 불순종하는 것이라는 사실입니다. "너희가 듣는 말은 내 말이 아니요 나를 보내신 아버지의 말씀이니라." 그리스도께서는 자신의 모든 말이 하나님의 말씀이고 하나님의 모든 말씀을 자기가 한다고 철저히 확신하고 있기 때문에 여기서 자신이 하나님과 일체라고 거리낌 없이 말씀하십니다. 바울은 "내가 말하노니 이는 주의 명령이 아니라"(고전 7:12)고 말하지 않을 수 없습니다. 여러분은 어떤 사람이 여러분에게 처음부터 "자, 잘 들으시오. 내가 말하는 모든 것은 하나님이 말씀하시는 것이오" 하고 말한다면 그를 정신이 매우 온전하거나 믿을 만한 신앙 선생으로 생각지 않을 것입니다. 보물을 담고 있는 그릇 때문에 잘못되는 일은 없습니다. 보물이 훼손되는 일은 없습니다. 물은 물을 담아 나르는 항아리의 맛을 내지 않습니다. 그리스도의 모든 발언에서 예수 그리스도의 인격은 결코 하나님과 분리되지 않습니다. 하나님께서 그리스도 안에서 말씀하십니다. 그리스도의 음성을 들을 때, 우리는 창조되지 않은 영원한 지혜의 절대적 말씀을 듣는 것입니다.
　그러므로 다음의 결론이 따릅니다. 이 결론은 우리 주님께서 말씀하시지 않고 우리가 내리도록 맡기십니다. 그리스도께 대한 사랑이 없으면 그리스도께 불순종하는 것이 된다는 사실이 맞는다면, 그리스도께 불순종하는 것은 하나님께 불순종하는 것이 맞는다면, 그리스도와 그의 모든 선물들을 받지 못하게 만들고 그리스도 안에 계시는 하나님을 멀리하게 만드는 것은 사랑이 없는 순종이라는 결론을 내릴 수밖에 없는 것이 분명합니다. 그리스도를 모셔오는 것은 사랑의 순종입니다. 그리스도를 내쫓는 것은 그리스도를 멀리하고 그리스도를 배반하는 것입니다. 마음이 세상과 자아와 제멋대로 구는 성향과 그리스도의 피 흘리는 사랑에 대한 완전한 무관심으로 뒤죽박죽되어 있다면, 그리스도께서는 "문에서 귀를 기울일지라도 집안에서 식구들이 거슬리는 소리를 내는 것밖에 들을 수 없을" 것입니다.

사랑하는 교우 여러분, 이 모든 말씀에서 생각해 볼 한두 가지 요점들이 나오는데, 아주 간단히 살펴보도록 하겠습니다. 한 가지는, 사람들이 그리스도께서 바로 눈앞에 서 계실지라도 그리스도를 볼 수 없는 일이 가능하다는 것입니다. 사람이 대낮인데도 한밤중인 것처럼 더듬는 일이 있을 수 있습니다. 그래서 다른 사람은 불 병거와 불 말을 보는 곳에서 "초록빛 고사리와 차가운 잿빛 돌"만을 볼 뿐입니다. 슬프게도 바로 이것이 지금 이 설교를 듣고 있는 어떤 분들의 상태입니다. 여러분 곁에 있는 사람은 똑같은 사실들을 듣고 같은 얼굴을 보면서 그리스도에게서 "천만인의 두령 같은 모습을 보고 지극히 사랑스러운 모습"을 보는데, 여러분은 그리스도를 바라보고는 얼굴을 돌리며 "내가 보고 싶었던 아름다움은 전혀 보이지 않아" 하고 말할 수 있습니다.

또 한 가지 생각은, 그리스도께서 사람들에게 자신을 나타내 보이시는 일을 결코 제멋대로 아무렇게나 하시지 않는다는 것입니다. 여러분이 무엇을 볼 것인지 결정하는 것은 바로 여러분입니다. 여러분이 그리스도께 대해 마음을 꽁꽁 닫을 수 있고, 그리스도의 지극한 아름다움에 대해 눈을 감을 수 있습니다. 여러분의 마음 문은 안에서 열게 되어 있습니다. 그래서 여러분이 문을 열지 않으면 계속 닫혀 있고, 그리스도께서는 밖에 서 계시게 됩니다.

또 한 가지 생각은 여러분이 스스로 눈이 멀게 하기 위해서는 무슨 일인가를 해야 할 필요가 없다는 것입니다. 일단 부정하기만 하면 치명적 결과가 따릅니다. "사람이 사랑하지 아니하면." 그것이 전부입니다. 사랑이 없으면 여러분은 파멸입니다.

그리고 마지막으로 생각할 점은 본문이 맨 처음 시작이 아니라는 점입니다. 예수 그리스도께서는 그리스도를 사랑하고 순종하는 사람에게 자신을 나타내시는 일에 관해 지금까지 말씀해 오셨습니다. 그러나 그리스도께서 자신을 나타내시는 것은 우리가 그리스도를 사랑하고 순종하게 되도록 하기 위해서입니다. 여러분은 높은 장벽을 쌓음으로써 충성스런 사랑과 유순한 순종을 보이는 사람에게 나타나 보이시는 이같이 아름다운 계시들을 받지 못할 수가 있습니다. 그러나 여러분이 장벽을 쌓을지라도 그전에 감사하지 않고 불순종하는 사람들에게도 계시들이 들릴 것입니다. 죄와 게으름과 멀리함이 아무리 쌓여서 산을 이룬다 할지라도 사죄하시는 은혜의 홍수는 그 산꼭대기를 넘어 밀려들고 여러분의 마음에 부어질 것입니다.

여러분은 내가 어떻게 해야 방금 전까지 찬송하였던 사랑과 순종을 얻을 수 있는지 궁금해 합니다. 형제 여러분, 거기에 대한 답은 하나밖에 없습니다. 그리스도께서 우리를 사랑하신다는 것을 알 때 우리가 그리스도를 사랑한다는 것을 우리는 압니다. 우리가 그리스도께서 십자가에서 죽으시는 것을 볼 때 그리스도께서 우리를 사랑하신다는 것을 압니다. 이와 같이 끔찍한 진흙 구덩이에 세워져 있고, 금 고리들로 그리스도의 보좌에 묶여있는 사다리가 여기 있습니다. 첫 번째 고리는, 죽으신 그리스도와 내게 대한 그의 사랑을 보라는 것입니다. 둘째 고리는 그 사랑에 감동을 받아 마음으로 즐거이 그리스도를 사랑하도록 하라는 것입니다. 세 번째 고리는 그리스도께 대한 사랑으로 순종의 생활을 하도록 하라는 것입니다. 그러면 그리스도께서, 또 그리스도 안에서 하나님이 내게로 와서 자신을 내게 나타내 보이실 것입니다. 내게 더 충만한 지식과 더 깊은 사랑을 주시고, 나와 거처를 함께 하실 것입니다. 그리고 다루어야 할 고리가 아직 하나 더 있는데, 그것은 우리를 하나님의 보좌 곁에, 아버지 집의 많은 거할 곳에 데려다 놓을 것입니다. 아버지의 집에서 우리는 영원히 그리스도와 함께 거할 것입니다.

77
교사이신 성령

"내가 아직 너희와 함께 있어서 이 말을 너희에게 하였거니와 보혜사 곧 아버지께서 내 이름으로 보내실 성령 그가 너희에게 모든 것을 가르치고 내가 너희에게 말한 모든 것을 생각나게 하리라"

요 14:25, 26

우리 주님께서 헤어지는 고통을 누그러뜨리기 위해서 말씀하신, 퍼붓듯이 놀랍게 이야기하신 위로와 교훈의 이 말씀들이 이제 끝나갑니다. 우리는 여기서 잠깐 쉬면서 주께서 지금까지 말씀하신 것을 되돌아보며, 주께서 다른 문맥에서 말씀하신 것이긴 하지만 제자들에게 일찍이 약속하신 보혜사의 가르침과 자신의 가르침을 대비하시는 것을 생각해 보아야 합니다. 주께서는 자신이 이 땅에서 제자들과 함께 지내는 것을 "거처하는 것"이라고 말씀하시는데, 이 말씀은 주께서 방금 전에 말씀하신 것, 즉 장차 아버지와 그리스도께서 제자들과 "거처를 함께 할" 것을 암시하고 있음이 분명합니다. 주께서는 이제 끝나가고 있는 외적이고 일시적 임재를 내적이고 지속적 임재와 대비하시는데, 이 임재는 외적 임재가 끝나면 시작될 것이었습니다.

마찬가지로 처음 볼 때는 주께서 아주 놀랄 만한 겸손으로 "이 말" 곧 주께서 사람의 입으로 말씀하신 부분적이고, 상당 부분은 이해할 수 없는 발언들을 사람의 구원에 속하는 "모든 것"을 가르치실 성령의 완전하고 광범

위한 가르침과 대비하십니다. 그렇다면 지금까지 우리는 여기서 열 두 제자들이 자기들의 "선생"이라고 불렀던 그리스도께서 땅에서 자신을 나타내시는 일이 종국에 이르렀으므로 오시게 되어 있는 하나님의 교회의 영원한 내적 선생이신 보혜사에 관한 중요한 진리들을 대략적으로 살펴본 것입니다. 우리가 본문 말씀이 두드러지게 보여주는 세 가지 관점, 곧 선생, 그의 교훈, 그의 학생들을 살펴보면 이 말씀에 들어 있는 깊은 교훈을 가장 잘 이해할 수 있을 것이라고 생각합니다.

1. 그러면 먼저, 약속된 선생에 대해서 생각해 봅시다.

내가 이전 설교들에서 "보혜사"라는 단어의 넓은 범위에 대해 이미 이야기한 것을 되풀이할 필요는 없을 것입니다. 다만 여러분에게 그 단어가 첫째로 법률적 절차에서 어떤 사람의 대리자가 되도록 하기 위해, 좀 더 넓게는 도움과 격려와 힘을 주기 위한 목적으로 그 사람 곁에 서도록 부름 받는 사람을 문자적으로 의미한다는 사실만을 언급하겠습니다. 문자적 뜻이 그러하므로, "보혜사"는 현대적 의미에서 위문자라는 뜻으로 보기에는 너무 편협해서 그 단어의 충분한 취지에 맞지 않습니다. 그보다는 고대의 어원적 의미에서 다른 사람과 함께 동행하며 그 사람을 강하고 용감하게 만드는 사람을 뜻하는 "위로자"로 보아야 합니다.

그리고 이제 살펴보려고 하는 요점은 위로하고 힘을 북돋우는 성령의 이 직무가 여기서 성령을 선생으로 보는 개념과 직접적으로 연결된다는 것입니다. 말하자면, 하나님께서 성령을 통해 우리에게 주실 수 있는 최상의 힘은 우리가 예수 그리스도 안에 감추어 있는 진리들을 굳게 붙잡고 갈수록 더욱 더 분명히 이해함으로써 주신다는 것입니다. 봉사를 위하여 견딜 수 있는 모든 힘이 거기에 있습니다. 성령께서 사람에게 하나님이 그리스도 안에서 계시하시는 것을 가르칠 때, 그 가르침 안에서, 가르침을 통해 힘을 북돋우는 자의 직무를 아주 충만히 이행하시는 것입니다.

그 다음에 여기서 제시되고 있는 이 거룩한 선생의 다른 명칭인 "보혜사 곧 성령"을 생각해 봅시다. 우리는 이 위대한 마지막 강화의 또 다른 문맥에서 보는 것처럼 "진리의 영"이 가르치는 직무와의 관계에서 적합한 것으로 생각했을 수도 있습니다. 그러나 여기서 빛을 비춘다는 조명(照明)에 대한 생각과 더불어 거룩함의 성경적 정의인 성별(聖別) 위에 세워진 정결에 대한 개념이 있다는 이 점에 심오한 교훈이 있지 않습니까? 이 사실에서 우리는 하나님의 진리를 실제로 아는 것과 실제적 생활의 거룩함 사이에 분리할 수 없는 관계가 있음을 보게 됩니다. 그런 지식이 없는 거룩함이 없고, 거룩함이 없는 그런 지식이 없습니다.

그리스도와 그리스도의 진리에 대한 참된 지식 가운데 마음의 정결함이 따르지 않는 그런 지식은 없습니다. 영혼에 음악이 없는 사람은 음악의 거장들과 소리의 마술사들이 빚어내는 음악의 깊은 하모니를 결코 이해할 수 없습니다. 아름다움을 볼 눈이 없는 사람은 화가가 붓으로 화포에 그려낸 사랑스러움과 장엄함의 구체적 표현들 앞에 고개를 숙이고 감상할 수 없습니다. 정결함에 대한 갈망이 없는 사람, 하나님의 형상에 조금이라도 도덕적으로 가깝게 다가간 적이 없는 사람은 "하나님의 깊은 것들"을 이해하는 데 필요한 감각이 전혀 없는 것입니다.

이 학교의 학생들은 학교에 가기 전에 먼저 손을 씻고, 깨끗한 손과 마음을 가지고 학교에 와야 합니다. 불결함과 불결함을 사랑하는 것이 하나님의 진리를 아는 데 장애거리입니다. 그리고 다른 한편으로, 진정으로 정결함을 추구하도록 하는 자극과 동기, 능력들을 전적으로 "경건에 관한 교훈을 따르고"(딤전6:3) 우리를 지혜롭게 하기보다는 선하게 만들려는 의도로 하시는 이 위대한 말씀에서 찾을 수 있습니다.

그래서 가르치는 성령이라는 이 명칭에는 두 종류의 사람들에 대한 교훈들이 들어 있습니다. 하나님의 조명을 받았다고 광신적으로 주장할지라도 정결한 생활로 보증되고 확인되지 않는 한 그런 모든 주장은 거짓이거나 자기기만입니다. 그리고 반면에 냉담한 지성주의는 하나님의 진리의 궁정의 자물쇠를 결코 열지 못할 것입니다. 이 궁정에 오는 자들은 손이 깨끗하고 마음이 정결해야 합니다. 사랑이 있고 선에 대한 갈망이 있는 자들만 그리스도의 학교에서 지혜로운 학생들이 될 것입니다. 여러분 신학의 분명한 결과로 도덕이 나오지 않는 한, 그 신학은 아무것도 아닙니다. 여러분이 "예수 안에서와 같이" 성령의 조명하시는 영향력이 "진리를" 비추시기를 원한다면 여러분의 도덕적 본성에 대해 성령의 정결케 하시는 고통스러운 영향력을 받아들일 준비를 해야 합니다. "사람이 하나님의 뜻을 행하려 하면 그는" 사실 그만이 "이 교훈을 알리라"(요 7:17). 지식과 거룩함은 하나님의 일들에서 빛과 열처럼 분리할 수 없는 것입니다.

그 다음에 이 위대한 선생은 그리스도의 이름으로 "하나님께로부터 보냄을 받은" 분이라는 점을 살펴봅시다. "내 이름으로"라는 의미심장한 이 어구는 그것을 번역할 수 있는 어떤 형태의 표현으로도 완전히 다 기술될 수 없습니다. 이 단어는 그 어떤 형태의 표현보다 넓은 범위를 의미합니다. 하나님께서는 그리스도의 이름으로 성령을 보내십니다. 말하자면, 깊은 의미에서 하나님은 그리스도의 대리자로 행동하십니다. 마치 그리스도께서 아버지의 이름으로 오시듯이, 하나님께서 그리스도의 대리자로 행동하시는 것입니다. 다시 말하지만 하나님은 그리스도의 이름으로 보내십니다. 즉 역사적으로 그리스도께서 나타나신 것이 성령을 보내는 일을 가능하게 하는 기초입니다. 와서 계시의 의미를 밝혀주실 분이 재료를 가지고 일하시기 전에 계시가 완성되어야 했습니다. 그리스도의 이름으로 보냄을 받는 성령께는 그리스도의 생애와 죽음, 바로 이런 일들에 대한 기록된 사실들이 그의 사명 수행의 기초이자 활동하는 데 사용하시는 수단입니다.

그 다음에 이 문제에 관하여 끝으로, 여기에 나오는 의심의 여지가 없는 강력한 선언, 곧 이 성령께서 인격체이시라는 선언을 살펴봅시다. "그가 너희에게 모든 것을 가르치리라." 사람들이 삼위일체 교리가 신약성경에는 나오지 않는다고 말합니다. 삼위일체라는 **말**은 없지만 그 **사실**은 있습니다. 이 구절에서 우리는 성부와 성자와 성령이 분리할 수 없이 친밀하게 결합되는 것을 봅니다. 이 결합은 삼위 각각의 신성을 믿을 때에만 신성모독의 비난을 면하고 정당함이 입증됩니다. "주 예수 그리스도의 은혜와 하나님의 사랑과 성령의 교통하심이 너희 무리와 함께 있을지어다"(고후 13:13)라는 사도의 축도가 필연적으로 이렇게 간구를 드리는 모든 분의 신성을 포함하듯이, 여기서 우리는 하나님의 깊은 것들을 통찰하는 진리 앞에 서게 됩니다. "그가 가르치리라." 따라서 악과 죄로 성령님을 슬프시게 할 수 있습니다. 여기서 이 생각들을 자세히 설명하지는 않겠습니다. 내 목적은 주로 이 생각들을 여러분 앞에 분명하게 펼쳐보이는 것입니다.

2. 둘째, 이 약속된 선생께서 주시는 교훈을 생각해볼 차례입니다.

"그가 너희에게 모든 것을 가르치고 내가 너희에게 말한 모든 것을 생각나게 하리라"는 말씀에 주목하시기 바랍니다. "내 이름으로"라는 말의 설명에서 보았듯이, 이 성령께서 가르치시는 전체 주제는 예수 그리스도의 생애와 활동, 죽음과 인격입니다. "그가 너희에게 모든 것을 가르치리라"는 말씀은 "내가 너희에게 말한 모든 것을 생각나게 하리라"는 말씀보다 범위가 넓습니다. 그렇기는 하지만, 본문 말씀이 분명히 함축하고 있는 바는 그리스도께서 성령님이 선생으로서 가르치실 때 쓰시는 교과서라는 것입니다. 또 다른 은유를 사용하자면, 성령께서 사람들의 마음과 지성을 맹렬히 공격하여 세상에게 죄에 대하여, 의에 대하여, 심판에 대하여 책망하시며 깨닫는 자들을 더 깊은 지식과 더 큰 지혜로 인도할 때 쓰시는 무기는 예수 그리스도의 생애와 나타나심에 관한 기록된 사실들입니다.

우리 주님의 역사인 이 교과서의 의미는 한 번에 동시에 밝혀질 수 없습니다. 그리스도의 모든 행위와 모든 말씀의 썩지 않음과 성장하는 능력에는 아주 독특한 것이 있습니다. 이 나사렛 목수는 과거의 지극히 위대한 사상과 시인들이 결코 도달하지 못하였거나 혹은 그들의 말 가운데 지극히 단편적인 것들에서나 조금 도달했다고 할 수 있는 고지에 이르렀습니다. 그리스도의 말씀은 대대로 사람들의 눈을 열어 분명한 지혜를 깨닫게 하고, 사람들이 맛볼 수 있는 기회가 오기 전까지는 결코 생각지 못한 소중한 것들이 가득 저장되어 있습니다. 세상과 교회는 말하자면 어두운 가운데서 그리스도를 받았습니다. 그래서 귀한 선물을 받은 사람은 동이 트면서 빛이 순간순간 더 밝아짐에 따라 받은 물건의 아름다움과 귀함을 보았습니다. 그의 중요함이 무한히 크다는 점에서 모든 세대에 신선하고 새로우신 그리스도는 처음 받을 때 그러하였고, 또 교회와 세상이 자기들이 받은 선물의 의미를 배워 온 이래로 항상 그러했습니다. 그리스도의 말씀은 다함이 없습니다. 그래서 성령의 가르치심은 그리스도 말씀 가운데 별로 중요하지 않은 말씀에 들어 있는 무한한 의미를 더욱 더 드러낼 것입니다.

이것이 우리 주님이 여기서 말씀하신 의미라면, 분명히 예수 그리스도께서는 자신이 세상을 떠나신 후에 기독교 교리가 발전할 것을 내다보셨다는 점에 이제 주목해야 합니다. 종종 우리는 정통 기독교가 붙들고 있는 핵심 진리들에 대한 명확하고 충분한 진술을 주님의 말씀보다는 오히려 사도들의 서신들에서 찾는다는 사실 때문에, 논쟁을 벌이려는 의도로 과장되기도 하는 이 사실 때문에 비난을 받고, "우리의 주님은 예수 그리스도이시지 바울이 아니다"는 얄팍한 금언을 사람들이 대대적으로 찬성하면서 인용하는 경우가 많습니다. 나는 복음의 씨앗과 핵심 진리들을 그리스도의 말씀에서 찾을 수 없다는 견해에 동의하지 않습니다. 그러나 핵심 진리들의 충분하고 자세한 진술은 오히려 그리스도의 종들의 편지에서 찾아야 한다는 점을 인정합니다. 바로 그것이 예수 그리스도께서 우리에게 기대하라고 말씀하신 바라고 말씀드립니다. 즉 주께서 떠나가신 후에, 그동안 아주 모호했던 모든 말씀, 단편적으로 밖에 이해할 수 없었던 모든 사상들을 분명하게 알게 되고, 그 말씀과 사상들이 무엇을 나타내는 것인지 분별하게 되리라는 것이었습니다. 처음에 제자들은 그리스도의 본성을 아주 부분적으로 밖에 알지 못했습니다. 제자들은 희생제사라는 중대한 교리에 대해 거의 아무것도 알지 못했습니다. 예수께서 하늘로 돌아가실 것이라는 점도 거의 이해하지 못했습니다. 하나님 나라의 영적 성격이나 보편성에 대해서는 희미하게 밖에 알지 못하였습니다. 제자들은 식탁에서 주님의 말에 귀를 기울이고 있었지만 속죄를 믿지 않았습니다. 예수 그리스도의 신성에 대해서는 어렴풋이 믿었을 뿐입니다. 그들은 그리스도의 부활을 믿지 않았습니다. 그리스도의 승천도 믿지 않았습니다. 제자들은 그리스도께서 이때 영적 나라, 마지막 때까지 온 세상을 통치하게 되어 있는 나라를 믿지 않았습니다. 그들은 이 진리들 가운데 어떤 것도 마음에 담아두고 있지 않았습니다. 이 진리들은 모두 그리스도의 말씀에서 싹트고 있는 중이었습니다. 그리스도께서 떠나신 후에 가르치시는 성령의 숨결이 제자들에게 불었습니다. 그러자 알기 어려웠던 말씀들의 의미가 번쩍하고 그들 마음속에 밝혀졌습니다. 교회의 역사가 이 약속이 진리임을 증명합니다. 누군가가 내게 "모든 것을 생각나게 하리라는 성령에 대한 약속이 성취된 것을 어디에서 보느냐"고 묻는다면, 나는 여기 이 성경책에서 볼 수 있다고 말합니다! 이 사복음서, 사도들의 편지를 보면 우리 주님이 여기서 말씀하시는 것이 영광스럽게 성취된 것을 알 수 있습니다. 그리스도께서는 교리가 발전할 것을 내다보셨습니다. 그래서 기독교의 진리들이 그리스도의 생애에 대한 기록에서는 부족하고 단편적으로 나타날 뿐이라는 사실이 사도들이 기독교 진리들을 바르게 나타낸다는 점을 비방하거나 의심을 품게 두지 않습니다.

  본문 말씀에서 끌어낼 수 있는 실제적 결론이 또 한 가지 있는데, 여기서 잠깐 다루려고 합니다. 그것은 성령께서 진정으로 가르치시려는 내용이 예수 그리스도와 그에 대한 깊은 이해라면, 실제적 진보는 그리스도를 초월하여 나가는 것이 아니라 그리스도를 좀 더 충분하게 아는 것이라는 결론입니다. 나는 기독교 사상은 지속적으로 진보한다는 것을 누구 못지 않게 즐겁게 믿는다고 생각합니다. 그러나 기독교 사상의 진보에 대한 내 생각은, 그리고 감히 말하자면 그에 대한 그리스도의 생각은 그리스도의 마음을 더욱 더 아는 것이고, 그리스도를 떠나서가 아니라 그리스도 안에서 "지혜와 지식의 모든 보화"(골 2:3)를 찾는 것이라고 봅니다. 우리는 다른 모든 위인들은 염두에 두지 않습니다. 다른 모든 선생들의 말은 그들의 인격이 유령이 되듯이 세월이 감에 따라 망각이라는 두꺼운 울타리에 갇혀 약해집니다. 그러나 교회의 진보는 그리스도를 더욱 더 흡수하는 데 있고, 그를 더욱 더 아는 데 있으며, 더욱 더 그의 영향력을 받는 데 있습니다. 성령의 가르침은 하나님께서 예수 그리스도 안에서 옛적에 나타내셨고 영속적으로 나타내시는 계시의 항상 새로운 의미를 밝혀줍니다.

3. 이제 끝으로 학생들을 살펴봅시다.

물론, 첫째로 이 학생들은 사도 그룹입니다. 그리스도의 이 모든 강화(講話)에서 사도들은 교회와 분리된 사람들이 아니라 교회의 대표자로 서 있습니다. 가르치시는 성령께서 처음 그리스도의 말씀을 들은 사람들에게만 "주께서 그들에게 하신 말씀"을 생각나게 하실 수 있었지만, 성령의 가르치시는 일은 주 예수님의 말씀을 들은 사람들에게만 국한 되지 않습니다. 오순절에 붙은 불이 꺼져 재가 되지 않았고, 그때 터져 나온 강물이 그 이후 대대로 이어진 메마른 모래 땅에 다 흡수되어 말라버리지도 않았습니다. 그 강물은 여전히 우리 입술 가까이에서 흐르고 있으며, 우리도 이 거룩한 성령께 가르침을 받을 수 있습니다. 왜냐하면 이 복음서 기자가 편지를 쓰면서 아시아에 있는 그의 형제들에게 "너희는 거룩하신 자에게서 기름 부음을 받고 모든 것을 아느니라"고 하고, 또 "너희는 주께 받은 바 기름 부음이 너희 안에 거하나니 아무도 너희를 가르칠 필요가 없느니라"(요일 2:20,27) 말할 때 적어도 명백히 두 곳에 걸쳐 이 약속을 언급하고 말을 거의 그대로 인용하고 있기 때문입니다.

그리스도인 여러분, 이와 같이 신자는 모두 성령을 선생으로 모시고 있는 것입니다. 그래서 우리 가운데 아무리 시시한 사람이라도 우리가 할 마음이 있다면 성령에게 배우고, 성령의 인도를 받아 크신 주님에 대해 더 심오한 지식에 이를 수 있습니다.

사랑하는 형제 여러분, 오늘날 일반 기독교인들은 교회의 모든 신자를 가르치시는 성령께서 실제로 교회와 함께 함께 하신다는 믿음을 주장하기를 너무도 꺼려합니다. 우리는 초자연적 영향력의 실재를 세상에 지속적으로 증거하는 증인이 되어야 합니다. 우리 자신이 그 사실을 믿지 않는다면 어떻게 우리가 그 영향력을 받고 있다고 느낄 수 있겠습니까?

그러나 바로 이 성령으로부터 지속적으로 영감을 받는 것이 모든 신자의 특권이지만, 이 초기의 가르침이 그런 모든 영감을 시험하는 데 사용되는 표준이라는 점을 잊어서는 안 됩니다. 첫 제자들에 대해서 성령의 임무는 그들에게 주님의 생애와 말씀의 깊은 의미를 밝혀주는 것이었는데, 그와 같이 우리에 대해 가르치는 성령의 임무는 이 최초의 학생들이 주님으로부터 배운 바를 기록한 것의 깊은 의미를 우리에게 깨우쳐 주시는 것입니다. 우리 믿음 위에 있는 신약성경의 권위는 이 말씀에 근거를 두고 있습니다. 따라서 "만일 누구든지 자기를 선지자나 혹은 신령한 자로 생각하거든 내가 너희에게 편지하는 이 글이 주의 명령인 줄 알라"(고전 14:37)는 바울의 경고는 신약의 교훈의 지속적 영감과 성장에 관한 그 사상과 더불어 특별히 이 세대에 적용되는 말씀입니다.

이제 이 모든 말씀에서 다음 세 가지 문제를 생각해 봅시다. 이 큰 약속은 우리를 몹시 부끄럽게 만듭니다. 기독교계를 보십시오. 기독교계는 이 말씀에 반하는 행동을 하고 있지 않습니까? 논쟁을 좋아하는 그리스도인들은 좀처럼 이 중요한 핵심 교리들 가운데 어느 하나에도 의견을 같이 하지 않습니다. 그들은 묘한 성취를 거의 보지 못합니다. 기독교계의 현재 상태가 예수 그리스도께서 성령을 보내시지 않았다는 것을 증명하는 것이 아닙니다. 그보다 그리스도의 제자들이 성령을 받아들이고 사용하는 일에 지독하게 게으르고 나태하였다는 것을 증명합니다. 우리는 참으로 배우는 데 굼뜬 학생들입니다! 우리는 그동안 배운 것이 얼마나 적은지 모릅니다! 우리는 성령님을 기다리고 성령께서 우리를 가르치시도록 하기보다는 얼마나 쉽게 열정이나 편견, 사람의 목소리, 사람들의 허튼 소리가 우리에게 하나님의 진리를 가르치는 직무를 맡도록, 아무나 우리를 가르치게 합니까! 그런 선생님이 있기에, 우리가 "때가 오래 되었으므로 마땅히 선생이 되었을 터인데 그리스도의 말씀의 초보에 대하여 가르침을 받아야 한다"(히 5:12)는 것이 우리 그리스도인들의 수치입니다.

이 큰 약속을 보고서 우리 마음을 욕구와 부지런함으로 채우도록 합시다. 이 약속이 있으므로 마음을 조용한 소망으로 채웁시다. 사람들은 기독교가 쇠약해졌다고 말합니다. 우리는 예수 그리스도 안에 있는 것을 그리스도에게서 모두 끌어냈습니까? 그동안 이 모든 세기 동안 진행되어 왔던 과정이 이제 멈추었습니까? 그렇지 않습니다! 걱정하지 마십시오. 이 세대의 새로운 문제들이, 과거 세대들의 과거 문제들이 해답을 발견하였던 곳에서 그 해결책을 발견할 것이고, 옛날 그리스도의 옛날 계명이 새 그리스도의 새 계명이 될 것입니다.

기독교 편에 있든지 기독교를 반대하는 편에 있든지 간에 어리석은 사람들은 서서 서쪽 하늘을 가리키며 "해가 지고 있다"고 말합니다. 그러나 한 여름 때처럼, 한 시간 안에 반대편 수평선이 붉게 물듭니다. 그리고 서쪽에서 가라앉았던 해가 동쪽 하늘에서 다시 밝게 떠올라 새 날을 밝힙니다. 예수 그리스도는 모든 세대와 모든 사람을 위한 그리스도이십니다. 세상은 그리스도의 다함이 없는 충만을 점점 더 배울 뿐입니다. 그래서 우리는 사람들의 왁자지껄한 소리와 거센 논쟁 가운데서도 모든 변화는 무한하신 그리스도의 다할 줄 모르는 의미를 더욱 분명하게 드러낼 뿐이고, 겸손히 순종하는 마음은 언제든지 약속받은 이 선생을 얻고 "주는 나의 하나님이시니 나를 가르쳐 주의 뜻을 행하게 하소서 주의 영은 선하시니 나를 공평한 땅에 인도하소서"(시 143:10) 하고 외칠 때 그 응답을 받을 것입니다.

78
그리스도의 평안

"평안을 너희에게 끼치노니 곧 나의 평안을 너희에게 주노라 내가 너희에게 주는
것은 세상이 주는 것과 같지 아니하니라 너희는 마음에 근심하지도 말고 두려워
하지도 말라"

요 14:27

"평안을 빕니다"는 말은 일반적으로 동양에서 만날 때든지 헤어질 때
든지 주고받는 인사말이었고 지금도 그렇습니다. 이 인사말을 들으면 우
리는 나그네는 모두가 적이 될 수 있었던 사회 상태를 떠올리게 됩니다.
그것은 인간 마음의 깊은 불안을 실토하는 것입니다. 그리스도는 이때 막
강화를 끝내고 계셨습니다. 따라서 보통 작별을 고하는 말이 자연스럽게
주님의 입에서 나왔습니다. 그리스도께서 부활 후에 제자들을 처음 만났
을 때처럼 "평강이 있을지어다!"라는 익숙히 알고 있는 조용한 인사말로
제자들의 두려움을 가라앉히셨습니다. 그러나 흔히 쓰는 말이지만 주께서
사용하시면 그 취지와 의미가 깊어집니다. 그리스도 안에서는 "모든 것이
새것이 됩니다"(고후 5:17). 그리스도의 입에서 나오면 상투적이고 진부한
인사말도 진짜 선물을 전달하는 부드럽고 신비스런 말로 변합니다. 그리
스도의 말씀은 행동이고, 자기 제자들을 위한 주님의 바람은 스스로 성취
됩니다.

1. 이와 같이 여기서 우리는 첫째로 선물인 인사말을 만납니다.

"평안을 너희에게 끼치노니 곧 나의 평안을 너희에게 주노라." 우리는 이 장에 나오는 앞부분의 강화(講話)에서 주님이 자신이 제자들과 함께, 제자들 안에 거하신다는 중요한 교리를 얼마나 탁월하게 거듭 주장하셨는 지를 보았습니다. 그리스도께서는 자신을 주기 때문에 평안을 주시는 것 입니다. 그리스도께서는 그의 생명을 주실 때, 우리가 그 선물을 소유한다 는 점에서, 그 생명의 속성과 특질을 주시는 것입니다. 주님의 평안은 주 님의 함께하심과 분리될 수 없습니다. 주님의 평안은 공기처럼 주님과 함 께 오십니다. 주님이 계시지 않는 곳에는 주님의 평안도 없습니다. 그리스 도는 평안을 그 자신의 경험으로 소유하셨기 때문에 그것은 주님의 평안 이었습니다. 주님의 인격은 혼란이나 소동에 흔들리지 않았고, 걱정이나 다투려는 욕구 때문에 괴로워하는 일도 없었습니다. 어떤 외적 일도 주님 의 평온을 깨트릴 수 없었습니다. 우리가 겸손한 믿음과 사랑과 열망으로 마음을 열고 주께서 들어오시기를 바란다면, 평안을 누릴 수 있습니다. 왜 냐하면 주님의 존재와 주님의 모든 소유처럼 주님의 평안이 주의 것인 것 은 그 평안이 우리의 것이 되도록 하기 위해서이기 때문입니다.

평안을 얻기 위한 첫 번째 필요조건은 나와 하나님 사이의 사랑으로 연 결된 조화로운 관계들을 아는 것입니다. 그리스도의 평안의 가장 깊은 비 밀은 그리스도께서 아버지 하나님과 중단 없는 교제를 끊임없이 의식하셨 다는 것입니다. 이런 의식을 가지고 주님은 복종하셨고, 자식으로서 자신 의 전 존재를 하나님께 의탁하셨습니다. 평안을 주시는 예수 그리스도의 능력의 핵심과 기초는 이것입니다. 즉 그리스도께서 그의 죽음으로 자신 을 영원히 죄를 위한 제물로 드림으로써 적대 관계의 원인을 제거하셨고, 둘 사이에, 곧 하늘에 계시는 아버지 하나님과 이 아래에 있는 반역하는 방탕한 자식 사이에 평화를 이루었다는 것입니다. 이 제자들은 거의 꿈에 도 생각하지 못했지만, 이미 제자들의 마음에 그림자를 드리우기 시작하 고 있던 임박한 죽음이 이 제자들과 우리에게 참된 모든 평안, 곧 하나님 에 대한 우리의 적대 관계를 바로잡고 하나님과 우리가 완전히 일치하도록 만드는 평안이 제대로 시작되도록 만들어주는 조건이었습니다.

형제 여러분, 사람이 자신이 하나님과 평화로운 관계에 있다는 의식이 없이는 아무도 존재의 가장 근원적 부분에서 평안을 누릴 수 없습니다. 살다보면 기쁨에 겨운 소동이 있을 수 있고 지극히 밝은 날이 많을 수도 있습니다. 그러나 우리가 하나님과 바른 관계에 있고 우리와 하나님 사이에 가로막힌 것이 아무것도 없다는 것을 알고 느끼지 않는 한, 우리 영혼이 갈망하는 고요하고 잔잔하며 마음 가운데 가득 퍼져있는 굳건한 평온은 있을 수 없습니다. 그리스도께서 우리의 평안이시고, "평안을 너희에게 끼치노라"고 말씀하실 수 있는 것은 예수 그리스도께서 십자가에 죽으심으로써 여러분과 내가 이것을 느낄 수 있도록 만드셨기 때문입니다.

또 한 가지 요구 조건은 우리가 자신과 평화롭게 지내야 한다는 것입니다. 양심을 찌르는 것이 있어서는 안 되고, 만족되지 못한 욕구가 있어서는 안 되며, 성향과 의무 사이, 이성과 의지 사이, 열정과 판단 사이에 내적 분열이 있어서는 안 됩니다. 한 목표, 한 목적, 한 사랑을 가진 조화로운 본성의 평온함이 있어야 합니다. 아주 통속적 표현을 사용하자면, "모든 계란을 한 바구니에" 담고, 내적 자아 전체를 통해 아무 모순이 없는 본성의 평온이 있어야 합니다. 그 평안을 얻는 방법이 딱 한 가지 있습니다. 예수 그리스도를 굳게 붙들고, 그리스도를 우리의 주님으로, 우리의 의와 목표로, 우리의 모든 것으로 삼는 것입니다. 여러분의 양심이 여러분을 괴롭힐 것이고, 그러면 그 괴로움이 평안을 깨트립니다. 혹은 양심이 여러분을 괴롭히지 않으면 양심이 무디어질 것이고, 그러면 그것이 평안을 깨트립니다. 죽음은 평안이 아니기 때문입니다. 우리가 그리스도를 우리의 사랑으로, 우리 마음의 빛으로, 우리 의지의 절대적 중보자와 주로, 우리 욕망의 안식처로, 우리 노력의 목표로 삼지 않는 한, 우리는 평안히 지낸다는 것이 무엇인지 결코 알지 못할 것입니다. 우리는 아주 무한한 인간만이 우리에게 줄 수 있는 것을 찾으면서 만족하지 못하고 굶주린 채로 인생을 살아갈 것입니다. 무한한 인간만이 줄 수 있는 것, 그것이 우리 머리를 기댈 가슴이고, 우리의 모든 기능을 발휘하여 추구할 만한 목표이며, 우리의 모든 욕망을 조용히 만족시켜 주는 것입니다. "너희가 어찌하여 양식이 아닌 것을 위하여 은을 달아 주느냐?"(사 55:2). 여기에 답을 하려면 어느 누구도 자신의 어리석음을 생각지 않을 수 없게 만드는 질문입니다! 비록 내가 보잘것없고 약하고 비천하며 덧없는 인생이고 이 세상 생활도 그러하지만, 이런 내게 충족한 분이 계십니다. 그런 사람이 단 한분 계십니다. 그분을 여러분의 보물로 삼으십시오. 그러면 여러분은 진실로 부자입니다. 그리스도 없는 세상은 아무것도 아닙니다. 세상 없는 그리스도는 충분하지 않습니다.

우리의 무질서한 본성을 그리스도의 자비로운 통치에 복종시키는 것 말고는, 우리 본성의 내적 불화와 분열, 모순을 치료할 수 있는 다른 길은 없습니다. 우리 각 사람이 속에 가지고 다니는 혼란스러운 왕국을 들여다보십시오. 열정은 우리를 이리로 끌어당기고 양심은 저리로 끌어당기며, 온갖 욕망들이 서로 대치하고 있으며, 성향은 이리로 잡아당기고 의무는 저리로 잡아당겨서 사람이 야생말들에 의해 사방으로 잡아당겨 지듯이 조각조각 찢어질 정도가 되었습니다. 보잘것없는 영혼이 다스리고 있고 따라서 아주 형편없는 통치를 받는 아주 반역적 자아를 어떻게 해야 하겠습니까? 아, 그리스도를 자기 왕으로 모시지 않는 사람에게는 누구나 필연적 운명인 내적 불안이 있습니다. 그러나 그리스도께서 부드러운 끈을 가지고 마음에 들어가시면 옛 우화가 사실이 됩니다. 주께서 마음속에 있는 사자들과 몹시 굶주린 짐승들을 가느다란 끈으로 묶고, 사랑으로 끈으로 길들여서 끌고 와 단단히 마구를 채우고 주께서 모는 전차를 끌도록 만드십니다. 사람이 자신과 철저히 평화를 누릴 수 있는 방법이 단 한 가지 있습니다. 그것은 자기 일생의 인도를 예수 그리스도의 손에 맡기고, 주께서 뜻하시는 대로 인도하시도록 하는 것입니다. 넘실거리는 바다의 거대한 무더기처럼 쌓아올린 물을 끌어당길 수 있는 힘, 유일한 힘이 있습니다. 그것은 하늘에서 조용히 떠서 비추는 은빛 달입니다. 달은 모든 조류와 부서지는 파도들을 다 모아 조수의 물결을 만들어 끌어당기고 온 땅에 퍼져 흐르게 합니다. 이와 같이 지극히 깜깜한 우리 하늘로부터 부드럽고 온화하지만 변함없이 비추는 그리스도께서 폭풍우 같은 우리 영혼의 서로 충돌하는 모든 조류들을 끌어 모아 조화를 이루는 거대한 하나의 활동으로 만드실 것입니다. "평안을 너희에게 끼치노라."

오직 예수 그리스도께서만 공급하시는 진정한 평온의 또 다른 요소는 사람들과의 평화입니다. "너희 중에 싸움이 어디로부터 나느냐 너희 정욕으로부터 나는 것이 아니냐"(약 4:1). 혹은 이 옛날 표현을 현대 영어로 표현하자며, 사람들이 서로 반목하는 이유는 각 사람 마음속에 있는 이기심이라는 것입니다. 사람들의 관계를 지극히 아름답게 할 수 있는 방법이 딱 한 가지 있는데, 그것은 예수 그리스도께서 사람들 마음속에 하나님의 사랑을 붓고, 이기심이라는 귀신을 쫓아내며 모든 사람의 마음을 합하여 조화로운 하나의 온전한 마음을 만드는 것입니다.

사람과 사람 사이의 진정으로 행복한 관계의 유일한 기초, 이 기초가 없이는 우리가 바라는 전반적 평안이 없는데, 이 기초는 모든 사람을 사랑하시고 모든 사람의 친구가 되시는 그리스도와 모든 사람의 공통된 관계에 있습니다. 물론 이것은 내 자신과 그리스도의 개인적 관계에도 해당됩니다. 예수 그리스도 안에 있는 생명의 성령의 법이 내 안에 있는 만큼, 그 정도만큼 나는 그리스도의 온유하심과 동정과 긍휼, 사람들의 슬픔을 헤아림, 사람들의 거역하는 일을 참으심, 서로에 대한 관계에서 인간의 조화와 행복을 일으키는 모든 것을 재현할 수 있습니다.

평안의 또 다른 요소나 측면은 외부 세상과의 평화입니다. "가시채를 뒷발질하기가 고생입니다"(행 26:14). 그러나 여러분이 뒷발질하지 않으면 가시채가 여러분을 찌르지 않을 것입니다. 우리가 교도소에서 탈출하려고 교도소 창살에 몸을 부딪치면 온통 상처를 입고 피를 흘리게 됩니다. 그러나 교도소 창살에 몸을 부딪치지 않으면 창살이 우리를 상하게 하지 않을 것입니다. 교도소에서 나가고 싶어 하지 않으면, 우리가 안에 갇혀 있을지라도 그것이 문제가 되지 않습니다. 이와 같이 생활의 평안을 어지럽히는 것은 외적 재난들이 아니라 이런 재난들에 의지가 저항하는 것입니다. 복종이 평안입니다. 마음에 그리스도를 모시고 있는 사람이 그리스도께서

"내 원대로 마시옵고 아버지의 원대로 되기를 원하나이다"(눅 22:42) 하고 말씀하신 대로 말할 수 있을 때, 그러면 심하게 요동하고 고투하는 사람에게 적어도 약하게라도 평온이 찾아오기 시작합니다. 우리에게 모범을 보이셨고 자식으로서 순종하는 능력을 전달해 주시는 사랑하는 아들을 통해서 우리가 아버지의 뜻에 순종하였다면, 불어오는 모든 바람은 천국으로 데려가고, "모든 것이 합력하여 선을 이루며"(롬 8:28) "기쁨과 반목하는" 어떤 것도 우리의 확고한 평안을 흔들지 못할 것입니다. 폭풍이 섬 같은 우리 인생의 바위투성이 해안가에 밀려올 수 있습니다. 그러나 섬 가운데 깊숙한 곳에는 해안가에서 멀리 떨어진 내륙의 작은 골짜기가 있습니다. "거친 바람이 지르는 사나운 소리가 들리지 않고" 어떤 비바람도 미칠 수 없는 골짜기가 있습니다. 전쟁과 폭풍우 한 가운데서도 우리는 평안을 누릴 수 있습니다. 우리와 함께 하시는 그리스도께서 우리를 하나님과 화목시키고 우리 자신과 화목 시키며 또 사람들과 사이좋게 하시고 세상을 아주 선하게 만드시기 때문입니다.

2. 둘째, 여기서는 망상인 세상의 선물을 살펴봅시다.

"내가 너희에게 주는 것은 세상이 주는 것과 같지 아니하니라." 내가 볼 때, 우리 주님은 먼저 세상이 주는 방식을 대조하여 뚜렷이 드러나게 하시고, 그 다음에는 서서히 세상의 선물과 그리스도 자신의 선물의 성격을 대비 시키십니다. 여기서 "세상"이라는 표현에는 이중적 의미가 있을 수 있습니다. 세상이라는 말은 인류 전체를 의미할 수 있고, 혹은 외적이고 물질적 사물들의 전체 구조를 의미할 수도 있습니다. 우리는 본문 말씀을 설명하면서 이 두 가지 의미를 모두 사용할 수 있다고 생각합니다.

이 두 의미 가운데 전자의 의미로 세상을 생각할 경우에, 그리스도께서는 주시지만 사람들은 바라기만 할 수 있을 뿐이라는 사상이 넌지시 나타납니다. "평안을 너희에게 끼치노라"는 말을 많은 사람들이 하고 또 많은 사람들이 듣지만, 그 말이 성취되지는 않습니다. 그리스도께서 "평안"을 말씀하시면, 그리스도의 말씀이 평안을 전달합니다. 우리가 서로의 평안을 위해 할 수 있는 일이라는 것이 얼마나 보잘것없습니까! 우리는 얼마나 빨리 인간의 사랑과 도움의 한계에 부닥칩니까! 각 사람의 영혼이 갇혀서 지내는 고립이 얼마나 무섭고 깨트릴 수 없이 견고합니까! 모든 사랑과 교제를 시도해 본 후에 우리는 "사람들 사이를 갈라놓는 깊이를 헤아릴 수 없는 소금 바다"에 의해 멀리 떨어져서 깊은 대양 가운데 있는 우리의 작은 섬에 홀로 거합니다. 그리고 우리는 할 수 있는 일이라는 것이 고작 선의의 깃발을 들어올리고, 때때로 "사람들 사이에 놓여 있는 메아리치는 해협"으로 잠시 손을 내밀어 보는 것뿐입니다. 결국 남편이나 아내가 서로의 내적 평안을 위해 할 수 있는 일이라는 것이 별로 없고, 지극히 사랑하는 친구가 줄 수 있는 것도 별로 없습니다. 우리는 평안을 얻기 위해서는 우리 자신을 의지하든지 아니면 그리스도를 의지해야 합니다. 세상이 바라는 것을 그리스도께서 주십니다.

그 다음에, "세상"의 의미를 다르게 이해하고, 이 전체 약속을 다르게 적용하면, 외적인 것들은 사람에게 참된 평안을 줄 수 없다고 말할 수 있습니다. 세상은 사람들을 흥분시킬 뿐이고, 그리스도께만 평안의 비결이 있습니다. 그것은 마치 열병에 걸린 사람에게 의사가 와서 "열을 내리게 할 수 있는 것을 아무것도 줄 수 없으니, 여기 브랜디 한 잔이나 마시도록 하세요"라고 말하는 것과 같습니다. 브랜디는 열을 내리게 하는 데 아무 도움이 안 되지 않습니까? 세상은 우리에게 와서 이렇게 말합니다. "나는 네게 안식을 줄 수 없다. 여기 너를 아주 짜릿하게 만드는 것이 있다. 맛이 없고 식상해버린 지난 번 것보다 더 양념을 많이 쳐서 네 혀에 잘 맞을 것이다." 그것이 세상이 말할 수 있는 최선입니다. 항상 새롭게 행복을 추구하지만 항상 실망하는 우리 현대 생활의 돌진과 무모함, 열광과 초조가 우리의 불안을 얼마나 웅변적으로 말해주는지 모릅니다! 여러분이 거리에 나가서 사람들의 얼굴을 보십시오. 온갖 굶주린 욕구와 뜨거운 갈망이 얼굴에 역력히 나타나는지 보십시오. 가끔, 사실은 아주 드물게 여러분이 깊고 안정된 평안이 비치는 얼굴을 우연히 만나기도 합니다. 마음이 몹시 괴롭기 때문에 평안을 도무지 생각하지도 못하는 사람들이 여러분 가운데 얼마나 많습니까? 비참한 처지에 있기 때문에 곰곰이 생각해 볼 꿈도 꾸지 않는 사람들이 여러분 가운데 얼마나 많습니까? 마음이 아주 공허하기 때문에 혹은 잠을 이루지 못하게 하고 밤마다 잠자리를 고통스럽게 하는 추악한 생각들에 에워싸여 있을 때 얼마나 많은 사람들이 불쾌해 합니까? 세상은 여러분을 들뜨게 만들 것입니다. 그리스도는, 오직 그리스도만이 여러분에게 안식을 가져다주실 것입니다.

세상이 주는 평안은 기껏해야 보잘것없는 것에 지나지 않습니다. 세상이 주는 평안은 얄팍합니다. 그것은 화산을 덮고 있는 잔디처럼 끊임없이 요동치는 깊은 불안을 덮고 있는 얇은 금 도금판입니다. 그 거죽 한 치 밑에서는 유황 연기가 피어오르고 지옥과 같은 소동이 들끓습니다.

아, 사랑하는 교우 여러분, 이 세상에서 오직 예수 그리스도 말고는 여러분의 마음을 채우고 만족시킬 것은 아무것도 없습니다. 세상은 사람을 들뜨게 합니다. 그리스도만이 실제로 참된 평안을 주시는 분입니다.

3. 끝으로 그리스도의 평안을 받는 사람들의 의무에 대해서 봅시다. "너희는 마음에 근심하지도 말고 두려워하지도 말라."

이 위대한 강화(講話)를 시작할 때 하셨던 말씀이 강화의 끝부분에 이르러 다시 나타나는데, 다소 내용이 길어졌고 마음을 깊이 위로하는 어조와 부드러움이 담겨 있습니다. 불안을 일으키는 원인에 대해 두 가지 사실이 언급되고 있습니다. 그것은 불안한 흥분이나 마음의 동요입니다. 내가 생각할 때, 그것은 주로 알 수 없는 희미한 미래를 전망하는 데서 생기는 공포 때문입니다. 제자들은 그들이 평안의 선물을 계속 간직하고 싶으면 이런 것과 맞서 싸우라는 교훈을 받습니다.

즉 이 권고를 좀 더 일반적 표현으로 하자면, 그리스도께서 평안을 선물로 주신다고 해서 평온을 얻으려는 우리 자신의 노력이 필요 없게 되는 것이 아니라는 말입니다. 외부 세상에는 우리를 완전히 휘저어놓으려 하는 것이 많고, 우리 자신 안에는 들끓어 올라서 우리의 안식을 흔들고 우리의 평안을 깨트리려고 하는 것이 많이 있습니다. 우리는 불안으로 이끄는 것들, 욕망이 과도하게 들끓게 만드는 것들, 격동적 슬픔에 빠지게 만드는 것들, 알 수 없는 미래에 대한 소심한 두려움으로 이끄는 것들을 단속하고 가라앉혀야 합니다. 우리가 마음에 그리스도의 평안을 갖고 있는 경우에도 이 모든 것들이 계속 일어날 것입니다. 그래서 우리는 반드시 그 평안을 소중히 간직하고, "모든 일에 기도와 간구로, 너희 구할 것을 감사함으로 하나님께 아뢰어서"(빌 4:6) 아무것도 우리가 소유하고 있는 평안을 깨트리지 않도록 해야 합니다.

이렇게, 이 마지막 권고에서 또 한 가지 생각이 나타나는데, 그것은 어떤 사람이 먼저 그리스도의 평안을 자기 것으로 갖고 있지 않는 한, 그에게 "근심하지 말라, 두려워하지 말라"고 말하는 것은 소용없는 일이라는 것입니다. 형제 여러분, 예수 그리스도께서 여러분의 것이기 때문에 그 평안이 여러분에게 있습니까? 그렇다면 여러분이 근심하거나 미래에 대해 두려워할 이유가 전혀 없습니다. 그렇지 않다면 여러분이 근심하지 않는 것은 미친 짓이고, 두려워하지 않는다면 정신 이상인 것입니다. 여러분에게 해야 할 말은 이것입니다. "속이 태평한 사람들아, 근심하십시오." 근심할 만한 이유가 있기 때문입니다. 틀림없이 일어날 일에 대해 두려워해야 합니다. 안전을 주고 평안한 마음을 얻을 수 있게 하는 것은 믿음으로 예수 그리스도를 소유하는 것뿐입니다. 믿음으로 그리스도를 소유하고 있지 않다면, 사람들에게 "두려워하지 말라"고 말하는 것은 쓸데없는 일입니다. 사람들에게 "안심하라"고 말하는 것은 악한 조언입니다. 사람들은 두려워해야 하고 근심해야 합니다. 그들이 그렇게 생각하든지 하지 않든지 간에 조만간에 두려워하고 근심하게 될 것입니다.

이제는 그리스도인들에게 드리는 말씀인데, 이 권고에서 나타나는 마지막 생각은 여러분이 이 평안을 불완전하게 소유하는 것은 전적으로 여러분의 잘못이라는 것입니다.

스스로 그리스도인이라고 하는 사람들 가운데 희미하고 초보적 믿음을 가진 사람들이 많습니다. 아마도 지금 내 설교를 듣고 있는 분들 가운데도 내가 지금까지 말해온 요소들, 그리스도의 평안을 이루는 요소들 가운데 어느 것도 확실히 갖고 있지 못한 사람들이 많을 것입니다. 여러분은 자신이 하나님과 올바른 관계에 있다고 확신하지 **못합니다.** 여러분은 욕구가 만족을 얻는다는 것이 무엇인지 알지 **못합니다.** 여러분은 내적 성향과 충동과 싸운다는 것이 무엇인지 알지 **못합니다.** 여러분에게는 시기와 악의와 사람들에 대한 적대감이 있습니다. 그리고 세상의 폭풍과 재난들이 여러분을 치고 마음을 뒤흔들어 놓습니다. 왜 그렇습니까? 여러분이 예수 그리스도를 굳게 붙잡고 있지 않기 때문입니다. "내가 여호와를 항상 나의 오른쪽에 모시므로 내가 흔들리지 아니하리로다"(시 16:8). 여기에 비밀이 있습니다. 형제 여러분, 항상 그리스도 가까이 계십시오. 그러면 모든 일이 형통하고 여러분의 마음이 평안해 집니다.

일찍이 청명한 가을날 스코틀랜드 고지의 한 작은 호수가에 서 있던 적이 생각납니다. 그날은 바람 한 점 없이 고요하였고 자작나무는 가만히 서 있으며, 파란 하늘이 속으로 들어온 듯이 보이는 거울처럼 잔잔한 수면에 자작나무 가지들이 비치고 있었습니다. 그리스도께서 보호하시는 손길로 우리의 마음을 감싸 폭풍이 가까이 오지 못하게 하고, 우리 속에 안식을 주시도록 모신다면 바로 그것이 우리 마음 상태가 될 수 있습니다. 예수님을 믿지 않는 사람은 "평온함을 얻지 못하고 요동하는 바다"(사 57:20)와 같습니다. 이 바다는 지구 반 바퀴를 집도 없이 굶주린 채로 꿍꿍대며 다니면서 구르고 높이 부풀어 오르며 단조롭지만 또한 변화가 많고 짜고 열매를 맺지 못합니다. 이것은 "수고하고 무거운 짐 진 자들아 다 내게로 오라 내가 너희를 쉬게 하리라"(마 11:28)는 자비로운 부르심을 듣지 않은 모든 영혼의 상태를 제대로 보여주는 상징입니다.

79
그리스도께서
떠나심으로 오는 열매,
기쁨과 믿음

"내가 갔다가 너희에게로 온다 하는 말을 너희가 들었나니 나를 사랑하였더라면
내가 아버지께로 감을 기뻐하였으리라 아버지는 나보다 크심이라 이제 일이 일어
나기 전에 너희에게 말한 것은 일이 일어날 때에 너희로 믿게 하려 함이라"

요 14:28, 29

우리 주님은 여기서 앞에서 하신 말씀의 과정을 잠깐 되돌아보시고 그
말씀의 요지와 목적을 끌어내십니다. 주님은 자신의 교훈의 의도가 무엇
인지 밝히고, 제자들에게 예고하신 떠나가심의 실제 효과가 두 가지라고
말씀하십니다. 본문의 첫 절에서 떠나가심에 관한 주님의 말씀과, 떠나가
시는 사실 자체를 기쁨의 원천으로 표현됩니다. 이 기쁨은 주께서 방금 전
까지 약속하신 평안에 대한 선금(先金)과 같은 것입니다. 본문의 두 번째
절에서, 두 가지 사실, 곧 주님의 말씀과 그 말씀이 계시한 사실들이 믿음
의 근거이자 양육으로 묘사됩니다.

그래서 우리는 이제 이 두 가지 사실을 살펴보겠습니다. 곧 주님을 사랑
하는 모든 사람에게 기쁨의 원천이 되는 떠나시는 주님과, 믿음의 근거이
자 양식이 되는 떠나시는 주님을 보겠습니다.

1. 주님의 떠나심은 주님을 사랑하는 사람들에게 기쁨의 원천이 됩니다.

본문의 앞부분에서, 예수님의 떠나가심을 두 가지 면에서 생각합니다.

첫 번째는 이 장에 대한 앞의 설교들에서 이미 익숙히 알게 된 주제로, 이 사실과 제자들의 관계입니다. 그 면에서 그리스도의 가심은 곧 그리스도의 오심이라고 선언하는 것입니다.

그 다음에 새로운 면이 하나 있습니다. 그것은 주님께서 스스로 자제하고 좀처럼 다루시지 않는 것인데, 그 사실과 주님 자신의 관계입니다. 그면에서 우리는 여기서 주님의 가심이 주님의 높아지심과 기쁨에 기여하고, 따라서 주님을 사랑하는 모든 사람에게 기쁨의 원천이 된다는 가르침을 받습니다.

그 다음에 우리는 여기서 그리스도의 가심은 곧 그의 오심이고, 그리스도의 가심은 그리스도께서 높아지심이라는 두 가지 생각을 만납니다. 그두 가지 이유 때문에 그리스도의 떠나심이 그리스도의 친구들에게 기쁨을 주도록 되어 있습니다. 이 세 가지 사실을 잠시 살펴보도록 합시다.

첫째로, 이 장 전체를 통해서 흐르고 있는 중대한 사상, 곧 예수 그리스도의 떠나심은 사실 그리스도의 오심이라는 이 사상이 여기서 다시 언급됩니다. "다시"라는 단어는 보충하는 말로서, 본문 말씀의 사상과 의미의 흐름을 다소 제한하고 깨트립니다. 우리가 흠정역 성경(Authorized Version)이 번역한 대로 "내가 떠나갔다가 다시 너희에게로 온다"(개역개정은 "내가 갔다가 너희에게로 온다" — 역주)고 읽으면 주께서 떠난 뒤에 상당히 긴 시간이 흐른 뒤에 오는 것을 생각하지 않을 수 없습니다. 그러면 우리 대부분은 그것이 주 예수께서 최종적으로 몸을 가지고 다시 오시는 것을 생각하게 됩니다.

그 소망이 위대하고 영광스러운 것이지만, 그것은 슬퍼하고 있는 제자들을 충분히 위로하기에는 너무 멀리 떨어진 일이고, 그것만을 생각할 때 기쁨과 평안의 충분한 근거가 되기에는 너무 멀리 있는 사실입니다. 그러나 여러분이 문장에 끼어들어 온 "다시"라는 단어를 발견하고 그 문장이 지속적 하나의 과정을 묘사하는 것으로, 즉 각 부분들이 아주 긴밀하게 연결되어 있어서 거의 동시적으로 존재하는 것처럼 보이는 과정을 묘사하는 것으로 읽는다면, 뜻을 바르게 파악한 것입니다. "내가 갔다가 너희에게로 온다." 이 말씀에는 전혀 틈이 없습니다. 간격이 없이 일이 진행됩니다. 그리스도께서 부재하는 순간이 없습니다. 여기에는 두 가지 행동, 곧 우리에게서 떠나가시는 일과 다시 우리에게로 돌아오는 일이 없습니다. 모두가 한 행동입니다. "가는 것"이 곧 "오는 것"입니다. 갈보리에서 시작되었고 감람산에서 끝이 난 일련의 장엄한 사건들이 사람의 눈으로 볼 때는 예수 그리스도의 떠나가시는 데서 잇따라 발생한 단계들이었습니다. 그러나 이 사건들의 참된 의미를 좀 더 깊이 이해하고 보면, 이 사건들은 그리스도께서 우리에게 오시는 일련의 단계들입니다. 그리스도의 죽으심, 그의 부활, 승천은 그리스도께서 우리와 함께 하시지 않는 가운데서 발생한 단계들이 아니었습니다. 그 사건들은 단지 그리스도의 함께 하심이 좀 더 낮은 상태에서 좀 더 높은 상태로 변화되어 가는 단계들이었을 뿐입니다. 주께서는 단지 몸을 가지고 어떤 공간에서 가까이 있는 형태의 한계와 외형적인 것을 영적 임재의 현실로 바꾸셨습니다. 감각의 눈으로 볼 때는 "떠나가는 것"이 현실이고, "오는 것"은 은유였습니다. 빛을 받아 사물을 있는 그대로 보는 눈에는 볼 수 있는 몸이 떠나가는 것은 좀 더 고귀하고 좀 더 실질적 존재가 시작되는 것일 뿐입니다. 우리는 그리스도의 임재에 있어서 실재적인 것과 비유적인 것에 대한 개념을 뒤집을 필요가 있습니다. 오늘날 우리 모두가 얻을 수 있는 후자 형태의 그리스도의 임재가 쉐키나의 구름이 "그를 가리어 보이지 않게 한"(행 1:9) 때부터 중단된 전자 형태의 임재보다 훨씬 현실적이라는 것을 생각할 필요가 있습니다. 그래야 우리는 주님 말씀의 깊은 의미를 통찰하거나 그 말씀에 담겨 있는 충만한 복과 위로를 붙잡을 수 있습니다. 참으로 깊고 실제적 의미에서 "그가 잠시 떠나게 된 것은 너로 하여금 그를 영원히 두게 함입니다"(빌 1:15).

오늘날, 그리고 오랜 세월 동안 대대로 기다리는 모든 사람에게 함께 하시는 그리스도의 실제적 임재가 바로 이 장에서 울려 퍼지는 장엄한 음악의 으뜸음입니다. 다시 한 번 여러분과 내 자신에 이 질문을 던집니다. 우리는 그리스도의 실제적 임재를 믿습니까? 우리는 그 믿음으로 살고 있습니까? 이 믿음이 성경의 계시에서 차지하고 있는 것과 같은 위치를 기독교 교리의 관점에서도 차지하고 있습니까? 아니면 이 믿음을 조정하고 효력을 약화시켜서 마치 인류에게 영향을 끼친 위대하고 뛰어난 정신이 여전히 "그의 무덤에서 민족들을 다스릴" 수 있는 것과 같이 단순히 그리스도의 과거 기록이 지속적으로 영향을 끼치고 있는 정도로만 보고 있습니까? 아니면 우리는 그리스도를 그의 말씀대로 믿고, 그가 "볼지어다 내가 세상 끝날까지 너희와 항상 함께 있으리라"고 말씀하셨을 때, 그것이 그의 영향력과 그로부터 이끌어낸 영감의 지속성을 나타내는 강력한 비유를 뜻하는 것이 아니라 전혀 다른 어떤 것을 의미한다고 믿습니까? "네 마음에 누가 하늘에 올라가겠느냐 하지 말라 하니 올라가겠느냐 함은 그리스도를 모셔 내리려는 것이요." 여러분이 그리스도를 사랑하면, "말씀" 곧 성육신하신 말씀이 "여러분에게 가까워 여러분 입에 있으며 여러분 마음에 있는"(롬 10:6,8) 것입니다.

그 다음에 여기서 강조하는 우리 주님의 오심의 다른 측면은 주님 자신에게 영향을 끼치는 것으로 간주되는 면입니다. 그리스도의 가심은 그리스도께서 존귀하게 되시는 것입니다.

본문의 첫 번째 절에서는 "어디로" 가는지에 대한 언급이 일절 없이 단지 떠나가는 사실만 구체적으로 말하고 있는 점을 주목해야 합니다. 여기서 필요한 것은 가는 것과 오는 것을 비교하는 것뿐이기 때문입니다. 그러나 떠나가시는 사실을 강조한다기보다는 주님께서 가시는 목적지를 강조하는 두 번째 절에서 우리는 "내가 아버지께로 간다"는 말씀을 봅니다. 지금까지 우리는 그리스도의 떠나심을 단지 우리와의 관계에서만 생각해 왔습니다. 그러나 여기서 주님은 제자들의 슬픔을 기쁨으로 바꾸시기 위해 그의 떠나심의 또 다른 면을 아주 애정 어린 태도로 드러내며, 이같이 말씀하십니다. "너희가 너희 자신에게 온통 마음을 빼앗기지 않으면, 너희가 나에 대해 소중한 생각을 품을 것이고, 내가 곧 존귀하게 될 것이기 때문에 틀림없이 기뻐하게 될 것이다."

주님은 이렇게 자신의 마음을 열어서 얼핏 보게 하는 일을 정말로 좀처럼 하시지 않습니다. 그런데 이렇게 그 마음을 열어 보여주실 때는 더할 수 없이 애정 어리고 인상적으로 하십니다. 그리스도께서 제자들에게 자신의 때가 점점 더 가까워지고 있고, 자신이 아버지께로 돌아가기 때문에 자기와 함께 기뻐하라고 명하신다는 이 생각에는 예수 그리스도께서 사람으로서 자신의 생명을 지속적으로 희생하신다는 암시가 아주 분명하게 들어 있습니다! 사는 것이 순교이고, "사람의 모양으로 나타나는 것"이 더할 수 없이 자기를 희생하는 수욕이 되는 분의 본성에 대해서 우리가 무슨 말을 해야 하겠습니까?

주님은 여기서 제자들에게 그들이 주님의 떠나가심을 기뻐할 이유는 이 사실, 곧 주께서 자기보다 크신 아버지께로 간다는 사실에서 찾아야 한다고 말씀하십니다.

이제 이 놀라운 발언과 관련해서, 이 문맥에서 사상의 전체 흐름을 보면 우리가 그리스도께서 "아버지께로 가심"은 아버지의 크심을 함께 나누기 위한 것이라고 생각해야 한다는 것을 알 수 있습니다. 제자들이 다른 어떤 이유로 그 점을 기뻐하도록 명령받을 수 있겠습니까? 아니면 주께서 도대체 아버지의 크심에 관해 무슨 말을 해야 할 이유가 있겠습니까? 그렇다면 자연스럽게 이 결론이 나옵니다. 즉 그리스도께서 여기서 언급하시는 아버지의 크심은 그리스도께서 승천하심으로써 얻으시는 것이라는 사실입니다. 혹은 다른 말로 하면, 주께서 여기서 언급하시는 낮은 상태, 그 성격이 무엇이든지 간에 낮은 상태는 주께서 이후로 떠나가실 때 주님에게서 멀어진다는 것입니다.

이제 사람들은 이 말씀이 마치 우리 주 예수 그리스도의 신성에 대한 정통적이고 성경적인 교리와 정반대가 되는 것처럼 의기양양하게 인용하는 일이 종종 있습니다. 이 교리는 이 말씀을 그리스도의 다른 말씀, 곧 "나와 아버지는 하나이니라"(요 10:31)는 말씀을 받아들이듯이 그대로 받아들인다는 점에 주목하는 것은 가치 있는 일일 것입니다. 이 모든 요소들을 바르게 평가하려면 성경 어법의 구문을 분석해보는 방법 밖에 없다고 생각합니다. 그렇다고 할지라도, 나는 여러분에게 하나님의 통일성과 예수 그리스도의 신성을 고백하는 교리가 이 구절과 맞닥뜨림으로써 뒤집어지지 않을 것이라는 점을 말씀드리고 싶습니다. 왜냐하면 이 구절이 성자 하나님이 성부 하나님과 하나이시라고 선언하는 것만큼 성부께서 성자보다 크시다고 전적으로 선언하는 이 교리의 한 부분을 이루기 때문입니다. 여러분이 이 설명에 만족할 수도 있고 하지 않을 수도 있습니다. 그러나 아주 솔직하게 말씀드리자면, 보편 교회의 신조는 이 두 가지 진술의 요소들을 다 같이 결합시키고 있다는 점을 깨달아야 합니다.

우리는 이 문제에서 성경이 우리를 가르치는 대로만 말할 수 있을 뿐입니다. 신성의 깊이는 너무 깊어서 우리의 다림줄로는 잴 수 없습니다. 이 신성과 관련해서 알 수 없는 것을 감히 안다고 말하는 사람은 대담한 사람입니다. 그는 그렇게 말할 수 있는 권리를 가지려면 먼저 하나님을 다 돌아보았어야 합니다. 밑바닥이 없고 꼭대기가 없는 무한의 깊이에까지 내려가 보고 그 고지에까지 올라가 보았어야 합니다. 내가 여러분에 말씀드릴 수 있는 것은 이것입니다. 즉 우리는 "아버지"와 "아들"이라는 이름 자체가 어떤 종속을 함축하고 있다는 것을 어렴풋이 알 수 있지만, 그 종속이 성육신 전에 존재하였던 것처럼 신성의 영원한 내적 관계에서 존재하는 한은, 승천 후에도 존재하는 것으로 생각해야 한다는 것입니다. 그러므로 그런 신비한 차이를 여기서 언급하고 있는 것이 아닙니다. 현재 여기서 언급하는 것은 예수 그리스도께서 하늘로 오르셨을 때 인간 예수 그리스도에게서 떨어져 나간 것을 가리킵니다. 루터가 그의 한 설교에서 이렇게 단순하고 강력하게 표현하였습니다. "이 땅에서 그는 볼품없고 고통 받는 슬픈 그리스도였습니다." 예수께서 그를 가리워 보이지 않게 하는 쉐키나의 빛나는 구름 속으로 들어가실 때 그에게서 떨어진 것은, 옛 선지자가 불 병거를 타고 올라갈 때 그에게서 떨어진 외투처럼 비천함이라는 옷이었습니다. 현재의 목적과 관련해서, 아버지께서 아들보다 크신 것은 아들이 하늘에 오르실 때 뒤에 남겨둔 것 때문이었습니다. 곧 아들의 생애를 그토록 무겁게 만들었던 고통과 고난과 슬픔, 제한과 수욕 때문이었습니다. 그러므로 그리스도를 따르는 자들인 우리는 승천하신 그리스도, 곧 적들을 발밑에 두고, 육신을 입음으로 모든 악을 물려받은 인간들로부터 멀리 계신 그리스도를 기뻐해야 합니다. "너희가 나를 사랑하였더라면 내가 아버지께로 감을 기뻐하였으리라 아버지는 나보다 크심이라."

그 다음에 현재 주제의 이 첫 번째 부분에서 세 번째로 생각할 점은 그리스도의 승천과 떠나심이 이 두 가지 사실에 모두 근거해서 기쁨의 원천이 된다는 것입니다. 그리스도의 떠나심의 두 면은 그리스도에게 영향을 끼치고 우리에게 영향을 끼치는 것으로서 뗄 수 없이 긴밀하게 결합되어 있습니다. 그리스도께서 지극히 영광스런 신성을 갖고 계시지 않는 한, 모든 시대 모든 나라에 걸쳐 우리와 각 사람에게 임재하실 수 없습니다. 왜냐하면 시대 대대로 그리고 온 세상에 걸쳐 여러분과 나, 고통 받는 우리의 모든 형제들과 함께 하신다는 것은 단순히 인간에게 속한 것 이상의 것을 수반하기 때문입니다. 그러므로 기쁨의 이 두 원천이 합쳐집니다. 즉 우리에게 영향을 미치는 그리스도의 승천이 그리스도 자신에게 영향을 끼치는 그의 승천과 분리할 수 없이 긴밀하게 연결됩니다.

사랑하는 사람은 자신이 사랑하는 대상이 존귀하게 된 것에 대해 오래 생각하기를 기뻐할 것입니다. 우리는 주님이신 그리스도에 대한 애정이 어떠해야 하는 것을 설명할 때 인간관계와 애정의 단순함을 적용해서 바르게 설명할 수 있을 것입니다. 우리가 매우 사랑하는 사람이 멀리 떨어져 높은 지위에 있다면, 우리 마음과 생각은 언제나 거기에 가 있을 것이 틀림없습니다. 우리는 "좁은 곳에 갇혀 있는" 이곳보다 거기에서 더 많이 살 것입니다. 우리가 깊은 열심과 뜨거운 애정으로 예수 그리스도를 사랑하면 잠시 한가한 시간이 있을 때는 언제든지 하늘에 오르셨고, 보좌의 영광 가운데서 우리를 마음에 두시고 우리의 복을 위해 자신의 영광을 사용하시는 형제이시고 선구자이신 그리스도를 생각하는 것만큼 즐거운 것은 없고, 우리 마음에 자연스럽게 흘러드는 것은 없습니다. 사랑은 사랑하는 사람이 있는 곳에 뛰어 도달할 것입니다. 우리가 정말로 깊은 의미에서 그리스도인이라면, 우리 마음은 그리스도께서 일어나실 때 함께 일어났을 것이고, 지금 하나님 우편에 그리스도와 함께 앉아 있을 것입니다. 형제 여러분, 여러분의 기독교 신앙과 예수 그리스도에 대한 여러분 사랑의 진실을 이것으로 측정해 보십시오. 즉 그리스도를 생각하고, 그리스도의 영광 곧 그리스도께서 사랑하고 살아계시며 중재하고 통치하시는 영광을 늘 마음에 떠올리는 것이 여러분에게 자연스럽고 기쁨이 되는가 하는 것입니다. "너희가 나를 사랑하였더라면 내가 아버지께로 감을 기뻐하였으리라" (개역개정은 "너희가 나를 사랑하면 내가 아버지께로 감을 인하여 기뻐하리라" — 역주).

2. 이제 본문의 두 번째 구절을 아주 간단히 살펴보겠습니다.

우리의 목적을 위해서 두 번째 구절은 첫 번째 구절보다는 덜 중요합니다. 첫 번째 구절에서 우리는 주님께서 그의 떠나심을 이야기하고, 그의 떠나심이 믿음의 근거이자 자양이라고 발표하시는 것을 봅니다.

그리스도께서는 엄청난 충격이 올 것을 아셨습니다. 그래서 친히 주께서는 제자들이 그 폭풍을 맞이할 수 있도록 준비시키기 위해 아주 온유하고 부드러운 말로 제자들이 처할 곤경을 알리시고 그리스도께서 스스로 모든 감정을 자제하심을 말씀하셨습니다. 즉 제자들에게 미리 경고하여 대비하도록 하셨고, 그래서 그 충격이 그들을 덮쳤을 때, 갑작스럽게 놀라는 일이 없도록 하셨습니다.

이렇게 해서 주님은 여전히 다른 많은 사실들에 관해 말씀하시면서, 앞으로 확실히 우리에게 닥칠 일에 대해 미리 말씀하시며, 그렇게 함으로써 우리가 사나운 비바람 가운데 떨어졌을 때에 조금이라도 기가 죽거나 희망을 잃지 않도록 하십니다.

"내가 가난이나 곤궁
시험이나 고통에 대해 불평할 이유가 무엇인가?
주께서 바로 그런 것이 오리라고 말씀하시지 않았는가!"

슬픔이 닥칠 때 나는 그 슬픔에 대해 주께서 자신의 떠나실 것에 대해 말씀하시는 것을 말할 수 있습니다. 즉 주께서 슬픔이 닥칠 때 우리가 믿을 수 있도록 그 점을 미리 말씀하셨다는 것입니다.

그런데 이 본문의 마지막 말씀에서 그리스도께서 자신이 떠나실 것과 그 사실을 말씀하시는 큰 목적은 우리의 믿음을 일으키기 위해서라는 점을 인정하신다는 점에 주목해야 합니다. 그러면 주님은 무슨 뜻으로 믿음이라는 말을 사용하십니까? 주께서는 무엇보다 역사적 사실들, 곧 그리스도의 죽으심과 부활, 승천을 붙잡는 것을 의미하십니다. 그 다음에 이 사실들을 주께서 친히 설명하신 대로, 곧 희생의 죽으심이고, 죽음과 무덤을 이긴 승리의 부활이며, 그리스도의 교회와 세상을 통치하고 인도하시며, 그의 성령을 보내어 사람들이 받으려고 하면 그 마음에 부어주시기 위해 승천하시는 것이라는 설명대로 아는 것을 뜻합니다. 그러므로 주님은 우리 모든 사람의 마음에 불러일으킬 믿음의 핵심을, 이와 같이 그리스도를 그의 죽으심에 의한 희생과 그의 부활에 의한 승리, 그의 승천에 의해 보좌에 오른 왕이자 중재하는 제사장으로 계시된 분으로 의지하는 것으로 보십니다. 그 사실들이 확실한 만큼 주님을 절대적으로 의지하고, 주께서 영원토록 변함이 없으신 만큼 주님을 확고하게 의지하는 것입니다. 죽으시고 부활하시며 승천하신 그리스도를 지금과 영원히 전부로 붙드는 믿음이야말로 주께서 그의 모든 사역과 자신의 사역에 관한 모든 말씀으로써 우리 마음에 불을 붙이실 믿음입니다. 주께서 그 믿음을 여러분 마음에 불러일으키셨습니까?

그 다음에 두 번째 사상이 있습니다. 그것은 이 사실들이 주께서 해석하신 대로 우리 믿음의 근거이자 양육이라는 것입니다. 이 사실들을 더 멀리서 바라보았을 때, 이쪽 편에서 보았을 때는 얼마나 다르게 보였는지 모릅니다! 어렴풋이 예상하였을 때, 이 사실들은 매우 슬프고 낙담시키는 것이었습니다. 그러나 기억하고 돌아볼 때 그 사실들은 빛나고 밝은 것이었습니다. 마음이 움츠러들고 기운을 잃는 가운데서 제자들은 예수 그리스도에 대한 자신들의 전적 의지가 이제 막 산산이 부서지려고 하고 있고, 그리스도께서 죽으셨을 때 모든 것이 사라지고 있다고 느꼈습니다. 제자 중 두 사람이 과거 시제를 사용하여 아주 슬프게 "우리는 믿었노라"(눅 24:21, 개역 개정은 "우리는 바랐노라" — 역주)고 말하였습니다. "우리는 이 사람이 이스라엘을 속량했어야 할 사람이었다고 믿었다(개역개정은 '우리는 이 사람이 이스라엘을 속량할 자라고 믿었노라' — 역주). 그런데 이제 우리는 더 이상 그렇게 믿지 않고, 그가 이스라엘의 구속자가 될 것으로 기대하지 않는다." 그러나 이 모든 사실들의 비밀이 다 드러난 후에, 주님의 말씀을 다시 떠올랐을 때 제자들은 서로에게 이같이 말했습니다. "주님께서 우리에게 이 일이 다 그렇게 되리라고 말씀하시지 않았는가? 우리는 정말 눈이 멀어서 주님의 말씀을 전혀 알아듣지 못했다!"

이와 같이 "십자가, 무덤, 하늘"이 우리 믿음의 기초입니다. 그러므로 그리스도께서 죽으시고 부활하시며 승천하신 것을 아는 사람들은 그 후로는 의심할 수 없다는 것을 발견할 것입니다. 여러분의 믿음을 이 중대한 사실들 위에 세우고, 그 사실들에 대한 주님 자신의 설명을 받아들이십시오. 그러면 여러분의 믿음이 강해질 것입니다.

다시 말하지만, 여기서 우리는 믿음은 떠나가신 주님께서 진정으로 우리와 함께 하시도록 만드는 조건이라는 사실을 배웁니다. 믿음은 주께서 영적으로 우리에게 오시는 것에 상응하게 우리가 보여야 할 조건입니다. 그리스도를 믿는 자는 누구든지 그리스도를 소유합니다. 그리스도께서는 주님을 사랑하고 의지하는 모든 사람과 함께 하시고, 그 영혼 속에 거하시는데, 아주 친밀하게 그리고 실제로 함께 하시므로 천국이 때로 믿는 자의 영과 성령의 생활을 갈라놓는 것처럼 보이는 신체적 막을 제거하기는 하지만, 굳이 믿는 자의 영과 주님의 성령을 서로 가깝게 이끌지 않습니다.

또한 우리는 우리의 형제이신 주님이 통치하시는 그 보좌를 올려다 볼 때 기뻐할 수 있고, 또 기뻐하지 않을 수 없습니다. 주께서 그 보좌에 계시는 것이 이 땅에 계실 수 있는 이유이기 때문에 우리는 주께서 거기에 계시는 것을 기뻐할 수 있습니다. 또한 우리는 그리스도 위에 우리 믿음을 세울 수 있고, 그렇게 함으로 그리스도를 모셔와 우리 마음에 거하시게 할 수 있습니다. 우리가 마음속에 그리스도를 모시고 싶다면, 그리스도께서 죽으시고 부활하셔서 하늘에 계신다는 것을 믿도록 합시다. 그러면 우리는 주님께서 어떻게 이 세 가지 떠나심으로 인해서 주님을 사랑하고 믿는 사람들을 더 가까이 이끌고 계시다는 것을 배우게 될 것입니다.

80
그리스도께서
자신의 수난을 미리 아심

"이 후에는 내가 너희와 말을 많이 하지 아니하리니 이 세상의 임금이 오겠음이라 그러나 그는 내게 관계할 것이 없으니 오직 내가 아버지를 사랑하는 것과 아버지 께서 명하신 대로 행하는 것을 세상이 알게 하려 함이로라 일어나라 여기를 떠나 자 하시니라"

요 14:30, 31

본문 끝에 나오는, 떠나자는 주님의 말씀을 볼 때 그동안 다락방에서 가진 신성한 시간이 막바지에 이르렀다는 것을 알 수 있습니다. 이 주님의 명령에 순종하여 이 작은 무리가 마치 선원들이 방파제를 뒤로 하고 폭풍우 치는 바다로 나가듯이 안전한 은신처를 떠나는 모습을 그려보지 않을 수 없습니다. 이들은 사람들을 떠나 평화롭게 있던 곳에서 나와 절기를 치키는 사람들로 붐비는 왁자지껄한 거리로 들어갑니다. 거리에 꽉 찬 이 사람들을 유월절의 보름달이 고요하고 깨끗하게 비추고 있었습니다. 다락방에서 나와 기드론 시내를 건너기 전 어딘가에서 주님은 다음 장들에 나오는 거룩한 말씀을 하셨습니다. 그러나 이 강화(講話)가 그 장들과 밀접한 관련이 있지만, 가까운 미래를 내다보는 엄숙하고 통찰력 있는 이 말씀, 아주 조용하지만 매우 중요하고 단호하며 거의 당당하기까지 한 말씀으로 끝을 맺는 것은 적절한 일입니다. 최종적으로 그리스도께서는 무서워하고

있는 친구들에게 이 말씀으로써 자신의 평안과 승리의 확신을 주시려고
합니다.

이 말씀은 좀처럼 우리 눈에 보이지 않고, 경외심을 가지고 보지 않으면
결코 볼 수 없는 영역으로 끌어들입니다. 왜냐하면 이 말씀은 그리스도께
서 자신의 수난을 어떻게 생각하셨는지, 그리고 주께서 들어가서 세례 받
으실 차갑고 시커먼 그 강으로 내려갈 때 어떻게 느끼셨는지를 말해주기
때문입니다. "네가 선 곳은 거룩한 땅이니 네 발에서 신을 벗으라"(출 3:5).

이와 같이 말씀하시는 분과 그 주제, 그 환경으로 인해 신성한 그 말씀
에 공손히 귀를 기울일 때, 우리는 그 말씀에서 이 사실들을 봅니다. 즉 주
께서 자기를 공격할 적을 조용히 내다보심, 자신이 외견상 패배의 비밀과
동기를 밝히심, 주께서 굳게 결심하고 그 투쟁에 나가심이 그것입니다. 이
세 가지 점들을 살펴봅시다.

1. 첫째, 우리는 여기서 우리 주님께서 자기를 공격할 적을 조용히 예상하시는 것을 봅니다.

"이 후에는 내가 너희와 말을 많이 하지 아니하리니 이 세상의 임금이
오겠음이라 그러나 그는 내게 관계할 것이 없으니." 다른 복음서들 가운데
하나는 주님께서 광야에서 시험 받으신 이야기를 끝내면서 사탄이 이 모
든 시험을 끝내고 나서 "마귀가 얼마 동안 떠나니라"(눅 4:13)고 전합니다.
그리고 이제 우리는 여기서 두 번째이자 더 맹렬한 마귀의 공격을 만납니
다. 첫 번째 공격은 욕망들을 노려서, 야망과 허식과 동물적 욕구들을 불
러일으키려 하였고, 그래서 인간 본성의 갈망들을 통해서 주님의 확고한
믿음을 흔들려고 하였습니다. 두 번째 공격은 더 예리하고 치명적 무기를
사용하였는데, 향락이나 편함 혹은 선의 욕구를 부추기는 것이 아니라 고
통과 고난과 수치와 죽음을 꺼리는 인간 본능을 노리는 것이었습니다. 자
연적 곤경과 좀 더 미묘한 영적 욕구들의 면에서는 전혀 상처를 받지 않으
신 분이 공포를 통해서는 상처를 입을 수도 있었습니다. 그래서 두 번째
공격은 여행자를 겉옷을 벗게 만드는 햇빛으로 시험하기보다는 외투를 벗

겨 날려버리는 폭풍과 사나운 비바람으로 시험하였습니다. 전자의 공격과 마찬가지로 후자의 공격도 실패하게 되어 있었습니다.

높은 산뿐 아니라 깊은 바다도 훤히 보시고, 사람들을 말하자면 투명한 매개체처럼 다 들여다보고 보이지 않는 영적 능력들을 작동시키신 주님께서는 아버지의 뜻을 가장 중요한 것으로 인식하시듯이, 여기서 즉 가룟 유다의 배반, 바리새인과 제사장들의 시기, 백성들의 냉담한 무관심, 로마 군인들의 조롱을 받는 가운데서 이 모든 것이 어떤 인격적 원천으로부터 나오는 작용들이라는 것을 아십니다. 사람들과 사물이 하나님으로부터 분리될 때 그들을 다스리는 "이 세상의 임금이 옵니다." 폭풍우가 갑자기 불어닥치려고 할 때 몸의 어떤 기관이 그것을 말해줄 수 있듯이, 그리스도의 예민한 본성이 악한 일이 가까이 오는 것을 감지합니다. 그리스도께서는 인간의 한계 안에서도 작용한 전지하심으로 어느 때 폭풍이 곧 그에게 불어닥칠지를 알 뿐만 아니라 그 폭풍을 일으키는 것이 무엇인지도 아십니다. 그래서 주님은 "이 세상 임금이 온다"고 말씀하십니다.

그런데 그 공격들에 대해 절대로 상처를 입지 않는다는 독특하고 엄청난 의식이 훨씬 더 중요한 것임을 눈여겨보아야 합니다. "그는 내게 관계할 것이 없으니." 그는 "이 세상의 임금"이지만 그의 통치권은 내 가슴 앞에서 멈춘다는 것입니다. 그는 주님에게 통치권도 권위도 갖지 못합니다. 주님의 그 신성한 영역에서는 마귀의 영장(令狀)은 효력이 없고 그의 지배가 인정되지도 않습니다.

이제까지 그렇게 말할 수 있는 사람이 있었습니까? 우리 가운데 어느 누가, 아무리 순결하고 아무리 고귀한 사람일지라도 악의 적대적 세력 앞에 홀로 서서, 그 악이 한 인격체 안에 결합되고 바쳐졌다는 것을 알고도 우리 안에 그 악한 자가 검은 발톱을 대고 "이것은 내것이다" 하고 말할 수 있는 것이 없다고 감히 공언할 사람이 있습니까? 우리 속에 "악한 자의 불화살"(엡 6:16)에 맞아 불타오를 수 있는 것이 아무것도 없습니까? 우리 가운데 어느 누가 우리의 문을 아주 단단히 잠가서 악한 자의 유혹이 전혀 들어오지 못하고, 그 유혹들에 아무것도 반응하지 않을 것이라고 말할 수 있는 사람이 있습니까? 그리스도께서는 "그는 내게 관계할 것이 없다"고 조용히 선언하실 때, 악의 전체 진영과 악의 구체화된 세력에 맞서는 것이고, 사람이 보편적으로 생각할 수 없는 점을 말씀하시는 것입니다. 그것은 주께서 자신은 죄에서 절대적으로 자유롭다는 것을 주장하시는 것이고, 또 다른 주장 곧 그가 죄에서 자유롭듯이 우리가 알고 있는 대로 죄의 결과인 죽음에 종속되지 않는다고 주장하시는 것입니다. 성경은 또 다른 곳에서 생소하지만 깊은 진리를 담고 있는 언어로 "죽음의 세력을 잡은 자 곧 마귀"(히 2:14)에 대해 이야기합니다. 사람들은 범죄할 때 이 악한 왕의 정당한 통치 아래 떨어집니다. 이 마귀가 통치하고 있다는 사실을 일부 증명하는 것은 신체적 죽음의 사실과 현재 거기에 따르는 부수적 일들입니다. 이와 같이 차분히 앞을 내다보면서 예수께서는 악의 모든 세력이 흠없이 정결한 무수한 군사들과 부닥칠 것이고, 주께서 그 무서운 격투에서 하나도 상처를 입지 않고 나오고 영원히 승리할 것을 알고서 적의 공격을 기다리며 서 계십니다.

그러나 그리스도께서 자신의 고난과 죽음을 예상하면서 자신이 화살이 꽂힐 수 있는 발꿈치의 한 점에서조차도 상처를 입지 않을 것을 아셨기 때문에 이 싸움은 현실이 아니거나 가공적인 것이었다고 생각하지 않도록 합시다. 그것은 정말 싸움이었습니다. 예수께서 무시무시한 전쟁터에 들어가기 전에 자신이 승리할 것을 아셨지만 이같이 장엄한 말씀을 하면서 조용히 내다보고 계신 것은 실제 전투였습니다.

2. 둘째, 이 말씀에서 우리 주님이 그의 외견상 패배의 동기와 목표를 드러내시는 점을 살펴봅시다.

"오직 내가 아버지를 사랑하는 것과 아버지께서 명하신 대로 행하는 것을 세상이 알게 하려 함이로라." 이 구절들이 서로 문법적으로 정확히 어떤 관계에 있는가 하는 점은 다소 불확실할 수 있습니다. 그렇지만 그 관계가 이 구절들의 본질적 의미에 영향을 미치지 않기 때문에 그 문제로 여러분을 골치 아프게 하고 싶지 않습니다. 우리가 단순한 문법적 문제들을 해결할지라도 이 구절 전체의 근본적 의미는 영향을 받지 않고 그대로 있으며, 그 의미는 이것입니다. 즉 어떤 면에서 그리스도의 고난과 죽음은 세상이 그리스도께서 아버지를 사랑하시는 것을 알도록 하기 위함이었고, 다른 면에서 그리스도께서 아버지의 명령에 순종하시는 것이었습니다. 우리가 이 두 가지 면을 고려한다면, 주님께서 친히 이 고난과 죽음을 보시는 방식에 대해 고려할 만한 두 가지 생각을 발견할 수 있을 것이라고 봅니다.

내가 설교의 이 부분에서 주목하려고 하는 첫 번째 요점은 그리스도께서는 우리가 그의 고난과 죽음을 주님 자신의 행위로 보도록 하셨다는 것입니다. "명령하신 대로 내가 **행하노라**"는 놀랄 만한 표현에 주목하는 것이 필요합니다. 이런 문맥에서 사용한다는 것이 이상하게 생각되는 말이지만 여기에는 심오한 의미가 가득 들어 있습니다. 사람들이 다가오는 날의 이 엄숙한 사건들을 주님의 수난이라고 바르게 말하지만, 그 사건들은 수난인 것 못지않게 주님 자신의 행위였습니다. 그리스도께서는 단순히 수동적으로 고난 받으시는 분이 결코 아니었습니다. 이 모든 사건들 속에서 주님이 행동하셨습니다. 즉 주께서 여기서 말씀하시듯이, 우리는 아무리 어떤 세력이 주님의 운명을 완전히 쥐고 있는 것처럼 보일지라도 이 모든 사건들을 어떤 세력이 외부에서 주님께 가한 것이 아니라, 주님께서 직접 행하신 일들로 볼 수 있습니다.

신체적 필연성 때문이 아니라 자유로운 선택 때문에 죽은 단 한 분이 있습니다. 세상에 태어나기로 결심하고, 죽기로 결심하신 단 한 분이 있습니다. 태어나기로 선택함으로써 수욕을 받기로 결심하고, 죽기를 선택하는 가운데서 훨씬 더 깊은 수욕을 받기로 결심한 단 한 분이 있습니다. 이 희생은 자원하는 희생이었습니다. 좀 더 정확하게 말하자면, "영원하신 성령으로 말미암아 흠 없는 자기를 하나님께 드렸을" 때(히 9:14), 주님은 제사장이시자 희생제물이셨습니다. 살아계시는 그리스도는 생명의 주이시고, 살기로 마음먹으시기 때문에 사시는 것입니다. 죽으신 그리스도는 죽음의 주이시고, 죽기를 결심하셨기 때문에 죽으시는 것입니다. 주님께서는 그의 혹독한 모든 고난은 밖에서 가해진 것이고, 그 원인을 단지 인간적 반감보다 더 깊은 데서 찾을 수 있는 것이지만, 그것은 또한 주께서 스스로 가하고 스스로 선택하신 것이었으며, 주님 자신의 뜻과 아울러 아버지의 뜻에서 그 원인을 찾을 수 있는 것이었습니다. "명한 대로 내가 행하노라." 이렇게 주님은 자신이 죽기로 결심하셨을 때 죽으셨습니다.

그 다음에, 주님은 우리가 이 고난과 죽음을 아버지 하나님의 뜻에 대한 순종을 마무리하는 최종적 행위로 보게 하려고 하셨습니다. 이 사실은 특별히 귀한 요한복음의 이 본문에 나타나고 있는 바와 같이 주님의 자기 인식을 말하는 전체 어조와 일치합니다. 주님의 이 어조는 모든 것을 하나님의 아들이 아버지 하나님께 순종하는 데서 나오는 것으로 돌립니다. 이 순종은 단순한 외적 행위가 아니라 뜻이 절대적으로 일치하고, 서로 사랑하는 가운데 완전히 하나가 된 결과이고, 그 표현인 것입니다. 그래서 주님은 아버지 하나님을 사랑하셨기 때문에 아버지 하나님의 뜻을 행하기 위해 세상에 오셨습니다. 주님의 순종의 최고의 행위는 이것이었습니다. 즉 그는 "죽기까지 복종하셨으니 곧 십자가에 죽으셨다"(빌 2:8). 그것이 자발적 희생이었지만, 그 자발적 태도는 제멋대로 하는 고집이 아니었습니다. 그것이 아버지의 뜻에 순종하는 희생이었지만, 마지못한 순종이 아니었습니다. 그리스도는 오래 전에 정해졌고 때가 되면 실현되는 하나님의 뜻을 구현하는 분이셨습니다. 그렇게 때가 되어 그는 머리를 숙이고 죽으셨습니다. 그리스도께서 자식으로서 순종하셨다는 것을 보여주는 최고의 증거가 십자가였습니다. 우리가 아버지 하나님을 사랑하고 하나님께 순종하는 것이 무엇인지 알고 싶다고 하면 주님께서 십자가를 가리키십니다.

우리 주님의 죽으심의 이 동기는 성경에서 제시되는 일반적인 것이 아니라는 점에 유의할 필요가 있습니다. 나는 그 질문을 이렇게 표현할 수 있다고 생각합니다. "왜 예수 그리스도께서는 그 중요한 순간에 자신이 아버지를 사랑하기 때문이라기보다는 우리를 사랑하기 때문에 십자가로 갔다고 말씀하시지 않았는가?" 그 대답은 어렵지 않다고 생각합니다. 만족스러운 답변을 여러 가지 제시할 수 있을 것입니다. 하나는 이렇게 우리에 대한 사랑보다는 하나님께 대한 사랑을 주님의 죽으심의 동기로 뚜렷하게 말씀하시는 것은 자신의 죽음에 대한 속죄의 측면에 대해 예수께서 비교적 말을 삼가신 것과 일치합니다. 이 사실을 나는 여러 번 기회가 있는 대로 지적하였고, 주께서 말씀을 삼가셨다고 해서 그 교리가 오순절 이후에 기독교 설교에서 새로운 것이었다는 뜻을 암시하지는 않습니다. 또 한 가지 이유는 이 장의 전체 경향과 어조에서 끌어낼 수 있는데, 이미 말했듯이 주님의 전체 어조는 모든 것을 아버지와 아들 간의 사랑으로 순종하는 관계에서 기인하는 것으로 돌립니다. 그리고 또 한 가지 이유는 그리스도께서 아버지를 사랑하신다는 것과 아버지를 사랑해서 아버지의 명령에 순종하는 것을 자신의 죽음의 동기로 말씀하시는 그 진술에서 찾을 수 있습니다. 그리고 바로 이 진술에는 필연적으로 다른 것, 곧 우리에 대한 사랑도 들어 있습니다. 주께서 전심으로 받아들이시고, 즐거이 죽기까지 순종하신 아버지의 명령은 무엇에 대한 것이었습니까? 그것은 아들이 세상을 위한 속전으로 오셔야 하는 것이었습니다. 인자가 "온 것은 섬김을 받으려 함이 아니라 도리어 섬기려 하고 자기 목숨을 많은 사람의 대속물로 주려 함"이었습니다(마 20:28). 혹은 주님이 공생애 초기 강화(講話)들 가운데 하나에서 친히 말씀하신 것처럼 "하나님이 세상을 이처럼 사랑하사 독생자를 주셨으니 이는 그를 믿는 자마다 멸망하지 않게 하려 하심"이었습니다(요 3:16). 예수께서 그 구절의 문맥 자체로 볼 때 그 자신을 진술하는 것이 분명한 이 말씀을 하신 것은 무슨 목적을 위해서였습니까? "모세가 광야에서 뱀을 든 것 같이 인자도 들려야 하리니"(3:14).

그 다음에 그리스도께서 아버지의 명령을 받아들이셨다고 말하는 것은 그리스도께서 십자가 위에서 죽으심으로써 세상을 구속해야 한다는 하나님의 크고 영원한 뜻을 철저히 자기를 잊는 가운데 공감하셨고 자신의 뜻으로 받아들이셨다는 것을 다른 식으로 말하는 것에 지나지 않습니다. 사람에 대한 그리스도의 사랑에서 보는 하늘을 향한 면은 아버지 하나님에 대한 그의 사랑입니다.

주님이 여기서 우리가 그의 고난과 죽으심을 보기를 바라신 또 다른 면이 있습니다. 그것은 주님의 고난과 죽으심이 세계적 의미를 지녔다는 것입니다.

말하는 사람의 무명의 신분에 대해 잠시 생각해 봅시다. 그는 다락방에서 한줌 밖에 안 되는 보잘것없는 사람들에게 둘러싸여 있고, 그나마 몇 시간 안에 수치스런 죽음을 당할 때 그들 모두 그를 버릴 처지에 있는 유대 촌사람에 지나지 않았습니다. 그럼에도 불구하고 그는 "나는 곧 죽을 것인데, 그 소식이 온 세상에 울려 퍼지도록 하기 위함이라"고 말합니다. 그는 자신을 세계적 의미를 지닌 존재로 말하고, 자신의 죽음을 인류를 감동시킬 것으로, 어느 날 온 세상에 알려질 것으로 말합니다. 역사상 예수 그리스도의 이 엄청난 오만에 버금가는 것은 없습니다. 이 주장은 그의 신앙을 근거로 해서만 설명할 수 있습니다.

"세상이 알게 하려 함이로라." 그리스도의 고난과 죽으심이 세상과 무슨 관계가 있었습니까? 왜 그 일이 세상이 알아야 할 만큼 무슨 중요성을 지닙니까? 한 가지 분명한 이유 때문입니다. 즉 그 죽음의 참된 성격과 동기를 아는 것이 이 세상 임금의 지배를 깨트리고, 사람들을 그의 폭정에서 자유롭게 풀어주기 때문입니다.

해방, 소망, 승리, 정결, 어둠의 폭정에서 복된 빛의 나라로 옮기는 것, 이 모든 것은 그리스도의 죽으심이 그리스도께서 아버지 하나님에 대한 무한한 사랑과 아버지의 뜻에 자발적으로 순종하신 행위였다는 것을, 곧 그리스도께서 스스로의 뜻과 사랑으로 세상 죄를 위한 희생제물로 죽으셨다는 사실을 세상이 아는 데 달려 있습니다.

적이 다가오고 있었습니다. 그는 자기가 판 무덤에 자기가 들어가게 될 것이었습니다. "그가 웅덩이를 파되 깊이 팠고 제가 만든 함정에 빠졌습니다"(시 7:15). "사망아!" 네 영역으로 들어감으로써 "나는 네게 재앙이 될 것이다." "무덤아!" 네 어두운 문에 잠시 거하고, 그 문을 지날 때 다시는 고칠 수 없게 문을 부숨으로써 "나는 네게 파멸이 될 것이다"(호 13:14, 개역개정은 "사망아 네 재앙이 어디 있느냐 스올아 네 멸망이 어디 있느냐" — 역주). 이 세상 임금은 승리한 것처럼 보였을 때 패배하였고, 그리스도의 위대한 말씀이 실현되었습니다. "이제 이 세상의 임금이 쫓겨나리라"(요 12:31). 주님은 세상이 주님의 죽으심의 신비와 의미와 동기를 알게 하려고 하셨습니다. 즉 머리뿐 아니라 마음에도 속하는 지식으로, 총명뿐 아니라 생명이 되고, 소유와 자기 것으로 삼는 지식으로 알게 하려고 하셨습니다. 이는 세상이 그렇게 앎으로써 더 이상 세상이 아니라 예수 그리스도의 나라가 되기 때문이었습니다.

3. 끝으로, 여기서 우리는 굳게 결심하고 싸우러 나가시는 모습을 살펴봅시다.

"일어나라 여기를 떠나자." 아주 민첩함을 나타내는 말입니다. 틀림없이 주님은 제자들이 식탁에 둘러앉아 있는 동안에 일어서셨을 것입니다. 주께서는 제자들에게 자기와 함께 일어나 자기 뒤를 따라오라고 명하십니다.

그러나 이 말씀에는 단지 대화를 끝내고 장소를 바꾸자고 지시하는 것 이상의 의미가 있습니다. 그 말씀에는 싸움에 뛰어들어 끝내고 싶어 하는 거룩한 조급함이 은연중에 나타납니다. 바로 이 정서가 우리 주님의 공생애 마지막 시기 전체에 분명하게 드러납니다. 여러분은 예수께서 여리고에서부터 성큼성큼 걸어 십자가를 향하여 서둘러 가셨을 때 어떻게 제자들이 놀라며 따랐는지 아십니다. 여러분은 예수께서 공공연하게 예루살렘 성에 입성하신 일과 성전에서 관원들을 신랄하게 비판하신 일, 이 당시 일어난 그 밖의 모든 사건들에서 볼 수 있는 것과 같이 주님께서 유월절 전의 폭발할 것 같은 위험한 그 주간에 의도적으로 대중의 이목을 끄신 사실을 알 것입니다. 여러분은 주께서 배반자에게 하신 말씀을 압니다. "네가 하는 일을 속히 하라"(요 13:27). 주님의 공생애의 이 마지막 시기는 주께서 일찍이 하셨던 말씀에서 표현하신 감정이 두드러진 특징으로 나타났습니다. "나는 받을 세례가 있으니 그것이 이루어지기까지 나의 답답함이 어떠하겠느냐"(눅 12:50). 어쩌면 그 감정은 인간적으로 위축된 상태를 나타낸 것일지도 모릅니다. 왜냐하면 사람들이 때로는 달갑지 않은 일을 서둘러 해치우려는 경향이 있고, 그 일을 무서워하면 할수록 그만큼 더 그 일을 빨리 끝내버리려는 경향이 있다는 것을 우리가 다 알기 때문입니다. 그러나 주님의 이 말씀에는 그 이상의 것이 있습니다. 세상을 구원하시려는 아버지의 뜻을 성취하려는 단호한 결심이 들어 있습니다. 세상을 구원하시려는 아버지의 뜻이 곧 그리스도의 뜻이었고, 비록 그 뜻을 이루는 데 따르는 모든 고난을 아셨지만 그것은 바로 주님 자신의 뜻이었습니다.

이 확고부동한 뜻을 찬양합시다. 이 뜻은 비록 인간의 본성적 약함도 거기에 있었지만 결코 머뭇거리지 않았고, 어떤 강한 탄력에 의해 추진되듯이 주께서 세상의 구속자로서 달려 돌아가실 십자가를 향하여 곧장 나아간 것이었습니다.

주님께서 사랑하는 제자들에게 자기 뒤를 따라오라고 명령하셨다는 점을 잊지 않도록 합시다. "여기를 떠나자." 날마다 우리의 십자가를 지고 주님을 따르며 우리의 의무가 달갑든지 달갑지 않은 것이든지 간에 굳은 결심으로 이행하고, 머뭇거리거나 마지못해 하는 일이 없이 주님의 뒤를 따르는 것이 우리의 할 일입니다. 우리가 우리의 구속과 구원을 위해 십자가로 달려가는 법을 배웠다면, 또한 우리 구속자의 그 결심과 구주의 그 수난이 우리 생활의 모범과 원칙이 됩니다. "우리가 아버지를 사랑하는 것과 아버지께서 우리에게 명하신 대로 행하는 것을 세상이 알게 하도록" 우리도 싸움에 뛰어들고 우리 십자가를 져야 합니다. 우리가 그렇게 살면, 우리의 죽음도 거기에 비할 바는 못 되지만 어느 정도 주님의 죽으심을 닮을 것입니다. 즉 우리의 죽음이 아버지 하나님의 뜻에 대한 순종을 최종적으로 마무리 짓는 행위가 될 것입니다. 우리가 저항할 수 없는 어떤 세력에 수동적으로나 어쩔 수 없이 끌려가는 것이 아니라 죽음으로 "우리의 제사가 온전케 되는" 그 어두운 골짜기에 자발적으로 내려가는 일이 될 것입니다.

맥클라렌 강해설교 **요한복음 I**

초판 인쇄 2013년 3월 20일
초판 발행 2013년 3월 25일

발행처 **크리스챤다이제스트**
발행인 박명곤
주소   경기도 고양시 일산동구 정발산동 1193-2
전화   031-911-9864, 070-7538-9864
팩스   031-911-9824
등록   제 396-1999-000038호
판권   ⓒ 크리스챤다이제스트 2013
총판   (주) 기독교출판유통
        전화 031-906-9191~4
        팩스 0505-365-9191